传承·对外经济贸易大学名师文库

姚曾荫著述文集（上）

对外经济贸易大学 编
本集主编 薛荣久

中国商务出版社
CHINA COMMERCE AND TRADE PRESS

图书在版编目（CIP）数据

姚曾荫著述文集：英文/薛荣久主编．--北京：中国商务出版社，2017.7
ISBN 978-7-5103-1664-7

Ⅰ.①姚…　Ⅱ.①薛…　Ⅲ.①世界经济－文集－英文②中国经济－文集－英文　Ⅳ.①F11－53②F12－53

中国版本图书馆 CIP 数据核字（2017）第 184425 号

姚曾荫著述文集（全三卷）·上卷

出　　版：	中国商务出版社		
地　　址：	北京市东城区安外东后巷 28 号	邮　　编：	100710
部　　门：	商务与法律事业部（010-64245686　cctpress1980@163.com）		
责任编辑：	赵桂茹		

直销客服：010-64245686
总　发　行：中国商务出版社发行部（010-64266193　64515150）
网　　址：http://www.cctpress.com

排　　版：	北京科事洁技术开发有限责任公司		
印　　刷：	三河市鹏远艺兴印务有限公司		
开　　本：	787 毫米×1092 毫米　1/16		
印　　张：	58.75　　彩插：2	字　　数：	1193 千字
版　　次：	2017 年 10 月第 1 版	印　　次：	2017 年 10 月第 1 次印刷
书　　号：	ISBN 978-7-5103-1664-7		
定　　价：	180.00 元		

凡所购本版图书有印装质量问题，请与本社总编室联系。电话：010-64212247
版权所有　　盗版必究　　盗版侵权举报可发邮件到本社邮箱：cctp@cctpress.com

出 版 说 明

姚曾荫（1915—1988），江苏省镇江市人，为著名桐城学派创始人之一姚鼐后裔，我国著名的国际经贸学家，全国对外经济贸易先进工作者，是国际贸易学科奠基人。为缅怀他的业绩，对外经贸大学为他在校史馆立了雕像。

1933年，姚曾荫就读于北京大学经济系，1937年毕业后在中央研究院社会科学所工作，先后任研究生、助理研究员，副研究员。1946年赴美国米里苏达大学研究院进修。1949年—1952年任北京大学经济系副教授、教授。1952年—1953年中央财经学院教授。1953年9月后任北京外贸学院/对外经贸大学教授。

在20世纪50年代，他主持编著了《马恩列斯论国际贸易》一书，成为新中国成立10周年国庆献礼项目，荣获对外贸易部一等奖。

他受国家教委和人民出版社的委托，主编了"大学世界经济丛书"之《国际贸易概论》，是我国国际贸易界第一部巨著，对国际贸易学科的建设做出了重要贡献，获得国家社科大奖。

他参与编写的由钱俊瑞主编的《世界经济概论》一书，获1987年吴玉章奖金世界经济学特别奖。

改革开放以后，他为国内众多报刊等撰稿四十多篇，积极参与中央、地方、研究机构和全国人大外事委员会会议，对世界金融、经贸、中国对外贸易进行了大量深入研究，为中国对外贸易发展决策做出贡献。

1979年，他随中国外贸教育考察团出访英美，进行外贸教育考察，回来就中国外贸教育发展撰写文章和积极建言。

1984年，他成为国内第一位博士生导师，亲自培带出我国第一批国际贸易博士。

1987年，他获得"全国经贸系统先进工作者"光荣称号。

他一生追求进步，热爱中国共产党，1987年光荣加入中国共产党。

本文集共辑录姚曾荫教授著述文章六十多篇。在编辑过程中，为保存、再现原著的学术成果和历史风貌，对原著中与现在通用的译法、范式予以保留。一些带有时代性的术语、提法，极少删改，相信读者审读后酌情鉴取。

选编这样的学术与教学著作，难免有疏漏，不足之处，诚请读者指正。

姚曾荫生平简介

1915 年 3 月 8 日	出生于江苏省镇江市
1937 年 7 月	北京大学经济系毕业
1937 年 9 月—1939 年 9 月	中央研究院社会科学所　研究生
1939 年 10 月—1942 年 9 月	中央研究院社会科学所　助理研究员
1942 年 10 月—1946 年 6 月	中央研究院社会科学所　副研究员
1946 年 8 月—1949 年 1 月	美国米里苏达大学研究院　学习
1949 年 2 月—1949 年 7 月	中央研究院社会科学所　副研究员
1949 年 8 月—1950 年 8 月	北京大学经济系　副教授
1950 年 9 月—1952 年 6 月	北京大学经济系　教授
1950 年 1 月—1950 年 10 月	华北革命大学政治研究院　学习
1952 年 9 月—1953 年 8 月	中央财经学院　教授
1953 年 9 月—1988 年 9 月	北京外贸学院/对外经济贸易大学　教授
1988 年 9 月 4 日	病逝

（1964 年前依据姚曾荫教授 1964 年 3 月 2 日自填"干部履历表"，1964 年—逝世依据校档案室提供的"姚曾荫同志生平"）

①全家合影（1958年）
②全家合影（1968年）
③全家合影（1982年）

姚曾荫在美国留学（1947年）

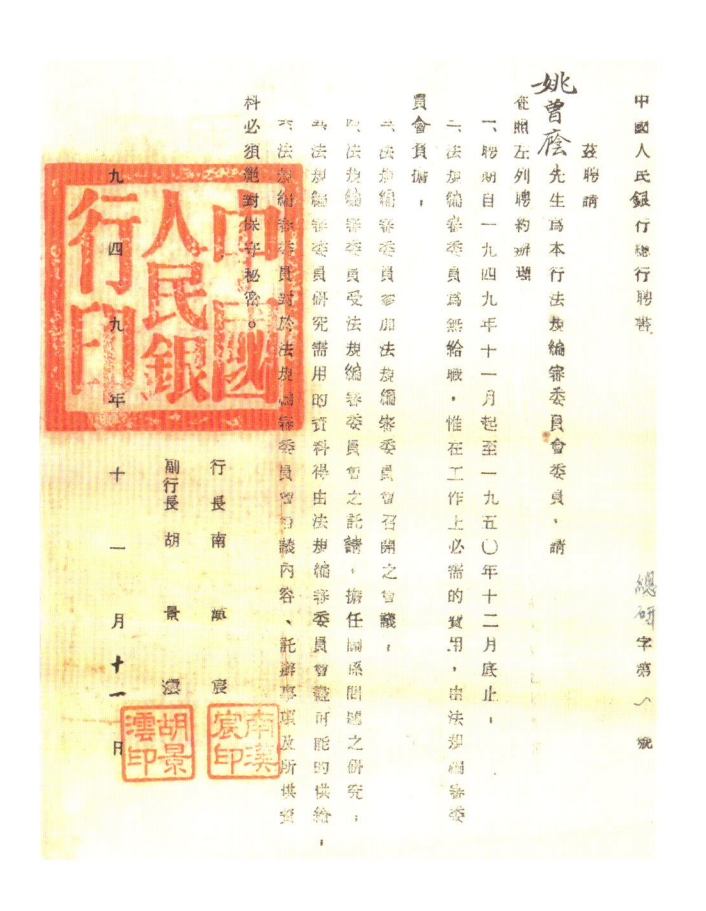

中国人民银行总行
聘书（1949年11月）

華北人民革命大學畢業證書（1950年12月）

北京大學聘書

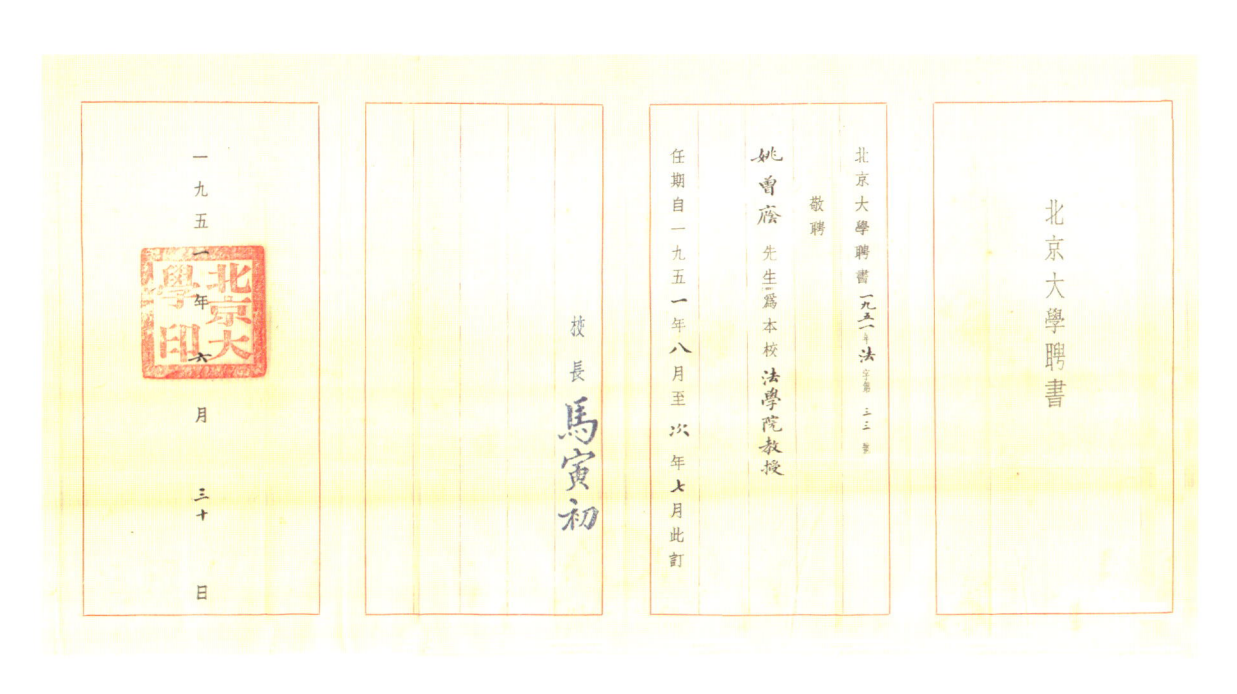

北京大學聘書一九五一年法字第三三號

敬聘

姚曾蔭先生為本校法學院教授

任期自一九五一年八月至次年七月此訂

校長 馬寅初

一九五一年六月三十日

北京大学聘书（1951年）

姚曾荫办公照

姚曾荫办公照

姚曾荫获先进工作者（1987年）

《国防贸易概论》一书获第二届普通高等学校优秀教材全国特等奖（1992年）

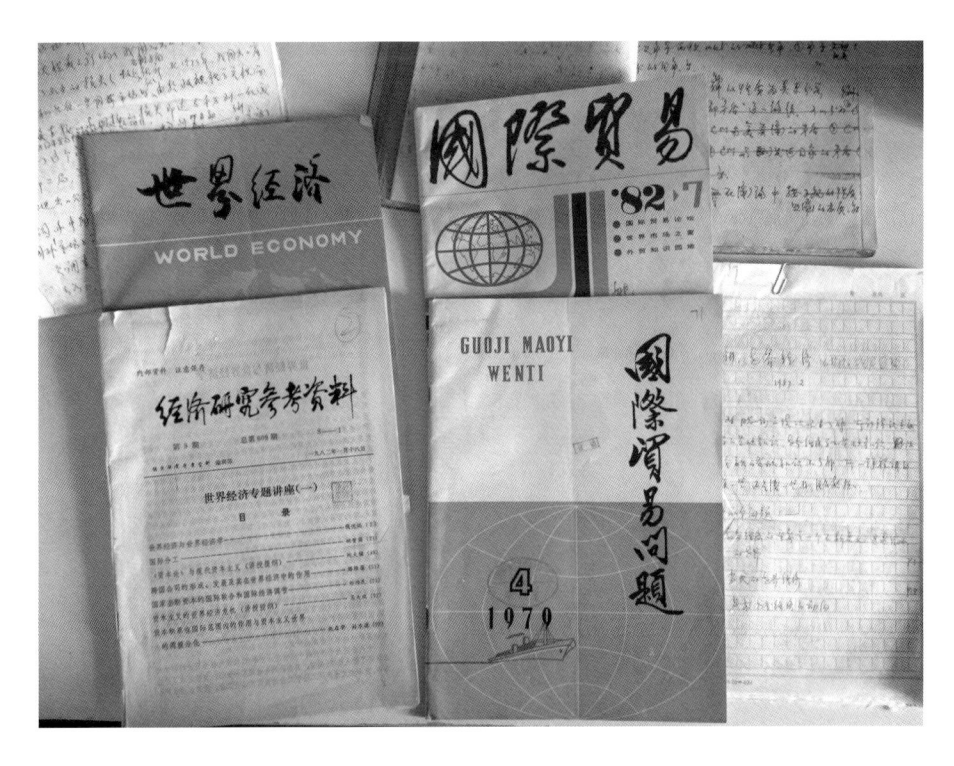

姚曾荫部分刊出作品及手稿

1951 年北京大学经济系毕业合影

前排左起：范家骧、熊正文、陈振汉、刘心铨、周作仁、赵迺抟、汤用彤、马寅初、樊弘、周炳琳、姚曾荫、罗志如、闵庆全、周复恭

二排左起：周其湘、侯建儒，赵其敏、赵端澄、杜全恩、何功豪、万芸孙、刘景福、彭鑫政、王家隆、黄之华、吴舜仪、刘一冷、邓廷璠

三排左起：吴锡康、邓世华、杨树森、章良猷、刘英麟、田守仲、卢志恒、魏金玉、杜放远、曹若闲、赵炳运

姚曾荫在对外贸易学院外的合影（20世纪50年代）

姚曾荫与同事合影（20世纪50年代）

姚曾荫教授与同事的合影（20世纪50年代）

姚曾荫在上海参加生产实习的同学合影

姚曾荫与教研室成员合影（20世纪60年代）

姚曾荫一行出访斯坦福大学（1979年）

姚曾荫在斯坦福大学（1979年）

姚曾荫教授在经贸大学与校系领导与博士合影（20世纪80年代）

1985年9月4日,姚曾荫与校领导接待美国前总统尼克松来校访问

姚曾荫与本书主编薛荣久（右一）在三亚（1987年）

目 录

序　薛荣久 / 1
在经贸部系统先进工作者大会上的发言　姚曾荫 / 1
追思父亲姚曾荫教授　姚立 / 1
好学深思　严谨不苟——纪念姚曾荫先生　王林生 / 1

上　卷

大学毕业论文

银汇价变迁下之中国国际贸易 / 3

第一章　导　言 / 3
第二章　一九二六至一九三一年银汇价跌落期中之中国国际贸易 / 10
第三章　一九三二至一九三五年银汇价昂腾期中之中国国际贸易 / 31
第四章　结论 / 44
（附）一九三五年十一月四日以来汇价稳定期中之中国国际贸易 / 48

外汇与侨汇

论我国当前外汇问题 / 52

广东省的华侨汇款 / 58

序言 / 58

一、广东省华侨汇款的机构 / 59
　　二、广东省华侨汇款的数额 / 82
　　三、结论 / 92

银行机构构建与作用

战后银行组织问题 / 95
　　一、战后中央储备银行的组织问题 / 95
　　二、中央储备银行与信用统制 / 100
　　三、中央储备银行与政府的关系 / 104
　　四、普通银行业务活动的监督问题 / 108
　　五、各类银行的业务划分问题 / 113
　　六、结语 / 120

战后我国银行机构的改造问题 / 122
　　一、叙言 / 122
　　二、中枢金融机构的建立问题 / 122
　　三、各类银行业务之厘定与划分 / 127
　　四、结语 / 132

中国经济与贸易

论调整生产问题兼答客难 / 134

太平洋大战爆发后我国经济政策应有的转变 / 138

战时大后方的贸易平衡 / 142
　　一、绪言 / 142
　　二、后方的对外贸易 / 142
　　三、后方对陷区的土货贸易 / 146
　　四、后方走私输出入之估计 / 147

五、后方对外贸易及对陷区贸易总平衡 / 147

物价生产与流动资金 / 149
　　一、引言 / 149
　　二、产业资金问题的性质 / 149
　　三、流动资本缺乏之一般的原因 / 151
　　四、流动资本缺乏之特殊的原因 / 156
　　五 结论 / 159

战后的世界经济与中国经济 / 162
　　一、引言 / 162
　　二、英美人士对于战后世界自由经济之企求 / 162
　　三、世界经济形势之演变及其趋向 / 164
　　四、中国在战后世界经济新秩序中应如何自处 / 166

世界经济

世界经济在转变中 / 169

书　评

《现代银行论》述要 / 175

《经济进步论》述要 / 177

战时货币史及其有关的书籍 / 180
　　一、引论 / 180
　　二、法国革命时期的"阿西那" / 183
　　三、一七九七——一八二一年英兰银行纸币停止兑现 / 186
　　四、美国南北战争时期的绿背纸币 / 191

中　卷

国 际 会 议

祝国际经济会议开幕 / 197

国际贸易理论

"资产阶级国际贸易理论介绍"导言 / 201

目的要求 / 201
学习方法 / 202
研究方法 / 204
课程的轮廓 / 207

亚当·斯密的一般经济理论和国际贸易理论 / 213

一、斯密的时代背景 / 213
二、亚当·斯密的著作《国富论》的内容和结构 / 215
三、斯密的一般经济理论 / 217
四、斯密的国际贸易理论 / 224

李嘉图的一般经济理论和国际贸易理论 / 228

一、李嘉图的时代背景 / 228
二、李嘉图的主要著作 / 232
三、价值论 / 233
四、货币论 / 237
五、分配论 / 239
六、国际贸易理论 / 240

关于《世界经济学原理》的几点意见 / 245

国际分工与世界市场

国际分工的产生与发展 / 247

一、导论 / 247
二、国际分工的产生与发展 / 252
三、战后世界分工的特征 / 256
四、影响战后国际分工发展的主要因素 / 257

资本主义国际分工与世界市场 / 264

第一节 资本主义国际分工与世界市场形成与发展的必然性 / 264
第二节 资本主义国际分工的根本原因 / 269
第三节 资本主义国际分工的发展及其特点 / 275
第四节 资本主义世界市场的发展及其特点 / 282

西方学者论国际分工——国际贸易理论 / 289

一、引言 / 289
二、为什么需要一个独立的或单独的国际分工——国际贸易理论 / 292
三、亚当·斯密的绝对利益理论 / 292
四、李嘉图的比较利益理论 / 294
五、赫克歇尔—俄林的理论模式 / 304
六、对赫克歇尔—俄林理论模式的检验：里昂惕夫之谜 / 310

世界市场的形成与第二次世界大战以前的世界市场 / 312

第一节 世界市场的产生和发展是资本主义生产方式的历史使命 / 312
第二节 垄断前资本主义时代的世界市场 / 318
第三节 垄断资本主义时代的世界市场 / 325
参考书目 / 350

第二次世界大战后资本主义世界市场、国际贸易和国际分工的几个问题 / 352

国际分工 / 365

  一、国际分工问题概述 / 365
  二、国际分工发展的几个阶段 / 370
  三、当代的世界分工 / 378

世界经济的构成与发展

科学技术革命与世界资本主义工业发展的几个阶段 / 388

  一、第一次工业革命和资本主义国家工业生产的迅速增长 / 389
  二、19 世纪 70 年代到 90 年代初期资本主义国家经济的长期停滞 / 391
  三、19 世纪 90 年代初期到第一次世界大战前资本主义世界经济的迅速发展时期 / 393
  四、两次大战期间资本主义经济的慢性萧条和长期停滞 / 397
  五、20 世纪 50 年代到 70 年代初期第三次工业技术革命与资本主义工业生产的迅速增长 / 400
  六、20 世纪 70 年代初期以来世界资本主义的经济停滞和慢性萧条 / 405

世界经济的构成与发展趋势 / 408

  一、世界经济学的对象是一个迅速变化、迅速缩小的世界 / 408
  二、第二次世界大战后到 20 世纪 80 年代末的世界经济 / 415

当代科学技术革命和世界经济 / 421

  第一节 当代科学技术革命的特点和原因 / 421
  第二节 当代科学技术革命推动了生产力的大发展 / 424
  第三节 当代科学技术革命对生产关系的影响 / 426
  第四节 当代科学技术革命是推动世界经济向前发展的革命力量 / 429

对二战后世界经济的回顾与展望 / 432

  一、世界经济迅速增长的 25 年 / 432
  二、70 年代初期以来世界经济形势的变化 / 438

三、对 80 年代世界经济前景的展望 / 445

资源与世界经济的未来 / 448

国际贸易的发展与作用

第二次世界大战后国际贸易的发展 / 454
一、世界贸易值和世界贸易量的变化 / 454
二、战后国际贸易重要性的增长 / 455
三、当代国际贸易商品结构的变化 / 459
四、世界贸易地理格局变化的特点 / 467
五、当代西方国家的对外贸易政策 / 472

对外贸易是"经济增长的发动机"学说述评 / 484

国际价值和价格

价值规律的作用在世界市场上的重大变化 / 493
一、关于国际价值规律的一般论述 / 493
二、价值规律在世界市场上的作用 / 494
三、不平等交换发展的三个阶段 / 501

关于价值的国际转移问题 / 505
一、发展中国家进口贸易中的价值转移 / 505
二、发展中国家出口市场上的价值转移 / 506

世界市场价格 / 510
第一节　世界市场价格问题概述 / 510
第二节　一种商品一个价格的规律 / 510
第三节　世界市场的四个领域与世界市场价格的多元化 / 514

参考书目 / 533

贸易条件与不等价交换

国际经济学界关于贸易比价长期趋势问题的论战 / 536

资产阶级经济学家关于发展中国家贸易条件长期恶化学说的争论 / 558

伊曼纽尔的不平等交换学说述评 / 568
　　一、伊曼纽尔不平等交换学说的要点 / 568
　　二、不平等交换的形式 / 570
　　三、对伊曼纽尔不平等交换学说的评论 / 573

对于许遒迥关于不等价交换的理论和计算方法的初步探讨一文的几点意见 / 579

新贸易保护主义

世界经济形势与新贸易保护主义 / 591
　　一、世界经济形势的变化 / 591
　　二、从贸易自由化走向新贸易保护主义 / 594

新贸易保护主义与中国 / 598

地区与国别贸易

西德的对外贸易 / 603
　　一、第二次世界大战前德国的基本经济情况 / 603
　　二、第二次世界大战以前和"二战"期间德国的对外贸易 / 605
　　三、西德的一般经济情况与对外贸易 / 608

关于经济"不发达"国家制成品和半制品的出口问题 / 616

一、战后经济"不发达"国家对外贸易发展的一般形势 / 616

二、战后经济"不发达"国家制成品和半制成品出口简况 / 619

三、经济"不发达"国家制成品和半制成品出口在西方资本主义国家市场上所遭遇到的关税障碍及数量限制 / 622

四、经济"不发达"国家棉纺织品的出口市场问题 / 625

五、关税及贸易总协定和联合国等国际机构关于增加不发达国家制成品和半制成品出口的各项建议 / 629

六、关于经济"不发达"国家发展制成品和半制成品出口问题的初步意见；对联合国及关税及贸易总协定所提出的建议和方案的评价 / 632

第二次世界大战后亚洲、非洲和拉丁美洲国家的对外贸易 / 635

一、战后亚洲、非洲和拉丁美洲国家仍然是帝国主义国家的原料——食品来源地和商品销售市场。它们的对外贸易仍然是殖民地或半殖民地类型的对外贸易 / 636

二、战后亚洲、非洲和拉丁美洲国家对外贸易地位的变化 / 640

三、中国同亚洲、非洲、拉丁美洲国家的经济贸易关系 / 647

下 卷

中国对外贸易发展

第一次世界大战至抗日战争前的中国对外贸易 / 651

一、1914—1937 年中国对外贸易的基本特点 / 651

二、1914—1918 年第一次世界大战时期的中国对外贸易 / 664

三、1919—1930 年帝国主义争夺中国市场霸权时期的中国对外贸易 / 675

四、1931—1937 年资本主义世界经济危机和帝国主义加紧政治、经济侵略时期的中国对外贸易 / 689

世界经济形势与对外贸易发展战略 / 702

对外贸易与发展战略 / 709
  一、两种学说和两种发展战略 / 709
  二、能不能采用比较成本原理作为我国发展战略的依据？/ 711
  三、世界经济形势与发展战略的关系 / 714

关于我国对外贸易的几个问题的探讨 / 717

关于社会主义国家对外贸易的几个基本理论问题答客问 / 722

世界产业结构的变化与中国 / 730

以更加勇敢的姿态进入世界经济舞台 / 738

世界经济大趋势与中国对外开放 / 739
  第一阶段，从 16 世纪—1873 年 / 740
  第二阶段，1873—1913 年 / 741
  第三阶段，1914—1945 年 / 743
  第四阶段，1945 年—现在 / 744

正确执行对外开放政策——兼评比较利益学说的利用问题 / 747
  一、比较利益—自由贸易学说能不能应用到发展中国家，能不能应用于中国？/ 747
  二、怎样正确执行对外开放的方针 / 752

亚洲太平洋地区的经济形势与中国 / 754
  一、发展中的"四小" / 754
  二、日本关系太平洋经济共同体的设想 / 756
  三、世界经济有走向集团化的趋向 / 758

四、中国怎么办？/ 759

对外贸易与发展战略 / 761

我国出口商品在国外市场上所遇到的关税壁垒和非关税壁垒 / 769
　　一、美国 / 769
　　二、西欧共同市场 / 773
　　三、日本 / 782

中国地方外向型经济发展

发展外向型乡镇企业的条件 / 786
　　一、"三来一补"的乡镇企业参加国际分工的利弊与得失 / 786
　　二、当前发展外向型乡镇企业的有利条件和不利条件 / 787
　　三、发展外向型乡镇企业要注意的几个问题 / 787
　　四、发展沿海外向型乡镇企业须采取的几项政策措施 / 788

发展沿海外向型乡镇企业需要全面规划　积极引导 / 789
　　一、"三来一补"的乡镇企业生产是我国参加国际分工的一种形式 / 789
　　二、当前发展"三来一补"乡镇企业的有利条件和不利条件 / 791
　　三、发展外向型乡镇企业需要注意的几个问题 / 792
　　四、发展沿海各省外向型乡镇企业需要采取的几项政策措施 / 792

关于三江平原东南地带暨牡、鸡、绥三角区发展外向型经济的几点意见 / 794
　　一 / 794
　　二、谈几个具体问题 / 796

国际贸易研究

国际贸易学的对象与方法 / 801
一、国际贸易学的对象是一个不断变化不断缩小的世界 / 801
二、国际贸易是政治经济学的重要组成部分 / 805
三、国际贸易的研究方法 / 806

西方经济学家评西方经济学——西方经济学仍处于欠发展的状态 / 810

要正确对待西方经济学 / 812
两股热潮 / 812
回答几个问题 / 812
西方经济学家评西方经济学 / 815

深入研究跨国公司的理论与实践问题 / 817
一、现代跨国公司的出现和迅速发展是当代世界经济的一个重要特征 / 818
二、跨国公司对世界贸易的控制 / 819
三、对跨国公司的评价 / 820
四、中国是否应该走企业国际化跨国化的道路？/ 821

国际经贸教育考察

英美外贸教育考察 / 823
一、战后高等教育的发展趋势 / 823
二、美国和英国大学商学院的情况 / 826
三、对我院教学工作的几点建议 / 828

治学方法

治学方法 / 832
  一、任务：学习与科研 / 832
  二、目标 / 832
  三、要求 / 833
  四、安排与要求 / 837

关于评阅研一学期作业的几点意见 / 838

为外贸学院学生会举办的学术讲座所做报告 / 840
  一、三点希望 / 840
  二、《世界经济学原理》提纲第六稿 / 843
  三、世界经济形势 / 844

传　承

纪念赵迺抟教授任教五十周年倡议出版《国际经济理论和历史研究》的建议 / 845

序

薛荣久

一

2010年后，在袁贤能教授子女动议下，经我建议，得到学校的支持，在杨凤鸣博士、研究生部的裴秋蕊老师和硕士研究生郑亚南、赵彩军和吕玲的协助下，整理、编辑《袁贤能著述文集》。在中国商务出版社总编辑钱建初和赵桂茹主任鼎力支持下，2013年10月该书正式出版。袁贤能教授亲友、社会人士、经贸大学校、院领导和老师都认为我们做了一件有意义的大事，拓展了中国经济思想、国际经贸理论研究的历史，对老一代学者的学术研究、教学理念和高尚情操传承十分有益。

我接着萌生整理《姚曾荫著述文集》的念头，认为这是我这辈人应尽的责任。

姚曾荫教授是我1960年读研究生时整个教学的设计和组织者，他也是我1964年毕业留校后从事国际贸易教学和研究的领导者，我也是他的教学和研究活动的参与者。1988年他去世后，他的教学理念、治学方法和高尚情操一直在指导着我。2004年，学校建校50周年时，我专门著文《教我严谨治学的老师——姚曾荫教授》怀念他。

2014年春节，我约姚曾荫教授之子姚立（北京工商大学教授）到我家谈及此事，他大为感动，并表示全力支持。我的动议同时得到学校领导、校史馆、国际经贸学院的肯定与支持。

从2014年1月开始，在杨凤鸣博士协助下，借助姚立和学校校史馆提供的原始资料，开始谋划、整理、编辑文集。特约王林生教授（原对外经贸大学副校长）撰写纪念文章。

2015年5月初步定稿。此后又接到姚立教授搜集到的大量内部文稿。为能反映姚曾荫教授学术研究与教学的原貌，我们又遴选出几十篇文稿，由打印社、杨凤鸣和我录入，再进行数次校对审核，2016年10月初最终定稿。整个文集字数从80万字增加到115余万字，分为上中下三卷，由国际经贸学院资助，交由中国商务出版社出版。

在中国商务出版社领导支持下，经过赵桂茹主任等精心负责的编辑，于2017年8月出版。

二

姚曾荫教授（1915—1988）是我校国际贸易学科奠基人，是国内国际贸易领域第一位博士生导师。因研究与教学成绩突出，1987年获全国外贸先进工作者的荣誉称号。为缅怀他的功绩，对外经贸大学校史馆为之塑像。

姚曾荫教授1937年从北京大学毕业后，进入中华经济研究院从事中国经济和国际贸易的研究，其间有金融、贸易理论和政策等著述问世。

新中国成立后，他从北京大学转入北京对外贸易学院（对外经贸大学前身）从事国际经贸的教学与研究。1960年，学院设立学位制研究生制度，他负责组织设计硕士研究生教学，为国家培养国际贸易专业方面的硕士研究生。

改革开放以后，他对世界经济贸易、国际金融、中国对外贸易尤其是对外开放中的对外贸易进行了大量深入研究，成果颇丰。1986年撰写《国际贸易概论》，获国家社科大奖。

1984年他成为国内高校第一位博士生导师，培养出国内第一批国际贸易专业博士生。

他一生追求进步，热爱中国共产党，1987年光荣加入中国共产党。

三

2014年1月16日，我到校史馆浏览校史馆保存的姚曾荫教授遗物。看着他的照片、奖状、文章和资料卡片，我激动不已，26年前的往事浮上心头。

1955年到1960年间，我在攻读本科时，姚曾荫教授没有给我们上过课，但我们知道他的大名，因为当时学校里的正教授极少。有时我们上课中间休息，路过学校东小院去厕所，见一位中年老师在资料室前打太极拳。同学告诉我，那是来自北京大学的姚曾荫教授。他给我的第一印象是先生很严肃。

1960年北京对外贸易学院设立国际贸易学制研究生，我与其他8位本科毕业同学留下和校外来校进修的年轻教师一起攻读研究生，专业方向有"国际贸易"、"中国对外贸易"、"中国外贸史"和"资产阶级国际贸易理论介绍与批判"。我的专业方向是"资产阶级国际贸易理论介绍与批判"，导师是袁贤能教授。姚曾荫教授负责研究生的整个教学安排，亲自培带"国际贸易"方向硕士研究生。我是研究生班的班长，与他有了接触。研究生班首先上共同课，他为我们讲授第一门课是国际贸易。

在第一堂课上，他对我们寄予厚望，希望我们又红又专，成为经贸事业和教育的栋梁之才。然后他介绍课程内容、教学方法和研究方法。在研究方法中，他特别强调要以马克思《资本论》的研究方法作为指导，不然，要迷失方向，走错路。

他来上课都带着备好的讲稿，讲课虽不够生动，但备课认真，资料充实，讲的有根有据，逻辑性很强。我喜欢他的刚劲凝重的颜体式板书。

他对我们要求严格，对一些同学的作业不够认真提出严肃的批评，要求重做，我们都有点怕他和怵他。但有一次上课，他竟表扬了我，说我学习刻苦、肯于钻研，用卡片积累资料。

在他精心组织下，从国外回来的教授给我们讲授西方经济学、贸易理论、金融学等。我们大开眼界，深感自身的不足，提升了学习动力。

1963年秋季，他带我们参加北京市经济学会在中山公园举行的研讨会，会上，他就不等价交换问题发表长篇演讲，让我们看到他深厚的研究功底。

他参加了我的研究生毕业论文答辩。他肯定了我把凯恩斯主义的对外贸易乘数理论做为20世纪30年代兴起的超保护贸易政策的理论基础，认为这符合实际，是一个创见。

1964年4月初，我从研究生班第一个毕业，留在外贸系国际贸易教研室任教。姚先生是教研室的主任，我成了他的同事，与他的接触机会加多。在教研室活动中，他经常介绍一些新观点、新书。我还参加了他负责的上级部门下达的研究任务。留校不久，就参加了由他主持的为我国参加亚非会议准备专题的研究活动。

1966年，"文革"开始后，学校停课闹革命，教学研究停顿，姚曾荫教授受到冲击。1969年秋后，学校奉命南迁，他带着女儿与我们来到河南固始。不久，他南下广州参加广交会，后到外贸公司工作。他未与我们一起参加此后学校在固始的运动。1970年学校就地解散后，留下的教职员工进入息县外贸部"五七"干校参加劳动与政治活动。

1971年，外贸学院奉命复校，他回到北京，与我们一起抢救外贸专业，恢复外贸教育。

1974年初，我与他临时借调到外贸部国际组（后为国际司），为邓小平同志参加第六届联合国特别大会准备发言稿材料。他鼓励我多浏览和积累有关国际货币基金组织、世界银行、关税与贸易总协定、联合国贸易和发展会议等的英文材料，进行研究。这为我回校后接续研究奠定了基础。为了鼓励我，他送我当年由三联书店出版的他与人合编的《世界经济统计简编》。

1976年"文革"结束，他欢欣鼓舞。不久中国对外改革开放，对外贸易教育再度扬帆起航，对外贸易理论和政策研究掀起高潮。他的教学、研究和社会活动随之日益加多。

他投身到中国外贸理论和政策研究的大潮中。他应邀为《人民日报》和当时的世界经贸研究的前沿刊物撰稿四十多篇。这些刊物有：《世界经济》《世界经济文汇》《财贸经济》《群言》《国际贸易》《国际贸易论坛》等。

他应邀参加外贸部国际贸易学会和对外经贸大学跨国公司研究中心的建立，积极参加社科院和外贸部行情研究所、北京市经济学会举办的世界经济和国际贸易问题的研讨会。他还积极参与中央部门和地方举办的研讨会，参与全国人大外事委员会的研究活动。1987年，他参加了外交部和外贸部在海南岛举行的世界经济形势研讨会。1988年，他参加经团联在黑龙江主办的黑龙江东南部经济发展战略研讨会。

他密切关注国际经贸教育的发展。1979年，他随中国外贸教育考察团出访英国和美国，进行外贸教育考察，回来就中国外贸教育发展撰写文章和积极建言。

1984年，由于姚曾荫教授在国际贸易研究中的资深地位和学术造诣，对外经贸大学成为国内大学国际贸易第一个博士点，他成为国内第一位博士生导师。他招收博士研究生，亲自授课，为我国培养出第一批国际贸易方向博士。

他受国家教委和人民出版社的委托，主编了大学丛书中的《国际贸易概论》。1987年，由人民出版社出版，受到国内学术界的赞誉，被认为是我国国际贸易界第一部比较系统的巨著，为国际贸易学科的建设做出了重要贡献，获得国家社科大奖。他参与编写的由钱俊瑞主编的《世界经济概论》一书获1987年吴玉章奖金世界经济学特别奖。

1987年，他获得全国经贸系统先进工作者光荣称号。在会上，他发表了感人肺腑、激人上进的讲话。

四

从复校到1988年，我从青年教师成长为中年教师。由于我们都在国际贸易教研室，他又是教研室主任，我习惯称他为姚先生。在他领导下我进行教学和研究，随他参与一些社会学术活动。他的言传身教和为人处事方式对我的教学和研究影响深远。有几件事，令我难以忘怀。

他非常注意研究马克思主义有关世界经济和国际贸易方面的论述。早在1959年，他就主编《马恩列斯论国际贸易》，比较系统完整地编辑了经典作家有关国际贸易论述。他始终坚持以马克思主义研究方法分析研究世界经济和国际贸易中的新现象和新问题；注意了解和吸收西方经济学家有关世界经济和国际贸易方面的论述。由此他分析问题能做到高屋建瓴、与时俱进、独有所见。

他非常注意积累资料。在他所处的年代里，他积累资料的方法主要是手写卡片，卡片袋随身携带。改革开放以前，学校订阅有内部借阅的外文杂志，他都及时借阅研读；通过他在科学院图书馆工作的夫人借阅外文图书资料。改革开放以后，外贸系有一份大参考消息，他每期都要细看，然后做卡片摘录。有时系里开会，他也抓时间抄录卡片。我到他家拜访时，见到书柜上摆着叠起的大量卡片匣，内存卡片七八万张。

他喜欢我们与他切磋，甚至争论问题，讨厌唯唯诺诺。复校以后，在国际贸易教研室活动中，他往往发表一些观点，让我们讨论、发表看法。有一次，我对他的观点提出了不同的看法，争论起来，他竟然生了气，拍桌要我说明出处。第二天，我把自己用英文打字机打出的500多页的原书内容交给他，说明我论点的出处。他看了我用打字机打出的原书内容，有些激动，问我花了多少时间打出，又看了我论点的出处，说有根据、有参考价值，然后向我表示歉意，说不该拍桌子。此后，教研室再讨论问题时，都首先让我发表意见，迫使我多思考、多积累资料、多研究问题。

他为人光明磊落，鄙视背后搞小动作。20世纪80年代初，国际贸易学术界就李嘉图的"比较成本说"的合理性发生了争论。他与自己培带过的一位研究生的观点不同，在昆明举行的国际贸易学会研讨会上，这位研究生自视高明，竟背着他开小会把争论的问题扩大化。事后，姚先生得知此事，吃惊之余很不以为然。这次会议我未参加。会议结束回到北京，他在谈到昆明国际贸易学会研讨会的事，顺便说起此事。他在痛心的同时，希望有不同看法多交流，开诚布公，他认为背后搞小动作不利于学术的发展，更不要把不同的学术观点介入到人事关系上。

他为培养国际贸易人才呕心沥血。我校获批国际贸易博士点后，他非常兴奋。为了早日培带出博士生，他认真备课，不辞劳苦。1986年11月份的一天，他下课后骑自行车回家，到小关路口因避让汽车被摔。第二天上班，我知道后，赶忙去他在前马厂的家看望。姚先生还在伏案工作，他的手臂打着绷带，脸上擦破处涂着红药水。我劝他好好休养，他说，明天还有课，不能耽误，这点小伤算不了什么。

他爱学生的同时，非常尊敬他的老师。1979年12月，他与当时一些社会和经济学界名人发起倡议，为他的老师北京大学经济系赵逦抟教授任教五十周年，编辑出版《国际经济理论和历史研究》学术论文集。发起人中有钱学森、邓力群、陶继侃、陈振汉、赵崇龄、胡代光、易梦虹、徐璇、赵靖、闵庆全、罗真尚、杨道南、范家骧、赵辉杰、马雍、张盛健、洪君彦、付骊元、巫宁耕、厉以宁。倡议书中写道："赵逦抟教授数十年如一日，诲人不倦，在祖国的经济学科教育事业中做出了巨大的成绩。为此，我们作为受业和后学，倡议编辑出版《国际经济理论和历史研究》论文集，以纪念赵逦抟教授任教五十周年。"

姚曾荫教授生活俭朴，嗜好很少；但他性味自然，对新事物感兴趣。1987年11月，我们一起到海南岛海口参加由外交部和外贸部联合举办的国际经贸形势研讨会后，我们乘车经万泉河，过兴农华侨农场到三亚市，再经过海南岛西部的通扎市返回海口市。

途中，我们过万泉河不久，司机指着路边东部山脚下一株巨大的榕树说，那是电影《红色娘子军》拍摄时党代表洪长青就义的大树。姚先生下车与我疾步到大树前观看，并转了一圈。在三亚市鹿回头雕像下，他动情地听取鹿回头的爱情故事；在南珠加工厂，他仔细观看珍珠加工过程；在海滩天涯海角巨石处激情洋溢，与我们合影。在通扎市，我们受到当地政府的接待，在晚间宴会上，市长向我们推荐当地特有的烧烤驼鹿肉串和米酒，一向不饮酒的姚先生与我们品尝米酒吃烧烤驼鹿肉串。饭后，我们浑身发热。为解热，我们离开宾馆，来到黎族村寨，在寨边观看黎族姑娘试婚的小屋。

他念念不忘国际经贸学科发展。在上述会后出行中，我知姚先生已过 70 岁。80 年代中期，因编著《国际贸易概论》过累，他患脑动脉硬化症住院，出院后身体不是很健朗。乘车时我就坐在他身边，到住地与他住在一屋。我注意到他睡觉前，都要吃安眠药。但吃药前，他都要与我谈起国际贸易中的一些理论问题。

我们由通扎市返回海口市途中，公路正在翻修，面包车颠簸得厉害，姚先生开始晕车，不时呕吐。到了住地，晕车稍好，他若有所思。当晚入睡前，他为晕车现象感到不安，告我失眠已有十年多，记忆力开始减退。最后他有些动情和感慨，与我谈起国际贸易学科的发展、师资的培养，并不断鼓励我，要接好这个班。我受到鼓励的同时，也有些心酸和担心。

1988 年，我担任国际贸易系的副主任，主管系里的教学，很少参与国际贸易教研室活动。有时与他会面，我关心他的身体，他勉励我要不负众望，做好行政工作。

1988 年暑假，我要去青岛大学为干部培训班讲课。放假前，我与姚先生见面，问他暑假有什么安排。他告诉我，8 月份要去黑龙江，参加经团联主办的黑龙江东南部经济发展战略研讨会。我望他多保重，他告我，坐火车去，不会晕车，他老伴也一起去。当他知道我暑假中的安排后，嘱咐我虽然年轻，也不要过分劳累，要劳逸结合。

8 月 25 日，我从青岛回到北京，第二天到学校，听说姚先生因急病已住进同仁医院。当日下午我赶忙到医院病房看他，他见到我来，有些激动，与我握手不放，但已不能说话。我们相对注视良久，我背过身去流泪，在病房楼道里失声痛哭。

9 月 4 日，他与世长辞。他生前告诉家人，身后丧事从简，不搞遗体告别，不开追悼会。

学校遵从他的遗愿。9 月上旬的一天，我与谭建业副校长，校人事处孙处长到同仁医院的平安间，与他的家属一起把他的遗体抬到灵车上。在八宝山火化前的房间，我望着他安详的脸面，与他最后告别。

我望着火化烟囱喷出的青烟，祝愿他一路走好；望他放心，他在我们身上的心血不会白注。我会尽力做好他的教学理念和研究成果的传承。

五

"文革"前，姚曾荫教授讲过课和培带过的学制研究生有贾君兰、杨树林、袁文琪、许煜、李维城、姜如珍、夏秀瑞、张锡嘏、千枝松、薛荣久，王健民、师玉兴、王玉洁、魏宁、葛虹、林道君，薛宝龙、王志民、李福根、王介民、韩金波、何新浩、李承林、陈儒玉、李风亭、熊良福、杨开富、杨定保等。

"文革"后，姚曾荫教授培带过的硕士和博士，授过课的进修班和旁听课的在职教师和干部有黄剑平、罗龙、高西庆、韩静泉、王贞平、杨缅云、陈欣、李雨时、潘以红、王安豫、周毓俊、张德宝、陈承德、王忆华、李星焰、陈光如、万爱琳、石玉川、石西民、张传法、谢树森，尤少忠、杨逢华、范建国、胡文辉、陆志芳、吕为为、曹欣光、储祥银、王学群、宋宝祥、林建海、杨凯衡、闫爱杰、杨志远、马凤琴，徐延春、黄云清、袁永友、柏望生、苏忠、梁志强、李林、王志勇、杨岳全等。

他（她）们在毕业后，有的从事国内外经贸教育，有的进入政府部门供职，有的到中国社会科学院、贸促会、贸研所从事研究，有的从事外贸、金融、企业经营与管理等。他（她）们对中国经贸教育事业、中国对外贸易大发展，对改革开放中经贸问题的研究与决策都作出重大业绩和贡献。

（以上名单来自姚曾荫教授档案）

六

在整理和编辑著述文集工作上，我们坚持以下做法。

第一，以校史馆保存的资料为基础，我们再进一步收集有关的文献资料。如校史馆提供的新中国成立前的姚曾荫教授著述名录为三篇，我们又收集到七篇。我们鼓励姚立教授进一步提供材料，他先后提供了保存下来的众多手稿。

第二，整个文集按著述时间排序，分为新中国成立前和成立后两大部分。为便于读者阅读与研究，两个部分又进行了二层次分类。

第三，收集到的新中国成立前的文章全部收录。分为六个部分，即大学毕业论文、外汇与侨汇、银行的构建与作用、中国经济与贸易、世界经济和书评。

第四，新中国成立后的文章包括发表的文章和未发表的内部手稿和讲义，选择有代表性的文章和内部手稿和讲义收录。分为15个部分：即国际会议、国际贸易理论、国际分工与世界市场、世界经济的构成与发展、国际贸易的发展与作用、国际价值与价格、贸易条件与不等价交换、新贸易保护主义、国别与地区贸易、中国对外贸易发展、中国地方外向型经济发展、国际贸易研究、国际经贸教育、治学方法和传承。

第五，在收录文章和内部手稿中，在符合作者原意基础上重新确立标题，原标题在文下加以注明。

第六，新中国成立后已正式出版的姚教授的著述，如教材和统计简编未进入文集。

第七，在手稿部分，在忠实原意的基础上对文字做了必要的梳理。为尊重作者的研究过程，对时过境迁的一些提法通过加注予以保留。

第八，为体现学校确定的规范要求，又能表达作者的神韵，我们与出版社编辑、姚立教授就封面设计进行商酌确定。

我们在整理和编辑文集过程中遇到最大的困难是文稿和内部手稿的录入与校对。

2014年4月后，我们开始整理编辑《姚曾荫著述文集》，将辑录的文章复印件送交打印社录入。2014年12月下旬，打印社将录入稿与未能录入文稿送回。

我们接着进行了三项工作。

第一，全部审核录入文集的文稿，重新修订原有架构。

第二，对录入部分文稿进行校对。

第三，亲自录入打印社未录入的五万多字的手稿。手稿以圆珠笔行书写就，对习惯以标准印刷体文字录入的打印社难以认识；手稿中夹杂有简缩的英文，对不熟悉或不甚熟悉国际贸易专业的人实难知悉；手稿中常有加补的小字材料，加注位置未准确标出，需要推敲位置；个别页上附加卡片，复印时与原页叠在一起，被遮避页的部分内容不知；有些原稿复印模糊不清。这些问题为打印社录入造成难以克服的困难。这部分，我就亲自录入，对复印模糊和叠页复印件，我亲自与校史馆联系，找到和取回原稿，审核确认后继续录入。

2015年5月后，姚立教授相继送来一大批收集到的新材料，多是内部文稿和手稿，我们又加以遴选补入。对容易识别的文稿，交打印社录入（收录12万多字），对文稿不易识别而杨凤鸣能够识别者由她录入，她难以识别的我来录入，我们一共录入20多万字，收录近14万字。整个遴选后的文稿录入9月底完成，我们又利用国庆假期进行审校。

这部分校对耗时不少。如在校审姚曾荫教授在1942年1月18日发表在大公报上《论调整生产问题兼答客难》一文，由于字小、繁体、文体不同，过旧的纸张，录入者对同音和不同义字识别力的不足，不到三千字的文章我竟校审出 56 个错误，用去两个多小时。

2016 年 10 月，经过我们将近两年多的艰辛劳作，终于完成了文集整理和编辑，成为定稿，交由中国商务出版社出版。

商务出版社对编辑出版此书高度重视，坚持质量至上理念。责任编辑赵桂茹主任认真负责，几次校对，再就文集中一些提法、封面设计与我们反复磋商定夺。然后我们就封面设计、照片排序与姚立教授商定。2017 年 5 月下旬，出版清样，经过校对，审核确定出版样书，在 2017 年 8 月出版。

七

对我们来说，主编《姚曾荫著述文集》有四大收获。第一，表达出我们受教于姚曾荫教授的学生对他的敬重心情；表达出姚先生子女对他的追思与怀念；为校史馆中姚曾荫教授塑像生辉。第二，为对外经贸大学的教学、研究传承，为贸大学派的形成提供载体。第三，为国内外国际贸易学术界提供了有价值的研究成果。第四，加深了我对他的教学理念、科学研究方法的坚持，以及研究成果的理解，加强了我进军"80后"继续求进的历史使命感。

最后，对经贸大学领导的关注、国际经贸学院的资助、校史馆的鼎立支持，尤其是副校长赵忠秀、经贸院院长洪俊杰、校史馆馆长曹亚红的一贯支持，对我的助手杨凤鸣博士的倾心协助、不畏艰辛的劳作，对中国商务出版社总编辑钱建初、赵桂茹主任尽心负责的编辑出版，均表示深深的谢意。我还要特别感谢我的老伴王秋莲，她身体不如我好，但她基本包揽了所有家务，为我提供了温馨的家庭工作环境。她精心照顾和子女们的关怀，使我在主编《袁贤能著述文集》后，再主编《姚曾荫著述文集》的愿望得以实现。

我们恳请姚曾荫教授的亲朋好友、培带过的学生、社会交往各界人士和读者就文集提出宝贵建议，供再版时修订。

2017 年 4 月 21 日于耕斋

在经贸系统先进工作者大会上的发言[*]

姚曾荫

各位领导、各位代表：

一

首先，让我感谢部党组决定授予我先进工作者这样一个光荣称号，我实在愧不敢当，因为我所做的工作是一个普通教师应该做的工作，谈不上什么先进，愧对党和人民的期望和要求。

从1937年大学毕业起，我从事科学研究和教学工作，已经五十年了，五十年来风风雨雨历尽艰辛，只是在党的十一届三中全会以后，我的工作才真正走上正轨，党的拨乱反正政策，党的改革与开放政策，党的百家争鸣、百花齐放的政策，和党中央一再强调的尊重知识、尊重人才、尊重知识分子的政策都给了我以极大的鼓舞，大大地调动了我在教学工作和科研工作中的积极性，并激发了我要求入党的热情，我已于去年申请入党，今年3月光荣得到批准。十一届三中全会以来，我已教了两批硕士研究生和两届博士研究生，已经毕业的硕士研究生有的在国内业务部门或科研部门已经成为骨干力量，有的成为处长干部，有的已提升为副研究员。出国留学人员已有两位取得

---

[*] 1987年12月。

博士学位，现在我所带的博士研究生共有六名，硕士研究生一名，两名在美国进修，五名在我身边，十一届三中全会以来我所带的研究生的数量和教学工作的质量都已远远超过了过去，现在国内博士生导师带博士研究生有三种办法。一种是招收进校以后，完全放任自流，博士生的学习和科研，完全由他们自己安排，导师不管。上海很多大学就是这样，博士生、硕士生甚至还要为导师干很多家务事，定期来导师家里帮忙。我认为研究生的首要工作是学习，我反对这样办法。第二种是导师委托他的助手代为培养，自己不管，我也反对这种办法。第三种是导师自己带，亲身组织博士生学习、讨论、订学习计划，安排课程，主讲专业课。第一、二种情况是大多数，第三种是极少数，我是采取第三种办法的。我对博士生抓得很紧，除了指定国际贸易参考书让他们学习之外，我定期为他们讲课，定期组织他们进行课堂讨论，每学期让他们每人交一份到两份学期论文。好的学期论文，一般我都推荐到国内著名刊物上发表，例如今年《国际贸易》11期发表的罗龙利用外资的一篇文章就是他在这学期所交的一篇学期论文由我推荐发表的。今年11月间经贸大学外贸系所召开的全系科学讨论会上，三位博士生都宣读了他们的学期论文，受到教师们的好评，另一位因事没有参加。我不但对我所带的研究生加以精心的培养，我也为向社会推荐其他院校的优秀研究生尽一些微薄之力。例如华南师大的研究生朱乃肖、上海复旦大学的汪俊石和朱刚华等一批人我都不认识，但他们都把论文寄来了，要求我评审并要求我向国内刊物上推荐，我选择了其中几篇好的向《世界经济》、《国际贸易问题》等杂志推荐，并且都已刊登出来了，使他们都受到很大鼓舞，我也为我国学术界、教育界发掘了一批新生力量而感到高兴。

自从1984年国务院批准成为国际贸易学科博士研究生导师以后，我一方面感到光荣，一方面也感到自己的责任很重，目前国内高级专门人才非常缺乏，所以我按照国务院关于培养博士研究生的规定为我的教学工作确定了这样一个目标，就是要为国家，特别是为经贸部门培养一批有扎实的理论基础，有一定的实践经验，具有战略眼光，能起决策作用，并且在国际会议上，在国际学术会议上敢于发言，敢于辩论，能为国争光的人才。

我要求研究生要学好马克思主义国际贸易的基本理论，同时要学习和吸收西方经济学、西方国际贸易理论中有用的合乎科学的东西。此外，我还让研究生们参加一些学术会议和业务部门的会议。利用学术会议、业务部门的会议这个大学校来培养他们，锻炼他们，使他们增长才干。有的研究生参加了国务院体改委的工作，有的研究生参加了经贸部的体改工作，有的研究生参加了中纺总公司和化工总公司有关组织我国的跨国公司的工作。他们所写的论文和新提出的各种建议受到有关各方面重视。

去年年底一位研究生参加了一次在国外召开的国际会议，他在会上的发言，引起与会外国代表的重视，他与一些外国代表及一些国际机构的负责人至今还保持着联系。

今年6月间在武汉召开的中美经济学家会议，讨论中美经济关系问题。我受到邀请，但我因病不能参加，委托一位博士生代表我出席，这位博士生向大会提交的论文，受到中美双方与会学者专家的重视。美方主席把他的论文看了三遍，并就一些问题与这位研究生展开争辩，这位研究生是参加会议的中方代表中唯一的一位在会议上敢于与美国学者展开辩论的人。会上虽然辩论得厉害，会下他们建立了良好的友谊，美方主席回国后，还来了几封信，同他讨论有关问题，并邀请他去美国共同研究一个科研项目。

今年夏季世界银行代表团来华，到东北和华东进行调查，我的一位研究生也参加了这次调查，了解到不少实际情况，调查费用则由世界银行负担。

我为培养高级人才做了一些工作，但我的能力和知识有限，办法也少，恳切希望得到经贸部领导和与会同志们的指导和大力支持。

我也做了一些教书育人的工作，我时常向学生们和青年教师们说，现在是新中国成立以来的黄金时代，是大有作为的时代，现在政治上安定团结，经济也有迅速发展，文化教育事业蒸蒸日上，现在的学习条件很好，图书馆这几年新购的中外图书资料很多，学生们也有充裕的学习时间，这是我国从来没有过的时期。比"文革"前，比新中国成立前不知好多少倍。在新中国成立以前，能够上大学的有多少？在日本侵略军大军压境的条件下能够安心学习的又有多少？在"文革"期间和"文革"以前上大学的人数较比新中国成立前大大增加了，但政治运动连续不断，在大学学习期间，能有一半的时间真正用在学习上也就不错了。我对他们说老一辈的人非常羡慕你们青年一代的学习条件，中青年人也十分羡慕你们的学习条件。处在这样一个黄金时代，而青年学生就年龄来说，也是处于黄金时代，你们正处于两个黄金时代，所以我要求他们不要辜负大好时光，要珍视世界上最宝贵的东西——时间，要好好学习，许多学生都受到感动。

十一届三中全会以来，我在科学研究方面也做了一些工作。工作量和取得的成果比1979年以前要多出好多倍。

大家都知道，搞科研必须从搜集资料做起。我主要是利用卡片搜集资料的，现在我手边积累的卡片共有二十四匣、每匣近三千至五千张不等，共有大约七八万张，字数达八九百万字，八九百万字大部分是在最近九年里一笔一划记下来的。

在三中全会以前，我不写书，也很少写文章，只写一些教材，原因之一是怕打棍子，扣帽子，抓辫子，实际上我已经在五十年代末被扣上走白专道路的典型的帽子，在全校大会上受到批判。另一个原因是搞政治运动太多，有时整年的穷折腾，根本没有时间写。但三中全会以来，完全改观。余悸逐渐消除，个人心情舒畅，搞科研的时间有了保证，近六七年来在国内重要刊物上和报纸上发表的文章将近二十篇，另外受到国家教委和人民出版社的共同委托撰写了一本《大学丛书》中的《国际贸易概论》，字数共46.5万字，最近已由人民出版社出版发行。大学丛书是人民出版社所出版的书籍中层次最高的一种，现在应邀编写大学丛书的人，全国只有为数不多的几个人，这是国家教委给予经贸大学的荣誉，也是对于我本人的信任和给予我的荣誉。

为了编好这本书，我付出了极大的精力和时间，人民出版社要稿很急，所以我除了春节期间以外，其他的时间，包括星期天和寒暑假我都放进去了，我不看电视，更不看电影，因为没有时间，我充分利用了北图科图和经贸大学图书馆的中外书籍和杂志，日以继夜，拼死拼活地干。在写书的期间我最怕有人来干扰，所以我在书房的墙上贴了一个条子："谈话最多不要超过二十分钟。"

1986年初书是写出来了，但我也病倒了，由于过度紧张疲劳，患了脑动脉硬化症，住院治疗了相当长的时间，现在才得到缓解。现在还在不断的服药。

虽然近几年来做了一些教学工作和科研工作，但工作做得不理想，我的学术水平距离先进水平还有较大的差距，距国家对我的要求还相差很远。今后还要继续努力，努力攀登学术高峰，为写出更好一些的科研成果，为国家经贸部门培养更高更好一些的经贸高级人才而奋斗。

二

不久以前，学习了赵总理在十三大所做的重要报告。报告强调指出，"百年大计，教育为本，必须坚持把发展教育事业放在突出的战略地位。"这段话非常重要。

今后若干年内我们面临着一个对外贸易发展的时期，要发展外贸事业，教育也是根本，人才是关键。但是目前国内外外贸岗位上到处都缺乏真正合格的人才，特别是高级人才。

经贸大学承担着为经贸部和系统培养干部的任务，我们每年都为经贸系统输送几百名干部。经贸大学的毕业生，现在在国内外许多工作岗位上，都发挥了重要作用，有不少成为骨干力量，有不少的人成为领导干部。但是经贸大学所培养的干部，无论在数量上或是在质量上，都还不能符合经贸事业大发展的要求，不能适应我国更勇敢地进入世界经济舞台，进一步扩大同世界各国的经济合作和经贸交流的要求。

十一届三中全会以来，在经贸部的正确领导下，经贸教育事业有了很大的发展，现在已经有了五个院校担负着为经贸部培养干部的任务。对外经贸大学教授现在已达 43 人，副教授 120 人，教师总数共 785 人，我们有了一个比较好的教师梯队，从教授、副教授到讲师的比较整齐的教师队伍。我们现在可以培养本科生、硕士生和博士生。现在博士生 8 人，硕士生 249 人，本科生 2141 人，函授生 3072 人，夜大学生 144 人，经理班 49 人，开放班 39 人，学员共计 5934 人，毕业后都将成为经贸事业的接班人。

我们已经制定了 1987 年至 2000 年的发展规划，准备到 2000 年实现在学学生 5000 人的规模，其中博士生 100 人，硕士生 500 人，本科生 3200 人，外国留学生 200 人，此外，还要招收函授生 5000 人，总人数为 11200 人。

科学研究是高等学校的两大任务之一，今后我们要进一步重视与加强科研工作，最近几年我们已经发表的科研成果共 1490 项，其中包括国家级项目、部一级项目，教科书大百科全书，工具书和论文等等，最近我们有五个科研成果获得北京市优秀科研成果奖，一项得到中青年科研优秀成果奖。

我们已经出版了两个刊物：一是《国际贸易问题》，二是《日语学习与研究》，准备明年出版《对外经济贸易大学学报》，以此来充分调动教师的科研积极性，进一步为教学服务，为经贸事业服务。

我们还准备成立三个研究中心。第一个是关贸总协定研究中心；第二个是跨国公司研究中心；第三个是海关关税研究中心。进一步发挥我校教师在这方面的优势，提高我校在教育界、学术界的地位，并为经贸事业的大发展贡献我们的力量。

我们在经贸部的正确领导下，已经取得了一些成绩，但我们还有很多缺点，很多困难，特别是经费不足，校舍紧张，现在学生七个人一间宿舍，非常挤，学校管理工作也存在不少问题，最近学生闹事与此也有关，造成极不好的影响，一些教师也因为职工宿舍缺乏而不安心工作。

作为教育工作者，我们一方面要在今后进一步挖掘潜力，克服困难，努力工作，同时也恳切希望部领导进一步加强对经贸教育工作的领导，并大力支持我们的工作，也希望在座的所有同志都关心和指导我们的工作。谢谢。

1987 年 12 月

追思父亲姚曾荫教授

姚　立

父亲离开我已经 27 个年头，回想往事依然历历在目。

在我的记忆中父亲总是那么忙碌。闭上眼睛就能看到他坐在书桌旁翻阅资料、奋笔疾书的身影，永远不知疲倦。

父亲勤奋一生，对工作是极为认真的，研究态度是严谨的。他那个时代信息来源没有当今这样便利，信息资料收集几乎都靠手工。几乎每周他要去北京图书馆（现在的国家图书馆）等，有时无法借阅只能预约，来通知后再跑一趟，那时搞研究用于交通方面的时间成本是很高的。父亲订阅了很多种报纸及期刊杂志。读书做资料卡片成了他每天必须的工作。每一份详细记录的读书资料卡片都倾注了大量的心血，在他撰写一生中最重要的著作《国际贸易概论》时，已经积攒了九万多份读书资料卡片，这上百盒的卡片资料占据了家里很大的空间。父亲的老同学谭伯伯称他的研究方法是聚沙成塔。

父亲一生中最主要的精力贡献给了中国国际贸易学科的建立。他生活的时代有很大的局限性，有很多研究领域还不像今天这样开放，但他始终认为"国际贸易学是一门开放性的科学，国际贸易的研究工作也应实行开放的政策。""马克思主义国际贸易学是在和其他学派的交流和交锋中，不断充实自己、锻炼自己、发展自己和完善自己的。它能从其他学派吸收各种有用的资料，有科学价值的学术见解和有用的研究方法。""应博采众长、广纳百家，做到为我所用。凡是对国际贸易科学的建立和发展的一切有科学价值的合乎事实的东西，无论是来自东方的、西方的、南方的或北方的,我们都要借鉴过来。凡是不符合实际的一切带有辩护性的说教,我们都应抛弃掉。"(摘自姚曾荫《国际贸易概论前言》)。父亲的研究思路始终是开放的,学术思想始终像年轻人一样活跃,他的学术眼光是敏锐的,而研究态度与治学态度是认真严谨的。

十一届三中全会后,父亲的时间好像越发不够用,手头要完成的东西也越来越多。他在门外贴了一张字条,请来客将谈话时间控制在20分钟。这张字条他的很多同事、朋友和学生至今记忆犹新。

父亲对待师长是极为敬重的。记得从我四岁开始,每年的大年初二早晨,必定带我从城里坐公交车去北京大学给他的恩师赵迺抟先生拜年,路上来回需要一上午时间,再忙也要去,在老师家里只坐二十几分钟就走,从不在恩师家吃饭,避免增添麻烦。为了怕中午回来太晚错过午餐,往往准备好面包加肉充饥。这些做法看似平常,但是能够坚持近40年就很不容易了。在赵先生过世之后,依然坚持去看望师母直至师母离世。父亲这代人的师生情谊他并没有对我专门说过,我是从他的作为中体会到的。

父亲有几位好友每年都有走动,印象比较深的有中科院经济所的严中平伯伯、巫宝三伯伯等。他们都是原中央研究院的同事,从事不同领域的研究工作。他们之间有几十年的友谊。记得三年灾害困难时期,有时家里有了一点好吃的东西,往往请几位老友前来分享,他们边吃边聊,其乐融融。我当时还小,只是礼貌地打个招呼后,便自觉地去找同学玩了。每年父亲也会到几位老友家里做客,我并不跟随,每次回来他的心情都很好,想必他们聊得很开心。

父亲出生在一个大家庭,出生时已家道中落。祖上为安徽桐城的姚鼐(1731—1815)清代著名散文家,与方苞、刘大櫆并称为"桐城三祖"。乾隆28年(1763)中进士,年才四十,任礼部主事、四库全书纂修官,著有《惜报轩全集》等。我的曾祖父姚锡光,江苏镇江丹徒镇姚桥人,是晚清一位颇有远见、思想敏锐的政治军事人物,是中日甲午海战主战派人物之一,其职务最高做到兵部侍郎。姚锡光一生著作颇丰,代表作有《东方兵事记略》、《东瀛学校举概》、《筹藏刍议》、《筹蒙刍议》、《姚锡光日记》、《姚锡光文稿》等,其中《东方兵事纪略》是姚锡光在甲午战争失败后,割地赔款"痛深创剧"的打击下,为"明耻"而作的书。该书叙事平实生动,记载完整周详,是当时人记载甲午战争史的权威之作,具有较高的学术影响和史料价值,对甲午战争史研究有深刻影响。此外，姚锡光对地方事务、民族关系、军事理论方面也卓有成就。

父亲1915年出生时家里境况已经大不如前，曾祖父姚锡光离家回到江苏镇江，把一大家人留在了北京，由于原来并无多少积蓄，我的曾祖母操持这个家很不容易。父亲的几个伯父、叔叔、姑姑及他们的子女都在一起生活，没有分家，像吃大食堂。大家庭的生活来源主要靠父亲的一位伯父的一些收入及亲戚帮衬。我的祖父一直在江苏镇江从事民营的公益事业，收入微薄，无法接济家里。父亲六岁时我的祖父因病去世，享年36岁。父亲兄弟三人，还有一个妹妹。我的祖母没有工作，无法抚养起四个子女，无奈将我的姑姑寄养在天津亲戚家里。父亲兄妹四人都很争气，先后都凭努力大学毕业。父亲自小受到爱国主义思想熏陶，并养成了刻苦读书的习惯，从小知道自立，读书用功，通过得到奖学金读的高中，又通过考取奖学金读完北京大学经济学专业。

父亲对待骨肉兄弟的情义，是留给我的一份无价之宝。

1937年父亲从北京大学毕业后，从自己不多的工资中挤出钱来资助弟弟姚曾序读燕京大学，我的叔叔姚曾序新中国成立后在中科院上海生物研究所任研究员至今健在，今年已98岁高龄。我的伯父姚曾廙，是一位著名的翻译家，一生所译著作达七八百万字以上。其中主要有《中国关税沿革史》、《中华帝国对外关系史》、《现代资本主义》、《现代英国经济史》、《经济通史》、《日本维新史》等。新中国成立后，因肝硬化等疾病缠身不得不卧病在家，于是辞去了东吴大学教授职务。父亲从50年代就从每月的工资中拿出钱来贴补伯父一家的生活，每月工资发下来就会马上寄出，二十多年从未间断，直至1976年伯父去世。

父亲1946年赴美明尼苏达大学深造，当时由于交通没有当今这样便利，加上费用问题，只能坐船。他采取在船上餐厅打工的方式来减免船费。1949年新中国成立前夕，在美国的很多朋友劝说他留下，他还是毅然回到国内。我在文革时期他最苦闷的时候曾经问过他是否后悔回来，他说当时的想法很简单：他是一个中国人，当然要回到中国，不能为美国人做事。他从来没有为回国一事后悔，即使在他最困难的时候。

父亲从教几十年，对他的学生在学业上的指导从来都是严格认真的，对学生交来的每份作业都是认真批改，家里面还保存着一些他当年批改过的学生论文及作业。他对他的博士生也都是尽量提供参加各种研讨会、出席会议的机会。父亲的博士研究生有四人：黄剑平、腾德祥、叶建亚（女）、罗龙。腾德祥和叶建亚是对外经贸大学专职教师，罗龙考上博士后也成为本校专职研究人员，只有黄剑平是脱离工作岗位的全日制在校博士生，为了读博，他放弃了对外经贸部官员身份以及当时许多人梦寐以求的"北京户口"和"干部指标"。给国际贸易博士生授课的老师都是父亲从社会上请来的全国最好的学者。如，讲"货币论"的是早年毕业于芝加哥大学的罗承熙先生，讲"发展经济学"的是厉以宁教授等。黄剑平博士在回忆时谈到："我的导师姚曾荫教授是国际贸易领域泰斗级的专家，也是当时国内唯一国际贸易专业的博导，能跟他学习是我莫大的荣幸。当时所有重要的经济论坛都邀请他，他时常让我参加。去前我会精心准备论文。正是在这些论坛上，我结识了我国经济学界的一批青年才俊，并向国外同行展示着自己，也为我到美国新泽西州大学做论文选题，和为美国公司作咨询项目乃至创办后来的投资咨询公司打下基础，也是在这个时候我创办了剑平国际。我特别感谢姚教授给予我的这些机会。"黄剑平还说："从姚曾荫教授身上，看到的是一个真正的知识分子的风范。姚先生真是在搞研究。在他看来，学术上是来不得半点虚假的。与姚先生见面之前，如果我不看几天书，不把想说的问题搞清楚，不准备谈一个论点，是绝对会碰壁的。1988年我在美国新泽西州大学做论文选题期间，我的恩师不幸逝世。我不禁想到出国前，他曾送给我一支钢笔，这成为对他永久的纪念。还有自1985年我第一次慕名求访以来的幕幕情景：他先是将我作为一个校外自学青年加以辅导，后来又鼓励我考他的博士生，最后使我有机会正式成为他的一名学生，他对我工作、学习和生活的关心和帮助……这些都是我一生也感激不尽的。在后来的许多年里，每逢过年我还会去看望师母。"

回忆父亲对我的关爱和培养，分为两个阶段，第一阶段为我从小至17岁上山下乡赴黑龙江生产建设兵团之前，第二阶段为我1976年从黑龙江返回北京之后。

我有着一个快乐的童年，每天下学做完功课有很多时间和同学及小伙伴玩耍，不像现在的独生子女从小就被约束。父亲对我比较宽松，使我有比较大的活动空间，只是对我的身体健康及学习较为关注。学习的参考书籍及用品购买上总是全力支持。记得四岁时有一次发高烧在家试口腔体温计，不小心手臂将体温计别断在舌下，水银及碎玻璃都在嘴里，赶快吐在地上。父亲见状急坏了，马上背着我向医院跑，在父亲背上一颠一颠的感觉、父亲喘着粗气的急速呼吸声至今记忆犹新，那一次幸好碎玻璃及水银没有进入体内。1964年8月发中学录取通知书时我发现父亲和我一样在期盼，外贸学院宿舍里很多人都接到通知书了，有北海中学、民族大学附中、四十中、七中等，我的还没到，我们就站在宿舍门口等。当邮递员离我还有十几米时就大声喊："姚立被四中录取啦！"北京四中在人们心目中是北京最好的中学，这消息迅速传开，连胡同里住的很远的人都来向我们祝贺，父亲高兴地连说"不错不错"，说我还了他一个愿，他当年也报考四中可惜没有如愿。父亲对我考上北京四中的奖励是每月给我四元钱零用，这对于我来说已经很知足。"文化大革命"来了，我奔赴黑龙江生产建设兵团，临别的大客车旁，父亲反复嘱咐要注意安全，要记着给家里来信。我不断点头，侧过脸去，眼睛里含着泪水。这一刻，我深深体会到儿行千里父担忧。不久，父亲带妹妹姚方随外贸学院同仁南迁河南固始"五七干校"，母亲罗莲随中科院赴河南息县"五七干校"，全家从此天各一方，四年多不得重聚，只能靠书信来往。记得我20岁生日时曾接到过父亲来信，叮嘱我这是一个重要时刻，人生应有目标，不要忘了学习，不要过早地恋爱，做事应脚踏实地。他的话我一直记着。

1976年我返城回京，全家终于又生活在一起。返京后分配给我的工作是一份重体力劳动，父亲对此并没有异议，只是再次提醒我不要忘记学习。恢复高考后我在1978年考上大学，毕业后留校任教。父亲向我开放了他所有的书籍及参考资料指导我学习，并引导我去对外经贸大学听了很多老师的课，这些收获使我受益终生。

父亲一生辛劳，不求安逸，追求平淡的物质生活，在精神生活上是丰富的，充实的，敢于讲真话，秉承着祖上的读书传统和民族气节。他属于他那个时代，现在他那样的学者已经凤毛麟角。父亲虽然已经离我远去，但留给我的许多东西永远不会忘记，他对事业的执着追求、一丝不苟聚沙成塔的研究态度、敢于讲真话的率真秉性、对人的真诚、对师长的敬重及对晚辈的提携等，是留给我永远的精神财富。

今年是父亲百年诞辰，对外经贸大学及中国商务出版社即将出版父亲的文集。衷心感谢薛荣久教授不顾高龄的辛勤劳动，从文集的选材到编辑反复斟酌，付出大量精力与汗水。感谢王林生教授一直关注文集的出版并倾注精力。这两位知名教授也是从小看着我长大的我所一直敬重的长辈。感谢对外经贸大学的各位领导、校档案馆及中国商务出版社，有你们的关照文集才得以出版。在此我还要感谢我的母亲罗莲女士，中国科学院图书馆的高级编审，正是由于她的精心呵护与认真分类保存，父亲几十年的手稿、当年外贸学院的相关资料历经"文革"浩劫还能够大部分被保留下来,这才有了今天的文集。父亲的手稿与资料一部分已经整理后捐给了对外经贸大学档案馆,余下的准备整理后全部捐出。

文集的出版,是对父亲百年诞辰的最好纪念,也是对已经长眠的父母的一份安慰。

2015 年 2 月

好学深思　严谨不苟
——纪念姚曾荫先生

王林生

薛荣久教授受学校委托，编订《姚曾荫著述文集》，邀我为文，附作纪念。姚先生是我的授业恩师，从 50 年代初他为我们研究生授课起，直到我当他弥留之际随侍在侧，前后数十年，历尽风雨沧桑，师生之谊，没齿难忘。故 90 年代初，我就在以《蜡炬成灰泪始干》为题的校庆征文中，写过一大段纪念他的文字。但囿于当时的环境，欲言又止，言不尽意。而今我已年逾八旬，自知来日无多，愿就记忆所及，追述片断往事，俾我校师生得窥其治学为人之一斑。

我校已故的老教师大多留学海外，学成归来，报效祖国。在清寒的教书生涯中，数十年如一日，孜孜矻矻，默默奉献。有的在历次政治运动中，虽遭遇多舛，仍恪尽职守。这种爱国敬业的精神，对照今日教育界存在的急功近利、喧嚣浮躁之风，令人弥觉珍贵，值得我校师生学习、继承和发扬，我想这也正是我校领导决定编印此书，以期薪火相传之本意。

1937 年"七七事变"前夕，姚先生从北京大学经济系毕业，应聘到中央研究院社会研究所工作，所长陶孟和在新中国成立后曾任中国科学院副院长，在所内常相过从者有严中平、严仁赓等，新中国成立后前者曾任中科院经济研究所副所长，后者则随马寅初由浙大至北大任副教务长。

抗战爆发，该所内迁至四川宜宾郊区（李庄），僻处川南一隅，可避日寇轰炸。当时研究经费拮据，任务不重，而内迁的藏书颇丰，他得以广泛涉猎，孤灯夜读，每每达旦。抗战后期通货膨胀，物价飞涨，民生凋敝，他研读的重点也转向金融、银行等方面，并发表了多篇论文。这一时期的勤读苦修为他日后治学打下了坚实的基础。新中国成立之初他由美返国，受聘为北京大学经济系教授，主讲"货币银行学"屡获好评，盖得力于多年的苦读，而且这种好学的精神终生未易，虽在病中，不忘学术。我在《蜡炬成灰泪始干》一文中所说："他一生与书结伴，手不释卷，生活上自奉甚俭，素无饮宴嬉戏之乐，每逢节假日，也多在书斋中度过"云云，乃实录其事，非溢美之词。上述引文又说：他"勤于积累资料，四处浏览检索，随手做成卡片，……甚至政治学习会上也摩挲卡片，有时则闭目凝神，如老僧入定"，故屡被批判为"白专"典型，一度成为全校"拔白旗"的重点。此仍乃实录其事，未加隐讳。

在那个没有电脑和复印机的年代，手抄笔录，经年累月，乐此不疲，可见他对积累卡片的重视。他认为积聚不广，拓展不深，不足以言研究。他曾在黑板上多次写过"厚积薄发""由博返约""以简驭繁""孤证不立"等词句，对我们强调说：立论必须有据，但孤证不立，还要有旁证、反证，要像老吏断狱，面面俱到，丝丝入扣，翻不了案。他最后的遗著《国际贸易概论》可说体现了他一贯的主张，全书脚注繁多，凡是重要的引文，必有出处；凡有重要的阐发，必有根据。但在50年代，恰值批判俞平伯的高潮，要肃清胡适的实用主义在学术界的影响，而胡适曾提倡有几分证据，说几分话。于是有人质疑姚的主张，并强调材料和证据须由马列主义来统率，此话当然正确。但今日平心而论，胡适的话也有其合理成分，不应以人废言。更何况姚先生也十分重视学习马列著作，而且做了大量卡片。他不仅自己读，也要我们研究生读。正如我在《蜡炬成灰泪始干》一文中所说：他"……讲马恩的历史与逻辑相统一的研究方法，鞭辟入里，……他每章都指定必读的经典著作，……那两年我很多时间都花在钻研马列著作上，这对日后的教学研究大有裨益，故至今我对青年教师和研究生仍乐于介绍这个经验，惜乎言者谆谆，而听者藐藐"。当然，我缺乏革命实践，不免有"本本主义"之讥。

先生勤读马列，不久得其所用。"大跃进"时，北京市委下达编纂《马恩列斯论国际贸易》的任务，名义上由校党委和系支部领导，实际上从框架设计、大纲拟定、细目编排，直至选录的标准和方法，莫不由先生主其事，这时也正好用上了他平时积累的卡片。当时马恩全集尚未出齐，他以卡片为线索，动员大家尽量搜补。编纂组成员以老教师为主，也叫我们几个青年教师参加。我还记得当时大炼钢铁，袁贤能教授分在前马厂胡同砸小铁片，他视力不济，常闹笑话。姚为尊重前辈，要求将袁调入编纂组。他对别的前辈也是如此，就我所知，陶孟和先生曾划为右派，但每逢春节，他仍去拜年；赵迺抟先生在新中国成立前曾任北大、西南联大的经济系主任，他对这位老师十分尊敬，在人前必称"先生"，一次我直呼其名而未称先生，又误读为"抟(bo)"，他顿时面有愠色，严词纠正。又有一次，我向他提及我的老师清华经济系主任陈岱荪先生，他也深表仰慕，居然还谈及陈先生终身不娶的轶事。对学有专长的平辈，他也很敬重，1958 年我讲"行情"课，按学校联系实际的指示，请外贸部行情研究所的两位研究员来给学生作报告，一位曾留学伦敦经济学院，另一位曾留学芝加哥大学。姚很欣赏他们写的英美经贸问题的内部报告和参考资料，认为有见解、有学问。当天课前径自来到教室，我以为他也要听报告，不料他说要由他向学生介绍，于是我就坐在后排作为听众，介绍时他对报告人备加推崇。但对有的学术名流和政要，他的态度却异乎寻常，甚至不顾礼貌，屡屡为人诟病。北京外贸学院初创时，院长由外贸部主管人事的副部长兼任，一次来校视察，高踞首座，岿然不动，召见副教授以上人员，让诸人鱼贯而入，姚不终席就拂袖而去。此事在校内上层流传甚广，我未亲见，只是风闻。但确实多次亲聆他发过这样的议论：旧时北大对教授如何如何。他对任命教授担任领导职务一事并不反对，但深恶痛绝"提拔"二字，悻悻然说：对教授岂能言"提拔"？！这是对教授的"侮辱"。后来在多次运动中，为此屡作检查，自挖其思想根源是自命清高。50 年代末，有一次许迺迥系主任（1984 年任我国首任驻世界银行常董）邀请校外专家学者，来校座谈美国经济危机问题，叫我去做记录。会上有人发言时间过长，漫无边际，不很切题，我也觉不易记录，正踟蹰间，突然见姚起身离座，对众人不置一词，扬长而去，举座为之愕然，事后许先生觉得怠慢了来宾，深感不安，对姚也不无微词。此类行径，不合常情，故人多目之为乖僻。其实如遇意气相投者，虽初交他也能与之倾谈良久。总之，他性格内向拘谨，对长者谦逊有礼，对学术先进能虚心求教；但另一方面，又孤傲偏执，落落寡合，甚至遇事动辄愤激，形诸于色。这不仅表现于待人接物，也见诸于学术方面，例如，他很重视当时苏联学者的译著，向我们推荐瓦尔加等人的著作，同时又积极催促图书馆购置英美书刊，让我们去借阅，颇有兼收并蓄、广纳百家之风。但在学术上不轻易苟同之精神有余，而从容听取不同意见之雅量不足。当时我校专家总顾问包达包夫给我们作关于研究国际不等价交换问题的报告，他认为其说大谬而不然，一无可取。1963 年我校在中山公园举办不等价交换问题的学术讨论会,他针对主题发言人许迺迥的论文进行辩驳,大加贬斥,可谓声色俱厉,以致全场震骇。当时有幸请到德高望重的陈翰笙老先生主持会议,经他协调,会场气氛遂稍趋缓和。以上诸事是他思想、性格中矛盾特点的反映,我作为他的学生,对此久有体验。故我以为先生之言行,虽时或失诸主观偏激,时或失诸矜持自负,但他不趋时,不媚俗,重学术,轻权位,孤介自守,不求闻达。《论语》云:"狷者有所不为",先生庶乎近之。

以上便是我断断续续的回忆,虽事隔数十年,至今仍历历在目,俯仰之间,恍若昨日,不禁喟然而叹:斯人已逝,遗文尚存,唯望我校师生读其书,须善解其为人,而不苛责于先辈,取其所可贵,舍其所不宜,如此始能薪尽火传,发扬光大其好学深思之精神,不负我校领导编印此书之厚望,也可告慰先生之灵于泉下。

2014 年 9 月 29 日

上　巻

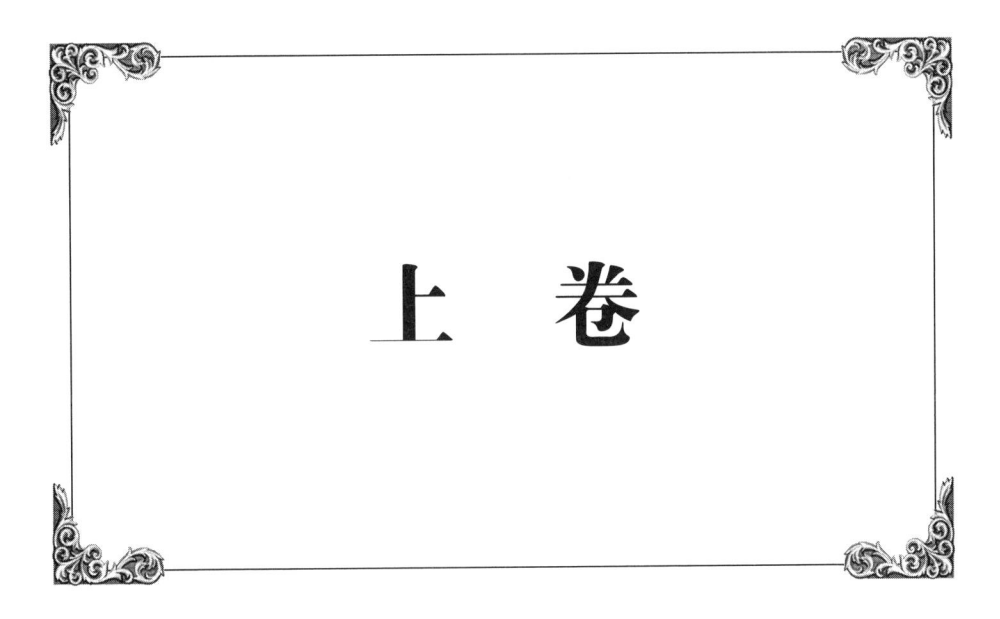

大学毕业论文

银汇价变迁下之中国国际贸易[*]

第一章 导　言

古典派经济学家认为国际贸易为国与国间之物物交易，货币本位之不同，仅能使汇价计算之单位发生差异，而不能影响贸易之本身。相互贸易之诸国，或各立于同一货币本位之上（如金本位或银本位），或各立于异货币本位之上（如金本位与银本位），其进出口贸易之数量与方向，并不因此种差异而有所改变。李嘉图（David Ricardo）曾言，不同之货币本位不能影响物物交易至任何程度，而国际贸易实为一种物物交易[①]。李氏于其原理中论国外贸易之一章上，更有如下之论述[②]。

"金银为一般流通媒介物，赖商业竞争，此二种金属，得以极恰当之比例，散布于世界各国间，使国际贸易，无异于无货币时代之纯物物交换。"

依吾人所见，银本位国与金本位国间之贸易，在静态均衡之状态下，即在安定之银价一方与金价永久平衡，一方又与世界物价永久平衡之条件下，上述物物交换之假定方有成立之可能。如果金银比价能永保平衡，则银汇对其他各国货币之地位，自亦永无更变（假定各国并未有放弃金本位之情形，同时本文乃检讨中国停止银本位以前之对外贸易，故银本位制存在之假定，乃必然之理），因之亦无影响国际贸易之可言。但在现实世界中，金银平价，随时可以变动，而又无时可以预测，外汇平价，非由立法所规定，而为银价所左右。如果银价有剧烈之起伏，则银汇率亦不能不有巨大之波浪。在此种情势下，欲稳定对外贸易于不变，实属非易。在另一方面，银价与世界物价亦不能长久保持平衡。假如银价因新银矿之发现，或因各国工业需求之变动而涨跌；或世界物价因生产效率之增进，新机器之采用，或因其他种种新情势而变动，则二者间均衡之必将破坏，殆无疑问。银价与世界物价间均衡之破坏，亦即银购买力之动摇。

---

[*] 姚曾荫，1926年6月。此册为著作之草稿，誊清本已为学校于仓促离平时散失矣。著者证识1929年5月。
[①] David Ricardo, *Principles of Political Economy and Taxation in the Works*, edited, by J. R. McCulloch (London, 1888), p. 137.
[②] *Ibid.*, p.p. 77-78.

其对于银本位国对外贸易将发生如何之影响，可用下列方程式，以数字证明之（按：以上及以下本文所用之世界物价之含义，乃除掉银价以外之世界物价）。

1. 纽约生丝每磅美币价格 = $ 4

中美汇兑美币一元 = 国币 2 元

∴ 银计每磅丝价 = 国币 8 元（美币一元，即等于国币二元，每磅丝价，美币四元，故得国币八元）。

此交换方程式，即假定在某一时期，纽约每磅生丝价价格，为美币四元，并假定中美汇兑，美币一元，等于国币二元，则汇回本国，可得国币八元（以下丝价银价之变动，均以此两项假定为标准）。

此后，假定银价不变，世界物价跌落一半。汇回本国，仅可得四元。

2. 纽约生丝每磅价格 = $ 2（跌落一半，由美币四元，跌至美币二元）

中美汇兑美币一元 = 国币 2 元（银价不变）

∴ 银计每磅丝价 = 国币 4 元（美币一元，等于国币二元，每磅丝价，美币二元，故得国币四元）。

假定银价不变，世界物价上升一倍。汇回本国，可得国币十六元，恰获利一倍。

3. 纽约生丝每磅价格 = $ 8（涨价一倍，由美币四元，涨至美币八元）。

中美汇兑美币一元 = 国币 2 元（银价不变）

∴ 银计每磅丝价 = 国币 16 元（美币一元，等于国币二元，每磅丝价，美币八元，故得国币十六元）。

假定银价跌落一半，世界物价不变。汇回本国，可得国币十六元；恰获利一倍。

4. 纽约生丝每磅价格 = $ 4（丝价不变）

中美汇兑美币一元 = 国币 4 元（美币一元，原等于国币二元，现银跌一半，故等于国币四元）

∴ 银计每磅丝价 = 国币 16 元（美币一元，既等于国币四元，丝价美币四元，故得国币十六元）

假定银价上升一倍，世界物价不变。汇回本国，仅可得国币四元；恰损失一半。

5. 纽约生丝每磅价格 = $ 4（丝价不变）

中美汇兑美币一元 = 国币 1 元（美币一元，原等于国币二元，现银价涨一倍，故等于国币一元）。

∴ 银计每磅丝价 = 国币 4 元（美币一元，即等于国币一元，丝价美币四元，故仅得国币四元）。

根据上列五式，可知银价与世界物价间均衡之破坏，确于银本位国之对外贸易有影响，而二三两式因世界物价升降所发生之变动，不但影响金本位国与银本位国间之国际贸易，即金本位国与金本位国间之贸易亦同受其影响，故不能做为吾人理论之根据，但四五两式因银价独自变动所发生之影响，则为银本位国所独具之特色。如将四五两式中之生丝，改为美国之棉织，其结果亦同。即银价跌，则须卖国币十六元；恰贵一倍。银价涨，则仅卖国币四元，恰贱一半。故银价跌，外货难在中国销售，银价涨，则外货源源而来。即银价跌，足以阻碍外货之输入，银价涨，足以助长外货之输入。

银价变动，影响中国国币对内对外价值之变动，假如国币对内价值（即物价之反面）与对外价值（即银汇价之反面）变动程度相同，且时期前后一致，则银价变动对国际贸易无扰乱，而李嘉图之理论，亦可通行无阻。安格尔教授（James W. Angell）曾言①：

"倘若银本位国之物价平准与生产成本随金银比价之变动，而有同时间同程度之变动，则国际贸易之进行将不受其影响。但此种现象确然不能发生。物价之变动必然表现某种程度之迟缓，甚至金银比价与物价之变动间，将维持一较长时期之差异。"

诚然，在成本与物价间及在物价与银汇价间，其调整过程，将极迟缓。由于此种迟延之存在及其变动程度之差异，故银价跌落能刺激出口贸易，阻碍进口贸易。银价上涨，则反是。

关于汇价变动之能否影响国际贸易，经济学者间论述云者颇众，而其亦颇为歧异。兹以穆勒，巴布尔，马先尔，凯衍斯，派尔格莱夫，巴治霍诸人为代表，分别述之如下。

穆勒氏（John Stuart Mill）于分析汇价跌落对于国际贸易之影响时，曾在自由竞争之存在，及其有力均平国际贸易商品价格，以及物价与汇价之直接调整诸假定前提下，作如下之结论："一国货币对外汇价之低落并不能影响该国之国际贸易，其能照常进行犹如该国货币仍维持其固有之价值。"② 穆氏之理论为以后之巴布尔（Sir David Barbour）所发挥，巴氏认为银汇变动能影响对外贸易之见解，系属错误，氏谓③。

"印度茶园之存在，并不依赖金银平价，而依赖英国人民对于茶之需求，以及愿以煤铁及其他货物与之交易之欲望。金银平价之变动，既不能影响彼等对于茶之欲求，又不能变更彼等欲藉以交换之货物之数量。是以，在长期中，金银平价之变动不能刺激或阻碍该种货物在印度之生产。"

马先尔（Alfred Marshall）氏之国际贸易理论亦系接续古典派之物物交易学说，但

---

① James W. Angell, *The Theory of International Prices*, (Cambrige, 1926), p. 422.
② John Stuart Mill, *Principles of Political Economy with Some of Their Applications to Social Philosophy*, Edited by W. J. Ashley (London, 1921), Chapter XX, Sec 3, p. 625.
③ *The Financial Statement of the Government of India*, *1891 - 92* (Calculta, 1892) para. 39, pp. 18 - 19. Reprinted in Sir David Barbour; *The Standard of Value*, (London, 1913), p.p. 197 - 198.

曾根据经济机构调整作用中之时间因素对之加以相当之修正，并承认银汇价变动有于短期中扰乱国际贸易之可能。马氏谓①："论及印度对外贸易，吾固不欲怀疑银汇价之跌落有利于出口，并使出口较入口相对增加；但此种趋势均为许多因素所阻止，使其对于贸易之影响不能实现。"

又谓②："假定国外市场上出口货物之销售价格为固定不变，则本国货币对外价值降落百分之一，将增加（出口商）总收益百分之一，固而其盈利将超比例而增大，或将变其纯损为纯益。"

然而，依马氏所见，此盈利能否实现为出口之奖励金，乃依赖许多复杂与交互错综之因素。

第一，其依赖银汇首先变动之地点。③

"假如银价之跌落在欧洲较在印度为先，则比照于欧洲银计物价与印度银计物价间之差异，对于印度之出口商将发生相等程度之奖励金。但此种奖励金非由于银汇价之跌落，乃由于产生此种跌落之特殊原因。假如印度发现新银矿，且其银计物价之上涨较在欧洲为先，则其间之差异，将不啻于为印度出口商之一种罚金而为其入口商之一种奖金。"

第二，出口奖金之发生作用，只有在用银国与用金国之相对物价平准间之差异继续存在之时。当银计物价与银计生产成本之抬高程度与银汇跌落程度相等时，或金计物价平准与金银比价有同等程度之降低时，则出口奖金将停止作用。关于此点，马氏曾言④："当金银比价跌落时，金计物价与银计物价或将迅速调整以期适合此种变动，或否……勿论其调整之方向为何，但使其为迅速，则印度之出口资金将为数极小，且将迅速消减。"

凯衍斯教授（John Maynard Keynes）采纳马先尔氏之分析方法，亦置重于银价在用金国与用银国间之歧异，及其暂时性。凯氏认为："英国银价之跌落—直至两国之一般物价依然不变为止，将刺激印度（印度维持银本位直至一八九三年为止）之出口，阻碍其入口。……但此种影响似不能持久，其将为印度银计物价之上涨，或为国外金计

---

① *Prof. Marshall's Evidence before the Gold and Silver Commission of 1888. Final Report of the Royal Commission Appointed to inquire into the Recent Changes in the Relative Value of the Previous Metals*. C. 5512/1888, QQ. 9895. Also Alfred Marshall, *Principles of Economics*, 8th ed. (London, 1920) p. p. 363 – 380.

② *Prof. Marshall's Evidence before the Gold and Silver Commission of 1888. Final Report of the Royal Commission Appointed to inquire into the Recent Changes in the Relative Value of the Previous Metals*. C. 5512/1888, QQ. 9895. Also Alfred Marshall, *Principles of Economics*, 8th ed. (London, 1920) p. p. 363 – 380.

③ *Prof. Marshall's Evidence before the Gold and Silver Commission of 1888. Final Report of the Royal Commission Appointed to inquire into the Recent Changes in the Relative Value of the Previous Metals*. C. 5512/1888, QQ. 9895. Also Alfred Marshall, *Principles of Economics*, 8th ed. (London, 1920) p. p. 363 – 380.

④ *Prof. Marshall's Evidence before the Gold and Silver Commission of 1888. Final Report of the Royal Commission Appointed to inquire into the Recent Changes in the Relative Value of the Previous Metals*. C. 5512/1888, QQ. 9895. Also Alfred Marshall, *Principles of Economics*, 8th ed. (London, 1920) p. p. 363 – 380.

物价之跌落，或为二者共同作用，或为印度银计物价之轻微下降伴随国外金计物价之猛烈跌落等所校正。"①

在同一系统下，派尔格莱夫氏（Sir Englis Palgrave）在研究银汇价变迁之影响后，曾有如下之结论：

"截至吾人所已研究之范围为止，似乎当物价按汇率变动之比例而调整时，汇率本身对于进出口贸易仅有比较微小之影响。然在过渡期间，印度之进出口贸易将受其影响，其中一者受其鼓励，另一则受其阻碍。"

按照此派之见解，出口奖金之存在非由于银汇变动（跌落）之本身，乃依赖用金国与用银国之相对物价平准间之差异，及其所能延续之期限。

在另一方面，著名伦敦经济学者杂志（The Economist）主编人巴治霍氏（Walter Bagehot）则将持与之迥异之见解。巴氏于一八七六年曾言："吾断言银汇跌落而使印度输至本国（英国）之货物增加，使本国输至印度之货物减少，因而使本国之贸易平衡将蒙不利……此两种作用之结果，必然使英国支付与印度之差额加大，结果现银流入东方。"②

此两派所持之态度根本不同，但有一共同之点，即二者皆趋极端是也。实际上，自由竞争或不存在。时间之长短亦受内国交通便利之程度，货币与信用机构之性质以及工业组织之适应性等等之决定。时期短促时，出口资金当调整作用一经完成，即行消减，自不待言。倘若调整作用所需之时期极长，则银汇跌落国之生产者将能攫取新市场，获得新顾客，以及做成许多能持久之生意。

在自由竞争存在，物品自由移转，物价机构能对汇价变动充分适应以及生产诸要素，自由移动之假想世界中，古典派之汇价变动对国际贸易无影响之简单学说方能成立。但国际间商品之移转为人工以立法设计如同关税，汇兑统制，定额分配制等所防阻时，当国内物价远较汇价之变动落后时，当竞争既不自由又非有效时，物价平准间之差异必然发生。在此种差异存之下，商品贸易将受其影响，自属无疑。自然古典派之学说虽不能适用于现实世界，巴治霍氏之毫无限制之武断学说亦不尽合乎事实。

根据过去之经验，中国对外贸易确与银汇价之涨跌有关，然其相关之程度并不如吾人所想象之甚。③ 此乃因银汇价只为影响中国对外贸易要素之一，其他许许多多因素

---

① *Third Report of the Royal Commission on the Repression of Trade and Industry.* C. 4621/1886, p. 416.
② *Report from the Select Committee on Depression of Silver: together with the Proceedings of the Committee, Minutes of Evidence, and Appendix,* (London, 1876), Q. Q. 1367. 1368.
③ 谷春帆氏曾于"银之发炎—动态的研究"（民国二十一年九月出版）一书中，求出从一九一三年至一九三〇年银汇购买力与中国输出入贸易之相关系数。银汇购买力与输入贸易间为 $r = .8673 + -.03739$，其与输出贸易间为 $r = .992 + -.02415$。见该书第二五页。又见武堉干著《中国国际贸易概论》（民国十九年三月初版）第九章第54页，"银价变动与日本棉货进口消费表"。

之反面变动，有时足以减少，甚至完全冲消银汇价变迁对于中国对外贸易之影响。银汇价变迁之影响虽大，然其他诸种因素之反面影响之总合，则或较之更大。在此种情势下，欲求一般理论之完全贯彻，至为不易。此所以马先尔以来各家学者于阐明一般推理时，多加以"其他条件不变"之限制，而亦为吾人于分析中国对外贸易之前，不能不预先特别声明者。

通常以为在中国放弃银本位之前，银价跌落，阻碍中国进口贸易，刺激其出口贸易。银价上升则反是。其言自非无理。但仅以银价上下为进出口贸易增减之原因，则似嫌未妥。国际贸易之收付，平常系藉汇市为媒介。中国在停止银本位之前，仅最后之清算额，始以现银为支付工具。故与其直接以银价上下为贸易加减之原因，不如以汇价为妥。且自各国停止金本位后，银价与汇价已不尽一致，故尤不能以银价代汇价[①]。

历年银价变迁之程度互有差异，其对于中国对外贸易之影响，自亦因之发生差异。银汇价之升降，如系和缓，则不致大大牵动中国之对外贸易，即有牵动，其均衡之调整恢复，或亦并非十分困难之事。银汇价之升降，如太急太巨，则调整恢复之困难明甚。如银汇价之变动纯由于金银比价之变动（假定各国仍采用金本位），或由于各国之停止金本位，且物价与之有同等程度之变动，则银汇在国际间之购买力，可以不变动，中国之进出口贸易，或亦不致变动。如银汇之变动，纯属银本身或银汇本身之需供的原因，而与物价平准无关。则此种银汇价之变迁，有类于纸本位国之货币膨胀或货币紧缩。如银汇经一度变迁后遂得安定，则中国当能逐渐调整其国际贸易，以期复臻均衡。如世界经济不发生恐慌，且各国不深沟高垒阻碍中国之输出，则此调节之过程，虽极迟缓而困难，尚非不可能之事。如银汇经一度变迁后，再有二度三度以至无数度之变迁，上落不定，又骤又巨，则中国之进出口贸易，决不能以同等之速率，追随上下，而贸易均衡调整之工作，殆将失败。一九二九年以后，银汇价之变迁，上落极大。故中国对外贸易所遇之调整工作至为艰巨而大受挫折。

一九二六年，印度改行金块本位后，银价起始跌落，一九二九年后银价大跌。银汇价亦随之大跌。此种银汇之跌势，直至一九三一年为止。是年九月英国停止金本位，日美诸国继之。于是中国外汇下降之趋势线，转而上升。一九三四年，美国实行购银政策，银价逐步腾贵，中国外汇上升之程度益形加大。是后国内经济恐慌日益严重，银本位遂有不能维持之势。一九三四年十月十五日，我国财政部毅然征收银出口税及平衡税，以制止对外汇率之上腾。[②] 一九三五年十一月四日完全放弃银本位，实行外汇统制政策。实行以来，外汇颇见稳定，而中国对外贸易至是已脱离外汇变动之影响。

---

① 见谷春帆著：《银价变迁与中国》，民国二十四年十一月初版，第二九页。
② 见民国二十四年十一月三日孔祥熙部长宣言。

本文拟以一九二六至一九三一年为第一阶段，以一九三二至一九三五年为第二阶段，观察在此两大段落中，中国对外贸易在银汇价变迁下，理论上应有之动态。然后分析事实之演变是否与此种理论之推断相吻合。如果不相吻合，则进而探究其原因之所在。

本文之叙述之所以采此种分段办法，除上述银汇价自一九二六年开始下跌，更自一九三二年开始上涨之理由外，尚有下列诸理由。

第一阶段以一九二六年为起点之理由：

第一，一九二六年为中国对外贸易最正常之一年，是时抵制英货运动已趋消沉，而抵制日货运动尚未开始①。同时亦为战后世界经济最稳定之一年。一九二五年英国恢复金本位，是年英国发生罢工风潮，影响所及，中国进口贸易为之大减，一九二六年方始恢复常态。

第二，一九二六年中国对外贸易统计采用新分类法。一九二五年进口货物从以前之六类改为三十七类，进口货物项目从三百七十五项增至四百六十一项②。出口货物种类及项目之更改则始自一九二六年，其种类由三类改为七类，货物项目则由三百零二项增至三百九十三项③。此外，商品登记之单位亦有更换。此诸种改变使一九二六年以后与一九二五年以前之进出口贸易之比较，颇感困难，故吾人之分析不得不自一九二六年始。

第二阶段以一九三二年为起点之理由：

第一，一九三二年进出口物品之分类，又经改变。按在此次以前分类之改变，必将上一年之进出口贸易按改正者重新分类，并列册中，以便比较。是年之修改则并未再将上年之贸易重新分类，故欲将是年进出口之物品与上一年者比较极感困难。

第二，进出口贸易值向以关平两为单位，一九三二年则进口贸易值改为海关金单位，此亦与分析时以若干之困难。

第三，此外尚有一极重要之变迁，使一九三二年以后之海关报告册中所载之贸易数值根本即不能与是年以前者相比较，即东三省贸易报告之缺如是也。东三省自成立伪满州国后，一九三二年七月且宣告海关之独立，是年八月以后东三省各关之贸易报告皆未送抵总税务司署，故是年以后贸易数额大减，且尤以出口贸易为甚。是项非常之变动，更增加吾人分析时之困难。

第四，最后一九三二年乃中国经济衰落之起始年代。考世界经济恐慌始自一九二九年，至一九三二年与三三年之始而达最低点，此后即略显示回复之象。中国因采用银本位之故，时复遇银价之变动，故其繁荣与衰落正与各国相反。但因世界经济恐慌

---

① 参照 Charles Frederick Remer, *Foreign Investments in China*, (New York, 1933), p. 51.
② Chinese Marintime Custom, *Foreign Trade of China*, 1925, Part 1, p. p. 142 – 143.
③ Chinese Marintime Custom, *Foreign Trade of China*, 1926, Part 1. *Report and Abstract of Statistics*, p. 200.

而引起之世界贸易量之减退，中国之对外贸易亦未尝不在其影响之下。

本文之范围以一九二六年始，以一九三二年为转折期，而以一九三五年十月为终结。过此时期，中国之经济生活已发生划时代的转变。中国已走向外汇本位与外汇管理之途。一年余来，外汇在政府管理之下，颇为稳定，间有微波，旋即平复。故汇价已不再为转移中国对外贸易之重要因素。币制改革后之对外贸易，即已不再受外汇变动之影响，似已出乎本文范围之外，起见，故于文末另列附录一节以补阙。且为比照汇价变动期间与汇价稳定期间对外贸易之差异计，亦殊有此种措置之必要也。

第二章　一九二六至一九三一年银汇价跌落期中之中国国际贸易

上海外汇从一九二六年起至一九三一年止，继续在跌落趋势中，其间一九二八年虽稍有上涨，然涨势极微。如以一九三〇年为基期，则一九二六年为59.34，一九二九年落至69.18，其跌落并不甚剧，然自一九二九年以后，上海外汇即开始狂跌，其跌落程度且为数十年来罕见之现象，计从一九二九年之69.18 陡跌至一九三〇年之100，又跌至一九三一年之132.03，其变动之巨，实足惊人。在此狂澜澎湃之中，举凡内外贸易，关税收入，外债偿还，工商各业，国民经济莫不受重大影响，而以国际贸易为尤甚。此吾人所以特别提出讨论者也。

一、银汇价跌落下理论上进出口贸易应有之动态与过去事实之检证

银汇价变迁之能影响国际贸易，吾人于上文中曾详述之，然银汇价跌落对于进出口贸易究应具有如何之影响乎？此不可不察也，兹分两项述之：

（一）对于入口贸易之影响

银汇低落，对于入口贸易之影响，论者多自两方面言之：一为洋货入口之减退，一为国货利用之提倡。按国际汇兑原理，本国对外汇价低落，即等于外国货币昂贵，即输入成本增高。所谓成本乃包括输入商品之原值及保险运费等项在内。成本增高，一方面国内洋货价格提高，销路减退，一方面输入商人，难负损失，不欲购买，结果除不可或缺之商品外，输入自当减少。此为银汇低落时显而易见之影响，亦即最先波及之影响。入口减退，间接即可提倡国货，发展国内工业。唯影响之久暂及其程度之大小，以及工业能否发展，则完全视一国之政治经济情势为依据，不可一概而论也。

(二) 对于出口贸易之影响

自经济上原则言之，银汇跌落，足以减少入口贸易，同时当可增加出口贸易，换言之，即汇价低落之国家，可以促进出口贸易之发达。此经济上自然之现象，如欧战后法德诸国，货币跌价，同时出口贸易极为发达，甚至外国于重要商品向由他国购取者，亦改由货币贬值国输入。此其故在汇价跌落时，外国商人以外币兑换本国货币，其所需之外币较昔为少。本国货物之输出，如以原定国币计价销售，折合外币，既较曩时为少，国外之购买者将踊跃购买。反之，如本国货物，能以原来可得之。外币计价售于国外，其所得之本国币必较曩时为多。本国之出口商因利益增加，必以多量货物输出。事实上，输出货价因需供双方相互竞争之结果，应介于汇价跌落后之外币计价与国币计价之间，故汇价跌落一方面是以增加输出货物之数量，同时亦足以增加输出货物每单位以国币计算之利益。

以上吾人已将银汇跌落下，国际贸易在理论上应有之动态叙明，而事实所表现者是否曾与此理论推断相吻合，此为问题之中心也。兹先将过去在银汇价跌落下用银各国对外贸易之经历叙述于下，以弥补吾人于时间上及范围上观察之是。然后再详述一九二六至一九三一年中国对外贸易之落后倾向。

甲、过去银汇跌落期中：印度、墨西哥与海峡殖民地诸用银国对外贸易之经历

一八九三年印度货币委员会经过详细研究印度之对外贸易之后，曾有如下之报告[1]：

"纵然在理论上吾人可接受外汇跌落鼓励出口之说，然一究实际之出口贸易统计，则其受外汇低落普遍影响（姑假定其存在）之见解，似未有任何切实之根据。反之，出口贸易之进展，在外汇狂跌期中反较外汇稳定期中为缓慢。……总之，关于外汇跌落影响进出口贸易时期长久且程度剧烈之说，吾人未见有任何之证据。"

同种明晰之意见为六年后之弗乐耳委员会所发表[2]：

"吾人欲明确告世人者，即关于外汇跌落亦即低值标准贬值永久刺激出口之理论，未能觅出任何统计上之佐证。"

如吾人进而分析墨西哥之对外贸易，则前述之理论推断似得到部分之证明。一八九二年在布鲁塞尔举行之国际货币会议（International Monetary Conference，1892），墨西哥代表国曾有如下报告[3]：

"当银价在外国已跌落时，本国（即墨西哥）银价尚未有显著之变动，致对于

---

[1] *Report of the Committee Appointed to Inquire into the Indian Currency.* C. 7060/1893, Section 27.
[2] *Report of the Committee Appointed to Inquire into the Indian Currency.* C. 9390/1899, Section 25.
[3] Quoted in Henry Benajah Rusell, *International Monetary Conferences*, (NewYork, 1898), p. 398.

输出贸易产生一种实际之奖励金。曩时未能输出之物品,今已能在欧美市场销售。"

甘末尔(Edwin Walter Kemmerer)教授于其研究一八八四-八五年至一九〇一-二年之墨西哥出口贸易时,曾发现在每年墨西哥之出口贸易值与比索对美汇率间有极高之负系数。在以比索计之出口贸易值与比索对美汇率间,其相关系数为 -.867,或然差为 ±.0392,在以金计之出口贸易值与比索对美汇率间,其相关系数降至 -.776,或然差为 ±.0628。① 此种结果指明,在大体上,银汇价跌落后确伴以输出贸易之增加。然墨西哥之进口贸易却与理论推断相反,并未减缩。

关于海峡殖民地之对外贸易,一九〇三年之海峡货币委员会(Straits Currency Commission, 1903)虽承认外汇低降有刺激出口之可能,但仍否认其有永久性。

"海峡殖民地及其比邻马来联合洲曾在银本位制庇护之下享受繁荣,为无容或疑之事实。其对外贸易有迅速发展,……虽如此,吾人仍以为必有一限界存在,达此限界则从外汇低落中所获得之利益将停止发展,而显著之损失将为吾人所遭遇。②"

于此必须申明者,即在以上诸国中,出口贸易固然依理论之预期而变动,而进口贸易则似未能确切表现其与银汇跌落之关联。

乙、过去银汇跌落期中中国对外贸易之经历

过去中国对外贸易之统计数字,亦未能予银汇跌落刺激输出之说以有利之证明。上海中国协会(China Association of Shanghai)曾研究一八九〇至一九〇二年银汇跌期中中国对外贸易,并曾有如下之报告③:

"在一八九〇至一九〇二之十一年间,以英镑计值之进口贸易虽有百分之四十之增加;然就对欧美之出口贸易言,则鲜有增进。其出口贸易有所增加者,仅限其附近之用银诸国。……由此观之,吾人不宜坚持银汇跌落刺激中国对用金国之出口及阻碍用金国货物入口之说。"

一九二六年雷穆教授(C. F. Remer)研究一八八五至一九一三年之中国对外贸易,几达同一之结论。

"一般变动之未能适合理论预期,极为明显……进口贸易之增加远较出口贸易增加为速。入超益形加大。仅在一八九一至一八九五年之短期中,银汇跌落曾伴以进出口

---

① Edwin Walter Kemmerer, *Modern Currency Reforms*, (New York, 1916), p. p. 491, 492, Kemmerer's findings are further Supported by Matas Romero, *The Silver Standard in Mexico*, (New York, 1903), Passim Joaquín Demetrio Casasús, *La Reforma Monetaria en Mexico*, (Mexico, 1905), translated by L. C. Simonds, p. 193, and La Question énergétique Au Mexique, (Paris, 1892), Ch. Vi and Vii and (Great Britain), Foreign Office, Miscel Series, No. 302, *Report on the Effect of Depreciation of Siliver on Mexico*. C. 6856 - 50/1893, p. p. 21 - 22.

② (Great Britain): *Straits Settlements Currency Committee Report*, Cd. 1556/1903, papa. 39.

③ U. S, *The Commission on International Exchange*: *Stability of International Exchange*, 58th Cong, 2d, Sess., House of Representatives, Doc, No. 144, Washington, 1903, p. 259.

物价之上升，进口贸易之相对减缩，出口贸易之相对增加以及有利之贸易平衡。若就三十年之全时期考察之，则进出口贸易之变动未能与理论推断相符合。"①

由以上诸国之经历观之，银汇跌落绝对影响用银国进出口贸易之学说，并未能完全证实。在大多数情形中，刺激出口之影响固曾实现，但限制入口之影响则毫无所闻。此种经历明示吾人以经济现象中发生作用之因素之繁多。其反作用之力有时足以冲消其他因素全部影响之实现。吾人既不能仿效自然科学家之方法，在化验室中将不必要之因素，予以隔离，故唯有于分析统计数字及考证理论假定时，时时留心而已。

二、阻止银汇变动对于中国国际贸易影响实现之诸因素

在上述各国中，阻碍银汇变动影响对外贸易之各种因素，欲对之逐一分析颇非易事，且无此必要。今仅将在中国阻碍银汇变动影响对外贸易之一般因素（除银汇价以外之一般因素，其各期中之特殊因素，将于后文中述之）列举于后。

（一）阻碍银汇变动影响进口贸易之诸因素

甲、国内消费对于进口货之依赖性

中国国际贸易上之特殊现象，第一为长时期之入超，第二为食粮及制造品之大宗输入。长时期之入超，当然为国民经济衰败之象征，亦即显示中国消费外洋物品之多；而食粮及制造品之输入，尤是为中国处处仰赖外货之明证。所以民生问题，衣食住行四者，几无一不仰赖于外人。请先自衣言之，吾国近年来盛行之衣料，为棉毛麻三项，以此三项及其原料合计之，每年进口在一万万元左右（民国二十四年为九千七百余万元）。又自食物方面言之，吾国向属农业国，土地膏腴，气候适宜，无不宜于农种，米麦为南北人民之主要食粮，自当出产丰富，即不能供给外人，亦当有以自给，然而结果适得其反，所得主要食粮之米麦，亦无不仰给于外洋。米之入口，年约在九千万元以上（民国二十四年为九千三百余万元）。小麦及面粉两项年亦达四千万元以上（民国二十四年为四千二百余万元），三者合计，共达一万三千余万元左右，数量之巨，至为可惊。建筑材料，以木料钢铁水泥等项为主，即木材钢铁两项，大部分由国外输入，每年共约二万万元左右（民国二十四年为一万八千余万元）。水泥虽有国产品，然输入者，仍有数百万元之多。至于车辆船艇每年亦均在三千万元左右。以上系就人生不可或缺之衣食住行四者而言，即可知国内消费之巨，同时亦可知仰赖外货程度之深。他如日常消费之烟草煤油纸张等项，每年入口亦无一不在千万元以上，凡此情形，均为

---

① Charles Frederick Remer, *International Trade between Gold and Silver Countries, China: 1885 - 1913*, *Quarterly Journal of Economies*, Vol. 40, August, 1926, p. p. 624 - 625, p. 627.

可讳言者。夫银汇跌落进口物价高涨，可以限制需要，固为国际贸易上之原则，然不能普遍立论，须视商品性质若何，吾国入口品之最大项，为缺乏伸缩性之生活必需品。物价虽涨，除少数奢侈品外，此项必需品，能否永久减低入口，当属一重要问题。且外货行销内地极广，乡村小市，到处皆有。除特殊情形外，输入即令一时减少，亦不过暂时的现象，尤其一般人民之必需品，虽价涨，亦唯有忍痛购之，此吾人所不可不注意者也。

乙、国内产品抵补进口货之可能性

如上述国内消费既有大部分依赖舶来品，则其唯一问题，即为吾国自审是否有品质优良供给充足之出品，能抵补舶来品？以前述之衣食住行四项而言，在中国产业界之现状下，建筑材料及车辆船艇固不足以言制造，即衣食两项又何能有自足自给之可能？米麦面粉一项，即在收获极丰之年，如民国二十五年度者，共输入亦达四千三百万元以上。他如木材煤油糖烟草等项，有为吾国暂时出品不足，或绝无代替品者，有为能替代而由于运输不便成本过高不经济者，其完全能替代者，不过纸烟等一二项。故在银汇跌落期中，入口货即令可以一时减缩，而国内无相当之替用品，其结果必趋于外货输入，重形增加之一途。

丙、国产品价格之涨落

中国在银汇跌落期中，苟能完全保持闭关自给之经济，则可。不然，全国物价必受进口物价增涨之影响而增涨。物价增涨之结果有二：第一，即为食粮燃料及其他必需品之增价，必引起生活费用之增高；第二，即为国产品中进口原料之增价。一方面生活费用之增高同时货币工资亦必被迫提高，一方面为原料之增价，其结果势不能不影响国产品之成本，因而国产品之价格。在此种状态下，国产品因银汇跌而取得之优势，亦不得不失其效力。

(二) 阻碍银汇变动影响出口贸易之诸因素

甲、中国出口货之性质不能与德法诸国比

吾国出口货内，以饮食物及原料为最多，两数共计，约占出口总额百分之七十（民国二十五年度为百分之七十一）。食粮原料之供给多受自然生产之限制，而制造品之供给，则大都以输入国之购买力为准绳，故食粮原料之输出限度小，而制造品之输出限度大，是以银汇跌落，食粮原料之输出国，固不一定能增加其出口。

乙、中国出口货物中，大部分有竞争性或替用品

丝茶两项昔为吾国之主要出口货，但因国外市场上竞争激烈之故，逐使其一蹶不起，虽经过数次之银汇跌落，而其出口萎缩不振如故。丝有日本之竞争，茶则有锡兰、印度瓜哇之竞争。他如蛋产品，日本及欧西诸国，亦均极力提倡养鸡，以资代替华蛋。

桐油输美，原甚畅旺，但美国亦广植桐树，以为替代。在剧烈竞争及替用品存在之情形下，中国出口贸易是否能因银汇跌落而增加，殊成问题。

丙、中国出口贸易权操之外人

吾国之出口贸易权，完全操之外人手中，如交易方面，丝茶等项之出口，均由外人洋行经手，方得出口。汇兑方面，于停止银本位之前，亦操之外商银行手中，中国银行，不过间接之代理机关。运输方面，亦完全为外人所支配。故中国商人欲藉银汇跌落之便，而增加出口，殊费周折也。

三、一九二六至一九三一年之进出口物值

Ⅰ. 本期中进出口物值之趋势

进出口货值在一九二九年以前，每年均有增加。一九二九至一九三一年虽在银汇大跌之时期内，进口货值仍继续增长如故，计自一九二九年之十九万七千余万元增至一九三一年之二十二万三千余万元，进口货值指数从 112.6 增至 127.5。至于出口贸易，则自一九二六年以后虽随银汇价之下跌而增加，一九二九年一度增至十五万八千余万元，但一九二九年以后反随银汇价之大落而减少，一九三〇年仅达十三万九千余万元之数。出口贸易值指数从一九二九年之 117.5 降至一九三〇年之 103.5。一九三一年出口贸易稍有增加，但其数值较一九二九年者仍相差很大。

中国之国际贸易平衡，数十年来常不利于中国。而本期中，不利程度更有增无已。一九二七年中国出口货值占进口货值之百分之九〇·七，至一九三一年仅及其百分之六四弱。就绝对数字观之，贸易逆差几于与年俱增，从一九二七年之一万四千余万元增至一九三一年之八万一千余万元。同时一九二七年之入超仅占中国出口货值之百分之十。其后继增无已，至一九三一年增至百分之五七以上。

就上述之对外贸易变动情形观之，在银汇价跌落下，出口货值在一九二九年以前之趋势，颇与理论预期相吻合。盖理论本谓银汇价涨高则出口减少，跌落则出口增加也。一九三〇年，银汇价大跌而出口贸易反见缩减，一九三一年银汇价再度跌落，出口贸易始稍见恢复，然而恢复之程度至为微小。故一九二九年以后之出口货值之发展倾向与理论预期不尽相合。进口贸易，依理论与银汇价应为正关系。银汇低则进口衰，银汇高则进口盛。但进口贸易数字完全与之相反。银汇价虽下跌，而进口贸易值反一往直前，继续增加。同时贸易平衡之变动亦与理论之推断相反，入超数字自一九二七年起逐渐增进，尤以一九三〇及三一两年为甚。

Ⅱ. 本期中进出口物值之趋势与理论预期相反之原因

根据上文，则在一九二六至一九三一年之时期内，只有一九二六至一九二九年之

出口物值与理论一致，至于此数年中之进口物值及其他诸年之进出口物值则完全不合。然贸易值是否能代表实际之贸易量？此时期之贸易值数字，其准确程度若何？此皆值得注意者也。兹分别述之于下：

第一，物值与物量绝不尽同

物值之增减，多不能即视为物量之增减，而后者则于观察一国之对外贸易时最为重要。[1] 物值为物价与物量之乘积。贸易值之增加或仅仅反映物价水准之增加，此外，"若物量与物价取程度相等方向相反之途径而变动，物值则依然不变，是物量变动之事实已为物值之不变所蔽[2]。"

第二，出口物值估计过低

雷穆[3]，郝伍德[4]，汤良礼[5]，林维英[6]诸氏均认为中国出口物值之估计低于实际。爰中国海关报告所列之货值，乃根据商人之申报，而商人多故意低报以求少纳关税。据雷穆氏一九一三年之调查，一九一二年青岛草帽辫输出值较是年青岛总输出品之总值还大。据其一九三一年二月之调查，在汕头橘子及天津毛皮输出上，得到同样之例证。同时中国出口货纳从量税者较纳从价税者为多，而纳从量税者尤易低估[7]。

倘将中国海关报告所列之出口货值，与各该进口国所发表之"由中国进口之货物价值"，相比较，则中国海关统计数字之应加以修正更给以有力之证明。以中国海关所报告之出口物值为100，各该主要进口国之统计数字以相对数表示[8]。则在外国于一九二八年计其为一三七·七元，于一九二九年计其为一五二·八元，一九三○年计其为一七五·二元。关于此项中国出口货值与各进口国货值之差异的产生，雷穆更提出银价继续下跌一原因，在银汇价继续跌落之情形下，"物价与年俱增，海关出口估计未能与之一致。故中国海关所估计之出口货值远在外国海关所估计之进口中国货值之下。此种情形尤以一九二八至一九三一年之银价急速降落期为甚"。[9]

---

[1] 为观察物物总交易率起见，则贸易量较重要，但为观察一国之国际收支平衡起见，则贸易值较重要。

[2] Frank D. Graham, *Exchange Prices and Production Hyper-Inflation: Germany, 1920 – 1923*, (Princeton, 1930), p. 215.

[3] Charles Frederick Remer, *Foreign Investments in China*, (New York, 1933), p. p. 195 – 201.

[4] Hao Wu-Teh, *China's Balance of International Payments*, Shanghai, May 6, 1934.

[5] Tang Leang-Li, *China's New Currency System*, (Shanghai, 1936), p. p. 44 – 48.

[6] Lin Wei Ying, *China Under Depreciated Silver, 1926—1931*, (Shanghai, 1935), p. p. 135 – 138, p. p. 147 – 148.

[7] Charles Frederick Remer, *Foreign Investments in China*, p. 197.

[8] V. K. Willington Koo, *Memoranda Presented to the Lytton Commission*, Vol. III, No. IX, *Some Information Regarding the Defects in Chinese Maritime Customs Returns with a Table Showing the Extent to which the Varies Countries Centually Supplied Imports to and Consumed Exports from the Three Eastern Promices in Years 1928, 1929 and 1930*, (New York, 1933), p. p. 91 – 94.

[9] Charles Frederick Remer, *Foreign lnvestments China*, p. 197.

若就占中国对贸易一半以上之英、美、日三国之对华贸易统计观之，其数字亦较中国所发表之出口统计数字为大。若再以上与银汇价相较，则更可看出中国之出口贸易值确与银汇价之涨跌有关。

"倘若此种差异由于中国海关之估价未能与实际情形相适应，则以银表示之中国出口物值曾伴随银汇之跌落，而远较中国海关数字为增大。此即言银汇价降低对于中国对外贸易之影响，已为中国海关统计数字所隐匿。"①

吾人既已列举中国海关统计数字应加修正之理由，然如何修正各家意见颇有出入。雷穆氏认为一九〇二至一九二八年之出口总值应增加百分之五以补足低估之数，一九二九年应增加百分之七·五，一九三〇年应增加百分之十，郝伍德及汤良礼氏之修正数字，跡近夸大，吾人不敢苟同。②

四、一九二六至一九三一年之进出口物价与物量

一般研究对外贸易者，率以贸易值作根据，胡不知贸易值仍含有物价因子在内。每依贸易值计之，有增加或减少之趋势。设细加分析，实因物价之变动使然，故欲窥知商品数量之增减，非将物价变动一因子剔除不可。关乎对外贸易物值之变动，上节业已详加讨论，本节则作进一步物价与物量之研究。

Ⅰ. 银汇价与进出口物价

银汇价之变动，乃诸种重要势力发生作用所通过之桥梁③，其中第一名发生作用者即为物价，而物价中尤以进出口物价为第一道防线④。汇价变动，物价变动，而后进出口贸易变动，而后国际收支变动，而后国际价值之均衡（equilibrium of international values）得重见恢复。

理论上，在其他条件相等之假定下，进口物价将伴随银汇之下跌而增涨至同一程度。因进口商在国外购货，必须付以现金或金汇票，对外支付之额数依赖银币之金值之大小而定。如果银汇跌落，对外支付额数无增，结果以银币表示之进口物价必相形

---

① Charles Frederick Remer, *Foreign Investments in China*, p. 201.
② Hao Wu-Teh, *China's Balance of International Payments*, Tang Leang-Li, *China's New Currency System*, p. 47. 又参照章乃器，《中国货币金融问题》（民国二五年10月出版）。
③ The evidence of Prof. Marshall before the Indian Currency Committee of 1898-9 that "the exchange not being the real active force but the channel though which the real force acts; and after a time there will be a new Settlement, a new rate of exchange, and a new level of International Prices." The Minutes of Evidence taken before the Committee Appointed to Inquire into the Indian Currency, Part II. C. 9222/1899, Q. 11, 824.
④ John H. Williams, *Argentine International Trade Under Inconvertible Paper, 1880—1900*, (Cambridge, 1920) p. 174, and Maurice Oliver, *Les Nombres Indices de la Variation des Prix*, (Paris, 1927), p. 80.

见涨。出口物价亦将随银汇之下降而上升。因当银汇跌落之时，中国出口商人，明知出口货价，折合金币之后，对于进口之外国，定属较低，因之预料交易较多，而对于出口货价，或将抬高，以期明分银汇跌落之利益，并以减除银汇跌落后进口物价上涨之痛苦。

但其他条件并不能相等，银汇上落，亦非决定中国进出口物价之唯一原因。第一，上述理论受商业循环阶段之不同的影响。在银汇价变动下，进出口物价之变动，并非一定系绝对者。"其仅为相对者，即与在正常状态下达到之水平系相对者。"① 假如进出口物价之上升，系在不景气阶段，其上升将极其迟缓，且程度将极微。假如其上升适逢经济繁荣阶段，则其上升将十分迅速。

第二，世界物价平准时有变动。中国进出口物价亦将随此平准之变动而变动。下降之银汇与上升之世界物价，均使中国之进出口物价涨。反之，上涨之银汇与下降之世界物价，均使中国之进出口物价落。

此外，出口物价与中国国内物价市场之组织，亦有相当关系。如生产成本不易伸缩，如出口价格，已极低下，出口商人已无利益可图。则银汇虽涨，中国出口物价，或竟不能下落。生产者或宁蒙堆积存货之损失，而不愿轻易亏本廉售。同样，如一种货物在外国市场之价格，其跌落之程度，与银汇相仿。如运费及关税等项又不因银汇之跌落而下降，或竟相形见涨。则银汇虽落，以银币表示之中国出口物价，殆亦难以上升。且出口货物，同时往往为国内消费之货物。故国内市场之供需关系，对于出口货价，亦不无相当影响②。

今吾人将其他因素抛开，专就银汇价与中国进出口物价之关系考察之。兹以上海国定税则委员会所编，一九二六至一九三一年之上海进出口物价指数及林维英氏所编之同时期银两汇价指数为根据，计算其结果如下：③

上海进出口物价与银汇价净繫联系数表

进口物价与银汇价之净繫联系数	1926—1931	$\gamma = .0.91$
出口物价与银汇价之净繫联系数	1926—1931	$\gamma = .0.76$

就上列数字观察，进口物价及出口物价与银汇率皆有相应之关系。而其中进口物价与银汇之相关程度较高。此与理论之预期相符合，因依照理论，则出口物价之变动，

---

① James W. Angell, *The Theory of International Prices*, (Cambridge, 1926), pp. 407 – 8. and also *International Trade Under Inconvertible Paper*, *Quarterly Journal of Economics*, Vol. 36, May, 1922.
② 谷春帆著：《银价变迁与中国》，第四四页。
③ Lin Weiying, p. p. 114 – 116.

总较进口物价之变动为落后也。①

Ⅱ. 进出口物价与进出口物量之关系

前节曾详述进出口物值与银汇价之关系，藉知二者间之关系，并不如根据一般理论所推断者之甚。但进出口物量是否与银汇价有若干关系？其相关程度若何？吾人可自此时期中之进出口物量指数与银汇价指数以观察之。

但在未论述二者之关系前，对于进出口物价与进出口物量间之关系，有首先究明之必要。按常理，进出口物量与进出口物价应为负关系。但进出口物价之上下，仅为影响进出口物量诸原因之一。一国所能输入之外国货物，其数量多少，自以该国所有之购买力总额为断。同时一国所能输出之数量，当然时受外国关税政策之迎拒及外国需求变动之影响。此种种因素之作用，在讨论物量之变动时，显然不能予以忽视。

吾人根据 $(\gamma = \frac{\Sigma zy}{N\sigma_z\sigma_y})$ 一公式，计算一九二六至一九三一年之进出口物价与进出口物量之相关系数，其结果如下：

1926—1931 中国进出口物价与进出口物量指数相关系数表

1926—1931	中国进口物价指数与进口物量指数之相关程度	$\gamma = .932 \pm .08755$
1926—1931	中国出口物价指数与出口物量指数之相关系数	$\gamma = .693 \pm .15375$

一国之进口货多具有惰性，并不仅受外界势力之影响而随之增减。但一国之进口货完全不具弹性者，恐亦属绝少。故物价与物量，应有相当关系。从一九二六至一九三一年中国之经验观之，进口物价与进口物量，确互为函数，二者之发展方向常相反。物价减则物量增。物价涨则物量减。至于以银币表示之出口物价与出口物量，其相关程度甚低。然外国进口商之购买中国产品，乃以外币计算其成本，而不以银币计算，是以对于出口贸易数量，如有影响，定以外币计算之出口物价为准。故吾人须求一以外币表示之中国出口物价指数与出口物量指数之相关系数。据所计算之结果，其系数高而且正，如是则以外币表示之中国出口物价涨，中国出口物量亦增，以外币表示之中国出口物价跌，则中国出口物量亦随之减。此种结果，完全与吾人预料相反。然其何以不能适合吾人之预料？推求其故，盖不出下列诸因：

第一，吾人不宜过分依据机械之统计数字，推论复杂万分之经济现象。一种经济现象之产生，乃为诸多种因素，参伍错综，互相影响，互相激荡之结果。欲观察一种因素对于一经济现象之影响，最妥当之办法莫如将其他一切影响此经济现象之因子，

---

① James W. Angell, *International Trade Under Inconvertible Paper*, *Quarterly Journal of Economics*, *Vol. 36*, May, 1922, p. p. 406 – 407.

预先完全予以隔离。但现代之统计学尚未能发展至此种地步，恐将来之统计学亦未必能成就此目的。吾人不得已，仅能于计算物量与物价之相关系数时，将各自之长期趋势及季节变动予以除去，而对于其他有关之诸因素则未能减除之。且本期中适逢世界经济恐慌爆发，其对于出口数量之有重大影响，自不待言。

在一九一八年至一九三一年之较长时期中，以外币表示之中国出口物价与出口物量之相关系数，据谷春帆先生计算结果为 $\gamma = .286 \pm .165$①。系数虽亦为正数，但较一九二六至一九三一年之系数（即本文所计算者）为低。吾人根据统计数字推测，一九二六至一九三一年，其相关系数之所以突然增高者，乃受统计系列中大数之影响。一九二九年以降，世界经济入于不景气时代，各国之进出口物价皆大跌落。以外币表示之中国出口物价自不能例外（但以银币表示之中国出口物价反见其增加），且自一九二九年起，中国外汇剧跌，更形助长以外币表示中国出口之物价之跌势，致使以外币表示之中国出口物价指数较全世界之平均出口物价指数之跌降程度，尤为猛烈。

以外币表示之中国出口物价指数，从一九二九年之一〇二·五降至一九三〇年之七五·九，计跌落达百分之二十六之巨。（同期世界出口物价指数跌落百分之一二·五）出口物价跌落，理当促进出口贸易，但因世界经济萧条，各国一般购买力，及各国实行经济国家主义之故，中国出口物量不但未能增加，反而大减。一九二九年以后，以外币表示之中国出口物价与出口物量，即均向同一方向变动，且变动程度均极巨大，致使所计算之相关系数，亦受其影响，而反乎常态。吾人所据以计算之时期甚短，仅只六年，而短期间之统计计算，尤易受大数之影响，使其出乎常轨。

第二，以银计算之中国出口物价即非消费者最终所付之物价。以外币表示之中国出口物价亦同样非外国消费者最后所付之代价。进出口税，运费，保险费及其他种商务费用，必须一并计入。此等费用多系固定不变，不能随物价上下而加减。中国之出口货，大多数为价值廉而体积大之原料品及半制品。故关税及其他各种费用，殆占此等货物在外国市场上销售价格之重要部分②。假如进出口税及水脚等种种费用，占中国出口货在外国市场价格三分之二。则中国之出口货除完全白送外，决不能再在该市场销售。因所售之价，乃仅及关税水脚等费用也。即令银汇价亦随该市场之物价而跌落。然关税运费等既不随之而跌落，则除非汇价之跌落，特别剧烈，足以抵消

---

① 见谷春帆著：《银价变迁与中国》，第45页。"其相关系数为 $\gamma = .286$。其或然差为 $\pm .165$，系数低而且正，或然差又高，似无何等关系可寻。" E Lansing Dules 博士研究法国汇价与出口货物之结果，其结论与谷氏之结论略同，见博士所著 The French Franc, 1914—1928: The Facts and Their Interpretation, p. p. 282 – 283.

② 一九三三年海关发表之华洋贸易报告，即有一节述及海运费对于中国出口货之重要，以为不将运费减低则许多中国出口货不能在外销售。是年各轮船公司亦均减低水脚等语，并列举各种减低之水脚，例如其所举大宗豆油之水脚费原为每吨五十四先令，后减为三十六先令。上海豆油价约为每担十二元，约略等于每吨二百四十元，或每吨十五金镑，运费三十六先令，实等于售价百分之十二。如按三十四先令计算，则约合百分之十八。通常出口税为百分之七·五，另加附加税等，总共约为百分之八·五。

关税等相形增加之影响，中外物价平准，定然破裂。反之，如该市场物价上升三分之一。（假如银汇亦随之上升）假定关税及其他费用不变。中国之出口物价，折成外币，纵比以前之中国出口物价为高，必比该市场现在之市价为低，故外国市场物价涨时，中国之出口货，反有增加之可能。而物价落时，出口货反难增加，兹为假设一例证明之。例如：

外国市场某种货物之价格为	二〇〇
中国该货物之价格折成外币后为	一〇〇
共计	二〇〇
关税及种种费用为	一〇〇

假如物价与汇价一律涨高百分之五十。则

外国市场某种货物之价格为	三〇〇
中国该货物之价格折成外币后为	一五〇
共计	二五〇
关税及种种费用为	一〇〇

假如物价与汇价一律跌落百分之五十。

外国市场某种货物之价格为	一〇〇
中国该种货物之价格折成外币后为	五〇
共计	一五〇
关税及种种费用为	一〇〇

第三，物价跌落为世界经济萧条之象征。世界经济萧条，则国外之购买力必致减退。中国出口物量反因出口物价下跌而减缩者，亦理所当然。

Ⅲ. 本期中进出口物量之发展趋势

以上吾人已将一九二六至一九三一年中国进出口物价与进出口物量之关系探明，今再进而观察，于此期中，在银汇价跌落之影响下，中国进出口物量之发展情势。

第一，进口物值之继涨，几全由于进口物价之激增。进口物量，虽直至一九二九年为止，不断增加，但至一九三〇年即大为减缩，一九三一年更见减少。

第二，出口物量，从一九二六至一九二八年增涨颇速，一九二九年剧减，一九三〇年减退尤速，一九三一年稍见回复。

第三，一九二六至一九二八年，进出口物量均有增加。一九二九年出口物量开始减退，而进口物量至一九三〇年方始缩减。虽吾人可推断一九二六至一九二九年出口物量之增加，系由于银汇价之下跌，然进口物量却与理论之预测相反，并未有任何之减少。当进口物量开始减退之年，出口物量业已减少，且减少之程度，尤为猛烈。

第四，以上进出口物量之研究，对于银汇价变迁影响对外贸易之理论，并未能给以确切有力之证明。最大限度，吾人只可言，在一九二六至一九二九年之时期中，理论推断从出口物值之相对变动方面得到部分之证明。而银汇价变迁对于进口贸易之影响，则完全未见诸事实。一九三一年，进口物量减少，出口物量增加，虽与理论之期冀相吻合，但其时期过于短促，不能从中获得任何概括之结论。

Ⅳ. 本期中进出口物量之发展趋势与理论预期不吻合之诸原因

进出口物量之变动，既皆与理论之推测不尽相合，其原因果何在乎？关于此点，吾人于上文曾作简约之叙述，今再引申论之如下。

第一，银汇跌落之所以能增加出口者，在中国出口物价，按照低汇率折成外币后，较前减少。然中国出口物价果能因银汇跌落，较前大为减少乎？据前所述，中国货物在外国市场之销售价格之构成中，包括有关税及其他若干种费用在内。此等费用所占之成分甚大，且固定不变。故银汇跌落只能影响出口物价构成中之一部分，至于其他一部分则丝毫不能变更之。假如外国市场之物价大跌，更假定银汇价有同等程度之跌落，则因银汇下跌仅能变更中国出口物价构成中一部分之故，势必使中外物价平准为之破裂。中国出口贸易必致因不能抵御在外国市场上各国货物之竞争而失败，殆无疑义。

其次，在工业方面，中国之生产资本构成程度极低。人工生产多于机器生产。工资低廉，免敷生活。捐税苛重。运费昂贵，利息又高。故生产成本，不能多所致低。大量生产，自亦难能。大量生产既不可能，则即使存在有促进输出之条件，中国工业产品之出口，短期内亦难于增加。在农业方面，则农产之丰欠，多赖天时，而政治之安定，尤为重要。汇率纵极低落，纵极利于输出，但有利之汇率，并不能保证吾人以合宜之天时，尤不能保证吾人以安定之秩序。故当汇率利于输出之年，土货产量，未必定见丰富，甚至因产量减少，而出口亦反减少者。锋削之市价，或诱致次一年之增产，而有利之汇率，是否继续，却不可必。在国际贸易下耕作之农民，不比凿井而饮，耕田而食之稳妥。彼辈根本上即为世界资本无秩序之需索与厌弃之牺牲品。农民之知识，对其所播种之面积与作物，绝不能保持与汇率适应之比例。且其生产能率，其出产数量，颇非人力所可临时加减者。其事业之本身，即不适于与汇率为上下之伸缩，而中国出口货物却以农产品占最大部分。故中国出口货物所受汇价涨跌之影响，似不如其他势力（如世界经济之盛衰，外国关税政策及生产技术等）之改变为重要。因之出口贸易与汇率间之关系，亦不能准确矣。

再次，在一九二九年以前，世界经济恐慌尚未发生，各国关税壁垒亦未建立，国际贸易得按常态进行。中国对外贸易，亦纯循正常轨道而消长。故在一九二六至一九二九年银汇跌落期中，中国之输出贸易得以增加。但自一九二九年起，美国经济恐慌已蔓延而成世界恐慌，各国对外贸易莫不迅速锐减，中国既为世界经济之一环，当然亦难例外。同时在世界经济恐慌之过程中，农业恐慌尤为严重。"当物价下跌之时，工业较易限制其产量，农民则较困难，职是之故，至少在不景气初发生之时期中，农产品价格之降落程度常较制造品为甚。"① 因此经济恐慌表现于工业上之结果，为工人失业及生产过剩，表现于农业上则为生产品价格之跌落。国际联盟所编之《农业恐慌》一书中，载有加拿大，德国，大不列颠，匈牙利，意大利，纽西兰，波兰，瑞士，及美国之批发物价指数及农产品价格指数。其中除大不列颠，瑞士，意大利三国（按：此三国皆非农业国家）外，农产品价格指数之跌落均较批发物价指数为猛，尤以一九二九-三〇年为甚。但在世界农产品价格跌落之情势下，中国农产品价格，至一九三一年为止，反有增无已②。中国农产品物价不减反增，依据国际贸易之常理，中国农产品输出之必趋减少，已属无疑。而事实之表现者，亦系如此③。中国为一农产国家，其输出商品中，农产品占最大部分。故农产品出口之激减，影响所及，必使整个中国之输出贸易为之锐减。英国皇家国际学会所编之《世界农业》一书中曾言："农业恐慌已使农产品输出国之贸易地位，发生根本变动。"④ 此即言，在世界经济恐慌中，农产品输出国受打击最大，其出口贸易之减少，应较其他工业国为甚。而中国所表现者，殊与此推断相合。

一九二九年后，因世界经济恐慌之故，中国出口贸易之减缩程度，无论在物值方面或物量方面，皆较世界出口贸易之平均减低程度为甚。此可见世界经济恐慌及于中国出口贸易之压力，已将银汇价低落之影响，全部冲销。

最后，中国为国际贸易比较新近开发之国家。人口众多，孳生繁密。然国内生活，未见安定，大多数人民购买力十分薄弱。且此辈内地人民，闭关风气未脱，对于进口货之需要，极属简单，然以其人数众多，故银汇跌落之结果，其对于进口货，当然应有相当之影响。然若银汇跌落适逢国内政治不安，内地荒乱之年，则一方面虽减少进口货之需要，他方面更能增加进口货之需要。如几时荒歉或内战发生，各省交通断绝，则粮食进口增加即是。且中国幅员广大，变乱之范围，往往仅限于一区域，而他区域之人民，则依然安居乐业。尤重要者，进口洋货消费区域之中心点，乃各通商口岸及邻近各都市，其生活状况，与内地完全不同。内地之衰乱，农村之崩溃，正为都市发

---

① Royal Institute of International Affairs, World Agriculture, Ch. 5.
② 据上海社会经济调查所所编之上海农产品趸售物价指数表（一九三〇为100）。一九二九年之农产品趸售价总指数为91.24，一九三〇年增至100，一九三一年更增至100.3，一九三二年方起始下降。
③ 据上海社会经济调查所所编之中国农产品输出贸易指数表（一九三〇为100，一九二九年为107.51，一九三〇年降至100，一九三一年又降至93.11。
④ World Agriculture, Ch. 6.

达之张本。都市从农村中，吸取其精髓，而建筑一金钱文化之社会。一切人财资力，全集中于都市。都市之建设愈新，生活程度愈高，奢侈繁华亦愈甚。且一切新都市之建设，又多且赖于进口材料之应用。故进口贸易，对于银汇价之涨落，只能有一部分（普通消耗品一部分）之适应，而不能全部追随其涨落而增减也。

五、一九二六至一九三一年各类进出口货物之变迁

各种进出口货物之性质——需求弹性与供给弹性——皆不相同，故在银汇价跌落下，其各自所表现之倾向，亦有所差异。若干出口货物，因银汇低落之刺激而增加，亦有若干出口货物反而减少者。进品货物亦并未因银汇低落而全部减少，表现增加之趋势者，亦为数不少。同时亦有若干进出口货物忽增忽减，其趋势线极不固定。今以一九二六年之各别出入口货物数量为基数，将本期中其他各年度之出入口数量化为连比；于是，吾人可进而计算各年份出入口货物数量之百分率的变迁及其实物单位数字的变迁。兹将进出口货物，依其发展倾向之不同分为三种：（一）示上涨趋势者；（二）示下降趋势者；（三）趋势线不固定者。

根据此数年中之海关报告册所载数字，吾人可以看出示下降趋势之进口货有以下四种：

1. 棉货类
2. 棉纱类
3. 液体燃料
4. 卷烟类

其次，示增加趋势之进口商品为：

1. 棉类
2. 烟草
3. 小麦
4. 木材

最后，无固定趋势之进口货物为：

1. 米谷
2. 糖类
3. 麦粉
4. 钢铁类
5. 纸类

在出口货物方面，示增加趋势者有下列三种：

1. 豆类
2. 丝绸类
3. 棉纱类

其次，示下降趋势之出口货物为：

1. 棉类
2. 皮货
3. 兽皮

最后，无固定趋势线之出口货物为：

1. 生丝类
2. 子仁及其产品
3. 花生及其制品
4. 煤
5. 油类
6. 蛋类
7. 茶类
8. 羊毛类

以上关于各别进出口物量，在一九二六至一九三一年间变动之分析，除证实银汇价变迁影响国际贸易之理论不能完全实现外，更指明有关因素之复杂及其相反方面之作用。若干种货物之变动与理论假定相合，其他则或与之似不生关联或完全与之相反。

六、一九二六至一九三一年之物物交易率（Barter Term of Trade）

交易率一名词原为马先尔教授所首倡[①]。陶西格（Frank W. Taussig）教授复分之净交易率（Net Barter Term of Trade）及总交易率（Gross Barter Term of Trade）。依陶西格教授之定义，所谓净交易率者，系仅指以货易货之交换比率而言。除以物易物外，其他劳务收支概不计及[②]。通常计算净交易率之方法，乃以一国之出口物价指数除该国之进口物价指数，严格言之，实为出口物价指数例数对进口物价指数倒数之比率。盖进出口物值若恒相等，或常具一固定之比例，则此等比率适为进出口数量净数之比率。进出口物价指数变动方向之反面，即示进出口数量变动之方向，亦即净交易率变动之方向也。出口价降则吾人将输出较多之数量，进口价涨则吾人必将输入较少之数量。故出口物价指数倒数对进口物价指数倒数之比率即示吾人对于每单位进口物量所付之

---

① A. Marshall, *Money Credit and Commerce*, (London, 1923).
② F. W. Taussig, *International Trade*, (New York, 1927).

出口物量与基年所付数量之比较。但现代国家之进出口货值从未有相等者，即固定比例亦不多见，故此所谓净交易率仅为一种假定之事例，其指数之意义远不如总交易率之明白而确切，何廉博士亦已言之①。

1926—1931年中国净交易率指数表　　　　　　　　　　　　（1913＝100）

年份	进口物价指数（1）	出口物价指数（2）	净交易率指数（3）=（1）/（2）
1913	100.0	100.0	100.0
1926	150.8	152.9	98.6
1927	161.7	148.9	108.6
1928	159.1	158.4	100.4
1929	158.1	169.8	93.1
1930	174.1	170.4	102.5
1931	192.9	166.3	116.0

来源：南开社会与经济季刊，卷九，第4号。

上表乃中国一九二六至一九三一年对外贸易之净交易率指数。此种指数乃以一九一三年为标准，而示中国在各年内对于同量之进口物品所支付之出口物量之变迁。指数升高即示中国以较多之出口物品易同量之进口货物，交易之率比较不利于中国。指数下降即示中国以较少之出口物品以易同量之进口货物，交易之率比较有利于中国，净交易率不利时，中国所付之银代价相对增加，而所获得之物质享用则相对减少。反是，净交易率有利时，中国所付银代价相对减少，而所获之物质享用则相对增加也。

由于银汇价之长期跌落，故出口物价常低于进口物价，因而一九一三年每百件土货运至外国售得代价后可以购得之外货，在一九二七年平均须运出一○九件方能购得，在一九三○年平均须运出一○三件方能购得。一九三一年进口物价更升，出口物价反跌，故平均输出一一六件货物，其售出之代价方能购入一九一三年每百件物品可以易得之进口货物，至于进口物品之品质能否与一九一三年者相若，尚成问题也。

但进口物价高涨之程度虽在出口物价之上，而吾人必须输出较多之物品其所得之代价方能购进昔日同量之进口货物，但事实上吾人是否确以较多之输出物品以易较少之输入物品如进出口物价之所示，尚属问题。中国之进口物品若全部皆以出口货物以为支付，则进出口物价变动之差，皆须以出口之增加以抵消之。但事实上，一九二七年商品贸易之入超多于一九一三年者，一万五千万元，一九三○年多于一九一三年约三万九千万元，一九三一年且多于一九一三年五万六千万元，此一部分吾人并未以出

---

① 经济统计季刊，第一卷第一期，第一四八页。

口商品以为支付,故自中国之实际输出入物量观之,一九二七,一九三〇及一九三一年吾人并未增加输出物品至9%,3%与16%以易一九一三年之同量进口物品。此即涉及总交易率问题。

1926—1931 中国总交易率指数表 （1913 = 100）

年份	进口物价指数（1）	进口物价指数（2）	净交易率指数（3）（1）/（2）
1913	100.0	100.0	100.0
1926	130.5	141.1	108.1
1927	109.8	154.1	140.3
1928	131.5	156.1	118.7
1929	139.5	149.2	106.6
1930	131.0	131.1	100.1
1931	129.9	136.5	105.1

来源：南开社会与经济季刊,卷九,第4号。

上表乃示一九二六至一九三一年之中国总交易率指数。所记总交易率,依陶西格教授之定义,为整体出口货与整体进口货间之比例。通常吾人对于历年贸易物价值继续入超一事,恒发为警惕之词。以为长时期价值入超乃一国不良之现象。此乃由吾人心目中先横梗一"国家"观念之故。若仅从物质的享乐方面观之,则绝对不然。依古典派之所见,人类之经济交涉,本无政治上的国家之界限,而国家反常为经济行动之障碍。工人之出售其劳动力,所问者,乃工资之高低,工时之长期等等,至于资本主人之为黄脸白脸,除为偏见所惑外,不在问题之中。消费者之选择享乐物亦然,所问者,为物质技术之良寙,价格之低昂,而不在制造家之国籍,若有时亦问及国籍者,要是被特殊政治理由所支配,而违及其本来经济人（Economic Man）之意识者也。故唯商品之生产者及所有者,方希望阻止外国生产品之输入,方希望自己所有之生产品之输出与推销,在劳动者或纯粹消费者方面,本无可以销售输出之商品,焉有增加输出阻止输入之希望。所希望者,惟在货物之丰富普遍,价格之低廉合宜耳。如是则贸易入超一名词,实另具一种意义。所谓某年度贸易入超者,是谓该年度外国曾以价值较多之货物,来换吾人价值较少之货物（当然其余额亦经吾人付以代价;且此种交换之结果,对于未来有若何重大之影响,因非本人之主旨,故不之计）。即吾人于该年度获得价值较高之享乐也。是以国际贸易上之"物物交换总条件"乃以外国多量之货来换吾人少量之货为有利也①。

前列南开经济学院之总交易率指数乃以进口物量指数除出口物量指数而得。但其结果非能语人以某年之交易率是否绝对有利，仅谓某年之总交易率较一九一三年之基期是否更为有利耳。如其指数高于一〇〇，即示每一单位进口物量所易之出口物量多于一九一三年，与一九一三年相较为不利于中国。指数低于一〇〇，则反是。以一九二七年之总交易率与一九一三年相较，吾人该增加出口物品至40%以易同量之进口物品，交易率显见不利。其后稍见好转，一九二九年该增加出口物品至7%，以易同量之进口物品，一九三〇年之情形与一九一三年者相埒，一九三一年又转不利。

依常理，银汇跌落，则入口减少，出口增加。出口数量恒趋向于超过入口。而总交易率对于用银国将成不利。但在本期中，中国之出入口物量因受其他种种因素影响之故，总交易率之此种倾向未能具体实现。

七、一九二六至一九三一年之现银进出口与国际收支平衡

银本位国之银出入，与金本位国之金出入，受同一经济原则之支配。除非有政治上之作用，或有国际间之阴谋，金银之流动，恒依汇率之上落。如中国之对外汇率下降至现银输出点之下，输出现银比之购买外国汇票较为有利，则现银自然输出。反之，如购买外国汇票比输出现银为有利，则决无人自愿输现之麻烦与损失而偏欲输现者。银进口之理论亦同。汇率在输入点以上，则现银输入，否则不输入。

所谓现银输出点与输入点者，系按汇兑理论平价加减输现费用而得。一国之货币重量与成色，均由其本国法律规定，在同本位国间汇兑理论平价，即系两国货币所含之纯银或纯金之比例。银本位与其他非银本位国间汇兑理论平价之计算，其原理亦相同。所异者，同本位国间之理论平价，即各由法律规定，故可随立法更张而变迁。金银异本位国间之理论平价，则由外国银价推算而得，故随外国现银市价而上落。但无论如何，在停止银本位前中国本位币所含之纯银，与相等成色重量之外国现银，其理论上之价值，终属相等。无论外国银价如何上落，决不能使平价发生差异，亦决不致因此而有输现之可能。因平价系属推算而得，决不因推算中所用数目之大小，而其结果有异于寻常也。假如两金本位国间，一国忽变更其货币之成色与重量。理论平价当然随之改动。决无人以为结果将现金流动者。故依同一理由，世界银价之涨落除使中外汇兑理论平价变更外，决不能使现银流动。

---

① 甘末尔教授（Prof. E. W. Kemmerer）论墨西哥云："银币之金价值跌落，由汇价腾涨所表示，其结果为榨取墨人以利外国。换言之，即结果发生一种趋势，使墨人呈献多量之出口货，以易少量之外国进口货"。见 *Modern Currency Reform*，(New York, 1916)，p. 479。同书所引美国委派之委员报告，其意见亦同。

但中国货币在中国汇兑市场上之市价,当然不能恰与其所含纯银之银价相等。犹之一切货物之售价,不能恰与其成本相等。因之汇兑市价与汇兑平价间,发生差异,或高或低。外国市场需要中国货币殷,则各该地之中国汇价上涨。反之,则下落。如中国市场对于外国货由之需要殷,则外币涨而银汇落。逐日汇兑市价,以汇兑平价为中心,绕之上落。

汇兑市价之变动,以平价为中心而又以现银输送点为两极限度①。在此限度之内,在正常状态下,汇兑市价之变动,因之而现银出入之大势,均为国际收支盈亏所决定。但短期汇兑市场上投机操纵之影响,亦为不可忽视者。虽如此,吾人虽承认投机买卖能对于某一时间之银出入,有左右之力量。而于长期借贷之关系,长时期现银流出入之趋势,则不能有何力量。

中国于一九二六至一九三一年期间,历年皆为银入超。而银入超实为除商品入超外,国际收支仍有余裕之表现。且吾人更有坚强之论证,足以断定本期中,中国国际收支,两相清抵,每年皆有盈余。此事或将使不熟谙国际收支平衡理论者,产生疑问,以为中国为民穷财困之债务国,何以能收付相抵,每年皆有盈余? 吾人现今所当首先辩明者,收支平衡下所谓盈余者,系指应送至中国经济领域内之款项多于送出而言,非指中国国民或政府应收之款项多于应支而言。是所在地之转移,而非所有权之转移也。此与计算一国之经济平衡时不同②。例如外人在华之一切投资及外债等,在计算一国之经济平衡时,因其为欠人之款,在中国方面,当然作为亏负。但在计算国际收支平衡时,则此种投资或举债,当其实行时,均使中国有对外收受款项之权利,而使当时之国际收支,趋向有余者也。以此吾人可知一国可以长期失却其国民经济之平衡,而不能长期失却其收支平衡。譬如薄记上之贷方与借方,不论其来源与去路之如何,要之必须相抵。在抽象的某一时间点上,贷方或超出借方,借方或超出贷方。而自其动态的过程言之,则未有能继续或永久失却平衡者。国际收支有余之国,若不将其余收回国内,则惟有寄之国外。收回国内则现金银入口或货物入口增加。寄之国外,则投资额增加,而股票债券之入口增加。无论如何,必使收支达于平衡。

本期中,中国既每年皆属贸易入超,又皆属银入超,则显然此项入超之商品及银,皆属衡平国际收支所必需。而除去贸易价值入超以外,其他国际借贷各项,收付相抵,必然仍有余裕矣。

---

① 有以为银汇价之变动以现银输入点及现金输出点为两级限度者。见(Thomas) York, *International Exchange, Normal and Abnormal*,(New York, 1925), p. 585. 但中国输出现金为数极微,且中国金价之涨跌几完全受银价及银汇价之支配,故银汇率变动之最低限度乃受现银输出点之决定。见 Sir Charles Addis, *The Daily Exchange Quotation*,(London, 1917), p.p. 10 - 11.

② 国民经济总平衡之计算,见 Ernst Wagemann 所著《世界经济之机构与景气变动》(孙怀仁译,商务,民国二十五年出版)。

一九二八至一九三一年之中国国际收支中，有形贸易输出入价值，海关贸易报告所发表者，估价过低（见本章第二节）。关于出口货值，已根据雷穆教授之意见，将一九二八年之关册数字增加百分之五，一九二九年增加百分之七·五，一九三〇年增加百分之十。一九三一年者，则依照土屋计左右氏之意见，增加百分之二十。至于进口货值，则因私运偷漏之多，关册所载亦有不尽完备之嫌。故对进口货值亦已酌予补足。

中国之无形项目，历年皆属出超，且其出超数额较有形贸易之入超数额仍大。兹将各自之数字列下，以资比较。同时现金之在中国，犹之现银之在外国，仅属一种商品，故现金亦并入有形贸易项目中：

1928—1931 中国国际收支中无形项目出超值与有形贸易入超值比较表

（以百万元为单位）

年份	无形项目净出超额	有形贸易净入超额	净盈（+）或净亏（-）
1928	307.4	257.9	65.7（+）
1929	363.2	440.7	105.3（+）
1930	384.9	357.9	55.8（-）*
1931	401.2	541.0	43.3（+）

* 注：1930年净亏或因收入方面各项进款估计太少之故。是年货物输出额之估低部分仅按10%计算。如按次年土屋计左右氏之法以20%估计，则是年系属净盈88 400 000元，与前后趋势较为相符。

无形项目既属出超，至于造成此项出超之原因，据前表及各家估计，均以华侨汇款及外人投资为大宗。而华侨汇款，尤为借方之重要项目。此项汇款，多为赡养乡党戚族所需，故其汇款数目之多寡，正应有大部分由乡党戚族之需要定之。在银汇价跌落时期，因国内物价之高涨，家族方面，或要求增加汇款，而侨民方面，亦因汇价相宜，而易于措置，因而所汇银款较前增加。至于外人投资，普通以为外汇跌落，则投资人对于资本市场不生信用，故阻碍外国资本之输进。此等情形，乃异本位国间当然之事。因投资及还本如以债权国之货币为准，则起债之国危险实大。还本付息之数或竟倍蓰于所借。如债款及还本系以债务国之货币为准，则债权人收入之还本付息款，将来或竟少于所借。但银汇跌落如比世界物价之跌落为巨。因之中国之进口物价高涨而劳动成本下落。此时向中国输入货物，困难必多。此时中国国内之生产业则又为高物价所刺激而兴旺。故此时亦为输入资本最佳之时机。一九二九年银汇大跌后，自外国移植中国之分厂，为数颇不甚少，可为佐证。

依恒情，上表中之净盈或净亏数额即为中国之现银入超或出超数额，但因国际收支表中有"未详"一项之存在，故二者不能同一。计现银净进口额，以百万元为单位，则一九二八年为一五九·六。一九二九年为一五八·七。一九三〇年为一〇〇·五。

一九三一年为六七·七。此项入超依常理推测，为在国际收支有利平衡下，汇率落在银输入以下，所引起之结果。此因为当然之事，然现银入口之根本原因，却不在此。试问国际收支，纵有余可收，此项余款，何必定以现银方式输运入口乎？有余之债权，吾人可以有多法处理之。或则投资国外，或则以货物之方式收归国内，如此则国际收支，重得平衡，而无须有现银之输入。故现银有输入之"可能"而至于"竟能"者，若非国外无可存放，无可投资，或国内货财充足，无待外货，而至于不得不收取现银；则必是国内对于现银之需要，比之其他商品之享乐，比之投资利润之收获，更为急切深刻也。但此已越出本文之范围，故不深论。

第三章　一九三二至一九三五年银汇价昂腾期中之中国国际贸易

一、一九三二至一九三五年之银汇价及理论上进出口贸易应有之动态

一九三二年以降，银汇价之历史，重展一页。十数年来继续维持之银汇跌落，一变而为银汇腾涨。盖因一九三一年底英日相继停止金本位后，两国均采贬低汇价政策，以谋对外贸易之发展。因之，国币对英、日之汇价胥上涨。一九三三年三月美国亦放弃金本位，美国汇价跌落甚大，于是国币对美汇价亦上涨。一九三二年十二月国币一元等于英金一四便士，美金一九分，日金九三钱。一九三三年十二月，国币一元等于英金一六便士，美金三三分，日金一圆。若自外汇总指数观之（一九三〇＝100），则从一九三一年之132.03陡腾至一九三二年之107.41，又腾至一九三三年之91.86。英、日、美诸国货币对外价值（即外汇市价之反面）跌落之情形下，若其各自货币之对内价值（即物价之反面）与之有同等程度之跌落，且国内各个物价之变动又完全相同，则金本位之废止对于中国之国际贸易完全无关。但事实上通货膨胀若非过甚而失去人民对于通货价值之信仰，则因物价惰性之存在，货币之对内价值常跌落较少，而对外价值则跌落较多。在此情形之下，国内物价若以对外汇率折合，以外币计算，必较低下；而国外物价折合以国内货币计算，必较高涨，此无异于提高外货进口之关税，而对于出口货物给以相当之津贴。英日美等国增加出口而制止进口，即足以增加中国之进口而减其出口。此各国废止金本位制以后，对于中国对外贸易之影响也。

一九三四年六月美国公布白银购买法，并积极购银之后，银价逐步腾贵，我国外汇又因而猛涨。是不啻身将落井，又遭下石，创痛之深，无以复加。缘自一九二九年以降，其他国家皆卷入世界恐慌漩涡，我国经济情状适晏宁无事，国际收支反臻于有

利平衡，对外贸易亦得相当保持常态。其得幸免此劫者，厥以银汇下跌为最大原因。一九三一年以后则情势大异，外汇一涨于各国放弃金本位，再涨于美国抬高银价。以是在世界贸易恢复途中，我国对外贸易，反愈陷于逆境，而不能自拔。

一九三四年，外汇指数陡腾至81.19，如其他条件不变，则此种再度上腾之汇价必使国内物价更趋下游，必致输出贸易益感困难，输入贸易益加便利，银价愈昂腾，则自汇兑上对中国输出贸易之打击愈大，不宁惟是，以种种关系，使中国以经济的民族主义隔离汇兑之打击又极困难，加之政治经济种种障碍，外汇日昂，更使中国对外贸易愈陷于支离破碎中，其结果，可于贸易入超上见之。一九三一年入超为八万一千余万元，一九三二年为八万六千余万元，一九三三年为七万三千余万元，一九三四年为四万九千余万元，数目均极巨大。虽三三及三四两年，有所减缩，但为贸易全般之衰退，非情况转佳也。而中国货之海外市场渐次缩小，足使外货输入相对见大。此当然不仅由于汇兑，世界农业恐慌，工业恐慌绵亘数年，采取经济的民族主义者日多，而使抗御力弱之中国反成为各国倾销之对象，亦为一因，惟要以银汇价放长为直接之主因，殆为无疑之事实。

一九三四年十月十五日，我国财部以迅雷不及掩耳之手段，施行征银出口税及平衡税，以使国币价值脱离国外银价之关系。由是国外银价虽高涨，但国币价值不随之上涨。惜此种良好作用不能久持。自征银税后，外汇虽于短期间降低，但至一九三五年三月又复上升，国币一元等于英金一九·〇八便士。五月涨至二〇·一二便士。六月以后稍有低落。至十月仍为一七·三四便士，与一九三四年十月上半月之汇价相近。可知银出口税并未能长久地贬低汇价。

银税既告失效，同时由于内外情势之煎迫，财部遂于一九三五年十一月四日毅然宣布新货币政策，并函令中央，中国，交通三行负责稳定外汇。自是中国对外贸易已不再受银汇涨跌之影响矣。

本期中银汇既暴增无已，然则依抽象之经济理论，其将对于中国之对外贸易发生如何之影响乎？此为本章之主旨所在也。兹分八项胪列于次。

甲　外汇上涨以后，经过相当时期以银计算之出口物价必然低落，但以金计算之出口物价必然上涨。

乙　外汇上涨则以银计算之进口物价必然低落。

丙　出口物价（从金）既然上涨，则出口贸易额必然减退。

丁　入口物价（从银）既然降跌，则入口贸易额当随之膨胀。

戊　外汇上涨，进出物价（从银）胥下降，但出口物价之下降应落于进口物价之后，故净交易率应相对有利于中国。

已　出口物量减，进口物量增，则总交易率亦较有利于中国。

庚　出口减缩入口膨胀之结果，则中国之对外贸易入超必愈增。

辛　外汇上涨，其他无形收支亦将不利于国，有形及无形贸易入超之结果，必继之以现银之外流。

前述八项，皆为银汇上腾理论上应及于贸易之影响。试按之本期中中国贸易情况，求其离合焉。

二、一九三二至一九三五年加强与阻止银汇价变动影响中国对外贸易之诸因素

中国对外贸易，一方面直接受银汇价变迁之影响，一方面亦与世界经济以及国内一般经济情况相互立于函数关系之中①。如果两种方面之变动方向相同（譬如银汇高涨，又加以世界及国内经济之不景气），则中国对外贸易必受两大势力之夹击而循衰退之途迈进。反之，如两种方面之变动方向相反，则中国对外贸易之趋向须视何方之势力较大，不宜抽象论断。一九三二年以后，中国对外贸易遭遇非常变动，其变动程度之猛烈，且为对外通商六十余年以来所未有之现象，进出口贸易皆一致减退。银汇价高涨所发生之阻碍中国出口贸易之作用转而加强，其刺激中国进口贸易之作用则大受防阻，其所以致此者，最重要之原因约有下列数端：

（1）世界经济衰落始于一九二九年，一九三二年以后仍未见恢复常态。在经济衰落之时期内，各国生产过剩，物价大跌，贸易减退，但因中国外汇系属银汇，而银汇在此同一时期内，亦作猛烈之下降，其下降之程度且尤甚于各国物价之跌落，故物价以银计算反有升涨。物价升涨则在各国所表现之经济衰落现象亦皆未能侵入中国，故一九二九至一九三一年中国仍得维持繁荣者，实由于银汇下跌为之保障也。一九三一年后各国相继放弃金本位，中国前面所受于外汇下跌之保障因而全部撤除，而物价下跌，贸易减退等等经济衰落之潮流亦皆得悄然袭入。吾人可谓各国之经济衰落虽始于一九二九年，但在中国则经济衰落之现象延至一九三二年方始显著。一九三二年以后对外贸易之猛烈减退，中国经济衰落实为其最重要原因之一。

（2）各国之提高关税可以减少中国之出口贸易，自一九二二年美国另定税则后，各国即开始此项关税战争，即向采自由贸易之英国，亦逐渐改为保护关税，一九三二年以后，因经济民族主义之盛行，关税之提高尤甚。各国关税税则之采用极端保护政策，即可以减少全世界之国际贸易。其对于中国之影响，则为出口之减退。

---

①　此处所谓"函数关系"与数学之意义毫无关系。数学之所谓函数关系乃精密之量之相互规定。但在形成有机的全体之经济界中，存在着无限多样性之故，数学决不能把握此种关联的错误的全体。吾人所指者，不过为其依存性。

（3）中国本国关税税率之提高，足以阻止中国进口贸易而使其减少。一九三一年改用新税则后，中国出口商品之税率平均已提高百分之三强。此项增税虽始于一九三一年，但其影响，则在一九三一之后，盖进出口贸易之需要常有惰性，新税实行后，在未能觅得适当之替代品或未能减少需要量以前，贸易数值仍不能在短期内减退甚烈也。一九三三年及一九三四年进口税率叠有增加。如以一九三三年六月至一九三四年五月之进口贸易总额为标准，则一九三四年之新税则中，增税物品几占进口总额百分之五十之多，此种增加，能影响进口贸易之减退，自不待言。

（4）东四省之被占可以减少中国之贸易。一九三一年七月伪国侵占东四省海关，自是该区之贸易统计即未能列入中国海关报告之中。从表面上观之，因数字之不全，一九三二年以后进出口贸易之减退自为应有之现象，但此非中国贸易之真正减退。吾人以为除此之外，东四省被占之本身亦可减少中国本部之真正贸易，且同时可以减少一向之贸易入超。盖中国关内贸易向为入超，而东四省（热河除外）则向为出超，其每年之出超常在一万万元以上。此项出超之数值常可抵消每年关内入超贸易自20%（至50%）。东四省被占后，关内外贸易隔绝，则关外之出超自不能用为抵补关内之入超。国内之对外收支不能均衡，洋货进口之价值无力偿付，则洋货之进口必须减退，而关内之入超亦必减少。

此外一二八之沪战，内地动乱加剧，以及一九三四年之美棉麦借款等，在银汇高涨中，均能加强或阻止其影响中国对外贸易之势能，自属无疑，但以其影响之范围较小，时间较短，故不具论。

三、一九三二至一九三五年之进出口物值

设一国之政治稳定，经济有正常之发展，其对外贸易总值，必有与时俱进之趋势。中国近数十年来，虽内战不息，灾祲频仍，然其经济进展，尚未大妨，故对外贸易年有增加。或谓中国对外贸易增进之结果，无非使入超加大，仅足以表示国民经济衰退程度之加剧耳，对于中国不但无益，而是有害，何乐观之有？入超增大之利害姑且不论，而中国数十年来对外贸易增进之事实，则无可否认。此项事实在进口方面足以表示国人购买外货能力加大，在出口方面表示国产向外洋之推销进展，进一步更表示中国之经济活动日趋繁盛。不幸此种现象至一九三一年底突然改变。中国此时除受世界经济恐慌之影响外，又遭空前浩劫，广大领土，被人侵占，举国骚然，陷于非常时期，国内产业大受挫折，于是对外贸易突然退减。但即将关外贸易加以剔除，仅就关内贸易而言，一九三二年以后之趋势线仍属下落。

吾人将一九三一年以前之关外贸易予以减除，以便前后两期之贸易值得以比较①。由此可知仅关内之对外贸易，一九三二年以后之跌落程度仍极猛烈，可见仍有阻碍中国对外贸易正常发展之其他扰乱因素之存在。

1932—1935 中国关内各港进出口物值指数表 （1930 = 100）

年份	进口物值	出口物值	外汇指数	外汇倒数
1932	88.4	60.2	107.41	93
1933	78.1	64.6	91.86	109
1934	59.7	57.0	81.19	123
1935	53.3	60.8	74.11	135

来源：进出口物值指数根据海关报告算出。外汇指数录自南开社会与经济季刊，卷九，第4号。

一九三一年以后银汇继涨，而进口物值反大为减缩，计从一九三一年之十九万九千余万元减至一九三二年之十五万二千余万元，再减至一九三三年之十三万四千余万元，迄一九三五年乃减至九万二千万元弱，不及一九三一年之一半。此种趋势完全与理论预期相反，盖按之一般理论，汇价上涨，其他条件不变，进口物值应有增加也。

至于出口物值，则自一九三一年以后虽随银汇之上涨而减退，计从一九三一年之九万一千余万元，降至一九三二年之五万六千余万元，但一九三三及一九三五两年反随银汇价之大涨而较前一年度稍有增加，其增减趋势极不规则，与银汇价之上涨似无何等关系可寻。

然仅物值一项，不足以尽窥银价影响对外贸易之真相，兹更于下节中从物量方面考察之。

四、一九三二至一九三五年之进出口物价与物量

本期中对外贸易之变动，亦可由进出口物量物价之升降以观察之。盖物值之变动未必即为进出口物量之增减，或仅仅由于物价之升降也。兹分项述之于后。

Ⅰ. 本期中银汇价与进出口物价之相关程度

战后数年间各国不换纸币盛行，失共同之本位，汇价腾落，无往日之现金输送点为之范围，于是购买力平价说（The Purchasing Power Parity Theory），亦有称之为商品

---

① 一九三二年及以前各年海关报告中仅载各港进出口贸易总值，并未分别各港之复出口或复进口。该表所列关内各港之进出口净值，乃南开经济研究所估计而得者，其估计方法乃假定关外复出口对进口总值之比例适等于全国复出口对全国进口总值之比例。出口净值之估计方法亦同。自一九三三年以后则纯自关册中录取之净值。

平价说（The Commodity Parity Theory）应时而起。主张此说最力者，以为物价之变动实为对外汇价变动之主因，汇价虽有时先物价而变动，然毋宁视为变相而非常态[1]。历来以各国物价与汇价试证此说者发现购买力平价固有时先汇价而变动，然汇价变动先于购买力平价之事例尤夥。故购买力平价说虽有其不可磨灭之价值，然究不能普遍适用也。以我国物价与汇价之关系而言，据孙拯先生研究之结果，谓银汇价实先于购买力平价而变动，其当然之结果，自为汇价之变动先于物价[2]。而波尔德君（J. van Walre de Bordes）研究战后奥国货币史[3]，所发见汇价与物价变动之次序，尤颇与我国之情形相近。君谓以战后一九二二年奥国之情形而论，物价之变动实落于汇价变动之后。

凡物价随外汇变动之国家，则本国货币对外价值上腾之时，进出口物价必见跌落。反之，本国币价跌落之时，进出口物价必见腾涨。一九三一年以后，中国外汇陡涨，依此项理论，则一九三一年以后之中国进出口物价应属跌落。但吾人以为银汇变迁并非决定中国进出口物价之唯一原因。世界物价平准之高下，亦有相当之关系。下降之银汇与上升之世界物价，均使中国进出口物价涨。反之，上涨之银汇与下降之世界物价，均使中国之进出口物价落。兹以上海国定税则委员会所编一九三二至一九三五年之上海进出口物价指数，及南开大学经济研究所所编之同时期上海外汇指数，及同时期英、美、日三国趸售物价，以其所占中国进口价值百分数为权重之加权平均指数，列为下表。且为便于比较起见，后将每年涨落百分数附列表中。

于是吾人当问此数年内上海进出口物价之跌落，究因银汇之上涨乎？抑因世界物价之跌落乎？此有待于统计之计算。近年统计之学注重预测，故比较时间系列之变化者，恒注重其关联状况。我国汇价与进出口物既有后先追随之状，故亦可作此研究。

求两时间系列相关系数之方法，普通先除去其长期趋势与季节变化而以其循环变差求之。近年关于此法虽有种种评议，兹姑仍循通例。银汇价及进出口物价各自之长期趋势线，已由南开大学经济研究所及孙拯先生求出。至于求季节变化所用之方法为所谓对趋势线百分比法（Ratio to Ordinate Method）。我国之计算季节变化者，大抵用环比法，此法较为繁复，所得结果亦不甚相远，美统计学者密尔斯（Frederick Cecil Mills）尝谓对趋势线百分比法为最可一般应用而最便之方法，当趋势线或常态数系根据数学方法计算之时，尤适用之[4]。

即得季节变化之数，更以实数对趋势线之百分比与此数相减，所余之数，为实数对常态之百分差，代表循环变化及意外变化。更将此百分差折成以标准差为单位，则

---

[1] Prof. Cassell Gustav：*Money and Foreign Exchange After 1914*.
[2] 见孙拯：《上海物价之国际的考察》，《立法院统计处统计月报》第一卷第六期，第六十九页至一一六页。
[3] J. Van Walre de Bordes，*The Austrian Crown*.
[4] Frederick Cecil Mills，*Statistical Methods Applied to Economics and Business*，（New York，1924），p. 328.

即可进而求其与其他时间系列间之相关系数矣。

上海进出口物价指数及外汇指数变迁表

指数	1932	1933	1934	1935
上海进口物价（1926 = 100）	140.2	132.3	132.1	128.4
上海出口物价（1926 = 100）	90.4	82.0	71.7	77.6
上海外汇（1930 = 100）	107.41	91.86	81.19	74.11
外汇倒数	93	108	123	134
世界趸售物价（1929 = 100）	72	75	79	82
对上年增减百分数				
上海进口物价	−	− 8	− 0.2	− 4
上海出口物价	−	− 8	− 10	+ 6
外汇倒数	−	+ 15	+ 15	+ 11
世界趸售物价	−	+ 3	+ 4	+ 3

来源：上海进出口物价指数录自国定税则委员会上海物价月报 13.1，外汇指数录自南开社会与经济季刊，卷九，第 4 号。世界趸售物价乃根据联合国统计月报所列，英美日三国趸售物价指数按其所占中国进口价值百分数为权重之加权平均指数。

上海进出口物价与上海外汇及世界物价净繫联系数表

进口物价（1）与汇价（2）之净繫联系数［世界趸售物价（3）不动］	$\gamma_{12.3} = -.86$
进口物价（1）与世界趸售物价（3）之净繫联系数［汇价（2）不动］	$\gamma_{13.2} = -.84$
出口物价（1）与汇价（2）之净繫联系数［世界趸售物价（3）不动］	$\gamma_{12.3} = -.64$
出口物价（1）与世界趸售物价（3）之净繫系数［汇价（2）不动］	$\gamma_{13.2} = -.52$

由上表数字观之，进出口物价与汇价之关系，极为明显。既高又负。银汇涨则进出口物价均下降。进出口物价与世界趸售物价亦为负关系，即世界趸售物价与进出口物价之上落相反。此与理论预期完全不合。可知此时期内上海进出口物价几全受汇价变动之支配也。

Ⅱ. 本期中进出口物价与进出口物量之相关程度

进出口物值为物价与物量之乘积。如物价不变，则银汇变迁，进出口物值可与之有相反方向之变迁。然在汇价变动下，物价决不能固定不变。如果物价与物量向相反方向发展，且其发展之程度相等，则正负相消，物值之变动适等于零，而物量固在变动也。故吾人于观察物值之后，更须进而观察物量。

银汇变动通过物价之机构而影响物量。然则本期进出口物价与进出口物量究有若干关系？一九三二年以后，对外贸易有出乎常轨之变动，或不足以之与一般理论相印证，然亦不妨一察之。下列诸表乃吾人计算进出口物价与进出口物量相关系数之结果，其各自之长期趋势与季节变动皆预先予以剔除，小数多计至三位为止。

1932—1935　中国进出口物价与进出口物量指数相关系数（Coefficient of Correlation）表

中国进口物价指数与进口物量指数之相关系数	1932—1935	$\gamma = .986 \pm .093755$
以银币表示之中国出口物价指数与出口物量指数之相关系数	1932—1935	$\gamma = -.711 \pm .166736$
以外币表示之中国出口物价指数与出口物量指数之相关系数	1932—1935	$\gamma = .271 \pm .312495$

1932—1935 中国进出口物价指数与进出口物量指数相距系数（Coefficient of Alienation）表

中国进口物价指数与进口物量指数之相距系数	1932—1935	$k = .166$
以银币表示之中国出口物价指数与出口物量指数之相距系数	1932—1935	$k = .703$
以外币表示之中国出口物价指数与出口物量指数之相距系数	1932—1935	$k = .963$

注：根据对趋势线百分比算出。

两种系数既已求出，兹再进而比较各相关系数之平方与相距系数之平方于下：

	γ^2	k^2
中国进口物价指数与进口物量指数之相关程度与相距程度	.972	.028
以银币表示之出口物价指数与出口物量指数之相关程度与相距程度	.505	.495
以外币表示之出口物价指数与出口物量指数之相关程度与相距程度	.074	.926

据上表，进口物量与进口物价间为正关系，即进口物价低于常态数，则进口物量亦低于常态数。此事全与理论相反。盖依一般之理论推断，进口物价低落，则进口物量恒趋于增加也。出口物量，依理论与出口物价应为负关系。出口物价低则出口物量增，出口物价高则出口物量减。依上表，以银币表示之出口物价与出口物量间之相关系数虽与理论吻合，但吾人对之殊不能依赖。第一，其或然差甚高：P. E. = ±.166736。第二，外国进口商之购买中国货品，概以外币计算其成本，而不以银币计算。如是则出口物价对于出口物量，如有影响，定以外币计算之出口物价为准。故其相关系数虽为负数，亦不足以为一般理论事实上之佐证也。

至于以外币计算之出口物价与出口物量，其相关系数低而且正，或然差又极高，似无何等关联可寻。美统计学者蔡道克氏（Robert Emmets Chaddock）尝谓凡两数字系列之相关系数在 .3 与 .5 之间者，如其或然差不大，则仅表示两者之间有中度（Moderate degree 即不甚强）之相关程度；又言相关系数必须当或然差数四倍以上方足示明有任何明显（Significant）之相关关系①。今以外币计之出口物价与出口物量之相关系数既在.3之下，或然差反较系数为高，其无何等关联，已无待吾人之喋喋。

Ⅲ. 本期中进出口物量之发展倾向

今以一九三二至一九三五年之进出口贸易更详论之。下表乃示对外贸易物量指数与物价指数。

中国对外贸易物量指数与物价指数 （1913 = 100）

年份	值比 进口	值比 出口	物量指数 进口	物量指数 出口	物价指数 进口	物价指数 出口
1913	100.0	100.0	100.0	100.0	100.0	100.0
1932	191.6	140.2	106.0	100.8	180.1	140.0
1933	169.5	150.8	97.5	124.7	173.2	121.4
1934	129.7	131.9	85.1	118.6	151.9	111.6
1935	115.8	141.9	83.6	126.7	138.1	112.4

来源：南开社会及经济季刊，九卷，第4号，p.1090。

一国之对外贸易应有其固定增加之趋势，贸易实量倘有增加，如其增加之数量落在常态数量之下，则仍为减少。下表乃以六十年来中国进出口物价之平均增减为标准，而将上表之各列指数化为其常态数值之百分数。表中各列数目多于一〇〇即示是年此项数值在常态数值之上，少于一〇〇即示此项数值在常态数值之下。

中国进出口物量物价调节指数 （趋势线 = 100）

年份	物量 进口物量调节指数	物量 出口物量调节指数	物价 进口物价调节指数	物价 以银币表示之出口物价调节指数	物价 以外币表示之出口物价调节指数
1932	82.4	58.5	92.3	80.5	79
1933	74.3	70.4	86.3	68.0	85
1934	63.6	65.2	73.7	60.9	95
1935	61.2	67.7	65.2	59.8	113

来源：南开社会及经济季刊，九卷，第4号，p.1092。

注：以外币表示之出口物价调节指数乃吾人根据以银币表示之出口物价指数按逐年外汇指数折合后，更求其对常态数之百分比而得。

---

① Robert Emmets Chaddock, *Principles and Methods of Statistics*, (Boston, 1925), p. 275.

据以上两表观之，一九三二年以后，进口物价虽逐年跌落，但进口物量亦随而跌落。如以一九一三年为一〇〇，则一九三二年之进口物量为一九二，一九三五年降至一一六。

至于出口物量，则在银汇上涨及以外币表示之出口物价上涨之趋势中，反有增加之倾向。如以一九一三年为一〇〇，则一九三二年之进口物量为一〇〇，一九三五年降至一二六。

此种与理论预测完全相反之原因果何在乎？以上吾人于本章第二段中，曾对本期中阻挠及隐匿银汇上涨影响对外贸易之因素，详加阐述，今再略为补充。

自九一八及一二八事变以后，一九三二年之抵制日货，最为热烈。一九三三年五月后有新税则之施行。比较含有保护关税之意味，而对于日货之进口打击尤大。如与一九三〇年相较，则一九三二年日货进口价值减少百分之六六（东三省不计）。一九三三年又减少百分之四三。一九三三年美货减少百分之二九。英货减少百分之十七。一九三四及三五两年，华北一带走私激增。据各方面之估计，一九三五年之走私数值约在二万五千万元以上，影响所及，正当进口贸易自为之锐减。此四年内，银汇虽涨，进口物价虽跌，而进口物量之不增，抵货关税与走私未始非重要原因之一端也。

关于出口物价与出口物量之关系，吾人认为出口物价绝对的上落，无论以金计或以银计，不足为出口物量增减之原因。出口物量之增减，须视出口物价，比世界物价平准之相对的高低为断。而税率运费等费用，亦必须计入。外国购买者并不以中国物价比从前低廉而来购买。必须中国物价比本国及他国同类物价低廉始购之。

五、一九三二至一九三五年各类进出口货物之变迁

一九三一年以后，各类进口商品数值皆有下降之倾向，唯饮食品自一九三五年及杂类自一九三四年有增加之趋势。各类出口商品，除原料及半制品自一九三五年起略有增加外，其余各类皆着着下降。

六、一九三二至一九三五年之物物交易率

如前章所述，所谓净交易率者，即进口物价与出口物价之关系，亦即国内货物对国外货物物物交换之最简单的关系。除以物易物外，其他劳务收支概不计及。下表乃示一九三二至一九三五年之中国对外贸易净交易率指数。表中各数均以一九一

三年为根据,假定该年中外货物系以相等价格贸易。事实上以相等价格交换之事,自不能存在。所以如此假定者,仅为与前后各年比较之故。故表中数目,仅表示对于基年之上落,并非表示某一年度中国对于国际贸易之总利益分润较多,或较少之意。

1932—1935 中国净交易率指数表 （1913 = 100）

年份	进口物价指数（1）	出口物价指数（2）	净交易率指数（3）（1）/（2）
1913	100.0	100.0	100.0
1932	180.1	140.0	128.6
1933	173.2	121.4	142.7
1934	151.9	111.6	136.1
1935	138.1	112.4	122.9

来源：南开经济研究所,政治经济学报,第四卷第四期。

依常理,银汇跌落,输入物价之腾贵必较输出物价为速。则本国须以较多之货物以易他国同量之货物。在净交易率上显然处于不利之地位。反之,如银汇提高,则输入物价之减低,必较输出物价为速。则我得以较少之货物,以易他国同量之货物,在净交易率上自属有利。自一九二六至一九三一年间,银汇降低,我国输入物价大涨,输出物价虽涨而少,交易率虽稍见不利。但自一九三一年以降,银汇已增涨不少。如照上理,则输入物价之跌落似应较输出物价为速。而交易率似可以转佳矣。但实际上输出物价之跌落,更较输入物价为速,而净交易率较前期乃愈不利。

此其理由初视虽似不解,但细加研究,则知此种矛盾现象实为农产品价格与工业品价格不平衡之结果。吾人知此次世界经济恐慌发生以来,农产品之跌实价较工业品跌价为尤烈。是以农业国与工业国相较,物物交易率自处于不利之地位,我国又何能例外[①]。使无一九二九至一九三一年间银汇之暴跌,恐我国输出物价早已狂落矣。及至一九三一年以后,银汇既已涨高,于是藩篱已撤,输出物价之跌落,乃一泻而下。由是可知我国净交易率,银汇变动虽不无影响,而病根所在,固犹在彼而不在此也。以上乃就世界市场之情形而言论。今试再就国内市场之情形而一为观察。银汇之提高,其影响先及于进口物价,再及于出口物价。于理固属不谬,但如同时国内通货极度收缩,如一九三一年以后之中国者,则出口物价之跌势,亦自可较进口物价为烈。就此以言,净交易率之不利,固又别有原因在也。

---

① 一九三〇年以降,除中国以外,阿根廷、澳洲、加拿大、丹麦、荷属东印度,印度,纽西兰等农业输出国之交易率几无不逆转而趋不利。中国与各国稍有不同者,即各国之净交易率於一九三〇及一九三一两年跌落较重,而一九三三年以后稍有恢复。中国则初期轻而后期跌落重,见 League of Nations, *World Economic Survey*, 1935。

1932—1935 中国总交易率指数表　　　　　　　　（1913 = 100）

年价	进口物量指数（1）	出口物量指数（2）	总交易率指数（3）=（1）/（2）
1913	100.0	100.0	100.0
1932	106.6	100.8	95.1
1933	97.5	124.7	127.9
1934	85.1	118.6	139.4
1935	83.6	126.7	151.6

来源： 南开经济研究所，政治经济学报 4：4。

上表乃本期中之总交易率指数表。表中所列数字，业加调整，俾东四省贸易被夺之影响，对于前后比较不致妨碍。各数亦均以一九一三年为基本。表示其前后各年之变迁，并不表示某一年度总交易率之真正有利与不利。

在本期中，除一九三二年之总交易率稍见好转外，其余各年中国出口货物数量均比进口货物数量，相形见增，总贸易率又趋不利。此种现象，征之一般之理论，显属不合。因依理银汇上涨，总交易率应趋有利也。依吾人所见，银汇提高，固可以提高中国之购买力，然其至多只能提高中国货币每一单位之购买力。而中国购买力之总额能否因此提高，却是另一问题。一九三二年以后，汇价虽见上涨，而国民经济则极度衰沉，故中国手头所有对外购买力之总额，非但未因银汇之提高而增多，反较前大为减少。且本期中，农产品价格与工业品价格之剪状差异，继续扩大，中国之对外贸易净交易率，继续不利，是中国已无力向世界市场多购货物，而总交易率自亦趋不利矣[①]。

七、一九三二至一九三五年之现银进出口

国际间金银之流动，恒以汇率之变动为枢纽，而汇率之上落在长期中又完全受国际收支之基本势力之决定；短期中汇兑市场上投机操纵固可影响汇率之变动，然其对汇率之长期趋势，则不能有何力量。此点已为陶西格教授所指出[②]。

一九三二年以后，十数年间继续维持之银入超，一变而为银出超，盖自一九三二年起，中国之国际收支，始见入不敷出，而不得不以现银为最后清偿之工具。继之而一九三三及三四年，其入不敷出之数愈多。现银仍继续流出。据各家之估计，一九三

[①] 理论上净交易率与总交易率应有相当正关系，如净交易率为不利，交换一单位之进口货必用较多出口货方可，在此种情形下，进口货自必减少，出口货自必加多，而总交易率自亦有利。

[②] F. W. Taussig, *International Trade*, (New York, 1927), Ch. 20.

二年中国国际收支系属净亏，其数为六千一百万元，而是年现银净出超一千一百四十万元。一九三三年收支净亏二万九千六百万元，同年现银净出超一千四百十万元。一九三四年收支净亏三万零三百万元，而现银净出超为二万五千六百万元。一九三五年收支净亏一万零一百万元，现银净出超五千九百万元。上述收支净亏之数，仅属估计，不能解释之项目甚多。故在各年度中，现银出超之数，与收支净亏之数，不能相符。此盖由于吾人对于国际收支之各种项目，未能有正确可靠数字之故，然大势所趋，估计收支有余之前期中，现银入超。收支不足之本期中，现银出超。此种趋势，甚为明显。

一九三二至一九三五年中国国际收支净亏及现银出超对照表 （以百万元为单位）

年份	一九三二年	一九三三年	一九三四年	一九三五年
收支净亏	六一·〇	二九六·八	三〇三·二	一〇一·四
现银出超	一一·四	一四·一	二五六·七	五九·四

来源：现银出超数字根据中外商业金融汇报及海关贸易年刊。一九三二年之收支净亏数字根据谷春帆氏之估计。一九三三及一九三五之收支净亏数根据中国银行二十二年度营业报告及二十四年度营业报告之估计。但一九三五年之现银私运出口数字未曾计入。一九三四年之数字乃根据 Edward Kann 于 1935 年 3 月 20 日发表于 Commerce and Finance 上之估计。

普通以为一九三三及三四三五等年，现银之流出，全因美国银价高涨后，投机倾卖及外国吸收之故。但中国现银之出超，乃始自美国提高银价以前之一九三二年，故此种解释显然不能尽满人意。且现银在世界各处，皆为商品。如一处之价格提高，则其余各处之银，自均将运往银价最高之处出售。现银然，其他商品亦然。但彼时银在中国，则并非商品，而为货币。世界银价涨高，仅使银汇之理论平价涨高。但对于日常汇票供需之数量，不应有何关系。因汇价供需之数量，系随当时因有形及无形输出入而发生之债权债务而定。不随银价之高低而定也。抑是中国之银币并不在国际间流通。其价值乃依其所含纯银而定。如世界银价涨，则中国银币所含纯银之价值，自亦随之而涨。毫无时间上之差异。中国除银币之价值外，并无公开市场之银价，如伦敦、纽约、孟买之可以自由买卖。中国既以银为货币，则一切价值，均以银为测量之标准。但银之本身价值，则无法再以银自己测量。中国之银价，即为银币之购买力。其情形与金本位国之并无金价相同。但甘末尔博士谓："由于美国之提高银价政策，已使中国之银价激涨；此即减低中国物价，增加中国人民之一切债务负担，并大有害于中国之出口贸易。"[①] 中国学者张素民先生亦作同样之论调，谓："世界银价上涨，外国银市居

[①] 见民国二十四年三月九日英文《大美晚报》载三月八日联合通讯社电报。

先，国内银市常较缓①。"持此种观点者甚多，一似中国有可与世界公开市场系长度短之银价然，而中国固无之也。或谓银购买力涨后，中国出口困难而进口容易，将使其贸易平衡，比前入超更多。如无其他无形收入迅予补救，则银汇市价必降至现银输出点以下，而现银将输出。此论自属合于逻辑。但其前后经过，必需相当时期。且其彼此关系，亦多受其他错综势力之扰乱，未必完全正确。决不能因此而谓银价一经提高，现银即须流出也。

依吾人所见，则一九三二以后诸年现银流出之基本动力，决为国际收支逆差之延续（有主张"贸易入超为现银外流之根本原因"者，以马寅初先生及中国银行营业报告为代表②，此为过去重商主义之学说，其错误早经经济学者指出）。其理论之程序为：收支净亏，外汇求过于供，汇价低于现银输出点，于是现银外流。但吾人须注意者，即国际收支逆差仅为支配现银外流之基本势力，仅足以解释现银从长期入超变为出超。而美国提高银价后，银之流出，几与银价之高涨，有形影相随之势。则于国际收支逆差之外，显有其他原因。

第一，一九三四年美国提高银价后，中国之谣啄孔甚，屡有禁银出口，征收银出口税及脱离银本位之谣传。各外国银行对于币制金融之安定发生疑虑，信用机构因之动摇。第二，世界银价腾贵较速，中国汇价之上升较缓。故在同一时期，世界银价折合中国汇兑比价，高于中国实际汇价。二者之间，发生差异。商人受利己心之驱策，必在中国市场，出售外汇，而在伦敦市场，出售定期现银。在此一转手间，所得之差额，即成运银出口之盈余。于是在前一期中，因汇率不利而暂留中国待机出汇之款项，一方受此可能盈余之利诱，一方受中国行将禁运之威迫，一拥而出，造成空前之倾泻。此乃短期中之重要原因也。如无此种人为之操纵，则现银之流出，或将稍早，而其数量分配亦将稍见平均，不致猝然大量输出也。

第四章 结　论

银汇跌落，对于用银国之国际贸易发生何种机械作用，此种动态之观察，本甚困难。尤难者，经济界之现象，与自然界之现象不同。对于一种现象发生作用之种种势力，不能如自然科学之分析试验。故对于一种现象何以发生之原因，可有种种之假定，而孰真孰伪，最难辨别，即应用统计方法，勉为隔离，而求其共同的或单独的关系，而此关系，往往仍为其他未经计入之甲乙丙丁等种种原因所混淆，而为此诸原因共同

---

① 见张素民，《白银问题与中国币制》，（商务，民国二十五年三月初版），第一二页。
② 见马寅初，"银问题"，民国二十四年六月三日《申报》，见民国二十三年度《中国银行营业报告》。

产生之结果，不能独归其作用于某一原因。影响中国对外贸易之因素，即如彼之多，欲逐一分析解剖殊非此短文所能，所宜。个别因素之分析解剖尚未成就，则融会贯通更无从谈起。一个一个器官之位置及生理尚未解剖明白，何从谈到淋巴液血液之循环，何从谈到环境刺激下之病理变化。若必以一部分官能之功用推论全体，则势必弄到不辩黑白、颠倒是非之论而已。此为一切治社会科学者所困难不决之问题。虽此项研究所用之技术的方法，不外前辈学者之规范，而其应用，其布置，其解析，若干地方，皆不能不出以杜撰。筚路褴褛，披榛辟莽，工作即倍感困难，而成绩辄不能如意。许多问题，或漏而未及，或引而未申，或悬而未解，或解而未当，加以文字芜秽，结构散漫，今于结束之际，愿再略加申述。

银汇变动之影响于中国之对外贸易者，综合前文，可得以下诸点。

第一，银汇大落时期，即一九二六至一九三一年，其影响为：

甲、以银计算之输出物价上涨。以银计算之输入物价亦涨，且其上涨程度较输出物价为大。

乙、进口物价与进口物量间表现适当之相关系数。以外币表示之出口物价与出口物量间之相关系数，既正且高。

丙、进口物量在一九二九年以前趋于增加，以后趋于减缩。出口物量在一九二八年以前趋增，以后则趋减。

丁、进口物值趋于增加，出口物值在一九二九年以前趋于增加，其后即大为减退。

戊、各类进出口商品所受之影响不一致。

已、净交易率较不利于中国，总交易率则无固定之趋势。

庚、入超趋于增加，但国际收支则达于有利平衡。

辛、大宗现银入超。

第二，银汇上腾时期，即一九三二至一九三五年。

甲、以银计算输入物价下跌，以银计算之输出物价亦跌。

乙、进口物价与进口物量间之相关系数，高而且正。以外币表示之出口物价与出口物量间之相关系数，既低又正，或然差又极高。

丙、进口物量倾向减退。出口物量则有增加之势。

丁、进出口物值，各与进出口物量之趋势相同。

戊、各类进出口商品所受之影响，稍有差异。

已、净交易率较前期愈不利。总交易率亦愈趋不利。

庚、贸易平衡趋于有利，然国际收支平衡则趋向不利。

辛、现银输出激增。

以银汇与贸易之理论，验之过去之十年间，殊无满意之结论。出入口贸易额之见于统计中者,乃明示吾人之唯一可据事实。然此可据事实,不尽合吾人逻辑上之期冀。故最满意之结论,唯输出入物价之应银汇之上下而跌涨。最费解释之现象,为十年中进出口物量之超乎常轨之变动。吾人前于二三两章中对此项脱轨之变动,曾加以解释。今再约略申述其要点。

吾人认为无论银汇变动之影响如何巨大,其影响之延续如何持久,而其实际之效验乃受个别输出入商品需供状态之决定。商品之性质有种种差异,因而其受银汇变动之影响亦不能普遍一律。就输入商品而言,其中若干之增减情形乃视国内生产之可能性及替用品之有无而定。譬如棉货及棉纱之进口,国产品似有急剧取舶来品而代之之势①。煤油输入之减少,大部由于乡村中植物油之后被利用及各大城市普遍电气化②。

倘使某种物品国内无生产之可能性,更乏代用品之便利,则银汇涨跌之影响依赖国内对该货需求之弹性。需求弹性较大者,如奢侈品之类,则其进口当与汇价保持相当高度之关系。需求弹性较小者,如饥粮之年对进口食粮之依赖,及国内工业化结果,对外来原料及机械设备之需求等等,则预期之影响,鲜有实现之可能。

同理,出口商品所受于汇价变动之影响,亦殊不能表现同等之感觉。若干出口商品,除汇价变动一项外,乃视以下四种情形而定:(一)国外之需求弹性。(二)国外市场之竞争状况。(三)仅有国外市场者,或仍有国内市场之存在。(四)国内生产者对于进口原料及工业设备之依赖程度。

阻碍及加强银汇影响中国对外贸易之因素,异常众多。输出入物品之需求弹性及供给弹性,仍不足以概括全体。今请进而再分析其他诸因素。

第一,关于进口方面,理论推断之完全实现,以金计物价水准之是否稳定为绝大关键。一九二六年以后,金计物价水准猛烈跌降,银汇低落之影响致因之不先实现。尤有甚者,当麦、棉、油、米诸种商品之金计物价与银汇有同等程度之跌落时,则银汇对此等物品之影响将全部为之冲消。

其次,若干商品之入口乃由于绝对需要,而非取夺于价格水准。此等因素显能停止汇价,物价与进口物量间机械作用之运行。

第三,输入品品质之改换易隐匿贸易之真相。英国远东经济调查团曾言:"以每人贸易率计,中国之购买力极低。……对于其一切进口之需用品,中国乃一价格市场③。"进口物价高涨时,进口货物之品质将改为次等者,而进口物量或无

---

① 见民国十九年海关贸易报告,上编第42—43页。但外商在华之普遍增设,亦与之有关。
② Tulean Arnold, *China's Economic Progress and Trade in 1931*, *Commerce Report*, January 25, 1932, p.257.
③ Great Britain, Department of Overseas Trade, *Report of the British Economic Mission to the Far East, 1930—1931*, (London, 1931), p.275, p.122.

变更①。

关于出口方面，第一，金计物价之跌落不但能减缩金本位国之购买力，且足以使用银国之出口货在国际市场上遭遇激烈之竞争。第二，近十年来经济民族主义风靡世界。高率保护关税，汇兑统制，以及定额分配等制盛极一时。物价之适应，因以困难。国际贸易之弹力性，从而丧失。如是，虽于银汇跌落中国可增加输出贸易之时，而对手方则深沟高垒以固拒之。所容许进口者，仅限于少数对本国资本生产不相冲突之货物，甚至只限于少数本国资本生产相须相依之原料品。而此项原料品之进口又仅于世界市场对于用此项原料制造之商品能适量推销之时。若逢市场衰沉之时，则虽此种货物之进口，亦限至极小度。反之，虽于银汇高涨时期，若干种货物亦可因特殊理由而增加出口。近数年来，各国埋首于军备之扩充，中国军需原料之源源出口，即其例也。

最后，中国主要出口货之原料及农产品乃受自然因素之支配，殊不能与银汇保持密切之关系。其他若贸易及国内生产组织之散漫，出口税之存在，交通运输之不便，手工业及小农经济之占支配地位，广告宣传方法之缺乏，标准化之未大规模施行，海外市场知识之缺乏等等，均足以使银汇之机械作用为之破裂也。

总之，汇价只为影响对外贸易要素之一②，其影响之实现，于此两期中，已大受其他相反因素之阻碍。最大限度，吾人仅可言汇价影响国际贸易之理论，在一九二六至一九二九年之出口方面得到部分之证明。至于进口贸易，则其十年期中之增减趋势，几全部与理论预期相背驰。由此可见，简单抽象之经济理论，在复杂万分之经济世界中，欲加以证实，殊不易也。

吾人之意，并非以为普通理论所云"汇价低则进口减出口加，汇价高则进口加出口减"根本上有何错误。从其纯理论上言之，此固无可议。但必须备具"其他情形不变"之条件耳。于其他情形变动较小之一九〇三至〇六年间，雷穆教授曾发现中国进出口贸易与银汇变动有高度之关系③。甘末尔博士论墨西哥银汇变动与出口贸易之情形时，亦曾求得甚切当之相关系数。然博士仍以为理论上之推断，比之数字上之证据，更为重要④。

于此，吾人仍遗留一重要问题以待此章讨论者，即究竟银汇以上涨为有利，抑以下降为有利之问题是也。

---

① Tulean Arnold, *How Low Silver Affects China's Trade*, Commerce Report, October 20, 1930, p. 140.
② Pierce Hirech, *Changest Expection*, (Paris 1928), p. 85. Also Jean Weller, *Linfuence du Changes sur Lu Commerce Extericu*, (Paris, 1929), Ch IV.
③ Charles Frederick Remer, *International Trade between Gold and Silver Countries: China, 1885—1913*, The Quarterly Journal of Economics, Vol. 40, No. 4, August, 1926.
④ Edwin Walter Kemmerer, *Modern Currency Reforms*, New York, 1916, p. p. 491, 492.

银汇涨跌，各有利弊。银汇跌害小而利大，银汇涨利小而害大，而在世界经济衰沉时期，银汇涨害尤大也。银汇由涨而跌，虽害而尚有利；即跌矣，而使之涨，则利小而害乃无穷。且其为利为弊，亦非一成不变者，与其速率与程度，亦大有关系。苟银汇徐徐下降，则对外贸易所受之扰乱不大，而有温和刺激之功用。此际贸易平衡可得调整，国际收支可望改善。虽物物净交易率及总交易率于中国为不利，必须输出多量之货物，始可以易少量之洋货。然权衡轻重，终属利多于害。但银汇若急速坠落，则其影响遂绝不相同，倘同时世界经济衰沉正烈，则出口货物之价格与数量均减少。究竟其应有之利益，完全因之而消失，不易断言。

银汇上涨虽使进口之必需品，国内不宜生产或不能大量生产之货品，得以较廉之价输入，更使物物净交易率及总交易率得以改善。然同时阻碍中国之出口，增加贸易之入超，破裂国际收支之有利平衡。推其极，必致阻碍国内产业之发展，延迟工业化之过程，增加失业之人数，结果一般购买力必因之减退，即进口贸易亦必受其害也。

银汇涨跌不可捉摸，其为有害殆无可疑。其涨其跌，已非急务，而以安定为急务。故一九三五年十一月四日政府之停止银本位，稳定对外汇价，即就国际贸易之影响观之，亦属迫不及待之举也。

（附）一九三五年十一月四日以来汇价稳定期中之中国国际贸易

一九三五年十一月四日，我国宣布施行法币政策，并规定中央、中国、交通三银行无限制买卖外汇，于是我国对内对外之经济沟通，得以确立稳固之基础。盖因我国素以银为本位，其对外汇价与世界之银币关系，极为密切。世界之银价一有变动，我国之外汇立即受其影响。外汇涨落靡定，对外贸易首蒙其害。自法币政策施行后，凡此国币对外价值之倏忽变动，因而阻碍国内国外经济之活动者皆经芟夷涤荡。对外贸易之正常发展，自为其必然之结果也。

一、汇率稳定与对外贸易理论上应有之动态

一年余来我国之对外汇价，英汇钉住于一先令二便士半左右，美汇钉住于二十九美元左右，其安定之状况实为从来所未有。至于对其他各国之汇率，虽微有升降，如对日对法等，然皆由于日元与法郎本身币值之改变，非由于国币价值之动摇也。

上海对外汇价表

	伦敦电汇国币一元合先令	横滨电汇国币百元合日金元	纽约电汇国币百元合美金元
民国二四年			
九月	18.0625	127.625	37.0625
十月	17.8750	127.250	36.50
十一月	14.375	102.500	29.500
十二月	14.375	102.500	29.500
民国二五年			
一月	14.375	102.375	29.500
二月	14.375	102.375	29.875
三月	14.375	102.625	29.875
四月	14.375	102.375	29.750
五月	14.375	102.875	29.750
六月	14.375	101.750	29.750
七月	14.375	102.125	29.750
八月	14.374	102.250	29.875
九月	14.250	101.500	30.000
十月	14.355	102.500	29.500
十一月	14.500	103.375	29.500
十二月	14.375	103.125	29.375
民国二六年			
一月	14.375	102.625	29.375
二月	14.375	102.625	29.375

一九三五年十一月以后之外汇，非但稳定，且较以前为低落。汇率降低且安定，则就中国之输出入贸易而言，输入货物在国内市场之成本贵，输出货物在国外市场之价格廉，如其他现象不变，则输入货物之数量必因成本贵而减少，输出货物之数量必因价廉而增加。但此系就其他情形不变而言，如同时国内经济情形转佳，则因需要增加，输入货物之数量未必因成本贵而减少；又如同时国际情形转劣，则因需要减少，输出货物之数量亦未必因价廉而增加，此一九二九至一九三一年银汇大跌时之经验可为明证也。但一九三五年底以来之情势已异于彼时，一年来国内经济情形已趋好转，是因需要增加，输入货物之数量因固不必因成本贵而减少，而同时国际经济情形，因准战时经济之滋蔓愈广，确已呈普遍繁荣之气象，则输出货物之数量亦必可因价廉而

增加也。

以上系就贸易之数量而言，今再请言其价值。贸易价值系贸易数量乘货物价格而得。依上所言，外汇抑低，输入货物之价格必贵，而其输入数量则因国内经济情形转佳有效购买力（Effective Purchasing Power）增加而趋增加，是则输入物值在理论上亦应稍有增加。然输出物值则亦应趋于增加，盖汇价低定，输出物量可因价廉而增加，而其外销价格亦必因边际成本（Marginal Cost）之增加而提高也[①]。

苟吾人以上之逻辑推理非误，则法币政策实施后，其他条件不变，输出物值之增加，或因低定汇价及国内有效购买力扩大之双重因素而超过输入物值之增加程度，而入超亦因之有减退之可能。论者或引一九二九至一九三一年间银汇狂跌，贸易入超急剧扩大之事实，斥是说之不当。此点吾人殊不同意，盖当时输入物价狂增，而输出价值则因国际情形极劣，故反形减少，入超因以扩大，然客岁以还国际经济形势转佳，输出物值应有增加，虽输入物值增加，入超亦不至超过既往，盖彼时此时之势异也。

二、法币政策实施以来对外贸易之发展趋势

溯自法币政策实施以来，吾国对外贸易，确有显著之进步。良以币值降低，与夫外汇之稳定，实足以助长对外贸易之发展，兼以去岁复受各地农产丰收之所赐，列强仰求军需原料之浩繁，对外贸易，益形好转。惟走私问题，则仍然严重，虽经政府一再努力，稍戢其势，然形格势禁，迄未达澄清之目的，其影响于输入贸易额者极巨。据海关估计，一九三六年华北关税受走私损失，竟达五千万元之巨，由此可想见走私数字之庞大，实至足惊人也。

一九三六年之进口价值，为九亿四千一百余万元较诸一九三五年，有二千二百万元之增加。出口价值，增进尤多，为七亿零五百余万元，与一九三五年比较，增加一亿二千九百余万元。此虽系受汇价低定之刺激，及列强军需工业畸形发展之惠，而政府于商务官之派遣，商品品质之改良，亦与有力焉。因出口之递增，而入超遂大见退缩，由一九三五年之三亿四千余万元，减至二亿三千余万元，计减一亿余万元，实为近数年来最低之数额，惟惜此巨量减退之形成，其基于走私者，亦属不少耳。一年余来之月别消长，有如下表：

[①] 假定其边际成本系渐增，则国外需要增，出口货之成本与售价均增，假定其边际成本系渐减，则需要增，成本减，售价最初纵不减，最后则必减。但中国出口货之大部分系属成本渐增率支配下之农产品，故其售价有因需要而趋增之倾向。

中国对外贸易月别净值（民国二十四年至二十六年一月）　（单位：国币千元）

	进口	出口	合计	入超
民国二十四年	919 211	575 809	1 495 020	343 402
民国二十四年				
十月	61 176	48 400	109 576	12 776
十一月	72 436	60 233	132 669	12 203
十二月	65 224	70 576	135 800	（+）5 352
民国二十五年	941 545	705 741	1 647 276	235 803
民国二十五年				
一月	60 950	70 669	131 620	（+）9 719
二月	63 230	46 359	109 588	16 871
三月	79 176	48 186	127 363	30 990
四月	84 807	54 848	141 656	31 959
五月	85 089	54 242	139 330	30 847
六月	83 748	58 407	142 155	25 347
七月	74 915	59 951	134 866	14 964
八月	70 405	55 333	125 738	15 072
九月	80 388	59 527	139 915	20 861
十月	81 872	59 174	141 046	22 697
十一月	82 807	59 170	141 976	23 637
十二月	92 158	79 875	172 033	12 283
民国二十六年				
一月	77 027	82 206	159 233	（+）5 179

来源：海关贸易年报及月报。

观上表币制改革后各月份进出口贸易数字，愈较以前之每月贸易数字有继续增加之趋势。入超方面，有一使人注目之点，即一九三五年十二月份，一九三六年一月份及一九三七年一月份之出超是，此实为十数年来罕观之事，虽仅为短时期之现象，然可谓为我国对外贸易好转之征象，殆非过也。

外汇与侨汇

论我国当前外汇问题[*]

自客岁三月十四日政府实施外汇统制办法后，公开市场汇价即开始不断下跌。迄去岁八月中旬为止，上海英汇汇价已跌至八便士左右。其后八月二十二日更一度降至七·三七五便士之最低价格。迨八月二十四日，由于汇丰等银行之暗中支持英汇汇率旋即升至八·五〇便士。其后即无过去剧烈起伏之现象。及本年三月八日中英币制借款成立，公开市场汇率更趋稳定。迄最近为止，英汇汇率始终盘旋于八·二五便士上下。依目前趋势观察，此种汇率在短期内或不致变更。

公开市场汇率在去岁八月下旬以后，何以能得到比较长期的稳定？说者谓此乃由于非正式外汇平准基金（自去岁八月下旬起，至本年三月九日止）及正式外汇平准基金（自本年三月九日以后）本身运用的结果。此说固不可否认，但吾人以为外汇稳定之基本原因，第一在于去岁国际贷借之相当的平衡，第二在于外汇平准基金运用后所发生的影响而不在其运用的本身。

去岁中国国际贸易逆差，按公开市场汇价核算，约合国币六万万元。去岁三月十四日前后，由于政府之施行统制外汇，逃避资金之数额固相当巨大，但八月下旬以后，外汇市场渐就安定，外逃资金反有部分流回。广州失陷及欧局紧张时期，流回资金为数更巨。寄居香港之寓公纷纷以港纸或英镑掉换法币汇回上海及内地。闻广州失陷后一短时期中，流回资金约有三四十万镑之巨。故去岁八月下旬以后，外逃资金为数甚少。自中国国际贷借之贷方观之，去年华侨汇款据中外报纸传说，约为国币六万万元。华侨汇款，向以每年年杪最多，此更有助于去年八月以降汇率之稳定。去岁日军在华开支虽无统计数字可考，但其为数甚巨，自不待言。故就去年上半年之中国国际贷借观察，由于逃避资金者活跃一时，致令贷借项目发生巨大逆差而使外汇市价不断下跌。但去年下半年之贷借项目大致可保持平衡，或甚至反有有利差额之存在。

其次由于外汇平准基金之暗中运用，去岁八月下旬以后公开市场汇价得到比较长期的稳定。影响所及，一般人民对于法币之信仰，益趋坚定。不但已逃资金部分流回，

---

[*] 姚曾荫，论我国当前外汇问题，财政评论，1939，第2卷第1期。

欲逃资金转用他途，即日人吸收法币夺购外汇之企图，亦因之惨遭失败。

上年份各银行存款有显著增加。自战争西移，内地骚动，富有者大多移居沪上后，上海各行之存款增加尤巨。关于此方面之材料，统计不全，颇难引证。据三家商业银行之报告，其最近三年之存款额数有如下表：（以千元为单位）

年 份	活 期 数 额	百分比	定 期 数 额	百分比	总 计 数 额	百分比
民廿五年	164 377	100	122 877	100	287 254	100
民廿六年	138 075	84	122 096	99	260 171	91
民廿七年	202 942	123	99 532	81	302 474	105

注：上表转载王廉：安全战时金融刍议，此系未发表文件。

去年此三家银行存款之总额既高于战前，而其流动性更远逾战前。其他各行当亦相仿。存款既富流动性，故银行放款亦不得不兼具流动性。此种具流动性之短期资金，为外汇市场之一种隐隐的威胁。当去岁暗市汇价下跌时期中，由于近远期汇价发生巨大的差别，此项短期资金曾对汇市发挥充分的压力。但在外汇基金暗中运用后，公开市场汇价顿趋稳定，近远期汇价之巨大差别逐渐消失，外汇投机既无利可图，欲逃避之资金亦复留存国内。保有此等短期资金之金融机关既不能坐以待毙，于是沪上商品，公债以及地产等之投机事业盛极一时。于此可以看出外汇平准基金暗中运用后所产生之第一个影响，即在转移短期资金运用之方向，亦即减少甚至消弭短期流动资金对于汇市之威胁力量。

去年二月十一日日人所主持之伪"联合准备银行"成立，更于同年三月十日开始发行伪钞。日人发行伪钞之目的，一在于用以收回华北市面流通之日元钞票及伪满中央银行钞票，一在于用以吸收法币套取中国之外汇。其收回日元及伪满钞票之目的虽达，而吸收法币套取外汇之目的，却因外汇基金平准汇价巩固法币信用之影响，使华北人民加紧收藏法币及游击战士坚决执行保障法币之神圣任务而失败。迨至本年三月底止，流通于华北之中、中、交三行天津地名钞数额约为二万七千余万元。此巨数法币之一部分留存于北平使馆界内及天津租界区域。其大部分则因去岁内地乡村对各大城市之大量贸易出超，而内流于此等乡村，尤其游击区域中。据最近天津英国商会主席戴奥特氏（H. F. Dyott）在英商年会中之报告[①]华北游击区域之政治经济机构颇为严密，此等区域对于沦陷城市之贸易大部分建立物物交易之基础上，而准许输入之货物完全以必需品为限。在此等区域中之交易行为皆以法币或以法币为准备之地方钞票作

---

① 见 *British Chamber of Commerce Journal*，April。

媒介，伪钞则绝对禁止通用。另据日人山崎靖纯氏于考察华中情形后所作之报告①法币在华中各地之地位与价值意外巩固。各地人民对于法币之珍视状态，实超出一般人想象之外。彼等收到"军用票"后，立即购买物品或掉换法币。内地农民之生产物，只有以法币才能购到。法币在华北及华中各地何以得到人民如此的重视？此不能不归功于外汇平准基金之运用及其对于稳定社会心理之影响。倘无外汇平准基金在暗中稳定汇价，而听任其自由涨落，则去年下半年逃避资金之风必不可遏止，而华北华中之法币流通额将构成公开市场汇价之严重的威胁。据吾人所知，截至目前止，华北伪联合准备银行所吸收之法币仅约九百余万元，其中，中、交两行之南字券及中央券约为七百万，其余系华北地名券。此九百余万元法币中之最大部分系于去岁暗市汇价狂跌时期中收得者。苟去岁八月以后汇价继续步跌，社会心理不免动摇，势必助长伪行吸收法币之力量。于此可以看出外汇平准基金运用后所产生之第二个影响，即在坚定华北华中人民对于法币之信仰，打击日伪吸收法币夺取外汇之企图。

　　以上吾人曾列举去岁八月下旬以降公开市场汇价比较稳定之两个基本原因。其中尤以国际贷借平衡为长期中外汇问题之核心。如果国际贷借长期逆差，则一千万镑之平准基金虽再增多数倍，对于汇市之维持亦将无能为力。本年一月至三月之贸易逆差，按法定汇率核算，约为七千八百万元，按公开市场汇价核算约为二万九千九百万元。②去年同期之贸易逆差约为九千四百余万元。就其对于汇市之压力言，前者大于后者约百分之七十（按外币计算）。本年度进出口贸易逆差既有较去年增加之趋势，而国际贷借之贷方亦复有减少之可能，兹就其中华侨汇款及日军在华开支两主要项目言之。去岁华侨汇款包括两大类别，一为经常汇予其在华家属之用费，一为直接捐助政府或购买金公债之款项。自去岁十月广州失陷，四邑（包括新会、台山、中山及开平四县）各地震撼后富有侨民家属之移居港澳及南洋各埠者为数至伙。其后海口文昌相继沦陷，潮汕各地连遭轰炸，此等地方之侨民家属亦有陆续外移之象。移居港澳及南洋各地之侨民家属所收入者为外币，而支出者亦系外币。故华侨家属外移之结果，即是侨汇之减少。就过去数月之现象观察，今年侨民直接捐助政府之款项能否亦与去岁数额相同，自难预料。华侨汇款向占中国无形收入项目中之最主要地位。自战事发生后，因生产停顿，交通困阻，出口贸易颇形减少，华侨汇款与出口贸易在去年中国国际贷借之贷方项目中已有并驾齐驱之势。侨汇减少将对于汇市发生何等影响，自可不言而喻。关于此问题，吾人过去曾对政府作数次建议并供献若干补救意见，其后政府已注意及此，并已为若干初步措施。

　　关于日军在华开支，日人本拟以发行伪"联准钞"及军用票为实行其就地筹饷办

---

① 山崎靖纯，华中中日通货战的检讨（改造四月号）。
② 见本年五月三日出版之金融商业报．

法之一种。但此种企图并未能全部实现。日人在华北发行伪联准钞及华中发行军用票之方法，不为购买货物，即为支付日军军饷及伪政权之薪俸。此项伪钞或军用票最后必辗转流至中国商人及生产者之手。但中国商人及生产者收到伪钞或军用票后，并不以之为储藏手段而立即设法用出或以之缴纳租税，或以之购买进口日货。结果日人所发行之伪钞及军票逐渐归着于日商之手，构成中日两国间以货易货之局面，亦即在华日军及伪政权所消费的中国物资之一部分要由进口日货抵偿。据海关统计，去岁六万万元之贸易入超额中，对日入超约占二万四千万元。此巨数对日入超额之全部或大部分乃由上述之以货易货现象而冲销。

此种现象之存在，自日人观之自属不利。故日政府一再限制对华出口贸易。但最近及将来此种情形，或将有所变更，时间之延长已予日人以充分学习聪明之机会。据本年四月十九日出版之金融商业报（*Finance and Commerce*）记载，日政府当局于充分考虑东京市商会及其他商业团体之意见后，决将对华中及华南之出口贸易限制办法予以修正。无限制之输出虽不予以批准，但对于可能获得外汇之若干出口商品之现行限制办法，则予以重大变更。本年五月间日人在华中组织所谓"华兴商业银行"拟以法币为准备发行钞票以伪"华兴银行"钞票与法币相联系。是后更有贬低伪"联准"钞对外汇价至八便士之说。截至目前止，其详细情形尚不能悉。（编者按：本文脱稿于五月下旬。）但此三事皆与日本对华贸易政策以及日军在华开支方法之变更有关殆无疑义。苟其目的果达，则以后前述之以货易货现象或将减少，甚至消灭，对日贸易入超之大部分或全部外汇负担将加诸平准基金账上。

综上所述，本年度之中国国际贷借情况将不容许吾人如过去之乐观。公开市场上之外汇供需数额或将发生巨大之差数。此差数倘无其他意外收入，则必将由外汇平准基金账项为之填补。但形势之变化，尤有不止于此者。

日人在华中各城市实行一种广泛的专营制度，凡重要之土货及入口洋货几皆由日人所独占。一般中国商人不能售卖，即欲售卖亦须得其特许。洋货既为日商所独占，则中国人民之欲购买洋货者，即非向其购买不可。日商于售货时仅收军用票，人民之欲购货而无军用票者，则必须先以法币向日人所特设之兑换所兑换。一转手间法币既入其手，伪军用票亦藉以推行。日人复将所吸收之法币运往港沪购买外汇转购洋货，再将之运至华中各地兜售。如是周而复始，往返不绝。日人如此做法，可能发生之影响有二：一为华中各地法币流通量之逐渐缩减，一为外汇需求额之增大。法币流通量减少，市场通货紧缩，伪钞或伪军用票似有乘机扩大其流通范围之可能。外汇需求额增大一分，则平准基金账即增多一分负担。此种现象，至堪注意。

其次，据吾人计算，去岁华北对华中及华南之土货转口贸易出超额，约二千万元，而由日军人所包庇之察、绥与华中及华南间之巨大鸦片转口贸易额尚不计于内。是以去岁华北对华中及华南之内国贸易超出总额当远较此数为大。华北各口岸对华中华南之出口贸易向以上海为中心，或运输至上海后分发各地，或其头寸之调拨要经过上海。故华中及华南各口岸对华北各口岸之贸易逆差，大率皆可经由上海之金融机关直接间接代为汇拨。天津等地出口商在华中及华南售货所得之法币头寸，既不能挟之北归，于是仅有两种方法可以采取：一为在天津等地卖出上海汇票收进伪钞，在沪付出法币。一为在沪将法币头寸交由金融机关汇至天津等地然后在天津等地收进伪钞。无论其采用何法，收买上海汇票或经手此项汇兑之金融机关皆可以用华北之伪钞头寸易取在沪之法币头衬，此等金融机关在沪既保有法币头寸，故其在华北需用伪币时，在平、津等地即可接受伪钞汇沪支付法币。于是目前颇形严重之伪钞勾通申汇现象由是产生。据最近沪上报章传说，去岁上海自华北私运入口之鸦片为数极巨。今年之输入量，以过去数月之情形观察，更逾于去年。但使华北之鸦片及其他货物能源源南运，伪钞之勾通沪汇即无法阻止。此事在金融上可能发生三种作用：一为便利日伪之吸收我外汇资源。二为有助于伪钞之推行。三为伪钞可用以对使用法币之区域通汇，而助其增加一直接用途：伪钞之价值不免因是抬高。此三种作用皆为我法币制度及外汇基金之莫大威胁。

日人对于破坏法币制度之各种阴谋，现正着着进行。过去日伪统制华北之出口外汇虽告失败，然其野心迄未少戢。时间之延长已予彼以充分试验之机会。最近日人所拟议贬低伪"联准钞"汇价之办法，当为其试行统制华北出口外汇之另一方式。伪"华兴银行"成立后，闻日人亦将采用各种方法集中华中之出口贸易于该行之手。日人如此做法，虽据各方判断，其成功希望甚渺，然对于其可能发生之恶劣影响，吾人则不可轻易忽视。

根据以上各项推断，吾人以为今后公开市场外汇购方之压力或将较以前逐渐增大。目前之无阻制按暗市八·二五便士出售外汇之政策是否妥当，似不无重行考虑之余地。短期中汇率之变动，固宜由汇兑平准基金之运用而消弭之。但由基本因素所决定之长期趋势，则不宜过于加以人为之阻挠。据吾人所计算之中英购买力平价，以一九二九年全年之中英物价[①]为基期物价，则本年一月份第一〇·七八，本年二月份为一〇·五二，皆较公开市场中中英汇价高二便士强。但在目前中国之环境下，出口统制，运输困阻及其他各种因素之作用使物价变动与汇价变动脱节，故不能据此以言公开市场汇价有估值过低（Under valuation）现象之存在。购买方平价既不适用于目前，则估计中国目前由外汇平准基金所支持之八·二五便士汇率之过高与过低，似非从影响公开市场上外汇供需之各种因素下手不可，即非从国际贷借项目下手不可。

---

① 英国物价指数根据 Board of Trade 所编之趸售物价指数。中国物价指数乃根据国定税则委员会所编制之上海趸售物价指数。

维持公开市场汇价之稳定，关系法币之对内及对外信用甚巨。苟所费不多，当不失为一种适当之政策。吾人对此自无异议。惟为适应今后汇市之基本趋势计，现行统制公开市场汇价之技术，似应稍加改变。第一负稳定外汇之责任者，在公开市场出售外汇时须详细审查购者之用途。苟其目的在投机或其他不正当之行为，则须迳加以限制。第二，在实行上述办法后，倘公开市场上购方之压力仍感过大，则负责稳定外汇者宜斟酌现有之外汇基金数额。今后中国国际贷借情形，国内外物价状况，将目前之公开市场汇率贬低至八·二五便士以下求一适当之平衡点以稳定之。

一九三九年五月二十四日，昆明

广东省的华侨汇款*

序　言

（民国）二十七年春间，战事西移。华东沿海各省相继沦陷。出口贸易遭受阻滞，而粮食军火等物资的进口以及逃避资金的数额却有加无已。外汇市场所感受的压力及维持汇市的困难，日甚一日。本所有鉴于是，特举办华侨汇款调查，以期所调查研究的结果，能对于解决当时的外汇问题，有所贡献。是次调查的全部工作，由余捷琼先生与作者共同担任。其间广州及香港两地的考查，蔡谦及区季鸾两先生亦曾参加，调查的时期，系从二十七年三月至八月，历时凡五阅月。调查的范围，包括香港、广州、汕头、海口、台山、开平、新会、中山、鹤山、恩平、顺德、梅菉、北海、钦县、清远及花县等十六地点。前十三地点，系采实地调查方法。后三地点，则采通信调查方法。调查的内容，偏重于侨汇的机构方面，侨汇的数额虽亦在调查之列，惟仅限于二十六年一年。是次调查，时间短促，人数有限，疏漏之处，自所难免，尚祈识者予以指正。

本文稿草成于二十七年十一月杪。是时广州及其附近各县皆已沦陷。为防止敌人知悉内情，夺取侨汇起见，是文稿迄未发表，然内中主要部分皆曾提供政府当局及有关各家银行参考，以为吸收及集中侨汇之一助。

现粤省各主要侨汇区域及南洋各地皆先后失陷，美洲侨汇亦因战事关系而一时陷于停顿状态。侨汇问题在目前似已稍失其重要性。然待战事平定，陷区光复，南洋各地恢复其战前状态后，华侨汇款在我国的对外经济关系中，自仍将占重要的地位。据吾人所见，战后华侨汇款的方式及通路，或将多少有所变更；而其基本的机构，或不致改变。是以此篇文稿，对于战后研究侨汇问题者，仍可供参考之用。

本文第三章之建议部分，原包括四节。自二十八年下半年以后，其中若干点业已由政府及有关各家银行付诸实行。此次发表者，乃将已实施各点，予以裁减，而未充

---

* 姚曾荫，广东省的华侨汇款，国立中央研究院社会科学研究所丛刊第十八种，商务印书馆1943年4月印行。

分实施各点，仍予保留。

作者等在粤省各地工作时，曾蒙顾季高先生，杨寿标先生，前广州邮政管理局长萨尔西先生（G. M. R. Sarcey），前香港中国银行副经理林承芬先生，香港荷兰银行依丝瑞先生（B. I. Isrsal），香港安达银行何林先生（J. Horen），广东省银行总行各位同事，及各地分支行处的各位经理和中国银行粤省各地分支行处的诸位经理等，多方指示并予以极大的助力，调查工作得以顺利完成。本文起草时，曾承余捷琼先生予以若干有价值的意见与批评。文稿草成后，蒙陶师孟和及吴半农、郑友揆两先生详细检正。作者统为心感，特于此一并敬致谢忱。

作　者

一九四二年五月九日，李庄

一、广东省华侨汇款的机构[①]

广东省华侨汇款的机构，可以从几方面来观察。首先可以从汇款的来源地来看，其次可以从侨汇的新旧式方法来看，第三可以从经手侨汇的诸种机关团体来看，最后可以从汇款的归着地来看。我们现在所取用的是以最后一种看法为主，以其他三法为辅的一种综合的观察法。

依照这种看法，广东全省可以划分为以下几个侨汇区域。（一）中部诸县，包括清远、花县、增城、番禺、南海等地。（二）四邑（包括台山、开平、新会及恩平四县）、顺德、中山及鹤山。（三）旧高雷九属，包括信宜、茂名、电白、化县、吴川、廉江、遂溪、海康及徐闻诸县。（四）旧钦廉八属，包括钦县、合浦、灵山、防城四县。（五）琼州，包括文昌、乐会、琼东及琼山四个主要县份。（六）潮汕十县，包括潮安、揭阳、饶平、澄海、潮阳、普宁、惠来、丰顺、大浦及南澳等县。（七）梅属五县，包括梅县、蕉岭、平远、兴宁及五华诸地。此外福建省的永安、上杭两县，毗邻梅属，亦可包括在其范围以内。

侨区的区域虽如是之多，但若就其汇款方法而论，不外炅纸[②]与批信两种主要类别。使用炅纸的区域以四邑、中山一带为主，中部诸县虽亦有之，惟并不像四邑那样普遍。仍保持古老式的批信方法的，以潮汕、梅属及琼州为代表。用这样汇款方法的

[①] 本文所用之汇款机构一词，意义颇为广泛，大体上是指经手侨汇的机关及汇款方法而言。
[②] 炅纸的性质详下文。

亦散见于其他各地，不过在手续上微有区别，同时在机构上亦不若潮梅及琼州那样整饬周密。以下拟以上述两个区域为中心，对广东省华侨汇款的机构作一个概括的说明。中部诸县的侨汇方法与四邑方面的仅在程度上有差异，没有本质上的区别。高雷九属的侨汇方法与四邑各地的南洋票汇法，大体和同。且此三区域的侨汇活动皆以广州作中心，所以应一并说明。钦廉一区，在汇款方法上与上述各地皆不相同。惟因其在侨汇上的重要性远不及其他各区域，且其一部分侨款以香港为转汇中心，有类于潮梅琼属之侨汇，故可以附在第二个大区域内一并叙述。

（一）四邑、中山、鹤山及高雷九属的侨汇机构

本节所述各县的侨民，以散居在南洋[①]各地者为最多，美洲次之，欧洲及非洲又次之。旅居南洋的侨民，各县皆有。其籍隶四邑及中山、鹤山者约七十万人，约占此数县旅外侨民总人数的六成以上。其籍隶顺德者约五万五千人[②]，约占此县旅外侨民的七成以上。旧高雷九县的在外侨民几全部旅居南洋各地。美洲的侨民大部籍属四邑、中山、鹤山及番禺诸县。非洲的侨民大多隶属花县一带。此外每一县所辖各区的人民，因历史传统的不同，其出外谋生的地域亦各异。

由于侨民旅居地点的相异，其汇款方法亦呈各种不同的形态。大别言之，凡美欧非三洲的侨汇，以利用㖞纸方法者为多。南洋的侨汇则大多数是采取旧式的批信局票汇法及信汇法。水客带款及经由内国银行、邮局直接汇至各地者亦有之，惟在美欧非三洲以及南洋各地的侨汇上，均占不足轻重的地位。兹分述如下。

甲 银行（㖞纸汇款法及其他方法）

经由银行汇至四邑、中山等地的侨款，大抵可以分为两种。一种是利用㖞纸方法的汇款，一种是往由本国银行直接汇至各地的款项。

㖞纸亦称银㖞或赤纸，即 Check 一字的译音。它具有一般银行汇票的性质。普通由汇款人购得后寄交国内的收款人，收款人在此种汇票上背书后，可以转售于第三者。

---

① 本文所用南洋一词，包括海峡殖民地、菲律宾群岛、荷属东印度群岛、暹罗、安南及缅甸而言。
② 上列的侨民约计数，系根据江门侨务局对所辖各县旅外侨民估计数。我们参阅当地有经验的银行家及银号司理人的意见，认为其中关于顺德及鹤山的估计数过高，中山侨民的估计数稍低，其余诸县数字大致相差不远。其估计数如下：

江门侨务局对所辖区域内在外侨民人数估计：

县别	新会	台山	开平	鹤山	恩平	赤溪	中山	南海	顺德	合计
侨民人数	250 000	350 000	150 000	80 000	50 000	3500	300 000	100 000	80 000	1 363 500

依照票面货币单位的不同，昃纸可以分为以下数种，即港纸昃、美金昃、先令昃、佛郎昃、国币昃及毫券昃等项。普通所见者以港纸昃占绝对多数。一般昃纸的取款处皆在香港，在广州取款者，百不一见。在四邑各地流通的昃纸，亦以美国三大银行（大通银行、运通银行及万国宝通银行）所发出者为最常见，汇丰、渣打、有利、荷兰、安达等行者稍少。至于内国银行所发者，殆不足道。

华侨购得之昃纸，通常皆用挂号信寄至国内各地。其寄法有三。第一是直接寄与国内的家属，此种方法通行于四邑各地。其次是寄交在香港的亲友，待取现后转汇或带交其家属。此种方法只适用于汇款人在港有亲友或商号，且有汇港必要的情形下（譬如内地因战事或政局变动而发生不安等）。第三是汇款人寄交广州或其家乡的商号转交其家属，此法在番禺、开平等地最为盛行，在台山、新会等地亦常见。侨居美洲的番禺县人通常皆将购妥的昃纸寄交在广州专门经营番禺县侨汇之转送业务的三家商号。此三家商号即广安号、保安和号及幸福华侨通讯处。三商号将昃纸在当地售出后派人将信及款送至乡下交与收款人，每百元扣拥金一元。在开平，转送业务皆由其县城以及墟镇上的银号、药店及杂货商铺兼营。其转送的办法有两种，一种是原信转交，一种是拆信取出昃纸后代找换为现款转交。至于采用何种办法，则完全遵照汇款人的意见。原信转交又分两类。一类是将原信送至收款人处，转送号视路程远近，向收款人收一元至二元的佣金。另一类是商号仅居于一种通信处的地位，并不派人将寄来的侨信送至乡下，而候收款人自己来取。收款人每月来号数次，探问音信。倘有信来，即自行携返，无须付佣。拆信后易昃纸为现款送交收款人者，转送号照例收取佣金。抽佣的标准大体依照款数的多寡。普通在五百元以下每百元收佣二元至三元。五百元以上，则款数愈增，取佣的百分率愈减。

除由侨民在香港的亲友将昃纸在银行取现后转汇及商号拆信后易昃纸为现款转送的一部分外，其他一切的昃纸都要落在收款人手里。收款人对昃纸的处置方法不一，或在收到后立即售脱，或暂时保存，待价而沽[①]。在出售时，或卖给乡间的小商号或邮寄代办所，或卖给县城或墟镇上的相识商号、银号或找换台，或委托银号商号代收，或亲自带至香港取现。委托代收的情形不多见。带港取款的办法，也除非在收款人有赴港必要，或款数颇大，在当地售卖所受剥蚀足敷来往川资的情形下，方有可能。所以大部分的昃纸，是在当地出卖的。

昃纸的买卖概须保证以防伪造。且担保者一般都限于本县的商号。同姓宗亲或至熟的人可免此手续。乡下的收款人因为不易取得担保，通常皆将所保有之昃纸售给本乡的相识商号。此种商号普遍于四邑各地，而且洞悉侨民情形。何家有人侨居国外，

---

① 昃纸的有效期间是六个月，所以不急需款用的侨民家属可以保存四五个月之久。

何人侨居何埠，何人何时有款可寄，以及各家每月进款的大概数目，他们几皆熟知。在买进的昃纸发生问题时，他们不愁没有方法追回原款。所以此种商号收买昃纸，可以省却担保手续。同时因为他们冒相当大的风险，所以在取佣及汇价的申算上，不免剥蚀较多。

昃纸的买卖不但须要担保，而且须要签署及背书。收买昃纸的商号为谨慎起见，普通皆特备一收买昃纸簿。于买进时，便在簿上注明买进的日期及卖者的姓名，并要求卖者签字及盖章。昃底亦须由卖昃人签字或盖章，以便昃纸发生问题时，收买商号可以追索。

通常所见的昃纸几乎都是用外国货币做单位的，但卖昃人所取得的，却不一定是外国货币。一张美金昃可以用来找换港纸或广东省券甚至白银①。于是此中便发生汇价上的申算问题。四邑各乡间的汇兑行情，完全要根据邻近较大墟镇或县城的行情，但普通都比县城或大墟镇的行情降低五点（Point）左右②。例如县城或大墟镇上以广东省券所表示的港纸收买行情为每百元加 98.5，在乡间便加 98 或 98 以下。离县城及大墟镇愈远，交通愈不方便的地方，所降低的点数愈多。所降低的点数，便构成乡间商号收买昃纸的额外收益。

乡间小商号买进的昃纸一部分供自己之用，如购买火油及洋杂各货。一部分派伙友带到县城或大墟镇转售。其托人带至广州出售或香港取款者固然有之，但究居少数。第一，因为此种小商号与外方联络较少，在广州不易获得担保。且托人赴港或省城往返至少须两天以上，时间耽搁较多。第二，因为他们资本少，时时需要现款使用，所以不得不将买进的昃纸迅速卖掉，以资周转。广东省一切入口货皆用港纸结价，小商号所收购的一部分昃纸适可以应此需要。

带至县城或大墟镇的一部分，则卖给银号或商号特别是火油行、米商及中西药行或银行。在四邑一带，银号是昃纸的主要购买者，但一般商号的实力亦殊不弱，两者间时常进行着剧烈的竞争。银行在收买昃纸的活动上，还不及银号及商号。现在（民国二十七年）银行购买昃纸的地点，仅限于江门、台城及鹤山沙坪三地。在江门，有中国银行、广东省银行及金城银行三家。在台城，有中国银行及广东省银行两家。在沙坪，仅有广东省银行一家。

四邑各县城以及大墟镇买卖昃纸的汇价，系根据当天广州及江门同业的行情报告。在汇兑行情变动不定时，四邑各地所接到的行情电话，每天可达三四次之多。在此种

---

① 现在（民国二十七年）台山等地的银号，仍暗中行使白银。一般乡间妇女仍认白银为最可靠的蓄藏手段，所以在四邑一带以昃纸易白银的情形颇为普遍，多数银号亦投其所好暗中竞买白银，并以支付白银为招揽生意的方法。

② 四邑各地银号每日所开的行情单，其中几种重要行情完全是采直接标价法（Direct rate）。

情形下，由于一买一卖时间上的耽搁，风险因之而生。一般银号、商号多在汇兑行情涨落剧烈时，将炅纸的收买行情较广州或江门的行情抛去三四十点上下，以避免意外的亏损，乡间小商号当然也随之将行情降低。在汇价比较稳定的时期，因为竞争的存在，四邑各地通行的行情较广州及江门的行情相差并不太多，同时卖炅人在汇价上也不致受过大的损失。

一切收买炅纸的商号、银号及银行都要卖炅人支付两种费用。一种是士胆费（Stamp）即邮费，一种是佣金。士胆费按张数计算。在江门、台城及三埠（包括台山县之新昌、荻海及开平县之长沙三地）等地，是每张付省券二毫，在赤坎及恩平等地则为省券二毫五分。这是假定买进的炅纸，用挂号信寄至香港取款所需的邮资，虽然实际上未必如此。

买炅取佣的方式，大体上可以分为两种。一种是价内扣佣，即在汇价的申算上多找一些便宜，并不另抽佣金。另一种是价外抽佣，就是照所找得的总数，向卖炅人征取若干手续费。其汇价的折合是否公正，完全要看当地的竞争情形而定。佣金的大小，在四邑各地间，至不一律，其范围大约是千分之二到千分之十。交通不便和距离香港及广州愈远的地方，佣金亦愈多。例如恩平县的船角墟，卖炅人付佣达千分之十，这是就我们所知，取佣最多的一个地方。炅纸的买卖有类于票据的贴现。距离炅纸取款所愈远，所须时间愈长，所付佣金也愈大。这是因为买炅商号或银号所支出的现款，非要经过一个比较长的时期不能收回，利息的损失比较多的缘故。因此，佣金在本质上实包括两个部分，一部分是名符其实的佣金，一部分是利息。在一个地方之内，买炅取佣，亦多寡不同。同族亲友取佣较少，陌生的人取佣较大。买炅商号或银号手头现款的多寡及炅纸的需供状态，亦为决定取佣大小的有力因素。现款充足的时候固然可以大量吸收，头寸短绌的时候不得不提高取佣标准，以示拒绝。广东的一切入口货，无论购自香港或广州的洋行或办庄，完全要用港纸支付。在四邑各地，入口洋货增加的季节，进口商必须要准备充分的港款。在这个时候，他们多提高买价，也就是相形的减少佣金。自本年（二十七年）三月财政部颁布禁止钞票出口命令①以后，一般欲携带港纸往香港的人，辄改购炅纸，炅纸市价因之大涨。在四邑一带曾有一时期，炅纸价格且超过港纸市价之上，亦即发生贴水（Premium）的现象。在此种情形下，佣金也就降到最低的限度。同样，在侨汇旺月，市面上炅纸的供给额超过需要，佣金也有逐步增涨的趋势。

在四邑等地，除进口商所直接吸收的一部分炅纸外，银号及商号所收购的大部分炅纸，或转卖给当地的入口商，或委托水客带至江门或广州出售，或用挂号信寄到香

---

① 民国二十七年三月七日，财政部明令禁止每人携五百元以上的钞票出口，此项钞票包括一切的中外钞票在内。

港往来号委托代收。在需款殷切时，以㾗纸做抵押向银行借款或转售与当地其他银号，亦属常见的事情。在四邑各地的进口商号，并非皆兼营收买㾗纸的业务，而同时收买㾗纸的入口商号所直接收买的部分，也不一定能够满足其需要。故进口商的港汇需求，仍须仰给于当地的银号。入口商所需求的港汇多属整笔的大款，而㾗纸的票面金额却多寡不定。又㾗纸的供给季节与入口商的需求季节亦不能完全吻合。在此种情形下，便发生托人带㾗或寄㾗至港取现的办法。银号将在当地不能以有利价格售脱的一部分㾗纸送至香港往来号委托取现。取得的现款通常即存诸往来号，以便随时"打番单"①以适应入口商的需求。

在四邑各地中，江门处于一种对外通路的地位。江门银业界的资力远较四邑其他各地为大，其周转能力及吸收㾗纸力量亦较强。由于此种原因及地理环境的关系，江门便形成为一个㾗纸买卖的居间市场。在银根紧、需款急的时候，四邑其他各地的银号辄将㾗纸转卖给江门同业。在江门行情与广州行情相同或较广州有利时，此种情形尤盛。

四邑一带的入口货几全部来自广州，故当地对于省单②的需求亦至为殷繁。为迎合此项需要计，当地银号多将所吸收的㾗纸的一部分送至广州出售。售得之款或全部存诸当地往来号，以便卖出省单，或将其一部分携返四邑以应付经常的需求。在每年四月至七月间，广州入口贸易旺盛的季节，港纸对省券在广州的比价超过其在香港的比价时，㾗纸之流入广州者尤伙。

银号由四邑各地递送㾗纸至广州，大部分是委托水客代办。此种水客土名为"巡城马"，经常往来于广州与四邑之间。他们从四邑等地送㾗纸到省城或香港，再从省城将侨信③及现款携返四邑。所取佣金，因路程远近而异，其范围系从千分之二到千分之八。此为递送㾗纸之佣金，携带现款则略高于此。

广州市买卖㾗纸的业务集中于十三行一带，其中以汇隆及道亨等银号吸收者较多。其吸收之方式不一，或受托代收，或直接购入，佣金大抵皆为千分之二。此项㾗纸随收随寄香港联号，委托取现。取得之款，一部分即存诸香港之联号，作为日后在省售卖港单抵账之用，一部分以现款（港纸）的方式携回。此项携回的港纸，即构成广州港纸市场的供给方。

关于经由银行采用㾗纸方式的汇款，大致如上。银行汇款的第二种方式，即经由本国银行直接汇至四邑、中山等地的侨款，其程序颇简单，兹择要述之。

按经手粤省西部及中部各县侨汇的内国银行，以中国、东亚、华侨、广东省及广

---

① 在广州及四邑诸地，一般银号出售港单名为"打番单"。
② 省单在粤省即为广州汇单。
③ 详下文。

东等行为主。其中在四邑及其他各县设有分支行处因而可直接通汇者，仅中国、广东省及广东三行①，其他两行大率皆委托以上三行或其他机关代为转汇。各行之国外营业范围稍有差异。中国银行的国外往来行颇为普遍，同时其国外分支行亦有九处②之多，所以该行经手侨汇之范围亦远较他行为广。华侨银行经手新加坡侨汇方面占首屈一指的地位，暹罗侨汇的一部分亦归该行经营。东亚银行的国外营业范围，以西贡及新加坡两地为主。广东银行的国外营业区域则限于旧金山及曼谷两地，广东省银行经手的侨汇大部分是代其他行号转汇者，其国外营业地点仅有新加坡一处。

上列诸银行经手侨汇的一大特色，即是他们已逐渐脱离各自为政的时期而走向共同合作之途。这不但可以从各银行营业区域的划分上，即从各银行间彼此的代理关系上也可以看出。中国、华侨、东亚、广东诸行分途扩充于外，广东省银行奋力伸展于内，侨汇之内外通路得以畅达，侨汇之网状机构遂得略备，这是分工的一面，但仅有分工而乏合作，则整个机构仍不能灵活运用。各银行间之代理解款关系，因之产生。普通所见的代理解款办法，大致如下：

（1）委托行在被委托行开立国币存款户，周息普通按一厘计算。此项委托关系在国内无分支行处或分支行处过少而不足以适应其业务需要之银行与有分支行处之银行间所产生者。其间款项之调动，大率皆采以外汇购买国币之法。在实际代理解款前，委托行首先电致被委托行征询该行对于以英镑或其他外国货币购买其国币所需之价格。倘被委托行覆电所开之国币卖价能得到委托行之同意，则后者一方面通知伦敦某家银行或香港某家银行代将其存款之一部分转入被委托行账中，一方面通知被委托行此项转账事实，并嘱其将所购国币拨做存款，以便此后对之开出国币汇票。

（2）代付款项在当地免佣，在外县大约每千元收佣二角至六角。

（3）来往电报费随时由被委托行记入委托行之账内。

（4）倘收款人在被委托行总行所在地，则委托行之通知书仅一份。倘收款人不在本地，而须托被委托行之该地支行或办事处代付者，则解款通知书即为两份。一份寄被委托行总行，一份寄付款行或处。银行承揽之侨汇多属电汇款项，故是项通知书亦多采电报之方式。

银行与银行间代理关系的产生，在侨汇的通路上形成了第一条大干线。然银行的营业范围不能遍布全省。广东省银行固然在全省各主要县份遍设办事处，藉以造成相当完备的汇兑网，然其触角仍未能伸及墟镇以至乡村中。而墟镇及乡村却为侨民家属

---

① 中国银行在江门及台山各设办事处一所。广东省银行在江门设支行一所，在台山、开平、恩平、中山、鹤山、顺德、清远、佛山及增城各设办事处一所。广东银行仅设一办事处于台山。

② 战前原有四行，分设于纽约、伦敦、新加坡及大阪四地。战时大阪行裁撤，另增设仰光、泗水、棉兰、巴达维亚、槟榔屿及腊成等经理行。

麇集之处。且银行转汇手续较烦，取佣较大，使委托行采此种办法时，有所顾虑。在此种条件下，便产生银号对银行的代理关系及邮局对银行的代理关系。

乙　银号、商号、邮局及水客

银号及商号　商号及银号经手侨汇的方式，大体可以分为两类，一类是美洲的信汇法，一类是南洋的票汇法。信汇法通行于中山、四邑一带，票汇法散见于本节所述各地。兹分别缕述之。

信汇业务多由在美洲，尤其檀香山及旧金山等地的华人商号兼营[①]。他们或做对中国的进出口生意，因而在香港或广州有联号的组织，或在香港、中山等地特设代理号，俾侨信的寄递分送及侨款的汇拨不致感到困难。用此法汇款者大率为较穷苦华侨的小额汇款，其每笔数额多在百元以下。侨民在汇款以前照例要写家信一封。汇款的数额通常即写在信封的右上方，例如"外付港币××元"或"外付大金××个"等等[②]。信件写妥即将信款一并交与此种商号。所付汇费约为原汇款数的百分之二到百分之四，大金则按个计算，每个汇费为美金八角。美洲商号将所收到的侨信贴足邮资分寄香港或国内各地联号或代理号，更将零星收到的小额侨款汇为整数向当地银行购买昃纸寄至香港或国内。倘该商号兼营出口业务，则亦或运货至香港，委托当地联号代售，售得之款转汇内地代理号，以便照付侨款。采用此种抵账方法，大多系先期运货至港，卖得之款须即存诸港联号，俾可随时对之开出汇票。

在香港承转美洲信汇的商号，为金山庄，店主大致皆与汇款侨胞有亲友的关系。金山庄设立之初，原为代理侨胞收购土货、运送出口及办理出国手续等事宜，转拨汇款为其兼营业务。早期的美洲侨汇，多数由之经手，晚近则颇为衰减。此种商号在港约有百余单位，并有"华安金山庄公会"的组织。

中山一带的美洲商号代理号多系当地的银号。他们或直接代理美洲的商号，或者是香港金山庄的联号，因而间接代理美洲的商号。在信款都收到以后，他们一方面将昃纸或港单卖出取得现款，一方面即派伙计按住址分送侨信侨款至收款人家中。在送信的时候，有的银号并附重量很轻的特备信封信纸，以便侨民家属写回头信之用。此

[①]　美洲信汇法之起源很早，沿革已难稽考。证诸史册，约滥觞于十九世纪六十年代。当时在旧金山有所谓六家会馆者（Six companies），专门办理招募华工、华侨登记、仲裁纠纷，以及代华侨寄递信件、转送款项等事宜。此六家会馆为永用（Wing Yung）、合和（Hop Wo）、广州（Koung Chow）、勇和（Yung Wo）、三邑（Sam Yup）及恩和（Yan Wo）等，代表广东省的六个县份，各拥有会员数百人以至数千人不等。各家会馆与美国各大轮船公司及广东省各口岸及本邑皆有联络。他们时常派人往来于旧金山与中国各口岸之间，并为侨民带送信款返国。参阅 A. W. Loomis, *The Chinese Six Companies*, *Overland Monthly*, N. S. V. 2. (1884); *Canadian Sessional Papers*, 1885, No. 54 A. Appendix I, and Coolidge, Chinese Immigration, 1909, ChsIII. XXI &XXII.

[②]　大金亦称八九大金，重八钱九分故名，每个值美金二十元。过去侨民汇大金者甚众。自美国停止金本位后，几已全部改汇港币。

项回头信写妥后,由送信人逐户收集,带回原号,寄往美洲各原经手商号转交汇款人,邮资亦由银号代付。大率回头信由银号代寄并代付邮资者在国外所取之佣金亦较多,美洲商号或香港金山庄对中山、四邑一带代理号所付的佣金,约为其在国外所收汇费的三分之一或十分之四。

粤省在外华侨对于地域宗族观念至为浓厚。他们所到的地方,每每有同乡会一类的团体,他们的经济活动亦多限于带有地方色彩很深的圈子里。经手侨汇的美洲商号各有固定主顾,即他的同乡或同族的人。国外的营业区域既属固定,国内的营业范围自也不易扩大。在此种狭小的范围内,其业务当然无从发展。自新式银行的戋纸汇款法被侨民普遍利用以来,此种信汇业务便一落千丈。他们完全是便利同乡汇款的一种组织,而其机构又不若南洋各地批局那样完整紧凑。故暹罗等地的批局仍根深蒂固,而美洲商号的侨汇业务却一蹶不振。

南洋票汇法与美洲信汇法大体相同。其主要差异之点,不过前者凭票取款,后者凭信付款而已。今仅就其特异之点略为说明,余从略。

四邑各地之南洋侨汇的一个最显著的特色,便是其中的大部分都握在几个资本雄厚组织庞大的商号手里。这可以广州的余仁生汇兑药局、台山县新昌的万草堂药行及梅菉的广益祥火油行为代表。余仁生总局设于新加坡,在暹罗、安南等地有代理号,香港及广州有分局,其国内营业区域遍及粤省中部及西部各县。万草堂的规模逊于余仁生,仅专门经手四邑等地的吕宋汇款。惟其性质专门,且侨信的寄递无须经过广州及香港,这是它引人注目的地方。广益祥执掌旧高雷九属侨汇的最大部分,但在南洋无分号或往来号,所经手者系由广州联号转来,此为其与前两家性质不同之点。

普通南洋商号将侨信寄至四邑及梅菉、信宜等地有两种情形。第一,侨信直接寄至国内各地。第二,侨信先寄香港或广州,然后经过一度二度以至三四度的转寄,方达到收款人的所在地。南洋与广东省西部中部各县间侨款之汇拨,可以分为三个区域。第一个区域包括以广州为中心的南海、顺德、番禺、增城、花县、清远等县。此区域的南洋侨款完全经过广州,广州的侨款或直接自南洋汇来,或由南洋汇至香港后由香港转来。第二个区域包括以江门为对外门户的四邑、中山及鹤山各县。除用戋纸径寄内地者外,这一区域之商号经手的南洋侨汇,大致经由以下几个途径:

(1) 经过香港汇至广州转汇江门分发各县。
(2) 经过香港汇至广州后直接分发各县。
(3) 经过香港汇至江门转拨各县。
(4) 由南洋径汇广州转汇江门分汇各县。
(5) 由南洋径汇广州后直接拨至各县。

第三个区域包括以梅菉①为对外通衢的高雷九县。此区域的侨款首经香港，次汇广州，再转梅菉，然后分发各县。由广州直接转拨各县，不经梅菉者，亦有之。

侨汇的拨兑如此的曲折迂绕，原因固多，扼要言之，约有两端。第一是汇兑与贸易的不可分性。凡不能直接贸易的地方，通常皆不易直接通汇。两地间的贸易关系愈紧密，则其汇兑往来亦愈频繁。倘甲地对乙地及丙地皆有贸易往来，而乙丙两地间无直接贸易，或其贸易量甚微，则乙丙间之汇兑，有时须通过甲地。第二，地理环境的适宜，水陆交通的便利，及金融机构的完整，可以使一个地方造成为一个贸易枢纽和汇兑中心。香港的情形，可以用此种道理来解释；广州、江门及梅菉的情形也同样可以用此项道理来解释。

南洋与广州、香港以至内地间，侨信的邮递有总包寄法及逐封分寄法两种。侨款的汇拨，其法有四。第一经过银行将款汇至香港，然后在广州卖出港单，在内地卖出省单，或径汇广州后分发各地。其次，购买银行戽纸径寄内地的代理号或联号。第三，由南洋运货物至香港作为南洋与香港间款项汇拨抵账之用。香港或广州间以及广州与内地间款项的调拨，或用卖出港单及省单之法，或运货抵账。第四，南洋至香港的一段，可以采用比对的方法。例如新加坡甲号对香港乙号发出付款与广州丙号的汇款通知单，乙号可以在港卖出向新加坡甲号取款的新加坡单，以收回原款。大凡侨信直寄内地者，侨款亦多采购戽纸径寄内地之法。万草堂经手者属之。侨信要经过数度转寄的，侨款亦多须几番的转汇，虽信的转递次数与款的转拨次数不见得完全一样。余仁生及广益祥两商号经手者属之。

南洋商铺的港粤联号在内地无代理号者，待侨信侨款收到后，通常即委托当地银号及具有汇兑庄性质的商号代为转寄转拨。转拨的手续费约在千分之四五左右，当地银号或商号即将所收到的侨信委托水客带至各地的往来号或交邮局寄去。水客带信按封计佣，每封约省券一毫。水客携带之利，在他的行动敏捷，时间经济。侨款的汇拨，如上所述，或采比对方式，或用卖出港单或省单之法，或运货抵账，或送现接济。广州及香港的银号、商号对内地往来号，或彼此代理各不取佣，或按收款人所在地的远近付以相当的佣金，付佣标准约在千分之三到千分之五之间②。所付佣金多系拨归"上手号"账中，年底结算。内地往来号收到信款以后，倘收款人在他县，即依照前述方法委托该县往来号转寄转汇；倘收款人在较远之地且无汇路，则将原信及下列式样的通知书寄交或派人带至收款人处，候其来取。其属于本地的侨信侨款，通常皆由本号派店伙按址分送。

---

① 按经过梅菉的侨汇，其中有一部分转援至广西贵县、容县等地。
② 广州某家银号对内地往来号代拨汇款付佣标准大致如下：江门千分之二，顺德千分之二，台山千分之三，三埠千分之四。

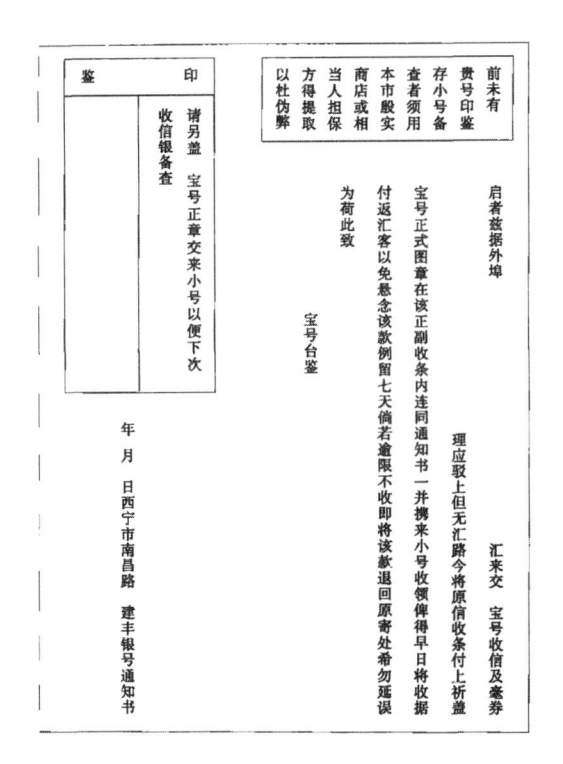

```
┌─────────────────────────────────────────────────────────────┐
│  鉴  印  │ 收信银备查    启者兹据外埠                      │
│         │ 请另盖                                           │
│         │ 宝号正章交来小号以便下次    宝号台鉴   汇来交 宝号收信及毫券 │
│         │         前未有                                   │
│         │         费号印鉴                                 │
│         │         存小号备                                 │
│         │         查者须用    为荷此致                     │
│         │         本市殷实                                 │
│         │         商店或相    当人担保                     │
│         │                    方得提取   理应敨上但无汇路今将原信收条付上祈盖 │
│         │                    以杜伪弊   宝号正式图章在该正副收条内连同通知书一并携来小号收领俾得早日将收据 │
│         │                                付返汇客以免悬念该款例留七天倘若逾限不收即将该款退回原寄处希勿延误 │
│         │  年 月 日西宁市南昌路  建丰银号通知书            │
└─────────────────────────────────────────────────────────────┘
```

侨信背面照例要黏附两联式或三联式汇条一纸①。此种汇条或由南洋商铺的省港联号自备，并贴附信后或由被委托转拨汇款的省港银号或商号备妥，或由被委托号的内地往来号代备。汇单以两联式者为最常见，其格式与内地者皆大同小异。兹选择其一，图示于下，以见一般。

```
┌──────────────────────┐ 省 ┌──────────────────────┐
│     副               │    │     正               │
│     底  存           │ 字 │     覆  回           │
│                      │    │                      │
│ 民  收    附  如     │ 号 │ 民  收    附  如     │
│ 国  到    来  数     │    │ 国  到    来  数     │
│    庇    信  收      │ 勘 │    庇    信  收      │
│ 年  能    外  妥     │    │ 年  能    外  妥     │
│ 旧  埠    银  今     │ 合 │ 旧  埠    银  今     │
│ 新  飞        给     │    │ 新  飞        给     │
│ 历  字        图     │    │ 历  字        图     │
│              章      │    │              章      │
│ 月            附     │    │ 月            附     │
│              回      │    │              回      │
│ 日            寄     │    │ 日            寄     │
│              银      │    │              银      │
│     号        人     │    │     号        人     │
│     南        存     │    │     南        存     │
│     隆        据     │    │     隆        据     │
│     金               │    │     金               │
│     铺               │    │     铺               │
│     代               │    │     代               │
│                      │    │                      │
│     存               │    │     回               │
│     根               │    │     单               │
└──────────────────────┘    └──────────────────────┘
```

---

① 亦有不附汇单，由收款人自写收据一纸交付款号者。但此种情形很少见。

收款人在收到侨信后，必须在信后的汇单上黏贴印花税票，并签名盖章。倘所盖图章与付款号特备的"印鉴簿"上之原有印鉴证明为一，即可领取款项①。副收条或存根由原贴附号保留，正收条或回单则寄"上手号"转南洋原经手号交予汇款人。

广东省西部各县的银业一向握在顺德帮手中。此帮墨守旧规不事更张，致通汇区域亦局限于狭小范围之内。自晚近四邑帮银号兴起后局势为之一变，此帮银号多为归国华侨所经营，他们以在海外冒险的精神与坚忍的毅力，从事于营业的扩展。因此西部各县的汇兑通路不但遍达各县城，而且深入墟镇旁及乡村。此等银号在广州或香港多有总分号或往来号的组织，是以经银行汇拨至省港的侨款，可以通过银号转汇四邑各地，而构成侨汇通路上的第二条大干线。银行转汇四邑等地之款，普通皆委托各家银号在广州或香港的总分号或往来号代拨，由各县之本支号或代理号付出。一般银号对转拨款项取低微的佣金或完全不取佣，一视其款项的调拨情形及营业方针而定。

邮局　邮局经手华侨汇款的方式可以分为两项。一项是因邮政管理局与内国银行间之代理关系而产生的"大宗汇票"，一项是因本国邮局与外国邮局间之代理关系而产生的国际汇票。"大宗汇票"原名"华侨汇票"，亦即专为便利华侨汇款的一种汇兑工具。此项汇票创始于十六年年底，至二十七年二月方正式运用于四邑及其他各地。利用此法转拨汇款的银行，除将侨款侨信②分别委托广州邮政管理局转汇转递外，另开列收款人姓名地址、汇款金额等项详单一纸送局备查。广州邮政管理局乃根据此详单分别开若干两联式汇票，其中一联径寄收款人，一联寄交收款人所在地的邮局做为对据。国外汇款人在汇款时亦有附缴照片一张，声明凭像取款者，如此则银行详单及邮局汇票上皆注明"凭像兑款"字样。但此种情形，颇不多见。

邮局对银行代理关系的成立，在侨汇的机构上展开一新局面，亦即在侨汇通路上构成第三条大干线。据吾人所知，此种代理关系最初是由广东银行发起，东亚银行继之，其他各行闻亦将相率仿效。这种关系的建立，不但在利便侨汇上有深长的意义，而且可以补救银号转拨汇款的缺陷。第一，确实稳妥。一般银号时有倒闭的危险，侨民因此而受损失者实繁有徒，而邮局却永无歇业之虞。第二，通路畅达。银号汇款至内地，有时须要经过一度甚至两三度的转汇，手续既繁琐，时间亦冗长。邮局汇兑则总局与分局以至代办所间一脉相通，可收指臂之效，其间无须经过迂回曲绕。第三，银号的营业机构虽较银行为深入与普遍，但穷乡僻壤仍非银号势力所能及，而此等区域却经常有邮寄代办所的组织。此法实行伊始诸待推进，假以时日，则用此法转汇的

---

① 内地的付款号普通皆备有印鉴簿一册。凡经他们汇过款项，因而与其发生关系的收款人，照例要在其印鉴簿上加盖印章，以便下次领款时对照比较，以防冒领。

② 内国银行中有代侨民汇款兼代寄信者。

数量必可大增，其逐渐能取银号的转拨地位而代之，我们是敢相信的。

其次为国际汇票。此种汇兑方式创办已久，汇费不高，手续不繁，而迄今利用此法汇至广东省各地的数额，约仅及侨汇总数千分之二三。其汇拨程序与大宗汇票相仿佛，其汇票式样亦与普通所见者无大差别。四邑各地的国际汇票汇款，以来自新加坡、西贡、香港等地为多，美洲较少。

水客及私人　水客及私人带款返国，在侨汇机构上，亦占不可忽视的地位。此处水客专指来往南洋或美洲与四邑、中山等地者而言，与专跑广州与各县间的水客不同。他们过去从美洲及南洋各地为侨民携带信款返国，颇著劳绩。自较有组织的侨汇机关相继建立及爿纸汇款法被普遍采用后，他们遂逐渐趋于没落。迄今往来南洋四邑间的水客尚有少数，美洲与四邑间的水客则几已绝迹。

四邑、中山各地的美洲侨民平均约五六年返国一次。他们在返国的时候，辄将多年积蓄，以现金钞票或爿纸的方式，全部携回。携回的款项，普遍用在两件大事上，第一件是建房舍置田园，第二件是为子女婚嫁。待事毕款罄的时候，他们再度出国，另开创其新生命。如是周而复始，往返不绝，直至其告老返乡的时期为止。这一点是四邑、中山等地侨民对其所蓄积的款项的处置方法，与福建以及潮汕在外侨民的处置方法迥不相同的地方。

（二）潮、梅、琼、钦、廉诸地的侨汇机构

潮、梅、琼、钦、廉诸属的旅外侨民，大部分集中于海峡殖民地、暹罗、安南及荷属东印度四地。经手此四地侨汇的机关，共有批局、银号、进出口商号、银行、邮局及水客等六种。潮汕、梅属及琼州的侨汇，以批局经手者占最主要部分，下文对批局的讨论完全指此三地而言，钦廉各属根本无批局的组织。水客带送信款，特别在梅属各县占势力，潮汕及琼州的侨汇，亦有一部分由其经手。进出口商号办理侨汇业务，仅在北海见到，其他各地尚未发现。至于经过银行汇至汕头、海口等地的侨款大部分系代批局抵账，直接付与华侨家属者甚少。邮局的侨汇业务则更区区不足道。

本节所述各地的侨汇机构，大率以香港为中心。潮、梅、琼属固不待言，即以钦廉各属而论，除新加坡等地侨汇固定要经过香港汇拨外，其经由船行及私人携返之现款（按即 Piastre），通常也有一部分要带至香港的纸币市场兑现。此与四邑及高雷各属之直接以广州为中心，间接以香港为枢纽者稍异。又在本区域中旧式侨汇机关基础巩固，组织完善，在整个机构中实居于领导地位，新式银行几为其所附庸，此与四邑、中山各地侨汇机构之以新式银行为主干，银庄、商号为枝叶者适相反。

甲　批信局

批信局简称批局①，是汕头、海口及厦门以及南洋各地便利侨汇的一种特殊组织，其创始时期，因年湮代远已难稽考。证诸海关报告，则汕头及海口之批局，约皆开办于1882年以前②。是年汕头一地有批局十二家，海口有一家。其后推演递嬗，迄今潮汕各地已有八十五家，琼属各地亦有五十五家之多，皆经邮局颁给执照，准予营业③。

各批局的内部组织虽不划一，但都很简单。汕头规模较大的批局，其从业人员约分五种：（一）家长一人，总理全店一切事宜；（二）管库一人，专司店内现款之保管；（三）司账一二人，分理店内一切账务；（四）收账二三人，分掌出纳；（五）批伴或批脚，人数不定，职司分赴各地带送信款。海口的批局多由汇庄或旅馆兼汇庄的商号兼营，其内部执事人员的类别，与汕头者仿佛，惟名称稍异。在海口，批局之主持人称为司理，分批人无固定名称，一般即称之为送信人。此种送信人多为内地批局或其代理号所雇用者，海口批局内部雇用送信人者甚少。在汕头各批局之上，有侨批业同业公会之组织，经营侨批业务者，泰半入会。公会的组织颇为严密，其任务不只在维持及增进同业的利益，且对于侨信侨款的保障亦多所致力；海口批局多由汇庄兼营，故是地仅有汇兑找换同业公会的组织，另外无批业团体。

批局的组织在南洋各地颇为普通，为南洋华侨主要金融机关之一。此种机构与中下层的华侨关系最为密切。举凡书写家信汇兑款项、邮递信件以及信用放款，他们都可办理。其营业或为专业或由一般商号兼营，其营业范围类多带有地方性。潮州帮、梅属帮、琼州帮以及福建帮为其大帮别，各大帮之中，又可按其所属县份划分为若干小帮。各帮批局的业务皆以其本县本乡者为主。在南洋如此，在国内亦然。

南洋各地批局林立，各批局为竞争营业计，多从几方面取分途并进的方式吸收侨款。首先，他们直接联络当地的个别侨民。其联络的方式不一，或在经济上予以协助，或在感情上相周旋，要皆以代汇拨款项为最后目的。其次，他们经常委托水客分赴四乡兜揽生意。第三，在各乡镇遍设分局或代理号，接收信件。第四，他们按期分送一种特备的汇款登录簿与各华人工厂及商号的负责人。厂工店伙欲汇款者，即自行或托人写家信一封，封外书明"外国币××元"字样交与厂主或店东。倘厂主或店东认汇款人为可靠，即照数书明于登录簿上。此项汇款系取赊汇方式，即先代汇出日后收款，所以厂主或店东须加盖印章于登录簿上，表示此款日后由其负责偿还。每逢船期，批

---

① 批信局系由民信局蜕化而来，但二者之性质不同。前者的营业范围是南洋各地与汕头、海口及厦门等口岸间，后者的营业区域仅限于国内各地间。各地民信局于民国二十三年年底已勒令停止营业，而批信局仍照常存在。
② 见 Chinese Maritime Customs, *Decennial Report lst lssue 1882—1891.* p. 534 & p. p. 633 - 634.
③ 批信局须向邮局登记领照方许营业。批局于申请登记时应填申请书，且缴纳手续费国币五元，经邮局查明属实，方可登记。此项登记业于民国二十三年年底截止。批局于停业时不得将侨批业务转让。

局即派人分往各厂各号收集侨信，以便封包邮寄回国，簿亦收回作为担保。赊汇在实际上是一种信用放款，亦为鼓励侨民汇款的一种最有效的方式。其放款期限，视工厂商号的发薪日期及回头信收到的期间而定。厂主商号每于发放工资时，将厂工店伙所赊汇之款扣除以偿还批局，亦有回批交付汇款人方能收回放款者。南洋各地与汕头、海口间的信件往返约需两周以上，所以放款期限亦在两星期以上。此种放款分取息不取息两种，即取息亦多很微薄。

南洋批局卖出汕头汇票及海口汇款①的价格大率要根据当天当地的银行挂牌，及从汕头、海口按日拍去的港单行情电报②：

假定新加坡银行挂牌：1 叻币 = 1.88 港币

假定汕头电报：1 港币 = 1.78 国币

则套汇汇价：1 国币 = 0.298 叻币

南洋批局的汕头国币或海口国币卖价，即以此套汇汇率为最高限度。惟各批局在港所保有的港币头寸数量不同，其预约汇价的损益程度亦异，故其售卖价格殊不一致。同一批局之实际卖价较此套汇汇价所增加的点数，亦因顾客对该号的关系深浅而异，因其预约汇价的有利与否而殊，更因港币与国币之比价变动的程度及趋势而有差别③。普通从南洋批局接受侨款起到汕头及海口批局在当地卖出港单止，要有五天以上的耽搁。在此时期中，南洋批局要冒很大的汇兑风险，其中因汕头或海口港单价格之涨跌而获利者固不少，但亏折者亦常有。

批局代递信汇款或取千分之十上下之佣金，或仅在汇价的申算上多取若干，不再额外征收。寄信邮资，照往返所需邮费，向寄信人收取。

南洋批局将每日所收到的侨信依次编号，待船期一至即将零星信件汇为若干批，分别封装大信套内交邮寄至国内。另致国内联号之押函若干件，内载明信数款数等项，亦付邮分寄各地。邮费的计算有两种情形。一为按重量计算法，以 20 公分为单位，通行于马来联邦、北婆罗洲及暹罗等地。一为按件计算法，依照信件的数目，黏贴邮票于大信套的外面，通行于安南、荷印及菲律宾群岛等地。侨信的寄递，或径寄内地，或经汕头或海口转寄内地，或经香港转寄汕头、海口分发内地。南洋批局究采何法，一视各批局在国内联号或总支号的所在地及手续的顺逆而定。

潮汕、琼属的侨信，一部分经过汕头及海口，一部分由南洋径寄内地。梅属的侨

---

① 汕头及海口皆通用国币，故此项汇票即为国币汇票。

② 此项行情电乃汕头及海口之批局拍致南洋联号者（多属较大的批局），南洋大批局再将此行情转达小批局。直接经由银行汇至汕头及海口者无须依据此种行情电，但经由银行直汇汕头、海口的一部分占比较不重要地位。

③ 南洋各地与香港的汇价一般都比较稳定，而香港与中国各地间汇价变动的程度有时颇为剧烈。南洋批局于涨落太大时辄将套汇汇率于卖出国币时提高若干点以自保。

信则大部分直接寄至梅县转送，小部分经过汕头。批信总包或散封侨信到达各地时，当地邮局即加以检查，剖视其中的信件数与封面的邮资数是否符合，然后盖戳送交批局。各地批局将所收到的侨信，按原编号码、收信人姓名地址、汇款数额等项逐封登录于一特备之批信簿中。

每封侨信的背面由经手批局贴附狭小之信封一件，内装薄信纸一张以备收款人写回头信之用（见附图）。惟梅属各地不通行回头批，所以该属侨信背后贴附小信封者亦绝少。汕头及海口的批局各在所籍隶的县份，有其主要的营业区域，凡属其主要营业区域的侨信，批局多直接派人携往交当地的支号或代理号分送。外县的信件则委托他号转送，委托转送的情形有三种。第一，直接在他县他乡设代理号，以便分送信款。第二，委托当地专门经手各区域侨信的批局代送。第三，将侨信全部送交内地支号或联号，由之分别委托他县代理号代转。前二者通行于汕头及海口两地，后者仅通行于海口。侨信之由汕头、海口送往内地，多由批局自行办理，委托邮局代办者很少[①]。这是因为邮局送信较慢，而批局迅速的缘故。在汕头，各批局皆雇有常川赴内地分送信款的"批伴"，他们赴各地送款时或步行或搭车或乘船，途径不一。海口的批局一般皆兼营洋杂火油等业，其须运至内地销售的货物，多交由当地长途汽车代办，各家应带往内地联号的侨信，通常亦一并委托此种汽车的司机人携往分送。

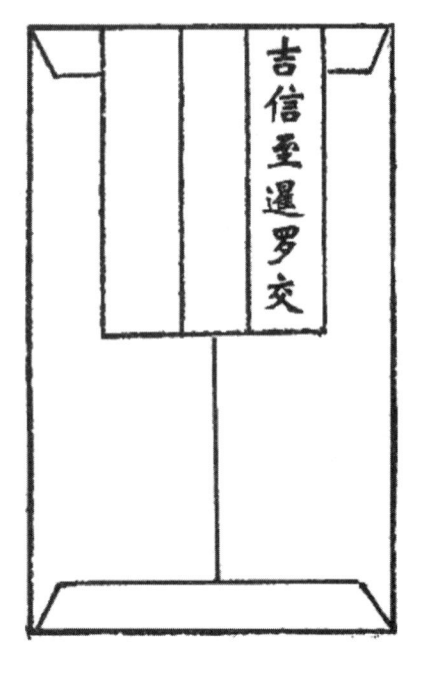

内地批局于侨信侨款[②]全部收到后，即按路之顺逆分为数组，派专送各区信款的分批人按址分送，分批人在潮汕又称批脚，多系信实可靠、熟悉当地情形的人。他们在一年中固定服务于一号，不能兼事二主。每月送信款的次数完全要看当地的进口船次数。月中空闲的期间，他们或在号中做杂役，或返乡耕种，或经营小生意。其所得报酬在琼属，系照送款数计算，每千元的批款，约取三五元的佣金。在潮汕各地则按月计薪，每月由批局付给十元上下的工资。

回头批或收条，或由分批人收集带回交与内地原付款局，或由收款人于写妥后亲自持往交付。内地批局将此项回头批或集为大包径寄南洋，或派人送至海口或汕头批

[①] 邮局对于批局寄递侨信颇为优待，其寄往内地分号的批信按总包每重 20 公分或其畸零之数收费五分，回批邮费亦同此标准计算。惟来往内地与汕头或海口间之押函，则依普通邮件寄递，不予优待。

[②] 关于侨款之汇拨详见下文。

局转寄南洋原经手局分交汇款人。回批的邮资因其汇往地的不同而异，寄往菲律宾群岛、安南及荷印的回批，按每件每重 20 公分，收费二角五分。寄往海峡殖民地、北婆罗洲暨暹罗的回批，则按每件每重 20 公分，收费一角二分半。

汕头及海口的批局对于代理南洋批局转送侨信款的业务，以及内地批局代理汕头及海口批局分送信款的业务，除有总支号关系者外，一概要取相当的报酬。一种是薪给制，即不计代理信款的额数，每年取一定数额的薪金。汕头及海口的批局所收者，约在百元到二百元之谱。内地批局所收者，约在二三十元至百元之间，此法通行于海口。一种是佣金制，即按照批款额取千分之五到千分之十的佣金。此法通行于汕头。汕头及海口批局付与内地代理号的佣金或薪资，乃记南洋原号之账。

关于侨款转拨，从南洋至国内大约有两种途径。第一种亦即最主要的一种，为先汇至香港，然后转汇汕头及海口。第二种为经由内国银行径汇汕头及海口。代批局转拨侨款的机关各地不同，新加坡、荷印、安南等地较为简单，惟暹罗颇为复杂，其批局的组织运用亦远较其他各地为优。

在新加坡及荷印，批局汇拨侨款，以委托银行代办者占最大部分。其余小部分，或采在香港卖出新加坡单、在汕头及海口卖出港单之法，或委托当地汇庄转汇①，经手银行可分中外两类②。外国银行承揽者，几全部汇至香港交与南洋批局的联号或代理号。内国银行代转拨的一部分，则以径汇汕头及海口者为多，其中在汕头及海口无分支行处者，则转购他行汇票抵账。安南批局汇往汕头及海口的侨款，泰半以香港为转汇枢纽。安南至香港的一段汇路，或经银行或经汇庄或购运货至港的出口商汇单。

在承揽暹罗③侨汇方面，银号④的活动力及操纵力在目前甚大，远非新式银行所可比拟。十余年前新式银行所承揽侨汇的数额与银号经手者约相埒，是后即渐趋衰微。及至今日，银行的侨汇业务更一落千丈。且此仅指代批局抵账而言。至于新式银行在泰直接接受侨民汇款并在汕头、海口交与侨民家属者，向极少见。考其所以致此之原因有二。第一，潮州人在暹罗开设银号已将近百年，其活动范围不但笼罩城市，而且遍布乡村。从存款、放款、汇兑以致工商业的投资，他们无不经营。银号与雇主的关系，以乡土关系为中心，他们与当地批局及侨民之间结成牢不可破的团体。且潮州人营业素重情谊，倘在其营业范围内的批局常川与之交易，则不但在汇价上予以优待，

---

① 南洋汇庄与国内联号或往来号间款项调动之法，有购买七天期货单抵账者。此种货单与下文所述之轮船单性质类似，其详情见下文。

② 外国银行包括汇丰、渣打、荷兰及安达等行，内国银行中包括中国、华侨、四海通、万兴利、利华、大华、广利及广东省等行。

③ 暹罗华侨 60% 以上为潮州人，故关于暹罗侨汇的一段叙述，亦以潮汕为主。

④ 暹罗华人银号之规模最大者，几全部为潮州人开设者。

且在批局现款短绌周转不灵的时候,予以资力上的支撑。晚近暹罗政府取缔银行以外各种店号经理国外汇兑业务,一般潮州帮银号多集资改组,而有所谓八家银行的成立①。自集中资力后,银号之业务活动逐渐扩大,经济基础亦益臻巩固。新式银行对于暹罗侨汇业务往昔已难与一般银号相颉颃,自是更望尘却步。第二,在暹新式银行本身机构上之缺陷亦为其侨汇业务不能进展之一因。广东银行于二十四年九月四日曾一度宣告停业。该行在暹承揽侨汇,向占地位,其歇业自予新式银行的业务以莫大之打击。一向委托银行汇款者,亦多因是观望疑虑,另觅他途。

总观暹罗的侨汇机构,就其全部系统,可以分为两层。一为下盘生意,即直接向侨民接受汇款,然后在国内代为付出之业务,由批局承当之。一为上盘生意,由银行、银号及出口商担任,为介于下盘生意前后两段间代调拨款项之业务,亦为全部侨汇机构的关键所在。

在暹批局对于侨款的吸收及汇拨通常有两种方法。一为先向银号预约期货,然后算价收受侨批,卖出现货。一为先按每日所计算的套汇汇率为基准,逐日收受批款,卖出现货,然后整批买入现货。汇价变动的程度及趋势为其抉择之标准。在批局认为某日的汇价有利时,即向银号或银行预约某月份的期货若干。其预约的数额,视其依据过去经验每月所经手的侨汇数额而定,其期限普通以两个月为限。约定汇价分电汇及票汇两种,电汇价高而票汇价低,以预购电汇者为多。约定之后,批局即根据逐日银行挂牌及汕头或海口行情电报向侨民收受汇款。在批局之一买一卖间,由于时间的耽搁、汇价上的变动,利益或损失因之产生。首先就暹罗至香港的一段而言,假如预约汇价为:1 Baht = 1.47 港币。银行挂价:1 Baht = 1.475 港币,批局计算套汇汇价时所根据的港汇价格,不能较当天银行汇率相差过远。在此种情形下,预约期货卖出现货的批局,不免亏折。假定银行汇率:1 Baht = 1.465 港币,则批局获利。在实际上,暹罗与香港间汇价比较稳定,是以由汇价变动而生之损益亦较微。次就港汕一段而言,此两地间的汇价,所谓"过汕水",其变动有时至为剧烈,批局在本段间的损益完全看港单价格的涨跌。此项价格的涨落,经常为两段间总损益之主要的决定者。假定批局在收进侨款时认为汇价不利,而是后将渐趋有利时,则宁居于空头的地位,以待汇价之好转。当然其所能等待的期限,不能超越侨信到汕的前二三日。

批局委托银号汇款的方式有三。第一,电汇或票汇港币至香港联号。其次为电汇或票汇港币至汕头,由该银号的汕头支号或联号付于暹罗批局的汕头往来号以在港取款的汇单一纸。最后,电汇或票汇国币至汕头。其中以第一种最为普遍,第二

---

① 暹罗华商八大银行包括广东、华侨、四海通、陈炳春、陈黉利、顺福成、泰山公司及廖荣兴等八家。前三家为新式银行,后五家为潮州帮银号改组后之银行。此五家在外表上虽为银行,而内部组织却一仍旧章,故本文以下对之仍沿用银号字样,以与新式银行相区别。

种次之，最后一种极少见。利用票汇方法时，寄信与汇款常在同时。利用电汇方法时，寄信与汇款在时间上不免有参差，通常是在侨信到汕的前数日将款项电汇至香港。

除经过新式银行汇至汕头的一小部分不计外，暹罗汇至汕头的侨款，几全部要经由在香港的潮州帮银号代为调拨①。琼州及厦门的一部分暹罗侨汇，亦由其经手转汇。在暹银号的电报通知或即期汇票到港后，香港潮帮银号即依照当地汇兑同业交收常例②交付款项与批局的港代理号。倘若潮帮银号兼为暹批局的代理号，即无须办理此项交收手续。

银号、银行代批局转移款项，其本身抵账之法，几全部依赖在暹华人出口商之活动，特别是火砻商及火锯商③。查暹罗的出口货以米为大宗④。实际上潮州帮的数家大银号在暹均兼营米之磨制及出口业务。各号运米至港委托联号出售，取得港款，然后对之卖出港汇。此种内盘生意有时不足以适应其业务上的需求，于是各号常兼营外盘生意，于必要时向其他不兼营汇兑的出口商购进火砻单或火锯单。

火砻单及火锯单总称为轮船单或出口廊单。此为暹罗出口商办米或木材出口，运交在港或其他各地的联号，同时对其联号开出由其付款的一种汇票。此种票据不具押汇的性质，除汇票本身外，另外并无提货单、报关单等单据。其买卖完全凭信用，价格商妥即全部付款，惟于交易时须将运米出口之单据持验。其付款期限通例为见票后十八天，正期十五日、期仔三日（3 days of grace）。此因在传统上认为自暹办货至港出售取得港款，约须十八天的期限，汇单自暹寄港约须四五日，故实际上持票人在寄票后二十余日后方能取款。因在此期限内，购单人在利息上有所损失，所以轮船单向较即期汇票价格为低。其所低降之程度，一视此项汇单的需供状态及出口商的信用基础而定。

轮船单的式样通常为两联，一为正票，一为票根。正票由购者寄至港联号，票根由原发票号寄交其港联号，以备于付款时勘对。其格式举例如下：

---

① 潮州帮银号中以陈黉利、陈炳春、成顺利、光顺利、顺福成及泰山公司等数家之规模为最大。

② 旅港汕头南洋各埠汇兑同业交收章程择要列下：（一）汇兑交收俱照银行规则办理。（二）星期日一律无交收。（三）星期一至星期六交收至下午两点截止。（四）星期一至星期五止下午两时半以前接信则有交收，过期则否。星期六上午十一时半以前接信则有交收，过期则否。（五）星期一至星期五南洋各埠即票下午二时半以前向批认，即日交收，过时认批则越日交收。星期六南洋各埠即票上午十一时半以前向批认，即日交收，过期则候星期一交收。（六）星期六下午及星期日各轮船到香港，如有期票并即交票则可向批认，认后如有即交者候至星期一交收。

③ 在暹罗，米商称为火砻商，木材商称为火锯商，此种业务泰半操于华侨手中。

④ 暹罗米的出口经常占其出口货之最主要部分，计1933年占其总出口的74.1%，1934年占64.9%，1935年占62.3%。

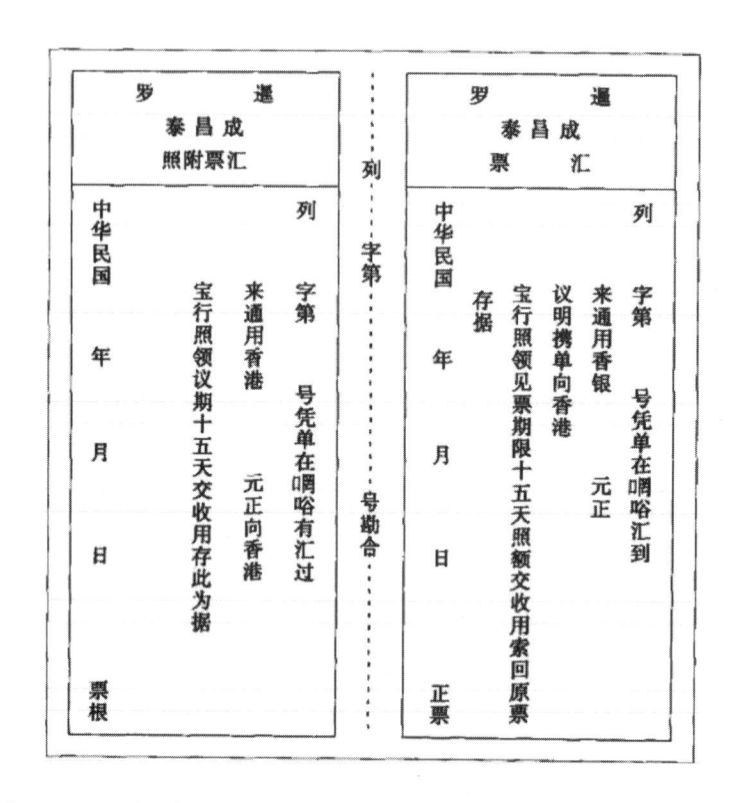

暹罗泰昌成照附票汇		暹罗泰昌成票汇
列字第　　号凭单在咀峪有汇过　　元正 来通用香港 宝行照领议期十五天交收用存此为据 中华民国　年　月　日 票根	列字第 号勘合	列字第　　号凭单在咀峪汇到　　元正 来通用香银 议明携单向香银 宝行照领见票期限十五天照额交收用索回原票 存据 中华民国　年　月　日 正票

正票到港后，暹罗银号的港联号即持之至付款号行"向票"手续。"向票"即承兑之谓，由付款号在正票上标明向票日期，加盖图章，并在向票簿中记载向票日期、票面金额、收款号名称等，向票手续即行完毕。收款号携正票返号，待至十八天后取款。

暹港间轮船单的产生实予银号之调动资金以莫大的便利。然此仅为银号调拨款项方法之一。在此项轮船单的供给不能适应需求时，银号即不得不另觅其他途径。第一，暹罗对新加坡的贸易，经常是大量出超，故在暹罗对中国及香港的总贸易，若不足以抵补侨汇时，常以新加坡单抵补之。银号或在暹购入新加坡单，在香港售出新加坡单，或在运货至新加坡后在港售出新加坡汇票。其次，在先令单价格有利时，暹方银号亦或向出口商购入此项汇单寄至伦敦的委托行委托代收，是后在港向当地银行售出伦敦电汇。购买行即电伦敦收取，倘无误即付款与港方暹银号的联号。暹罗对英国贸易虽常川居于不利地位，然伦敦为世界金融中心，暹罗对各国贸易以英镑为结价单位者，不在少数，故暹银号之转购先令单者亦属常见之事。最后，过去汕头币制紊乱，暹银号亦有在暹购入上海汇票，在汕售出申汇者。自币制改革后，此种情形逐渐减少，目前几已绝迹。暹银号在香港收款与付款（从暹出口商联号收款，付款与批局代理号）在时间上殊不一致，然此等银号在港多有充足的头寸，故能应付裕如，不感困难。暹银号在侨汇上所负的任务至是告一段落，至于港汕间的汇兑则由批局本身处理之。

新加坡、荷印、安南及暹罗等地批局的港方代理号于收到款项后，当即电告汕头及海口的批局，以便随时对之售出港单。倘南洋各地的批局已直接电告汕头及海口批局，港方即无须另行通知。

潮、梅、琼属侨信的寄递比较分散，而侨款的汇拨则很明显的有一种集中的趋向。潮梅各地的侨款几全部以汕头为集散地①，琼属的侨汇则完全要经过海口。所以汕头及海口的批局在两地的侨汇机构上，居于一种枢要的地位。经由此两地批局转拨至内地的侨汇，如前所述，大率有以下三种：

（1）经由银号、银行汇至海口及汕头的国币汇款。

（2）由南洋直接寄至汕头一种在港取款的港币汇票。收款号将原票背书后或整张售出，或寄港联号委托取款，是后对之卖出港单，以取得国币。

（3）经由银号及银行汇至香港往来号，在汕头及海口售出港单。

第一种汇款手续简单，数额不丰无庸叙述。第二、三两种为潮、梅、琼属侨汇的主要方式，因此之故，汕海两地遂形成一庞大的港单市场。

批局在汕头及海口两地对于港汇的供给数，远驾乎当地出口商之上。他们所供给的港汇几仅限于即期汇票一种，电汇绝少，远期汇票则向未之见。通常所称之港单，即系指即期而言。港单的需方，以入口商为首。汕头及海口两地无论在对内或对外贸易上皆系经常入超的口岸，侨汇的一部分即用以弥补入超。又两地的入口洋货几全部用港币结价，所以在入口贸易季节，两地的进口商必须准备充分港款，以资应付。其次为投机者。买空卖空的风气在海口不甚显著，而在汕头极烈。投机者多无买卖汇兑之必要，不过藉以操纵行情，垄断年利而已。在政局不定时期以及此次抗战期中逃避资金者亦为此项港单的主顾之一。自二十七年三月十四日政府实施管理外汇办法后，逃避资金者在国家银行无从购买外汇，遂群趋于此途。

港单的买卖场所在汕头及海口两地颇不相同。在汕头，港单的买卖集中于汇兑业同业公会一处。会中买卖申汇及省单者甚少，实际上之买卖仅限于港单一种。每日上午十至十一时为开市时间。开市时门禁颇严，携有入场证之会员②方能进会，否则只能委托会员代理买卖。入会前各会员多已得到香港联号拍来之行情电报，故在实际交易前已有成竹在胸。在买卖时完全采用交易所的竞争买卖方式。价格及额数议妥即各登记于一纸上，以便计算。一市之中，港单价格瞬息不同，投机操纵其间者比比皆是。场中交易完全凭口头信用，但款项须当天受授，不得逾期。每日下午一时至六时为交收时间，至时买者以现款付给卖者，卖者以港单授予买者。市场内港单之需供有时不

---

① 广东省银行之梅县及潮安办事处各经手一部分侨汇，惟其数额甚微，可以忽略。
② 汕头市汇兑业同业公会的会员，在二十一年极盛时代曾达六十余家，现仅二十余家。

能平衡。批局为适应入口商的需求，先期将港单零星售脱①，或将不能以有利价格售掉的一部分带港取现，携返汕头。

海口的港单需供额数不逮汕头，其买卖市场亦分散而无集中及固定的场所，购者多与当地汇庄私下分别交易。汇兑业同业公会不过为一形式机关，每日由各会员汇庄聚议一次讨论及探听行情而已。海口的汇兑庄多兼营旅馆业务，其中规模较大者约共十三家，共同组织一通成汇庄。该号一方面直接代理南洋侨款，一方面兼营进出口业务。同时上述十三号承揽的南洋侨款，倘自香港转来，各号在海口开发的港单亦十之八九售予通成，由通成号待机转售与其他汇庄或进口商。是为海口市港单买卖及资金调拨上的一大特色。

汕头及海口的批局，除总支号关系者不计外，多系代理南洋批局分送侨款，故由港单买卖所发生的一切损益完全由南洋号负担。汕头及海口批局的卖单汇价须随时电告南洋局，以便南洋局据以计算损益，并决定是后出售国币的价格。汕头、海口批局所报的行情，多系当天汇兑公会或市面通行的最低行情，其实际卖单汇价与所报单卖汇价的差别即为汕头及海口批局的主要收益。

汕头批局所取得的侨款之中，仅极小部分派人分送当地侨民家属，最大部分须转拨至内地。转拨之法或通知内地往来号或支号，在内地对汕海本局或指定银号卖出汕头汇单或海口汇单，或派专人携款前往分送。在汕头及海口邻近各县，大多采用后一种方式。在梅属各地，因与汕头距离较远，运现不便，且通用货币不同，故侨款的移转多采售汕头单之法。此项汇单有两类。一为见票即付者。一为指定日期付款者，其期限为发票后五天至十八天。当地的入口货几全部来自汕头，此种汇票即为当地的入口商所吸收。

从以上的叙述，可以得到一个总括的概念，即潮、梅、琼三属的侨款中的最大部分，事实上以香港为转汇中心。对于此种现象，我们有如下的解释。

第一，过去中国银汇价变动不定，使南洋批局在收进零星侨款以至实际汇拨侨款的一段时期中，要冒很大的汇兑风险。故一般批局多预在香港备有头寸，待汇价有利时，电告在汕头及海口的代理号在当地售出港单，收进国币，以期减少损失。自二十四年十一月四日币制改革后以至战事爆发时，国币对外汇价虽比较稳定，但由于时间的短促，此种传统的汇款方式仍未能立即改变。

第二，内国银行在国内外尚未普遍设立分支行处，故由内国银行直接汇款至国内反不如原有方式之便捷。且内国银行在国内外的信用基础未臻健全，一般侨民对之多怀惧心。欲改变此种心理，非经内国银行长时期的努力，不易收效。

---

① 在此种情形下，批局必预存款项于港联号，待侨款汇港后又当做存款。如是方能川流不息的周转。

第三，潮汕及琼属与南洋各地向少直接贸易。虽然汕头每年从暹罗直接输进三数百万元的洋米，但此项米普通皆按港币结价，而且多以香港为付款地点，几与间接贸易无异。潮汕及琼州与南洋各地既少直接贸易往来，则在汕头及海口直接售出南洋汇票自无人承购，而在事实上不得不经香港转汇。

此外若遇国内政局变动，内地不靖，以及香港汇兑机构之比较完整等等，皆足以使香港造成其华侨汇款清算所的地位。

乙　水客、进出口商号、船行及私人

船行及进出口商号之经手侨汇仅见于北海，故下文所述，皆以北海为对象。水客带送侨款在潮梅各地的侨汇机构中殊属重要。私人携款返国以钦廉一区最为普遍，潮梅琼诸属次之。至于内国银行及邮局经手侨汇的方式与四邑各地皆相同，故不赘述。

水客　在潮汕各地，水客又名客头。往昔分为两种。一为来往汕头与内地之间者，称为"吃淡水"水客。一为来往南洋与汕头间者，称为"溜粗水"水客。二者之任务，一方面在代理转送侨款，另一方面照料新客出国。溜粗水客头每年往返南洋中国数次，返国时即将侨民信款携回直接交与侨民家属，或委托吃淡水客头代交。吃淡水客头除携送侨款外，也负照料新客由内地登舟或乘车赴汕等事宜之责。待抵汕后，走内地水客及新客皆寄宿于当地的客头行中，以便与溜粗水客头会晤。至于新客出国入境的一切手续，皆由南洋水客办理。

近年来两种水客的营业与人数，皆趋减少。一则因南洋各地不断的经济衰落及排斥华工，新客出国者日少；一则因批局势力巩固扩大，侨汇渐集中批局之手。

潮梅水客人数既多，联络亦佳。汕头的南洋水客联合会即为其中心组织，会员达九百余人。其中梅籍者占七百余人，潮籍者占二百余人，各有其比较固定的营业区域。每年出入国的水客分大小两帮，各往返三次。大帮返国时期约在旧历四月半、八月初旬及十二月初旬，小帮回国时期则在旧历二月、六月及十月，凡大帮入国时期即为小帮出国时期。

水客带送信款完全凭个人的信用，既无收条亦无担保。其所收佣金与批局所收者相仿佛，大致为5%。其款项之调动，或购银行戗纸，至港后取款携返，或交港银号汇汕，或委托南洋批局代其转汇汕头。间有带叻币、暹币、荷盾或安南纸至香港或汕头找换国币者，然居少数。水客抵汕，即将款取出或换为国币，其属潮籍者多将信款携至乡间分发各收款人，梅籍者则仅将信款携至梅属各县县城，静候收款人来取。因水客返里多有定期，各侨民家属皆能预知何时往取。

琼州水客人数很少，其营业区域几仅限于安南一地。其返国次数不定，携返之款即系侨民所交付的安南纸，原款径交侨民家属，并不代为兑换。

进出口商号 钦廉各地①向无正式经理华侨汇款的机关②，侨汇业务多由进出口商号及船行兼营。当地的进出口商号以对香港的贸易为主，其中数家在港有联号或往来号的组织，此等联号或往来号，即构成其经理侨汇的转手机关。除安南外，南洋其他各地的侨信及侨款皆须通过港号转寄转拨。侨信的寄递或托邮局代办或随货运载，侨款的移转则全部采由港运货至北海抵账之法。一切由港转寄的侨信，皆外附汇单一纸，以为收款人取款的凭证，其收款手续与四邑各地之南洋票汇同。

船行 北海的船行经常有船只来往于安南及北海之间。安南侨民送款至钦廉各地，即将款交船行之安南分号代为携回，所带回者几全为安南纸币。侨民家属取得纸币后，即在当地的找换台上兑换，找换台则又转售于赴港办货的入口商。利用此法送信款的侨民，多属船行的亲友，故船行带款系义务性质，并不收佣。

私人 华侨自身携款返国在潮、梅、琼、钦、廉诸地的侨汇上皆有相当的重要性，而在钦廉一区，尤占地位。因钦廉各县密迩安南，水陆交通均称便利，侨民可以随时携款返乡。此系指平常零散来往于安南及钦廉间的华工而言。此外还有一种定期来往者，即在每年六月至九月安南的农忙季节，从钦廉各地往安南应征为农业散工者络绎于途，九月以后仍返家乡。这一批人返国时所携回的款项当然为数不少。因为华侨所带者都是安南的通用币，所以钦廉各县安南纸的供给特多，其中东兴一地毗连安南，致安南纸充斥市面，本国货币反无地位。

二、广东省华侨汇款的数额

关于粤省侨汇的机构已略如上述，以下拟对侨汇数额及估计方法稍加讨论。

（一）估计华侨汇款方法的商榷

关于华侨汇款的数额，过去中外人士的估计很多。远在 1877 年，美国加省上议会即对美国华侨汇款额数加以估计③。此为吾人所知的第一个侨汇估计者。其后，中外学者及机关团体，如旧金山之 *Morning Call* 报纸及 Morse, Wagel, See, Coons, Remer,

---

① 钦廉各地的华侨以往安南者占多数。
② 北海虽有广东省银行一处，但1937年该行经理侨汇不过五千元左右，可以忽略。
③ 1877年美国加省上议会估计，美国华侨汇款每年平均约 180 000 000 美金。参见 *Memorial of the California Senate 1877*。

Kann，土屋计左右诸氏，中国银行及吴承禧先生等，陆续有关于侨汇的统计数字发表①。各家所用的方法不同，准确的程度互异。内中除二三家的估计比较精审周密外，其余各家或得之于间接的探听，或根据一个简单机械的公式算出，即依照华侨人口总数乘每年每人平均汇款的约计数。华侨人数向乏调查，国内外所已发表的统计数多不精确，尤以早年为甚。每人每年汇款的平均数，各地间迥不相同；即在同一地方，各年间亦前后互异。且欲求此项数字，必须对于各地侨民情形有深刻的了解，否则很难得其真相。各家所采用的平均数多凭诸揣测，其间出入很大。乘数与被乘数本身的可靠程度既属疑问，则由此所得之积，其价值当更可疑，自不待言。至于向一两位银行家间接探听一些侨汇情形，然后斟酌各地经济状况，估计一些数字，其结果的准确性也值得令人考虑。

1926 年以前，美国上议院旧金山 *Morning Call* 日报，Morse，Wagel，See，Coons 及雷穆氏的关于侨汇的早年估计都是属于这两种类型。1926 年以后，估计方法逐步改进，雷穆氏在这方面，厥功最伟。他所发表的 1928 年至 1930 年的全国侨汇额数乃是在香港、广州、汕头、厦门等埠实地调查及缜密考虑的结果，亦为第一次采用科学方法所得出的估计数字。然他的估计方法，似仍有未尽妥善之处。

第一，他以香港为估计侨汇的中心并将从外洋汇至香港的华人汇款减去一部分商业汇款，以其余额代表汇至中国本部的侨款，这是很不妥当的。据我们在香港的考查，从外洋汇至香港的华侨汇款，其中有一部分是留存当地而不转汇内地的。

其次，他认为香港的 16 家银行掌握全部经过香港的华侨汇款②。因而他以从 11 家银行直接获得的数字及从另两家银行间接探听得到的数字为根据，所计算出来的总

---

① 参照：
  1. San Francisco, *Morning Call*, 1882。
  2. H. B. Morse, *An Inquiry into the Commercial Liabilities and Assets of China in International Trade*, Chinese Maritime Customs, Shanghai, 1904, p. p. 11 – 15.
  3. *China and the Far East*, Clork University Lectures, New York, 1910, p. 107.
  4. S. R. Wagel, *Finance in China*, 1914, p. p. 473 – 474.
  5. C. S. See, *The Foreign Trade of China*, New York, 1919, pp. 334 – 336.
  6. 东亚杂志，昭和七年九月份，土屋计左右：中国之国际借贷。
  7. A. G. Coons, *The Fereign Public Debt of China*, Philadelphia, 1930, p. 183.
  8. C. F. Remer, *Foreign Trade of China*, Shanghai. 1928, p. 221.
  9. C. F. Remer, *Foreign Investments in China*, New York, 1933, Ch. X.
  10. E. Kann 的估计数，散见于 *Finance and Commerce* 杂志。
  11. 中国银行各年份营业报告书。
  12. 《社会科学杂志》八卷二期，吴承禧《厦门的华侨汇款与金融组织》。
  13. 《中山文化教育馆季刊》三卷三期，吴承禧《最近五年华侨汇款的一个新估计》。

② *Foreign Investments in China*, p. 181. 16 家银行的名称他并未举出。据我们推测，他大概是指汇丰、渣打、有利、大英、万国宝通、大通、运通、荷兰、安达、东方汇理、台湾、横滨、正金、中国、华侨、东亚、广东等十六家银行。

数，代表香港侨汇的总数。但占潮汕侨汇极大部分的暹罗侨汇，几全部操在潮帮银号手里，他们款项的移转不经银行而多采购轮船单抵账之法。又经由香港金山庄及南洋庄用比对方法而得到的侨款，以及南洋商号及美洲商号运货抵账的一部分侨汇，完全不经过银行。雷穆氏忽略以上数种情形，所以他所发表的香港侨汇数字犯了估计过低的弊病。

再次，雷穆氏以为香港侨汇的数额等于广东全省侨款及厦门一部分侨款（间接的）的总和①，这也是不确实的。潮、梅、琼属及四邑等地的侨款，有一部分是由水客直接带送各地，并不必经过香港，同时在钦廉及潮汕各地由私人携返的侨款也完全不通过香港。雷穆氏用一部分来概括全体，是由于他不明了粤省侨汇的整个机构。

近年来广州、汕头、海口以及四邑各地已相继与外洋直接汇兑，而且琼州的侨款二分之一以上是经由内国银行直接汇进的，所以雷穆氏的估计方法到现在已不尽适用。

从1929年起至1936年止，中国银行逐年皆有关于华侨汇款的数字在其营业报告书中发表。因为该行在内国银行中占首屈一指的地位，所以其发表的数字也颇为一般人士所重视。据吾人所知，该行的数字，是由该行在香港、广州、汕头、海口、台山及厦门等地的分支行处，各别的对当地的侨汇给予估计，然后相加而成的。但采用此种方法，必须预先对于以下五种数字有比较精确的概念。

（1）经由各种机关直接间接汇至广州、汕头、海口、钦廉及厦门等地的个别侨款总数。

（2）经由各种机关汇至香港的华人汇款总数，以及在此总数中，侨汇与商业汇款各自所占的百分比。

（3）汇至香港后留存当地的侨款数量。

（4）香港本地华侨汇至内地的侨款数量。

（5）经香港转汇广州、汕头及海口的侨款所占各地侨汇的百分数。

中行在每年估计侨汇时是否对以上五种数字已加以缜密的考虑，我们不大清楚。所以它每年所发表的侨汇数字的准确程度，也就在不可知之列。

吴承禧氏是继雷穆氏之后，采用比较精密方法估计侨汇的第二人。他对于1931年—1935年厦门华侨汇款的估计数字颇准确可靠，其所用的方法亦有足多者。但他对于1931年—1935年香港侨汇的估计数字及估计方法，似皆不甚翔实。

历来关于估计华侨汇款，大多循两种途径。第一是从侨汇的来源地加以估计，早期的估计者多用此法。第二根据几个转汇中心地的汇款数字，推测各省以至全国的侨汇数量。此法自雷穆氏首创之后，晚近各家相率仿效。此二法瑕瑜互见。前者

---

① 见前书 p.p. 182－184.

因为是采追源溯流的办法，所以易于避免数字重复的弊病。但侨民散布如是之广，经手侨汇的机关如是之多，在调查或估计时不免要遭遇极大的困难，而终至于全盘失败。后者似乎比较轻而易举，易于获得一个概括的数字，但数字间重叠互见以及疏忽遗漏的地方亦是在所难免。同时采用此法的私人或团体几全以香港为估计侨汇的重心，并将一切汇至香港的侨款都当作由香港转汇内地的侨款。此种见解，显然不甚妥当。

首先，由外洋汇至香港的侨汇与从香港转拨内地的侨款完全是两件事情。汇至香港的侨款除普通商业汇款外，其余的大率可以分作两部分，一部分是实际上转拨内地的款项，一部分则留存当地①。后者或投资于香港及九龙的工商业，或用以做各种投机事业②或转为银行或银号的存款，或用做侨民在港家属的赡养费。这一部分与侨民存诸国外或用在国外的款项丝毫无异，对于中国的国际收支是根本不发生抵补作用的。退一步言，假使留存香港本地的侨汇数量较少，其存在与否，无碍于侨汇的整个数字。然欲获得香港侨汇整个数字的本身即大非易事，不但外商银行每含混其词，敷衍搪塞，不肯将经手的华人汇款全盘道出，就是中国经手侨汇的机关亦何尝不如此③。即便我们能将经过中外机关团体汇至香港的一切华人汇款的数字全部得到，但在计算侨汇前还须慎重考虑下述两种情形。

（1）华人汇款，如上所述，实际上包括侨汇及为支付进口货价（按即香港方面收进出口货款）而汇至香港款项两类。除少数银行对之有比较明晰的分类，其所供给的数字仅限于侨汇一项外，其他多数银行的数字皆混淆不分。调查所得的原始材料既不能武断的划分，于是便不能囫囵的利用。此为分析香港侨汇数字最感困难的第一点。

（2）香港一地，经手侨汇的机关过多，各机关间彼此买卖，相互抵账的情形，亦不可胜数。但如将一切下盘生意不计在内，则探根溯源，侨汇主要是经由五种途径达到香港。第一是银行。银行经手的侨款一部分直接交给侨民家属，一部分是代银号、商号、批局及水客抵账。银行调拨资金大率采下列诸法：①购买其他银行的汇票（银行间的买卖必须减去以免重复）；②购买货单或轮船单；③在香港卖出外汇；④预先有款存在香港，以便随时动用。第二，货单或轮船单。此项包括银号、批局及商号为侨汇目的而购买者的一部分，银行购买者不计在内。第三，比对。此项亦仅包括银号、

---

① 香港余仁生经手的侨汇几全留存香港本地。
② 参见 *Decennial Reports*，1922—1931，p. 220.
③ Remer 于 1931 年在香港调查时获得十三家银行的数字。吾人此次调查亦仅获得大通、运通、万国宝通、荷兰、安达、中国、东亚、华侨、广东、上海商业及四海通等十一家的数字，其总数为 $ 195 600 000。其中五家的数字是直接得自各该行的负责人，其余六家的数字是间接探听得到的。又除中国银行的数字以外，其余各家银行的数字多包括侨汇及普通商业汇款两项，所以上列的总数要比十一家银行实际经手的侨汇大得多。

批局及商号为侨汇目的在港所卖出的南洋单,银行所售者不计在内。第四,银号或商号为转移侨款直接运货至港。第五,水客亲自携带侨款到港。采用以上五种方法汇到香港的侨款的合计数,在大体上方可以代表汇到香港的侨款的总数。但此五项数字的每一项皆是一个谜,而且都是很难加以估计的。

根据以上种种的理由,吾人根本怀疑以香港为估计侨汇的中心地之方法上的妥当性。因此之故,我们的估计便不以香港的数字为主体。普通用种种方法求得的香港数字仅能以之验算用其他方法估计出来的数字的差误,至于即以香港数字的本身为实际上的侨汇数字,其适当与否,是很值得考虑的。

事实上,广东省的华侨汇款有两项主要的来源。一为用批信方法的汇款,一为用艮纸方法的汇款。此点我们在上文已详为叙述。此外尚有几项非主要的来源,即经过内国银行、银号、商号、邮局、船行、进出口商号、水客及私人直接汇至或带至各地的款项。倘能对比诸项侨款额数个别的加以处置及估计,以求其比较近真的数字,则综合起来所得到的侨汇估计数与实际上的额数当能较为接近。

关于以上诸项侨汇的估计,我们认为用下列诸法比较适当:

(1)用批信方法之侨汇的额数,以潮梅及琼属等地的个别侨信平均约计汇款数乘各地的批信件数所得到的乘积推断之。一切的批信都须经过邮局的检查及登记,所以批信的数目完全可以在邮局查出。每封信的汇款数目,则宜择潮、梅、琼各帮批局之较大者一二家抽查之。其经过批局而无批信的小部分汇款,则应根据各地有经验之批局司理人及熟悉侨汇情形之水客等的意见,加以估计。

(2)艮纸汇款数量,以艮纸的平均约计价值乘艮纸的约计总数所得的积,推断之。四邑各地大部分的艮纸是由当地的银号、商号收买,其中规模较大者每年收买额达数百万元。此种营业额较大的商号是银号,即为抽查艮纸平均价值的适宜对象。抽查的地点宜择艮纸的集中地,如江门、台城、赤坎、石歧等是。抽查的家数则每地一家或二家即已足。一切的艮纸都是由汇款人用挂号信寄至四邑各地,而由外洋寄至四邑各地的挂号信,几全部为邮寄艮纸的信件。挂号信中间有少数邮寄两张以上的艮纸者,但此或可与少数不附艮纸的挂号信相抵销,所以挂号信的数目大致可以代表艮纸的数目。挂号信虽全部经过邮局,但邮局对之向无记录。故欲知其确实数字,必须到四邑、中山各县各墟镇的邮局实地调查其外国挂号信的收条张数,此项工作至繁且巨,非穷月经年不能得其详,殊非少数人短期间所能办完。在不得已的情势下,不得不退而求其次的办法,即根据各地邮局负责人对其经手外洋挂号信的估计数字,然后分别计算之。

(3)邮局经手的国际汇票及大宗汇票汇款数额可以在各局的账簿中完全找到。其中大宗汇票汇款全部是代银行转汇款项,故不宜计算于侨汇数字之中。经由内国银行汇至各地的侨款，其性质因地而异。其汇至广州、汕头及海口之侨汇的主要部分系代银号、商号或批局抵账，其汇至四邑各地者则全部系直接交给侨民家属的款项。所以在计算此项侨汇时，亦宜适应各地的情形，分别予以增减。南洋商号利用票汇法的汇款与美洲商号利用信汇法的汇款，其经手的机关既属分散，同时款项因几度转汇而发生重复的地方亦多。处理此种困难的方法，第一是调查省港各主要转手机关的数字，第二是调查内地各主要付款机关的数字。比较此两项数字，并参酌省港及内地各县有经验有声望的银行负责人及银业司理人的意见，然后分别估计。潮、梅各县每年由水客所携回的款项以水客人数、平均每人每年返国次数及该年度每人每次携带侨款的平均约计数等三项的乘积推测之。水客人数及其返国次数，都是比较固定的项目；携款的平均数，则访问汕头水客联合会的负责人及三五名水客，便可以得其梗概。至于琼属的水客携款及全省各地每年由私人带回的款项，并无集中的机关团体可供调查，仅能根据各地返国侨民的约计数及国内外经济状况加以估计。

（二）民国二十六年度广东省华侨汇款数额的估计

我们此次调查因时间短促，在若干地方未能充分利用上列诸种方法，因而所得到的各项数字之准确程度颇有差异。兹择要分地述之。

（1）关于四邑、中山、鹤山、顺德等地的侨汇，我们的估计额数一方面根据在此数地调查十一家银行、三十八家银号、十三家商号及八家邮局所得到的数字，一方面根据从广州邮政管理局、四家银行、两家银号及香港十一家银行、一家商号所得到的资料[①]。其结果如下：

---

① 此次在四邑各地调查之银行、银号、商号及邮局之名称及所在地如下：
顺德大良：广东省银行，大生、茂元、永生、铭隆及衡生等五家银号及大良邮局。
中山石歧：广东省银行、中山民众实业银行，罗勤记、合成昌、生发、福和盛、利生、天祥等银号及石岐邮局。
新会江门：广东省银行、中国银行、金城银行、会丰、振升、达祥、嘉祥、广荣源等银号及江门邮局。
鹤山沙坪：广东省银行，协昌银号，帜荣公司，冯合记及沙坪邮局。
台山西宁市：广东省银行、中国银行、实信、大正、建平、裕亨、达新、永亨、诚昌、慎信等银号，中国信托公司，南华找换店及台城邮局。
台山新昌：中孚银行及万草堂药店。
台山荻海：汇丰银号。
开平长沙：广东省银行，巨信、和源、广就等银号，万源火油行及邮局。
开平赤坎：万宝源、汇通、富源、汇源、广祥、裕民、天宝等银号，成利公司，益记及万源等三家火油行。
恩平：县城之广东省银行，泗汇栈及邮局，圣堂之昌号，船角之永生号，沙湖之恒盛号。
广州：中国、广东省、东亚及广东四家银行，汇隆及道亨银行，广州邮政管理局；
香港：前述十一家银行及余仁生汇兑药行。

二十六年四邑、中山、鹤山、及顺德等地的华侨汇款额数估计

利用银行昃纸的汇款约计	$ 52 000 000
利用票汇法及信汇法的汇款估计	$ 15 000 000
其他（包括经由内国银行直接汇交侨民家属的汇款、邮局国际票汇汇款及私人返国所携带的款项）	$ 5 000 000
总　　计	$ 72 000 000

依照我们的估计，上列各地间侨汇的分配情形大致如下：

台山	开平	中山	新会	鹤山	恩平	顺德	总计
$ 35 000 000	$ 12 000 000	$ 10 000 000	$ 10 000 000	$ 2 500 000	$ 2 000 000	$ 500 000	$ 72 000 000

昃纸汇款占此数地侨汇中的最主要部分。但我们仅获得二十六年每张昃纸金款额的约计平均数（详下文），挂号信的数目则由于前述种种理由，未能全部得到，致不能用比较精确的方法验算此项数字的准确程度。

（2）二十六年高雷九县的侨汇数，主要是根据梅菉广东省银行及广益祥火油行所供给的资料而估计的，其数额约计为 $ 3 500 000。其中信宜一县约占总数四分之三，其他八县仅占四分之一。

（3）关于潮梅的侨汇我们估计的程序大致如下。

（A）根据广州邮政管理局供给的资料，二十六年由外洋寄至汕头的批信件数共约 2 200 000 件。直接寄至梅属的批信共约 18 000 件。汕头的批信中的一小部分，约有十分之一之数是转寄梅属的，所以潮属的批信实际上约为 1 980 000 件，梅属的批信实际上约为 238 000 件。二十六年潮属批信平均每件汇款约数，据汕头炳春银庄供给的数字为 20 元，据汇康银庄供给的资料约为 28 元，据侨批业同业公会负责人供给的数字则为 13 元。前两家银庄经手的批信，因为包括一部分梅属批信在内，所以使其平均数增大。后一项数字比较能代表潮属各地一般的情形。大致新加坡的侨信平均汇款数较 13 元略多，暹罗者较 13 元略少，安南者与此数相近。今以此平均数乘潮属侨信数字，其结果为 $ 25 700 000。此即二十六年用批信方法汇至潮属的侨款约计数。

梅属批信的平均汇款数，据汕头宏通银庄供给的数字为 60 元[①]。今以此数乘前列梅属侨信数字，则可以得到二十六年用批信方法汇至梅属各地的侨款约计数，即 $ 143 000 000。

---

① 此为民国二十七年一月至六月的平均数字。但据此银庄司理人言，民国二十六年的平均数字与此无大出入。

（B）经常往来于潮梅与南洋各地间的水客，共约950人。每年每人平均来往三次。二十六年水客携款的平均约数，据汕头市水客联合会负责人称约在六千元之谱。三项相乘共约 $ 17 000 000。此数大体可以代表二十六年水客携返潮梅各地的侨款总数。

（C）二十六年经由汕头中国、广东省、交通、汇丰等四家银行及潮梅各地邮局直接汇交侨民家属的侨款以及华侨返国携回的款项共约 $ 5 000 000。此系根据上述各行局所经手的侨汇额数统计及汕头侨务局所供给的侨民返汕数目，我们据以分析所获得的结果。

综上各项，二十六年潮梅侨汇约计共 $ 62 000 000[①]。

（4）琼属各地批局经手的侨汇有两种来源，一为经由内国银行直接汇至海口的侨款，一为从南洋各地将侨款用种种方法汇至香港，然后在海口卖港单所取得的款项。二十六年经由中国银行及广东省银行汇至海口的侨款共计 $ 7 250 000，其中约有 $ 7 000 000 之数系代批局拨汇者。是年海口批局采用卖港单方法所经手的侨款，据我们的估计，约为 $ 3 000 000，两项合计共 $ 10 000 000，约占琼属批局经手侨汇的全部。二十六年琼属侨信的平均汇款数，据我们调查六家汇庄的结果[②]，约计为 15 元。二十六年琼属各地侨信的件数，据广州邮政管理局供给的资料，约为 283 000 件。两项相乘，共得 $ 4 240 000。此数不及依前项方法所估计的数字的二分之一。此或由于私运的侨信过多，致邮局的数字不能代表全体，或由于经过批局而不用批信的汇款额数稍大，因而上列的乘积不能表示批局经手侨汇的实际数额，其详细的情形，尚待更进一步的考察。二十六年水客及私人携返的款项，据我们的估计，约为 $ 2 000 000。是年琼属各地侨汇，约计共 $ 12 000 000[③]。

琼州的侨汇，约95%以上是集中在文昌、乐会、琼东及琼山四县，其中文昌一县的侨汇约占全部侨汇的五成以上。

（5）二十六年钦廉一区的侨汇，根据北海广东省银行与当地三家商号[④]所供给的资

[①] 关于民国二十六年汕头的侨汇，除我们的估计数字外，另获得五种不同的估计数，其详如下：

汕头市侨批业同业公会估计数	$ 40 980 000
汕头中国银行估计数	$ 37 000 000
光益庄估计数	$ 70 000 000
普通庄估计数	$ 65 000 000
德发庄估计数	$ 60 000 000

据我们所知，上列诸种估计数多是由估计者向各批局直接间接探听得到的数字相加而成。但由于摊派公会会费、缴纳捐税及营业秘密的关系，各批局都不愿将其实际的营业额宣布，所以由此种方法求出来的估计数，其可靠程度殊成疑问。

[②] 六家汇庄的名称为汇利汇庄、通成汇庄、琼通汇庄、平民栈及大亚酒店银业部。

[③] 海口中国银行对于民国二十六年琼州侨汇的估计数为 $ 8 450 000。据该行负责人言，此项数字是最低限度的估计数，实际侨汇数必高于此。

[④] 三家商号的名称为广昌和号、广珍样号及黄正昌号。

料及我们对该地情形考察的结果，约为 $ 5 000 000。此数字包括经由银行、邮局、船行、进出口商号的侨汇及私人携返的一切款项在内。

（6）除上述各地外，二十六年广东省其他各县①的侨汇约为 $ 20 000 000。此系我们用通信调查方法及在广州、汕头等地向当地银行界间接探听得到的数字，而非实地调查的结果。

综合以上各地的数字，则二十六年广东全省华侨汇款的数量，大致如下：

二十六年广东省华侨汇款估计

台山、开平、新会、中山、鹤山、恩平、及顺德	$ 72 000 000
潮属及梅属	$ 62 000 000
琼州	$ 12 000 000
高雷九县	$ 3 500 000
钦廉四县	$ 500 000
其他各县（花县、清远、番禺、南海、增城、东莞、宝安、惠阳、乐平及海丰等县）	$ 20 000 000
总计	$ 170 000 000

以上为二十六年广东省侨汇总额估计数以及各地间分配的大概情形。以下拟对其季节变动及平均汇款情形略加说明。

关于二十六年粤省侨汇的各月份额数，我们仅获得中国银行在港粤各分支行处所经手的侨汇数字、广东省各邮局的大宗汇票及国际汇票汇款数字，以及潮、梅、琼等属批局的侨汇数字。此虽不足以代表粤省侨汇的全体，但亦可藉以略窥其各月份消长的一般情形。

依据下表，则二十六年的侨汇以一二月份为最多。此种情形，据我们所知，不但普遍于各地，而且是一种常态。因为国历一二月份适当废历年底，侨民汇款者倍形踊跃，侨汇笔数及每笔的平均数因之相形增加。旧历五月及八月普通亦为侨汇的旺盛季节，但在数量的增加上，并不如废历年秒那样显著。

关于侨汇的每笔平均数，各地间颇有差异。在四邑各地，美洲侨民汇款大多数是盘旋于 $ 150 到 $ 400 之间。昃纸汇款占美洲侨汇的主要部分。据我们在开平赤坎一家商号的收买昃纸簿中所找到的昃纸张数及个别额数的记录，并据之计算的结果，其二十六年收买昃纸的每张平均价值为港纸181元，约合国币190元。我们在当地的其他银号、商号以及在江门、台山、三埠等地的银号、商号所探询得到的数字，亦与此数相

---

① 包括花县、清远、番禺、南海、增城、东莞、宝安、惠阳、海丰及陆丰等县。

接近。银行在四邑各地所收买的昃纸多属大数的昃纸,所以其平均价值亦较大①。二十六年经由内国银行直接汇至江门、台山两地的美洲侨款的平均额数,据我们的计算,约为国币 210 元。此较昃纸的平均数略高,但此种汇款仅居少数。所以以 190 元代表二十六年四邑诸地旅美侨民每人每次的平均汇款额数,当与事实相差不远。

二十六年中国银行、邮局及批局经手侨汇月份数额

月份	中国银行①	邮局国际汇兑②	邮局大宗汇票③	潮属批局④	梅属批局⑤	琼属批局⑥	总计
一月	2 645 000	39 800	10 200	1 880 000	1 050 000	705 000	6 330 000
二月	1 549 000	60 800	7 600	4 110 000	2 310 000	296 000	8 333 400
三月	1 160 000	42 600	31 700	1 950 000	1 100 000	170 000	4 454 300
四月	2 274 000	33 500	15 400	1 930 000	1 070 000	300 000	5 622 900
五月	2 359 000	33 200	10 400	2 260 000	1 250 000	350 000	6 262 600
六月	2 429 000	46 300	15 600	2 160 000	1 270 000	495 000	6 415 900
七月	2 575 000	41 700	36 100	1 690 000	940 000	299 000	5 581 800
八月	2 265 000	47 600	15 000	2 130 000	1 150 000	380 000	5 987 600
九月	1 709 000	29 800	25 300	2 220 000	1 210 000	360 000	5 554 100
十月	1 468 000	34 900	16 700	1 580 000	870 000	320 000	4 289 600
十一月	1 708 000	51 200	29 600	1 860 000	1 000 000	245 000	4 893 800
十二月	2 134 000	68 300	34 400	1 930 000	1 060 000	320 000	5 546 700
总计	24 275 000	529 700	248 000	25 700 000	14 280 000	4 240 000	69 272 700

注:①根据中国银行香港、广州、汕头、海口、江门及台山等分支行处所供给的资料,电汇侨款不计在内。
②③根据广州邮政管理局所供给的资料。
④⑤⑥各月份数字皆是用各地之侨信约计平均汇款数乘广州邮政管理局所供给的各该地批信数字所求得的乘积。

二十六年四邑各地南洋侨汇的平均额数,据我们向当地银号探询得到的数字约为 $30,银行经手南洋侨汇的平均额数则较此为高。

潮属、梅属及琼属等地批局经手侨汇的每笔平均数,上文曾略述及。其经由银行汇至此三地的侨款之每笔平均数,全部在千元以上,因其多属抵账性质,故可以撇开不谈。

侨汇每笔平均数在各地间之所以发生差别,大率由于两个原因。第一,侨民的收益能力在海外各地间迥不相同。美洲侨民的平均进款额数,一般超过南洋侨民的平均

---

① 江门广东省银行民国二十六年收买昃纸的每张平均价值为港纸 272 元,约为国币 290 元。是年台山中国银行收买昃纸的每张平均价值为港纸 375 元,约合国币 400 元。又是年鹤山广东省银行收买昃纸的每张平均价值为港纸 440 元,约国币 470 元。

进款额数。同时在南洋各地中，荷属侨民的平均收益又较暹罗、安南等地侨民的平均收益为大。侨民的平均汇款能力完全以其收益能力为基础，收益能力的大小当然影响其汇款额数的多寡。第二，汇银次数的集中使侨汇的每笔平均数增大。在美洲各地及荷属东印度，由于国人自办之批局式的汇款机关比较少，新式银行汇款手续较繁杂，同时他们不愿办理额数小的汇款；所以一般侨民多自动减少其汇款次数，增大其每次汇款的数量。因此之故，在暹罗、安南以及海峡殖民地等处的侨汇中，每笔一二元的汇款每每可以发现，而在美洲及荷印的侨汇中却很少见。

三、结 论

广东省华侨汇款的机构及数额已略如上述，本节拟对于整饬机构及改变汇路，略陈数语。

从以上的分析可以观察到三种显著的现象。其一，粤省侨汇的最大部分皆以香港为转汇中心，其因汇率高低申算而使汇款人蒙受之损失，有时至为巨大。其二，经手侨汇的机关数目既很繁多，系统亦复庞杂，因之构成一种叠床架屋、支离破碎的局面。其三，在整个侨汇机构中，外商银行及旧式侨汇机关皆占优势，内国银行则瞠乎其后。四邑各地的侨汇，因一向沿用外商银行的昃纸，致当地人民逐渐养成信赖外商银行，信仰外钞的心理[①]。旧式侨汇机关的信用程度既不划一，委托汇款者亦无法律上的保障，难免发生侵蚀侨款的现象。

我们以为欲弥补此种机构上的缺陷，改变间接汇兑为直接汇兑，各经手侨汇的机关固应通力合作，而国家银行尤宜尽其最大限度的努力，俾得以其本身为核心而形成一种经理侨汇的网状组织。兹分国内外两方面言之。

在国外吸收侨款方面，国家银行首先应增设分支行于海外各地，行内并宜附设类似侨民服务部一类的组织，举凡侨民向国内汇款、投资以及旅行等等事宜，皆代为计划办理，以期能直接与侨民发生多方面的接触。接触的方面愈多，对侨民服务的机会亦愈多，则愈能取得侨民的信仰，吸收侨款当非难事。然海外侨民散居各地，幅员广大，非国家银行势力所能全部笼罩。以一二银行之力在国外各地遍设分支行为事实上不可能；即令可能，亦至不经济，故各经手侨汇机关间之分工合作，实为必要。此项合作，可分三层。一为国家银行与其他各内国银行的合作，一为国家银行与旧式侨汇机关的合作，一为国家银行与外商银行的合作。查华侨、东亚、广东、中兴、四海通

---

① 四邑各地的一般人民在平时亦多愿贮藏港纸，而不愿保存本国钞票。

诸行经手侨汇，已历有年，所在南洋各地有根深蒂固的基础。其中华侨一行分支行遍布南洋各重镇，每年所承揽之侨汇，在国内各银行中允称首屈一指。国家银行倘能与此诸行切实联络，则在经理侨汇方面，当能获得莫大的便利。其联络方式，我们以为应由国家银行与上述各行成立多方面的代收代付合同，各行在国外所吸收的侨民汇款，应交与国家银行，由国家银行转至国内。目前此种代理关系虽已存在，然多属任意性质，而无强制的规定。我们建议国家银行在吸收外汇上应具有强制的权力，一般商业银行所承揽的侨汇应完全集中国家银行之手，而由国家银行在汇价的申算上优遇之。

按新式银行在南洋各地所做的侨汇业务泰半属上盘生意，而下盘生意大部分仍操诸旧式侨汇机关手中。此等旧式侨汇机关已有近百年的历史，其组织及运用虽未臻完善，然其为侨民服务之功绩，殊不可忽视。且其组织普遍于国内外，对于侨民情形、地方习惯至为熟习。而其代侨民书写信件、收寄回头信、供给赊汇之便利以及直接送信款与收款人等，尤非新式银行所能为。故此等旧式机关仍宜听其个别活动，而国家银行则立于监督指导的地位。凡侨信侨款的收集、侨信的寄递，仍可保持旧有的方法，庶不致与侨民的传统习惯相背驰。而侨款的转拨能以全部集中于内国银行为上策。其法或由国家银行委托其他各家银行以最好买价①向各旧式机关接揽转拨侨汇，或由国家银行津贴各旧式机关，或以其他方法扶助其发展，而以全部侨款由内国银行，或直接交由国家银行转汇为条件，或由国家银行强制购买其外汇。按现在南洋各地批局转拨侨汇之法，除其经由内国银行直接转汇国内各地者不计外，大多委托银号及外商银行汇至香港，然后在国内各商埠卖出港单，取得当地通货，直接解往四乡。批局在卖出港单时，因港汇价格之变动，固可获利，然亦易蒙受意外的损失。稳健者固早已欲改弦更张，倘国家银行能相机扶助提携之，则假以时日，此类机关或逐渐能全部置于国家银行控制之下。

以上所述者，大率偏重于南洋方面，至于在美洲、欧洲以至澳洲、非洲等地，内国银行之设立分支行者颇少，旧式侨汇机关亦属有限。此等区域的侨汇，大部分经由外商银行汇拨。其中美国数家大银行皆专门聘请华人雇员，直接向侨民兜揽侨汇生意，并委托在美之华人商号代为吸收侨汇。其努力之程度若是，加以其在本国领土内所得种种便利，短期内中国银行在彼邦自难望与之竞争。我们以为内国银行在此种地方对于经理侨汇的活动方式，首先在取得经手华侨汇款的各外商银行之合作，并与之缔结多方面的代理收解协定。外商银行在各地所吸收的侨汇，务期其能尽量移交内国银行，由内国银行代之在国内直接付与收款人。倘内国银行对于代付款项取佣减低，同时在汇率上亦以最好卖价（收进外汇卖出国币之价格）折算，则此事实不难办到。其次由

---

① 指以国币购买外汇而言。

国家银行委托在美洲、欧洲、非洲、澳洲等地有信誉的华人商号代理吸收侨款，此等商号在海外侨民留居各地颇为普遍，而且大多数与华侨有密切的联络，以之为吸收侨款的下层机构最为得计。近美国各大银行多以特制之炰纸委托华人商号代理发汇，实行以来成效卓著，此种方式实足取法。而国家银行委托各华人商号办理侨汇业务的方式，自应以利用炰纸为原则。

倘此项意见得以逐步实现，则不仅海外各地的侨汇即可由目前分散状态以国家银行为核心而渐趋集中，且侨汇通路可以矫正，侨汇机构得以调整，可谓一举而数种目的俱达。是为侨汇之吸收情形。至于侨汇之分配事宜，在闽粤两省则以各该省省银行担任，最为适当。国家银行在国外收得之侨汇应即直接通知各该省银行的各地分支行处代为付出，而无须经过各该省之省银行总行转达，以期迅速。但银行实际仅负调拨款项之低务，至于侨款之分送，在潮、梅、琼各地仍可由批局为之，而银行则立于监督补助的地位。在四邑各地，则除旧式机关外，更宜充分利用邮局之大宗汇票方法转送之。

以上吾人所建议的方案，以内国银行为重心，故关于内国银行内部机构及人事上之调整，亦愿略献刍荛之见。银行之功能贵乎迅速与认真，内国各银行中合此标准者固有之，而敷衍因循者亦殊不少。以吸收炰纸及支付侨汇二事为例，即可略窥一斑。按银行在四邑各地吸收炰纸，原应为辅助政府集中外汇必要步骤之一，而少数银行之总行对此事异常忽视，其拍至四邑各地分支行处的行情电有三五日一次者，有延迟一二星期之久者，驯致此等下层机关在收购炰纸时无所根据，而不得不停顿其工作。又在经手侨汇的内国银行中，亦有不遵行规延期支付侨款的现象，其缓付的期限从一二星期至一月不等。此种事实足以增长侨民对于内国银行不信任心理，而使内国银行的侨汇业务的正常发展大受妨碍。凡此种种以及少数行员对顾客的侮慢态度，均应切实整顿。再经手侨汇之各家银行的各地分支行间，有感库存过度短绌，以致侨款通知到达后艰于应付者，亦有头寸充溢而不能有利运用者。在此种情形下，酌盈济虚，实属必要。其资金在各地间之调动，或由分支行间相机处置，或完全听命于总行，均无不可。倘因通用货币不同或与其他各地过于隔离而不能彼此调拨者，则总行宜常川充实其库存。

※　　　※　　　※　　　※

自上文草成后，侨汇的机构多有改进。如华侨建国银行的设立，中国、交通、广东省立家银行以及邮政储金汇业局等在海外对于侨汇网的扩充，外交部、海外部、侨务委员会及邮政储汇局等对于新加坡、槟榔屿、马尼拉、吉隆坡等四地侨批业的从新组织，财政部对于"吸收侨汇合作办法"以及集中侨汇于中央银行之四项原则的颁布等，皆在表示战争期中华侨汇款的机构已展开一新局面。然此不属本文范围以内，故不具论。

银行机构构建与作用

战后银行组织问题[*]

银行组织的健全为一国金融安定的基础,亦为一国产业发展的重要条件。中国银行的组织一向未臻健全。普通银行既散漫不成系统,在普通银行之上复无强有力的中央银行以为控制统驭的中枢,此为中国金融组织的基本缺陷。战后银行组织之改造,即应从此种缺陷之改革入手。兹分别述之。

一、战后中央储备银行的组织问题

在完整的金融机构下,一般金融机关必互为密切的联系,而以中央银行为中枢。盖中央银行为"银行之银行"负控制指挥之责,其他各个金融机关则左右衔接,相互为用,在中央银行之领导下直接参加各项经济活动。两者错杂相倚管鑰全国金融,形成一种如臂使指运用裕如的有机体。在经济先进各国,中央银行之能进至金融中枢的地位或由于历史的演进或由于政府的辅助,然其地位之形成,大多因具备下列各条件:(一)独占纸币之发行权;(二)经理国库,并收存一切公共资金;(三)保管商业银行之存款准备;(四)对于普通银行的再贴现权;(五)在公开市场买卖证券权;(六)为其他各家银行之集中清算机关。

中国之中央银行对于上述诸条件多未具备,即使具备亦不充分。此为中央银行力量薄弱之最根本的原因。战后银行制度之调整,应以中央银行之改造为起点。而中央银行之改革又以上述诸条件之实现为先决条件。民国二十四年十一月,新货币政策实行时曾有改组中央银行为中央储备银行之拟议,其后财政部负责人更有改善全国银行制度之表示,其首先着眼点即在健全的中央银行的设立。关于中央储备银行之法规,立法院且已依照立法程序审查修订。不幸七七事变旋起,此项在金融上关系重大之工

---

[*] 姚曾荫,战后银行组织问题,国立中央研究院社会科学研究所,中国社会经济问题小丛书第一种,商务印书馆,1940年7月。

作遂中途停顿。抗战开始后,中央、中国、交通、农民四行为应付非常时期的需要,曾组织四行联合办事总处。是为四行合力应付战时金融之嚆矢。此项组织最初成立于上海,继迁汉口,再迁重庆。迨二十八年九月八日,国防最高委员会核定"战时健全中央金融机构办法纲要"十条。四行联合办事总处遂据此纲要改组成立。四行联合总处之任务,不仅以主管四行本身之业务为限,关于贴放活动,全国金融纲之设计分布,外汇申请之审核,资金之集中与运用,以及鼓励出口,及平定物价等工作,亦在其所辖范围以内。此虽不能与先进各国之中央银行在战时之活动及权力同日而语,然已为未来健全银行机构之建立过程中奠定一稳固之基础。

四行联合总处之建立仅为战时之一种应变的措置,而非为一种长久的计划。此于"战时健全中央金融机构办法纲要"冠以战时两字可以见之。此组织之权限虽较现有之中央银行之权限增大,然若干基本权力皆未具备,其控制全国金融之力量仍属有限。且在战后中国之非常局面下中央银行更有安定金融推动国家经济政策之使命。现有之中央银行既不能负此重任,而四行联合总处亦去此目标尚远。故现有之中央银行及四行联合总处应于战后一并改组。其改组后之组织应采用晚近各国所实行之准备银行制度。中央银行应改组为中央储备银行。此次抗战已证明金融业集中沿海各省之错误与危险,故吾人主张分划全国为上海、天津、汉口、广州、重庆及兰州等六大银行区,以全国为单位,就各区域之经济状况分别发展,以达全国金融均衡发展之目标。在每一区域内应设立中央储备银行一处,以为各该区之最高金融机关。在各区范围内之商业银行及其他各种银行皆应为各该区中央储备银行之会员银行。四行联合办事总处应改组为中央储备银行管理局,以为全国之最高金融管理机关。储备银行管理局及各个储备银行既皆负统制金融之责任,则彼此权限即有划分之必要。就原则上言,每一区域之中央储备银行固应有权就各地之特殊情形颁布各种章则,命令各该区之会员银行遵守,但以全国为单位之金融计划或业务方针则各个储备银行应完全听命于储备银行管理局。依此原则吾人主张储备银行管理局应具有如下之权力:(一)关于全国金融网之设计及分布事宜;(二)关于资金之集中与运用事宜;(三)关于储备银行发行数额之规定及发行准备之审核事宜;(四)关于外汇之申请之审核事宜;(五)关于各储备银行及各会员银行之报告及其他文件之审核事宜;(六)关于银行法规之解释事宜;(七)关于违反命令或法律之会员银行,其会员资格之撤销事宜;(八)关于各储备银行高级职员之任免事宜;(九)关于会员银行高级职员之罢免事宜;(十)关于各家银行以证券为抵押之放款数额对于各该银行之资本及公积金总数之比例的规定事宜;(十一)关于委托代收取费之规定事宜;(十二)关于各储备银行及各会员银行放款利率之规定事宜;(十三)关于各会员银行存款利率之规定事宜;(十四)关于各会员银行存款准备比率之变更事宜。以上所举十四点不得谓为完备,不过略示储备银行管理局权限之大致范围而已。储备银行管理局为发号施令之机关，而中央储备银行则负直接控制全国信用之责任，为履行此项任务计，中央储备银行除接受储备银行管理局之命令以为各项之措施外，更须具有下列各项权力。

第一，适应经济各部门之需求以伸缩通货之发行额，故中央银行应独占纸币之发行权。纸币发行权一项就理论上言，或于中央银行职权之完成上占无足轻重的地位，[①] 但在实际上，却为左右市场、伸缩信用的基本因素。中央银行操有此项特权不仅统一全国纸币之发行，加强纸币之信用，且可以直接控制商业银行创造信用的能力。此点于安定金融，减免恐慌，作用甚大。新货币政策实施以后，中国之纸币发行虽云集中，然事实上中国、交通、农民三行迄今仍与中央银行同等享有发行权。此外各省省市立银行之继续发行纸币者亦不在少数。军兴以来，各省纸币不统一之情形且日见普遍。各省省银行已发行纸币者，其发行额数日渐增加，而向未发钞之战区各省省银行亦经财政部准发省钞。此虽为一时权宜之计，然究足以破坏发行权之统一，影响中央银行控制金融的力量。吾人认为战后中央储备银行成立以后，中国、交通、农民及各省市立银行之纸币发行应即停止，发行权应完全集中于储备银行之手。各银行停止发行之步骤有二，（一）各种非中央银行纸币停止继续发行，（二）在流通中之各种省市立银行纸币定期强制收回。至于中国、交通、农民三行所已发行之纸币，因数额过于庞大，收回之时可采渐进的办法，以每年收回百分之五为度。在非中央银行纸币停止继续发行而已发行者逐渐收回之情形，若干年内非中央银行纸币仍有大量在市场流通。但此并不足为虑，因在中央储备银行管理纸币数量的变动幅度（Fluctuating margin of note circulation）的状态下，中央储备银行即可以控制全国通货的伸缩。[②]

第二，经理国库并收存一切公共资金，以中央银行代理国库或足减弱其控制信用的力量，甚至于在金融市场上增加一扰乱因素。[③] 然政府账项移转以及政府在金融上之措施皆与社会经济有不可分性。政府从人民手中取得收入，同时又以各种支付方式付与人民。亦即政府财政与社会经济作不断的循回流转。中央银行固应肆应于二者之间，使国家财政与社会经济相协调。此点非由中央银行直接经理政府之金融活动，不能办到。[④] 民国十七年中央银行成立后，曾赋予以代理国库的特权，然实际上并未能集中管理国库事务，不过掌理财政部会计、国库二司之出纳职务而已。迄二十二年三月财政部公布"中央各机关经管收支款项由国库统一处理办法"后，中央银行代理国库之业务始粗具规模，但考其性质，亦只改变为各收支机关承转会计责任之机关，仍未能达

---

① Hawtrey: *The Art of Central Banking*, ChIV
② A. M. Allen and Others: *Commercial Banking Legislation and Control*. p. p. 113 – 114
③ R. S. Sayers: *Modern Banking*. p. p. 136 – 145
④ *MacMillan Report*, §30. p. 16.

到真正代理国库的地步，及至二十八年十月一日"公库法"正式实行，中央银行经理国库之情形，始改旧观。现此法业已推行于川黔桂陕甘湘浙赣等省，而新疆、云南、青海、宁夏诸省迄未实施。此实为中央银行经理国库职务上的大缺陷。吾人认为中央储备银行成立后，不但其代理国库的职务应推行于全国各省，即一切公共资金皆应存储中央储备银行以为集中的运用。在欧战后，德国复兴时期中，由于公共资金之分散及其在金融市场上之活跃，致使德国国家银行所推行之低利政策大受障碍。及至公共资金逐渐集中于德国国家银行以后，不但其信用政策能顺利推行，德国国家银行且能利用集中后之资金重新建立柏林之短期资金市场。[①] 此种事实最足以供吾人借镜。

第三，保这商业银行之存款准备以及全国之现金准备为中央银行控制金融的力量之主要来源。其作用在使分散之准备金于集中后，得以作更有效率更具弹性的运用。故在中央银行组织健全的国家，准备金集中于中央银行后，普通银行之存款准备比率多已降低且未失去其流动性（Liquidity）。晚近若干国家更赋予中央银行以变更普通银行存款准备率之权，其目的一在于藉准备率之增减以抵销国际间资金流动对于国内信用机构的影响，一在于增加中央银行伸缩银行信用的力量以应付季节变动及经济恐慌。中国之中央银行历史尚短，基础未固，且兼营普通银行业务，致不能取信于全国的金融机关。全国银行的存款准备既未自动的经其保管，银行法令对之亦无规定。此为中央银行力量薄弱及金融组织涣散的一个重要原因。战后为增加中央储备银行控制金融的力量起见，第一，对于集中普通银行业务之存款准备一点应于银行法中明文规定，第二，中央银行即放弃其普通银行业务而集中资力，用于更迫切的途径。至于中央储备银行保管普通银行存款准备之数目，据吾人所见应为各该行存款债务总数之百分之五。

第四，对于普通银行的再贴现。中央银行再贴现利率之升降为控制信用的主要手段。中央银行所以称为"银行之银行"者，正以其能供给普通银行以再贴现之便利。由于中央银行之再贴现活动，全国信用机构之弹性及流通性皆可增加，普通银行之准备金亦可以作更有效率的使用。此项业务在战前我国之中央银行始终未能切实推行。战事发生后政府鉴于市场金融与农工商矿各业有予以融通资金之必要，曾经厘订"四行联合贴放办法"并通令全国各地之中、中、交、农四行在各该地组设四行联合贴放分会。但其票据贴现办法截至目前止（二十九年三月）迄未实施。在银行集中的国家内，少数规模大而具有眼光的银行，联合力量，亦足以代行中央银行之职权。但此仅为健全的中央银行未成立前的一种不得已的代替办法，究非长久根本之计。且就效率言，此种组织亦远不若居于领导地位之中央银行。战后中央储备银行建立后，应即从

---

① M. B. Northrop: *Control Policies of the Reichsbank, 1924—1933*, p. p. 65, 171 - 172, 179, 180 - 181, 260, 339 - 340, 379 - 380.

速推动此项工作。中央储备银行不仅应在消极方面为会员银行办理合理票据之再贴现，而且应更积极的直接按照市场利率购进合格票据以促进贴现市场之产生，然中央储备银行欲担任再贴现之业务并求其发展，事先必须具备三种条件：（一）中央储备银行本行必须拥有充足之资金；（二）资金运用必须有大量票据存在，以为之对象；（三）经营票据贴现之机构必须完备。关于资金一项吾人认为在一切公共资金及普通银行之存款准备全部集中于中央储备银行后，该行即可用以应付一切合格票据之重贴现。关于资金运用之对象，在中国目前状态下虽颇成问题，然若中央储备银行于成立后能予以切实的援助，即不难求其逐渐产生。票据贴现之机关现虽散漫不成系统，然将来中央储备银行成立，略加整顿，亦不难使其稍具规模。最后两项，吾人当于本文第五节中重申述之。

第五，集中清算。办理票据交换及各银行间之划拨结算为中央银行保管普通银行存款准备后逻辑上的必然步骤。此不仅可以减少社会对于通货之需求额数，因而减少纸币之流通数量，且可以使中央银行据以测验普通银行之清偿力。[①] 后者为中央银行推行货币政策时之必要根据。中国之普通银行既未将其存款准备存放中央银行，故集中清算一事未能实现，吾人认为战后中央储备银行法中应明文规定该行为集中划拨结算的机关。在有票据交换所的地立，中央储备银行仅代行划拨结算的工作，在无票据交换所的地方，该行并须供给票据交换的便利。

此外在公开市场之买卖证券权亦应为中央银行重要机能之一。其作用在藉证券之买卖直接控制市场资金之数量，间接以调节整体金融之驰张。但在战后我国中央银行之此种活动并不能有大规模实现之可能。盖合格票据在中国金融市场上极为缺乏，中央银行所能买卖者仅为政府债券。然在中国中央银行以政府债券之买卖为控制金融之手段颇不适当。第一，在中国，政府财政与中央银行之信用政策过于密切，中央银行过度购买政府债券有导致恶性通货膨胀的危险。第二，中国金融市场之资力至为有限，巨额政府证券之买卖足以使证券市场掀起巨波，致令证券交易所停拍。即使交易行为能勉强渡过，但此非在价格上有巨大之牺牲不可。证券价格的变动固可以直接影响金融市场上的长期利率，但亦足以助长投机之风，使真正为投资目的而买卖证券者更趋减少。[②] 是以在金融市场不发达的国家，中央银行之信用统制政策应采用其他方法代之。[③]

以上略述中央储备银行之诸种机能。此诸种机能皆为战后中央储备银行为推动其

[①] *Dunbar's Theory and History of Banking* (Third Edition) p. 101；Willis：*Theory and Practice of Central Banking* (Harper p. p. 343 – 359.)

[②] *Monthly Report of Norway*, February, 1936；*Report of Royal Monetary and Banking Commission*, Australia, 1937, p. 68.

[③] 详下文，并参照 Sayers：*Modern Banking*. p. p. 289 – 298.

最重要之工作前，所必须具备者。所谓最重要之工作即信用统制，或更确切言之，即资金管理是。

二、中央储备银行与信用统制

战时各地物价普遍上涨，投机事业极度盛行，商业资本畸形发展，战后此种情形，恐将持续。更就一般情形推断，战后中国经济之规复与发展所需费用必倍蓰于今日，而可能运用之资金将远较目前为少，以有限之资金作多方面之活动，必致供不应求，捉襟见肘。凡此种种，均须中央储备银行切实居于指导的地位，实施严厉之信用统制，以为规范调整之手段。考信用统制之方法不一，在金融机构完整的国家，多藉利率政策及公开市场政策之运用为之。中央银行藉再贴现率之升降以影响市场对于银行信用之需要数量，同时更直接在公开市场买卖证券以加强利率变动之影响。但在中国，如上所述，公开市场政策的运用受各种条件之限制，而利率政策的运用亦有其范围。利率政策之有效的施用，必须事先具备下列各条件：（一）中央银行之再贴现率应为市场上之统制利率（Controlling rate），中央银行再贴现率变更后，市场上其他利率亦随之变动。（二）整个经济机构必须富于弹性。① （三）中央银行再贴现率之变更能影响国外短期资金之输出入。但在中国上述诸种条件皆不存在，战后短期内亦难望其迅速产生，故以再贴现利率变更为中央银行统制政策之手段在中国不尽能有效施用。且即使利率政策本身能有效实施，亦仅为一种量的（quantitative）信用统制而非质的（qualitative）信用统制。中央银行再贴现利率之变动，对于一切银行信用之使用者有同等之影响。其作用仅在增减银行信用之使用费。在信用收缩时，限界之使用者（Marginal users）被逐出市场。在信用膨胀时则限界之使用者复被诱进市场。此种简单的量的控制手段即使有效亦殊不足以应付战后中国之非常局面，而中央储备银行之统制政策却应量质并重。

其次，中央银行之买卖外汇政策亦为控制国内信用张弛之手段之一。② 中央银行之买卖外汇有两种情形。一系按固定汇率无限制买卖外汇，如战前中国所实行者。一系规定其所欲供给之通货数量而任市场汇率自由变动，以使通货之供求臻于平衡；或中央银行以其所保有之巨额外汇基金直接参加市场之买卖，以伸缩市场之货币数量。后者有类于公开市场政策，不过其所使用之工具不同而已，欧战后德国国家银行曾以之

---

① Wagemann：*Wirtschaftspolitische Strategie*，p. 75.
② Sayers：p. p. 290 – 293.

为控制金融的重要手段。① 在第一种情形下，国内通货之流通量乃决定于国际收支之顺逆，而中央银行仅居于被动的地位。因之中央银行之存在对于国内信用之调节并不能发生积极的作用。在第二种情形下，中央银行固已对信用伸缩尽其最大的功能，然外汇汇率之过度变动对一国之国内经济活动能发生最不利的影响，尤以在外汇本位制下之国家为然。中央银行永久维持一一成不变之汇率固不适宜，但牺牲外汇汇率之稳定以迁就国内信用之调节亦不妥当。是以以外汇买卖为手段之信用控制政策，在战后中国不宜应用。

第三，中央银行债务组成之操纵政策（Manipulation of the Composition of Central Bank Liabilities）亦为信用统制之一法。② 此与以变更中央银行资产组成为手段之公开市场政策系属对立者。按中央银行之负债中，除其资本及公积金不计外，主要者包括两部分，一为公共存款（Public deposits），一为银行存款（Bankers' deposits）。公共存款数量之变动直接可以影响普通银行存款之增减，间接即可以左右普通银行创造信用的能力。倘公共存款增加，则一般人民在普通银行之存款即减少，因之普通银行在中央银行之存款亦随之减缩。反之则普通银法在中央银行之存款增加。公共存款增加即表示政府之收入大于支出，可以发生通货紧缩的影响。政府之收入较支出愈大则通货愈紧缩。反之公共存款减少即表示政府之支出大于收入，能导致通货膨胀的现象。政府之支出较收入愈大以至使政府对中央银行之负债增加，则通货愈膨胀。中央银行债务组成之操纵政策即以增减政府收支，因而变动公共存款数量为手段之一种政策。此种政策倘能适当运用，自不失为控制信用的重要方法。然在中国，以之为通货膨胀之手段则可，以之为通货紧缩之手段则颇不可能。因中国之租税构造既缺乏弹性，而政府之支出复难望其适应中央银行之信用政策而减缩。且此项政策之实行首先必须获得政府之合作，使政府之预算政策与中央银行之信用政策相协调。此在中国虽非不可能，然在实行上自必有其限制。故此项政策亦不尽能施用于中国。

利率政策，公开市场上之外汇买卖政策以及中央银行债务组成之变更政策三者既皆不能有效的施用于中国，中央储备银行势须另谋其他比较根本的办法以应付战后之非常局面。据吾人所见战后中央储备银行统制信用之最切实有效的手段，莫过于下列四种：（一）信用限制及信用分配政策；（二）变更普通银行之存款准备政策；（三）直接行动；（四）道德制裁。兹分别述之。

第一，信用限制与信用分配为银行信用之质的统制方法，此与以信用之量的统制为目的之利率政策系属针锋相对者。中央银行利率政策之运用很少能直接影响一般经济社会之活动。在利率政策下，中央银行既不需要对于合格票据之持往再贴现者加以

---

① Northrop：*Control Policies of Reichsbank*，1924—1933，p. p. 307 – 331

② Sayers：p. p. 214 – 215.

选择,亦不负责审核银行信用之创造,使其流入于指定之途径。信用限制及信用分配则不然,在此种政策下,中央银行之目的即在对于各种产业之信用需要,根据已拟定之计划加以适当之选择,使中央银行之信用供给与国家之基本需要趋于一致。此为中央银行统制信用之最严厉的方法。十八世纪末叶英兰银行曾一度采用之。① 一九二四至一九三一年,德国国家银行亦曾数次利用之以解救当时的金融危机。② 在苏联,其国家银行之贴现率完全失却调节信用需供之作用。其信用之供给完全依照一预先拟定之计划。其国家银行之信用分配形成为其整个国家经济计划之一重要部分。③

按信用限制及信用分配为中央银行应付非常局面之最便捷的办法,亦为在金融机构不发达的国家,中央银行控制信用之最有效的武器,前德国国家银行总裁 Schacht 氏及经济学者 Wagemann 曾详言之,④ 战后我国中央储备银行殊有采行的必在。依吾人所见,中央储备银行管理局,应依据国家之需要及战后之特殊情势,制定一种信用限制及信用分配之方案交由各区中央储备银行实行。此项方案应具有三种目标:(一)安定货币之对内及对外价值;(二)清除(Purging)因战时及战后通货膨胀之刺激而特殊发达之中介商及其他投机事业;(三)促进票据市场之产生。为实现此三种目标计,中央储备银行之信用计划应划分为两期。在第一期中,中央储备银行应历行信用限制政策,一以稳定币值,一以使清除过程(Purging process)加速进行。此种过程,固极艰苦,然此为中国经济之复苏与发展过程中,不可避免之步骤。同时在币值安定及清除过程达到相当程度时,中央储备银行之信用限制应即逐渐放宽,此为信用统制之第二期。在此期中,中央储备银行之信用统制政策应以信用分配为主。中央储备银行应就其仅有之资金作合理之分配,以使国家最需要之经济部门能获得中央储备银行信用之优先使用权。此即谓对于因国营事业、国际贸易农业及正当的国内贸易之资金需要而发生之票据,中央储备银行应逐渐放松其信用限制而供给以再贴现之便利。上述中央储备银行应促进票据市场之产生一点,当于此期中求其实现。

信用限制及信用分配虽为战后中央储备银行统制信用之最基本的方法,然此种方法之能成功与否端赖中央储备银行对于普通银行之控制力及普通银行对于储备银行信用之依赖程度。为增加普通银行对于储备银行信用之依靠程度计,除纸币集中发行外,政府应赋于储备银行管理局以集中管理一切外资输出入之权力。同时为加强储备银行对于普通银行之控制能力起见,储备银行更应实行下列各项政策。

第二,普通银行存款准备率之变更政策。此项政策为美国联邦准备局于一九一七

---

① *King's History of London Discount Market*, p. p. 13 and 71.
② *Control Policies of Reichsbank 1924 – 1933*, p. p. 333 – 365. Schacht: *The Stabilization of the Mark*, p. p. 72 – 163.
③ A. Z. Arnold: *Bank Credit and Money in Soviet Russia* p. p. 76 – 79; 386 – 388; 390 – 403 Foreign Banking Systems; edited by Willis and Beckhart, p. p. 953 – 954.
④ Schacht, p. 203; Wagemann: *Wirtschaftspolitische Strategie*. p. 321.

年所首倡。① 其后 Keynes, R. S. Sayers 诸学者以及 Mac Millan Committee, Australian Royal Monetary and Banking Commission 等所编制之报告书皆力陈此种主张。② 由于各方面之鼓吹，晚近若干国家业已将此种意见付诸实行。美国一九三三年及一九三五年两次"银行法"授权联邦准备银行管理局（Board of Governors of Federal Reserve System）于必要时得变更会员银行之存款准备率，其范围以原法定准备率为最低限度，以原法定准备率之一倍为最高限度。此种权力已于一九三六年八月，一九三七年一月，一九三七年五月及一九三八年四月，四次实行。新西兰于一九三六年亦颁布类似之银行法案，依据此法案之规定，其准备银行总裁于获得财政部长之核准后，即可变更普通银行之存款准备率，其最低范围以原法定准备率为限，其最高范围并未规定。瑞典及比利时等国之中央银行亦在某种限度内有权实行此种政策。③ 战后为更有效的控制银行信用之伸缩计，我国中央储备银行管理局亦应同样掌有会员银行存款准备率之变更权。据吾人所见，其最低限度应为百分之五，其最高限度宜不加规定，以使其更具伸缩性。虽然全国银行之资金分配并不一律，存款准备率变更后，各银行所受影响有大小之别，但此为控制普通银行信用伸缩之最有效的武器，其后优点远逾于其缺点。④ 在公开市场政策不能充分运用的国家此实为最可靠的代替方法。⑤

第三，直接行动与道德制裁。以上所述之方法以一般的或特定种类之金融机关为对象，而直接行动与道德制裁乃以个别金融机关为对象。所谓直接行动即中央银行对于信用过度扩张或经营不正当业务之普通银行，停止其借款或再贴现权或施以惩罚利率（Penalty rate）。道德制裁或为由中央银行以书面或口头对于普通银行之不正当活动加以劝阻或于中央银行周报或月报中公布其行为。战后德国国家银行曾利用此两种办法，以为信用统制之辅助手段。⑥ 我国中央储备银行成立后亦宜斟酌情势采用之。

以上略述中央储备银行之各项权力及其统制信用之机能。在各项权力及机能皆具备及发挥后，中央储备银行庶可达到其全国金融枢纽的地位。然中央储备银行之职责既大，其信用政策之影响于国家财政社会经济以及全国金融者亦复深远，因此中央银行应否归于国营，完全对政府负责，抑应归商办，受私人股东之利益的约束，乃成问题。此其一。又政府经常为中央银行之最大主顾，政府向中央银行滥借款项每为历史上各国通货膨胀之主因。战后为防止通货过度膨胀起见，我国政府与中央储备银行间

---

① *Federal Reserve Bulletin*, 1917; Beckhart, *Discount Policy of the Federal Reserve System*, p. 190.
② 参照 J. M. Keynes: *A Treatise on Money*, Vol. II, p. 77; Sayers: *Modern Banking*, p.p. 135, 295, 297; *MacMillan Report*, p.p. 158–160; *The Future of Monetary Policy*, p. 73; *Report of Royal Monetary and Banking Commission*, Australia, p.p. 228–229
③ League of Nations: *Monetary Review*, 1938, p.p. 87, 99.
④ Burgess: *Reserve Banks and Money Market Revised Edition*, p. 260.
⑤ Sayers: P. 135.
⑥ Northrop: p.p. 369–381.

之借贷关系应如何确定？此其二。此两项问题皆系亟待吾人解答者。

三、中央储备银行与政府的关系

中央银行与政府之关系，因国而异，亦随一般经济背景之变化而改变。欧战后初期，各国金融财政疮痍满目，恶性膨胀，加速进行。学者间多认为非安定币值，无以平衡预算，而安定币值之主要条件在保障中央银行的独立地位。一九二〇年及一九二二年布鲁舍尔（Brussels）和日那亚（Genoa）两次国际金融会议之决议案皆主张中央银行应处于独立地位，不应受政府财政设施之影响。① 其后国际联盟根据此种精神，辅助中欧及波罗的海沿岸若干国家建立新的中央银行。Prof. Kemmerer 更将此项原则施用于南美诸国。迨一九二九年世界经济恐慌发生，此种情形，告一段落。若干学者对于中央银行应超然或独立之主张已发生根本的怀疑。② 各国政府为应付恐慌计，亦逐步加强其控制整个金融机构的力量。金融机构中以中央银行为枢纽，故各国政府对于控制中央银行之力量的伸张尤为积极。③ 若干国家相继修改其中央银行法，使中央银行直接受政府之控制。此种修改，主要的集中于两点。一为转移中央银行之所有权。一为改变中央银行之人事管理。在丹麦、纽西兰、意大利及加拿大四国其中央银行过去完全系由私人资本建立者，现其股本已部分或全部归为政府所有。④ 在纽西兰及德国，中央银行理事已分别自一九三六年四月及一九三七年二月起改由政府任命。在阿根廷，丹麦及意大利，政府对中央银行理事会之权益已大为扩充。在中央银行与政府关系的演变中，一九三七年八月所发表之澳大利亚《币制金融委员会报告书》及一九三六和一九三九年纽西兰《中央银行法》之两次"修正案"颇足以代表此时期中之一般见解。在论及中央银行与政府之关系时，前项报告书曾明白表示政府应对一国之货币政策负完全责任，而中央银行之职务在推行政府之政策。⑤ 一九三六年纽西兰《中央银行法之修正案》规定中央银行之责任在接受财政部长之指令并实行政府之货币政策。一九三九年之"修正案"更严格规定中央银行之此项职责。就现情观察，纽西兰之中央银行

---

① 参考 F. Moreau 在 *Revue des Deux Mondes*, March 1st, 1937, to April 15th, 1937 所发表之四篇论文。
② Sayers: *Modern Banking* p. p. 70 – 73;
P. B. Whale: *Central Bank and the State*, The Manchester School, Vol X, No. 1;
H. Belshaw: *Reserve Bank Amendment Act*, *1939. Economic Record*, December, 1939, p. p. 241 – 245;
③ League of Nations: *Monetary Review*, 1938, p. 81; De Kock: *Central Banking* p. p. 320 – 27.
④ 澳大利亚，芬兰，拉特维亚及瑞典四国中央银行之股本亦为政府所有，其他数国法律规定政府可保有中央银行一部分的股本，计罗马尼亚为三分之一，日本为二分之一。
⑤ *Report of Royal Monetary and Banking Commission*, *Australia*, *1937*, 528 – 591.

几完全在其政府控制之下。① 世人多以英兰银行之地位超然为言，然自一九三一年以来英兰银行与英国政府之关系亦已发生显著的变化。由于外汇平准基金之运用，短期库券在贴现市场上占优势地位以及财政部对于变更纸币发行最高保证额之否决权的行使，英国政府对于英兰银行之控制力已大为增加。② 英兰银行总裁亦曾一再表示，该行之信用政策以政府之政策为依归，英国政府之需要决定该行一般政策之实施。③ 又法兰西银行虽与英兰银行同样为私人股份之银行，然自一九三五年起政府的控制力渐形加大。法兰西银行之总裁及副总裁实际上已改由政府任命，该行一般政策之决定权已自"二百家"之手转落于政府之掌握中。④

以一九二九年为起点，各国中央银行之独立性逐渐消失，已如上述。说者谓将来之经济史家将以一九三〇年代为中央银行独立地位开始衰微的时期，诚非过言。⑤ 战后中国中央储备银行之建立将采如何之方式，其与政府之关系若何？此为吾人之中心问题。上述各国中央银行与政府关系之演变情形仅可以供吾人借鉴而已。

吾人以为战后中国金融制度之改造，应从整个经济制度之改造着眼。盖金融制度与经济制度不可分，且为其中之一部分。在论及金融制度之前，吾人不得不悬拟一种经济制度。此点涉及经济统制与放任的问题。绝对的统制经济，使全国人民的经济生活完全置于政府管理之下，自属理想，然此非一蹴可即，且为中国的现实环境所不许。但经济上的放任政策既易导致经济上的恐慌，混乱及畸形发展，且人力物力皆不免于浪费，亦与战后中国之需要相抵触。相对的适当的统制以使有规律有条理的经济行为在国民经济中逐渐抬头，使国家在人民经济生活中的影响逐步加强，似为一条比较可能与合理的途径。经济统制，无论为绝对的或相对的，虽皆与社会的及政治的自由不合，但吾人必须在社会的和政治的自由与经济效率二者之间，选择其一。吾人在整个经济制度上的看法是如此。在金融制度上的看法亦复如此。

此次抗战已使我国之经济组织发生基本的变化。一方面表现为私营企业的式微，及私人资本的减少，另一方面表现为国营事业的勃兴与国家资本的抬头。战后此种变化恐将持续，且应以人为的力量加速推动其演变过程。国家在国民经济中的地位应日趋重要。若干有关国防或规模过大不宜于私人举办之事业以及枢纽事业固无论矣，即私人力足以举办而有碍国防或不合乎国家之基本需要者，政府亦应加以干涉，以便纳一切私营企业之活动于整个国家经济建设方针之下，换言之。国家应制订一种经济政

---

① *Economic Record*. December, 1939, p.p. 241–242.
② De Kock, p. 231; Sayers, p.p. 123–124.
③ *Economist*, October 10th, 1936, p. 69.
④ *Changes in the Bank of France*, *Midland Band Monthly Review*, August-September, 1936. p.p. 2–4.
⑤ A. M. Allen and others: *Commercial Banking Legislation and Control*, p. 264; Dodwell: *Treasuries and Central Banks*, p.p. 205–206.

策或方案，使有限之人力物力作合理之分配，并分别先后缓急以从事于经济各部门之发展。金融既为国民经济之一部分，故中央银行金融政策之实施，不能与此整个经济政策脱节。金融政策应隶属于国家经济政策之范围内，因而中央银行应置于政府控制之下自为一种必然的推论。在此种前提下，吾人主张中央储备银行应归国营。中央储备银行之资本应出诸国家，其最高行政人员应由政府任命。

  吾人虽主张中央储备银行应受政府的控制，但此点并不能解释做中央储备银行应改变为政府行政机构的一部分，更不能解释做中央储备银行的一切措施皆须受政府的干涉。在吾人的想象中，政府仅应规定若干大原则大纲领指令中央储备银行遵守。至于实行此原则及纲领之枝枝节节的技术上的设施，则仍应听由中央储备银行自行处理。又吾人虽主张中央储备银行应归国营，然吾人并未忽视在中央储备银行与政府关系过于密切的情势下，政府财政对于中央储备银行的信用政策以及国民经济的影响。战后中央储备银行之任务，一方面在于统制信用以便利金融活动之圆滑进行，另一方面在推动国家的经济政策。为完成此两项任务，政府单纯为财政目的向中央储备银行之借款，实不能不予以限制。历史上有许多事实证明因政府无限制的向中央银行借款而造成一种不可挽救的损失。① 此在我国尤易发生，似不能不预为防止。

  考政府向中央银行借款之方式有二。第一，政府向中央银行透支或以短期库券贴现，即所谓直接借款。第二，政府以公债或短期库券向普通银行借款。普通银行于必要时又以之转向中央银行借款或贴现。此即所谓间接借款。② 在银行信用发达的国家，无论借款之方式为直接或间接，倘不加以限制，皆足以导致信用的膨胀。政府向中央银行以透支或以短期库券贴现等方法借来的款项，最后必由种种途径支付于一般人民。一般人民除以其一部份做零星支付之用外，其余部份皆集中于普通银行而变为存款，因此普通银行在中央银行之存款以及其对公众之存款债务（Deposit liabilities）皆形增加，此为信用膨胀之第一步，在普通银行在中央银行的存款及其对于一般公众的存款债务同等数额增加的情形下，其现金准备率（Cash ratio）必相形增大。过高的现金准备率有刺激普通银行扩大其放款及投资范围的作用，假定普通银行对于其资产的分配比例无变更则普通银行将增购政府公债及短期库券或扩大其贷款数额以使一般人民购买政府公债及库券。在中央银行对于以公债做抵押的贷款及短期库券的再贴现不加限制的情形下，则此种购买更为普遍。此为信用膨胀的第二步，亦即所谓倍数的膨胀（Multiple inflation），通货增加，物价激增，皆为此阶段中不可避免的现象。此为上次欧战期中英法诸国通货膨胀的一般情形。此种情形虽与中国的情形不尽符合，然亦有

---

  ① Kisch and Elkin: *Central Banks*, p. p. 20 – 22.
  ② 关于此两种借款对于一国信用机构的影响，以下三书有较详尽的分析，可以参阅，Hartley Withers, *War and Lombard Street*; Bresciani-Turani, *The Economics of Inflation*; Dulles, *The French Franc*, 1914—1928.

部分实现的可能。在中国，信用制度尚未发展，银行存款或以银行存款为基础的支票尚未能普遍作为清偿债务的工具。一般股的交易须以现金支付，现金形成货币供给中最主要的部分。因此现金数量之变动为货币数量变动之最重要的原因。在新货币政策实行以前，现金包括银币。政府银行纸币及普通银行纸币。新货币政策实行后，则除少数省市立银行之纸币外现金之供给以政府银行纸币为主。政府银行纸币依照二十四年十二月二十三日公布之《发行准备管理委员会检查规则》之规定以现金准备（包括金银及外汇）六成保证准备四成为法定准备比率。在此种限制下，政府银行纸币之增加或由于国内金银产量之增加，或由于国际收支之有利因而外汇准备增加，至于政府为财政目的向国家银行借款因而纸币增发之情形则比较不易大规模的实现。国家银行及普通银行之信用膨胀并非不可能，但除非纸币数量有与之平行的变动，则银行信用之膨胀在程度上不致很剧烈，在时间上不会很长久。以国家银行贷款与政府为例。政府在得到国家银行之贷款后，政府在国家银行之存款增加。此项存款逐渐以工资，薪给等方式支付于人民。市场之交易行为因之增加，物价亦随之上涨。但除非大量增发纸币以支持此日益增加的交易数值，信用膨胀将受其遏制。因为中国的银行业务尚未发展，银行业务尚未达到社会化或民主化（Democratization of Banking）的地步。与一般银行有往来者，除政府机关而外，几仅限于城市商人。银行信用膨胀的结果为城市的投资及投机行为的发展及城市与内地间的贸易数值的增加。但由于城市与内地间仅有贸易的关系而少信用的调剂，贸易数值的增加将使城市的现金流往内地。现金倒流现象的发生即为银行信用膨胀政策之最大阻力。① 但自二十八年九月八日《巩固金融办法纲要》颁布后，法币准备金之限制放宽。据规定法币准备金于原有之金银及外汇外更得以下列各款充之。（一）短期商业票据，（二）货物栈单，（三）生产事业之投资。至于以国民政府发行之公债充作准备金则不得超过准备金全额十分之四。此《纲要》颁布后，原有「现金准备为六成以金银或外汇充之」之规定遂取消。法币发行之弹性虽增加，而上述以现金准备为规范之自然的节制作用亦随之消失。在此种情形下，除非政府自动不采取通货膨胀的手段，在法制上已无切实有效的保障。此虽为战时适应实际需要，为法币发行预留伸缩余地之措施，但此项办法若在战后仍继续实行，则颇为危险。在战后财政收入难期激增而各项建设支用浩繁的情形下，政府处置稍一不慎即易酿成恶性的通货膨胀。事前防止之策或在积极的增加政府的各项租税收入或在消极的限制政府借款以促成其达到节缩开支平衡预算的目的。积极的方法非属本文之范围，兹仅论其消极的办法。盖消极的限制政府借款亦为促使政府改造财政以保障币制的一种推动力。②

---

① 参考 Senior：*Transmission of the Precious Metals，Value of Money，and Cost of Obtaining Money*.
② Schacht：*The Stabilization of the Mark*，p. 117.

政府向中央银行滥借款项为通货膨胀的主要原因，故在欧战后若干国家新制订的中央银行法中，对此多明文规定，严加限制。限制之方法不一，而主要的集中于以下数点。第一为借款数目的限制，如荷兰、保加利亚、希腊、加拿大、阿根廷及萨尔瓦多尔等国之中央银行，对政府贷款之最高额皆有规定。其最高额或规定为一绝对额数，或规定为不得超过政府预算中岁入总数之若干成。其次为借款时期的限制。保加利亚，希腊，及加拿大等国政府向中央银行之借款，须在会计年度终了后三个月内偿清。印度之《准备银行法》对于贷款政府之数额虽未加限制，但对贷款之时期则规定为以自贷款日起算三个月为限。第三，中央银行所保有之政府证券之最高额的限制。此在各国多有规定，而其标准并不一致。[①] 吾人以为为防止战后我国恶性通货膨胀的发生，应仿各国先例，对于政府向中央储备银行之借款，加以适当的规范。第一，关于政府向中央储备银行借款的数目，应规定一最高限额。为适应战后的非常局面，此限额之规定不宜过严，须略具弹性。吾人建议以政府预算中岁入总数三分之一为最高限度。第二关于借款之时期，可仿各国的常例，限定于会计年度终了后三个月内还清。第三，中央储备银行对政府证券之投资之最高数目亦须规定。其数额应以中央储备银行资本及公积金之总数为限。最后在中国，通货膨胀之基本因素为纸币无限制的增发，故防止通货膨胀之最有效手段，在于限制纸币之发行数量。关于此点，吾人主张废止现行之纸币发行制度，改行《最高限额发行法》（Fixed Maximum Issue）。关于最高限额的规定，吾人以为不宜过低。至于其确实数目，则应于战后斟酌当时情形加以规定。只有在获得最高立法机关的核准后，中央储备银行方可以逾限发行。

以上略述战后中央储备银行与政府之关系。一国金融政策与基本的国策的调协，全赖中央银行与政府间适当关系的存在。而一国金融政策能否切实的执行，则有赖于一般银行组织之健全。故关于战后一般银行机构的调整问题亦应加以论述。

四、普通银行业务活动的监督问题

关于改善一般银行制度，主要问题有二。一系政府对于一般银行的监督问题。一系各类银行业务的划分及投资银行的建立问题。兹先述第一项问题。

考各国政府对于金融事务的管理大致经过三个时期。第一为铸币管理时期，在此

[①] 关于各国限制政府向中央银行借款的详细情形可参阅：League of Nations, *Memorandum on Currency and Central Banks*, 1913—1925, p.p. 91 - 98; League of Nations, *Commercial and Central Banks*, 1938; League of Nations, *Commercial and Central Banks*, 1939; Kisch and Elkin, *Central Banks*, p.p. 34 - 35; De Kock, *Central Banking*, p.p. 55 - 60.

期内硬币为国内一般之支付工具。第二为纸币发行管理时期。于此期内纸币在国内通货中占绝对多数。第三为普通银行管理时期。在此期中，国内清偿债务之工具以银行信用为主。我国经济虽仍停滞于使用纸币的阶段，尚未切实踏入信用经济时代，但政府对于银行业务活动之监督仍有必要。第一，就原则上言，中央银行为信用及通货之管理机关，普通银行则为信用之分配机关。中央银行所能直接控制者仅限于银行信用的数量，至关于银行信用之用途，银行信用在全国各经济部门之分配状况，支配之权泰半操于普通银行手中。在此种情形下，普通银行有如一般之公用事业，已具半独占的性质。其应受政府之监督与管理，自属必要。第二，就大势观察，战后政府在国民经济中的统制力量将逐步加强。对于占国民经济中最主要地位之银行业，政府自应扩张其控制力以适应其一般之统制政策。最后就实际情形言，政府过去对银钱业过于放任，一般银钱业业务大率皆未纳入正轨。战前历次之金融风潮，莫不以不正当之银钱业活动为背景。战时各城市之投机操纵以及其他扰乱金融之行为亦实以银钱业为主动。战后为安定金融防患未然计，政府对于一般银钱业之活动，自应加以切实之统制。

按政府对于普通银行之管理，在欧西各国十九世纪上半期即已行之。[①] 然当时法规章制尚不完备，其后推演嬗变，至欧战后复兴期中始具规模。自一九三一年世界金融恐慌发生后，各国政府认为非健全一般银行机构无以安定金融，是以对于一般银行之管理更趋积极。降至今日，除英、法、及荷兰三国外，各国之银行业莫不受政府之严密监督。我国政府过去对于银钱业之管理，一向松懈。《银行法》虽经颁布，但迄未实行。且《银行法》条文本身亦多有疏漏之处，使实行对于银钱业之管理亦不能运用裕如。钱币司在名义上为监督银钱业之最高负责者，惟因事权规定过于空泛，该司反成为一例行公事的机关，对于银钱业之监督，殊鲜成效。战后为加强政府对于银钱业的统制力量计，银行法实应从速改订颁行，同时对于监督银钱业之最高机关之组织及职务亦应审慎厘定。关于此二事，吾人参酌各国一般之设施，并考虑我国之特殊情形，谨作如下之建议。

第一，关于银行立法方面，吾人认为有根本原则必须遵守，即法规本身必须具有充分的弹性。晚近各国银行立法的方式，仅在其条文中规定大原则大纲领，至于详细节目则以行政命令的方式颁布。其命意在使法律本身具有伸缩性以适应变动不居的经济现象。[②] 此次战争已使我国之经济组织发生基本的变化，战后此种变化恐仍将持续，为适应此种演变起见，战后我国之银行立法亦应充分采用此项原则。关于战后银行立法之内容，吾人不能详述，兹仅就其最重要数点略陈吾人之意见。

---

① 一八二四年及一八四六年瑞典之《勅令》和《法案》及一八四四年英国之《合股银行案例》为世界上最早之银行法规。

② Allen and Others：*Commercial Banking Legislation and Control*，p.p. 21，351.

（一）普通银行之资本公积金及清偿力

普通银行之资本及公积金为其对于一般债务（Liabilities to the public）的一保障，尤其为对于存款债务之保障。根据此种观点，银行立法应包括下列四种规定：（1）资本之最低数额，（2）资本及公积金对于其一般债务之最低比率，（3）公积金之数额，（4）资本及公积金之用途。

关于银行资本之规定，各国间所采用之方法主要者有两种。第一为规定资本之法定最低数额，如瑞典、比利时、丹麦、挪威等国所行者是。第二为按地域之重要性或人口之多寡而分别规定银行之资本额数，如美国及意大利等国所行者是。后者缺点甚多无足取法。我国于二十年三月二十八日公布之《银行法》采用第一种方法，颇属适当。惟据该法第五条之规定，股份有限公司，两合公司，股份两合公司组织之银行其资本至少须达五十万元，无限公司组织之银行其资本至少须达二十万元。更据该法第六条之规定，银行于收足资本总额二分之一后方得开始营业，是股份有限公司等组织之银行在收足二十五万元之后即可开始营业，无限公司组织之银行缴足十万元后亦已合乎法定额数。过去中国银行组织类皆弱小，但一般企业之组织亦均属小型者，故二十五万元或十万元之银行资本尚足以周转应付。战后中国经济发展，一般企业组织规模势将逐渐扩大，其所需运用之资金必亦相形增加。上述银行法关于资本之规定，颇不能适合此种需要。再，抗战以来，国币对外及对内价值不断下跌。以目前（二十九年四月）国币对外价值为准，各家银行之资本价值已不及战前价值之三分之一。倘战事延长，汇价更趋跌落，则以汇价表示之各家银行资本数额亦将更趋减少。基于此种理由吾人认为战后银行立法关于资本之规定应注意下列两点：（1）普通银行之资本数额应能适应战后之经济发展。[①]（2）在规定普通银行之资本数额以前，应考虑汇价及物价之跌落程度。[②]

关于普通银行资本及公积金对于其一般债务之最低比率，各国情形颇不一致。以瑞士之百分之五为最低，以厄瓜多尔之百分之五十为最高。我国银行法对此并无规定，战后似应授权管理普通银行之最高机关规定之。吾人认为此种比率之规定不宜过高，应以不妨碍普通银行正当业务之进行为准。关于普通银行资本及公积金之用途，吾人认为为发展国营事业起见，应以法令规定其总额之一半应投资于国营事业之票据。中

[①] 欧洲各国普通银行之资本数额大率皆适应各该国经济发展之程度而提高，见 Allen and Others：*Commercial Banking Legislation and Contral*, p. 9; Joseph Sykes：*The Amalgamation Movement in English Banking 1825—1924*.

[②] 倘法币对外及对内价值跌落过甚，而须另采用新纸币以代替，则又当别论矣。战后比利时普通银行因货币贬值皆相率提高其资本数额，参阅 H. L. Shepherd：*Monetary Experience of Belgium*, p. p. 116, 181 – 182.

央储备银行对于国营事业票据应供给再贴现之便利,以便增进其流动性。至于普通银行之公积金,原《银行法》所规定者颇为适当,战后仍以维持该项规定为妥。①

(二) 普通银行之存款准备及流动性

普通银行存款准备之作用有二。第一在于增加中央银行控制信用的能力。关于此点,上文业已述及。第二在于维持普通银行之流动性(Liquidity)以便增进一般公众的信心。良以信心为银行业务活动的基础,而存款准备又为一般公众信心的关键。是以各国银行法对之多有严密的规定。各国对于规定存款准备所采用之方法不一,存款准备所包括之内容,及其比率之多寡在各国间至不一律。在美国,普通银行之法定存款准备仅包括在联邦准备银行之存款一项。在阿根廷,则包括辅币,纸币及在中央银行之存款三种。在德国,则除在国家银行之存款外更将在邮政支票局之存款包括在内。大多数国家对于活期及定期之存款准备率皆分别规定。活期存款之准备率自百分之一至百分之二十五不等,定期存款之准备率大多在百分之二与百分之十之间。

如上所述,存款准备之规定在增进普遍银行之流动性。但增进普通银行流动性之方法,并不以此为限,且此种方法在应用上有时而穷。故若干国家于此第一道防线之外,又增设第二道及第三道防线,此即具流动性的准备(Liquidity reserve)之规定及长期放款或长期投资之限制是。具流动性的准备中所包括的内容大致为容易转让或可以在中央银行贴现之资产,如短期票据及由政府和公共信用机关发行或担保之债券等。此种准备大率皆为活期存款而设,其比率因国而异,自百分之十五至百分之八十不等。② 各国银行立法对于普通银行长期投放之规定主要包括下列四点:(1) 对于个人或法人团体非法人团体之放款总额之限制,(2) 对于普通银行以本银行股票作放款担保品之限制,(3) 对于不动产抵押放款之限制,(4) 对于长期产业投资之限制。此四项规定在各国银行法中,虽不划一,但都很简单,无待详述。

关于存款准备及具流动性之准催两项,我国《银行法》皆付缺如。吾人认为战后银行立法应即增添是种规定。存款准备率,据吾人所见,应为百分之五。此准备率应适用于活期,定期,及储蓄三种存款。法定存款准备所包括之项目仅应以在中央储备银行之存款为限,至于普通银行所拥有之纸币,辅币及同业存放等不得计算在内。普通银行之具流动性之准备宜规定为百分之二十,其所包括之资产项目主要应以国营事业之债票,短期票据及普通商业票据为限。

关于上述普通银行长期投放(1)(2)(3)三点,我国《银行法》所规定者尚称

---

① 参阅我国银行法第十六条。
② 在瑞典、芬兰及挪威等国对于存款准备率及其流动性的准备率并不分别规定,而系采混合规定法。

妥善，战后仍宜继续采用。① 关于第（4）点即普通银行之长期产业投资一点，我国《银行法》则完全加以禁止。② 此似过于严格，缺乏弹性，战后有稍加修改的必要。③

（三）普通银行之营业报告书

准确之银行报告书为政府统制金融及一般公众洞察银行内情的重要依据。各国银行法对此均有规定，而以德国，瑞典，瑞士，及美国所规定者最为详尽。我国各家银行历年所发表之资产负债表及损益表等，格式既不划一，内容亦嫌芜杂零乱，且均每年发表一次，易于做伪，战后亟需改良。关于此点，吾人有如下之建议：（1）资本在五百万元或五百万元以上之银行除于每年年终造具营业报告书一次外，更须于每月造具月报。资本在五百万元以下之银行应于每半年造具营业报告书一次。无论月报或年报每种皆须具备二份，一份送财政部查核，一份送中央储备银行管理局备查。（2）各家银行应将所有借款超过一万元之个人或团体造具名册按月送中央储备银行管理局审查。（3）资产负债表及损益表之格式应由管理银行最高机关拟订，其内容应力求详尽。

以上所述关于普通银行之资本公积，存款准备及营业报告为银行立法中最重要的三点。此外若干国家之银行立法更对于普通银行董事之资格，普通银行之无担保放款之额数及存放款之利率，皆加以规定。然吾人认为此类规定过于呆板，无足取法。战后应将此种因时或因地制宜之规定权赋予管理普通银行之最高机关，以便适应情势随时变更。

第二，银行立法必须严格执行，故各国多设专门机关管理之。我国目前管理普通银行之权乃属于财政部之钱币司。然就实际情形言，钱币司为一有名无实之机关，过去对于普遍银行之管理监督殊少成绩，而尤不能适合战后之需要。

第一，战后中央储备银行管理局为实行信用统制计，应有权监督普通银行之业务活动，倘钱币司复有管理之权，则在普通银行管理之机构上既属叠床架屋，而事权尤不能集中。第二，信用统制之质的方面与量的方面本不可分，若勉强分开则在行政之设施上必多扞格牵制之处。吾人认为为专一事权起见，战后钱币司应即裁撤或归并，政府应将管理普通银行之权，仿纽西兰、阿根廷等国之例，完全集中于中央储备银行管理局之手。如前所述，中央储备银行管理局之重要人员皆由政府任命直接对政府负责，故可不虞其在管理普通银行方面之设施与政府基本国策相违背。④

---

① 参阅我国银行法第十一条及第三十四条。
② 参阅我国银行法第十条。
③ 参阅本文第五节。
④ 关于中央储备银行管理局之权限可参阅本文第一段。

以上所述系政府对于内国银行之管理问题，然在华外商银行，亦应受银行法规及中央储备银行管理局之节制。晚近各国所制订之银行法对于内国银行及外国银行同样待遇，而对后者并不另订特别条款。① 战后我国之银行立法亦应采取此种态度。

五、各类银行的业务划分问题

战后中国之经济发展，主要者有三方面。一系国际贸易与国内贸易活动之扩张，一系农业生产之改良，一系基本产业之树立。前者需要短期及中期信用之调剂，后二者则除短期及中期资金外，更需要长期资本之供应，此皆有待于适当之金融机关之存在。我国目前之金融组织类皆以融通短期信用为主要业务之小型商业银行。商业银行之机能在便利商品流通过程之圆滑进行。但我国商业银行之业务活动大率偏于投机性质，对于国内外及国内各地间之商品交易并未尽其应有之职能。国内农业金融机关近虽呈蓬勃发展之象，但在系统上过于芜杂，且其所供给之资金大率皆属短期，中期及长期信用均不多见。至于吸收社会储蓄供给一般产业长期资本之金融机关则根本缺乏。战后为适应一般经济之发展计，此三种金融机关殊有分别调整及补充之必要。调整之法最理想者莫若就工商农各业所需要之信用情形分别设立机关专司其事。但此种理想非一蹴可即，而以在一般经济基础未能确立稳固，各种产业未有长足进展之情形下为尤难。故战后短期间内对于此点不能不变通办理，混合银行制（Mixed Banking）不得不容许其存在。待一般经济发展至相当程度时，再由混合制改变为专业制尚非过迟。兹分别述之。

（一）国际贸易及国内贸易所需资金之调剂机关

战后我国产业之发展程度受各种条件之限制，而其中两种最重要者为国外市场及国内市场之开拓程度。倘国外市场过于狭隘，国内市场复局促一域，则一般产业之发展殊不可期。故伴随产业之发展国内外市场必须开拓，销路必须广求，在此方面，一般金融机关之活动可发生决定的作用。一八七〇年以后德国之股份银行在国内外广设分支行及代理行以开拓其海外市场，德国之经济遂得以迅速发展。② 一八八〇年日本设立横滨正金银行完全以辅助其对外贸易为目的。是年以后日本对外贸易之急速扩张大

---

① League of Nations：*Monetary Review*，1938，p. p. 93 – 94.
② P. Barett Whale：*Joint Stock Banking in Germany*，p. p. 66 – 92.

部分应归功于此银行之活动。① 欧战前比利时之对外贸易大部分操于外人手中，同时其贸易所需之资金亦过于缺乏。战后比利时国家银行为充分供给其本国商人所需之贸易资金起见，乃设立国家实业信用银行（Societe Nationale de Credit a L' Industrie）以调剂之，事后比利时之国外贸易亦得以遂一推进。② 此三国之往史皆有可供我国借镜之处。我国之对外贸易一向操诸洋行之手，贸易资金亦多赖外商银行之供给。因贸易操于人手，故欲发展亦无从谈起。至于佣金之损失及因货价操纵而发生之漏卮则尚属问题之较小焉者。战事发生后，后方各地出口贸易之经营已多数归于国人之手，金融机关亦相率为其后援。战后为杜塞漏卮及促进对外贸易发展起见，全国之对外贸易应逐渐收归国人经营。然国人直接参加对外贸易范围之扩充及对外贸易数值与数量之增加乃以金融机关充分供给各种便利为转移。现有之金融机构决不能适应此种需要。中国银行虽经政府指定为国际汇兑银行，但该行业务实际上乃分散于各方面，与中国之一般商业银行无异。战后为增进对外贸易计，政府殊有责令该行逐步放弃其他业务，以使其致全力于海外贸易发展事宜之必要。在担任扶助海外贸易之初期，因各项事务均不熟习，该行虽有时不免稍作牺牲，但为国家之久远利益着想，此种牺牲并非失当。按一般活跃于国际金融市场之银行皆为信用昭著，资本雄厚之银行。中国银行欲能切实担任扶助海外贸易的任务，首须在国际金融市场取得地位，故上述二条件缺一不可。坚实的信用基础乃由历史逐渐养成，非顷刻能致，此有待于该行之不断努力。至于资本一项，则该行目前之资本数额，以之担任发展海外贸易之重任，殊嫌薄弱。以目前汇率（四便士强）为基准，该行资本至少应增至二万万元。倘战后汇率较目前更低则其资本额数应更提高。此外中国银行复应在世界各重要金融中心广设分支行以期与海外各地能取得密切的联系，该行原有之国外代理行虽属不少，但代理行在发展贸易上并不能发生偌大的作用。

其次关于国内贸易资金之融通，吾人认为最基本的一点在成立一完备之贴现市场。在贴现市场存在之情形下，一般工商业因商品交易而发生之票据，可以向商业银行请求贴现，以取得所需用之资金。商业银行在资金不敷时更可以票据请中央银行再贴现。因此工商业之资金可以迅速周转，不致呆搁账面。各地域间之货物亦可以有无相济。我国商业银行虽间亦做贴现业并但为数甚渺。中央银行因限于本身之力量对于担负再贴现的任务，迄未实现。结果，一般工商业之资金经常有极大部分停滞于账面，整个市场资金之活动力遂形减少，国内贸易亦无由推进。我国幅员辽阔，若干种重要物产皆足以自给，经济生活应尽量适用分工互助之原则，国内贸易之重要性实应居于对外贸易之上，故战后必须促进国内贸易，使其从速发展。发展之途径最重要者有两点。

---

① Willis and Beckhart：*Foreign Banking Systems*，p. 82.
② 同上书，p. p. 262 – 267.

一为使呆搁于账面之款项票据化，以增加资金之流动性。关于此点吾人主张中央储备银行之再贴现利率应降至其普通放款利率以下以刺激一般商业票据之产生。一为票据贴现机构之充实。吾人认为战后普通银行应即放弃其具有投机性质之业务，而对于辅助国内贸易之进展应多所致力。现有之钱庄则应在中央储备银行援助下，仿英国之票据经纪及贴现商店之组织改组为以票据贴现为主要业务之金融机关。担任贴现业务之金融机关必须有比较雄厚的资力，我国钱庄资本过于薄弱，应即使之归并为若干规模较大之金融机关，以期能厚集资力以取信于一般金融界。依照此种计划改组之钱庄，中央储备银行应承认为会员银行。经由会员银行贴现之票据，在一定条件下，中央储备银行应充分供给以再贴现之便利。

（二）农业发展所需资金之调剂机关

农业在我国国民经济中向占最主要的地位，战后此种情形亦不能根本改变，故农业资金之供给问题必须求得一合理的解决。按农业资金问题有两方面，一为社会积蓄之吸收，一为以集中后之社会储蓄再贷放与农民。此两事之能圆滑进行皆有待于健全的农业金融机构之树立。我国新式农业金融机关之设立已有十余年之历史。迄目前（二十九年四月）止，以全国为单位之农业金融机关有中国农民银行及农本局，以省为单位者有江苏省农民银行，江西、浙江及四川等省之合作金库及各省地方银行，以县为单位者有浙江等省之县农民银行及各县市之合作金库等。此外中国银行交通银行中央信托局及少数商业银行亦兼营农贷业务。农业金融活动可谓蓬勃一时。惜机关林立，业务重复，农资分散，经费浩繁。且各机关活动范围未能普遍，致富庶之区群趋投放，贫苦地区无人问津。又各机关所经营之业务，均属短期信用，中期信用很少，至于供给长期资金之机关则全付阙如。① 此皆有待于改革调整者。二十八年年底四行农业金融处成立，上层机构在业务方面虽因此较前稍有联络，然此仅为战时的一种应急设施，并不能成为永久的制度。战后为确立农业金融系统计，现有之农业金融机构殊有通盘调整的必要。第一，关于上层机构方面，现有之中国农民银行及农本局一隶属财政部一隶属于经济部，且二者目前均属短期资金之调剂机关，此在系统上及业务上均不合理。吾人认为为划分业务及使系统清晰起见，农本局应由政府指令暂为调剂农业短期信用的最高机关。② 商业银行对于农业之短期信用活动应受农本局之领导及指挥，以便使农本局对于一切可能利用之农业短期资金能做适当之筹划，普遍的分配于全国各区

---

① 关于农业信用之分期方法，各国情形颇不一致，本文以一年及一年以下之农贷为短期，一年至五年之农贷为中期，五年以上者为长期。

② 待将来中央合作金库成立后，即由该金库接办是项业务。

域。中国农民银行应即放弃其一切短期信用活动，改组为一以融通农业中期及长期信用为业务的最高机关。可供中期或长期利用之资金如储蓄银行，信托公司，保险公司及邮政储金局等之资金，其中应有一部份强制存储中国农民银行以为集中的运用。以农业中期及长期信用调剂事务完全委诸中国农民银行在制度固不能称为完整，然我国土地清丈尚未举办，登记法亦未切实执行，若干土地之所有权不能确定，故农业长期信用活动尚受有重大的阻碍，一时不能发展。待我国土地清理及土地银行成立后，中国农民银行即应放弃其长期贷放之业务，而专门致力于农业中期信用之经营。农本局（或中央合作金库），中国农民银行以及战后可能产生之土地银行既分别负融通农业资金之责任，自须组织一连锁机关以谋农贷事务之共同管理及联络。依吾人所见，此连锁机关应由经济部、财政部、农林部、农本局（或中央合作金库）、中国农民银行及中央储备银行管理局共同组织之，附设于储备银行管理局内，并直接受该局之指挥。① 农业信用政策原为中央储备银行信用政策之一部分，故农业信用之纳于整个信用系统以内，自属必要。其次，关于中层农业金融机构之调整可分省县两层述之。各省之合作金库应完全隶属于农本局（或中央合作金库）而为各该省之短期农业资金之最高供给机关。各省中期及长期农业信用之最高调节机关则应属诸省农民银行，未设省农民银行之省份则应改组已设立之省地方银行使之担任。按各省省地方银行在过去每为地方当局无限制取给之外府，大率皆经营无方，祸国病民。战后政府亟应严加取缔，使未设者除获得特别之核准者外，不得再擅自设立，已设者应完全改组为省农民银行使专营中长期之农贷业务。② 现有之省农民银行及应改组之省地方银行在业务上应接受中国农民银行之领导及监督。在省合作金库尚未行成立之省份，该省农民银行应暂兼营短期农贷业务。至于县合作金库亦应以融通农业短期资金为重要任务。省农民银行之各县分支行处则为各县中长期农业信用之供给机关。在未设县合作金库或未设省农民银行分支行处之县份，则两者中之一，应兼营另一者之业务。第三，关于底层农业金融机构即农业信用合作社之调整，吾人认为较上层及中层机构之改革尤为重要。此种机关之成败关系农民切身之痛痒，其健全与否影响整个农业金融机构者至巨。我国之农业信用合作社在地域分布上既不普遍，在品质上亦有问题。战后亟应对此两方面认真改革。

　　最后关于农业金融机关之任务亦应附带一述。如前所言，农业金融机关之作用不仅在行农业贷款，而更在于吸收社会之储蓄。办理吸收农民储蓄最有成绩之国家亦为农业金融最发展之国家，如丹麦、芬兰、瑞典、比利时等国是。反之，忽略此种重要业务之国家，其一般之农贷资金必不充足，于是其农业金融机构亦必不健全，如东欧

---

① 土地银行成立后，自亦须加入此组织。
② 在省银行及省农民银行皆已设立之省份，则二者应即归并以充实其机构，厚集其资金。

诸国是。① 我国农业金融方在开展，战后为弥补因战争而被销毁之农业资本之损失，农业金融当更趋重要，故对于此点应特别注意。

（三）产业发展所需资金之调剂机关

战后中国经济建设应向工业化之途迈进，似已为不争之论。然工业化仅为一种目标，实现此目标需要具备若干种的基本条件；调节产业资金之金融机关之建立，即为此基本条件之一。

就大势观测，战后中国之经济制度将趋向于国家资本主义化。在中国工业化之进程中，国家将占领导主持的地位。国家资本在国民经济中之比重将逐渐增加，国营企业在整个经济机构中之地位亦将日趋重要。但经济体制虽趋向于国家化，私人资本之存在仍不可抹煞，若干企业仍应听由私人出资经营，不过须受政府之规范与指导而已。为适应此种经济制度计，一般产业所需资金之调节机关应分为两类。一系国营事业之资金调剂机关。② 一系私营企业之资金调剂机关。③ 兹分述于下。

关于国营事业所需资金之调剂，吾人认为应完全集于一金融机关之手。此金融机关一方面受政府之委托将政府预算中之建设专款，按政府指定之计划，投资于各国营公司，同时另一方面又代各国营公司办理集中发行公司债及对外接洽借款之一切事宜。现有之交通银行曾经政府指定为发展全国实业之银行，且该行规模庞大，基础稳固，与中国经济界各方面已有若干年之历史关系，故战后利用此银行之原有组织加以改组扩大，使之成为发展国营事业，创造国家资本之金融机关，最为妥当。关于战后交通银行之组织及业务之改革，吾人认为有三点值得注意。第一，交通银行现为官商合办之银行，以之完全担任国营公司之资金调剂，自不合理。故该行应于战后彻底改组，现有之商股应一律退出由政府给价收买，使之成为一纯粹之国营金融机关。同时政府应援助普通银行另组织一金融机关以调剂私营企业所需之中期及长期资金。第二，交通银行之资金应有以下数种来源：（一）资本及公积金。该行原有之资本为二千万元，以之担任国营事业资金之调剂殊嫌薄弱，战后应扩充至一万万元或一万万元以上，并应随国营企业之发展而增加，公积金一项应规定为其每年营业净利总额二分之一以上。④ （二）政府预算项目中之建设专款。战后政府对于一切产业之投资应完全交由交通银行办理，由该行按政府预先拟定之计划投资于各国营公司。同时为使国家资本之

---

① 参阅 League of Nations: *Agricultural Credit, Mediam Credit to Industry*, p. p. 3 - 4.
② 此处仅指国营工矿业所需资金之调节机关而言，至于国营贸易之资金则应由中国银行供给之，参阅上文，又国营事业一词，本文指国营及国家与人民合营两种而言。
③ 仅指工矿两业而言。
④ 按现行《交通银行条例》所规定者为该行每年净利总额十分之一以上，见该《条例》第七条。

使用更经济更有效率起见，该行对于各国营公司应负会计上之监督责任。（三）国营事业之盈利。完全国营之公司之每年盈利总额应摊提百分之十拨归交通银行做为该行扩充资本之用。至于国家与人民合营之公司，其每年盈利总数中应拨归该行之数额，则应视国家所占有该公司之股份的多寡而定。（四）存款。除国营公司之存款应集中存储于交通银行外，该行得收受私人或公私团体之存款，但此项存款应以二年以上之定期存款为限。现该行所经营之短期存款业务应于改组后完全停止，其短期存款债务并应分期清偿。（五）公司债。该行在资金不敷运用时得发行公司债，其总额不得超过资本总额之十倍以上，惟在获得政府之核准后得逾限发行，对于该行所发行之公司债，政府应保证本息，以广销路。此项公司债应尽量在国外推销以吸收华侨资本及外资。

第三，交通银行既拥有上述庞大之资金，其在全国信用市场上将占举足轻重的地位，中央储备银行之信用政策亦不免要受其业务活动之影响，是以确定交通银行与中央储备银行间的关系殊属必要。吾人认为交通银行之最高管理机关应由中央储备银行管理局派员参加，使该行与储备银行管理局间经常保持联络，同时该行之重要业务活动如发行公司债及对于存放款利率之规定等应事先获得储备银行管理局之同意。

以上所述，系国营事业之资金调剂问题，但关于私营产业之长期资金调剂问题亦有值得吾人注意之处。按调节产业所需长期资金之业务，在欧美各先进国家多由投资商店（Investment House）（或发行商店（Issue House），投资信托公司（Investment Trust）及产业证券市场等金融组织为之。投资商店之作用在代一般产业公司发行证券。此种商店大率皆为国内外著有声誉之金融机关。经其发行之证券类皆能获得一般投资人之信任，因之其推销工作较一般产业公司为易，且因其为专门发行证券之机关故其所费亦较产业公司自行发行者为少。投资信托公司为便利一般人民投资的一种组织，其业务在发行其本公司之证券以取得资金，同时又以此项资金投资各种产业证券。产业证券市场为一切长期资金调剂机关所赖以活动之场所，亦为一般产业公司取得资金之最后来源地，故其地位最为重要。战后我国产业长期资金调剂机关之建立，自以此三种组织完全具备最为理想。但产业证券市场之组成非一朝一夕之事，而在产业落后，资本蓄积极度薄弱之中国，其组织过程当更为迟缓。中国之新式产业组织尚在萌芽，一般人民对于以证券为对象之投资方式尚未完全了解，同时一般人民之富力过于低下，能从事储蓄以购买证券者为数无多，故欲于战后短期内完成产业证券市场之机构，殊属不易。至于投资商店及投资信托公司类皆为产业证券市场相当发展后之产物。在国内产业未能适度发展，一般人民对于投资证券之习惯未能养成之情形下，此类机关显然无设立之必要。

上述三种金融组织在战后短期内，既皆不能实现，吾人为推动产业开发，调剂产业所需之长期资金计，不得不乞灵于其他方法。其他方法固多，而尤以一般银行业对于产业之投资为重要。关于此点，经济先进各国产业发展之初期情形，有可供我国借镜之处，兹一言之。

在十九世纪上半期，英国已形成其世界工厂之地位，其商品业已征服世界市场，其国内之资本积累已足敷其国内产业发展之用，同时其一般人民对于直接投资产业之习惯已逐渐养成，是以当时英国之产业，无须金融界之积极援助，已能独立迈进。德国之产业发展较英国稍迟，故英国产业得天独厚之发展机会在德国产业发展时已不存在。在德国产业发展之初期，其国内资本之积累至为薄弱，投资公众异常缺乏，一般产业之建立多赖银行之援手，银行业与产业遂结成不解之缘。德国之普通银行不但供给产业以短期资金，而且在若干情形下，供应以长期资本。倘一家银行之资力不足，则数家银行联合组织银团接济之。十九世纪六十年代以后德国产业之空前发展，应大部分归功于其普通银行之企业精神。① 同样比利时之产业发展亦与其商业银行之投资有密切之关系。国内资本之缺乏，银行法规对于商业银行投资产业之鼓励。皆足以使比利时之商业银行从初期起即带有混合银行制之色彩。其商业银行不仅消极的接受一般产业之借款请求，而且更积极的促进产业公司之产生。商业银行对于产业之积极援助为比利时工业化之最大推动力，亦为欧战后该国产业能迅速复苏与发展之最重要的原因。② 最后，十九世纪下半期瑞典之工业化亦多赖商业银行对于产业之长期投资。瑞典之商业银行与产业之关系虽不若德、比两国者之密切。然在该国之产业发展上，其商业银行之活动实有不可磨灭之功绩。③ 此外，意大利、瑞士、美国及丹麦等国之商业银行亦皆在各该国之产业发展上，发生极大的作用，欧战后各国产业合理化之完成，亦多赖商业银行对于产业长期投资之援助。④

晚近金融恐慌不断发生，一般银行业之资产非经常保持高度之流动性不足以抵御恐慌之袭击。因是欧陆各国及美国相继修改其银行法，对于商业银行之长期产业投资完全禁止或严加限制。即各国已逐渐由德国式之混合银行制趋向于英国式之专业银行制。⑤ 吾人认为此种事实乃表示一国之银行制度追随其经济发展而演进，并不能为混合银行制本身之失当之解释。就过去史实观察，在混合银行制最盛行之国家固然为商情变动最剧烈之国家，但商情变动最剧烈之国家亦恒为产业发展最迅速之国家。混合银

---

① 参照：P. B. Whale：*Joint Stock Banking in Germany*，p. p. 36 – 65；Willis and Beckhart：*Foreign Banking Systems*，p. p. 704 – 706；*MacMillan Report* p. p. 162 – 163.

② 参照：A. M. Allen and Others：*Commercial Banking Legislation and Control*，p. p. 81 – 83；League of Nations：*Commercial Banks*，1913—1929，p. 74.

③ Arthur Montgomery：*The Banks and Sweden's Industrial Development*，Skandinaviska Banken，No. 2，April 1939，p. p. 34 – 38；Willis and Beckhart p. p. 1301，1304.

④ *Commercial Banks*，1913—1929，p. 48.

⑤ League of Nations：*Monetary Review*，1938，p. p. 93，101 – 102；*Commercial Banking Legislation and Control*，p. p. 25 – 29，69 – 70，93 – 94，100，136 – 137，203，257 – 259 315，327，426 – 429.

行制之作用在推动产业之发展，而产业之迅速发展却又扩大商情变动之幅度。是以混合银行制有其缺点，但更有其优点。且在此种制度下，长短期资金之调剂业务完全集中于一种银行之手，使其能对可能运用之资金作适当之分配，未始不可以导致经济上之均衡。

如上所述，若干国家在产业发展之初期皆采用混合银行制，比利时且曾以法律之力量鼓励商业银行对于产业之长期投资。战后初期为加速工业化之过程计，我国似亦应循此方向迈进。但须注意者，此种制度若利用得法固足以使产业发展，若运用失当亦足以招致紊乱金融之恶果。欧陆各国在产业发展之初期，若干商业银行因长期投资之不慎而归于失败，可为殷鉴。战后我国产业发展之环境当较十九世纪欧陆各国之情形尤为不利，故对于此称制度之运用宜出以慎重态度，应尽量取其长而补其短。按混合银行制之能灵活运用不生破绽，其条件有三：（一）资本及公积金对于负债应保持较高之比率。（二）充分采用危险分散之原则，即银行投资不应集中于某一产业部门或某一家产业公司，而应遍及若干产业部门或若干家产业公司。（三）银行因长期投资而获得之产业公司之股份应于适当时期内转售于一般投资者。一三两条件在我国皆不存在，战后短期内亦无充分实现之可能，故严格之混合银行制在我国不能实行，战后实有变通处理之必要。

为适应一般之经济环境起见，吾人主张我国应采用混合银行制与专业银行制间之折衷制度（A Compromise between the Principles of Integration and Specialization）。在此种制度下，规模较大之商业银行应共同组织一产业投资机关。对于私营产业之资金调剂应完全集中于此机关之手。商业银行对此机关所需用之款项应适度供给，而个别之商业银行不得对产业公司做长期投资，以便使长短期资金之运用得以互相调节，且不致危及商业银行本身资产之流动性。同时为使国家资本能有效的控制私人资本起见，吾人认为交通银行应参加此长期投资机关之股份，藉以领导此机关做各种产业资金之调剂活动。

以上所述系产业发展过渡期中之办法。俟国内产业发展及资本积累至一定程度时，产业证券市场投资商店及投资信托公司等类之组织，必将逐渐产生，而商业银行之投资组织即将退居于较不重要之地位。

六、结　语

总结以上所述，吾人认为战后银行组织改造之目的在求一般经济之安定，并于经济安定之条件下求工农商各业之发展。为达到经济安定之目的，中央储备银行应于战后迅速成立以便切实推行信用统制之工作。其次，政府与中央储备银行间之借贷关系必须确定，政府向中央储备银行之借款应受法规之限制，以增强中央储备银行之保障并避免恶性通货膨胀之危险。第三，政府应于战后从速颁行银行法以规范普通银行之不正当业务活动，同时政府应赋予中央储备银行管理局以管理普通银行之最高权力。晚近各国银行立法之方式仅在法律条文中规定其大纲领，而其施行细则则以行政命令之方式颁布。此种方式至足取法，战后我国之银行立法亦应充分采纳此项原则。中央储备银行对于普通银行之管理固属必要，但在若干种情形下，中央储备银行信用政策之实施非强制性之管理所能济事，且强制办法之应用亦有时而穷。故中央储备银行在实行统制政策前应充分取得普通银行之谅解与合作。

关于在战后经济之复苏与发展上各类银行所应发生之作用，吾人于上文曾叙及两点。第一，中央储备银行应尽量推行国家之经济政策，同时更应援助贴现市场之产生，以便利工农商各业所需短期资金之取得。第二，交通银行、中国银行及中国农民银行（与中央合作金库）应各就其所指定之任务分别发展。各省市地方银行应改组为各省之中长期农业信用银行，钱庄则应改组为英国式之贴现商店之组织，同时并应以合并之办法增厚其资力。商业银行在一国产业发展之初期向占最重要之地位。我国资本积累至为薄弱，为加速工业化之进程计，若干地方不得不藉助于商业银行之资金援助。故战后商业银行一方面应调节短期资金之供需，另一方面更应组织产业投资公司以间接之方式调剂产业所需之长期资金。

战后我国银行机构的改造问题*

一、叙　言

战后经济改革，经纬万端，措置因应，诚非易易，而其中以金融部门的改革，关系最巨。盖现代经济社会以金融部门为中枢，一切生产交易之进行，莫不有金融机关参与其间；即经济政策财政设施之能顺利推进，亦皆惟金融之安定及金融机关之健全是赖。第一次世界大战以后，欧陆各国国民经济之各方面率皆陷于混乱状态，而金融部门之狂潮巨浪影响于人民之经济生活者，尤为深远，故战后各国之经济复兴，其入手整顿之第一步，即系金融方面之改造。我国金融机构，一向未臻健全；自战事发生后，内中缺陷，更暴露无遗。战后调整改造，牵涉甚广，言其大要，约有数端。（一）中枢金融机构之建立；（二）省县金融机构之调整；（三）银行法之修正与执行；（四）各类银行业务之划分与厘定。兹篇所述，以（一）（四）两项为限；至（二）（三）两项，以篇幅关系，拟另文述之。

二、中枢金融机构的建立问题

在经济先进各国，中央银行为银行的银行，居于金融中枢的地位。国家之金融政策，如伸缩信用以操纵物价，买卖外汇以平稳汇市等，莫不以中央银行为中心执行的机关，此种金融中枢地位的形成，或由于历史的演进，或由于政府的协助，然其所以能因应裕如，调度有方，大多因具备下列各项条件：（一）独占纸币之发行权；（二）经理国库，并收存一切公共资金；（三）保管普通银行存款准备；（四）对普通银行再贴现；（五）在公开市场买卖证券；（六）为其他各家银行之集中清算机关。

---

* 姚曾荫，战后我国银行机构的改造问题，金融知识，1942年第1卷第3期金融特辑·银行问题。

甲　战后中央银行应有之改造

我国中央银行之设立，虽有十四年的历史，而因限于环境及资力，对于上述诸条件，或未具备，或虽具备而未能充分执行，此为我国中央银行力量薄弱之根本原因。战后银行制度之树立，应以中央银行之改造为起点，而中央银行之改造，又以上述诸条件之充分实现为先决条件。民国十八年甘末尔委员会草拟之中国逐渐采行金本位计划书中，曾有建立中央准备银行之主张。民国二十四年新货币政策实行时，亦有改组中央银行为中央储备银行之拟议。嗣以七七变起，此项改革工作，遂告停顿。抗战以还，政府有中、中、交、农四行联合办事总处之设立。该总处之任务，不仅以主管四行本身之业务为限，关于四行券料之调剂，全国金融网之设计分布，资金之集中与运用，四行发行准备之审核，四行之联合贴放，以及外汇申请之审核，特种生产事业之联合投资，收兑金银之管理，特种储蓄之推行等项工作，亦在其所辖范围以内，然此均所以补偏救弊，尚不足以与先进各国中央银行在战时之活动与权力同日而语。

四联总处之设立，仅为战时应变的措施，而非为一种长久的机构。且若干基本权力，皆未具备，其控制全国金融之力量，至为有限。战后国币对内及对外价值之稳定，须假手于中央银行，中央银行本身之健全，应为稳定币值之先决问题。且在战后之非常局面下，中央银行更有协助产业发展，推动国家经济政策之使命。现有之中央银行，既不能负此诸种重任，四联总处亦去目标甚远。故现有之中央银行与四联总处，应于战后一并扩大改组。

乙　战后中央银行组织之方式

关于战后中央银行之组织方式，国人之意见，大抵可以分为三种：其一，认为战后中央银行仍应沿袭现有之组织，但须加强其机构，扩大其职权；其二，主张中、中、交、农四行应合并成为一个名实相符的中央银行，以执行政府的政策，并管制一般商业银行；其三，则为甘末尔委员会计划书发表以来之各家建议，依此建议，我国之中央银行应予改组，其改组后之组织，应采用晚近若干国家所实行之准备银行制度。权衡利弊，吾人认为我国宜采行第三种办法：盖我国幅员辽阔，各地金融情形，不尽相同，且小银行数目众多，分散各处（依照管理银行暂行办法，钱庄银号亦可视同银行），分区联合准备，殊有必要。

此次战事，已证明金融业集中沿海各省之错误与危险，战期改弦更张，事理至显，吾人主张应分划全国为上海、天津、汉口、广州、重庆及兰州等六大银行区，以全国为单位，就各区域之经济状况分别发展，以达到全国金融均衡发展之目的。在每一区域内，应设立中央准备银行一处，以为各该区之最高金融机关。在各区范围内之国家银行、商业银行、钱庄及其他各种银行，皆应为各该区中央准备银行之会员银行并受其指挥。四联总处可改组为中央准备银行管理局，以为全国最高的金融管理机关。准备银行管理局及各区准备银行，既皆负有统制金融之责任，则彼此权限，即有划分之必要。就原则言，每一区域之准备银行，固应有权就各地之特殊情形，颁布章则，命令各该区之普通银行及其他三家国家银行遵守；但以全国为范围之金融计划，或业务方针，则各个准备银行应完全听命于准备银行管理局。准备银行管理局为一监督与设计的机关，而各区准备银行则负直接控制全国信用伸缩之责任。

丙　战后中央银行应有之权力

为履行上述之任务计，中央准备银行管理局及各区准备银行须具有如下之权力：

子　中央银行应独占纸币发行权

为适应国内生产状况及国内外贸易需要，以伸缩通货之发行额，中央银行应独占纸币之发行权。中央银行操有此项特权，不仅可统一全国纸币之发行，加强纸币之信用，调节货币之流通数量，且可以控制其他各种银行创造信用之能力。此点于安定金融，减缓恐慌，作用甚大。新货币政策实行以后，我国纸币之发行状况，虽较前改善，而中国、交通、农民三行，仍与中央银行同等享有发行权。军兴以来，战区各省，由于筹码不足，及防止敌伪吸收法币，套取外汇，财部复准各省地方银行增发省钞。八路军驻扎地带，更有大量地方性钞票流通。以是纸币发行不统一之情形，日见普遍。此虽属在战争期中无可避免之现象，然究足以破坏发行权之统一，影响中央银行控制金融之力量。依吾人所见，战后中央准备银行管理局成立以后，各省省地方银行之纸币发行，应即停止。至于中国、交通、农民三行发行纸币之处置办法，各家意见，颇不一致：有人认为"中、中、交、农四行均为国家银行，纸币发行为国家所独占，四行等于一个抽象的国家银行的四个部门，所有发行之钞票，等于这个抽象国家银行之各种样式不同的纸币，因而此并非独占发行权之破坏"。此种论断，吾人不能同意。因中、中、交、农虽均为国家银行，而事实上不相统属，各自为政。如纸币发行权由四行共享，则不独通实发行之数量不能伸缩裕如，且政出多门，足以减弱中央银行控制金融市场之力量，故战后发行权应全部集中于中央准备银行管理局之手。中、中、交、农四行之钞票以及省地方银行之钞票，应一律收回。

丑　经理国库并收存一切公共资金

政府财政收支，为数甚巨，政府由人民手中取得收入，同时又以薪给工资购置偿债等等方式付与人民，政府财政与社会经济作不断的循回转流。中央银行固应肆应于二者之间，使国家财政与社会经济相互配合。此点非由中央银行直接经理政府之金融活动，不能办到。二十八年十月，"公库法"实行，我国中央银行已正式代理国库业务，现此法已推行于川黔桂陕甘湘浙赣等省，而滇青宁新诸省尚未实行。此为中央银行代理国库业务之一大缺陷。三十一年一月一日起，各省财政收支，划归中央统筹，所有原代理省库之各省地方银行，及其分支行处，仍由中央银行继续委托其代理国库。此虽为一时权宜之计，然究足以减低中央银行集中处理之效。吾人认为中央准备银行成立后，不但其代理国库之业务，应推行于全国各省，划归中央银行之省库收支，完全由其接办，即其他一切公共资金，亦皆应存储各区准备银行，以便集中运用。在上次欧战后，德国经济复兴期中，由于公共资金之分散，以及其在金融市场上之活跃，致使德国国家银行所推行之低利政策，大受影响。及至公共资金逐渐集中于德国国家银行以后，不但其信用政策，能顺利推行，德国国家银行，且能利用集中后之资金，重建柏林之短期资金市场。此种经验，大足以供吾人借鉴。

寅　集中存款准备及现金准备

集中保管其他国家银行及普通银行之存款准备以及全国之现金准备，其作用在加强中央银行控制金融市场之力量：并可使分散之准备金，于集中后，得以作更有效率更具弹性之运用。晚近若干国家，更赋予中央银行以变更普通银行存款准备率之权。如此则中央银行藉存款准备率之增减，可以冲销国际间短期资金流动对于国内信用机构之影响，更可增加其伸缩银行信用之力量，以应节季节变动及经济恐慌。我国中央银行历史尚短，且兼营普通银行业务，致未能取信于全国的金融机关，过去除储蓄银行外，其他各级银行的普通存款准备，多未托其保管，银行法对此亦无规定，致中央银行可能运用之资力，颇为薄弱，金融组织，亦极涣散。抗战以来，商业资本，过度活跃，政府为收缩信用起见，乃于二十九年八月颁行非常时期管理银行办法，并于三十年十二月十日加以修正公布。据此办法，商业银行及省地方银行经收之普通存款，应以总额百分之二十为准备金，转存当地中、中、交、农四行之任何一行，并由收存行给予适当存息。

修正后之管理银行办法，仍不能谓为完善，战后环境更易，此项办法，自应予以废止。在战后需要颁布的中央准备银行法及须予修正公布的银行法中，关于集中准备金的规定，吾人认为有以下几点值得考虑：

（一）普通银行依法应缴之存款准备金应集中于准备银行一行，中国、交通、农民三国家银行，亦应按法定存款准备率，缴存准备金于当地之中央准备银行。如是则准备银行方有控制全国银行信用的力量，方能于紧急时期为其他各种银行之后援，以履行其银行之银行的任务。

（二）法定存款准备之内容，须严格规定，准备比率应具伸缩性。依据管理银行暂行办法，法定存款准备率为百分之二十，其内容包括现金及节建储蓄券两种。集中准备之目的，在加强中央银行控制银行信用的力量；而缴存储蓄券之规定，仅为普通银行已经购置之资产辟一方便运用之门，对于银行信用之伸缩，并不能发生重大作用，故战后关于法定存款准备之内容，似应限定为在中央准备银行之存款。至于百分之二十准备率之规定，在战时为收缩信用以平抑物价起见，且在准备内容宽泛之情形下，固不容置议；但在正常之经济状况下，且在准备内容限定为准备银行之存款以后，此种比率似嫌稍高。在战后一般经济恢复安定以后，似应斟酌情势，予以减低。且金融状况，变动不居，对于银行信用具有控制力之存款准备，不宜一成不变。战后中央准备银行管理局成立后，似亦应仿各国先例，掌有普通银行存款准备率之变更权。

（三）法定存款准备不应支付利息。中央银行设立之目的，不在营利，若对存款付给利息，其呆存款项，势非尽量放出，汲汲于盈利之取得不可。倘遇恐慌，则既无余力，显不能任最后之救济者之职责。此与集中准备之原义相违，故德国南非等国之银行法，对法定准备，皆明定不给利息，其他若干国家，对之虽未明定，但多以不给息为原则。我国现行办法，规定由收存行给予适当之利息，自属特殊情形，待准备银行成立后，应予废止。

丁　战后中央银行应推动之工作

在上述三种权力具备后，中央准备银行应即集中力量，从速推动以下两项工作：

子　对普通银行再贴现

中央银行所以称为银行的银行者，正以其能供给普通银行以再贴现的便利，由于中央银行之再贴现活动，全国信用机构之弹性及流动性，皆可增加，普通银行之准备金亦可以作更有效率的使用。吾人认为中央准备银行成立后，不仅应在消极方面为普通银行办理贴现，且应更积极的直接按照市场利率购进合格票据，以促进贴现市场之产生。然准备银行欲担任再贴现之业务并求其发展，事先必须具体三种条件：（一）中央准备银行必须拥有充足之资金；（二）市场必须经常有大量票据存在，以为资金运用之对象；（三）经营票据贴现之机构，必须完备。

关于资金一项，在一切公共资金及其他各种银行之存款准备金全部集中于准备银行后，该行即可用以应付一切合格票据之重贴现。合格票据在中国金融市场上，固甚缺乏，然准备银行如能积极的运用利率政策，即不难求其逐渐产生。票据贴现之机关，现虽嫌散漫，待将来准备银行成立后，略加整顿，亦不难使之稍具规模。

丑　集中清算

办理各银行间之划拨结算，为中央银行保管普通银行存款准备后应有之工作。此不仅可以减少社会对于通货之需求额，从而减少纸币之发行数量；且可以使中央银行据以测验普通银行之清偿力。后者为中央银行推行货币政策时之必要根据。在我国，集中清算一事，迄未能实现。吾人认为战后准备银行中须明文规定该行为集中清算之机关。在有票据交换所之处所，准备银行仅须代行划拨结算之工作；在无票据交换所之所在，准备银行并须供给以票据交换之便利。

此外，在公开市场买卖证券，亦应为中央银行重要机能之一。但在中国，长期资本市场尚未发展，产业证券为数无多，中央银行所能买卖者，恐仅限于政府债券。然以政府债券之买卖为控制金融市场之手段，就我国证券市场之往史观之，显然不甚适当，故战后准备银行之信用管理政策，应采用其他方法以代之。

三、各类银行业务之厘定与划分

健全的银行制度，内以中央银行为核心，外辅以各种任务不同的金融机关。盖近代经济社会之发展趋向，首重分工。经济愈发展，分工亦愈细，金融机关亦有同一之倾向。十九世纪各国盛行混合银行制；但发展至晚近，已趋于专业化，工农贸易等部门所需资金之性质，至不一律，故各国多设立种类不同之金融机关以调剂之。我国目前之金融机关，类皆以融通短期资金为主要业务之小型商业银行。商业银行之职员，在调剂短期资金之供求，便利商品流通交易。而我国之商业银行则并此项职能亦未能发挥，战前一般商业银行的主要业务，为公债买卖及地产经营；战争期中，因外汇率不断跌落及物价变动，一般银行又群趋于外汇投机及商品囤积之途，对于后方产业界迫切需要之流动资金之供应，反趑趄不前。国内农业金融机关，近年虽呈蓬勃发展之象，但在系统上过于凌乱，且其所供给之资金，大都属于短期，中期农贷不多，长期之土地放款，为效更微。至于吸收社会储蓄、供给一般产业长期资本之金融机关，则尤感缺乏。战后为适应一般经济之发展计，此三种金融机关，殊有分别调整及补充之必要。兹分别述之。

甲　产业资金调剂机关之创设

战后中国经济应向工业化之途迈进，似已为不争之论。然工业化仅为一种目标，欲实现此目标，需要具备若干种之基本条件；调节产业资金之金融机关之建立，即为此基本条件之一。

考调剂产业所需长期资金之业务，在欧美先进国家，多由投资商店、投资信托公司，及产业证券市场等金融组织为之。投资商店之作用，在代一般产业公司发行证券。此种商店，大率皆为国内外著有声誉之金融机关。经其发行之证券，类皆能获得一般投资人之信任，因之其推销工作，较一般产业公司为易。且因其为专门发行证券之机关，故其所费亦较产业公司自行发行者为少。投资信托公司为便利一般人民投资之一种组织，其业务在发行其本公司之证券，以取得资金，同时又以此项资金，投资于各种产业证券。产业证券市场为一切长期资金调剂机关及拥有游资之私人所赖以活动之场所，亦为一般产业公司取得资金之策源地。承前接后，介乎二者之间，故其地位最为重要。战后我国产业资金调节机关之建立，自以此三种机构完全具备，最为理想。但产业证券市场之组织，非一朝一夕之事。而在产业落后，资本蓄积极度薄弱之中国，其组织过程，当更为迟缓。中国之新式产业组织，尚在草创时代，一般人民对于以证券为对象之投资方式，尚未完全了解，同时一般人民之富力过于低下，从事储蓄以购买证券者，为数无多，故欲于战后短期内完成产业证券市场之机构，殊属不易。至于投资商店及投资信托公司等，皆为产业证券市场相当发展后之产物。在国内产业未能适度发展，一般人民之蓄积能力未能提高之情形下，此类机关，显然无发展之可能。

上述三种金融机关，在战后短期内，既皆不易实现，吾人为推动产业开发，调剂产业所议之长期资金计，不得不乞助于其他方法。其他方法固多，而尤以一般银行业对于产业之投资为重要。关于此点，经济先进各国产业发展之初期情形，有供我国借鉴之处，兹一言之。

在十九世纪上半期，英国已形成其世界工厂之地位，其商品业已征服世界市场；国内之资本积累程度，已足敷其发展国内产业之用；同时其一般人民对于直接投资产业之习惯已逐渐养成，是以当时英国之产业，无须金融界之积极援助，已能独立迈进。德国之产业发展，较英国为迟，故英国产业界得天独厚之发展机会，在德国产业发展时，已不存在。在德国产业发展之初期，其国内资本之积累，至为薄弱，公众之投资异常缺乏，一般产业之建立，多赖银行界之援手，银行业与产业遂结成不解之缘。德国之普通银行，不但供给产业以短期资金，而且在若干情形下，供应以长期资本。倘一家银行之资力不足时，则数家银行联合组织银团接济之。十九世纪六十年代以后，德国产业之空前发展，应大部分归功于其普通银行之企业精神。比利时之产业发展，亦与其商业银行之投资，有密切之关系。国内资本之缺乏，银行法规对于商业银行投资产业之鼓励，皆足以使比利时之商业银行自初期起即与产业界发生密切之联系。其商业银行不仅消极的接受一般产业之借款请求，且更积极的促进产业公司之产生。商业银行对于产业之积极援助，为比利时工业化之最大推动力，亦为第一次欧战以后该国产业能迅速复苏与发展最重要之原因。此外，美国、瑞典、瑞士及意大利等国之商业银行，亦皆在各该国之产业发展上，发生极大之作用。上次欧战各国产业合理化之完成，商业银行之活动，亦具有不可磨灭之功绩。

如上所述，若干国家在产业发展之初期，皆采用混合银行制，比利时且曾以法律之力量，鼓励商业银行对于产业之长期投资。我国去岁修正公布管理银行暂行办法，规定"银行运用资金，以投放于生产建设事业，暨产销押汇，增加货物供应，及遵行政府战时金融政策为原则"。是政府亦已注意及此，战后更应循此方向迈进。但须注意，此种制度，若利用得法，固足以使产业发展，若运用失当，亦足以招致紊乱金融之恶果。欧陆各国在产业发展之初期，若干商业银行因长期投资之不慎而归于失败，可为殷鉴。故我国对于此种制度之运用，宜出以慎重态度：应尽量取其长而补其短。按各国普通银行对于产业长期投资而能不危及其本身之安全者，其条件有三：（一）资本及公积金对于负债应保持较高之比率；（二）充分采用危险分散之原则；（三）银行因长期投资而获得之产业公司之股份，应于适当时期内转售予一般投资者。此三种条件在我国不能完全实现，故严格言之，混合银行制不宜实行，战后有变通处理之必要。

为适应一般之经济环境起见，吾人主张我国应采用混合银行制与专业银行业制间之折衷制度。在此种制度下，规模较大之商业银行，应共同组织一产业投资机关。普通对于产业之资金调剂，应集中于此机关之手。商业银行对此机关所需用之款项，应适度供给。而个别之商业银行，不得对产业公司长期投资。如此长短期资金之运用，得以互相调节，且不致危及商业银行资产之流动性。交通银行曾经政府指定为发展全国实业之银行，且该行规模庞大，基础稳固，与我国经济界各方面已有若干年之历史关系，故上述之产业投资机关，应有交通银行参加，并由其负领导主持之责任。

乙　农业金融制度之确立

农业在我国国民经济中向占最主要之地位，战后此种情形，亦不能根本改变。农业改进所需资金之供给问题，必须求得一合理之解决。按农业资金问题有两方面：一为社会积蓄之吸收，一为以集中后之社会储蓄再贷放与农民。此两事之能圆满推进，皆有待于健全的农业金融机构之建立。我国新式农业金融机关之设立，已有十余年之历史。目前办理农贷之机关，以全国为单位者，有农民、中国、交通三行及中央信托局等；以省为单位者，有省农民银行、省合作金库、各省地方银行以及各省合作机关等；以县为单位者，有浙江之县农民银行、各县之合作金库以及县银行法颁行后各地所建立之县银行等。农业金融活动，可谓蓬勃一时。惜机关林立，业务重复，步调既不齐一，竞争磨擦之现象亦且不免。二十八年年底四联总处农业金融处成立，上层机构，在业务上虽因此较前稍有联络，然去合理完善之境尚远，此仅为建立健全的农业金融制度过程中，一个重要阶段而已。

子　建立中枢农业金融机构

战后调整改革，吾人认为最重要一点，在建立一中枢农业金融机构，晚近各国之农业金融，莫不由复杂分权而趋于中央集权，盖复杂分权，则力量不集中，力量不集中，则任何政策之推动，皆为不可能。我国目前之农业金融机构，以四联总处农业金融处为中心，战后仍可利用此已有之基础，待中央准备银行管理局成立后，改隶于管理局之下，并加强其组织，扩大其职权，使成为我国农业金融之最高管理机关。中国农民银行目前兼营短期、中期及长期三种农贷，在制度上不能谓为完善。战后中央合作金库成立后，该行须即让渡其短期贷放业务于中央合作金库，而专门致力于中长期农业信用之经营。可供中期或长期利用之资金，如储蓄银行、信托公司及保险公司等，所收储蓄存款或保险费等，其中一部分可强制转存中国农民银行，以便集中运用。以农业中期及长期信用之调剂业务完全委诸中国农民银行，在制度上固仍不能称为完整，然我国土地清丈尚未普遍举办，登记法亦未切实执行，若干土地之所有权不能确定，农业长期信用活动，尚受有重大之障碍，在战后之短期内不易开发，故战后仍暂以中国农民银行兼营中长期农贷为宜，至于现在中国、交通两行所办理之农贷业务，战后应即逐渐收缩，俾得集中力量，完成其本身之使命。普通银行之办理直接农贷者，应将其资金，分别性质，交与中央合作金库或中国农民银行，代为贷放；其间接放款如农业票据之贴现等，则仍可由普通银行办理。

丑　调整中层农业金融机构

以上所述，系上层机构之调整。至于中层农业金融机构之调整，可分省县两层述之。在省的方面，各省之合作金库待中央合作金库成立后，应完全隶属于其下，而为各省短期信用之承转机关。各省中长期农业资金之调剂责任，则属诸中国农民银行之各省分支行，现有之省农民银行，应与中国农民银行合并，或在业务上受其领导及监督。至于各省省地方银行，在省财政划归中央后，已无存在之必要。第三次全国财政会议曾有"限令中央银行，自三十一年起，将后方各省省银行，一律接收整理"之决议案，自属合理。其原代理省库部分，应划归中央银行接管，其农贷业务，则以交由各省合作金库及中国农民银行分别办理为是。至于县合作金库，亦应以融通农业短期资金为主要任务，中国农民银行及省农民银行之各县分支行处，则为各种中长期农业信用之供给机关。目前依据县银行法，各地成立之县银行，在业务上与县合作金库及国家银行之分支机构，不无重复之嫌。且小银行林立，于金融统制上，亦障碍滋多。为统一金融机构及节约人力物力起见，县银行似应停止增设，已设立者应于战后交由中国农民银行接收整理，或与各该县之合作金库归并。

寅　调整底层农业金融机构

关于底层农业金融机构即农业信用合作社之调整，当较上层及中层机构之改革，关系尤巨。我国之农业信用合作社，在地域分布上既不普遍，在品质上亦有问题，战后应从两方面认真改革。

丙　国际及国内贸易资金调剂机关之组织

战后我国产业之发展程度，不免受各种条件之限制。而其中最重要者，厥为国外市场及国内市场之开拓程度。倘国外市场过于狭隘，国内市场复局促一域，则一般产业之发展，殊不可期。故伴随产业之发展，国内外市场，必须开拓，物产之销路必须广求。在此方面，一般金融机关之活动，可发生极大之作用。一八七〇年以后，德国之股份银行在国内外广设分支行及代理行，以开拓其海外市场，德国之经济，遂得以迅速发展。一八八〇年日本设立横滨正金银行，完全以辅助其对外贸易为目的，是年以后，日本对外贸易之急速扩张，应大部分归功于此银行之活动。第一次欧战前比利时之对外贸易，大部分操于外人手中，同时其贸易所需之资金，亦过于缺乏；战后比利时之国家银行，为充分供给其本国商人所需之贸易资金起见，乃设立国家实业信用银行，以调剂之，此后比利时之国外贸易，亦得以逐步推进。此三国之往史，皆有供我国借镜之处。战前我国之对外贸易，一向操诸洋行之手，贸易资金，亦多赖外商银行之供给；太阿倒持，致发展贸易，无从谈起。战后为堵塞漏卮及促进对外贸易发展起见，全国对外贸易，应逐渐收归国人经营，金融机关，并应充分供给各种便利，以为后援。中国银行虽经指定为国际汇兑银行，但该行业务，实际上乃分散各方面，与一般商业银行无异。战后政府殊有责令该行逐步放弃其他业务，使其致全力于海外贸易发展事宜之必要。按一般活跃于国际金融市场上之银行，皆为信用昭著，资本雄厚之银行，中国银行若欲切实担任扶助海外贸易之任务，首须在国际金融市场上取得地位，此项条件，自亦必须具备。坚实之信用基础，乃由历史逐渐造成，非顷刻能致，此有待于该行之不断努力。至于资本一项，则该行目前之资本数额，以之担任发展海外贸易之重任，尚嫌薄弱，战后似应适当增加。

其次，关于国内贸易资金之融通，吾人认为最基本之一点在成立一完备之贴现市场。在贴现市场存在之情形下，一般工商业因商品交易而产生之票据，可以向商业银行请求贴现，以收得所需之资金。商业银行在资金不敷时，更可以票据请中央银行再贴现。我国商业银行虽间亦做贴现业务，但为数不多，中央银行因限于资力，对于再贴现之任务，迄未切实担任。结果，一般工商业之资金，经当有极大部分停滞于账面，资金之活动力，遂形减少，国内贸易亦无由推进。战时政府为活泼金融，促进生产事业起见，曾授命四联总处组织贴放委员会，办理四行联合贴放事宜。但在其实际办理之贴放业务中，贴现数字，为数甚微。

我国幅员辽阔，若干种重要物产，皆足以自给，经济生活应尽量采取地域分工之原则，国内贸易之重要性，实应居于对外贸易之上，故战后必须促进国内贸易，使其从速发展。发展之途径，最重要者：一为使呆搁于账面之款项票据化，以增加资金之流动性。关于此点，吾人主张中央准备银行之再贴现利率，应降至普通放款利率以下，以刺激一般商业票据之产生。一为票据贴现机构之充实。战后普通银行，应即放弃其具有投机性质之业务，而对于辅助国内贸易之进展，应多所致力。现有之钱庄，则应在中央准备银行援助下，仿英国之票据经纪及贴现商店之组织，改组为以票据贴现为主要业务之金融机关。担任贴现业务之金融机关，必须有雄厚之资力。我国一般钱庄之资本，过于薄弱，应使之归并为若干规模较大之金融机关，以期能厚集资力，以取信于一般金融界。依照此种计划改组之钱庄，中央准备银行应充分供给以再贴现之便利。

四、结　语

总结以上所述，吾人认为战后银行组织改造之目的在求一般金融之安定，并于金融稳定之条件下以求工农商各业之发展。为达到金融安定之目的，中央准备银行应于战后迅速成立，以便切实推行信用统制之工作。为求战后经济之复苏与发展，中央准备银行应尽量推行国家之经济政策，同时更应促成贴现市场之产生。中国、交通及农民三行应各就其指定之任务，分别发展。各省地方银行由中央银行接收后，其农贷部分，应划归省合作金库办理。钱庄则应改组为英国式贴现商店之组织。同时并应以合并之办法,增厚其资力。商业银行在一国产业发展之初期,向占最重要之地位,我国资本积累,至为薄弱,为加速工业化之进程计,若干地方,不得不藉助于商业银行之资金援助。故战后商业银行,一方面应调节短期资金之供需,另一方面更应组织产业投资公司,以间接之方式,调剂产业所需之长期资金。

一九四二年四月一日

中国经济与贸易

论调整生产问题兼答客难[*]

由于太平洋大战爆发的前后，后方掀起了对于生产问题的争辩。在物质问题迫待解决的今日，这不能不说是一种很好的现象。从这场论战里面，不久或可以得到一些正确的结论和方案出来，以供执掌经济建设者的参考。

目前关于生产问题的争议，大体上有三种意见：第一种主张是生产事业的全面紧缩论。第二种主张是生产事业的全盘扩充论。第三种主张是以加强抗战力量为中心，就后方仅有的人力物力做通盘的筹划，以增减各部门的生产额。生产事业的全盘紧缩论，固有矫枉过正之嫌；而生产事业的全盘扩充论，倘付诸实行，则尤为危险。我们可以举一个浅近的例子。譬如我们仅有的一批工人和一堆铜铁，这批工人利用这堆原料，可以建造一件目前迫切需要的机器。假如我们不这样做，而另将人工和铜铁分出一半去建造一件目前不需要的机器，甚至供做其他享乐消费之用，则行将见两部机器都未造成，而人力物力却已无可补救的消耗掉。从这个粗浅的例子里，就可以看出全盘扩充论的错误和危险。我们之所以主张调整生产和部分的紧缩者，其原因在此。

难者曰：主张调整生产和紧缩者的主要论据是后方的生产以及迫近"充分就业"的边缘，而你们的事实根据究竟在哪里？

这不是一两篇短文所能答复的问题，现在我们仅能略述其梗概。

充分就业为一概括的现象，大体表现在失业之消减，工资之上升，以及边际效率以下之资本及土地的利用上。目前后方失业现象之消减与工资之上升，已成为一普遍之现象。工人之难于招募，在业工人之难于安心工作和管理，已成为目前生产上一绝大问题。此皆无待争辩者，此处所指之失业，乃 Keynes 所谓之非自愿的失业（involuntary unemployment），自愿的失业（voluntary unemployment）当不在讨论之列。资本一词，乃指实物资本而言，非指货币而言。某刊物社论所说："游资充斥市场，哪有无余闲的道理？"完全是对于我们的一种误解。所谓边际效率以下之资本，即过去因无利可图而在闲废状态下之资本工具。就四川一地而言，过去若干年间废弃未用之机器，近

---

[*] 姚曾荫，论调整生产问题兼答客难，载大公报第二版·星期论文，1942年1月18日重庆。

数年来重新取出使用者，不知凡几。最近我们得到一个机会曾参观了若干新兴的工业区。我们不但看到若干在使用中的机器已经陈旧不堪，甚至发现一两部十九世纪末叶所造的机器还在运转之中。各大城市的动力设备，多已利用到最高限度的负荷，重庆、昆明、桂林、长寿以及其他的新兴工业区无不一致的感觉到电力的缺乏。凡此种种，皆是以说明资本工具之充分使用及边际效率以下的资本之利用情形。至于土地一词，凡稍习经济学者，大率可以知道它不仅包括地基本身，而且包括地面上的空气河流和地下的富源在内。我们所说之土地，主要指富源而言。某刊物所说："以后方各省面积之大，荒地之多，如果说连建筑若干厂矿的地基都找不到，恐怕谁都不会相信。"当然也是对于我们的一种误解。目前后方所开发的矿藏，就通常的标准而言，大体皆系在边际效率以下者。过去因不能获利而未经开采者，现已经充分在开发。倘运输恢复战前的状态，并且一般企业处于自由竞争的状态之下，恐怕后方大多数的矿山都有停办的可能。边际效率以下之劳力、土地和资本，既皆被相继使用或开发，则生产事业之已迫近充分就业点，故已无可否认。

　　难者曰：后方原料蕴藏颇富，一部分之机器可以自制，炼钢设备尤待扩充，你们之所谓生产已迫近充分就业点，果作何解释？

　　我们认为这是一个个别的生产要素之充分就业与全国生产部门之充分就业的问题。个别的生产要素之未达到充分就业的状态，无伤于全体生产部门之已达到充分就业的状态。而全体生产部门之已达于充分就业的状态，却不能据以推论个别的生产要素亦应达到充分就业的状态。生产者，劳力、土地及资本三要素密切配合，创造效用之谓。倘三者中之劳力多于土地及资本，或资本多于土地及劳力，或土地多于劳力及资本，则除非技术条件根本改变，三者中之一将表现为有剩余之状态。此种个别生产要素之剩余状态的存在，并不能据以否认生产事业充分就业状态的存在。

　　关于原料的缺乏一点，争辩最多，我们尤须补充说明。一般流行的说法，大多将原料与富源不分，而二者间却存有根本的差异。埋藏于地下者，可谓之富源，而采掘出来并且运到市场上，可供使用者，谓之原料。假如在喜马拉雅山里，有一片丰富的煤矿，我们只能说喜马拉雅山里有一片富源，却不能说那里有丰富的原料。在后方，由于边际以上矿山的缺乏，开采设备的简陋，以及矿工和搬运工人的不足，掘出后运至市场上可供加工制造之原料，大率是不够用的。此亦事实问题，毋须申辩者。

　　以上两点，是一部分舆论界对于我们的主张之比较重要的批评，上面业经逐一答复了。至于一些不相干的批评，例如说中国是一个农业国家，农业国本身便是自足自给的，因而认为提倡自足自给和调整生产者便属杞人忧天。这显然是一种缺乏常识的说法，不必加以反驳。又如某君根据其不见经传的生产分类法（据说生产可以分为消费的生产，再生产的生产和国防的生产三种），对于我们的部分紧缩论，大肆非难。我们认为也没有予以批评的必要。

迫近充分就业点的生产状态，不见得是一种合理的状态。惟因其不合理，所以应该加以调整。在生产迫近充分就业的状态下，不见得个别的生产要素没有剩余，也不见得已经使用的生产要素不能移充他用。惟其因个别的生产要素可以有剩余，已经使用者可以部分的移充他用，所以调整生产才有可能。倘若勉强将后方的生产建设按需要的程度来分类，则可分为与抗战有关的和与抗战无关的两大类。我们所说的调整，即是扩充前者而紧缩后者。当然所谓扩充和紧缩都是相对的说法，须要考虑到个别生产要素的就业情形和各该生产部门的特殊生产情形。

依照我们的看法，今后的生产问题，调整和管理的工作较生产的本身，尤为重要。以掌理工矿建设及资金融通的机关来说，有经济部及其所属机关，兵工署，四国家银行，各省企业公司以及川康建设委员会等等。至于私营的厂矿，则达四五百家之数。这些机关厂矿，大多是不相统属，各自为政的，以致形成今日工矿建设的无政府状态。盱衡全局，我们认为这种无政府的生产状态，实不应长此拖延。譬如已经有了经济部及其所属的机关来统筹后方的经济建设，为什么还要动用国币数千万元再设立川康建设会一类的机关？各省政府经营的工矿事业是否仍应继续其各自为政的局面而不受经济部门的切实监督？四国家银行的投资和放款，数目最为庞大，其对于后方经济各方面的影响尤为深远，是不是应该全部受四联总处的管制？四联总处于审核四行的贷款和投资时，是不是应该与经济部取得更密切的联系？私人投资所经营的事业，在设厂购置原料，雇佣人工和产品的销售上，是不是应该全部受经济部门的严密管理？这些或者都是目前生产建设上最重要的问题。

今后中国经济或将逐步走向计划经济的一条路上去。而调整生产建设或可视为计划经济的发端。关于此点，我们有几点建议，兹谨提出，以供参考。

调整生产首先似应从一切有关生产建设的机关之裁并或严密联系着手。全国性的职权重复的机关应加以淘汰归并，或使之其工作密切配合。以省为单位的机关，则应该接受经济部的管制，使经济部成为名实相符执掌全国工矿建设的最高权力机关。第二步当为一切可能利用的原料，人工和资本设备的调查统计，以及其严密的管理与分配。这应是调整生产方案中最重要的一点，也是实施计划经济的一个基本步骤。第三步应该是从国防的重要性和资源的分布上，将工矿各业做有计划的合理分布，使目前同类工业麇集一地的现象，不再发生。譬如，在内江资中一带，酒精厂的设立，有如雨后春笋，彼此间之争夺原料，已成为当地经济上一严重问题。类此的情形，在其他的地方当然还有。这些问题都不宜事后枝节应付，而应于事前通盘筹划的。调整生产的第四步，应该是彻底统制投资。英国政府在开战后，即对资本市场严加管理，使全国的资金可以逐渐流回政府认为必要的用途上去。德国在战前已经做到了统制投资的一步。在战争开始后，德政府对一般投资的统制，更加严厉。我国政府对于这一点，似未予切实的注意，近数年来，朝野一致的喊"导游资于生产"的口号，这种意见固然不错，不过任私人自由投资而不加干涉，其危害之大，有时不亚于囤积居奇。试问后方仅有的人力物力，若被与抗战无关的建设事业吸收一个很大的部分去，其将会对抗战发生如何不利的影响？囤积居奇的货物，终有脱手之一日，而投放于抗战无关的事业上之人力物力，一旦固定化了以后，再欲将之移充他用，则将大费周章了。在我国目前的情形下，统制投资或是一件不大容易的事体，然而如果我们能不避艰难努力的做去，或不难得到一个圆满的结果。

以上我们提出了调整生产的四点意见，而主要的却可以归着到两点，就是经济建设应有先后缓急之分和一切的人力物力必须集中使用。

太平洋大战爆发后我国经济政策应有的转变*

　　太平洋大战爆发后，无疑的将对我国发生不少的影响，在经济方面，其影响更大。过去我们已在沿海大部分被封锁的状态下，抗战了四年。今后我们要准备着更险恶的局面，我们要准备在完全被封锁的情形下，继续抗战，过去我们在上海、香港、广州等地远道输进，不少的物资，今后从这些地方很难获得供给了。滇缅公路虽然还很通畅，但因泰国屈服，并允许敌军假道，这条物资补给线便随时有被阻断的危险。苏联过去曾援助我国不少的物资，现其本国对德战事延长，物资需用恐亟，今后是否仍能继续输入到我国以往那样多的东西，很难断言。所以今后在物资方面，我们不能再稍存一点依赖外援的心理，我们要朝着全部重要物资自足自给的路上走。现在是我们做通盘筹划的时候了。

　　为着达到重要物资自足自给的目的，在工矿农业的生产政策上以及在财政金融贸易交通等政策的各方面，都要有适当的配合。这些问题，在本文中，我们不能详细的论述，兹仅就其扼要之点，略献刍荛之见。

　　第一我们所要指出的，就是贸易问题。四年以来我国的对外贸易政策，主要的有两点：一为限制进口节省外汇消耗，一为由政府统购统销四类重要出口货，以为对外易货偿债之用，另由政府承购十数种之出口货外汇，以集中外汇资源。最近政府并拟设立贸易部来专司其事。现在情势根本改变了，如上所述，我国的对外贸易通路，除西北国际路线以外，有全部被遮断的危险。进口虽不加限制，而自趋减少，出口虽多方鼓励，亦无由大量输出之可能。所以今后的贸易政策，必须加以根本的检讨。在进口方面，今后我们将要奖励物资输入呢？还是限制进口节省外汇呢？如果我们认为在目前，物资较外汇尤为重要，那末，过去所行的进口统制办法，就应当稍加改变。除了与军需、建设器材、交通器材以及日用必需品无关者外，一切的物资，都不应加限制，准其输入。对于走私输入的重要物资，似亦应不分敌货友货，加以鼓励，而不再加以防阻，因为我们现在所急需的是物资，而不是外汇，更不是钱币，同时平准基金

---

*　姚曾荫，太平洋大战爆发后我国经济政策的转变，大公报第三版，1941年12月15日重庆。

应对后方的进口商充分的供给外汇，以便在可能范围内，将必需品大量的输入到后方来。

今后对外贸易通路逐渐减少了，政府过去所实行的奖励出口物资增产的办法，似乎已没有再继续实行的必要。我国的几种主要出口货，或是国内根本不能利用的，或是在国内仅能消费一部分的，维持其现有生产额，恐怕已会发生供过于求的现象，若再事增产，则不但对于政府及生产者，无所裨益，而且会浪费很多的人力物力。依照我们的看法，出口物资今后不但不应增产，而且还应适应贸易路线的减少而减少，将过去用于出口物资生产方面的人力物力财力分一部分到国内所急需物品的生产方面去。换言之，我们必须调整现有之生产机构，出口物资减产办法，仅是应调整的生产计划中的一部分。

今后国际贸易的重要性，将逐渐减少了，国内贸易在国民经济中的地位将愈发重要。省际间的互通有无亦为增加物资供给之一法。

其次，我们应该讨论的就是物资生产问题。过去经济部对于工矿的建设及生产点，曾经积极的设法，不断的努力，并且有许多成绩表现出来。在这方面，我们只有钦佩。但是我们无须指出，在后方的许多区域里，生产已迫近甚或达到充分就业（Full employment）的边缘。许多地方的工厂，都感到电力不够，煤矿短绌，原料不足，以及技工缺乏的困难，甚或粗工都难以找到。许多工厂因为这些困难而减产，若干厂家且因之而倒闭，不少的生产建设工程，仅仅建筑了一半，因人工物料的缺乏而难以完成。这一切现象都足以说明一点，就是在现有的情形上，后方的生产建设正迫近饱和点。若再事增建新厂或扩充旧有的生产事业，则仅能通过物价上涨的机构，而增减各生产部门的生产额，却不易增加总生产量。政府对于这一点似乎并未予以特别的注意。然而生产建设饱和点的达到，实应悬为掌裹财政及统筹经济建设和设计者的最高指针。

最近政府拟有三年建设计划，且不久将付诸实施。这篇计划书，还没于正式发表，我们不便妄事批评。但据曾经参与设计的人告诉我们，计划的内容是不十分妥洽的。我们认为生产计划最重要的一点，便是对于可能使用的人力资源以及生产工具，作合理的分配，妥当的运用。假如对于这一点没有充分的理解，假如对于后方可能利用的人力资源和生产工具没有一些基本的统计数字，则侈言计划，将扞格难行，且无补实际。

今后的生活问题，与其说是增产问题，毋宁说是调整生产节约消费的问题。政府在最近数年曾竭力提倡节约。这一点是很对的。不但在战时我们须要节约，就是在战争胜利结束后，因为物资的大量消耗，也依然须要节约。但是我们认为节约不应该从金钱上着想，而主要应着眼在人力和物力上。且政府应以身作则，即节约应自政府机关始。现在一方面有许多机关工厂感觉人手不够，而另一方面则若干银行及机关在大事增员。许多建设事业感到物资人工的短缺，而另一方面则有许多不必要的点缀升平的建筑物在大兴土木。这一些都是需要政府用大刀阔斧的手段去调整的。此其一。再者，目前许多工厂早已感到原料电力等来源缺乏，而同时同类的新厂还不断在建设在开幕。我们不清楚这些工厂在原料不敷时何以维持？我们更不清楚何以不将仅有的人力物力去充分支持一些旧厂，而仍建设新厂，让大家对于少数的物料人工争来争去？这也是须要政府注意的。此其二。又，后面仍有许多不必要的生产事业，在糜费国币，继续生产。假如政府能迫令这些厂家停业或改业，似亦不失为节约物力人力，间接增产重要物资的一法。例如，在目前采掘金矿的工作，根本没有必要，大可以饬令停止。最后，电力缺乏为目前后方生产的最大困难之一。今后增加电之供给，当非易事。为了使生产事业得到充分的电力，我们赞成停止供给一般商店及民宅用电的意见。这种意见，如果能付诸实行，则不仅因电力缺乏而减少生产的工厂得以增产，同时且可以缩减一般商店之营业时间，于节约消费当亦有所裨益。

第三个与今后之物资生产消费有关的问题是金融问题。金融问题，主要的有两点：一为外汇问题。现敌军侵占沪租界区域，对于上海的汇市，政府已不必再来维持了，而后方的汇率，根本不大成为问题。所以外汇问题已因远东大战的爆发而得到暂时的解决，其次为物价问题。物价问题牵涉的方面很广，我们仅想叙述两点。其一是吸收通货。目前通货流通量的多寡，姑且不问，但其需要吸收，则无待辞费。吸收通货的方法很多，如增税举债之类，今仅举述在短期中可能奏效者，此即提高国家银行之存款利率是。战时因资本短绌，利率循自然趋势而上升，本为各国通有之现象。利率上升之本身即属调节资本供需之一大助力。然目前国家银行之存款利率仍人为的维持一很低的水准，与自然利率相距甚远，似应适当的提高，对于利率变动之基本趋势，不宜过度阻遏。提高存款利率，对于人民储蓄能力之刺激，当较标语口号之节约宣传更为有效。上次欧战时，英国财政部曾特设一储蓄账，迫令人民储蓄。我国财部似亦可如法仿效，在中央银行设立一特别账户，以较高利率吸收商业银行及一般公众之游散资金。此不但可减轻通货对于物价之压力，解决一部分财政问题，且对于今后的券料问题当亦有所助益。此为吸收后方的法币问题。至于陷区法币，在敌人侵占沪租界区域以后，有大量内流之可能。此不能不预为设法。依我们所见，今后政府对于通货流通所取的态度应根本改变。壅塞在内地的法币，政府应准许其自由流往沦陷区，不加限制；而对于陷区流往内地的法币应稍限其数量。内流法币，在万元以上者，应在输入的关口地方加以封存，转交国家银行做为运钞人之定期存款，而由国家银行优给利息。

其二是银行管理问题。管理银行本甚困难，尤以在金融机关不健全之我国为然。在这方面，我们需待努力的地方很多。近年来许多资本薄弱的小银行相继成立，这些小银行除了吸收存款,并利用物价高涨的机会,做囤货居奇的勾当以外,我们找不出其所以成立之更有力的理由。最近财政部将去年颁行的管理银行暂行办法,加以修正公布,修正后的办法,对于新银行之设立,严加限制,对于利用地位囤货奇居之不法行为,更重申禁例,法良意美。但徒法不足以自行,过去政府曾迭次禁止投机囤货的法令,而若干银行之囤积居奇也如故。去岁政府曾规定商业银行缴存国家银行百分之二十存款准备金的办法,而仅有少数银行遵令缴存,大多数的银行仍逍遥法外。四联总处虽名义上为控制金融的最高机关,而其权限至为狭小,若干重要问题,根本无法过问,为彻底统制金融起见,我们认为政府应扩大四联总处的权限,加强其控制国家银行及商业银行之力量。如此则四联总处直接方面可管制国家银行及商业银行之资金运用,间接方面即可部分的控制物资的使用和消费。

今后物资补给将异常困难。对于仅有的物力,我们不能再浪费了。不仅无谓的耗损可视做浪费,而且将有限的物力用到与抗战无关的事业上去,在目前看来,也与浪费无异。为了减少浪费,和达到重要物资自给的目的,我们在上面曾提到贸易工矿生产及金融等三方面的问题。这些都是很迫切而困难的问题,需要政府雷霆万钧的力量去解决。

战时大后方的贸易平衡*①

一、绪　言

近两年来，国人中主张放弃支持上海黑市，改在后方建立汇市者，颇不乏人。此次中美中英汇兑平准基金协定签字后，平准基金委员会改在渝设立，该会负责人在沪考察时，且屡以放弃维持上海汇市之可能影响，逼询沪市金融界闻人，是平准基金会已开始注重后方的外汇情形，固已昭然若揭。按汇兑之发生，主要由于贸易而来。对于后方之贸易情形如不了解，则以后方为主之外汇政策，自无由确立。故从此种观点来考察后方的贸易平衡，是不无意义的。

后方的贸易可分为两大部分。一系对外贸易，一系对陷区贸易。对外贸易部分包括军需品输入及西北陆路对苏联易货贸易在内。这两部分为关册所不载，且无由估计，但因其对汇市不发生直接的影响，故可剔除不计，以下所述之对外贸易，仅以关册所载者为限。

二、后方的对外贸易

甲　对外贸易数字之修正

吾人曾比较近三年来中国与美国、香港三方面所发表相互间之贸易数字，并分别

---

* 姚曾荫，战时大后方的贸易平衡，金融知识，1942 年第 1 卷第 1 期创刊号·经济论著。

① 本文以一九四〇年底之战争推移情形为根据，将全国各关卡分为后方及陷区两部分。后方各关包括：重庆、万县、长沙、宁波、温州、三都澳、福州、九龙、拱北、梧州、南宁、雷州、北海、龙州、蒙自、思茅及腾越等关及其腹地。

陷区各关包括：秦皇岛、天津、龙口、烟台、威海卫、胶州、宜昌、沙市、岳州、汉口、九江、芜湖、南京、镇江、上海、苏州、杭州、厦门、汕头、广州、江门、三水及琼州等关及其腹地。

此种分割方法，虽与实际情形稍有出入，然本文之目的，在于将一九四〇年底的后方各关及其腹地当做一整个的经济区域来看。在此种意义上，我们的分割法，是可以的。

按照黑市汇率换算为美金，结果发现中国海关所发表自美国、香港输入之洋货值以及自中国输往美国、香港之土货值，与美国及香港所发表输往中国之货值以及自中国输入之货值，均各不相同。计美国所发表自中国输入数值较中国所发表之输美数值为多，美国所发表输往中国之数值较中国所发表之自美输入数值为少。香港所发表之自中国输入以及输至中国之数值，皆较中国所发表者为多。此种差异，愈至晚近而愈甚。中国对其他各国之贸易数值，亦有类似之情形。对于此种差异，吾人有如下之解释，并于计算后方对外贸易时，分别加以修正。

子　进口数值之差异

与中国毗邻各国所发表之对华输出数值较大于中国所发表之自毗邻各国输入数值之原因，一部分由于军需品之入口为中国关册所不载，一部分由于私运入口。除军需品入口部分吾人暂时不计外，其私运入口部分，下文拟加以估计。至于与中国距离较远诸国所发表之输华数值较少于中国所发表者之原因，或系由于途中之运费，兵险水险等费较前突形增加之故。又战时运输困难，彼此之进出口货未能在同一年度内记载，当亦为其一因。由于此两种特殊原因，吾人于核算后方之进口值时，仍以关册所载之数值为准。

丑　出口数值之差异

据美国商务部 Monthly Summary Foreign Commerce 所载，一九三九年自华输入货值为六千一百八十万美元，一九四〇年为九千三百万美元。据中国关册所载，并按市场中美汇率逐月换算，则一九三九年之对美输出数值为二千五百三十万美元，一九四〇年为三千五百五十万美元。美方数字较我国数字超过甚多，计一九三九年超出三千六百五十万美元以上，一九四〇年超出五千七百四十万美元以上。此种差异已超过一般货物运费及进出口关税等所能解释之范围以外。其原因系由于中国出口统计编制方法之不良及战时之特殊情形。以下吾人拟就其关系于后方出口值之部分加以说明及修正。至于与中国接壤各国所发表之自华输入值较大于中国对各该国出口值之原因，一部分当由于走私出口，此项拟于下文另加解说。

吾人于利用中国关册所载出口国币值，并将之换算为金单位或外币以便与进口值或其他各国之自华输入值相比较前，必须予以三点修正。

（一）出口商于运送货物报关出口时，其报关值多较收买价格为小，以期少纳关税。此项出口商少报关之数值，据郑友揆氏之研究，一九三五年约为出口总值百分之十二[①]。

[①] 见郑友揆：一九三五年我国国际贸易平衡值之修正一文，载社会科学杂志，八卷二期。

以下吾人所计算之出口数值,对于商人自由报关出口部分,姑依郑氏之估计数为准,每年分别加以百分之十二。至于政府统销之出口货以及结售外汇出口货,因无少报之弊,故不必另

(二)在汇价跌落之初期,由于出口物价之惰性,致出口物价之上涨程度,不逮汇价之跌落程度。出口商虽按收买价格报关出口,其价已较国外实收额为少。此种差额,在计算出口值时,必须予以修正①。战时中国汇价之下跌,系自一九三八年三月开始。以下吾人以是年三月为基期,以昆明对美汇价指数及出口物价代表后方之汇价及出口物价,分别观察昆明对外汇价之下跌程度及出口物价之上涨程度。

昆明对美汇价指数出口物价指数与美国趸售物价指数之增减率　　　　(%)

年　份	昆明对美汇价指数	昆明出口物价指数	美国趸售物价指数
1938年三月	100	100	100
1938年三月至十二月之平均增减率	+48.8	+30.3	-1.9
1939年平均增减率	+46.3	+40.3	+0.2
1940年平均增减率	+23.8	+27.7	-1.2

注:(1)昆明对美汇率指数乃据昆明申汇行情及上海对美汇率套算而得。
(2)昆明出口物价指数乃据昆明市政府秘书室所编之昆明出口物价指数改算而得。
(3)美国趸售物价指数乃根据 Bureau of Labor Statistics 之指数改算者。

依据上表,从一九三八年三月起至一九四〇年止,美国趸售物价无大增减,而昆明对美汇价及出口物价则涨跌甚剧。一九三八年昆明对美汇价之平均增加率为48.8%,出口物价之增加率为30.3%。前者超过后者18.5%,是为一九三八年三月至十二月后方不结汇出口货值之少载数。一九三九年昆明对美汇价平均增加46.3%,出口物价增加40.3%。后者少于前者6%,是为一九三九年不结汇出口货值之少载数。一九四〇年昆明出口物价之增加率已超过汇价之增加率,故当无少载之弊。

(三)一九三八年四月政府实施二十四类出口货结售外汇办法。是后结售外汇出口国币值与不结售外汇出口货国币值,于折合为关金或外币时,其所应采取之汇率,自各不相同。自一九三八年四月迄一九四〇年年底,政府统制出口外汇,凡经五次改变。此种换算办法,自应与之做相适应之更改。兹分述之。

(甲)一九三八年四月至十二月

一九三八年四月以后,后方各关相继实施二十四类出口货结汇办法,按法定汇价结汇,但后方各关实施此办法之日期不同,故二十四类出口国币值,于折合为关金或外币时,应分别按各该关自实施此办法日期起迄年底止之二十四类出口值,依法定汇率折合。

---

① 见郑友揆:我国近十年来国际贸易平衡之研究一文,载社会科学杂志,六卷四期。

至其余各货出口值以及未实施结汇办法以前之各关出口值，皆应按黑市汇率折算。

（乙）一九三九年一月至六月

自一九三九年一月起应结外汇出口货由二十四类改为十三类。自一九三九年一月至六月底止，十三类结汇出口货国币值，于折合为关金或外币时，应按法定汇率换算，其余各货应按黑市汇率换算。

（丙）一九三九年七月至一九四〇年三月十四日

一九三九年七月政府颁布"出口货物结汇领取汇价差额办法"，结汇银行之挂牌价格为七便士。自是时以后，迄一九四〇年三月十四日止，一切出口货悉按七便士之挂牌价格结售外汇。故在此时期中，后方之一切出口货值皆应按七便士之汇率改算为关金或外币值。

（丁）一九四〇年三月十五日至七月三十一日

一九四〇年三月十五日起，政府复将结汇范围缩小，规定除四类政府统销货物外，结售外汇货物缩减为十四类。在上列时期中，统销货物及结汇货物国币出口值之折算，应依七便士挂牌价格，其余悉按黑市汇价折合。

（戊）一九四〇年八月至十二月

是年八月一日商汇挂牌改为四便士半。是日以后迄年底止之统销货物及结汇货物出口国币值之折合为关金，应依四便士半汇价，其余各货按黑市汇价折算。

乙　修正后之对外贸易值

依据上述之修正及折算方法，吾人计算一九三六年至一九四〇年之后方对外贸易值。其结果如下：

1936—1940 后方对外贸易修正值　　　　　（单位：1000 关金）

	1936	1937	1938	1939	1940
进口值	42 331	56 203	80 644	52 188	97 810
出口值	29 282	47 516	50 721	50 032	31 621

又据吾人估计，抗战前，上海、天津、汉口等埠进口洋货值，约有十分之一之数，系转运后方转售者，一九三六年上海、天津、汉口等埠之进口值为一四九百万关金。以十分之一计应为一千四百九十万关金。一九三七年一月至六月，是三埠之进口值约为一一〇百万关金，以十分之一计，约为一千一百万关金。其后运输阻断，此项转运贸易事实上已陷于停顿状态。即有之，其数量当亦甚微少。至战前后方土货之经上海、天津、汉口等关输出者，因已包括于土货转口贸易内，故不得另计。

倘将上述上海、天津等埠转运后方之进口货值估计数加入前表进口项内，则一九三六年至一九四〇年后方对外贸易之平衡值，当如下表所示：

1936—1940 后方对外贸易平衡值估计　　　　　　　　（单位：1000 关金）

	1936	1937	1938	1939	1940
进口值	57 231	67 203	80 644	52 188	97 810
出口值	29 282	47 516	50 721	50 032	31 621
入超	27 949	19 687	29 922	2 156	66 189

三、后方对陷区的土货贸易

甲　对陷区贸易数字之修正

后方与陷区间之土货贸易，可分为两大部分：一为通商口岸间之贸易，一为非通商口岸间之贸易。口岸间之贸易虽在海关有数字可稽，然其所载贸易数字仅以往来各通商口岸之轮运土货为限，其由民船、铁路、公路及内港轮船运输者，未予列入。据蔡谦氏之调查，在广州与九龙间之进出口贸易，有百分之七七，系由轮船载运，百分之二三，经民船、铁路等输运[①]。吾人可据此以推断后方口岸与陷区口岸间之贸易情形，并以之为估计之根据。但此种估计，仅适用于战前。战事发生后，后方与陷区口岸间之江运，逐渐断绝，而大部土货系经轮船由海上载运者。因此，一九三八年以前后方口岸与陷区口岸间之土货转口贸易数字，应各增百分之二三，一九三八年及其以后之数字，则不必另加。又海关所发表之土货贸易统计，仅载各通商口岸进出口土货之细数及总数，而未载明对其他口岸之贸易细数。故吾人不能据以计算后方与陷区间之贸易值。下表系根据自总税务司署直接获得之资料核算者。

1936—1939 后方与陷区间土货转口贸易值　　　　　　（单位：1000 关金）

	1936	1937	1938	1939
后方对陷区之输出	70 108	63 870	35 321	13 461
后方自陷区之输入	85 873	80 540	52 105	39 652
后方土货贸易入超	15 764	16 670	16 283	26 191

注：（1）原土货转口贸易值系按国币计算，兹按市场汇率折合为关金，以便与洋货进出口值相比较。
　　（2）1936 与 1937 两年之后方自陷区输入及对陷区输出值皆照原值加 23%。

[①] 见蔡谦：粤省对外贸易调查报告，第 17 页。

上表所述之土货转口贸易，虽非后方与陷区间贸易值之全部，但实估其大部，另一部分系不经过通商口岸之土货贸易。据吾人估计，不经过口岸之后方土货输入值，约占其土货输入总值之五分之一。其土货输出值则约占其输往陷区之总值之四分之一。此为战事发生前之情形，战争期中，此项贸易，当已大部陷于停顿状态。

乙　修正后之对陷区贸易值

据此吾人必须对前表所列之战前后方土货输出入数值，分别加以增加，以便求得后方之土货输出入总值。其结果如下：

1936—1939 后方与陷区间土货贸易值估计　　　　（单位：1000 关金）

	1936	1937	1938	1939
后方对陷区之输出	84 100	70 300	35 821	13 461
后方自陷区之输入	100 200	87 300	52 105	39 652
后方土货贸易入超	16 100	17 000	16 283	26 191

四、后方走私输出入之估计

自一九三七年七月起迄一九三八年年底止，由于战线之推移，使大规模走私不易实现。故在此期中，后方之走私输出入，可以忽略。在一九三九年，战争已陷于胶着状态。大规模之走私，于是年上半年业已开始，至下半年更形猖獗。据一般之估计①，一九三九年之后方走私输入额约为一万万元，约合关金一千五百万元。自后方走私输往沦陷区之土货值与走私输入值之比，是年约为二比三。如后者以一千五百万关金计，则前者约为一千万关金。

五、后方对外贸易及对陷区贸易总平衡

吾人于上文曾将后方之对外贸易，对陷区贸易及走私输出入值分别加以核算及估

---

① 据中央调查统计局估计，民国二十九年度每月平均走私数为一千万元（输出入合计），全年约一千二百万元。民国二十八年情形亦相仿。此种估计失之过低。日方特务机关经济部估计民国二十八年全年走私日货约值一万三千万元。此或与事实相近似。

计，现即可据以推算后方贸易之总平衡值。兹将所得之结果，列表如下：

1936—1939 后方贸易总平衡值估计　　　　（单位：1000 关金）

	1936	1937	1938	1939
洋货进口	57 231	67 203	80 644	52 188
陷区土货输入	100 200	87 300	52 105	39 652
走私输入估计	—	—	—	15 000
输入总计	157 431	154 503	132 749	106 840
土货出口	29 282	47 516	50 721	50 032
土货输往陷区	84 100	70 300	35 821	13 461
走私输出估计	—	—	—	10 000
输出总计	113 382	117 816	86 542	73 493
后方贸易入超	44 049	36 687	46 207	33 347

如上表所示，后方之贸易，无论系对外洋抑对陷区，皆系居于长期入超地位。其抵补方式，在战前表现为银货之输往口岸及外流。在战时则方式至为复杂，容当另为文讨论之。

物价生产与流动资金*

——对于产业资金问题的一个新看法

一、引　言

　　自三十年上半年起，后方工矿业的发展进入了一个严重的阶段。假如我们用"危机四伏"一语来形容它，并不为过。抗战最初二三年间产业蓬勃一时的发展机会已经过去了，继之而趋的现象是新设工厂数目的减少和旧有各厂的出租及合并。其能勉强维持，努力挣扎的，也大都缩减再生产的规模，甚至实行所谓"以商养工""以商代工"的办法。这种现象，倘若听任其发展下去，不但工业化远大目标难以实现，即目前的抗战亦将蒙受其害。为什么一般工业界人士有"与其生产，不如囤货"的感想？为什么一般产业已由繁荣而进入萧条的阶段？就过去的历史观察，在战争期间，各国的产业皆欣欣向荣，获利丰厚。倘若目前的中国产业界却一反常态？这些都是值得我们深思熟虑的问题。

二、产业资金问题的性质

　　目前产业界的困扰非只一端，其中最严重而迫切的厥为资金问题。为了解决这个问题，各方面的人士曾提出了不少的意见。如组织证券交易所、长短期资金之合理的运用以及扩大工业贷款等等。但我们认为这些办法都不足以解决产业的基本问题。就组织证券市场来说，如果产业利润不能高于商业利润，如果产业本身不能繁荣，则资金是不会流向证券市场的。就运用资金问题来说，商业设备建筑于短期资金之上，固不甚合乎一般工业会计的理财原则，然此并非后方工业所独有的现象。在第一次世界

---

* 姚曾荫，物价生产与流动资金，金融知识，1942年第2卷第5期。

大战时，德奥等国的产业界亦曾运用短期资金于长期投资方面，然而它们并没有因此而发生困难。① 就扩大工业贷款来说，在各种生产因素已达"充分就业"的今日，是否能发生像一般人想象中的效果，也是很有疑问的。

对于目前产业资金问题的基本性质，我们的看法是和一般人的看法不尽相同的：就个人经济的观点或货币的观点言，目前产业界的困难是资金的问题；但就社会经济的观点言，则此实为一实物资本，尤其是流动资源（Mobile resources or floating capital）的问题。目前的问题不存在资金的有无，而在实物资本的有无。在目前，资金的增加，可能解决单位厂矿或一部分厂的困难，但并不足以解决整个产业界的困难。不然的话，我们仅仅靠几部印钞机器便可以使资金问题根本消减。

我们虽然持上述的观点，但并未否认通货膨胀对于促进生产因而增加流动资源的功效。

一个社会的国民分配额（National dividend）是由川流不息的生产品所构成的。这些生产品一方面在制造和储藏，一方面在消费（消费品）和使用（生产工具和原料）。在消费品的部分里，又可以分为两部分：一部分是劳动者（包括劳力和劳心两种人）消费的，我们把它叫着 A。另一部分是企业家、资本所有者和土地所有者消费的，我们将这部分称着 B。A 的部分就代表社会对于劳动力的总的真实需求额（Aggregate real demand）。假如 X 代表该社会在一定生产期间内所需要的原料的额数，则 A + X 便等于该社会在一定生产期间内所需要的流动资本的额数。流动资本的大小决定该社会的生产所能扩张的程度，但是在社会总生产物中，流动资本的数量并非一成不变，而是具有弹性的。在通常情形下，利率的升降可以使流动资本的供给发生变动。在通货膨胀的情形下，通货的增发也可以使社会生产物增加因而流动资本随着增加。然而生产并不能无限制的增加。在各种生产因素"充分就业"的状态下，通货膨胀对于增加社会流动资本的功效便达到其最高的限度。换言之，通货的增加，在短期内便不能使总生产额增加。② 在"充分就业"的情形下，通货增加虽不能增加总生产量，但仍可以转移生产的方向。譬如，国家银行可以用发行的办法，增加制造生产工具部门的贷款，而紧缩消费品制造部门的贷款。贷款增加，生产工具制造部门所能吸收的流动资源增加，因而这部门的生产增加。然这种办法也具有一定的有效限度。在一般人民的消费减无可减，而由于劳工的缺乏真实工资（real wages）停滞不变甚至增加的时候，则这种转移生产方向的办法，便也失其效用。在这个时候，对于强制人民减少消费一事，通货膨胀已无能为力。③

---

① 见 Bresciani-Turroni, *The Economics of Inflation*.
② 这里所说的短期，并不像一般人想像的那么短，其时间的长度和 Keynes 所说，足以包括一个国家的兴起和衰落。
③ 见 Robertson, D. H, *Banking Policy and the Price Level*, London：P. S. King, 1926。

如上所述，流动资源的数量决定一国生产的数量。流动资源的增减影响生产总额的增减，而资金仅为获得流动资源的一种媒介。我们必须通过货币的遮幕来观察事物的本质，不能为货币的本身所蒙蔽。在战争时期，在对外贸易被封锁的状态下，流动资源的缺乏是无可避免的，我们不能用通货膨胀的方法来掩饰这种缺乏。对于流动资源的需求，最大的一项是战争。为了维护国家的独立，战争的需要是不能减少的。战争对于流动资源的需用增加，则所余以供一般人民消费和生产所需的流动资源必然相对的缩减。产业界必须适应这种流动资源缺乏的事实，必须节约资本的使用，否则便易造成无可弥补的损失。

三、流动资本缺乏之一般的原因

除去因战争而消耗的大量流动资源外，还有其他几种原因，亦足以助成目前流动资本缺乏的严重现象：

甲　各产业部门间发展的不平衡

依据 Prof. Spiethoff 的意见，生产品可以分为四大类：（一）消费品，（二）永久性及半永久性消费品，（三）永久性生产设备及工具，（四）原料。在通货膨胀因而物价上涨的刺激下，这四类物品的生产是不能保持平衡的。其结果是不足和过多同时存在。这四类物品有互相补偿的作用（Complementary goods），所以其一类物品的缺乏，就是表示其他物品的过剩。其情形有类于在一副手套中，遗失了一只，这一只便成为实际缺乏的物品。所剩的一只便无用处，而成为多余的存货（Surplus Stock）。①

在目前的后方，我们从各种事实可以推断生活必需品和原料品的生产是相对的不足的，而某些种类的生产工具和生产设备的制造是相对的过多的。这里所说的生产设备一词，我们采取广义的看法，其中包括农林建设、水利建设、交通建设、工筑建设和其他一切生产建设在内。如上所述，消费品和原料是属于流动资本的。其他两类可以称作固定资本。一般所说的周转资金的缺乏，实际上是流动资源的缺乏。仅仅有固定资本不能生产，除非有适量的原料、劳工和劳工所消费的物品与之配合。资金的不足就是表示劳工和这些种类的物品的不足。

生产方向的转变以及因此种转变而引起的生产构造（Structure of Production）的变

---

① Cf. Gottfried Von Haberler: *Prosperity and Depression*, 1939, p.p. 75, 78. Wesley Clair Mitchell: *Business Cycles: The Problem and its Setting*.

化是目前生产界的一个严重现象。同样的情形，我们也可以在历史上见到。一八四七年英国铁道建设时期的"铁路恐怖"（Railway Crisis）和一九二三至一九二四年德国产业界的严重困难，流动资本和固定资本的比例日趋低减是其最大的原因。[①]

目前中国生产构造的变化，主要系表现在产业之直线式的失调（Vertical maladjustment）和平面的失调（horizontal maladjustment）上面。在经济迅速发展和资本积累迅速增加的情形下，这种失调的现象是难以避免的，虽在苏联计划经济的制度下亦难有例外。[②] 所以我们对于目前的情形并无惊异之感。

乙 就业数额和生产时间的增加

例如在生产过程中，所使用的原料、劳动力和机械力（rate of the in-put of the product）是按照等差级数增加的，同时生产因素的使用强度（intensity of the employment of the factors of production）是一定的，则一国所需的流动资本的数量，可以用下面一个公式表示出来[③]：

流动资本 = 生产因素的就业数量 × 1/2 生产时间 × 生产因素的所得率

在生产因素的使用数量、生产时间和生产的因素的所得率三者之中，任何一项发生变化皆足以使所需的流动资本的数量发生变化。在通货膨胀的影响下，生产因素的就业数目的增加是没有疑问的。生产时间包括从开始制造到生产品归于消费者手中的一段时间。战时由于制造时间的延长（more round about process of production）、运输的不便以及囤积期间的加长，生产时间的增加也是无可置疑的。至于生产因素的收入率，则在各种生产因素间颇不一致。货币工资虽然增加，但真实工资却已降低。土地所有者以及土地所生产的原料谷类的所有者间之实际收入的状况，不尽一样：一部分在增加、一部分减少了。货币资本的所有者的实际收入，由于物价上涨率超过利率的增加率，不但减少而且成为负数，企业家的利润的增减情形，在各部门间不甚一致，在各个时期也有差异；但就工矿各部门的平均利润率来看，则自二十九年以降，是在逐渐减少中。由于实际工资在国民所得中占最大的部分，而这一部分的实际所得却大大的减少了，所以假如说各种生产因素的平均真实收入率较过去减少，或无甚差误。

生产因素的平均真实收入率虽较战前减少，但由于战时生产设备及劳工的大量内移，生产事业的积极扩张，我们可据以推断生产事业对于流动资本的总需求额实际较

[①] Cf. Cleaveland-Stevens, Edward. *English Railways: Their Development and Their Relation to the State*, 1915, Ch. XII; Turroni Op. cit. Ch. X。

[②] Cf. Prof. Ropke: *Crisis and Cycles*, 1936; *Socialism, Planning and the Business Cycle*, Journal of Political Ecomomy, June 1936; R. F. Harrod: *Trade Cycle*, 1936, p. p. 165 – 166, passim.

[③] Keynes: *A Treaties on Money*, Vol. II. p. p. 117 – 118.

战前增加。但后方可供生产事业使用的流动资本却未能同比例的增加，甚或相反的较战前减少。

丙　资本的消费（capital consumption disinvestment）

资本的消费系指以固定资本的折旧准备及企业为再生产所需保留的流动资金用于消费而言。根据产业界的书面报告及口头陈述，我们可以知道后方一般企业的固定资产折旧准备仍然是按原价提存，并未随一般物价的增加而增加。同时在生产品售出后，代表原料及劳动力的需求的流动资金也未将随物价的高涨应增加的部分全部保留。大部分的账面盈余皆以分配红利的方法而统统的消费掉。所以社会的投资总额虽然随通货膨胀而增加，但在另一方面也随原有资本不断的消费而减少。自战争发生以来，后方所投资的最大部分是由于因通货膨胀而发生的"强制储蓄"（"forced Saving" or in Robertson's terminology, "automatic lacking"）所构成的。这种由大部分人民的被动的节约所造成的资本，结果被企业家以逐渐消费的方式加以摧毁。所以资本的消费不仅是企业本身的损失，也是一种社会的损失。

丁　过分利得税对于资本的侵蚀作用

在一个经济高度发展的社会里，工矿等业的投资代表其财富的最大部分。所以在战争时间，由于资本的短绌，此等国家的政府便用重税的办法，使从工矿等业中"取出的资本"（taking out）多于"投入的资本"（putting in）。换言之，它们以重税的办法使生产设备的应有折旧准备率减低，同时转移这部分资金化的资本供作战的需要。但是在采用这种办法以前，必须顾虑到两个条件：第一，如前所述，工矿等业的资本设备在社会投资总额中，必须占一最重要的部分。第二，政府以重税方法所抽取的资金，仅仅是固定资本的一部分折旧准备，而不能侵及供再生产用途的流动资本。除非某种企业不适合于战争的需要，则政府应避免对该种企业的流动资本竭泽而渔。

在我国工矿等业资产的总价值远较土地的总价值为小。而且在现行的直接税税率之下，工矿等业的流动资本势将日趋涸竭（详本文第五节）。

戊　工资率增加对于流动资本的影响

在通货膨胀的过程中，真实工资是不断的减低的。此种真实工资的降低对于工业有促进的功效。因为劳动者所能购买的消费品逐渐减少，所以此时全社会的流动资源，如果其他条件不变，是相对的充裕的。随着就业的增加，劳工团体对于雇主的议价力（bargaining power）也逐渐增强。此时真实工资将由逐渐减少而停滞不变，进而或速或缓的增加。真实工资增加，就业人数增加因而劳动者对于消费品的总需求额不断加大。但社会生产中所能供劳动者消费的却不能同比例的增加，甚至因生产构造的改变而较前减少。因此流动资本缺乏的现象日趋严重，而企业家亦将感到成本增重的困难。Brescian，Turroni 曾用此种理论解释一九二三至一九二四年德国流动资本缺乏的情形。吴大荣先生似亦用同一的道理来解释目前后方的工业生产问题。据氏言："工资的上涨超过制造品价格的上涨"，因此"工业生产必将减退"。① 但我们迄未能找出适当的统计资料以为此说的佐证。据我们所见到关于重庆工资及物价指数的材料，加以计算的结果，二十九年六月至三十二年二月内地制造品价格指数与产业工人实际收入（包括工资、津贴、奖金及其他收入之实得总额）指数的比率，有如下表：

二十九年六月至三十二年二月重庆内地制造品价格指数与产业工人实际收入指数比率

（基期：二十九年六月）

	时　　期	制造品价格指数与工人收入指数比率
	六月	一〇〇.〇
	七月	——
	八月	——
二十九年	九月	九九.七
	十月	九八.七
	十一月	一〇六.七
	十二月	一二〇.〇
	一月	一〇一.一
	二月	一〇〇.〇
	三月	八六.九
	四月	八四.一
	五月	七五.三
三十年	六月	八四.五
	七月	八七.三
	八月	九一.六
	九月	一〇四.二
	十月	一〇八.三
	十一月	一一二.四
	十二月	一二四.二

---

① 见《物价继涨中价格关系与生产与生产方向的转变及其补救》一文，当代评论，第三卷四期。

续　表

时　　期		制造品价格指数与工人收入指数比率
三十一年	一月	一二九·三
	二月	一一九·七
	三月	一三五·一
	四月	一五〇·五
	五月	一〇八·一
	六月	一二九·一
	七月	一一九·四
	八月	一一二·五
	九月	一二五·〇
	十月	一三六·七
	十一月	一三六·六
	十二月	一五五·八
三十二年	一月	一四三·九
	二月	一五〇·二

在上表内，我们假定制造品的单位是同一的（homogenerous），同时产业工人的劳动力的单位也是同一的。这类抽象的概念不致影响到理论的本身。在上表内我们又假定在二十九年六月一〇〇单位的制造品可以交换一〇〇单位的劳动力。此交换率在二十九年底增至一二〇，三十年十二月增至一二四·二，三十一年十二月增至一五五·八，三十二年二月为一五〇·二。这就是表示，在二十九年六月以后，产业工人实际收入增加的程度仍落在内地制造品价格的后面。这是就总括的及平均的情形来说，各个产业部门的情形在程度上不尽一致。以二者的交换比例言，内地制造品显然处于一种逐渐增强的有力地位，企业家的利润并未受到工资上涨的威胁，所以我们不能用工资率增加以及产业工人实际收入的增加的现象来解释后方工业生产的一般衰微情形。

虽然在表面上工资率和产业工人的实际收入的增加率并未影响工业生产以及流动资本，可是如果将效率的因素计算在内，亦即考虑到"效率工资"（Efficiency Wages）的问题，则情形或有不同。在目前工厂的管理已成为一严重的问题，工人的工作效率显然日趋低减。以同等的时间生产不出和过去同质同量的物品。效率的减低直接影响到在一定生产期间内企业的生产总值，间接即影响到企业的利润。但各个产业部门从制造品价格上涨超过实际工资上涨方面所获得的利益与从工人工作效率减低中受到的损失相较,究竟以何项为大,我们未找到适当的统计资料,还不能加以确切的说明。

四、流动资本缺乏之特殊的原因

以二十九年年中为起点,后方若干种类物品的相对价格发生一种显著的变化。在这个时期以前,农产品价格的上涨率落在工业品价格的后面。可是自二十九年六月起,农产品价格的上涨率,不但追及而且超过工业品价格的上涨率。这种相对价格关系的改变情形,有如下表所示:

二十九年六月至三十二年二月重庆与桂林两市内地制造品与农产品净物物交易率指数

（基期：二十九年六月）

时 期		重 庆	桂 林
二十九年	六月	一〇〇.〇	一〇〇.〇
	七月	——	一〇五.五
	八月	——	一〇五.二
	九月	八〇.〇	一一〇.〇
	十月	八〇.〇	九八.一
	十一月	七四.八	九七.六
	十二月	六八.六	一〇三.四
三十年	一月	七四.四	一〇六.二
	二月	七五.八	一〇八.九
	三月	七六.三	一〇六.一
	四月	七六.九	九八.四
	五月	六九.四	八二.八
	六月	七五.四	八五.一
	七月	七一.四	一一一.一
	八月	七〇.九	八五.一
	九月	七二.一	七五.一
	十月	七七.一	八二.四
	十一月	七〇.八	九一.二
	十二月	七三.八	九三.六

续 表

时　　期		重　庆	桂　林
三十一年	一月	七六·一	八四·八
	二月	七三·〇	八五·三
	三月	七三·九	八〇·四
	四月	七一·六	八三·二
	五月	七二·八	七九·二
	六月	九〇·三	八二·〇
	七月	八〇·九	八二·四
	八月	八六·五	八一·六
	九月	──	九一·一
	十月	七八·三	八八·二
	十一月	八一·〇	九二·九
	十二月	八六·七	一〇九·五
三十二年	一月	八一·一	九三·五
	二月	八六·八	九一·三

　　在上列两地中，重庆区的制造品的种类和产量皆超过桂林区，所以重庆区较具代表性。根据上面我们所编制的一个简单的统计表来看，在二十九年六月以后，内地制造品对于农产品的净物物交易率是处于一种极端不利的地位。假定在二十九年六月重庆每百单位制造品可以交换一百单位的农产品，则在是年年底的交换率降至 68.6，在三十年十二月为 73.8，在三十一年下半年及三十二年年初，交易比率虽然稍有改变，然制造品价格与二十九年六月以前相较，很显然的仍是处于一种非常不利的地位。

　　何以二十九年六月以后工农产品的相对价格关系发生如此显著的变化？这一点我们不能不归因于二十九年及期以后各年的农业歉收。农产增减势必影响其价格的涨落；但农产增减对于其价格的影响程度则受农产品需求弹性的决定。农产品的种类不一，各种产品的需求弹性亦不同，所以产量对于各类农产品价格的影响不能一致。在一九一四年以前之二十年间，世界市场对于米谷、小麦、棉花等十二种主要农产品的平均需求弹性约为 0.6。[①] 在战时的中国后方，当远低于此数（约在 0.2 以下）。在二十九年度，四川、云南、贵州、广西、湖南及陕西等六省区的稻谷产量较二十年至二十六年之平均产量约减少 11.2%[②]。假定在二十九年度此六省区市场对于稻谷的平均需求弹

---

① Cf. J H. Kirk, *Agriculture and the Trade Cycle*, 1933, p.p. 177, 253.
② 根据《中央经济统计》，二卷七期，表二十六。

性为0.15，则此六省稻谷价格受产量减少影响之平均上涨率约为75%。①

若干种农产品为工业的主要原料，同时稻谷、小麦为工人生活必需品，其价格的变动会或多或少影响工资的变动，所以农产品价格的涨落会影响工业的成本。各种工业需要农产原料及食粮的数量不同，所受农产品价格变动的影响程度亦因此而异。根据 Prof. Mitchell 的估计，在一九〇〇年美国工业用原料中，约有四分之三来自农业；②又据 H. L. Moore 的估计，则在80%以上。③ 在我国，农产原料占工业用原料总额中之成数，或与一九〇〇年左右美国的数字相接近。假如此种推断为不缪，则就整个工业而言，农产品价格的变动对于工业成本当有极大的影响。

农产品价格的变动，直接影响工业成本，间接即影响工业所需流动资金的数额。在另一方面，农产品占后方流动资源中之最大的部分，所以农产丰歉直接影响流动资源的增减，间接即影响后方新投资额的可能限度。④ Prof. Hansen 说："农业是工商业的脚下球"（"Agriculture is the football of business"）⑤。这句话显然是指经济高度发展的国家说的。就目前中国的情形而言，工业生产及新投资率显然要受农产品产量与价格的双重影响。在农产丰收之年，工业生产及投资皆可增加，歉收则二者势必减少。民国二十七八年间后方工业的蓬勃发展，固然是由于政府的奖助，然主要系受是两年间农产丰收因而工业品与农产品净物物交易率增加之赐。否则后方的经济建设绝难有今日的规模。除非将来中国能由农业国进展为一工业国家，则此种农业对于工业的支配力量，不会改变。

以上所述，主要系根据 D. H. Robertson（*Banking Policy and the Price Level*，1926），Prof. Pigou（*Industrial Fluctuations*，1927），B. Ohlin（*The Cause and Phases of the World Economic Depression*，Geneva 1931），V. P. Timoshenko（*The Role of Agricultural Fluctuations in the Business Cycle*，1930；*World Agriculture and the Depression*，1933），L. H. Bean（*Agriculture and the Nations Business*，*Journal of Farm Economics*，July 1927）诸家的学说。其中尤以 Timoshenko 的分析，最值得受我们的推崇。这种理论，在经济史上，不难找到证据。在一八五二至一九一八的六十余年间，英国的食粮价值的变动与失业率的增减有密切的关系（Pigou：Op, Cit. PP. 32-33）。在一八八〇年至一九三〇年间，美国的农产品价格的涨落为影响工商业盛衰的最重要因素之一（Timoshenko, Op, Cit.）。一八四七年英国的"铁路恐慌"是由农产歉收促成的（Cleaveland-

---

① 由于囤积、运输不便及其他原因使农产品产量减少的成数不等于其市场供给量的减少成数。在战时，后者略多于前者，上列数字仅就产量减少的影响而言，并未将人为的供给减少因素计算在内。
② Cf. *Business Cycles*，1915，pp. 462.
③ 见 *Ecomomic Cycles：Their Law and Cause*，1914。
④ Cf. Kirk, Op. Cit. pp. 195-206.
⑤ 见 *The Business Cycles and Agriculture*，*Journal of Farm Economics*，1932，p. 62.

Stevens. Op. Cit. P. 162)。一八七二、一八七三、一八八二及一八八五诸年英国钢铁产量的激增则是一八七〇、一八七一、一八七九、一八八〇及一八八四诸年农产丰收的结果。[1] 而一九三〇年至一九三二年我国后方工农业的生产状况也是为上述理论的一个重要的证明。

五、结　论

关于产业流动资本缺乏问题的基本认识及其原因所在，已如上述。兹拟进一步试论与补救办法：

第一，就每年所能获得的流动资源作合理的运用。如果对目前后方每年所能生产的流动资源的数量与其需求数量作一适当的估计，我们不难发现二者是不相等的。流动资源的需要量还大于其供给量，因而形成流动资本缺乏的现象。产业界必须适应此种资本缺乏的事实，因而不能不节约资本的使用。

这里所说的资本的节约（Economy of Capital），在战争的情形下，应该是指以最少的资本获得最大的效果而言。Keynes 认为假如一切资源、原料、劳工及生产设备皆由政府统制，则资本节约的问题，便不存在。其实，并不尽然。譬如制造机器以代替人工可以减低生产成本，在通常情形下，当然是有利的。但假定一部机器可以代替十个单位的劳动力，又假定从原料的生产以至机器的完成，需要一百单位的劳动力，则这部机器须在十年以后方能获得节省劳动力的效果。如果战争期间不会延长十年之久，则在战争时期，这部机器的制造便近于一种浪费，不但机器的制造是如此，其他一切的生产建设，假如其在战争期间所能节省的劳动力不足以抵补其所消耗的劳动力的话，皆是如此。[2]

假如资本缺乏的程度大于劳动力缺乏的程度，则社会的生产必须转移于需要资本较少的方面。如是则一定数量的资本的供给可以支持生产至最大的限度。不但私营企业必须节约资本的使用，国营事业亦应如此。一方面实行资本的节约，同时在另一方面必须调整现有的生产构造，以便各产业部门能互相配合，平均发展。

第二，减少囤积的需求，以减少生产时间，因而减少流动资本的需求。

第三，历行合理的成本会计制度，以减少资本的消费。

以上两项为自明的事实，毋待详述。

---

[1] 见 *Contemporary Review*, Aug. 1909, p.p. 177, 178.
[2] Cf. Gustav Cassel, *Shortage of Capital*, □□□□, *The Banker*, Oct. 1940; *The Economy of Capital*, *The Banker*, Oct. 1939.

第四，增加田赋的税率，改订过分利得税税率，以平均租税的负担。在我国，工矿业的资本积累极为薄弱，在国富总额中，土地的价值占最大的部分。① 所以国家的租税政策似应以田赋为重心，而对于重要的工矿业则应轻赋薄敛，以资奖励。目前政府所采取的租税显然不尽适合此种要求。在现行所得税及过分利得税税制之下，政府不但对于工矿业的收益课税而且侵及税本。结果工矿业之固定资本及流动资本之实情皆因直接税之缴纳而削减。同时在另一方面，土地的租税负担则较工矿业为轻。如以川省巴县、成都等十七县田赋之实际负担为例，则三十年度较二十八年度平均减少31%。② 三十一年度三十二年度川省田赋负担虽较三十年度增加，但其远比工矿业之税负为轻，且决不至侵及税本，则可断言，因此今后的租税政策须予改变，田赋的税率应予增加，过分利得税税率予以降低，使不致有倚重倚轻之弊。

最后，亦为最重要之一点，为改变工农产品的相对价格关系。如上所述，自二十九年中期以后制造品价格的上涨率低于农产品价格的上涨率为目前工矿业衰沉的基本原因之一。所以相对的提高制造品的价格并相对的抑低农产品的价格应为今后物价政策的重心。有人认为减缓一般物价上涨率可以打破生产的关口并有利于生产。这种见解是不正确的。依照我们的见解，在目前工农产品的相对价格关系下，无论一般物价的上涨率增加或减缓以至物价安定，对于工矿业皆属不利。或者会有人以为相对的压低农产品价格虽然可以鼓励工业生产，亦能减少农业的生产。这种见解也是不正确的。农产的丰歉主要的是"自然的恩惠"（"Bounty of nature"）和"自然的吝啬"（"Niggardliness of Nature"）的结果，人力所能左右的程度较微。此种情形，尤以中国为然。在物价变动的情形下，增产既不容易，减产亦非农民所愿为。何以物价上涨不能刺激农业增产，这是由于（一）天气的变化非人力所能左右，（二）收获渐减及成本递增的作用，（三）剩余劳动力的减少和劳动力的供给逐渐失去弹性，和（四）若干农产品的孕育期很长，在短期内很难变更其产量的缘故。在另一方面，农民的生产物的一大部分系留给自己消费的。虽然农产品价格降低，而农民决不能因此而减少其消费，因此也不会减少其产品数量。为维持其固有的生活水准，农民不能不保持其固有的生产规模。③

以上所述农业生产对于物价的反应，系就农业生产的全体而言。各别的作物则可以因各种作物间的相对价格的变动而增减其种植面积，如本年陕西省棉花种植面积的减少和小麦种植面积的增加，即其一例。

---

① 据民国二十二年"申报年鉴"的数据，一九三二年的国富总额为106,352百万元，土地的总值为87,037百万元，约占国富总额82%，后方的土地的总值占后方财富总额之成数或与上列百分数相差不远。

② 民国二十八年之田赋实际负担较此前无大变动，上引数字见彭雨新、陈有三及陈思德合著《川省田赋征实负担之研究》一书。

③ Cf. Harrod, Op. Cit; Kirk, Op. Cit. Ch II.

目前我们维持工业生产所采取的办法，是以工资为主。在现在的经济情况下，采取这种办法，恐不能根本解除工业界的困难。因为工资的增加率超过物价的上涨率，消费品的需求大增，因而流动资源之可供工业利用者日趋减少，这是当前工业生产主要的困难。要是这一局面不能挽回，徒然增加工资，自非根本救治之道。[①]

一九四三年八月二十二日

---

① Cf. Turroni, Op. Cit. Ch. 10.

战后的世界经济与中国经济[*]

一、引　言

此次世界战争，少则两三年多则十数年才能结束。待战事终止，和平会议召开之时，世界经济问题，应为议事主题之一。中国为联合国家之一员，必须参加战后世界经济的改造工作，因而对于此种问题，不能不发表自己的意见。然在未来的大会席上，我国代表将提出何种关于中国与世界经济的具体意见，以及如何依据此项意见做种种外交上的折冲，此时实不能不预为计议，妥善筹划。战后我国经济上的百年基业，将受该项会议的绝大影响。如吾人于事前对此项问题一无准备，则其危害将不减于对战事之无准备。上次欧战以后的凡尔赛会议，由于事前各国政府未能为充分的考虑及大多数参加会议者的短视，致多数决议案，不但在经济上无法实施，且流弊丛生，成为此次大战的祸根之一。此种历史的教训，吾人必须接受，并引为鉴戒。

二、英美人士对于战后世界自由经济之企求

战后中国的对外经济关系若何？应沿袭百年来被动的门户开放政策？抑或应改弦更张？取舍之间，关系甚巨。然在讨论此问题之前，吾人首先应明了其他同盟国人士关于战后世界经济秩序的看法如何。盖中国不能孤立，必须参加世界经济的机体。英美诸国关于改造战后世界经济的具体计划，虽未见透露，然综合报章函电所传之片段消息，亦足以使吾人获得一概括的印象。

去年一月间罗斯福总统致国会的咨文中，曾提出建立战后新世界的四大自由原则。五月间英外相艾登氏的演说，曾提出关于战后稳定币制及调整贸易的意见。九月间在

---

[*] 姚曾荫，战后的世界经济与中国经济，金融知识第二卷第一期1941年1月。

伦敦召开之第二届同盟国会议，对于战后经济问题，曾商定一广泛的基础。是后与同年十一月间罗斯福总统在国际劳工大会的演说，美海长诺克斯氏与休战纪念日的演说，以及本年五月间美副总统华莱士的演说，六月间美副国务卿威尔斯的演说，均曾讨论到战后世界经济问题。此外，捷克总统贝奈斯氏，于本年一月号的《外交季刊》上，亦曾发表其对于战后改革欧洲政治经济问题的主张。然在同盟国人士所发表关于战后世界经济问题的文献中，最值得吾人注意者，当推去岁八月十四日罗斯福总统与丘吉尔首相共同宣布而为全体同盟国家所采之大西洋宪章，去年五月十八日及本年七月二十三日赫尔国务卿的两次播讲，及本年七月二十三日艾登外相的演辞。

总括英美朝野人士的意见，吾人可将其归纳为以下四点：（一）过度的经济国家主义将不许再现，国际间的商务关系，应以不歧视为准。（二）世界各国，无论大小，无论胜败，对于原料之取得，俱应享受平等待遇。（三）废止汇兑统制办法，俾使一国的货币，可依据一定的汇率，自由兑换，资本可以自由流通。（四）促进世界各国在经济方面的全面合作。

从以上四点中，以及其他若干英美朝野人士的意见中，吾人不难窥出英美人士仍在憧憬经济自由，企图恢复或部分恢复一九一四年以前的世界经济局面。一九一四年以前的四十年间，世界经济曾呈空间发展之势，各国在经济上的联系，达到前所未有的程度。而致此之因，主要者有二：一为国际贸易比较自由：领土虽为各个国家所有，但领土上所出产的商品，则业已国际化。各国政府对于贸易的限制，只限于关税及其他租税方面，而此种限制比较轻微。同时世界市场对于，商品原料的需求，尚未达饱和点，因为各国的生产机构，得以继续扩张。一为国际金本位制度的建立，各国间的汇率比较稳定，因而货物及资本的移动，获得莫大的便利。但在一九一四年以后，此种局面，根本改观。大规模的企业兴起，以及国际卡特尔的组织，已使过去的自由竞争、自由贸易，变为独占式的竞争和独占式的贸易。不仅工业竞争的性质改变，工业大规模扩充的可能性亦已逐渐消失。世界殖民地已分割殆尽，所谓"国际边疆"（international frontier），业已泯然无存。同时由于经济国家主义的普遍采行，若干国政府对于私人经济活动的统制，变本加厉。凡此种种，皆足以使过去赖以调整和维系国际经济关系的国际贸易及资本移动，遭受极大的限制。贸易障碍（trade barriers）与时俱增，世界贸易的数值与数量，日趋缩减。自由贸易发祥地的英国，亦且于一九三二年华太瓦会议以后改采帝国优先政策。在另一方面，一九二九年英国所恢复的金本位，在短短的六年间即又告废止，其后若干国家，相继仿行，管理通货汇兑统制等货币国家主义（Monetary Nationalism）的政策代之而起。经济自由主义（Economic Liberalism）在国际间的两大支柱——自由贸易与国际金本位制度既先后崩溃，经济自由主义的本身，亦已成为历史的陈记，只可供后人的凭吊而已。

三、世界经济形势之演变及其趋向

甲 经济国家主义之形成

欲了解今日的世界，吾人须回溯以往的历史。十七世纪以来的世界近代史，吾人可将其划分三个时期：（近代史的中心在欧洲，故以下的叙述，以欧洲为主。）自一六六一年法王路易十四时代起至一八一五年维也纳会议止，可划分为第一期。自一八一五年至一九一九年凡尔赛会议止为第二期。一九一九年以迄现在为第三期。在前两期内，世界大局的主潮在政治方面。在后一期内，世界的基本问题，已由政治转变到经济方面。路易十四到拿破仑时代，以法国为中心的欧洲，战事频仍，各国疆土，咸遭蹂躏，致使欧洲其他强国，发生一种共同的要求，即集体安全。这种要求，在一八一五年的维也纳会议席上，以"势力均衡"的办法维持了欧洲各大强国若干年的和平，但由于疆土的重分配，却造成了若干民族间的不平等。其结果，各被分裂的民族，群起反抗，并提出了民族国家（National State）的呼吁。这种呼吁，最后在一九一九年的巴黎和会上，以威尔逊所提出的民族自决原则为基础的疆界划分，使若干民族国家得到了暂时的满足。

民族自决原则的采行，固然餍足了一部分民族在政治上渴望统一的心理，却未能使各民族在经济上享受平等的待遇。因此在战后时期，纠纷迭起，不平之鸣，日甚一日。第一次世界大战以后经济国家主义的蓬勃发展，以此为其出发点。一九三九年所发生的世界战争，亦以此为其基本原因之一。在战后的世界中，如果各民族间的经济不平等现象，不设法改善，则世界的永久和平，永无倖至之望。

但如何才能各民族间经济上的不平等？一部分英美人士欲在战后建立一个在经济上比较自由的世界，使一切国家在自由贸易、资本自由移动及汇率稳定的环境中，以和平竞争的方法谋得物质生活的满足。倘各国的经济问题能于此种政策下获得解决，自属理想；但吾人恐其将窒碍难行。

第一次世界大战以后，威尔逊总统在其有名的《十四点原则》演说中，亦曾以撤除各国间的经济障碍及贸易待遇一律平等的经济自由主义理想相号召。此种号召，在国际间得到很好的反响，并经所有战胜战败及中立国政治家的一致赞成。但在实际起草国际盟约时，所谓撤除各国间经济障碍的理想，根本未加考虑，即贸易平等待遇的建议，亦证明为一种奢望。一九二零年的布鲁舍尔国际金融会议，对于恢复战前自由贸易、稳定各国间的汇率及国际经济合作，亦曾有若干规定。少数弱小国家的财政及币制，虽因获得国际的协助而改善；但世界的贸易状况，却并未好转。其后一九二二年的热那亚会议，一九二七年的日内瓦世界经济会议，以及一九三三年的伦敦经济会议，皆以货币稳定及减少贸易障碍为主要议题。参加会议的专家，并曾提出关税休战（Tariff truce）及经济军缩（Economic disarmament）的主张。然言者谆谆，听者藐藐，不但各国间的经济障碍未见减少，且关税壁垒迭见增加，新的更有效的贸易限制方法，相继采行，世界贸易及金融机构，已有整个瓦解之势。

乙 恢复世界经济自由主义之无望

何以一九一八年以来的历次世界经济会议，在重建世界经济秩序方面皆归失败？何以在一九一四年以前推行尽力的经济自由主义而不为一九一四年以后的各国所采用？在此次世界战争以后二十余年来的世界经济战争可否获得一和解之道？国际间的自由经济可否重新恢复？对于前两项问题，吾人愿提出下列的解释：第一，实行经济自由主义的首要条件在国际间的真正和平。一九一八年以后的和平，并非真正的和平，不过是两次大战期间的喘息阶段而已。国际间的经济自由，纵能使各国获得繁荣及较高的生活水准，但不能使各国获得安全。而依各个国家的需要观之，则安全较反让更为重要。因此在第一次大战以后，各国多从事于经济上的自足自给。虽号称经济自由主义重镇的英国，亦且不免在一九二零年以后即治理与保护锁钥工业，以谋应付未来的战争。

第二，落后国家的工业化，使工业产品的贸易范围日趋缩减。在极端贸易自由的情形下，经济落后国家的工业，殆无发展之望，工业国与农业国间的国际分工，亦将成为固定不变的现象。此种状况，虽有助于世界的繁荣，但与农业国家的基本利益却相背驰。上次大战时期，由于国际贸易的停顿，使若干经济落后国家的工业，获得一定发展的机会。战后此等国家为保护其新兴的工业起见，群趋于高筑关税壁垒的一途。

最后，吾人认为最重要的一点，在经济自由主义既不能使各国获得政治上的安全，尤不能使各国获得经济上的稳定。经济自由主义在十九世纪固为促进经济发展及普遍繁荣的一大推动力；但在二十世纪的今日，则已逐渐转变为经济发展的桎梏。在自由经济制度下，吾人所见者，一方面有生产过剩及大量生产品的；另一方面，有消费者不足和极多的人口在饥饿线上挣扎毁灭。生产力的扩张程度，已超过在自由经济组织下消费的增加程度，因而造成恐慌混乱及畸形发展，并引起各国内部的不安和国际间的倾轧。一九二九年以来的世界经济情势，已将此种缺陷，暴露无疑。

此次战争以后的国际局面如何：永久的和平可否获致？具有广泛性的经济恐慌可否避免？国际经济自由主义的能否实行，完全系于此两大问题能够解决。吾人认为永久的和平仅为一种政治的理想,在理想政治与实际政治的之间,永隔划着一个很远的距离。倘为此次战争将为世界史上最后的一战,则吾人不敢存此奢望。至于经济恐慌实为近代经济制度下的产物,如果经济制度不加以根本改革,则"经济寒风"之来袭,仍将无可逃免。如吾人以上推断为不谬,则经济自由主义亦恰如世界永久和平的理想一样的渺茫。

丙　战后世界经济之出路应为新计划经济

从历史的大势观察,吾人不相信战后的世界经济机构将在经济国家主义与经济自由主义之间选择其一。经济自由主义经各国放弃,虽英美等国,亦在其列。战后各国的经济体制,毋宁是在各国政府对其本国的经济生活行偶然的干涉或实施有计划的统制之间,加以选择。无论各国政府在其本国的国民经济中所占的经济地位轻重若何,过去私人企业在经济上的广泛自由权利,将逐步减少。十九世纪的政府在经济上大体是消极的无为而治。但在今后的世界中,政府在经济上不但应有所作为,而且应有经济的作为。私人经济的垄断与剥削,将不能再事容忍。以追求私人盈利为中心的经济体制,应逐渐代之以谋求全体人民福利为目的的经济体制。各个国家且应推行广泛的有计划的经济政策与社会政策,以改善各国内部财富分配的不均。如此,方能使各国的内部得到安定。各国内部的安定,当有裨于国际间的和平。

如上所述,在各国内部,吾人主张应以国家全体福利为对象的经济计划代替以个人福利为目的的私人企业计划。在国际方面,则吾人主张以整个世界为对象的经济计划,调节各国经济计划间的互相凿枘冲突之处。如果国家经济计划的目的在促进全国经济的平均发展和减少财富分配的不均,则具有世界性的经济计划,其目的应在促成各国经济的平均发展和盖上各国间资源分配的不平等。

大战发生以来,各国朝野人士,对于战后国际间的政治组织,已多有论列,而对于战后国际的经济组织,尚少述及。就解决各国间的基本问题言,后者较前者尤为重要。战后国际经济的行政机构,必须予以建立,以补充政治机构的不足。此种国际经济的行政机构,应赋有统筹世界资源的分配,世界市场的划分,各国间人口的移动,及调整国际金融关系之权。在此方面,资源丰富及资本雄厚的国家,须具有最大的牺牲精神。国际和平的代价,必须由此等国家支付。

四、中国在战后世界经济新秩序中应如何自处

以上为吾人对于战后世界经济秩序的看法。中国在此新秩序中应如何自处?此实

为吾人讨论的中心。

中国与世界其他各国的正常经济往还，已历百年。于此百年间，中国的经济基础，不但未能粗具规模，以与经济先进国相颉颃，而且大权旁落，处处受人牵制阻挠，几成为外人的附庸。其所以致此，一方面固由于不平等条约的束缚，而朝野上下泄沓因循，苟且偷安，要亦为原因之一。然过去的百年，已等闲虚度，今后的百年，不容吾人再事蹉跎。惩前毖后，吾人必须一思今后如何自处之道。

甲　确立经济上的完全独立自主以保障国际地位

欲改善中国的经济地位，吾人认为有一基本条件，必须充分实现，即恢复中国在经济上的完全独立与自主是。战后的中国，不能仅以国际政治地位的抬高为满足，经济的基础，必须求其确立稳固。在经济上的独立与自主未充分实现和经济基础未巩固以前，中国在国际间的地位，决无有效的保障。不合理的经济束缚，必须全部解除，被动的门户开放政策，应加以彻底的修正。本年六月间宋外长在美国耶鲁大学的演说，曾揭示中国参战的两大目标：其一为亚洲的政治自由，其二为经济正义。吾人对于此种见解，深表钦佩。政治自由与经济正义，系属相联并行，缺一不可。今后中国以至整个的亚洲，不能再被视为倾销过剩商品的市场；或被认为桐油、钨、锑以至树胶、锡、石油等原料的产地和劳力供给的场所。罗丘两氏所宣布的大西洋宪章，必须使其成为合乎经济正义的大宪章。

乙　采取统制贸易政策解决工业资源问题

战后中国经济的基本问题在全国的工业化。若干锁钥产物（Key Products）应使之达到相当自给的程度。为加速工业化的进程计，本国的市场不能不予以保护。过去贸易自由的办法，将不能再行采用，战时的统制贸易政策，应继续行之于战后。在统制贸易的政策下，吾人并非排斥外货的输入，亦非欲减少外货的进口。恰恰相反，中国的天赋资源并不丰富，舍贸易外无法获得建国所需的物资，固进出口贸易量值应求其充分扩大。贸易的量值虽须增加，但贸易的内容，却须大大的改变奢侈品为国力所不能担任，必须禁止输入。本国能自制且产量相当充足的物品，亦须限制其入口额。此应为战后统制贸易的着重点。至于建国所需的器材、原料等进口，则应为吾人欢迎及鼓励。在另一方面，中国的资源将尽量开发，并以易货的方式向外输出，以与友邦共享之。

丙　利用外资必须保持主动地位

中国资本的积蓄，本极薄弱，经此次战事的摧毁，恐所余无多。固战后的建设，必须借重于外资。然借用外资，并非一轻而易举之事。在中国的政治地位和经济地位未能切实改善以前，尤多障碍。历史上仅有许多国家因利用外资而反为外资所利用所危害。近东、非洲及中美各国，皆其显著的例子。而我国晚晴及北京政府时代借用外资的惨痛教训，尤为吾人所难以忘怀。固战后利用外资，务须保持主动地位，以平等互惠为原则，在不妨碍中国主权及行政和不违背国民经济利益的前提下，吾人极端欢迎外资的流入。否则，吾人绝不宜冒昧举债。

丁　取得友邦善意协助发展重要业

中国的前途系于重工业的发展；然重工业的建设非咄嗟可办。而观于世界现势，又不容吾人对战后的国际局面抱过分的乐观。以是工业建设，必须及早完成。在此方面，吾人希望英美等国予中国以充分的协助，而尤其希望在战事结束后，英美两国以其在战时大量扩充而为平时所多余的国防工业设备，根据租借方案的方式，移植于中国。无论就保持世界的和平而言，或维护英美本身在远东的利益而言，此皆为两利互助之道。

一九四一年十月十五日

世界经济

世界经济在转变中[*]

一

在过去的一百数十年间，世界经济是以资本主义经济制度占主导力量的，在资本主义制下，各国国内的经济秩序是建立在私有财产制及自由企业自由竞争之上的。国际间的经济秩序则是建立在自动调节的金本位制及自由贸易之上的。由于自由企业及自由竞争，资本主义的生产从封建制度下解放了人类的生产力，使物质生产力获得空前的发展，使社会经济完全改观。

在一方面资本主义有这许多丰功伟绩，然在另一方面伴随资本主义的进展而俱来的是财产集中，生产独占，经济恐慌与失业增加。美国的六十家，德国的二百家，都代表财富集中的事实，据美国参议员奥玛杭尼（Olmahoney）最近的统计，美国的四五五家大公司，握有全国公司资产的百分之五十一。他说："美国的经济已非个人本位经济，而是公司本位经济。少数的大公司支配全国的经济生活。"自由竞争是资本主义存在的先决条件之一，但是自由竞争的结果，是生产事业者独占。时至今日，除去农业之外，自由竞争在美英等国已不存在。价格在资本主义的有机体中占有无比的重要性，它是一切经济活动的指针。但是市场价格已由供需决定的竞争价格转变为人为的独占价格或不完全竞争价格。资本主义的生产是以市场或消费的不断扩大为前提的，在技术进步的国家，生产力每年的增加率为百分之三。与之相适应，消费也必须有同等百分率的增加，否则便是失业人数的膨胀。但是在财富不断集中的事实下，绝大多数消费者购买力的增加率，永远赶不上生产品的增加率，其结果便是生产过剩。在另一方面，国家收入分配的不均，少数人的所有远超过他们的消费支出，收入超出的部分因为生产过剩而找不到正当的投资出路，其结果便是储蓄过剩。生产与消费的失衡和投资与储蓄的失衡变成了资本主义社会安定的经济恐慌，形成为经济上的最大浪潮。

---

[*] 姚曾荫，世界经济在转变中，摘自上海大公报，现实文摘，1946年第1卷第11期。

二

最近数月来，著名国史学家陶因作及政治学家□□基等人著文论西方文化的危机，在我看来，目前的情形，与其说是西方文化的危机，不如说是近代西方文化基础的资本主义制度的危机。夕阳无限好，只是近黄昏，资本主义制度现在的确是近于垂暮之年了。代之而起的将是一种新经济制度。这种新经济制度将要解决一些什么问题呢？关于此点，我们应该首先加以说明。

自第一次世界大战结束以后，英法德日意等国或削弱或落后，国际间显然只剩有两个经济组织及文化背景迥不相同的大强国。一个是资本主义的美国，另一个是共产主义的苏联。在欧洲及亚洲则形成若干权力真空地带。两种不同的经济制度的接触也必然会产生一种新的经济制度。这种新经济制度多少会带有调和的色彩而介乎左右之间。所以战后新经济制度的课题之一是东西的协调与融和。

其次，在资本主义国家，个人有政治上的自由，而无经济上的安全保障，一遇经济恐慌的袭击后就失业遍地。在共产主义的国家，个人在经济上有职业的保障，但在政治上却处处受政府的箝制，失却了应有的自由。现在欧洲的若干国家正进行一个伟大的社会试验，他们想纂取两种制度之长，在不流血的前提下进行社会的革命，在保存个人自由的目标下，实行土地改革及基本产业的国有运动。这种在政治上保存个人的自由，在经济上作必要的改革，进行不流血的革命以消弭内部矛盾的政策，成为战后新经济制度的第二课题。

第三，战后的新制度必须在有计划的发展各国间的经济关系以减少国与国间经济利益冲突的情形下，以求世界经济与世界政治的和谐。而联合国欧洲经济委员会，远东经济委员会，正在倡议的中东经济委员会，以及比利时，荷兰及卢森堡三国的关税同盟（Benelux），法意关税同盟，法、意、比、荷、卢等五国间的贸易与清算协定与正在拟议的西欧关税同盟均为此次战后协调国与国间的经济关系，有计划的解决各国间的经济问题以求各国间政治关系的改善的重要步骤。此为战后新制度的第三课题。

第四，现代科学与技术进步的程度已在人类的面前展开一前所未有的可能实现幸福的灿烂画面，但是在私营托拉斯（Trust）、卡特尔（Cartel）及控股公司（Holding Company）等独占经济组织及其他人为的限制之下，现有的物质生产生产能力不能充分实现，已发明的新技术不能充分利用，虽有阿拉丁宝窟（Aladdin's Cave）的存在，而人们却只能在洞口之前徘徊不能越雷池一步。综上所有，一方面是过剩的生产力与多的生产产品，另一方面，贫困与之并存。这是人类社会的悲剧。所以新经济制度的第四问题即在以公营的独占经济组织取代私营的独占组织,取消其他人为的限制,以排除生产力与生产关系的矛盾,以改进落后的生产力,提高各国人民的生活水平。

第五,在资本主义制度下,生产的目的是为利润,而利润的多寡或有无则要受需供决定的市场价格与成本的关系而定。所以,市场价格在资本主义的经济机构中有着绝对重要的地位。所以供给过剩或需求不足这个矛盾的方法显然只有两个。一个是减少供给,另一个是增加需求。战后新经济制度的第五课题:应该是在有计划的生产与建设的原则下,使主要的经济活动不受盲目的市场价格的变动所左右,使主要生产的目的不是为利润,而是为人民的福利。

以上所述为战后新经济制度所应该解决的问题,现在我们应该进一步看一看今日此种新制度在世界各地推行的情况。

三

人类在开始写一章新的经济史,这一章经济史的题目,我给它取一个名字,叫做温和的社会主义为主导力量的时代。这个时代的主要特点,在经济方面为国有国营,民有民营,民有官督及消费合作等企业组织同时并存的谐和经济制度(Mixed Economy);在政治方面为代议政府,多党政治,普遍选举及言论自由。在下面,我打算将欧洲方面英、法、意、波、捷及瑞典等六国,亚洲方面,印度巴基斯坦与缅甸等三国的情形,略为说明。

(一)英国

英国于此次战后工党执政以来即推行温和社会主义的政策。其目的在求增加生产改善分配,以期普遍提高人民的生活水准。工党的政策可以分为四方面。第一为重要金融机关的收归国有。第二为主要生产手段的社会化。第三为投资的管制。第四为土地使用权的限制。

英格兰银行为英国金融的核心,所以工党政府首先将英格兰银行收归国营,关于主要生产手段的社会化,工党的政纲将英国的产业分为三类。第一类为时机成熟已适于国有国营的基本产业。这类包括铁道、运输、航空、电力、钢铁、煤矿及煤气。第二类为时机未成熟,尚不适于国营,暂时适于民有官督的基本工业。这类包括纺织、陶器、制铝、电工器材、汽车及化学工业。一九四七年一月一日起英政府将一切煤矿收归国有,其后并将海底电报及无线电报收归国有。本年一月一日复将铁道及运输改为国营。在温和社会主义运动下，英国的工业生产迅速增加。

英国的保守党一向对工党的经济政策取反对态度，但是在一九四七年十月一日保守党年会中所通过的"工业宪章"（Industrial Charter）中，主张经济的集中管理及若干基本企业的收归国有。所以将来英国政府中即使有政党的更迭亦不会改变其目前所定的经济路线。

（二）法国

战后法国在经济上有两种显著的倾向。一为重要生产事业的收归国有，一为实行有限度的计划经济。在这次大战以后，法国各政党对于其他国是的意见虽极分歧，但是他们对于锁钥产业的改归国营一事，意见均属一致。一九四五年十二月法国的第一次国民大会曾通过将法兰西银行、四家大商业银行收归国有的议案。一九四六年四月其国宪会议更通过议案将四十五家大保险公司、电力煤气等企业以及全国煤矿收归国营。其后更将雷诺汽车厂、法兰西航空公司飞机制造厂以及部分商船改归国营。国营事业虽尚未能控制法国全部的经济生活，但其在国民经济中的占比率日渐增加则为显著的事实。

其次，一九四七年一月法政府为挽救工农业生产的颓势，采纳孟莱计划（Monnet Plan）此为一对于煤、电力、钢铁、水泥、农具及运输等六种重要产业的四年经济计划（1947—1950）。

（三）意大利

意内阁总理阿尔契德·加斯柏理（Alcide De Gasperi）于一九四六年八月宣称资本主义永不能在意大利存在。在产业复兴为真理之下的产业，数量庞大，估计意全国钢铁业的百分之六十，造船业的百分之九十，能源业的全部，电话的百分之六十五，电力的百分之三十五，储蓄银行的百分之八十七。其他银行业或为国有或由意政府管理。在土地政策方面，土地社会化的趋势日益显著。

（四）瑞典

一九四六年曾任商务部长之瑞典著名经济学家米道尔（Gunnar Myrdal）曾说："唯有在产业国有的条件下，方能增加生产效率，促进生产力。"其财政部长威格弗（Ernst Wigforss）更声称："资本主义经济制度产生恐慌及大量失业，吾人正向新社会主义社会前进。"

他们选定了一条积极的中间路线（Middle Way）迈步前进。现在瑞典已成为世界上最安定的一角。

（五）波兰

波兰在外交政策上虽接近苏联，但在经济政策上并没有接受共产主义的教条。据其政府当局宣称："波兰现行的经济制度为自由资本主义和苏联集体主义两者的混合经济制度。此前以向世人证明，在此两种经济制度间，并无不可妥协的冲突存在。"今日波兰的经济路线可以分为三方面。第一为计划经济。一九四六年九月，波政府宣布实行三年经济建设计划（1947—1949），其目的在充分发展工业以提高人民的生活水准。第二为产业国有。一九四六年一月波政府公布产业国有法令，同时其工业部长明克（Hllary Mink）列举产业国有的十大理由。其中最重要的三点：（一）在自由而无政府的生产状态下，遭受战争破坏的波兰经济，无法迅速恢复；（二）唯有在产业国有以后方能充分发展社会保险，提高人民生产程度并免除私人生产的浪费；（三）在外国资本的控制下，波兰主权不能完整。第三为土地改革。一九四四年九月波政府宣布土地改革令。在此法令下，凡拥有土地在一二〇英亩以上者，其超过的部分收归国有。一切收归国有的土地由波政府按每户一二·四英亩的数目重新分配给无地的农民。此法令曾受全国各党派的拥护，故能顺利的见诸其行。

（六）捷克

今日新捷克共和国的经济组织的特征有二：基本产业国有与计划经济。据总统贝奈斯曾说："苏联的经济制不能在捷克实行，吾人正依照吾国的传统及经济条件进行一场不流血的革命。"一九四五年十月二十四日，贝奈斯总统签署四项产业国有法令。在此四项法令下，一切矿业、钢铁、公用事业、国防工业、大银行及大保险业皆收归国有。如以雇员工数目计，则凡雇用工人在一五〇人以下之企业很少改为国营，而雇用工人在四百人以上者则绝无幸免。在国有法令实行后，捷克工业生产力的百分之六十五已收归国有。

以上为欧洲的情形，现在我们可以反转头来看看亚洲的局面。

（七）印度、巴基斯坦与缅甸

战后亚洲新建立的国家，在经济政策上也都带有温和社会主义的色彩。一九四七年十二月十六日，印度总理尼赫鲁于全印总商会年会中曾宣布印度将来所采取的经济政策。他说："印度政府对于基本与锁钥工业将实行社会主义的办法。私人企业虽准予存在或予以鼓励，但基本工业将收归国营。印度将欢迎外国资本及技术的协助，但以不损害印度的经济主权为限。"同日印度工业部长摩克吉宣称："为节省自然资源及外汇避免竞争和浪费，及使各个区域平均发展起见，集中管理的工业发展计划实有必需。"

缅甸已于本年一月四日宣布独立。其新宪法中制定缅甸为社会主义国家。

世界经济的主流正在向中间偏左的路线上转，反对的势力无论如何的巨大，但只能减缓它的速度而不能改变它的基本方向。这种新经济制度折衷于美苏两种制度之间，形成第三大势力。它是战后新世界一大的安定力，亦为世界和平的唯一出路。消弭战祸，造福人类，其成功是可以预卜的。

书 评

《现代银行论》述要*

原 书 名：Modern Banking
著 作 者：R. S. Sayers
出 版 者：Oxford University Press, London.
出版年份：一九三八年
页　　数：三一六页

R. S. Sayers 氏为英伦一青年学者，自其 Bank of England Operations, 1890—1914, 1936 一书问世后，声名日渐显著。Modern Banking 一书更奠定其在经济学界的地位。在前一本薄薄一百四十余页的小书里，著者将英兰银行的中央银行机能概述无遗。世人多以战前金本位制度的自动机能为言，但著者认为这种自动机能是根本不存在的。这一点对于后来研究金本位制度者是一种重要的启示。

Sayers 氏行文简明有力，Modern Banking 一书仍保持其一贯的作风。全书共分十四章，而可很自然的区分为两大部份，第一部分包括首七章，叙述现代银行制度之机构和机能的一般原则，以英美尤其是英国的银行制度为讨论的根据。第二部分讨论战前及战后的金本位制度，外汇平准基金之性能，商业银行资产及负债之分配，银行对政府财政的资助，新兴及落后国家的银行业，以及银行国有问题等。第二部分比较艰深难读，是全书的精华所在。据著者的意见，读者在涉猎第二部分以前，必须对于第一部分有透彻的了解。

综观全书，除第一章绪论，第十四章银行国有问题之讨论稍嫌简略，以及叙述美国联邦准备银行制度的几处地方略有错误外（见原书第 81—82 页），其余各章都有很精辟的论述和分析。书中理论与事实并重，银行理论的叙述中参杂以晚近的，尤其是 J. M. Keynes 一派的金融货币理论，允称著者的一大成功。书中值得注意之处甚多，不及逐一列举，兹提出数点，略加讨论。

---

* 姚曾荫，《现代银行论》述要，金融知识，1942 年第 1 卷创刊号，金融书评。

晚近货币学说的一大论点，为关于利率学说的论争，Keynes 与 Hawtrey 两氏关于长短期利率对于国内经济机构之影响的争辩，久已脍炙人口。Hawtrey 氏认为物价与生产直接受商人活动的影响，而短期利率的变动足以左右商人的活动，故短期利率为经济变动的主要决定者。Keynes 氏则认为商人活动乃系一般经济情况的结果，其本身系受企业家对于固定资产的需求的影响。在金融组织高度发展的国家，企业家为购置固定资产所需要的资金，乃取给于长期资本市场。所以依照 Keynes 的看法，长期利率是经济活动的最后决定者。对于这种论争，著者取折衷的态度。他说两派的出发点是一样的，其解释也是相互调和而非相互排斥的，两派学说歧异的地方仅在着重点的不同，关于利率升降对于经济活动的实际影响，著者的意见与上述两派不尽相同，著者认为利率仅属影响经济活动的重要因素之一。成本与预期物价的差额，亦即预期盈利，对于经济活动亦可发生决定的作用。Sayers 对于利率变动的影响加以适当的称量，使一般相信中央银行的利率政策可统制经济活动的人们，不致迷信过深。这一点是非常重要的。一九三八年牛津经济学会（Oxford Economists Research Group）J. E. Meade 等人曾做过一次调查，结果发现一般商人及企业家对于利率变动的感应，并不像一般经济学家想象中那样敏锐，有的商人简直无感应可言（见 Oxford Economic Papers, No.1），此种事实，与 Sayers 氏的意见不谋而合。

著者对于外汇平准基金账的分析，亦有其独到之处。他的分析虽以英国为对象，但其结论所获得之原则，则可适用于任何设立平准基金账的国家，据著者的意见，平准基金运用的目的在减少外汇率的短期波动，而不在阻止其长期趋势。汇率的长期趋势是由于国内外物价差异以及因物价差异而发生之有形及无形贸易决定的。所以由有形及无形贸易之差额而发生之汇率变动，平准基金仅应平稳其波度而不应加以防止。除非贸易逆差极端严重因而必须变动汇率加以调整外，惟有采取上述之方法，方不致妨碍正常国际贸易的进行。著者在论述平准基金账的第二段里，讨论平准基金设立后，银行机构本身所发生之问题，这一节也是值得我们仔细咀嚼的。

著者讨论新兴及落后国家银行业的一章，颇能引起我国读者的兴趣。金融落后国家与金融高度发展国家的不同处，其注要点：在于前者（一）银行总分支行处之数目过少，银行业本身不发展；（二）无完整之短期资金市场；（三）中央银行不健全，而后者则反是。具有以上三者中任何一种缺点的国家，都足以使中央银行无法有效的控制金融市场。在金融高度发展的国家里，中央银行控制市场的武器有二，一为利率政策，二为公开市场政策。但这种武器，在金融组织落后的国家里，都是不易奏效的。为弥补这种缺陷起见，著者建议两点，一为政府应与中央银行合作，以便后者能实施债务组成之操纵政策，一为中央银行应有权变更普通银行之存款准备率。在这一章里，著者讨论中国银行业的地方有三四处之多：据著者的意见，中国的普通银行业务尚未发展，中央银行应负起积极领导的责任。

《经济进步论》述要[*]

原 书 名：The Conditions of Economic Progress
著 作 者：Colin Clark
出 版 者：MacMillan & Co., Ltd.
出版年份：一九四〇年
页　　数：五〇四页

Colin Clark 氏以研究国民所得（National lncome）而著名，Colin Clark 氏所写过的关于这方面的书籍和文章，我们可以介绍一下。

1. *The Natioal Income 1924—1931*，1932.

2. *National Income and Outlay*，1937.

3. *Statistical Studies of the Present Economic Position of Great Britain*，Econ. Jour, Sept, 1931.

4. *Further Data On the National Income.* Econ. Jour, Sept, 1934.

5. *National Income at Its Climax*，Econ, Jour. June, 1937.

上列的两本书和三篇文章，都是讨论英国的国民所得的。*The Conditions of Economic Progress* 一书，则将研究范围扩大，而以世界上五十余国的国民所得为讨论的对象。这是一种大胆的尝试，并且必然要引起经济学界和统计学界的热烈争战。但是其重要性还不止于此，就其范围来说，此书可以说是一本二十世纪的"国富论"。亚当斯密的"国富论"出版于一七七六年，到现在已经有一百六十五年的历史。此时期中各国的综合研究，已久无所闻。Colin Clark 氏又将经济学引导到这条路线上。在这本书里，著者不但提供许多有关各国国民所得的可贵资料，而且几乎在每一章每一段里都讨论到现在经济社会的基本问题。这是一种开创的工作，对于这种工作，每一个学习经济的人

---

[*] 姚曾荫，《经济进步论》述要，金融知识，1942 年第 1 卷第 2 期，金融书评。

都应致其崇高的敬意。

著者认为经济进步就是经济幸福的改良，而经济幸福的缔造，又以实际国民所得（real national income）的增加为前提，所以著者着手研究各国的实际国民所得，但各国的实际国民所得，至不相同。为划一起见，著者创造一"国际单位"（International Unit），以为比较的标准。所谓"国际单位"，即一九二五至一九三四年每一美元在美国的平均购买力。一切关于国民所得的统计，都经化为这个单位。这种比较，是很饶兴趣的，我们可以将著者的研究结果，列在下面：

表1　一九二五——一九三四各国每一人民平均每年实际所得　（单位：国际单位）

国　　别	实　际　所　得
美国、加拿大	一三〇〇—一四〇〇
新西兰	一二〇〇—一三〇〇
英国、瑞士、阿根廷	一〇〇〇—一一〇〇
澳大利亚	九〇〇—一〇〇〇
荷兰	八〇〇—九〇〇
爱尔兰	七〇〇—八〇〇
法国、丹麦、瑞典、德国、比利时、乌拉圭	七〇〇—六〇〇
挪威、奥太利、西班牙、智利	三〇〇—六〇〇
捷克、南斯拉夫、冰岛、巴西	二〇〇—三〇〇
希腊、芬兰、匈牙利、波兰、拉特维亚、意大利、爱沙尼亚、苏联、葡萄牙、日本、巴拉斯坦、菲律宾、阿尔几尼亚、埃及、夏威夷、美洲其余诸国	三〇〇—四〇〇
保加利亚、罗马尼亚、立陶宛、阿尔巴尼亚、土耳其、叙利亚、塞浦路斯岛、南非联邦、摩洛哥、突尼斯	二〇〇—三〇〇
中国、印度、荷印、亚洲其他各地、非洲其他各地、海洋洲其他各地	二〇〇—以下

表2　一九二五——一九三四　世界各国实际国民所得总值

（单位：十万万国际单位）

国　　别	实际国民所得总值
四强国（美国、英国、德奥及法国）	二九·〇
其他债权国（加拿大、荷兰、瑞士及爱尔兰）	一〇·五
富庶债务国（澳大利亚、新西兰、阿根廷、乌拉圭、智利、巴西）	一三·八
欧洲其他工业国（瑞典、丹麦、挪威、冰岛、比利时、西班牙、捷克）	一三·三
欧洲较穷诸国	一六·六
苏联	一七·五
日本	八·一
中国	二二·七

续 表

国　别	实际国民所得总值
印度	一五・〇
荷印	二・六
其他各国	一五・三
总计	二五四・四

上列两表，是全书中最重要的部分。它虽不能说是准确无误，然已足以表示一般的情形。据粗略的计算，在上述时期中，世界上有一三九百万人，每人每年的平均所得为一千二百五十国际单位，而在另一方面，则有一一一三百万人，每人每年的平均所得尚不及二百国际单位。中国人是列在后一项里面的。

国民总所得不是一国经济力的代表，国民平均所得方能表示一国的经济力和国力。因为惟有国民所得超过生活所需的剩余部分，方能累积为资本，方能用在再生产的用途上。根据第一表，中国人民的经济地位不但远不及美英，而且还赶不上摩洛哥、突尼斯等地的人民。这是很值得我们警惕和反省的。看到这一点，我们愈感觉到今后经济建设的重要性。

依据著者的数字，在上列时期中，全世界平均每人每年的实际所得约为一百二十国际单位。在美国和加拿大平均每人实际所得虽已达一千三百单位以上，但这个数字，也并不太大。而且世界上大多数的人，还远不及这个水准。这一切都足以表示生产问题，依然严重，分配问题并非世界上最主要的问题。所谓"生产问题已经解决"，所谓"抱着金砖挨饿"（Poverty in the midst of Plenty），都是莫须有的。富庶的时代距离现在远得很（The age of plenty will still be a long while in coming）。

著者将生产活动分为三种：第一种包括农业、森林业及渔业，第二种包括制造业、矿业及建筑业，第三种包括商业、运输业、劳役及其他经济活动。照著者研究的结果，从事第一种生产活动的人口愈多、从事第二种及第三种生产活动的人口愈少的国家，其经济情形愈落后，其平均实际国民所得亦愈低；反之则愈高。所谓经济进步，也可以解释为从事第一种生产活动的人口逐渐移向第二种及第三种生产活动。这种精辟的分析，无疑的给予一般主张以农立国的人们以严重的教训。

书中引人入胜的地方甚多，不及一一列举。以上仅提出重要的几点，希望能引起我国读者的注意。

一九四一年十月一日

战时货币史及其有关的书籍[*]

一、引　论

战时货币史的研究，不仅具有理论上的兴趣，而且对于了解战时所发生的实际问题，有所助益。从理论方面来说，拿破仑战争时期和战争结束后，英国所发生的通货问题构成货币理论发展的一大推动力。当时英国金条主义派和反金条主义派的争议，对于以后的货币学说有深远的影响。第一次欧战以后，欧陆诸国的货币大革命（引用Cassel的话）亦为货币学说开辟了一个进步之门。在这个时期内，Cassel氏的购买力平价学说成立了，简单机械的货币数量说被修正了，国际支付的原理（The Transfer Problem）重被提出讨论，而获有确实的结果了。我们相信，在此次大战之后，由于实际问题的繁多和资料的丰富。货币理论一定会有更进一步的开展。从解决实际问题来说，观察过去在战时和战后货币的行为，我们可以避免许多前人所错走的路，同时前人曾实行有效的方案，我们也可以部分的接受或全部采纳。鉴往以知来，过去许多国家在战争时期和战后所曾经发生过的金融问题，他们应付的方法以及后人对于他们的评价，都是值得我们今日深切注意的。

说到战时的货币问题，我们不能不联想到通货膨胀。通货膨胀大致与战争有密切的关系，但战争却不一定要引起通货膨胀，同时通货膨胀也不一定要发生在战争时期。在七年战争（一七五六——一七六三）和美国独立战争（一七七五——一七八一）时期，英国的财政收支仍能维持平衡，并没有增发纸币以支付战费。拿破仑十余年的南征北伐，仍能维持金本位于不坠。在另一方面，一八九八——一九〇七智利的通货膨胀却发生于国内外政治安定，一般经济繁荣和政府财政颇为良好的环境之下。然而这些都是例外，不是常态。稽诸近代的历史，通货膨胀与较长期的战争结有不解之缘。

---

[*] 姚曾荫，战时货币史及其有关的书籍，经济建设季刊1943年第1卷第4期。

最早的通货膨胀的例子而且有数字可稽者，可以说是十八世纪初期的约翰·罗的制度（John Law's System 一七一六——一七二〇）。这也是第一次管理通货的实验，不幸由于主持人的措置失当，而流入于滥发纸币的一途。这个制度虽产生于法王路易十五的时代，然它实为路易十四穷奢极欲，频年用兵，致经济凋敝、财政破产的结果。一七七五年美国独立运动发生。当时美国各州人民对于战事一无准备，既缺军火，亦无战费，遂发行一种大陆纸币（Continental Currency）以应急需。自一七七五年至一七八〇年，共计发行三十八次，发行总额达 241 552 380 元。其结果，物价步涨，币值日跌，最低时仅值现币的千分之一。十八世纪中叶以后，法国发生大革命，经济史上有名的"阿西那"（Assignats）便产生在这个时期。它虽然仅有八年的历史（一七八九——一七九七），然其对于人民经济生活的影响已可以说是空前的了。法国"阿西那"的结束时期，适为英国通货膨胀的开始年代。一七九三年法英战争开始，英国为支付战费保存金准备计，遂于一七九七年停止纸币兑现。其后通货及信用相继增加，物价及金价亦不断上涨，直至战事结束（一八一四）以后方告终止。然由于通货膨胀及恢复兑现以后的反动——通货紧缩，所发生的影响，却拖延了半个世纪之久。拿破仑战争在经济方面的影响，不仅限于英国一国。俄奥及其他欧陆诸国亦受其波动。军费膨胀而国库耗竭，不得不增发纸币以为弥补，在一八一七年纸卢布的价值已跌至其战前价值的四分之一。当时奥国的财政，亦陷于极度的窘状。迨战事终止，召开维也纳会议（一八一四——一八一五），奥国跃为欧洲四强之一。在国际政治的舞台上，奥国已可说是炫赫一时了，但在经济财政方面，因频年战争，却临于破产之境。其纸币不断的增发，而银准备逐渐枯竭，最后不得不于一八四八年停止兑现。其后于一八五九年有对法战事，一八六六年有对德战事，通货更继续膨胀。及至一八七〇年纸币银值已跌落了百分之二十三。

正值欧洲多事之秋，美国的内战（一八六一）勃发。一八六二年二月美联邦政府发行一种不兑现纸币，名为绿背纸币，以支应战费。这种纸币发出的数额并不过多，所以为害不大。十九世纪中叶以后，南美诸国（包括智利、秘鲁、阿根廷、巴西等国）的内战及相互间的战事不断发生。开支浩繁而饷糈无着，致此等国家皆走入最简易的通货膨胀之途。他们的财政基础、理财技术和所经历的战争的规模大小不同，其各自通货膨胀的程度亦因之而异。在一八七〇——七一年，有普法之战。在一八七一年六月法国的纸币较战前增发了百分之六十以上，但由于金准备的充足和管理的适当，其对伦敦的汇价，仅跌落百分之四。一八五三年十月克里米亚战事发生。这次战事延长了两年多（一八五六年二月结束）。俄国支出战费达 142 000 000 镑。财政上的困难已登峰造极了。但克里米亚战事的疮痍未复，俄国又于一八七七年揭开了巴尔干的战幕。战争的结果，俄国不仅在军事上得不偿失，外交上着着失利，而且在其金融机构上遗下来巨大的创伤。战后纸币有加无已。币值则日趋下游,在一八八六——一八八九年已达其最低点。战争虽于一八七八年结束,然财政金融所受的扰乱却拖延了二十年,直至一八九六年建立金本位制度后,方始安定。十九世纪的末叶有中日甲午之役(一八九四——一八九五),但从开战到媾和,其间不过九个月,所以双方的军事费并不甚巨。中国息借商款一千余万两以为战费。日本的二万万日元军事费,大部分出自借款和公债收入。

进入了二十世纪,在一九〇四——〇五年有日俄之战。这次战争为期虽仅一年零四个月,然在财政方面已把日本打得筋疲力竭。它的军事预算总额达十九万万日元以上,其中大部分筹自外债和内债募集。在俄国方面,战事初期即增发纸币并停止现金之自由流通。从一九〇四年初至一九〇五年杪,卢布纸币增加几及一倍。战后因为外债募集成功,其金本位制度方得以维持。一九一一年墨西哥的内战爆发。最初两年,纸币仍能兑现。迨一九一三年年中,银行券开始发行,准备减低,币值乃趋跌落。结果不得不停止兑现。其后政局更迭,两易币制,然纸币贬值更加迅速,结果资金外流,货物绝市,一般人民胼手胝足不足以谋得一饱。此种情形,直至一九一六年十一月恢复战前金本位后,方告终止。一九一四年,世界大战爆发,其规模之大,战费之巨,史无先例。普通的增税举债等方法应付不了这样大规模的战争,故大多数交战国家皆停止金本位,增加纸币的发生。在战争期中,各国多采用抑制政策以防范通货的过度膨胀。迨战事停止,战败诸国因国内外局势动荡不安和国内财政状况的恶劣,遂步入恶性膨胀之途。滥发的纸币势若洪流溃决,一发不可收拾。他们的国土几为天文学上的纸币数字所淹没了。

按照物价上涨和汇价下跌的程度,我们可以将上述各国的通货膨胀情形,分为三类。第一类是温和的通货膨胀。一七九七——一八二一年的英兰银行纸币,南北战争时期的美国绿背纸币,明治十年(一八七七)西南战争时期的日本纸币,以及第一次欧战以后的英国、荷兰、瑞士及斯堪的那维亚诸国的纸币等均属于这一类。第二类是逸出常轨的通货膨胀。巴尔干战争以后的俄国卢布,一八四八——一八七〇年的奥国纸币,一八九一——一八九五年和一九一六——一九二五年的智利纸币,一八八一——一八九七年的阿根廷纸币,一八八九——一八九八年的巴西纸币,以及欧战以后的法、比、意诸国皆属之。第三类是恶性通货膨胀。法国革命时期的"阿西那",一八七二——一八八二年的秘鲁和欧战后德、奥、俄、波等国的纸币皆属之。

通货膨胀的程度不同,战后稳定币值的方法亦因之而异。大凡纸币增发不过多,因而币值跌落不太甚的国家,它们在战后多采行恢复战前旧金平价的方法。在纸币膨胀过多,因而通货的对内对外价值跌降太甚的国家,恢复战前的旧平价将破坏重趋调整后的经济均衡,并将引起国内经济极度的衰沉,因此它们多将币值安定在一个较低的汇价水准上。在通货恶性膨胀的国家,纸币价值降至分文不值或为一般交易的拒绝行使的程度,欲旧纸币照常流通,显然无望,故它们多发行新纸币,而将旧纸币陆续收回。

因战争而膨胀通货的国家,他们的币制整理多在战后为之。在上述的许多战争期中,我们亦曾听到很多紧缩预算、紧缩通货的呼声,他们的政府也未尝没有改善的意图,然徒以战争的需要超出一切,不能因为物价高涨而停止作战。战争期中的改革,仅能和缓通货膨胀的速度,仅能收效于一时。这些呼声,这些改革,最终多为军事上的需要所摧毁。诚如 Angell 氏所说,假如在一八一〇年英政府采纳 *Bullion Report* 的意见,则战事将无法进行,大英帝国亦将无复有今日的地位。我们对此不无同感。

在以下我们选述几个重要国家在战时所曾经发生过的金融问题,战后稳定货币的经过和与之有关的书籍文章的主要内容。

二、法国革命时期的"阿西那"

"阿西那"是法国革命时期所发生的一种纸币。除了第一次欧战后欧陆各国的通货膨胀情形以外,"阿西那"可以说是在历史上纸币因无限制滥发而结局弄到不可收拾的一个最显著的例子。它开始发行于一七八九年十二月,最初仅为一种短期公债,发生额为四万万立佛尔(Livres),利息五厘,以被没收的旧王室土地和教会土地为担保。迨一七九〇年四月,利息减为三厘,始经政府宣告为法偿币。是年九月,发行额增至十二万万立佛尔,利息一律废止,其通货地位乃完全确立。一七九一年,两次增发,数额共为九万万立佛尔。人民信心渐失,币值日落。一七九二年四月法国对奥国宣战,法政府为筹措战费起见,是年增发"阿西那"三次,为数共十万万立佛尔。是年六月,纸币金值较票面值已跌落了百分之四十三。九月发尔米(Valmy)一战,法军胜利,政府威信大振,纸币价值乃渐恢复。一七九三年二月,法国对英宣战,法政府因军用浩繁,于是年上半年内,再增发"阿西那"二十万万。发行总额已达 3775 百万立佛尔,行市日趋下落。是年八月,纸币金值已跌落到票面值的百分之二十二。当时法政府为安定币值起见,曾实行下列几种办法:(一)严惩拒绝收受"阿西那"及买卖铸币者;(二)规定各种物品及工资的最高限价;(三)废止票面百立佛尔以上的"阿西那"的行使;(四)征收到期未付的租税;(五)征收以所得为对象的强制借款。

上述通货紧缩办法实行后，加以法军在国内外的胜利，币值跌落势遂形缓和。是年十一月"阿西那"且回涨至百分之三十三，十二月更涨至百分之四十八。但此种办法仅为一时补苴之计，并不能根本打破财政上的难关。且自最高限价法实行后，生产者及商人皆受到影响，市场上货物的供给日趋减少。迨至一七九四年政府财政困难日增，仍不得不藉发行以为挹注。政府及人民的需购有加无已，而市场货物的供给有限，物资问题因之益趋严重。法政府且不得不征收实物，以解救当时巴黎的粮荒。一七九四年十二月，最高限价法终于废止，工商各业逐渐恢复。但纸币的发行仍与日俱增。到一七九五年十月，纸币流通额已增至 19 462 百万立佛尔。纸币的跌势已无可挽救。一般的公务员虽然薪金增加了三十倍，而仍不免于饥寒。政府行政亦因官吏的拒绝工作而几陷于停顿了。及至翌年三月，纸币流通额已达 36 000 百万立佛尔，每百立佛尔的纸币，仅值 0.36 立佛尔的铸币。纸币本身的价值还抵补不上纸张印刷等费用，发行纸币已无利可图。铸币、谷物及其他的商品成为日常交易的媒介。一七九六年二月法政府下令将印造纸币之印板及机器等当众焚毁。"阿西那"之发行，至是终止。

一七九六年三月，法政府另发行一种新纸币，名为土地纸币（Mandats territoriaux），以替代"阿西那"，并规定新旧两种纸币的交换比例为一比三十。新纸币发生之初，即不受人民的欢迎，其价值仅及其票面值的百分之二十。待到是年年底，百法郎的土地纸币的价值已降至 2.5 铸币以下了。

一七九七年二月法政府下令过去所发行的纸币一律废止通用，并规定百法郎的土地纸币或三千立佛尔的"阿西那"兑换一金法郎。自是通货膨胀告一结束，法国又回恢到金属本位的路上去。

研究这一段通货膨胀史的书籍和文章，主要的有下列几种：

E. Levasseur, *The Assignats*, *Journal of Political Economy*, Mar. 1891.

A. D. White, *Fiat Money Inflation in France*, 1914.

R. G. Hawtrey, *Currency & Credit*, 1928, Ch. XVII.

S. E. Harris, *The Assignats*, 1930.

Harris 所作的一本书，发表的时期较晚，他能利用到许多前人所不能利用的材料。同时 Harris 氏将晚近的货币理论与历史的事实打成一片，为前人所不及。所以这一本书可以说是关于这个问题的权威之作。这本书的内容，除了历史的叙述外，主要之点，约如下述：

（一）关于发行"阿西那"之为功为罪，著者一翻若干年来的旧案。他认为"阿西那"是一种"革命的纸币，用以应付革命时期的非常开支"。如果没有"阿西那"来支持，则十四路大军势必弄得饷糈无着，革命大业也难以完成了。从这种观点来看，"阿西那"的功绩，是不可抹煞的。

（二）关于"阿西那"跌价的计算方法，著者对以前各家多所批评。据著者的见解，金银本身的价值时时在受投机操纵，政府购买，窖藏及其他各种政治原因的影响，故金银与"阿西那"比价的改变，不能认为是"阿西那"的实际价值的改变。对外汇价的变动，虽然可以影响进出口物价，但其对于国内物价的影响则甚微，所以也不能代表纸币实值的变动。据著者的意见，能够表示纸币价值的实际变动的，只有物价一种。他说："假如物价不变，而纸币在金市场和外汇市场跌价，则纸币的实际价值并没有减少。"在这一点上，著者忽略了货币跌价的两种可能。一为对外价值的跌落，一为对内价值的跌落。著者所说的纸币实值没有跌落一点，仅指后者而言，若从其对外价值来看，这种说法是不能成立的。

（三）土地担保品对于维持"阿西那"的价值方面的作用，为书中一大论点。依照过去各家的意见，土地担保品对于纸币价值的支持，不曾发生任何的作用。著者认为这种看法是错误的。纸币价值的维持完全靠人民的信心。假如一般人对于纸币失去信心，则即抛出纸币，购囤商品，因而纸币跌价。法政府看到这一点，故竭力维持土地担保品与纸币发行量的平衡，并一再宣传"阿西那"不过是一种具有流通性的土地（"Circulating land"）。著者认为无论人民对于土地的依赖是否错误，政府这种举措的确加强了人民对于纸币的信仰。人民心理的改变为纸币价值变动的一大原因，而人民心理改变的本身却是受土地担保品多寡的影响的。

（四）纸币价值的地方性的变动的分析，为全书中最饶兴趣的一章。纸币价值的变动在各区域间极不一致。一般说来，纸币的跌价，在巴黎市内远较其他各县市为缓和，而战区各县又甚于非战区各县。在一七九三年年杪，在一个县份里，纸币的价值已跌到一七九〇年的百分之二十，而在另一县里，则仅跌到百分之八十。著者认为这种现象发生的原因，一部分是各地币值变动表编制方法的差异，而主要系由于各地方货物的供给多寡不等和各地人民对于纸币的信心的差别。

（五）关于"阿西那"跌价的原因，著者认为简单的货币数量说不能加以解释。依照这种学说，货币的价值与货币的数量成反比例而变动，亦即货币的总值是一个常数，不曾因货币数量的增减而增减的。但在一七九五年，流通中的"阿西那"的总购买力却减少了很多，而且物价变动的趋势与货币数量的变动并不完全一致。货币数量的变动因为物价变动的主要原因，但不是其唯一原因。"粮食和一般商品的供给状况，土地担保品的增减，税率的更改以及其他各种因素的变化，皆足以影响纸币发行的数量或交换公式中的其他变数，因而使纸币的价值随之涨落。仅仅研究纸币发行的数量是没有多大意义的，除非将之与其流通速率一并观察。"这种意见是值得赞许的。

除了以上所述有关纸币价值的各点外，著者对于革命政府的财政措施，物价和物资的管制以及对外汇价的变动等等，亦皆有专章叙述。但皆非书中要点，故从略。

三、一七九七——一八二一年英兰银行纸币停止兑现

一七九三年二月法对英宣战。战事初期，英政府财政由于调度得法，收支尚能平衡。迨一七九四年渐现竭蹶之象。是年英政府收支不敷数达九百余万镑。及至一七九六及九七两年，收支不敷数更增至三千万镑以上。此项数额的大部分乃系向英兰银行借款弥补者。是时英国每年的国民所得约为二万万镑至三万万镑之数，但其中大部分属于穷苦人民的所得。故每年三数千万镑的借款，依据当时人民的收入情形来说，已为一笔很重的负担。在一七九三年以后的五年间，英兰银行的纸币及信用数量，并无显著的增加，但若干乡镇银行的纸币发行额及信用数量，却在不断增加，故当时英国实际上已走入货币及信用膨胀之途。货币及信用既皆已增加，同时一七九四及九五两年农产歉收，若干种物资因战争关系亦难以输入，物价的上涨势所难免。据 Silberling 氏的计算，如以一七九〇年为基期，则一七九四年的物价指数为一〇七，一七九五年增至一二六，一七九六年更增至一三六。在另一方面，英政府每年需汇出大批款项以供给本国海外军队及同盟国军队上之需要，外汇需要增加，汇价因之渐趋不利，英兰银行的存金遂大量流出国外。一七九七年初前后，法军越海侵英的事件发生。一般人民群趋银行提取现金，若干乡镇银行发生挤兑及倒闭风潮，英兰银行的存金亦几因之耗竭，金融大局颇为严重。是年二月二十六日，由于英兰银行的要求，英政府遂发布命令，自翌日起英兰银行纸币停止兑现，五月三日，英政府更将此项命令，以法令方式颁布，其有效期限系至同年六月二十四日为止。但由于事实上的需要，其有效期限一再延长，至战争停止数年后方告废止。

停止兑现令颁布后，现金逐渐回流，银行信用渐复，金融情势大见缓和。同时英政府更采开源节流办法，一方面征收重税以限制私人消费，一方面减少开支以收缩通货及信用数量。然而由于战争的需要，此种紧缩办法不能长期实行。一七九七年以后英兰银行及一般乡镇银行的纸币发行额及信用数量仍日有增加，物价及汇价贴水亦继续上涨。一七九七年物价指数为一四一，其后数年逐步增涨，及至一八〇一年已增至一六六，达物价上涨第一期的最高峰。汇价涨势较物价为缓和。据 Hawtrey 氏的计算，一七九九年伦敦对汉堡的汇兑贴水为百分之三，一八〇一年增至百分之十三，是亦为汇价贴水上涨第一期的顶点。

一八〇二年三月英法阿门和平条约（*Peace of Amiens*）签字，物价及汇价贴水皆相继跌落，是年物价指数降至一四三，此后数年间物价汇价涨落靡定。一八〇六年拿破

仑实行大陆封锁制，然当时英国与欧陆间的走私贸易颇为发达，英国的物价并未受到很大的影响。一八〇七年俄国及丹麦联法反英，拿破仑为加紧封锁英国起见，更攻占葡西两国。自是英国与欧陆的正常贸易已大部断绝。是年年杪美政府下令禁止一切对外贸易，英国对美贸易亦告阻断。一八〇八年南美的市场虽大部开放，然此仅使英国国内的商品投机更趋狂热，益增物价问题的严重性而已。在此期间英国国内的货币及信用继续膨胀，一八〇八以后英政府国外汇款开始大量增加。有此诸因，物价复回复涨势。一八〇七年物价指数为一五二，至一八〇八增至一六六，一八〇九更增至一七六。一八〇四至一八〇八期中，对外汇价变动甚微，一八〇九年对汉堡汇价贴水上涨至百分之二十。

在此期间，因金价汇价及物价变动过速，朝野骚然，英政府遂于一八一〇年二月组织委员会研究当时的金融情形。委员会报告书于是年六月草就送交政府。是为货币史上有名的"金条报告书"（*Bullion Report*）。据该委员会的意见，物价及金价的上涨乃由于一共同的原因，此共同的原因即通货膨胀。为挽救当时的金融情势起见，该委员会认为应立即采行通货及信用紧缩办法，并建议于两年以内恢复纸币兑现。其建议部分未经政府采纳，但其理论部分却引起了当时及以后若干年间经济学界的争议。

一八一〇年下半年英国商人在南美市场的投机事业失败。大部分资金冻结在外，无法收回。同时拿破仑对于大陆封锁的执行较前更形严厉，英国的商品销路愈狭，英国国内因此发生经济恐慌。在此以前英兰银行及一般乡镇银行所做信用过于多滥，致更加深此次恐慌的程度。出口商制造商及银行之破产倒闭者日有所闻。受此打击后，银行信用开始收缩，物价亦趋跌落。一八一一年春，恐慌仍继续蔓延，英政府为救济起见，特于是年三月发行国库券六百万镑，以抵押借款的形式货与陷于困难中的商人和制造商。是年夏季法军被迫出葡萄牙，英国的商品再度输入欧陆。其对南美的贸易亦于此时渐有起色。英国国内的工商业因此亦趋恢复。一八一〇年的平均物价指数为一七六，一八一二年下降至一五八，汇价贴水则因政府对外汇款激增之故，由一八一〇年的百分之二十增至一八一一年的百分之四十四。

一八一二年以后货币及信用复趋膨胀，物价亦随之上涨不已。计一八一二年物价指数为一六三，一三年增至一八五，一四更增至一九八，在此时期由于法俄战争发生，大陆制度已开始崩溃，英国对北欧的贸易亦渐复旧观。一八一二年，英贸易出超激增，足以抵补英政府的对外汇款，故汇价贴水反趋下落。是年对汉堡汇价贴水跌至百分之二十八，一三年稍增为百分之三十，一四年又趋下落为百分之十九。

一八一四年初英政府通过法案，规定和平条约签订六月后，纸币恢复兑现。四月拿破仑退位，和平实现。一般人预料纸币价值将趋上升，故争相保存现款，抛去货物。货币流通速率减少，物价逐趋跌落。是年第一季的物价指数为二一一，翌年第一季降至一七〇。一八一四年七月英政府通过法案对于前所规定兑现日期加以修改，重定一八一五年三月二十五日为开始兑现日期。但届期因战事关系兑现之议仍未能实行，其后且一再展期。一八一五年三月拿破仑自厄尔巴岛逃回法国，战事再起，英国币值因此又发生波动。但未几拿破仑失败，战事告终，此次波动亦归平静。物价金价及汇价贴水仍继续以前之跌势。一八一五年的物价指数为一六六，一六年跌至一三五，汇价贴水则由百分之十四降至平价。现金开始向英国流动，英兰银行的准备金亦逐渐增加。

一八一七年一月英兰银行自动实行有限度的兑现办法。但英政府继续向英兰银行要求借款，该行纸币未能随现金之兑出而减少，反而较前更形增加。通货增加，物价及汇价贴水亦恢复涨势。一八一七年物价指数涨至一四三，一八年涨至一五〇，汇价贴水一八一七年为百分之二，一八年增至百分之五。在此时期，英兰银行的准备金减少甚多，因此又引起一般人的心理恐慌。英政府乃于一八一九年初派遣委员会研讨纸币兑现问题。其后更接受该委员会的初步意见，下令禁止英兰银行继续实行其有限度的兑现办法。该委员会报告书的主要建议系采纳李嘉图氏于一八一一年所拟定的兑现计划。根据此计划，英国应恢复战前的旧金平价，并应采行渐进的办法，以达纸币兑现的目的。

同年七月英政府通过法案，废止前所实行的限制现金输出办法，并规定恢复纸币兑现的步骤如下：（一）从一八二〇年二月起英兰银行应以每条至少重六十两的金条，按每两四镑一先令的价格兑换其纸币。（二）从一八二〇年十月起兑换率减为每两三镑十九先令六便士。（三）从一八二一年五月起兑换率再减为每两三镑十七先令十又二分之一便士，此即铸币价格。（四）一八二一年五月以后，英兰银行兑换其纸币或支付金条或支付金币，可任由该行自由选定。

此项法案公布未久，纸币金值即行上涨，在一八二〇年二月以前业也涨至铸币价格。汇价趋势亦根本改观，一向不利于英国者，现转变为有利于英国。现金大量流回英国，英兰银行的准备金又趋增加。同时物价则急剧降落。一八一九物价指数降至一三六，一八二一年降至一一七，三〇年降至九三。随物价的下降，英国工商业陷于极度衰沉的境况之中，工人失业者日众，生产分配皆蒙不利的影响。此次因通货紧缩物价跌落所引起的不景气拖延了数十年之久，直至十九世纪中叶以后，始渐恢复。

讨论这一个时期货币问题的书籍和文章颇多，兹将其中重要者列举如下：

E. Cannan, *The Paper Pound of 1797—1821*, 1919.

N. S. Silberling, *Financial & Monetary Policy of Great Britain During the Napoleonic Wars. Quarterly Journal of Economics*, XXXVIII, 1924.

Idem, *British Prices & Business Cycles. 1779—1850. Review of Economic Statistics*, Prel. Vol. V. Suppl. 2, 1923.

A. W. Acworth, *Financial Reconstruction in England. 1815—1822*, 1925.

R. G. Hawtrey, *Currency & Credit*, 3rd. ed., 1928, Chap. XVIII.

J. W. Angell, *The Theory of International Prices*, 1926, p. p. 40 – 79, 477 – 503.

J. Viner, *Studies in the Theory of International Trade*. 1938, p. p. 119 – 217.

E. W. Kemmerer, *Money*, 1935.

J. L. Laughlin, *Money Credit & Prices*, 1931. VII. II, Chap. VII.

E. Cannan 的一本书的重要部分是"金条报告书",前面附以他所写的三十几页的一篇导言。Cannan 氏对"金条报告书"所代表的一派的意见毫无批评的加以采纳,他将英国当时金价物价上涨等现象之所以发生完全归罪于通货膨胀。这是这本书的一大特点。

Hawtrey 氏在他的《通货与信用》一本书里,有专章叙述一七九七年英国停止兑现的经过。他对货币史的造诣很深。故其意见亦特别为人所注意。一般论述上述一个时期英国货币问题的文章,仅多从英国本身的问题出发。Hawtrey 氏却将当时欧洲大陆所发生的问题与英国本身的问题合并叙述。据他的看法,当时英国汇价跌落现金流出的主要原因,不在政府对外汇款增加或战债的增发,而在于大陆诸国,尤其是法国的吸收现金。在战事发生的最初两年,汇价对英国颇为有利。此时正值法国大革命的恐怖的时代,"阿西那"大量滥发,人民存储金银被视为犯罪行为,金银私运出口者为数甚巨。英法两国之间,虽为战事及海峡所阻隔,然英国当时仍能收购不少的入口现金。迨一七九五年,伦敦对汉堡及里斯本的汇价开始下降,输送金银出口较购买汇票为有利。此时适为法国重新恢复金属本位的时期,维持"阿西那"价值的最高限价法票业经废止。乡间农民及商人已开始拒绝使用"阿西那",限制买卖金银的法规已成具文,"阿西那"逐渐变为投机的对象而不复用为交易的媒介了。由于"阿西那"货币作用的消失,当时法国对现金的需求遂异常殷切。据 Hawtrey 氏的计算,在一七九五年九月,如果从英国私运一批现金往法国,同时对之售出汇票,可获得原数百分之三十以上的巨利。自是英国的现金大量外流,英兰银行金准备渐告枯竭,而有停止兑现的事件发生。

以上是 Hawtrey 氏对于一七九七年英兰银行停止兑现的解释。他对于这种现象的解释所持的理由是否充分,很有问题。假如当时英国一切有形无形输出入能维持平衡,则即使大陆诸国收购现金,英国的对外汇价不致跌落,英兰银行的存金也不致大量流出。但事实上在一七九五年以后英国每年须汇出巨额的军费以维持其本国海外驻军及同盟国军队作战之用,且因农产歉收,食粮进口剧增,更加重汇市的负担。此为当时英国汇价下降及现金外流的基本原因。大陆诸国的吸收现金，不过更加深国际收支不利的影响的程度而已。

Silberling 氏的研究，对上述问题的贡献很大。他所编制的几种统计为以后研究此问题者的主要参考资料。Angell 氏接受他的意见，并加以发挥，故两氏的论点大致相同，可以合并叙述。综合两氏的意见，其要点如下：（一）汇价及银价的变动乃由国际收支所决定，很少受其他因素的直接影响。（二）汇价变动与物价变动有一致的倾向，但其关系颇为松弛，何者为因，何者是果。殊难断言。购买力平价说难加以解释，国际收支说亦不易求得其真相。（三）物价变动的最可能的原因为通货与信用数量的变动。连续几年的农产歉收虽亦与物价上涨有关，但物价变动的一般趋势却与乡镇银行和英兰银行的纸币发行量的增减趋势若合符节。（四）纸币增加的主要原因有二，一为乡镇银行的信用活动，一为政府的需要。英兰银行纸币的增加为政府借款的结果，英兰银行本身始终是在推行稳健的信用政策。（五）一八一六年以后物价不断下落，汇价则逐渐上升至金平价。物价的下跌，一部分由于政府预算的减少，一部分由于乡镇银行信用的紧缩。汇价回涨的主要原因是政府停止对外汇款。同时政府财政平衡后对于人民心理上的影响亦与有助力。

两氏对金条主义派的意见，攻击甚力。据彼等所见，战争期中，通货膨胀为不可避免的措施，假如当时英政府采纳该派收缩通货并恢复兑现的计划，则战争必归失败，大英帝国亦将无复有今日的地位。

Viner 氏的研究偏重于各家学说的争辩，然对于事实的背景亦曾述及。他将一七九七年以后的通货状况及因之而发生的理论争议分为两期。一为通货膨胀时期，一为通货紧缩时期，而以一八一六年为分划年代。

在第一个时期内，金条主义派与其反对派间的争议，主要集中于三点。第一为金价贴水，物价上涨及汇价下跌是纸币膨胀的证据问题，金条主义派主张此说，大多数的反金条主义派则反对此说。Viner 氏认为两派的意见皆不充分，但反金条主义派的意见，错误尤多。第二为银行滥发纸币的可能性问题。反金条主义派认为银行如果根据真实之商业票据的贴现而发行纸币，则纸币数量永不会过多。金条本义派反对此种意见，据他们的看法，商业利润率超过银行利率时，则借款者可无限制的增加，因而纸币趋于膨胀。事实上英兰银行的利率低于市场利率，更低于商业利润，故其刺激通货增加的可能性很大。而且英兰银行对政府的贷款毫无限制。反金条主义派的意见显属错误，银行滥发纸币的可能性已无可置疑。第三为纸币膨胀的责任问题。金条主义派认为英兰银行纸币为流通中的纸币最大来源。英兰银行纸币的数量决定乡镇银行纸币发行的数量，所以对于纸币膨胀一事，英兰银行应负最大的责任。反金条主义派根本否认纸币膨胀。故责任谁属，亦不成为问题。但其中一部分人士则认为乡镇银行的纸币发行数量根本与英兰银行的纸币发行额无关，英兰银行对纸币膨胀一事不应负责。Silberling 和 Angell 两氏赞同反金条主义派的见解，并根据统计数字，加以解释。这种解释和统计数字，据 Viner 氏看来，都是很有问题的。他们据以编制乡镇银行纸币量统计的原始材料既不可靠，其解释亦不正确，故其结论自属错误。当时英兰银行已为事实上的中央银行。此点 Silberling，Angell 及 Viner 皆曾言之。该行既处于中央银行的地位，自应对于全国的通货及信用状况负责。英兰银行对于一般乡镇银行的信用膨胀不但未加以管理或冲销，且其本身亦已走入信用膨胀之途。该行对于商业票据的贴现年有增加，且其增加的速度超过对于政府的借款，商业票据贴现增加自可使一般银行在英兰银行的存款增加，因而一般银行得据以增加其贷款数额及纸币发生量。故对于纸币膨胀的责任一层，英兰银行，实无可推诿。

在第二个时期内，纸币恢复兑现，但物价激降，一般工商业皆濒于破产。原因何在，议论纷歧。反金条主义派认为恢复战前的金平价为一绝大的错误，物价跌落，商业衰沉，皆因是发生。金条主义派中之拥护兑现者，到了这个时候，或已物故，或销声敛迹，只剩 Ricardo 一人驰骋论坛了。Ricardo 氏承认纸币兑现可使物价跌落，但他认为如果按照他在一八一一年所订的计划实行兑现，则物价跌落不会超过百分之五。假如超过此数，则系由于英兰银行的处置失当所致。

对于这个问题 Viner 氏的意见仍是站在 Ricardo 的一方面。据他的看法，拿破仑战争停止以后，英国经济消沉的原因有三。一为英兰银行实行兑现时，技术上的错误。英兰银行不采取 Ricardo 的金条计划，而以铸币兑现，此足以引起金价上涨物价下跌。此外该行将票面五镑以下的纸币收回，亦为促成金价上涨之一因。其次为英政府措施的不当。实行兑现虽非英政府之事，但其竟熟视无睹，不加纠正，且英政府大量偿还英兰银行的短期借款，结果更加重通货紧缩的影响。第三，一八一六年以后的物价跌落，普遍于世界各处，初不限于英国一国。黄金的生产不能与工商业的发展相适应，为其主要原因。

Viner 氏虽为 Ricardo 辩护，但亦曾指出其在理论上两点失检之处。第一，氏低估了兑现对于物价的影响。第二，无论实行兑现之为功为罪，但恢复旧金平价后，使币制失去弹性，使英兰银行不复能利用 其在不兑现纸币制下用以阻遏物价跌落的武器，则为事实。

四、美国南北战争时期的绿背纸币

绿背纸币是美国南北战争时期联邦政府为筹措战费起见而发行的一种不兑现纸币。

这种纸币从一八六二年二月起至一八六三年三月止，共发行三次，发行总额为四万五千万美元。因为发行额不太多，所以币值跌落的程度，不像"阿西那"那样剧烈。从一八六一年至一八六四年，趸售物价仅上涨一倍强。专门讨论这个问题的书籍，主要有以下几种：

W. C. Mitcheell：*History of the Greenbacks*，1908.

Idem. Gold，*Prices & Wages Under the Greenback Standard*，1908.

Don. C. Barrett，*The Greenbacks & the Resumption of Specie Payment*，1981.

Mitchell 氏所著的两本书，主要系叙述以下两个问题。第一为联邦政府的财政状况和绿背纸币发行的经过。第二为绿背纸币发行后对经济生活各方面的影响。关于第二项问题，作者有其特殊的见解，兹略述如下：

（一）纸币金值的变动

在一八六〇年左右，美国尚无一有组织的外汇市场，仅有一不甚发达的金市场。故著者以纸币金值的变动代表其对外价值的变动。从一八六二年一月起至一八六四年年底止，纸币金值跌落了一半以上。且其涨跌，甚为剧烈。此种现象，引起当时若干人士的争议。大多数的经济学者都认为通货膨胀为纸币金值跌落的基本原因，而其短期波动期系受市场投机活动的影响。但 Mitchell 氏认为此种解释过于简单，且与实际情形不尽符合。据他的意见，绿背纸币为美国政府的纸币，其价值的涨跌完全视发行者的信用状态而定。如果一般人民对于政府将来兑现的能力完全失去信心，则纸币的价值将等于零。在另一方面，如果人民对于政府的信用毫不怀疑，则纸币仍可维持其法定平价式仅有微少的变动。在法定平价与零值之间，纸币金值受经济社会对于政府现在及将来偿债能力的估计所左右。纸币的增发、财政状况、战事推移以及国内外政局的变动等皆为影响人民对于政府信用的估价的重要因素。

（二）物价变动

从一八六〇年到一八六四年，美国趸售物价指数增加一倍以上。著者首先分析各类物价的变化，进而讨论其变动的原因。他将影响物价变动的因素，分为两种。一为一般的因素，一为货币的因素。一般的因素包括政府购买，南方各州生产品供给的减少及各项税率的增加等。他认为许多人过于重视一般因素的影响。对于同一种货物，政府的需求增加，则人民的需求减少。买者改变了，社会的总需求量并没有增加。在战时，政府虽须增购军需品，但社会对于消费品的需求则减少了，表现在一般物价水准上，两者的影响适可以互相冲销。所以政府购买的增加对一般物价水准是不会有很大的影响的。其次，南部各州与北部各州间国内贸易的中止，固可使南部各州的生产品在北部的售价增涨，但北部各州的生产品一向输往南方者，其价格亦因输出减少而降低。两者对于一般物价水准的影响，亦可以相互抵销，或部分抵销。所以这种现象亦不足以说明一般物价的变动。第三，联邦政府为应付战费起见，对于所有的国内产品课税，并对一切的进口货征收重税。依照普通的看法，税率的增加等于生产成本的增加，因而使物价上涨。著者认为事实上并不如是简单。各种物品的需求弹性不同，生产者间的竞争状况亦异，因之生产者究竟能将租税负担的几成转嫁到消费者身上，在各种产品间，至不一律。据他的分析，当时的进口税几可全部转嫁，而国内产品税影响于各项物价者则甚微。

Mitchell 将以上三种因素分别加以称量后，便进而讨论通货对于物价的影响。他将一八六〇年至一八六五年的趸售物价平均数与纸币金值相比较，发现其涨落甚为一致，从而断言，两者的变动乃由于一共同的原因，即以上所述的经济社会对于政府纸币之评价的改变。

（三）物价变动对于财富分配的影响

物价不断上涨后，社会生产物的分配发生激烈的变化。工资的增加，永远赶不上物价的增加。从一八六〇年六月起至一八六四年六月止，各类工人的货币工资虽增加百分之四十以上，而其实际收入则减少百分之十五至百分之四十不等。所以工人是物价上涨中的牺牲者。地主的情形颇不一致。大城市的地租增加较速，但赶不上物价的增加率。小城镇及农村的货币地租的增加率远落在物价的后面。但收取实物租的地主，所受影响较微。货币资本的所有者，在物价上涨中，也受到损失。因为货币资本的购买力是不断的随物价上涨而减少的。从一八六〇年至一八六四年，短期放款利率增加百分之十八，六十天后中期放款利率增加百分之十一，而在同时期中，趸售物价指数增加百分之八十六，工资也增加了百分之三十八。所以利息收入者，在物价上涨期中，所受的牺牲尤大于工资收入者。至于以利润为主要收入的生产者和商人，则和以上三种人的情形迥异。利润是生产品价格中，除去工资、利息和地租等以外的剩余部分。在生产品价格上涨中，工资、利息和地租等的增加率较物价为少。此剩余部分的增加率不但超过以上三种收入，而且也超过物价的增加率。所以商人和生产者是战争期中的获利者。

Mitchell 氏的两本书的内容大体如上。Barrett 氏在他所写的一本书里，除了历史的叙述外，并曾讨论到下列两个问题。第一，著者认为绿背纸币的发行和停止兑现，在财政政策上是一种错误。此种错误是完全可以避免的。第二，著者认为即使绿背纸币必须发行，其开始兑现时期也可以提早至一八六六年，而不必等待到一八七九年。关于第二点，著者有详明的分析，并且提出了许多的理由，可以说是著者的一大贡献。但是关于第一点，著者似乎过于重视纸币发行在经济方面的影响而忽略了战事的需要。在法币条例通过之前，美国国会人士早已预料到它的弊害。然而国会议员仍予以顺利通过者，原因就在他们认为解救财政困难以适应战事的需要，较诸维持一稳定的币制，更为重要。他们宁愿牺牲人民经济上的利益，以使政府获得资金进行战争。这一点，在经济上虽然为害很大，而在国家的利益的观点上，是无可指摘的。

传承·对外经济贸易大学名师文库

姚曾荫著述文集（中）

对外经济贸易大学 编
本集主编 薛荣久

中国商务出版社

图书在版编目（CIP）数据

姚曾荫著述文集：英文/薛荣久主编．--北京：中国商务出版社，2017.7

ISBN 978-7-5103-1664-7

Ⅰ.①姚…　Ⅱ.①薛…　Ⅲ.①世界经济－文集－英文②中国经济－文集－英文　Ⅳ.①F11－53②F12－53

中国版本图书馆 CIP 数据核字（2017）第 184425 号

姚曾荫著述文集（全三卷）·中卷

出　　版：	中国商务出版社	
地　　址：	北京市东城区安外东后巷 28 号　邮　编：100710	
部　　门：	商务与法律事业部（010-64245686　cctpress1980@163.com）	
责任编辑：	赵桂茹	

直销客服：010-64245686
总 发 行：中国商务出版社发行部（010-64266193　64515150）
网　　址：http://www.cctpress.com

排　　版：	北京科事洁技术开发有限责任公司	
印　　刷：	三河市鹏远艺兴印务有限公司	
开　　本：	787 毫米×1092 毫米　1/16	
印　　张：58.75　　彩插：2		字　　数：1193 千字
版　　次：2017 年 10 月第 1 版		印　　次：2017 年 10 月第 1 次印刷
书　　号：	ISBN 978-7-5103-1664-7	
定　　价：	180.00 元	

凡所购本版图书有印装质量问题，请与本社总编室联系。电话：010-64212247

版权所有　盗版必究　盗版侵权举报可发邮件到本社邮箱：cctp@cctpress.com

目 录

序　薛荣久 / 1
在经贸部系统先进工作者大会上的发言　　姚曾荫 / 1
追思父亲姚曾荫教授　姚立 / 1
好学深思　严谨不苟——纪念姚曾荫先生　　王林生 / 1

上　卷

大学毕业论文

银汇价变迁下之中国国际贸易 / 3
第一章　导　言 / 3
第二章　一九二六至一九三一年银汇价跌落期中之中国国际贸易 / 10
第三章　一九三二至一九三五年银汇价昂腾期中之中国国际贸易 / 31
第四章　结论 / 44
（附）一九三五年十一月四日以来汇价稳定期中之中国国际贸易 / 48

外汇与侨汇

论我国当前外汇问题 / 52

广东省的华侨汇款 / 58
序言 / 58

一、广东省华侨汇款的机构 / 59
二、广东省华侨汇款的数额 / 82
三、结论 / 92

银行机构构建与作用

战后银行组织问题 / 95
一、战后中央储备银行的组织问题 / 95
二、中央储备银行与信用统制 / 100
三、中央储备银行与政府的关系 / 104
四、普通银行业务活动的监督问题 / 108
五、各类银行的业务划分问题 / 113
六、结语 / 120

战后我国银行机构的改造问题 / 122
一、叙言 / 122
二、中枢金融机构的建立问题 / 122
三、各类银行业务之厘定与划分 / 127
四、结语 / 132

中国经济与贸易

论调整生产问题兼答客难 / 134

太平洋大战爆发后我国经济政策应有的转变 / 138

战时大后方的贸易平衡 / 142
一、绪言 / 142
二、后方的对外贸易 / 142
三、后方对陷区的土货贸易 / 146
四、后方走私输出入之估计 / 147

五、后方对外贸易及对陷区贸易总平衡 / 147

物价生产与流动资金 / 149
　　一、引言 / 149
　　二、产业资金问题的性质 / 149
　　三、流动资本缺乏之一般的原因 / 151
　　四、流动资本缺乏之特殊的原因 / 156
　　五 结论 / 159

战后的世界经济与中国经济 / 162
　　一、引言 / 162
　　二、英美人士对于战后世界自由经济之企求 / 162
　　三、世界经济形势之演变及其趋向 / 164
　　四、中国在战后世界经济新秩序中应如何自处 / 166

世界经济

世界经济在转变中 / 169

书　评

《现代银行论》述要 / 175

《经济进步论》述要 / 177

战时货币史及其有关的书籍 / 180
　　一、引论 / 180
　　二、法国革命时期的"阿西那" / 183
　　三、一七九七——一八二一年英兰银行纸币停止兑现 / 186
　　四、美国南北战争时期的绿背纸币 / 191

中　卷

国 际 会 议

祝国际经济会议开幕 / 197

国际贸易理论

"资产阶级国际贸易理论介绍"导言 / 201
  目的要求 / 201
  学习方法 / 202
  研究方法 / 204
  课程的轮廓 / 207

亚当·斯密的一般经济理论和国际贸易理论 / 213
  一、斯密的时代背景 / 213
  二、亚当·斯密的著作《国富论》的内容和结构 / 215
  三、斯密的一般经济理论 / 217
  四、斯密的国际贸易理论 / 224

李嘉图的一般经济理论和国际贸易理论 / 228
  一、李嘉图的时代背景 / 228
  二、李嘉图的主要著作 / 232
  三、价值论 / 233
  四、货币论 / 237
  五、分配论 / 239
  六、国际贸易理论 / 240

关于《世界经济学原理》的几点意见 / 245

国际分工与世界市场

国际分工的产生与发展 / 247

  一、导论 / 247
  二、国际分工的产生与发展 / 252
  三、战后世界分工的特征 / 256
  四、影响战后国际分工发展的主要因素 / 257

资本主义国际分工与世界市场 / 264

  第一节 资本主义国际分工与世界市场形成与发展的必然性 / 264
  第二节 资本主义国际分工的根本原因 / 269
  第三节 资本主义国际分工的发展及其特点 / 275
  第四节 资本主义世界市场的发展及其特点 / 282

西方学者论国际分工——国际贸易理论 / 289

  一、引言 / 289
  二、为什么需要一个独立的或单独的国际分工——国际贸易理论 / 292
  三、亚当·斯密的绝对利益理论 / 292
  四、李嘉图的比较利益理论 / 294
  五、赫克歇尔—俄林的理论模式 / 304
  六、对赫克歇尔—俄林理论模式的检验：里昂惕夫之谜 / 310

世界市场的形成与第二次世界大战以前的世界市场 / 312

  第一节 世界市场的产生和发展是资本主义生产方式的历史使命 / 312
  第二节 垄断前资本主义时代的世界市场 / 318
  第三节 垄断资本主义时代的世界市场 / 325
  参考书目 / 350

第二次世界大战后资本主义世界市场、国际贸易和国际分工的几个问题 / 352

国际分工 / 365

一、国际分工问题概述 / 365

二、国际分工发展的几个阶段 / 370

三、当代的世界分工 / 378

世界经济的构成与发展

科学技术革命与世界资本主义工业发展的几个阶段 / 388

一、第一次工业革命和资本主义国家工业生产的迅速增长 / 389

二、19 世纪 70 年代到 90 年代初期资本主义国家经济的长期停滞 / 391

三、19 世纪 90 年代初期到第一次世界大战前资本主义世界经济的迅速发展时期 / 393

四、两次大战期间资本主义经济的慢性萧条和长期停滞 / 397

五、20 世纪 50 年代到 70 年代初期第三次工业技术革命与资本主义工业生产的迅速增长 / 400

六、20 世纪 70 年代初期以来世界资本主义的经济停滞和慢性萧条 / 405

世界经济的构成与发展趋势 / 408

一、世界经济学的对象是一个迅速变化、迅速缩小的世界 / 408

二、第二次世界大战后到 20 世纪 80 年代末的世界经济 / 415

当代科学技术革命和世界经济 / 421

第一节 当代科学技术革命的特点和原因 / 421

第二节 当代科学技术革命推动了生产力的大发展 / 424

第三节 当代科学技术革命对生产关系的影响 / 426

第四节 当代科学技术革命是推动世界经济向前发展的革命力量 / 429

对二战后世界经济的回顾与展望 / 432

一、世界经济迅速增长的 25 年 / 432

二、70 年代初期以来世界经济形势的变化 / 438

三、对 80 年代世界经济前景的展望 / 445

资源与世界经济的未来 / 448

国际贸易的发展与作用

第二次世界大战后国际贸易的发展 / 454
  一、世界贸易值和世界贸易量的变化 / 454
  二、战后国际贸易重要性的增长 / 455
  三、当代国际贸易商品结构的变化 / 459
  四、世界贸易地理格局变化的特点 / 467
  五、当代西方国家的对外贸易政策 / 472

对外贸易是"经济增长的发动机"学说述评 / 484

国际价值和价格

价值规律的作用在世界市场上的重大变化 / 493
  一、关于国际价值规律的一般论述 / 493
  二、价值规律在世界市场上的作用 / 494
  三、不平等交换发展的三个阶段 / 501

关于价值的国际转移问题 / 505
  一、发展中国家进口贸易中的价值转移 / 505
  二、发展中国家出口市场上的价值转移 / 506

世界市场价格 / 510
  第一节 世界市场价格问题概述 / 510
  第二节 一种商品一个价格的规律 / 510
  第三节 世界市场的四个领域与世界市场价格的多元化 / 514
  参考书目 / 533

贸易条件与不等价交换

国际经济学界关于贸易比价长期趋势问题的论战 / 536

资产阶级经济学家关于发展中国家贸易条件长期恶化学说的争论 / 558

伊曼纽尔的不平等交换学说述评 / 568
一、伊曼纽尔不平等交换学说的要点 / 568
二、不平等交换的形式 / 570
三、对伊曼纽尔不平等交换学说的评论 / 573

对于许迺迥关于不等价交换的理论和计算方法的初步探讨一文的几点意见 / 579

新贸易保护主义

世界经济形势与新贸易保护主义 / 591
一、世界经济形势的变化 / 591
二、从贸易自由化走向新贸易保护主义 / 594

新贸易保护主义与中国 / 598

地区与国别贸易

西德的对外贸易 / 603
一、第二次世界大战前德国的基本经济情况 / 603
二、第二次世界大战以前和"二战"期间德国的对外贸易 / 605
三、西德的一般经济情况与对外贸易 / 608

关于经济"不发达"国家制成品和半制品的出口问题 / 616

一、战后经济"不发达"国家对外贸易发展的一般形势 / 616

二、战后经济"不发达"国家制成品和半制成品出口简况 / 619

三、经济"不发达"国家制成品和半制成品出口在西方资本主义国家市场上所遭遇到的关税障碍及数量限制 / 622

四、经济"不发达"国家棉纺织品的出口市场问题 / 625

五、关税及贸易总协定和联合国等国际机构关于增加不发达国家制成品和半制成品出口的各项建议 / 629

六、关于经济"不发达"国家发展制成品和半制成品出口问题的初步意见；对联合国及关税及贸易总协定所提出的建议和方案的评价 / 632

第二次世界大战后亚洲、非洲和拉丁美洲国家的对外贸易 / 635

一、战后亚洲、非洲和拉丁美洲国家仍然是帝国主义国家的原料——食品来源地和商品销售市场。它们的对外贸易仍然是殖民地或半殖民地类型的对外贸易 / 636

二、战后亚洲、非洲和拉丁美洲国家对外贸易地位的变化 / 640

三、中国同亚洲、非洲、拉丁美洲国家的经济贸易关系 / 647

下 卷

中国对外贸易发展

第一次世界大战至抗日战争前的中国对外贸易 / 651

一、1914—1937年中国对外贸易的基本特点 / 651

二、1914—1918年第一次世界大战时期的中国对外贸易 / 664

三、1919—1930年帝国主义争夺中国市场霸权时期的中国对外贸易 / 675

四、1931—1937年资本主义世界经济危机和帝国主义加紧政治、经济侵略时期的中国对外贸易 / 689

世界经济形势与对外贸易发展战略 / 702

对外贸易与发展战略 / 709
  一、两种学说和两种发展战略 / 709
  二、能不能采用比较成本原理作为我国发展战略的依据？/ 711
  三、世界经济形势与发展战略的关系 / 714

关于我国对外贸易的几个问题的探讨 / 717

关于社会主义国家对外贸易的几个基本理论问题答客问 / 722

世界产业结构的变化与中国 / 730

以更加勇敢的姿态进入世界经济舞台 / 738

世界经济大趋势与中国对外开放 / 739
  第一阶段，从 16 世纪—1873 年 / 740
  第二阶段，1873—1913 年 / 741
  第三阶段，1914—1945 年 / 743
  第四阶段，1945 年—现在 / 744

正确执行对外开放政策——兼评比较利益学说的利用问题 / 747
  一、比较利益—自由贸易学说能不能应用到发展中国家，能不能应用于中国？/ 747
  二、怎样正确执行对外开放的方针 / 752

亚洲太平洋地区的经济形势与中国 / 754
  一、发展中的"四小" / 754
  二、日本关系太平洋经济共同体的设想 / 756
  三、世界经济有走向集团化的趋向 / 758

四、中国怎么办？/ 759

对外贸易与发展战略 / 761

我国出口商品在国外市场上所遇到的关税壁垒和非关税壁垒 / 769
　　一、美国 / 769
　　二、西欧共同市场 / 773
　　三、日本 / 782

中国地方外向型经济发展

发展外向型乡镇企业的条件 / 786
　　一、"三来一补"的乡镇企业参加国际分工的利弊与得失 / 786
　　二、当前发展外向型乡镇企业的有利条件和不利条件 / 787
　　三、发展外向型乡镇企业要注意的几个问题 / 787
　　四、发展沿海外向型乡镇企业须采取的几项政策措施 / 788

发展沿海外向型乡镇企业需要全面规划　积极引导 / 789
　　一、"三来一补"的乡镇企业生产是我国参加国际分工的一种形式 / 789
　　二、当前发展"三来一补"乡镇企业的有利条件和不利条件 / 791
　　三、发展外向型乡镇企业需要注意的几个问题 / 792
　　四、发展沿海各省外向型乡镇企业需要采取的几项政策措施 / 792

关于三江平原东南地带暨牡、鸡、绥三角区发展外向型经济的几点意见 / 794
　　一 / 794
　　二、谈几个具体问题 / 796

国际贸易研究

国际贸易学的对象与方法 / 801
  一、国际贸易学的对象是一个不断变化不断缩小的世界 / 801
  二、国际贸易是政治经济学的重要组成部分 / 805
  三、国际贸易的研究方法 / 806

西方经济学家评西方经济学——西方经济学仍处于欠发展的状态 / 810

要正确对待西方经济学 / 812
  两股热潮 / 812
  回答几个问题 / 812
  西方经济学家评西方经济学 / 815

深入研究跨国公司的理论与实践问题 / 817
  一、现代跨国公司的出现和迅速发展是当代世界经济的一个重要特征 / 818
  二、跨国公司对世界贸易的控制 / 819
  三、对跨国公司的评价 / 820
  四、中国是否应该走企业国际化跨国化的道路？ / 821

国际经贸教育考察

英美外贸教育考察 / 823
  一、战后高等教育的发展趋势 / 823
  二、美国和英国大学商学院的情况 / 826
  三、对我院教学工作的几点建议 / 828

治学方法

治学方法 / 832
  一、任务：学习与科研 / 832
  二、目标 / 832
  三、要求 / 833
  四、安排与要求 / 837

关于评阅研一学期作业的几点意见 / 838

为外贸学院学生会举办的学术讲座所做报告 / 840
  一、三点希望 / 840
  二、《世界经济学原理》提纲第六稿 / 843
  三、世界经济形势 / 844

传承

纪念赵迺抟教授任教五十周年倡议出版《国际经济理论和历史研究》的建议 / 845

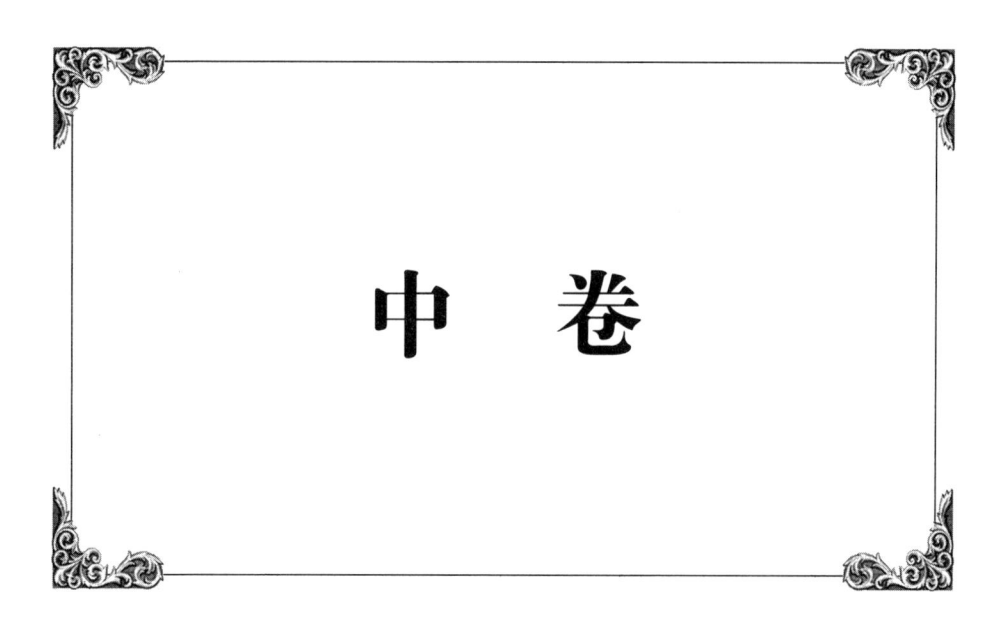

中 卷

国际会议

祝国际经济会议开幕[*]

一

预定昨天在莫斯科开幕的国际经济会议，已引起全世界爱好和平的人民的深切注意和热烈讨论。这个会议是保卫世界和平运动的一环，是减轻资本主义国家人民痛苦和改善其人民生活状况的可行步骤。国际经济会议的召开是第二届世界和平大会所决定的。去年10月在丹麦京城哥本哈根所成立的筹备委员会负责大会的一切安排事宜。参加会议的人来自社会和经济不同的各个国家。他们抱有各种不同的政治观点和信仰，他们代表各个不同的阶层的利益：有的是工会领袖，有的是合作事业者，有的是经济学者，有的是工商业资本家，也有的是技术专家。但是他们到莫斯科，并不是讨论政治问题，也不是争辩两种经济制度的优劣盛衰。会议的主要目的是在寻找有效的办法来克服在各国正常经济接触的道路上的各种障碍，恢复和发展各国间的贸易关系，促进国际间的经济合作，从而改善各国人民的生活水平。在去年7月22日，世界和平理事会执行局赫尔辛基会议的决定中曾经指出：一旦有不同立场和信仰的人们在这方面共同努力有着巨大的重要性。现在有可能找到办法来促成各国间正常关系的重建，和帮助提高人民的生活水平，从而促进和平事业。

在1950年11月第二届保卫和平大会致联合国书中曾有如下的建议："我们强调指出，若干国家从和平经济走上战争经济的道路，已愈来愈使国际间的正常经济关系以及原料和制成品的交换受到妨害。我们认为，这种情况使许多国家人民的生活水准受到恶劣的影响，成为经济进步和所有国家间商业关系的障碍，最后，这种情况是危害世界和平的冲突的根源。我们考虑到一切人民的切身利益并愿意改善全世界的情势，特建议在满足人民要求的互利条件下，恢复各国间正常的贸易关系，取消任何形式的经济歧视，确保各国国民经济的发展和大小国家的经济发展。"这项建议指出了今后改

---

[*] 姚曾荫，北京大学教授，进步日报，1952年4月4日。

善国际经济关系应该努力的方向。

在文明的社会里，每一种歧视——种族的，政治的，经济的——都是不能容许的。贸易方面的歧视尤其能破坏各国间的正常经济关系，产生国际间的仇恨情绪。正常而繁荣的国际贸易是培植国际和平与友善之最适宜的土壤，可是不合理的贸易与商业关系也是产生国际间龃龉和紧张局势之最好的温床。因此，这次的国际经济会议将着重讨论以下两个问题：（一）如何改善各国间的经济关系；（二）如何在20世纪中叶在和平的情况下改善生活水准。很明显地，这两个问题是互相联系、不可分离的。只有在恢复和发展国际间的正常经济关系，使各国间的原料品、半制品、制成品能够自由交流不受妨碍时，许多国家人民的生活水准才能得到改善；而在生活水准普遍改善以后，国际间的经济关系才能得到更进一步的发展。这两个问题的解决都要求保持世界和平，而且也都有助于巩固世界和平。这一点是非常重要的。

二

在第二次世界大战以后，在国际经济关系上显然存在着两条完全相反的路线。以苏联为首的和平阵营的路线是在平等互利与尊重一切国家主权、不干涉其他国家内政的基础上毫无歧视地发展和平互助和巩固各国间真正的经济合作。美英帝国主义侵略集团的路线却是在于确立世界霸权、干涉其他国家的内政、推行国际贸易的歧视政策，破坏正常的国际经济合作和阻碍其他国家的经济发展。

我们都知道，苏联自立国以来一贯地实行国际和平友好的政策，致力于维护世界和平的事业。世界进步人类的领袖斯大林在1924年就强调指出："我们的国家（苏联），是世界上唯一能实行、且在事实上已经实行和平政策，不是伪善地，而是确实地和公开地，坚决地和彻底地实行这个政策的国家。"苏联的外交政策同时又是从承认社会主义与各资本主义国家共存的可能性与重要性出发的。战后时期苏联的外交政策不断地表示出它致力于和平与国际合作的坚决的和不屈不挠的意志。

我们中华人民共和国的外交政策也是致力于和平事业的。在共同纲领第五十四条中，曾说明中国外交政策的原则为"保障本国独立、自由和领土主权的完整，拥护国际的持久和平和各国人民间的友好合作，反对帝国主义的侵略政策和战争政策。"毛主席在1949年6月15日人民政协筹备会开幕礼的演讲中曾说："中国人民愿意与世界各国人民实行友好合作，恢复和发展国际间的通商事业，以利发展生产和繁荣经济。"

苏联、中华人民共和国以及其他人民民主国家的和平友好的外交政策同样地表现在对外经济政策中。

在第二次世界大战以后，苏联与人民民主国家不但在尽力加强彼此间的经济互助及贸易往来，而且也始终在努力改善社会主义与资本主义两种制度之间的一般经济和贸易关系，促进两种制度间的经济合作。在1949年6月苏联《新时代》周刊社论中即曾指出："两种制度之间在平等的基础上实行真诚的经济合作，各国间贸易的正常化和扩大，是与所有国家人民的利益完全符合的。"同年12月20日苏联前对外贸易部部长米高扬在真理报著文说："苏联与美国及其他西欧资本主义国家贸易数量的减缩不是由于经济制度的不同。理论与事实业经证明了在现有的不同制度下，贸易关系的广泛发展是完全可能的。"1950年11月18日维辛斯基在联合国大会全体会议上发表演讲称："我们赞成根据国际经济合作的正常条件，根据适当尊重各贸易国的国家权益的原则，尽量地发展国际贸易……苏联政府已宣布它愿意在保证有关国家相互利益的条件下，全力支持国际贸易的发展。"在去年8月9日苏联真理报的社论中，也曾着重指出："苏维埃国家过去一贯而且现在仍在为加强与各国的商业、贸易和友好关系而奋斗。苏联人民认为：国际关系应建筑在一切国家不分大小一律平等与互相尊重权利与利益的基础上。苏联拥护每一个真正为了加强国际联系的倡议。"

在1948年5月欧洲经济委员会第三次会议上，苏联代表团曾提议在这个委员会下面应设立一个旨在发展欧洲各国间经济联系的委员会，及旨在维持并发展在战后情况下欧洲各经济上最重要的工业部门的附设委员会。这项提议对于欧洲各国的工业和贸易的迅速恢复和发展是具有特别重要性的，并且是完全符合于欧洲各国全体人民的利益的。可是，由于美国及其附庸国家的反对，这项提议未能实现。在1949年2月欧洲经济委员会附属的发展对外贸易委员会的会议上，苏联和人民民主国家的代表曾提议扩大欧洲各国间乃至欧洲国家和其他大陆各国间的贸易范围。苏联代表又曾提议，在双边协定的基础上促进贸易发展，并取消美国及"马歇尔化"国家对苏联及人民民主国家在贸易上施行歧视的方策。在1950年11月苏联更积极参加并促进欧洲谷物协定的讨论。但是苏联及人民民主国家这一切促进不同制度的国家间经济合作的努力都遭受到美英侵略集团的阻挠和反对。

三

坚持贯彻执行和平政策、发展国际贸易和经济合作，是苏联和各人民民主国家在进行国家经济建设、改善人民生活等方面获得成功的重大原因。因此，国际经济筹备委员会邀请世界各国的具有各种不同见解的经济学家、实业家、农业家、商人、工程师、工会与合作社人员举行国际经济会议，以讨论如何经由发展各国间的经济关系来实现和平合作，并由此来寻求改善人民生活状况的可能性的这一号召，在世界各国获得了广泛的影响，即使是美国、英国、日本都不例外。美国资产阶级的报纸如《纽约时报》《华尔街日报》等都一致强调希望通过这次会议能扩展国际贸易，并有许多实业家愿意前往莫斯科参加会议。英国前贸易委员会主席威尔逊说道：改善英国经济局面的一个条件是英国"恢复其与东欧及全世界其他部分发展贸易的自由，这种贸易自由对英国经济是不可缺少的"。英国在远东的航运事业因禁运而生意萧条，英国的远东商人普遍地不满对我中华人民共和国的禁运。日本的工商业家、金融家、工程师、工会，都对国际经济会议发生莫大的兴趣，日本的报纸如《朝日新闻》《读卖新闻》《东京时报》和《产业经济新闻》，都表示支持日本代表前往莫斯科。

莫斯科国际经济会议已经开幕了。世界各国愿意参加这个会议的人数已经大大超过了原定的人数。我国人民对国际经济会议的召开，是绝对拥护的。中国代表团团长南汉宸说："国际经济会议的目的，是在世界和平的条件下，促进各国经济合作的发展。目前苏联、中国和人民民主国家正在进行和平的经济建设，人民生活水准已日益提高。而有些国家实行扩军备战及封锁禁运，已使这些国家的经济危机更加严重，工商业的困难日益增加，人民生活水准下降。我们认为只有在世界和平条件下发展国际经济合作，才能促进各国工商业的发展和人民生活水准的提高，同时使世界和平更能巩固。中国人民一贯拥护世界和平和各国人民之间的友好合作。中国人民曾经历数十年战争的破坏，深深感觉战争对于经济的损害。中央人民政府成立两年来经济建设已获得辉煌的成就。我们深愿在世界和平条件下发展国际经济合作，以促进各国工业农业生产的发展，人民生活水准的提高。我们热烈拥护国际经济会议的召开，并组织代表团前往参加会议，以积极促进各国经济合作关系的发展。中国代表团愿意在国际经济会议上与各国的工业家、商业家、农业家、工会工作者、合作社工作者、经济学者等，广泛交换意见。同时我们准备与各国的工商业家在平等互利的基础上进行各种贸易谈判，以期能够签订各种交易合同、协定、协议。同时我们愿意与各国出席人建立友好的联系，采取各种方式，以建立与发展中国人民与各国人民之间的经济友好合作关系。"

我们深信代表们一定能完成任务。

这次会议是一个意义重大的会议。它不仅可以促进各国间贸易关系的发展，为国际经济合作打开新局面，而且将会导致世界和平。在全世界人民的热烈拥护下，这个会议的成功是可以预料的。

国际贸易理论

"资产阶级国际贸易理论介绍"导言*

目 的 要 求

近几年来全国学术界不断地进行对现代修正主义和资产阶级反动观点的批判工作，取得了很大成绩，去年学校全体师生进行了批判马寅初及其思想的工作，这都是全国大规模思想改造运动的一部分，是思想战线上的阶级斗争。

同学们或者奇怪，为什么在对现代资产阶级反动思想和现代修正主义进行批判的过程中，又来介绍资产阶级国际贸易理论呢？这是不是散布毒素呢？是不是为资产阶级学说张目呢？我觉得不能这样认识问题。毛主席告诉我们做任何工作首先进行调查研究，详细地占有大量的资料。对自己的情况清楚，对敌人的情况也须如此。不了解敌人，不详细地研究他，你怎么能够战胜他呢？所谓知己知彼，百战百胜。大家都学完了毛选五卷。在学习时，我们都注意到一个问题，即毛主席在与敌人作战时，对敌人的情况真是了如指掌。多少兵力，第一线多少，后备力量多少，杂牌军多少，武器弹药、粮食供应补给等等，根据敌我具体情况，毛主席制定正确的战略战术，从而能一举歼灭敌人。

我们认为对于开设"资产阶级理论介绍"也就是为这样一个理由——就是了解敌情，掌握敌情，为同学们提供反面教材，通过调查研究，然后再进行批判。介绍是为批判作准备，介绍是第一步，批判是第二步。我们准备分两步走。是否可以毕其功于一役呢？不可以这样做，因为效果不好。同时我们的主观条件也不够。过去也在课程中进行过批判，实际效果不好。有无目放矢之感。敌人的真相不明，放了半天炮，都成为空炮，敌人打不死，白费了力气。

既然"介绍"是为了了解敌情，那就需要如实的介绍，清清楚楚的介绍，但须要申明一下，介绍但不等于同意，不等于赞成。学习这门课程的目的是什么？首先，如

---

* 姚曾荫，1961年4月6日，研究生班"资产阶级国际贸易理论介绍"讲稿第一讲"导言"部分。

上所述，必须和思想战线上的阶级斗争联系起来，是思想战线阶级斗争的一部分。对现代修正主义和资产阶级反动思想必须进行不调和的斗争，和他们绝不能"和平共处"。斗争的方式就是揭露和批判，而介绍就是为揭露和批判作准备。

其次，为了更深入地学习马列主义的国际贸易理论，也必须了解和批判资产阶级的国际贸易理论。大家知道马列主义是在同资产阶级、修正主义等一切反动学说的斗争中成长壮大起来的。马列主义经典作家为我们提供了许多关于认识揭露和批判反动学说以及与反动学说各种错误观点作斗争的范例。大家知道，"资本论"的副题是"政治经济学批判"。列宁在"帝国主义论"一书，在创立关于帝国主义理论的同时，也严正地批判了考茨基、希法丁等第二国际头目们的"学说"。毛主席在许多著述中也对左右倾机会主义的错误观点进行了彻底的批判。同样，要建立新的以毛泽东思想为指导的国际贸易理论，也必须认识、揭露和批判资产阶级国际贸易理论。

第三，在对外贸易战线上，我们随时随地都在进行反对帝国主义禁运政策，反对帝国主义对外贸易扩张政策的斗争。大家知道，帝国主义国家的对外贸易政策、对外扩张政策是以资产阶级对外贸易理论作为根据的。对资产阶级理论进行介绍和批判也就是对于帝国主义国家的对外贸易扩张政策的理论根据进行介绍和批判。认识它，可以更深入地揭露它的反动本质。这是我们所进行的反对帝国主义国家对外贸易侵略政策的斗争的一个重要的组成部分。

这门课程虽名为"介绍"，课程内容也基本上都是介绍，但是同学们在学习以后，有责任进行批判。同学们已经学完了毛选四卷，毛选一、二、三卷的若干重要理论文章也系统学习过，学完了资本论第一卷，还学习过其他的马列主义著作。学习毛泽东思想和马列主义的目的在于会运用它来解决实际问题，利用它们作为武器来批判现代修正主义和资产阶级反动理论。学习正面的，也要批判反面的。这学期我们准备进行三次课堂讨论，来重点地批判资产阶级国际贸易理论的三大流派。通过批判来锻炼你们的战斗力量，同时也就是考验你们的作战能力，看看你们学习马列主义和毛泽东思想以后会不会运用。

学 习 方 法

资产阶级的国际贸易理论是资产阶级政治经济学的组成部分。它是随着资本主义生产方式和资产阶级政治经济学的发展同时出现和发展的，是跟这种生产方式的现实矛盾和阶级斗争并行着长大的。资产阶级的国际贸易理论是资本主义社会上层建筑的一部分。和其他一切上层建筑一样，这些理论是为资本主义的基础服务的，符合于资本主义不同发展阶段中资产阶级在对外贸易方面的要求。斯大林在《马克思主义与语言学问题》中，对基础的上层建筑的关系作了经典的阐述。他说："基础是社会发展在每一阶段上的社会经济制度。上层建筑是社会对于政治、法律、宗教、美术、哲学的观点，以及适合于这些观点的政治法律等制度。每一个基础都有适合于它的上层建筑。……当基础发生变化和被消灭时，那么它就会随着产生适合于新基础的新的上层建筑。"①

上层建筑是由基础产生的，但这决不是说上层建筑就是消极地反映基础，对自己基础的命运，对阶级的命运，对制度的性质漠不关心。相反地，上层建筑一出现后，就要成为极大的积极力量，积极帮助自己基础的形成和巩固，采取一切办法帮助新制度来摧毁和消灭旧基础和旧阶级。不这样也是不可能的。社会的基础一改变，该社会的经济观点也随之改变；新的社会基础一产生，随着也就产生新的经济观点，以后逐渐形成为新的经济学说。

把基础和上层建筑的关系，应用到资产阶级国际贸易理论的研究时，可以得出以下结论：

第一，上层建筑既然是由基础产生的，所以当我们分析作为上层建筑的国际贸易理论时，我们必须注意考察产生这种经济思想、产生这种国际贸易学说的具体历史背景、具体阶级关系。在这意义上说，社会的经济政治史是研究国际贸易理论的必要知识。

第二，既然上层建筑由基础产生以后，又反过来积极为基础服务，所以当我们研究国际贸易理论时，我们要了解新兴阶级怎样利用一种贸易学说反对旧的统治阶级、旧的生产关系，发展和维护新的生产关系。旧的统治阶级又是怎样利用另一种经济学说来维护巩固旧的生产关系，延续自己的统治。总之，要了解新兴阶级如何利用代表他们切身利益的贸易理论作为反对旧的统治阶级的斗争武器。资产阶级国际贸易理论不但反映出资本主义社会本身的发展，反映了资本主义社会本身的发展诸阶段，而且反映出一国内部不同的资产阶级集团在对外贸易政策问题上的矛盾，同时也反映出各个国家的资产阶级在对外贸易政策问题上的矛盾。因此对这种种矛盾也必须有所认识。

第三，在同一基础上的上层建筑，由于它们所由产生的基础相同，由于它们所服务的对象相同，所以它们之间有密切的联系和共同性。它们互相影响，相互作用。资产阶级的对外贸易理论与资产阶级的一般经济理论以及与资产阶级的货币理论、经济危机理论的联系是十分密切的。资产阶级的哲学思想、政治学也对对外贸易理论有一定的影响。所以当我们研究资产阶级国际贸易理论时，也该注意有关的资产阶级经济

---

① 斯大林：《马克思主义与语言学问题》，第1页，第2页。

理论、货币理论和行情理论以及其他思想意识领域的发展。

随着资本主义生产方式的发展，资产阶级的国际贸易理论逐渐形成了一套完整的体系，并披着科学的外衣，具有蛊惑人心、妖言惑众的作用。为了揭露资产阶级国际贸易理论的反动性和伪科学性，对资产阶级国际贸易理论进行研究和批判是完全必要的。同时，资产阶级经济学者创立了各种各样的理论，为他们的统治集团谋取超额利润和垄断高额利润服务，甚至直接为帝国主义的对外扩张政策、反对社会主义阵营、侵略经济不发达国家的政策作辩护。因此对资产阶级国际贸易理论伪科学性和反动性的了解、揭露和批判，更具有现实的斗争意义。

我们这门课程，名为"资产阶级国际贸易理论介绍"，但我们的最终目的是通过介绍最后达到揭露和批判的目的。这是一门新的课程，我们的马列主义理论水平很低，批判能力差，不可能一下子就达到最终目的。但这是我们的努力方向。经过几年的教和学，我们希望不久的将来能把"资产阶级国际贸易理论批判"这一课程开出来。开设这门新课程的目的不在于学习资产阶级理论本身，更不能从资产阶级国际贸易理论中找主要观点方法，而在于了解毒草，认识毒草，从而达到拔掉毒草，辨别香花毒草，辨别真伪科学的目的。

大家知道，马克思列宁主义是在同资产阶级、修正主义等一切反动学说的斗争中成长壮大起来的。马克思主义政治经济学经典作家的著作提供了这种批判反动学说以及与反动学说多种错误观点作斗争的范例。大家知道，《资本论》的副题是"政治经济学批判"。列宁在《帝国主义论》一书中，在创立关于帝国主义理论的同时，也严正地批判了考茨基，希法丁为第二国际头目们的"学说"。斯大林在《苏联社会主义经济问题》中，对政治经济学中的一切反马克思主义观点作了无情的批判。毛主席在许多著述中也对左右倾机会主义的错误观点进行了彻底的批判。同样，要创立新的马列主义的国际贸易理论，创立新的以毛泽东思想为指导的国际贸易理论，也必须认识，揭露和批判资产阶级国际贸易理论。

研 究 方 法

马克思主义的研究方法和学习方法就是辩证唯物主义。这个方法适用于一切知识领域，把辩证唯物主义扩展到研究社会生活方面，那就是历史唯物主义。学习"资产阶级国际贸易理论"也必须采取历史唯物主义的方法。但是由于我们所研究的是具体对象的特殊性质，我们在具体运用这种方法时，又与其他学科有所不同。

首先，我们所研究的，是资产阶级国际贸易理论、学说、体系和观念。我们首先是根据资产阶级学者所发表的文章、书籍等来了解这些理论、体系和观念的。但是仅仅这样做还不够。我们还需要注意研究资产阶级国际贸易理论中的各种流派所反映的时代背景和各种经济的和政治的利害关系。而各个时代的具体的经济的和政治的情况以及经济的和政治的利害关系，又取决于生产力和生产关系的状况。

在分析资产阶级国际贸易学说时，必须弄清楚，这些学说是在怎样的历史条件下产生的，它们在阶级斗争中究竟起了什么样的作用。这就是说在研究资产阶级国际贸易理论时，除了对其学说的本身加以分析，还必须做具体的历史分析。

每一种社会经济制度都有与自己相适应的经济观点。因此，应当按照历史上各个社会经济形态的依次发展顺序来研究各个时代的经济观点。这种研究方法也同样适用于资产阶级国际贸易理论的研究。但是，在资本主义社会以前，由于国际贸易的不发达，国际贸易理论也处于极不发达的状况，甚至可以说没有"理论"可言。只有到了资本主义社会，才逐渐形成了一套比较完整的资产阶级国际贸易理论。这些"理论"随着资产阶级社会的萌芽、形成、发展、衰亡，也有其萌芽、发展和庸俗化、腐朽化的过程。对于这个发展过程应该有所了解，须做具体的历史分析。

马克思在叙述宗教史的研究方法时指出："从现实生活的种种关系中来推论跟这相适应的宗教形式——是唯一的唯物论的方法，即唯一的科学方法。"① 马克思对于政治经济学史也完全应用了他对宗教史家所提出的要求。同样，我们在研究资产阶级国际贸易理论时，也必须采用这一方法，即从商业资本的时代背景、现实关系中，研究重商主义的学说派系，从产业资本家的时代背景和现实关系、阶级关系中了解古典派国际贸易理论、庸俗派国际贸易理论以至小资产阶级国际贸易理论，又从垄断资本的现实关系、时代特征中研究为垄断资本服务的资产阶级国际贸易理论。

在学习资产阶级国际贸易理论时，也必须认识它们的形而上学的唯心主义的本质及其主观片面性。资产阶级经济理论和国际贸易理论，在方法论方面都是形而上学的，它们把资本主义制度看作是万古长存的。因此他们把资本主义制度下的国际贸易也看作是永远不变的。但是，大家知道，正如封建社会必然要被资本主义社会所代替一样，资本主义社会最终也必须会被社会主义、共产主义社会所代替。资本主义的国际贸易也必然随着资本主义制度的消亡而消亡。

历史唯物主义要求我们在研究资产阶级一般经济理论和国际贸易理论时，须要具有历史的观点，必须区别前垄断资本主义时期的资产阶级国际贸易理论和垄断资本主义时期的贸易理论。在前垄断资本主义时期，资本主义还在走着上升的道路，资产阶级的利益和社会经济发展进程是一致的，因此资产阶级经济学者也还能够对经济现象

---

① 《资本论》第一卷，第251页。

进行比较科学的研究，并作出了一定的贡献。因此，对于像古典学派的亚当·斯密和李嘉图这些代表人物的政治经济学和国际贸易理论，我们的态度是取其精华，弃其糟粕，实事求是地加以分析研究。虽然如此，但是，古典学派终于因为被他们狭隘的阶级利益所限制，他们不但不能真正揭露资本主义的实质和资产阶级国际贸易的剥削实质，他们还把资本主义制度和资本主义制度下的国际贸易看成是永恒不变的。到后来，当资产阶级掌握了国家政权，资本主义迅速发展和阶级斗争日益尖锐化以后，资产阶级的经济学者就完全抛弃了古典经济学原有的比较积极和进步的成分，完全丧失了它的科学性，变成了庸俗的政治经济学和国际贸易理论。庸俗派经济学家拼命粉饰资本主义，掩盖资本主义矛盾，抹煞资本主义先进国和落后国的矛盾。他们不仅不去科学地研究经济现象和国际贸易现实情况，反而还利用某些表面现象来掩蔽和歪曲资本主义制度的国际贸易的剥削实质。到了帝国主义时期，特别是经济危机时期，在阶级斗争愈加尖锐化，帝国主义国家和殖民地附属国的矛盾愈益激化的情况下，资产阶级各种经济学说，其中包括国际贸易学说的反动性也就愈来愈强。

其次，马列主义教导我们说，社会的物质生活条件是社会思想产生的源泉。社会存在的发展决定社会意识的发展，在阶级社会里，社会意识是一种阶级意识。政治经济学，包括国际贸易理论也就是这种阶级意识的形式之一。它的发展是社会存在的发展，是实际生活中各种关系发展的结果。毛主席教导我们："在阶级社会中，每一个人都在一定的阶级地位中生活，各种思想无不打上阶级的烙印。"[①] 由此可见，每一种思想，每一种学说，总是代表一定阶级的观点，维护一定阶级的利益。它同其他阶级的思想或学说作斗争，捍卫自己阶级的利益。资产阶级国际贸易理论公开地或暗中维护资产阶级的利益。小资产阶级的国际贸易理论为小资产阶级的利益服务，而马克思主义的国际贸易理论一开始便打着无产阶级的旗帜，为无产阶级的利益服务，作为无产阶级在阶级斗争中的理论武器。无产阶级是历史上最进步的阶级，它为了解放自己，为了解放全人类，不是要用一种剥削制度代替另一种剥削制度，而是要把人剥削人的制度永远彻底消灭干净。因此无产阶级的利益是和全人类的根本利益相一致的。只有无产阶级是大公无私的阶级，只有无产阶级的政治经济学和国际贸易理论才是客观的无私的，才是真理，才是科学。总之，国际贸易理论是有阶级性和党性的。

国际贸易理论的阶级性和党性要求我们在学习资产阶级国际贸易理论时，一定要毛泽东思想挂帅导，要站在无产阶级的立场。对一种国际贸易学说的评价，完全要以毛泽东思想为衡量的标准，以无产阶级的尺度为标准。我们要拥护什么，歌颂什么，我们要反对什么，批判什么，其间必须有严格的清楚的界限。无产阶级立场要求我们

---

① 《毛泽东选集》第一卷，第 282 页。

在学习资产阶级国际贸易理论时，绝不能采取中立的、客观主义的态度，而必须采取批判的、揭露的态度。

国际贸易理论的阶级性和党性也要求我们在学习资产阶级国际贸易理论时，一定要采用阶级分析的方法。对于某一个人或某一学派的学说，必须了解它代表那一阶级的利益，它在当时的阶级斗争中的作用。这是因为经济理论，其中包括国际贸易理论，不仅是阶级关系的表现，也是阶级斗争的工具。重商主义者拥护中央集权的封建国家，反对封建割据。因此重商主义是反对地方封建势力的有力斗争武器，同时也是一国的商业资产阶级反对外国商业资产阶级的斗争武器。古典派的政治经济学和国际贸易理论把自己的矛头锋芒朝向当时所残存的封建关系和重商主义。庸俗经济学把自己的锋芒对着革命的无产阶级。垄断资本占统治地位时代的资产阶级经济学家把他们的经济理论和国际贸易理论作为剥削和奴役本国人民与殖民地附属国人民的理论武器，马克思主义的政治经济学和国际贸易理论则是工人阶级为推翻资本主义压迫，求得自身解放的斗争武器，是殖民地附属国的人民为反对帝国主义的压迫和剥削，求得民族解放的理论武器，同时也是社会主义阵营各国为建设社会主义——共产主义，求得各国经济共同高涨和自力更生的理论工具。所以政治经济学和国际贸易理论既应该当作阶级关系的表现去研究，也应该当作阶级斗争的理论工具去研究。

课程的轮廓

资产阶级国际贸易理论，正如资产阶级社会一样，经过了两个发展阶段，即垄断前资本主义时代与帝国主义和资本主义危机时期。在这两个发展阶段里，随着资本主义社会本身的发展，随着各国资本主义发展程度的不同，在各个时期在各个国家产生了几种不同的国际贸易学说。

最初，国际贸易问题在重商主义者的著作中得到理论上的说明。重商主义是原始积累时期（15—17世纪）在西欧所流行的经济学说。他们的斗争锋芒是针对着封建制度和封建制度下所产生的中世纪意识形态。他们以货币形态的财富与自然经济中使用形态的财富相对立起来。重商主义者认为国民财富的源泉是对外贸易。只有发展对外贸易才能增加一国的财富。他们主张国家干涉国内经济生活，实行保护关税政策。重商主义者在当时是进步的先进的经济政策理论。这种理论在巩固资本主义经济制度中起了巨大的作用。资本主义的进一步发展，产生了资产阶级政治经济学的一个新学派，即重农学派。这个学派以法国经济学家和社会活动家魁奈（Francois Quesnay，1694—1774）和杜尔阁（Anne-Robert-Jacques Turgot，1727—1781）等人为代表。他们是18世纪下半叶法国资产阶级革命前夕的法国资产阶级经济学家。重农学派驳斥了重商主义者关于对外贸易是财富的来源的说法，而认为农业是财富的唯一来源。"纯产品"学说是重农学派的理论中心。"纯产品"就是把总产品中支付的工资和消耗的资本除外的剩余产品。与重商主义者相反，重农学派要求自由贸易，他们提出自由贸易政策来同保护关税政策相对立，他们拥护经济自由主义的原则。重农学派的学说，对18世纪末法国资产阶级革命的思想准备起了很大的作用。

重商主义和重农学派是本课程首先要介绍的部分

资产阶级政治经济学的进一步发展是同资产阶级政治经济学古典学派代表人物，像配第、亚当·斯密、李嘉图等人的名字分不开的。英国资产阶级政治经济学古典学派的创始人是威廉·配第（William Petty，1623—1687）。配第是重商主义开始崩溃、古典政治经济学开始产生时代的经济学家，他代表英国资产阶级革命以后取得政权的资产阶级的利益。在经济学家中，配第是得出劳动是价值的源泉这一结论的第一人，奠定了劳动价值论的基础。虽然配第是重商主义的反对者，但是在配第的著作中，还有重商主义残余思想。这种思想残余在他的对外贸易学说中特别明显。他在《政治算术》（1676年）中说："任何一个国家的财富，主要是在它与整个商业世界进行对外贸易的份额上，而不在于肉、酒、衣物等的国内贸易。因为国内贸易提供不出多少黄金、白银、宝石和其他财物。"由于重视对外贸易，配第认为在海船上水手的劳动比农夫的劳动有三倍大的生产率，而且海上运输所赚进来的是货币。

虽然配第在政治经济学史中占有重要的地位，但在国际贸易理论中占的地位并不重要，所以本课程中不准备介绍他。

我们在本课程第二讲中，着重介绍斯密和李嘉图的学说

资产阶级古典政治经济学和国际贸易理论在亚当·斯密（1723—1789）和李嘉图（1772—1823）的手中，发展到一个新的高峰。斯密在批判地考察重商主义和重农学派的理论之后，指出他们对资产阶级财富本性的看法片面化。在斯密看来，一国的财富就是该国生产的商品总和。斯密摈弃了重农学派所说的只有农业劳动才创造"纯产品"这种片面的说法，他第一次宣称任何劳动，不管用于哪一生产部门，都是价值的泉源。在斯密的经济理论体系中始终贯彻一个中心思想，即经济自由。他主张自由竞争、自由贸易，反对任何的立法干涉。他用"绝对利益学说"来论证自由贸易的利益，并企图证明英国应当是"世界工厂"，而其余国家则应当是英国的农业附庸。

古典资产阶级政治经济学在李嘉图的著作中达到了它的顶点。在国际贸易理论方面，李嘉图建立了比较成本说。他在价值论、货币论和地租理论等方面都有一些创造性的见解。

马列主义经典作家对斯密和李嘉图两人给予了很高的评价。马克思对此二人的著作曾作了详尽的批判的分析，从其中提取了一切最有价值的东西。列宁在进一步发展马克思的学说、研究马克思主义的来源时，正确地规定了英国资产阶级古典政治经济学的地位，称它为马克思主义的三个来源之一。

从穆勒到陶西格的庸俗派理论是本课程的第三讲

在李嘉图以后的英国，由于资产阶级的取得政权和资产阶级斗争的尖锐化，"科学的资产阶级经济学的丧钟敲起来了。"① 古典政治经济学开始走下坡路，庸俗政治经济学发展起来。古典资产阶级政治学中所包含的庸俗成分在庸俗政治经济学中更加扩大了。李嘉图的比较成本说也被庸俗派政治经济学所运用。这种庸俗政治经济学的任务是与工人运动作斗争和替资本主义辩护。庸俗政治经济学家为了这些目的，歪曲古典资产阶级政治经济学并将其庸俗化，以生产费用的"理论"代替了劳动价值学说。

庸俗派的最早代表人之一是19世纪中叶英国经济学家约翰·斯图亚特·穆勒（John Stuart Mill, 1806—1873）。穆勒摈弃了李嘉图的劳动价值论，在对外贸易理论上承袭了"比较成本"理论，并且以所谓"相互需求"的原理补充了这个理论。他认为国际贸易中的商品价格是由这个"相互需要律"来决定的。这实质上掩盖了发达的资本主义国家和落后国家间的不等价交换。

庸俗政治经济学和国际贸易理论的发展必须要提到马歇尔（Alfred Marshall, 1842—1924），他是英国资产阶级经济学家，剑桥大学教授，剑桥学派的创始人。马歇尔的许多著作是各种资产阶级庸俗政治经济学理论的折衷混合物。他企图把庸俗的生产费用论和所谓边际效用论结合起来，去解释国内价值的成因。而他认为国际价值是由国际需求规律决定的。他也主张"贸易自由"和取消关税，这是符合当时英国的利益，因为当时英国在世界市场上仍居优势地位。

庸俗派国际贸易理论的进一步发展与美国资产阶级经济学家陶西格（F. W. Taussig, 1859—1940）的著作有密切的关系。陶西格的国际贸易理论是结合亚当·斯密的"自然国际分工论"、李嘉图的"比较成本说"、开纳斯的"非竞争集团"、穆勒的国际供求论构成的。在贸易政策方面，他主张自由贸易。他是庸俗派国际贸易

---

① 《资本论》第一卷，第11页。

"集大成"的代表人物。他的书籍在资本主义国家中是广泛流传,过去中国许多大学都用他的书作为教本。因此,我们对他将予以重点介绍。

马歇尔和陶西格的理论虽然形成于帝国主义时代,但他们的理论和穆勒的学说一脉相通。而且为了讲课的便利,有把他们放在庸俗派里一并介绍的必要。

庸俗资产阶级政治经济学中的保护关税理论是本课程所要讲的第四部分

庸俗资产阶级政治经济学和国际贸易理论的另一个流派是以德国资产阶级经济学家弗·李斯特(1789—1846)为代表的保护贸易理论。他主张德国资产阶级的独立发展,在争取德国经济统一的斗争中,他主张建立统一的关税联盟。他主张实行保护关税政策以扶持德国工业的发展。

介绍小资产阶级理论构成本课程的第五部分

每一个阶级都有自己的经济理论和国际贸易学说。小资产阶级也有自己的经济理论和国际贸易学说。瑞士经济学家西斯蒙第(1773—1842)是19世纪小资产阶级经济学和国际贸易学说的最著名的代表。他认为:国外市场是资本主义扩大再生产和资本积累的必要条件。俄国的民粹派也依据这种理论,企图证明资本主义在俄国是"不可能的"。列宁对西斯蒙第的实现论曾作了详尽的批判。

本课程的第六部分是介绍资本主义总危机时期的资产阶级国际贸易理论

本课程的第六部分是介绍资本主义总危机时期的资产阶级国际贸易理论,其中包括凯恩斯、俄林、范纳、汉森等人的学说。这些人的学说使资产阶级政治经济学和国际贸易理论进一步的庸俗化。庸俗政治经济学和国际贸易理论虽然一直是伪科学的、反动的,但在资本主义的各个发展阶段上,也有着不同的特点。资本主义总危机的全部现象,使得历史情况剧变,这种起了剧烈变化的历史情况反映在思想意识中,尤其是反映在资产阶级政治经济学和国际贸易理论当中。

在以往,资产阶级经济学家的任务是掩饰资本主义的矛盾,企图证明资本主义制度是最好的制度。说什么生产资料私有制和人剥削人的制度是自然的制度。资本主义先进国通过对外贸易剥削落后国的秩序是公正的秩序,因而毋须任何变革。在资本主义总危机情形之下,从这种立场来替资本主义辩护,来把资本主义的国际贸易永恒化,已经办不到了。19世纪后半期资本主义还在上升时,庸俗资产阶级政治经济学的特征,照马克思的说法是"转换形式",它规避各种矛盾,而力图冲淡尖锐问题。

20世纪最初十年间,资产阶级学者往往运用比较隐蔽的掩饰的方法来袒护帝国主义;他们羞答答地不谈帝国主义,而企图用一些不现实的"改良"资本主义的方案,来转移劳动人民的视线。

伟大的十月社会主义革命后,在资本主义总危机条件下,情况起了绝大的变化。在第二次世界大战后,东风压倒西风的形势下,世界面貌发生了根本的变化。世界社会主义体系日益巩固壮大,世界资本主义体系日益土崩瓦解,经济危机极度尖锐。这时资产阶级经济文献中就出现了新的"理论",来代替已宣告破产的旧"理论"。

资本主义总危机加深时期,资产阶级政治经济学和国际贸易理论的特征,是放弃自由主义,在"理论"上论证帝国主义垄断组织对内的反动政策和对外的侵略扩张政策,并且反对社会主义,为帝国主义集团的反对社会主义阵营追求最大限度利润的各种措施制造理论根据。

资本主义总危机时期庸俗政治经济学的最典型的代表人物之一,是英国的凯恩斯(1884—1946)。列宁曾指出凯恩斯是典型的"资本主义的坚强卫士",和"布尔什维主义的死敌"[①]。凯恩斯在20年代和30年代发表了许多有关经济问题的著作,但是特别著名的是他的重要著作《就业、利息和货币通论》(1936年),别称"凯恩斯主义的圣经"。在这本书中有系统的阐述了凯恩斯主义的经济概念。它得到了广泛的反应,并在资产阶级的经济著作中成为一切理论争执的中心。

凯恩斯不仅是资产阶级经济学中最有影响和最负"盛名"的学者,也是参加国际经济活动的重要角色。他对于国际贸易中许多问题,如国际间资金移动、自由贸易和保护贸易、国际汇兑、重商主义理论等都有他自己的理解。因此,我们把他作为重要的介绍和批判对象。

俄林是庸俗资产阶级国际贸易理论中的另一个流派,即瑞典学派的代表人物。俄林的国际贸易理论是结合资产阶级政治经济学价值论中的"一般均衡论"与资产阶级经济地理学中的"工业区位论"所构成。瑞典学派的特点之一是,他们不仅反对劳动价值论(客观价值论),而且否定了奥地利学派边际效用说的价值论(主观价值论)。他们实质上是把整个价值学说都排斥在经济学的领域之外,而以价格的分析代替价值的分析。俄林在1933年所发表的《区际贸易与国际贸易》一书,批判了古典国际贸易理论和英美庸俗派的理论,并系统地叙述了他的国际贸易新理论。他认为古典派的国际贸易理论的重大缺点是以劳动量作为计算商品价值的单位,而主张放弃这种以劳动量为计算成本基础的价值论,并提出以货币成本代替实际成本,即以价格代替价值。

[①] 《列宁全集》第31卷,第195页。

俄林以庸俗的供求论作为形成价格的基础，这样就把需求因素导引到国际贸易理论中来。他的国际贸易理论在资本主义国家影响很大，占着很重要的地位，因此我们也把他作为典型的介绍和批判对象。

在资本主义总危机时期，在美国的资产阶级经济学家中间，范纳（G. Viner）是主张自由贸易的主要代表人物之一。他在 1953 年发表了《国际贸易与经济发展》一书，他的论点是在新的历史条件下继承和发展了穆勒—陶西格等庸俗派国际贸易理论。他说，资本主义国际贸易对于贸易双方都是有利的，即使对落后国家也不是例外。各国输出和输入的商品都是按照比较成本确定的。范纳反对保护关税，认为这种政策与其说是鼓励落后国家工业的发展，不如说是阻碍这些国家工业的发展。范纳的理论显然是企图在帝国主义垄断组织的侵略扩张政策面前，解除落后国家保护自己工业的武装，是为垄断组织的自由侵入扫除障碍而服务的。

在本课程的最后一部分，我们还准备介绍资产阶级国际贸易理论中的其他一些人物的学说。这些理论实质上不过是陈腐的，久已被马列主义理论和生活实践所揭穿的种种臆想或杂凑。他们使资产阶级国际贸易理论进一步庸俗化，进一步趋向反动。这是现代资产阶级政治经济学和国际贸易理论的基本特点。

在讲课过程中，不仅限于介绍国际贸易理论，而且对资产阶级的有关经济理论也准备介绍。学习有关的经济理论是为了更好地理解国际贸易理论。

亚当·斯密的一般经济理论和国际贸易理论[*]

一、斯密的时代背景

亚当·斯密（Adam Smith，1723—1790）是英国工场手工业时代的经济学家，也是产业革命前夜，英国产业资本的代言人。他的观点明显地反映了他那个时代的特征。所以我们对斯密学说的介绍应当从18世纪后半期英国资本主义的具体发展情况的分析开始。

英国在17世纪革命之前，原为一个二等国家，而到18世纪末叶，则已不仅成为了头等的国家，并且还是世界第一商业和殖民地最多的强国，也有相当发展的工业。英国的资本主义经济已经相当巩固，它比世界上任何国家都发达些。由于航海法[①]（1651—1849）的实施，英国的对外贸易和航运业得到很大的发展。英国强大的商船队和舰队在战胜旧日的竞争者——尼德兰和法兰西中，起了很大的作用。英国对殖民地所进行的掠夺，使大量资本注入了英国。

对各殖民地所进行的掠夺式的贸易，使英国商人获得巨大的利益。有时一次买卖能获利达百分之二千。这种贸易，是由一些独占公司经营（东印度公司）。这些公司对殖民地来说，既是商业上的代表，又是政府。在殖民地，所有一切发展本地工商业的企图，都被镇压下去。殖民地被迫地成为原料基地和宗主国的粮食基地。这种政策在北美各州引起了反对英国统治的行动。

贩卖奴隶也给英国的以巨大的收入。当时，在北美各殖民地共有500 000名黑奴之多。18世纪70年代之初，在利物浦有96艘轮船专门用来贩运奴隶。

在英国国内，由于对手工业者和手工业工厂工人的剥削，以及经过地租形式对佃

---

[*] 姚曾荫，1961年研究生班"资产阶级国际贸易理论介绍"第二讲"资产阶级古典学派的国际贸易理论?"讲稿。

[①] 航海法案，1651年，a. 运输英国殖民地货物，只能用英国船只载运；b. 运往英国及其殖民地的欧洲货物，只能用英国或原产国船只载运；c. 运到英国的外国货物不能从原产地以外的其他口岸发货。

农的剥削，也积累了大量的资本。

在农业方面，资本主义生产过程已有了迅速的发展。英国在15世纪早已开始了农业革命，到18世纪的最后30年，就已经完成了。过去个别贵族用掠夺手段来实现的"圈地"运动，现在开始用合法的手续——根据国会法令——来实施了。从1700年到1760年，这样的法令共颁布了28道，被圈土地共达312 000英亩。后来，"圈地"进行的速度更快了：1760—1801年，一共颁布了2000道法令，被圈土地达300万亩以上。与剥夺农民土地的同时，大农场经济便随之形成，换句话说，资本主义已延伸入农业，农业资本家阶级已经形成，资本主义统治了农业。

在农业革命过程中，农民失去了土地，生产者同生产资料分离，于是他们变成了劳动力的出卖者，也就变成了生活资料的购买者。从小农转化为雇佣工人，以及他们变为劳动力的出卖者和生活资料购买者的同时，产业资本的国内市场也形成了。从前，在小农经济中加工的原料，现在是被出卖了，而手工制造业便是这些原料的市场。从前为着自己使用而纺织的纺织品，这时成为工场手工业的制造品了，农业地区正是销售这些制造品的市场。

所谓"原始积累"已经完成了它的事业，接踵而来的便是资本主义积累。但是它遇着了很多的障碍：首先，便是碰到了手工制造业基础太狭窄的障碍。它不能给资本家生产更多商品，制造更多的剩余价值。产业革命的必然性已经成熟了。在另一方面，由于手工制造业把劳动过程分解为最简单的操作，把工具专门化，使生产组织成为严密的机构，它（手工制造业）本身为产业革命创造了技术上的和组织上的条件。

在资本主义的发展道路上还横梗着其他障碍。这里应该提出的是保护关税制度和重商主义时代的一些陈腐的立法。我们知道，保护关税制度的任务是制造工厂主，但是这个任务一经完成以后，保护关税制度便又妨碍了它所制造出来的工厂主的活动，束缚了他们的主动性和企业心。在英国国内，那些代表小手工业和商业资本利益的过去的立法，现在已经觉得太陈腐了，阻碍生产的发展。就对外关系来说，保护关税制度阻碍英国跟别国建立"健全的""正常的"商业关系。当时英国或者已经消灭了它的劲敌（西班牙），或者已经把它的竞争敌手排挤到第二、三位去了（如荷兰和法国），所以在对外贸易上，英国已不再害怕自由竞争。反之，对于已经发展一支强大力量的英国资本主义来说，自由竞争倒是同软弱得多的对手进行斗争的最好武器。

英国跟殖民地的关系也需要加以改变了。用原始积累的方法，可以是掠夺殖民地，也可以是把殖民地几世纪以来所积累的财富抢夺过来运到宗主国去；但是，只用一种赤裸裸的暴力，无法在经济上征服殖民地。正因为如此，所以以往的前资本主义的征服方法，已经是不牢靠的了。马克思在很多地方指出：印度的公社没有被印度的旧的征服者所动摇。即使旧的征服者把这些公社物质地消灭了，但是飓风一过，在旧的公社的遗迹上，又发生了新的公社。用暴力去毁灭印度公社是不可能的，而是要在经济上去毁灭它，并且要用新的方法，即产业革命的方法和根本改变贸易政策的方法。产业革命后和英国实行自由贸易政策以后，印度的经济结构发生了根本的变化。印度的公社被大部分消灭了。

马克思写道："社会有机体的这些微小的定型（公社），大部分被破坏了，从印度的地面上消失了。这与其说是由于不列颠的贡税征收员们和兵士们的苛征横行所致，不如说是由于英国的蒸汽机和英国的贸易自由的效力所致。这些家庭公社立脚于家庭工业，立脚于手工织布、手工纺纱和手工耕田的特殊的结合。这种结合，曾经使这些公社具有自己自足的性质。英国的干涉政策，把纺纱匠安置在兰开夏，把织布匠安置在孟加拉，或者把印度的纺纱匠和印度的织布匠从地面上扫除净尽，这便破坏了这些半野蛮半开化的小公社，毁灭了它们的经济基础，于是掀起了一场最伟大的革命，而且应该说句公道话：这是亚洲所经历过的唯一的社会革命。"[①]

在斯密开始活动的时候，蒸汽机还没有发明，真正的贸易自由也还没有实行。但是，对于英国资本主义的进一步发展来说，采用大机器生产，推翻重商主义的种种束缚和实行自由贸易政策已经是十分必要了。

斯密是产业革命在理论上的先驱者。斯密在1776年所发表的《国富论》一书，首先在理论上揭起反对重商主义的叛旗。这本书的出现决非偶然，它是由英国资本主义发展的客观要求所决定的。

二、亚当·斯密的著作《国富论》的内容和结构

斯密生前只发表过两部著作，一部是《道德情操论》（1759年），一部是《国富论》（1776年）。在前一部著作中他所研究的是道德世界，在后一部著作中他所研究的是经济世界。他研究道德世界的出发点是同情心；他研究经济世界的出发点是利己主义——在经济生活中所追求的完全是个人的利益。一部是研究上层建筑，一部是研究经济基础，但是他不能把二者联系起来。

《国富论》全书共分为五篇，前两篇研究我们如今所说的政治经济学，即狭义的政治经济学。第一篇论劳动生产力增进的原因，并论劳动产物自然地分配于各阶级人民的程序；第二篇论资本的性质、积累和使用；第三篇论各国富裕程度的不同进度；第

---

① 马克思："不列颠在印度的统治"，马恩列斯论国际贸易，第407页。

四篇论政治经济学的诸体系；第五篇论国君或国家的收入。第一第二两篇是政治经济学理论，第三篇是研究经济发展史，第四篇是经济学说史，第五篇是财政学。五篇结合在一起构成当时经济知识的百科全书。但是作者并不是简单地把经济领域里的知识堆积在一起而已，全书构成一个完整体系，因为全书贯彻着一个研究对象，一个中心思想。

这个统一的研究对象是国富。贯彻《国富论》全书的中心思想是经济自由。

大家知道，重商主义者的根本见解，是主张财富由货币或金银构成。斯密反对这种主张，认为很不合理。重农学派虽然正确地理解了财富的源泉不在流通领域之内，而在生产方面，但他们认为只有农业才是财富的根源，只有农业劳动才是生产的劳动。这显然也是一种偏狭的成见。斯密同重农学派一样，一方面把研究的中心转移到生产领域之内，而同时又避开了重农学派的偏见。他声言：一般劳动都是财富的源泉。在他看来，财富是物质生产品，是这些产品的总合。而这些物品又是劳动所生产的。他认为一国财富的增加有赖于劳动生产力的增加，而分工是劳动生产力增加的主要原因。所以《国富论》一书是从分工的分析开始的。

在第一第二两篇分别论述增加国富的两个主要因素：分工和资本。第三篇研究国富的决定因素——尤其是分工——在历史上的消长情形，指出从罗马帝国没落，到他所处的时代为止，分工是怎样发展的。

第四篇虽说是研究经济思想史，但学说史本身，决非斯密所关心的，他主要是想指出支配了几百年的重商主义，为何妨碍了分工的自由发展，为何妨碍了财富的增进。故其大部分篇幅是检讨重商主义，加以猛烈的抨击。这一篇也就是他的国际贸易理论部分，可见他的理论是在反对重商主义的斗争中建立起来的。

第五篇则研究财政租税政策，研究对象仍然是国富，因为斯密是从国富的发展方面来观察国家的收入、支出及债务的。

贯彻《国富论》全书的中心思想是经济自由。像重农学派一样，斯密认为"自然秩序"是经济自由的基础。"自然秩序"思想是整个18世纪思想的柱石，是资产阶级社会经济发展的要求在思想意识上的反映。斯密和重农学派都有这种思想是很自然的。照斯密的解释，"自然秩序"是建立在个人自发的创造性，个人的利害观和利己主义上的一种秩序。斯密认为个人追求自己的利益，是出于"自然的"，个人会把他的资本或劳动，投向最有利于自己的用途，这也是出于"自然的"；因此，资本或者劳动在全社会各产业部门的分配，就有一个"自然"的比例，而劳动产品在全社会各阶级间的分配，也有一个"自然的"比例。然而，怎样才能实现这种"自然的"比例，"自然的秩序"呢？据他说，那就要采取一种经济自由的制度。他称之为"自然的秩序"（System of Nature Liberty）。在他看来，资本主义制度、资本主义社会秩序是适用于人类的

"自然的"本性的,因此资本主义制度也就是"自然的"了。他所以极力攻击封建制度,极力攻击重商主义政策,就是因为在这种制度和政策之下,个人没有经济活动的自由,所以"自然秩序"不能实现。

"国富论"出版后,立刻获得巨大的成功。对于英国和国外的学术界和政界都产生巨大的影响。到处都把他看作政治经济学这门科学的创始人。其原因首先在于斯密能够很清楚地说明了资本主义经济比资本主义前经济形态的优越性。在当时对于一切希望反对封建残余、反对重商主义政策的人来说,《国富论》提供了一个极其重要的理论武器。这部著作贯穿着经济自由的思想。这种思想变成了英国工业资产阶级的纲领性的要求。

列宁把斯密称做是资产阶级的伟大思想家。

三、斯密的一般经济理论

(一)分工和交换论

斯密的《国富论》是从分工讲起的。为什么要从分工开始呢?斯密在序论中作了答案。他说:"每国人民每年劳动,是供给该国人民在一年以内所消费掉的生活必需品和生活安适品的本源基金;这些必需品和安适品,或者是这种劳动的直接生产物,或者是用这些生产物从他国人民购买(即通过对外贸易)来的东西。"[1] 这个本源基金的大小,取决于两个条件:(1)从事生产的劳动的多寡;(2)劳动的生产率,其中劳动生产率起决定性的作用。他认为只有分工才能提高劳动生产率。他对于一个工厂内部的分工,和社会各经济部门乃至各种产业间的分工,是同样看待的,并且认为社会分工的利益,从工厂分工的利益中看得最清楚。他是拿制造针的例子,说明这个道理。他指出,当时手工工厂制造一枚针须要经过 18 道工序,这 18 道工序分别由 18 个特殊的工人担任。在较小的手工工坊中,则由 10 个工人担任。一日也能生产针 48 000 枚,即一人一日,可制针 4 800 枚。"如果他们各自独立工作,不专习一种特殊业务,那么,他们不论是谁,慢说一日制造 20 针,就连一针,也不易制成。"[2] 在针制业,"凡能采取分工制的业务,一经采用分工制,其结果总可按照比例,增加劳动生产力。"所以,他以为,"一国产业如果达到了最高程度,各种行业的分工,亦要达到最高程度,未开化社会一人独任的工作,在进步开化的社会里,都会成为几个人分任的工

---

[1] 《国富论》上卷,第 1 页。
[2] 《国富论》上卷,第 6 页。

作。"他看来，分工不但是决定一国贫富的关键，也是决定一国野蛮文明的指标。用针制业的例子说明分工的利益说明：在原始时代，凡能劳作的人都投身于有用的劳动上，但他们所生产的财富极为贫乏，他们的生活非常困苦。在文明社会资本主义时代，虽然有许多人完全不从事劳动，但因社会的劳动生产品非常丰富，因此，人们所消费的劳动生产物也较多。这是因为文明社会资本主义社会的劳动生产率远比原始社会为高。

文明社会的劳动生产率所以能够提高，这完全是分工的结果。所以研究国富应以分工为出发点，也就是说，经济理论应以分工为出发点。

在这个问题上，同重农学派相比，斯密迈进了一大步，因为重农学派只承认农业劳动是财富来源，而斯密则把作为财富本源的劳动的范围扩大了。他的国际分工理论也是和他的一般分工理论直接相联系的。

但是，我们知道，一开始，斯密就犯了方法论上的错误。斯密抽象地考察国富与分工的问题，换言之，他是脱离具体的历史社会条件来考察国富和分工的。斯密所研究的是资本主义经济，可是他把西方资本主义社会特征的分工（包括交换）一般化了，而作为超历史的国富发展的规律，作为超历史的概念。

其次，斯密还混淆了社会内部的分工和手工制造业内部的分工，看不出二者之间的原则区别。社会分工是以各个人的生产物都是当作商品存在的，在手工制造业的分工方面则部分劳动者不生产商品。社会分工是以不同劳动部门的生产物的买卖作媒介的，手工制造业各部分劳动的联系，则是由各种不同的劳动力售于同一个资本家，被他当作结合劳动力来使用。①

第三，斯密不仅混淆了社会内部的分工和手工制造业内部的分工，他还疏忽了在不同的社会经济形态之下，分工有不同的特征。同时，他也不懂得，即使在同一社会经济形态以内，在资本主义社会以内，分工也有不同的类型。如脑力劳动与体力劳动、城乡分工、各种产业、各工种间的分工。各类型也有不同的特征。

第四，斯密非常重视交换，他认为分工是人类交换的倾向所引起的。这种交换倾向引起分工的见解，先有交换后有分工的见解。无论从历史上或理论上来看，都是错误的。从历史上来说，在原始公社内早已经发生年岁分工和性别分工，但是在那时候并没有发生交换。最早的交换是在原始社会末期，在公社与公社之间发生的。再从理论上来说，如果没有分工，则人人都从事相同的劳动，生产同样的产品，就根本没有发生交换和交换倾向的可能。只有在有了分工以后，各人生产不同的产品，才能发生以自己的生产品去交换别人的产品的可能。

---

① 《资本论》第一卷，第 427—429 页。

(二) 货币论

斯密在考察了分工以后，即转而考察货币。照他看来，货币是自然发生的现象，是用来克服在产品直接交换时所产生的困难的手段。斯密指出，如果肉商自己贮存了面包和啤酒，那么烤面包者和酿酒者即无法通过自己生产的产品的交换而从他那里得到肉。"肉商不可能成为酿造啤酒者和烤面包者的供应人，然而他们却是他的消费者；这样，他们全都不能够彼此效劳。"[①] 为了避免这种情形，每一个人一定要设法"拥有一定数量的某种商品，而这种商品据他看来，拿去同任何人的生产品交换都不会被拒绝。"[②] 这样就产生了货币。

货币问题上，斯密的功绩是，第一，他把货币的发生过程看作是一个客观过程；第二，他相当详细地研究了这个过程。但是他没有从商品生产的矛盾中去探究货币的根源。因此他没有看到，在简单价值形态中，已经潜在着货币的胚芽。

重商主义把货币看作是社会唯一的财富。斯密依据劳动价值论认为这种说法是完全站不住脚的。他在批判重商主义的偏见时，坚持了这样一种思想：货币在流通过程中乃是死的资本，它不生产任何东西。他说："完全可以把一国流通中的金银货币同公路相提并论，因为后者虽帮助把国内的干草和粮食运送到市场去，但它本身并不生产任何一束干草和粮食。"[③]

他认为货物是重要但昂贵的交换工具。货币是流通的大车轮，社会成员借助于它而得到自己的收入。但货币本身并不包括在社会收入中，不构成社会财富的一部分。在这里，他贬低了货币的作用，否认货币比普通商品的优越性，把货币的职能只归结为流通手段。同时这里暴露他不能认识到财富的社会形式可以由货币来表现。

(三) 交换价值论

斯密在经济科学中的历史地位，首先决定于他在制定劳动价值论方面所作出的贡献。

从货币论斯密转到商品的交换价值论。他在价值论方面曾经为他自己规定商品的价值三大任务：

i. 确定商品的真实价格即商品的价值，以别于以货币所表示的商品的名义价格；

[①] 《国富论》，I，第 8 页。
[②] 《国富论》，I，第 24 页。
[③] 《国富论》，I，第 270 页。

ⅱ. 指出真实价格的构成部分；

ⅲ. 解释为什么市场价格和自然价格不一致。

1. 斯密是由分工谈到商品的交换价值的。他认为自从分工完全确立以后，每个人所需要的物品，只有一小部分是用他自己的劳动生产的，大部分都要仰给于别人的劳动生产物。也就是通过交换得来的。因此，在他看来，商品同商品的交换也就是劳动同劳动的交换，而商品的交换价值，也就由劳动决定了。但是决定商品价值的究竟是什么劳动呢？在这个问题上，斯密的理论是很混乱的，其中既有科学的成分，也有庸俗的成分。

首先，他说："劳动是一切商品交换价值的尺度。"

斯密认为商品价值是由在生产这种商品时所耗费的劳动决定的。这是一种比较正确的见解。但是他有时又认为一种商品的价值是由用这种商品所能购买或支配的劳动量（即活动量）来决定的。他说："一个人占有某物，但他不愿自己消费，而愿以之交换他物，这物究竟有多少价值呢？那等于他所能购买、所能交换的劳动量。依这种说法，一个商品价值的大小，不是决定于生产这商品时投下的耗费的劳动量，而是交换这商品时所能购买支配的劳动量。所购买的劳动量增加，则价值加大，所购买的劳动量减少，则价减低。而活劳动是用工资购买的，所以斯密又以为商品的价值是由工资决定的。但是工资是劳动的价值——其实更正确的说是劳动力价值的变形。所以他的意见可以归结为由劳动力的价值决定商品的价值。可是劳动力的价值同其他商品的价值没有什么区别。因此，说劳动力价值决定了商品价值，无异于说由价值决定价值，这很明显的是一个循环论。

总之，斯密有时认为商品的价值是由生产该商品时所消耗的劳动决定，有时又认为商品的价值是由它所能够购买的劳动量或所能支配的劳动量决定。他把这两种劳动混为一谈了。这是他的劳动价值论的一个重大缺点。

大家想想，消耗的劳动量和购买的劳动量是否一致呢？资本家以比较少量的物化劳动（即包含在商品或货币中的劳动）购得比较多量的活劳动。所以在资本主义社会耗费劳动和购买劳动总量上就不相等了。)

2. 关于商品真实价格的构成部分问题。初看起来，这样提出问题是无法理解的：既然价值是由劳动决定的，那么还谈什么价值的构成部分呢？但是事实上斯密是从商品的交换价值问题转到分配问题上去了。这又引起斯密提出一个新的价值决定因素，而这新的说法，是同劳动价值论完全冲突的。

（1）他认为在原始社会状态下，"劳动的全部生产物，皆属于劳动者自己。一种物品通常应可购换支配的劳动量如何，只取决于生产这物品一般所需的劳动量。"又说"无资本累积，亦无土地私有制的初期野蛮社会，换取多种商品所必需的各种劳动量的比例，就是这各种物品相互交换的唯一标准。"① 这里很清楚地指出价值是由投下劳动量决定的。

（2）可是在有了土地私有制，资本可雇佣劳动以后，商品的交换价值已经不是全部留在商品的生产者手里，而须分为几部分，这几部分最后归结为几种收入。斯密由此作出结论，说这时商品的交换价值已不再由生产商品所费的劳动决定，而是由工资、利润和地租这三种收入决定了。他认为工资、利润和地租都是生产费用。因此，价值是由生产费用决定的。这个新的价值决定论替庸俗的生产费论开辟了道路。同生产费用相应的价格，斯密称之为自然价格。商品通常出卖的价格，他称之为市场价格或实际价格。

（3）自然价格与市场价格。在他看来，由于各种商品在市场上的供求关系时常变动，因此使它的市场价格有时高于自然价格，有时又低于自然价格，市场价格虽然由于受供求关系的影响而高于或低于自然价格，但是它是受后者的调节而倾向于同自然价格相一致的。

（四）社会三个阶级的三种收入论

斯密把资本主义社会划分为三个不同的阶级：工人、资本家和小地主。这是他的一大贡献。这三个阶级各有不同的收入：工资、利润与地租。他认为这三种收入是基本的。其他的收入都是从这里派生的。这三种收入在资本主义社会构成商品的交换价值。既然这三种收入是一切商品价值的构成因素，那么这三种收入又是如何决定的呢？斯密对每种收入都作了专门的研究。

1. 先谈工资。斯密认为劳动生产物是劳动的自然报酬或自然工资，这是他的第一种工资理论。这种理论是同他的劳动价值论相一致的。他认为这是原始社会的"工资"（这里他把"工资"这个概念抽象化、绝对化了）。斯密进而指出，自从有了资本和土地私有制以后，这种工资论就不适用了，因为有了土地私有制和资本以后，劳动者已不能得到他的全部产物，而须同地主和资本家分享劳动成果，从而只能得到他自己的产物的一部分。这时工资的大小，倒底是怎样决定的呢？

斯密认为，有了资本与土地私有制以后，劳动也成为一种商品。跟其他商品一样，劳动也有价格。劳动的价格就是工资。工资是由资本家和劳动者之间的交易决定的。工资不能低于劳动者最低生活标准，但是通常大于此数。

斯密的这两种工资论是前后矛盾的。根据他的第一种工资论，工资既然是劳动生

---

① 《国富论》，第10页。

产物的一部分，当然也就是劳动生产物价值的一部分了。所以，工资是商品价值的分解因素。这种工资论是和他的劳动价值论相一致的。但是，根据他的第二种工资论来说，工资既然是劳动的价格，使用劳动的报酬（与使用土地、使用资本的报酬一样）都构成生产费，那么，它已经不是劳动生产物或是价值的一部分，而是生产费的一部分，成为生产物价值构成因素之一了。所以，这第二种工资论是同斯密的价格构成论相一致的。如果说，他的第一种工资论是比较科学的，那么，他的第二种工资论就完全是庸俗的了。

2. 利润论：斯密有二种价值论，二种工资论，同样也有二种利润论。

第一种利润论——利润是由劳动生产出来的价值的一部分。这种利润论是同他的劳动价值论，第一种工资论相一致的。根据这理论，利润是劳动所生产的全部价值超过工资的余额，是价值的分解因素。

从价值决定于三种收入，工资是劳动的价格出发，斯密又得出另一种利润论，即利润是生产费用的一个构成部分。利润的来源，是企业主的服务，或是资本的职能。两种利润论是相矛盾的。因为根据这种利润论，则利润是生产费的一部分，它当然就不是价值的分解因素，而是价值的构成因素了。①

斯密以他的第一种利润论，在政治经济史上写下了辉煌的一页，他是第一个把利润看作是剩余价值的形态的。但是第二种利润论却为庸俗的利润理论开了端。

3. 地租论：斯密的地租论是极复杂的，他有四种地租论。

第一，地租是劳动生产物或其价值的一部分。根据这种地租论来说，地租是剩余价值的一种形态，是由工人的剩余劳动生产出来而为地主所剥削去的。

第二，地租是使用土地的价格。因此地租同工资和利润一样，都是商品价格的构成部分，从而也是一种生产费。

第三，地租是垄断价格，或比较恰当地说，是农产品垄断价格的结果。他认为当农产品出售时，其价格除掉能够支付生产这种商品所耗费的工资的普通利润以外，如果还有余额，这部分余额就构成地租。

第四，地租是自然力的产物。在他看来，农业与工业不同，不仅有工人在劳动，而且还有牲畜和自然力的劳动也能生产价值。所以他说，地租是自然力的产物。从这种理论可以看出斯密受重农学派的影响。这理论显然是不正确的。大家知道，自然力的"劳动"只会影响使用价值量的生产，与农产品的价值却是毫无关系的。他在这里把使用价值和价值混同了。

---

① 价值的分解因素：价值是因，收入是果，价值决定"收入"。价值的构成因素：收入是因，价值是果。收入决定价值。价值是第一性的，收入是第一性的。

（五）社会资本再生产

斯密认为一切商品的交换价值都可分解为工资、利润和地租。大家看一看，这种说法对不对呢？我们知道，根据马克思主义政治经济学，工资是劳动力价值或价格的转化形态，它是资本家购买并且使用了工人的劳动力以后支出的可变资本（V）；而利润和地租则是工人在生产过程所生产的剩余价值（M）的二种转化形态。

（V+M）是工人在生产过程所生产的新价值。它决没有包含商品的全部价值。除开（V+M）以外，商品的价值中还有剩余价值的再现部分。① 如果商品的价值只分解为 V+M，那么连简单再生产都不能进行了。他在总产品的价值中排除了不变资本。

斯密解决这个问题的方法，是区别总收入和净收入。他说："大国居民全体的总收入，包含他们土地和劳动年产物的全部。在总收入中减去固定资本（厂房、机器、工具）与流动资本（原料、工资、燃料等）的维持费，其余留供居民自由使用的，便是净收入。换言之，所谓净收入，乃以不侵蚀资本为条件，留供居民享用的资财。那是用来购买生活品、方便品、娱乐品的。"

从这段话中可以看出，斯密所研究的是简单再生产。因为他在这里只注意到固定资本与流动资本的维持费，而不是考查扩大再生产或积累；他在这里玩弄"收入"这个名词，而把以前分解商品价值时遗漏掉的生产资料的价值用走私方法引了进来，作为商品价值的一个构成部分。如果所消费掉的不是全部收入，而只是净收入，那么再生产过程便成为不可能的了。这就表示，商品的价格事实上不止分解为工资、利润与地租。也分解为垫支的资本价值（维持费）。但他在这里又武断地说，不能把生产资料的价值看成是价格的因素。因为生产资料的价值又可分解为三种收入：C+V+M，即又分解为工资、利润和地租。所以斯密下结论说："全部价格直接或最后归结为地租、工资和利润三部分。"②

列宁扼要地指出斯密的错误的由来："斯密之所以陷入这个错误，是因为他把生产品的价值与新制造的价值混同起来了，后者的确可以分解为可变资本与剩余价值，而前者则除此以外，还包含着不变资本。"③

要解决这个问题，还需要把两种消费区别开来，即个人消费和生产消费。在这个问题上，斯密也犯了错误。他没有把个人消费和生产消费区别开来，从而就没有把消费品的生产和生产资料的生产区别开来。从生产品的物质形态方面来看，决不能把全

---

① 《资本论》，第二卷，第三篇，CH19，§Ⅱ，亚当·斯密一节专门讨论这个问题。
② 《国富论》上卷，第59页。
③ 《俄国资本主义的发展》，第20页。

部生产品都只分解为收入。因为其中有相当大部分是剩余价值。而这种剩余价值，例如机器或工具之类，是决不可能当作个人消费品来使用的。

四、斯密的国际贸易理论

斯密的中心思想是经济自由，他的思想的根本精神是自由主义。无论在对国内的经济政策的主张方面，或在国际贸易理论方面，都贯彻了这一个中心思想。

如上所述，斯密生活在工场手工业迅速发展和英国产业革命开始的时代。当时，在英国国内，工业资本已经占领了一个接着一个的阵地，开辟了整个社会生产发展的道路，并使商业资本跟从于自己。在国外市场上，英国工业的显著优势已经击退甚至消灭任何竞争敌手的程度。所以在世界市场上，英国已经不再害怕自由竞争、自由贸易了。当资本主义发展到这个阶段时，重商主义者的保护政策便和自由竞争、自由贸易的时代要求发生严重的矛盾，并成为资本主义进一步发展的障碍。在英国国内，陈腐的立法与社会制度妨碍了工业资产阶级的活动，束缚了他们的企业心。在对外贸易上，保护关税制度阻碍着英国和其他国家建立"健全的""正常的"贸易关系。这一切都是和新兴的英国工业资产阶级的对国内和国外进行经济扩张的要求大相抵触的。

1776年，斯密所发表的《国富论》一书，首先在理论上揭起了反对重商主义和封建残余的叛旗。斯密的国际贸易理论就是在反对重商主义的斗争中建立起来的。如上所述，他把对资本主义制度的研究从流通领域转到生产领域，从而对于对外贸易问题也采取了新的观点。他在研究了重商主义和重农学派的学说之后，指出了他们对资产阶级社会财富本性看法的片面性。重商主义者把流通放在第一位，认为对外贸易是财富的源泉，重农学派把农业放在第一位，认为只有农业劳动才创造"纯产品"。斯密批判了并摈弃了这两种说法，而把全部生产者的劳动放在第一位，并宣称任何劳动，不管用在哪一个生产部门，都是价值的源泉。根据这一论点，斯密驳斥了重商主义者把对外贸易的利益仅仅限于取得贸易顺差，从而取得黄金白银输入的见解。他说："再没有比贸易差额学说更为荒诞的了。"[①]

斯密在批评重商主义者时指出，对外贸易的目的不在于求得顺差，贸易顺差的国家并不因此而有所得，贸易逆差的国家也不会因此而有所失。他说："当两地通商时，这种学说（重商主义）便想像，如果贸易差额得保持平衡，则两方各无得失；如果贸易差额略有偏倚，就必一方损失，他方利得，得失程度则与离违正常平衡的偏倚程度

[①] 《国富论》下卷，第73页。

为比例。但这两种设想，都是错误的。"①

他认为进行对外贸易的国家可以得到两种不同利益：即输出本国不需要的剩余部分的产品，并输入本国所需要的其他种类的产品作为交换。

关于这一问题，他说："经营国外贸易的地方，无论是什么地方，都可从此得两种不同的利益。即输出本国不需要的剩余部分的土地劳动年产物，输入本国所需的别种物品以为报答。以剩余物品交换他物来满足他们欲望的一部分，从而增进他们的享乐品，即是给剩余物品以价值。赖此，国内市场之狭隘，得不致于妨碍各工艺部门之分工，使不能达至最高程度。又赖此，国内消费不了的劳动生产物部分，得开放了一个更广阔的市场，鼓励他们改进他们的劳动生产力，极度增加他们的年产物，从而增加社会之真实财富与收入。这对于国外贸易进行中诸国，是何等伟大重要的贡献。"②

他又说："不受强制拘束，两地间的自然的规则贸易，虽不必同样有利益于两国，但必于两国有利益。所得利益或利得，我的解释，不是金银量的增加，只是一国土地劳动年产物的交换价值的增加，或者是一国居民的年收入的增加。在贸易差额保持平衡的场合，如果两地间的贸易，全由两国国产商品的交换构成，那在大多数场合上，他们不仅都会得利，所得利益且必相等，或极近似于相等。在这场合，对于各自的剩余生产物的一部分，彼此提供了一个市场。"③

由此，他得出结论说，在对外贸易中，"通商各国，都将获得莫大利益"。④ 他斥责重商主义者的整个贸易差额学说是不合理的。

斯密在揭穿重商主义者的贸易差额学说毫无根据时，更进一步指出了在国内积累最大数量的金银的重商主义政策是完全荒谬的。他指出："金银输入，不是一国经营国外贸易所得的主要利益，更不是唯一利益。"⑤ 又说："以金银输入无金银矿山但又需要金银之国，固然是国外商业的事务的一部分，但比较是最无意义的一部分。单为了这种打算而经营国外贸易的国家，一世纪下来，亦怕没有装满一船的机会。"⑥

他反对采用人为的手段强制地把金银留在国内。他说："一国所输入的金银量，若超过于其有效需要，那无论政府怎样注意，亦不能阻止输出。西班牙、葡萄牙的苛法，并不能使金银不外溢。从秘鲁、巴西来的不绝的输入，超过了这两个国家的有效需要，使金银在这两个国家的价格，便在邻国之下。反之，如若某国的金银量，不是供应其有效需要，那就会提高金银的价格，便在邻国之上。金银输入，全用不着政府操心。

---

① 《国富论》上卷，第 73，83 页。
② 《国富论》上卷，第 22 页。
③ 《国富论》上卷，第 34 页。
④ 《国富论》上卷，第 73 页。
⑤ 《国富论》上卷，第 22 页。
⑥ 《国富论》上卷，第 22 页。

即令政府自讨麻烦，想设法禁止金银输出入，亦决不能有效。"①

与重商主义者相反，斯密认为货物较货币更为重要。他说："除了购买货币，货物还有其他许多用处；但除了购买货物，货币就一无所用。有了货物，不愁没有货币。但有了货币，却不常有，更不必定有货物。"② 他着重指出，国家的财富决定于生产状况，而不决定于贵金属的贮备——这是斯密全部著作的主要结论之一。

在斯密看来，在自由贸易制度下，每个国家都可获得它所需要的金银。金银会按照有效需求自然地恰当地分配在各国之间。③

斯密用国际分工的利益，给自由贸易以理论上的论证，并予重商主义学说以致命的打击。他说道，如果人们以较小的花费就能买到某些物品的话，谁也不会亲自制造它们。裁缝不为自己缝靴子，鞋匠也不为自己缝衣服。农场主则既不打算缝靴子，也不打算缝衣服。他们全部认为，如果把自己的整个劳动都集中于生产一种产品，并且用这种产品来交换自己所需要的其他一切产品。那是比较有利的。从每一个个别人看来是合算的事情，对于整个国家来说也不可能是不合理的。如果自己去生产那些在国外可以廉价购到的产品，那就是一种愚蠢的行为。④

他举出葡萄酒贸易的例子。斯密指出，应用玻璃窗、温床与温室等，在苏格兰可能种植葡萄并酿造极好的葡萄酒。但其费用最低限度比从外国输入的同种品质的葡萄酒超过30倍。斯密问道，"单单为了要奖励苏格兰酿造克拉雷和白贡地，便禁止一切外国葡萄酒的输入，亦将是合理的法律吗？"——并作答道："……如果比向外国购买，使用的国内的资本与工业劳动多了三十倍，而所得的有用商品，却是相等，那偏要如此改变资本的用途，显然是十分不合理的……"⑤ 按斯密的意思，在自由贸易条件下，将建立这样一种国际分工制度，在这种制度下，每个国家都将更会合理地使用资本与劳动，将生产出更多更贱的商品，并用这种商品在国外进行有利的交换。

斯密认为，对外贸易的主要好处，是把本国没有需求的多余产物，运到国外，而把本国有需求的国外产物，运回本国来。这样，即使国内市场狭小，但是每个行业以内的分工，还能达到最完善的程度。国际贸易能够为国内生产物超过国内消费的部分开辟市场，从而促进和改善劳动的生产力，扩大每年生产量，增加社会的真正收入。这种好处，参与国际贸易的国家都能得到，并不像重商主义者所说，在国际贸易之中，一国之得即他国之失。

斯密的这个学说，便是有名的"地域分工学说"。这个学说给他所主张的自由贸易

---

① 《国富论》上卷，第10页。
② 《国富论》上卷，第13页。
③ 《国富论》上卷，第9页。
④ 《国富论》下卷，第34页。
⑤ 《国富论》下卷，第35—36页。

理论提供了理论基础,并且在他反对封建制度和重商主义残余的斗争中提供了有力的理论武器。根据这个学说,一国应该生产它所最擅长生产的东西,而以本国产物的一部分,交换他国所最擅长生产的东西。通过这种交换,每个国家所得到的总生产品的数量或总值,都比它过闭关生活时要多得多。照斯密看,每一国家都有它最擅长生产的东西,"这些特长是先天的或后得的,那倒无关紧要,只要一国有此特长,而他国没有,则后者与其自造,不如向前者购买,更为有利。"① 这便是斯密的"绝对利益"的学说。

他认为只有在自由贸易的条件下,各国才能获得地域分工的利益,而保护关税政策却只能得到相反的结果。他认为保护关税政策,不利于一国的工业发展。因为工业发展是以资本的积累为前提的。资本积累得越多,投资越多,工业发展也越迅速。而保护政策并不能增加资本积累,只能改变投资的方向,亦即从没有受到保护的工业中抽走资本而投放到受保护的工业方面来。由此可见,受保护的工业的发展乃是以其他方面的工业资本的缩小,从而其发展规模受到损害为前提的。

斯密也反对国内外贸易中的垄断企业和对殖民地贸易的垄断。他认为这种垄断妨碍了自由竞争和自由贸易,因而对一个国家是不利的。

斯密有意地美化资本主义制度下的国际贸易,他说国际贸易是"团结与友谊的纽带"。而不应是"矛盾与敌意的源泉"②。

在斯密的时代,英国已有了比较发达的工业,它的贸易网已扩张到全世界,它的对外贸易得到巨大的发展。荷兰和法国都已先后被英国在经济上摺倒了。英国的工业资本已不再怕其他国家在世界市场上的竞争,它当时所关心的,是如何可以长驱直入侵入他国市场,如何确保原料供应。斯密的自由贸易理论和地域分工理论,充分地反映了英国工业资本的这种愿望。

---

① 《国富论》下卷,第 36 页。
② 《国富论》下卷,第 79 页。

李嘉图的一般经济理论和国际贸易理论*

一、李嘉图的时代背景

大卫·李嘉图（1772—1823）是资产阶级古典政治经济学的最重要的代表人物。古典的资产阶级政治经济学在李嘉图的著作中达到了它的顶点。李嘉图对于国际贸易理论、货币理论、也有独创性的见解。他是古典派政治经济学的完成者。在李嘉图以后，资产阶级政治经济学逐步走向庸俗化的道路上去。首先需要了解他那个时代的特征。

从《国富论》（1776年）出版到李嘉图的《政治经济学及赋税原理》（1817年）的出版，中间经过了40年。这短短的40年不仅是英国，甚至是全世界资本主义的发展具有决定性意义的时期。这40年的资本主义世界的情况与1776年以前的比较平静的40年的情况迥然不同。

在这一个时代，在政治上，曾发生过许多具有世界历史意义的事件：1776年美洲殖民地人民武装起义，随着发生革命战争。1789年法国发生第一次资产阶级革命。比较在1793年到1814年的二十多年间又发生了法国与欧洲其他国家间的战争，这些战争完全改变了欧洲的地图，英国便是这些战争中的一个主要角色。在经济上，这个时代最重要的事件是工业革命。18世纪的最后30年英国发生了工业革命。这个革命一直继续到19世纪上半期。

前面说过斯密是工场手工业时代的资产阶级经济学家，而李嘉图则是产业革命时代的资产阶级经济学家。

产业革命开始于英国，然后传布到其他国家，它表明资本主义由工场手工业向大机器工业的过渡。在简单协作和工场手工业两个阶段，资本主义的技术基础还是手工劳动；基础太狭窄，不能适应资本主义生产方式发展的需要。产业革命以后，机器和

---

* 姚曾荫，1963年研究生班"资产阶级国际贸易理论介绍"之"资产阶级古典学派的国际贸易理论"讲稿。

机器体系代替了手工劳动，资本主义生产方式才获得了同它的性质相吻合的物质技术基础。

这个新的技术革命是在棉纺织工业中开始的。在短短的一段时期内，这个部门的发明一个接一个而来，机器普遍推广，大工厂生产排挤了工场手工业的生产。

革命一步一步地推广到一切新的工业部门。假使不是发明了一种新的动力——蒸汽，则19世纪工业的巨大发展将是不可能的。不过，这种新的动力来源还并不是新工业中之最革命的方面。在新机器当中，真正革命的特点，乃是机械工具，它代替了人手的技巧的操作。冶金业中的发明，特别是冶金生产中木炭被煤所代替的这一发明，也具有最重要的意义。采煤、钢铁生产的发展为新的机器技术的发展创造了必要的基础。继工业之后，输运业中也开始了革命。当时，在农业中也发生了重大的变化。采用了新的耕作方法，进行了大量改良土壤的工作，推广了新农具，在农业中利用了化学和机械学的成就。

这种生产方法的大革命，带来了深远的变化，改变了国家整个社会经济的面貌。劳动生产率和总的生产量都急剧增加了。生产力形成了新的配置，大城市相继出现，无产阶级最终形成了。恩格斯在《英国工人阶级状况》中对产业革命中的英国作了经典性的描述。他写道："60—80年前，英国和其他任何国家一样，城市很小，工业少而不发达，人口稀疏而且多半是农业人口。现在它却是和其他任何国家不一样的国家了：有居民达250万的首都，有许多巨大的工业城市，有供给全世界产品而且几乎一切东西都是用极复杂的机器生产的工业，有勤劳而明智的稠密的人口，这些人口有三分之二从事手工业，完全是由另外的阶级组成的，而且和过去比起来实际上完全是具有另外的习惯和另外的需要的另外一个民族。"①

英国在其工业发展水平超过其他国家之后，它在许多年内成为"世界的工厂"和世界市场的中心，英国的工业品需要在整个世界范围内寻找销路；也需要从世界各地输入原料和食品。英国在世界经济和世界政治方面占据了领导地位。

随着产业革命的进展，资本家和工人之间的鸿沟越发扩大了。大机器生产急剧地加速了独立小生产者的破产。他们无力与机器化的生产进行竞争，则过着极其悲惨的生活，不可避免地转变为无产者。乡村中的两极分化过程也空前加速了，人数越来越多的农民和雇农在农业中变成了过剩人口，而不得不到城市中去寻找工作。

工人阶级状况急剧恶化了。工资是这样的低微，以致大部分产业工人也无法养家糊口。机器生产的直接后果是：工作日延长了，劳动条件严重恶化了，工人变成了机器的附属物。妇女和儿童的劳动普遍流行。这就促使工资进一步降低，降低到劳动力

---

① 《英国工人阶级状况》，第50页。

价值以下去了。

经过了 17 世纪的资产阶级革命和 18 世纪末和 19 世纪初的工业革命，英国社会已经接近于典型的资本主义社会，即由地主、资本家和工人三个阶级所组成的社会。地主阶级和资产阶级是统治、剥削的阶级，工人阶级是被统治、被榨取的阶级。中间阶层被逐渐淘汰，它们的经济基础被摧毁了。

统治阶级在对外政策的某些方面是一致的，他们想要扼杀当时席卷西欧的法国资产阶级革命。英国资产阶级经过 17、18 世纪对荷、法的艰苦斗争，好不容易才赢得了第一强国的地位。他们在法国资产阶级革命身上，看到了旧敌卷土重来的危险，所以他们支持英国统治集团去组织反动同盟，反对法国资产阶级革命。

英国在 1793 年同法国作战，并且组织了封建君主制同盟反对法国。在战争过程中，英国胜利地击溃了法国的舰队，巩固了自己的世界市场霸权和海上霸权，夺得了新的殖民地。

在内政方面和对外贸易政策方面，统治阶级内部是有斗争的。在李嘉图的时代，从资产阶级方面来说，它还没有把无产阶级看成是威胁其统治地位的力量。英国资产阶级认为自己的主要任务是完全掌握国家机关和消灭阻碍资本主义发展的封建残余。地方贵族阶级继续在英国政治舞台上起着决定性的作用。甚至在 19 世纪，地主阶级还采取过一些有利于地主、显然与资产阶级相抵触的措施。资产阶级和地主阶级之间的矛盾非常尖锐，资产阶级和地主阶级的斗争集中在谷物法的问题上。谷物法废除问题的斗争就是自由贸易政策和保护关税政策的斗争。

谷物法很早就有了，但作为一种有意识的政策，是从 1688 年才开始的。在 18 世纪 70 年代以前（斯密时代），英国还是一个谷物出口国。谷物法规定：国内谷价降低到一定水平时，国家给予奖金，鼓励谷物出口；国内谷价上涨到一定水平时，禁止谷物出口。谷物进口税也有规定，但是因为英国是个谷物出口国，所以不起作用。18 世纪 70 年代以后，英国由谷物出口国转为谷物进口国，谷物法中的进口税则规定开始带有保护性质：国内谷价必须达到一定水平时，才许谷物进口，而这个价格水平一直在提高。

产业革命以后，资产阶级和地主阶级都从自己的利益出发，对谷物法抱着两种完全不相容的态度，地主阶级要求进一步加强谷物法的保护性质，而工业资产阶级则主张完全取消它。

地主阶级要求增加谷物法的保护性质，这个理由很容易了解：谷物进口愈少，国内谷物价格愈高，地租也愈大。工业资产阶级反对谷物法的道理也很明显。第一，地租愈大，地租在剩余价值中所占的比重愈大，则利润愈少。第二，如果国外廉价的谷物不能进口，则国内谷物价格会上涨，工资也得上涨，高额工资会提高成本，高额的原料进口税也会提高工业品的成本,这两种情况都使英国资产阶级在国外市场上处于不利的地位。第三,不准外国谷物进口,也将增加英国工业品出口的困难。英国要向其他农业国家输出工业品,也必须为农业国提供农产品市场。

在拿破仑战争停止以后,大陆封锁结束,谷物价格下降了。这时,地主阶级利用自己在议会中的统治地位,在1814—1815年通过法案废除对英国粮食出口的任何限制,而对从国外进口的粮食则制定了增加关税的新法案。这使工业资产阶级遭受到很大的损失,引起资产阶级的猛烈反对。

围绕着谷物法问题,资产阶级和地主阶级间展开了长达30年的激烈斗争。盘踞在议会中的大地主阶级尽力阻挠谷物法的废除,工业资产阶级则在全国各地组织反谷物法大同盟,并利用1842年的经济危机和人民群众对粮食高价的普遍不满情绪来谋取自己的利益。他们不惜耗费巨资,进行各种宣传活动,以博取人们的同情。他们的巡回鼓动家们走遍了全国,到处宣传自由贸易福音,他们的机关刊物明确地号召人民起来造反,并以"长枪和火把"威胁地主阶级。他们攻击地主阶级说:"对国外谷物的进口实行保护关税,这是卑劣的的行为,这是利用人民的饥饿进行投机。"他们对工人阶级说:"谷物税是你们向大地主,向这些中世纪的贵族代表交纳的工资税,你们贫困的原因是在于日用必需品的价格的昂贵。"为了骗取工人阶级的支持,他们提出了"庸俗的粮食、高额的工资"的口号,并且制造了实行自由贸易后可以改善工人生活状况的谎言,企图使工人阶级相信资产阶级的所作所为都是为人民谋福利。他们要推翻地主阶级,要革命,但是要假手于工人,资产阶级想利用工人们为他们火中取栗。

但是英国的工人们深深懂得厂主和地主之间斗争的意义。他们清楚地知道,厂主们想降低粮价是为了降低工资,而地租下跌多少,资本的利润就会上升多少。工人们决不愿意充当资产阶级的工具。然而在经济危机中深受苦难的工人们也不是没有行动的,他们参加了战争的行列,要求废除谷物法。他们所以要联合工业资产阶级来跟地主阶级进行斗争,那只是为了消灭最后的封建残余和孤立敌人罢了。

经过长期而激烈的斗争以后,工业资产阶级终于取得了最后的胜利。谷物法在1846年废止了,棉花及其他各种原料的进口税取消了。1849年航海法案也最后废止了。英国进入了一个彻底的实行自由贸易政策的时期。马克思把英国谷物法的废除称作是"19世纪自由贸易所取得的最伟大的胜利。"[①] 马克思又说:"1846年废除谷物法,只是承认了一件既成事实,承认了英国市民社会的成分中早已发生的变化,这就是:土地的利益服从于金融的利益,地产服从于商业,农业服从于工业,乡村服从于城市。"[②] 从那时起,工业资产阶级实际上已经成为英国的统治阶级,通过议会达到了

---

① 《马克思恩格斯全集》第四卷,第444页。
② 《马克思恩格思全集》,俄语版,第9卷,第455页。

在对外贸易和航运方面实行自由贸易原则的目的。地主阶级和航运公司的利益由于新兴工业资产阶级的胜利而遭到牺牲。

在地主阶级和工业资产阶级的斗争中，李嘉图是始终坚决地站在工业资产阶级这一面的。李嘉图的国际分工和自由贸易学说充分地反映了时代的要求。他的学说成为工业资产阶级向地主阶级进行斗争的有力理论武器。

二、李嘉图的主要著作

早期研究自由科学——数学、物理、化学、矿物和地质，曾设立了私人实验室，收集各种矿物，1807 年和别人共同发起成立了地质学会上（现在还存在着）。

他着手研究经济问题的时间稍晚一些。首先注意研究的是货币流通问题。这是因为从 18 世纪末英国进行反对拿破仑战争，致使军费增加。英格兰银行大量发行纸币作为军费的主要来源。由于纸币大量发行，兑现困难。英格兰银行遂于 1797 年起停止纸币兑现。接着纸币贬值，物价上涨，而资金的市场价格也上涨到它的造币局价格以上。在 1809 年，纸币价值大约贬低了 20%～25%。因此，就引起了议会中的党派斗争和议会外的理论斗争。纸币同黄金的关系如何，纸币发行对于物价的影响如何等等问题，不同立场的人有不同的看法，论战非常激烈。李嘉图也积极地参加了这场论战。

1809 年李氏发表了一篇论文，题为《金价论》，这篇论文奠定了他的货币数量说的基础。论文引起了许多反对意见，他在致《晨报》两封书信中加以答辩。他后来又把自己的论点加以整理、补充、改写，并以小册子的形式发表了《黄金高价论》一书。1811 年发表了《为金融问题波桑葵君》。1816 年发表了《建设一个经济而稳定的通货》。

这三篇论文使李氏得到经济理论家的声誉。这些论文充分反映了工业资产阶级的利益。他尖锐地抨击了英格兰银行的活动，要求取消通货膨胀，恢复纸币同黄金的兑换。

货币问题是工业资产阶级同地主阶级所争执的经济问题之一。工业资产阶级同地主阶级所争执的另一问题，上面曾说过，是谷物法或农业保护问题。在这一问题上，李氏生前发表过两篇重要论著，一篇是《谷物低价对于资本利润的影响》（1815 年），另一篇是《农业保护论》（1822 年），前一部著作是反对马尔萨斯观点的一部论战作品。马尔萨斯是一个代表地主阶级利益的经济学家。他在《地租的性质和发展之研究》，以及《对限制外国谷物进口政策的看法的根据》这二部著作里，为地主的土地垄断权、谷物的高价和高额地租进行辩护，从而积极赞同和支持谷物法。李嘉图在上述著作中力图证明地主阶级的利益不但和工业资产阶级的利益相冲突，而且和社会上所有其他人的利益都是矛盾的。他指出，当一国的粮食不是和谷物价格高涨时，不但由于工资随着谷物腾贵而增加，因此引起利润率的下降，而且社会上所有的消费者，尤其是劳动群众，都因此遭到损失。因粮食缺乏与粮价上涨而获巨利的只有地主阶级。李嘉图又进一步指明：刺激社会发展和财富增加的动力是利润率的提高。地租增涨只会阻滞生产力的发展和技术进步。要想提高利润率，就必须降低生产费用，减少货币工资。但他认为工人的实际工资是不能削减的，所以，想减少货币工资，就必须降低谷物价格。因此，他积极反对谷物法。从这方面，可以看出李嘉图学说的阶级性和战斗性。

李嘉图的最重要的著作是《政治经济学及赋税之原理》[①]。这著作发表于 1817 年，在这本书以前发表的那些论文，只是本书的准备工作。

这本书奠定了李嘉图在政治经济学史和国际贸易理论中的地位。这本著作代表古典政治经济学发展的最高峰。

三、价值论

（一）价值的决定

李嘉图在其《政治经济学及赋税之原理》中，继承了斯密的见解，把价值也分为使用价值和交换价值。使用价值是物品的效用，是满足人们某种欲望的能力。交换价值是表示某种物品可以交换其他物品的能力。李氏未以交换价值作为分析的对象。斯密认为有些物品，使用价值很大，但是没有交换价值（空气和水）；另一方面，他以为有些物品，使用价值很小，甚至没有使用价值，但它们的交换价值却很大（金钢钻）。

关于使用价值和交换价值这两个概念的含义，李嘉图是同意斯密的解释的。但是在二者的关系问题上，他较斯密前进了一大步，他认为使用价值很大的物品固然可以没有交换价值；但是没有使用价值的东西是决不可能有交换价值的。所以，李氏认为交换价值必须以使用价值为前提条件。

效用（使用价值）虽是交换价值所必需的，但决"不是交换价值的尺度"，即照李氏看来，交换价值的尺度或其根源，不在于效用。商品的交换价值是由什么决定的呢？有用商品的交换价值，得自两个泉源——一个是稀少性，一个是生产所必要的劳

[①] 郭玉合译，神州国光社出版。

动量。"① 这里他把稀少性也当作决定商品价值的一个因素，显然是错误的。

李嘉图把商品分为二大类。一类是因稀少性而有交换价值的商品，"例如稀有的雕像、图画，稀有的书籍、古钱，又如珍贵的葡萄酒"等等。这些是消费任何劳动、其数量不能增加的商品。这种商品的交换价值，只由他的稀少性决定——这就是所谓稀少性价值法则。另一类商品是可以劳动"无限地增加"其数量的商品。

他认为稀少性物品只占每个市场上交换的货物总量的极少部分。大部分货物"是由劳动而曾投下生产所必要的劳动，这类物品即可无限制的在许多国度增加。"②

李嘉图把他的研究范围限于第二类商品，对第一类商品则不加研究。

"如果把不能由人类劳力增加的物品除外，则交换价值的基础，确乎是人类劳动。这在经济学上，是一个极重要的原理……投在商品内的劳动量，决定商品的交换价值。"③ 由此可见，李氏坚持了商品价值由劳动时间决定这个原理，并根据这个原理发展了资产阶级古典经济学。这是他的一大贡献。李氏即由此立场，首先批判了斯密混同耗费劳动和购得劳动，并认为它们都可以当作价值尺度的见解之错误。

他说："斯密既那样正确地规定了交换价值的本源，便应当前后一致，坚持一切物品的值多值少，系于生产这些物品所费劳动的多寡；但是他却建立了另一个价值的衡量标准，说什么东西的值多值少，是看东西能交换到的价值衡量标准的多少而定。他有时把谷物看作是价值的衡量标准，有时又把劳动看作是价值的衡量标准，不过这里所说的劳动已不是生产一物时所须投下的劳动，却是交换该物时所能支配的劳动。在他看来，这两种劳动量似无多大关系。"④

在这里，关键的问题是：生产某种物品时所投下的劳动和利用该物来交换时能够支配的购得劳动，在量上是否相等？斯密认为它们是相等的，因而他以为这二种劳动都可以当作价值标准。李嘉图则认为它们是不等的，因而不能都作为价值标准。在这点上，李氏坚持了他自己的出发点，认为价值是由耗费劳动决定的，购得劳动不能作为价值标准。因而他得出结论说："投在商品内的劳动量，支配商品的交换价值；劳动量增加，商品价值加大，劳动量减少，商品价值减低。"⑤

其次，李嘉图不同意斯密关于土地成为稀有财产和资本发生以后商品价值不由劳动决定而由三种收入决定的说法，他放弃了原始社会和近代社会的区分。在李嘉图看来，原始社会中，猎人的弓箭，渔夫的木舟和捕兽的工具，都是资本；制造这种种工具所耗费的劳动也是利用这种工具所生产的商品价值的一个决定因素。

---

① 《政治经济学及赋税之原理》，第1页。
② 《政治经济学及赋税之原理》，第2页。
③ 《政治经济学及赋税之原理》，第3页。
④ 《政治经济学及赋税之原理》，第3页。
⑤ 《政治经济学及赋税之原理》，第3页。

在这里，李嘉图把资本和生产资料混同起来了，因此把弓箭和渔具也当作资本了。因为他认为原始社会也有资本，所以他反对斯密的劳动价值论只适用于原始社会的说法，而认为在两种社会都适用劳动价值论。同时，在这里，李嘉图指出，决定商品价值的不仅有生产商品的直接劳动，而且还包含间接耗费的劳动，这无疑是李嘉图在劳动价值论上的一个重要贡献。

李嘉图同意斯密的说法，认为商品价值可以分解为所得，但他不赞成价值是由收入形成的说法。他说，已经生产出来的价值，无论怎样分割也不能影响价值的大小。照李嘉图看，价值是第一性的因素，收入是派生因素，价值分解为收入，但不由收入形成。

（二）价值与劳动

李嘉图虽然坚持了商品价格由劳动时间决定这个原理。但是，各种性质不同的劳动在相等时间内所生产出来的商品，价值是否相等呢？决定商品价值的究竟是什么劳动呢？是在商品生产时事实上所耗费的劳动，还是必要劳动？是在生产时直接耗费的劳动，还是也包含间接耗费的劳动？李嘉图注意到这些问题并提出了他自己的见解。

首先，关于简单劳动与复杂劳动的问题。他说："当我说，劳动是一切价值的基础，劳动的相对量几乎单独决定了商品的相对价值，说不要以为我没有注意劳动的区别，没有注意到一业中一小时、一日的劳动，同他业中同样长短时间的劳动，二者之间作比较的困难。对于不同质的劳动的估价，跟劳动者的比较熟练程度和他所作劳动的强度，关系很大。尺度一经形成以后，极少变动。"李嘉图了解，劳动虽有简单和复杂的区别，但并不影响价值决定于劳动时间的原理。

其次，商品的价值决定于劳动时间。但这里所说的劳动时间，李嘉图认为，不仅包括直接投下的劳动量，而且还包含间接投下的劳动量。他说："影响商品价值的，不仅是直接使用在商品上的劳动，投在工具、建筑物内的劳动，也有此种作用。"①

李嘉图以袜子的价值的构成作为例子来说明。他说：袜子的价值"取决于制造袜子和运往市场所必需的全部劳动量。这里包括：第一，耕种棉田的劳动；第二，把棉花运往用棉花来制造袜子的地方的劳动，这里也包括一部分耗费于建造运输棉花并获得商品运费的船只方面的劳动；第三，纺织工人的劳动；第四，一部分机器制造工人、铁匠和木匠的劳动，因为他们建造用来生产袜子的建筑物和机器；第五，零售商人以及其他许多不能一一列举的人员的劳动"。② 这些各种不同的劳动总量决定袜子的价值。

---

① 《政治经济学及赋税之原理》，第 10 页。
② 《政治经济学及赋税之原理》，第 11 页。

总之，李嘉图认为商品价值中不仅包括直接生产该商品时耗费的劳动，而且也包括生产、生产资料所必需的劳动。但是他依然不了解在同一劳动过程中，新价值的创造和生产资料中的价值的转移是如何同时进行的。（他不了解劳动的二重性，生产商品的劳动是具体的同时又是抽象的。作为具体劳动，它在生产过程中创造使用价值，同时把利润中的剩余价值的不变资本的价值全部或部分地转移到新商品上去；作为抽象劳动，它在生产过程中创造新价值。）

第三，关于必要劳动的问题。李嘉图认为决定商品价值的不是每个生产者实际上所耗的劳动，而是必要劳动。他的所谓必要劳动是指在最不利的生产条件下生产所必要的劳动。他说：一切商品的交换价值"受最大劳动量的调节"，这种最大劳动量乃是"在最不利的条件下不断进行生产的"生产者所耗费的劳动。他的地租理论就是建筑在这理论上。

（三）李嘉图对劳动价值规律的修正

斯密区别原始社会和现代（即资本主义）社会。李嘉图则放弃这种区别，因此在实质上抹煞了简单商品生产和资本主义商品生产间的区别。他的分析不是由简单商品生产上升到资本主义商品生产，而是直接从资本主义生产开始的。

我们知道在资本主义社会，价值已经表现为生产价格[①]这一转化形态。商品的价格并不围绕价值波动，而是围绕生产价格波动。但李嘉图却没有看到二者的根本区别，只是认为生产价格与价值稍有不同，而且二者的不符也只是偶然的。李嘉图认为，在原始社会和现代社会里，市场价格都是围绕着价值上下波动的，这个价值同时也就是生产价格。

由于李嘉图没有区别价值和生产价格，所以他在分析过程中就碰到了不可克服的困难：如果在资本主义条件下，商品还是按价值出售，就平均数来说，那么同等数量但有机构成不同，周转速度不同的资本，都得到同等数量的利润，又如何解释呢？平均利润的存在是否与劳动消耗决定价值的规律发生矛盾呢？

李嘉图把平均利润规律同价值规律对立起来，从而得出结论，说这两个规律之间存在着矛盾。李嘉图不能说明这个矛盾是如何解决的。当他探讨工资涨落对于利润的影响时，发现这两条规律有矛盾。他原来认为工资的增减只会引起利润的相应的落与涨，决不会使商品价值发生变化。但是他发现：如果在工资上涨以后，商品还按价值出售，那么同量资本就不能得到同量利润；反之，如果同量资本还得到同量利润，那

[①] 生产价格 = 生产费用 + 平均利润

么商品便不是按照价值出售。因而他就觉得，他的劳动价值论有加以"修正"的必要了。

李嘉图的困难，可以用下列例子说明：假如有两笔等量的资本，例如说都是 10 万元，第一笔资本中拿出 6 万元用于工资，4 万元用于生产资料。第二笔资本中拿出 4 万元用于工资，6 万元用于生产资料。再假定平均利润是 20%，那么商品的价值都是 12 万元（暂时不谈固定资本与流动资本如何划分的问题）。假定工资提高 10%，那么第一笔资本就增为 106 000 元，利润则由 2 万元降低到 1.4 万元（工资增加引起利润减少），利润率为 14/106，即不到 14%，价值仍是 12 万元。而第二笔资本则增为 104 000 元，利润由 2 万元降低到 1.6 万元，利润率为 16/104，则为 16% 弱，价值也仍是 12 万元。在这里，困难就发生了：假如商品按价值 12 万元出售，那么一定还像以前没提高工资时一样，按 12 万元出售，因为李嘉图认为提高工资就会减少利润而不改变商品的价值；但在这种情况下，106 000 元的大资本就会带来较少的利润，而 104 000 元的小资本，却会带来较多的利润，这显然是与等量资本带来等量利润的规律相矛盾的。假如想在商品出售以后使这两笔资本得到同样大小的利润，那么就必须把 3 万元（1.6 万 + 1.4 万）的利润用 21 万元（10.6 万 + 10.4 万）的资本去除，平均利润率 30/210 = 14.3%。第一笔资本所生产的商品，均按 12.1 万元［10.6 +（10.6 × 14.3/100）］出售，第二笔资本所生产的商品，将按 11.9 万元［10.4 +（10.4 × 14.3/100）］出售。两个价格都和价值（12 万元）不符，这样又违反了价值规律。

李嘉图为了逃避这一困难，他宣布说：平均价格同价值不符乃是例外情况。但是他最终只好承认自己的失败。他在 1819 年 12 月致麦克洛克的信上说："关于规定价值之原则解释，我是不满意的，我希望一支更有能力的笔，来担任这种工作。"

四、货币论

李嘉图把商品的价值决定于劳动时间这一原理，也应用于货币。他写道："金银的价值，跟其他商品的价值一样，只决定于生产金银并输送金银到市场来所必要的劳动。"[①] 金银价值的不同，只是因为生产金和生产银所必要的劳动不同。所以李嘉图说："金大概比银贵 15 倍，并不是因为金的需求大于银，也不是因为银的供给比金大 15 倍，而只是因为生产一定量的金比生产同量的银所必要的劳动，要大十五倍。"[②]

---

① 《政治经济学及赋税之原理》，第 277 页。
② 《政治经济学及赋税之原理》，第 277 页。

李嘉图在这个基础上，发展了他的自然价格理论①。他说，商品的自然价格是由商品价值和货币的价值的比例关系决定的。因此，自然价格既可因商品价值的变化而变化，也可以由于货币价值的变化而变化。但是，商品价值和货币价值的变化对于商品自然价格的影响恰好是相反的。如果货币价值不变，则商品价值的变化会引起其自然价格的成正比例的变化。如果商品价值不变，则其自然价格必随着货币价值的变化而发生反比例的变化：货币价值增时，自然价格下降；货币价值减时，自然价格上涨。李嘉图还由此得出一个重要原理：如果商品的数量和商品的价值不变，那么流通商品所需要的货币，取决于货币的价值。货币价值越大，所需货币越小；货币价值越小，所需货币越多。如果金银的比价是1：15，那么为流通同量商品，所需银子的数量便是黄金的15倍。

李嘉图的货币学说只是替货币分析开一个端，他不理解货币的起源，不能说明商品如何变成货币。他不知道货币是一种特殊商品，是一般等价物。在他看来，金银只是普通商品，执行着流通手段和价值符号的职能而已。他认为金银货币完全可以用真正的价值符号（纸币）来代替。

第二种货币价值论即是所谓货币数量说，即货币的价值不决定于劳动量而决定于货币的数量。因为李嘉图不知道纸币和金属币之间的本质区别，所以他把仅仅在一定限度内适用于纸币流通的规律，搬用到金币流通上，而得出了所谓货币数量说。依此学说，货币的价值决定于货币的数量，与货币数量成反比。②

按照李嘉图的理论体系，李嘉图是不应该得出货币数量说的。因为这一学说，是同他的价值论，特别是同他的货币价值决定于生产货币所必要的劳动——这一正确论点相矛盾的。同时这一学说也是和他的另一理论，即流通商品所必要的货币数量是由商品的总价值和货币本身的价值决定的学说相矛盾的。在李嘉图的体系中，不可能发生这样一种情况，即商品的总价值和货币的价值都不变，而货币的需要量却增加了（货币数量说）。

李嘉图的论断是错误的。因为大家知道，纸币无论发行多少，它只代表商品流通所必要的那些金属货币，所以在其他条件不变的情况下，纸币增发一倍，每张纸币所代表的金属便减少一半，因此以纸币表示的商品价格便增加一倍。金属货币便不同，金属币是有内在价值的。即使金属币的数量超过了流通所必要的数量，每块货币的内在价值还是没有减少；而且在其他条件不变时，商品价格也不会上涨。多余的金属币便退出流通领域而成为贮藏手段，但仍保持价值。由此可见，李嘉图把金属币和纸币同等看待，是错误的。

---

① 自然价格：自然价格就是生产价格。李嘉图说："我所说的商品交换价值或购买力，是商品原有的。那才是商品的自然价格。"（见《政治经济学及赋税之原理》，第55—56页"假若一切商品出售，都按照自然价格，各业资本P'，自必相等。"（见《政治经济学及赋税之原理》，第55页）

② 参见人大：经济学说史讲义，第157页。

说到这里，必须介绍一下李嘉图关于对外贸易中金银流动的学说，国际现金流动理论。

根据李嘉图的理论，金属币如超过流通必要的数量，就会引起商品价格的上涨。涨高了的商品价格又会起什么作用呢？这可分两种情形来说：

（1）如果抛开对外贸易不谈，假定一国有金银矿，那么，商品价格的上升和货币购买力的下降，就会引起金矿银矿生产的缩减。这种情形会一直继续到现有货币量适合于流通所必要的数量为止。而达到这种一致的原因有三个，或者是由于商品量的增加，或者由于商品价值的提高，或者由于铸币的磨损而使金属数量减少。

货币量如果减少得不够流通的需要，就会发生相反的作用：货币的价值上升，商品价格下跌，金银开采扩大，赶到恢复"均衡"为止。

（2）在存在着对外贸易的情形下，结果与上述不同。因为通过对外贸易的途径，一国与另一国间经常有金银流出入。

如果一国的金属币量增加，币值下跌，商品价格上涨，这就会鼓励进口，阻碍出口。于是进口增，出口减，造成入超，黄金外流。这种情况继续下去，一直继续到物价恢复到"正常"的或"自然"的水平为止。反之，如果货币量减少，则价格下降，有利于出口，不利于进口。于是进口减，出口增，结果造成出超，黄金流入。这种情形会继续下去，一直到"均衡"又恢复为止。

李嘉图在研究了上述过程之后，得出一个他自己认为是重要的结论，即："金银为一般流通手段，由于商业竞争，这两种金属，得以极恰当的比例，散布在世界各国，使国际贸易，无异于无货币时代的纯粹物物交换。"[①]

重商主义者认为，在自由贸易的情况下，一国的金银贮备会外流净尽。李嘉图用他的货币数量说和国际间金银流动的学说来反对这种看法。他企图证明，正因为在自由贸易条件下国际贸易是一个自动调节的机体，所以它能使世界的金银贮备在各国间的分配，恰恰符合于他们商品流通的需要。可见他的货币数量学说是服务他的自由贸易理论的，用货币数量说来论证自由贸易的利益。

五、分配论

李嘉图认为政治经济学的基础问题，就是分配问题。工资、利润和地租理论在他的体系中占着非常重要的地位。大家知道工资、利润和地租是体现资本主义生产关系、

---

① 《政治经济学及赋税之原理》，第 96 页。

阶级关系的范畴。但李嘉图并没有从这方面来考查。他所注意到的只有两个问题：（1）工资、利润和地租在量上如何确定的；（2）这些范畴之间有什么关系？

关于第一个问题，他是这样解决的。工资是由维持工人及其家属生活所必要的生活资料的价值决定的。利润是商品价值超过工资的余额。地租乃是农产品价值超过工资和利润的余额，这是由于耕种中等土地和优等土地而产生的。

关于第二个问题的解决，则是以对第一个问题的学说为基础的。他认为工资的增减不会影响商品的价值，但会引起利润发生相反的变化。就是说，他已看到工资和利润，劳动和资本之间的矛盾了。但是，在李嘉图看来，主要的阶级矛盾不在资本与劳动之间，而在地主和资本家之间。因为他认为随着社会发展，人口增加，更劣的土地也必须耕种，在这种情形下，地租就增加了，利润就因而降低了。

在李嘉图看来，地租正如工资和利润一样，也是价值的一部分。由于实际工资是一定的（决定于最低限度的生活资料的价值），因而超过工资的价值的余额也在客观上是一定的数量。因此，地租的增长必然会引起利润的减少。李嘉图根据这一点得出以下的结论：资本家的利益和地主阶级的利益在分配过程中必然会发生冲突。他认为地主阶级的利益不仅和资产阶级的利益是矛盾的，而且和社会其他阶级的利益也是对立的。他写道："社会所关心的是从土地得到大量的纯剩余产品；它也关心于使这一大笔纯剩余产品按低的价格出售。"而地主阶级则恰恰相反，他们所关心的是粮食的高价，因为只有粮食的高价才会保证地租的提高。

李嘉图通过他的关于农业问题的两篇论文，同马尔萨斯论战，以及在议会中的演讲，来直接参加了反对谷物法的斗争。他在替粮食自由贸易进行辩护时，代表了资产阶级的要求。

马尔萨斯认为粮食自由贸易只对与对外贸易有联系的资本空有利。李嘉图批判了这种见解，并且证明随着地租的降低，"一切关心贸易的人，也就是各种多样的资本家，不管是农场主、工厂主还是商人，都将大大增加自己的利润。"根据他的观点，降低粮价，乃是保证"商业阶级"繁荣、资本积累和鼓励生产性活动的最可靠的途径。

李嘉图在倡议废除粮食关税和主张粮食自由贸易时，公开指出：这些措施将会提高利润，因为工资将由于粮价下降而降低下来。"由于工资也将随着食品价格的低廉而减少，因而资本家的福利就会增加起来。"这样，李嘉图实质上承认了围绕谷物法的斗争乃是剥削阶级之间为瓜分剩余价值而进行的斗争。

六、国际贸易理论

和斯密一样，李嘉图也把对资本主义制度的研究从流通领域转到生产领域，所以他从根本不同于重商主义者的观点来对待对外贸易问题。

李嘉图也和斯密一样，摈弃了只有在对外贸易中才能获得利润的观点。他认为利润是在生产过程中创造的，是商品价值超过工资的余额。他反对重商主义者所主张的，在国际贸易中一国所得就是他国所失的观点，而认为贸易对于交易国双方都是有利的。

李嘉图也是重农学派和斯密的自由贸易理论的追随者。但是在这一方面，他更进一步发展了重农学派和斯密的理论。他认为，"在完全自由的贸易制度下，每个国家自然都把自己的资本和劳动使用在会给它带来最大益处的那些工业部门上。"① 李嘉图认为参加国际贸易的一切国家所得到的贸易利益，是从国际分工中产生的，而国际分工只有在充分自由贸易的情况下才能实现。他说："这个原则（即自由贸易原则）促进勤勉，奖励发明，以最有效的方式利用自然给与我们的一切力量，于是引起各民族间最有效而且最节约的分工。同时，因为它增加了总产量，也就增加了全体福利，并用共同利益和经常交稿的纽带，将各文明的民族联结为一个全世界的公社。正是这个原则决定着：法国和葡萄牙应当酿造葡萄酒，美洲和波兰应当生产粮食，而英国则应当制造各种金属制品和其他商品。"②

李嘉图也和斯密一样，把当时的资本主义社会看成是一般人类社会的自然形式。他们认为资产阶级社会是万古长存的，是永恒的、绝对的。他们"抹煞一切历史差别而把一切社会形态都看成是资本主义形态"。③ 因此，他把资本主义国际分工和国际贸易同资本主义的其他经济范畴一样，同样看作是永恒的，看作是历史过程以外的现象。他既不能看到资本主义国际分工和国际贸易的开端，也不能看到空位的不可避免的最后的终结。李嘉图在谈论原始人是怎样进行交换时，把当时伦敦商人的一切特征都加到原始人的身上。同样的，李嘉图也认为资本主义的国际贸易与原始社会的纯粹物物交换毫无二致。④ 这一切都是反历史的。这种反历史主义的错误观点不可避免地使李嘉图的国际贸易理论陷入于形而上学的唯心主义的泥淖中。

为了进一步阐明自由贸易原则的优越性，李嘉图乃创立了"比较成本"理论。"比较成本"理论是李嘉图的自由贸易理论的基础。在李嘉图及其以后许多庸俗派国际贸易理论名作中，"比较成本"理论被认为是支配国际贸易发展的永恒的规律。

李嘉图，像斯密一样，也认为国际贸易发生的必需条件是各国间贸易商品的生产成本不同。但是，如上所述，斯密认为，只有一个国家在生产上具有绝对优势，即劳动成本绝对低的那些商品，才能构成出口商品。劳动成本绝对低是国际贸易发生的必

---

① 《政治经济学及赋税之原理》，第 93 页。
② 《政治经济学及赋税之原理》，第 93—94 页。
③ 政治经济学批判，第 167 页。
④ 《政治经济学及赋税之原理》，第 96，98—99 页。

需条件。

李嘉图补充并发展这一论点,认为在完全自由贸易的条件下,每一个国家将专门生产并输出那些生产成本比较低的商品,而输入那些生产成本比较高的商品。他列举英国所生产的麻布与葡萄牙所生产的葡萄酒相交换的例子来作为说明。[①]

假如英国生产一定数量的麻布,需要 100 人的劳动,制造一定数量的葡萄酒需要 120 人的劳动;而葡萄牙生产同样数量的麻布只需要 90 人的劳动,制造同样数量的葡萄酒只需要 80 人的劳动。葡萄牙显然在两种商品的生产方面都具有绝对的优势,即劳动成本都绝对的低,但在葡萄酒的生产上,毕竟具有更大的优势,亦即劳动成本更低(葡英两国间劳动成本的比例是:葡萄酒为 18:27,麻布为 18:20)。英国虽然在两种商品的生产上,都处于绝对的劣势,亦即劳动成本都绝对的高于葡萄牙,但在麻布的生产上,不利的程度较小,亦即劳动成本高于葡萄牙的程度较小。

	麻　　布	葡萄酒
英国	100（20）人	120（12×2.25）=（27）人
葡萄牙	90（18）人	80（8×2.25）=（18）人

在这种情况下,依照李嘉图的意见,葡萄牙应专门生产葡萄酒,英国应专门生产麻布;然后再以葡萄牙的酒交换英国的麻布,就可以使两国都获得利益。在这种情况下,贸易之所以可能和有利,不是因为生产成本的绝对差异,而是因为生产成本的比较差异。李嘉图指出,虽然英国输出的商品能在葡萄牙以较低的生产成本生产出来(麻布),而葡萄牙输入了一种本国具有绝对成本优势的商品,可是他们从国际分工和国际贸易中获得了较在没有国际分工和国际贸易条件下的更多的利益。

"如果葡萄牙闭关自守,不和外国通商,不能由酿造葡萄酒而交换得到其他国家的麻布和金属,那么,它就必须把一部分资本、劳动,由酿酒业撤回,用来制造麻布和金属。当然,这样制造的质量都不免较差。"[②] 李嘉图认为这就是国际分工的利益所在。

李嘉图的比较成本理论只是在一个基本假定之下才能成立的,即在一国内部劳动和资本可以充分自由移动,因而生产条件完全一致;而在国际间劳动和资本不能自由移动,因而生产条件便不相同。

这就是说,根据李氏看法,劳动价值论的诸前提——资本与劳动的自由移动,由自由贸易而形成的利润率均等化——在国际间无法存在的缘故。

他指出,如果资本和劳动能够自由移动;"葡萄酒与麻布,若都在葡萄牙制造,把

[①] 《政治经济学及赋税之原理》,第 94—95 页。
[②] 《政治经济学及赋税之原理》,第 94 页。

英国制造麻布的资本与劳动，移到葡萄牙去，那当然顶好，不仅有利于英国的资本家，且有利于两国的消费者。这时，像约克郡与伦敦两地交易一样，左右商品相对价值的，即生产商品所必要的劳动量。资本若能自由流入最有利的地方，利润当然不能有差异。商品的真实价格，减去运输所必要的追加劳动量，亦不能有差异。"① 但是由于"人类多不愿离开祖国，……资本移动，每必阻碍。"② 所以上述情况不会发生。

在上述基本假定之下，他得出如下的结论："支配一国诸商品相对价值的规律，不能支配国际诸商品的相对价值。"③ 又说："葡萄酒产在葡萄牙，麻布产在英国，这两种商品的交换比例如何，并不决定于各自生产所必要的劳动量。这种情况显然和国内交换的情形不同。"④ 这就是说：在国内商品交换中发生作用的价值规律，在国际贸易上不能同样适用。就上面的例子说，"英国须以100人的劳动生产物，交换葡萄牙80人的劳动生产物。这样的交换，在同一国家内，当然不会发生。100英国人的劳动，不能与80英国人的劳动相交换，但100英国人的劳动生产物，却可交换80葡萄牙人，60俄罗斯人，或120印度人的劳动生产物。"⑤

支配国内交换的价值规律既然不能适用于国际交换，那么，支配国际交换的，究竟是什么价值规律呢？李嘉图对此没有明确的说明。他曾说过："测定外国商品价值的，是交换外国商品所须付出的本国商品量。"但这种说法，不外是说一定数量的一种商品的交换价值，是由跟它相交换的别种商品的数量或货币数量来表现。而外国商品的价值是由跟它相交换的本国商品所包含的劳动量或价值（决不是本国商品的数量）所决定的。

根据上述李嘉图的例子，英国从葡萄牙进口的商品葡萄酒的价值，既不是由英国本国生产葡萄酒所必要的120人的劳动量所决定，也不是由实际上在葡萄牙制造它所必要的80人的劳动量所决定，而是由生产麻布——这是用以交换葡萄酒的——所支出的100人的劳动量所决定。反之，从葡萄牙方面来看，外国商品麻布的价值，既不是由葡国90人的劳动量所决定，也不是由英国100人的劳动量所决定，而是由葡国生产葡萄酒（跟麻布交换的酒）所必要的80人的劳动量所决定的。

关于对外贸易与利润率的关系，李嘉图认为对外贸易并不能阻止利润率的下降。

他说："大体说来，同国的利润率，往往相等……异国的利润率，都往往不等。"

然而，在各国间利润率不等，利润率较低的国家，能否通过与利润率高的国家进行贸易，使它的一般利润水准抬高呢？换言之，利润率低的国家，是否可籍落后国市

---

① 《政治经济学及赋税之原理》，第95页。
② 《政治经济学及赋税之原理》，第96页。
③ 《政治经济学及赋税之原理》，第93页。
④ 《政治经济学及赋税之原理》，第94页。
⑤ 《政治经济学及赋税之原理》，第95页。

场的开拓，而使其国内利润率下降倾向得到阻止呢？在这个问题上，李嘉图与斯密的看法，是正相反的。斯密认为资本发达的低利润国家，可籍落后国市场的开拓，而使原来的一般利润率提高。李嘉图却认为："各业利润有互相一致同时进退的倾向。关于这一点，我们的见解一致。我们的争点，在于他认为利润均等的原因，是一般利润上腾，我却认为特惠事业（指对外贸易部门）的利润，迅速下降而止于普通水平线。"[①]

对于这种差异，马克思的评语是："亚当·斯密是对的，李嘉图是不对的。"[②]

李嘉图的国际贸易理论，以后被庸俗派政治经济学所利用，为资本主义辩护。但是，如果说，斯密和李嘉图是从反对腐朽的封建制度的立场袒护资本主义制度，那么，庸俗经济学则是资本主义的没有原则的辩护者，他们为了故意粉饰资本主义和欺骗人民大众，而宣称虚伪的反科学的观点。

[①] 《政治经济学及赋税之原理》，第90页。

[②] 《资本论》，III，第281页。

关于《世界经济学原理》的几点意见[*]

一、钱老的功绩及忘我劳动精神得到我们大家的尊敬。

二、建议在钱老的领导下编几本书：

1. 中国政治经济学，政治经济学中国化（非洲政治经济学，印度政治经济学）

把中国社会主义经济的经验教训总结进去，以中国为主，兼及其他社会主义国家，包括赫鲁晓夫以前的苏联的经验教训。

2. 发展经济学

把资本主义国家的发展模式，社会主义国家的发展模式，发展中国家发展的模式（内向，外向）等写进去。

3. 世界经济学

这是政治经济学一门学科的分支，是国际政治经济学，是政治经济学的国际化，以与政治经济学的中国化相对称。把有关各国间经贸联系的部分放进去。

三、对象：加上"及其内部"的相互联系等等。

四、方法：历史唯物主义，历史与逻辑统一的，是从具体上升到抽象的，又从抽象返回到具体的。因此，要从大量具体世界经济现象中找出规律性的东西来，又把这些规律或理论指导具体事实的研究，也就是用具体事实来论证这些规律。

五、从哪几个方面考察或研究世界经济？从历史发展过程去考察，从各集团各国间在经济上是相互联系、相互依赖、相互矛盾中去考察。从世界经济的整体上去考察。因此，世界经济也是一门历史的科学，一切社会科学都是历史科学，世界经济绝不能例外。从历史性、联系性、整体性等三方面去研究。

六、世界经济学的发展规律是什么？其他组的有些同志认为各种生产方式都有其本身的规律，世界经济是各种生产方式的集合体，因此不能有世界经济的基本规律。这种看法对不对？我认为值得商榷。

问题是世界经济的发展规律是什么？

---

[*] 姚曾荫，1983 年 5 月 24 日。

我们看到几百年来各国间的经济联系是越来越频繁，各国间的往来越来越密切，各国已经不是一个个孤立存在的单位，世界经济已经形成一个有机整体，而各个国家已经成为这个整体中的各个环节。这种相互联系越来越密切越来越频繁的趋势，世界经济一体化的趋势，就是世界经济的总潮流、总趋势，就是世界经济的规律。

各个国家先是国民经济的一体化，打破了封建割据状况，把国民经济变为一个统一的整体，然后又逐步走上世界经济一体化的道路。世界经济逐步形成一个有机整体，以国际分工为基础的世界市场为纽带把世界连成一片。这两个阶段的发展是世界经济发展的总趋势，就是规律。凡是适应这个总潮流的国家经济上发展就顺利，凡是违反这总潮流的就失败，经济上就停滞甚至倒退。满清政府违反总潮流，结果碰得头破血流。今天有些国家违反这总潮流，结果经济上停滞不前。

这个总趋势就是世界经济的发展规律，就是理论，也是我国实行对外开放政策的理论基础。有些同志想把比较成本学说作为我国对外开放政策的理论基础，我觉得不太妥当，应当把开放政策的理论基础建立在这个规律上面，我国对外开放政策对内搞活经济政策之所以完全正确，就是因为它是完全符合于世界经济发展规律和国民经济发展规律的。

我们的任务就是在钱老的领导下，把世界经济的这个规律、这个理论基础建立起来。是否妥当请考虑。

七、这本书的主题是什么？红线是什么？主题和中心就是这个规律——各国间经济上相互联系日益加强的趋势。无论在商品上、资金上、资本上、技术上、生产上、人员交流、文化交流上，都是在日益加强。国际分工扩大世界市场发展，其中最重要的是商品上的联系，几百年来世界贸易的日益扩大，第二次世界大战后发展的特别快，现在一个荷兰的对外贸易就等于战前的世界贸易额，当然这没有消除价格上升因素，如剔除价格上升因素，则一个美国的对外贸易就超过战前的世界贸易。资本输出，技术转让也大大超过过去。这些问题是这本书的红线，要一条红线贯穿到处。

世界经济学就需要围绕这个主题来编写。因为三个世界的三大块的基本内容也最好写这些东西，而把发展模式问题放在发展经济学中去写，把有关中国以及其他国家的国民经济学的问题放在政治经济学去写，最好要界限分清，最好不要混杂在一起。

例如，战后世界经济最好写，IMF、GATT、世界银行、贸易自由化、世界贸易的发展、国际分工的发展、资本输出的增长这些问题。

八、季崇威同志昨日提到两个平行世界市场问题，同意季的意见。斯大林的两个平行世界理论看来是错误的。经互会国家的市场只是一个地区性市场，不能构成一个世界市场。世界市场仍然只有一个，当然这个世界市场与马克思时代的世界市场已大不相同，但只能说基本上只有一个市场。这个问题需要进一步研究。

国际分工与世界市场

国际分工的产生与发展[*]

一、导　论

国际分工是社会分工发展到一定阶段的产物，是国民经济内部的分工超越国家界限广泛发展的结果。

世界经济的发生和发展是同国际分工和世界市场的发展密切相联系的。国际分工是世界经济全部发展过程的基础。资本主义以国际分工为纽带，并以商品交换为媒介，把世界各国在经济上联系在一起。随着国际分工的发展和世界经济的产生。各国的孤立性和闭关自守的状态被日益打破。这种由于国际分工和国际交换而形成的各国间相互依赖的关系，决不是偶然发生的，它是社会经济生活合乎规律地发展的结果。

国际分工既是世界经济的基础，也是国际贸易和世界市场的基础。在国际商品交换的背后，隐蔽着各国商品生产者之间的分工。如果没有国际分工，不论这种分工是由于自然条件的差异而发生的，还是由于社会经济条件的差别而发生的，那就没有国际贸易和世界市场。国际贸易和世界市场是随着国际分工的发展而发展的。但是，反过来，国际贸易的发展，世界市场的扩大对于国际分工也起着强有力的推动作用。

国际分工意味着各国生产不同的使用价值、交换的是不同的使用价值。但是，各国间买卖的商品，不仅有使用价值不同、种类不同的商品，而且也有使用价值相同或基本相同、种类基本相同的商品。发展中国家输往工业发达国家的商品，主要是初级产品，如石油、铜、锡、橡胶、咖啡、可可、茶叶等。工业发达国家输往发展中国家的商品，主要是工业制成品。两类国家之间的商品交换，大部分是这种使用价值不同的商品的交换。但是工业发达国家彼此之间交换的，却有很大一部分是使用价值相同或基本相同的商品。日本输出到其他发达国家的商品，有钢材、汽车、摩托车、电视机、录音机、录像机、照像机、船舶、手表、纺织品等。其他发达国家间彼此相互贸

---

[*] 姚曾荫，原名为"国际分工"，手稿未发表。

易的商品中，也有很大一部分是这类商品。这些商品都是工业发达国家能大量生产和出口的。既然它们都能生产，为什么还要从其他国家进口呢？这是因为同一种商品，在出口国和进口国的生产费用不同，价格不同。在这种情况下，国际贸易发生的原因。就不是使用价值的差异，而是两国间同一种商品的不同的生产费用，或不同的国内价值。

由此可见，国际贸易中所交换的商品，总的说来有两种：一种是使用价值不同的商品的交换，一种是使用价值相同，或基本相同的商品的交换。前者为原料、食品与工业制成品的交换。后者如工业制成品与工业制成品的交换（使价值相同或基本相同的）。那么。决定这两种国际分工和国际贸易的主要因素是什么呢？

国际分工的发生和发展，主要取决于两个条件。一个是社会经济条件，其中包括各国的科学技术水平，生产力发展的水平，国内市场的大小、人口的多寡和社会经济结构的差异等。另一个是自然条件，其中包括气候、土壤、资源禀赋、国土面积大小和地理位置等。而国际分工的性质则是由国际生产关系所制约的。

有些西方经济学家、历史学家用自然条件、地理条件来解释社会经济现象。以亨廷顿为代表的地理环境决定论者，过分夸大了气候条件在人类历史上、文化上、生产上所起的作用。另外有些学者用英国的岛屿位置来解释资本主义首先在英国的发展。在他们看来，国际分工的产生，资本主义的萌芽与发展，只是由于自然条件、地理位置等因素。马克思主义者曾一再指出这类解释在方法论上的错误，即用比较固定和不变的因素来解释社会经济现象的变化。千百年来，自然条件的变化比较缓慢，但是社会生产力、国际生产关系、国际分工都已发生了巨大的变化。这种学说把国际分工看作是自然范畴，而不是历史范畴，经济范畴。在他们看来，自然条件是永恒的，所以国际分工也是永远不变的，是合乎自然规律的事情。殊不知，国际分工是历史的产物，而不是自然的产物。

经典作家对这种学说曾经进行过批评。马克思在《关于自由贸易的演说》（1848年）中指出："有人对我们说，自由贸易会引起国际分工，并根据每个国家优越的自然条件规定出生产种类。

"先生们，你们也许认为生产咖啡和砂糖是西印度的自然秉赋吧。"

"二百年以前，跟贸易毫无关系的自然界在那里连一棵咖啡树，一株甘蔗也没有生长出来。"

"也许不出五十年，那里连一点咖啡，一点砂糖也找不到了。因为东印度正以其更廉价的生产得心应手地跟西印度虚假的自然秉赋作竞争。"[①]

---

① 《马克思恩格斯选集》第1卷，人民出版社1972年版，第208页。

在这里，马克思对自然条件决定论进行了理所应当的批判。但是，在对这一学说进行批评的时候，也应该承认自然条件是影响国际分工发生发展的重要条件。

自然条件是进行一切经济活动的物质基础。没有一定的自然条件，进行任何的经济活动都是困难的，甚至是不可能的。许多农作物的生长都需要一定的气候条件，咖啡、可可、甘蔗、橡胶，椰子等只能生长在热带或亚热带，不能生长在寒带。煤、铁、铜、铅、锌、锡、铝、石油等矿产品，这些现代化工业的物质基础，也只能产自拥有这些矿藏的国家和地区，并且只能由这些国家和地区出口（不算复出口）。

撇开社会劳动生产力的发展程度不说，劳动生产总是离不开各种自然条件的。马克思把自然条件在经济上分为两大类：生活资料的自然资源和劳动手段的自然资源[①]。在社会分工发展的早期阶段，前一类自然资源起决定作用。在大机器工业建立以后，后一类自然资源具有更重要的意义。它们对国际分工的影响作用，也是这样。

富于自然资源的国家，在有关产品的生产方面，就处于比较优势的地位。但是如果一切国家的自然秉赋是完全相同的，生产品也是相同的，这时，在其他条件不变的情况下，国际分工仍然不能发生。这是因为"不是土壤的绝对肥力，而是它的差异性和它的自然产品的多样性，形成社会分工的自然基础"[②]。这种差异性和多样性也是形成国际分工的自然基础。

必须指出自然条件的差异性和自然产品的多样性，只提供国际分工的可能性。要把可能性变为现实性，还需要一定的条件。不利的自然条件固然能阻碍某些经济活动的进行，但有利的自然条件并不能保证适宜的经济活动一定会进行。煤炭固然不能在没有煤矿的地区开采，但是存在着丰富矿藏的地区，只是到了科学技术和社会生产力发展到一定的阶段，才能得到充分的开发和利用。为什么在产业革命以前，特别是在19世纪末叶第二次产业革命以前，沉睡在世界各地地层下面的矿藏，亿万年间没有得到开发和利用？这是由社会经济条件决定的，而不是由自然条件决定的。

决定社会分工和国际分工发生和发展的最重要因素是社会生产发展的水平。社会生产的发展取决于生产力的发展水平，也取决于生产关系的性质。生产力的增长是分工和社会分工发展的前提条件。一切分工，其中包括国际分工，都是社会生产力发展的结果，而分工的发展又会反转来促进社会生产力的提高和生产的社会化，国际分工的发展也会促进世界生产力的增长和生产的国际化。生产的国际化具体地表现在国际间商品交换种类的增加和世界市场上的商品流通数量的扩大上面。

商品交换是分工的表现形式，也是生产关系的表现形式。在交换的背后，在市场关系的背后，不仅隐藏着分工的关系，也掩盖着生产关系。哪里有分工的联系，哪里

[①] 《资本论》第1卷，人民出版社1975年版，第560页。
[②] 《资本论》第1卷，人民出版社1975年版，第561页。

有商品交换的联系，哪里就有生产关系。社会生产关系超出民族的、国家的界限，并与其他国家的社会生产关系错综复杂地结合在一起，便发展成为国际生产关系。哪里有国际分工的联系，哪里有世界市场的联系，哪里就有国际生产关系。一旦这种国际分工和国际交换的联系带有经常的巩固的性质，一个比较巩固的国际生产关系的体系便建立起来。

国际生产关系指的是一些什么关系呢？它指的是世界上各个国家的个人、社会集团在世界物质资料的生产、交换、分配和消费的过程中的相互关系，指的是各个国家各个民族在世界物质资料生产中的地位，特别是指生产资料所有制的形式。生产资料所有制的形式是最重要的国际生产关系，是国际生产关系的基础。它决定着国际间商品的生产，交换、分配和消费。

在 19 世纪末叶和 20 世纪初期，出现了国际垄断组织，在第二次世界大战后又出现了跨国公司，这些都使生产资料的资本主义私有制冲破了民族的国家的界限，而具有了国际的性质，从而使资本主义的生产关系愈益从社会化走向国际化。

社会的发展表明，到现在为止的一切社会经济形态都不是"纯粹"的。既没有"纯粹"的封建主义社会，也没有"纯粹"的资本主义社会，世界经济也是这样。单一的"纯粹"的资本主义世界经济是不存在的。现代的国际生产关系是综合性的生产关系，是多种生产关系的总和。其中不仅有资本主义的生产关系，而且有封建主义的生产关系，封建主义以前的生产关系，还有社会主义的生产关系。马克思曾提出："在一切社会形式中都有一种一定的生产支配着其他一切生产的地位和影响，因而它的关系也支配着其他一切关系的地位和影响。"① 在现代的国际关系体系中，有一种占支配地位的生产关系，那就是资本主义的生产关系。资本主义的世界经济体系就是以国际分工为基础，以国际交换为纽带，以资本主义生产关系占主导地位，并把其他各种生产关系联系在一起的诸种生产关系及与之相适应的交换关系的世界体系。必须指出，在国际生产关系体系中，资本主义生产关系所占的支配地位只具有暂时的性质，它是必然会随着社会主义在世界的胜利而逐步消失的。

国际生产关系是适应世界生产力的发展变化，世界物质资料生产的发展变化而发展变化的。资本主义被迫使它的生产不断革命化，它也被迫不断调整它的生产关系，从而在一定程度上适应了生产力发展的需要。马克思说："资产阶级除非使生产工具，从而使生产关系，从而使全部社会关系不断地革命化，否则就不能生存下去"。② 资本主义的历史必然是生产关系不断调整，以在一定程度上适应生产力发展的需要的过程。与手工工厂和蒸汽机相适应的股份有限公司的出现和发展，标志着资本主义生产关系

---

① 《马克思恩格斯选集》第 2 卷，人民出欣社 1972 年版，第 109 页。
② 《马克思恩格斯选集》第 1 卷，人民出版社 1972 年版，第 254 页。

的社会化。与电力、内燃机、交通运输工具的革命相适应的国际垄断组织的建立和发展，标志着生产关系的国际化。而与原子能、电子计算机、自动化、人造卫星时代相适应的跨国公司、国家垄断资本主义和超国家垄断的出现，则更进一步发展了这种社会化的生产关系，使之达到世界的规模。

第二次世界大战后，国家的对外经济职能也扩大了。除了在世界市场上占统治地位的跨国公司以外，国家垄断和超国家垄断正在逐渐成为国际经济关系的主体，经济上的超国家的垄断调节已超越了民族的国家的界限，逐步具有国际性质。超国家的国家垄断形式采取各种国际经济政策手段来规划资本主义一体化的发展。这些都是国际生产关系在一定程度上适应世界生产力发展的结果，也就是在资本主义国际生产关系的范围内，世界资本主义试图克服其内在矛盾的尝试。但是正如资本主义在竭力克服它所固有的各种限制时，只是使这些限制不断出现一样，世界资本主义在试图解决它所固有的内在矛盾时所采取的各种手段，也会使这些矛盾以更大的规模重新出现在它的面前。

上面曾提出了国际分工发生和发展的两个原因，即自然条件的差异和生产力发展水平的差异。如果仅仅只有这两个原因，那么，按照自然条件的差异和随着社会生产力的不同程度的发展，国际分工也就自发地形成了。卡布拉尔（M. G. Cabral）就认为国际分工"是自发地形成的，而不是发达国家所采取的某些政策的结果"。[①] 这个论断是不符合实际情况的。事实是，在历史上，除了自然条件和社会经济条件之外，殖民主义者采取武力征服政策，各种超经济的强制手段和自由贸易政策，在亚洲，非洲和拉丁美洲一些国家的国际生产专业化，因而在资本主义国际分工的形成过程中，也起过巨大的作用。当然，武力征服和超经济的强制手段可以打破落后国家闭关自守的万里长城，但不能改变其经济面貌。要改变它的经济面貌，把它完全卷入世界商品流通的洪流中，还是要靠经济力量，要靠市场力量。通过廉价商品的重炮，世界市场就会强迫一切落后国家服从它自己所特有的规律。16世纪初期以后，亚、非、拉美国家的种植园经济、单一经济以及世界农村和世界城市的分离与对立，就是在殖民主义者所采取的这些政策的影响下形成的。

几个世纪以来的历史证明，资本主义的国际分工具有二重性。一方面，它具有促进世界生产力发展的进步性。另一方面，它又具有剥削、掠夺和不平等的性质。资本主义的发展，使生产、交换和消费国际化，打破了民族闭关自守状态，消除了民族隔阂，并且用国际分工、国际交换和其他各方面相互依赖的纽带，把各个国家各个民族在经济上联合起来。既然这一过程反映了生产力的蓬勃发展，又促进了世界生产力的

[①] 《走向一个新的世界经济》，1971年，第400页。

发展，那么，它过去是现在仍然是一个进步的过程。它为社会主义的国际分工准备了物质前提。

但是，没有抽象的国际分工，国际分工永远是和一定的国际生产关系体系联系在一起的。它是在这个体系内发生作用的客观经济规律作用的结果。资本主义的国际生产关系体系是一种剥削的不平等的体系。在这个体系内发生作用的基本经济规律是剩余价值规律，是世界范围的积累的规律。因此，资本主义国际分工也具有剥削、掠夺的性质。资本主义国际分工是在资本主义基本经济规律的作用下，在资产阶级和垄断资本追逐利润、垄断超额利润的情况下形成和发展起来的。它反映资本主义的全部矛盾，并且造成了发达的资本主义国家和发展中国家之间越来越深的鸿沟，造成了世界范围的两极分化。正如财富在资产阶级一边积累，而贫困在无产阶级一边积累是资本主义在一国国内发展的一般趋势一样，财富越来越多地向发达国家一边积累，贫困越来越多地向发展中国家一边积累，这是世界资本主义发展的不可分割的两个方面，也是资本主义国际分工所造成的必然结果。

二、国际分工的产生与发展

事物的发展总是有阶段性的。国际分工的产生和形成也有其阶段性。

国际分工发展的阶段，就是世界城市与世界农村的分裂与对立的发展过程的几个阶段。马克思说："一切发达的、以商品交换为媒介的分工的基础，都是城乡的分离。可以说，社会的全部经济史，都概括为这种对立的运动。"[①] 根据世界城市与世界农村的对立运动的变化情况，我们可以把国际分工的发展分为四个阶段。

（一）16世纪到18世纪60年代是国际分工产生和发展的第一阶段

15世纪末叶至16世纪上半期的地理大发现，创造了一个前所未有的广阔市场，也促进了手工业生产向工场手工业生产的过渡。从这个时期起，西欧殖民主义者用暴力手段和超经济的强制手段，在拉丁美洲、亚洲和非洲进行掠夺。他们开矿山、建立种植园（甘蔗、印度兰、烟草等）、发展了以奴隶劳动为基础的，为世界市场生产的农场主制度，从而建立了早期的资本主义国际专业化生产。

在这个时期内，西欧国家实行重商主义政策。它是保证本国有利的贸易差额的政

---

① 《资本论》第一卷，第390页。

策,也是建立宗主国与殖民地之间的特殊分工的一种政策。1699年英国贸易与种植园高级专员说:"我们的意图就是要把种植园安排在美洲,那里的人民应该专门生产那些英国不生产的产品。"

西欧国家的殖民政策为其成长中的工场手工业产品增加了出口,保证了热带产品的输入,防止了金银的外流,并为本国的船只提供了货运。在当时盛行一时的三角贸易,即由西非提供奴隶劳动力,由西印度群岛生产并出口蔗糖和烟草,由英国生产并出口工业品(毛织品、铁器、铜器、枪炮等)的贸易,也是宗主国与殖民地间的分工的表现形式。这种由英国殖民主义者组织的、由英国航运业进行的,用英国的工业品交换热带和亚热带产品的国际分工和贸易,在1654年以后也扩大到葡萄牙在巴西、非洲和亚洲的殖民地。

(二) 18世纪60年代到19世纪60年代是国际分工发展的第二阶段

从18世纪60年代开始的产业革命标志着资本主义向新的技术基础——大机器工业的过渡。大机器工业的建立,使得工业与农业部门间的分工越来越超越民族经济的狭窄范围。大机器工业所需要的原料和市场以及日益增加的城市人口所需要的粮食,都是本国的生产和民族市场所无法满足的。先进的资本主义国家迫切地需要到海外去寻求原料和粮食来源地及商品销售市场。同时,交通运输工具的革命加强了各大洲间、各地间的联系。于是,分工的规模就使得大工业日益脱离本国的基地,完全依赖于世界市场、国际交换和国际分工。

由于部门间发展的不平衡性,工业部门的发展速度远远超过了农业,也由于各国间各地域间发展的不平衡,欧洲的发展水平远远地超过了亚洲、非洲和美洲。所以,当大多数国家和地区还在自然经济条件下缓慢发展的时候,最早进行产业革命,建立了大机器工业的少数几个国家,首先是英国,就走到世界经济发展的最前列。它们垄断了先进的工业部门的生产,并把落后的农业部门的生产转移到海外去。这样,原来在一国范围内城市与农村,工业部门与农业部门之间的分工,就逐渐演变成世界城市与世界农村的分离与对立,演变成以先进技术为基础的工业国与以自然条件为基础的农业国之间的分工。于是就形成了一种与机器生产中心相适应的新的国际分工格局。

随着新的国际分工的建立,世界市场也发展了。这时期的世界市场主要是一些以农业为主或纯粹从事农业的国家组成的。它们都围绕着少数的几个工业中心,特别是英国,这时的英国和少数几个其他西欧国家,还是世界农村的汪洋大海中的孤岛。

英国是当时的世界经济的中心,是世界的工场,是国际分工的枢纽,也是世界市场的中心。国际分工和国际贸易成为英国经济增长的"发动机"。英国垄断了世界贸易并且几乎垄断了世界的航运，英镑成为世界货币，就像第二次世界大战后一个较长的时期内，美元成为世界货币一样。

随着资本主义在欧洲先进国家的胜利和这些国家经济力量的增长，它们在亚洲、非洲和拉丁美洲国家推行国际生产专业化，从而建立国际分工体系的政策手段也改变了。以前，殖民主义者在暴力的支持下，在亚、非、拉美国家利用奴隶劳动力开矿山、建立种植园。这时，它们转而采取比较和平的贸易方法，逐步地把这些国家变成工业品的销售市场和原料食品的来源地了，自由贸易成为先进国家的政策。原始积累时代的贸易垄断及其他一切特权已被取消。赤裸裸的不等价交换改变为在隐蔽形式下的不等量劳动的交换。

在自由贸易政策下，亚、美、拉美国家的落后的农业经济逐一地被卷入到国际分工和世界市场的漩涡中去了。从前落后国家的农民自己生产原料，自己把它们加工成为制成品，而且产品的大部分由自己消费。现在，他们被迫为世界市场而生产原料和粮食，并且变为先进国家工业品的消费者。英国和少数几个其他西欧国家与广大的农业世界的分工就这样地形成了。

19世纪建立的国际分工体系是一种垂直一体化模式的国际分工体系，也是世界城市与世界农村分离与对立的发展阶段。

（三）从19世纪70年代到第二次世界大战以前的时期是国际分工体系的形成阶段

在从19世纪70年代开始的第二次产业革命的影响下，世界工业生产和世界贸易量成倍的增长。铁路、轮船、电报等电讯交通和运输工具的发展十分迅速。海运和陆上运输费用下降得很快。1869年苏伊士运河的建成，把亚洲和欧洲进一步联系起来。1913年巴拿马运河的建成又把太平洋与大西洋直接联系起来。世界工业生产的增长，交通运输工具的革命，电报和海底电缆的敷设和两大运河的建成是促使国际分工和世界市场形成、发展的主要因素。

促进本时期内资本主义国际分工体系和全世界市场形成的另一个重要因素是资本输出。过去，亚、非、拉丁美洲国家首被卷入世界商品流通，而未被卷入资本主义生产，帝国主义把这种情况改变了。帝国主义通过资本输出，把资本主义生产日益扩大地移植到亚、非、拉美国家去，从而使资本主义国际分工的主要形式，即宗主国与殖民地半殖民地间的分工，工业发达国家与初级产品生产国之间的分工日益加深。其结果就是亚、非、拉美国家经济的日益殖民地化。

此外，在这一时期内，国际金本位制度的建立，世界多边贸易，多边支付体系的建立，世界货币的形成也对本时期内国际分工体系，世界市场和世界经济体系的形成起了重要的作用。

随着国际分工体系和世界市场的形成，参加国际分工和世界市场的每一个国家都有一些生产部门首先是为世界市场而生产的，而每一个国家所消费的许多食品、原料和工业制成品，都包含着许多国家的工人和农民的劳动。从宏观世界的观点看，这种国际分工是一个进步的过程，它促进了世界生产力的发展，正像社会分工推动了各国内部生产力的发展一样。但是这只是事物的一个方面。事物的另一个方面是：这样国际分工具有不平等的性质。它促使处于世界农村地位的国家的经济殖民地化，并在很大的程度上阻碍了它们的经济发展。

亚、非、拉美国家经济上殖民地化的一个突出的表现，就是单一作物，单一经济。殖民主义者先是通过人为的强制手段和市场力量，最后是通过资本输出，逐步地把亚、非、拉美国家改变为畸形地片面地发展单一作物的国家，它们的主要作物和出口货只限于一两种或两三种产品，而这些产品又大部分销售到工业发达国家的市场上去。这样，就造成了亚、非、拉美国家的经济上的两种依赖性：一是对于这少数几种产品的高度依赖性，因为这少数几种产品关系到它们的整个国民经济，一是对世界市场，特别是对工业发达国家市场的高度依赖。工业发达国家经济情况的经常不稳定性，周期性的经济危机、通货膨胀、外汇行市的变动都会给它们带来重大的损失。

资本主义国际分工发展的结果，一方面是把食品和原料的生产集中在占世界人口大多数的亚、非、拉美国家；另一方面又把工业生产集中在占世界人口之少数的欧洲、北美和日本。前两个时期已经开始的世界城市与世界农村的分离与对立，在这一时期扩大并最终地完成了。

世界城市与世界农村的分裂过程。世界范围的两极分化过程，同时也就是亚、非、拉美国家人民的贫困化过程。凯恩斯曾提出一个所谓流动性偏好造成印度人民长期贫困的学说。按照他的说法，印度人民之所以贫困是由于他们对于贵金属的流动性偏好，造成对贵金属的大的提高。但是，即使按不变价格计算，1980年的世界平均每天出口额也超过1973年许多倍以上。世界出口值的增长是国际分工发展的反映，是世界各国间相互依赖不断增长的反映。

战后国际分工进一步向纵深方面和广阔方面发展。19世纪所形成的国际分工，即以制成品生产国与原料食品生产国间的分工为主导形式的国际分工已逐渐被以各个工业部门内部分工为主导形式的世界分工所取代。战后时期的国际分工，在地理范围上，不仅包括发达的资本主义国家和发展中国家，也囊括了社会主义国家和其他的中央计划国家，因而进入到世界分工的阶段。国际贸易额，国际贸易的商品结构和地理分布，也都随着国际分工的变化而变化。

三、战后世界分工的特征

战后的世界分工有以下四个特征。

第一,发达的资本主义国家间的工业分工迅速发展。

传统的国际分工主要是经济结构不同,技术基础不同的工业国与农业国间的分工。它们之间的分工在战前的一二百年间发展迅速,而在经济结构相似、技术基础接近的工业国家间的分工,则发展缓慢。但是,战后经济和技术的迅速进步改变了上述趋势。国际分工在经济结构相似,技术水平相近的工业国家之间得到迅速发展。

国际分工的这一重要发展在国际贸易的发展上明显地反映出来。在世界贸易中,发达国家与发展中国家间的贸易发展得比较缓慢,而发达国家与发达国家之间的贸易发展得十分迅速,它们在世界贸易中所占的比重有了显著的增加。

1876—1981 年资本主义世界各类国家间相互贸易在资本主义世界贸易总值中所占的比重（%）

	1876/1980	1913	1928	1988	1953/1955	1956/1960	1968/1970	1978	1980	1981
发达国家⟵⟶发达国家	45	43	40	39.5	36.5	54	64	56	53	51
发达国家⟵⟶发展中国家	51	52	49	49	53	40	32	37.5	39	40
发展中国家⟵⟶发展中国家	4	5	11	12.5	10.5	6	4	6.5	8	9

资料来源：1876/1880—1953/1955 数字见耶茨（P. L. Ya Tes）《国外贸易40年》，英国版，1959年第57页；

1958/1960—1968/1970 数字据联合国贸易与发展会议1976年《国际贸易与发展统计手册》表3.1计算；

1978—1981 年数字据联合国统计月报1980年7月号,专门统计表B计算。

其次,各国间工业部门内部分工有逐步增强的趋势。

在传统的国际分工格局中,工业制造品生产国与初级产品生产国间的分工居于主导地位,其次才是工业国与工业国间的分工。而在工业国之间的分工中,占主导地位的又是各个工业部门之间的分工。例如钢铁、冶金、化学、机械制造,汽车、造船、造纸、纺织等工业部间的分工。这两种类型的分工,无论是工业与农业的分工,还是工业各部门间的分工,都是属于部门间的分工。

战后由于科学技术的进步及其他原因，出现了部门内部的分工逐步加强的趋向，随着社会分工的发展，原来的生产部门逐渐划分为更多更细的部门。这样，原来的一个部门就变成为若干个新的独立的部门。部门内的分工不仅限于一国国内，而且越来越多地跨越国界，形成为国际间的部门内部分工。这种情况在国际贸易中的表现，就是许多发达资本主义国家间中间产品贸易的增长以及既进口又出口某些同类的产品——汽车、飞机、机器、电视机、收音机、录音机、纺织品、服装等等。

部门内部国际分工的发展是以技术为基础的国际分工迅速发展的结果，是产品的差异化、零部件生产专业化发展的结果。

第三，发达的资本主义国家与发展中国家间工业分工的发展与传统的以工业国与农业国之间分工为主导形式的国际分工的削弱。

第一次产业革命以后的一二百年间，发达国家主要从事于工业制成品的生产，落后国家则主要从事于以自然条件为基础的农业或矿业的生产。工业国与农矿业国之间的分工关系构成了传统的国际分工格局的主体。战后的科技革命和跨国公司的扩张活动，加速了两个转移，即某些工业产品的生产从发达国家向发展中国家的转移和某些初级产品的生产从发展中国家向发达国家的转移。这也就削弱了这两类国家间传统的分工关系的基础，在一定程度上破坏了传统的国际分工格局。

第四，战后世界分工的第四个特征，就是苏联和东欧等中央计划国家近二十多年来也积极地参加了世界分工的进程。

这些国家除了在经济互助委员会内部发展分工和贸易关系以外，还与发达的资本主义国家及发展中国家迅速地发展了分工和贸易关系。经互会国家与发达的资本主义国家签订的国际生产协作项目已达一千多项。这是这两类国家正在发展的一种新型的分工关系。

1976年以来，中国的对外经济贸易关系，其中包括通常的进出口贸易、补偿贸易、来料加工、来样加工、合资经营、生产协作等，都有了较大的发展。今后还会有更大的发展。这说明中国参加国际分工的进程，参加世界经济的进程加快了。

四、影响战后国际分工发展的主要因素

战后国际分工向世界分工方向的纵深发展，是其多方面的原因的。

（一）第三次科学技术革命的影响

战后科学技术的发展是促使国际分工发展变化的最重要的因素，历史上的三次科学技术革命曾深刻地改变了许多社会物质生产领域，促进它们不断地改善工艺和生产过程，也促进新部门和新产品的出现。现代科学技术通过机械化、自动化、化学化和其他方法，使劳动过程、生产过程不断地发生变革。这样，它也同样地使社会分工、国际分工发生变革。18世纪蒸汽机时代的国际分工不同于在这以前的手推磨和手纺机时代的国际分工。19世纪铁路、轮船、内燃机时代的国际分工又不同于18世纪的国际分工。当然，原子能、电子计算机、机器人、人造卫星和航天飞机时代的世界分工也不同于过去一切时代的国际分工。这些科学技术的变革，曾经统治并继续统治着整个时代，整个世界，渗透到社会经济生活的每一方面，并对国际分工、世界市场和国际贸易产生重大的影响。

第三次科技革命对于国际分工的影响表现在以下几个方面。

1. 工业部门的革命与国际分工

工业部门的革命是通过生产力的国际化，产品的差异化、多样化和零部件生产的专业化来影响国际分工的。

生产力的国际化。生产力的国际化主要表现在两个方面。一方面现代化的工业生产要求大规模生产、要求符合规模经济的规律，也要求有一个巨大的市场，以容纳其不断增加的产品。另一方面现代化的大生产也要求巨额的投资，以不断发展新技术和新工艺。

在越来越多的生产领域中，以国内市场为界限的生产，已经不能符合规模经济的要求。在许多工业部门内，一家工厂的有利可图的最低产量，往往不是一国的国内市场所能容纳得了的，而需要到几个、十几个、几十个国家的市场去销售。在宇航工业、喷气式运输机工业、电子计算机工业、环境保护工业等工业部门中，特别是这样。

大规模生产可以节约时间、增加产量，降低成本，增加市场竞争力，从而成为生产国际化和国际分工的物质基础。因此，大工业以至整个国家，在经济上日益依赖国际分工和世界市场。为世界市场而生产的企业数目日益增多。其结果就是，无论进口总值或出口总值在许多国家的国内生产总值中所占的比重，皆有显著的增长。

同时，生产规模的扩大、劳动生产率的增长、产品日新月异、精益求精，也需要进行大量的科学研究工作、需要巨额的科研费用和进行大量的建厂投资。这就使得许多巨大的研究与发展项目的费用超过了一般中小国家和中小企业，甚至大企业的财政力量，迫使其越来越走向国际合作和国际分工的道路。

产品的差异化、多样化。在第三次科技革命过程中，新技术被迅速地应用到生产中去，使产品在品种、质量、规格、性能、用途、外观等方面同时发生日新月异的变化。一方面，过去从来不曾有过的新产品大量涌现；另一方面，原有的产品，经过各种不同的改进，经过升级换代，又以新的型号，新的商标出现在世界市场上。电子工业仅有四十年的历史。到今天，电子产品已多达三万种以上。合成纤维在战后初期只有三四种，到 1977 年已增加了几百倍。即便是传统的食品工业部门内，在发达国家的市场上，现在为人们所提供的食品中，也有一大部分是战前所没有的。

产品的差异化在制药工业部门最为显著。现在，世界市场上的原料药物品种约有 3 000 种以上，而在发达国家中，不同处方、不同剂量、不同商标的药品成品约达一万种以上。耐用消费品方面，产品的差异化很突出。各种规格、型号、性能的汽车、照像机、电视机、录音机、收音机、洗衣机、空调器等均在各国实行专业化生产、并在世界市场上展开激烈的竞争。许多发达资本主义国家既是这些产品的大进口国，又是它们的大出口国。

产品的差异化的迅速发展，使得技术水平很高，国内市场很大的国家也不能生产所有型号、所有规格、所有品种的同类产品，在贸易上必然是有进有出，从而使具有一定的技术水平的国家间的部门内部分工和贸易得到空前的发展。

零部件生产的国际专业化。零部件生产的专业化，是产品专业生产的进一步发展的结果。在长期的工业发展过程中，发达国家内部已经产生了一大批独立于整机行业的机械、电子等工业的零部件生产行业。它们通过市场或是通过签订合同而向整机厂提供零件、部件，以整机厂为中心发展成为一批成龙配套的综合生产的有机体。

随着生产国际化的发展，这种原来在一国内部的分工协作关系已扩大到国际范围，成为国际分工中的一种重要形式。据统计，世界上最大的六个汽车零、部件进口国中，有五个同时也是世界上最大的汽车零、部件出口国，在机器制造业和飞机工业等部门也有同样的情况。

零、部件专业生产的国际化，不仅具有部门内国际分工的性质，而且具有企业内部分工的性质。它是国际分工发展到一定阶段的产物。

零、部件生产国际化的结果就发生了上面所说的第一个转移，亦即工业的零配件生产以至整个工厂由少数发达国家向其他发达国家的转移，然后又向发展中国家的转移。

在一定的意义上，资本主义国际分工和国际贸易的发展大体上经历了三个阶段：（1）输出产品；（2）输出零、部件或在国外生产零、部件，然后输入零、部件；（3）输出整个工厂，在国外生产完整的产品。

这三个阶段也是资本主义国际企业进行海外活动的三个阶段。过去垄断资本的主要活动领域是其本国市场和本国产品的出口。战后跨国公司越来越多地把零、部件的生产转移到海外，甚至把生产设备、整个工厂迁移到海外，特别是迁移到发展中国家去，利用当地的廉价劳动力和自然资源，就地制造，就地销售或转地销售，并返销到跨国公司的母国。60 年代以来，国际分包合同和从发达国家向发展中国家的工厂外迁活动，有了较大的发展。美国、西德、日本和其他一些发达国家，已从工业品的出口国和初级产品的进口国逐渐发展成为制造业工厂的出口国和中间产品的进口国。这就产生了上述的第一个转移，并使发达资本主义国家与发展中国家间的分工间工业分工的方向发展。

战后发达国家与发展中国家间的工业分工大致是走以下三条道路的。第一是简单加工工业（如食品工业、胶合板工业、工艺品工业、农矿原料的初步加工工业等）与复杂加工工业间的分工。第二是劳动密集型工业与资本密集型工业和技术密集型工业间的分工。第三是劳动密集型工序或劳动密集型的零、部件生产与资本密集型或技术密集型工序，或资本密集型和技术密集型零、部件生产之间的分工。

战后发展中国家与发达国家分别在简单加工工业与复杂加工工业、劳动密集型工业与资本密集型或技术密集型工业、劳动密集工序与资本密集或技术密集型工序上分别进行专业化生产，是构成战后世界分工的另一个特征。这个特征在国际贸易上的表现，就是发展中国家简单加工产品、劳动密集型产品以及劳动密集型零、部件向发达国家出口的增长以及发达国家所生产的资本密集型和技术密集型产品或零、部件这些所谓高精尖产品向发展中出口的增长上。

2. 农业革命与国际分工

第三次科学技术革命不仅促进工业的迅速发展，也推动了农业的现代化、工厂化。农业已进入大机器生产的阶段。以美国为例，现在主要农作物的生产过程已全部机械化，劳动生产率大幅度地提高。每个劳动力每年所生产的粮食已可供养57个人的需用。原子能的和平利用，卫星遥感测报技术的利用，合成化学工业的兴起，生物科学、植物生理学的发展，以及海洋勘察的研究成果等都为农业的发展提供了新的手段或开拓了新的领域。

在畜牧业方面，发达国家已经实现了饲养家畜家禽的工厂化。已有年产50万头牛的肉牛育肥场和日产100万个蛋的蛋鸡场。畜牧业的劳动生产率已达到很高的水平。

发达资本主义国家的农业革命和农牧业产量的迅速增长，不仅提高了有关国家的粮食、肉类的自给率，而且还有大量剩余产品向世界市场出口，特别是向发展中国家出口。过去发达国家依赖于发展中国家供应粮食的情况，已经有了显著的变化。

此外，合成材料工业，主要是塑料工业、合成纤维工业和合成橡胶工业的发展，也大大地提高了发达国家在许多原料方面的自给率，减少了对发展中国家的农业原料的依赖。

这两种情况的出现就导致了上述的第二个转移，即某些初级产品的生产由发展中国家向发达国家的转移。

现在，在石油，一些重要矿产品以及天然橡胶、饮料、糖和烟草等少数农产品方面，发达国家仍然依赖于发展中国家的供应。在食用油料和纺织纤维（主要是棉花）

的国际供求关系方面，两类国家间的界限已不再是那么清楚了。而在粮食和羊毛方面，发达国家已经成为世界市场的主要供应者。

"两个特征"的出现和发展，已经削弱了传统的国际分工的基础。

3. 交通运输业革命与国际分工

战后交通运输业的发展表现在三个方面。首先是海洋运输业的革新，例如新型船舶的建造、油轮的巨型化、装卸的机械化、港口码头的专业化、导航自动化、运输的集装箱化和开上开下搬运方法的改革等。这些革新不仅加快了速度、减降了运费、而且能使货物大量运输，它与大量生产、大量分配、大量消费成为战后世界经济，世界分工和国际贸易的四大支柱。

从货物的运输情况来看，现在国际贸易中的货物，按重量计有75%，按价值计有65%以上是经过海运的。战后，世界贸易的海运量大致每十年增加一倍。这是国际分工发展的另一个标志。

其次是空中运输的革新。海洋运输与铁路运输的革命是19世纪中叶以后促进国际分工和国际贸易发展的主要动力之一。而国际航空运输的发展却是第二次世界大战后推动世界经济和国际分工发展的重要因素。它具有迅速和机动的两大特点。虽然空运货物仍然较少，少于全部货运的5‰，但是它的发展速度却是很快。在1960—1970年世界空运货量（按吨公里数计），平均年增长率为16.3%，在1970—1976年年增长率为8.2%，是世界高速发展的部门之一。

第三是战后电讯技术的迅速发展。电讯交通的进步使国际间信息的传递、生产的管理、商业的往来、帐目的结算都可以在相隔万里的各地之间通过电子技术来进行。电话、电报、电传、海底电缆、通过人造卫星传真广播、电子划账系统等已成为世界经济活动中必不可少的设备。这一切都加强了国际分工、合作和贸易往来。

交通运输和通讯工具的进步为世界经济、世界分工的发展提供了物质基础。

（二）跨国公司的兴起和发展

跨国公司的兴起和发展是推动国际分工发展变化的另一股重要力量。在资本主义国家国民经济内部，一般存在着两种型式的分工：一种是由市场力量，即所谓"无形之手"所调节的各个部门之间、各个公司或工厂之间的分工；一种是由企业主所管理的各个公司、各个企业内部的分工。这种由企业主所管理的企业内部的分工，随着垄断联合企业的发展，而逐步扩大到一国国内的垄断联合企业的有关工厂之间。现在随着跨国公司的发展，这种企业内部的有组织有计划的分工，已经扩展到世界规模，使分工具有世界性。

资本输出是跨国公司进行海外扩张活动的主要手段，也是它们在世界范围内进行企业内部分工的主要手段。跨国公司通过海外直接投资把生产过程分散到世界各地，把社会劳动不仅在地区范围内或在一国范围内进行分工，而且在世界范围内进行分工。如果把跨国公司所组织的生产过程看做一根链条，则链条的各个环节是分散到世界许多角落的。这样，跨国公司就把分工推向极限，使分工原子化。

战后主要资本主义国家的资本输出有了迅速的增加。从1945年到1979年，资本主义国家国外投资总额增长了6.7倍。在过去，国际投资的大部分是投放在发展中国家的初级产品的生产和基础设施上。第二次世界大战以后，国际投资的这个格局已急剧改变。从那时以来，大部分的国际投资是投放在制造业部门，而且是投放到发达的资本主义国家本身。水平型的国际投资取代垂直型式的国际投资而成为国际投资的主要型式。其结果，就是垂直型式的国际分工逐步发展成为水平型式的世界分工。

世界工业分工，即水平型的世界分工发展的主要标志。就是世界制成品贸易的迅速增长，特别是发达国家之间的制成品贸易的迅速发展。在1960年到1979年期间，发达国家之间的制成品贸易增加了14倍，而同时期的资本主义世界贸易增长了12倍，资本主义世界原料与食品贸易只增长了5.8倍。

在发达国家作为跨国公司的投资场所的重要性日益增长的同时，发展中国家作为它们的投资场所的重要意义削弱了。但是发展中国家仍然是跨国公司的主要剥削对象，是其海外利润的主要来源。较高的利润率仍然吸引着跨国公司的源源不断的投资。

历史上，垄断大公司在发展中国家的投资主要集中在采掘工业和种植园上面。战后，跨国公司对发展中国家的投资主要集中在工业部门。低廉的工资、丰富的资源、输出污染的需要和一些发展中国家所实行的鼓励外国投资的措施是吸引跨国公司在这些国家工业部门投资的主要因素。

跨国公司在发展中国家的投资和在这些国家所从事的生产活动，是它们分布在全球的互相连锁的生产活动的一部分。跨国公司尽力避免把生产过程和流通过程的一切环节放在任何一国之内。这些环节包括研制与发展、采掘、提炼、加工、装配、销售及服务等。典型的做法是把一两个环节放在一国，把其他环节分散到其他国家，而把最高决策权保留给跨国公司的总公司。跨国公司在与产品生产有关的每一个国家里组织专业化生产，而又通过公司的内部交易把这些国家的生产活动联系在一起，因此，在有关的每一个国家的国内生产流程，也就成为跨国公司在世界范围内的总的生产流程的一个组成部分。许多国家的劳动者参加了其中每一件产品的生产、运输和销售。在这里，各国间的分工就反映了跨国公司的垂直一体化体系的内部的分工。同时跨国公司也就把国际贸易的很大一部分变成为其母公司与子公司间以及各个公司之间的内部交易。在70年代末，跨国公司大约控制了资本主义世界贸易的大约五分之三，而其中的三分之一又是跨国公司与其国外子公司的内部交易。

在这种情况下，产业各部门间的分工日益向各个部门内部的分工方向发展。世界分工沿着越来越专业化的道路发展。世界分工在比类狭窄的产品种类基础上更加深化。从局部来看，分工是越分越细，从整体来看，各个部分之间，各个国家之间，在经济上越来越互相依赖，越来越密不可分。跨国公司所参与的世界分工造成了各国间在经济上日益增长的相互依赖性，同时也给有关各国带来经济上的不稳定性。发达国家的经济危机和经常性的行情变化既会对发展中国家造成经济上的损失，跨国公司在发展中国家的生产设备的转移或国际分包合同的转移，更会给它们带来经济上的损害。

第三，殖民体系的瓦解是影响战后国际分工发展的另一个重要因素。战后帝国主义殖民体系的瓦解和年轻的民族主义国家、地区的经济发展，对于加深旧的国际分工体系的危机和促进战后的世界分工体系的产生，也起着重要作用。这样已经取得政治上独立的国家，不甘心永远充当帝国主义国家的"世界农村"的角色，力图改变自己在世界经济中的从属地位，因而走上了发展民族经济的道路。从1950年到1980年，发展中国家的工业生产的增长速度高于发达国家。同时发展中国家制成品出口的增长速度超过了它们的全部出口的增长速度。它们的制成品出口在世界制成品的出口中所占的比重也增加了。这些都是发展中国家在世界分工体系中的地位有所改变的反映。

最后，战后在关税和贸易总协定机构主持下的历届关税和非关税减让谈判，地区性经济集团，如欧洲经济共同体、小自由贸易区和经济互助委员会的建立等，也有助于战后世界工业分工的发展。关税壁垒的降低和贸易自由化促进了世界各国间的专业化分工和贸易，特别是促进了发达的资本主义国家之间和它们的各个工业部门内部的专业化分工和贸易的发展。

战后，生产力的日益国际化，使生产过程的国际性分工和合作变成为世界经济中最重要的趋向之一。在世界生产力和国际生产关系发展变化的条件下，当代世界分工出现了上述的一些新的特征。

传统的国际分工型式正在变化。许多发展中国家的单一经济状况有了改变。19世纪所形成的世界城市与世界农村的分工仍然存在，但已经削弱，日益为以世界工业分工为主导形式的分工所取代。从传统的以自然资源为基础的分工逐步发展为以现代技术、工艺为基础的分工；从产业各部门间的分工发展为产业部门内部的分工；从垂直型式的分工过渡到水平型式的分工；从由市场自发力量所调节的分工过渡到由跨国公司所协调的分工；由部分的分工过渡到统一的分工，过渡到广阔的世界范围内的技术过程的分工。国际分工进入世界工业分工的阶段，意味着社会生产力和社会分工的高度发展，也意味着社会生产力越来越超过国家的界限。这就为未来的社会主义世界经济体系的建立准备了物质前提。

资本主义国际分工与世界市场[*]

第一节 资本主义国际分工与世界市场形成与发展的必然性

资本主义国际分工与世界市场的形成与发展是和资本主义生产方式的形成与发展直接相联系的，它们是资本主义生产力与生产关系在国际范围广泛发展的产物，因而是不以人们意志为转移的客观必然过程。

资本主义以发达的商品生产为前提，它本身又是商品生产和市场交换的最高形式，没有商品生产和市场交换，很难想象资本主义的存在。商品生产和市场交换又以社会分工为基础，商品经济高度发展的资本主义必然具有高度发展的社会分工，必然具有高度发展的市场。分工和市场是商品经济同一事物的两面。

资本主义商品生产，按其本性来说，有以世界为对象而进行的趋势，因为资本对剩余价值的贪欲，从来便不以国界为满足。所以社会分工与市场也决不限于一国之内，而必然超出国界，形成国际分工与世界市场。

社会分工是生产社会化的结果，随着生产的资本主义社会化的发展，社会分工是纵深上必然愈加细致，在广阔上也有必然扩大。生产分成许多行业，各行业之间形成相互依赖的关系。当然，分工决不限于行业之间，而且还出现在各个区域之间，形成区域分工、行业分工与区域分工是社会分工的有联系但又有区别的两个主要方面，具有不可分割的关系。当生产的资本主义社会化超出国民经济范围，当行业分工与区域分工超出国民经济范围时，便出现了国际分工。某些行业某些部门某些产品主要在某些国家生产，另一些行业另一些部门另一些产品主要在另一些国家生产，各国在专业化的基础上形成生产上的相互联系，并通过对外贸易，通过世界市场实现这种联系。所以国际分工的发展过程也就是国际贸易、世界市场的发展过程。

---

[*] 姚曾荫手稿未发表。

市场是商品流通领域，市场的发展程度也就是资本主义的发展程度，资本主义首先把地方市场形成统一的民族市场，然后再把它们汇合成世界市场。各国被卷入国际分工的过程也就是被卷入世界市场的过程。世界市场就成为各国间商品流通的领域，在世界市场上进行的国际贸易、世界贸易便是资本主义国际分工的表现形式。

国际分工属于生产范畴，世界市场属于流通范畴，根据生产第一性流通第二性的原理，国际分工的发展程度决定世界市场的发展程度，决定国际贸易的规模和结构。但是世界市场、国际贸易决不是消极的东西，会对国际分工发生积极的反作用，会促进国际分工的进一步发展。资本主义国际分工与世界市场就是在这种相互作用下而日益发展起来的。

国际分工，国际贸易以及世界市场有长期悠久的历史，只有在资本主义条件下，才得到广泛而高度的发展。

远在奴隶制时代，商品流通就超出国家界限，出现了国际间的商品流通，即国际贸易。在封建制时代，也有国际贸易，因而各国间在生产上也有极不发达的分工。这是当时低下的生产力与生产社会化水平，小规模生产以及因此而形成的自然经济价统治地位所决定的。

在封建制时代，商品生产和市场交换极不发达，国内各地区在政治经济上还处于分割状态，地方市场占主要地位，民族市场尚没有形成，并且美洲尚未发现，欧洲通往亚洲的航路也未开辟，当然也就没有世界市场。

在封建社会瓦解时期，由于生产力的发展，工业开始与农业分离，工厂手工业开始发展起来，社会分工扩大，商品货币关系有了很大发展，于是推动了当时统治阶级到处寻求黄金，出现了地理大发现时代。过去欧洲内部的贸易现在扩大到世界各地，国际分工也有相应的发展，结果产生了世界市场，这是资本主义世界市场的萌芽。

当时国际分工与国际贸易的发展，世界市场产生，又是和欧洲殖民国家对殖民地进行掠夺与奴役有不可分的关系。

马克思说："十四、十五世纪中殖民地尚未出现，对欧洲说来美洲还不存在，同亚洲的交往只有通过君士坦丁堡一个地方，贸易活动以地中海为中心，那时候分工的形式和性质，与十七世纪西班牙人、葡萄牙人、荷兰人、英国人和法国人已在世界各处拥有殖民地时的分工完全不同。"[①]

欧洲殖民者对美洲、亚洲所进行的武力征服、掠夺、欺骗贸易以及它们之间所进行的长期商业战争，都为资本主义国际分工与世界市场的形成准备了条件。它们把美洲土著居民与亚洲古老民族都卷入商业世界中来，从而使国际分工与世界市场都在不

[①] 《马克思恩格斯全集》第四卷，第160页。

断发展。但当时工厂手工业生产技术及其扩大生产的局限性，却又不能满足国际分工与世界市场进一步发展的需要。于是工厂手工业向大机器工业过渡就成为必然。只有当大机器工业建立起来的时候，国际分工与世界市场才能形成起来。也就是说只有主要资本主义国家完成产业革命，资本主义生产方式占统治地位的时候，资本主义国际分工与世界市场才形成起来。产业革命所建立起来的大机器工业从生产上和交换上把各个国家各个民族联成一起，促使资本主义生产方式在全世界范围内广泛发展，一切前资本主义生产方式都从属于资本主义生产方式，从而使国际分工与世界市场具有资本主义性质。

资本主义大机器工业的主要特征在于，生产高度社会化，生产力空前提高，大规模生产使得商品供给与对原料需求大为增长，利润的积累空前增大，所有这一切决定了资本主义所固有的无限制扩大生产的问题更为加强，一面在国内形成发达的社会分工体系，形成统一的国内市场；一面在世界范围形成国际分工体系，形成世界市场。"……为巨大的国内市场和国际市场的生产，……同本国各地区及各国间密切商业联系的发展……"①，这是大机器工业与以前各种资本主义工业形成的判然不同的特点。"这就使一切国家的生产和消费成为世界性的了。"②

资本主义大机器工业对于国际分工与世界市场的形成和发展的决定性作用，具体表现在以下几个方面：

第一，以机器技术装备起来的资本主义大工业，使社会生产全面专业化，不仅加深与扩大了工业与农业分工，而且使工业内部农业内部出现更细致的分工。工业分化出许多独立独门，建立了许多新的部门，从各部门中又分化出许多类别，甚至各种产品都成为独立的生产单位，分工越细，生产单位也越多，它们之间的联系也必然更加密切，每一单位的存在要以其他单位的存在为前提，互相依赖，互为市场，形成工业内部的极为复杂的分工。大机器工业还使工业和农业彻底分离，使城市和乡村日益对立，因而工农业间城乡间的联系也日益紧密和扩大。大工业产品要以扩大乡村为市场，所需要的农业原料和粮食要依赖乡村供给。同时适应大工业的需要，农业也发生专业化，资本主义大农场，特别是殖民地附属国的种植园，往往经营一两种作物，完全为市场而生产，个体农民的商品性生产也越来越扩大，农业不仅要从工业获得生产资料，而且还从工业获得必需的消费品。农业变成商业性农业以后，农业内部也形成相当的分工。从事农业原料生产的农业要从生产粮食的农业获得供给。于是工农业间，工业与工业之间，农业与农业间形成错综复杂的分工体系。这种生产的资本主义社会化结果，必然制造出相应的市场，以实现彼此之间的经济联系。资本主义生产社会化与市

---

① 列宁：《俄国资本主义的发展》，全集，第505页。
② 马克思、恩格斯：《共产党宣言》，全集第四卷，第469页。

场创造，决不限于国内，必然超出国家民族界限，形成工业国、农业国之间的分工，以及工业国相互之间农业国相互之间的分工，把各国各种工业品农产品的生产者——也就是购买者与出售者，都吸到社会分工体系中来，吸引到市场中来，于是各国国内分工就形成与发展为国际分工，各国国内市场就汇合而成为世界市场。

第二，资本主义大机器工业所生产的大量商品需要日益扩大的销售市场，所消费的大量原料需要日益扩大的原料来源。这是资本主义工农业国际分工与世界市场的形成与不断发展的重要因素。资本主义生产与以前社会形态下生产主要不同之点就在于生产不断扩大与绝对不平衡。生产不断扩大却与国内人民消费水平相对低下发生矛盾，资本家为了取得利润，就要到国外寻求市场，有些部门甚至一开始就是为国外市场而建立的。生产发展的绝对不平衡也使得发展较快的部门需要国外市场，资本主义生产本身就是以世界市场为基础的生产。此外，在资本主义条件下，工业农业发展不平衡，农业落后于工业，国内生产的农业原料不能满足工业日益增长的需要，必须从国外进口，由于经济落后国家农业原料价格偏低，资本家宁愿缩减国内生产而从国外进口，有些原料甚至国内并不生产，完全依靠国外供给。假如不向国外输出工业品，不从国外输进原料，大机器工业的建立和发展是难以想象的。大机器工业一面决定了资本主义国际分工与世界市场形成与发展，一面又受国际分工与世界市场的推动，而日益壮大。

资本主义大机器工业就是这样把购买它们商品的国家和供给它原料的国家，卷入国际分工和世界市场中来，也就是说，资本主义对全世界进行剥削与奴役。

第三，资本主义大机器工业使工业和人口日益集中，形成许多大工业中心，许多大城市，因而对于食品（包括谷物、肉类、饮料、水果等）的需求日益增加，由于工农业发展不平衡，并不是国内生产所能满足，需要从国外进口。在产业革命前，资本主义国家的粮食一般可以自给，或自给率很高，从自给变为依靠国外进口是大机器工业建立以后的事。

资本主义国家之所以依靠国外粮食进口，还由于国外粮价一般比国内低，进口粮食可以压低工资水平，减少地租，对工业资产阶级十分有利。并且从国外进口粮食就可相应地增加商品出口，保证工业品的销路，更属一举两得。19世纪初英国工业资产阶级之所以发动运动，要求废除谷物法，其根本原因就在于此。

由于粮食生产落后于大机器工业发展的需求，由于经济不发达国家粮价比资本主义国家为低，粮食（广义的）贸易就成为国际贸易中一个重要项目。资本主义国家甚至缩减国内粮食生产，用政治经济力量强迫经济不发达国家专门生产某种粮食，依靠后者的供给来满足大机器工业日益增长的需求。这样，在国际分工中就出现粮食生产国，这些国家依靠粮食出口，维持整个经济，成为资本主义国家的经济附庸。资本主义国家如不从国外进口粮食就无法正常地生活，经济不发达国家如不出口粮食，整个国民经济将陷于瘫痪。如英国与日本的进口总值中，食品所占比重很高，像巴西的咖啡，古巴的糖，阿根廷的小麦，在出口中所占比重更高。

大机器工业就是这样把资本主义国家的消费生活和经济不发达国家的粮食生产联在一起，把前者的粮食购买者和后者的粮食出售者卷入到资本主义国际分工与世界市场之中。

第四，资本主义大机器工业提供了各国间广泛经济联系所必需的交通运输工具。交通运输工具的革命是产业革命的一个组成部分，它本身就是由商品交换的发展所引出的，由国际分工和世界市场所引起的，但它又促进了商品流通，国际分工与世界市场的发展。自从蒸汽与机器应用到运输上以后，于是帆船为轮船所代替，马车为火车所代替，世界各国间的经济联系获了发展的条件。从1830年起，铁路的建设和轮船的筑造达到了狂热的程度。1830—1860年间世界铁路长度增加300倍以上，轮船吨位增加25倍以上。1830年世界铁路长为332公里，1870年为22.2万公里，1830年世界海上船舶总吨数为590万吨，1870年增加到2 510万吨。由于交通运输工具的革命使运费大为降低，商品流通时间大为缩短，从而加快了资本周转过程，这对于国际贸易，世界市场的发展具有非常重要的作用。

过去许多容积大重量大而价值小的商品，由于运输工具的不发达，被排斥于国际贸易之外，现在这些商品的生产者和购买者都被卷入国际分工与世界市场中来。过去农产品的国际贸易只限于棉花羊毛和烟菜等，粮食谷物只能在邻近国家间流通，现在一切农产品都成为国际贸易中的重要商品，在国际间广泛流通。以后由于冷藏设备的发展，鲜肉、鲜蛋、黄油、牛乳、鲜水果、蔬菜等也参加到国际贸易中来。

运费低廉对于工业品，特别是一些重工业品，矿砂和某些价值小的轻工业品的贸易有很大的促进作用。

现代化的交通运输工具是资本主义国际分工与世界市场形成和发展的必要的物质条件，而这些条件又是由大机器工业所提供，并被它不断改善的。

资本主义大机器工业对于国际分工与世界市场形成与发展的决定性作用是资本主义生产力与生产关系的发展对国际分工与世界市场的作用的具体表现。大机器工业是资本主义国际分工与世界市场的物质基础，它的发展程度也就是国际分工与世界市场的发展程度，为大机器工业所形成和发展的国际分工与世界市场，促进了资本主义生产力的发展，加强了各国间的经济联系，客观上是一种进步倾向，但国际分工与世界市场却受到资本主义生产关系所制约，因而以资本主义大机器工业，以资本主义国家为中心而形成的国际分工和世界市场又是资本主义国家以世界各国为对象进行剥削的体系。

由此可见，资本主义国际分工与世界市场的形成与发展，是资本主义生产力与生产关系在世界范围广泛发展的结果，具有客观的必然性。资产阶级国家虽然可以利用上层建筑的力量，加速国际分工与世界市场的发展，但国际分工与世界市场并不是资产阶级国家所创造出来的。并且在资本主义国际分工与世界市场的发展过程中，必然引起经济不发达国家资本主义生产力与生产关系的发展，加深经济不发达国家资产阶级和资本主义国家资产阶级的矛盾，特别是加深经济不发达国家无产阶级及广大劳动人民和资本主义国家资产阶级的矛盾。经济不发达国家无产阶级及广大劳动人民日益要求政治经济独立，摆脱资本主义国家所强加在它们身上的畸形的分工关系与不平等的市场关系。这也是客观必然的发展，决不是资本主义国家资产阶级所能阻止的。

第二节　资本主义国际分工的根本原因

资本主义国际分工，如前所述，是资本主义生产力与生产关系在国际范围广泛发展的结果。资本主义生产力的发展必然引起生产的社会化与专业化，扩大与加深社会分工，并超出国民经济范围，形成国际分工；而在资本主义条件下，生产的社会化与专业化，却受资本主义生产关系所制约，社会分工以至国际分工都必然具有资本主义的剥削性质，资本家利用社会分工，利用国际分工，以达到获取利润的目的。所以资本主义国际分工的根本原因只有从资本主义生产力与生产关系上去寻找。

资本主义国际分工具有庞大而复杂的体系，在这个体系中包括许多国家和地区，每个国家在这个体系中的地位，以及专业化那种产品，当然不是由某个国家的生产力与生产关系所决定，而且由参加这个体系的各个国家的生产力与生产关系的总体所决定的，也就是由生产的国际条件所决定的。生产的国际条件包括两个方面，即各国生产力之间的关系、各国生产关系之间的关系，换句话说，就是各国生产方式之间的关系。

各国的生产方式（在社会主义方式出现以前）不外资本主义生产方式与资本主义前的生产方式，当这两类生产方式发生关系时，由于资本主义生产方式比资本主义前的生产方式"优越"，后者一定要从属于前者，受前者支配，前者只不过利用后者获致利润，并且在利用过程中把资本主义关系渗入到这些处于资本主义以前状态的国家中去，使之逐渐走上资本主义道路。所以在参加资本主义国际分工体系的各国之间，地位并不是平等的，资本主义国际分工体系是以少数资本主义国家为中心，并适合于它们的需要而形成的，资本主义以前生产方式的国家只能处于附属的地位。"资本主义生产方式不发展的国家应该依照一个适合于资本主义国家的程度来生产和消费"，① 凡是适合于资本主义国家需要的应该继续生产或扩大生产，凡是不适合于资本主义国家需要的就应该停止生产或缩小生产。

至于资本主义国家间在国际分工中的地位，一个独立的资本主义国家，它专业化种类和规模，一般地并不片面地决定于另一个资本主义国家的需要，而决定于各国经济实力的大小与每个国家生产上的特点。各国生产力水平不同，工农业比重不同，生产的社会条件与自然条件不同，因而每个国家专业化种类和规模当然不同；在专业化方面，它们之间虽是一种竞争的关系，也有"互通有无"的一面，并且随着各国生产力水平与生产结构的变化，专业化种类和规模也必然发生相应的变化。它们之间的分工主要是工业方面的分工，但决不限于工业方面。也涉及工农业分工与矿业分工。

资本主义前生产方式国家间的分工，一般决定于它们和资本主义国家间的分工。这些国家生产社会化与专业化程度很低，它们之间的贸易关系很不发达，只有当它们在国际分工的地位被资本主义国家决定以后，相互间的贸易关系才发展起来，所以资本主义前生产方式国家间的分工是附属于它们和资本主义国家间的分工。

由此可见，资本主义国际分工的基础是资本主义工业国与农业国间的分工，这种分工，"使地球一部分成为主要的农业生产区域，以便把另一部分转化为主要的工业生产区域"②，资本主义国家是国际分工的中心。这是各国生产力与生产关系相互作用的结果，是由生产的国际条件所决定的。

在资本主义国际分工形成与发展过程中，资产阶级国家政权还利用政治军事等强制办法，把资本主义畸形的国际分工强加在经济不发达国家身上。这些办法和资本主义国家经济上优势地位相结合，在资本主义国际分工形成与发展过程中曾经发生巨大作用。

西班牙人曾强制拉丁美洲人民种植甘蔗、咖啡、棉花，荷兰人曾强制印尼人民生产豆蔻、咖啡、蓝靛；并规定生产数量，禁止生产其他作物，如发现生产超过规定数量或生产禁止生产的作物，即用武装屠杀居民，烧毁作物。此外根据市场价格变动情况，任意改变种植种类，强迫遵守。英国人曾强制印度人民种植棉花、黄麻、蓝靛，而摧残印度棉布生产，如英国棉布输入印度反征课从价 2.5% 进口税，而印度棉布输入英国则课以高额关税，禁止印度商人和欧洲直接进行棉布贸易，印度棉布必须先输到英国然后再转运到欧洲各国；英国各种商品在印度境内可以通行无阻，而印度产品在国内转运却被课以高额厘金。资产阶级从来就是利用上层建筑的强制力量，使经济落后国家按照资本主义国家的需要来进行生产，窒息它们原有手工业，代之以资本主义国家的工业品，从而建立国际分工体系。

---

① 马克思：《资本论》第三卷，第 306 页。
② 马克思：《资本论》第一卷，第 550 页。

资本主义国家在建立国际分工体系时，还利用其"价廉物美"的商品，冲破经济落后国家的万里长城，使这些国家手工业者与农民破产，被迫从事于适合资本主义国家需要的农业生产，改造农业为出口服务，增加出口农产品的生产，缩减非出口农产品的生产，许多国家仅生产一两种原料或食品，主要粮食却依靠国外供给，经济发展畸形片面。

在这里，英国机织棉布对印度手织棉布业是一个典型例子。英国在产业革命以前，曾经是印度棉布的主要市场，印度手织工以"巧如蛛网"的技术闻名于世界。而当时英国的"幼稚"的棉纺织业尚须用高关税来保获。以后由于纺织机器的发明，在1779—1830年期间，棉纱价格跌落12/13，棉布价格也随之跌价，于是英国棉布不仅打垮了印度手工织布业的商品生产，而且破坏了农民的自给性棉布生产，从而征服了印度这一广大的棉布市场，使印度由棉布出口国一变而为棉布进口国。英国在印度出售的棉布价格虽比印度棉布为低，比英国国内价格却高，仍是价值以上的出售，英国资本家获得了巨额利润。当印度手工织布业与农民家庭工业被打垮后，英国又有意识地把自己的棉花供给地从独立后的美国改为自己殖民地的印度，于是印度就由棉布出口国一变而为棉花出口国，植棉面积不断扩大，棉花产量不断增加，而粮食作物却减产，有时不得不从国外进口粮食，同时粮食价格上涨，大大降低了人民生活水平。至于棉农由于经常受到英国殖民者与地主、商业资本三位一体的剥削，并未从这种分工中得到任何利益。印度就是这样被迫加入资本主义国际分工体系之中，而变成原料附庸。

印度这样被卷入资本主义国际分工的过程具有普遍的意义，一切经济落后国家当它们和资本主义国家接触时，都发生上述类似现象，经济落后国家被卷入资本主义国际分工的过程也就是资本主义国家对这些国家人民剥削加深的过程。

尽管资本主义国际分工是资本主义生产力与生产关系发展的结果，是资产阶级国家利用政治经济力量进一步剥削经济不发达国家人民的结果。资产阶级都一贯加以歪曲，掩盖资本主义国际分工的剥削实质，为资产阶级利益服务，最庸俗的理论莫过于地理环境论和种族论。

地理环境论认为国际分工，各国在生产上的专业化决定于各国所特有的自然地理条件，不同的自然地理条件决定某些国家主要生产农产品，另一些国家生产矿产品，而第三种国家则主要用其他国家的农矿产品加工制造工业品。也就是说国际分工决定于自然条件，而与历史社会条件无关。这是自然地理环境决定社会发展观点在国际贸易科学领域中的翻版。

按照地理环境论的说法，资本主义国际分工是合理的，对于各国都是有利的，因为各国可以充分利用自然所赋与的特别优越条件，从事对自己最适宜的专业生产，互通有无，均沾利益。从这里可以看出地理环境论为资本主义国际经济关系辩获的反动本质。

事实完全和他们所主张的相反，经济不发达国家和殖民地所从事的片面的专业化生产，自己的经济生活被束缚于资本主义国家控制之下，沦为它们的附庸，决不是什么"自然的使命"，而是资本主义按照自己的利益把这种分工强加于这些国家身上的。这些国家和资本主义国家间的经济关系决不是平等互利，而是剥削与奴役。

我们反对地理环境论，并不是否认自然条件对于国际分工有一定的影响。自然地理条件对于一国参加国际分工的方向，对于一国专业化的可能性，肯定有一定的作用，但决不是根本原因。马来亚据有丰富的锡矿，才有可能采矿，中近东国家拥有丰富的油矿，才有可能采油，问题在于这些国家的采锡采油为何完全操纵在外国资本手中？而且只能采矿，不能精炼？这决不是自然条件所能解释。自然地理条件只能决定专业生产的可能性，这种可能性变为现实性，要决定于社会的历史的条件，其中最主要的是生产力与生产关系。

毛主席说"许多国家差不多一样的地理和气候的条件，它们发展的差异性和不平衡性，非常之大。同一个国家吧！在地理和气候没有变化的条件下，社会的变化都是很大的……"[①] 可见地理和气候决不是社会发展、国际分工的根本性原因。美国和旧中国在地理和气候条件方面，基本相同，但两国在国际分工中的地位却完全不同，美国独立前以及独立后相当时期内曾是英国的商品销售市场和原料产地，以后美国却把别的国家变为自己的商品销售市场和原料产地，很明显，这决不是自然地理条件所能解释。

可见地理环境论和科学真理丝毫没有共同之点。

种族论的观点更加荒谬。他们认为各个种族各个民族在生产上都有其特殊的适应性，某些民族对工业有特殊适应性，另一些民族却对农业有特殊适应性，正是这种特殊适应性决定它们专业生产的种类和规模，决定它们参加国际分工。

种族论所捏造出的特殊适应性是一种不依赖于社会历史条件为转移的天赋的东西。从这里可以看出这种观点把资本主义国际分工说成是永恒的不变的合理的，为资产阶级利益辩护。

种族论只不过是帝国主义种族优越的反动理论在国际贸易科学领域中的翻版。认为资本主义国家是由优秀民族所组成，经济不发达国家由劣等民族所组成，优秀民族从事工业，劣等民族从事农业，优秀民族应该统治劣等民族。完全是反科学的反动的。

我们反对种族论观点，并不是否认民族特点，一国人口数量和结构，人们的技术能力等对于国际分工会发生一定影响，但是这些因素都不是国际分工的根本原因，任

[①] 《毛泽东选集》第一卷，第290页。

何夸大这些因素的作用的说法都是错误的。

资产阶级最有影响的国际分工理论是生产成本理论。这种理论认为各国在国际分工中从事何种专业化生产，决定于各国生产成本的差异。各国都从事生产成本低的商品的生产，而放弃生产成本高的商品的生产，相互交换，可以提高生产力，增加产量，对于各国都为有利。其代表人物是亚当·斯密和李嘉图。

亚当·斯密的论点是这样："倘若外国能以一种比我们自制较为低廉的商品供给我们，那么我们把我们特长的工业生产的一部分去购买它们的商品，较为合适。"

"对于一个聪明的家主在自家用自己劳动制造那种用便宜的价格就可买到的商品是不利的，对于政府也是一样。"

这就是所谓绝对成本理论，各国从事何种产品专业化决定于各国生产成本的绝对差异。

李嘉图对于亚当·斯密的理论曾加以补充，认为国际分工不仅决定于各国生产成本的绝对差，还决定于它的比较差。一国虽然在两种商品的生产上成本都比另一国为低，但低的程度不同，这个国家将从事成本低的程度较大的商品的生产；另一国家虽然在两种商品的生产上成本都比上一个国家为高，但高的程度不同，这个国家将从事成本高的程度较小的商品的生产，各国在按照成本比较差的基础上形成国际分工，不仅在两种商品生产上成本均高的国家通过交换可以换回比本国便宜的商品，获得利益；两种商品生产上成本均低的国家即使通过交换换回比本国生产成本高的商品，仍比两种商品均在本国生产为有利，同样可以获利。

资产阶级古典学派生产成本决定国际分工的理论，直到现在仍有其影响。不过亚当·斯密、李嘉图以后的生产成本理论，特别是帝国主义时期的这种理论，完全放弃劳动价值学说，更加庸俗化罢了。

生产成本理论产生于最先发生产业革命的英国决不是偶然的。当时英国资本主义正在蓬勃发展，生产力日益提高，工业产量日益增长，工业品成本也最低，但在工业发展过程中却受到国内农业封建势力的阻碍，影响资本家获得更多的利润，生产成本理论的现实意义在对内方面就是反对国内农业封建势力对于资本主义生产的束缚和阻碍。当时在农业保护关税下国内粮食与原料价格维持很高水平，对于资产阶级非常不利，他们宁愿缩小甚至放弃某些农业生产，而从国外购买便宜的粮食与原料，以减低工资，减低地租，从而提高利润。

生产成本理论的现实意义还有其对外方面，就是把其他国家变为英国的商品销售市场和原料产地。当时英国工业生产力最高，成本最低，而其他国家工业生产力低，成本高，按照生产成本的理论必然得出这样的结论：英国应该生产工业品，其他国家应该生产农产品。其他国家的农业像行星绕日一样，围绕着英国旋转。

这一为当时资产阶级利益服务的生产成本理论，以后在资本主义各个发展阶段上，同样也是为资产阶级利益服务的。

资本主义国际分工的根本原因，如上所述，是各国生产力与生产关系的总体，是生产的国际条件。它的形成与发展是一个极为错综复杂的过程，充满着深刻而尖锐的矛盾与斗争。生产成本理论却把这种复杂过程简单化，把其间的矛盾与斗争加以美化，归纳为各国均可获得利益的生产成本的差异，分明与客观事实完全不符。

的确，资本主义国家与经济不发达国家间的分工，生产成本的差异曾发生相当的作用，资本主义国家"价廉物美"的工业品打垮经济不发达国家的手工业，阻碍这些国家的工业发展，从而使它们完全适合于资本主义国家的需要，从事农矿业生产。但是这些国家手工业破产和工业难于发展，并非单纯由于资本主义国家商品价格低廉，往往是资本主义国家采取超经济办法加以扼杀的结果，并不是按照成本差异进行和平通商，而是公开侵略和掠夺。

此外，有许多农产品，如棉花、茶叶、橡胶等，一些资本主义国家并不生产；有许多工业品如机器工具以及某些工业消费品，经济不发达国家也不生产，无所谓成本差异，也无从比较成本，可见，国际分工并不是成本差异所产生的。事实上，许多经济不发达国家之所以从事一两种产品的生产，往往是殖民者强制种植或强制开采的结果。

资本主义国家间的分工也不能由成本差异来说明，它们之间比较经常比较稳定的贸易商品多半是受原料限制较大或在特殊条件下发展起来的商品，也无所谓成本差异。还有一些商品各国虽都有条件进行生产，由于各国生产力水平不同，某些国家成本高，另一些国家成本低，商品由成本低的国家向成本高的国家输出，即使此时，成本高的国家也未缩减或放弃生产，让成本低的国家支配成本高的国家的市场。相反却采取保护措施，提高本国的生产力，和外国竞争。所以成本高低并不是不变的，当一国生产力提高，成本减低时，它不仅可以把外国商品从本国市场驱逐出去，并且可以占领原先由外国控制的市场。在资本主义条件下，是竞争和资本增殖起作用，而不是成本差异起作用。

生产成本理论的根本错误在于脱离社会历史条件而抽象地论述国际分工，把资本主义国际分工，少数国家从事工业生产，绝大多数国家从事农矿业生产，看作是永恒的与生产方式无关的东西，并把这种畸形分工加以美化，这是资产阶级学者把资本主义看成为万古长存的不变的社会制度的必然的结论。

由此可见，资本主义国际分工的决定性原因决不是什么地理环境，什么种族的优劣，也不是各国生产成本的差异，而是各国生产力与生产关系的总体，是生产的国际条件，自然条件和生产成本虽然有一定作用，但绝不能单纯归结为自然条件与生产成本。所有这些说法都是片面的，与客观事实完全不符，其目的无非是为资本主义国际分工辩护，为资产阶级利益辩护。

第三节　资本主义国际分工的发展及其特点

资本主义国际分工，和国内分工一样，是以工农业分工为基础。其中起主导作用的是工业，农业只处于从属地位，适应工业的需要而存在和发展。这种工农业的国际分工，就表现为工业国与农业国之间的分工，工业国是国际分工的中心，农业国处于从属地位。当然，工业国相互间，农业国相互间也有分工，并且还有矿业国。它们之间具有千丝万缕的贸易联系，形成错综复杂的国际分工体系，每个国家都是国际分工体系组成部分。

各个国家在国际分工体系中的关系具体表现在它们相互之间商品进出口贸易上，通过商品进出口把自己专业化产品投到世界市场，并从世界市场获得其他国家专业化生产而为自己所需要的商品。所以国际分工体系具体反映在国际贸易商品结构上，一国在国际分工体系中的地位具体反映在它在某种或某类商品的世界贸易中所占进出口比重上。国际贸易商品结构的变化和发展是国际分工体系变化和发展的具体表现；一国在世界商品贸易中比重的变化和发展是它在国际分工体系中地位变化和发展的具体表现。

资本主义国际分工体系既然以工农业分工为基础，国际贸易商品结构也就必然以工农业产品所占比重为最大，长期的资本主义国际贸易实践证明，工农业产品经常占80%以上。资本主义国际分工既然以工业为主，所以工业品贸易比重必然大于农产品比重，工业品贸易增长速度必然大于农产品贸易增长速度。而且农产品贸易增长主要是由于工业对食品与农业原料需要的增长所引起的。近四十年来，国际贸易商品结构的变化，充分证明了我们的论点：

资本主义世界出口中各类商品的比重

年　份	粮　食	农业原料	矿产和金属	工业品
1913	25.1	22.4	14.7	38.0
1953	21.6	14.6	19.8	43.9

资料来源：耶兹：《四十年来的国际贸易》，1959，伦敦，第44页。

工业品所占比重不断增长，粮食与农业原料比重不断下降，矿产和金属比重不断增大，这种变化完全和资本主义工业发展相适应的。

资本主义大工业的发展首先决定了工业品国际贸易的增长，在1913—1953年出口值增长3.8倍，粮食增长1.3倍，农业原料增长1.8倍。显然粮食与农业原料出口的增长也是由工业增长所决定的。此外工业增长还引起矿产和金属贸易的增长，同期间增长5.3倍，这是由于资本主义重工业化需要大量的金属、矿砂、燃料，依赖国外供应。

所以国际贸易商品结构的四大类别，地位并不是对等的，其中起主导作用的是工业品。

工业品主要由工业国家出口，农产品主要由农业国家出口，所以国际分工主要是工业国与农业国间的分工。固然有少数国家如美国，它在世界农产品出口贸易中占很重要地位，但不能和工业品出口地位相比拟；某些农业国如印度，也有一定数量的工业品出口，也不能和农产品出口地位相比拟。资本主义世界工业品出口贸易中，资本主义工业发达国家占绝对优势；资本主义世界农产品出口贸易中，经济不发达国家虽不占绝对优势，但在经济不发达国家出口贸易中却占绝对优势。所以，资本主义国家是作为工业国，经济不发达国家作为农业国而参加国际分工体系的。在资本主义条件下，农业必然受工业剥削，所以工业国必然剥削农业国。

资本主义国家与经济不发达国家间的分工不仅表现在工农产品的交换上，而且表现在工矿产品的交换上。经济不发达国家加工工业比采矿工业落后，这由于资本主义强国通过资本输出，"开发"这些国家矿产，不让这些国家发展加工工业，而许多采矿工业完全为了资本主义国家的需要才建立发展起来的。矿业从属于工业，矿业国也必然从属于工业国。

资本主义国家之间也有在分工，它们的工业品有许多也是互为市场。资本主义工业化从轻工业开始，所以在产业革命后，它们之间的分工，主要是纺织业的分工。英国主要从事毛、棉纺织业，德国主要从事丝麻纺织业，德国主要从事麻纺织业，美国主要从事棉纺织业。以后随着工业化向重工业方面进展，它们之间的分工也就复杂起来。它们虽然先后都建立起来比较完整的工业体系，但各国都有其比较发展的部门和某种产品的生产，也有其比较落后的部门和某种产品的生产，甚至有些产品某些国家根本不生产，依赖国外供给，于是彼此之间形成复杂的分工体系，工业国家间贸易中工业品贸易占主要地位便是它们之间分工关系的具体表现。当然它们之间还进行农产品与矿产品贸易，但那是次要的。

农业国与农业国之间也有分工。不过这种分工是工业国与农业国分工的附带产物，主要生产农业原料与主要生产矿产品国家不得不被迫进口粮食。甚至某些农业国家由于经济破产而不得不从资本主义国家进口粮食。这是落后国家经济片面发展和失去经济政治独立的必然后果。

工农业的国际分工，即工业国农业国间的分工，以及工业国相互间农业国相互间的分工的发展，具体表现在它们在上述四大类商品（工业品、农业原料、矿产金属、粮食）世界进出口贸易中所占地位的变化和发展上。

资本主义工业国家所建立的大机器工业，一开始就是以国外市场为对象的，工业产品中有很大比重依赖出口。19世纪中叶英国最重要的工业部门是纺织业，其次为钢铁和机器制造业。纺织品产量中有50%出口，其中，棉织品有75%出口，钢铁和机器有1/3以上出口，这种情况同样也出现在其他资本主义国家，不过，各国具体条件不同，工业品对国外市场的依赖性也有程度之差。

从19世纪70年代开始，主要资本主义国家都完成了产业革命，并向帝国主义过渡，工业生产有惊人的发展，投入到世界市场的工业品数量也大为增长。从1876—1880年到1913年工业品世界出口增加四倍以上。并且90%以上是主要资本主义国家所出口。工业品的世界进口中，主要资本主义国家和经济不发达国家各占50%。在工业品贸易上，一方面，资本主义国家互为市场，另一方面，经济不发达国家也是重要的销售市场。工业品出口的集中现象与工业品进口中经济不发达国家的地位，以后一直保持不变，成为资本主义世界工业品贸易地区分布的特点之一。资本家通过工业品的国外销售，进行资本的周转和增殖。

资本主义大机器生产打破了国内原料的限制，从全世界获得它所消费的远比国内便宜的各种各样的原料。在工场手工业时代，原料几乎完全靠国内供给，当时英国的毛纺织工业主要使用国产羊毛，羊毛工业是英国当时最主要的工业部门。从大机器工业时代开始，棉纺织业是英国最重要的工业部门，它所需要的棉花，不仅英国不生产，当时整个欧洲也不生产。欧洲棉纺织业起初靠巴西及其他南美殖民地，特别是靠美国南部各洲以奴隶劳动为基础而发展起来的棉花种植园，曾供应欧洲棉花消费量的70%。以后由于南北战争，发生"棉花危机"，英国才把印度和埃及作为棉花基地。可见欧洲的棉纺织业完全依靠美洲的奴隶劳动，印度的个体农民劳动以及埃及农民的徭役劳动而建立和发展起来的。

欧洲毛纺织工业在19世纪40年代，从欧洲内部获得它消费羊毛的70%，当时毛纺织工业最发达的国家——英法从国内获得它消费羊毛的70%~80%。在19世纪70年代，英法消费外国羊毛才开始超过国产。整个欧洲所消费的羊毛有一半以上来自欧洲以外地区，主要来自澳大利亚与南美。于是在资本主义国家棉纺织业与经济不发达国家间植棉业之间，毛纺织业与牧羊业之间建立起国际分工，建立起市场联系。

农业原料种类很多，重要的有纺织原料，木材木浆，橡胶与皮张。1913年大洋洲、拉丁美洲、非洲、亚洲国家供给世界纺织原料出口45.3%，1953年增加到76.8%，同期间供给世界橡胶与皮张从61.4%增加到84.5%，经济不发达国家出口的原料对于资本主义国家工业具有十分重要的意义。至于木材木浆则主要由美国加拿大及北欧国家供给。

随着资本主义重工业化的进展，对于各种矿产金属与燃料的需要大为增加，资本家除在国内开采外并在国外开采，大量进口。在金属方面除铁砂各资本主义国家自给率较高外，其余铜、铅、锌、锡等在很大程度上依靠进口，而且依赖程度越来越大。西欧国家从1903—1913年到1954—1955年期间铜的自给率从10%减至5%，铅从52%减至21%，锌从65%减至38%，锡从8%减至4%。美国在1903—1913年期间除锡完全靠进口外，铁砂可以自给，在铅、锌、铜方面美国除自给外尚有剩余，但自给率有减低趋势，1954—1955年铜为80%，铅42%，锌为50%。至于锡美国一向完全依赖进口。北罗得西亚、智利、比属刚果为世界最大的铜出口国家。澳大利亚、墨西哥为世界最大的铅出口国家，澳大利亚、墨西哥、摩洛哥、比属刚果为世界最大锌出口国家，马来亚、新加坡、波利维亚、印尼为最大的锡出口国家。此外拉丁美洲还供给世界出口量80%的铁矾土，旧中国供给世界出口量37%的钨、70%的锑。在燃料方面，除煤炭贸易主要在资本主义国家间进行外，石油最大出口国家为中近东各国、委内瑞拉、荷属西印度等，美国与西欧国家是最大的进口国。资本主义国家还利用经济不发达国家生产的金属矿砂和原油加以精炼再行出口，从中获利。

资本主义国家所需要的主要农业原料和矿产原料，在很大程度上依赖经济不发达国家供给，它们把这些国家作为自己的原料附庸，使这些国家有许多仅生产一两种原料，经济片面畸形发展，被牢牢地束缚于资本主义控制之下。

资本主义国家不仅把经济不发达国家作为原料附庸，还把它们作为粮食（广义的）附庸。资本主义国家粮食消费在很大程度上依赖进口，而经济不发达国家则依赖粮食出口。

远在农业革命以后，一些资本主义国家粮食生产就出现减少现象，这是符合于资产阶级的利益的。英国成为经常的谷物进口国家开始于1792年，但直到19世纪40年代进口小麦仅占国内供给量的1/10，1840—1850年占50%，19世纪70年代进口量已为国内生产量的1.5倍。80年代谷物进口超过棉花而居第一位。英国消费的肉类已有2/3从国外进口，占第三位。法国与德国的情况不如英国突出，但粮食也发生减产，进口也有增加，80年代两国所消费的谷物与肉类已有1/10从国外进口，但谷物与肉类合计约占进口额的15%，同样占第一位。

美国与帝俄则完全不同，它们一向是世界最大的谷物出口国家。特别是美国，它不仅是工业发达的国家，而且也是农业发达的国家。

资本主义国家不仅进口谷物，肉类，还进口大量饮料（茶叶、咖啡、可可），食糖、蔬菜这些食品与饮料已成为日常必需的消费品。

在1909—1913年和1954—1955年期间，英国进口小麦和面粉从600万公吨减至

400万公吨（英国政府在第二次世界大战后为了备战曾采取措施增加国内粮食产量并减少人民消费，故进口减少），肉类从100万公吨增至126万公吨，黄油从21万公吨增加至28.6万公吨。粮食从184万公吨增至275万公吨，美国进口肉类从164公吨增至14万公吨，咖啡从40万公吨增至115万公吨，可可从6万公吨增至24万公吨，香蕉从85万公吨增至150万公吨。食糖从200万公吨增至340万公吨。其他资本主义国家也进口大量粮食，可见它们如不从国家进口，国内正常的消费生活也难以维持。

世界粮食进口贸易集中在美国、加拿大、英国与欧洲国家，1913年占82.1%，1953年占74.3%，而出口贸易稍有不同，1913年上述国家占53.5%，1953年占43.6%。这说明了经济不发达国家供给了世界粮食出口量的一半以上；世界市场上流通的粮食绝大部分是主要资本主义国家消费的。

在整个粮食出口贸易上，经济不发达国家虽不占绝对优势，但就个别粮食上来看，情况就完全不同。咖啡、可可100%由经济不发达国家供给，茶叶绝大部分由印度、锡兰、旧中国供给，大米绝大部分由东南亚国家供给，肉类由澳大利亚、新西兰、阿根廷、乌拉圭供给50%以上，食粮主要由古巴、西印度、菲律宾、多米尼加、秘鲁供给。小麦和面粉，阿根廷、澳大利亚也供应相当部分。这些国家在不同程度上都成为资本主义国家食品仓库。

资本主义国家就是这样把许多经济不发达国家作为粮食供给地，而置于自己支配之下，对它们进行剥削。

上述四大类商品贸易的增长与各类国家在某类商品贸易中所占地位的增长——如工业国在工业品贸易中占绝对优势，农业国在农业原料、粮食贸易中地位的增长，矿业国在矿产贸易中地位的增长，充分说明了各个国家都日益被卷入国际分工，日益依赖于世界市场，资本主义国际分工有了进一步发展。这是资本主义生产力与生产关系发展的结果。

在资本主义生产力与生产关系发展过程中所形成并被不断发展着的国际分工，必然受资本主义各种经济规律所制约，使之具有一系列的特点。只要资本主义国际分工存在，这些特点也就存在，这是资本主义各个阶段国际分工所共有的特点。

第一，资本主义国际分工给资本家带来巨大利润，给各国人民带来巨大灾难。

资本主义之所以建立国际分工，其目的就在于扩大剥削范围，获得更多的利润。这是资本主义基本经济规律的必然要求。因而资本主义国际分工体系就是一个剥削的体系。

就经济不发达国家的劳动人民来说，资本主义大机器工业所生产的廉价商品侵入后，首先使农业与家庭手工业紧密结合的小生产者陷于破产，农业被改造为出口服务。他们过去所消费的粮食有一部分被外国剥夺去不能不引起价格上涨，人民生活负担加重。并且出口农产品（如农业原料）增产的结果，非出口农产品反而减产，不得不从国外高价进口。像锡兰橡胶增产、大米减产，每年要从国外进口大米便是典型的例子，这就使人民生活更加贫困。至于从事出口农产品生产的农民，由于世界市场行情波动和不等价交换的影响，也并未得到专业化的利益。农业国劳动人民如此，矿业国劳动人民也是如此。

资本主义国际分工，对资本主义国家劳动人民也带来很大灾难。由于农业落后于工业，国内粮食生产不能满足工业与人口增长的需求，经常须从国外进口，因而粮价有上升趋势，加重了劳动人民负担。至于从事粮食生产的农民却得不到粮价上涨的利益，粮价高，地租也高，一般物价也有上涨趋势，农民实际收入反而降低。资本主义国际分工还会加速农民两极分化，贫苦农民日益破产，被驱逐到城市作为产业后备军，过着悲惨的生活。即使在工业农业同时发展的国家，资本家拼命加紧粮食出口，国内粮价水平仍然很高，并且有时在国外贱价倾销粮食，用提高国内粮价来补偿"损失"，所以尽管粮食生产增长，人民并未得到好处，生活水平反而不断下降。

资本主义国际分工对于各国劳动人民来说，只能加剧他们相对绝对贫困化，对于资本家来说，却是加强剥削、扩大剥削范围的工具。各国资本家、地主、商业资本、银行家大发横财的时候，也就是各国劳动人民更加贫困更加破坏的时候。这是资本主义国际分工所必然带来的后果。

第二，资本主义国际分工中，工业集中在少数资本主义国家，为数众多的国家工业却极不发达，沦为畸形而片面发展的农业国矿业国。这是资本主义经济政治发展不平衡规律在国际分工中发生作用的表现。

工业生产上这种不平衡状况在自由竞争资本主义时期就已出现，在帝国主义时期更为发展。其中以英国美国地位最为突出。19世纪初英国在世界工业生产中占50%，第二次世界大战时期，美国工业生产曾占60%以上，战后年代一般也在50%以上。少数资本主义国家在世界工业生产中的比重，尽管在各个历史时期有一些变化，但一般均在80%以上。1860年英、美、德、法、俄五国的比重为85%，1913年为78%；1937年美、英、德、法、意、日、加拿大、比利时八国占81.2%，1958年占82.5%，而它们面积仅为资本主义世界的2%（如不计算加拿大仅占1%）；人口仅占资本主义世界的27%以上。如把其他工业较有发展的国家（如奥地利、瑞士、瑞典等）计算在内，它们和以上八国合计，占资本主义世界工业生产的95%左右。经济不发达国家仅占5%，工业集中与不均现象十分严重。

资本主义世界中绝大多数国家和地区都不同程度地沦为资本主义国家农业矿业附庸，经济片面发展，失去经济独立。甚至有些国家仅生产一两种食品或原料，完全依赖向资本主义国家出售。在这些国家出口中这一两种商品占很大比重：如委内瑞拉的石油占 92%，哥伦比亚的咖啡石油占 80%，萨尔瓜多的咖啡占 79%，缅甸的大米占 78%，锡兰的茶叶、橡胶、椰子占 88%，巴基斯坦的棉花、黄麻占 70%，泰国的大米、橡胶、锡占 74%，伊拉克的石油占 88%，埃及棉花占 72%，印尼的橡胶，石油、锡占 71%，巴西的咖啡、棉花、可可占 69%，玻璃维亚的锡占 63%，古巴的糖占 81%，加纳的可可占 81%，巴拿马的香蕉占 71%，智利的铜与硫磺占 77%，马来亚的橡胶与锡占 56%（以上均是 1957 年的比重）。这些国家之所以从事一两种商品的生产决不是由于它们不适宜于发展工业，而且资本主义国家把这种畸形的生产强加于它们身上。

资本主义国家把这些国家的经济控制在自己支配之下，变为自己的食品与原料产地和商品的销售市场，于是资本主义国家与经济不发达国家的贸易构成资本主义国际贸易的主要部分。在任何时期不仅大于经济不发达国家间的贸易，而且大于资本主义工业国家间的贸易。1876—1880 年平均工业国与农业国间的贸易占世界出口贸易的 51%，农业国间的贸易占 4%，工业国间的贸易占 45%，1913 年分别为 52%，5%，43%，1938 年分别为 50.48%，9.09%、40.43%，1956 年分别为 48.07%，9.86%，42.07%，[①] 这些数字充分说明了资本主义国际分工以工业国与农业国间的分工为基础。

资本主义国际分工又是以资本主义工业国为中心而形成与发展起来的。这就决定了少数资本主义工业国家在世界贸易中所占比重极高，而为数众多的经济不发达国家所占比重极低。根据同一材料，1876—1880 年工业国出口占世界 71%，农业国占 29%，1913 年分别为 67%，33%，1938 年分别为 64.25%，35.75%，1956 年分别为 66.79%，33.21%，农业国比重有增长趋势，这并不意味着它们在世界贸易中地位有任何改善，而是资本主义进一步把它们卷入国际分工体系，加强对它们剥削的结果。

第三，资本主义国际分工中，工业生产地区与原料生产地区脱节，生产地区与消费地区脱节，造成很大的浪费。这是资本主义生产配置规律在国际分工领域中发生作用的表现。

少数工业发达的资本主义国家，有某些必需原料国内并不生产或生产很少；而国内保有丰富原料的经济不发达国家却根本没有工业或仅有极不发达的工业。某些工业品与农产品的生产国家自己国内却消费很少，主要依靠其他国家消费。这就造成少数资本主义国家从遥远的国外运进原料，又把产品运到遥远的国外去销售，这不仅在运输上是极大的浪费，而且妨碍各国充分利用其有利的自然条件发展工业生产。

如纺织工业发达的英国与日本都不生产棉花、羊毛，而生产棉花的埃及与巴基斯坦却又没有发达的纺织工业；印尼、锡兰、马来亚、泰国是世界上有名的橡胶生产国家，自己却没有橡胶工业，美国与英国虽然不生产橡胶却有最发达的橡胶工业，阿拉

[①] 1876—1880 年、1913 年数字见：耶兹：《四十年来的国际贸易》，1959 年，伦敦，第 57 页。1938 年、1956 年数字见：《资本主义国的经济》，1959 年，莫斯科，第 511 页。

伯国家是世界上石油储量最丰富的地区，自己没有石油工业，西欧国家却利用阿拉伯原油建立自己的石油工业。像这样的例子，举不胜举。工业应建立在邻近原料产区，这是工业合理配置的原则之一，而资本主义国际分工却完全违悖这个原则。

工业集中于少数资本主义国家必然引起生产地与消费地的脱节，如棉织品的主要消费地区是经济不发达国家，而生产区却是工业发达的资本主义国家。战前英国棉织品出口占产量40%，日本占78%，战后由于经济不发达国家棉纺织业有某些发展，英日出口减少，但出口在产量中的比重仍相当高，英国约为30%，日本约为40%。工业国家在世界纺织品出口贸易中占80%以上，而在进口贸易中仅占30%以上，这说明了世界纺织品贸易主要是输到经济不发达国家，纺织品进口在这些国家进口贸易中一向占第一位，尼日利亚占30.3%，黄金海岸占24.2%，菲律宾占18.7%，印尼占14.3%，新西兰占14.3%，澳大利亚占13.8%，锡兰占11.8%，比属刚果占9.5%，（以上均系1953年数字）棉纺织品既然主要由经济不发达国家消费，而它们却要依靠国外供给，充分说明资本主义国际分工的畸形状态。

工业区和原料产地远隔、和销售市场远隔必然引起远距离运输，造成很大浪费，如旧中国笨重的桐油主要输到美国，美国作为原料制成油漆然后再输到中国，埃及棉花输到英国后制成棉布再输到埃及。许多工业消费品与生产原料却不同程度地有类似现象。

资本主义国际分工中这些畸形现象完全是可以理解的，因为资本家考虑的只是如何利用分工更多地获致利润，决不会考虑到如何充分利用人力物力进行合理的分工；并且资本主义国际分工的形成是自发的、无计划的，当然说不到合理的配置。这是资本主义基本经济规律和生产无政府状态规律在国际分工领域中发生作用的结果。在资本主义条件下根本就说不到合理的生产配置。诚如马克思所说："资本主义体系抗拒合理的农业——或者说合理的农业是和资本主义体系不相容的"[①]。当然，资本主义体系也是同样抗拒合理的工业的。

第四节　资本主义世界市场的发展及其特点

"资本主义世界市场是由各国国内市场所组成的总体，它的形成和发展意味着资本主义交换与生产的国际化，意味着资本主义生产方式在世界范围占优势。"

资本主义世界市场的发展是由资本主义生产方式的发展所决定的。

---

① 马克思：《资本论》第三卷，第128页。

资本主义生产方式的发展过程具有相互联系的两个方面，即是通过纵深的发展与广阔的发展，不断扩大资本的统治范围。"这种划分包括了资本主义历史发展的全部过程：一方面包括资本主义在旧地区的发展，这些地区经过若干世纪，创立了资本主义关系的各种形式，直到大机器工业；另一方面，包括发达的资本主义国家向其他地区扩张，移民开垦世界上新的地区，建立殖民地，把未开化的部落卷入世界资本主义的旋涡。"[①] 资本主义发展过程的这两个方面，必然反映在资本主义市场的发展上，资本主义一面建立统一的国内市场，一面把落后地区殖民地化扩大国外市场，这两方面的发展决不是彼此孤立的，一国资本主义在纵深方面发展愈快，必然加速其在广阔方面的发展，从市场角度来看，就是国内市场的发展会促进国外市场的发展；同样，一国资本主义在广阔方面发展愈快，必然会加速其在纵深方面的发展，也就是国外市场的发展会促进国内市场的发展，它们互为因果，互为条件，结果为资本主义在全世界范围的发展、各国国内市场汇合成世界市场的发展，把世界各国在经济上联成一起。

资本主义世界市场的发展和资本主义生产力的发展有不可分的关系，如上节所述，资本主义产业革命对于世界市场的发展具有重大作用。由于产业革命而大大提高了的生产力，使商品生产扩大了，商品种类和数量增加了，商品价格也大为减低，资本家竞争力量也增强起来，这就是决定了国际间商品流通进一步发展，世界市场的扩大。

英国在18世纪最后三十年首先发生产业革命，其他国家，如法国落后30年，德、美落后了70~80年，在19世纪中叶前后都完成了产业革命，资本主义世界市场就是这个时期形成起来的。英国当时是世界工厂，同时也是世界市场的中心。英国大机器生产需要国外市场消纳其大量产品，需要国外市场供给大量原料，把许多国家都卷入世界市场中来。以后由于德、美逐渐发展起来，它们在世界市场上的地位也逐渐增强起来，特别是在自由竞争最盛时期的1860—1870年，就结束了英国一国独霸世界市场的局面，它们和英国一起形成世界市场的中心。许多农业国家，包括古老的印度和中国以及美洲和非洲地区都附属于这个中心，成为世界市场的组成部分。

这个发展了的世界市场和工场手工业时期的世界市场不同，这里已不是独立发展的商业资本占优势，而是产业资本占优势，参加流通的商品主要已不是特产品、奢侈品，而是工业品、原料和粮食各国已经在生产上建立起相互依赖的关系。以前是贩运贸易或中介贸易占优势，贱买贵卖是它的原则；现在主要是各国之间的直接贸易，等价交换是它的趋势。

国际贸易的发展是世界市场发展的指标，18世纪70年代前200年间，英国对外贸易额仅增加六倍，而1780—1810年三十年前即增加三倍，1830—1880年五十年间竟增

[①]《列宁全集》第四卷，第75页。

加七倍。法国在1830—1880年的五十年间增加六倍，而在这以前的100年间仅增加3—4倍。德国在1822—1880年的58年间增加了六倍以上。美国在1801—1810年至1871—1880年间也增加六倍。1780年英国按人口计算的贸易额为2镑10先令，1880年为20镑5先令。法国在1781—1790年平均为1镑1先令，1871—1880年平均为8镑。德国在1822年为1镑10先令，1880年为6镑11先令，美国在1801—1810年平均为3镑9先令10便士，1871—1880年平均为5镑16先令。①

据估计，1800年世界贸易额为1 479百万美元，1850年增加到4 049百万美元，50年间增加1.7倍，而1850—1870年的20年间却增加1.6倍。1800—1870年间增加6.2倍。这种增长速度是空前的。同时世界贸易增长速度显著地超过世界工业生产增长速度，1820—1870年世界工业生产增长9倍，贸易量增加11倍②。

国际贸易的迅速增长意味着各国各民族孤立性的消逝，经济依赖性的加强，资本主义的生产与消费以世界市场为基础，资产阶级以全世界为剥削的对象。所有这一切都说明了资本主义世界市场的形成与发展，诚如恩格斯所说："自1867年前一次总危机以来，已经发生了各种大的变化……第一次现实地形成了世界市场"③。

资本主义世界市场的形成与发展意味着资本主义各种经济范畴的发展，价值发展为国际价值，货币发展为世界货币，价格发展为世界价格。

在参加世界市场的各个国家各个民族之间经常而大量地进行商品交换，各种各样商品通过它们的共同语言——价值相互比较，使它们更普遍地全面地展开它的价值，发展了商品价值的无差别的人类劳动结晶的性质。于是价值就具有国际性，发展为国际价值。

价值的发展必然使货币也随之发展，国际间的商品流通，同样要以货币为媒介，通过货币表现商品的价值，黄金白银成为世界货币，它是国际间商品流通的价值尺度、流通手段与支付手段。

国际价值与世界货币的形成与发展必然使价格发展成为世界价格，各种各样商品通过表现国际价值的世界价格进行交换，世界市场中心所形成的价格成为各国间进行交换的基准。世界价格和商品的国际价值成正比，和黄金白银的价格成反比，商品的国际价值与黄金白银的价值的变动，视其变动的方向与程度如何，互相发生作用，共同决定世界价格。

世界市场上各种经济范畴的发展便是资本主义交换方式国际化的具体表现。

资本主义世界市场的形成和发展还意味着资本主义各种经济规律在世界范围发生

---

① 莫赫尔:《统计辞典》第四版，第131，135，137，146页。
② 根据库钦斯基《世界经济史研究》第78页材料计算。
③ 马克思:《资本论》第三卷，第630页（恩格斯注）。

作用。资本主义基本经济规律,资本主义竞争与生产无政府状态规律以及资本主义条件下的价值规律都在世界市场上发生作用。由于这些经济规律发生作用的结果,使得资本主义世界市场具有许多特点。

第一,资本主义世界市场是资本家进行剥削的工具。资本主义世界市场上的商品流通是资本循环的一个环节。一国资本家从世界市场上购买原料,就是把货币资本,通过流通领域变为生产资本,当它向世界市场出售商品时,就是把商品资本通过流通过程变为货币资本。前者是为了实行剩余价值的生产,后者是为了实现已在生产领域中由工人所创造的剩余价值,在这两种情况下,世界市场都为资本家提供价值增殖的条件。

资本主义世界市场上的商品流通,在货币资本变为生产资本时可能是价值以下的购买,在商品资本变为货币资本时可能是价值以上的出售,这就形成一国对另一国的剥削。资本家往往通过对外贸易中的不等价交换,获得额外剩余价值,获得额外利润。

资本主义世界市场上的商品流通不论是为资本家提供实现价值增殖的条件,不论是获得超额利润的来源,事实上,两者是不可分的,都是推动资本主义世界市场形成与发展的动力。资本主义世界市场成为资本主义实现剥削与进行剥削的工具。

资本主义世界市场的这种剥削性质就决定了各国在世界市场上所形成的经济联系,决不是建立在平等互利的基础之上,而是建筑在统治与从属,剥削与被剥削的基础之上。在国际分工加深和扩大的条件下,各国间经济联系日益密切,世界市场与国际贸易不断发展,在它发展的背后却掩盖着许多国家丧失经济与政治上的独立,成为资本奴役和剥削的对象。资本主义三百年来开拓世界市场的历史就是一部对外国进行奴役和剥削的历史。资本主义强国既然把经济落后国家卷入到世界市场中来,于是世界市场上商品流通就有两个主要方向,一个是资本主义条件下生产的商品由资本主义国家流向经济落后国家,完成资本循环过程,实现剥削,一个是经济落后国家小商品生产者所生产的商品流向资本主义国家,参加资本循环,提供超额利润。

资本主义世界市场的剥削性质主要表现在资本主义国家对经济落后国家的贸易关系上。这些经济落后国家由于生产力低,同量商品所投下的劳动量远比资本主义国家为大,但它们在资本主义世界市场上出售原料与粮食的价格却比资本主义国家为低,这是由于资本主义工业发达的国家对落后国家的政治与经济的控制与掠夺,竭力压低原料与粮食的价格所决定的。这种情况就决定了资本家以输入粮食与原料、输出工业品为有利,通过这种贸易关系,对经济落后国家进行剥削。

资本主义国家在世界市场上相互关系的特点是经常而激烈的竞争,每个国家力图排挤对方,取而代之。争夺世界市场的斗争有时成为爆发战争的一个因素。由于各国力量对比关系经常发生变化,发展较快的国家就不满足于在世界市场上的现有地位,而要打破现状,而经济发展慢的国家,则千方百计力图维持它在世界市场上的优势地位,其间展开激烈的斗争。英国是老牌资本主义国家,在很长时期内,曾经是世界市场的中心,掌握世界市场的霸权。以后美国德国经济实力增长,英国地位逐渐下降,终于美国取英国地位而代之,成为世界市场的中心,取得世界市场的霸权。马克思、恩格斯在1850年便预计到这种趋势,他说:"世界贸易第二次获得了新的方向,世界贸易中心在古代是泰尔、迦太基和亚历山大;在中世纪是热那亚和威尼斯,在现代到目前为止是伦敦和利物浦,而现在的贸易中心将是纽约和旧金山……"①

老牌资本主义国家英法,在世界市场上的地位逐渐下降,后起的美德,地位不断上升,这是一个合乎规律的发展过程。

1840—1947年间,英国在世界贸易中的比重从21%减到12%,法国从12%减到5%,美国从9%增加到22%②。

资本主义国家在从世界市场上排挤对手的同时,也对后者进行剥削。第一次大战后的德国便受英美法所剥削,第二次大战后的德国与日本便受到美国的剥削,美国甚至利用其实力地位对英法进行剥削。美国曾广泛使用奴役性贸易条约援助,不等价交换,强制对方进口美国商品等办法对自己"同盟国"进行剥削。

资本主义世界市场的剥削性质是资本主义的剥削本质所决定的,资本主义世界市场存在一天,这种剥削性质也就存在一天。

第二,资本主义世界市场容量的极不稳定。这是由资本主义生产无政府状态所决定的。

资本主义生产始终是无计划的盲目的,资本家为了追逐利润,经常扩大生产规模,但社会上有购买力的需求却经常落后于生产,到一定时期,必然引起生产过剩危机。在危机阶段,贸易大为减少,经过萧条、复苏,贸易逐渐恢复,直到高潮阶段,贸易才有新的增长,但紧接着高涨的又是新的危机的袭击。贸易又重新下降。资本主义再生产过程的周期性使得资本主义世界市场容量处于不稳定状态。

资本主义经济危机,随着世界市场的形成与发展,有发展为世界性危机的可能性,没有世界市场很难想象世界性经济危机,当各国经济周期阶段大体一致时,危机通过世界市场的媒介,就爆发为世界性经济危机,世界市场使危机更加剧烈,更富有破坏性,因而它本身成为资本主义生产无政府状态加深的一个因素。

世界市场还使生产地与消费地距离增大,商品流通过程中间环节增多,停留在各个环节上的商品量增加,形成一种"虚假需求",在事实上已发生生产过剩时,资本家还继续扩大生产,危机一旦爆发,灾难就更加深重。

---

① 《马克思恩格斯全集》第七卷,第263页。
② 库钦斯基:《世界经济史研究》,第52,53页。

在危机阶段，资本家为了逃出危机，一面加强对工人的剥削，打击竞争者，一面到处寻求商品销路，企图把危机的重担转嫁到国外，拼命向世界市场上扩张。所以经济危机又是推动资本家扩大对外贸易的一个因素。

经济危机的历史证明，在经济危机以后，对外贸易与世界市场都曾获得发展。英国对美国和印度市场的全面渗透是在1825年危机以后；1839年危机促使英国发动鸦片战争，把古老中国卷入世界市场。1847年第一次世界经济危机推动了美国西部与澳大利亚金矿的开采以及因此而引起的国际贸易的增长；1873年危机使欧洲各国资本家展开争夺非洲市场的斗争。诚如马克思所说："每一次先行的危机都是要把一些新辟的市场或先前只被微榨取过的市场卷入世界贸易范围的。"①

世界市场的扩张、对外贸易的增长对于资本主义逃出危机与萧条有一定的作用，但它既不能消除危机的根本原因，也不能根本缓和危机，只能为下一次更严重的危机准备条件。列宁在论述1900年危机时说过："大铁路的修筑，世界市场的扩大，商业的昌盛——这一切引起了工业的突然活跃，新企业的增加，对销售市场的疯狂竞争，对利润的追逐以及新公司的创建和大批新资本的投入生产。这种世界性的对未经开发的市场的疯狂追逐，引起了巨大的破产，这是没有什么奇怪的。"② 这就是说，世界市场的扩大，并不能和生产的扩大相适应，很快就被生产抢在前头，现在扩大了的市场和以前的较狭隘的市场一样，对于生产又成为限制。当这种限制发展到一定程度时，新的危机又来临了，贸易又急剧地下降。资本主义世界市场的容量就是这样随着再生产过程的变化，不断波动而呈现出极度的不稳定。

资本主义生产无政府状态决定了世界市场容量不稳定，而世界市场又加重了生产无政府状态。其间具有辩证的关系。

第三，资本主义世界市场价格的经常波动。这是价值规律自发发生作用的结果。

价值规律是商品生产和交换的规律，商品的交换要按照社会价值或生产价格来进行，它是通过围绕着社会价值或生产价格上下波动的市场价格来贯彻的。特别是在资本家相互激烈竞争的条件下，市场价格的波动就更大，国内市场是这样，世界市场更是这样。

世界市场上的商品流通有按照国际价值进行的趋势，既按照表现商品国际价值的世界价格来进行，但由于各国生产力水平有高有低，劳动强度有大有小，同种同量商品，它的个别价值，国内社会价值以及生产价格极不一致，国际价值以及世界价格的形成是一个不断破坏不断重建的过程，其间要经过曲折的波动。

激烈的竞争也是世界市场价格波动的原因，资本家为了打击竞争对手，占领国外

---

① 《马克思恩格斯文选》第一卷，第83页。
② 列宁：《危机的教训》，《列宁全集》第5卷，第72页。

市场，不惜削价出售，造成价格下跌，当把市场抢到手以后，就拼命抬价，造成价格上涨，特别是在垄断条件下更是如此。

世界价格的波动对于生产发生调节作用，价格下跌时，生产缩减，供给减少，逐渐使价格回升，当价格回升后，刺激生产增加，供给增多，又使价格回跌，如此循环不已，反复进行，造成价格经常波动。

资本主义周期变化对于世界价格也发生影响，危机阶段，需求缩减，资本家为了渡过难关，在世界市场上削价出售商品，加重价格下跌，在萧条和复苏阶段，价格逐渐回升，到高涨阶段，价格重新上涨。价格波动幅度决定于危机和高涨的程度。

世界市场上价格波动还由于投机的盛行，人为的操纵而更形加剧。投机本身便是利用价格波动从中牟利，没有价格波动也就很难想象投机的存在。特别是对世界市场上重要商品通过商品交易所进行的投机比一般商品更为猖獗，容易造成虚假的供求，直接引起价格波动。至于人为的操纵，如垄断组织对于经济不发达国家的出口商品，故意停购、少购、加购，借以压价购进，当它贮存到相当数量时，就一变而抬价出售，使价格经常处于波动状态。

资本主义国际分工与世界市场的形成与发展是不以人们意志为转移的客观必然过程，它使生产国际化，交换国际化，各国在经济上建立起紧密的联系，促进了资本主义生产力与生产关系的发展，同时也为世界社会主义革命提供物质和精神条件，客观上是一种进步趋势，只是由于资本主义的剥削制度，才使国际分工与世界市场成为资产阶级发财致富，剥削各国劳动人民的工具。只有在社会主义制度下，国际分工与世界市场才能充分发挥它的进步作用，成为各国人民平等合作求得经济共同高涨的工具。

西方学者论国际分工——国际贸易理论[*]

一、引　言

国际贸易学是经济学中最古老的学科之一。国际贸易问题经常也是经济理论中争论得最激烈的问题。早在16世纪，西欧的重商主义者就已开始对国际贸易问题进行探讨。随着资本主义的发展，国际贸易的理论研究工作在18世纪和19世纪日益发展。古典经济学最重要代表者亚当·斯密、李嘉图以及后来的约翰·穆勒为国际分工——国际贸易问题所提供的基本概念和学说，仍然支配着今天的西方经济学界。

在约翰·穆勒以后，经过马歇尔（A. Marshall）、埃治渥斯（F. Y. Edgeworth）、陶西格（F. W. Taussig）、范纳（J. Viner）、哈勃勒（G. Harberler）、俄林（B. Ohlin）等人之手，国际分工——国际贸易理论经历了长期的演变过程，但基本上一直保持着原来的静态均衡的性质。

从亚当·斯密到现代西方的国际分工——国际贸易理论，大体上经历了三个发展阶段。

亚当·斯密的绝对成本学说是国际分工——国际贸易理论发展的第一阶段。

从李嘉图到范纳的比较成本——比较利益学说是国际贸易理论发展的第二阶段，也是一个决定性阶段。它的影响一直延续到现在。

把国际贸易与生产三要素联系起来的是两位瑞典经济学家——赫克歇尔（Eli F. Heckscher）和俄林。

从俄林起到现在是西方国际分工——国际贸易理论发展的第三个阶段，也就是西方经济学界所谓的现代国际贸易理论的开端。

亚当·斯密所主张的绝对成本论，实际上可以说是比较利益理论的一个特殊的事

---

[*] 姚曾荫，国际分工——国际贸易理论，国外经济学讲座第二册，外国经济学说研究会编，中国社会科学院出版社，1980。编者注：根据文章内容更名为《西方学者论国际分工——国际贸易理论》。

例（这时比较成本也就是绝对成本）。李嘉图的比较成本论更不必说了。新古典学派俄林的学说也是属于比较利益学说的范围之内。所以西方国际分工——国际贸易理论发展的三个阶段，实际上也就是比较利益学说发展的三个阶段。

尽管俄林以后西方国际贸易理论界中有人作了一些新的尝试、新的发展，但终究仍是属于比较利益学说的范围之内，还不能构成一个新的阶段。

30年代内，凯恩斯试图把对外贸易与就业联系起来。凯恩斯经济学的对外贸易乘数理论，为在经济政策上适当地处理对外贸易与就业二者之间的关系提供了依据。

第二次世界大战后，国际贸易理论的一项重要的发展，就是里昂惕夫根据对美国进出口商品结构的分析得出所谓里昂惕夫之谜（Leontief Paradox）。以后，鲍德温（R. E. Baldwin）以及其他一些经济学家也分别对美国、日本、印度、加拿大的对外贸易商品结构进行分析，得出了大致相同的结果。

在过去二十多年间，西方经济学家为了解开这个里昂惕夫之谜，不断寻求新解释，产生了一些新的见解。

对比较利益学说持批评和反对态度的经济学者也是大有人在的。早在19世纪就有德国的李斯特（F. List）；第一次世界大战后有罗马尼亚的曼诺莱斯库（M. Manoilesco）；第二次世界大战后又有辛格（H. Singer）、普雷比施（Raul Prebisch）、缪尔达尔（G. Myrdal）以及一些印度经济学家和苏联经济学家。

尽管比较利益理论在西方经济学界和第三世界的经济学界不断地受到批评，但是这个理论今天仍然为西方大多数经济学家所接受，并且继续对西方国家的对外贸易政策发生强烈的影响。

比较利益理论主要是探讨和解答以下三个问题：

（一）国际贸易发生的原因是什么？为什么这个国家输出这样一些商品，另外一个国家输出另外一些商品？为什么巴西出口咖啡，美国输入咖啡？这个问题是容易理解的，因为美国不生产咖啡，而巴西的自然条件适宜于生产咖啡。西欧和日本以及美国的交通运输业、石油化工业以及其他一系列的工业都依赖国外石油的供应。如果进口切断，则它们的工业生产、生活水平或实际收入就必然下降。如果贸易都是这一类的，也就是说一个国家或几个国家所生产的产品是别国所需要、但自己不能生产的，则经济学家就无需乎花费很大气力去解释贸易发生的原因，或解释贸易的格局了。这似乎是不言自明的道理。

在国际贸易中，有许多产品，例如汽车、钢铁、纺织品、加工食品以及其他一些工业产品，都是在很多国家进行生产的。既然如此，为什么这些产品还能够成为在国际贸易中进行大量交易的项目呢？这是国际分工——国际贸易理论必须加以回答的问题。

（二）各国进出口商品是按照什么相对价格进行交换的？各国进出口商品的相对价格是怎样决定的？也就是说，它的贸易条件是怎样决定的？对发展中国家来说，贸易条件是否有长期恶化的趋势？

（三）国际分工——国际贸易究竟有哪些利益？哪些国家能从贸易中得到利益？贸易是对单方面有利的，还是彼此互利的？国际分工——国际贸易的利益对于一些国土较小、资源较少的国家来说，是显而易见的。例如英国和日本的生存空间较小，这些国家的生存主要依赖于只需要很小的空间或土地去生产的制成品，因此交换那些需要大量土地去生产或是只能在地球上某些区域才能生产的食品和原料。如果没有进口，日本和英国就不能够供应它们的人民以充足的衣服、食物和住房。经济上的自给自足，对这两国来说，意味着大规模的饥饿和贫困。英国和日本是高度依赖国际分工——国际贸易的典型。即使是那些国内生产能满足国内生活基本需要的国家，在国际贸易被切断的情况下，也将面临着生活水平的急剧下降的情况。美国有广阔的土地和丰富的资源，在许多种农产品和矿产品方面是能自给自足的。但是美国现在所消费的二分之一的石油依赖进口，有一些重要的原料以及咖啡、可可、糖要依赖进口。如果失掉这些供应，美国的工业生产将会下降，许多工人将会失业，人民生活水平就会降低。在农产品方面，美国虽有充分的供应，但当美国农民失掉占小麦产量四分之一的出口市场，棉花产量的三分之一的国外市场以及其他作物的出口市场时，美国的很多农民将会陷于破产的境地；许多与农产品出口有关的环节，如仓贮、运输、保险等行业，也将陷入困境。

新西兰所生产的食物远远超过了它的人数较少的人口的需要。新西兰的对外贸易主要是用食物去交换工业国家所生产的制成品。因此，切断贸易并不意味饥饿，而是意味着剥夺制成品的进口和生活水平的下降。当然，新西兰能够自己生产某些制成品以代替进口。但是工业品的生产也将会受到稀少的要素——资本、劳动力和原料的限制。新西兰国民经济本身就是许多年来的国际分工和国际贸易的产物。

国际分工或国际专业化的利益与一国内部的区际分工或区际专业化的利益，是同一性质的。国际贸易的利益与一国内部各地区间的贸易的利益，也是基本一致的。这种利益上的基本一致，主要都来自这一事实，即各个国家或各个地区由于在专业化生产中把它们的生产诸要素（自然资源、劳动力、资本和组织管理才能等）最有效地结合起来，而从分工和贸易中得到好处。

西方经济学家认为：人们很容易认识到国内经济中地区分工的利益，因而反对对于区际分工和国内贸易的任何人为的干涉，但是国际分工和国际贸易的人为的阻挠所可能造成的损失，往往就被忽视。

二、为什么需要一个独立的或单独的国际分工——国际贸易理论

在是否需要一个独立的国际分工——国际贸易理论的问题上，西方经济学界存在着不同的意见。认为应该建立一个单独的国际贸易理论的人所持的理由是：国际分工——国际贸易有它本身的特征。这些特征是：

（一）生产要素在国际间没有流动性；

（二）各个国家有独立的货币制度；

（三）各个国家实行不同的经济政策；

（四）各个国家实行不同的对外贸易政策和措施；

（五）各个国家有其不同的语言和风俗习惯。

虽然在国际贸易与国内贸易之间存在着以上的区别，有些西方经济学家还是认为：要在国际贸易与国内贸易之间划一个严格的界限，既不可能也无必要。他们认为，在深入研究国际贸易与国内贸易问题时，就会发现这是在研究两个程度不同的问题，而不是研究两个性质不同的问题，因而不需要在两者之间划一个明确的界限。他们还认为，首先，在国内经济中，各种生产要素的充分流动性时常是不存在的。其次，通过国界的资本和劳动者的大规模的流动也时常发生。因此，一方面，在一国国内各种生产要素的不流动性存在时，如凯尔纳（G. E. Cairnes）的"非竞争集团"存在时，国际贸易理论也能适用于国内贸易。另一方面，在国际间资本和劳动者存在着流动性时，一般的经济理论也可以适用于国际贸易，因而一个单独的国际贸易理论就是多余的。

然而，还有一些西方经济学家认为，从 19 世纪末期以来，特别是从第一次世界大战以来，各国间的资本与劳动者的流动性与 19 世纪相比，已有明显的减少，并且认为这种流动性的减少对国际贸易和国际收支会发生重大影响。这一事实，连同上述的其他特征，就为建立一个单独的国际贸易学说提供了理论的根据。

三、亚当·斯密的绝对利益理论

亚当·斯密是古典学派经济理论的奠基人，也是国际分工——国际贸易理论的创始者。在《国富论》中，斯密首先提出了国际分工和自由贸易的理论。这个理论是他反对重商主义的"有利贸易差额论"和保护贸易政策的重要武器，对国际分工——国际贸易理论的发展做出了重要贡献。

斯密首先强调了分工的利益，指出分工可以提高劳动生产率，促进国民财富的增长。他用制针业中手工工厂分工的例子来说明分工对提高劳动生产率的重要作用。根据斯密的例子，在没有分工的情况下，一个粗工每天连一个针也制造不出来，而在分工的情况下，十个人每天可以制造48 000个针，每个工人的劳动生产率提高了几千倍。他说，劳动生产率的极大提高是分工的结果。

在他看来，适用于一国内部的不同职业之间、不同工种之间的分工的原则，也适用于各国之间。因此，他主张如果外国的产品比自己国内生产的要便宜，那末最好是输出本国在有利的生产条件下生产的产品去交换外国的产品，而不要自己去生产。例如，在苏格兰，人们可以利用温室生产出很好的葡萄，并酿造出同国外进口的一样好的葡萄酒，但要付出三十倍高的代价。他认为这是明显的愚蠢行为。斯密认为每一个国家都有其适宜于生产某些特定的产品的绝对有利的生产条件。如果每一个国家都按照其绝对有利的生产条件（即生产成本绝对低）去进行专业化生产，然后彼此进行交换，则对所有国家都是有利的。

斯密认为自由贸易会引起国际分工，而国际分工的基础是有利的自然禀赋，或后天的有利生产条件。无论是自然的禀赋或后天的有利的生产条件，都可以使一国在生产上和对外贸易方面处于比其他国家有利的地位。各国按照各自的有利的生产条件进行分工和交换，将会使各国的资源、劳动力和资本得到最有效的利用，将会大大地提高劳动生产率和增加物质财富。

斯密的国际分工——国际贸易理论以后被称为绝对利益的理论。在绝对利益条件下的国际分工——国际贸易，举例如下：

在进行国际分工——国际贸易以前

国家	小麦 劳动日数	小麦 产量	布 劳动日数	布 产量
美国	100日	50吨	100日	20匹
英国	150日	50吨	50日	20匹
总数	250日	100吨	150日	40匹

在进行国际分工——国际贸易以后

国家	小麦 劳动日数	小麦 产量	布 劳动日数	布 产量
美国	200日	100吨		
英国			200日	80匹
总数	200日	100吨	150日	80匹

根据上例，在国际分工——国际贸易发生以前，英美两国所使用的劳动日数各为 200 天，总数为 400 天，两国小麦的总产量为 100 吨、布为 40 匹。在国际分工——国际贸易发生以后，这两个国家所耗费的劳动日数仍为 400 天，小麦的总产量仍为 100 吨，但布的总产量增加到 80 匹，即比过去增加了 40 匹。这就是国际分工——国际贸易的利益。

亚当·斯密论述苏格兰不适宜于生产葡萄酒的一段文字，是有说服力的、清楚的，但是问题并没有到此为止。它假定在国际贸易中，每个国家的出口部门需要有绝对的利益，亦即在一定数量的资本和劳动力的条件下，它的生产成本绝对地低，在一定的劳动时间内，它能生产出比它的国外竞争对手更多的产品。如果其中一国在所有生产领域中，没有一种产品在市场竞争中处于绝对有利的地位，亦即生产成本绝对地低，这时的情况又会怎样？例如，一个经济不发达国家，它的劳动力和资本的生产效率都是很低的，在所有的生产领域，生产成本都高，产量都低。在这种情况下，它要被迫把自己孤立起来，实行闭关自守的政策，抵制外来的竞争，还是要实行对外开放的政策，听任自己的工业农业遭受到进口货竞争的毁灭呢？亚当·斯密的理论不能解决这个问题。一直到李嘉图，才着手解决这个国际分工——国际贸易理论的问题。李嘉图的国际分工——国际贸易理论及其以后的国际贸易理论被称为一般理论，或纯理论。

四、李嘉图的比较利益理论

大卫·李嘉图进一步发展了国际分工——国际贸易理论。他认为在国际分工——国际贸易中起决定作用的，不是绝对利益（绝对成本），而是比较利益（比较成本），并且把比较利益学说作为国际分工的理论基础。

（一）劳动成本决定商品的国内价值

李嘉图的国内价值理论是大家所熟悉的。那就是商品的价值是由生产商品时所花费的劳动时间决定的。在自由竞争的条件下，各种商品的交换比率由生产各种商品时所耗费的劳动时间的比率所决定。如果生产一尺布所耗费的劳动时间比生产一斤米所耗费的劳动时间多一倍，则布的价值就比米的价值大一倍。这样，一尺布换二斤米。这就是等价交换。价值规律就要求等价交换。这虽然是老生常谈，却是重要的，是理解李嘉图国际贸易理论的关键。

李嘉图的国内贸易理论，有以下几个基本假定：

1. 劳动力是唯一的生产要素，生产商品时所花费的劳动量决定商品的价值；
2. 所有的劳动力都是同一质量的，对一切劳动力都支付同等的工资；
3. 在一国内部，劳动力和资本是充分自由流动的；
4. 在任何部门中，每单位产品所需要的工/时并不随着生产量的增减而增减，每单位产品的实际成本是不变的。生产技术是固定不变的。

在这些条件下，在竞争规律的支配下，在一国内部，各种商品将集中在所费劳动量最少的地方生产。举例如下：

	酒（X 桶）	小麦（Y 吨）
约克郡	90 天	80 天
伦敦	100 天	120 天

在上例中，约克郡在酒和小麦的生产上，所花费的劳动时间都比伦敦要少。如果这两种产品是这两个地方所能生产的仅有的两种产品，那么劳动力和资本将全部离开伦敦而流向约克郡，酒和小麦将集中在约克郡生产。其交换比率是 1 酒：$1\frac{1}{8}$小麦。但现实的情况是，伦敦还有生产其他产品的可能性，在这种产品的生产上，伦敦的生产成本低于约克郡。举例如下：

	酒（X 桶）	小麦（Y 吨）	布（Z 匹）
约克郡	90 天	80 天	80 天
伦敦	100 天	120 天	60 天

按照上例，约克郡将专门生产酒和小麦，伦敦将专门生产布，伦敦将用布交换约克郡的酒和小麦。其交换比率是 $1\frac{1}{2}$布：1 酒，或 $1\frac{1}{3}$布：1 小麦。这就是等量劳动与等量劳动相交换。

在劳动力和资本完全自由流动的条件下，李嘉图认为一国内部交换是在生产成本绝对差的基础上进行的。

根据李嘉图的假定，在一国国内，工资在各地区间和各行业间是相同的。因此，在两个地区间，这几种产品按价格计算的交换比率也是一致的。例如：

	产品	单位	劳动日数	工资	价格
伦敦	布	一匹	2 天	5 英镑	10 英镑
约克郡	小麦	一吨	4 天	5 英镑	20 英镑

按劳动时间计算的交换比率　4 布：2 小麦 = 2 布：1 小麦
按价格计算的交换比率　2 布（20 英镑）= 1 小麦（20 英镑）

(二) 比较成本决定国际交换比例

在谈到国际贸易时，李嘉图认为情况发生了重大的变化，因为劳动量并不能决定产品的交换价值。他认为：支配一个国家中商品相对价值的法则，不能支配两个或更多国家间互相交换的商品的相对价值。他还认为：葡萄牙用多少葡萄酒来交换英国的毛呢，不是由各自生产上所用的劳动量决定的，情形不像两种商品都在英国或都在葡萄牙生产那样。

那么，两国所生产的这两种商品的国际交换比率是由什么决定的呢？按照李嘉图的意见，它是由生产这两种商品的相对的或比较劳动成本决定的，而不是由生产它们所花费的绝对劳动成本决定的。举例如下：

	酒（一单位）	毛呢（一单位）
英国	90 天	80 天
葡萄牙	100 天	120 天

国内交换比率：葡萄牙 1 单位毛呢 : 1.20 酒

英国 1 单位毛呢 : 0.89 酒

英国在两种商品的生产上都处于绝对有利的地位，即劳动生产率都绝对地高于葡萄牙，但在毛呢的生产上，有利的程度更大。葡萄牙在每种商品的生产上，都处于绝对不利的地位，亦即劳动生产率都绝对地低于英国，但是它在酒的生产上，不利的程度较小。在这种情况下，如果英国将全部劳动力用在毛呢的生产上，葡萄牙将全部劳动力用在酒的生产上，然后彼此交换，两国就可以都得到利益。

假定英国一年的全部劳动时间是 10 000 个劳动日，酒的全国消费量是 50 单位，每生产一单位酒，需要 90 劳动日，因此英国每年将花费 50 × 90 = 4 500 劳动日来生产自己所消费的酒，余下的 5 500 劳动日用来生产自己消费的毛呢，一年共生产 68.75 单位毛呢（5 500 ÷ 80 = 68.75）。

又假定葡萄牙一年的全部劳动时间也是 10 000 个劳动日，葡萄牙每年国内酒的消费量为 50 单位，每生产一单位酒需要 100 劳动日。因此葡萄牙每年需要投入 5 000 劳动日来生产酒（50 × 100 = 5 000）。其余的 5 000 劳动日用于生产毛呢，可以生产出 $41\frac{2}{3}$ 单位的毛呢（5 000 ÷ 120 = $41\frac{2}{3}$）。总之，在没有国际分工以前，两国的生产情况如下：

	酒	毛 呢
英国	50 单位	68.75 单位
葡萄牙	50 单位	41.667 单位
两国总产量	100 单位	110.417 单位

如果按照比较成本进行国际分工，则可能发生两种情况。一种是全面的国际分工，一种是局部的国际分工。

1. 全面的国际分工

在全面的国际分工发生后，葡萄牙将专门生产酒，英国将专门生产毛呢，然后彼此进行交换。这时，葡萄牙将把全部劳动时间用在酒的生产上，每年生产的酒可达 100 单位，葡萄牙用其中一部分交换英国的毛呢。假定在葡英两国间，酒与毛呢的国际交换比率为 1∶1（按国际交换比率应介乎两国国内交换比率之间，亦即在英国国内交换比率 1 毛呢∶0.89 酒与葡萄牙国内交换比率 1 毛呢∶1.20 酒之间）。又假定葡萄牙国内酒的消费量为 50 单位。葡萄牙将用余下的 50 单位的酒去交换英国的 50 单位毛呢。

在全面的国际分工发生后，葡萄牙国内消费的酒的数量和国际分工发生以前一样，仍然是 50 单位。但通过交换，葡萄牙可得到 50 单位毛呢，比过去自己生产自己消费的毛呢（41.667 单位）多得了 8.333 单位毛呢，这是葡萄牙从国际分工——国际贸易中所得到的使用价值上的利益。李嘉图认为贸易的利益是直接来自进口，而不是来自出口。[①]

在全面国际分工发生后，英国将把全部劳动力用在毛呢的生产上。10 000 劳动日可以生产出 125 单位毛呢（10 000÷80＝125）。英国用其中一部分去交换葡萄牙的酒。按照上述 1∶1 的国际交换比率，英国将用 50 单位毛呢去交换葡萄牙的 50 单位的酒。英国还余下 75 单位毛呢供国内消费。在国际分工以前，英国国内消费量为 68.75 单位毛呢，现在的消费量比以前增加了 6.25 单位。这是英国从国际分工——国际贸易中得到的使用价值的利益。英国从贸易中得到的利益，也是直接来自进口，而不是来自出口。

在国际分工以前，葡萄牙和英国两国共生产了 100 单位的酒和 110.417 单位毛呢。在全面国际分工以后，两国共生产了 100 单位酒和 125 单位毛呢。由此可见，国际分工可以提高"世界"范围的劳动生产率，增加"世界"财富和实际收入。

[①] 匈牙利、捷克和苏联有些经济学家认为比较成本学说有"合理的内核"。国内也有一些同志主张这一点。如果有的话，那应该是指贸易是相互有利的，双方都从贸易中得到使用价值的利益。有的同志说"合理内核"指的是劳动价值论，这是一种误解，因为李嘉图认为劳动价值论不能完全适用于国际贸易。

	酒	毛 呢
英国		125
葡萄牙	100	
两国总产量	100	125

2. 局部的国际分工

如果葡萄牙和英国对酒的需求总量超过 100，而达到 110 单位。由于葡萄牙的劳动生产率较低，即使它把全部劳动时间都投入到酒的生产上，葡萄牙所生产的酒也不能满足两国对酒的全部需要。这时全面的国际专业化分工是不会发生的。两国将根据国际分工——国际贸易的利益，对它们的全部劳动时间重新进行分配。关于这时两国的生产情况，举例如下：

	酒	毛 呢
英国	10	113.75
葡萄牙	100	
两国总产量	110	113.75

根据比较成本原则和"世界"对酒和毛呢的总需求量，英国将在酒的生产上投入 900 天的劳动时间，共生产酒 10 单位（900÷90＝10），在毛呢的生产上投入 9 100 天的劳动时间，共生产毛呢 113.75 单位（9 100÷80＝113.75）。葡萄牙仍然生产 100 单位的酒。这时两国在酒和毛呢的总产量上都超过局部国际分工以前。

（三）生产要素在国际间的不流动性与国际价值

为什么决定国内交换的价值规律不能适用于国际交换？按照李嘉图的意见，这是因为在一国内部，生产要素（劳动力、资本等）能自由流动，而在国际间不能自由流动的缘故。这也就是说，劳动力、资本和企业的不流动性使得它们不能转移到国外劳动成本绝对低的地方去。由于劳动力和资本等在国际间不能自由流动，工资率和利润率便不能趋于一致。各国的工资水平既有差别，所以各国间商品的价格比例关系与生产商品时所耗费的劳动量的比例关系便不相同。这与一国内部两个地区间两种商品的价格比例关系与生产这两种商品时所耗费的劳动量的比例关系完全一致的情况是根本不同的。举例如下：

国别	商品	单位	劳动日数	工资	价格
英国	毛呢	一匹	2 日	5 英镑	10 英镑
葡萄牙	酒	一桶	4 日	1 英镑	4 英镑

英国毛呢与葡萄牙酒所耗费的劳动日比例：2∶4

英国毛呢与葡萄牙酒按两国所耗费的劳动量的交换比例：2 毛呢∶1 酒

按英镑价格计算的英国毛呢与葡萄牙酒的交换比例：2 毛呢（20 英镑）∶5 酒（20 英镑）

如果英国生产一匹毛呢需要 2 个劳动日，每日工资为 5 英镑，则一匹毛呢的价格为 10 英镑。葡萄牙制造一桶酒需要 4 个劳动日，每日工资为 1 英镑，则一桶酒的价格为 4 英镑。这时国际贸易中两种商品的交换比例将是 2 毛呢（20 英镑）∶5 酒（20 英镑），而不是 2 毛呢∶1 酒。两种交换比率的差别是两国工资差异的结果。而国民工资的差异则是由于劳动力在国际间不能转移的缘故。各国间工资的差异实际上究竟有多大，可以参见以下的统计数字。

1977 年各国（地区）汽车工人每小时的工资　　　　（单位：美元）

国　家	工　资	国　家	工　资
美国	8.65	英国	3.45
瑞典	6.20	意大利	2.90
西德	5.65	墨西哥	2.05
比利时	5.45	委内瑞拉	1.60
荷兰	4.70	秘鲁	1.50
日本	4.30	哥伦比亚	0.80
法国	3.50	南朝鲜	0.80

资料来源：英国《经济学家》1978 年 6 月 10 日，第 92 页。

从以上的统计数字可以看出，国民工资的差异是一种实际的情况。即使在西欧共同市场内部，工资也是高低悬殊的。商品和资本在西欧共同市场内部是自由流动的，但在劳动力方面却是互相隔绝的，所以西德、比利时的工资水平比意大利高出一倍左右。如果劳动力在九国间能够完全自由转移，就不会出现这种情况。

在国际贸易中，一国所生产的具有较少的物化劳动的一种商品（英国的 2 匹毛呢，4 个劳动日）可以交换到另一国的包含着较多的物化劳动的另一种商品（葡萄牙的 5 桶酒，20 个劳动日）。考虑到这种情况，所以李嘉图认为两国生产商品时所耗费的劳动量不能决定国际贸易中的商品交换比率。①

李嘉图的国际分工——国际贸易理论是以各国间劳动生产率的差别为基础的。这个理论也可以说是比较劳动生产率的理论或比较效率的理论。如果英国生产一个单位的毛呢需要 80 天,而葡萄牙却需要 120 天,这是因为葡萄牙的劳动生产率低于英国。在这个全部劳动时间中,包括活劳动和物化劳动两个部分。假定英国的毛呢是机器生产的,因此 80 天的劳动这样分配:例如 30% 的活劳动,70% 的物化劳动。葡萄牙的酒是手工生产的,因此 120 天的分配比例就不同:例如 30% 的物化劳动和 70% 的活劳动。

如果葡萄牙的劳动生产率不是固定不变的,如果葡萄牙也采用机器生产,则两国的毛呢和酒的比较成本比例就会改变。这就是说,当两国劳动生产率的不同不是由于自然条件的原因,而是由于社会的历史原因时,当葡萄牙的经济有了发展,劳动生产率水平提高时,比较成本就会受到修正。如果葡萄牙能进行技术革新,把各个生产领域的劳动生产率提高到英国的水平,甚至超过英国的水平,那时国际分工——国际贸易格局就会相应地发生变化。

(四) 李嘉图的静态分析法与动态的世界

李嘉图的全部理论只是证明,虽然英国在各个生产领域都是先进的,葡萄牙在各个领域都是落后的,然而两国间进行分工和实行生产专业化,并彼此进行交换,对两国都是有利的。李嘉图的论证就到此为止。他没有利用这个比较利益的分析工具做进一步的分析。他没有认识到劳动生产率不是固定不变的,而是一个可变的因素。葡萄牙可以通过技术引进、技术改革提高劳动生产率来改变两国间几种商品的比较成本比率,并提高自己的实际收入水平。这样就会使李嘉图的静态分析法具有"动态"的性质。

在历史上,由于各国间比较劳动生产率因而比较成本的改变所造成的国际分工——国际贸易格局的变化,是屡见不鲜的。

事例之一是英国的纺织工业。工业革命以前,在国际分工中,英国是棉纺织品输入国,而印度是最大的棉纺织品输出国。工业革命以后,英国输出到印度的棉织品不断增加。到了 1850 年,数百年来向全世界输出棉织品的印度,竟输入了英国全部棉织品出口额的四分之一。英国的机制棉织品像重炮一样消灭了印度的手工纺织业。

---

① 马克思曾说:"李嘉图的理论也认为——这是萨伊没有注意的———国的三个劳动日,可以和另一国一个劳动日相交换。价值法则在这里受了本质上的修正。"这一句话显然就是指上述的情况说的。后来的译本把"本质上的修正"改译为"重大的变化",译法不同,但意思相同(见马克思:《剩余价值学说史》,第三卷,第 270—271 页)。

第一次世界大战后，日本的纺织业发展很快，中国和印度的棉纺织业也有了发展。英国的棉纺织业已失去其过去的比较利益，因此逐渐衰落。在第二次世界大战后，日本、印度和其他亚洲国家纺织业迅速发展，英国的纺织业却陷入一蹶不振的境地。就像 19 世纪上半叶英国的纺织业摧毁了印度的纺织业一样，日本、印度纺织业也给予兰开夏以毁灭性打击。近五年到十年间，香港、南朝鲜和东南亚地区廉价纺织品在世界市场上的竞争也给予日本纺织业以致命的打击。从 70 年代初期以来，在世界纺织业国际分工中，日本纺织工业逐渐丧失了它的比较利益，因此地位逐步下降。大阪、神户和歌山必将步利物浦、曼彻斯特和约克郡的后尘，地位将日渐衰微。这是纺织业国际间比较利益的变化所引起的国际分工的变化的明显事例之一。

事例之二是日本的汽车工业。在 30 年代，美国和日本都是制造汽车、化学品和打字机的国家。但是美国是这些产品的输出国，日本是输入国。虽然日本的工资水平要比美国低得多，日本仍然需要规定极高的进口关税，以防止美国产品全部控制日本市场。

在第二次世界大战后初期，日本银行总裁直田一真田说："在日本建立汽车工业是没有意义的。这是一个国际分工的时代，日本最好是依赖美国来供应汽车。"

但是日本产业界并没有听从直田一真田的劝告。在 50 年代初期，在朝鲜战争景气的刺激下，日本着手重建自己的汽车工业。它们从西欧引进新技术，改善经营管理，从而使汽车的产量增长，质量不断改进。在 60 年代下半期，日本汽车的产量已超过西德而占到世界第二位。1954 年世界汽车出口总数的 88% 是由三国出口的。其中英国占 35%，西德占 25%，美国占 20%。1979 年日本商用汽车的产量已几乎赶上美国。1958 年日本汽车出口仅为 7 000 辆，1978 年达到 300 万辆，成为世界最大的汽车出口国。在日本和西欧的强有力的竞争的压力下，美国汽车工业在世界市场上节节败退。它已经败退了二十年。美国汽车工业不仅在世界市场上所占的比重下降了，而且在美国国内市场上也遇到日本和西欧越来越激烈的竞争。1979 年美国国内市场上的汽车销售量将近 1 000 万辆，其中有 22% 是进口货，而进口货中的一大半是日本制造的。现在日本对美国的汽车出口问题是日美经济关系中的一个焦点。

日本汽车工业在世界市场上，从战前所处的比较不利的地位，改变到现在的比较有利的地位，甚至是绝对有利的地位，这是技术革新、改善经营管理、提高劳动生产率，因而比较利益或比较效率变得对日本有利的结果。

事例之三是美国与日本之间钢铁生产的比较利益的变化。

在 50 年代和 60 年代初期，在世界钢铁工业中，美国的钢铁工业劳动生产率最高，在国际贸易中处于比较有利的地位。其后，由于日本的技术革新，日本的钢铁工业劳动生产率已赶上并超过美国。1979 年超过美国 4%。同时日本钢铁工人的工资和津贴只是美国钢铁工人的一半稍多,即平均每小时为 9.25 美元。因此美国钢铁工业在世界市场的竞争中已处于日益不利的地位。从 60 年代中叶起美国已由钢材出超国家转变为钢材大量入超国家。现在日本已成为世界最大的钢铁出口国,美国成为世界最大的钢铁进口国。

世界钢铁市场形势的变化也是各国间钢铁生产的比较利益或比较效率变化的结果。

	1960 年钢铁工人每年产钢公吨数（劳动生产率）	百分比%	1979 年钢铁工人每周产钢公吨数（劳动生产率）	百分比%
美国	170.6	100	4.6	100
日本	94.7	55	4.8	104
西德	121.5	71	8.8	83

在 19 世纪,比较利益经历了一个世代或更多年份的缓慢变化的过程。第二次世界大战以后,特别是从 60 年代以来,在第三次科学技术革命的影响下,一国的一种产品只能享有少数几年的比较利益。经过几年之后,由于技术传播和模仿,或由于其他国家新技术的发明,这个国家原来所享有的比较利益就很快地丧失掉。各国间比较利益的变化,在国际贸易的格局或方向上有深刻的反映。

（五）"国际需求方程式"

李嘉图的比较成本理论与亚当·斯密的绝对成本理论相比,是一个进步。它解释了亚当·斯密所没有涉及的问题,而把绝对成本理论当作特殊情况来处理,也就是说,这时一国的比较利益也是一种绝对利益。

李嘉图虽然论证了国际分工——国际贸易的利益,但是他没有讨论国际贸易的实际交换比率,即国际价值。李嘉图只是简单地假定葡萄牙和英国在用酒交换毛呢时分享了贸易的利益。他只是重点论述了国际贸易的供给方面和成本方面,而没有讨论国际贸易的需求方面和交换比率方面的问题。后来,穆勒才着手解决这个问题。

穆勒在重述李嘉图的比较成本理论时,进一步阐述了国际价值理论,亦即国际间商品交换比率的理论,但他没有采用两国所生产的一定数量的两种商品所花费的劳动成本不同的例子。他假定两国所花费的劳动成本相等,但所生产的商品数量不等。因此,穆勒的论证是依照比较利益的方法,也就是比较劳动生产率的方法。

穆勒认为国际间商品的交换比率是由两国间的相互需求决定的。这就是所谓"相互需求"的理论。穆勒举了以下的例子：

	毛 呢	麻 布
英国	10 码	15 码
德国	10 码	20 码

在同一单位的劳动时间内,英国的毛呢产量为 10 码,麻布产量为 15 码,而德国的毛呢产量为 10 码,麻布产量为 20 码。英德两国的毛呢劳动生产率相同,而在麻布的生产上,德国有较高的劳动生产率。如果两国没有分工贸易关系,则英国国内的交易比率为 10∶15,在德国则为 10∶20。如果发生国际分工——国际贸易关系,则英国将专门生产毛呢,德国将专门生产麻布。如果英国每输出 1 码毛呢能换 1.5 码以上的德国麻布,就对英国有利。如果德国为了换得 1 码毛呢,只输出 2 码以下的麻布就对德国有利。这就是说,两国的物物交易率的限界是由各自国内的交换比率所决定的。

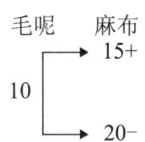

$$
\begin{array}{c}
毛呢 \quad 麻布 \\
10 \begin{array}{l} \longrightarrow 15+ \\ \longrightarrow 20- \end{array}
\end{array}
$$

1∶1.5 和 1∶2.0 是由比较利益所决定的上下界限。在这个界限以内,可以产生许许多多可以发生贸易关系的交换比率。但是交换比率究竟确定在哪一点上,这是一个未决的问题。如果这个比率是 1∶1.9,则英国得到最大的利益,虽然德国也仍然能从贸易中得到利益。如果这个比率确定在 1∶1.6,则大部分利益将会由德国得到。

穆勒假定两国的交易比率为 1∶1.7。如果在这个交换比率上,英国对德国麻布的需求与德国对英国毛呢的需求,恰恰能使两国的进出口额相等时,则这个交换比率就是一个稳定均衡的交换比率。例如英国对德国麻布的需求为:1 000 × 17 = 17 000 码。德国对英国毛呢的需求为 1 000 × 10 = 10 000 码。这时两国间的贸易达到平衡(假定两国都只有一种出口商品)。

但是,假定在交换比率为 1∶1.7 时,英国对麻布的需求不是 1 000 × 17 码,而是 800 × 17 码。这时,德国也只能换得 800 × 10 码的毛呢。如果德国额外需要 2 000 码的毛呢(总需求为 10 000 码),它就必须提高买价,使交换比率变得对英国有利,例如,1∶1.8。在这个交换比率上,假定英国对麻布的需求增加到 900 × 18 码,而德国由于毛呢价格上涨,对毛呢的需求缩减为 900 × 10 码。这时两国间的贸易又重新达到平衡(900 × 18 × 1 = 900 × 10 × 1.8)。反之,如果英国对麻布的需要数量更大更迫切,德国对毛呢的需求较少,则交换比率可能会降到 1∶1.6。

根据这种情况,穆勒得出以下的结论:在由比较成本所决定的界限内,两国间商品的交换比率(国际价值)是由两国对彼此的商品的需求强度决定的。

总之,李嘉图和穆勒认为决定商品的国内价值的因素与决定商品的国际价值的因素是不同的。李嘉图认为，在一国国内，商品的价值是由生产商品时所耗费的劳动量来决定的。至于商品的国际价值，李嘉图只是指出了一个由比较成本决定的上下幅度，穆勒则更进一步指出，在这个幅度内，国际间商品的交换比率是由两国对彼此商品的相互需求决定的。

五、赫克歇尔—俄林的理论模式

古典学派的国际分工——国际贸易理论在西方经济学界占支配地位达一个世纪之久，只是到了20世纪30年代，才受到两位瑞典经济学家赫克歇尔和俄林的挑战。古典学派认为商品的价值是由生产商品时所花费的劳动时间决定的。以俄林为代表的新古典学派反对这个学说。他们用在互相依赖的生产结构中的多种生产要素的理论代替了古典学派的单一生产要素的劳动价值理论。李嘉图认为决定国内价值的理论不能适用于国际贸易上，而俄林则把国内价值理论（一般均衡论）扩大应用到区际贸易和国际贸易上。

古典学派认为国际贸易发生的原因是各个国家在生产各种商品时的劳动生产率的差异，而且各国劳动生产率及其差异都是固定不变的。俄林在他的生产要素禀赋理论模式中，假定各个国家在生产各种商品时所使用的生产技术是一样的，因而排除了各国间劳动生产率的差异。

俄林的国际分工——国际贸易理论采取了赫克歇尔学说的主要论点，因此也被称为赫克歇尔—俄林理论模式（以下简称赫—俄模式）。

赫—俄模式的主要命题有以下三个：

（一）每个区域或国家利用它的相对丰富的生产诸要素（土地、劳动力、资本）从事商品生产，就处于比较有利的地位，而利用它的相对稀少的生产诸要素从事商品生产，就处于比较不利的地位。因此每个国家在国际分工——国际贸易体系中生产和输出前面那些种类的商品，输入后面那些种类的商品。

（二）区域贸易或国际贸易的直接原因是价格差别，即各个地区间或各国间的商品价格不同。

（三）商品贸易一般趋向于（即使是部分地）消除工资、地租、利润等生产诸要素的收入的国际差别。

赫—俄理论的基本假定如下：

（一）在各个区域或国家内部，生产诸要素是完全自由流动的，但在各区域间或各国间，它们是没有流动性的。事实上，自然资源是没有流动性的，如果其他的生产要素能够在各区域间或各国间充分自由转移，则它们就会具有无限制地接近最富饶的自然资源的可能性。最贫瘠的资源将会被放弃，全世界的生产将会达到可能达到的最高水平。各种工业将会建立在世界上自然资源最富饶的地区；世界各国的生活水平将趋于均等化。

（二）假定货物流通中的一切限制都不存在。

（三）假定只有商品贸易。贸易是平衡的，出口恰恰足以支付进口。

（四）假定生产诸要素是完全可以分割的，单位生产成本不随着生产的增减而变化，因而没有规模经济（Economies of Scale）的利益。

（五）假定只有两个区域或两个国家。

指出上述的假定以后，就可以对赫——俄模式加以解说。

（一）价格的国际绝对差

各国所生产的同样产品的价格绝对差是国际贸易的直接基础。换句话说，国际贸易之所以产生是由于价格的不同。当两国间的价格差别大于商品的各项运输费用时，则从价格较低的国家输出商品到价格较高的国家就是有利的。在许多情况下，一些国家可以生产出与进口货的质量同样好的货物，但必须要付出高昂的代价。例如，美国可以生产咖啡、香蕉，英国也可以种植葡萄，但生产成本要比进口货高得多。另外一些情况下，有一些国家缺乏能源和矿产，为了发展工业必须从国外输入。例如美国国内消费的铬、钴、锰、钛、铌、锶和云母等，90%以上要依赖进口。日本所消费的石油，将近100%要依赖进口。

虽然价格的绝对差是国际贸易的直接基础，但是它没有说明为什么会有这种差别存在。说明这种差别存在的原因，指出它是偶然的暂时的现象，还是长期的必然的现象，都是理论上需要解答的问题。

（二）成本的国际绝对差

价格的国际绝对差来自成本的国际绝对差。同一种商品的价格此一国比另一国低，是由于它的成本较低。成本的国际绝对差是国际贸易发生的第一个条件。

（三）不同的成本此例

国际贸易发生的第二个条件是在两国国内各种商品的成本比例（cost ratios）不同。

成本比例的不同是赫——俄模式的核心问题，可以用以下的例子来说明。

假定只有两个国家、两种商品（小麦和纺织品）。两国的成本比例如下：

	美 国	英 国
小麦单位成本（美元）	1.00	3.00
纺织品单位成本（美元）	2.00	1.00

小麦和纺织品的成本比例，在美国是 1∶2，在英国是 3∶1。如果美国输出小麦，输入纺织品，英国输出纺织品，输入小麦，这时就发生了相互有利的贸易关系。

（四）相同的成本比例

如果两国的成本比例是相同的，一国的两种商品的成本都按同一比例低于另外一国，则两国间只能发生暂时的贸易关系。例如

	美 国	英 国
小麦单位成本（美元）	1	2
纺织品单位成本（美元）	2	4

在上述情况下，只能发生暂时的单方面的贸易关系。美国的小麦和纺织品单方面地向英国输出，而英国没有任何商品向美国输出，因此美国对外贸易出超，英国对外贸易入超。如果两国都实行纸币制度，英国需要大量购买美元外汇。美元汇价就会上涨，英镑汇价就会下跌。美元汇价上涨意味着以英镑计价的美国商品价格的上涨。两国货币比价的变动达到一定水平时，双方的进口值就会正好等于出口值，这时就建立了贸易平衡。但在两国的成本比例相同时，两国间的均衡汇价就会使得按美元计算（或按英镑计算）的美国每种商品的单位成本完全等于英国的单位成本。因此，将不会再有贸易关系产生（美元汇价上涨一倍就会使两国两种商品的单位成本完全相等）。

因此比较成本的差异是国际贸易产生的重要条件。

（五）生产诸要素的不同的价格比例

为什么在不同的国家有不同的成本比例？这是因为各国国内的生产诸要素的价格比例是不同的。不同的商品是由不同的生产诸要素组合（土地，劳动力、资本和管理的组合）生产出来的。在每一个国家，商品的成本比例反映了它的生产诸要素的价格比例关系，也就是地租、工资、利息和利润之间的比例关系。在一国，工资

可能相对地高于地租。在另一国，工资可能相对地低于地租。这样，前一个国家在那些需要使用较多土地和较少劳动力的商品的生产上比那些需要使用较少土地和较多劳动力的商品的生产上，生产成本就会低些，价格就会便宜些。而在后一个国家，情况恰好相反。

因为各种生产要素彼此是不能完全代替的，所以在生产不同的货物上必须使用不同的要素组合。两国间不同的因素价格比例将在这两国产生不同的成本比例。

生产诸要素的价格比例在决定成本比例上所起的作用，可用下面的例子来说明。

假定在美国 1 单位土地的价格是 1 美元，1 单位劳动力的价格是 2 美元。在英国，1 单位土地的价格是 4 美元，1 单位劳动力的价格是 1 美元。这样，土地在美国便宜，在英国较贵。劳动力的价格正好相反。再假定每生产 1 单位小麦，在两国都需要 5 单位土地和 1 单位劳动力。每生产 1 单位纺织品，每个国家都需要 1 单位土地，10 单位的劳动力。两国的因素价格与生产成本如下：

	美　国	英　国
土地的单位价格（美元）	1.00	4.00
劳动力单位价格（美元）	2.00	1.00
小麦的单位价格（美元）	7.00	21.00
纺织品单位价格（美元）	21.00	14.00

纺织品价格与小麦价格的比例，在美国为 3∶1，在英国为 2∶3，因此美国在小麦的生产上有比较利益，而英国在纺织品的生产上有比较利益。这是因为小麦生产是土地密集型的，美国能够充分地利用它的相对便宜的要素（土地）在小麦生产上。另一方面美国的纺织品生产处于比较不利的地位。这是因为纺织品是劳动密集型的，生产纺织品需要使用大量相对昂贵的要素（劳动力）。英国的情况正好相反。

总之，当两国的生产要素的价格比例不同时，每个国家在那些大量使用它的数量多、价格便宜的要素，较少使用它的数量少、价格昂贵的要素的商品生产上，有着比较利益。每个国家出口的就是这些有着比较利益的商品。每个国家在那些较多地使用它的价格昂贵的要素，较少地使用它的价格便宜的要素的商品生产上，处于比较不利的地位。而每个国家输入的就是这些在生产上处于比较不利地位的商品。

每种要素的价格是由供给与需求决定的。对一种要素的需求是来自对其产品的需求。因此，当对汽车的需求增加时，对工人、原料、资本的需求也随之增加。既然每种生产要素的价格是由供给与需求决定的，那么两国的生产诸要素价格的不同比例关系，就意味着两国生产诸要素的供给与需求存在着不同的比例关系。

（六）生产诸要素不同的供给比例

各国在生产诸要素的相对供给方面是大不相同的，也就是说，各国所赋有的各种要素的数量、种类、质量是不同的。要素的相对供给不同是要素的相对价格不同的基础（例如劳动力在劳工众多的国家将会便宜些）。

所谓相对供给是相对于需求来说的。如果暂时不考虑需求因素，供给充裕的生产要素的价格比起供给稀少的生产要素的价格就会低些。

像澳大利亚、新西兰、阿根廷一类国家，它们的土地较多，资本和劳动力较少。它们的地价较便宜，资本和劳动力的价格较贵。因此，它们输出的货物，在生产上使用较多的土地，使用较少的资本和劳动力，例如小麦、羊毛、肉类。它们输入的大部分是使用较多的资本和劳动力的制造品。中东国家出口石油，因为它们有丰富的石油矿藏。北欧国家出口木材，因为它们有丰富的森林资源。类似的例子，还可举出很多。因此，国际贸易就是建立在各个国家各种生产要素供给的多寡不同和价格的高低不同的基础上。

总之，在国际分工——国际贸易体系中，每个国家将从事于生产和输出那些需要大量使用它的供给充裕的生产要素的商品，而输入那些在生产中需要大量使用它的供给不足的生产要素的商品。于是每个国家就间接地输出了它的供给充裕的生产要素的劳务，而输入那些供给较少的生产要素的劳务。

（七）对生产诸要素的不同的需求比例

在两国国内，即使生产诸要素的供给比例是相同的，对这些生产要素不同的需求也会产生生产诸要素的不同的价格比例，从而为国际贸易提供一个基础。

（八）国际分工——国际贸易的基础

在研究国际分工——国际贸易的基础时，俄林从价格的国际绝对差出发，分析了成本的国际绝对差。从成本的国际绝对差，他探讨了每个国家国内不同的成本比例，进而探讨了生产诸要素的不同的价格比例，又从生产诸要素的不同的价格比例进而分析了生产诸要素的不同的供给比例和对生产诸要素的不同需求比例。

俄林认为在这整个链条中，生产诸要素的供给比例是最重要的环节，但是没有一个单一的环节是国际贸易的最终的基础。每一个环节既是一个原因，也是一个结果，各个环节之间形成了错综复杂的互相依赖的关系。各个环节之间的互相依赖的关系决定每一个国家的价格结构。各个国家的价格结构决定它们在国际分工——国际贸易体系中的比较利益,同时这也就构成为国际分工——国际贸易的基础。

(九) 国际分工——国际贸易的利益

国际分工——国际贸易的最重要的结果是各国能更有效地利用各种生产要素。在国际分工的条件下,各种生产要素的最有效的利用将会比在闭关自守的情况下得到更多的社会总产品。在一年内,支付给所有生产要素的报酬永远等于产品的总值(减去折旧费),因此社会总产品的增多也就意味着各种生产要素的实际价格的提高,也就是实际工资、利息、利润、地租的实际收入的增加。俄林认为这是国际贸易的主要利益。

俄林认为,如果整个世界成为一个国家,就会实现最有效地使用全部生产要素的情况,也就会达到最高平均水平的实际收入。如果各个区域或国家彼此完全隔绝,它们的要素禀赋又是十分不同的,则各种要素的使用将会是最无效率的。在世界分割成不同的区域或国家的情况下,只有各种要素能在各区域或各国间自由转移,才能使各种要素得到最充分有效的利用。这时,在土地非常稀少的区域,就不必把许多劳动力束缚在土地上从事劳动生产率很低的农业生产,因为劳动力可以很容易地转移到土地充裕、劳动的边际生产力较高的地区。而在土地多、人口少的地区,也不必让劳动者从事于相对劳动生产率较低的制造业。在世界上的生产要素供应和生产技术固定不变的条件下,各地区或各国的同样的要素将会取得同等的报酬,而且这种报酬将符合于最高的边际生产力。这时,世界上生产出来的所有商品数量将达到最高限度。但是生产要素在国际间的不流动性阻碍了最有效地使用各种生产要素的情况的实现。

虽然在国际间要素不能充分流动使世界生产不能达到这些理想的结果,但是商品的流动在一定程度上可以弥补国际间要素缺少流动性之不足。换言之,贸易可以减少国际间生产诸要素分布不均的缺陷。澳大利亚的广阔的土地虽然不能转移到地少人多的日本,但两国间的贸易可以部分地实现这个目标。有了贸易往来,澳大利亚将输入一大部分它所需要的制成品,而可把劳动力从制造业转移到农业上去。日本可以通过贸易取得它所需用的小麦,因此也可以把劳动力从农业转移到制造业中去。这样一来,就等于澳大利亚的土地使用了日本的劳动力,而日本的劳动力也使用了澳大利亚的土地。贸易有助于澳大利亚克服它的劳动力不足的缺陷。澳大利亚的农民在小麦生产上实行专业化,并把小麦与进口的制造品交换,就会比自己去生产要享受到更多的制造品。日本的工人同样也会享受到更丰富的农产品。

俄林认为在国际分工——国际贸易条件下,各种工业将趋向于集中在各种生产要素比较充足的地区，生产诸要素将得到最有效的使用，从而使劳动生产率提高，产量增加，价格降低。新古典学派的资源禀赋理论模式（或因素比例模式）与古典学派的劳动成本模式的主要结论是一样的，即在自由贸易的条件下，世界总产量会增加，一切国家都从总产量的增加中得到利益。因此二者都主张实行自由贸易政策。

六、对赫克歇尔—俄林理论模式的检验：里昂惕夫之谜

理论的目的在于解释世界和预测发展的趋向。如果理论分析能够基本上经得起事实的检验，它才能说是有用的、正确的。当然，一个理论模式是抽象的东西，它所设想的世界与真实的世界是有很大的距离的。无论是古典学派或新古典学派的模式都是如此。它们都规定了各种假设，因而对模式的应用加上了严格的限制。因此，如果理论上的推断能大体上符合事实，那么这个理论就可以说是正确的，否则就不能说是这样。

第二次世界大战后，西方经济学界对国际贸易理论模式的检验，集中在赫—俄模式上面。

首先对赫—俄模式进行全面和详细的检验的是美国经济学家里昂惕夫。他在1953年9月所发表的《国内生产和对外贸易：美国资本状况再考察》一文，对赫—俄模式首先提出了疑问。按照赫—俄的要素禀赋理论，资本充裕的国家输出的应该是资本密集型产品，输入的应该是那些在国内生产中需要较多地使用国内比较稀少的要素（劳动力）的产品。显然，美国是一个拥有较多的资本和较少劳动力的国家。因此，按照要素禀赋理论，美国应该输出资本密集型产品，而输入的应该是劳动密集型的产品。但是里昂惕夫在研究了200种产业，特别是其中直接进行对外贸易的产业之后发现，美国的进口代替货物的资本密集度高于出口货物，而美国的出口货物的劳动密集度大于进口代替货物。他的发现概括为下表：

每百万美元的美国出口货物和进口代替货物对国内资本和劳动力的需求额

（1947年商品结构平均数）

	出　　口	进口代替
资本（按1947年价格计算的美元数）	2 550 780	3 091 339
劳动力（工/年）	182 313	170 004
资本/劳动力比例（每工/年美元数）	13 991	18 185

里昂惕夫的结论是："美国之参加国际分工是建立在劳动密集型生产专业化基础之上，而不是建立在资本密集型生产专业化基础之上的。换言之，这个国家是利用对外贸易来节约资本和安排剩余劳动力，而不是相反。"

以后，里昂惕夫又检验了1951年美国对外贸易商品结构，鲍德温检验了1962年的美国统计，都得到了同样的结果。日本的两位经济学家立元（Tatemoto）和一村（Ichimura）检验了日本的出口和进口统计，加拿大的经济学家瓦尔（D. F. Wahl）检验了加拿大对美国贸易的统计，印度的经济学家巴哈尔德瓦（R. Bhardwaj）检验了印度对美国的贸易统计，也得到了类似的结果。只有东德的两位经济学家斯托尔弗（W. Stolper）和罗斯堪普（K. Roskamp）在检验了东德的对外贸易后，发现东德的对外贸易商品结构是符合赫—俄的理论的。

里昂惕夫之谜不仅鼓励了一些类似的研究工作，并且也引起了对这个新发现的不同的解释。有些西方经济学家认为在生产中，自然资源和资本是互相补充的。美国已经越来越感到某些天然资源的不足，因此美国的对外贸易格局是节约美国稀少的资源，而不是节约资本的。

还有一派经济学家认为劳动技巧（labor skill）也应包括在资本的概念中。他们认为，学到劳动技巧是对人力资本投资的结果，劳动技巧的差异对于比较利益和贸易格局起了决定性作用。技术工人较多的国家就会在技术密集型产品方面有着比较利益，而缺乏技术工人的国家就趋向于生产非技术劳动的产品。里昂惕夫之谜可以用美国技术密集型产品的大量出口来加以说明。基辛、鲍德温、凯能和克拉维斯（I. Kravis）等经济学家在他们的研究报告中都是试图这样说明这个问题。

里昂惕夫之谜的提出导致了赫—俄理论模式的重新表述，并为国际贸易新要素比例学说的建立和发展开辟了道路。

世界市场的形成与第二次世界大战以前的世界市场[*]

第一节 世界市场的产生和发展是资本主义生产方式的历史使命

市场和世界市场的产生和发展是资本主义的具有代表性的特征。

市场是商品和劳务交换的领域，也是商品生产顺利进行的必要条件。哪里有社会分工和商品生产，哪里就有市场。市场的容量和社会分工、社会劳动专业化的程度有着密切的联系。随着社会分工和商品生产的发展，市场也逐步地发展起来。社会分工的发展，正像技术的发展一样是没有止境的，因此，市场也有着充分广阔的发展的可能性。

在历史上，社会经济的发展经历了三个时期，即地方经济时期、民族经济或国民经济时期。地方经济时期是与封建主义时期相适应的。民族经济时期是与资本主义的发生和发展以及统一的民族国家的形成和发展的时期相符合的。而世界经济的形成和发展时期是与垄断资本主义时期结合在一起的。与此相适应，市场的发展也经历了三个阶段，即地方市场、民族市场和世界市场三个阶段。

在封建制度下，自然经济占统治地位。社会分工不发展，商品生产只是在有限的范围内发生作用。只有一小部分剩余的农产品、手工业产品、土特产品参加商品流通。这个时期经济的特点，是地方经济和狭隘的地方市场起主要作用，没有形成统一的民族经济和统一的全国市场。各个国家间以及各个地区之间的经济联系还很薄弱，只有意大利北部各城市、汉萨同盟和欧洲少数其他城市有了比较发达的对外贸易。这时期的一般城镇人口稀少，城镇市场的容量极其有限，并具有农业的性质，而乡村通常满

---

[*] 姚曾荫，"世界市场"，讲稿。根据文章内容改名为"世界市场的形成与第二次世界大战以前的世界市场"。

足于自己家庭产品的供应。

在封建社会瓦解时期，商品生产的发展加快了。商品生产的增长和社会分工，地域分工的发展引起了各区域、各领地、各公国之间的经济联系的产生，从而促进了统一的民族市场的形成。在18世纪到19世纪的大约200年间，欧洲、北美和日本先后建立了统一的民族经济和统一的民族市场。在16世纪和17世纪，英国国内的经济一体化运动已经在缓慢地进展。到了18世纪，英国在经济上已经成为了一个一体化的整体，已经有了一个统一的全国性市场。在法国大革命以前，法国的国内市场已经有了初步的发展。这时期的法国的国内市场是由农民经济和手工业生产组成的。当1789年的法国大革命扫除了一切妨碍商品流通和人口流动的障碍以后，法国国民经济的一体化和统一的民族市场也就形成了。在17世纪以前的俄国和在19世纪以前的德国，由于存在着封建割据，所以还没有统一的民族市场。各个公国之间的贸易实质上是对外贸易。俄国的统一的民族市场是在17世纪中叶开始形成的。

在美国的独立战争以后，特别是在美国宪法通过以后，一个一体化的经济与一个巨大的商品、劳动力和资本的自由流动的全国性市场随之产生。这是加速美国经济发展的主要因素。

在欧洲，走向国民经济一体化和统一的民族市场的形成的主要步骤是1834年德国关税同盟组成后德国国民经济的统一和19世纪60年代意大利的国民经济的统一。

在这些国家以及在几乎所有的其他国家，政治上的统一和民族国家的形成都早于并且推动了国民经济的一体化。民族以及中央集权国家的形成是商品生产和商品流通发展的结果，但它又反过来促进经济上的一体化和各国统一的民族市场的产生。

在封建主义时代，还没有世界市场。在前垄断资本主义时期，世界市场还处于萌芽和发展的早期阶段。只是到了帝国主义时代，随着资本主义世界经济体系的形成，统一的世界市场才最终形成。

商品生产和商品流通的发展，破坏了自然经济条件下的小经济单位所固有的分散性。首先是把各国国内相互分离的地方市场结合成为统一的民族市场，把产品的地区性价格统一为国内市场价格。"它由自己的运动确立商品的等价。"然后又把各个独立的民族市场汇合成为世界市场，把各个国家的国内市场价格统一为世界市场价格。由此可见，民族市场或国内市场与世界市场既是有联系的，又是有区别的，两者不能截然分开。苏联经济学家法明斯基认为二者应该完全区别开来，这种见解是不正确的。[①]

资本主义是高度发展的商品经济。它的产生和发展是和国内外市场的发展，和世界市场的产生和发展直接相联系的。与封建制度不同，资本主义制度在本质上是一种

[①]（苏）法明斯基：《当代国际贸易》，金茂运译，中国对外经济贸易出版社1983年版，第34—35页。

国际制度。作为一种国际制度，它决不会局限于一国之内。资本主义以大规模的生产为前提，所以也必然要以大规模的销售为前提，以世界市场的存在为前提。如果它不能在世界范围内，在世界市场上发挥作用，它就会趋于停滞和瓦解。因此，资本主义萌芽时期起，就需要国外市场，并且它是建立在国外市场的基础之上的。在资本主义一旦建立起来以后，国外市场和对外贸易便成为资本主义进行再生产和扩大再生产的不可缺少的环节。随着资本主义的发展，市场和世界市场的容量、范围和性质都发生了变化。只是在资本主义生产方式的基础上，世界市场才完全形成并获得充分的发展。因此，世界市场是资本主义生产方式的前提和结果。马克思把世界市场的形成看作是资本主义生产方式的三个主要事实之一。①

世界市场的形成过程，同时也是把单个民族的历史汇合为世界历史的过程和把各个国家的经济结合为世界经济的过程。

世界市场的产生和发展与国际贸易扩大的主要推动力是资本对于利润的追逐，是资本主义基本经济规律作用的结果。利润和超额利润是世界资本主义的动力。资本对于利润的角逐，从来就不以民族的国家的界限为满足。剩余价值实现的国际化是资本主义固有的趋势。比较低的利润率，驱使资本和商品愈益远离本国。资本主义基本经济规律的作用必然要超越民族的国家的界限，而以世界为舞台。马克思说："资产阶级社会的真实任务是建立世界市场（至少是一个轮廓）和以这种市场为基础的生产。"②随着自由竞争的资本主义过渡到垄断资本主义，资本主义的历史使命是更加充实这个轮廓，形成了一个统一的世界市场，并且建立了一个庞大的贸易、金融和投资的国际剥削体系。到了这个时期，已经没有一个资本主义国家能独立地存活于世界市场之外，也没有一个殖民地、半殖民地国家不受这个国际剥削体系的支配。

资本对于超额利润的追求过程主要是在世界市场上进行的。各个国家、各个民族的资本家在世界市场上作为竞争者而相互冲突。世界资本主义生产力的膨胀越有力，商品生产的数量越多，对外贸易越是蓬勃发展，资本在世界市场上的竞争就越是激烈。在争夺世界市场的斗争中，全世界的剩余价值被瓜分了，实力较强的竞争者得到了超额利润，但是资本只有在一个一体化的世界经济中，并且只有在最大限度地开展国际经济贸易活动的条件下，才能得到充分的发展。因此，在世界市场的密网中，各国的民族资本虽然是互相排斥充满矛盾的，但是它们又是紧密地联系在一起的。

市场和世界市场的发展过程，就是资本主义固有矛盾不断加深和不断克服的过程，是市场的纵深发展和广阔发展的过程。

---

① 马克思：《资本论》第三卷，人民出版社1975年版，第296页。
② 1858年10月8日马克思致恩格斯的信，见《马克思恩格斯全集》第29卷，人民出版社1972年版，第348页。

资本主义基本经济规律在世界市场上的作用，一方面促使资本主义向纵深发展，另一方面又使得资本主义生产方式冲破国家的界限而扩大到世界范围。列宁在论述资本主义和市场的历史发展过程时指出："资本主义市场形成的过程表现着两方面，即是：资本主义在深度上发展，即现有的、一定的与闭关自守的领土内资本主义农业和资本主义工业的进一步发展；资本主义在广度上的发展，即资本主义的统治范围扩展到新的领土内。"① 资本主义的纵深发展和广阔发展包括了资本主义历史的全部过程，也包括了资本主义市场和世界市场发展的全部过程。第一个方面指的是资本主义在旧地区的发展。这些地区经过了几个世纪的资本主义发展，消灭了封建势力，建立了统一的民族国家和统一的民族市场，创立了资本主义关系的各种形式，发展了大机器工业，直到在第二次世界大战后，建立起现代化的电子工业、喷气式飞机工业、宇航工业和微电子工业。第二个方面指的是发达的资本主义国家向其他地区的扩张，移民开垦世界上新的地区，建立殖民地，把未开化的部落卷入世界市场的漩涡。资本总是不断地扩大到新的领域，把简单的商品生产转变为资本主义的商品生产，把使用价值的生产改变为交换价值的生产。资本主义的广阔发展有助于各国间、各民族间各种联系的发展和频繁化，民族隔阂的消失，经济生活，生产和资本的国际化和世界市场的最终形成。

第一个过程主要发生于资本主义上升时期。在这个时期内，一个民族的资产阶级一方面在世界市场上进行反对其他民族的资产阶级的竞争；另一方面又用关税和其他手段力图保护自己的民族市场。市场是资产阶级学习民族主义的第一个学校。第二个过程主要发生在帝国主义时期。资本主义如果不经常扩大其统治范围，如果不把新国家殖民地化，并把非资本主义的古老国家卷入世界经济漩涡之中，它就不能存在与发展。②

在 19 世纪末叶，资本主义纵深发展和扩大市场的倾向的表现形式有了变化。在这时期内，资本的集中和集聚使资本主义过渡到垄断资本主义阶段。资本主义扩大市场的趋向找到了新的表现形式，即资本输出。在资本主义自由竞争时期，资产阶级把商品作为争夺世界和提高利润率的手段。资本主义的商品开拓了并且征服了世界市场，把商品流通和资本主义大机器工业所生产的商品的统治力量扩大到全世界。在垄断资本主义时期，资本输出和商品输出一起成为扩大市场和提高利润率的工具。

资本主义的各种内在矛盾的深化也是促使资本主义不断地扩大市场、扩大统治范围的主要因素。停止扩张就意味着资本主义的停滞和衰落。资本主义的广阔发展曾经延缓了资本主义的内在矛盾。"资本主义所固有的以及资本主义所产生的各种矛盾的解决，由于资本主义能容易地向广阔发展而暂时延搁起来。"资本输出就是资本主义向广

---

① 《列宁全集》第 3 卷，人民出版社 1960 年版，第 545 页。
② 同上。

阔发展的决定性因素，它使资本主义囊括了许多新的地区，使资本主义雇佣奴隶制的范围从发达的资本主义国家扩大到整个资本主义世界。

资本主义生产是普遍化的商品生产。普遍化的商品生产使它的每个基本"细胞"，即每个商品中潜伏着的各种矛盾得到充分地发展，使一国的经济危机发展为世界经济危机，并使整个世界市场成为资本争夺的舞台。

马克思指出："资本主义生产是立基在价值上，或者说，立基在生产物所包括的劳动当作社会劳动的发展上。但这又只在外国贸易和世界市场的基础上，方才是（可能的）。"① 资本主义商品流通的发展，越来越打破地方的、民族的、国家的界限，因而商品价值越来越发展成为人类劳动一般的体化物。在世界市场上，各民族间、各国间的大量商品经常进行比较，使凝结在商品中的社会必要劳动量发展为凝结在商品中的世界必要劳动量，使国民平均劳动单位发展为世界劳动平均单位。于是商品的本国价格发展为国际价值。"真正的价值性质，是由国外贸易来发展的，因为国外贸易才把它里面包含的劳动当作社会劳动来发展。"②

伴随着价值范畴的发展的是货币关系和价格关系。就象马克思所描述的，货币在执行自己的机能时，通常都穿起"民族服装"。只是在世界市场上，各国货币才剥除它的地方的性质，脱去它的民族的服装。一个国家的货币表示在别一个国家的货币上，并且一切国家的货币都表示在世界货币上。

在国际贸易中，货币仍然执行它在国内商业中所执行的那些职能。但是这些职能所掩盖的生产关系已具有一些不同的性质。它已不是一般的生产关系，而是国际生产关系。因为在许多国家之间的商品和货币流通中，这些国家间的关系物化了。虽然它们基本上仍然是商品生产者之间的关系，但是这些商品生产是隶属于不同的政治实体，即民族国家的。民族国家的存在必然会给各国间的商品和货币关系打下一定的烙印。

世界市场的形成使货币作为世界货币的职能也有了更进一步的发展。除了国际购买手段的作用以外，世界货币的当作国际支付手段以平衡国际支付差额的职能也发展起来。同时，在世界市场形成的基础上，各种国际支付手段，如汇票、信用证、电汇、商业票据以及国际信贷等也发展起来了。

世界货币的产生是世界市场和国际贸易发展的结果，同时它本身也有助于世界市场和国际贸易的扩大，促进各民族间、各国间经济贸易联系的加强。"因为金银在自己的货币概念里，就预料着世界市场的存在，它们帮助世界市场的形成。"③

正像货币发展成为世界货币一样，商品的国内市场价格也发展成为世界市场价格。

---

① 马克思：《剩余价值学说史》第三卷，第294页。
② 同上。
③ 马克思：《政治经济学批判》人民出版社1978年版，第114页。

商品就其本身来说，是超出一切政治、民族、语言和宗教的限制之外的，它们的共同形式是货币，它们的共同语言是价格。在世界市场上，商品的共同语言是世界价格。世界市场价格的形成促进了世界上有形和无形贸易的发展，为各国的生产者之间的生产成本的比较提供了便利条件。"产业资本家间总是面对着世界市场，并且把他自己的成本价格不仅同国内的市场价格相比较，而且同全世界的市场价格相比较，同时也必须经常这样做。"① 国内市场价格发展为世界市场价格，意味着全世界范围内的相互依赖关系的加强，也表明了价值规律的作用已扩大到整个世界市场。

随着统一的世界市场和资本主义世界经济体系的形成，资本也日益越出民族的国家的范围，有发展为国际资本的趋势，即资本国际化的趋势。资本总是不断地扩大到新的领域和新的地区。这种扩张不是把落后地区的小生产者排斥在市场之外，而是把它们卷入到世界市场之中。其具体手段就是资本输出和国际托拉斯、康采恩以及战后巨大的跨国公司的发展。

马克思说："资本关系也就是把劳动者和劳动实现条件的所有权的分离当作前提。"② 但资本主义生产一旦立定脚跟，就不会单是维持那种分离，并且按不断扩大的规模再生产那种分离。所以，资本关系的创立过程，不外就是劳动者同他所有的劳动条件的分离的过程。在统一的世界市场形成和资本输出的条件下，这个分极化的过程，进一步扩大到世界的范围。垄断资本通过资本输出和剩余价值生产和实现的国际化以及劳动力购买的国际化，把经济落后国家的劳动者同生产手段进一步分离，把劳动者放在经济落后国家一边，而把生产资料的所有者放在发达的资本主义国家一边。这是创造和发展国际资本的过程，也是世界范围的资本积累过程，是发达的资本主义国家通过世界市场进行积累的过程。

世界市场的形成和价值、货币、价格和资本等经济范畴的全面发展为资本主义的各种规律开辟了发挥作用的广阔的场所。这些规律包括：资本主义的基本经济规律、资本主义竞争与生产无政府状态规律、资本主义的经济和政治发展不平衡规律、资本主义的价值规律和一个价格的规律。

资本主义世界市场的发展，大体上经历了三个阶段，即：

(1) 垄断前资本主义时代的世界市场；

(2) 垄断资本主义时代的世界市场（第二次世界大战以前时期）；

(3) 当代的世界市场。

在垄断资本主义时期，不仅世界商品市场形成与发展了，而且世界资本市场、世界货币市场、世界劳务市场也形成和发展起来。世界市场的全面发展给予世界市场机

---

① 马克思：《资本论》第三卷，人民出版社 1975 年版，第 376 页。
② 马克思：《资本论》第一卷，人民出版社 1963 年版，第 788—789 页。

制以前所未有的力量。

第二节 垄断前资本主义时代的世界市场

世界市场的产生和发展对于资本主义生产方式的建立和发展具有重大的意义。

世界市场是随着地理大发现而萌芽，随着第一次产业革命的胜利而迅速发展，最后又随着第二次产业革命的进展而最终形成的。

15世纪末叶和16世纪初期的地理大发现对于西欧的经济发展起过巨大的作用。"美洲的发现，绕过非洲的航行，给新兴的资产阶级开辟了新的活动场所。东印度和中国的市场，美洲的殖民化，对殖民地的贸易，交换手段以及一般的商品的增加，使商品、航海业和工业高涨。"① 这是商业上的大革命，这也是世界商品市场的产生。

在地理大发现以前的世界，在地理范围上是有限的。它不包括美洲、大洋洲、部分的亚洲和非洲。当时只有地区性市场，还没有世界市场。在当时的比较狭窄的世界范围内，在各个地区性市场内部和各个地区性市场之间存在过以商人资本为媒介的蓬勃的国际贸易。但是，那时的国际贸易用现代的标准来衡量仍是微不足道的。这个时期的区域性市场和国际贸易可以图示如下：

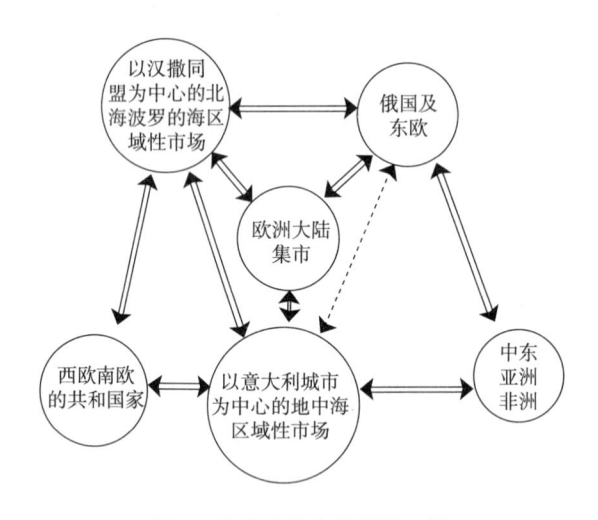

图1 欧洲的两个区域性市场

资料来源：根据O. C. 考克斯：《作为一个制度的资本主义》美国1964年版，第9页的图表修改绘制。

注：粗线代表贸易量大，细线表示贸易小。

---

① 马克思，恩格斯：《共产党宣言》，人民出版社1964年版，第24—25页。

虚线表示断断续续的贸易关系。

在地理大发现以前,以地中海和波罗的海两大区域性市场为中心,已经发生了五个方面的主要市场联系,即:(1)意大利城市与中东、亚洲、非洲国家间的贸易联系;(2)汉撒同盟与俄国及其他东欧国家间的贸易联系;(3)意大利城市与欧洲集市的贸易联系;(4)汉撒同盟与欧洲集市的贸易联系;(5)汉撒同盟与意大利城市间的贸易联系。

在各个区域性市场之间,产品的价格是不统一的。即使在一个区域性市场内部,在一国的各个市镇之间价格也是不统一的。在每一个国家内部有着一系列小的地方性市场。同一种产品在不同的地方性市场上彼此的价格差别很大。在中世纪的英国,小麦价格最高的地方和小麦价格最低的地方,彼此相隔仅50英里。1308年4月,在相隔仅12英里的两个城市,牛津和库克斯汉姆,小麦价格相差40%。[①] 统一的国内市场价格的产生是统一的民族市场形成以后的事,而统一的世界市场价格的形成,那是在世界市场确立和形成以后的事。

地理大发现奠定了世界市场产生和形成的基础。这些发现把区域性市场逐渐地扩大为世界市场。[②] 新的世界市场不仅包括欧洲原有的区域性市场,而且也把亚洲、美洲、大洋洲和非洲的许多国家和地区吸引进来。从此,流通中的商品种类增多了。亚洲的土特产品、美洲的金银都大量地投入到世界市场上来。与此同时,对欧洲国家的农产品,特别是工场手工业产品的需求也增长了。国际贸易额急剧的增加。西欧各国为了争夺市场而展开了长期的商业战争。同时欧洲的贸易中心开始转移,大西洋沿岸的城市成为世界市场的中心,意大利各城市,汉撒同盟各城市已丧失了原有的地位。在16世纪,大西洋沿岸的塞维尔、里斯本和安特卫普空前繁荣起来。以后,阿姆斯特丹和伦敦也变成具有世界商业意义的大都市了。由于世界市场的产生和国际贸易的发展,新的金融商业机构,如银行、交易所、股份公司、保险公司也相继出现。

从16世纪到18世纪中叶,在世界市场上处于支配地位的是商业资本。商业资本在世界市场上的活动对资本的原始积累起了巨大的作用。它也是促使封建主义生产方式向资本主义生产方式过渡的一个主要因素,只是到了下一个时期,产业资本才在世界市场上属于支配地位。

在这一时期内,世界市场上买卖的商品,大多数仍然是奢侈品。然而,殖民地产品的贸易,贵金属的贸易,以及手工业产品,工场手工业产品的贸易都大为扩展了。

[①] N. S. B. 格拉斯:《英国谷物市场的演进》第47—48页。转引自曼德尔:《论马克思主义经济学》巴黎,1962年版,第9条。

[②] "从十六世纪起就建立了世界性的交易市场……这些市场越来越取代集市贸易。在集市上,只有在商品买卖时或买卖后,才有财务上的交割。在交易市场里,商品本身并不拿到市场里来,只根据代表商品的单据进行交易。"司各脱(Scott):《1720年前英格兰、苏格兰和爱尔兰联合股票公司的组织和金融》。

英国的呢绒工业，里昂的丝织工业，索林根的冶金工业，莱登·布列塔尼（法）和威斯特伐利亚的纺织工业已经为世界市场而生产，并且超过制造奢侈品的阶段了。这些产品市场的扩大，加速了资本积累，为产业资本的诞生创造了条件。

从18世纪60年代开始的产业革命意味着资本主义生产方式的胜利，也标志着产业资本在世界市场上占据着统治地位的时代的开始。

产业资本取代商业资本在世界范围内胜利进军的时期，也是大机器工业在世界市场上占支配地位的时期。技术进步已经成为资本主义在世界范围内进行扩张的有力武器。先进的资本主义国家已经"把它们的枪和剑变成工厂机器，并且现在在不流血的但是仍然可怕的贸易竞争中彼此搏斗。"① 英国是在这时期内用大机器工业的产品征服世界市场的首要国家。关于这一点，19世纪英国著名诗人萨克莱（W. M. Thackeray）有如下的描述：②

"看那儿机器在运转不息：
英国的这些征服的武器，
是它不流血战争的胜利品，
这些多么卓越的利器。

战胜了波涛和大地
靠它们航行，织造和耕犁，
洞穿了绵亘不断的丘陵，
横跨过重洋万里。"
　　　　——《五朔节短歌》

在大机器工业的影响下，世界市场和国际贸易发生了根本的变化。它对于世界市场的发展和形成起了决定性的作用。

首先，大机器工业不同于过去的小手工业生产，它所进行的生产不是简单的再生产而是扩大再生产，它所需要的不是一个稳定的规模基本不变的市场，而是一个不断扩大的市场。大工业只有在经常扩大生产，经常夺取新市场的条件下，才能存在。大量生产的无限可能性，技术和工艺的不断发展和进一步完善，以及直接剥削的条件与实现这种剥削的条件的不同，都迫使大工业要尽可能夺取广泛的市场。在竞争规律的鞭策下，更使它们非这样做不可。大工业的发展要取决于市场的规模。在这里，市场规模的任何停滞或缩小都意味着破产。因此，大工业经常要超越已有的市场范围，到国外去寻找新市场。19世纪的世界经济史证明，每一次新的工业高涨，都与一个新的

---

① CC.安德鲁：《制造商的哲学》，伦敦，1861年，转引自 O. C. 考克斯，前引书，第205页。
② （英）克拉潘：《现代英国经济史》中卷，姚曾廙译，商务印书馆1975年版，第14页。

国外市场的开辟，也就是世界市场的扩大是同时发生的。

利用新的科学方法所生产的产品，不管它们是制造品、谷物或原料，在世界市场上与经济落后国家手工业和小农经济的产品进行强有力的竞争。顽固的保护这些传统的生产方法的一切尝试最终一定不免于失败。因为威胁它们的这种竞争是来自强有力的大机器工业的经济力量。

其次，大工业既需要一个不断扩大的世界销售市场，也需要日益扩大的原料供应来源。事实上，大工业本身已成为各种农业原料和矿物原料的巨大销售市场。在这些原料在国内市场上不能充分供应，或完全不能供应时，大工业便越来越多地到世界市场，特别是经济落后国家市场上去购买。"机器生产摧毁国外市场的手工业产品，迫使这些市场变成它的原料产地。例如东印度就被迫为大不列颠生产棉花、羊毛、大麻、黄麻、靛兰等。"①

这样，资本主义大机器工业不仅把它的海外销售市场，而且把它的原料来源地都卷入到世界市场上来。

第三，资本主义大工业的发展使工业和人口不断地向城市集中，形成许多大工业中心和大的食品销售市场。它们对食品的消费和需要不断增加。这些食品（包括粮食、肉类、饮料、水果、蔬菜等）不但要从本国各地区运来，而且往往要从世界市场上源源不断地输入。

以伦敦为例，在 19 世纪上半期，伦敦的人口便已占到英国全国人口的 20%。这个城市居民的食用，不仅仰赖于伦敦近郊的农业地区的粮食生产，而且仰赖于全国的农业生产。这时英国已经有了全国性的粮食市场。但是在 1850 年以前只是在粮食短缺，谷物价格高昂时期，谷物才从一个欧洲国家转运到另一个国家。昂贵的运输费用起到一种保护关税的作用，而从遥远的美洲把谷物运到欧洲，这时还是根本不可能的事。②然而在 1850 年以后，新的交通运输工具的发展，已打破了地理上的限制从而使体积大的笨重的货物能够按照比较便宜的运输条件载运。这时伦敦的居民已从全国性粮食市场走上了世界粮食市场。伦敦市场上买卖的小麦，已不仅仅是它本国生产的小麦，而且还有其他欧洲国家和美洲的小麦。

第四，资本主义大工业的发展，和美洲、亚洲、非洲粮食、原料生产的增长都需要劳动力的充分供应。资本主义一方面用使小生产者贫困破产，迫使他们不断地流入大工业中心或大种植园及矿山变成为工资劳动者的办法，一方面又用向海外移民或输

---

① 马克思：《资本论》第一卷，人民出版社 1975 年版，第 495 页。
② 在 1845 年，科布登指出，英国种植小麦的农民，即使在自由贸易的条件下，也受到远距离运费的保护，每即受到从但泽（今波兰格但斯克港）到伦敦的小麦运输费用的保护。L. 德尔斯：《十九世纪英国的工业和商业革命》，英国，1933 年，第 186 页。

送合同工人的办法来补充世界各地所需要的劳动力。19世纪各洲间和各国间移民运动有了巨大的发展。在19世纪下半期,有数以百万计的移民从欧洲走向美洲和大洋洲,也有数以万计的中国和印度的破产农民和小工业者以合同工的形式或其他方式被输送到东南亚、美洲和非洲。这是组成国际劳动市场的因素,也是扩大世界商品销售市场和原料食品来源的重要因素。

第五,大机器工业还为扩大各国国内市场和世界市场,加强国内和国际间的经常性经济联系所需要的交通运输工具提供了物质技术基础。大机器工业需要种类繁多的,数量日益增长的各种原料,也需要把它所生产的产品不断的输送到世界市场上去。没有大机器工业,对原料的需求的数量就不会太大,产品的产量也不会增加,而除非有运输这些原料和产品的便利的运输条件,大机器工业才能顺利地进行扩大再生产。19世纪60年代以后,铁路轮船电报等交通运输事业的迅速发展有利于大机器工业的发展,加强了世界各国间的经济联系,加剧了帝国主义国家争夺原料产地和销售市场的斗争,推动了世界市场的形成,使商品交换越来越具有世界的规模。

此外,1846年英国谷物法的废止,1848年加利福尼亚金矿的发现,1851年澳大利亚金矿以及后来的南非德兰士瓦金矿的发现都是导致世界市场迅速扩大的重要因素。这时中欧、东欧、中东以及印度洋沿岸的广大地区,都作为市场而向资本主义的商品开放了。世界市场的迅猛扩大为资本主义的大机器工业的发展,为新的技术革命给予强有力的刺激,并成为西欧和北美经济增长的发动机。

随着世界市场的发展,世界各国间的经济联系以及它们之间的互相依赖程度加强了。但是在资本主义制度下,随着这种互相依赖的增长,许多的经济落后国家丧失了它们在经济和政治上的独立性,变成为资本主义强国的附庸,成为它们剥削和压迫的对象。

在这一时期内,尽管发达的资本主义国家间的经济贸易联系加强了,但是在世界市场上的主要的经济贸易联系是在发达的资本主义国家和经济落后的国家之间。发达的资本主义国家用工业制造品交换经济落后国家的食品和原料,是世界市场上的主要商品交换形式。发达的资本主义国家通过输出工业品和输入廉价的原料和食品,来扩大再生产并阻止利润率的下降。过去经济落后国家加工本国所生产的原料,食用本国所生产的粮食。这时,在资本主义的渗透下,在世界市场机制的作用下,它们的这些在前资本主义生产方式下生产的产品不得不日益增多地出口到世界市场上去,参加到资本主义的商品流通中以供应资本主义生产方式的再生产的需要。其结果就是前资本主义生产方式下的再生产已逐步地适应于资本主义扩大再生产的要求。这是一种与商人资本控制世界市场时期对经济落后国家的经济渗透性质不同的新形式的渗透。因为产业资本是通过把前资本主义经济中的商品流通日益结合到资本主义的商品流通过程中的办法而逐步破坏了前资本主义生产方式下的再生产的。①

在19世纪中叶以前的一百年间,虽然世界市场已经有了很大的发展,但是各国间的贸易往来仍然受到许多地理上政治上的限制。世界贸易基本上是四大区域性市场内进行。西欧和中欧是第一大区域性市场;波罗的海沿岸和俄国是第二大区域性市场;北大西洋沿岸国家是第三大区域性市场;远东、南亚和东南亚是第四大区域性市场。②在每一大区域性市场内,贸易账目经常是基本平衡的,只有在各大区域性市场之间的贸易中,有少数结算余额需要用金银来支付。在19世纪中叶以后,随着各大区域性市场之间的各种贸易障碍的逐渐增除,世界市场的扩大和国际贸易的迅速发展,一个多边贸易,多边支付的世界体系才逐步建立起来。英国在这个世界体系中,居于枢纽地位。

在这个时期内资本主义机器工业虽然已在西欧少数国家居于支配地位,但是在包括大部分欧洲在内的整个世界上,它还是为独立农民和手工业者的汪洋大海所包围的孤岛。这个时期的世界市场还主要是由一些以农业为主或纯粹从事农业的国家所组成的,这些国家都围绕着一个巨大的工业中心——英国。"英国是农业世界的伟大的工业中心,是工业太阳,日益增多的生产谷物和棉花的卫星国都围着它运转。"③英国掌握着世界工业和贸易的霸权,并取得了世界贸易中心的巩固位置。

这时期的英国,不仅是世界市场和世界转口贸易的中心,而且是世界的工场,世界的造船厂,世界的搬运夫(Carriers),世界的银行家和世界的清算中心。费舍金关于在19世纪中叶英国在世界市场的中心地位,曾有以下的叙述:

"例如中国的生丝是在考文垂(Coventry)纺织的,然后运到纽约批发,并同其他千百种货物一起在新奥尔良零售……美国的种植园主要种植的棉花,输出到曼彻斯特纺织成布,然后转运到孟加拉的腹地,由商人按两个季度的赊卖信用销售出去,到期时部分用本地产品偿还。这些孟加拉的产品又运到一万里以外的英国市场出售,在那里购买并运回食品。来自美国的价值半便士的肉,来自牙买加的价值半便士的咖啡,来自巴西的价值半便士的糖,都摆在圣·吉尔(St. Giles)的店铺的柜台上卖给邻近的居民。如果没有来自地球上各个角落的货物供应,伦敦或利姆瑞克的郊区的杂货商就不能存在下去。"④

英国经济已经按照适合于世界经济和世界市场的要求而组织起来了。英国消费了世界上很多国家出口的原料和食品,同时又供应它们的工业制造品。

尽管英国在世界市场上取得了霸权地位,但是英国统治世界市场的基础是比较狭

---

① J. 泰勒(J. G. Tayloy):《从现代化到生产方式》美国,1979年版,第199—205页。
② LO. 阿代沃思(W. Ashworth):《1850年以来的国际经济简史》,伦敦,1975年版,第191—192页。
③ 《马克思、恩格斯选集》第四卷,人民出版社1972年版,第273—279页。
④ 费舍金(Felkin):《1851年各国产品与工业展览会》第22页,转引自 L. 诺尔斯前引书,第139页。

窄的。从1850年到1870年，当英国在世界经济中的霸权地位属于鼎盛时期时，英国制造品出口的大约80%是纺织品和钢铁制品，特别是棉纺织品。棉纺织品也是这一时期内世界市场上买卖的最重要的制造品项目。"没有一个国家曾经有过一个比这个更具世界重要性的商业了。"①

19世纪世界纺织品市场的扩大是与同时期世界人口的增长，海运事业的发展，自足自给经济的衰微，资本主义市场经济的日益增长的渗透作用同时进行的。自由贸易政策的实行又加强了这一趋势。它把先进国家的市场开放给初级产品生产国，同时又迫使后者把它们的市场为先进资本主义国家的工业品，首先是棉纺织品打开大门。

世界棉纺织品出口的扩大破坏了一切经济落后国家的自给自足的经济，因而产生一个世界市场不断扩大的趋势。然而自足自给经济的坚固性仍然是相当大的，它妨碍了英国棉纺织品的渗透，从而阻挠了英国棉纺织业在世界市场上建立完全的垄断地位。在1853年英国纺织业在世界市场上的地位达到顶点时，自给自足经济仍然供应了世界棉布需要量的55%，而英国纺织业仅供应了世界棉布需要量的45%。②

欧洲和美国最早成为英国棉纺织的重要市场。在1781—1782年，欧洲占到英国棉纺织品出口的第一位，以后美国在1795年，拉丁美洲在1840年，中东在1870年，亚洲在1888年分别占到英国出口市场的第一位。在19世纪上半期，印度在英国棉纺织品的出口市场上占到越来越重要的地位。

印度原来是棉纺织工业的诞生地，并且曾经是世界最大的白布（Calico）生产国、消费国和出口国。但是在兰开夏纺织品的打击下，在其他的超经济强制手段的破坏下，印度逐步由棉布的出口国变成重要的进口国和农业原料的出口国。1820年印度占到英国棉织品海外市场的第八位，1821年上升到第五位，1836年又上升到第二位，1839年又上升到第一位。英国人打碎了印度的手织机，毁掉了它的手纺车。"英国起先是把印度的棉纺织品挤出了欧洲市场，然后是向印度斯坦输入棉纱，最后就使这个棉织品的祖国充满了英国的棉织品。从1836年到1848年……达卡的人口却从15万人减少到2万人。然而，曾以制造业闻名于世的印度城市遭到这样的衰落决不是英国统治的最坏的结果。不列颠的蒸汽机和不列颠的科学在印度斯坦全境把农业和手工业的结合彻底摧毁了。"③ 这样，印度就从一个制造品的出口国改变为一个农业原料的出口国。这一切变化是与英国对印度原料需求的增加和在英国垄断控制下，印度对中国鸦片出口的增加同时进行的。

---

① E. 贝恩斯（E. Baines）：《棉纺织业制造商的历史》，伦敦，1835年版，第531页，转引自D. 法尼：《1815到1896年的英国棉纺织业与世界市场》，英国，1979年版，第82页。

② D. 法尼，前引书，第86页。

③ 《马克思、恩格斯选集》第二卷，人民出版社1972年版，第65页。

在 19 世纪中国也逐渐成为英国棉纺织品的重要市场。在 19 世纪初叶，中国自足自给经济的坚韧性和闭关自守的政策有力地阻碍了英国棉纺织品的输入。不仅如此，中国还发展了自己的本色布（Nankins）的出口贸易。1819 年中国本色布的出口达到最高峰。1828 年英国从中国输入的本色布的数值达到最高点。1831 年英国对中国输出的机织棉制品的价值额才第一次超过同年从中国输入的本色布的价值额。但是这时英国的机织棉布在价格上和牢度上仍然敌不过中国的手工织布。在太平天国革命运动（1853—1864 年）发生后，中国作为英国棉纺织业的市场才从 1858 年的第七位上升到 1859—1860 年的第三位，又上升到 1861 年的第二位。

在 1867—1896 年的 30 年间棉纺织品的进口占到印度总进口值的 49%，但只占到中国总进口值的 33%，只是到了 1890 年才超过鸦片占到中国进货的第一位。这时中国出口的是生丝、茶叶、棉花，进口的是纺织品等，一出一进都使中国农民依附于世界市场。过去农民的生产品拿到市场上去出卖，要受到社会的核算，首先是受到地方市场的核算，其实是受到国内市场的核算，现在要受到世界市场的核算了。这样，小农经济与世界市场隔绝的情况就被打破了。

同时，东西方之间贸易的商品结构也发生变化。在工业革命以前，西方从东方输入手工业制品和其他的土特产品，而以输出黄金和白银作为支付手段。在工业革命以后，改由西方出口工业制成品，以交换东方的原料和食品了。印度和中国棉纺织品进出口急剧增加的过程，是印度和中国沦为西方资本主义国家的商品销售市场和原料食品来源地的过程，也是印度和中国进一步被卷入世界市场的过程。

从地理大发现，世界市场开始产生的时候起，到 19 世纪 70 年代止，已经走过了二百几十年的路程，这时世界市场还没有形成，但朝这个方向的发展已推进得很远了。历史和经济近于成为世界性的了。"一切民族在世界市场的网中形成的密切的联系，从而资本主义制度的国际性质跟着发展起来。"[①]

第三节　垄断资本主义时代的世界市场

（19 世纪 70 年代到第二次世界大战前的时期）

一、统一的世界市场的形成

从 19 世纪末叶到 20 世纪初期是自由竞争的资本主义向垄断资本主义过渡的时期，

---

① 马克思：《资本论》第一卷，人民出版社 1963 年版，第 841 页。

是资本主义世界经济体系和统一的世界市场形成的时期。世界市场的迅猛的扩大和世界经济的史无前例的扩张使地球上的各个角落都受到直接的或间接的影响。

世界市场的扩大和形成，国际贸易的迅速增长和向世界范围的发展，世界市场上商品种类的增加，国际贸易的多边化和国际支付平衡的多边化是16世纪以来世界经济发展的主要成果，也是19世纪世界市场发展的最大成就和主要特征。

世界市场的这一重要格局在20世纪曾经经历了曲折反复的发展过程。它在第一次世界大战期间受到破坏，在战后年代重新恢复，在1929—1933年的大危机时期和随后发生的大萧条时期以及第二次世界大战时期又重遭破坏，在第二次大战以后又重新建立起来。而从70年代初期以来的世界经济危机又再度使这一体系或格局陷入风雨飘摇之中。

在从19世纪末叶到20世纪初期的第二次产业革命过程中，工农业生产的增长，交通运输工具的革命和资本输出加速了世界市场和国际贸易的发展，把越来越多的国家囊括到世界市场和国际贸易中来，从而成为促使本时期内统一的世界市场最终形成的主要因素。

在第一次产业革命和第二次产业革命过程中所产生的大机器工业、铁路和轮船等现代的生产和交通运输工具极大地改变了欧洲的经济面貌，也改变了世界的经济面貌。在19世纪下半叶的交通运输革命以前的时期，制造业与交通运输业的发展是不平衡的。由于便捷的交通运输工具的缺乏，西欧大机器工业所生产的廉价商品既无法向亚洲、拉美和非洲的广袤内陆渗透，也难以向东南欧国家出口。事实上交通运输工具的缺乏也妨碍了西欧各国自己的民族市场的形成。[①] 但是在铁路交通和轮船运输发展以后，这一切都迅速改观了。交通运输事业的每前进一步都扩大了市场的范围，并增加了市场上销售的商品数量和种类。铁路的建筑和海洋运输的发展使机器和资本主义生产方式到处取得胜利。

交通运输事业的革命是19世纪末叶世界市场、世界贸易、世界经济发展的物质基础和主要推动力。铁路和轮船之出现在世界上，意味着世界经济代替了国民经济。而世界经济又意味着世界生产、世界分配、世界各国的相互依赖和相互矛盾与竞争。这一时期是从19世纪70年代开始的。这时，英国、法国、德国和美国的主要铁路干线已建设起来。随后，在19世纪90年代，俄国也进行了交通运输工具的革命。由于铁路从沿海港口延伸到内陆腹地的结果，大量的人口移居到内地，因而使许多国家的大草原、大森林地带得到开发利用。在加拿大的大草原地带，在铁路建成并

---

① 在铁路建设以前，法国一吨煤的价格，在罗尔（Loire）南部产煤区的价格为6.9法郎，巴黎为36～45法郎，拜庸纳（Bayonne）的价格和较远的布里塔尼的价格则高达50法郎，煤炭的最低国内价格和最高国内价格相差六倍以上。

得到开发以后，小麦生产与出口的重要性与年俱增，并且在竞争中胜过美国。南美的小麦和牛肉、大洋洲的羊毛、印度的棉花、黄麻、皮革、西非的橡胶、油料作物和可可豆、马来西亚的橡胶和锡、加拿大的镍、南非的黄金、埃及的棉花都大量的生产或开采出来并销售到世界市场上去。铁路运输的发展也使得殖民地半殖民地国家成为资本主义发达国家的工业品销售市场。1880年以后印度已成为英国工业制成品的最大进口国。

铁路是联系港口和腹地之间的交通运输工具，而轮船又把世界各国的铁路系统连接成为一个国际的交通运输网。在19世纪的最后20年，海洋运输也有了迅速的发展。钢壳轮船已加入到螺旋桨船队的行列，并把各大洲联系起来。1869年苏伊士运河通航，把亚洲和欧洲连接在一起。转瞬之间，从欧洲到亚洲的距离缩短了7 000公里。从英国到孟买的航程由17 163公里减少到10 014公里。从伦敦到上海的海上距离由22 500公里遽减到17 700公里。1847年由英国运往东亚的商品的流通时间，至少需12个月，这时已减少到12个星期左右。① 在19世纪60年代到80年代，海底电缆的敷设，冷藏轮船的建造，油轮的出现更加强了世界各国间的经济联系，促进了世界市场的发展。1866年横贯大西洋的第一条海底电缆建成。1870年通过苏伊士运河，经过亚丁到孟买的海底电缆建成，1871年上海与伦敦之间也建立了海底电报的联系。1874年从伦敦到巴西的伯南布哥（Pernambuco）的海底电报开始营业，从而把黄麻和棉花产地、丝茶产地、咖啡产地分别与世界市场中心直接联系起来。海底电报带来了电汇，取代了汇票，便利了国际贸易和国际支付。但海底电报的真正意义在于它完成了由铁路、轮船和苏伊士运河的建成而加速进行的交通运输工具的革命。

在19世纪70年代中叶，美国的肉类开始用冷藏船载运。不久之后，加拿大、阿根廷、澳大利亚和新西兰也运送数量日益增加的冷冻肉类到英国。在冷藏设备发展以后，大洋洲的奶制品，中美和西印度群岛的香蕉以及其他国家所生产的苹果、柑桔类也大量出现在世界市场上。

钢壳轮船的行驶，海底电缆的敷设和欧洲、美洲、印度、中国、非洲等地的铁路建设，这三者在时间上的惊人的巧合，使欧洲与美洲、亚洲、非洲的进口商和出口商直接联系起来，扩大了市场的范围。它像一付催化剂一样，把越来越多的经济不发达国家卷入世界市场上的商品洪流之中，从而促进了它们的对外贸易的发展。在1883年到1913年，亚洲国家的对外贸易从622.2百万美元增加到1 711.4百万美元，其中中国的对外贸易从95.7百万美元，增加到294.4百万美元，计增加了1.8倍；非洲国家的对外贸易从71.3百万美元增加到486.6百万美元，计增长了

---

① 马克思：《资本论》第三卷，人民出版社1975年版，第85页。

5.8 倍。

同时，在 19 世纪的最后 30 年，许多国家的邮政业务已建立起来。1874 年万国邮政联盟（Universal Postal Union）成立，国际通讯业务变得低廉化并安全可靠。海底电报的服务、信件、报纸和其他印刷品的传递，使得许多国家的人民在每天的早餐桌上就可以看到新发生的世界大事和世界市场行情的变化，并使一个地区所发生的事件能够迅速传遍全世界。

在交通运输工具革命的过程中，陆地和海洋运费都显著地下降了。在铁路建筑以前，农产品的转运并不是完全不可能，而是因为运输困难、运费太高、消费者支付不起。事实上，在 1850 年以前，只是在农业欠收，价格上涨时，谷物才从欧洲的一个国家运到另一个国家，因为平时的谷物售价不足以弥补运费，而从遥远的美洲国家运进谷物更是完全不可能的。在铁路建设以前，美国小麦的市场价格为每蒲式耳 1.50 美元时，只能负担 250 英里的土路运费，玉米的价格为每蒲式耳 0.75 美元时，只能负担 125 英里的土路运费。因此都没有出口的可能性。在铁路建成和海洋运输发展以后，美国农产品的输出才有了巨大的发展。因为铁路运费只为土路运费的二十分之一。[①] 轮船运费也大大地低于帆船运费，而且还迅速得多。在 1869 年到 1913 年期间，海洋运输的费用下降了一半以上。

表 1 1869—1913 年亚洲与英国的海运费用　　　　　（每吨先令数）

	瓜哇—英国 （糖等）	缅甸—英国 （大米等）	威尔士—新加坡 （煤）	威尔士—孟买 （煤）
1869	57/6	60/—	24/—	—
1870	55/—	52/6	25/—	25/—
1880	72/6	52/6	19/—	20/—
1885	32/6	30/—	16/6	14/3
1890	32/6	27/6	15/3	13/—
1895	35/—	21/3	9/—	7/3
1900	30/9	23/9	15/6	14/6
1905	21/9	16/3	8/—	6/6
1910	20/—	18/9	9/—	7/6
1913	—	22/6	11/6	10/6

资料来源：A. 莱瑟姆（A. J. H. Latham）：《1865—1914 年的国际经济与欠发达国家》，伦敦，1978 年版，第 193 页。

---

① L. 诺尔斯，前引书，第 190 页。

陆上和海上运费的降低，不仅使笨重的货物如小麦、煤、铁等的运输成为可能，而且使货物的价格也趋于下降。在 1873—1900 年的期间内，世界市场上小麦价格下降了二分之一，棉花价格下跌 39%，羊毛价格下跌 35.4%，咖啡价格下降 53%，工业制造品价格下降 32.4%[①]。各种商品价格大幅度下降的原因之一，就是运费的下降。在第二次世界大战以前的一百年间，运费占世界贸易货物到岸价格的比例，从 30% ~ 70% 下降到 10%。[②]

随着交通运输工具的革命及运费的下降，大量的廉价谷物开始倾注到西欧市场上。这些谷物不仅来自美国的中西部平原，而且来自加拿大、澳大利亚、印度、阿根廷、俄国和多瑙河流域。谷物贸易在世界市场上开始占据了重要的地位。大量的谷物贸易给整个世界特别是西欧提供了前所未有的防止饥馑的安全保障。如果西欧发生灾害，美国可能五谷丰登，如果澳大利亚欠收，阿根廷或印度可能风调雨顺。有着世界市场可以依靠，每个国家都可以比较平安地度过青黄不接的时期或旱涝之年，而在过去总是不得不面对周而复始的饥荒。大量的粮食在国际间载运，满足了有关各国的需要。在 1870 年以后，到达英国港口的运输小麦的船只已经经年不断。英国经济学者诺尔斯曾描述了 1905 年载运小麦的船只到达英国的情况。[③]

1905 年英国港口小麦货船进港的情况

1 月	来自美国太平洋沿岸的货船到岸
2 月	来自阿根廷的货船到岸
3 月	来自阿根廷的货船到岸
4 月	来自澳大利亚的货船到岸
5 月	来自印度的货船到岸
6 月	来自印度的货船到岸
7 月	来自美国的冬小麦货船到岸
8 月	来自美国的冬小麦货船到岸
9 月	来自美国的春小麦货船到岸
10 月	来自美国的春小麦和俄国小麦货船到岸
11 月	来自加拿大的货船到岸

这与 1850 年以前，每遇饥荒，朝不保夕的情况成为明显的对照。全年货运日期的分散减少了季节性粮食短缺的风险，并且使得有可能抵消这一区域或那一半球气候条

---

① W. 刘易斯（W. A. Lewis）：《1870—1913 年的经济增长与波动》，伦敦，1978 年版，第 280—281 页，表 A. 11.
② J. 霍根多恩（Jans. Hogendorn）：《新国际经济学》，美国，1979 年版，第 406 页。
③ 诺尔斯，前引书，第 201—202 页。

件不利的影响。在贸易自由和航运自由的情况下，满载小麦、肉类、奶制品、砂糖、茶叶、咖啡、植物油、棉花等货物驶往英国港口的船只，在海洋上总是舳舻千里，川流不息的。到了19世纪末叶和20世纪初期，储存在英国港口，磨粉厂和面包房的粮食储备量虽然经常只能供应六个多星期的需要，① 但是来自世界各地的供应是一年到头源源不绝，价格平稳的。因而英国人民的日常生活所需，就不虞匮乏。19世纪的世界市场机制，已把因歉收或工商业萧条而出现的风险分散到世界各地，因而每一个国家所承担的风险，就相应地减轻得多了。

在向帝国主义时期过渡和帝国主义时期，世界工农业生产也有了迅速的增长，这是世界市场扩大的另一个主要的物质基础。在1870—1913年的43年间，世界工业生产增长了4倍以上，而在1830—1870年的40年间世界工业生产只增长了2.3倍。② 大量的世界工农业产品离开了生产过程，投入到流通领域，使世界贸易的数量也有了迅速的增加，并且使世界市场上供应的商品种类也有了增加。在18世纪时，世界市场每年吸收的产品的数量还不到本时期内世界市场吞吐量的1%。从1840年到1913年是世界工业生产和世界贸易增长最迅速的时期，它们的增长率都达到前所未有的水平，而世界贸易的增长正是世界市场扩大的反映。

表2 1720—1938年世界工业生产和世界贸易增长率

	世界工业生产	世界贸易
1720—1780	1.50	1.10
1780—1820	2.60	1.37
1820—1840	2.90	2.81
1840—1860	3.50	4.84
1860—1870	2.90	5.53
1870—1900	3.70	3.24
1900—1913	4.20	3.75
1913—1929	2.70	0.72
1929—1938	2.00	-1.15

资料来源：W. 罗斯托（W. W. Rostow）：《世界经济的历史与展望》，英国，1978年版，第67页。

在1840年以前世界工业生产的增长率超过了世界贸易的增长率，在1840—1870年

---

① J. 康德利夫（J. B. Condliffe）：《各国的贸易》，美国，1951年版，第296页。
② W. 罗斯托（W. W. Rostow）：《世界经济的历史与展望》，伦敦，1978年第662页。

自由贸易的极盛时期世界贸易的增长率已超过工业生产的增长率。在世界市场继续扩大，世界贸易持续增长的趋势中，一切国家的出口，都有扩大的余地，因而生产与销售的矛盾是易于解决的。然而在向帝国主义过度和帝国主义时期，世界贸易的增长率（在1929—1938年时期为递减率）已落后于世界工业生产的生产率。这种情况在1913年以后，特别是在1929—1933年世界经济危机时期表现得更为明显。国际贸易的增长落后于世界工业生产的增长反映了商品生产和商品销售之间的矛盾已趋于尖锐化，市场问题已成为资本主义的主要问题。

从1820年到1900年，世界主要地区每人平均出口值也增加得很快。按不变美元价值计算的世界每人出口值1820年为0.45美元，1840年为0.80美元，1860年为2.60美元，1880年为4.40美元，1900年达到7.55美元。[1] 世界每人平均出口值的显著增加，也是世界市场扩大和各国人民在经济上相互依赖加强的主要标志之一。

在本时期内资本输出也促进了世界市场的发展。正如列宁所指出的资本输出"会扩大和加深资本主义在世界的进一步发展"也会促进世界市场的发展。[2] 在自由竞争时期，资本主义采取商品输出，破坏经济落后国家的自然经济，鼓励移民和超经济强制手段来开拓市场。在帝国主义时期，垄断组织利用资本输出，征服殖民地等办法和商品输出一起作为扩大市场的手段。帝国主义国家的过剩资本需要输出到国外去，特别是需要输出到经济落后国家去，因为那里的劳动力和地价较便宜，利润率较高。帝国主义通过资本输出为其在经济落后国家创造新的需求和新的市场。因此，殖民地对于帝国主义宗主国的意义也有了变化。除了继续作为商品销售市场和原料食品来源地以外，殖民地半殖民地日益成为帝国主义投资场所。资本输出越来越成为扩大国外市场和夺取原料来源的重要工具和资本主义向广阔发展的决定性因素。在这一时期，资本的力量也有了巨大的增长。资本日益超越国家民族的界限而以世界为舞台，把越来越多的国家纳入资本主义生产的轨道上来。

世界工农业生产的增长，是交通运输工具的革命和资本输出的作用合在一起的结果，是在世界历史上第一次实现了一个把世界各国都联系起来的统一的世界市场。这时已不存在一个单独的英国市场，一个美国市场，或一个其他什么国家的市场，整个世界形成为一个世界市场的密网，即有许多国家的商人供应货物，又有许多国家的商人购买货物，并且一种货物只有一个价格的世界市场。

随着世界市场的逐步形成，被纳入世界市场的国家越益增多。到了19世纪末叶20世纪初，世界上绝大部分国家和地区都已被卷入到世界市场的密网之中。

---

[1] J. 汉森第二（J. R. Hansen Ⅱ）：《过度时期的贸易》，美国，1980年版，第20页。
[2] 《列宁选集》四卷集，第二卷，第785页。

表3 1820—1900年被纳入世界市场之网的主要国家

1820年	
欧洲	奥地利、匈牙利、比利时、丹麦、法国、德国、意大利、荷兰、挪威、葡萄牙、俄国、西班牙、瑞典、瑞士、土耳其、英国
北美	加拿大、美国
中美	古巴、波多黎哥、海地、多半尼加、英属西印度群岛、法属西印度群岛、墨西哥
南美	阿根延、巴西、英属圭亚那、智利
亚洲	英属印度、中国、荷属东印度群岛、菲律宾
非洲	埃及、毛里求斯
1840年	
欧洲	罗马尼亚
南美	荷属圭亚那、秘鲁、乌拉圭、委内瑞拉
亚洲	锡兰、海峡殖民地、土耳其（亚洲部分）
非洲	好望角
大洋州	澳大利亚
1860年	
欧洲	保加利亚、芬兰、希腊、塞尔维亚
中美	英属洪都拉斯、哥斯达黎加、危地马拉、洪都拉斯、尼加拉瓜、萨尔瓦多、荷属西印度群岛
南美	玻利维亚、哥伦比亚、厄瓜多尔
亚洲	越南、日本、波斯、暹罗（泰国）
非洲	阿尔及利亚、北非伊斯兰教各国、赛内加尔、桑给巴尔
大洋洲	新西兰
其他	夏威夷
1880年	
亚洲	沙捞越
非洲	加利那群岛、热带非洲各国和地区
1900年	
南美	巴拉圭
亚洲	朝鲜
大洋洲	斐济

资料来源：J. 汉森，前引书，第16—19页。

到了 1900 年左右，世界上各个国家之被卷入世界市场的过程已基本完成，统一的世界市场已经形成。随着统一的世界市场的形成，各个国家各个民族的孤立性和闭关自守的性质已逐步消失，商品货币关系有了广泛的发展，自足自给的经济越来越融化到世界经济之中。世界各个国家各个民族间的相互联系，相互依赖和相互矛盾增长了。整个世界被卷入到世界市场的漩涡中来。历史和经济都成为世界性的了。资本主义世界经济通过国际分工和世界市场把世界上许多个国家联系在一起，并把工业——技术革命的成果及其影响传递到那些尚未进行工业化的国家。在第一次世界大战以前的半个世纪是世界经济和世界市场迅速扩大的时期。

二、统一的世界市场的基本特征

向帝国主义过度和帝国主义时期，世界市场扩大了并且出现了一些新的特点。

（一）世界市场之网——多边贸易多边支付体系的形成

从 16 世纪到 17 世纪，国际贸易是以西欧为中心的。在重商主义高度保护贸易政策的影响下，当时的国际贸易基本上是双边的。到了 18 世纪，随着世界市场范围的扩大和贸易路线的增加，多边贸易已开始发展。连接西欧、西印度群岛和北美的三角贸易路线以及联系西印度群岛、北美和非洲的三角贸易路线是近代多边贸易的早期形式。一直到 19 世纪末叶和 20 世纪初期，一个世界市场之网，亦即一个复杂的多边贸易多边支付体系才建立起来。它囊括了几乎所有国家的贸易差额和支付差额，从而建立了一个世界市场体系。

与过去的双边贸易不同，这时各国不再尽量与每一个贸易对手国保持进出口贸易的平衡，而是听任它们自己在与其他一些国家的贸易中出现逆差，而用对另外一些国家的贸易盈余来支付这些逆差。实际上所发生的情况是，西欧大陆和北美这些经济发达国家从初级产品生产国购买了越来越多的原料和食物，因而对这些国家的贸易出现大量的赤字。与此同时，英国继续实行自由贸易政策，从西欧大陆和北美的新兴工业国输入的工业制造品持续增长，因而造成对这些国家的贸易的经常的大量入超。但英国又是经济不发达国家所输入的工业制造品的主要供应国。英国对经济不发达国家的贸易是持续的大量出超。这样，英国就用它对经济不发达国家出超所取得的收入来支付其对其他经济发达国家的逆差。同时英国从海外投资中所取得的大量利润，从航运业、保险业、银行业所取得的大量无形收入也是用来弥补有形贸易入超的主要来源。至于经济不发达国家，这时它们主要是用销售给西欧大陆和北美的原料和食物所取得的收入来弥补对英国贸易的逆差的。这时期国际贸易和国际支付的流转可以简要图示如下：

```
美国 ──────→ 英国 ──────→ 欧洲大陆工业国
     ↘       ↓       ↙
        经济不发达国家
```

19 世纪末和 20 世纪初的世界多边贸易和支付简图

注：箭头表示贸易差额的支付。

资料来源：A. 莱瑟姆：《1865—1914 年的国际经济与欠发达国家》，伦敦，1978 年版，第 68 页。

在 19 世纪末叶和 20 世纪初期的世界市场之网中，英国处于关键性的地位。事实上，英国处于这个世界多边贸易多边支付体系的中心。另外两个处于关键性地位的国家就是经济不发达国家中的印度和中国。以 1910 年的国际支付关系为例，在这一年英国对印度的国际支付关系中有着 6 000 万英镑的巨额盈余。这一年英国对中国的贸易也有 1 300 万英镑的盈余。这些盈余再加上英国对日本、澳大利亚和土耳其的贸易盈余，才使得英国能够偿付它对美国、西欧大陆和加拿大的为数达 12 000 万英镑的贸易逆差。同时在印度的对外贸易中，对中国的贸易又是它取得出口盈余的最大的来源。这样，印度就用对中国的出超来抵补对英国贸易的入超。所以在 20 世纪初期，中国通过直接地与英国的贸易，间接地通过对印度的贸易，使英国取得了大量的外汇收入，用以支付其对欧洲大陆和美国的贸易逆差和海外投资。如果没有这项对印度、中国和其他经济不发达国家的贸易盈余，英国就无法清偿其对欧洲大陆和美国的贸易债务。这就会影响多边贸易多边支付的正常进行，从而会限制世界市场的发展。

在 19 世纪末叶 20 世纪初期所形成的多边贸易多边支付体系，在第一次世界大战期间受到削弱，但直到 1929—1933 年的世界经济危机以前，它基本上保持下来。1942 年国际联盟曾发表了一份有关这个问题的研究报告①，具体分析了 1928—1938 年的世界贸易统计和多边贸易多边支付体系的状况。这本书揭示了世界贸易的基本统一性以及这种统一性与各个不同区域的贸易的复杂性的结合。为了探讨多边贸易多边支付体系的具体情况，这本书把世界市场上的一切国家分为六个大组：

A. "热带国家"——包括非洲中部，拉丁美洲热带农产品和矿产品生产国，亚洲热带国家；

B. 美国；

C. 温带的近代移民地区——包括南非、北美北部、大洋洲和拉丁美洲非热带农业国家；

---

① 国际联盟：《世界贸易之网》，日内瓦，1942 年。

D. 欧洲大陆；

E. 欧洲大陆以外的欧洲国家——包括英国及爱尔兰；

F. 其他国家——包括中国、日本、朝鲜、苏联及北非各国等。

根据以上的分组，这本书的作者编制了以下的世界市场之网简图。

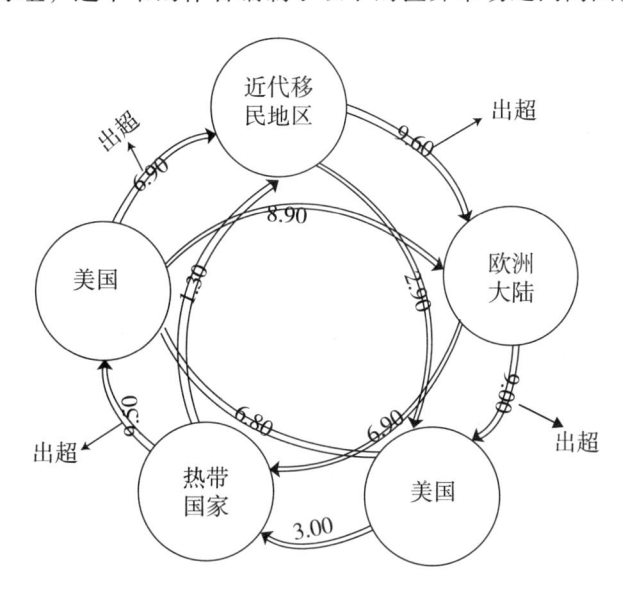

图 4.3　1928 年的世界多边贸易多边支付体系图

注：本图略示世界多边贸易体系中的主要贸易流转额，箭头表示流向；数字系贸易净差额；单位为亿美元。

资料来源：根据国际联盟：《世界贸易之网》日内瓦，1942 年，第 78 页图 6 绘制。

上图即是世界市场的网络图，又是世界贸易的实际价值额的总结。在上列的格局中，热带国家对美国的出口多于从美国的进口，美国输出到英国自治领和非热带的拉美国家（近代移民地区）的，多于从这些国家的输入。这些国家对欧洲大陆国家的出口又多于进口。欧洲大陆对英国的出口超过进口，这个流转图最后由英国对热带国家的出超而结束。

图中所列的五个大组的国家，约占到当时世界贸易的 90%，而占到世界贸易 10% 的第六组国家，因为在世界多边贸易体系中并不占有明确的地位，所以未予列入。事实上，世界多边贸易多边支付体系的机制远较上图所显示的更为复杂。上图所揭示的只是这个体系中的主动脉，而其分支血管并未列入。例如在热带国家之间，就存在着错综复杂的贸易与支付关系。

经过长期的历史所形成的这个多边贸易多边支付体系，不仅关系到世界市场上货物的流转而且涉及无形项目，特别是债务国与债权国间利息、利润和本金的偿付。因此这个体系通过有形的商品贸易，完成了两种作用。第一是它给所有参加贸易的国家提供购买货物的支付手段,而这些支付手段是在双边贸易中不容易得到的。其次,通过多边贸易,它使得在双边交易中无法进行的债权债务的清偿、利息、红利等的支付,能够顺利地完成,从而有助于资本输出和国际间短期资金的流动。由此可见,世界市场上的有形贸易和无形贸易,商品交易和金融交易是紧密地联系在一起的。而这两者的顺利进行是资本主义世界经济发展的必要条件。

根据国际联盟的计算,世界商品贸易中,大约有70%是属于双边性质的,即个别国家的出口抵消了进口。还有5%的出口盈余代表着对国外投资的利息和利润的支付。其余的25%是属于多边贸易的领域。当然这一数字因国而不同。但是为了从一些国家输入货物,几乎没有一国不依赖于对另外一些国家的出口,工业国家是经常通过这种贸易来得到许多关键性的原料的。只要提一下美国对东南亚国家贸易的入超是由于大量进口橡胶和锡的事实就够了。很明显的事实是很多制造品的双边贸易之所以能存在,是由于它们通过多边贸易而得到所必需的原料的。因此,多边贸易的重要性决不能由它们在全部世界贸易中所占的比重来衡量。

在第一次世界大战以后的世界市场之网中,英国仍占有十分重要的地位。但是在资本主义经济发展不平衡规律的作用下,英国的世界贸易地位已经削弱了。美国和西欧大陆各国,特别是德国所占的比重已有增加,从而使这个多边贸易多边支付的体系形成了一种多中心的形势。

(二) 国际金本位制度的建立与世界货币的形成

世界市场的发展与世界货币的发展是紧密联系在一起的。两者相互促进,相辅相成。世界贸易越是发展,世界市场越是发展,货币也就越是需要摆脱它的民族的地方的特殊形态,而需要成为一种一般等价物的商品,那就是贵金属[①]。这种贵金属最后成为世界货币,它的早期形态就是黄金和白银,后来是黄金。只是在世界市场充分发展以后,在参加世界市场进行交易的人们普遍感到必需有一个在任何国家都能够通用的一种等价物以后,作为国际间的交换媒介,作为世界货币的黄金的职能,才能充分地展开。只是在世界市场上,商品才能普遍地展开它们的价值。而且只有在世界市场上,货币才充分地作为这样一种商品起作用,这种商品的自然形式同时就是一般人类劳动的社会化身[②]。

货币最重要职能之一,就是一般支付手段。作为一般支付手段的货币职能起源于对外贸易[③]。随着市场和世界市场的发展,货币的职能也趋于多样化。一般来说,作为

[①] 马克思:《资本论》第一卷,人民出版社1975年版,第107页。
[②] 马克思:《资本论》第一卷,人民出版社1975年版,第163页。
[③] 马克斯·维贝尔:《世界经济通史》,姚曾廙译,上海译文出版社1981年版,第202页。

世界货币的黄金，有三种职能。第一是作为国际上一般通用的支付手段；第二是作为国际上一般的购买手段；第三是作为国际间财富一般的体现物[1]。其中最重要的作用是充当支付手段以平衡国际收支差额的职能。这几项职能都是与世界市场上商品的买卖，资本的转移和无形项目的交易直接或间接联系在一起的。因此，世界货币的运动，经常不是独立的运动，而是世界市场上商品的运动，资本的运动和各种劳务的运动所派生的。它是这几种运动单独的或汇合在一起的作用的结果。所以世界货币的运动对于世界市场上其他运动总是具有特别敏感性的。

黄金之最后确立为世界货币，是世界市场形成的标志，是资本主义生产方式和交换方式国际化的表现，也是本时期内世界市场的基本特征之一。

在19世纪末叶，世界生产和交通运输工具的发展，世界市场的扩大，世界货币的确立以及世界贸易与金融密网的形成，把整个世界结合成为一个统一的经济体系。这种发展不是偶然产生的，它们是不以人们的意志为转移的客观发展的必然过程。其中每一个因素都是其他各项因素充分发展的必需条件。

早期的世界货币是黄金和白银并用，被称为复本位制。1816年英国过度到单一的金本位制。但是国际金本位制的建立则是1873—1897年间的事。1854年葡萄牙开始实行金本位制。1873年德国之采用金本位制是国际金本位制建立过程中的一个决定性的步骤。同年，丹麦、瑞典和挪威也相继过度到金本位制。1874年法国、比利时、意大利和瑞士这四个拉丁同盟（Latin Union）国家在银价持续下跌情况下，被迫宣布不再铸造银币，从而事实上采取了金本位制。以后，荷兰在1875年，西班牙在1878年，奥匈帝国在1879年也分别走上了金本位制的道路。1873年美国停止铸造银币，1878年也采取了金本位制。当1897年俄罗斯和日本过度到金本位制时，国际金本位制的建立过程就告完成了。

在亚洲，荷属东印度是实行金本位制的第一个经济落后国家。它在1877年实行金本位制。以后印度和锡兰在1893年，暹罗在1902年分别过度到金汇兑本位制。这时，只有中国和少数几个国家仍然实行银本位制。[2]

在世界上大多数国家过度到金本位制以后，白银虽然还没有非货币化，但其铸造和行使已受到限制。它作为世界货币的职能已完全消失，即已非世界货币化了。

国际金本位制度是1914年以前的世界多边贸易多边支付体系所赖以发挥作用的货币制度。这个制度的作用，主要有两个。第一，它给世界市场上各种货币的价值提供

---

[1] 马克思：《资本论》第一卷，人民出版社1975年版，第164页。
[2] 从19世纪中叶到20世纪初期中国的货币制度十分混乱。当时中国的币制是建立在白银和铜的基础之上的。市面上有小额的铜币流通。基本的货币单位是银两，但无银铸币，没有代表银两的银铸币。在进行交易时，银两只能按同等数量的银块支付。而流通中的白银成色又不一致。

一个互相比较的尺度,并能使各国货币间的比价,亦即汇价保持稳定;第二,它给世界市场上各国的商品价格提供一个互相比较的尺度,从而能使各国的同一种商品的价格保持一致,把各国的价格结构联系在一起。

在世界市场上各国货币单位的名称是各种各样的,有英镑、美元、马克、卢布、法郎、里拉、日元、比索等等。在金本位制度下,虽然它们的含金量不同,成色不同[1],但是它们可以按纯金含量进行比较,因而进行交换。这个交易的比例,称为交换平价(par of exchange)。例如当时英镑的纯金含量是 113.0015 格令,美元的纯金含量是 23.22 格令,两相比较,则交换平价为每一英镑等于 4.86656 美元。实行金本位的各国的货币的汇价都围绕着它们的交换平价,在狭窄的幅度内,亦即现金输送点[2]的幅度内波动,因而能保持汇价的稳定。

国际金本位制度的作用保证了实行金本位制的先进资本主义国家的汇率稳定,也造成了一些落后国家的汇率的不稳定。国际金本位制度是通过三种渠道在一些经济落后国家造成货币和汇率的不稳定的:第一是银汇价的下跌;第二是周期性的经济危机;第三是贸易比价的变化。美国著名经济学家 R. 特里芬(Triffin)曾就这个问题作了扼要的分析,他说:

"(1) 19 世纪的货币制度在世界上大部分地方保持了汇率的稳定,使贸易与交换的数量不受限制,因而其成功的程度是空前的。

(2) 不过,这项成就只限于组成这一制度核心的比较先进的国家以及那些与它们在政治上、经济上、金融上有密切联系的国家。至于其他货币的汇率——特别是在拉丁美洲——在这个期间里则有大幅度的起落和大幅度的贬值。核心国家与外围国家之间的鲜明对比大体上可以这样来解释:资本运动的周期性格局和贸易比价造成了第一

---

[1] 在 19 世纪末叶和 20 世纪初期,一些国家的货币含金量如下:

国 别	货币单位	纯金含量(格令)
英国	英镑	113.0015
德国	马克	5.5313
法国	法郎	4.4803
美国	美元	23.22
意大利	里拉	4.4803
日本	日元	11.5742
墨西哥	比索	22.8476

[2] 在金本位制度下,各国货币的汇价只能在以交换比价为中心的很小幅度内上下波动。这个上下幅度分别称为现金输出点和现金输入点。现金输出点为汇价的上涨规定一个最高界限,而现金输入点为汇价的下跌提供一个最低界限。因此,现金输送点是在国际金本位制度下限制汇价变动的窄口。在 1931 年 9 月以后,各国相继放弃金本位,这项限制作用已不复存在。

类国家的稳定和第二类国家的不稳定。"①

当然，国际金本位制度不仅给拉丁美洲国家的外汇率带来大幅度的波动，也影响到一些亚洲国家，特别是中国，使中国的银汇价发生极大的起落，并给中国的国民经济造成严重的损害。

国际金本位制度对发达的资本主义国家，特别是英国是有利的。但是它也加强了这些国家之间对世界市场的角逐和对黄金的贪得无厌的争夺。② 在争夺世界市场的竞争中，英国一直处于领先的地位。虽然英格兰银行的黄金储备只占世界总储备中的一个很小的部分（1913年只占3.6%），但英镑的价值等同黄金。在国际支付中，它是一种为世界各国所普遍接受的货币，因而成为一种世界货币。所以当时的国际金本位制实际上也是一种英镑本位制。但是在第一次世界大战后，英国的世界贸易地位和英镑作为世界货币的作用都急剧地削弱了。英镑作为世界货币的作用的兴起和衰落，是伴随着英国在世界经济和世界政治中所处的地位的兴起和衰落而一同变化的。

国际金本位制度不是一个单纯的货币制度。它是世界市场机制的一个重要的组成部分。它是在世界市场之网的形成过程中产生和发展起来，是在统一的世界市场中充分发挥过作用，也是在世界市场的混乱状态中趋于崩溃的。

（三）世界市场上商品种类的多样化与大宗商品贸易的增长

在19世纪下半叶，随着第二次产业革命的进展和大机器工业所生产的各种制成品的数量和种类的增加，以及对工业原料的需求的增加，一些大宗商品的统一世界市场开始形成。不仅世界市场的规模扩大了，而且种类繁多的商品出现在世界市场上。在上述的国际联盟的研究报告中，曾特别列举了世界市场上买卖的主要商品项目。如果把这个商品单子与过去的从16世纪到19世纪早期的有关贸易商品种类加以比较，就不难看出世界贸易中商品结构的巨大变化。一直到17世纪，香料及其他奢侈品贸易是商业资本家发财致富的主要来源。到了18世纪，糖、烟草、棉花、茶叶和酒，成为在世界市场上进行买卖的主要商品。其中糖贸易占到了首要位置。在19世纪中叶，即在产业革命已经进行了半个多世纪之后，世界谷物贸易还不存在，谷物贸易仍然是欧洲内部的事务。当时英国的粮食进口来源主要是俄罗斯、普鲁士和丹麦。而波罗的海实际上是当时的谷物贸易的中心。至于燃料、原料、肉类、水果等在世界范围的大规模贩运，在当时还是不可想象的事。

---

① R. 特里芬：《国际货币制度的演变：历史地重新评价和对未来的展望》1964年，美国版，第9页。
② 凯恩斯（J. M. Keynes）曾说："历史上从来没有一种办法象国际金本位制（或早期的银本位制）设计得那么有效验。它使一国的利益违反它的邻国的利益。因为它使得国内的繁荣直接建立在对市场的角逐和对贵金属的贪婪的胃口上。"（《就业、利息与货币通论》英国，1960年版，第349页）

在1842年英国经济学家麦考洛克曾这样写道：

"除了环绕汉堡周围的一些国家之外，没有其他国家输送原料到英国来，实际上也没有什么东西运来。而来自汉堡周围的国家的进口货也不可能有很多。在乌克兰和俄罗斯南方各国，有着良好的牛群，但当时还不能把活牛运来，只能在屠宰后加以腌制才能运输……

"就南美洲来说，情况也是一样，没有活牲畜曾从南美运来，在12先令的进口税率下，没有腌肉从南美运来，在8先令的进口税率下，也没有一两腌牛肉从南美运来，甚至不纳税也没有运来的。南美简直就没有将牛肉运到过西印度群岛，那么它们怎样能够将牛肉运到英伦三岛呢？"①

在19世纪70年代以后，即在交通运输工具革命以后，世界市场也发生了革命性的变化。远洋货轮的定期行驶，铁路运输的畅通，运费的显著下降，加上自由贸易市场的开辟等等，使得世界市场上的商品种类和数量均大幅度地增加。这时通过大西洋航线的货运已经非常繁忙。因为这是世界贸易的主要通道。每一条海运路线都与它衔接。大部分货船载运的都是大宗货物（Staple goods），这些都被称为国际贸易货物（International Trade in goods）。一些价格较低，体积较大的笨重货物，如煤炭、铁矿石、粮食、肉类、纤维（棉毛、羊毛等）等大宗货物已逐渐占据了世界市场这个大舞台的中心地位。

1909年罗伊斯出席美国皇家运河委员会作证时，就指出了这些体积大而笨重的货物在国际贸易中的重要性。他说：

"在1850年我们输入小麦、大麦、玉米和其他食物大约150万吨。1905年我们输入了1000万吨以上。在1850年我们输入原棉30万吨，在1905年将近100万吨。在1850年我们还没有输入棉籽，因为那时还没有用途，在1905年我们输入了将近57万吨。在1850年我们还没有输入石油，因为那时还不知道石油，在1905年我们进口了大约125万吨—约3亿加仑。在1850年我们还没有输入纸浆，那时科学技术还不能生产它，1905年输入了608 000吨。在1850年我们还没有输入铁矿石，1905年我们输入了725万吨。这项进口有助于挽救英国的钢铁贸易。因为如果没有进口，我们是否能够用我们自己的铁矿石来生产数量充足的高质量的钢是大成问题的。在1850年我们还没有进口黄铁矿石，1905年进口将近70万吨。这项便宜的硫磺来源已在很大程度上帮助我们维持硫酸工业和有关的工业。在1850年我们还没有输入磷酸石灰，1905年输入了40万吨以上。我已列举了充分的事例，来说明过去50年间英国贸易的变化……你们现在看到每天有这么多的船舶

---

① J. 麦考洛克（J. R. M. McCulloch）：《关于建立输入外国牛肉和活牲畜的备忘录》1842年，见诺尔斯，前引书，第199页。

驶入英国的港口，而在50年前是很少的，或是根本没有的。"①

在50年间英国对外贸易的变化也代表着世界市场的变化，因为当时英国在世界贸易中占据举足轻重的地位，它是世界市场的中心。这么大数量的原料在世界市场上流转在早先时期是不可能的，因为世界上许多的矿藏还没有开发出来，已经采掘出来的矿产也负担不起高昂的运费。同时冶金工业、机器工业也还没有发展到能够充分利用这些原料的程度。19世纪最后30年间世界经济的变化是巨大的。这时通过海洋运输和铁路，世界各地所生产的农业原料、矿物原料、粮食和肉类已经能够源源不绝地输送到工业国家靠近煤产区的工业中心。作为交换，这些工业中心又把品类繁多的工业制造品，如纺织品、金属制品、机器、钢轨、机车等转运到世界各处。

在20世纪初期，亚洲、非洲和拉丁美洲的采矿业和种植园迅速发展，大量的锡、铜、橡胶、石油、以及糖、咖啡、茶叶等在世界市场上进行买卖以适应新兴的汽车工业和其他工业的生产需要，以及西欧国家人民的消费需要。随之而来的是殖民地半殖民地等国家的港口建设和铁路建设，印度、中国等国的契约劳动者也被源源不断地运到马来西亚、海峡殖民地、锡兰、荷属几内亚、牙买加、东非毛里求斯和斐济等地，以补充当地对劳动力的需求。

在这个时期，除了大宗货物以外，还有其他的品种众多，令人眼花缭乱的商品进入世界市场。例如，在西欧国家的市场上，已经有了来自远方国家的各种各样的食品，如来自摩洛哥和中亚的鸡蛋、来自南非的鲜桃、来自利比里亚的黄油，产自西印度群岛的菠萝和香蕉，产自澳大利亚的苹果等。而这些新鲜食品又为罐头食品所补充，其中包括来自加利福尼亚的罐头杏子，来自澳大利亚的罐头兔肉，来自阿拉斯加的罐头鲑鱼，来自西班牙的罐头麝香葡萄，来自意大利的罐头西红柿以及来自芝加哥的罐头牛肉等。像茶叶、咖啡、可可粉、糖、大米、木薯淀粉、葡萄干、桔子和柠檬等这一类食品和水果甚至在19世纪50年代主要还是一些富有阶级的消费品。到了19世纪末叶它们已经成为一般中产阶级和资产阶级共同享受的必需品了。

在世界市场上商品种类增加的同时，初级商品生产的地理分布也有了扩大。茶叶不仅在中国生产，而且印度也有大面积的种植。锡兰生产的咖啡补充了巴西生产的咖啡。温带生产的甜菜糖也补充了中南美洲生产的甘蔗糖。这些都使有关产品的价格降低，刺激了消费，并扩大了世界市场的容量。

进入20世纪以后，随着科学技术的进步和交通运输事业的发展，世界市场上买卖的商品种类也更加丰富多彩了。鲜花、草莓、蔬菜、鲜鱼、新鲜的龙虾都成为国际贸易中的商品。

---

① 诺尔斯，前引书，第203—204页。

在上述的国际联盟的研究报告中，黑尔哥特（F. Hilgerdt）所列举的在世界市场上进行买卖的原料和食品中，1938年世界出口总值在1亿美元以上的已达23种。按照世界出口总值的大小排列，它们的顺序是：棉花、煤炭、原油、小麦、羊毛、汽油、烟草、糖、铜、黄油、天然气和燃料油、橡胶、咖啡、牛肉和羊肉、玉米、猪肉、茶叶、大米、铁矿石、丝、面粉、锡、柑橘类。①

这些商品一般都属于初级产品。尽管工业制成品的种类增加，制成品的贸易额增加很快，但初级产品贸易在这时期的国际贸易中仍然占有最重要的地位。从1850年到1914年，初级产品贸易的扩大是世界贸易显著增长的主要因素。根据国际联盟的统计，在1876/1880—1926/1929年期间初级商品世界贸易量的年平均增长率为2.6%，超过工业制成品世界贸易量的增长率（2.4%）。如果把统计延续到1931/35年，则初级商品贸易量的领先地位更为明显，两者的年平均增长率的比例分别为2.3%：1.8%。② 但是应该注意的是在1931年以前，工业制成品在世界市场上已占到一个日益增加的份额。然而制造品的种类是如此的繁多，以至没有一个单独的项目的出口规模可以与上述的原料和食物相比。③ 就工业制造品世界出口总值来说以及工业制造品在世界贸易中所占的比重来说，直到1931年为止，它们都在稳步增长。

本世纪内世界市场的特点不仅是商品种类的多样性，而且还有商品来源的多样性。它把各种极不相同的生产方式下生产的商品都卷进世界商品流转之中，并且使一切前资本主义条件下生产的商品的流通完全服从于资本主义再生产的需要。"商品，不论是建立在奴隶制度上面的生产的产品，是农民（中国人，印度的农民）的产品，是公社（荷属东印度）的产品，是国营生产事业（如俄罗斯历史上过去各个时期建立在农奴制基础上的国营生产事业）的产品，还是半开化狩猎民族等等的产品，它们总是当作商品和货币，和产业资本借以表现的货币和商品相对立，并且一样加入到产业资本的循环中去。"④ 这样，世界市场不仅把处于商品生产的各个不同发展阶段的国家所生产的产品都卷入国际商品流通之中，而且把一切国家的社会关

---

① 国际联盟（League of Nations）：《世界贸易之网》，日内瓦，第30页。与此相对照，在1973年世界出口总值在1亿美元以上的原料和食品有：1. 原油；2. 石油产品；3. 小麦；4. 鲜肉和冷冻肉类；5. 铜；6. 糖和蜜；7. 煤炭；8. 饲料；9. 咖啡；10. 玉米；11. 棉花；12. 羊毛和动物毛；13. 干鲜果类；14. 木材；15. 铝；16. 铁矿砂；17. 鲜鱼和腌鱼；18. 活牲畜；19. 牛奶和奶酪；20. 皮、毛皮；21. 烟草；22. 可可；23. 大米；24. 大麦；25. 黄油；26. 镍；27. 谷类；28. 锌；29. 锡；30. 干肉、腌肉和薰肉；31. 茶叶；32. 铅；33. 干果；34. 蛋类；35. 香料；36. 天然磨料；37. 植物纤维（棉麻在外）；38. 黄麻；39. 硫磺；40. 生丝；41. （谷类和豆类）粗粉，见联合国贸易与发展会议（UNCTAD），1977年统计手册，第120—123页。

② A. 梅译尔（A. Maigels）：《工业增长与世界贸易》，英国，1963年版，第80页。

③ 按：在第二次世界大战后，情况有了变化，在各类商品中占世界贸易第一位的是汽车和摩托车，第二位的是石油，第三位是机器。见UNCTAD，1977手册，第120页。

④ 马克思：《资本论》第二卷，人民出版社1969年版，第101页。

系也联系起来。① 这是事情发展的一个方面。事情发展的另一个方面是，通过大机器工业所生产的商品的出品，并通过货币关系对各个经济落后国家的经济生活的渗透，资本主义就破坏了一切前资本主义的生产方式和生活方式，破坏了存在于封建社会内部的农民和手工业者的苟安心理，创造了一个为世界资本主义在全世界扩展开辟道路的崭新的环境，从而使一切资资本主义生产方式都逐步融合在资本主义世界经济之中。

（四）国际垄断同盟分割世界商品市场

本时期内，世界市场的另一个重要特点，是国际垄断组织的出现和国际垄断同盟的分割世界市场。

如果说从16世纪到18世纪60年代，是商业资本在世界市场上占支配地位的时期，18世纪70年代到19世纪60年代是产业资本占统治地位的时期，则从19世纪70年代以来的世界市场，就是垄断资本占统治地位的时期。

生产集中和资本积累发展到一定程度就产生了垄断。各主要资本主义国家的垄断组织首先分割它们自己的国内市场。但是，在资本主义制度下，国内市场与国外市场是密切相联系的。在各国垄断组织把本国的生产几乎完全掌握在自己手里以后，便进而要求缔结国际协定，形成国际垄断同盟，以达到瓜分世界市场的目的。

国际垄断组织有几种基本类型。它们可以分为卡特尔、辛迪加、托拉斯和康采恩等。在本时期内最重要最普遍的类型的国际垄断同盟是国际卡特尔。在20世纪初期，国际卡特尔计有40个。到了1912年，它们的数目已经增加到100个。②

第一次世界大战以后，随着生产集中和资本集中的加强和世界市场上销售条件的恶化，国际卡特尔的数目增长得大为迅速。有关国际卡特尔数目的准确材料是没有的。一项估计数字说，在两次战间的时期，共有250到300个国际卡特尔。但在另一项材料上则说，在30年代末期，国际卡特尔的数目至少有2 000个。③ 这些卡特尔在1929—1937年期间，曾控制着世界贸易的42%。④

在本时期内，国际卡特尔事实上已在资本主义国家的各个工、矿业部门的各个生产阶段上建立起来。从原料的生产到制成品的生产部门，其中包括矿产品、金属和金属产品；木材、纸浆和各种纸张、纺织品、化学品和医药产品；玻璃、陶瓷和瓷器、电气用品等生产部门都已建立了这种组织。

---

① 列宁：《俄国资本主义的发展》，人民出版社1952年版，第六章，第七节，第七章，第十二节。
② G. 哈伯勒（G. Haberler）：《国际贸易理论》，纽约，1935年版，第329页。
③ 联合国经济事务部：《国际卡特尔》，纽约，1947年版，第2页。
④ 同上。

在国际卡特尔中，工业制造品的国际卡特尔在数量上占绝对的优势。原料的国际卡特尔尽管在世界经济中具有头等的重要性。但在数目上却要少得多。这是因为与品类庞杂的工业制造品比较起来，原料的类别毕竟是比较有限的。

在地理分布上，国际卡特尔与生产的区域和产品贸易的来源地有直接的关系。原料生产的分布范围是比较广的，而工业制造品的生产和出口则是集中在世界上少数地区。在1925到1935年期间，世界工业制造品的出口中，欧洲约占70%，美国大约占15%，其余世界各国占15%。与此相适应，国际卡特尔的绝大部分都是欧洲的垄断资本所建立的，其中只有少数包括着美国的企业和其他国家的企业。有一些原料的生产和出口也集中在欧洲国家。因此，许多国际原料卡特尔也是由欧洲的垄断组织建立的。例如，水银、菱镁矿石、水泥、钾碱、纸浆等的国际卡特尔均是。它们在世界的生产和出口中都处于控制地位。

国际卡特尔抬高价格攫取垄断超额利润的办法是实行销售限额，出口限额，瓜分世界市场或直接限制产量。1935年的纸浆卡特尔和水泥卡特尔采取的是限制产量的办法。而钾碱、硫磺和磷酸盐国际卡特尔则采取瓜分世界市场的办法，亦即把某些国家的市场划分给这一国的卡特尔参加者，把另外一些国家的市场分别划分给另外一些国家的卡特尔参加者。

国际卡特尔所采取的控制市场办法和价格政策是它们攫取垄断超额利润的关键。国际卡特尔的价格政策是因商品的不同，市场结构的不同和卡特尔本身的结构的不同而不同的。一般来说，原料卡特尔是通过生产限额或出口限额来控制市场，影响价格的。在有些情况下，国际卡特尔规定：在一切出口市场上，所有卡特尔参加者都对同样的产品索取一致的价格。这是铝、水银、马口铁、磷酸盐和亚麻油国际卡特尔所实行的价格政策。化学工业的有些卡特尔也采取类似的政策。在国外的情况下，国际卡特尔对于不同的出口市场，按照运费的不同和各个市场其他条件的不同而对同一种产品规定不同的价格。1933年成立的第二个国际钢铁卡特尔就是采用这种对不同的市场区别对待的价格政策的。

工业制成品国际卡特尔一般是采取在各个参加者之间瓜分世界市场的办法来控制市场，制定价格的。国内市场经常是保留给各个有关国家的本国参加者，而把其他的出口市场加以分割。在这一制度下，不存在共同的价格政策。在各个市场上，同一种产品的价格完全听由有关的国际卡特尔成员去制定。把市场完全分割开来就会使得各个市场上同一商品的价格发生很大的差异，差异的程度要远远超过运费和关税所容许的限度。

在两次世界大战之间的时期内，资本主义矛盾的加剧和争夺世界市场的斗争的尖锐化，导致更多的国际卡特尔和其他的国际垄断同盟的产生。但是国际卡特尔协定的签订并不能消除卡特尔参加者相互间的矛盾,更不能消除它们之间的斗争。斗争主要是围绕着瓜分世界市场或确定出口限额或生产限额而展开的。这些垄断企业争夺市场霸权的结果,就是从垄断巨头与垄断巨头之间的斗争上升为国家与国家之间和民族与民族之间的斗争。

(五)统一的世界市场价格的形成及其向多元世界市场价格的过渡

世界市场之具有统一性,主要就表现在世界市场价格的统一上面。一物一价,一市一价是统一的世界市场的基本特征,也是价值规律这只"无形之手"在世界市场上发生作用的主要结果。在1914年以前,在价值规律的作用下,世界市场上生产费用各不相同,国别价值各不相同的同一种商品的价格,都以国际价值为轴心上下摆动,因而有趋于拉平的倾向。同时各国货币的交换比率在固定金平价的基础上,保持平衡与稳定,各国的有形和无形贸易收支也在多边支付的基础上进行结算。这一切都是自发地进行的,没有政府人为的干预,没有国际协议,也没有正式的贸易安排。

同一种商品的世界市场价格趋于一致的倾向是在市场竞争的过程中形成的。世界市场上商品的价格一般不受销售对象和销售地区不同的影响,只要国际贸易是自由的,不受限制的,竞争的规律就会占据统治地位,商品就会从供应丰足,价格低廉的地区输往供应稀少,价格昂贵的地区。国际贸易商人在商品价格便宜的时间和地区买进,而在以后价格较高的其他时间和地点卖出。这个买贱卖贵的过程一直持续到同一种商品的价格在世界各个地区各个国家间按照运费和关税调整后,完全扯平为止。例如小麦从美国中西部大平原产区和加拿大产区运往西欧市场,糖从加勒比海产区输运西欧市场,茶叶从中国和印度、锡兰产区出口到伦敦市场,都起到这种平衡作用。在世界贸易中心的商品交易所里,世界各地的商人通过专业化经纪人之手对某种商品的现货或期货进行买卖。尽管实际的货物并不需要带到交易所里来,商人们所买卖的只是即期交货合同,即所谓现货,和远期交货合同即所谓期货,这种合同的买卖却有着平衡空间上和时间上价格差别的效果,就象在世界金融市场上所进行的短期信贷和长期投资活动具有使各国间的利率和利润率的差异趋于缩小的效果一样。

世界市场上商品的价格不仅会受到世界上各个供应来源地的供给数量变化的影响和消费地区需求数量变化的影响,而且也要受到预期的供需数量变化的影响。印度的水旱灾害可能影响到世界市场上远期小麦价格的上升。而远期小麦价格的上涨又会促使美国、加拿大、澳大利亚和阿根廷的农民扩大种植面积,生产更多的小麦。到下届收获季节,这些小麦大量上市后,又会使小麦价格趋于平复。

世界市场上商品的价格也会随着经济周期的变化而变化。在经济周期中,世界市场价格会出现波浪式的变动,平均物价水平会从高峰走向高峰,或从谷底走向谷底,呈现一种周期性变化的格局。然而只要贸易是比较自由的，各国货币的对外价值是比较稳定的，世界市场上商品的流转就会通畅，国际支付问题就易于解决。世界市场价格即便是非常敏感的，也只是在比较狭窄的范围内波动。这和第二次世界大战后世界性通货膨胀情况下的物价剧烈变化的情况不一样。事实上1914年以前世界市场上价格的波动，虽然是频繁的，但波动的幅度比较小，无论在空间上或在时间上价格的差异都是比较小的，因而一物一价，一市一价的原则基本上能够得到保证。

国际间商品价格趋于统一的现象可以用19世纪末叶和20世纪初期上海的国际贸易货物的价格变动情况来说明。①

在1870年以后，当主要的贸易国家都开始把白银非货币化时，白银的世界市场价格逐年下跌。因此，像中国、印度、锡兰、海峡殖民地、安南（越南）、暹罗（泰国）等实行银本位制的国家的银汇价也持续下降。伦敦市场上的银价从1872年的每英两60便士下降到1893年的35便士，又下降到1914年的25.31便士。这时上海的批发物价指数（1867—1871年为100）则由1870年的97.9上升到1914年的226.2，伦敦的批发物价指数由112.9下降到88.5（1913＝100）。在第一次世界大战时期，银价又上升到1870年的水平，但战争对商品的需求使中国商品的价格没有下跌。当1920年银价再度下跌时，上海物价又恢复上升趋势。到1931年每英两白银价格下降到14.46便士，而上海物价指数上升到339.8%，伦敦的批发物价指数则从1920年的222.1下降到1931年的90.9。上海批发物价指数与伦敦批发物指数反向变动的趋势正反映了银汇价变动对中国物价的影响，也反映出中国的批发物价指数是按照世界市场价格亦步亦趋的变动的。

当然世界市场价格对中国物价的影响并不是那样的迅速，它对中国不同的地区，不同的商品和劳务的影响也是不一样的。但是无论是口岸市场或内地市场，批发市场或零售市场，出口贸易或进口贸易，国际贸易货物或非国际贸易货物、生活费、地租、房地产价格或劳动力价格等等，无一不受到世界市场变动和银汇价变动的程度不同的影响。② 这就是说，在世界市场价格变动时，世界上的每一个国家的国内市场价格都会按照它与世界市场联系的程度而自发地进行调整。

在1914年以前，就大多数产品来说已存在着一个世界市场和一个统一的世界市场价格。加拿大温尼伯，美国明尼阿波利斯、芝加哥，阿根廷布宜诺斯艾利斯，英国伦

---

① 林维英：《银价衰落下之中国国际汇兑与贸易》商务印书馆（英文版）1935年版，第6章和第7章；J. B. 康德利夫（J. B. Condliffe）：《各国的贸易》英国，1951年版，第307—310页。

② 以中国的进出口贸易为例。在银汇价下跌时，以金价计算的中国出口商品价格变得便宜，因而刺激中国的出口，而以银价计算的进口货物价格上升，因而阻碍了西方国家对中国的出口。又以中国的房地产价格为例，在银价下跌金价上涨时，资本主义国家的投资者以较少的黄金就可以在上海等地购买原价较高的房地产，从而会刺激资本输入，刺激上海等地房地产价格以及房租的上涨。

敦或德国汉堡的小麦价格，除了运费和关税，只能有微小的差别。在 1914 年以后，特别是在 1931 年以后，情况有了变化，世界市场上价值规律的作用受到了干扰，一市一价，一物一价的原则被破坏了，形成地区不同，价格不同的现象。

随着垄断和国家垄断的发展，各国间的价格差别开始扩大。垄断企业经常是对不同地区、不同国家、不同的购买者，规定有不同的价格。它们在世界特定的国家或特定的地区，以较高的价格出售，而在其他市场上则降低售价以作为加强商品竞争力的手段。世界市场上，同一种商品的价格趋于拉平的倾向，已大大地削弱。出现了价格多元化的现象。例如，在卡特尔协议下，1931 年以后，德国市场上钢铁产品的价格超过比利时的钢铁出口价格一倍。

表 4　德国和比利时钢条价格的比较

	比利时价格（1）	德国价格（2）	（2）与（1）的比例
1913	103.04	108.50	105
1931	69.37	128.00	180
1932	49.26	110.00	220

资料来源：联合国经济事务部：《国际卡特尔》1947 年版，第 15 页。

在生产效率较低的国家，在卡特尔协定的影响下，同一种产品的价格会制定得更高些。1931 年奥地利的钢条价格甚至比德国的价格还要高出将近一倍。

同样，在国家垄断资本主义措施的影响下，1937 年法国小麦的价格为伦敦小麦价格的三倍。各个地区和各个国家间价格差别的扩大是世界市场分割化的必然结果。[①]

（六）资本主义国家经济与政治发展的不平衡与英国在世界市场上霸权地位的丧失

在 19 世纪 50 年代和 60 年代，英国已经是世界最大的制造业国家，垄断了世界的工业生产。到了 19 世纪的最后 25 年，英国已经失去了这种垄断地位。在资本主义发展不平衡规律的作用下，英国的工业生产在 19 世纪 80 年代先是被美国超过，随后在 20 世纪初期又被德国超过。但是英国在世界商品市场、世界金融市场、世界航运市场和世界保险市场上，仍然占有绝对的优势。

---

① 在第二次世界大战后，各国间价格差别扩大的情况是继续存在的。例如在 1977 年一个有代表性的食品、衣着、交通、劳务和用具的购货篮子的价格，在伦敦为 420 美元，在纽约——620 美元，在东京——820 美元。又如 1976 年每公升汽油的零售价格，在沙特阿拉伯为 11.8 美分，伊朗——32.2 美分，美国——59.9 美分，英国——125.1 美分，日本——136.1 美分，意大利——169.8 美分。意大利的汽油零售价格与沙特阿拉伯的零售价格相比，竟高出十三倍以上。即使剔除进口税和国内税以后，意大利的价格也高出沙特阿拉伯三倍以上，日本的汽油零售价格比沙特阿拉伯高五倍以上。

在世界制成品市场上，虽然受到德国的强有力地竞争，英国的工业力量仍然能卓有成效地应付这一挑战。它的出口持续增长。而这时的美国仍然是一个以输出初级产品为主的国家。在1840年以后英国在世界工业制成品出口中所占的比重尽管已逐步下落，但是截至1929年为止，英国仍然能占据世界工业制成品出口第一的位置。占据第二位的是德国。① 这种情况说明，英国在世界出口贸易中所占比重的变化比它在世界工业生产中所占的比重的变化要缓慢得多。

在历史上，在货币市场上的至高无上的地位，总是属于某一时期在世界贸易，世界经济中占统治地位的国家。因此，英国在世界市场上所具有的举足轻重的力量，也必然会使它在国际金融市场上所占有的地位上表现出来。在1914年以前的半个世纪的时间里，伦敦不仅是英国和英帝国的金融中心，而且也是整个贸易世界的金融中心。在以英格兰银行为中心的一块大约一平方英里的商业区的地方，聚集着世界最大的金融力量。各大银行的总行，黄金市场，各种大宗商品的交易所，国际保险业市场，海运公司、进口商行等都设在那里。这个金融帝国的中心主要支柱是：英国的海上霸权，遍及世界的银行网，世界最大的商船队，世界最大的殖民帝国，世界最多的海外投资以及国际贸易的领先地位。

伦敦也是世界贸易的中心和国际贸易体系的结算中心。英国所处的世界金融中心的地位，使它对于整个世界经济的气候都非常敏感。世界上任何一个地方的政治动荡和经济波动都会在"伦敦城"的精密的商业纪录器上显示出来。②

在1914年以前的几十年间，英国经济已国际化了。英国人民的经济生活绝大部分是围绕着国际贸易而进行的。几乎所有的工厂、商业机构、金融机构、保险机构及运输机构都与一个以世界为范围的商品销售过程，在不同程度上挂上钩。伦敦的商品交易所、证券交易所、外汇交易所、运输公司、保险公司以及巨大的货币市场等事实上都是世界市场这部大机器的主要部件。凭借这些机构，货物得以在国际间

---

① 1876/1980—1936/1938 主要资本主义国家在世界制成品贸易中所占的比重

	世界制成品出口值（百万美元）	英国	德国	法国	美国
1876/1980	2290	37.7	—	16.2	4.0
1896/1900	3230	31.5	19.4	13.4	7.0
1913	7450	27.2	21.7	11.7	11.7
1926/1929	12 400	21.6	16.1	10.9	16.3
1930	10 770	18.8	20.0	10.4	15.7
1936/1938	5290	18.6	19.8	6.0	16.3

来源：根据国际联盟《工业化与对外贸易》第157—158页统计数字计算。

② 克莱潘（J. H. Clapham），《现代英国经济史》下卷，姚曾廙译，商务印书馆1977年版，第15页。

流通，商品的价格，证券的行市得以确定，资本得以输出，国际收支的差额得以清算。

在 19 世纪上半叶，各国经营对外贸易所需要的短期信贷主要是由少数几个国家提供的。这时伦敦已经是供应国际贸易所需短期资金的主要来源之一。在 19 世纪 60 年代以后，在为各国进行对外贸易筹借短期资金方面，伦敦所起的作用有了显著的增长。它不但能够满足本国对短期资金和长期资金的全部需要，而且为迅速扩大的世界贸易提供了大部分的短期信贷。这时不仅英国的进出口贸易是以英镑为计价单位和支付手段的，而且世界贸易的大部分也是以英镑为计价单位和支付手段的。英镑汇票已成为通用的国际支付手段。英格兰银行的黄金储备不仅是英国的货币制度的准备金，也是整个贸易世界的储备金。只是到了 20 世纪初期德国马克在国际信贷中的作用，才稍有增长。

1914 年以前，英国的金融优势不仅表现在国际短期信贷业务上，而且也表现在长期资本的输出上。制造业的发展为资本货物的出口，其中包括机器设备、铁路设备和其他资本货物的出口创造了条件并产生了寻求出口市场的巨大压力。同时伦敦的长期资本市场又为出口这些货物所需要的长期资金提供了便利。这几个因素同时作用的结果，就使得过去只限于一国境内的投资活动转移到一个正在扩大的世界市场上去。在 1914 年以前的世界上，英国是资本输出的首要国家。到 1913 年年底，英国的海外投资累计额已达 40 亿英镑。[①]

在 1914 年以前的几十年，英国不仅在国际短期资金和长期资本市场上居于支配地位，而且在世界航运市场上也处于垄断地位。在 20 世纪初期，英国的商船载运了世界海上贸易货物总值的二分之一，而在战前的 25 年间，英国新建造的船只占到世界总吨数的三分之二。[②] 英国用它的工厂所制造的铁轨来环绕地球，并用它所制造的机车在世界各地运输工业制成品，原料和食品。英国的商船队络绎不绝地在世界上所有的海洋上航行。伦敦是 1914 年以前时期的无可争议的世界航运中心。

在第一次世界大战期间和战后时期，英国在世界贸易体系和世界金融体系中所占的地位受到严重的损害。它的海外投资削弱了，短期资金市场的力量减弱了，航运霸权受到挑战，并且连纺织工业这个在第一次产业革命过程中建立起来的出口贸易的支柱，也差不多在每一个重要的国外市场上受到新兴的民族工业的竞争。

战后世界的一个突出的变化，就是世界经济重心的转移。美国取代英国成为资本主义世界经济的重心。美国已经成为最大的工业国家，并且有史以来第一次成为净债

[①] H. 菲斯（H. Feis）：《1870—1914 年的欧洲是世界的银行家》，美国，1930 年版，第 11 版，第 23—24 页。
[②] J. 康德利夫；前引书，第 287—288 页。

权国。自 1870 年以后英国在世界贸易中的地位断断续续的下降，而美国的地位则持续上升。1870 年英国在世界贸易中所占的比重为 25%，1913 年下降为 16%，1928 年又降到 14%，而美国则分别从 1870 年 8% 上升到 1913 年 11%，又上升到 1928 年的 14%。在第一次世界大战以后，尽管英国在世界进口贸易中仍能保持世界第一位，但在世界出口贸易方面则已把世界的首要位置让给美国。

在国际金融业务方面，伦敦也失去了它过去所保持的绝对优势地位，即使纽约还不能完全取代伦敦作为国际金融中心，但是纽约在短期信贷（据承兑）业务方面已能与伦敦分庭抗理，分担了世界贸易提供资金的作用。更重要的是纽约在国际长期贷款方面，处于更加显著的地位。同时经济民族主义的发展也必然会在金融货币领域里表现出来。每个主要资本主义国家都试图按资本按实力在金融市场和外汇市场上施加它的影响，扩大自己的势力范围。一些次要的国际金融中心，像巴黎、柏林等已经发展成为一些不可忽视的力量。

总之，在 1914 年以前所建立的一个以伦敦为中心的世界贸易和货币体系，这时已告结束。取代它的是出现了几个规模较小的金融贸易中心，这时已经没有一个国际金融贸易中心具备充分的条件去完成十几世纪伦敦曾经做过的各项工作了。

关于第二次世界大战以后的世界市场，将在世界市场价格和当代的国际贸易两章的有关章节中分别加以说明。

参 考 书 目

马克思：《资本论》，第一卷，人民出版社 1975 年版，第十三章，第二十四章。

马克思：《资本论》，第三卷，人民出版社 1975 年版，第十五章，第二十章。

马克思·恩格斯：《共产党宣言》，人民出版社 1964 年版。

马克思：不列颠在印度的统治，《马克思恩格斯选集》第二卷，人民出版社 1972 年版。

"马克思致恩格斯的信（1858 年 10 月 8 日）"，《马克思恩格斯全集》，第 29 卷，人民出版社 1972 年版。

恩格斯：《英国工人阶级状况》1892 年德文，第二版序言，《马克思恩格斯选集》，第四卷，人民出版社 1972 年版。

列宁："俄国资本主义的发展"，《列宁全集》第 3 卷，人民出版社 1960 年版，第六、七、八章。

联合国经济事务部：《国际卡特尔》（International Cartel）纽约，1974 年版。

（英）克拉潘：《现代英国经济史》中卷，姚曾廙译，商务印书馆 1975 年版，第一、二、三、五、六、八章。

（英）克拉潘：《现代英国经济史》下卷，姚曾廙译，商务印书馆 1977 年版，第一章。

马克斯·维尔贝：《世界经济通史》，姚曾廙译，上海译文出版社 1981 年版。

L. 诺尔斯（L. C. A. Knowles）：《十九世纪英国的工业和商业革命》（The Industrial and Commercial Revolution in Great Britain during the Nineteenth Century），英国，1933 年版。

J. 康德利夫（J. B. Condliffe）：《各国的贸易》（The Commerce of Nations），美国，1951 年版。

F. 黑尔哥特（F. Hilgert）：《有利于多边贸易的事例》（The Ease for Multi Lateral Trade），载《美国经济评论》（American Economic Review）1952 年 3 月号。

E. 曼德尔（E. Mandel）：《论马克思主义经济学》，巴黎，1962 年版，第 9 章。

O. C. 考克斯（O. C. Cox）：《作为一个制度的资本主义》（Capitalism as a System），美国，1964 年版。

H. 哈巴卡克与 M. 波斯坦（H. J. Habbakuk, M. Postan）主编：《剑桥欧洲经济史》（The Cambridge Economic History of Europe）第 III 卷，剑桥，1965 年版，第一篇，第 1 至 5 章。

M. 奥尔森（M. Olson）：《从 1885 到 1914 年的英国与世界小麦和其他初级产品市场》（The UK and the World Market for Wheat and other Primary Products 1885—1914）《经济史探索》（Explorations in Economic History），英国，1974 年版。

W. 阿什沃思（W. Ashworth）：《1850 年以来的国际经济简史》，（A Short History of the International Economy since 1850），伦敦，1975 年版。

A. 莱瑟姆（A. J. H. Latham）：《1865—1914 年的国际经济与欠发达国家》（The International Economy and the Underdeveloped World, 1865—1914），伦敦，1978 年版。

W. 刘易斯（W. A. Lewis）：《1870—1913 年的经济增长与波动》，伦敦，1978 年版。

第二次世界大战后资本主义世界市场、国际贸易和国际分工的几个问题[*]

以下准备分两部分探讨这些问题，第一部分谈谈60年来资本主义世界经济领域里的一些重大变化，第二部分谈一下60年来世界市场、国际贸易和国际分工的变化。

一

列宁的不朽著作《帝国主义是资本主义的最高阶段》发表于1917年，到现在已整整60年了。60年来世界发生了巨大的变化，世界经济发生了巨大的变化。世界市场、国际贸易和国际分工也都发生了变化。帝国主义仍然具有五大特征，帝国主义的剥削掠夺的本质没有改变，帝国主义寄生性、腐朽性、垂死性进一步加深。列宁在《帝国主义论》里所阐述的原理原则仍然非常正确，但是帝国主义的五大特征的具体内容和形式已经有了变化。

60年来，资本主义国家的社会生产和资本越来越集中在少数垄断资本家手中，垄断程度更加提高，国民经济的主要部门日益为少数垄断资本所控制。同时垄断资本主义越来越向国家垄断资本主义发展。资产阶级国家在国民经济中所起的作用日益增长。资本主义国家的政府财政开支在国内生产总值中所占的比重逐步扩大。

60年来国际垄断组织也发生了显著的变化。从20世纪初期一直到两次世界大战间的时期，国际垄断组织主要采取卡特尔、辛迪加的形式。卡特尔、辛迪加是关于垄断价格和销售条件的暂时性协定。它们会因政治经济条件的改变或参加者间力量对比的改变而改变或破裂。第二次世界大战以后，国际垄断组织已发展到跨国公司这样一种

---

[*] 姚曾荫，关于第二次世界大战后资本主义世界市场、国际贸易和国际分工的几个问题，1977年5月19日在国家计委经济研究所、外贸部国际贸易研究所、外贸学院国际贸易问题研究所座谈会上的发言，于1977年12月重新整理。

占主导地位的形式。跨国公司在资本主义国家国民经济中所起的作用越来越大,在资本主义世界经济中的地位也越来越重要。

资本的本性就是扩张,就是要冲破在其扩张道路上的一切地理障碍,而进行其漫无止境的对外渗透,在帝国主义时代,资本的积累和积聚日益具有国际性。对殖民地和半殖民地的投资成为资本积累过程中的重要组成部分。从殖民地和半殖民地榨取的超额利润日益增长。帝国主义时代初期的特点是一国内部的资本积聚和一国内部的资本集中。随着资本主义国家国内市场的垄断化和资本输出的发展,资本积聚日益走向国际渠道。而在第二次世界大战以后,特别是60年代以来,随着资本的向世界范围的扩张和跨国公司的发展,又由国际范围的资本积聚发展到国际范围的资本集中。生产国际化已达到巨大的规模。

资本在世界范围的扩张,可以分为三个阶段:

1. 商品资本的国际化

这是资本主义自由竞争时期的特征。资本主义的大机器工业创造了一个销售它的一切产品的真正的世界市场,来代替那个销售奢侈品和小商品生产者或家庭手工业所制造的商品的世界市场。所以列宁说:"自由竞争占完全统治地位的旧资本主义的特征是商品输出。"①

2. 货币资本的国际化

货币资本的国际化就是资本输出。列宁指出:"垄断占统治地位的最新资本主义的特征是资本输出。"②

3. 生产资本的国际化

生产资本的国际化的主要标志就是跨国公司,特别是制造业跨国公司的发展。在这一阶段,世界经济已成为资本的主要活动舞台。

生产资本的国际化程度可以拿跨国公司的国外产值或跨国公司国外附属公司的销售额来衡量。美国跨国公司的国外产值,1966年为978亿美元,1974年达到4 374亿美元。八年间增长了三倍半以上,超过同期美国出口的增长率,也超过世界出口的增长率。4 374亿美元是一个什么概念呢?它占到1974年世界出口总值的1/2以上,占到西方资本主义国家出口总值的80%以上,是1974年美国出口总额的四倍半。现在所有的跨国公司控制了世界贸易的30%以上。

60年来帝国主义的殖民体系也发生了急剧的变化。由两次世界大战间时期的殖民体系危机发展到第二次世界大战后殖民体系瓦解,并且还在进一步的瓦解中。战后以来,还有将近一百个国家在政治上宣告独立。新独立国家的数目占到目前联合国会员

---

① 列宁:《帝国主义是资本主义的最高阶段》,第55页。
② 列宁:《帝国主义是资本主义的最高阶段》,第55页。

国会员总数的三分之二。但是帝国主义、殖民主义并没有退出历史舞台，它们不断地变换手法，推行新殖民主义，继续掠夺、剥削和控制第三世界。苏修社会帝国主义的出现也把新殖民主义的枷锁套在东欧、蒙古和古巴等国人民的头上。

老牌的帝国主义国家一个个地衰落下去，特别显著的是英国。它已成为欧洲的两大病夫之一。英国的出口已从战前的第二位降到现在的第五位，在工业生产方面则由战前的第二位降到今天的第六位。它的国际收支危机和英镑危机不断发生，现在英镑与美元的比价已不到战前的三分之一，而美元本身的价值也已跌落很多了。

战后美国登上了世界资本主义的宝座，成为最大的帝国主义国家和世界最大的剥削者。但是好景不常，从60年代初期起，美国已从它称霸世界的宝座上逐步跌落下来。侵略印支战争的失败，石油输出国组织的石油禁运和石油提价，西欧共同市场国家和日本的经济发展以及它们对世界销售市场和原料产地的争夺，苏修社会帝国主义在世界各地的扩张，都损害了美国的霸权地位。英帝国主义统治世界的时期大约为300年，美国称霸世界的时期要短得多，估计不会超过50年。

60年来，苏联已从世界上第一个社会主义国家蜕变为社会帝国主义国家。国内全面复辟资本主义，对外进行侵略扩张，是一个后起的帝国主义国家。

第三世界国家的人民过去是帝国主义踩在脚下的奴隶，今天成为推动历史前进的主要力量，成为埋葬帝国主义、殖民主义、霸权主义的主力。1973年的石油斗争震撼了帝国主义的剥削体系，并给予资本主义世界经济以沉重的打击。几次的石油提价，已把每桶石油的价格从过去的2.20美元提高到了13美元以上，增加了将近五倍。在石油提价的打击下，欧洲经济合作组织23个成员国的经常项目差额；从1974年以来连续出现巨额赤字。1976年赤字达145亿美元。1977年估计将达450亿美元。非产油的发展中国家国际收支赤字更为严重，1976年达到300亿美元，今年还会更多。这将会对资本主义世界经济和资本主义国际金融制度造成十分危险的局面。

作为垄断资本主义的特征的资本输出，战后有了显著的变化。资本输出的数额迅速增长，并且出现了一些新的特点。美国的私人对外直接投资从1945年的84亿美元增长到1975年的1332亿美元。三十年间增长了十五倍以上。在1965到1971年的期间内，英国的国外直接投资额从101亿美元增加到240亿美元。法国的国外直接投资额从40亿美元增加到95亿美元，西德从21亿美元增加到73亿美元。日本从9.6亿美元增加到45亿美元。

战后资本输出的特点首先是，直接投资日益取代证券投资而成为资本输出的首要项目。其次，西方资本主义国家彼此的资本渗透超过了它们对第三世界的投资。第三是对海外制造业的投资超过对采矿业、种植园等的投资。第四，国家资本输出有了巨大的增长。通过国际金融机构（世界银行、国际开发协会、国际金融公司、国际货币基金、亚洲开发银行、拉丁美洲开发银行等）的资本输出也发展很快。第五，跨国公司在世界各地的分支公司间以及总公司与分支公司间的资金流动在国际间的资本输出入中占着越来越大的比重。第六，美国已取代英国成为最大的资本输出国。

跨国公司的资本日益增多地输往海外。从1957到1970年，美国跨国公司在国内的固定资本投资增加不到一倍，而对海外的固定资本投资却增加了四倍。1965年美国公司的全部利润中，有22%来自海外，而在1974年则达到30%。英国对海外投资的依赖性更大，英国公司的全部利润中取自海外的部分，目前已达到三分之一。

帝国主义跨国公司日益把资本输出作为扩大商品输出和夺取国外市场的手段。帝国主义同时使用或交叉使用资本输出和商品输出这两种手段来达到夺取和控制国外市场的目的。

帝国主义五大特征的变化，资本主义国际生产关系（International production relations）的变化是以科学技术的巨大发展和生产力的增长为基础的。60年来，特别是第二次世界大战以后，科学技术和世界工农业生产都有了比较迅速的发展。

战后出现了第三次科学技术革新的浪潮。（第一次科学技术革新和工业革命出现在18世纪60年代到19世纪40年代，第二次科学技术革新的运动发生在是19世纪70年代到20世纪初）。电子学、原子能、半导体、高分子化学、量子化学、分子生物学、高能物理学有了巨大发展，出现了一系列的新兴工业部门。交通运输发展也很快。在列宁的时代，从欧洲到美洲的海上交通总要花一两个星期的时间，现在的喷气式飞机只要花几个小时就可以到达了。电讯交通更为迅速便捷。在时间上，世界的距离是大大地缩小了。电子计算机只不过有30年的历史。在40年代，一架第一代的电子计算机有几间房子那么大，重量达30吨。这种计算机现在只有几两重，而效能还要好些。最现代化的电子计算机储存的资料数据可达4 000亿件。在科学技术革新的推动下和其他因素的作用下，世界工农业生产也有了较大的增长。从1913年到1976年，资本主义世界工业生产增加了13.5倍以上。而从1950年到1976年，则增加了将近四倍。

二

战后科学技术的发展，世界工农业生产的增长和国际生产关系的变化都对资本主义世界经济、国际贸易、世界市场和国际分工产生巨大的影响。战后国际贸易额有了较大的增长，国际贸易的商品结构和地理分布有了改变，世界市场暂时扩大了，资本主义的国际分工的形式也有了显著的变化。

1952年，斯大林在《苏联社会主义经济问题》一书中指出："第二次世界大战及其经济影响在经济方面的最重要的结果,必须认为是统一的无所不包的世界市场的瓦解。这个情况决定了世界资本主义体系总危机的进一步加深。"①

"由此可以得出结论说:各主要资本主义国家(美、英、法)夺取世界资源的范围,将不会扩大而会缩小,世界销售市场的条件对于这些国家将会恶化,而这些国家的企业开工不足的现象将会增大。这也就是由于世界市场瓦解而使世界资本主义体系总危机加深的原因。"②

"在世界市场已经分裂和主要资本主义国家(美、英、法)夺取世界资源的范围开始缩小了的时候,资本主义发展的循环性质——生产的增长和减缩——一定还会存在。不过,这些国家生产的增长将在缩小的基础上进行,因为这些国家的生产量将要减缩。"③

应该怎样理解斯大林所提出的这些理论问题?④ 统一的世界市场的瓦解是否意味着资本主义世界市场的缩小?在缩小的世界市场基础上,这些国家的生产量是否将要减缩?

战后初期,随着社会主义阵营的出现,统一的世界市场曾经在地理范围上一度缩小。但是随着苏联的变修和社会帝国主义的出现,社会主义阵营不复存在。这种情况已有了改变。

战后资本主义世界市场的容量不是缩小而是扩大了。就是在资本主义世界市场的地理范围缩小的时期内,它的容量也是扩大了。世界市场容量扩大的主要标志,就是国际贸易的迅速增长。

表1 资本主义世界出口量增长率 (%)

年份	世界出口量增长率	世界出口量年平均增长率
1900—1913	68.4	4.1
1913—1938	18.7	0.7
1948—1976	670	7.7

第二次世界大战后,除了在1957—1958年和1974—1975年两次经济危机期间,世界出口量分别下降1%和7%以外,在其余的年份里一直都在增长,而且增长的比较迅速。同时战后资本主义国际的国内贸易额也增长较快。由此可见,世界市场容量的绝

---

① 《苏联社会主义经济问题》,第26页。
② 《苏联社会主义经济问题》,第27—28页。
③ 《苏联社会主义经济问题》,第50—51页。
④ 1953年原外贸部长在解答外贸学院教师所提出的问题时,曾对两个平衡的世界市场之说提出不同的看法,认为并不存在一个社会主义世界市场,认为社会主义世界市场只不过是一个区域性的市场。列宁,前引书,第55页。

对增长，是可以肯定的。那么战后世界市场是不是相对缩小了呢？这里的问题是拿什么来比较，相对于什么。这里可以提出四个比较的标准。第一是相对于第二次世界大战以前；第二是相对于生产；第三是相对于人口；第四是相对于生产力或生产能力的增长。

首先，与第二次世界大战前相比，世界市场容量不是缩小而是扩大了。与第一次世界大战以前相比，世界市场容量也是扩大了。"二战"前的 25 年间世界出口量的年平均增长率不过是 0.7%，"一战"前 13 年间的世界出口量的年平均增长率是 4.1%，而"二战"后 28 年间的年平均增长率达到 7.7%，不但超过了"二战"前的增长率，也超过"一战"前的增长率。两次战间时期世界出口值的最高年份是 1929 年，为 330 亿美元。而 1976 年的世界出口值达到 9 800 亿美元，现在意大利这个占世界出口第七位的国家，每年出口就在 350 亿美元以上，当然这里必须考虑物价上涨的因素。如果剔除物价上涨的因素，1976 年的世界出口已超过 1929 年五倍以上。

其次，与工业生产相比，世界市场也是扩大了。

表 2　世界出口量的增长率与世界工业生产增长率的比较　　　　　　（%）

年份	世界出口量年平均增长率	世界工业生产年平均增长率
1900—1913	4.1	4.0
1913—1938	0.7	2.2
1948—1976	7.7	6.6

＊1976 年的世界工业生产指数系上半年数字，按年率计算。

由上表可以看出，世界出口量的年平均增长率在第一次世界大战以前稍稍超过世界工业生产的增长率，在两次世界大战之间的期间，远远落后于世界工业生产的增长率，而在第二次世界大战之后又超过世界工业生产增长率甚多。

同时世界出口在世界生产总值（GWP）中所占的比重也增加了。据叶兹（P. L. Yates）的计算，世界出口值在世界生产总值中所占的比重，从 19 世纪初叶到第一次世界大战前夕增长了一个多世纪之久，即从 1800 年的 3%，增加到 1913 年的 33%。两次世界大战期间，这个比例即长期下降，甚至在 1963 年，还只达到 22%，仍未恢复到 1913 年的水平。1913 年和 1963 年的数字是否正确，存有疑问的。如果说在 1913 年时，世界总产值的三分之一是通过世界市场或世界贸易这条渠道来实现的，那就未免太夸大了。1963 年的 22% 这个数字也是夸大的。

据初步计算，1900 年世界总产值中大约有 6% 是通过世界市场销售掉的。这个比例在 1955 年为 8.5%，1970 年为 9.8%，1974 年为 17%[①]。世界出口在世界生产总值

[①] 1900 年的世界总产值是估算数字，1955 年的世界总产值为 11 000 亿美元，1970 年为 32 000 亿美元，1974 年为 51 000 亿美元。

中所占的比重的增长，意味着资本主义国家的社会总产品中有越来越大的份额要通过世界贸易来实现，越来越大的一部分剩余价值要通过世界市场来实现。这些数字也显示资本主义国家对于国外市场的依赖性和国际贸易与国际分工在资本主义世界经济中所起的作用在持续增长。列宁关于资本主义国家必需国外市场的三因素的理论仍然是非常正确的，而松巴特（Sombart）关于国际贸易重要性渐减的规律的理论显然是一个错误的学说。

第三，世界出口额相对于世界人口数。根据麦其尔（A. Maigels）的计算，1937年按人口平均的世界贸易额低于1913年7%，在1960年按人口平均的世界贸易额仍未超过1913年的水平。根据我们的计算，按世界人口平均计算的世界出口值，1950年为24.6美元，1975年为276美元。即使剔除了物价上涨的因素，1975年也超过1950年很多，并且超过了1913年的水平。

第四，世界贸易的增长相对资本主义世界生产能力的增长是落后的。如果说战后资本主义世界市场相对缩小，可能这是唯一的指标。世界贸易的增长落后于资本主义世界生产能力的增长的主要标志，就是大量失业的经常存在和企业经常开工不足，大量生产设备闲置不用。美国经常有5%~8%的失业人口，还有10%上下的劳动力使用在军队及军事企业中。即使在经济高涨时期，民用经济也只能利用其82%~85%的劳动力。如果把失业人数，武装部队人数，军火工业雇佣人数以及为军队和军事企业直接或间接服务部门的人数等加在一起，则大约占到美国工人总数的20%到25%。这是美国资本主义停滞趋势的主要标志，也是市场的扩大落后于生产能力的增长的主要指标之一。这种情况在其他的资本主义国家也或多或少的存在。美国还有大量的生产设备经常闲置不用。1953年侵朝战争时期，美国企业开工率达到95.5%。这是战后时期的最高峰。1966年侵越战争时期，曾达到91.9%，此后就下降到90%以下。这种情况在其他的西方资本主义国家也有，而在某些第三世界国家就更为严重。（如印度及巴基斯坦）。

为什么这些国家有失业大军的经常存在和大量生产设备闲置不用？为什么它们不能达到充分就业？原因就在于市场的扩大跟不上生产能力的增长，也就是市场的相对缩小。

上边所说的世界市场容量的扩大并不等于说资本主义总危机没有进一步加深。资本主义总危机的确是进一步加深了。它的主要因素就是殖民体系的瓦解。

以上所说的世界市场容量的扩大和国际贸易的迅速增长，也不等于说资本主义的市场问题并不严重。资本主义国家生产能力的增长和市场相对缩小的矛盾，的确使市场问题越来越严重，帝国主义国家争夺市场的斗争越来越激烈。从60年代的冻鸡战到目前的钢铁战、汽车战、电视机战、造船战就足以说明。资本主义国家所树立的达800

种以上的非关税壁垒也足以说明问题。在 1955 到 1974 年，世界钢铁贸易增加了 4 倍，日本的钢铁出口则增加了 13 倍。1976 年日本钢铁出口达 4 200 万吨。其中对美国的出口即达 800 万吨，占到美国市场钢铁销售量的 9%。从日本进口的汽车占美国市场销售额的份额，从 1976 年的 8%，增加到 1977 年 1 月的 12.4%。日本对美国输出的电视机占到美国市场销售额的二分之一以上，而用日本制造的零件装配的电视机还不计算在内。在 1966 到 1976 年的时期内，美国衣着和纺织品的进口增加了 1.5 倍，汽车进口增加 5 倍以上，电视机和收音机的进口增加 5.5 倍以上，鞋的进口增加了将近 7 倍。美国进口鞋的数量（双）占市场销售量的比例由 13% 增加到 46%，估计 1977 年将达到 50%。1976 年西欧共同市场造船订单的 80% 曾被日本夺去。日本的汽车、钢铁、滚珠轴承、电视机等也大举向西欧入侵。这一切都足以证明帝国主义国家争夺市场斗争的严重情况。战后第三世界国家和地区所建立起来的一些制造业的产品也主要是输往西方资本主义国家。最近七国首脑伦敦会议的议题之一，就是贸易问题，解决贸易战的问题。会议公报说要保持一个开放的贸易制度，拒绝实行保护贸易主义。但问题并未解决。关税及贸易总协定在日内瓦召开的东京回合谈判几年来一直是踏步不前，迄未能找到一条出路。

这一切情况都说明战后争夺市场斗争的一个突出特点，是帝国主义国家间彼此渗透，相互争夺对方国家市场的激烈程度大大超过了争夺第三世界国家市场的程度。这种情况，充分证明了列宁关于帝国主义的特点，恰好不只是力图兼并农业区域，甚至还力图兼并工业极发达的区域[①]的论断的正确。同时这也说明战后以来，资本主义的市场问题是越来越尖锐化了。

有的同志提出了这样一个问题，即战后第三世界国家和地区民族经济的发展对世界市场究竟是起扩大的作用，还是起缩小的作用？初步的看法是：资本主义的发展会起着扩大世界市场的作用。列宁曾指出资本主义市场的形成过程表现在两个方面，一是资本主义的纵深的发展，一是资本主义的广阔的发展。列宁还说："资本输出总要影响输入资本的国家的资本主义的发展。大大加速那里的资本主义发展。"[②] 随着资本输入的增加和国内资本主义的发展，国内市场和世界市场都会扩大。但是在战后的条件下，第三世界国家民族经济的发展会不会起扩大市场的作用呢？这首先要看第三世界国家所采取的政策。如果它们采取独立自主，自力更生的政策，彻底改变单一经济、片面依赖世界市场的政策。那么随着它的民族经济的发展，对外贸易的重要性可能要缩小。因为原来种植出口作物的改种粮食了，建立了一些代替进口的工业部门，势必要相对减少对于对外贸易的依赖。如果它们继续采取三外政策（依赖外贸、外资、外

---

① 列宁：《帝国主义是资本主义的最高阶段》，第 82 页。
② 列宁：《帝国主义是资本主义的最高阶段》，第 58 页。

"援"的政策）则对外贸易就会扩大，世界市场也会相应扩大。由于国内市场的狭窄，战后第三世界国家和地区所建立的工业大多数是面向出口的。单一经济的落后面貌改变不多。跨国公司在第三世界所建立的一些附属企业也有很大一部分是面向出口的。国际分包合同（International Sub-contracting）的发展，进一步把发展中国家和地区的某些部门或某些企业变为跨国公司的零件制造厂，简单加工厂或装配车间，使这些国家或地区对国外市场，特别是对跨国公司的依附性越来越大。所以总的来说，战后第三世界国家或地区经济的发展对世界市场是起着扩大作用的。

几个月以前，我国驻西欧共同市场大使宦乡同志曾在一份报告中对今后世界资本主义经济情况作出预测，指出今后资本主义经济将进入特种萧条或较长期的停滞时期[1]。我觉得这一预测很重要，并同意这一看法。

从1945年起到60年代末和70年代初是战后世界资本主义经济的一个扩展时期。从70年代初期起，这个世界资本主义经济的扩展时期已趋于结束。战后资本主义世界经济的扩张阶段已成为过去并且将进入一个无限期的停滞时期。西欧和日本是60年代以来资本主义世界发展最快的地区，但是西欧和日本已经失去了曾使它们的经济在战后取得较大进展的前进动力。西欧和日本在经济发展方面遇到国内市场相对缩小的限制和其他的限制，就从事大规模地海外推销活动，以增加它们在世界市场上的份额，从而带动它们经济的增长。但是总的说来，一个国家的出口就是另外一个国家的进口。因此，这必然是一项自招失败的政策。今后资本主义国家的工业生产和国际贸易还会有所增长，但是增长率将会下降，可能会大大地下降。经济的周期运动还将继续。但高涨阶段，比之50年代和60年代将会缩短，萧条阶段将会拖长。资本主义经济的停滞进一步地标志着世界资本主义制度越来越接近于它的不可避免的灭亡。

战后资本主义国家经济的发展，国际贸易和世界市场的扩大，是以两次侵略战争，特别是美国侵略印支的战争，科学和技术的进步，廉价石油，对工人阶级的加强剥削，贸易自由化和资本输出的巨大增长等为基础的。两次侵略战争曾推动了美国、日本、西欧在经济上的畸形发展，并带动了第三世界原料出口部门和一些加工工业的发展。但是两次侵略战争及其经济影响已经成为过去。战后的科学技术革新曾深入到经济的各个领域，建立了一系列新的工业部门，并且大大地降低了原料、半制品和制成品的生产成本。到70年代初，这一次科学技术革新的直接潜力已发挥殆尽，要取得更大的进展，已很困难[2]。廉价石油的时代已经一去不复返。垄断资本对工人阶级的加强剥削，已遭到工人阶级的越来越大的抵制。风起云涌的罢工运动已迫使西欧和日本的垄断资本不得不把工资水平逐步提高。战后的贸易自由化在肯尼迪回合达成协议之后，

---

[1] 我们未见到原报告，这只是传说中的一些大意。
[2] 荷兰Phillips公司总经理曾指出，电子学领域不会再有什么重大的创造发明。

即达到最高峰。70年代初期以来，已逐步走向反面。现在资本主义世界正面临着一个侵略性保护贸易主义高涨的时期。所以，资本主义世界经济将进入一个漫长的停滞时期。

国际贸易和世界市场的停滞，将会导致资本主义市场问题的进一步尖锐化和帝国主义争夺市场斗争的加剧。

50年代末、60年代初以来，在帝国主义和社会帝国主义争夺市场斗争加剧的条件下，资本主义世界市场已分裂为若干区域性的经济贸易集团。

西欧共同市场于1958年建立，已逐步发展成为世界最大的贸易集团。1973年从原来的六国扩大为9国。从1977年7月1日起，又将在工业品的自由贸易方面，扩大到16国，从而把西欧和北欧连成一片，形成一个广大的工业品自由贸易区。西欧共同市场还曾与50多个非洲太平洋和加勒比海国家了洛美协定，另外还与地中海沿岸十几个国家签订优惠贸易协定，与东南亚一些国家签订合作贸易协定。这个庞大的贸易集团占到世界贸易的大约45%~50%。

第二个经济贸易集团是苏修所组织的经互会集团，约占世界贸易的10%。苏修在与西方资本主义国家贸易方面。它出口原料进口先进技术设备，在对第三世界的贸易方面，它出口制成品（包括武器），进口原料。它对西方资本主义国家的贸易逆差，则靠对第三世界的顺差来弥补。第三世界有的经济学家说，苏修在对外贸易方面具有帝国主义和次帝国主义（sub-imperialism）的特征。

第三个贸易集团是小自由贸易区。

第四是日本。日本占世界贸易的第三位，是世界最大的原料进口国。1975年日本占世界出口总值和进口总值的比重，都是6.5%。印尼、澳大利亚、菲律宾、泰国，南朝鲜和我国台湾与日本的贸易关系十分密切，它们的出口货以日本为主要市场，进口也依赖日本。它们的对外贸易有25%以上是对日贸易，成为日本的贸易卫星国或地区。这些国家或地区的经济浮沉，在很大程度上要视日本的经济情况而定。此外，日本与美国、马来西亚、新加坡、香港、新西兰和巴西的贸易关系也很密切，其中与美国的贸易关系尤其密切。以上这些国家和地区，也是日本资本的主要输往国和地区。

第五，美国虽未组成正式的经济贸易集团，但在50年代和60年代，资本主义世界市场是以美国为中心，美元是主要的储备货币，整个资本主义世界形成为一个庞大的美元区，就像第一次世界大战以前，世界市场以英国为中心，整个世界形成为一个大英镑区一样。60年代以来，美国的经济力量已相对衰落，但在资本输出和世界出口、进口中，仍占第一位。加拿大和拉丁美洲国家（古巴除外）的对外贸易主要是对美贸易。日本的出口，以美国为主要市场，新技术的引进也主要来自美国。西欧的若干重要产品也以美国为主要市场。第三世界所生产的一些重要原料和食品，如咖啡、可可、香蕉、糖和一些有色金属也主要是输往美国。战后第三世界国家和地区新建立起来的制造业部门的产品，也以美国为最大的销售市场。所以美国经济的起伏变化对这些国家的影响很大。

第三世界国家为了抵制超级大国的侵略扩张，也组成了一些区域性经济贸易集团，但由于内部意见分歧。情况多数很不稳定。它们有一个共同特点，就是仍然依附于世界市场，依附于西方资本主义国家，特别是少数帝国主义国家。原料、石油、食品依靠出口。新建的制造业产品，也由于国内市场狭小，主要依靠出口。石油主要输往西欧和日本，矿产原料和农业原料主要依靠日本市场，其次是西欧和美国，食品和制造品产品的出口，以美国和西欧为主要对象。

60年来国际贸易的商品结构也发生了变化。第二次世界大战前，世界出口的60%是初级产品，40%是制造品。战后情况正相反。现在世界出口的大约三分之二是制造品，三分之一是初级产品。战略竞赛而加紧向第二世界和第三世界推销武器军火，因此使战后军火武器的贸易额有了急剧的增长。战前第三世界是初级产品的最大出口地区。战后则发达的资本主义国家成为石油以外的初级产品的最大出口地区。1973年，发达的资本主义国家的食品出口超过第三世界1.4倍，农业原料的出口超过第三世界1倍，矿产和金属的出口超过第三世界3.6倍，制造品的出口则超国第三世界11倍以上。

战后资本主义国际分工的形式也有了明显的变化。资本主义国际贸易和世界市场是资本主义国际分工的表现形式，因而上述国际贸易和世界市场的变化也就是国际分工变化的反映。

马克思指出："一种新的与机器经营的主要中心相适合的国际分工，于是发生了。它使地球一部分成为主要的农业生产区域，以便把别一部分转化为主要的工业生产区域"。[①] 恩格斯说："英国应当成为'世界工厂'，其他国家对于英国应当同爱尔兰一样，成为英国工业品的销售市场，同时又供给它原料和粮食。英国是农业世界的伟大的工业中心，是工业的太阳，日益增多的生产谷物和棉花的卫星都围绕着它运转"。[②]

英国早已不再是农业世界的唯一工业中心了。但是直到第二次世界大战以前，资本主义的国际分工，仍然是工业国与农业国（包括矿产国）间的分工。

第二次世界大战后，资本主义国际分工也有了变化，在一定意义上和一定程度上，战后的资本主义国际分工已与帝国主义早期阶段有所不同。过去是殖民地、半殖民地向帝国主义国家输出粮食、其他食品、原料和燃料，并给帝国主义国家提供商品销售

[①] 马克思：《资本论》第一卷，第549—550页。
[②] 《马恩选集》第四卷，第278—279页。

市场和资本输出场所，使帝国主义国家的工厂得以开工，垄断资本能够取得超额利润，它们的人民能够生活。帝国主义国家则向殖民地半殖民地输出工业制造品和资本。

第二次世界大战后，第三世界国家输出到西方资本主义国家的农产品，主要是热带产品，如咖啡、可可、糖和植物纤维。第三世界国家在粮食方面，反而要靠西方资本主义国家的供应。第三世界国家和地区的谷物贸易逆差越来越大。在 30 年代。第三世界每年约能出口 1 500 万吨的谷物，而在战后则一变而为净进口地区。60 年代进口谷物约二千多万吨，1970 年达 3 500 万吨，1975 年增加到 5 000 万吨约值 70 亿美元。据英联邦秘书处估计，1985 年可能上升到 7 900 万吨。大片土地改种出口作物，是其粮食产量增长缓慢的原因。

过去第三世界向西方资本主义国家输出农产和矿产原料。战后由于化学工业的发展，化学纤维、人造橡胶、塑料等的产量和消费增长迅速，天然原料的重要性已相对减少。（世界纺织纤维消费构成中，化学纤维所占的比重逐步增长，而天然纤维所占的比重越来越小。1961 年化纤占 31%，1971 年占 53%）。西方资本主义国家现在也向第三世界国家和地区输出原料——人造原料。但它们在矿产原料方面对第三世界的依赖性仍然很大。

过去，帝国主义国家向第三世界输出工业制成品，主要是轻工业品，尤其是纺织品，现在纺织品和衣着主要是第三世界国家和地区向西方资本主义国家输出，而且数量越来越大。1961 年，西方资本主义国家终于采取了限制进口措施，即迫使第三世界国家和地区采取"自动"限制出口的措施，来限制它们的纺织品对西方资本主义国家的出口。此外，第三世界国家和地区还向西方资本主义国家输出半导体、钟表、鞋、塑料制品、电子产品等。现在西方资本主义国家在关税及贸易总协定的历次会议上及其他的国际经济会议上，已不断地把所谓低成本国进口问题作为主要议题之一，从而把它们曾经大肆鼓吹的比较成本学说和自由贸易理论抛到九霄云外去了。

现在西方资本主义国家向第三世界输出的工业制成品，主要是重工业产品、军火武器等。

过去帝国主义国家向第三世界输出资本以榨取垄断超额利润。现在跨国公司在海外投资中所使用的资金的很大一部分是取自海外，其中有一部分是来自第三世界，利用就地筹集的资本来剥削当地的人民。同时石油输出国的石油美元也有很大一部分流向美国和西欧。

战后国际贸易中的一个崭新现象，就是帝国主义国家向第三世界输出技术。所谓"技术转让"，利用技术垄断、专利权、来剥削控制第三世界的经济。但是近年来第三世界国家和地区也有大量科学技术人员流向西方，这就是所谓"反向技术转让"（Reverse transfer of technology）。根据联合国贸易发展会议发表的《反向技术转让报告书》，在1961年到1972年，从第三世界移民到美国、英国、加拿大等西方资本主义国家的科技人员达30万人，总价值达509亿美元。

由此可见，战后资本主义的国际分工在形式上的确有了变化。旧殖民主义形式的国际分工已逐渐为新殖民主义形式的国际分工。但是不管它的形式如何变化，资本主义国际分工的剥削实质并未改变。帝国主义跨国公司仍然利用国际分工，通过不等价交换这条渠道，继续剥削第三世界。

总之，60年来资本主义世界经济发生了很大的变化。我们的任务就是要研究和分析这些变化，并提出适当的政治经济结论。

国 际 分 工[*]

一、国际分工问题概述

一部社会经济史就是一部分工发展的历史和一部社会分工发展的历史。历史上曾经出现过三次社会大分工，而只有在国家出现和社会生产力发展到一定水平之后，才产生国际分工。国际分工是社会分工发展到一定阶段的结果，是国民经济内部分工超越国家界限广泛发展的结果。

世界经济是人类社会历史上较晚阶段的产物。它的发生和发展是与国际分工和世界市场的发展密切相联系的。如果说社会分工是商品经济与资本主义全部发展过程的基础。那末，国际分工就是世界经济整个发展过程的基础。因此，世界经济不应看作是世界各国国民经济的简单总和，而应看作是世界上各个地区各个国家间，在国际分工发展的基础上所形成的互相联系、互相依赖的有机体系。资本主义以国际分工为纽带，并以商品交换为媒介，把世界上各个国家在经济上联系在一起。随着国际分工的发展和世界经济的产生，各国的孤立性和闭关自守的状态被日益打破。这种由于国际分工和国际贸易而形成的各国间相互依赖的关系，决不是偶然发生的，它是社会经济生活合乎规律的发展结果。世界经济是随着国际分工和世界市场的发展而发展的。

社会分工既然是商品经济的基础，也就是交换的基础。通过频繁的交换，各个生产者之间和各个地区之间建立了经常性的市场联系。没有分工，就没有交换，也没有市场。交换的深度、广度和方式都取决于生产的发展，也取决于分工发展的水平。同样，国际分工也是国际贸易和世界市场的基础。在国际商品交换的背后，隐藏着各国商品生产者之间的分工。如果没有国际分工，不论这种分工是由于自然条件的差异而发生的，或是由于社会经济条件而发生的，那就没有国际贸易和世界市场。国际贸易和世界市场是随着国际分工的发展而发展的。亚当·斯密所主张的，交换是人的本性，

---

[*] 姚曾荫，国际分工，经济研究参政资料，1982年第9期。

并且交换引起分工的见解，显然是错误的。其所以错误，就是因为他把两者间的因果关系颠倒了。但是，也应该指出，交换的种类、数量，因而市场的规模，对分工有重大的影响。国际贸易的发展、世界市场的扩大对于国际分工也起着强有力的推动作用。

国际分工的发生和发展，主要取决于两种条件。一种是社会经济条件，其中包括各国的科学技术和生产力发展水平的不同，国内市场的大小，人口的多寡和社会经济结构的差异。另一种是自然条件，其中包括地上和地下的资源禀赋、气候、土壤、国土面积的大小等。而国际分工的性质则是由国际生产关系所制约的。

有些西方经济学家十分强调自然条件对国际分工所起的作用。以亨廷顿为代表的地理环境决定论者，过分夸大气候条件在人类历史上、文化上、生产上所起的作用[1]，因而抹杀了科学技术和生产力发展的作用。这是一种片面的看法。瑞典经济学家赫克歇尔和俄林在30年代提出了要素禀赋学说。按照这一学说，那些自然资源丰富而人口稀少的国家将会在初级产品的生产或初级产品密集度高的产品生产上，处于比较优势的地位，因而会在这些产品的生产上进行生产专业化；而那些自然资源缺乏而人口众多的国家，就会在制造业上处于比较优势的地位，因而会在某些制造业部门进行专业化生产。他们把人口与自然资源的比例关系看作是简单的数目字关系，并认为在一定的人口数量与一定的自然资源的条件下，一国只能从事于一定种类的产品的生产和出口。他们没有看到缺乏自然资源本身并不会自动地赋予一个国家以在制造业生产方面的比较优势，富于自然资源也并不意味着一国永远不会成为工业产品的重要出口国。比较优势并不是静止不变的，它也不仅仅依赖于一定的要素禀赋。科学技术的发展、生产力水平的提高，可以使原来的比较优势或比较劣势发生根本的变化。过去处于比较优势地位的国家，由于条件的变化，现在可能处于相对劣势；而过去处于比较不利地位的国家，由于科学技术的进步，也可能会改变它们的不利的处境。

自然条件是一切经济活动的基础。没有一定的自然条件，进行任何经济活动都是困难的，甚至是不可能的。矿产品只能在拥有大量矿藏的国家生产或出口。自然条件也决定某些特定的地区能种植某些种类的作物，而其他地区不适宜种植这类作物。

必须指出，有利的自然条件，只提供进行生产和国际分工的可能性，要把可能性变为现实性，还需要一定的条件。不利的自然条件固然能阻碍某些经济活动的进行，但有利的自然条件并不能保证适宜的经济活动一定会进行。煤炭固然不能在没有煤矿的地区开采，但存在丰富煤矿的地区，只是到了科学技术和生产力发展到一定的阶段，才得到充分的开发和利用。为什么在产业革命以前，特别是在19世纪末叶以前，沉睡在世界各处地层下面的矿藏亿万年间没有能得到开发和利用？这是由社会经济条件决

---

[1] 亨廷顿：《经济地理学原理》，纽约，1940年版，第18页。

定的，而不是由自然条件决定的。

自然条件会不会改变？那种认为自然条件固定不变的观点，是一种形而上学的观点。几千年来人类劳动的活动已经改变了自然界的面貌，空前扩大了地球上的耕耘栽培面积，创造出了本质上是新的地理环境。正如恩格斯所说的，"地球的表面、气候、植物界、动物界，以及人类本身都不断变化了，而且这一切都是由于人的活动……"① 随着科学技术的进步，地球的面貌还在不断的改变，可耕地可以通过技术进步或通过投资而扩大，也可能通过沙荒，土壤侵蚀和各种人为的破坏、耗损而缩小。国际分工也是会随着自然条件的这种变化而变化的。

决定分工、社会分工和国际分工发生和发展的最重要因素是社会生产力。分工、社会分工和国际分工的发展变化与生产力的发展是密切相联系的，分工是生产的范畴，马克思把分工称为一种"社会劳动的自然力"。② 从生产力要素的构成来看，它既不是劳动者，也不是劳动手段，更不是劳动对象，而是一种在生产过程中，劳动者之间互相联系的一种社会劳动关系。国际分工也是生产的范畴，是各国生产者之间通过市场或世界市场而形成的一种相互劳动联系。

生产力的增长是分工和社会分工发展的前提条件。一切分工，其中包括国际分工，都是社会生产力发展的结果，而分工的发展又会反过来促进社会生产力的提高和生产的社会化。国际分工的发展也会促进世界生产力的增长和生产的国际化。生产的国际专业化和国际化，具体地表现在国际间商品交换种类的增加和世界市场上商品流通的数量的扩大上面。

卡布拉尔认为国际分工"是自发地形成的，而不是发达国家所采取的某些政策的结果"。③ 这个观点是不符合实际情况的。事实是，在历史上，除了自然条件和社会经济条件之外，殖民主义者所采取武力征服政策和各种超经济的强制手段以及自由贸易政策，在亚洲、非洲和拉丁美洲一些国家的国际生产专业化，因而在资本主义国际分工的形成过程中，也起过重要的作用。当然，也应该指出，武力征服和超经济的强制手段可以打破落后国家闭关自守的万里长城，但不能改变其经济面貌。要改变它的经济面貌，把它完全卷入世界商品流通的洪流中，还是要靠经济力量，要靠市场力量。通过廉价商品的重炮，世界市场就会强迫一切落后国家服从它自己所特有的规律。16世纪初期以后，亚、非、拉美国家的种植园经济、单一经济以及世界农村和世界城市的分离与对立，就是在殖民主义者所采取的这些政策、手段的影响下形成的。

---

① 恩格斯：《自然辩证法》，《马克思恩格斯全集》第20卷，人民出版社1971年版。
② 马克思：《资本论》第1卷，人民出版社1963年版，第411页。
③ 《走向一个新的世界经济》，1971年，第400页。

商品交换是分工的表现形式，也是生产关系的表现形式。在交换的背后，在市场关系的背后，不仅隐蔽着分工的关系，也掩盖着生产关系。哪里有分工的联系，哪里有商品交换的联系，哪里就有生产关系。社会生产关系超出了民族和国家的界限，便发展成为国际生产关系。哪里有国际分工的联系，哪里有世界市场上的联系，哪里就有国际生产关系。一旦这种国际分工和国际商品交换的联系带有经常的巩固的性质，一个巩固的国际生产关系的体系便建立起来。①

国际生产关系体系，包括：生产资料所有制的形式，各个国家各个民族在世界物质生产中的地位以及它们在国际分配、交换和消费中的各种关系。生产资料所有制的形式是最重要的国际生产关系，是国际生产关系的基础。它决定着国际商品的生产、分配、交换和消费。19世纪末叶和20世纪初期出现了国际垄断组织，第二次世界大战后又出现了跨国公司，这些都使生产资料的资本主义私有制冲破了民族的国家的界限，具有了国际的性质，从而使资本主义的生产关系愈益从社会化走向国际化。

现代的国际生产关系所包括的种类，不是一种、两种，而是多种。其中包括资本主义的生产关系封建主义的生产关系，封建主义以前的生产关系和社会主义的生产关系。马克思曾指出："在一切社会形式中都有一种一定的生产支配着其他一切生产的地位和影响，因而它的关系也支配着其他一切关系的地位和影响。"② 在现代世界上，在国际生产关系体系中，有一种占支配地位的生产关系，那就是资本主义的生产关系。资本主义的世界经济体系就是以国际分工为基础，以国际交换为纽带，以资本主义生产关系占主导地位，并把其他各种生产关系联系在一起的生产关系及与之相适应的交换关系的世界体系。必须指出，资本主义生产关系在国际生产关系体系中所占的支配地位只具有暂时的性质，它是必然随着社会主义在全世界的胜利而逐步消失的。

国际生产关系是适应世界生产力的发展变化，世界物质资料生产的发展变化而变化的。资本主义被迫使它的生产不断革命化，它也被迫不断调整它的生产关系，从而在一定程度上适应了生产力发展的需要。马克思说："资产阶级除非使生产工具，从而使生产关系，从而使全部社会关系不断地革命化，否则就不能生存下去。资本主义的历史必然是生产关系不断调整，以在一定程度上适应生产力发展的需要的过程。与手工工厂和蒸汽机相适应的股份有限公司的出现和发展，标志着资本主义生产关系的社会化。与电力、内燃机、交通运输工具的革命相适应的国际垄断组织的建立和发展标

---

① 国际生产关系或生产的国际关系一词，最早见于马克思：《政治经济学批判导言》，《马克思恩格斯选集》第2卷，1972年版，第111页。
② 《马克思恩格斯选集》第1卷，人民出版社1972年版，第254页。

志着生产关系的国际化。而与原子能、电子计算机、自动化、人造卫星时代相适应的跨国公司，国家垄断资本主义和超国家垄断的出现，则更进一步发展了这种社会化的生产关系，使之达到世界的规模。

第二次世界大战后，随着国家垄断资本主义的迅速发展，国家的对外经济职能也扩大了。除了在世界市场上占统治地位的跨国公司以外，国家垄断和超国家垄断正在逐渐成为国际经济关系的主体，经济上的超国家的垄断调节已超越了民族的国家的界限，逐步具有国际性质。超国家的国家垄断形式采取各种国际经济政策手段来规划资本主义一体化的发展。这些都是国际生产关系在一定程度上适应世界生产力发展的结果，也就是在资本主义国际生产关系的范围内，世界资本主义试图克服其内在矛盾的尝试。但是正如资本主义在竭力克服它所固有的各种限制时，只是使这些限制不断出现一样，世界资本主义在试图解决它所固有的内在矛盾时所采取的各种手段，也会使这些矛盾以更大的规模重新出现在它的面前。[1]

长时期以来的历史证明，资本主义的国际分工具有两重性。一方面，它具有进步性，另一方面，它又具有剥削、掠夺和不平等的性质[2]。资本主义的发展，使生产方式和交换方式国际化，打破了民族闭关自守状态，消除了民族隔阂，并且用国际分工、国际交换和其他各方面相互依赖的纽带，把各个国家各个民族在经济上联合起来。既然这一过程反映了生产力的蓬勃发展，又促进了世界生产力的发展，那么它过去是现在仍然是一个进步的过程。它为社会主义国际分工准备了物质前提。

但是，没有抽象的国际分工，国际分工永远是和一定的国际生产关系体系联系在一起的。它是在这个体系内发生作用的客观经济规律作用的结果。资本主义的国际生产关系体系是一种剥削的不平等的体系。在这个体系中发生作用的基本经济规律是剩余价值规律，是世界范围内积累的规律。因此，资本主义国际分工也具有剥削、掠夺的性质。资本主义国际分工是在资本主义基本经济规律的作用下，在资产阶级和垄断资本追逐利润和垄断超额利润的情况下形成和发展起来的。它反映资本主义的全部矛盾，并且造成了发达的资本主义国家和发展中国家之间越来越深的鸿沟，造成了世界范围的两极分化。正如财富在资产阶级一边积累，而贫困在无产阶级一边积累是资本主义在一国国内发展的一般趋势一样，财富越来越多地向发达国家一边积累，贫困越来越多地向发展中国家一边积累[3]，这是世界资本主义发展的不可分割的两个方面，是资本主义国际分工所造成的必然结果。

---

[1] 马克思：《资本论》第3卷，人民出版社1975年版，第278页。
[2] 《斯大林全集》第5卷，人民出版社1957年版，第149—150页。
[3] 朱道尔：《国际经济》，1956年纽约版，第150页。

二、国际分工发展的几个阶段

社会分工,地域分工和国际分工是随着社会生产力的发展而发展的。在前资本主义社会,自然经济占统治地位,生产力水平低,各个民族各个国家的生产方式和生活方式的差别较小,商品生产不发达,所以只存在不发达的社会分工和不发达的地域分工,从而国内贸易和国际贸易都处于不发达的状态。

在前资本主义时期,殖民地尚未出现,对欧洲来说,美洲还不存在,同亚洲的经济交往只有通过君士坦丁堡一个地方,贸易活动以地中海为中心。那时候地域分工的范围、形式和性质,与16世纪以后葡萄牙人,西班牙人,荷兰人、英国人和法国人已在世界各地拥有殖民地时的国际分工是完全不同的。

(一) 地理大发现开始了国际分工的第一阶段

在15世纪末至16世纪上半期的"地理大发现"之后,世界市场的产生和世界贸易的迅速扩大促进了生产力的发展和手工业生产向工场手工业生产的过渡,也促进了在工场手工业生产的基础上的国际分工的产生和发展。从这个时期起,西欧殖民主义者用暴力手段和超经济的强制手段,在拉丁美洲、亚洲和非洲进行掠夺。他们开矿山、建立种植园(甘蔗、印度兰、烟草等),发展了以奴隶劳动为基础的,为世界市场生产的农场主制度,从而建立了早期的资本主义国际专业化生产。

在这个时期内,西欧国家实行重商主义政策。它是保证本国有利的贸易差额的政策,也是建立宗主国与殖民地之间的特殊分工的一种政策[①]。1699年英国贸易与种植园高级专员说:"我们的意图就是要把种植园安排在美洲,那里的人民应该专门生产那些英国不生产的产品"。

西欧国家的殖民政策为其成长中的手工工厂产品增加了出口,保证了热带产品的输入,防止了金银的外流,并为宗主国的船只提供了货运。在当时盛行一时的三角贸易,即由西非提供奴隶劳动力,由西印度群岛生产并出口蔗糖和烟草,由英国生产并出口工业品(毛织品、铁器、铜器、枪炮等)的贸易,也是宗主国与殖民地间的分工的表现形式。这种由英国殖民主义者组织的,由英国航运业进行的,用英国的工业品交换热带和亚热带产品的国际分工和贸易,在1654年以后也扩大到葡萄牙在巴西、非

[①] 布劳恩:《帝国主义经济学》,1974年英国版,第5章。

洲和亚洲的殖民地。

（二）第一次产业革命开始了国际分工的第二阶段

从18世纪60年代开始的产业革命标志着资本主义向新的技术基础——大机器工业的过渡。这一过程，在19世纪60年代已基本完成。

一个产业部门的生产方法的革命，使别的一些产业部门生产方法的革命成为必要。

资本主义经济是高度发展的商品经济。它的发展同国内市场和世界市场的开拓分不开，同生产的日益社会化分不开。为了满足资本主义发展的需要，一方面要有能充分满足市场需要的大规模生产的方法，另一方面也必须把工业中心所生产出来的大量商品和所需要的原料与粮食进行大规模的长途运输。因此，交通运输业也必须有较大的发展，要有革命性的变革。在各个工业部门，机器逐渐排挤了人手的劳动。在海上运输中，轮船排挤了帆船。在陆路运输中，铁路逐渐代替了驿道。同时交通运输的速度也加快了。在18世纪初期，从英国旅行到印度要花18～20个月的时间，到了19世纪中叶，则在2～3个月内，就可以完成这个旅程。

大机器工业的建立，交通运输事业的发展，电报及海底电缆的铺设对于国际分工、国际贸易和世界市场的发展具有十分重要的意义。蒸汽磨时代的国际分工已完全不同于手工磨时代的国际分工[①]。

在19世纪中叶以前，资产阶级差不多走遍了全世界。他们到处落户，到处创业，到处建立联系，为的是不断扩大产品的销路。由于世界市场的建立和发展，一切国家的生产和消费都成为世界性的了。工业脚下的民族基础被挖掉了，古老的民族工业被消灭了。在产业革命以前，一个国家的工业主要是加工本国的原料。例如英国纺织工业加工的是本国所生产的羊毛，德国加工本国的麻，法国加工自己的丝和麻，印度加工本土所生产的棉花。但是技术的进步使大机器工业越来越摆脱本身所需原料的地方局限性，使工业加工的原料大部分来自海外。过去结合在一个家庭里的织布工人和纺纱工人，这时被机器分开了。由于有了机器，现在纺纱工人可以住在英国，而织布工人可能住在其他国家。大机器工业的产品不仅供应本国的消费，而且同时供应世界各地的消费。旧的、靠本国产品来满足的需要，被新的、要靠遥远的国家和地带的产品来满足的需要所代替了。过去那种地方的和民族的自给自足和闭关自守的状态，被各民族的各方面的互相往来和各方面的互相依赖所代替了[②]。

大机器工业生产物的低廉价格，与变革了的运输方法，又是用来摧毁一切"万里

[①] 《马克思恩格斯选集》第1卷，第127页。
[②] 《马克思恩格斯选集》第1卷，第254—255页。

长城",征服国外市场的武器,也是破坏外国的手工业生产,迫使外国变为自己的原料产地的武器。例如,这时的印度已成为为英国生产棉花、羊毛、亚麻、黄麻、兰靛的地方。澳大利亚变为英国的羊毛殖民地。正象资产阶级使乡村屈服于城市的统治一样,它也使亚洲、非洲和拉丁美洲国家从属于欧洲。分工的规模日益扩大,使大工业完全依赖于世界市场和国际分工。于是"一种新的、适应于机器经营的主要中心的国际分工……发生了。它使地球一部分变为主要是进行农业生产的区域,以便把别一部分变为主要是进行工业生产的区域。"①

随着新的与大机器工业相适应的国际分工的建立,世界市场也发展了。这时期的世界市场主要是由一些以农业为主或纯粹从事农业的国家组成的,它们都围绕着少数几个工业中心,特别是英国。"英国是农业世界的伟大的工业中心,是工业的太阳,日益增多的生产谷物和棉花的卫星都围绕着它运转"。②

国际分工和国际贸易成为英国经济增长的发动机。在 1850—1870 年英国的经济迅速增长,英国所积聚的财富成倍的增加。这时英国是"世界的工厂",并且垄断了世界贸易。英国的商船队几乎垄断了世界的航运。英镑是当时的世界货币。当时一位英国学者对英国在国际分工中的地位,曾作了如下生动的描述:

"在实质上,世界的五分之一是我们的自愿的进贡者;北美大平原和俄国是我们的谷物种植园;芝加哥和敖德萨是我们的谷仓;加拿大和波罗的海诸国是我们的森林;我们的羊群的牧场在澳洲;我们的牛群在美洲;秘鲁把它的白银提供给我们;加利福尼亚和澳洲以自己的黄金提供给我们;中国为我们种茶;而从印度把咖啡、茶叶和香料运到我们的海岸。法国和西班牙是我们的葡萄园,地中海沿岸是我们的果园;我们从北美合众国以及其它国家获得棉花。"这是英国在国际分工体系中所占的地位的最高峰时期的情况。从此以后,它便一步一步地走上下坡路。

随着国际分工的变化,世界市场上交换的商品的性质也改变了。那些满足地主贵族阶级和商人阶级需要的奢侈品,已不再是国际贸易中的主要商品了。它们已被国际贸易中的大宗商品所代替。一些商品包括小麦、棉花、羊毛、咖啡、铜、木材等。在 19 世纪中叶以后,这些大宗商品在世界市场上的流转额迅速增长。英国在实行全面的自由贸易政策以后,加强了对这些进口商品,特别是对进口的棉花和谷物的依赖,从而推动国际分工更进一步发展。其他的资本主义国家也都在不同程度上寻找和开发海外的原料和食物资源。大量海外资源的输入对它们的经济发展具有越来越重要的意义。

随着资本主义在欧洲先进国家的胜利和巩固,欧洲殖民强国在亚洲、非洲和拉丁

---

① 马克思:《资本论》第 1 卷,第 485 页。
② 《马克思恩格斯选集》第 4 卷,第 279 页。

美洲推行国际专业化生产，从而建立资本主义国际分工体系的政策手段也改变了。从前，殖民主义者在野蛮的、不加掩饰的暴力的帮助下，在亚洲、非洲和拉丁美洲利用奴隶劳动力开矿山、建立种植园，并从这些国家掠夺各种财富。现在它们采取了比较和平的贸易的方法，逐步地把这些国家变成工业品的销售市场和原料粮食的来源地了。自由贸易成为先进国家的口号和政策。原始积累时代的贸易垄断及其他一切特权已走到了穷途末路。赤裸裸的不等价交换变为在隐蔽形式下的不等量劳动的交换。

在自由贸易政策下，亚、非、拉美国家的落后的农业经济逐一地被卷入国际分工和世界市场的漩涡中去了。就其破坏力及对社会造成的后果来说，自由贸易政策比过去所实行的一切政策都更大更彻底。

从前落后国家的农民自己生产原料，自己把它们加工成为商品，而且产品的大多数由自己消费。现在他们被迫为世界市场而生产原料和粮食，并且变为先进国家的工业品的消费者了。在这些国家变为国际分工体系中的从属国和世界市场的原料食品供应以后，它们的农民就成为这个市场上周期发生的经济危机和经常的行情波动的牺牲者了。马克思指出："殖民主义者用商品的重炮打碎了印度的手织机，毁掉了它的手纺车。英国起先是把印度的棉织品挤出了欧洲市场，然后是向印度斯坦输入棉纱，最后就使这个棉织品的祖国充满了英国的棉织品"。①

1813年起印度被迫对英国实行自由贸易政策。1818—1836年，英国对印度出口的棉纱增长了将近5 200倍。而1824—1837年英国对印度输出的细棉布增长了63倍。英国的纺织机、蒸汽机和英国的科学技术征服了印度，并且把印度斯坦的农业和手工业结合的社会结构彻底摧毁了。同时英国又凭着其在当地的至高无上的权力，"破坏了印度的土地所有制，并从而强使一部分印度自给自足的村庄变成了生产鸦片、棉花、靛青、大麻以及其他原料去交换英国货的简单的农场"。② 印度愈来愈多地成为英国商品的销售市场和原料来源地。一个过去向世界各地输出棉布的国家，现在仅仅出口棉花及其他原料了，这些棉花要在英国加工，然后又把成品重新运回印度贩卖。十九世纪英国与印度之间的分工，就这样地形成了。这种分工，加强了英国在世界经济中的地位。类似的过程，在其他一些国家也相继地发生。

殖民主义者凭借着国际分工和自由贸易，一方面消灭了印度、中国和其他一些国家家庭手工业与农业的结合，破坏了农民经济的稳定性，造成了千百万手工业者的破产和农民的贫困化。一方面也打破了它们的闭关自守的状态，迫使天朝帝国与地上的世界接触，摧毁了停滞的、苟安的、传统的生活方式以及简单再生产的长期不可改变的条件。结果，就在这些国家造成一场社会革命。

---

① 《马克思恩格斯选集》第2卷，第65页。
② 《马克思恩格斯选集》第2卷，第61页。

殖民主义者在亚洲国家所造成的社会革命,完全是被追逐利润的无限贪欲所驱使的。但是问题不仅限于此,更重要的问题在于如果这些国家的社会状况没有一个根本的变革,人类就不能完成自己的使命,社会生产力就不能得到发展。在这个意义上,殖民主义者不管是干出了多大的罪行,它在造成这场革命的时候,毕竟是充当了历史的不自觉的工具①。

19世纪建立的国际分工体系是一种垂直一体化模式的国际分工体系,也是世界城市与世界农村对立的分工体系的发展阶段。

(三) 第二次产业革命开始了国际分工发展的第三阶段

在19世纪末叶20世纪初期,自由竞争的资本主义已过渡到垄断资本主义。在这个时期里,国际分工体系,全世界市场,国际金本位制度和世界经济体系已相继建立或形成。国际分工体系,世界市场和世界经济体系的形成,是由生产力的发展,国际生产关系发展的全部过程所准备好了的。

19世纪70年代是新的工业技术革命开始的年代。这场工业革命和帝国主义扩张政策进一步改变了世界经济的面貌。1720—1820年的一百年间,世界贸易量增长了1.74倍;1820—1870年,又增长了6.7倍;1870—1913年再增长3.2倍②。1913年的世界出口值达到195亿美元。③ 工业生产也有了蓬勃的发展。1820—1870年世界工业生产增加了9倍,而从1870年到1913年又增加了4倍④。

交通运输工具的发展和铁路航运运费的下降在国际贸易的发展及国际分工体系的形成中,起了十分重要的作用。"在1860—1878年这段时期内,经济史的特点,主要是各种各样交通工具都发生了空前飞跃的发展。"⑤ 在铁路建设以前的运费高昂时期,除了沿河和沿海的城镇以外,各个大陆的广袤的内地,从国际贸易的角度来看,几乎是不可能接触到的。除了贵金属、宝石及体积小、价格贵的特殊产品以外,其他的产品很少能运到国外去。铁路建设以后,这种情况逐渐改变了。通过铁路网的建设,广大内地同沿海港口联系起来,便利了物资的出口和国外产品的进口,从而加强了国际经济联系,扩大了国际分工。但是,也应指出,这毕竟是一个缓慢渐进的过程,甚至在铁路建设以后,体积大价值低的商品也只能有限度地参加到国际商品流转中去。

1825年世界上建设的第一条铁路,经过了85年的时间已有百万公里以上的铁路网

---

① 马克思:《不列颠在印度的统治》,《马克思恩格斯选集》第2卷,第68页。
② 罗斯托:《世界经济的历史与展望》1978年版,第669页。
③ 联合国贸易与发展会议:《国际贸易与发展统计手段》1972年。
④ 库钦斯基:《资本主义世界经济史研究》第63页。
⑤ 曼德尔:《论马克思主义经济学》第2卷,1962年巴黎版,第13章。

环绕世界了。在1875—1885年之间，汽船在世界航运事业中的优势地位已确立下来。1870—1913年海洋运输费用下降了一半以上。[①] 海洋航线的开辟、电报以及美洲、亚洲和非洲铁路的建设，在历史上第一次真正地把各国的国内市场汇合成为全世界市场。

促进本时期内国际分工体系和世界市场形成的另一个重要因素是资本输出。资本输出和帝国主义时代的国际分工一样，是从属于资本主义基本经济规律的作用，从属于攫取垄断超额利润的经济规律的作用的。过去殖民地半殖民地国家曾被卷入商品交换，而未被卷入资本主义生产。帝国主义把这种情况改变了。帝国主义通过资本输出，把资本主义生产日益扩大地移植到殖民地半殖民地国家中去，从而使资本主义国际分工的主要形式，即宗主国与殖民地半殖民地间的分工，工业发达国家与初级产品生产国之间的分工日益加深。

资本输出实现了世界范围的生产社会化和国际化，并且和商品输出，世界范围的人口迁移一起，加强了世界各国间的相互依赖关系，并加强了各国对国际分工的依存性。

应该指出，这里存在着两种依赖性。一种是发达的资本主义国家对国际分工的依赖；另一种是经济落后国家对国际分工的依赖。罗莎·罗森堡曾就德国对其他国家在经济上的依赖，作了以下的描述：[②]

"德国的产品大部分是输往其他国家及其他大陆，以供他国居民需要，其数额且逐年不断增大。德国铁制品不仅销售到欧洲邻近诸国，而且远达南美与澳洲。皮革及革制品由德国输往所有欧洲国家；玻璃制品、砂糖、手套输往英国；羊皮输往法国、英国和奥—匈……麦酒、人工兰靛、氨基苯及其他柏油制颜料、药品、纤维胶、金属品、煤气、焰罩、棉制品和毛织品，以及衣服、铁轨，几乎行销全世界所有经商的国家。

"另一方面，德国国民不管在生产上或日常消费上，每一步都免不掉依赖其他国家的产品。如我们吃俄国谷物制成的面包，匈牙利、丹麦及俄国家畜的肉类；我们消费的米，是从东印度及北美运来的；烟草是从荷领东印度群岛及巴西运来的；我们还从西非获得可可豆；从印度获得胡椒；从美国获得猪油；从中国买到茶叶；从意大利、西班牙、美国买到水果；从巴西、中美、荷领东印度群岛买到咖啡；……"

随着国际分工体系和世界市场的形成，参加国际分工和世界市场的每一个国家都有许多生产部门首先是为世界市场而生产的，而每一个国家所消费的许多食品，原料和工业制造品，不论是直接的或间接的，全部的或部分的都包含着许多国家的工人和

[①] 刘易斯：《1870—1913年经济增长与经济波动》，1978年，第280页。
[②] 卢森堡：《国民经济学入门》，三联书店1962年版，第18—19页。

农民的劳动。从世界经济的观点看，这种国际分工和国际专业化是一个进步的过程，它促进了世界生产和生产力的发展。正象社会分工推动了各国内部生产力的发展一样。但是这只是事情的一个方面，事情的另一个方面是：这种国际分工具有不平等的性质，并且在很大程度上阻碍了殖民地半殖民地国家的经济发展。

正像资本主义社会是一个阶级社会一样，资本主义国际生产关系体系也是一个等级森严的体系。资本主义社会的主要阶级关系是雇佣劳动者阶级与资产阶级之间的关系。雇佣劳动者，作为劳动力的出卖者和消费品的购买者，依附于市场，处于从属地位。资本家阶级，作为劳动力和生产资料的购买者和产品的贩卖者，也依附于市场，但处于统治地位。资本主义制度需要这种不平等的社会结构作为它存在的条件。同样，资本主义国际生产关系也需要这种不平等关系，作为它存在的条件。在发达的资本主义国家之间，有着相互分工，互为市场的平等的或比较平等的互相依赖关系。但是在帝国主义国家与殖民地半殖民地国家间的互相分工、互为市场、互相依赖的关系却具有控制与被控制、剥削与被剥削者之间关系的性质。帝国主义国家凭借自己的优势地位，通过不等价交换和资本输出，把由于国际分工而在世界生产力增长中所产生的利益，大部分，有时甚至是全部占为己有。

西方经济学家罗卜特逊[①]和诺克斯[②]强调国际分工和国际贸易作为经济增长的发动机的作用。但是19世纪的经济史证明，除了工业发达国家以外，国际分工和对外贸易只是在当时的两种类型的发展中国家中曾经起到促进经济增长的发动机的作用。其中一类是白人移民地区，如美国、加拿大、澳大利亚、新西兰等。这是一些没有封建残余势力束缚的国家。另一类是日本。这是用国家的力量促进工业发展的国家。但是就绝大多数亚、非、拉美国家来说，情况并非如此，国际分工和国际专业化生产的结果，是它们的普遍的欠发达和经济殖民地化。国际生产关系，在国际分工体系中所处的附庸地位，和亚、非、拉美各国国内的生产关系，都束缚了它们的经济发展。

亚、非、拉美国家经济殖民地化的一个突出的表现，就是单一作物、单一经济。殖民主义者先是通过人为的强制手段和市场力量，最后是通过资本输出逐渐地把亚、非、拉美国家变为畸形地片面地发展单一作物的国家。它们的主要作物和出口货只限于一两种或两三种产品，而这些产品又大部分销售到工业发达国家的市场上去。因此造成了亚、非、拉美国家的两种依赖性：一是对于这少数几种产品的依赖性，因为这少数几种商品关系到它们全国的经济生活，一是对世界市场，特别是对工业发达国家市场的高度依赖。工业发达国家经济情况的经常不稳定性，周期性的经济危机，通货膨胀，外汇行市的变动都会给它们带来重大的损失。

---

① 罗卜特逊：《国际贸易的未来》，《经济杂志》，1938年3月号。
② 诺克斯：《世界经济的平衡与成长》，1961年牛津大学版。

资本主义国际分工的结果，一方面是把食品和原料的生产集中在占世界人口的大多数的亚、非、拉美国家；另一方面又把工业生产集中在占世界人口少数的欧洲、北美和日本。前一个时期已经开始的世界农村与世界城市的分裂与对立的运动，这时进一步扩大了。马克思说："一切发展的并且以商品交换作为媒介的分工的基础，都是城市和农村的分裂。我们可以说，社会的全部经济史，就是总结在这个对立的运动中"。①

世界资本主义的发展把少数国家整个地变为城市，而把世界大多数国家整个地变为农村——第一次工业革命首先在英国开始，所以英国是世界上第一个变为世界城市的国家。在 1850 年英国是世界上唯一的农业人口只占到劳动人口总数 30% 以下的国家。除了英国以外，甚至最古老的工业国家，迟至 1850 年仍然处在经济结构改变的过渡时期，直至第二次工业革命以后，西欧和北美的结构改变才告完成。

在另一方面，亚、非、拉美国家之比较彻底地改变成为世界农村，也是一个缓慢地发展过程的结果。在第一次工业革命的过程中，英国、美国、法国和德国合在一起，基本上是自足自给的。第一次工业革命所需要的各种原料和粮食，如小麦、煤、铁矿石、棉花和羊毛等项目中，除了羊毛以外，这四个国家的生产可以充分满足它们本国的需要。亚、非、拉美国家在这方面对工业革命的贡献是微不足道的，虽然许多经济学家认为第一次工业革命依赖于亚、非、拉美国家的原料供应，但这是完全不确实的②。在 19 世纪上半期，国际贸易额增长了，商品结构已经改变了，但当时的工业发达国家和发展中国家间的相互贸易数额仍然很小。甚至迟至 1883 年，从亚洲、非洲和拉美热带地区输往美国和西欧的货值，折合为按出口国人口平均数计算，仅为一美元。③ 随着第二次工业革命的发展，情况逐渐改观。以电力、汽车制造、钢铁、化学等工业为代表的第二次工业革命产生了对橡胶、铜、石油、矾土以及其他矿产和农业原料的巨大需求，因而才把亚、非、拉美国家急剧地卷入到国际分工和国际商品流通中来，从而使这些国家逐步地变成世界农村。

由此可见，世界城市与世界农村分裂的运动，也是在 19 世纪末叶到 20 世纪初期，即由自由竞争的资本主义过渡到垄断资本主义时期完成的。

世界城市与世界农村的分裂过程，世界范围的两极分化过程，同时也就是亚、非、拉美国家人民的贫困化过程。诺克斯曾提出所谓"贫困的恶性循环学说"。按照这一学说，"一国之所以穷是因为它原来就穷"。④ 这个说法是完全不符合事实的。在殖民主义者侵入以前，许多今天的穷国的物质生活条件并不是这样低下，它们后来之所以处于

---

① 马克思：《资本论》第 1 卷，第 375 页。
② 刘易斯：《国际经济秩序的演进》，1978 年，第 4—6 页。
③ 刘易斯：《1870—1913 年的经济增长与行情波动》，1978 年伦敦版，第 7 章。
④ 诺克斯：《欠发达国家的资本形成问题》，伦敦版，第 4 页。

欠发达的状况，并不是脱离世界其他国家的影响而自发的发生的。事实上，殖民主义者侵入过的许多国家，过去曾经是有较高的文化水平的和比较富裕的社会。[①] 欠发达国家之所以贫困落后是历史力量的产物，特别是殖民主义者和霸权主义者对外扩张的结果。欧洲人并没有"发现"欠发达国家，相反的，是他们制造了这种欠发达的状态。但是，也应该指出，世界城市与世界农村的分裂，国际分工的发展，也同样是历史力量推动的结果，是国际生产关系在一定程度上适合于生产力性质发展的结果。它们既符合于世界生产力发展的要求，也促进了世界生产力的发展。

三、当代的世界分工

（一）影响当代世界分工发展的主要因素

第二次世界大战以后，世界经济、国际分工和国际贸易都发生了巨大的变化。国际分工进一步向纵深方面和广阔方面发展。19世纪所形成的国际分工，即以制成品生产国与原料食品生产国间的分工为主导形式的国际分工已逐渐被以各个工业部门内部分工为主导形式的世界分工所取代。战后时期的国际分工，在地理范围上，不仅包括发达的资本主义国家和发展中国家，也囊括了社会主义国家和其他的中央计划国家。因而进入到世界分工的阶段。世界分工的产生和发展，在世界贸易的迅速增长上充分地反映出来。1948—1980年，世界出口贸易值增长了33.5倍，世界出口贸易量增长了7.7倍，增长速度之快，超过了历史上的任何时期。世界贸易的商品结构和地理分布，也都随着国际分工的变化而发生了显著的变化。

科学技术的进步是促使国际分工向世界分工发展的最重要因素。历史上的三次科学技术革命曾深刻地改变了许多社会物质生产领域，促进它们不断地改善工艺和生产过程，也促进新部门和新产品的出现。正如马克思所说的，"现代工业从来不把某一生产过程的现存形式看成和当作最后的形式。因此，现代工业的技术基础是革命的，而所有以往的生产方式的技术基础本质上是保守的"。[②] 现代工业通过机械化、自动化、化学化和其他方法，使劳动过程、生产过程不断地发生变革。这样，它也同样地使社会分工、国际分工发生变革。18世纪蒸汽机时代的国际分工不同于在这以前的手推磨和手纺机时代的国际分工。19世纪铁路、轮船、内燃机时代的国际分工又不同于18世

---

① 考尔德成尔：《印度尼西亚》，1968年牛津大学版，第39页；库克哈尔：《印度的工业经济》，1965年第64页。
② 马克思：《资本论》第1卷，第533—534页。

纪的国际分工。当然，原子能，喷气式飞机，电子计算机和人造卫星时代的世界分工也不同于过去一切时期的国际分工。这些科学技术的变革，曾经统治并继续统治着整个时代、整个世界，渗透到社会经济生活的每一方面，并对国际分工，世界市场和国际贸易产生重大的影响。

战后，在第三次科学技术革命的条件下，世界生产力的发展，交通运输工具的现代化是世界分工发生与发展和各国间经济上相互联系、相互依赖日益加深的物质基础。在许多生产领域里，全新的技术和工艺，原子技术和宇航技术、机器人、装有程序控制装置的机床和电子装置的微型化、农业化学化以及近代生物学的成就等，正在改变现代生产、流通、分配和消费的面貌，也正在改变国际分工的面貌。马克思在论述16世纪到19世纪的世界市场情况时曾经指出，"在这里不是商业使工业发生革命，而是工业不断使商业发生革命"①，生产力的发展及其日益超越民族的、国家的界限，也使国际分工发生变革。第三次科学技术革命所释放出来的巨大生产力进一步突破了民族的国家的疆界，加强了生产力的国际化和生产的国际化，推动国际分工发展成为世界分工。

生产力的国际化、主要表现在两个方面。一方面现代化工业生产要求大规模生产，要求符合规模经济的规律。在越来越多的生产领域内，以国内市场的范围为界限的生产，已经不能符合这个规律的要求。在许多工业部门中，一家工厂有利可图的最低产量，往往不是一国的国内市场所能容纳得了的，而需要到几个、十几个、几十个国家的市场上去销售。在宇航工业、喷气式运输机工业、环境保护工业等工业部门中，尤其是这样。英国经济学家布劳恩和其他一些经济学家曾列举了一些具体事例来说明这个问题②。他们指出，虽然西欧国家都能生产集成电路，但是只要有一家现代化工厂就能满足所有西欧国家的需要。一座现代化高炉的产量可以供应100万居民的需要；一座现代化的钢铁厂可以供应230万人口需要；一座现代化的轧钢厂可以供应2 000万以上人口的需要；一台现代化制造火柴的机器可以供应1 000万人口的需要；一家现代化的汽车制造厂要想勉强生存下去，年产量必须在100万辆以上，为了能通过大规模生产而节约开支，则必须达到年产200万辆。

大规模生产可以节约时间，降低成本，增强市场竞争力，从而成为生产国际化、国际专业化和国际分工的物质基础。因此，大工业以至整个国家，在经济上日益依赖国际分工和世界市场，为世界市场而生产的企业数目日益增多。其结果就是，无论进口总值或出口总值在许多国家的国内生产总值中所占的比重，皆有显著的增长。

在另一方面，生产力的增长，生产规模的扩大，产品的日新月异，精益求精，也

---

① 马克思：《资本论》第3卷，第372页。
② A. 布劳恩：《世界经济学导论》1969年伦敦版，第9章。

需要大量的科学研究费用和进行大量的建厂投资。这就使得许多巨大的研究与发展项目的费用超过了一般中小国家和中小企业，甚至大企业的财政力量，迫使它们越来越走向国际合作和国际分工的道路。根据欧洲共同体委员会的报告，现在试制一种新型的汽车发动机要花费 3 亿美元，试制一种新式的变速器要花费 1.6 亿美元。近四十年来，美国设计和准备成批生产运输机的费用，按飞机重量计算，平均每公斤由 120 美元增长到 6 000 美元，即增长了 50 倍。美国"DC-3 型"飞机的研制和设计费用不过 30 万美元，而"波音 747"型飞机的同类费用则达 7.5 亿美元，即增长了 2 500 倍[1]。很明显，研制设计和成批生产费用的增长已达到一家厂商没有能力单独负担的程度。为此，它们要求进行国际分工和协作是十分自然的。

科学技术进步与国际分工和国际贸易的关系，也可以在一国的科学技术水平对于这个国家在世界市场上和在国际分工体系中所处的地位的影响作用上显示出来。

在当代竞争激烈的世界市场上，技术优势、较高经营管理水平和适当的规模经济是一个大企业或一个国家取得胜利，打败竞争者的必要条件。因此，科学研究与设计工作对于一家公司以至整个国民经济的重要性日益增长。以技术为基础的产品的国际贸易不仅具有持久性，而且它的增长速度比起传统的以自然资源为基础的产品的国际贸易增长得更快。这是传统的以自然资源为基础的分工发展到以技术为基础的分工，在国际贸易上的反映。一家企业或一个国家的竞争能力，依赖于它的技术革新的速度，或模仿国外新技术的速度。随着科学技术知识在世界范围的传播以及各国技术革新速度的变化和劳动生产率增长速度的变化，各国间的比较利益也就会发生转移。

罗文格在研究了美国的制造业的技术因素与出口成就的关系时，发现美国的比较优势（利益）在研究密集型工业中最为显著[2]。鲍曼在分析加拿大与美国间制成品贸易的商品结构时，也发现加拿大从美国进口的货物中，具有技术特征的产品占最大的比重[3]。

1945—1970 年，资本主义世界的技术革新的三分之二来自美国。在 60 年代中期，美国的先进技术产品的出口占到这类产品的世界出口总数的大约三分之一，即占世界第一位。在 1964 年，美国占到发达资本主义国家的电子设备出口的 60.5% 和飞机出口的 59.5%。从那时起，美国的领先地位逐步削弱，美国在技术密集型产品（化学品、电子设备、机器和交通运输工具等）的世界贸易中所处的优势日益下降。西欧、日本通过技术引进及大量的科学研究和发展开支来建立它们自己的技术力量，因而它们的产品在世界市场上的竞争力不断增长，在世界工业分工中所处的地位有了明显的改善。

---

[1] 《资本主义国家航空工业的国际协作》，载《世界经济译丛》，1980 年第 5 期，第 26—27 页。
[2] 罗文格：《美国制造业的出口成就的技术因素》，《经济探索杂志》，1975 年 6 月号。
[3] 鲍曼：《加拿大贸易格局的结构特征》，《加拿大经济学月报》，1976 年 4 月号。

这是科学技术水平比较优势的变化引起国际分工和国际贸易变化的结果。

战后无线电讯、交通运输工具的革新与运输费用的下降是促进国际分工和国际贸易发展的第二个重要因素。战后交通运输事业的发展表现在两个方面。首先是海洋运输事业的革新，例如建造新型船舶，提高船舶载重量，研制原子能装置，应用电子计算技术，运输的集装箱化和滚上滚下搬运方法的改革等。这些革新不仅降低了运费，而且可以大量运输。它与大量生产、大量分配、大量消费（或者说是大量浪费）形成为战后世界经济、世界分工和国际贸易的四大支柱。

其次是空中运输的革新。海洋运输与陆路运输的革命是19世纪中叶以来促进国际分工和国际贸易发展的主要力量。而空运却是第二次世界大战后推动世界经济和国际分工发展的重要动力之一。它具有迅速和机动的两大特点。空中交通运输工具的发展进一步缩短了世界各地间的时间距离，从而影响了国际分工。爱尔兰利用空运的有利条件在沙龙机场周围建立了一个自由贸易区。在70年代初期，香港出口贸易的21%和再出口的24%是利用空运的。在70年代初期，空运在世界贸易中虽然平均只占到1%，但是就个别项目来说，却是占到很大的比重。例如假发占到全部假发贸易的90%，电子部件占到80%以上，宝石占到93%，钟表占到67%。西方经济学家伊萨德在研究区位与运输的关系时，曾指出："在经济生活中的一切创造革新中，运输工具的革新在促进经济活动和改变工业区位方面，具有最普遍的影响力"。[①]

交通运输工具的革新体现了规模经济规律的基本要求，是规模经济的三项基本原则之一[②]。其根本目的，在于节约时间。无论是现代化大生产、专业化生产，或经营管理，或社会分工、国际分工，它们的总的要求都在于节约时间。节约时间的规律是现代社会经济发展所必须遵循的一条重要的规律（或是在生产过程中节约劳动时间，或是在消费过程中，节约消费者的时间）。距离是时间的敌人。超越空间要花费时间。因此，缩短空间距离，节约时间，或使各种经济活动在地理上集中起来，就是现代化大生产的主要趋势之一。

交通运输技术的改革的结果，一方面是加快了速度，一方面是降低了运费，这两方面都对世界分工和国际贸易的规模产生了广泛的影响。50年代以来，世界物价普遍上涨，而世界海运费用上升的幅度还低于一般物价。与商品价格比较，运费的相对下降起着与降低关税一样的作用，它使国际贸易的增长率超过工业生产的增长率，并且使得过去的国内货物变成为国际贸易货物，因而促进了国际分工。古典学派认为国际分工是建立在比较成本的规律之上的，新古典学派认为国际分工和国际贸易是建立在因素比例差异的基础之上的。他们有一个共同的特点，就是很少考虑或完全不考虑运

---

① 伊萨德：《区位与空间经济》，1956年。
② 另外两项原则是专业化生产和改善经营管理。

输费用，因而是脱离实际的。运费对于国际分工和国际贸易的影响，是十分明显的。例如，随着欧洲煤钢联营的建立，西德在北部对法国出口钢材，而又从法国南部输入钢材。因为这一出一进节约了运费。加拿大从西部对美国输出石油，而在东部又从委内瑞拉输入石油。由于运输费用的重要性，加拿大在石油贸易方面，比较利益和比较不利是同时存在的。西德通过莱茵河出口煤炭到荷兰，而同时汉堡又通过海运从美国进口煤炭，这也是由于同样的原因。

随着巨大的货运船只的建造和海运运费的下降（或相对下降），世界钢铁工业的地理配置正在发生变化。欧洲和亚洲的一些钢铁工业已经从煤铁产区移向港口。如法国的敦克尔克，意大利的塔兰托和荷兰的港口都成为重要的钢铁产地。过去由于缺乏煤铁等天然资源，日本和意大利一向是高成本的钢铁生产国。现在由于海洋运费的低廉，它们分别由澳大利亚、巴西和摩洛哥输入铁矿砂，由美国、澳大利亚输入煤炭，不但在钢铁生产上可以自给，而且变成重要的出口国家。

输油管道的建造也改变了许多国家的工业布局和国际分工。过去港口是陆运和海运的交叉点。国外进口的原料要在港口地区卸货，进行加工以后再输出到海外去，因而吸引了许多面向世界市场的工业部门。精炼加工工业，如金属加工、石油精炼、制糖、肥皂等是典型的设在港口的工业部门。西德的汉堡、法国的马赛、英国的南安普敦等都是这样发展起来的。但是石油的管道运输正在改变这种情况。因为原油通过大输油管直接输送到人口稠密的消费中心，比起首先运到港口，进行加工，然后把成品转运到消费中心去，更为经济合算。跨过阿尔卑斯山的输油管的铺设，缩短了输送里程，节约了时间，减少了运费，因而对石油及石油产品的贸易和有关工业的地理配置及各国间的分工的变化起了很大的作用。

随着运输费用的下降，国际间畜牧业的分工情况也有了改变。过去，在拥有大草原的国土上繁殖牛群，然后运到靠近市场、土地肥沃、饲料充足的地方进行育肥。因此过去是把活牲畜从爱尔兰输出到美国，从加拿大输出到美国。60年代以来，这种过去的国际分工和国际贸易的形式已经有了变化。随着运输条件的改善和对肉类需求的增加，意大利人用飞机从国外把幼牲畜输送进来，并且通过海运把饲料输入进来，在国内大城市附近对幼牲畜进行催肥，以适应意大利城市人口的需要。[①]

跨国公司的兴起和发展是战后影响国际分工发展变化的第三个重要因素。战后世界分工的发生和发展在很大程度上是通过跨国公司的扩张来实现的。在国家垄断资本主义的支持下，跨国公司已经成为在世界范围内进行生产力配置，进行国际工业专业化生产的主要推动者，并且成为世界市场的决定性因素和国际经济关系中的一股巨大

---

① 金德伯格：《国际经济学》，1973年版，第6章。

战后殖民体系的瓦解和年轻的民族主义国家的经济发展对于加深旧的 19 世纪的国际分工体系的危机和促进新的世界分工体系的产生方面，也起着重要作用。这些已经取得政治上独立的国家，不甘心永远充当帝国主义国家的"世界农村"的角色，力图改变自己在世界经济中的从属地位，因而走上了发展民族经济的道路。从 1950—1979 年，发展中国家的工业生产的增长速度高于发达的资本主义国家。在上述时期内，发展中国家的工业生产增长了 7 倍，而发达的资本主义国家只增加 2.7 倍。[1] 当然，发展中国家原来的基数是比较小的。在 1960—1977 年期间，发展中国家制成品的出口增加了 13 倍，它们的制成品出口在总出口中所占比重从 14.6% 增加到 19.7%，它们的制成品出口在资本主义世界制成品出口总值中所占的比重，则从 6.6% 增加到 9.3%。[2] 这些都是战后发展中国家在世界分工体系中的地位有所改变的反映。

此外，战后在关税和贸易总协定机构主持下的历届关税和非关税减让谈判，地区性经济集团，如欧洲经济共同体，小自由贸易区和经济互助委员会的建立等，也有助于战后世界工业分工的发展。关税和非关税壁垒的削减与贸易自由化促进了世界各国间的专业化分工和贸易。特别是促进了发达的资本主义国家之间和它们的各个工业部门内部的专业化分工和贸易的发展。

（二）当代世界分工发展的基本趋势

战后时期生产力的日益国际化，使生产过程的国际性分工和合作变成为世界经济中最重要的趋向之一。在世界生产力和国际生产关系发展变化的条件下，当代世界分工中出现了一些新的特征。

传统的国际分工形式正在变化。许多发展中国家的单一经济状况有了改变。19 世纪所形成的世界城市与世界农村的分工仍然存在，但已经削弱，日益为以世界工业分工为主导形式的分工所取代。从传统的以自然资源为基础的分工逐步发展为以现代工艺、技术为基础的分工；从垂直型的分工日益走向水平型的分工；从产业各部门间的分工发展到各个产业部门内部的分工，发展到以产品专业化为基础的新的国际分工；沿着产品界线所进行的分工发展到沿着生产要素界线所进行的分工；从由市场自发力量所决定的分工，越来越向由企业（跨国公司）所组织的分工方向发展。同时劳务部门的国际分工也越来越扩大了。在世界分工和世界市场发展的过程中，越来越多的劳务变成了商品（技术知识、专利、图纸、旅游等），先是成为国内市场上的商品，随后

---

[1] 联合国：《统计月报》，1974 年 5 月，1980 年 8 月。
[2] 联合国：《统计月报》，1979 年 6 月号。

发展为在世界市场上进行买卖的商品。

对世界分工虽然可以列举出以上种种特征,但是把它们总括起来可以归结为一点,那就是世界范围的工业分工。世界工业分工是当代世界分工的基本趋向和基本特征。

战后世界工业分工体系的建立和发展与跨国公司在世界范围的广泛扩张活动是密切联系在一起的。跨国公司已经成为世界工业分工的主要组织者和推动力量。在资本主义国家国民经济内部,一般存在着两种形式的分工:一种是由市场力量所协调的各个部门之间,各个公司之间和各个工厂之间的分工;一种是由企业所协调的各个公司企业内部的分工。这种由企业所协调的企业内部的分工,随着垄断联合企业的发展,而逐步扩大到一国内部的垄断联合企业的有关工厂之间。现在随着跨国公司的发展,这种企业内部的有组织有计划的分工,已经扩展到世界规模,使分工具有世界性。

资本输出是跨国公司在世界范围内进行扩张的主要手段,也是它们在世界范围内进行生产力配置的主要手段。跨国公司通过海外直接投资把生产过程分散到世界各地,把社会劳动不仅在地方上,在地区范围内或在一国范围内进行划分,而且在世界范围内进行划分。如果把跨国公司所组织的生产过程看作一根链条,链条的各个环节则来自地球许多遥远的角落,它不仅包括北美、西欧和日本等发达的资本主义国家,也包括亚洲、非洲和拉美的发展中国家,还包括一些社会主义国家。这样,跨国公司就把分工推向极限,而以分工的原子化作为其一般特征。当这种社会分工的原子化是在跨国公司的母公司,各个子公司与各个附属公司之间进行时,一种世界性的技术或工艺的分工过程就开始发展了。世界范围的脑力劳动与体力劳动的分工,也进一步得到发展。

战后主要资本主义国家的资本输出有了迅速的增加。1945年主要资本主义国家的国外投资累计额为510亿美元,1970年达到2 850亿美元,1979年更达到3 925亿美元。① 在34年间增长了将近7倍。在这个资本输出总额中,跨国公司的输出额大约占到80%。

当第一次世界大战开始,从而使19世纪的海外投资高潮告一段落时,国际直接投资的大部分是投在亚、非、拉美国家的初级产品生产和基础设施上,以便把大机器工业所需要的原料和世界工业中心地带所需要的食品生产出来并输送出去,而对这些国家的制造业的投资是微乎其微的。两次世界大战之间的时期,国际投资的这种布局基本未变。但是从第二次世界大战以后,国际投资的这个格局已急剧改变。从那时起,大部分的国际投资是投放在制造业部门,而且是投放在发达的资本主义国家。这种情况反映了当代作为国际资本积累的主要基础的技术密集型消费品工业和崭新的生产资

---

① 1979年数字系1980年日本《海外市场白皮本》估计数。

料工业的兴起，以及作为国际投资主要形式的巨大跨国制造业公司在发达资本主义国家直接投资的增长。① 水平型的国际投资取代垂直型的国际投资而成为国际投资的主要形式。其结果就是垂直型的国际分工逐步发展为水平型的世界分工。

世界工业分工，即水平型的世界分工发展的主要标志，就是世界制成品贸易的迅速增长，特别是发达的资本主义国家之间的制成品贸易的迅速发展。英国经济学家梅泽尔在分析研究了大量世界贸易资料以后指出，在1913—1955年的40年期间内，发达的工业国家之间的分工与专业化程度有了迅速的增长②。

在第三次科学技术革命的影响下，在资本输出的推动下，战后发达的资本主义国家之间的国际工业分工的进程进一步加快了。在50年代和60年代，大量的美国资本涌向西欧。在70年代，欧洲跨国公司对外扩张的规模超过了美国的公司。西欧的资本不仅在西欧各国间彼此渗透，而且越过重洋，侵入美国。日本跨国公司的资本也不断地向美国和西欧入侵。发达的资本主义国家相互投资的增长，表明了国际工业专业化分工的发展。③ 统计数字表明，在1955年以后，发达的资本主义国家之间的工业分工发展得十分迅速。这种情况在它们之间的贸易关系上得到充分的反映。在1955—1978年的二十多年间，发达的资本主义国家间的工业制造品贸易增加了18.8倍。

在发达的资本主义国家作为跨国公司的投资场所的重要性日益增长的同时，发展中国家作为投资场所的重要意义相对地消弱了。但是发展中国家仍然是跨国公司的主要剥削对象，是其海外利润的重要来源。较高的利润率仍然吸引着跨国公司源源不断的投资。

历史上，垄断大公司在发展中国家的投资主要集中在采掘工业和种植园上面。第二次世界大战后，对发展中国家制造业的投资占了跨国公司对发展中国家全部投资中的越来越大的份额。70年代下半期，跨国公司在制造业的投资占到它们对发展中国家的全部投资的将近30%。而对石油和采掘工业的投资分别占40%和90%。低廉的工资和发展中国家所实行的一些鼓励外国投资的措施是吸引跨国公司在这些国家工业部门投资的主要因素。19世纪中叶的交通运输革命，给欧美的工业资产阶级"打开了热带的大门"④，为他们系统地掠夺亚、非、拉美国家的自然资源提供了便利条件。战后第三次科技革命和交通运输工具的革新，又为跨国公司的资本大举向发展中国家渗透，提供了充分的物质基础，使它们能够进一步开发发展中国家的最基本的资源——人力资源，亦即廉价劳动力。

---

① 联合国秘书处：《世界发展中的多国公司》，1973年，第17—20页。
② 梅泽尔：《工业增长与世界贸易》，1963年伦敦版，第72页，80页。
③ 清志小岛：《发达的工业国之间的外国投资》，《一桥大学经济学月刊》，1977年6月号。
④ 诺里斯：《法国、德国、俄国和美国在19世纪的经济发展》，1932年伦敦版，第1章。

古典学派和新古典学派经济学家认为,在自由贸易的条件下,国际专业化分工将会使得商品在生产效率最高、生产成本最低的地方生产,曾经有一些事例支持了这个学说。正像在19世纪,英国人把巴西的橡胶树种带到马来西亚,在那里开辟橡胶种植园,建立了一个崭新的产业部门,并在世界市场竞争中摧毁了巴西的劳动生产率低的橡胶种植业一样。第二次世界大战后,比较优势的规律正在开始影响地球上的工业生产的布局。这意味着许多劳动密集型工业将会逐步地集中到劳动力资源丰富而低廉的国家和地区,并有可能使发达工业国家的这类工业部分地归于淘汰。过去垄断资本的主要活动领域是其本国市场和本国产品的出口,现在跨国公司越来越多地把它们的生产设备转移到海外,利用当地的廉价劳动力和自然资源,就地制造、就地销售并转售到其他国家以及资本输出国本身。从60年代以来,从发达资本主义国家涌向发展中国家的大规模的工厂外迁活动,适合于跨国公司在世界范围内重新配置生产力的需要,也适应于它的垂直一体化的国际分工体系的需要。美国、联邦德国、日本以及其他一些工业发达国家已从工业制成品的出口国家逐渐发展为制造业工厂的出口国家,[①]这种发展势必对世界分工和世界经济产生重大的影响。

战后发展中国家被卷入世界工业分工体系,基本上是遵循三条途径的:(1)简单加工工业;(2)劳动密集型的制成品的生产和出口;(3)在跨国公司的垂直一体化的国际分工体系中,从事于劳动密集型工序和部件的专业化生产。

跨国公司的基本原则是集中管理,而不是分散经营。跨国公司对发展中国家的投资和在这些国家所从事的生产活动和其他活动,是它们全球性互相连锁的垂直一体化生产结构的一部分,而不会成为自主的独立王国。跨国公司尽力避免把生产过程和流通过程的一切阶段放在一国之内。这些生产过程和流通过程包括研制与发展、采掘、提炼、加工、装配、销售及服务等。更典型的做法是把一个或两个阶段放在一国,把其他阶段分散到其他国家,而把最高决策权保留给跨国公司的总公司。跨国公司在与产品生产过程有关的每一个国家里组织专业化生产,而又通过公司的内部交易把这些国家的生产活动(工序)联系在一起。因此,在有关的每一个国家的国内生产流程,也就成为跨国公司在世界范围内的总的生产流程的一个组成部分。许多国家的劳动者参加了其中每一种产品的生产、运输和销售。在这里,各国间的分工就反映了跨国公司的垂直一体化体系内部的分工。同时跨国公司也就把国际贸易的很大一部分变成为其母公司与子公司间以及各个子公司之间的内部交易。在70年代末,跨国公司大约控制了资本主义世界贸易的五分之三,而其中的三分之一又是跨国公司与其国外子公司的内部交易。

[①] 特纳:《多国公司与第三世界》1973年纽约版,第7章。

在这种情况下，产业各部门间的分工日益向各个部门内部的分工发展，世界分工沿着越来越专业化的道路发展。世界分工在比较狭窄的产品种类基础上更加深化。从局部来看，分工是越分越细；从整体来看，各个部分之间，各个国家之间，在经济上越来越互相依赖，越来越密切不可分。跨国公司所组织的世界分工造成了各国间在经济上日益增长的相互依赖性，同时也给各国带来经济上的不稳定性。发达资本主义国家的经济危机和经常性的行情波动既然会对发展中国家造成经济上的损失，跨国公司在发展中国家间生产设备的转移或国际分包合同的转移，更会给有关国家带来经济上的损害。

从60年代以来，苏联和东欧国家参加世界分工，特别是发展经互会国家之间的分工的进程加快了。这些国家从事于一种复杂形式的工业化，每一个国家都发展了它的主要的生产部门，并把部门内部的专业化发展到很高的程度。通过相互长期贸易协定，专业化生产在整个区域内得到适当的市场保障。其结果，各个国家的贸易结构趋于接近，而相互贸易迅速增长。在经互会国家内部贸易增长的同时，它们与世界其他国家的贸易也扩大了。1955—1978年，苏联和东欧国家从全世界的进口增长了14.3倍，从发达的资本主义国家的进口增长了28倍。同时，这些国家对世界出口增加了13.4倍，对发达的资本主义国家出口增长了19倍，而苏联和东欧国家彼此间贸易增长了12.5倍。现在苏联和东欧国家与发达的资本主义国家签订的生产合作协定已达一千余项。这是它们参加世界分工的另一种重要形式。

总之，当代的世界是一个急剧变化的世界。国际分工和国际贸易也必然要发生变化。战前的国际贸易主要是制成品交换原料和食品，战后则主要是工业制成品交换工业制成品。但交换完整的成品所占的比重减少，交换中间产品的比重增大，零件、配件贸易的比重增大。这种情况反映了当代国际分工的深入发展。它由垂直型的国际分工过渡到水平型的世界分工，由工业各部门间的分工过渡到工业部门内部的分工，由部分的分工过渡到统一的分工，由主要受市场力量所决定的分工过渡到由跨国公司所协调的分工，过渡到广阔的世界范围内的技术过程的分工。国际分工进入世界分工的阶段，意味着社会生产力和社会分工的高度发展，也意味着社会生产力越来越超过国家的界限。这就为未来的社会主义世界经济体系的建立准备了物质前提。

世界经济的构成与发展

科学技术革命与世界资本主义工业发展的几个阶段*

自 18 世纪 60 年代以来的二百多年间,资本主义世界已经经历了三次工业和技术革命。伴随着三次工业技术革命而来的是大机器工业的发展,工业生产的迅速增长,海陆交通运输事业的发展,世界贸易的发展,以及资本主义国际生产关系的变革。在每次工业高涨时期以后,紧跟着又出现了三次经济停滞和慢性萧条时期。三次工业技术革命和随之而来的长期停滞和慢性萧条时期,大体上可以划分如下:

1. 18 世纪 60 年代到 19 世纪 60 年代,第一次工业技术革命和工业发展时期;

2. 19 世纪 70 年代到 90 年代初期,资本主义经济停滞和慢性萧条时期;

3. 19 世纪 70 年代下半期①到第一次世界大战以前,第二次工业技术革命和重工业及交通运输业迅速发展时期;

4. 第一次世界大战后到第二次世界大战前,资本主义世界经济第二次长期停滞和慢性萧条时期;

5. 第二次世界大战后到 70 年代初期,第三次工业技术革命和世界资本主义工业生产和国际贸易迅速增长时期;

6. 70 年代初期以来,资本主义世界经济第三次生产停滞和慢性萧条时期。

在资本主义的每一个扩张时期,都有一种与之相适应的资本积累形式,有一种或一种以上起推动作用的工业部门,一种与之相适应的竞争形式,和一种与之相适应的国际分工。

在资本主义的每一个慢性萧条时期,都意味着结构性危机的加剧,工业生产增长率的下降,以及从一种资本积累形式向另一种资本积累形式的过渡。

以下分六个时期加以说明。

---

* 姚曾荫,北京对外贸易学院,国际贸易问题研究所,世界经济讨论会发言稿之一,1977 年 12 月。

① 第二次工业革命开始于 19 世纪最后 25 年,与资本主义慢性萧条时期是重叠在一起的。

一、第一次工业革命和资本主义
国家工业生产的迅速增长

从19世纪60年代起,亘及百年间,在欧洲发生了机械和动力(蒸汽机)等的生产技术上的发明与革命。社会经济结构也随之发生变革。第一次工业革命的完成标志着资本主义生产方式在世界范围内的胜利。

机器和蒸汽力的使用是工业革命的起点。恩格斯说:"分工、水力、特别是蒸汽力的利用,机器的应用,这就是18世纪中叶起用来摇撼旧世界基础的三个伟大的杠杆。"[①] 机器和蒸汽力的使用,国内和国外市场的扩大,加速了西欧,特别是英国工业生产的增长。

英国的工业革命是从轻工业中的棉纺织部门开始的。18世纪中叶织布机的发明推动了纺纱机的发明,后浪推前浪,而前浪本身又使得更大的技术进步成为可能,于是一种技术发明推动另一种技术发明,一个生产部门的革新又推动另一个生产部门的革新,形成了一个波浪式的巨大工业技术的浪潮。从18世纪下半叶到19世纪上半叶,在英国的织布业、纺纱业、机器工业、冶金业、采煤业、交通运输业之间,在技术发明上出现了一连串的连锁反应。这些工业部门彼此影响,交相促进,从而使得生产量和劳动生产率都有了迅速的增长,并最终引起社会关系的变革。

英国棉织品的产量,1785年是4 000万码,1850年增至20亿码;煤产量1800年为1 010万吨,1830年为1 600万吨,1850年增至4 900万吨,1870年更增至11 000万吨;生铁产量1800年为19万吨,1830年为67.7万吨,1850年达225万吨,1870年达600万吨。从1770年至1840年间,英国工人,每一个工作日的劳动生产率平均提高了20倍。

1819年,第一艘汽船横渡大西洋,1825年世界上第一条铁路在英国试行。交通运输工业的发展扩大了资本主义国家的国内市场和世界市场,加速了大机器工业生产的步伐,并为资本主义生产方式在全世界范围的扩张,创造了有利的条件。

工业革命的完成使英国成为最先进的资本主义国家,并使它在世界工业和世界贸易中取得了霸权地位。1840年,英国在世界工业总产值中占45%,在世界出口贸易额中占32%,19世纪40年代,英国生铁的产量占世界的一半,煤的产量占世界的三分之一。

[①] 恩格斯:《英国工人阶级状况》,《马克思恩格斯全集》第2卷,人民出版社,第300页。

工业和技术发展使英国国民经济的增长速度加快了。在 1688 年到 1770 年的期间内，英国按每个人口计算的国民水平年增长率大致在 0.25% 和 0.5% 之间，而到 18 世纪末期，年增长率上升到 0.5% 至 0.75%，在 19 世纪前半叶，英国的经济增长率长期稳定在 1.12% 这个平均值上。①

当英国工业革命已经基本上完成的时候，德国的工业革命才刚刚开始。1848 年的革命为德国资本主义的发展，为德国工业革命的进程创造了条件。19 世纪 50 年代到 60 年代是德国工业高涨时期。机器的使用，到处排挤了手工劳动，蒸气机的使用也扩大了。从 1848 到 1870 年，德国产煤量从 440 万吨增加到 2 600 万吨，生铁产量从 21 万吨增加到 140 万吨。19 世纪 50 年代到 60 年代，是德国加紧铁路建筑的时期。从 1850 到 1870 年，德国的铁路长度从 6 044 公里，增加到 19 575 公里，计增加两倍以上。铁路的建筑最后消灭了国内各地区的经济隔绝性，并大大加速了德国资本主义的发展。

18 世纪末和 19 世纪初是美国经济发展的转折点。1775 年到 1783 年美国独立战争的胜利，为美国的工业革命和资本主义的发展廓清了道路。美国的工业革命也是从棉纺织工业开始的。1805 年，美国棉纺厂只有 4 500 枚纱绽，到 1860 年已达 520 万枚。这时美国纺织品的产量仅次于英国，而居于世界第二位。19 世纪上半叶，美国建立了制铁、冶金、农业机械和燃料工业等现代企业。在 1800 年到 1870 年期间，美国生铁产量从 4 万吨增长到 166.5 万吨，煤产量从 1820 年的 3 000 吨增长到 1870 年的 2 950 万吨。在 1810 年到 1860 年，美国工业总产值增长了将近 9 倍。

铁路建筑业迅速发展。1830 年美国第一条铁路部分通车，只有 21 公里，1860 年已达 48 000 公里，居世界第一位。

19 世纪中叶，美国已完成了第一次工业革命。在 19 世纪中叶，当欧洲和美国沿着资本主义工业化的道路有很大进展的时候，日本仍然是一个封建国家，一个发展中国家，还没有大机器工业。日本的近代机器工业的发展还是 1868—1873 年明治维新以后的事。

在西欧和北美工业革命迅速进展的情况下，世界工业生产成倍地增长起来。从 1820 年到 1870 年，世界工业生产增长了 9 倍。世界贸易总值增长了 9.5 倍以上。马克思提出，"资本阶级在它的不到一百年的统治中所创造的生产力，比过去一切古代创造的全部生产力还要多，还要大。"②

第一次工业革命的完成和资本主义生产方式的胜利，引起了资本积累形式的改变——由原始积累的形式转变为资本主义的积累形式。在前资本主义时期，西欧殖民主义者通过殖民战争，贩卖黑人，直接劫掠、奴役、谋财害命等手段劫取的财物，都

---

① 美国国会，联合经济委员会听证会：《就业，增长与物价水平》，1959 年 4 月，第 267—268 页。
② 马克思恩格斯：《共产党宣言》，《马克思恩格斯全集》第 1 卷，人民出版社，第 256 页。

流回殖民国家，在那里转化为资本。随着西欧国家的工业化和西欧产业工人所生产的剩余价值越来越高，对亚洲、非洲和拉丁美洲的直接掠夺在西欧国家的资本积累过程中便只具有从属的意义。对外"和平"贸易的形式代替暴力的劫掠，成为西欧国家资本积累的主要因素之一。这样的情况，以印度的事例最为典型。在19世纪上半叶，在英国工业制造品自由输出的情况下，印度被强制地从一个农业和家庭手工业结合的国家，变为一个英国工业资本主义的商品销售市场和农业原料殖民地。一个原来向世界各地输出棉纺织品的国家，这时变成为只向英国出口原棉，在英国加工成为棉纺织品再输入的国家，其他的亚洲、非洲和拉丁美洲国家也遭到了同样的命运。

随着第一次工业革命的结束，大机器工业的普遍建立和世界贸易的发展，资本主义的国际分工也最后形成。马克思指出："一种新的与机器经营的重要中心相适合的国际分工，于是发生了。它使地球的一部分变为主要是进行农业的生产区域，以便把别一部分变为主要是进行工业的生产区域。"[1] 英国与印度的分工是资本主义国际分工的典型。英国是当时世界经济的中心，而印度和其他亚、非、拉国家是它的外围国家，处于被剥削和被压迫的地位。

二、19世纪70年代到90年代初期资本主义国家经济的长期停滞

从19世纪70年代初期起，资本主义国家，特别是英国，进入了长期的慢性萧条时期。这个时期延续到90年代初期为止。在这个时期内，世界工业生产仍有增长，但是增长的速度下降了。从1873年到1893年世界工业生产增长了76%，每年平均增长率为2.9%，而在1820年到1870年的50年间，世界工业每年平均的增长率却已达到4.7%。在1873年到1893年的20年间，英国工业生产只增长了24%，德国为92%，只有美国的工业生产增长较快，为128%。因为80年代是美国历史上工业和铁路建设空前繁荣的年代。仅仅在这十年里，美国工业产值即增长了70%。

在上述的20年里，曾发生了1873年、1882年和1890年的世界性经济危机。三次经济危机的特点是，高涨的时期较短，萧条的时期拖长。因而整个20年左右的时期内，呈现着一种慢性萧条的长期趋势。这种慢性萧条是凌驾于三次周期性经济危机之上的一种长期趋势，显然，周期本身的形式也起了一定的变化，关于这一时期，恩格斯曾做过以下的一些论断：

---

[1] 马克思：《资本论》第一卷，人民出版社，第549—550页。

恩格斯在论述1878年英国工业情况时指出:"这种衰落时期以前也有过,平均每十年重复一次,它们延续下去,直到被新的繁荣时期所接替,为此不断地循环。但是,目前这个萧条时期,特别是在棉纺业和制铁业中表现出来的特点是,它持续的时间比一般的延长了几年。曾经有过几次复苏的尝试,有过几次向上地突进,但是全部无效,即使其正破产时期已过,营业仍然处于停滞状态,而市场依旧不能吸收全部产品。"①

恩格斯在1884年又指出:"危机前的普遍繁荣时期一直没有到来。如果它永远不再出现,则经常的停滞加一些轻微的波动。将成为现代工业的常态。"②

按着恩格斯在1886年又指出:"生产力按几何级数增长,而市场最多也只是按算术级数扩大,1825年到1876年每十年反复一次的停滞、繁荣、生产过剩和危机的周期看来确实已结束,但这只是使我们陷入无止境的经常萧条的绝望泥潭。"③

最后,恩格斯在1893年对这个问题作了一个总结,他说:"自上一次全面大危机(指1866—1867年危机)以来,这里已经发生一个转变。周期过程的急性形式和向来十年一次的周期,似乎让位给一种比较慢性的、拖延的交替了。这种交替,正按不同的期间发生在不同的国家里,交替的一种是比较短期的稍微的营业恢复,另一方是比较延长的漫无定期的消沉。"④

长期的慢性萧条,是资本主义发展史的一种新的现象,是一个很大的变化,列宁对于这个新的现象也曾引证泰·弗格尔施坦的论文,加以说明。

"大的转变开始于1873年的崩溃时期,确切些说,开始于崩溃后的萧条时期,这次萧条经历了欧洲经济史中的22年,只有在80年代初稍有间断,在1889年左右发生过异常蓬勃然而为期甚短的高涨。"⑤

除了经典作家对这个问题的论述以外,英国经济学家也把1873年到1895年这一期间,称之为"大萧条"时期。

由此可见,在第一次工业革命后,资本主义经历了大约一百年的迅速扩张时期以后,在19世纪70年代初到90年代初,已进入了一个慢性萧条和生产停滞的阶层,或者称之为结构性的危机时期。结构性的危机也是一种生产过剩的危机。但是生产与生产能力的增长与有购买力的需求之间的差距是如此之大,以致一般的经济复苏都不能消除两者之间的差距。

资本主义由经济扩张时期过渡到停滞和慢性萧条时期的最重要的原因,首先是长期的农业危机。这次农业危机持续了大约20年(1875—1895年),使欧洲国家农业人

---

① 《马克思恩格斯全集》第19卷,第311—312页。
② 《马克思恩格斯全集》第21卷,第216页。
③ 《马克思恩格斯全集》第36卷,第367页。
④ 马克思:《资本论》第三卷,人民出版社1966年版,第567—568页。
⑤ 列宁:《帝国主义是资本主义的最高阶级》,人民出版社1969年版,第16页。

口的收入大大下降①，影响到工业制成品的销售，从而影响到工业生产。1875—1895 年农业危机的直接原因是交通运输事业的革命。横渡海洋的轮船，南北美、印度和俄国铁路网的修建，把这些新地区所生产的谷物运到欧洲的市场上相竞争，从而使谷物和棉花的价格急剧下跌。小麦从 1879 年的每蒲式耳 1.21 美元跌到 1894 年的 0.61 美元。棉花从 1829 年的每磅 0.50 美元下跌到 1893 年的 0.06 美元。价格的暴跌对于欧洲的农业具有很大的破坏作用，并使工业的停滞时期拖长。

其次，第一次工业革命的潜力在 19 世纪 70 年代以后已发挥殆尽。而第二次工业革命继已开始，但其对工业生产的巨大推动作用还未发挥出来。这是造成慢性萧条的第二个原因。这个情况，只要指出第一次工业革命后，英国的棉纺织工厂的产品只是经过了 50 年的漫长岁月后才在世界市场上打败印度和中国的手工纺织品这一点，就可以看到了。②

第三，世界市场上竞争的加剧是 19 世纪 70 年代初到 90 年代初造成慢性萧条的第三个原因。恩格斯指出："因为要是有三个国家（比方说，英国、美国和法国）在大致相同的条件下为了获得世界市场而竞争，那就会出现慢性的生产过剩。"③ 又说，"英国工业垄断地位即将结束。由于美、法、德作为竞争者出现在世界市场上"，其结果就会产生"实际上是无穷无尽的危机。"④

由此可见，世界市场扩大过程的趋于停滞和资本主义国家在世界市场上竞争的加剧，也是造成慢性萧条的因素之一。

三、19 世纪 90 年代初期到第一次世界大战前资本主义世界经济的迅速发展时期

在 19 世纪末和 20 世纪初，自由竞争的资本主义已完全过渡到垄断资本主义阶段。垄断资本的统治必然要导致资本主义发展的停滞和腐朽的趋势。腐朽性是垄断资本统治下生产力发展的决定性特点。这个特点，在 19 世纪末叶和 20 世纪初期就已经显露出来。但是资本主义腐朽的趋势，并不能完全排除生产力的发展。列宁指出："如果以为这一腐朽趋势排除了资本主义的迅速发展，那就错了。不，在帝国主义时代，个别工业部门，个别资产阶级阶层，个别国家，不同程度地时而表现出这种趋势，时而又表

---

① 仅英国一国的农业人口的收入，在 19 世纪 80 年代就减少了 4280 万英镑。
② 工业革命开始于 19 世纪 60 年代，但在 1760 到 1810 年的 50 年间，印度和中国仍然是世界上棉纺织品的最大供应国。1815 年印度对英国出口棉布达 130 万英镑，1819 年中国出口的棉货达 350 万匹。
③ 《马克思恩格斯全集》第 36 卷，第 424 页，第 430 页。
④ 《马克思恩格斯全集》第 36 卷，第 424 页，第 430 页。

现出那种趋势，整个说来，资本主义的发展比从前要快得多。"①

在帝国主义时代，在个别部门，个别国家，个别时期内，生产力加速发展的趋向，是由竞争的尖锐化所产生的。无论在垄断组织内部，还是在各垄断组织之间，以及在垄断企业与非垄断企业之间，都进行着激烈的竞争。垄断组织利用改良技术的方法就可以降低成本，提高竞争能力，从而获得更多的利润。此外，生产社会化的过程有了巨大的进展，生产达到高度的集中，几乎所有社会货币资本都集中在银行或大保险公司手里，垄断组织掌握着巨大的经济能力。这一切都使得垄断资本有扩大利用新的科学技术发明的潜在可能性。

列宁指出："当然，拥有亿万巨资的银行企业，也能用从前远不能相比的办法来推动技术的进步。"②

垄断组织所掌握的经济资源和技术知识使它们能进行广泛的科学实验和技术研究，在短期内采用新机器和工艺。在这里"……技术发明与改良的过程，也……社会化了"③。这就便利了技术的进步。

世界资本主义在渡过了70年代初期到90年代初期的结构性危机和农业危机以后，又进入了一个工业生产猛烈上升的时期。共产国际第三次代表大会指出："战争以前的20年是特别有力的资本主义向前冲击时代。高涨期的特点是紧张性和长期性，萧条期或危机期的特点是短期性。总的说，发展是曲线急剧上升。"

在1893年到1913年的20年间，世界工业生产增加了144%，每年平均增长率为4.6%。在这20年内，美国工业生产年平均增长率为5.4%，德国为4.8%，法国为3.6%，俄国为5.5%，意大利为4.8%，加拿大为6.1%，日本（1905—1913年）为6.4%，比利时为4.1%，瑞典为5.9%，印度为4.5%。

在上述时期内，世界贸易增长了121%，每年平均增长率为4.1%，而在1870—1893年的时期内，年平均增长率仅为1.8%。

根据以上的统计数字，可以参出以下三点：第一，世界工业生产，世界贸易以及上述某些国家的工业生产的增长速度是非常显著的。第二，各国工业生产的增长率是很不平衡的，日本、瑞典、加拿大和美国的增长率遥遥领先，而英国和法国是显著地落后了。第三，在这个时期内（1893—1913年）世界工业生产和上述各国的工业生产的增长速度都超过前一个时期（1870—1890年）。整个说来，这是资本主义国家工业生产沿着上升路线发展的时期。

英国工业发展的情况有些不同。在本时期内，英国工业只增长了61%，年平均增

---

① 列宁：《帝国主义是资本主义的最高阶层》，人民出版社1969年1版，第114页。
② 《列宁全集》第22卷，人民出版社，第293—284页。
③ 《列宁全集》第22卷，人民出版社，第197页。

长率为2.4%。虽然超过了1870—1893年的增均增长率（1.9%），却远远落在其他国家的后面，到这时，英国经济已日益腐朽，并丧失了它在世界市场上的霸权地位。这种情况差不多在经济生活的各个方面，首先是在工业生产的增长速度方面显示出来了。

1893—1913年世界工业生产迅速上升的重要原因是第二次工业技术革命导致生产力的巨大发展，农业危机结束后，西欧农民购买力的增加，资本输出促进了商品输出并带动了工业生产的增长，以及世界市场的迅速扩大。

第一，从19世纪70年代起，资本主义国家发生了第二次工业技术革命。如果说第一次工业革命主要发生在纺织工业部门和动力工业部门，则第二次工业革命主要是动力工业的革命和交通运输业的革命。

在本时期内，自然科学领域内最大的进展是普朗克的量子论和爱因斯坦的相对论。这两项理论研究工作的成就开阔了现代原子物理学的前景。

动力工业中出现了内燃机、电动机和蒸气运输机。内燃机和电动机逐步代替了蒸气机的使用。这一次的动力革命使整个工业的面貌完全改观。内燃机的应用促进了石油的开采和提炼。石油产量从1870年的80万吨增加到1900年的2 000万吨，又增加到1913年的5 100万吨。

电器工业和电力工业发展迅速，电话、电灯、电车、无线电等先后发明。远距离送电试验在19世纪90年代获得成功，为工业电气化创造了前提。发电站、电机工业、电车等的建设进展很快。美国的电力生产，在1890年到1902年间从8亿千瓦时增至30亿千瓦时。电力对许多种类的工业部门产生了巨大的影响。电力不仅推动了许多新产品（铝、碳酸钙等）的生产和电化学、电热学的进展，而且对旧工业部门，对钢铁工业、采煤工业等的技术也产生革命化的影响。工业部门的技术革命也使得交通运输业的革命成为必要。马克思在谈到这种关系时指出："工业和农业生产方式的革命，又特别地使社会发生过程的一般需用的条件，那就是使交通——运输工具有发生革命的必要。"[①] 交通运输革命的巨大成就乃是本时期内资本迅速发展的另一个重要表现。

1913年以前，铁路的建设加快了。1870年全世界铁路网的长度为21万公里，1890年达61.7万公里，1913年则达110.4万公里。轮船代替帆船而成为海上贸易的重要运输工具。1870年世界汽船吨位为2.7百万吨，1890年增长到10.2百万吨，1910年更增至26.2百万吨；而世界帆船吨位则由1870年的14.1百万吨下降到1890年的12百万吨，再降到1910年的8.4百万吨。

冶金、机器制造及化学工业都有了巨大的发展。铁路、轮船和机器制造业的发展引起了对钢铁、煤炭的巨大需求，因而促使钢铁工业的生产猛烈上升。1870年世界钢

---

① 马克思：《资本论》第1卷，人民出版社1963年版，第408页。

产量为52万吨。1890年增至1 248万吨。1913年更增至7 635万吨。在1870年到1913年的43年间世界钢产量增加了146倍，而在1890年到1913年的23年间则增加了5倍以上。

第二次工业技术革命改变了不同的工业部门在世界经济中的相对重要性。棉纺织品和煤炭在世界工业生产中处于领先地位达一个世纪之久。到本时期钢铁已居于首要地位。世界工业生产已从原来"棉纺织时代"进入"钢铁时代"。重工业在全部工业中开始占主导地位。英国的工业中心已从曼彻斯特（棉纺织工业中心）移向伯明翰（钢铁工业中心）。同时英国已永远丧失了它在世界工业中的领先地位。世界工业中心已由英国转移到美国。

第二，19世纪末叶到20世纪初期世界经济的一大特点是世界市场的迅速扩大和资本主义世界经济体系的形成。

表1　世界出口贸易　　　　　　　　　　（百万美元）

年份	世界出口额	每年平均增长率（%）
1876/1880	6 010	
1891/1895	7 370	1.4
1913	19 450	5.0

在1891/1895到1913年的期间，世界出口额增加了1.5倍以上，每年平均增长率为5%，大大地超过了前一个时期的增长率（1.4%）。在世界商品贸易中，工业制成品的出口增长更快。在1891/1895到1913年的期间，制成品出口增加了274%，每年平均增长率达5.2%，也大大地超过了前一个时期（1876/1880）的年平均增长率（1.4%）。关于这一个时期内，世界贸易的增长，世界市场的扩大对工业生产所起的作用，列宁曾有以下的分析：

"大铁路的修筑，世界市场的扩大，商业的昌盛——这一切引起了工业的突然活跃，新企业的增加，对销售市场的疯狂竞争，对利润的追逐，以及新公司的创建和大批新资本（其中一小部分是小资本家为数不多的储金）的投入生产。"[①]

19世纪的最后30年是资本主义各国加紧侵占殖民地的时期。亚洲、非洲和大洋洲的大片土地都被瓜分。它们还在亚洲、非洲、南美和澳大利亚加速铁路建筑，加强对这些地区的人民和自然财富的掠夺。这一过程加速了世界贸易和世界市场的发展，从而为先进国的商品和资本开阔了广阔的活动场所。世界市场的扩大是本时期内世界工业生产增长的第二个原因。

---

① 《列宁全集》第5卷，人民出版社，第72页。

第三，作为垄断资本主义的重要特征的资本输出，现在此商品输出具有更加重要的意义。在垄断资本主义条件下，国内有利的投资场所已显得狭隘，资本家为了追求超额利润，就把"剩余"资本大量输出到殖民地半殖民地以及比较落后的资本主义国家去；资本输出是促进商品输出，从而带动工业生产增长的手段。主要资本主义国家的海外投资总额，1854年为12亿美元，1874年达65亿美元，1900年增加到220亿美元，1913年更增加到440亿美元。在1874年到1913年，主要资本主义国家的海外投资总额增加了5.8倍，超过了同期世界出口额的增加倍数。巨额的资本输出在促进本时期内世界贸易和世界工业生产的增长方面，起了很大的作用。

在本时期内，重要资本主义国家，特别是英国，从海外投资中所榨取的利润已超过对外贸易的利润。英国资产阶级的收入差不多三分之一是来自海外投资。这表明资本输出在资本主义积累中已代替对外贸易成为更重要的手段。同时殖民地和半殖民地的资本原始积累过程已专属于帝国主义资本的再生产过程，它们的生产被迫补充帝国主义宗主国资本主义生产的需要。

第四，在19世纪90年代中叶，持续了20年的世界农业危机终于被克服了。广大农村是工业品的重要市场。农业危机的摆脱，不能不加速工业发展和世界市场的扩大。

本时期是资本主义世界经济体系形成和资本主义国际分工进一步发展的时期。资本主义向世界范围的扩张，把世界上各个地区各个国家都相继卷入资本主义商品流通领域，从而在19世纪末20世纪初最终形成了资本主义世界经济体系。这个体系是建立在资本主义国家奴役剥削殖民地半殖民地国家的基础上的。亚洲、非洲和拉丁美洲的殖民地半殖民地国家这时不仅是帝国主义国家的商品销售市场和原料来源地，而且也成为它们的投资场所。帝国主义国家内部出现了庞大的食利者阶层，并形成了几个靠剥削殖民地半殖民地为生的食利国。这说明资本主义的国际分工体系的剥削性质进一步深化了。

四、两次大战期间资本主义经济的慢性萧条和长期停滞

第一次世界大战后，世界资本主义进入了政治经济全面危机和生产长期停滞的时期。资本主义的各种矛盾急剧尖锐化了。各主要帝国主义国家间的矛盾，帝国主义国家与殖民地半殖民地国家的矛盾，资本主义国家内资产阶级与无产阶级间的矛盾，全部日益暴露，日益激化起来了。

从19世纪初期起，就一直作为资本主义的经常伴侣的生产过剩的经济危机，在本

时期内也有不断尖锐化的趋势。资本的无限制地扩大生产的倾向同有限的社会购买力之间的矛盾,导致生产和生产能力的经常过剩现象。这种生产能力的过剩现象,在农业中以经常性的农业危机,在流通领域中以借贷资本的经常过剩的形式表现出来。本时期内发生了资本主义历史上第二次农业危机。农业危机的长期持续不能不使工业危机大大深化,并造成萧条阶段拖长。

由于第一次世界大战后的经济和政治条件的变化,资本主义世界工业生产的增长率大大下降,形成为长期萧条和生产停滞的趋势。

表2　1913—1938年资本主义工业生产的变化　　（1901—1919年=100）

1913	1920	1929	1932	1938
121	116	176	114	181

资料来源：LON《工业化与对外贸易》统计附表。

从1913年到1938年的25年间,资本主义世界的工业生产总共增长了52%,每年平均的增长率还不到1.7%,仅为前一时期（1890—1913年）年平均增长率的1/3稍多一点。上述期间内,主要资本主义国家及印度的工业生产增长情况如下：

表3　1913—1938年西方资本主义国家及印度的工业生产指数

	美国	德国	英国	法国	意大利	日本	加拿大	比利时	印度
1913	100.0	100.0	100.0	100.0	100.0	100.0	100.0	100.0	100.0
1920	122.2	59.0	92.6	70.4	95.2	176.0	99.1	67.3	118.4
1929	180.8	117.3	100.3	142.7	181.0	324.0	162.7	139.9	157.3
1932	93.7	70.2	82.5	105.4	123.3	309.1	108.5	94.2	155.3
1938	143.0	149.3	117.6	114.6	195.2	552.0	161.8	102.1	239.7
1913—1938*	1.4%	1.6%	0.6%	0.5%	2.7%	7.1%	1.9%	0.1%	3.5%

注：* 年平均增长率。

资料来源：LON：《工业化与对外贸易》,第135页。

经过第一次世界大战的战争破坏以后,直到1923年世界资本主义的工业生产才恢复到战前水平。从1925年到1929年世界资本主义进入到两次世界大战间的暂时高涨时期。但1929—1933年的大危机又使工业生产猛烈下降。

在1925年到1929年的时期内,除了英国以外,其他资本主义国家的工业生产都暂时有所增长。但在1929年到1938年的期间内,除了德、日、意三个法西斯侵略国以外,其他资本主义国家的工业生产皆一致下降了。德、日、意三国由于重整军备,加紧进行侵略战争所造成的战争景气,才使得它们的军火武器工业部门的生产直线上升。英国工业生产仅稍稍超过1929年的水平。

在两次世界大战间的全部时期内（1913 到 1938 年），资本主义国家工业生产的每年平均增长率，美国为 1.4%，英国为 0.6%，法国为 0.5%，比利时为 0.1%，德国为 1.6%，均低于资本主义世界平均增长率（1.7%）。只有日本（7.1%）、加拿大（1.9%）和印度（3.5%）超过了资本主义世界的年平均增长率。而且除了日本以外，其余资本主义国家的年平均增长率比较前一个时期（1893—1913 年）均大大下降了。

在同期内世界出口贸易值从 195 亿美元增长到 227 亿美元，计增长了 16%，每年平均增长率仅为 0.6%。世界出口量指数在 25 年内仅增长了 13%，每年平均增长率仅为 0.5%，均远远落后于前一时期世界出口的增长率。

表4　主要资本主义国家出口贸易额　　　　　　　　　　（百万美元）

	美国	德国	英国	法国	日本	意大利
1913	2 429	2 409	2 556	1 239	410	489
1930	3 781	2 867	2 633	1 679	726	638
1938	3 064	2 257	2 414	880	1 109	553
1913—1938 增或减%	26%	−6%	−6%	−29%	170%	13%
1913—1938 年平均增长或减率%	0.9%				4%	0.5%
1893—1913 年平均增长率	3.1%	4.2%	1.7%	0.6%	9.4%	

资料来源：LON，《工业化与对外贸易》附统计表。

从 1913 年到 1938 年，主要资本主义国家出口贸易的年平均增长率也都一致下降了。增长数字远远低于 1893 年到 1913 年的平均水平。日本的年平均增长率虽达到 4%，处于资本主义世界领先的地位，但也低于前一个时期增长率的一半以上。至于法国、英国和德国的出口值则都已分别倒退到 20 世纪初期的水平。

由此可见，第一次世界大战以后，世界资本主义已进入到第二次长期慢性萧条或经济停滞的时期。这种长期的慢性萧条也在资本主义世界工业生产和世界出口贸易方面充分的反映出来。经常性的大量失业，经常性的生产能力过剩和资本过剩，也是这种长期慢性萧条现象的具体表现。

造成第二次长期慢性萧条的原因，首先是市场的相对固定，生产能力的增长和市场相对固定的矛盾的日益严重化，使市场问题成为本时期内资本主义的主要问题。此外，前一个时期第二次工业技术革命潜力耗用殆尽，长期的农业危机，频繁发生的经济危机以及激烈的贸易战，关税战，货币战等等，都是产生长期慢性萧条和生产停滞的主要因素。

五、20世纪50年代到70年代初期第三次工业技术革命与资本主义工业生产的迅速增长

第二次世界大战以来，在自然科学和技术的各个领域内都发生了巨大的变化。人类进入了第三次科学技术革命时期。第一次工业技术革命是以蒸汽机和纺织机为基础的。第二次工业技术革命是以内燃机、电动机为基础的。第三次工业技术革命则是以原子能和电子计算机的使用为基础。原子能在生产上的利用标志着人类社会在能源的利用上已逐步从煤炭、水力阶段进展到石油的阶段，又由石油阶段进展到原子能利用的阶段。煤炭、水力和石油的利用，都受到地理条件和运输条件的限制，而原子能的利用则打破了这些限制，使一些交通不便和荒芜高寒的地区都有了开发的可能。

过去的两次工业技术革命的特点在于以机械代替体力劳动，而第三次工业技术革命的特点则在于以机械（电子计算机）部分或全部地代替了脑力劳动。这个因素引起了速度、连续性、压力和精密度上的革命，代替人们的生产过程进行的监视和控制，从而提高产品的质量与产量，减轻劳动强度，提高劳动生产率。第三次科学技术革命不但再一次根本改变了生产动力和劳动工具，并且改变了劳动对象，甚至也改变了劳动者在生产过程中的作用。在科技革命过程中，电子学、原子能、半导体、高分子化学、量子化学、分子生物学、高能物理学有了巨大的发展。人类创造了日新月异的技术奇迹并建设了一系列的新兴工业部门，其中包括电子计算机、自动化机械、人造卫星、激光、钴炮、塑料等工业部门；正在开发新的地下宝藏、海洋资源和新的能源；并且建造了巨大的原子能发电站和全盘自动化的工厂。"在科学的猛攻之下，一个又一个部队放下了武器，一个又一个城堡投降了。"[①]

生产能力或生产工具的不断变革，是资本主义基本过程之一，也是资本主义区别于以前的远为停滞的历史时代的主要标志之一。对资产阶级来说，变革生产工具和提高劳动生产率，不仅仅是取得超额利润的手段，而且也是在激烈的竞争中谋求生存和进一步争夺市场、打击竞争者的手段。马克思、恩格斯指出："资产阶级除非使生产工具，从而使生产关系，从而使全部社会关系不断地革命化，否则就不能生存下去。反之，原封不动地保持旧的生产方式，却是过去的一切工业阶级生存的首要条件。生产的不断变革，一切社会关系不停的动荡，永远的不安全和变动，这就是资产阶级时代

---

① 恩格斯：《自然辩证法》。

不同于过去一切时代的地方。"①

如果我们只指出资本主义腐朽的趋势和生产停滞的趋势，而不指出其技术进步和生产增长，从而为垄断资本带来高额利润的另外一种趋势，那么我们就不能理解战后资本主义世界经济所存在的发展形势。只有当我们考虑到这一过程的两个矛盾的方面时，我们才能认识到，为什么资本主义在其腐朽、没落和垂死的阶段，仍然有可能发展科学技术和提高劳动生产率。

战后科学和技术发展已日益广泛地被应用到工农业生产和交通运输部门，从而使工业生产和劳动生产率成倍地增长。

关于战后资本主义国家劳动生产率增长和情况可参见以下两表。

表5　1910—1973年美国按每小时计算的劳动生产率年平均增长率

时　　期	每年平均增长率（%）
1910—1920	1.25
1920—1930	1.80
1930—1940	2.84
1940—1950	2.69
1950—1960	2.10
1960—1970	2.50
1970—1973	2.80

资料来源：1910—1950年数字引自经济进步会议，《我们的繁荣的差距》，美国商务部，1956年9月，第51页。1950—1973年数字根据（美）《总统经济报告》1974年2月第286页数字计算。

表6　1960—1976年主要资本主义国家劳动生产率每年平均增长率　　　　（%）

年份	美国	加拿大	日本	英国	法国	西德	意大利
1960/1965	4.5	4.6	8.5	3.8	5.2	6.4	7.1
1965/1970	1.3	4.1	13.1	3.4	6.5	5.2	5.2
1970/1975	1.9	3.1	4.4	2.6	2.9	5.2	5.1
1976	8.4	3.5	12.1	4.3	10.1	9.2	—

资料来源：美国《总统国际经济报告》（1977年1月）统计附件。

---

① 马克思、恩格斯：《马克思恩格斯选集》第1卷，人民出版社1972年版，第254页。

战后资本主义国家劳动生产率的增长,是科学技术发展和劳动强度不断加强的结果。而劳动生产率的增长,又对这些国家工业生产的增长起了很大的推动作用。在1938年到1973年的35年期间内,资本主义世界的工业生产增加了将近5倍,而在1948年到1973年的25年内则增长了3倍。在不同的资本主义国家中,工业的发展是十分不平衡的。有的国家在工业发展方面表现为跳跃式的增长,其中包括日本和西德。在1948年到1973年间,日本工业生产增长了将近32倍,每年平均增长率达15%。西德工业生产增长了8倍以上,年平均增长率达9.2%,同期苏联工业生产增长率将近12倍,年平均增长10.7%。有的国家则远远落在别国的后面,其中包括美国和英国。战后主要资本主义国家和苏联的工业生产增长情况可看第七表。

表7 战后主要资本主义国家和苏联的工业生产指数 （1963 = 100）

年 份	西方资本主义国家	美国	日本	西德	法国	意大利	英国	加拿大	苏联
1938	31	25	27	38*	42	26	52	23	15
1948	45	55	10	19	42	26	62	44	17
1953	62	73	28	48	56	42	74	60	37
1958	73	75	47	73	79	60	84	74	63
1960	85	87	70	88	87	77	95	83	77
1963	100	100	100	100	100	100	100	100	100
1970	152	139	258	154	152	150	124	159	175
1971	156	140	265	157	161	146	124	169	189
1972	166	149	284	169	169	185	127	179	201
1973	181	167	328	173	182	156	137	184	216
1974	181	161	318	169	187	172	132	201	233
1975	170	152	283	159	170	179	126	192	251
1976	184	162	321	172	187	163	127	201	263
1938—1973	484 5.2	568 5.5	1115 7	355 4.4	333 4.2	500 5.2	163 2.8	700 6.1	1340 8.4
1948—1973	302 5.7	204 4.6	3180 15	811 9.2	333 6	500 7.4	121 3.2	318 5.9	1170 10.7
1960—1976	217 3	192 2.5	459 6	196 2.6	215 3	212 2.9	134 1.1	243 3.5	342 4.8

注：*系全德数字。
1938—1973，1948—1973，1960—1973阶段数字，上栏为年增长率，下栏为年平均增长率。

对于战后资本主义世界工业生产增长情况的分析，我们可以看到以下三种情况：

第一，战后50年代和60年代资本主义世界工业生产的增长速度远远超过了两次战间的时间，同时也超过了1890年到1913年的时期（1890—1913年世界工业生产年平均增长率为4%，两次世界大战间为1.7%，而第二次世界大战后从1950年到1972年为6.1%，为第一次世界大战前时期的1.5倍，为两次战间时期的3.5倍以上）。

第二，战后资本主义世界工业生产的扩张是建立在西欧和日本"赶上"美国的过程之上的。两个世纪以前，一个欧洲的殖民地决定要赶上欧洲。第二次世界大战后，日本和欧洲却要赶上美国。历史的辩证法就是如此。对于西欧和日本来说，在工业上"赶上"美国是它们的战略目标。通过这一"赶上"过程，过去在两次世界大战间时期西欧和日本在工业上落后于美国的局面已基本上被扭转过来了。60年代以来，苏联也加入到这一追赶的过程中来。

第三，战后资本主义国家工业生产的迅速增长与第二次世界大战后美帝国主义所发动的两次侵略战争以及经济军事化是有密切联系的。尽管战争和经济军事化使得资本主义国家的工业遭到巨大的破坏，但它们同时又促进和推动了军事工业部门和为军事生产服务的工业部门的技术和生产的发展。战争和经济军事化为垄断组织的产品创造了一个广大的销售市场，于是垄断组织就加紧改进技术，加速资本积累，迅速地增加生产，从而取得更多的利润。

固定资本的扩大和更新是工业发展的物资基础，美国的固定资本投资在1939年到1950年增加了2.7倍。1950年到1960年增加73%，1960年到1970年增加117%，1970年到1976年增长51%。1976年美国固定资本投资总额为1 205亿美元。日本的工业投资总额在1956年到1970年间增加了5.7倍。苏联的工业投资在1960年到1971年增加一倍，1971年工业投资总额达333.2亿美元。在1970年到1975年主要资本主义国家固定资本投资在国民总产值中所占比重，有如下表。

表8　1970—1975年固定资本投资在国民总产值中所占的比重　　（%）

国　　别	比　　重
美国	17.4
意大利	19.9
英国	21.2
加拿大	22.2
西德	25.3
法国	28.9
日本	35.1

资料来源：美国《总统国民经济报告》（1977年1月）统计附件

这些数字都超过第二次大战以前。1938年固定资本投资在国民总产值中所占中的比重，美国为14%，加拿大16%，意大利19%，美国4.1%，西德17.2%，法国11.6%。较高的投资水平是战后资本主义国家工业品销售市场扩大的基本因素，是工业生产迅速增长的主要原因之一。

但是，第二次大战后，固定资本扩大和更新过程有着一系列特点。这些特点，不能不使战后的资本主义国家工业生产的增长远较第二次世界大战前为快。第一，固定资本的扩大和更新是在第三次科学技术革命的基础上进行的。因此，它具有更深刻更全面的性质。其次，固定资本的扩大和更新，是在国家垄断资本主义和经济军事化条件下进行的，因此，它带有强烈的军事色彩。第三，固定资产的扩大和更新，是和新工业部门（电子工业、原子能工业、合成原料、喷气发动机、石油化学工业等）的建立同时进展的。这些新兴工业部门，推动了战后固定资本投资的浪潮。第四，固定资本的扩大和更新，不仅在工业中进行，而且也扩展到了国民经济的其他部门。战后农业机械化、电气化、化肥化也有了广泛的发展。在商业、银行业及政府行政部门中，电子计算机和其他机器已广泛采用。所有这一切都是扩大工业品销售市场，从而扩大工业生产的重要因素。

战后的科学技术革命不仅更新和扩大了物资生产部门，同时也扩大了商品流通领域，使资本主义国家的国内贸易和对外贸易都扩大了。在1929年到1976年的37年内，世界出口贸易量增加了5倍以上。

第三次科学技术革命为人类社会展现了无限美好的前景，它开阔了巨大的，几乎是无限的能源，找到了改变物质分子结构的能力，提供了新材料、新工艺、新流程和新产品，特别是自动化，它是生产方法上的深刻的革命。自动化本身是科技进步的产物，而它的发展又促进着并部分地决定着科学和技术的发展。自动化不仅创造了各种手段，可以把原子能应用到劳动过程，还可以用精密的方法操纵机器。使自动化设备可以无需人们动用大脑或双手而长年累月地进行工作。控制论越来越广泛地被用到从工厂办公室里进行调整自动化机器的运转。极其丰富的廉价的能源，加上用电子计算机操纵的自动化技术和现代的化学方法，这就意味着：原料缺乏问题能够得到解决，食品和其它消费品可以大量生产出来。这样，共产主义的物资基础就有了保证。

但是在资本主义条件下，生产社会性和生产资料的私人占有形式之间的矛盾并没有因科学技术的进步而得到解决，相反地是更加激化了。经济发展的不平衡性和国民经济各部门发展过程中的比例失调现象更为严重了。市场问题正在进一步尖锐化，生产设备经常开工不足和大量失业的现象增长了。资本主义越来越不断充分利用它新创造的生产力，它日益束缚生产力的发展。美苏两个超级大国利用它们手中所掌握的科学技术，首先用来制造原子武器和热核武器，技术进步越来越为毁灭人类的目的服务了。美苏两霸利用人类的科学技术成就来反对人类本身，把这些科学发现变为准备战争的残酷手段。这种堕落现象表明帝国主义和社会帝国主义的极端腐朽性。

六、20世纪70年代初期以来世界资本主义的经济停滞和慢性萧条

从1950年前后到70年代初期是资本主义世界经济的一个迅速扩张时期。这个时期的经济扩张涉及到国民经济的各个部门，不仅工业迅速增长，而且农业、交通运输业以及一些劳务部门也都发展了。自然科学和技术的各个领域也都有了很快的进展。世界工业生产和生产能力有了成倍的增长。在1948年到1976年间，资本主义世界工业生产增长了3倍以上，年平均增长率达到6.6%，不但超过两次世界大战间资本主义长期慢性萧条阶段的平均增长率（1.7%），也超过了第一次世界大战以前资本主义经济迅速扩大阶段的平均增长率（4%）。国际贸易和海外投资也扩大了。在1948年到1976年，世界出口贸易量增加了6.3倍，年平均增长率达6.6%，这个数字也同样超过了两次世界大战间时期的增长率（1913到1938年平均增长率为0.7%）和第一次世界大战以前的时期的数字（1900—1913年国际贸易年平均增长率为4.1%）。在1945年到1970年间，主要资本主义国家的海外投资累计额增长了5倍左右。

但是资本主义的衰落、腐朽和停滞的趋势是不可避免的，战后20年左右的经济扩张只是世界资本主义总的腐朽、停滞和衰落过程中的一个插曲。战后的第三次科学技术革命和随之而来的工农业生产的增长，只是暂时中断了帝国主义时期资本主义经济停滞的长期趋势，随着资本主义基本矛盾的激化，事物已日益走向它的反面。过去20年间促进资本加速积累和世界资本主义工业生产增长的有利因素，或已失去势头，或已完全消失，或已变为阻碍的因素。因此，战后资本主义世界经济的迅速扩张阶段已经结束，并已进入一个漫长的经济萧条和生产停滞的时期，这次慢性萧条时期的特点是工业生产停滞，长期的大量的失业数字和长期的通货膨胀的现象同时存在。西方资产阶级经济学家把这个时期称为停滞中的膨胀（stagflation）时期。

世界资本主义经济的萧条和停滞的现象在60年代末和70年代初已隐约地显现出来，而在1973—1975年的经济危机以后则表现得更为明显。主要资本主义国家在经历了战后最严重的经济危机以后，分别从1975年第二季度和第三季度起，开始了战后最缓慢最不稳定的经济回升。

根据各国官方统计，这次危机期间工业生产的下降幅度，美国为15.4%，日本为20.8%，西德为12.2%，法国为14.1%，意大利为22.4%，英国工业生产长期停滞，

危机中还下跌了12%，工业生产的这样大幅度下跌是战后历次经济危机中所从未出现过的。

资本主义世界经济自1975年春季起开始复苏，其中美国和西德的工业生产分别于1976年12月和1977年1月恢复至危机前的水平，而截至1977年6月，日本、法国、意大利和英国的工业生产尚未恢复到危机前的水平。

主要资本主义国家工业生产的恢复，在1976年夏秋两季出现了停顿状态。1976年11月在一些国家再度出现回升。但在大多数情况下，回升的步伐是踌躇不前的，英国《经济学家》周刊称之为回升踌躇（Hesiflation）。

表9　1973—1975年经济危机前后主要资本主义国家工业生产的变化

	美国1967=100	日本1970=100	西德1970=100	英国1970=100	法国1970=100
危机期最高点					
日期	1974年6月	1973年11月	1973年8月	1973年10月	1974年2月
指数	132.0	132.9	115	111.7	121
危机期最低点					
日期	1975年3月	1975年2月	1975年7月	1975年8月	1975年8月
指数	111.7	105.2	101	98.3	104
最低点比最高点	-15.4%	-20.8%	-12.2%	-12.8%	-14.1%
恢复到危机前					
日期	1976年12月		1977年1月		
指数	133.1		116		
最近统计数字					
日期	1977年6月	1977年6月	1977年4月	1977年5月	1977年4月
指数	138.6	129.6	115	104.2	115
比危机前最低点	+24.1%	+23.2%	+13.9%	+6.0%	+10.6%
比危机前最高点	+5.0%	-2.5%	±0	-6.7%	-5.0%

资料来源：《经济统计》第10期

据估计，资本主义世界工业生产的增长率1977年下半年比上半年要减缓，而1977年全年又低于1976年。美国大通曼哈顿银行估计1977年资本主义世界经济增长率将减为3.5%，英国全国经济研究所则估计将降至4.3%。而在1972年到1973年和1975年到1976年，资本主义世界经济的增长率都曾分别达到接近9%的水平。3.5%到4.3%的增长率不仅不足以降低失业率，实际上反而会促使失业增加。

西欧和日本曾经是50年代以来资本主义世界发展最快的地区。但是西欧和日本已经失去了曾使它们的经济在战后取得迅速进展的大部分推动力。利润率下降，工业设备过剩，特别是钢铁业和造船业的生产设备过剩，固定资本投资不振，持续的通货膨胀和高失业率同时存在，以及多数国家的严重的国际收支逆差，都是它们无法解决的难题。美国的经济情况虽较西欧和日本稍好，但是美国的失业人数仍在700万以上，通货膨胀情况依然严重。制造业生产设备利用率仍低，固定资本投资仍然低于1974年经济危机前投资的高点，而且大部分资金是投资在控制污染设备和汽车工业上，这对提高美国工业设备生产能力和增加工业生产几乎不起什么作用。美国商务部的12种主要经济指标综合指数，在今年五、六、七三个月连续下降0.2%，预示着工业生产增长率将有明显的降低。

战后资本主义国家经济的发展，是以两次侵略战争，特别是美国侵略印支的战争，科学和技术的进步，廉价石油，对工人阶级的加强剥削和国际贸易的扩大为基础的。两次侵略战争曾推动了美国、日本、西欧在经济上的畸形发展，并带动了第三世界原料出口部门和一些加工工业的发展。但是两次侵略战争及其经济影响已经成为过去。战后的科学技术革命曾深入到经济的各个领域，建立了一系列新的工业部门并促进了工业生产的迅速增长。到70年代初，这一次科学技术革命的直接潜力已耗用殆尽，要取得更大的进展，已很困难。廉价石油的时代已经一去不复返。1973年以来的石油生产斗争和几次石油提价震撼了帝国主义的剥削体系，并给予资本主义世界经济以沉重的打击。垄断资本对工人阶级的严重剥削，已遭到工人阶级越来越大的抵制。风起云涌的罢工运动已迫使垄断组织不得不把工资水平逐步提高。

世界贸易的增长率已经下降，并且还将进一步下降，主要资本主义国家间的贸易战更加激烈。侵略性的保护贸易政策有了明显的加强。所以，资本主义世界经济将进入一个漫长的萧条和停滞时期。今后资本主义世界的工业生产和国际贸易还会有所增长，但是增长率将会下降，可能会大大地下降。经济的周期运动还将继续。但高涨阶段，比之50年代和60年代将会缩短，萧条阶段将会拖长。事实证明资本主义的国际生产关系已越来越束缚生产力的发展。旧的国际生产关系业已过时，势将被新的国际生产关系、新的国际经济秩序所代替。

世界经济的构成与发展趋势*

世界经济是以世界为范围，以国际分工为基础，以世界市场为纽带的生产力和生产关系的有机整体。

因为世界经济是一个有机联系的整体，所以研究世界经济要重视三个问题。

首先，要把握其整体性。那种把世界经济看成是世界上180多个国家和地区的国民经济加在一起的总和的观念是不正确的。曾看到一本《世界经济》教科书，一开头就是讲美国经济，然后是日本经济、西欧共同体经济等等，而且只限于战后的美国经济、日本经济等等。这种对世界经济的了解是有问题的，方法也是有问题的。它只能使读者得到一些零碎的各国国民经济知识，而不能得到有关世界经济这个有机整体的知识。

其次，要充分注意世界经济的复杂性。世界经济是多种经济制度的综合体。其中既有资本主义经济、前资本主义经济，也有社会主义经济，在每一种经济制度内部，情况也是极端复杂的，各国的情况、差别也是很大的。列宁曾说：即使有七十个马克思也不能掌握或了解世界经济错综复杂的内容。这话是正确的。当然现在世界经济的情况较列宁时代更复杂得多了，要掌握其复杂错综的内容也就更为困难了。

第三，要了解世界经济的多变性。世界经济既是复杂的，又是多变的。自15世纪末、16世纪初，世界经济开始产生以来，世界经济就是在不断发展变化的。这种发展变化在第二次世界大战以后，是在加速度地进行。要想回避和忽视这种发展变化，简直是不可能的。

下面谈谈世界经济发展的两个问题。

一、世界经济学的对象是一个迅速变化、迅速缩小的世界

我们面对着的是一个迅速变化、迅速缩小的世界。万物皆流，万物皆变，一切事

---

* 姚曾荫，世界经济，1987年2—3月讲稿。根据讲稿内容改名为"世界经济的构成与发展趋势"。

物总是在不断运动变化之中。世界经济也是在持续地变化的。

在过去两百多年间,特别是最近四十多年间世界经济发展变化的速度加快了。

在人类历史上直到1830年(工业革命已进行70年了)为止的漫长时期内,无论用什么档次来衡量,世界一大部分的经济发展是十分缓慢的。据估计,从公元1世纪起到1850年止,世界生产的年平均增长率仅为0.1%,世界人均生产的年均增长率仅为0.09%。在18世纪上半叶以前,甚至像英国和荷兰这两个当时最先进的国家,经济增长率也很少有一年达到2%以上的。在1830年以前,西欧和北美的工业化还正在进行。世界上大多数国家还处于十分落后的状态,世界经济还远没有形成一个整体。各国间、各大陆间的交通梗阻,货物运输十分昂贵,而且风险很大。世界市场上进行交易的商品仅限于那些各国具有资源优势或那些生产成本差别很大的少数商品。绝大多数的生活资料和生产资料是在本国本地生产的,并且大多数是用手工制造的。各国间的人员往来还很少。资本输出入和技术转让基本上还是半个世纪以后的事。

在1830年以前,钢和石油这一类现代工业的重要材料和能源,还没有开采或生产出来。直到1860年,铝还是一种贵金属,像白金一样只能在王室之间进行馈赠。橡胶、新闻纸和合成纤维这些现代的重要商品,在实际使用方面,那时或是没有或是微不足道的。

但是人类在相对贫困和绝对贫困中挣扎了近五千年之后,到了18世纪80年代,突然发现了一条通过工业革命脱离贫穷桎梏的门路。第一次工业革命以来的二百多年间,世界经济发生了显著的变化,世界工业生产、农业生产、交通运输事业、世界市场、世界贸易的增长十分迅速。国际分工、国际贸易的商品结构和地理格局的变化很大。资本输出、技术贸易、旅行事业和其他无形贸易项目都发展起来了。我们还可以从以下几方面来看世界经济的变化。

世界人口经过了多少万年之久,在公元1800年达到第一个10亿,之后经过130年,到1930年达到第二个10亿,又经过30年,到1960年达到了第三个10亿。最近是经过了15年(1975年),就达到了第四个10亿,现在(1987年2月)是49亿人,估计到1987年后,将达到第五个10亿,1999年将达到60亿。18世纪70年代的工业革命起了惊人的作用,到19世纪80年代的十年中,英国经济增长率从2%提高到了4%,这是具有历史意义的大"增长"。从那以后的50年内,英国经济的年均增长率一直保持在4%左右。从1850年到1913年的63年间,世界工业生产增长了10倍,世界贸易量也增加了10倍。而在1913年到1981年间的68年内,世界工业生产和世界贸易量分别增加了13.5倍和16倍。对外贸易在发达资本主义国家的国民生产总值中所占比重,从战后初期的10%增加到80年代初期的20%。第二次大战结束时,全世界的货物贸易和劳务贸易(包括国内贸易),通过世界市场的不到1/10(国内贸易占9/10),

1985 年这项数字增长到 25% 以上。这些数字表明越来越多的产品和劳务卷入世界贸易的流转之中，世界市场进一步扩大了。第二次世界大战后，国际分工和国际贸易的形式也发生了变化，从垂直专业化走向水平专业化，即部门间专业化走向工业部门内部各工序间的专业化。

世界生产总值（GWP），从 1958 年的 12 032 亿美元增长到 1982 年的 110 152 亿美元，1986 年的 13 万亿美元，28 年间增长了 10.8 倍。在 220 多年以前，即 1760 年工业革命开始的时期，世界生产总值只为 1986 年数字的 4%（即 5 200 亿美元）。现在世界收入的大约 25% 是花在进口的商品和劳务上，当然这一个数字也比 220 多年以前要高得多。

生产和消费也越来越国际化了。初级产品生产的国际化早在 19 世纪甚至 19 世纪以前已经出现。（所谓初级产品生产的国际化，就是把本国工业品生产所需要的原料生产基地转移到海外去，或者把粮食生产基地转移到海外去。）这种情况现在依然存在。但是我们这里所说的生产国际化主要指的是工业制造品的生产或中间产品的生产或某一工序的产品的生产转移到海外去的情况。这种情况的较大规模的出现是在第二次世界大战以后。为什么出现这种情况？

第一，这种情况的发生首先与战后跨国公司（MNCs）发展有关。跨国公司为了取得更多的利润或者是为了阻止价格下降的趋势，在世界范围内进行生产的重新布局，把劳动密集型工业或劳动密集型工序或车间转移到劳动力价格低廉、交通条件便利同时政治稳定的国家或地区去，然后把这些工业或车间的产品返销到跨国公司总公司所在国家或其他国家。

第二，贸易保护主义的兴起，特别是欧洲共同体的对外贸易壁垒的建立，也促使美国跨国公司在欧洲开设分厂或车间以便就地制造、就地销售，或输出到其他国家。这种选择是出于出口替代政策的需要。现在日元升值也促使日本跨国公司把工厂建美国去。韩国也是这样。

第三，新兴工业国家（NICs）兴起及其制造业的发展引起世界市场的激烈竞争，这也促使发达国家的跨国公司把它们劳动密集型工业或工序转移到海外劳动力价格低廉的地方去，以便就地制造能与新兴工业国家（NICs）进行价格竞争的产品。

这种情况说明战后跨国公司处于生产国际化的第一线。跨国公司的国际产值（以海外销售额来衡量）在 1971 年已达到 3 300 亿美元，超过资本主义世界的出口总值（3 100 亿美元）。1976 年的国际产值为 8 300 亿美元，略低于同年的资本主义世界出口总值（9 180 亿美元），美国跨国公司的国际产值已经达到美国全部出口值的四倍，英国跨国公司的国际产值是英国出口总值的两倍，在联邦德国和法国，它也大大地超过出口值。这样，国际贸易日益转向国际生产，"世界市场"逐渐改变为"世界工厂"

（World Market Factories）。

生产国际化在很大程度上是通过国外投资来实现的。主要资本主义国家的国外投资总额在 1945 年为 510 亿美元，1970 年达到 2 850 亿美元，1985 年达到 7 125 亿美元。在 40 年间主要资本主义国家的国外投资累积额增加了 12.9 倍。越来越多的资本输出到海外去，一方面带动了商品输出，扩大了海外生产，一方面也大大地改变了资本积累的基础。过去主要在一个国家内部进行的资本积聚和资本集中过程，已经发展为世界范围的资本积聚和世界范围的资本集中过程。

第二次世界大战以前，英国是世界最大的债权国，第二次世界大战后直到 80 年代初期，美国成为世界最大的债权国。最近两年来，情况又有变化。现在日本是世界上最大的债权国。1984 年以来，日本的国际资产增加了两倍，达到 10 194 亿美元，而美国已降到第二位，它的国际资产只有 6 102 亿美元，顺次为法国、联邦德国和英国。

在世界经济的发展中，交通运输事业处于举足轻重的地位。近代特别是战后世界交通运输事业的发展也非常迅速。这种发展迅速的情况如果与过去的情况加以比较，就可以看得十分清除。

1271 年 11 月马可·波罗从地中海东岸阿迦城出发，沿着"丝绸之路"东行，经过三年半的艰辛跋涉，才在 1275 年 5 月到了中国当时元朝的上都（今内蒙古锡林郭勒盟正蓝旗东闪屯河北岸）。1295 年他回到威尼斯。他的关于东方物产丰富的报导，扩大了欧洲人关于对外贸易的视野。

四百多年以后，另一个意大利人郎世宁，在 1714 年 5 月 4 日（康熙五十三年三月廿一日）从意大利乘船来华，1715 年 8 月 17 日（康熙五十四年五月十三日）到达澳门，1715 年 9 月 3 日（康熙五十四年八月初六）到达广州，路上所花的时间是一年零四个月。郎世宁是传教士和画师，到了北京以后，任康熙朝的宫廷画师。

一百三十多年以后，中国的第一个出国留学生容闳在 1847 年 1 月 4 日离开广东黄埔，同年 4 月 12 日到达美国纽约，行程 99 天。回国后写有《西学东瀛记》一书。据容闳记载，1847 年纽约人口才 25 万～30 万，一个星期的宿费、膳费、饮料和洗衣费总共才 1.25 美金，一个月才 5 美金。

23 年之后，1870 年 10 月 23 日（同治九年十月初九）清朝外事人员张德彝离开天津，同治九年（1870 年）十二月初五抵法国马赛，行程 56 天。这是他第三次去法国。在第二次去法国时，他曾看到普法战争和巴黎公社的成立，是看到巴黎公社的唯一中国人。

1869 年苏伊士运河的通航，使欧亚间的海上距离缩减了 7 000 公里。

1879 年（光绪五年），另一位中国外交官徐建寅（驻法国二等参赞）在 9 月 11 日离开上海。10 月 22 日到马赛，行程 41 天。

在 1271 年到 1879 年的六百多年间，交通运输事业已经有很大的进步，从亚洲到欧洲所花的时间已从 3.5 年缩减到 41 天，所花时间上缩减了 96% 以上。

但是交通运输事业的迅速发展还是第二次世界大战后的事。在第二次世界大战期间，罗斯福是第一个使用飞机的在职总统。他乘泛美航空公司波音 B14 飞机，从华盛顿到摩洛哥的卡萨布兰卡去会见英国首相丘吉尔，往返 17 000 英里，飞行 90 小时。今天乘波音 707 飞机飞同样的距离，只需 14 个小时（时间距离缩短到 1/6 以上）。由此可见，由物质距离所加给国际间经济贸易联系和国际交往的限制，已为交通运输技术的巨大进步所逐步克服。现在国际间旅行的速度已超过 19 世纪初期的 100 倍以上，而通过地球卫星的国际间情报的传播更是顷刻之间的事。

在近代，世界经济贸易重心和世界金融中心也在逐步转移。从 1492 年的"地理大发现"以后，世界贸易重心已开始从地中海转移到大西洋沿岸，大西洋地区逐渐形成为世界经济贸易的重心。现在又开始了一次新的历史性转移。从 70 年代以来，太平洋地区的经济贸易的发展速度已超过大西洋沿岸地区。太平洋地区所具有的经济贸易优势，与大西洋地区一样已成为另一个大的世界经济贸易中心。

从 19 世纪下半叶到第一次世界大战以前，伦敦是国际金融业的无可争议的中心，英镑是首要的国际储备货币。第一次世界大战以后，在资本主义经济和政治发展不平衡规律的作用下，纽约开始取代伦敦的地位，而成为世界的另一个大的金融中心，美元也成为国际贸易、国际支付中的另一个主要国际货币。第二次世界大战以后纽约进一步巩固了它在国际货币市场上的地位，成为世界最大的金融中心，美元成为首屈一指的国际储备货币。从 70 年代初期以来，美元虽然仍是第一等的国际储备货币，但地位已经削弱了。在 1973 年美元占到国际储备货币的 85%，80 年代初期已下降到 75%，1986 年下降到 60%。第二等的国际储备货币是西德马克和日元。英镑像瑞士法郎和法国法郎一样已降为第三等的国际储备货币了。值得注意的是，东京在国际借贷市场上的地位上升迅速。1986 年东京已超过伦敦、纽约成为世界最大的借贷活动中心。

18 世纪工业革命以后，特别是 20 世纪下半叶第三次科学技术革命以后，世界经济中一个突出的事态发展，就是主要由于采用新技术而取得的财富的增长和生产力的前所未有的增长。财富的增长带来了前所未有的富裕，改变了有关国家的生活方式和生活水平，但是这种增长具有明显的不平衡性质。例如拿战后的日本与英国和美国来比，日本的经济发展速度大大地超过英国，也超过美国。而经济发展的特别不平衡的是在发达国家与发展中国家之间，以致造成富国与穷国间的差距日益扩大。

在 17 世纪以前，不仅是中国和印度，而且拉美和部分非洲国家的每人平均财富都超过欧洲。迟至 1860 年（这时工业革命已进行了 100 年），中国的全部国民收入（195 亿美元）仍然占到世界国民收入总额（959 亿美元）的 20.3%，（1860 年中国人口为

4.434亿，占世界人口的40.2%），印度占到11.6%。到了1913年在世界国民收入总额3 048亿美元中，中国的比重下降到7.97%（1913年中国人口为5.174亿，占世界人口的32.8%），印度的比重下降到6.46%。到了1980年，在世界国内生产总值（GDP）117 962亿美元中，中国的国内生产总值为2 870亿美元，比重下降到2.4%。

在工业革命前夕的1750年，现在的发达国家的人均国民生产总值（GNP）为182美元，现在发展中国家的人均国民生产总值为188美元，二者之比为97：100；到1800年两者的比例为105：100；1860年为186：100；1913年为345：100；1938年为520：100；1970年为720：100。1984年发达国家（富国）与低收入发展中国家的人均国民生产值的比例为4 400：100（即44：1）。其中，美国：埃塞俄比亚=140：1；美国：孟加拉=118：1；美国：印度=59：1。

英国、法国和西欧都是今天的富裕国家，联邦德国是非常富裕的国家，可是在1800年，在整个德国，每年平均收入达到1 000美元的不超过1 000人，1984年的联邦德国人均的国民生产总值，约11 130美元。在1726年英国工人为挣得一年所需食用的面包钱，需要花费52个星期的劳动时间，一年的劳动所得99%都花在面包上面了。在18世纪80年代，法国有4/5的家庭不得不把90%的收入用来买面包糊口。现在发达国家工人的工资花费在面包上的钱只占收入的很少的比重。在李嘉图发表他的《政治经济学与赋税原理》的时期（19世纪20年代），英国的劳动者每周的工资通常买不到半蒲式耳的小麦（1蒲式耳=36.37斤）。现在印度的农民每周的劳动所得也不到两蒲式耳小麦的价钱。在今天的印度，许多人仍生活在李嘉图时代的阴影之下。发展中国家的人口占世界的3/4，世界人口中很大一部分在贫困线上挣扎，这是世界经济中的一个严重问题。

为什么富国与穷国间在经济上的差距越来越大？原因之一是穷国国内的生产关系阻碍了经济发展，阻碍了新的生产技术的采用。原因之二是富国与穷国之间的不平等交换。根据最近报刊的报道，西方报纸曾作过统计，联邦德国每9个人一天劳动所生产的工业产品（汽车、机器），可以交换发展中国家两万人一年劳动所生产的产品（咖啡、香蕉、手工业品、矿产品等等）。如果这项报道是正确的话，则联邦德国一个工人一天的劳动产值等于发展中国家一个劳动者66万多天的劳动产值，这是严重的不等量劳动的交换。发展中国家劳动产品的价值被大大地贬低了。长时期的不平等交换是发展中国家贫穷落后的一个原因。因此，最近一二十年来，发展中国家不断提出建立国际经济新秩序的要求是理所当然的。

世界经济中，上述的各种巨大变化的背后推动力，是世界生产力的发展，科学技术的进步和各地区间经济发展的不平衡。

在过去的二百几十年间，人类社会曾经经历了三次科学技术革命，而以战后的现代科学技术革命发展得最为迅速,从 20 世纪 40 年代以来的自然科学的新发现、新发明的数目超过以往几千年来的总和。人类的科学知识,在 19 世纪每五十年增长一倍,20 世纪中叶每十年增长一倍,70 年代以来,每五年增长一倍。产品的更新换代,快的只有两三年,而世界市场上的竞争更加剧了这一趋势。

在过去的两个世纪中,科学技术的进步主要表现在人对物质和能源的使用的增长上。从 50 年代以来,在人对物质和能源使用迅速增长的基础上,又加上了一个情报(信息)处理技术的突破(电子计算机等)和情报分配技术的突破(通过人造卫星的电讯交通等等)。信息革命、生物工程革命、材料革命和其他方面的技术革命势将推动世界经济各个领域的进一步发展。

除了科学技术的进步之外,世界经济的发展还有没有其他的原因?当然还可以举出一些原因,如 GATT 的成立推动了世界贸易的自由化,IMF 的建立推动了货币的自由兑换和固定汇率制的实行,世界银行的建立,也有利于发展中国家的经济发展,这是战后世界经济的三大支柱。

约翰·理查德·希克思(J. R. Hicks)在其 1946 年的《价值与资本》(*Value and Capital*)一书中说,过去 200 年间西方国家的工业化,人口的迅速增长是一个重要因素。苏联经济学博士 V. V. Rymalov 在其 1982 年出版的 *The World Capitalism Economy* 一书中,也明确指出人力资源的增长是战后世界经济发展的两个主要原因之一,另一个是科技革命。今天同意这个观点的人,已为数不多了。它的极端片面性已为过去几十年间的事实所证明。许多发展中国家的人口的迅速增长已经阻碍了进步,贫困文化教育都再生产出来。我国也接受了经验教训,改变了人多好办事的观点,实行计划生育政策。

交通运输事业的发展,各个国家间和各个民族间的经济联系日益密切,经济生活越来越国际化。在现今的世界上,经济生活国际化的程度比过去任何时候都高得多。许多国家的生活资料和生产资料,从水到早餐桌上的食品、饮料、日常穿着的衣服、鞋、帽、TV、录音机,大到机器设备、交通运输工具,以及石油、农矿原料等等都是从国外输入的。同时也要向国外输出各种各样的货物作为交换。每个国家的现在和未来都在某种程度上与国际经济关系的正常发展有着密切的关系。商品、资本和生产已经越出了国界,在 70 年代通货膨胀也已越出了国界,甚至环境污染也越出了国界。1973 年和 1979 年的两次石油提价加剧了世界性的通货膨胀,加速了发达国家的经济衰退,以及整个世界货币制度和信贷制度的不稳定性。这也是经济生活国际化的表现。

在历史进入近代以后,一国已不再能孤立的存在,经济生活和经济发展已不再是一国的孤立现象了。1794 年,在热河行宫,乾隆对英国使臣马戛尔尼说,给英国国王乔治三世的敕谕中宣称:"天朝物产丰盈,无所不有,原不籍外夷货物以通有无。"德国哲学家费希特（Fichte）关于"绝对的自足自给"的主张和德国经济学家桑巴特（W. Sombart）的"完整的小宇宙"的幻想。这样一些闭关锁国与世隔绝论者的精神遗产已成为历史的陈迹了。前所未有的挑战，前所未有的压力已迫使每个国家不能再心安理得地置身于孤立、封闭的系统之内。民族经济的自足自给时代已经过去了。现代世界经济发展的一个主要结果，就是国际间经济未来的显著扩大和各国间、各个民族之间在经济上互相依赖程度的增长。

在当代，各国间、各民族间在政治上、经济上、社会上、文化上的联系是不可避免的，而且历史上各个国家的联系从来没有像现在这样的密切。现在地球上任何一个角落里所发生的重要的政治事件或经济动荡都会通过相互联系的密网，而影响到世界遥远的地方。在这样一个相互依赖的世界里，一切国家所面临的重大政治问题和经济问题，都是具有全球性质的。它们跨越了地理的、政治的疆界，而其复杂性完全排斥了孤立的、闭关自守的解决办法。

我国之采取对外开放，对内搞活经济的政策是适应了国内发展生产力，提高人民生活水平的要求，也是适应了世界经济发展的总趋势的。

二、第二次世界大战后到 20 世纪 80 年代末的世界经济

第二次世界大战后科学技术、世界工农业生产以及交通运输事业都有了迅速的发展。

战后出现了第三次科学技术革命的浪潮。微电子学、原子能、半导体、超导体、高分子化学、高能物理学、生物工程学有了巨大的发展，出现了一系列的新兴工业部门。交通运输事业发展更为迅速，海上、陆地和空中交通运输工具的革新，交通费用的下降以及电讯交通的发展是促进世界经济发展的一个重要因素。以时间来计算，世界各地间的距离是大大地缩短了。

在科学技术革命的推动下和其他因素的作用下，世界工业生产力有了较大的增长。从 1913 年到 1948 年的 35 年间，世界工业生产增长了 3.5 倍，而在战后的 1948 年到 1986 年的 38 年间，则增长了 6.3 倍。在世界工业生产总的增长的情况下，各种类型国家的增长速度是不同的。就 1960 年到 1983 年这 23 年的情况来看，世界工业生产增长 51.5%，发达资本主义国家增长 35.6%，发展中国家增长 58.3%，而社会主义国家增长 113.7%。尽管发达资本主义国家的工业生产增长率比较缓慢，但它在世界国内生产总值中所占比重，仍占到绝对的优势。1950 年世界生产总值（GWP）为 7 519 亿美元，发达国家占 64.1%，发展中国家占 16.0%，社会主义国家占 20%。1982 年的 GWP 为

110 152 亿美元，发达国家占 69.8%，发展中国家占 18.9%，而社会主义国家下降到 11.3%。为什么发达国家增加而社会主义国家减少？这是因为在 GWP 中有一个很大的比重是劳务，发达国家的劳务生产较多，日益走向劳务经济，而社会主义国家的劳务生产比较落后。

战后世界经济的发展大致可以分为两个阶段，即 1948—1973，1973 到现在。

从 1948 年到 1973 年是世界经济迅速发展的时期，是战后世界经济的"黄金时代"。世界经济迅速增长，主要表现在世界工业和世界贸易的发展上。

从 1948 年到 1973 年，世界工业生产年均增长率为 6.1%，世界劳动生产率年均增长 3%，世界出口量年均增长率达到 7.8%。孤立地看这些数字是看不出其意义的。只有加以比较才能了解其意义。在 1948 年以前的 35 年里（1913—1948 年）世界工业生产年均增长率为 2.9%，世界劳动生产率年均增长率为 2%，而世界出口量年均增长率仅为 0.5%。

在 1948 年到 1973 年的时期内，经济增长最快的国家是日本、苏联、东欧国家、联邦德国、奥地利、法国、意大利、荷兰及一些第三世界国家和地区。

在第二次世界大战以前的很长历史时期内，经济一般仅限于发达资本主义国家、苏联等国。而在第二次世界大战后，不仅发达资本主义国家、苏联和东欧国家，亚洲的社会主义国家的经济都有了迅速的增长，而且一些第三世界国家的国民经济也有了较快的发展。这种世界范围的大面积经济增长是过去历史时期所没有的。从 1960 年到 1973 年，发展中国家的 GDP、出口量，特别是发展中国家出口量的年均增长率都超过了发达国家。尽管发展中国家的 GDP 的增长还远远不足以缩小发展中国家与发达国家在人均收入方面的差距，但是世界上很大一部分人口都分享到科技进步和世界 GWP 增长所带来的利益。

在这个时期内，世界经济发展中有两个重要的特点。一是国家作用的增长，亦即国家对国内经济和国际经济事务的积极干预。二是一些重要的超国家的经济组织的建立，其中包括国际货币基金、关税及贸易总协定、世界银行、欧洲经济合作与发展组织（OECD）、欧洲经济共同体、经济互助委员会（CMEA）等等。这些新的国际经济组织起着世界经济的上层建筑的作用。

1945 年建立的国际货币基金组织的特点是实行固定汇率制和确立以美元为中心的国际货币体系。这是战后资本主义世界经济的第一根支柱。

在 1948 年 1 月 1 日开始生效的关税及贸易总协定是战后资本主义世界经济的第二根支柱。总协定的基本原则有两个，第一是非歧视原则，亦即无条件的最惠国待遇（MFN）原则。它是指缔约国一方现在和将来所给予任何第三国的优惠和豁免，必须立即无条件的无补偿的自动的适用于对方。有条件的 MFN 原则，即如果一方给予第三国的优惠和豁免是有条件的,那么另一方必须提供同样的补偿,才能享受这些优惠和豁免。第二是对本国产品的保护,只能采取关税的手段,而不能使用非关税壁垒(NTBs)。这两项原则都是出于战后初期美国对外经济政策的需要,亦即推行贸易自由化、外国投资自由化以及世界经济一体化的需要。这两个机构连同1945年12月建立的资本主义世界经济的第三根支柱——世界银行是战后世界经济的骨架。它们的相继建立为战后25年间世界经济的迅速发展准备了组织上的条件。而贸易自由化和货币的自由兑换是战后世界生产和国际贸易空前增长的重要因素。

从70年代初期起,资本主义世界经济走出了它的"黄金时代",进入战后第二个发展阶段。这是一个充满危机和发展缓慢的阶段。世界工业生产和国际贸易的增长率明显地下降,甚至绝对地下降。劳动生产率的增长下降,生产设备大量闲置不用和失业率上升,并且出现了严重的经济危机、能源危机、货币危机和结构性危机。布雷顿森林会议所建立的国际货币体系已经瓦解,汇率动荡不定。关贸总协定的两项基本原则已遭到破坏。这一切都使战后的国际经济秩序陷入困境,并进入一个动荡不定的时期。

在1973年以后,世界经济的特征首先是世界工业生产率增长率的下降。从1973年到1987年,世界工业生产年均增长率为2.9%,较1948—1973年的世界工业生产年均增长率(6.2%)下降1/2以上。1973—1986年世界出口量年均增长率为3.7%,较1948—1973年的增长率(7.8%)下降到1/2以上。

就世界出口值(按不变价格代表的出口值,以说明出口值与出口量的区别)来看,在1973年以后世界出口值仍有较大的增长,并在1980年达到最高点(19 978亿美元)(量与值的差别在于世界价格的上涨)。但在1980年以后由于经济衰退,世界出口值即逐步下降,在1983年达到一个低水平(18 099亿美元)。从1983年起,随着发达国家的经济复苏,世界出口贸易又开始回升,1986年已超过2万亿美元,1987年又达到2.45万亿美元的新高峰(要注意美元贬值的因素)。

在1973年以后,发达国家遭受到两次石油冲击(1973年和1979年)和两次严重的经济衰退(1974/1975和1980/1982),所以工业的增长率和GDP的增长率皆出现下降趋势。在1965—1973年期间,发达国家的GDP年均增长率为4.7%,1973—1980年下降到2.8%,1980—1985年更降至2.2%。

为什么两次石油提价对世界经济特别是发达国家经济影响这么大?这是因为石油是许多现代工业部门的原料或燃料。在1973年以前这许多工业部门都是建立在廉价的石油的基础之上的。这些工业部门包括石油化工工业、交通运输业、钢铁工业、汽车工业、农机工业等一系列重要的工业部门以及农业部门,石油提价(从2美元一桶涨到10美元一桶,后来到40美元一桶)使得这些建立在传统技术和廉价石油基础之上的重工业经济就无法支撑了。石油提价引起的第一个反应就是在发达国家出现了接近萧条的状态。重工业萎缩了，失业率上升，贸易增长率下降。依赖石油的重工业的萎缩造成了西方国家国民经济的重大变化。以钢铁为例，发达国家不仅减少制造钢铁的耗油量，而且开始大大减少钢铁的使用，汽车产量也大大下降。汽车本身的变化还使制造汽车所使用的钢、铝、橡胶、玻璃、塑料也都随之发生变化，生产下降了，建立在廉价石油基础之上的汽车、重型机械、石油化工、钢铁工业等等繁荣了数十年，在石油变得昂贵以后，它们就趋于衰落了。

在石油冲击的影响下，发达国家原已出现的通货膨胀率又迅速上升。在1965年—1973年期间，发达国家的通货膨胀年均增长率为5.1%，从1973到1980年，增加到8.3%。许多国家的通货膨胀率达两位数字。而在1980—1985年又变为-0.3%。当然，石油价格上升对西方国家以及非石油的发展中国家的贸易收支和国际收支都产生重大影响，使他们的逆差大增，或由出超转为入超。

为什么在1980—1985年西方国家的通货膨胀率迅速下降，而且变为负数？这当然与发达国家所采取的通货紧缩政策有关。但主要原因是世界市场上的初级产品价格的下跌。从1980年到1984年，发展中国家非石油初级产品出口价格下跌了15%。1985年以来，非石油产品的价格继续下跌。以美元计算的非石油初级产品价格，1986年比1985年又下跌了4.1%，比1980年下跌了27%。这种情况发生在美元汇价下跌的情况下，突出地反映了初级产品价格疲软的趋势。若扣除美元跌价因素，则1986年非石油产品价格比1985年跌落了18%以上，而不是4.1%，同期制成品价格都提高了17.5%。初级产品价格的下跌一方面影响到发达国家的通货膨胀率的下降，一方面也影响到发展中国家的外汇收入、国民收入和偿还外债的能力。到1986年底发展中国家的外债净额已达10 350亿美元，而1980年为4 740亿美元。1980—1986年发展中国家的外债余额增加一倍以上，1986年比1973年增加了将近七倍。初级产品价格持续下跌，发展中国家贸易比价的恶化以及外债的不断增加已成为世界经济中的几个严重问题。初级产品价格的不断下跌，使发展中国家的偿付外债的能力大大地恶化了。

1973年以后两次严重的经济衰退和一些西方国家的产品在世界市场上竞争力削弱的情况导致工业生产的下降，企业开工不足和失业人数的增长。1967年经济衰退时，西方国家的失业人数为500万，到1969—1970年衰退时，失业人数上升到800万，而到1974—1975年衰退时，失业人数上升到1 500万。以后在经济回升阶段，失业人数并未下降。到1979年时，失业人数达到1 700万，在经济衰退的1982年又进一步上升到3 300万。在1980—1982年严重的经济衰退时期过去以后的第四年，即1986年9月，西方国家失业人数仍高达3 100万人，估计下一次经济衰退时期，失业问题将更为严重。

许多第三世界国家的失业问题比发达国家还要严重。在拉丁美洲，城市的已知的失业人数在 1980—1985 年期间增加了 70% 以上，而隐蔽的失业人口在拉丁美洲和非洲大大地增加了。

在战后的 40 年间，尽管西方国家的就业人口也有了增加，但增加的就业人数仅仅出现在服务业中，而在制造业中，就业人数仅仅有少量的增加，从 1963 年到 1979 年，西方制造业中就业人数的年均增长率仅为 1.2%，而 1980 年又绝对地下降。

严重的失业现象和就业人数增长率的下降是 1973 年以来的世界经济的一个重要特点。

世界经济的增长或衰退主要是由发达国家的经济情况，特别是由发达国家的工业生产的兴衰所决定的。发达国家的经济情况对发展中国家有明显的影响作用。在发展资本主义国家的影响下，发展中国家的经济发展也出现了由高速增长到低速增长的过程，虽然它们在时间的先后上并不一致。

第一次石油冲击，即 1973 年的石油提价，和 1974—1975 年的衰退加强了发达国家业已发生的滞涨（Stagflation）。但是由石油美元的大量流入和跨国公司（MNCs）把大量的资金、设备和技术转移到发展中国家，所以第一次石油冲击反而导致发展中国家经济的扩张。在 1965—1973 年期间，发展中国家的 GDP 的年均增长率为 6.6%，高于发达国家的增长率（4.7%）。在 1973—1980 年发展中国家的 GDP 年均增长率为 5.4%，几乎是发达国家增长率（2.8%）的一倍。世界经济衰退在 1976 年停止。发展中国家似乎仍有持续增长的前景。但是 1979 年的第二次石油提价和 1980—1982 年的经济衰退改变了这个进程。在石油提价和世界经济衰退的打击下，发达国家的工业生产下降，失业增加导致发达国家国内市场的停滞和贸易保护主义的抬头，从而缩小了发展中国家产品的出口市场，阻碍了发展中国家的出口。发展中国家的初级产品出口的年均增长率从 1965—1973 年的 3.8% 下降到 1973—1978 年的 1.1% 和 1980—1985 年的 1.4%。发展中国家制成品出口年均增长率也从 1965—1973 年的 11.6% 下降到 1980—1985 年的 7.9%。

出口市场的萎缩，加上西方国家的高利率政策以及外资流入的减少，导致发展中国家已经严重的债务问题更加恶化，也影响了一些国家的政治稳定。在 1980 年，外债在发展中国家的 GNP 中所占比重为 21.1%，1985 年这个比重上升到 33%。外债占发展中国家出口的比重，1980 年为 90.1%，1985 年上升到 135.7%。1982 年夏天发生国际债务危机，一些债务国到期还不起债，影响到国际的贷款银行的运作。其后危机得到缓解，但问题依然严重。1986 年中，外债总额达 9 000 亿美元，1986 年底达 10 350 亿美元，还本付息的负担越来越沉重。

1980 年以来，发展中国家农产品出口价格不断下跌。从 1980 年到 1985 年发展中国家农产品出口价格下跌了33%，矿产品出口价格下跌了28%，而制成品进口价格却提高了。发展中国家贸易比价恶化而蒙受的损失，1983年为200亿美元以上，1984年为133亿美元，1985年增加到280亿美元，三年共计600亿美元以上。1986年石油价格下跌也使石油出口国遭受巨大的损失。出口收入的减少，不仅影响它们的偿债能力，也影响它们的经济增长，使很多发展中国家的经济增长在低水平徘徊。

从70年代后半期以来，苏联和东欧国家经济增长速度的较长期下降趋势也比较明显。它们的国民收入年均增长率，1971—1975年为6.3%，1976—1980年下降到4.1%，1981—1985年下降到3.1%。1985年苏联东欧经济增长率的下降趋势一直未能扭转。这是戈尔巴乔夫实行经济改革的主要原因，1986年情况稍有改善。

1973年以后，发达国家和部分发展中国家经济增长率下降，以及世界贸易的增长率的下降的一个重要原因是两次能源危机。两次能源危机不仅对世界经济贸易产生重大影响，而且也打击了国际货币体系，加剧了国际金融货币关系的不稳定性。而一个有效率的稳定的国际货币体系对于世界经济的稳定和发展是十分重要的。

当代科学技术革命和世界经济[*]

第一节 当代科学技术革命的特点和原因

自然科学是全人类在生产斗争和科学实验的实践中积累起来的经验总结，是自然界运动规律的反映。技术是科研成果和生产实践需要相结合的产物，是一种用以制造生产工具、组织工艺流程等的专门知识。它是科学应用于生产的一个中间环节。

从人类的科学技术发展史看，真正以系统的科学实验为基础发展起来的科学和技术是从 16 世纪资本主义萌芽时期才开始的，发展到现在，大约有五百年的历史。科学和技术的发展，亦同其他事物发展一样，有一个量变到质变的过程。当科学和技术在自身发展中发生质变的时候，就称为科学和技术的革命。科学技术革命则是指科学革命成果转化为技术革命而形成为统一的科学技术革命过程而言的。

人类进入资本主义以后，曾经发生过三次重大的科学技术革命。第一次是以蒸汽机的发明为主要标志，发生在 18 世纪后期的英国。那次科学技术革命使人类从手工工具时期跃进到机器时期，从而引起生产力的突飞猛进和生产关系、社会经济发展，确立了资本主义在全世界的统治地位，在不到一个世纪的时间内，创造出比过去一切世代总和还要多的物质财富。大约隔了一百年，即在 19 世纪，在美国又发生了以电力的发明为代表的第二次科学技术革命，使人类跨进了电气时代。

第三次科学技术革命即当代科学技术革命是在第二次世界大战后发生的。其主要标志是：原子能等新能源的发现与利用；电子计算机、控制论的发明和应用；自然界原不存在的新材料的合成与利用；空间技术的发展，以及遗传工程的重要成就等等。与前两次科学技术革命相比，第三次科学技术革命具有以下几个主要特点。

首先，科学和技术的联系更为密切了。它表现在两个方面：一是科学转化为技术的间隔缩短了；二是新技术的发明是在自觉运用科学理论指导下进行的，而新技术的

---

[*] 姚曾荫，讲稿。

发明又反过来为新的科学理论的探索，提供不可或缺的新工具。

其次，过去科学技术革命的成果，只能做到用机器制造机器，而现在则能做到用机器控制机器，从而引起机器体系的根本变化，并使人们在许多生产过程中不必直接参加生产劳动。

第三，以往科学技术革命造成的机器只能代替人的体力劳动，而这次科学技术革命中出现的机器（如电子计算机）不但能在更大程度上代替人的体力劳动，而且还部分地代替了人的脑力劳动。把人们完成生产和其他事务中的一些逻辑思维职能交给机器去做。

最后，这次科学技术革命就其规模讲，大大地超过以往的科学技术革命，它不是在个别的科学理论上、个别的生产技术上获得了突破，而是几乎各门科学和技术领域都发生了深刻的变化。它不但席卷了主要资本主义国家，而且亦涉及社会主义国家和某些发展中国家。

当代科学技术革命的以上特点。决定了它是人类历史上规模最大，影响最深远的一次科学技术革命。

这次科学技术革命大体上是在40年代末50年代初首先从美国开始的，当时社会主义的苏联亦部分地参与了这一过程。以后陆续扩大到西欧、日本以及其他国家。进入60年代，就形成了这次科学技术革命的高潮。

发达的资本主义国家是当代科学技术革命的主要发源地和场所。根据列宁的论述，在资本主义进入帝国主义阶段后，其生产关系已经成为生产力发展的桎梏，那么，经过了半个世纪的今天，作为生产力的科学技术，为什么还能够发生这样空前规模的革命呢？

我们从以下两个方面来探讨这个问题。

（一）科学技术自身发展的规律对当代科学技术革命的作用

科学技术有自身发展的规律，其特点是：第一，科学技术不具有阶级性，因而在自身发展过程中能够继承前人取得的科技成果，不受社会制度更迭的影响；第二，科学技术作为生产力，它是按着从简单到复杂，从量变到质变这样的规律向前发展的。生产关系虽然能够加快或延缓它的发展。但不能改变它总是要向前发展的规律；第三，由于知识的积累和科学技术自身社会化程度的不断提高，它还具有加快发展的趋势，这同样亦是生产关系所不能改变的。

根据科学技术发展的上述特点，可以认为，当代科学技术革命就是在继承了前人获得的科学技术成果的基础上发生和发展起来的。

（二）资本主义生产关系对当代科学技术革命的作用

生产在任何时候、任何条件下都是社会的生产。生产力总是在一定的生产关系下存在和发展的。因此，在分析当代科学技术革命的动因时，我们不能迥避资本主义生产关系对它的作用。

科学技术作为生产力，总是在与生产关系的矛盾运动中发展的。当生产关系基本上适合生产力性质时，如同自由竞争阶段的资本主义那样，生产关系促进生产力（包括科学技术）的方面是主要的，而阻碍生产力发展的方面则是次要的；当生产关系基本上不适合生产力性质时，如同垄断阶段的资本主义那样，生产关系阻碍生产力发展的作用成为主要的方面，而促进生产力发展的作用则成为次要的方面。这是就整个阶段总的方面而言的。如果就其中的各个不同时期来看，情况就要复杂得多。即使在资本主义的自由竞争阶段，亦不是在任何时候生产关系对生产力的促进作用都是主要的；同样，即便在资本主义的垄断阶段，亦不是任何时候生产关系对生产力的阻碍作用都是主要的。

因此，在谈到资本主义生产关系对当代科学技术革命的作用时，必须把它放在战后的历史条件下，进行具体的分析。

首先，对剩余价值的追求，仍然是资本主义国家推动当代科学技术革命的动力。第二次世界大战后，随着帝国主义国内工人阶级力量的壮大和旧殖民体系的瓦解，垄断资本依靠降低实际工资，延长劳动日以及旧的殖民掠夺等剥削方式越来越困难了，这就迫使他们不得不更多地采用改进技术提高劳动生产率的办法来加强对国内外人民的剥削。这一剥削方式的交换，进一步提高了垄断资本发展科学技术的迫切性，从而推动了当代科学技术革命的发展。

其次，这一推动作用还来自竞争的压力。垄断并不消灭竞争。在战后，由于各帝国主义国家和各垄断集团之间发展不平衡的加剧，以及第三世界发展中国家的兴起等原因，各国垄断资本在国内外市场上的竞争日益尖锐化。垄断资本为了在竞争中取得有利地位，就必须发展科学技术。值得注意的是，在第二次世界大战期间以及战后的国际形势下，各帝国主义国家，特别是大战期间的美、德两国和50年代中期后的美苏两霸在尖锐武器上的激烈竞争，对当代科学技术革命的发展亦起了很大的推动作用。

最后，国家垄断资本主义的发展，亦促进了当代科学技术革命的发展。

当代科学技术革命固然是国家垄断发展的一个重要原因，但后者的发展又会反过来加快科学技术的发展。这种作用突出的表现在以下两个方面。

第一，在科学研究领域中的国家垄断的发展。第二次世界大战后，各主要资本主义国家的科学研究费中，除日本外，国家支出的比重都约占一半。这一科研领域中国家垄断的发展不但能够进行私人垄断力所不能及的科研项目，而且还可以承担垄断资本不愿承担而对整个科研事业又必须的科研项目，这就在一定程度上克服了私人垄断的局限性。

第二，在教育领域中国家垄断的发展。在现代大工业生产条件下，普通教育和专业教育成了劳动力再生产的必要条件。因此，国家为生产和科研工作培养人才而办的教育事业，具有生产性质，属于国家垄断的范畴，战后主要资本主义国家在这方面的教育经费支出有了很大的增长，培养了很多科研人材、工程技术人员和熟练工人，这无疑是推动现代科学技术革命的一个重要因素。

必须指出，在分析资本主义生产关系对当代科学技术革命的作用时，应该注意到，它具有两重性。资本主义生产关系固然有其推动科学技术革命发展的一面，但同时亦存在着阻碍科学技术发展的一面，对于后者，在资本主义世界1974—1975年经济危机后，就更加明显地暴露出来了。

当代科学技术革命发生、发展的原因，除了上述两个方面以外，第二次世界大战后，资本主义国家日益扩大的技术贸易，对促进科学技术革命的发展，特别是对扩大这一科学技术革命成果的传播方面的作用亦是不能忽视的。

第二节 当代科学技术革命推动了生产力的大发展

革命导师历来十分重视科学技术进步对生产的巨大推动作用。马克思曾经明确指出，劳动生产力是随着科学技术的不断进步而不断发展的。历史事实亦一再证明，每当在科学技术方面有了重大突破，就会使社会生产力突飞猛进。即使在资本主义以前的社会，科学技术的重大成就，亦会促进生产力的发展。比如，我国青铜的发现和青铜工具的使用在提高商代生产力方面起了很大作用，铁的发现和铁制工具的使用也使春秋战国时期的生产力有了极大的提高。进入资本主义社会后，如同前面已经指出的那样，这种影响就越来越明显了。至于当代的科学技术革命对生产力的推动作用，则更是以往所无法比拟的。

当代科学技术革命，主要是通过以下三个方面促进生产力发展的。

一、它通过在生产过程中与生产力诸要素的结合发展了生产力

科学技术是生产力这是马克思主义历来的观点。当然，自然科学本身还不是直接生产力，它只是知识形态的社会生产力，是一种精神力量。但是，自然科学来源于生

产实践，最终还要回到生产实践中去。当自然科学转化为技术并应用于生产时，它就会同生产力的诸要素结合起来而转化为直接生产力。

应当指出，自然科学转化为直接生产力的深度、高度、广度和速度，是伴随着它自身和生产的发展而不断发展的。当代科学技术革命通过它对劳动者、劳动资料和劳动对象这三个生产力要素发展的影响，创造出了前所未有的巨大生产力。

先说劳动资料。劳动资料中最重要的是生产工具。自然科学由知识形态的社会生产力转化为直接的生产力，首先是通过物化为生产工具而实现的。当代科学革命由于其自身规模的宏大及其物化为生产工具过程的加速，在短短二三十年时间内，使人类的生产工具处在一个极其激进的变革时期。出现了一系列诸如电子计算机，原子能发电设备以及人造卫星等划时代的新型生产工具，它们不但改变着原有传统生产部门的技术装备，而且还创立了很多新兴产业部门，而使社会生产面貌为之一新。

当代科学技术革命还改变着生产力中的人的因素。劳动者是生产力中最重要的因素。科学和技术的发现和发明及其在生产中的应用，都是靠他们去实现的。但是，科学技术一旦发展起来，它又会反过来武装广大劳动者，大大提高他们的劳动能力。在这次科学技术革命中，由于科学技术发展日新月异，劳动者原来掌握的科学技术知识很快变为陈旧，这就在客观上迫切要求他们尽快地掌握新的科学技术知识，因而在世界范围内，特别是在一些经济发达的国家中，迅速形成了一支掌握现代科学技术知识、有一定文化修养的劳动大军，他们在现代大生产中，发挥着越来越大的作用。

当代科学技术革命对劳动对象的影响亦是不可忽视的。劳动对象质量的好坏和数量的多少对生产发展的快慢有直接的关系。当代科学技术革命在扩大劳动对象的范围、提高劳动对象的品质、加快劳动对象的生产，以及更有效地利用劳动对象等方面都发挥着很大作用。其具体表现有：加快对传统工农业原料和燃料的开采；开辟新能源；创造自然界不能直接提供的合成材料；更充分地利用现有材料如石油的综合利用等等。

当代科学技术革命经过与上述生产力诸因素在生产过程中的结合所迸发出来的巨大生产力，最主要是通过提高劳动生产率体现出来的。在现代生产中，一项新技术在生产中的应用，往往能够几倍、几十倍乃至几百倍地提高劳动生产率。

二、当代科学技术革命通过提高生产的社会化程度发展了生产力

生产社会化主要是指社会生产的专业化和协作。在当代科学技术革命条件下，专业化和协作的发展是一种必然的趋势，这是因为，第一，它引起了高度专业化生产的

必要性。当代科学技术革命为制造结构极其复杂的产品创造了条件，而制造这样的产品必须要有高度的生产专业化和协作；第二，它亦为生产专业化的发展提供了可能。当代科学技术革命发明了制造各种各样产品零部件的新技术，这就使专门生产这些零部件的部门从原有产品的生产部门中分解出来成为可能。

在当代科学技术革命的影响下，生产部门内部的专业化有了特别迅速的发展。同时，随着专业化向纵深发展，协作范围亦越来越广泛。尤其是超越国界的国际间的协作大大发展起来了。

生产专业化和协作能够提高劳动生产率，因而亦就振动了生产力的发展。

三、当代科学技术革命通过改变物质生产部门结构，发展了生产力

第二次世界大战后，各国生产部门的结构变化，大致有如下两个明显特点。

（1）从整个物质生产部门的结构看，工业部门的比重急剧增加，而农业部门的比重显著下降。当代科学技术革命是影响这一变化趋势的主要因素。第一，它引起了像原子工业、电子工业等一系列新兴工业部门的建立；第二，它提高了各个生产部门的机械化程度，相应地扩大了对工业品的需求；第三，在科技革命条件下出现的某些新的工业品能够代替一部分农产品。由于这一切，导致了工业的增长速度快于农业。

（2）从工业内部看，重工业比重增长，轻工业比重下降。这一情况的出现与当代科学技术革命有关亦是很明显的。因为绝大部分科技成果用于重工业，特别是其中的化学工业和机械工业，这就使得这些部门的增长快于轻工业。

由于工业劳动生产率高于农业，重工业劳动生产率高于轻工业，因而生产部门结构的这一变化亦就提高了整个物质生产部门的劳动生产率，从而推动了生产力的发展。

现代生产力的发展主要是通过劳动生产率的提高来实现的。第二次世界大战后，由于当代科学技术革命引起的劳动生产率的迅猛提高，出现了人类历史上一个罕见的生产大发展时期。

第三节　当代科学技术革命对生产关系的影响

当前世界上存在着帝国主义、民族主义和社会主义三种类型的国家。由于这三种类型的国家具有不同的社会经济制度，所以当代科学技术革命对它们各自的生产关系

的影响也是不一样的。

一、对帝国主义国家生产关系的影响

（一）促进了生产集中和垄断的发展加强

垄断资本发展科学技术和在生产中采用现代化的技术设备都是为了追求最大限度的利润。当代科技革命和由此而引起的生产力大发展，促进了垄断组织的生产和经营规模进一步扩大，利润大量增加，资产日益膨胀。从而使生产和资本的集中程度大大提高，形式也发生了某些变化；垄断资本的经济政治统治实力更加加强。

（二）加速了国家垄断资本主义的发展

战后国家垄断资本主义的高度发展，从以下两方面来说都与当代科学技术革命有着密切的联系。一方面，当代科技革命引起生产力的大发展、生产社会化程度的进一步提高，在客观上更加迫切要求对整个社会生产过程进行有计划的管理和调节。可是这在资本主义制度下根本不可能实现。但垄断资本为了保证获取垄断利润，总是力图在资本主义制度所容许的范围内，对生产关系进行某些改变，最主要的就是垄断资本控制国家机器并利用它来广泛地干预经济生活，以便在一定范围和一定程度上适应上述客观要求。另一方面，由于当代科技革命而加强了垄断资本的实力，这就为它们更有效、更广泛地控制国家机器来干预经济生活创造了条件。

（三）加强了资本对劳动的剥削

科学技术的发展，这就使垄断资本在更大程度上借助于采用现代化技术装备、提高劳动生产率、增加相对剩余价值的办法，来加强对工人阶级的剥削。同时，战后由于科学技术的发展、生产力的巨大提高和其他社会经济原因，劳动者维持其正常生活所必需的生活资料的品种增加了，质量也提高了。如果仅就这个意义上讲，劳动力的价值提高了。但是还必须看到，生产这些生活资料的劳动生产率也由于当代科技革命及其成果运用于生产而提高得更多。因此，从战后总的趋势看，劳动力的价值仍然保持着下降的趋势。战后帝国主义国家资本对劳动剥削程度的提高（也就是剩余价值率的提高），就是其表现之一。

（四）引起失业人数的增加

战后失业人数的增加当然有许多原因，但是由于当代科技革命的结果，造成"机器排斥工人"的现象加剧；不能不是一个重要原因。垄断资本为了追求巨额利润，加强对工人阶级的剥削,采用自动化技术,尽量减少雇佣工人,甚至利用"机器人"来代替工人,这就导致越来越多的工人被排斥出工厂,造成失业大军的扩大。战后某些帝国主义国家把当代科技革命成果运用于农业生产;实现和发展了农业现代化,造成农业人口大大减少。大量破产了的农民和失业的农业工人拥入城市,也增加了经常的失业人口。

战后由于科技革命的结果,出现一些新兴工业部门。应当说明,这些部门提供了就业的机会,但是不少老的工业部门,一部分由于其本身的衰退,生产不振,另一部分也由于它们所实行的技术设备更新,引起了大量工人失业。正因如此,战后即使没有发生经济危机,也存在着为数巨大的失业人口,这就是资产阶级中所谓的"结构性失业"。

(五)劳动者就业结构的变化

由于当代科技革命和生产力的大发展,帝国主义国家劳动者就业结构发生了显著的变化。劳动者就业结构的变化显然与经济部门结构的变化密切相关。

首先,现代化的科学技术在农业中的应用,引起农业劳动生产率的提高,农业劳动者能生产出超过个人需要几十倍的产品。在这个基础上,农业劳动者大大减少,农业就业人口在总就业人口中的比例也大大下降。

其次,从生产部门和非生产部门来看,物质生产部门的就业比重在战后逐渐趋于下降,非生产部门即"服务和管理部门"的就业比重超过了生产部门。

最后,在所谓"白领"就业人员中,科学家、专业技术、管理人员的比重上升得很快。资产阶级经济学家由此得出结论说,现代资本主义已经发生了根本的变化,对经济的控制权已经转移到"经理阶层"或"技术结构阶层"手中,于是他们提出了所谓"经理革命论"和"权力转移论"。他们完全无视这样一个事实:随着资本主义的发展,资本的所有权和资本职能的分离,绝不否定资本家对生产资料的占有和控制。资本家仍然是生产资料的所有者和资本主义社会的统治者,而科学家、专业技术管理人员,其中绝大多数是受雇于资本家的职工,只有一小部分本身才是资本家或资方代理人。所以,这里根本谈不到什么"权力的转移"。

二、对民族主义国家生产关系的影响

民族主义国家由于长对期受殖民主义、帝国主义的剥削、奴役和压迫,经济上落后,科学技术不发达,属于发展中国家,它们正在发展民族经济,争取自己在政治、经济上的彻底独立。同时,这些国家的社会经济结构相当复杂,在它们的国民经济中,既有私人资本主义经济成分和国家资本主义经济成分，也有封建主义的经济成分和外国资本（大部分是帝国主义国家的资本，总的说来，民族主义国家按其社会经济制度来看，仍然属于世界资本主义体系中的国家。因为当代科学技术革命主要发生在帝国主义国家，所以民族主义国家发展民族经济不能不依靠技术输入。当代科技革命通过这个渠道影响着这些国家的经济发展。技术输入可能由这些国家的私人资本主义经济来实现，也可能由国家来实现。不管采取何种方式来输入技术，总之，如果在保证独立和主权的条件下，都是有利于这些国家民族经济的发展的。与此同时，这些国家的资本主义生产关系也会随之而发展起来，封建主义的经济关系将逐渐趋于瓦解和缩小。但是，也不容否认，这些国家将会因此受到外国资本的剥削。甚至使外国资本在本国的势力加强起来。随着资本主义（包括私人资本主义、国家资本主义和外国资本）经济关系的发展无产阶级的队伍和力量都将壮大起来，觉悟也会逐渐提高。当然，这些国家的无产阶级仍然处在被剥削和被压迫的地位。在这些国家中，无产阶级、广大农民同民族资产阶级，甚至封建地主阶级，虽然存在着阶级矛盾和斗争，但是现阶段他们在争取民族独立、发展民族经济，反对殖民主义帝国主义和霸权主义的斗争中，有着利益上的一致，因此可以结成联盟来建设自己的国家，反对共同的敌人。

三、对社会主义国家生产关系的影响

社会主义国家是生产资料公有制和消灭了剥削关系的国家。它们发展科学技术和生产是为了满足社会的需要，为了建设社会主义和过渡到共产主义创造物质条件。因此，科学技术的利用和生产的发展归根到底只能是促进社会主义生产关系的巩固和发展，有利于全体劳动人民物质文化生活水平的提高。

目前社会主义国家都属于发展中国家，科学技术和生产力的发展水平都还不高，还必须在平等、互利、保证国家独立和主权不受侵犯的条件下，从外国、主要是发达的资本主义国家引进技术。尽管这种技术引进要付出一定的代价，但最终将对社会主义国家的现代化起到一定的作用，从而有利于社会主义生产关系的巩固和发展的。

第四节　当代科学技术革命是推动世界经济向前发展的革命力量

无产阶级革命导师历来都十分重视科学技术对人类历史的推动作用，并总是把它和革命紧密联系在一起的。

历史唯物主义告诉我们：生产方式的变更和发展，始终是从生产力的变更和发展，首先是从生产工具的变更和发展上开始的，而历史上的生产工具总是同一定的科学技术相结合的，特别是在大工业生产的条件下，生产工具只不过是物化形态的科学。因此，就这个意义上讲，亦可以认为是生产力的变更和发展首先是从科学的变更和发展上开始的。而生产力的变更和发展，到了一定时期就会和旧的生产关系发生冲突，这时，旧制度成熟着革命，或迟或早总会通过革命用新的适合于生产力性质的生产关系来代替旧的生产关系。这就是科学为什么会成为一种伟大的革命力量的根本原因。

因为科学始终是在历史上起推动作用的革命力量，因此，从根本上讲，它的发展，特别是它的革命，总是有利于巩固适合生产力性质的先进生产关系而不利于落后的生产关系。18世纪后期，当资本主义制度还处在自己的上升阶段的时候，当时发生的以蒸汽机的发明为代表的科学技术革命，起到了进一步巩固资本主义制度的作用。那一次科学技术革命迸发出来的巨大的生产力，从经济上真正显示了资本主义生产关系比之封建生产关系的无比优越性，封建的生产关系已经不能容纳这一庞大的生产力了，这就不但加快了世界范围封建皇朝的复灭，而且使得已经建立起资产阶级统治的社会内封建皇朝在经济上的复辟成为不可能了。但是，从那以后，历史又经历了一百多年，资本主义制度的历史地位已经发生了根本变化，它已经从先进的生产关系转变为没落的生产关系，处于从前封建制度同样的地位。因此，从历史发展的趋势看，当代科学技术革命，对资本主义制度来说，亦只能预示着同当时封建制度同样的命运。

世界经济的发展趋势同人类历史的发展趋势是一致的。当前世界经济的特点是既存在着资本主义经济体系又存在着社会主义经济体系，它是这两个体系的特殊的矛盾统一体。但是，这两者决不会永远长期并存下去。因为社会主义战胜资本主义，既然是历史的必然，那么，在世界经济中，社会主义经济体系逐步代替资本主义经济体系，最终形成一个统一的社会主义和共产主义世界经济，同样也是一个不以人们的意志为转移的历史发展过程，尽管这一历史发展的过程是曲折的，但世界经济这一发展的总趋势是任何人改变不了的。

当代科学技术革命对世界经济这一发展总趋势的推进作用，主要表现在它激化了世界范围内的资本主义的基本矛盾上。

在当代科学技术革命影响下，随着生产力的发展和生产社会化程度的提高，极大地推进了生产国际化的发展。生产国际化的发展，主要表现为国际分工的扩大和深化。第二次世界大战后，世界贸易增长的速度远远超过国内生产的增长速度，反映了这一生产国际化的趋势。从20世纪70年代中期到第二次世界大战结束期间，除少数年份外，工业品的世界贸易增长都低于世界工业品生产的增长速度，而在战后在70年代前的二十多年，工业品的世界贸易增长速度，平均超过世界工业品生产增长的50%左右。

进入70年代后，这一趋势有了进一步发展。这一国际贸易发展的事实，充分反映了由于当代科学技术革命而导致国际分工在深度和广度上的新发展。

生产国际化的发展，必然要求各国的生产关系亦相应地国际化。第二次世界大战后，世界经济中各种类型国家生产关系的国际化都有了很大的发展。（比如，帝国主义国家跨国公司的广泛发展和西欧共同市场的形成和发展，发展中国家各种经济共同体和原料生产国组织的建立和发展，苏联东欧等国家"经互会"的成立和发展，以及社会主义国家分别参加某些国际经济组织等等）这些形形色色的国际经济组织，虽然有各自不同的性质，它们的建立和发展亦有自己的特殊原因，但是，其中有一点是共同的，即都是为了适应生产国际化的发展而产生的。

在当前的世界经济中，由于帝国主义的经济仍然居于优势地位，因此，就主要方面讲，生产关系的国际化并没有能够真正适应生产国际化的要求，因为帝国主义的资本国际化并没有改变资本主义私有制的性质，而只是把这种生产关系进一步扩大到世界范围。它们利用国际分工是为了追逐高额垄断利润，剥削、掠夺和控制其他国家特别是发展中国家。苏联社会帝国主义也打着"社会主义国际分工"的幌子，在"经互会"内竭力推行"经济一体化"以达到其控制和剥削这些国家的目的。

这样，在各国生产社会化基础上发展起来的生产国际化必然要同世界范围内的资本主义生产关系发生尖锐的冲突。当前，国际经济关系中发展着的各种各样的矛盾，归根到底，都是这一世界范围内资本主义基本矛盾的反映。

在国家范围内生产社会化和资本主义私人占有之间的矛盾，只能通过消灭国际经济关系中的资本主义体系的办法来解决。当前，发展中国家为反对旧的国际经济秩序和争取建立新的国际经济秩序的斗争就是为了消灭国际经济关系中的资本主义体系而斗争的一个重要组成部分。这一斗争在石油领域已经取得了重大胜利。当然，要彻底消灭这一国际经济关系中的资本主义体系，最终还要依靠帝国主义和社会帝国主义国内无产阶级革命斗争的胜利。

生产国际化和资本国际化的发展，不但加剧了世界范围内资本主义的基本矛盾，推动着世界人民反对帝国主义和社会帝国主义的斗争，而且，还为未来统一的社会主义和共产主义的世界经济的到来，准备着物质前提。

对二战后世界经济的回顾与展望*

第二次世界大战以后的三十多年间,世界经济的发展,明显地可以划分为两个阶段。从战争结束到 70 年代初期是世界经济的迅速增长时期。在这时期内,科学技术进步很快,世界工业生产成倍增加,从而使两次世界大战之间的经济停滞和慢性萧条局面完全成为过去。但是从 70 年代初期起,世界经济已进入一个缓慢发展时期,世界经济的增长率显著地下降,通货膨胀率和失业率上升,并且出现了结构性的危机。展望 80 年代,世界经济将向何处去?这是一个关系到世界局势和影响我国四个现代化进程的大问题,因此不能不予以高度的重视。以下拟就这些问题,试做初步的分析。

一、世界经济迅速增长的 25 年

从 1948 年到 1973 年的 25 年间,世界工业生产、世界生产总值(GWP)和世界出口量曾以前所未有的速度增长。世界农业、交通运输业、旅游业以及其他一些劳务部门的发展也很迅速。1978 年的一份联合国报告曾这样说:"截至 70 年代初期为止的 20 年间,世界生产和世界贸易的增长速度之快,是过去任何历史时期所不能比拟的。"[1] 有些西方经济学家把这个时期称为"历史上最大的繁荣时期",是"世界经济的黄金时代"。[2] 西方经济学家的这一类说法,是多少有一些事实根据的。

在 1948—1973 年期间,世界工业生产的年平均增长率达到 6.1%,世界出口量的年平均增长率达到 7.8%。这不仅超过了两次世界大战期间世界经济处于停滞阶段的增长速度,也超过了第一次世界大战以前世界经济迅速发展时期的增长速度。

---

* 姚曾荫,对世界经济的回顾与展望,世界经济,1980 年第三期。本书编录时为"对二战后世界经济的回顾与展望"。

[1] 联合国:《在世界发展中的跨国公司:重调查》,1958 年,第 13 页。
[2] 丁·考瓦尔:《现代资本主义》,1977 年,第 195 页。

在 1800 年到 1950 年的 150 年间，西欧每个人平均收入的年平均增长率为 1%，而在 1950 年到 1970 年的 20 年间却达到 4.5%。这项数字说明战后 20 年的经济增长率超过 1950 年以前 150 年的增长率。[①]

在 1948—1973 年期间，经济增长最快的国家是日本、苏联、东欧国家、西德、奥地利、法国、意大利、荷兰以及第三世界的少数国家和地区。

在第二次世界大战以前的很长历史时期内，经济增长一般仅限于西欧、北美、日本、苏联以及其他少数几个国家，而在第二次世界大战后，不仅经济发达的资本主义国家、苏联及东欧国家、亚洲的社会主义国家的经济有了迅速的增长，而且许多第三世界国家的国民经济也有了较快的发展。这种世界范围的大面积经济增长也是过去的历史时期所没有的。

在 1913—1948 年的 35 年内，世界工业生产增加了 173%，而在 1948 到 1973 年的 25 年内则增长了 353%。在不同的国家中，工业的发展是十分不平衡的。有的国家在工业发展方面表现为跳跃式的增长，其中包括日本和西德。在 1948—1973 年间，日本工业生产增长了将近 32 倍，年平均增长率达 15%，西德工业生产增长了 8 倍以上，年平均增长率达 9.2%。同期苏联工业生产增长了将近 12 倍，年平均增长率为 10.7%。美国、英国和其他一些国家则远远落在后面。

表1　世界工业生产和世界出口量年平均增长率

时　　期	世界工业生产每年平均增长率（%）	世界出口量每年平均增长率（%）
1876/1880—1896/1900 年	4.0	2.7*
1900—1913 年	4.0	4.1
1913—1938 年	2.2	0.7
1948—1973 年	6.1	7.8
1973—1978 年	3.8	4.1

注：*系世界贸易量（即进口加出口）的增长率。
资料来源：国际联盟：《工业化与对外贸易》，第 157 页；《国际贸易统计手册》，1972 年；联合国：《统计月报》，1979 年 6 月号。

战后促使各国经济增长的直接因素有两个。一个是就业人数的增加，一个是劳动生产率的增加。统计数字表明，劳动生产率增加对工业生产增长所起的作用超过就业人数的增加。在 1958 到 1973 年的时期内，发达的资本主义国家的工业生产增加了 142%，

---

① D. H. 阿尔德洛夫特：《1914—1970 年的欧洲经济》第 1 章。

表2　1950—1978年发达的资本主义国家、发展中国家、苏联及东欧国家的
实际国内生产总值每年平均增长率　　　　　　　　　　　　　（%）

	1950—1960年	1960—1970年	1970—1973年	1973—1978年
发达的资本主义国家	4.1	4.9	5.1	2.1
发展中国家和地区	4.7	5.3	6.3	5.2*
苏联及东欧国家	9.3	6.6	6.6	5.2*

注：* 系1974—1977年的每年平均增长率。

资料来源：联合国贸易与发展会议：《统计手册》，1977年，第235页，1979年，第482页；欧洲经济合作组织：《主要经济指标》，1979年8月，第152页。

表3　1938—1973年，1973—1978年发达的资本主义国家和苏联的工业生产年平均增长率（%）

	1938—1973年	1948—1973年	1973—1978年
美国	5.5	4.6	2.5
日本	7.0	15.0	1.1
西德	4.4	9.2	0.9
法国	4.2	6.0	1.3
意大利	5.2	7.4	2.0
英国	2.8	3.2	0.0
加拿大	6.1	5.9	2.4
苏联	8.4	10.7	6.1

资料来源：《联合国统计年鉴》；《联合国统计月报》；欧洲经济合作与发展组织：《主要经济指标》。

就业人数增加了21%，而劳动生产率却增加了93%。在1950年到1973年，各国制造业劳动生产率的增长，也是日本处于领先地位，其次是意大利、荷兰、西德等国（见表4）。

表4　1950—1978年发达的资本主义国家制造业每小时产量增长率　　　（%）

	1950/1973年	1960/1973年	1973/1976年	1973/1977年	1973/1978年
美国	2.7	3.2	1.2	1.5	1.7
加拿大	4.2	4.6	1.3	2.1	2.5
日本	9.7	10.0	1.4	2.4	3.5
比利时	—	7.0	6.7	6.6	—
丹麦	5.2	7.0	6.2	5.2	4.7

续 表

	1950/1973 年	1960/1973 年	1973/1976 年	1973/1977 年	1973/1978 年
法国	5.3	5.7	4.7	4.8	4.8
西德	5.8	5.5	6.0	5.5	5.1
意大利	6.6	7.2	3.0	2.4	2.6
荷兰	6.2	7.4	5.4	4.9	—
瑞典	5.3	6.7	0.9	0.5	1.5
英国	3.1	3.9	0.6	-0.2	0.2

资料来源：《现代商业概览》，1979 年 8 月，第二部分。

在战后截至 1973 年为止的时期里，几乎所有国家，劳动生产率的增长与历史上任何时期相比都是异常迅速的。不仅如此，战后劳动生产率的增长情况并不仅限于一两个部门，而是遍及大多数生产领域。以美国的情况为例（见表 5）。

表 5　1948—1978 年美国按产业区分的每工/时实际国内生产值年平均增长率　　（%）

		1948—1973 年	1973—1976 年	1973—1978 年
农、林、渔业		4.5	1.1	2.0
采矿业		3.6	-6.6	-4.8
建筑业		1.6	0.9	-1.1
制造业	非耐久性货物	3.3	2.0	2.3
制造业	耐久性货物	2.6	1.1	1.1
运输业		3.0	0.1	0.8
交通业		5.2	8.4	7.1
电子、煤气工业		5.4	1.4	0.7

资料来源：《现代商业概览》，1979 年 8 月，第二部分。

战后，许多国家的就业人数有了较多的增加。1929 年美国的就业人数为 4 670 万人，1932 年下降到 3 790 万人，1945 年又上升到 5 240 万人。第二次世界大战后，美国朝野上下以 6 000 万人就业为奋斗目标。但 1973 年已达到 8 440 万人，1978 年更达到 9 440 万人。在 1949 年到 1973 年的 24 年间，西德的就业人数增加了 85%，法国 17.4%，意大利 48%，加拿大 41.7%。在 1952 年到 1973 年期间，日本的就业人数增长了 191.8%。

战后世界交通运输事业的发展更为迅速。在 1950 年到 1977 年的时期内，世界海上商船吨数，从 8 458 万注册总吨增加到 39 370 万注册总吨，计增加了 3.6 倍。同期世界对外海运货物运输量从 5.5 亿吨增加到 34.75 亿吨，计增加了 5.3 倍。世界陆上交通运输和空中交通运输的发展也非常迅速。

在列宁写《帝国主义是资本主义的最高阶段》的时期,从英国乘轮船到美国,大约需要 6 天的时间。在第二次大战后的初期(1947 年),这个旅程已缩短到 17.5 小时,现在只需要 3.5 小时的飞行时间就可以走完这个旅程。

战后,在世界工业、农业、交通运输业迅速发展的基础上,世界贸易也稳步扩大了。在 1948—1973 年的 25 年间世界出口量增加了 5.5 倍以上。在世界出口贸易迅速增长的过程中,日本也是处于领先的地位,其次是西欧共同市场国家,再次是北美。战后发展中国家的对外贸易也有较快的发展。在 1954/1956—1973 年期间,发展中国家的出口贸易量增长了 1.5 倍以上。

表 6　1954/1956—1973/1978 年世界出口量年平均增长率　　　　(%)

	1954/1956—1973/1978	1970/1973	1973/1978
世界	7.8	8.2	4.1
发达的资本主义国家	8.0	9.5	4.7
北美	6.0	9.5	3.8
欧洲共同市场(9 国)	8.8	10.0	4.4
日本	14.9	10.6	8.6
发展中国家	5.4	8.6	2.0

资料来源:联合国贸易与发展会议:《统计手册》,1977 年,第 38 页;联合国《统计月报》,1979 年 4 月号。

在 1948 年到 1973 年的时期内,尽管资本主义世界发生了几次经济危机,特别是 1957—1958 年的最严重的经济危机,但是世界工业生产和世界贸易的总的增长趋势并未受多大的影响,仍然保持着上升的趋势。

在上述的 25 年内,资本扩张的规模也是史无前例的。资本不仅在资本主义国家的内部进行扩张,而且越来越多的超越国界,进行世界范围的扩张。其结果就是跨国公司的大规模出现和发展以及它们的海外直接投资的迅速增长。在 1966 年到 1973 年的 7 年内,跨国公司的海外直接投资总额从 895.83 亿美元增长到 2 872 亿美元,每年平均增长率达到 11.9%。发达的资本主义国家的海外投资的迅速增长,使得每年的海外投资额在它们的国民生产总值中所占的比重也增加了。在 1973 年以前这个比重一般都在 0.60% 以下,而在 1973 年已达到 0.74%。1976 年跨国公司的国际总产值已达到 8 300 亿美元[1],超过这一年日本国内总产值 27% 以上,并且几乎赶上了 1976 年的世界出口

---

[1] 联合国《在世界发展中的跨国公司:重估计》,1978 年,第 35 页。

总值（9 180 亿美元）。正如列宁所说的，大量的资本输出到国外去，会在某种程度上引起资本输出国经济发展上的停滞[①]。这种情况在战后的英国表现得特别明显。

在从1948年到1971年8月15日的期间内，虽然发生了几次美元危机和少数国家的货币升值和贬值，但美元汇价大体上保持稳定，各国的通货膨胀率一般都保持在2.5%与5%之间。

在1948年到1973年的时期内西方国家的失业率较低。在西欧和日本，失业率一般保持在0.3%与4%之间，美国和加拿大的失业率虽然高于西欧和日本，但比起70年代初期以来的失业数字要低得多。

归纳起来，战后最初25年间世界经济的发展趋势具有以下几个特点：

第一，世界工业生产、各国国民生产总值和世界贸易的增长速度都是前所未有的。

第二，和过去不同，经济增长并不限于少数国家和地区，而是遍及于几乎所有的国家和地区，是大面积的增长。这也是史无前例的。

第三，经济增长也并不局限于少数生产部门，而是包括了制造业、建筑业、农业、交通运输业、矿业、金融业、商业及其他服务业等所有的经济领域。还出现了许多新的工业部门，如原子能、电子工业、计算机工业、宇航工业、合成纤维工业、合成洗涤剂工业、塑料工业等等。

第四，通货膨胀率较低，除了一些国家的几次货币贬值或升值以外，在较长时期内，各国货币的汇价基本稳定（见表7）。

第五，失业率较低，就业人数显著增加（见表8）。

第六，跨国公司的海外投资迅速增长。

表7　1955—1978年发达的资本主义国家消费物价每年平均增长率　　　　（%）

国　　家	1955—1970年	1970—1973年	1973—1978年
加拿大	2.5	5.1	9.3
法国	4.6	6.2	10.7
西德	2.4	5.9	4.8
意大利	3.2	7.1	16.7
日本	4.5	7.6	11.2
英国	3.6	8.5	16.0
美国	2.5	4.6	6.4

资料来源：《联合国统计月报》各期。

---

① 列宁：《帝国主义是资本主义的最高阶段》，人民出版社1959年版，第58页。

表8　1920—1978年七国年平均失业率　　　　　　　　　　　　　　（％）

国家	1920/1929年	1930/1938年	1950/1960年	1961/1973年	1974/1978年
美国	4.8	18.2	4.5	4.9	7.0
加拿大	3.5	13.3	4.4	5.2	7.2
法国	—	—	1.3	2.2	4.5
西德	3.9	8.8	4.1	0.6	3.2
英国	6.3	9.8	2.5	3.6	5.0
意大利	—	4.8	7.9	3.6	3.3
日本	—	—	—	1.3	1.9

资料来源：《每月劳工评论》，1972年6月号，1975年6月号，1979年5月号。

从这25年的情况来看，资本主义虽然衰老、腐朽，但还有一定的生命力。资本主义的腐朽趋势并没有排除资本主义经济迅速增长的趋势。因此，过去所谓第一次世界大战以前时期是资本主义的最后高涨的说法，以及战后有人预测的战后资本主义国家的生产要缩减的论点，都是不符合事实的。

二、70年代初期以来世界经济形势的变化

如果说1973年以前的25年是世界经济向纵深发展的时期，是就业人数增长和失业率较低的时期，是通货膨胀率较小，即所谓爬行的通货膨胀和汇价相对稳定（1971年8月15日以前）的时期，那末，1973年以后的世界经济则是增长率全面下降，失业率增长，世界性通货膨胀加剧，各国货币汇率变动频繁的时期，总之，是世界经济的滞胀时期，是世界经济的各种病态综合并发的时期。

首先，世界工业生产的增长率下降了。从1948—1973年的年平均增长率6.1%，下降到1973—1978年的3.8%（见表1）。

其次，经济增长率的下降，不是限于少数国家，而是包括西方工业国家、发展中国家和苏联及东欧国家中的绝大多数国家。

就实际国内生产总值的增长率来看，在1960—1970，1970—1973和1973—1978年的三个时期内西方工业国家从4.9%上升到5.1%，又下降到2.1%；发展中国家从5.3%增加到6.3%，又下降到5.2%；苏联和东欧国家，从前两个时期的6.6%下降到5.2%（见表2）。

就实际国内生产总值的每人年平均增长率来看，在1960—1970，1970—1973和1973—1978年的三个时期内，上述三类国家，也都一致下降。西方工业国家从4.2%下

降到 4.1%，又下降到 1.4%；发展中国家由 2.7% 增长到 3.4%，又下降到 2.8%；苏联和东欧国家由 5.8% 下降到 5.7%，再降到 4.6%。

就西方工业国家和苏联的实际国内生产总值增长率的下降情况来看，在 1970/1973—1973/1978 年的期间内，美国的增长率减少了 66%，英国减少了 78%，西德减少了 52%，法国减少了 48%，意大利减少了 45%，日本减少了 58%，苏联减少了 50%。

第三，劳动生产率的增长率下降了。这在西方工业国家是无一例外的，下降幅度从西德的 8% 到英国的 95% 不等（见表 4）。在 1973 年以前的时期内，各国劳动生产率的提高使得很个工人的生产量增加，因而缓和了物价上涨的压力。在 1973 年以后，劳动生产率增长速度的下降意味着产量的增长不能抵销工资的增长，因而使成本增加，物价上涨，削弱了消费者的购买力，从而减缓经济的增长。

第四，劳动生产率增长速度的下降，不限于一两个部门，而是包括了几乎所有各个生产领域。就美国情况来谈，只有交通业中的电话一项为例外。

第五，不仅是世界工农业生产的增长速度下降了，而且过去世界经济中发展最迅速的领域，即世界贸易的增长率也大大下降了。在 1954/1956—1973 到 1973/1978 年的时期内，世界出口量的增长率从 7.8% 下降到 4.1%，计下降了 48%（见表 1），其中西方工业国家从 8% 下降到 4.7%，计下降了 42%；发展中国家从 5.4% 下降到 2%，计下降了 63%。

第六，通货膨胀和物价上涨加剧，货币极不稳定。在 1973 年以后，各国消费物价年平均增长率，除个别国家以外，普遍超过 1973 年以前，特别是 1970 年以前的水平。不少国家的物价上涨率达到两位数字（见表 7）。在 1971 年 8 月 15 日美元停止兑换黄金和 1973 年 2—3 月西方工业国家放弃固定汇率制，改行浮动汇率制以后，各国货币的对外价值变动频繁，动荡不定。在 1971—1979 年 4 月的期间内，美元对西德马克的汇价下跌了 41%，对日元的汇价下跌了 30%，对瑞士法郎的汇价下降了 56%。1973 年以后，黄金价格增长很快。截止到 1980 年 1 月中旬，黄金价格较旧的黄金官价（每一盎司 35 美元）已上涨了 16 倍以上。

第七，失业率增长。1973 年以后，除了瑞典以外，其他西方国家的失业率有普遍增加的趋势。美国的失业率在 1975 年达到战后的最高峰（8.5%），以后就逐渐下降，1979 年 3 月又回升到 6.1%，仍为 1973 年以前失业率的一倍多。其他西方国家的失业率，在 1974—1975 年危机以后，仍然持续上升。加拿大的失业率在 1978 年年底和 1979 年年初已达到战后 30 多年间的最高点。澳大利亚的失业率在 1979 年 3 月达到 6.5%，这也是过去 20 年间的最高点。英国的失业率在 1973 年以后逐步增加，1978 年已超过 1973 年一倍。法国的失业率在 1978 年也达到 1973 年的两倍。西德的失业率一向保持在较低的水平,原因之一是外籍工人多,在经济衰退时,用解雇外籍工人,输出失业的办法来减少国内的失业率。但是在1978年西德的失业率仍然达到1970—1973年平均数的5倍。日本的失业率虽然在主要资本主义国家中仍然处于最低的水平,但在1979年初达到20年来的最高峰。瑞典在1974—1975年经济危机以后,采取了各种政策措施来刺激经济增长,从而使失业率有所下降,但其代价是通货膨胀的加剧,即使如此,在1979年1月,瑞典的失业率仍然上升到1973年以来的最高点。

总之,1973年以来,世界经济的增长显著放慢,形成了一种三降两升的局面。所谓三降,就是工业生产和国内生产总值的增长速度下降;劳动生产率的增长速度下降;世界出口贸易量的增长速度下降。所谓两升,就是通货膨胀率上升和失业率上升。这种情况表明,以1973年为转折点,世界上绝大多数国家的经济已进入"滞胀"阶段。欧美和日本的经济学界人士把这种现象称之为"黄金时代的结束","阴云密布的世界经济","没落中的世界经济",或称之为"一个捉摸不定的时代的开始"。一切证据显示,战后世界经济已发生了重大变化。

不久前英国保守党议员埃尔登·格里菲思说:"美国经济发展的动力源泉在渐渐衰竭"。其实,不仅美国是这样,西欧国家何尝不是这样?日本又何尝不是这样?1979年12月7日日本大平首相在我国政协全国委员会发表的演讲中说:"80年代,对于任何国家都是不容乐观的时代"。这句话里边当然包括着对80年代的世界经济的展望在内。

为什么说,以1973年为转折点,世界经济发生了急剧的变化?关键的问题在于那些在50年代和60年代使得世界范围的资本积累的强有力的特殊因素已经失去势头或正在消失。

首先,是第三次科学技术革命浪潮的减退,技术进步的速度明显放慢。第二次世界大战后的经济增长和劳动生产率的提高,在很大的程度上是由于第三次科学技术革命中一系列的科技发明的浪潮达到最高峰的结果。而这个浪潮,到70年代初期,已成为尾声。日内瓦的一位经济学家说:"我们已越来越接近于把过去100年间的科学成就在技术上利用殆尽的时期……而为了使这个蓄水池得到补充、填满,我们还得再等待几十年"。[①] 70年代初期以来,在世界科技界再也看不到在战后二十多年间曾出现过的那样一些使制造生产资料的部门和耐用消费品工业部门发生深刻变革的一系列伟大发明了。西方国家技术知识的创造率已明显地放慢。在美国,颁发给各大公司的专利权数目在1971年曾达到最高峰,以后即逐步下降,到1976年,已减少了20%。

据美国经济学家丹尼逊(E. F. Denison)的计算,在1948年到1973年的时期内,美国劳动生产率的每年平均增长率为2.43%,而科技知识和经营管理知识是促进劳动

---

① 吉亚瑞尼(Oris Giarini):《经济学,技术的脆弱性和报酬渐减》,1977年。

生产率增长的最主要的因素。在这一时期内，在促进美国劳动生产率增长的各种因素中，科技知识和经营管理知识所起的作用占到61%强。其次是教育，固定资本投资，改善资源分配和规模经济的变动等。在1973—1976年，美国劳动生产率的年平均增长速度变为负数（-0.54%）。如果1948—1973年的增长率（25年总共增长了82%）在1973年以后持续不变，美国劳动生产率的增长率在1973—1978年的五年内应增长13%，而不是下降（总共下降了5.6%），而在下降中，最重要的原因，就是科技知识对经济增长所起作用的下降。①②

发明创造力在世界范围内的下降，是世界经济发展的动力渐渐衰竭的重要原因之一。

第二，能源危机和石油价格的猛烈上涨，是使世界经济的增长速度下降的另一个重要原因。1973年以前的二三十年间，非常廉价的石油曾经是促进世界经济增长和繁荣的主要因素之一。因为每桶2美元左右③的石油价格压低了不变资本在总资本中所占的比重，提高了利润率，从而加速了资本积累，扩大了生产规模，促进了各国的经济增长。

但是从1973年起的石油斗争和石油提价，已经使廉价石油和供给充足的时代完全消逝。在70年代世界上还是发现了阿拉斯加油田和北海油田。展望80年代似乎不再会有这样大的油田可以发现了。能源短缺、油价上涨，正越来越成为世界经济增长的阻力，不仅美国、西欧和日本这些大量消耗石油的工业国家受到它的影响，就是苏联、东欧国家和不产油的第三世界国家也都受到它的影响。因为石油短缺和石油加价不能不影响以石油为原料或燃料的许多工业、农业、交通运输业部门的生产成本和产销数量，使经济增长相应放慢。同时这也意味着通货膨胀率的增加和国际收支逆差的扩大。对第三世界的非产油国家来说，形势更为不利，因为这些国家受到了油价上涨和西方工业国经济增长率下降的双重影响。

第三，非工业化趋势（de-industrialization）的影响。从60年代末，70年代初期起，西方工业国的国民经济中广泛出现了非工业化的过程，也就是工业中，特别是制造业中就业人数相对地、甚至是绝对地下降的过程，这一过程表明了西方国家国民经济结构发生了深刻的变化。

上述时期以前，在西方工业国家里，就业总人数的增长率落后于制造业就业人数

---

① 《现代商业概览》，1979年8月号。
② 在科学史上，有两个"非常时期"。遇到"非常时期"，一切先进国家和后进国家的科学发展都要停顿下来。历史表明，第一个"非常时期"是在1670—1740年；从20世纪40年代到20世纪末，世界科学可能又进入一个"非常时期"。见贝尔纳《历史上的科学》及赵红州《百年难遇的赶超良机》（《北京科技报》1980年1月11日）
③ 1970年沙特阿拉伯原油价格为每桶1.80美元，1971年为2.19美元。

增长率。这个时期以后，在这些国家里，就业总人数的增长率逐渐赶上并在最后超过制造业就业人数的增长率。而在有些国家里，制造业中的就业情况实际上出现了负增长率。

非工业化的现象，在服务性行业的就业人数的增长中，也明显地反映出来。在后三十多年中，除了奥地利一国外，在所有其他西方国家中，服务性行业的就业人数增率都超过就业总人数的增长率，并且也超过制造业就业人数的增长率。1973年以来，西方国家就业人口在农业、工业和服务业三种行业的分布中，服务业就业人数所占的比重从45%到60%以上不等。服务业中的就业人数在各国都已上升到三种行业中的第一位（表9）。在工业和农业中劳动力的相对或绝对地减少，以及大量劳动力向服务业的转移，不能不影响劳动生产率的增长速度和经济增长率。因为经济增长归根到底是由在扩大再生产过程中起决定性作用的制造业，特别是机器制造业生产能力的增长所决定的。制造业生产增长得最迅速的国家，也是经济增长和每人每年平均产量增长得最快的国家。

在进入70年代以后，西方工业国的制造生产资料的工业部门在全部固定资本投资中所占比重下降了，而耐用消费品工业部门及服务业部门在投资中所占比重却大有增长。在这些国家人们越来越多的要坐享早期经济增长的成果。实际上是在吃过去的老本。他们越来越多地把收入花费在耐用消费品和旅游业、服务业的开支上面。近二三十年来西方国家金融机构所贷出的大规模的消费者信贷和形形色色的广告宣传更助长了这一倾向。所谓"消费社会"、"消费主义时代"、"服务性经济"、"工业化以后的社会"等等的含义就是如此。这些情况也势必要影响这些国家的经济增长。经济增长率的下降和严重的通货膨胀就是它们必然要付出的代价。

表9 1871—1977年六个西方工业国家的就业构成：工业和服务业中的分布　　（%）

			意大利		西德		法国		英国		美国		日本
农业		1871	62.0	1882	42.0	1866	52.0	1911	12.0	1870	50.0	1877	83.0
		1954	41.0	1933	29.0	1950	33.0	1951	5.0	1950	12.0	1950	49.0
	1957		35.6		16.3		24.6		4.4		9.3		34.3
	1965		25.6		10.9		17.7		3.3		6.1		23.5
	1973		18.4		7.5		11.4		2.9		4.2		13.4
	1975		16.8		7.4		10.2		2.7		4.1		12.7
	1976		16.5		7.1		9.9		2.7		3.9		12.2
	1977		15.9		6.8		9.7		2.7		3.7		11.9

续 表

		意大利		西德		法国		英国		美国		日本
工业		1871	24.0	1882	36.0	1866	29.0	1911	43.0	1870	25.0	1877	6.0
		1954	31.0	1933	41.0	1950	34.0	1951	47.0	1950	35.0	1950	21.0
	1957		35.3		48.0		37.5		49.2		35.5		26.7
	1965		37.2		50.4		39.4		48.1		33.4		32.4
	1973		39.3		49.5		39.7		42.6		33.2		37.2
	1975		39.3		46.0		38.8		40.7		30.7		35.9
	1976		38.5		45.6		38.2		40.0		30.9		35.8
	1977		38.6		45.3		37.7		40.0		30.9		35.4
服务业		1871	14.0	1882	22.0	1866	20.0	1911	45.0	1870	25.0	1877	11.0
		1954	28.0	1933	30.0	1950	33.0	1951	48.0	1950	53.0	1950	30.0
	1957		29.1		35.7		37.9		46.4		55.0		39.0
	1965		36.4		38.7		42.9		48.7		58.3		44.1
	1973		42.3		45.0		48.9		54.5		62.6		49.4
	1975		44.0		46.6		51.0		56.6		65.2		51.5
	1976		45.0		47.3		51.9		57.3		65.2		52.0
	1977		45.5		47.9		52.6		57.3		65.3		52.8

资料来源：库茨涅斯：《关于经济增长的六篇讲话》（美国出版）。
欧洲经济合作组织：《劳动力统计》，1966—1977 年。

第四，固定资本投资速度的放慢。1973 年以前，固定资本投资的加速增长是发达的资本主义国家经济增长的一个主要因素。但是在 1973 年以后，固定资本投资的增长速度也下降了。

表 10 1962—1977 年主要资本主义国家固定资本投资量指数　　（1975 年 =100）

年份	1962	1965	1970	1973	1974	1975	1976	1977	1978
加拿大	46.0	61.0	70.9	91.4	96.3	100	102.2	102.5	—
美国	74.6	94.7	100.4	121.4	113.6	100	106.2	116.4	—
日本	28.5	37.9	85.0	112.7	102.1	100	103.1	106.8	—
法国	47.6	61.3	84.0	102.4	103.3	100	103.8	103.1	104.6
西德	74.0	87.4	105.0	115.9	104.4	100	104.7	108.9	115.7
意大利	79.4	74.0	105.4	111.0	114.9	100	102.3	102.4	101.9
英国	64.6	80.0	95.7	104.8	101.9	100	98.8	95.0	97.9

资料来源：欧洲经济合作组织：《欧洲统计》，1979 年 9 月号。

根据表10，在1962年到1973年的时期内，固定资本投资量的年平均增长率，加拿大是7.3%，美国是4.5%，日本是13.3%，法国是7.2%，联邦德国是4.1%，意大利是3.1%，英国是4.5%。但是在1973年以后，加拿大的增长率下降，联邦德国和法国的增长率几乎等于零。美国、日本、英国和意大利的增长率均为负数。

固定资本投资速度的减缓或下降会加速固定资本的老化过程，并可拖延最新的科学技术成就在生产上应用的时间。这是造成劳动生产率增长速度下降和经济增长呆滞的另一个重要原因。

第五，保护贸易主义浪潮的增长。在50年代和60年代，西方工业国家所采取的贸易自由化政策，其中包括关税的大幅度降低和外汇限制、数量限制的放松或取消，有助于世界贸易的增长，而世界贸易的发展又带动了各国工业生产的增长。

但是从60年代末、70年代初期以来，保护贸易政策，在西方国家中有明显地加强的趋势，名目繁多的种类达80种以上的非关税壁垒建立了起来，西方国家对纺织品、服装、鞋类、电气产品、钢铁等的限制更加严格了。保护贸易主义已给世界贸易带来不利的影响，从而阻碍了世界经济的发展。

70年代初期以来的世界经济，是在背负着生产停滞、世界性通货膨胀、能源危机、国际货币制度危机等重重危机的沉重压力下而蹒跚前进的。这些综合并发的病症就构成为资本主义经济体制的危机。这种情况在西方经济学上也充分地反映出来，这就是为战后世界经济的增长提供理论基础的近代西方经济学的深刻危机。

对于造成60年代末和70年代初期以来西方工业国家严重经济停滞问题、失业问题、环境污染问题、世界性通货膨胀问题和国际货币制度危机等现象，西方经济学既不能给以理论上的说明，更不能提供解决问题的方案。

30年代资本主义世界的空前经济危机造成了所谓"经济学的第一次危机"，并且出现了"凯恩斯主义"或"凯恩斯革命"。在1971年12月的美国经济学会上，琼·罗宾逊（Joan Robinson）把60年代末、70年代初期的状况，称之为"经济学的第二次危机"。

以后这种危机感在西方经济学界逐渐地蔓延开来，并以1975年1月诺贝尔经济学奖获得者瑞典经济学家缪尔达（K. G. Mydral）、荷兰经济学家丁伯根（Tinbergen）、美国经济学家亚诺（K. J. Annow）三人同其他四位诺贝尔奖金获得者联名发表的"声明"而达到顶点。这项声明，不仅要求对西方的经济理论进行重新检查，而且呼吁"立即开始探求足以代替西方经济体制的制度"。以后还不断出现所谓"经济学已经破产"、"经济学已经死亡"之类的言论。对于西方经济的病态及其在西方经济学界的反映，我们似应进一步加以研究。

三、对80年代世界经济前景的展望

展望80年代，整个世界形势将更加动荡不安，国际紧张局势将继续加剧，局部战争和军事冲突的可能性增多。世界经济形势当然与世界政治形势息息相关。但如果把世界战争的可能性暂时排除在外，则对80年代的世界经济前景，基本上有两种看法。一种是乐观的看法。持这种看法的人认为1973年以前的世界经济情况是常态，而1973年以后的滞胀经济是暂时的变态。在事物的发展过程中，常态总是能战胜变态而取得胜利的。所以1973年以前的增长趋势，在80年代迟早总要恢复。去年8月间，世界银行所发表的《第二个世界发展报告》，就是代表这种乐观的看法。英国经济学家卡恩（Herman Kann）对于1974—2000年的世界经济的预测[1]，也接近于这一类的看法。世界银行的上述报告的作者们说："今后10年的前景是变化莫测的，但是有理由推断，发达国家将可以恢复到每年平均4.2%的增长率。"4.2%的年平均增长率，也就是在1960—1975年期间，西方工业国家国内生产总值的年平均增长率。这份报告还预测今后10年日本的经济增长率将为年平均6%，而北美和西欧的增长率或等于西方工业国家的平均增长率，或低于这个平均数。但据日本能源经济研究所所长生田的推算，今后7年经济的年平均增长率最大限度只能达到3.76%。这就是说，世界银行的估计数，比生田所推算的最大限度数字还要超出三分之一以上。所以有的经济评论家把世界银行的这份报告，看做是"象牙之塔里的粗制滥造的揣测数字"，是"把希望与现实混为一谈的靠不住的猜测"。[2] 应该说，这种评价是有根据的。

另一种是现实的看法。持有这种观点的人认为在80年代、70年代初期以前那种高经济增长率、高贸易增长率和低失业率、低通货膨胀率的世界经济情况已经一去不复返。低速的经济增长率伴随着较高的通货膨胀率和较高的失业率的情况将会在较长时期内存在下去，也就是滞胀经济将会持续一个较长的时期。世界经济势将在两高一低的崎岖不平的道路上蹒跚前进。我们是同意这样一种预测的。道理很简单，那就是造成1973年以来世界经济"滞胀"的几个原因，特别是科技革命浪潮的减退，能源危机的发展和非工业化的进程等现象，在80年代，一个也不能消除，而后两个原因很可能还会有所发展。世界经济中的几个缠身已久的痼疾，是很难在几年之内加以根治，甚或是永远不能根治的。

---

[1] 卡恩在1979年所发表的《世界经济发展》一书里，预测1974到2000年西方工业国家的年平均增长率为3.5%，超过第二次大战前的任何历史时期的经济增长率。

[2]《世界银行主张社会主义》，《国际货币评论》，第11卷第4期，第25—31页。

战后发达的资本主义国家所普遍采取的国家垄断资本主义调节措施，固然曾暂时减弱了或解除了经济上的病痛，但并不能医治其根深蒂固的内伤。这些调节措施的作用已日益走向它们的反面。作用已变为反作用。世界性的通货膨胀就是其明显的恶果。过去这些国家为了减少失业，刺激经济增长，而采取的赤字财政、放松银根、扩大信贷的政策，不可避免地会加剧通货膨胀。为了控制通货膨胀的寒热病而采取的紧缩政策，又无可避免地会影响心脏的跳动，那就是降低经济增长率，增加失业率。因此，在经济上造成一种停停走走的局面。预计80年代的发达资本主义国家的经济，与1973年以来的情况基本一样，仍将处在既不能过分刺激经济增长，又不能过分紧缩财政和信贷的进退两难的困境中。

国际货币基金组织在去年9月16日发表的一份年度报告中说，"目前这种很不稳定的环境里预示着在今后一段时期世界经济将受到严重压力"，"世界经济的增长速度将严重下降"。关税及贸易总协定在去年11月间发表的1978—1979的年度报告中也说，"确实存在着全球性的经济恶化的可能性"，又说世界可能"在相当长的一段时期里要沿着不能充分发挥生产能力的经济增长道路上移动"。其他的西方刊物也预测今后几年内，西欧的经济前景是阴郁的，消费品价格将涨到新的高峰，就业将更加困难，并且估计到1990年，西欧的失业人数可能从今天的700万增加到1200万，即约占劳动力总数的9%，最好的情况是，西欧经济只能缓慢的增长[①]。西方工业国家的经济停滞，势必会直接影响第三世界国家的经济增长速度，因这些国家是第三世界国家出口商品的主要市场。石油价格的进一步上涨也会影响一些不产油的第三世界国家的工农业生产和国际收支，并削弱它们的偿付外债本息的能力。

在80年代，苏联及东欧国家的经济困难势将增加，经济增长率也将会下降。美国方面估计，今后几年苏联的经济增长率将下降到3%，从那以后增长率还将"逐步下降"。缺乏石油和劳动力是拖苏联经济后腿的两个主要因素。

在70年代的世界市场上，竞争已经很厉害。在80年代，这种竞争势将进一步加剧。发达的资本主义国家的高失业率和低增长率将会迫使它们加强对国外市场的争夺。第三世界中的一些经济上发展较快的国家和地区，由于工业力量增长和工资低廉，出口贸易已经有了迅速的发展。在80年代，它们争夺国外市场的竞争还会有所扩大。它们不仅在轻工业产品方面，而且在收音机、电视机、电子零件以及钢材、化工、船舶、汽车等重工业产品领域也将进一步成为西方工业国家的强有力的竞争者。同时，它们对于包括能源在内的各种资源的需求也将增加，因而对于取得能源和原料的竞争也将增加。在苏联和东欧国家中，有一些国家也将加入到这场争夺市场和燃料、原料的竞

[①]《美国新闻与世界报导》，1979年10月29日。

争行列中来。

世界市场上竞争的加剧势将使国际贸易中的保护主义势力更加抬头，并使市场问题成为世界经济的主要问题。近十年来，在西方国家中，不仅企业界、政界和经济学界的保护贸易主义势力日益增长，而且工会也大力鼓吹加强奖出限入的措施。美国最大的工会（劳联—产联）过去是贸易自由化政策的强有力支持者，70年代初期以来已转变为保护贸易政策的积极倡导者。保护贸易壁垒的加高就会阻碍国际贸易、从而促使经济增长率趋于下降。

80年代是我国进行四个现代化的关键时期。为了加快四个现代化的进程，我们必须引进先进技术，充分利用外贸，搞好对外贸易这个环节，大力发展出口贸易。但是在80年代我们面临的将是一个动荡不定的世界政治局面，一个呆滞的世界经济，一个保护贸易主义加剧和竞争更加激烈的世界市场，一个不利于发展出口的国际经济环境。对此我们应该加强研究，认真对待。美国的劳联—产联在去年11月底公开反对给予中国以最惠国待遇，以限制"中国的大批廉价货物流入美国市场"。东南亚国家和印度也担心我国的四个现代化和扩大出口会挤掉它们的传统市场。

我们需要指出，贸易是有来有往的。在中美贸易中，纺织品贸易是一个焦点。过去几年我国种向美国输出了若干纺织品，但也从美国购买了大批的棉花。中国已成为输入美棉最多的国家。在对美国出口方面，如以平方码计，过去五年中国对美国出口的纺织品，仅占美国全部纺织品进口的 $1.7\% \sim 3.6\%$。中国对美国出口的纺织品数量仅及香港的五分之一。同时，我们还应该指出，中国的对外贸易，对这些国家来说，固然有相互竞争的一面，也有相互补充的一面。中国煤炭和石油的出口有助于改善亚洲以至世界缺乏能源的状况。中国的四个现代化和将近10亿中国人民的收入的增加，将会使中国的购买力增加，因而促进中国的进口需求的增加。战后世界经济的发展证明，许多国家的经济增长，并不像过去的西方经济学家所预料的那样，会缩小世界市场，反而是扩大了世界市场。进出口贸易发展最快的国家，就是那些经济发展最迅速的国家，中国的四个现代化一方面有利于世界和平和稳定，一方面也有利于其他国家对中国的出口，因而有利于世界经济的发展。这是毫无疑义的。

看来，在80年代我们世界经济研究工作者和对外贸易工作者所担负的任务是十分艰巨的。因此，我们应该更加振奋精神，努力做好世界经济的研究工作、世界市场的调研工作和对外经济关系的宣传报导工作，克服不利因素，促进有利因素，为发展我国的对外经济关系，为建设四个现代化的大厦而添砖加瓦。

资源与世界经济的未来[*]

1973年以来，世界经济显示了过去150年间三次大萧条时期的许多特征。这三次经济大萧条是19世纪50年代、90年代和20世纪30年代的萧条。

造成20世纪70年代初期以来世界经济严峻局面的原因，可以直接追溯到1973年和1979年的两次石油"危机"。在1973年以前的20余年间，世界经济呈现出较长时期的增长趋势，而在1973年以后世界经济的增长率已降到很低的水平。同时通货膨胀加剧，失业率上升。经济合作与发展组织成员国的失业人数曾达到3 050万人。两次石油"危机"给全球性经济活动造成的影响是巨大的，仅经济合作与发展组织的成员国国民收入在1980年即损失5%，1981年损失8%，1982年损失更大，只是到1983年下半年情况才稍见缓和。

这些情况突出地说明能源以至全部资源问题对世界经济的重要性，也说明节约能源和节约其他资源的重要性。在今后的20年以至更长的时期内，能源以及其他的资源是否将会持续地成为世界经济发展的窄口？这是国际经济学界争论得最激烈的问题之一，一直到现在还在争论不休。在这个问题上，国际经济学界有乐观派与悲观派两种针锋相对的意见。

早在19世纪上半叶，马尔萨斯和李嘉图等人对自然资源与经济增长的关系，已作出了极端悲观的预测。在他们看来，资源的短缺，当时（李嘉图）或未来（马尔萨斯）将导致生产要素投入量的报酬递减。因此，任何的经济增长的过程迟早都会缓慢下来，并且最后将趋于停顿。这个悲观看法给经济学带来一个不好的名声，即被人称为"阴暗的科学"（dismal science）。

与马尔萨斯、李嘉图等人相反，约翰·穆勒提出了一些比较乐观的看法。穆勒继承了李嘉图的研究方法，但加上了一个重要的限制条件。他指出，技术和制度会随着文明的进步而发生变化，他认为报酬递减律当然会发生作用，但是"凭借人类对自然界影响力量的增长，特别是随着人类对自然界的性质和力量的知识和控制力的增长，

---

[*] 姚曾荫，资源与世界经济的未来，世界经济，1984年第5期。

这个规律的作用可能中止或暂时受到限制"[①]。

虽然报酬递减律学说在以后的西方经济学中继续保留了它的地位,但是资源逐渐短缺的学说却渐渐地销声匿迹了。19世纪中叶以后科学技术的进步、几个新大陆的开发和交通运输事业的发展使世界上所能得到的资源越来越丰富。这些都是自然资源短缺的观念逐渐淡薄的主要因素。

当代对这个问题的重新认识和讨论主要是从 70 年代初期开始的(当然在 50 年代,美国的巴莱报告(Parley Report)已提出资源短缺的问题)。在这以前,西方经济学界的普遍看法是,只要有了资本和技术,再加上管理知识,经济就可以发展,而世界资源是充裕的。他们也认为第三世界的工业和农业只要按照西方的发展模式,就可以发展起来,而资源并不是一个主要问题。

从 20 世纪 70 年代初期起,资源问题开始突出起来,从 1972 年初到 1974 年中期,联合国的初级商品出口价格指数上涨了 150%(为朝鲜战争时期上升幅度的 3 倍)。在过去 100 年间,商品价格的上升幅度没有哪一年曾达到 1972—1973 年的水平(63%),或在任何三年时期内,也没有哪三年的商品价格上升得像 1971—1974 年那么快(159%),世界市场上的石油价格和粮价均急剧上升。

这种情况在国际经济学界必然有所反映。弗莱斯特(J. W. Forrester)在 1971 年发表的《世界动力学》(World Dynamics)一书,首先提出了世界经济增长的界限的悲观论见解。在这本书里,他画了这么几条曲线:

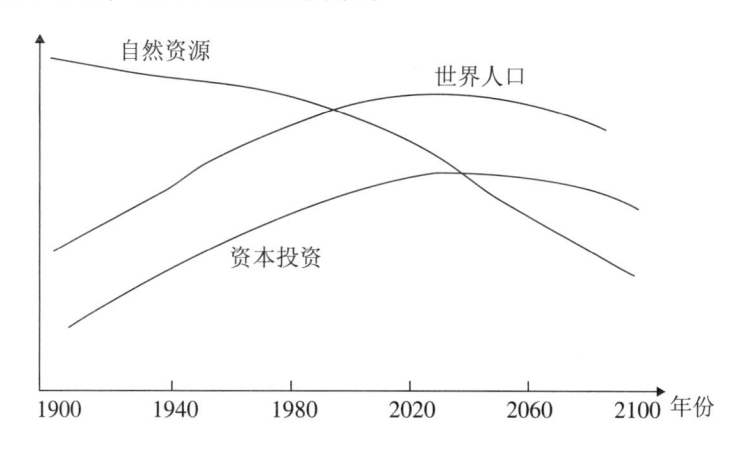

弗氏指出,自然资源的埋藏量自 1900 年以来持续下降,而世界人口和资本投资却不断增加。到 2000 年以前,世界人口增长对自然资源的需求将超过自然资源的供应。到 2020 年以前,资本投资对自然资源的需求也将超过自然资源的供给,因此自然资源的有限性将给世界人口、资本投资以及世界经济的发展形成一种限制。

[①] 约翰·穆勒:《政治经济学原理》,1948 年伦敦版,第 188 页。

1972年在罗马俱乐部的支持下，以米多斯（D. H. Meadows）为首的麻省理工学院研究小组发表了《增长的界限》的著名报告。这份报告对世界经济前景的阴暗预测支持了这样一种看法，即70年代初期商品价格的上涨并不是周期性变化的结果，而是一种新的令人不安的长期趋势或结构性危机的早期征兆。

这份报告的主要结论是，"世界体系的基本活动方式就是人口和资本以几何级数增长，然后导致崩溃"。有关这本书的介绍文章中也指出："地球上的资源（即我们生活在其中的大自然），即使是使用先进的技术，也不能支持现在经济和人口的增长速度到2100年以后。"当年美国卡特政府的世界经济形势报告也是属于悲观派的。

麻省理工学院研究小组有关世界末日的警告，受到世界许多国家经济学者的批判。英国萨赛克斯大学的一个研究小组（Sussex Group）针对麻省理工学院的研究报告写了《世界末日的模式：对增长的界限的批判》（1973年）一书。这本书对麻省理工学院学派的假设、方法、结构和建议都进行了系统的批评。萨赛克斯派认为麻省理工学院学派的世界末日论是没有改造的马尔萨斯分子的理论。他们很可能像其前驱者那样，要犯同样的错误。萨赛克斯学派的批评主要有两点：

第一，麻省理工学院研究小组的预测模式中没有把技术变革的因素考虑在内，而从马尔萨斯时代以来技术改革是一直持续不断的。正像19世纪中叶人们对能源供应所作的各种预测未能考虑石油一样，对于2100年的任何有关能源的预测，必须对未来的科学发现和技术革新予以充分的估计。其次，麻省理工学院小组的全球模式掩盖了不同地区，特别是不发达国家的持续资源开发、工业化和控制人口的可能性。

美国斯坦福大学的一组学者也出版了一本书，支持英国萨赛克斯学派的看法，并对麻省理工学院小组的观点进行批评。他们说："麻省理工学院的模式是先有结论，即增长的界限，然后再反过来进行论证，用这种方式来强行得出结论。"[①]

1974年，在罗马俱乐部的赞助下，麦萨罗威克（M. Mesarovic）和佩斯泰尔（E. Pestel）发表了《人类在转折点上》一书。这是罗马俱乐部的第二项报告。这本书对世界经济的未来的预测作了一些技术性的改变，亦即对全世界经济的前景的预测并不是依赖于单一的、综合性的模式，而是对每一个有特殊性的经济社会和有资源特点的地区进行预测。然而，它的结论仍然和前一本书一样，即在现行的经济增长率持续不变的情况下，世界经济的前景是一场灾难。

与上述悲观派的见解相反，也有不少的盲目乐观派。他们认为技术进步和日益增加的代用品或替代性资源的使用可以解决自然资源的日益短缺的问题。乐观派的见解以古左诺夫研究所的卡恩、Y. 布朗、L. 马贴耳，赫德森研究所以及布里格斯等人为代

---

① M. U. 波莱特和W. 马丁等：《世界Ⅳ：国家和地区体系的一个政策模拟模式》，载《斯坦福国际研究杂志》1974年春季号。

表。布里格斯在《反对新马尔萨斯主义者》一文中说，世界人口和世界经济的发展可以达到以下的规模：即在现有的技术水平下，世界可以养活150亿到200亿人口，每人平均收入可达2万美元（作者按：1974年世界人口在40亿以下，人均收入仅1 200美元，美国人均收入为6 000美元）。这样一个世界能够负担得起低质量的资源（即高成本）的开发，能够负担得起大规模的污染管理开支以及更多的其他开支，而留给世界每个人的消费开支仍等于美国人的中上等收入水平吗？[①]

在这些互相矛盾、针锋相对的学说中，每一方都引用了科学权威的论据。那么真理究竟在哪一边呢？

麻省理工学院小组的世界末日悲观论显然是一种静态的分析法。他们没有考虑能动的因素，特别是没有考虑科学技术进步的因素，也没有考虑代用品和可替代资源的存在。而现在已经看得很清楚，科学技术是一种生产力，是促进经济发展的最重要的力量之一。没有科技的进步，就没有过去的几次工业革命，低估或忽视这个因素的作用，是完全错误的。

但是，在另一方面，一些鼓吹科技自动进步论的人，认为科技的发展在很大程度上可以取代自然资源。他们认为地球上的自然资源是绰绰有余的，并且各种自然资源之间的互相代替性也是无限的，因而根本就不存在自然资源短缺的问题。这种盲目的乐观主义看法，也是没有充分根据的，而且是有害的。真理可能在这两种看法之间。问题是复杂的，各家对未来科技进步的估计是不同的，对各种矿藏的估计数是各种各样的，他们对于世界各种资源的需求量的估计数字也是意见分歧的，因而每个人的答案是不会一致的。

不容否认，自然资源对生产和经济发展是非常重要的。如果认为它们可以完全为非物质的资本劳动力和科技的投入所代替，这是不可想象的。资源在初级产品生产领域的重要性是很明显的，在农业和采矿业都是如此。如果没有初级产品的投入，制造业和建筑业也是不能存在的。在许多第三产业部门，如果没有初级产品和制成品的供应，也是不能进行活动的。

自然资源曾经抚育了三次工业革命。世界上丰富的资源支持了许多工业发达国家的经济发展。但是地下资源毕竟是有限的，不可再生的。当然应该承认，随着收入水平的增长，每一个国家的生产结构和消费结构会发生变化，在全部生产中，自然资源所占的比重会发生变化。相对于生产总值，自然资源所占的比重会趋于减少。作为生产要素，自然资源在生产中的相对重量也会受到技术改变的影响，即技术进步会减少每单位产品中自然资源的投入量。但是，这一切仍然不能否定资源在经济发展中的重

---

① 〔美〕《评论》（1974年7月）第58页。

要意义。同时，对某一种资源的节约（如在农业中节约土地，在制造业中节约原料），时常包含着对其他的资源（如使用更多的能源）的额外需求。

因此，技术进步，生产结构的改变，各种自然资源间的相互代替作用，可能会推迟或修改在生产和经济增长中某些自然资源的制约作用，使之成为一种有弹性的限制。但是有弹性的限制仍然是一种限制。因此，完全否定自然资源的稀缺性，完全否定自然资源对世界经济发展的限制作用是不科学的。

过去只是在战争时期才出现资源短缺的现象，现在在平常时期也出现了。这是一个重要的变化。世界面临着新的问题。就石油来说，不仅是价格，而且石油的最终物质界限，更是人们所担心的问题。美国的石油产量在1970年达到最高峰，以后就趋于下降。其他的产油国也必然要步美国的后尘，重复美国的经验。我国大庆油田产量在1979年达到最高点，以后就趋于停滞。英国北海油田也将在20世纪末或21世纪初趋于枯竭。据石油专家计算，按目前的开采率每年增长5%计算，到2010年，现有的可以开采的世界石油储量将会用尽。如果每年石油开采量按现有水平保持不变，则已知的储量可以维持到21世纪下半叶。

世界的煤矿藏大约还可以开采200年到220年。

关于其他的矿产资源，据W. 里昂惕夫等人的估计①，在20世纪末以前，两种金属矿物——铅和锌可能将要用尽，石棉、氟、黄金、水银、磷、银、硫、锡和钨的供应是否够用也存在问题。另外，有的专家估计，世界黄金还可开采30年。

在2000年以前，世界对所有矿物资源的需求量估计将超过以前全部人类历史期间所需数量的二至三倍。但是，除铅和锌以外，其他的矿物资源的数量将足以满足世界经济发展的需要。

1977年以麦克拉肯为首的专家组向经济合作与发展组织提出一份名为《走向充分就业和价格稳定》的报告。这份报告的结论是："我们的总的结论是，就大部分来说，没有重大的技术限制阻碍着经济的增长。与60年代的成就相比，潜在的增长率将会低一些，……就今后5年（1977—1982年）来说，经济合作与发展组织成员国的潜在产量可能比60年代的5%的增长率要低，……再向前看，就不能排除这种可能性，即全面的能源供应问题可能发生。"

在W. 里昂惕夫所领导的一个专家组所写的《世界经济的未来》的研究报告中，对这个问题所下的结论是：在2000年以前，世界经济的发展可受到的限制，主要是政治的、社会的、制度的，而不是物质的。在20世纪内，世界经济的发展，不存在不可逾越的物质障碍。至于20世纪以后的情况如何，这本报告一点也未涉及。

---

① W. 里昂惕夫等：《世界经济的未来》，梅明等译，商务印书馆1982年版，第16—18页。

上述两个专家组的报告尽管意见有些分歧，但都是值得重视的。看来在20世纪内，资源问题并不在于它的绝对短缺，而在于必须开采品位低、成本昂贵的矿物资源。这种情况将会提高其价格，促进代用原料和代用能源的生产，促使消费增长率的下降，最重要的是促进科技的进步，以寻求新材料和代用能源的大量生产。热核能，太阳能，地热，风力发电，水力发电，在科技进步中都将会扩大使用，为人类社会的经济进步服务。

科学技术过去在世界经济的发展中曾起过巨大的作用，今后将会起更加巨大的作用。在一定程度上，它是自然资源限制作用的突破口，是缓和、推迟或修改某些短缺的物质资源限制作用的关键因素，也是世界经济发展的最重要的后备力量。因此，像罗马俱乐部那样低估世界经济发展的潜力的世界末日悲观论是没有根据的。但是过高估计世界经济发展的潜力，完全抹煞自然资源的有限性也是不符合实际的。

应当指出，世界经济的发展，除了要受到自然资源的制约以外，还要受到有效需求的制约，也就是市场的制约。根据历史的经验，过去世界经济的发展总是与新市场的开辟和世界市场的扩大同时发生的。在世界市场达到饱和状态时，世界经济的发展也就缓慢下来。在世界市场缩小，国际贸易趋减时，世界经济就会处于危机状态。

自1492年地理大发现以来的将近500年间，世界市场是在断断续续地扩大的。随着地理大发现，美洲和非洲广大地区的开发，交通运输事业的发展，世界市场扩大了，人类社会所能掌握的自然资源的来源也有逐渐扩大的趋势。今后的情况如何呢？世界经济是不是逐渐在走向这么一个时代，即物质资源将逐渐减少，而世界市场也将逐渐从稳步扩大的时代走入一个相对固定的时代？如果这两个制约性因素同时发生作用，这时的世界经济以至世界政治将会发生什么变化呢？这是一个值得研究的问题。

市场问题是资本主义制度下的问题，在社会主义制度下，个别部门可能会发生暂时性的商品销售问题，但是不会出现作为资本主义制度的特征的普遍而严重的市场问题。至于资源对于经济增长的制约作用，则在社会主义制度下仍然是存在的。在1983年6月29日《人民日报》的社论中曾指出："能源是发展国民经济的重要物质基础，又是当前制约我国经济发展的一个重要因素。"在《人民日报》的另一篇文章中也说："汽车是烧油的。油可以促进汽车工业的发展，也可以限制其发展。"这就点出了石油的有限性及其重要性。我们同意这种看法。当然，其他的重要资源也是一样。因此，在研究80年代和90年代的世界经济形势以及制定我国今后一二十年间的国民经济发展规划时，把资源问题充分考虑在内，是完全必要的。在1983年4月间召开的全国节约用水会议上，代表们指出了许多重要城市工业用水和民用水短缺的严重情况，说明水的短缺也能制约经济的发展。因此全面研究资源问题，制定开发资源、节约资源、保护资源的长远战略，以规划我国四化建设的需要，应当是我国经济学界和自然科学界的共同任务。

国际贸易的发展与作用

第二次世界大战后国际贸易的发展[*]

战后,在第三次科学技术革命和国际分工深化的基础上,世界市场和国际贸易都有了巨大的变化。其具体表现是:世界市场的容量有了迅速的增长,世界市场上买卖的商品种类大大增加,商品结构有了改变,世界市场从一元化走向多元化和众多的经济贸易集团的出现。

一、世界贸易值和世界贸易量的变化

战后,四十多年来世界经济领域里最突出的变化,就是由战前的停滞不前的状态走向迅猛的变化,劳务贸易,如运输、保险、银行业务,旅游业和技术贸易等也发展得十分迅速。

从1938年到1987年的49年间,按当年价格计算,世界出口值增加了107倍,按不变价格计算,世界出口值,即世界出口量增加了将近9倍。

世界出口量增长率

年 份	世界出口量年均增长率(%)
1840—1860	4.8
1860—1870	5.6
1870—1896/1900	3
1900—1913	4.1
1913—1938	0.7
1948—1973	7.8
1973—1987	3.5
1948—1987	6.2

[*] 姚曾荫,当代世界贸易动向,1987年3月讲稿。本书编录时,改名"第二次世界大战后国际贸易的发展"。

在历史上，世界市场扩大速度最快的时期是 19 世纪的黄金时代，即 1848—1873 年。从 19 世纪 70 年代起，增长率下降了，但是到了 1900/1913 年期间又增长到 4.1% 的水平。在两次战争时期，世界市场处于相对固定状态。在 1913—1938 年的 25 年间，国际贸易的年均增长率仅为 0.7%。第二次世界大战后，情况发生急剧变化，国际贸易呈现迅速发展趋势。它与斯大林等人所谓资本主义世界的销售条件恶化、市场缩小的论断完全相反，呈现蓬勃发展的趋势。从 1948 年到 1973 年的 25 年是世界经济史上的第二个黄金时代。在这个时期内，世界出口量的年均增长率达到 7.8%。这不但远远超过两次战间的增长率，而且也超过世界经济史上增长速度最快时期（1860—1970）的水平。工业生产的增长、交通运输事业的发展、国际分工的深化是国际贸易扩大的重要动力。很难想象，在生产停滞和世界经济低速增长时期，国际贸易能发展得这么迅速。战后外汇限制的逐步放松、贸易自由化政策的实行、国际资本和私人资本输出的急剧增加也是促使世界贸易扩大的重要因素。

在 1973 年以后，由于西欧严重的经济衰退，两次石油危机，资本主义国家的结构性危机（非周期性的属于部门性的慢性危机），发展中国家的债务危机等，世界出口量的增长率又趋于下降，在 1973—1987 年间，年均增长率只达到 3.5%。

就战后将近 40 年间（1948—1987 年）的世界出口量年均增长率开看，也已超过历史上增长最快时期（1860—1970 年）的水平。前者为 6.2%，后者为 5.6%。

世界出口贸易值于 1986 年在历史上第一次超过 2 万亿美元大关，达到 2.119 万亿美元。1987 年又有了进一步的增长，达到 2.45 万亿美元。1987 年的增长有 3 个原因：①出口贸易量的增长；②石油价格和几种非石油初级产品价格的上升；③美元对其他几种主要货币的贬值。

在 1987 年世界出口总值中，发达国家占 69.8%，发展中国家占 20.0%，中央计划经济国家占 10.2%。

就国别来看，当年联邦德国占第一位（12%），其次是美国（10%），日本占第三位（9.5%）。

二、战后国际贸易重要性的增长

论证国际贸易在世界经济中重要性增长或减少的一个重要标志，就是国际贸易的发展能不能带动世界经济的发展，能不能推动有关各国国民经济的增长，能不能成为世界经济或有关国家国民经济增长的发动机。

从统计资料和事实材料来看，国际贸易曾对 19 世纪，特别是对 1840—1870 年期间的世界经济的发展作出过重要贡献。1840—1860 年，世界出口量年均增长率为 4.84%，世界工业生产年均增长率为 3.5%。在 1860—1870 年，世界出口量年均增长率达到 5.53% 的空前水平，世界工业生产的年均增长率为 2.9%。这些数字表明世界出口量的增长率超过世界工业生产量的增长率，起到了推动世界经济增长的发动机的作用。从 1873 年起，世界经济进入危机和长期萧条阶段，直到 1893 年为止。1973 年以后，世界经济也进入低速增长时期，到现在还未结束。

在 1870 年以后到第二次世界大战结束的七八十年的长时期内，世界贸易相对于世界工业生产一直处于落后状态。这种情况表明世界贸易对于世界经济的带动作用已大大减弱，甚至消失了。在这个长时期内，生产的增长超过了市场的扩大，市场问题已成为工业发达国家的主要问题，争夺市场的斗争空前激烈。

1870/1900—1938/1948 世界出口量增长率与世界工业生产增长率的比较

年　份	世界出口量年均增长率（%）	世界工业生产年均增长率（%）
1870/1900	3.24	3.7
1900/1913	3.75	4.2
1913/1929	0.72	2.7
1929/1938	-1.15	2.0
1938/1948	0.00	4.1

在第二次世界大战后，情况发生急剧的变化，世界贸易量的增长率再一次超过工业生产。

1948/1973—1973/1987 世界出口量与世界工业生产增长率的比较

年　份	世界出口量年均增长率（%）	世界工业生产年均增长率（%）
1948/1973	7.8	6.2
1973/1987	3.5	2.9
1948/1987	6.2	5.4

UN Monthly Bulletin of Statistics, Sept, 1987；UNCTAD, Handbock 1972；GATT, Press Rlease, 22Pub. 1985。

无论是在战后世界经济发展的 1945—1973 年第一阶段，还是 1973—1987 年世界经济发展的第二阶段来说，世界出口的年均增长率都超过世界工业生产。从 1948 年到 1987 年的将近 40 年的时期内，世界出口年均增长率为 6.2%，而世界工业生产的年均增长率为 5.4%。这两项数字均达到历史上的最高水平。世界出口贸易再一次起到世界经济增长的发动机的作用。在战后世界经济发展的过程中，世界市场的扩大，国际贸易的增加是一个主要的因素。

不仅如此,战后许多国家和地区的国民经济就是在出口贸易迅速发展的条件下成长起来的。例如日本、西德、意大利、韩国、中国台湾、新加坡、中国香港等就是如此。这就是所谓出口带动作用。对外贸易对中国的经济发展会不会起带动作用?当然也会。不过对外贸易在中国国民生产总值中所占比重较小,所以对外贸易对中国经济的推动作用,就不会像上述那些国家和地区那么大。印度经济学家 P. N. 达尔估计,"如果印度要通过出口使国民生产总值增加 1% 的话,增加的出口就要等于所有发展中国家出口的 50%,如果中国通过出口使民生产总值增加 1% 的话,它增加的出口值占所有发展中国家出口值得比例就会更大。"

在这里,达尔指出,出口对印度和中国的经济增长会起到促进作用。这一点是正确的。但他所提出的比例关系数字只是一种推测,绝不是准确的。大家知道,只须很少数量的酶,就能在大量物质的内部结构中实现根本性的变化,对外贸易对一国的经济来说也是这样。如果中国的出口额按照占到所有发展中国家的出口额的 50% 以上的比例增长的话,那么,它对中国的国内生产总值所起的带动作用绝不会是 1%,可以肯定,它会超过 1%。

论证国际贸易在世界经济中重要性增减的另一个重要指标,就是世界贸易系数或世界出口系数的变化。

世界产品的绝大部分都具有商品性质,但是其中参加国际贸易的,也就是被定名为国际贸易商品的,只占到较小的比重(大部分商品是在国内买卖,而不能出口的,如砖瓦沙石之类)。国际贸易商品的贸易值(进口加出口)在世界总产值(GWP)中所占的比重称为世界贸易系数(Coefficient of World Trade)世界出口值在 GWP 中所占比重称为世界出口系数(Coefficient of World Export)。世界贸易系数或世界出口系数是国际贸易在世界经济中的重要性的指标。指标的变化就说明国际贸易在世界经济中重要性的变化。

在长时期内,国际贸易量是随着 GNP 和国民收入的变化而变化的(GNP 与国民收入的关系)。无论是从长期趋势来看或从周期性变化看,都是这样。全世界生产和收入的增长趋势也反映在世界贸易量的上升趋势中,反之亦然。1870 年以后,国际贸易在世界生产中所占的比重确实下降了。在这一时期内世界经济的长期萧条,各国相继提高关税和限制进口是其主要原因。20 世纪 30 年代直到第二次世界大战结束,一些国家对外贸易在 GNP 中所占比重的下降趋势,与在这一段时期内的严重经济危机、资本主义国家大幅度地提高关税、建立贸易壁垒、少数法西斯国家实行自给自足政策以及第二次大战期间的封锁禁运破坏等是有密切关系的。应该指出的是,在 1980 年以前的几十年间,国际贸易在世界生产总值中所占比重有明显的上升趋势。

第二次世界大战后国际贸易相对于世界生产有了迅速的增长。世界贸易系数和世界出口系数也都增长了。

表　1950—1985 年世界贸易系数与世界出口系数

年　份	世界贸易系数（%）	世界出口系数（%）
1950	16.4	8.5
1960	18.8	9.2
1965	18.6	9.1
1970	20.5	10.0
1975	28.1	13.9
1980	34.4	17.1
1982	33.5	16.4
1985	30.4	

从 1950 年到 1980 年，世界贸易系数逐步上升，从 1950 年的 16.4% 上升到 1970 年的 20.5%，又上升到 1980 年的 34.4%，只是在 1982 年世界经济衰退时期，这个系数才下降到 33.5%，1985 年约为 30.4%。

在世界贸易系数总的增长的情况下，不同类型国家的增长程度是有差别的。从 1952 年到 1982 年，发达国家的出口系数从 7.7% 增加到 15.3%，增长约一倍。发展中国家的出口系数从 15.5% 增加到 23.4%。中央计划经济国家从 3.4% 增加到 16.6%，中国则从 1950 年的 4.2% 增加到 1984 年的 8.9%。这就是说，在发达国家和发展中国家的社会总产值中，有更多的的价值是通过出口来实现的。在中国和苏联、东欧国家的社会总产值中，也有越来越大的一部分价值是通过对外贸易得到实现的。价值实现的愈益国际化是战后世界经济贸易的一个重要特点。

这个特点表明各国对外贸易开放度（Openness）的扩大［Openness Index = 100 × (出口 + 进口)/国民收入］。战后各种类型国家的对外贸易开放度都增加了。苏联和东欧国家的对外开放度也有了迅速的增长。

这一系数的变化也表明许多国家的国民经济对于对外贸易依赖性的增长。工业生产和农业生产的增长、实际收入的提高及其分配的变化是使许多国家在经济上更加依赖于对外贸易。这一趋势，在发达国家，特别是日本和经合发组织（EEC）国家最为明显。美国过去一向是对于对外贸易依赖性较小的国家，但这 30 年来也有增加，从 1966 到 1986 年，美国的出口额在 GDP 中所占比重从 4.1% 增加到 1984 年的 7.5%，1986 年又下降到 5.2%（受汇率影响）。英国从 13.9% 增加到 21.4%，加拿大从 17.1% 增加到 30.0%，日本从 9.3% 增至 16.8%，法国从 10.4% 增加到 23.8%，西德从16.5%增加到33.7%，荷兰从33.1%增加到64.5%，比利时从37.7%增加到75.2%，新加坡从80%增加到131%，这是新加坡有大量转口贸易的缘故。

在发展中国家，只有为数不多的发展中国家和石油出口国，才出现了明显的对于对外贸易依赖性增长的趋势，至于大多数依赖非石油初级产品出口的发展中国家，它们的出口额在GDP中所占比重没有明显的变化。

三、当代国际贸易商品结构的变化

伴随着国际贸易值及量的迅速增长的，是其商品结构和地理布局的改变。

长期以来，国际贸易结构已经在不断变化。而在当代，这种变化的速度加快了。这种现象之所以发生，主要是由于在新的科技革命的影响下，许多国家所生产的产品的性能、品质、加工程度有了改变。各国间在经济上的互补性也有了变化。同时，工业化的传播趋向于增加贸易，这也会使商品结构发生变化。

在过去一二百年间，世界工业生产的增长速度超过初级产品生产的增长速度。在国际贸易中也发生了同样的情况，那就是工业制成品贸易的增长率大于初级产品贸易的增长率，导致制成品在世界贸易中所占比重的上升和初级产品所占比重的下降。

在1876/1980—1936/1938年的五六十年间，初级产品在世界贸易中所占比重徘徊在60%~63%之间。制成品的比重徘徊在37%~40%之间，基本保持稳定。而在战后，制成品在世界贸易中所占比重逐步上升，而食品和原材料所占比重显著下降。前者从1950年的41%增加到1970年的65%，后者同期从59%下降到35%。只是由于1973年和1979年的两次石油提价，才扭转了全部初级产品比重的下降趋势。从1950年到1980年制成品贸易的增长速度超过初级产品贸易的一倍以上。

造成上述现象的原因，第一是发达国家的科技进步导致更经济、更有效地使用原料。技术进步也使得机器设备小型化，因而节约了原料的使用。据IMF最近的估计，自1900年以来，世界对原料的需求每年下降1.25%，这表明目前一单位的工业产品所需工业原料量至多只有1900年的2/5。第二，发展中国家的经济发展使得国内所生产的原料更多地在国内进行加工，这就会减少原料的出口。同时随着这些国家工业的发展，资本货物的进口也相应增加，这就增加了制成品的国际贸易。第三，战后合成原料工业有了迅速的发展，像合成纤维、合成橡胶、合成洗涤剂、塑料等的大量生产，减少了天然原料的使用率。塑料的原料（包括能源）成本还不到钢的一半，塑料正日益取代钢，用来生产汽车车身等。第四，由于高技术工业的出现，一块半导体微芯片所使用的原料只占成本的1%~3%。50克到100克的玻璃纤维电缆所传递的电话信息和一吨铜线所传导的信息一样多,而生产100克玻璃纤维电缆所需能源仅及一吨铜线所需能源的5%,这就减少了铜的国际贸易以及其他类似的矿产品的贸易。第五,发达国家所实行的农业保护主义政策,一方面限制了国外农产品的进口,另一方面促进国内的农业生产的增加,提高了自给率,减少了对进口的需求。第六,发达国家国内需求类型的变化导致制造业的变化。其中最重要的变化就是工程工业(机器与交通运输设备工业)的迅速发展,而纺织工业则增长缓慢。发达国家工业结构的变化对发展中国家初级产品出口有不利影响。因为工程工业产品的进口内涵量较小,而纺织工业产品的内涵量较大。这势必会影响初级产品在世界贸易总值中所占的比重。

诺贝尔经济学奖获得者美国经济学家刘易斯(W. A. Lewis)和其他一些西方经济学者认为制成品贸易取代初级产品而在世界贸易中占较大比重的现象,不能无限制地继续下去。他们指出这种取代(或称位置颠倒)的主要原因之一是初级产品价格的下降,因而贸易比价发生了有利于发达国家而不利于发展中国家的变化。

他们认为世界贸易中各类商品间,其中主要是制成品与初级产品间的相互比例关系,存在这一种长期趋势。在第二次世界大战以前,制成品贸易在世界贸易总值中所占的比重平均为43%,初级产品所占比重平均为57%,直到第二次世界大战为止,这种相互比例关系曾保持稳定大致七八十年之久。虽然时间上相隔将近一百年,但相同之处多于不同之处。但自1960年以来这个比例关系却持续地偏离这个历史的轨迹。他们还认为,在事物的发展中有两种因素,一是常数,一是变数。在常数与变数的经年累月的较量中,常数总会取得胜利。然而需要密切研究实际,才能确定什么是真正的永久的常数。刘易斯说在世界贸易中有两类常数:第一类是世界贸易中主要商品项目(制成品与初级产品)的总值间的相互关系;第二类是这些商品的世界贸易总值与其世界生产总值间的相互关系。他认为战后发达国家间的制成品贸易在较长时期内,以前所未有的迅速向前发展的原因,使这项贸易在恢复过去所失去的阵地。在30年代的大危机和随后的保护主义的浪潮中,世界制成品贸易在世界生产中所占的比重急剧下降了,世界制成品贸易在世界贸易中的比重也下降了。甚至在30年代西方国家的制成品生产恢复时,各国间制成品的贸易并未恢复。世界制成品贸易在世界制成品生产总值中所占比重已下降到历史上前所未有的低下水平。因此,他认为,当战后时期国际贸易的发展条件已达到并超过正常情况时,制成品贸易以致全部国际贸易之出现非比寻常的强有力的回升是不足为奇的。

刘易斯还指出,在世界初级产品生产总值中世界初级产品贸易所占的比重,在30年代也下降了。战后它恢复过去所失去的阵地比较缓慢。考虑到战后世界制成品贸易的增长比世界初级产品贸易的增长快得多的事实,他认为有理由预见到两者间目前比例关系(在60年代为45:55)的相当猛烈的调整,将再次把它们恢复到过去历史上的协调一致的水平。他认为,除非世界初级产品出口迅速增长,否则其结果将会是制成品贸易增长率的大幅度下降。因为发展中国家出口初级产品取得外汇,发展中国家是制成品的市场。发展中国家初级产品出口的下降还将导致制成品出口市场的缩小,从而带动整个世界贸易增长率的大幅度下降,以及世界贸易在世界生产总值中所占比重的下降。刘易斯对国际贸易的悲观预则,也得到其他一些西方经济学者的支持。

对于刘易斯这次理论上的分析和预则,应该怎么样评价?他是一位很有学问的经济学家,我本人对于他是很尊敬的,但对于他的这一理论分析却不能同意。首先,他把世界贸易总值中,制成品贸易与初级产品贸易各自所占比重之间的关系认为是一个常数,而且是一个永久的常数,因此只能短暂地背离它,而不能永久地改变它。但是在战后科技革命迅速发展的条件下,初级产品经济与工业经济已经基本脱节,初级产品贸易也与世界制成品贸易基本脱节,两者间的比例关系并不是固定不变的。除了石油以外,战后初级产品贸易的变化并不必然会引起世界制成品生产和世界制成品贸易的剧烈变化。除了石油以外,战后在世界贸易总值中,初级产品贸易所占比重与制成品贸易所占比重与战前很不相同,出现位置颠倒。这不是一个暂时的现象,而是一个较长期的现象。其次,1973年以后世界制成品贸易增长率有下降趋势,但其下降并不是象刘易斯所说是由于初级产品贸易增长率的下降所引起的,而是由于两次世界经济衰退和较长期的经济低速增长所引起的。所以,刘易斯的悲观预则并未得到证实。

当代世界贸易中商品结构的变化,不仅表现在工业制成品和初级产品两大部门世界贸易相对比重的升降上,而且在制成品贸易及初级产品贸易的内部结构上也有了改变。

(一) 世界工业制成品贸易变化的特点

当代世界贸易的一个显著特点就是制成品贸易值和贸易量的迅速增长。在1900—1938年期间,世界制成品出口量年均增长率为2%,稍稍超过世界总出口量的年均增长率(1.8%),而比世界制成品生产的年均增长率(3.1%)落后甚多。

在"二战"后,世界制成品出口量的年均增长速度加快了。在1948年到1980年期间,世界制成品出口量的年均增加速度达到7.7%,不仅超过了同期世界出口量的增长率,也超过了同期世界工业生产的年均增长率(5.7%)。

制成品的出口在不同类型国家呈现出不同的趋势。战后发展中国家的制成品出口最为迅速,其次是发达国家。尽管苏联和东欧国家的制造业生产有了迅速的发展,但其出口却增长得比较缓慢。

从1960年到1981年,在世界制成品出口中,发展中国家所占比重有显著增加,从

3.9%上升到9.2%，社会主义国家从12.9%下降到9.2%，发达国家从83.7%下降到82.1%。

发展中国家出口的增长，特别是轻纺工业品出口的增长，说明许多轻纺产品的生产的比较优势已转移到发展中国家，这就加剧了世界市场的竞争。发达国家出现了一些夕阳工业（如纺织、鞋、服装，甚至钢铁和汽车），并引起了贸易保护主义的浪潮。

发达国家在制成品贸易中处于垄断地位。和过去一样，在战后的制成品世界市场上，发达国家继续占据绝对优势地位，垄断了世界制成品出口的80%以上。其中五个国家——西德、美国、日本、英国和法国，一般占到世界制成品总出口值的2/3。

发展中国家和地区制成品出口也是比较集中的。中国香港、新加坡、南朝鲜、中国台湾、巴西、墨西哥、印度等占有突出的地位。这几个国家和地区估计占最近几年发展中国家和地区制成品出口总值的60%上下。

伴随着制成品贸易迅速增长的，是制成品贸易结构的变化。从19世纪以来和20世纪初以来的80多年间，世界制成品贸易的商品结构已发生了剧烈的变化。这是世界制成品生产结构发生变化的反映。两项最突出的变化就是工程工业（主要包括机器制造业和交通运输设备制造业）和化学工业在制造业中的重要性的显著增长以及纺织工业、服装工业和其他几种轻工业在制造业中重要性的下降。与此相适应的是工程产品和化学品在制造业产品贸易中所占比重的增加和轻纺产品在世界纸制品贸易中所占比重的下降。制成品贸易从消费品转向资本货物是当代世界贸易商品结构的主要变化之一。资本货物（工程产品）贸易的增长主要是由于发达国家工业的进一步发展和一些发展中国家的工业化。跨国公司的海外扩张把资本货物输出到海外去，以便就地制造和销售中间产品和消费品也是一种重要因素。

在1899年，机器和运输设备在世界制成品贸易中所占比重为12%。80年以后，即1980年为40.6%。与此相反，纺织品和服装在世界制成品贸易中所占的比重从40.6%下降到9.1%。由此可见，机器和运输设备在当代世界制成品贸易中所占的比重与80年代以前纺织品与服装所占的比重几乎相同。

化学品是世界制成品贸易中发展最快的领域之一。随着经济的发展，化学品的重要性日益增长。这是20世纪初以来的趋势，而这一趋势在战后更为明显。世界化学品贸易的增长率超过世界整个制成品出口的增长率。在1960—1980年的20年间，世界制成品出口总值增加了15.6倍。世界化学品出口值增长了18.7倍。世界机械即运输设备出口值增长了17.4倍。世界钢的出口值增长了9.7倍，其他制成品出口增长了14.4倍。在世界制成品出口的增长速度中，化学品已由过去的第二位，发展成为战后的第一位。

凡是适应世界贸易中商品结构这两个重要变化，即制成品在世界贸易中重要性的增长、化学品与机器设备在世界制成品贸易中重要性的增长的公司和国家，在世界经济贸易中都具有日益增长的重要性，前者是跨国公司，后者为日本和西德。

和整个制成品出口一样，世界化学品贸易和机器设备贸易也是控制在发达国家手里。1980 年，发达国家在机器设备和运输设备出口贸易中占 85.5%，在世界化学品出口中占到 87.2%。发展中国家分别占到 5.3% 和 6.8%，社会主义国家分别占到 9.1% 和 6.0%。统计表明，发达国家有着以比较技术优势为基础的生气勃勃的制成品对外贸易。

世界工程产品贸易和化学品贸易的迅速发展是战后国际贸易的重要特点，也反映了世界走向工业化的趋势。

当代世界制成品贸易的另一个突出特点，就是新产品的大量出现。像电子计算机、半导体、电视机、录音机、录像机、复印机、原子能设备、自动化仪器、塑料制品、抗生素、磺胺类药物等都大量在世界市场上销售。新的化学产品已占到世界化学品销售量的1/3。在 80 年代初美国市场上销售的全部产品中，有 1/2 以上在 1950 年是全然不存在的。科技的迅速进步，促进了新产品的产生和原有产品的更新换代。

（二）世界初级产品贸易变化的特点

在当代的世界经济中，世界初级产品也是一个经历了巨大变化的领域。世界初级产品贸易的变化主要表现在以下几个方面。

1. 初级产品世界贸易量比制成品世界贸易量增长速度缓慢，仍是 30 年代中叶以来世界贸易的一个明显的特征。

战后情况与战前相比的一个重要的区别，就是在战前，初级产品贸易量与制成品贸易量的相对变动几乎是经常伴随着它们的相对价格的反向的变动。其结果就是这两类商品的相对价值额的稳定。战后，情况却不是这样。制成品贸易量的增长往往伴随着其相对价格的上升，而初级产品贸易量增长的迟缓则往往伴随着其相对价格的下降，所以发展中国家受到双重打击。

2. 初级产品市场相对缩小的情况，并不是在所有的初级产品出口国都相同的。战后的情况表明，发展中国家初级产品（石油除外）出口的增长比发达国家更为迟缓。不计石油在内，按现行价格计算，从 1955 年到 1980 年，发达国家初级产品出口值增长了 11.1 倍，发展中国家初级产品出口值增长了 5.6 倍，社会主义国家增长了 7 倍。其结果就是发展中国家在世界初级产品出口值中所占比重的下降。1955 年，发展中国家在石油以外的初级产品出口总值中占到 40.9%，发达国家占到 49.3%，社会主义国家占 9.8%。1980 年，发展中国家所占比重下降到 28.5%，社会主义国家也下降到

8.3%，只有发达国家的比重上升到63.2%的新水平。这样，发达国家不仅在世界制成品贸易中占绝对比重，而且在世界初级产品（石油除外）市场上处于领先地位。美国是世界上最大的工业国，在世界上制成品出口中占世界第二位，在农产品出口方面占世界第一位。

与一般人的预料相反，在当代，发展中国家不仅在食品、饮料和烟草类的出口中落后于发达国家，而且在农业原料和矿产原料的出口方面，也落后于发达国家。过去以工业国与农（矿）业国的分工为特征的国际分工，现在已变得模糊不清。

在农产品出口方面，发展中国家和发达国家所占比重呈反向变化。除了由于发达国家农业劳动生产率的较快增长和消费模式的变化等原因以外，它们所采取的农业保护主义政策，无疑也起了很大的作用。据估计，如果发达国家对于发展中国家出口的部分农产品所建立的贸易壁垒降低50%，将使发展中国家这些农产品的出口额增加约1/3。而如果实行全面贸易自由化，则发展中国家的上述商品的出口额将会增加2/3。

发展中国家作为世界原料领先出口国，特别是矿产原料首要出口的地位，已经是很多年以前的事情了。在1980年发展中国家只占世界农业原料出口总额的26.8%，世界矿产原料出口总额的31.7%，而发达国家则分别占到61.5%和58.1%，社会主义国家则分别占到10.2%和10.2%。发展中国家在世界原料市场上所占比重下降，而发达国家的比重增长的一个重要原因，是合成代用品的发展。

在当代，合成材料取代天然原料的情况不断增加。在合成纤维方面，新的非纤维素合成材料取代了天然纤维棉花和它们许多传统用途。在1963/1965，原棉在发达国家棉花和合成纤维消费总额中约占2/3，1978/1980已减到1/4。

在60年代初期，合成橡胶已经在发达国家合成和天然橡胶市场上占1/2以上。以后天然橡胶所占比重逐步下降，1971/1973年已降到30%以下。在70年代末，由于石油价格上涨，合成胶生产成本增加，而天然胶生产率显著提高，所以天然胶在整个橡胶市场上保持了25%～30%的比例。各种塑料产品在合成材料工业生产方面占的比重最大。近20多年来塑料的性能日益改进，用途日益广泛。天然原料在许多工业用途或民用用途方面已经被塑料所取代。

显而易见，合成材料的扩大利用是影响发展中国家各种原料出口的一个主要因素。这种情况表明，发展中国家用早期的农业技术或工业技术所生产的原料在世界原料生产和消费中所占的比重已经下降。而发达国家用现代技术所生产的原料所占的比重有很大的增长。原料和材料的生产（石油除外）显现出由发展中国家向发达国家转移的趋势。在世界市场上，发达国家是机器、设备和其它工程产品的垄断销售者，而发展中国家作为原料生产国已失去它们在世界市场上原有的支配地位。

在当代的世界市场上，发展中国家只有在世界燃料出口中（主要是石油）占到绝对优势。从 1955 到 1981 年，世界燃料出口总值增长了 46.5 倍，远远超过了其它初级产品的世界出口总值的增长倍数和全世界有形商品出口总值的增长倍数。从 1955 到 1980 年，发展中国家在世界燃料出口总值中所占比重从 57.4% 增加到 72.4%。发展中国家燃料出口的迅速增长和所占比重的增加；反映了发达国家对发展中国家石油资源的依赖性的增长。

当代世界原料市场的第三个变化是：从 60 年代起，不但发达国家超过发展中国家占到世界初级产品出口（石油除外）的第一位，而且发达国家的初级产品主要是输往其他发达国家。

在当代，发达国家间初级产品相互出口额已超过发展中国家对发达国家的初级产品出口额而占到世界第一位。在 1955—1980 年期间，发展中国家对发达国家的初级产品出口在世界初级产品出口总值中所占比重从 40.2% 下降到 17.7%，而发达国家对发达国家的出口则从 32.1% 上升到 44.7%。

在当代，在发达国家之间，不仅制成品贸易有了迅速的发展，而且初级产品贸易也有了急剧的增长。这是当代世界贸易中的另一个突出的特点。

在发达国家之间的初级产品贸易迅速增长和发达国家从发展中国家输入的初级产品在它们的初级产品进口总额中所占比重有所下降的情况下，发达国家对发展中国家的食品和原料的依赖性是不是下降了？近些年来，在西方经济学界关于这个问题以及关于第三世界是否是发达国家的商品的销售市场和投资场所的问题曾展开过讨论。以科恩（B. J. Cohen）为代表的一些经济学家指出，过去那种认为发展中国家是发达国家为了生存而不可或缺的出口市场、原料产地和投资场所的说法已经过时。他说，发展中国家作为发达国家的投资场所及出口市场的作用正在下降。同时发达国家对发展中国家原料的需要也并不是必需的或不可避免的。

对科恩所提出的说法，我们应该怎么看？

诚然，发展中国家在发达国家的对外投资中所占比重已经下降。战前，发达国家输出的资本主要是投向发展中国家。战后主要是投向发达国家本身。发达国家对发达国家资本输出中所占比重大大增加，但是投在发展中国家的资本的利润率超过发达国家。发展中国家仍然是垄断资本利润率的主要来源，发展中国家作为发达国家的投资场所仍然是不可缺少的。

其次，科恩说发展中国家作为发达国家的出口市场的作用正在下降，这也是事实。在 1876—1938 年的 60 多年间，在世界贸易中，发达国家和发展中国家间的贸易的比重一直超过发达国家彼此间贸易所占的比重。但是战后发生了反向的变化。发达国家之间的贸易在世界贸易中所占的比重（1983 年为 45.6%）已大大超过发达国家与发展中国家之间的贸易的比重（1983 年为 30.5%）。

但是发展中国家仍然是发达国家的至关重要的制成品出口市场。在当前,即使在发展中国家的制成品出口较战前大大增加的情况下,发展中国家的制成品进口仍然是它们的制成品出口的四倍。进口的制成品中大部分来自发达国家。1981年,发展中国家包括石油出口国在内,它们从发达国家输入的制成品占发达国家全部出口的1/4。不要小看这1/4的数字。这1/4的数字的绝对值很大,是决定发达国家的工业成衰的关键,即使不计石油出口国在内,发展中国家从西欧的进口也比北美和日本加在一起从西欧进口的制成品要多。所以,发展中国家对西欧的制成品出口是十分重要的市场。发展中国家在世界贸易中的重要性还可以从这个事实中衡量出来,即非石油出口的发展中国家在1982年进口额的下降占到这一年世界总进口值下降的37%。这是使1980—1983年世界贸易陷于衰退的重要原因之一。除非发展中国家的经济情况改善,进口贸易重新增长,否则世界经济要达到强有力的持久的复苏是不可能的。

在原料来源地方面,尽管从总体来看,发达国家从发展中国家的初级产品在总进口值中所占比重有所下降,但这并不能否定一些重要的国家对发展中国家原料来源的依赖性增长的事实。战后日本对发展中国家原料资源的依赖性有了很大的增加,其中包括石油、铜、铅、锌、铁矿石、煤、铀、天然橡胶等。

美国早已从矿产品和金属的出超国家转变为入超国家。美国国内消费的咖啡、可可、糖、天然橡胶等有大部分或全部都是从发展中国家进口的。美国国内消费的铁矿石有40%左右是依赖进口的。美国在锡、镍、铂等金属方面几乎完全依赖进口,其中很大部分从发展中国家进口。此外,美国对于石棉、铬、石墨、锰、水银、云母和钨的需要,总的来说也都是依赖进口的。战前美国是石油出口国,战后美国对进口石油的依赖也有了增加。石油也是从发展中国家进口的。美国从相对自给自足的状况转变为日益依赖国外资源的供应的状况,是决定美国战后对外经济政策以至外交政策变化的重要原因之一。

所以,总的贸易统计数字并不能显示出全面的依赖性。而且发达国家从发展中国家输入原料和食品的价值额的相对减少,时常是发展中国家初级产品出口价格下跌的结果,或其贸易比价恶化的结果。同时在发达国家间的原料贸易中的有些项目,在紧急时期是可以用本国资源来代替的。而从发展中国家进口的许多原料,特别是战略原料是不能代替的。在可以预见的未来,某些重要原料的供应将会越来越缺乏,发达国家的资源在许多情况下将会早于发展中国家而用尽。因此现在的原料贸易的趋势,将来可能会发生很大的变化。

当代世界初级产品市场的第四个变化是社会主义国家的初级产品对资本主义国家出口的迅速增长。这种情况说明,社会主义国家和资本主义国家在经济上的互补性或互相依赖的增长。斯大林在50年代初期所提出的两个平行的互相对立的世界市场的论点，已经不攻自破。

当代世界初级产品市场的第五个变化是：从60年代末叶以来，由于国有化运动的进展，在发展中国家开采的许多原料，其初级加工阶段已逐步转移到发展中国家手里。比起70年代以前，现在未加工形式的初级产品的出口已大大减少了。情况表明，在当代非殖民化和第三次科技革命的影响下，世界范围的工业活动的重新布局已在进行之中。

当代世界初级产品市场的第六个变化是：战后发展中国家相互间的初级产品贸易有了较大的增长。这种情况说明，发展中国家工业有了发展，因而对初级产品进口的需求增加。同时也表明发展中国家自己可以为80年代或90年代的初级产品出口提供较大的推动力。但是，发展中国家的初级产品仍然是以发达国家为其主要的市场。它们对发达国家的市场的依赖程度仍然很大。

战后世界初级产品市场的第七个变化是：初级产品世界市场价格的不稳定性的增长。如果以70年代初期为分界线，则在1972年以后和1972年以前相比较，几乎所有的初级产品价格波动都加剧了。价格的剧烈波动给发展中国家，特别是那些几乎全部收入只靠一两种产品的国家（石油除外），造成非常有害的影响。以铜生产国赞比亚为例。从1972年开始铜价暴涨，1974年4月铜价达到最高峰时，每吨为3034美元，但到同年年底铜价突然下降到每吨1290美元，即跌价58%以上。然而，进口商品价格却连续上升。所以从1974年到1975年，赞比亚用同样数量的铜能够换回的进口货就大大减少了。1975年，赞比亚的GDP减少15%。因此，稳定初级产品价格并在初级产品方面建立一种合理的国际经济新秩序已变得越来越重要。

当代世界初级产品市场上的第八个变化，是跨国公司在发展中国家初级产品和流通领域中支配地位的削弱。从60年代末叶以来，发展中国家的国有化运动导致在石油、铜、铁、锌、锰、矾土等开采领域和出口领域中，跨国公司控制力量的下降。

以上这些变化是战后世界市场总的结构性变化的一个重要组成部分。它们也是世界政治经济形势发展变化和新的科学技术革命迅速发展的反映。

四、世界贸易地理格局变化的特点

国际贸易的地理分布的变化与国际贸易量和商品结构相比，变动较小，但是在50多年的长时期内，地理格局的有些变化还是明显和重要的。

（一）发达国家在世界贸易中的地位

世界贸易的主要特征之一，就是发达国家占支配地位。这种特征在19世纪是这样，在20世纪上半叶保持下来，在当代也仍然未变。

战前，发达国家在世界出口中的比重将近2/3，在世界进口中所占比重超过3/4。"二战"后这两个比重经短暂期下降后即逐步上升。在1971—1972年发达国家所占世界出口与进口的比重均达到72%。1973年以后发达国家所占比重一致下降，1984年分别占世界出口与进口的2/3左右。

在发达国家中，世界贸易问题主要是集中在美国、英国、德国、法国、意大利、日本和加拿大七个国家手中。1938年这七个国家分占世界出口的49.8%和世界进口的48.9%。

"二战"后，虽然由于殖民体系的瓦解，越来越多的国家参加到国际贸易中来。但是世界贸易集中的情况仍然未变。1985年它们占到世界出口的47%和世界进口的49%。

在发达国家内部经济贸易的发展是不平衡的。

在当代，世界贸易增长的中心，首先是西欧，特别是EEC，其次是日本。第三位是OPEC成员国。英国和美国所占的比重则下降了。在EEC的对外贸易中，它们的内部贸易增长得更为迅速。

在1970年以前，EEC（六国）的对外贸易，特别是其内部贸易是世界贸易增长的主要源泉。1955—1970年，EEC的内部贸易的增长速度超过其对外贸易（即对EEC以外国家的贸易）的增长速度，而其对外贸易的增长速度又超过世界贸易的速度。但是在七十年代中期以后，情况发生变化。EEC正失去其作为世界贸易增长中心的作用。在70年代初期以后，EEC十国的对内贸易和对外贸易的增长速度已小于世界贸易的增长速度。

世界出口贸易增长的第二个中心是日本。在1950—1983年的33年间，世界出口量增长了29倍，出口值增长了178倍，超过任何其他国家的增长额。日本在世界出口中所占的比重由1950年的1.4%逐步增加到1983年的8.1%，仅次于美国和西德占到世界第三位。日本在世界进口中所占比重也同时从1.5%增加到6.8%，超过战前1938年比重（3.1%）一倍以上。日本出口的巨大增长，特别是日本贸易出超的巨大增长，是当代国际贸易体系的一个不稳定的因素，是日美贸易摩擦，日本—EEC贸易摩擦的主要原因。

世界市场上力量对比的变化，一方面表现在日本和EEC的主要成员国的贸易实力的迅速增长上，一方面也表现在英国和美国世界贸易地位的显著下降上。

在1950—1983年的23年间，英国在世界出口中所占比重减少了将近1/2（由10%减至5.1%）。美国也减少了1/3（由16.7%减至11.1%）。1983年美国在世界出口中所占比重不但低于战后初期的水平，也低于战前1938年的水平（12.4%）。同时美国在世界进口中所占的比重,却由1950年的13.9%增加到1983年的14.5%,超过了战前的比重(7.9%)将近一倍。

美国的进口的巨大增长和美国出口增长率的相对落后也是世界经济中一个极不稳定的因素。美国的财政赤字、美国的贸易逆差和国际收支逆差,以致美国人民的目前较高生活水平都是靠向外国大举借债来支持的。现在美国已成为世界最大的债务国。而借债迟早是要偿还的。一旦美国为了偿还债务而紧缩财政开支,树立贸易壁垒,削减进口时,就将会对美国经济、美国人民的生活水平以致对世界经济发生剧烈的影响。

(二) 发达国家间的贸易关系的增长和发展中国家与发展中国家间贸易关系的相对缩减

19世纪的国际经济贸易关系主要是当时的发达国家与发展中国家间的关系,而发达国家之间的经贸关系只居次要地位。不仅如此,后者还呈现下降趋势。

但是在战后的1955年后,由于科学技术的进步和国际分工的变化以及贸易比价的变化,上述的地理格局也发生了变化。在50年代后半期以后,发达国家间的贸易(其中主要是制成品与制成品相交换)上升到世界贸易中的首要地位。而过去一直占到世界贸易之网的第一位的发达国家与发展中国家则退居次要地位。发达国家生产能力的增长和产品种类的多样化引起它们彼此间贸易的扩大。这又由于区域性经济一体化和世界经济一体化(指的是商品、资本和劳动力以及技术的在世界范围的流通或传播)的加强。这两种一体化是当代世界经济的重要事件之一。其结果就是:贸易建立在产品互补性基础之上的程度越来越少,而建立在比较成本差异之上,或者说是建立在竞争的基础之上的程度越来越大。资本主义有不断扩大市场的倾向。发达国家间制成品贸易的迅速增长是符合这一固有的趋势的。

发达国家之间的制成品贸易在世界贸易中占到首要地位是世界经济中的一个崭新的现象。这一新现象是古典学派和新古典学派的国际贸易理论所不能解释的。30年代所建立起来的新古典学派国际贸易理论,即赫克歇尔—俄林要素禀赋理论是李嘉图比较成本理论的继承与发展。按照这一理论,国际贸易是建立在国与国之间要素(资本、劳动和土地)禀赋差异的基础之上的。要素的差异越大,要素利用的强度的差异越大,贸易量也越大。要素禀赋的不同导致各国间商品价格的不同,而商品价格的不同是国际贸易的基础。但是50年代以来的国际贸易情况表明,世界贸易的很大一部分是在经济结构、生产力水平接近,并具有相似的要素禀赋的国家间进行的(指发达国家)。同时世界贸易的一大部分又是在工业部门内部的产品(如汽车、飞机、机械设备),亦即相似的产品的相互贸易。而经济结构不同、生产力水平不同、要素禀赋不同的发达国家与发展中国家间的贸易反而有下降的趋势。水平型国际专业化之取代垂直型的国际专业化而在国际分工中居于主导地位和工业部门内部贸易的迅速发展使新古典学派的国际贸易理论陷入困境。这是当代许多新的西方国际贸易学说,如人力资本说、产品周期说、技术差距说、消费格局相似说等应运而生的重要背景之一。

(三) 发展中国家在世界贸易中地位的变化

在当代,世界市场外部条件的改变,特别是殖民体系的瓦解和众多的发展中国家走上经济发展的道路,只是对少数发展中国家的贸易地位有影响,并没有对全体发展中国家的世界贸易地位发生显著的影响。相反,世界市场的外部条件,特别是初级产品价格的涨落以及发达国家所采取的贸易政策却是影响发展中国家出口贸易的主要因素。

截至1972年为止,发达国家在世界贸易中所占比重稳步增长,而发展中国家的比重减少了。1973年以后,这个趋势才初步扭转过来。如果将发展中国家分为石油输出国组织(OPEC)和非OPEC两个部分,则从1950年到1981年,OPEC在资本主义世界出口和进口中所占比重均增加一倍以上。1972年以后,OPEC进出口贸易的迅速增长,使它们成为世界出口增长的第三个中心,而非OPEC的出口和进口所占比重均下降了,分别从1950年的19.8%和29.1%减少到1981年的17.6%和22.6%。

OPEC出口所占比重的增长主要是由于石油价格的上涨,而非OPEC在世界出口中所占比重的下降。首先是由于它们的初级产品出口价格相对于制成品价格和石油价格的下降。这种情况在它们的贸易比价的较长时期的恶化上显示出来。如以1975 = 100,则非OPEC发展中国家的贸易比价指数,1960 = 105,1970 = 105,1982 = 70。当然非OPEC在世界贸易中地位的下降还由于它们的出口量增长的缓慢。工业生产单位产品中原料使用量所占比重的下降以及发达国家的非关税壁垒都阻挠了非OPEC制成品和初级产品的出口。

(四) 苏联与东欧国家在世界贸易中的地位

1955—1983年的28年间,经互会(CMEA)在世界贸易中所占比重一直稳定在9% ~ 12%。

在苏联和东欧国家的出口中,它们的内部贸易占最大的比重。从50年代到80年代初期,它们的内部贸易占到它们对外贸易总额的1/2以上。

由于CMEA内部经济一体化的发展和工农业生产的增长,该组织区域内已确立了发展贸易的比较强大的物质基础。按现行价格计算，1950—1983 年，世界出口额增长了 28.7 倍，苏联、东欧国家的出口增加了 40.6 倍，远远超过世界出口增长的倍数。它们的对外贸易年均增长率也超过工业生产和国民收入的增长速度。

在苏联、东欧国家对外贸易中，苏联占到最大的比重，而且这个比重有稳步增长的趋势。从 70 年代初期以来，苏联所占比重的增加主要是由于石油的提价。在世界市场上，苏联是石油、天然气、煤、木材、铬、棉花、金刚石和黄金的大供应国。

尽管苏联、东欧国家间的贸易在 CMEA 的全部对外贸易中一直占到最大的比重。但是从 1965 年以来这个比重下降了，而苏联、东欧对资本主义世界的贸易有了迅速的增长。从 1965 到 1983 年，苏联、东欧国家对发达国家的出口增加了 11 倍，对发展中国家增加了 11.1 倍，而苏联、东欧国家彼此间的出口只增加了 6 倍。东西方贸易的增加反映了国际局势的趋向缓和以及 CMEA 与资本主义国家间经济联系的扩大。

在苏联、东欧对资本主义国家的全部出口中，对发达国家的出口一般占到 70% 以上，对发展中国家的出口占 30% 以下。

它们对发达国家的贸易商品结构中，输出的原料、燃料、农畜产品、轻型工业品为主，输入以制成品特别是机械设备、化学品、钢铁制品和其他高质量工业制成品为主。因此，两者间贸易的商品结构是垂直型贸易结构。它们之间的分工是垂直型的分工。但近年来，苏联、东欧对发达国家输出的工业制成品，特别是机械设备和交通运输工具有增加的趋势。从 70 年代初期以来，东西方贸易不仅数额增长迅速，而且在长期合同的基础上，工业和科技合作、金融合作和经济合作也有了较大的发展。

苏联、东欧国家与发展中国家的贸易也是一种典型的垂直型贸易。这种贸易类似于发达国家与发展中国家的贸易，即苏联、东欧用制成品（包括武器）交换发展中国家的初级产品。这样，东方在与西方的贸易关系中是处于类似南方的地位，而东方在与南方的贸易关系中又处于类似西方的地位。从另一个角度来看，在苏联与东欧六国间，东方与西方间以及东方与南方间的贸易，都是具有互补性的。这种互补性的贸易格局是自然资源不同和经济发展水平不同所产生的。

（五）中国在世界贸易中的地位

新中国成立以后，中国的对外贸易有了较大的发展。1950—1983 年，按现行价格计算的中国出口额增长了 39.4 倍，而世界出口值仅增长了 28.9 倍。1986 年，中国出口额为 309 亿美元，比 1950 年增长 55 倍。

尽管在过去三十多年间，中国的进出口贸易增长迅速，但是中国在世界贸易中仍处于较低的地位。1983 年中国的出口只占世界出口总值的 1.2%，即低于同年瑞士

（1.4%）和南朝鲜（1.3%）在世界出口中所占的比重，更低于1928年中国在世界出口中所占的比重（2.2%）。1983年中国人均出口值为9.6美元，而同年世界人均出口值为387美元。

如果将中国的出口系数与其他国家的出口系数比较，也同样可以看出中国的商品经济和对外贸易仍有较大的发展余地。

1950—1980年中国的出口系数与其他国家出口系数的比较　　　　（%）

年　份	中国	发达国家	发展中国家	苏联和东欧
1950	4.19	7.7	20.7	4.6
1960	4.59	9.1	15.1	6.2
1970	2.61	10.6	14.5	6.4
1980	6.55	16.5	26.8	9.2
1986	8.96			

1950—1980年，发达国家和苏联东欧国家的出口系数成倍增加，发展中国家出口系数也有所增长，中国的出口系数只增长了56%，并且仍处于较低的水平。如果比较一下中国的进口系数与其他国家的进口系数也可以发现同样的情况。这种情况表明中国经济的自给自足程度较高，截至1980年，对外开放度（出口+进口/GDP）仍不够大。但是在1980年以后，中国的出口系数和对外贸易开放度已有了较大的增加。

中国出口贸易的商品结构，已由过去的以初级产品为主，过渡到现在的以制成品为主。现在初级产品占出口总额的45%左右，制成品占55%左右。出口的制成品主要是消费品或轻工业品。首先是纺织品、服装和鞋类。中国的进口商品仍然保持大多数发展中国家的进口结构，即在进口中以制成品为主，现在进口初级产品占40%上下，制成品占60%左右。

现在进口的来源国首先是发达国家，其次是发展中国家，第三是社会主义国家。在中国商品的出口市场上，占第一位的发展中国家，其次是发达国家，第三是社会主义国家。

五、当代西方国家的对外贸易政策

在1960年，也就是二十多年以前，美国福特汽车公司总经理Herry Ford二世，认为贸易不是单行道，要有来有往，要求世界范围的更大程度的自由贸易，也就是要求扩大对世界的出口。在1980年，同一家汽车公司的总经理Philly Caldwell，要求美国政府限制日本汽车的进口（削减15%）。这说明什么呢？这说明世界经济变化了，美国的经济地位也变化了。

二十多年以前，世界发生美元荒，因为世界上大多数国家经过战争破坏后，需要美元来购买消费品、食品和生产设备。今天美元已一再贬值，美元过剩，美元已不再是各国拼命追求的货币了。许多国家的中央银行都在寻求更可靠的资产。

在二十多年以前，在世界市场上，无论是重工业产品还是轻纺工业产品，无论是第一次工业革命以来的传统工业产品，还是新兴工业产品，绝大部分都是发达国家的货物，世界工业产品市场几乎是发达国家的一统天下。今天情况有了变化。许多跨国公司东道国把引进的技术资本与本国廉价的劳动力结合起来，已经能够在许多轻纺工业品、家用电子产品，甚至在工业产品方面与发达国家进行强有力的竞争。先是在纺织品、服装、制鞋等类产品方面，在世界市场上进行竞争，并取得很大的比重。继而在电子产品方面，最后又在钢铁、造船、汽车等方面与发达国家进行竞争。南朝鲜的钢铁已在世界市场上销售。南朝鲜的第一批小汽车已打入美国市场，不仅如此，南朝鲜已在加拿大建设汽车厂，还准备在美国建立汽车厂，以便就地制造、就地销售来进一步深入北美市场。交通运输业的发展和运费的下降，更使得发展中国家劳动密集型产品易于取得竞争的优势。

在1975年以前，美国是一个长期贸易出超的国家，从1975年起，美国持续地处于入超的地位。1984年，美国贸易逆差达1688亿美元，这是美国有史以来的最大数字，也是世界上有史以来最大的入超数字。在1985年以前，美国是世界上最大的债权国，1985年以后，美国已成为世界最大的债务国。现在日本已成为世界最大债权国。

这些情况表明，当代世界经济形势在过去的40多年间已发生了急剧的变化。这种变化不能不反映到西方国家的对外贸易政策上来。1960年一家美国汽车公司的总经理与1980年同一家公司的总经理的意见如此的不同，并不是由于他们个人性格上的差别，而是这家公司所处的世界经济环境和美国在世界经济中地位变化的结果，是在汽车制造方面以及其他制造业方面比较优势转移的结果。

世界经济形势的变化不是突然发生的，而是日积月累变化的产物。这种持续的缓慢的变化在70年代初期，由于石油冲击而发生了急剧的变化。所以在上面我们把70年代初期作为分水岭，把当代世界经济的发展分为两个时期，一个是高速增长时期，一个是衰退或低速增长时期。西方国家的对外贸易政策的发展变化基本上也是分为这样两个时期的。

（一）战后初期到70年代初期的贸易自由化趋向

战后初期，许多西方著名经济学家都对世界贸易的前景抱悲观主义看法。他们对于对外贸易政策也是倾向保护主义的。当时，J. M. Keynes 对西方国家能否实行比较自由的贸易政策是十分怀疑的。他说他对于"美国国务院所怀念的十九世纪自由贸易的放任政策，我是一个不可救药的怀疑论者"，他相信世界贸易和贸易政策是会走三条道路：①商品的国营贸易。②对生活必需品和生产必需的工业制成品将会组织卡特尔。③对非必需品的制成品的进口实行数量限制。

战后初期，Haberler 认为回到自由贸易的可能性比 1919 年时要小得多。1946 年 J. Viner 也估计未来西方国家将会把进口仅仅限制在绝对必需品的进口上。但是战后世界贸易和贸易政策的发展与这些著名经济学家悲观预则完全背道而驰。

从大战结束到 70 年代初期，世界经济和国际贸易呈现出前所未见的扩大趋势。货物、劳务、技术、资金以及人员流动的限制已大大地削减。关税与贸易总协定（GATT）和国际货币基金组织（IMF）作为世界经济的上层建筑，作为战后世界经济的两大支柱，都起了积极的作用。

战后在 GATT 的推动下，实际上也是在美国背后的推动下，资本主义国家的对外贸易政策中出现了贸易自由化的趋向，表现在以下几个方面。

1. 关税的大幅度削减

贸易自由化首先表现在关税的削减上。

从 1947 年以来，在 GATT 的主持下，已经举行过七轮多边贸易谈判。现在正在进行第八轮多边贸易谈判，即所谓乌拉圭回合。中国已派出代表团列席，并已提出恢复在 GATT 缔约国地位的申请。

从 1947 年到 1962 年，经过五轮的关税谈判，发达国家的进口关税也逐步下降。1964—1967 年的第六轮关税谈判，称为"肯尼迪回合"，是一次重要的谈判。这次关税谈判的效果较为显著，平均关税率在过去削减的基础上再一次削减 35%。发达国家对应纳税进口货的 70% 实行关税减让，涉及的贸易额达 400 亿美元。

经过六个回合的关税减让谈判，发达国家的关税平均水平已有了大幅度的降低。在 1902—1971 年，10 个发达国家的制成品平均进口关税从 22.9% 减少到 9.2%。其中美国从 73% 下降到 7.9%，加拿大从 17% 下降到 10.2%，法国从 34% 下降到 9.3%，西德从 25% 下降到 9.3%，意大利从 27% 下降到 9.3%。

在 GATT 主持下的第七轮关税减让谈判（即东京回合，1973—1979 年），经过长期的争吵，终于在 1979 年 12 月达成降低关税的协议。根据协议，从 1982 年 1 月 1 日起的 8 年内平均关税要下降 33%。如果按照协议执行，则到 1988 年应纳税的制成品的平均进口税率，美国将下降到 4.4%，EEC 将下降到 4.7%，日本将只为 2.8%。关税将达到十分低的水平，在 1988 年主要资本主义国家的原料进口税率将下降到 0.3%，半制品的税率将为 4%，制成品将为 6.5%。随着关税壁垒的降低，非关税壁垒（NTBs）

的相对重要性就越来越增加。

除了 GATT 所主持的成员方间的七轮关税减让谈判以外，EEC 成立后，对内也逐步取消关税，对外通过谈判，达成关税减让协议，这也导致关税率大幅度下降。

关税同盟是欧洲经济共同体（EEC）建立的主要基础。根据罗马条约的规定，对内在成员国之间分阶段削减直至全部取消工业品关税和其他进口限制，实现 EEC 内部的工业品自由流通。同时在农产品领域实行共同农业政策（CAP），规定逐步取消内部关税和统一农产品价格，实现成员方之间的农产品的自由流通。工业品和农产品自由流通，分别于 1968 年 7 月和 1969 年 1 月完成。

在 1973 年 1 月英国、爱尔兰和丹麦加入 EEC 后，它们与 EEC 原 6 国也分期减税，到 1977 年 7 月 3 国与原 6 国之间在工业品和农产品方面也分别实现全部互免关税，从而扩大了 EEC 内部的贸易自由化。

EEC 除了对内实行贸易自由化外，在对外方面通过签订优惠贸易协定等，在不同程度上扩大了对外贸易自由化。

首先就是与欧洲自由贸易联盟（EFTA）达成了扩大的欧洲自由贸易区的协议。根据协议，从 1973 年开始，EEC 与 EFTA 之间逐步降低工业品关税，到 1977 年 7 月 1 日，实现工业品互免关税，从而建立起一个包括 17 国在内的占世界贸易 40% 的工业品自由贸易区。

其次，EEC 通过所谓联系国制度与许多发展中国家保持特惠的贸易关系。例如，EEC 同非洲、加勒比海和太平洋地区的 46 个发展中国家于 1975 年 2 月在多哥首都洛美签订了《EEC—非、加、太（国家）洛美协定》。根据洛美协定规定，EEC 对来自这些国家的全部工业品和 96% 的农产品进口给予免税待遇。

第三，EEC 还与地中海沿岸的一些国家、阿拉伯国家、东南亚国家联盟等缔结了优惠贸易协定。在协定中规定了对某些商品的关税减让。

EEC 对内互免关税和对外减免关税，是战后世界范围内的贸易自由化运动的一个重要方面。

除了 GATT 通过七轮关税减让谈判所推动的贸易自由化运动和 EEC 对内对外的贸易自由化以外，在联合国贸易与发展会议（UNCTAD）的倡议下，一些发达国家对来自发展中国家的制成品和半制成品的进口也先后给予了普遍的非歧视和非互惠的关税优惠，这就是所谓的普惠制（GSP）。

目前约有 26 个发达国家实行普惠制接受该待遇的发展中国家已达 170 多个。

虽然发达国家在实施普惠制的过程中规定了种种限制性措施，如免责条款、预定限额、制定复杂的原产地规则等，使普惠制未能达到预期的目的。但是，它实施以来，无论是受惠国家，还是受惠的商品范围和受惠的进口数额都有所扩大。该优惠的关税减让也在一定程度上推动了贸易自由化。

2. 非关税壁垒的撤销或降低

从 30 年代到战后初期，发达国家普遍对许多进口货实行严格的进口限制、进口许可证和外汇限制等措施。随着发达国家经济的恢复和发展，它们都在不同程度上放宽进口数量限制，扩大进口自由化，增加自由进口的商品，放宽或取消外汇限制实行货币自由兑换，促进贸易自由化的发展。

从 50 年代以后到 60 年代，无论是在 GATT 各成员国之间，OECD 的成员国之间以及 EEC 成员国之间，进口贸易的数量逐步放松并最后完全取消数量限制。同时 EEC 对外部得不同国家或地区的某些商品的数量限制也有所放宽。

在数量限制放松以致取消的同时。西方国家也在这个时期内逐步放宽以致取消外汇管制。外汇管制是资本主义国家限制进口的特殊手段。在 30 年代发达国家纷纷实行外汇管制。在第二次大战期间，参战国进一步加强外汇管制。战后初期，西欧各国和日本在国内经济困难、国际收支持续发生逆差的情况下，继续实行外汇管制，到了 50 年代和 60 年代，西欧国家和日本的国民经济有所恢复和发展，国际收支状况有了改善，这些国家都在不同程度上放宽或解除外汇管制，恢复了货币自由兑换，实行了外汇自由化。

战后发达国家的贸易自由化和货币自由兑换是在 50 年代和 60 年代世界经济迅速增长的基础上产生和发展起来的。它们的实施反过来大大促进了世界经济的发展。

战后贸易自由化和货币自由兑换也是在国家垄断资本主义日益加强的条件下发展起来的。它与 19 世纪自由竞争时期当时的发达国家所实行的自由贸易政策并不相同。在 19 世纪资本主义自由竞争时期，自由贸易政策代表着处于资本主义上升时期工业资本家的利益，特别是代表英国工业资产阶级的利益。当时在世界市场上的竞争是独立的小企业家之间的竞争。而第二次世界大战以后，贸易自由化却反映了大垄断集团的利益。现在世界市场上的竞争是大垄断集团之间的竞争。因此，战后出现的贸易自由化并不是 19 世纪自由贸易时期的重现，两者不能混为一谈。

（二）70 年代初期以来的新保护主义浪潮

70 年代初期，在能源危机的冲击下，世界经济形势发生了逆转，走出了"黄金时代"，开始进入经济低速增长时期。

如果拿 1973—1985 年和 1948—1973 年进行比较，世界工业生产年均增长率下降 1/2 以上（从 6.2% 减至 2.9%），世界出口量年均增长率减少 2/3 以上（从 7.8% 降至 2.9%）。

1973 年以后两次严重的经济衰退、结构性危机、经济增长的停滞和一些发达国家的一些出口商品在世界市场上竞争力的削弱等情况导致企业开工不足和失业人数的增长与利润率的下降。

面对这种困难局面，发达国家可供选择的办法是比较少的。发达国家大企业可以选择的第一个办法是高技术发展的道路。许多发达国家都这样做了。其目的在于通过发展高技术，以提高劳动生产率，提高就业率，维持本国的高工资水平和提高利润率。这一选择需要对新技术的研制与开发持续地投入大量的资金。

发达国家的跨国公司的第二个选择就是适应国际间比较优势变化的格局，对工业生产重新安排。通过国界的生产活动的加以调整。这话怎么解释呢？跨国公司所采取的具体办法就是把非熟练的工作，劳动密集型生产工序、车间或整个工厂，迁移到拥有大量的低廉的劳动力的发展中国家去。而把技术密集型，资本密集型工序、车间安排在拥有大量熟练劳动力和技术与资本的发达国家。这样一种工业的国际化是以发展中国家的生产劳动力要素与发达国家的生产要素（资本技术与管理）的互补性为基础的。这样一种国际分工既不同于传统的初级产品生产国与制造品生产国间的国际分工，也不同于少数发展中国家生产非传统的工业品和传统的轻纺产品和发达国家生产资本货物和尖端技术产品之间的分工，更不同于发达国家之间的分工。这种互补性的工业部门内部的分工给正在变化中的世界分工增添了一些新的内容。

发达国家的第三个选择是直截了当地采取保护贸易措施，来保护陷入结构性危机的传统工业部门和其他工贸部门。这些传统工业部门也就是在世界市场上遇到跨国公司的产品激烈竞争和发达国家彼此之间竞争的工业部门。这种保护贸易主义措施被称为新贸易保护主义。

在 70 年代中期，在世界经济形势恶化的影响下，资本主义国家降低贸易壁垒的过程达到一个转折点。从那时起，国际贸易的发展越来越受到新贸易保护主义的影响。因为通过 GATT 主持下的七轮关税谈判，较低的关税率受到协议的约束，签约国不能随意提高。贸易保护就采取其他形式，其中包括供应国的"自愿"出口限制，有秩序的销售安排、限额、苛刻的卫生检疫措施以及政府通过补贴和建立其他的 NTBs 来对国际贸易进行干预。这些都直接或间接地影响了国际贸易的发展。

从 1973 年起，发达国家的贸易保护主义开始蔓延。这是垄断资本主义时期的第三次贸易保护主义浪潮。第一次是 19 世纪 70 年代初期开始的。原因是当时的农业危机和工业生产的危机。第二次是在 20 世纪 30 年代。1929 年大危机以后，1933 年美国大大提高了关税率，触发了一场关税战、贸易战。

现在资本主义国家所发生的是第三次新保护主义浪潮。表面上，主要资本主义国家并未公开主张保护主义。在每一次西方首脑会议上，他们都信誓旦旦地重申仍是自由贸易原则，反对保护主义，并致力于取消贸易壁垒。强烈地要求维持一个开放的多边贸易体系。但他们并未采取什么具体措施来削减贸易壁垒，鼓励自由贸易。

相反，保护主义的事例与年俱增。他们特别是美国国内的保护主义政治力量非常强大，不断要求减少进口，扩大出口。美国商务部长鲍德里奇在1982年末即已指出，保护主义的压力将在未来的若干年内不断增加，从而扭转了几十年来走向一个更加开放的世界贸易体系的进步趋势。1984年，美国民主党一位总统候选人主张"要对那些只知道利用美国的市场而不准美国利用他们的市场的国家持强硬的态度，要持真正强硬的态度。"

美国政界人物的这些言论，并不只是他们个人的意见，而是代表国内一些强大政治势力的普遍要求。这些政治势力包括大企业、工会、农场主以至经济学家。这些人认为"失业是一个主要问题"。他们认为，"在今后若干年中，在地方和全国政治生活中，贸易限制和保护美国的就业机会将会是一个很大的问题"，又说"我们将会有更多的政府干预，自由贸易在今天的世界经济中是行不通的。"

过去苏联教科书中和我们的一些教科书中常说，资本主义国家的对外贸易政策是代表并维护资产阶级、垄断资产阶级的利益的，与工人农民的利益是无关的。这种见解是把复杂的问题过分地简单化了。实际上，发达国家的外贸政策不只是保护垄断资本的利益，也保护劳动者的利益（就业和工资水平）。农业保护主义当然是保护农场主和农民的利益的。美国的农产品价格支持政策，EEC的CAP以及日本用限制进口的办法提高国内农产品价格的政策都是如此。

当代的新贸易保护主义是从70年代初开始的。1974年在GATT主持下，美国、EEC等其他西欧国家与一些发展中国家签订的另一个多种纤维协定（MFA）开始生效。同年开始发生战后第一次最严重的经济危机（1974年/1975年）。从这时开始，西方国家的外贸政策的钟摆转向更多的保护主义。

据80年代初发表的伦敦的全国经济和社会研究所的一次调查报告，在发达国家的全部对外贸易中，由政府管理的或控制的贸易所占的比重，从1974年的36.3%增长到1980年的43.8%，受到保护的商品增长得最快的是制成品，它的比重从1974年的4%增长到1980年的17.4%。值得注意的是在保护制成品方面，美国持续处于领先地位。

在1985年11月GATT举行的缔约国会议上，上任主席费利佩·哈萨摩略说："当前的趋势是贸易保护主义、出口补贴及管理贸易，世界贸易的前景正在恶化。"

尽管一般认为美国是所有发达国家中最开放的市场，只有新加坡和中国香港的开放程度超过美国，但是美国的保护贸易壁垒越筑越高。

美国已对纺织品、服装、钢铁、汽车、摩托车、船舶、鞋类、乙醇、糖、铜、花生、橘子汁等等实行贸易保护主义，外国向美国出口的几乎 1/4 的商品遇到贸易壁垒，使消费者多付出高达 500 亿美元的代价。

管理贸易在主要发达国家全部外贸中所占比重 （%）

	全部货物		制成品	
	1974 年	1980 年	1974 年	1980 年
OECD	36.3	43.8	4	17.4
美国	36.2	45.8	5.8	21
日本	56.1	59.4	0	4.3
联邦德国	37.3	47.3	0	18.3
英国	38.5	47.9	0.2	17.4
法国	32.8	42.7	0	16.2

糖是一个重要案例。1986 年，世界糖价大约 5 美分 1 磅。但是由于实行保护政策（政府补贴国内生产者），因此美国糖价大约是 20 美分 1 磅。

美国现在所实行的对进口纺织品的限制，大约保护了 64 万个就业机会。但是由于限制便宜的外国服装的进口，迫使美国人购买比较昂贵的国内产品，因此而付出的代价是一年大约 270 亿美元。

乔治城大学经济学家加里·赫夫鲍尔在 1986 年的一份研究报告中说，为了保护不景气的美国工业所付出的代价是高昂的，每保持一个就业机会就付出了 10 万美元。

EEC 所设立的贸易壁垒比美国要多，还要高。EEC 限制进口的商品包括：纺织品、农产品、畜产品、机械和运输设备等，对肉类制品规定严格的检疫证明的要求，对电信设备、重型电机设备和交通运输设备等规定强硬的"购买国货"的政策。欧洲共同体对范围很广的农产品，如小麦、面粉、牛肉、乳制品、家禽和某些水果，一方面实行进口限制，一方面实行出口补贴制度。EEC 成员国还以提供发展援助结合提供出口信贷等方式帮助本国出口商向发展中国家出口产品。这使得那些没有实行出口补贴的国家在竞争中处于不利地位。

日本政府对全部对外贸易控制的程度在主要资本主义国家是最高的。在 1989 年，日本政府控制下的对外贸易在全部对外贸易中所占的比重达到 59.4%，而美国为 45.8%，西德为 47.3%，英国为 47.9%，法国为 42.7%。而对制成品贸易的控制程度，在日本是最低的，1980 年仅为 4.3%，美国为 21.0%。但日本的隐蔽性的保护主义要比美国、西欧要大得多。

在日本，虽然关税已不构成贸易壁垒，但在少数项目中，高关税仍是一个问题。如对卷烟、烟草制品、木材制品及铝制品等征收的关税就比较高。对酒类、鲜葡萄、胡桃和糖果征收高关税。限制最严的是对鱼制品、牛肉、柑橘、水果汁、稻米、皮鞋等所规定的进口数量限制。

在进口数量限制和国家补贴制度下，日本国内的稻米价格是世界市场价格的四倍。1980 年仅稻米生产保护一项，日本全国所付出的代价为 29 亿美元，1976 年它高达 39 亿美元，占日本 GNP 的 0.6%。

70 年代初期以来，发达国家所实行的新贸易保护主义的一个显著特点，就是它看重保护一些陷入结构性危机的产业部门，如纺织业、钢铁业、制鞋业、造船业等等。所谓结构性危机就是只涉及一个重点部门的局部的非周期性的慢性危机。它是由世界经济中的结构性变化引起，是由比较优势在国际间的转移引起的。这些部门中的新保护主义措施之所以带有普遍性，不仅反映了在许多发达国家中这些工业部门的疾病缠身的情况，也反映了贸易保护主义象传染病一样在逐渐地蔓延。当少数国家树立贸易壁垒时，这些不受欢迎的货物洪流就会冲向其他国家，于是这些国家也同样限制它们的进口以保护本国的工业。

新保护主义的第二个特点，就是发达国家过去的保护措施以关税保护为主。1930 年美国曾把平均进口税率提高 50% 以上，现在已不再出现这种情况了，现代的新保护主义措施以 NTBs 为主，特别是以有秩序的销售安排、"自愿"出口限制和出口补贴为主。现在的 NTBs 已多达 950 种以上。

"自愿"出口限制或"自动"出口限制是限制进口的一种手段。所谓"自愿"出口限制是出口国在进口国的要求或压力下，"自愿"规定在某一个时期内，限制某种或某些种类的商品对该国的出口。在规定的配额内自行控制出口，超过配额即禁止出口。

以美国的汽车进口为例。当美国的汽车工业失业严重，而进口汽车威胁汽车工业中工人的就业时，美国就迫使日本和西欧国家与美国签订协议，让这些国家在一年的期限内，"自愿"限制对美国出口规定数量的汽车。这种限制措施将会为美国汽车制造商保留一部分美国市场，为美国汽车工人保留一些就业机会。但是日本和其他一些国家的汽车制造商也采取了反措施，就是在美国投资设厂，就地制造和销售汽车，以从内部夺取美国市场。

1973 年签订的 MFA 也是自愿出口限制的一种协定。在 4 年满期后又续订了 3 次。1986 年 8 月在 GATT 主持下，国际多种纤维协定达成新的协议，有效期延续到 1991 年

7月。这是发达国家对纺织品进口限制的进一步升级。新的协议不仅包括原有的棉类、合成纤维类等纺织品，而且还包括麻类和丝类纺织品。中国、印尼、巴西等国，特别是中国的纺织品出口受到严重的损失。

在钢铁、TV、鞋类、造船等方面，美国也与有关出口国家签订了类似的协定。

美国在1977年与南朝鲜、中国台湾签订了有秩序销售的协定，以限制鞋类从这两个地区的进口，同年与日本签订有秩序销售协定以限制日本对美国出口TV。

新贸易保护主义的第三个特点，就是对尖端技术的保护。当前的世界经济正由重工业向尖端技术工业转变。技术已成为世界市场上最重要的商品之一。研究与发展尖端技术在一国的经济发展中，在各国在世界市场上的竞争中以及在各国军事力量的对比中，正起着越来越大的作用。电子计算机工业、机器人工业、电讯工业已代替钢铁、汽车、化学工业成为经济、政治和军事地位的象征。尖端技术的这种重要性已在世界各主要国家触发了一场以尖端技术为对象的新保护主义浪潮。许多国家实行了严格限制出口和鼓励进口的政策。有关尖端技术信息的贸易政策已成为当代最重要的国际问题之一。

70年代初期以来的新保护主义浪潮的出现是一些长短期因素结合在一起的结果。走向新保护主义的长期因素是美国在世界经济贸易中霸权地位的削弱。

威胁到美国在世界经济贸易中的霸权地位的首先是日本和西欧。前些年的汽车站、钢铁战人们还记忆犹新。战后由于高级科学技术全球性的扩散，西欧、日本很快地掌握了先进技术，并把科技最新成果应用于生产上。这些在三十多年前还在美国卵翼下喘息的盟邦，逐一地变成了它的可怕的竞争对手。在家用电器、钢铁、汽车、机器人、光导纤维以及某些电算机等等的制造方面，美国已逐渐局部或完全丧失了世界市场上的竞争力。

一些所谓新兴工业化国家和地区的发展势头也威胁到美国的贸易地位。这些后来者，一开始都看重于保护自己的弱小的民族工业，继而采取进口替代战略，减少了从发达国家的进口。再往后，就采取了出口导向战略，咄咄逼人地渗透进美国和其他发达国家的一些标准产品市场。这些发展中国家，劳动力便宜，交通方便，有一定资源。一旦装备上现代化的技术和设备，就如虎添翼。在美国国内市场上家用电器、汽车、钢铁、船舶、纺织品、服装、鞋以及其他各种各样的消费品中有越来越大的部分是从国外进口的。当看到美国制造业工人减少和失业人数上升时，美国的权势集团自然会得出结论，只有实行贸易保护主义才能挽回败局。

早在1969年，在制成品出口方面，西德已超过美国跃居第一位，而把美国排挤到第二位。到1986年，按美元计算的全部货物出口值，美国也退居世界第二位，而把第一位让给西德。在制成品贸易方面，过去美国一直处于顺差地位。从1986年起也开始处于逆差地位。在国际半导体市场上，1980年美国所占的市场比重为61%，日本为26%。在1985年美国所占比重下降到35%，日本则上升到34%。在1986年，日本第一次超过美国而占到世界第一位。

在1974—1986年的时期内，美国进口的增长越来越高地超过出口的增长，因而贸易逆差日益恶化。1979年美国贸易逆差为122亿美元，1986年增加到创记录的1698亿美元。12年间增加了将近13倍。同时美国的国际收支逆差也日益严重。1982年美国经常项目国际收支逆差为80.3亿美元。1985年达到1176.6亿美元的空前数字。这是美国国内要求实行保护主义的一个重要原因。美国在GWP中所占比重从1952年的38.1%下降到1982年的27.7%。同时EEC从20%增加到27.1%，日本从1.5%增加到9.6%。

当一个超级大国能够控制世界市场的时候，它就要求实行自由贸易或贸易自由化的政策，而一旦这个超级大国的经济力量、贸易优势大大削弱的时候，它就会走向贸易保护主义。19世纪到20世纪初期的英国和"二战"后的美国情况都是这样。

1985年初，美国国内代表的主要以布鲁金斯学会高级研究员罗伯特·罗伦斯为自由贸易的经济学家和以威斯康星大学经济学教授约翰·古柏隶为代表的保护主义者发生了一场论战，这场论战是公众舆论在经济学界的反映。在1986年1月初的美国经济学会年会上，该学会主席C. Kindlerger指出，"美国正在全面地变得内向，政治家如此，公众情绪如此，经济学家也是如此"。并指出，"美国已不再有兴趣向世界提供国际经济公有的商品了"。"公有商品"是指整个社会都能享用，但消费者或消费国并不支付代价的商品和劳务。他所说的"国际经济公有商品"是指向有关国家提供开放的市场，在资源紧缺时提供资源，在金融危机时期提供国际货币、资本和紧急贷款这样一些"商品"和"劳务"。美国一些经济学家在展望未来时，不排除美国从开放型经济走向封闭型经济的可能性。

上述情况是促使新贸易保护主义抬头的第一个原因。发达国家新保护主义浪潮出现的第二个原因是两次世界性经济衰退和结构性危机的发展。由1973年的石油冲击和1979年的第二次石油提价所促进并加剧的战后两次严重的经济衰退（1974/1975和1982/1983）和一些工业部门和农业部门的结构性危机，大大加剧了新保护主义浪潮。在衰退或危机发生时，不但受到衰退和危机影响的企业要求保护，工人、农场主和农民也要求保护，以避免失业或减少收入损失。第三个原因是各国在经济上相互依赖的加强也提高了贸易保护主义措施作为自己打击贸易对手国的武器的有效性。各国间在经济上相互依赖程度的增长的具体表现，就是出口和进口在一国GNP中所占比重的增长。

1969 年和 1982 年进口 + 出口占 GNP 的百分比①，进口占 GNP 的百分比②

	1969 年 ①	1969 年 ②	1982 年 ①	1982 年 ②
美国	7.7	3.8	15.3	8.4
西德	35.3	16.3	64.1	23.7
英国	33	17.6	41.1	20.8
法国	22.9	12.3	39.5	21.4
日本	18.6	9	25.5	12.4

在上述期间内无论是①还是②，在美国、西德、英国、法国和日本都增加了。②的增加表明进口对国内企业产品的竞争力和压力的增长。因此，在衰退和危机时期，限制进口就成为首当其冲的目标。

对外贸易是"经济增长的发动机"学说述评*

对外贸易是资本主义国家经济发展的重要条件之一。这个事实不仅受到马克思主义者的重视，而且在资产阶级国际贸易理论中也有所反映。

马克思指出："殖民地为迅速产生的工场手工业保证了销售市场，保证了通过对市场的垄断而加速的积累。在欧洲以外直接靠掠夺、奴役和杀人越货而夺得的财宝、源源流入宗主国，在这里转化为资本。"① 马克思还提出了对外贸易是资本主义生产方式的基础和产物的重要理论②。

资产阶级古典学派和新古典学派也都十分强调对外贸易在一国经济发展中的作用。亚当·斯密认为，对殖民地的贸易是加速17世纪欧洲经济增长的重要工具③。他还提出了"为过剩产品找出路"（Vent for Surplus）的学说。按照这一学说，对外贸易为经济落后国家提供了利用过去未能充分利用的土地和劳动力的机会，以便生产更多的初级产品，其剩余部分可以输出到国外市场上去。这些国家的生产点时常是在它们的生产可能性曲线以下，而对外贸易能够把生产点向外推移④。

李嘉图生活在拿破仑战争结束后的制造品价格下降和谷物价格上涨时期。他认为，对外贸易对经济发展的重要贡献就在于它对谷物价格的影响作用。如果英国采取自由贸易政策，就可以输入廉价的谷物，阻止国内谷物价格的上涨，就可以阻止土地报酬递减的趋势和实际工资率的提高，从而保证工业的高额利润和资本积累。此外，他还认为自由贸易政策的实行使英国的贸易伙伴国可以从英国购买廉价的制造品。因此，他认为按照比较成本进行的国际分工，对贸易双方的经济发展都是有利的⑤。

---

* 姚曾荫，对外贸易是"经济增长的发动机"学说述评，世界经济，1986年第11期。
① 马克思：《资本论》第1卷，人民出版社1975年版，第822页。
② 马克思：《资本论》第1卷，人民出版社1975年版，第264页。
③ 亚当·斯密：《国民财富的性质和原因的研究》，伦敦1826年版，第411页。中译本（下卷）商务印书馆1974年版，第7章。
④ 对这一学说的简单介绍，见威廉斯（L. H. Williams）：《国际贸易学说的重审议》，载《国际贸易论丛》，美国1949年版。
⑤ M. 道布（M. Dobb）：《亚当·斯密以来的价值与分配理论》，美国1975年版，第4页。

穆勒认为，国际贸易对于一个资源未能开发的国家来说，可以起到工业革命的作用。他还说，"对外贸易可以导致更有效地利用世界的生产力"，"这是对外贸易的直接的经济利益"，"除此之外，还有间接的效果"，即"市场每一次扩大的趋向都会改善生产过程。为比本国市场更大的市场而生产的国家，能够使分工扩大，更多地使用机器，并且更有可能在生产过程中进行发明和改进。"[1]

到了 19 世纪末叶和 20 世纪初期，A. 马歇尔（A. Marshall）根据 19 世纪一些国家经济发展的历史经验，指出旧世界为新世界提供一个广阔的市场，并提出了下面的著名论断，即"决定各国经济进步的原因是属于国际贸易研究的范围"[2]。这就把国际贸易的作用片面地夸大了。

在 20 世纪 30 年代，D. H. 罗卜特逊提出了对外贸易是经济增长的发动机"（engine of growth）的命题[3]。在 50 年代 R. 纳克斯（R. Nurkse）根据对 19 世纪英国与新移民地区的经济发展的原因的研究，进一步补充和发展了这一学说[4]。纳克斯及其追随者认为，19 世纪的国际贸易为许多国家的经济发展曾作出重要的贡献。这种贡献来自两个方面：一方面来自对外贸易的静态的或直接的利益。另一方面来自贸易的动态的、间接的利益。他们认为，国际贸易发生于各国的商品存在着比较成本差异的情况下，产生比较成本的差异有几个原因。古典学派认为自然秉赋的差异是产生比较成本差异的原因，而赫克歇林和俄林则把它归因于各国要素比例的不同。在贸易发生以后，在比较成本规律的作用下，各个有关国家的资源得到重新配置，因而使每个国家都能增加它所具有的比较优势的产品的产量。通过交换，每个国家都可以得到比它自己直接生产的数量更多的货物，使各国的消费水平超过它们各自的生产可能性曲线，这是贸易的静态的利益。每个国家所得到的静态利益的多寡依赖于贸易比价。

这些西方经济学家认为，国际贸易除了静态的利益以外，还有扩大生产规模以取得规模经济和降低生产成本的利益，特别是传递经济成长的利益。这些都是动态的利益。R. 纳克斯说，19 世纪的国际贸易"具有这样的性质：中心国家经济上的迅速成长，通过国际贸易而传递到外围的新国家去。它是通过对初级产品的迅速增加的需求而把成长传递到那些地方去的。19 世纪的贸易不仅是简单地把一定数量的资源加以最适当的配置的手段，它尤其是经济成长的发动机"[5]。他认为通过对外贸易来带动经济发展是 19 世纪一些国家从对外贸易所得到的最重要的动态利益，也是 19 世纪国际贸易

---

[1] 引文见 G. M. 迈耶（G. M. Meier）：《国际贸易与发展》，美国 1967 年版，第 154—155 页。
[2] A. 马歇尔：《经济学原理》，1920 年伦敦版，第 91 页及第 668 页。
[3] D. H. 罗卜特逊：《国际贸易的未来》（1937 年），载《国际贸易论丛》，美国 1949 年版。
[4] R. 纳克斯：《贸易的格局与经济发展》（1959 年），载 R. 纳克斯：《世界经济中的均衡与发展》，美国 1961 年版。
[5] R. 纳克斯，前引书，第 242—244 页。

的一个突出的特征。

他们还认为，较高的出口增长率是通过以下几条途径来带动经济成长的：（1）较高的出口水平意味着这个国家有了提高其进口水平的手段。进口中包括资本货物的进口，而资本货物对于促进经济成长是特别重要的。资本货物的进口使这个国家取得国际分工的利益，大大地节约了生产要素的投入量，有助于提高工业的效益。它是经济成长的主要因素。（2）出口的增长也趋向于使有关国家的投资领域发生变化，使它们把资金投向国民经济中最有效率的领域，亦即它们各自享有比较优势的领域。在具有比较优势的领域进行专业化生产，就会提高劳动生产率。（3）出口也使得一国得到规模经济的利益。国内市场加上国外市场比起单独的狭小的国内市场来，能容纳得下大规模的生产。（4）世界市场上的竞争会给一国的出口工业造成压力，以降低成本，改良出口产品的质量，并淘汰那些效率低下的出口工业。（5）一个日益发展的出口部门还会鼓励国内外的投资，并促进国外先进技术和管理知识的引进①。

R. 纳克斯认为不仅海外的"新兴"国家，而且在欧洲的一些古老国家的经济成长中，对外贸易都起到"增长的发动机"的作用。他所说的19世纪"新兴"国家，主要是指美国、加拿大、阿根廷、澳大利亚、新西兰和南非这些白人新移民地区。

英国为"经济成长的发动机"学说提供了一个典型的事例。在17世纪和18世纪，殖民地贸易对英国的工业发展有十分重大的影响。"这种三角贸易给予英国工业以三方面的刺激。把用英国（和东方）的制成品换来的黑奴运到种植园去。在那里，他们生产糖、棉花、靛兰、糖蜜和其它的热带产品。英国对这些产品的加工又创建了新的工业，而维持黑奴和他们主人的生计又为英国工业提供了另一个市场。……（这项贸易）所得到的利润是英国工业革命所需要的资本积累的一个主要来源。"②

对外贸易对于英国工业化的重要作用，可以用以下的统计数字来衡量。在1688年，英国出口占国民收入的5%，100年后这个数字增加到15%，到了19世纪80年代初期，出口值已占国民收入的30%③。

从1700年到1800年，英国出口工业的发展速度远远超过其他的经济部门。在这100年内，出口工业增长了444%，而国内工业和农业只分别增长了大约50%④。出口贸易带动了英国国民经济发展的情况，是很明显的。英国制成品的海外市场的扩大和海外原料与食品供应来源的开辟，对于英国工业化过程的各个阶段都具有战略上的重要性。到了19世纪末叶，英国经济已严重地依赖世界市场，而英国经济的增长率及其

---

① R. F. 埃默里（R. F. Emery）：《出口与经济增长的关系》，Kyklos，第20卷，1967年，Fase. 2。
② E. 威廉斯（E. Williams）：《资本主义与奴隶制度》，纽约1966年版；第51—52页，102—103页。
③ 《剑桥欧洲经济史》第4卷，伦敦1967年版，第51页。
④ 《剑桥欧洲经济史》第4卷，第78页。

格局也大部分是以世界市场上供需条件的变化为转移的。

R-N 学派（即罗卜特逊—纳克斯学派，下同）认为 19 世纪英国和其他少数西欧国家在经济发展过程中，对进口原料和粮食的巨大需求也带动了一些温带新移民地区的经济成长。他说，"包括在'通过对外贸易带动经济成长'的地区，主要是欧洲以外的温带新移民地区。这些地区包括美国、加拿大、阿根廷和澳大利亚。它们吸收了欧洲大量劳动力和资本。但导致它们的经济发展的基本诱因是西欧，特别是英国对于它们适宜于生产的粮食和原料的需求的巨大的增长。这些外围国家的经济成长是由于工业中心国家的经济发展所引起的对外贸易的扩大而带动起来的。"① 工业国家对外围国家农产品和矿产品的需求的增加，刺激了投资和生产，其结果是市场扩大、生产增加、收入提高，使外围国家的人民分享到海外消费增加的好处。他们也增加了对消费品的需求。这又再一次刺激生产的增长。美国的棉花产区最早感受到英国进口需求增长的刺激。美国的出口值在国民总产值中所占的比重，从 19 世纪 40 年代的 6%，增加到 50 年代的 7%，又增长到 70 年代的 10%，虽然在 80 年代曾下降到 8%，但在 90 年代又上升到 10%②。

在美国之后，英国又转向其他的新移民地区，以便取得更多的小麦、羊毛、肉类、木材和矿产品的供应。在 1857—1859 年到 1911—1913 年期间，除美国以外的其他新移民国家（包括加拿大、阿根廷、南非、澳大利亚 和新西兰）在英国进口中所占的比重从 8% 增加到 13%。在世界出口贸易迅速增加时，这些"新"国家的出口享受到需求急剧增加的促进作用。与此同时，英国的资本输出也大部分流向这些地区。流入的资本主要是投放到初级产品的生产和运输上面去的。从 1870 年到 1913 年在英国海外投资总额中，"新移民地区"的比重从不到 10% 增加到 45%，而美国持续保持五分之一的比重③。R-N 学派认为出口和英国的投资是这些国家经济成长的主要因素。此外，荷兰是英国进口的肉类和乳酪的主要来源。丹麦供应英国以黄油、鸡蛋和咸肉，瑞典向英国输出木材、纸浆和铁矿砂。这些国家的经济发展在很大程度上也是由对英国的出口所带动的。

R. 纳克斯说："如果经济学家的工作是与现实的正在变化中的世界有联系的话，我们就必须经常准备修改我们的观点。"④ 这一学派认为，根据 19 世纪的历史经验所提出的"经济成长的发动机"学说，由于 20 世纪的各种条件的变化，便不再适用了。在 20 世纪，中心国家的经济增长并未通过对初级产品需求的增加而把它们的经济增长传递到世界其他国家去。R. 纳克斯认为发生这种变化的原因有六个：（1）发达国家的工

---

① R. 纳克斯，前引书，第 242 页。
② 美国商务部：《1789—1945 年美国历史统计》，第 14 页、243—245 页。
③ R. 纳克斯，前引书，第 285—287 页。
④ R. 纳克斯，前引书，第 282 页。

业结构的改变，由轻工业转向重工业结构（技术和化学工业），即从制成品中原料含量高的工业转向原料含量低的工业；（2）在发达国家的国民生产总值中，劳务部分所占的比重增加，因而对原料的需求落后于生产的增加；（3）对农产品需求的收入弹性低；（4）农业保护主义的蔓延；（5）工业用原料的节约使用（如电解镀锡，金属回收和再加工）；（6）合成材料和人造材料越来越多地代替天然原料①。

R-N 学派还说，从 1913 年以来，世界贸易的增长小于世界生产的增长。例如，在 1926—1930 年至 1948—1950 年期间，制成品的世界贸易量只增长 15%，初级产品的世界贸易量下降了 5%，而制成品和初级产品的世界产量却分别增加了 99% 和 27%②。在世界贸易的增长率落后于世界生产的增长率的情况下，世界贸易已经不能起到带动世界生产增长的作用。但是世界贸易的增长之落后于世界生产的增长，只是一个短期的现象。在战后的较长时期内，世界贸易的增长率是超过世界生产的增长率的。例如，在 1955—1973 年世界贸易量的年平均增长率为 7.8%，世界工业生产年平均增长率为 6.3%。1973 年以后世界贸易量的增长率和世界工业生产的增长率皆一致下降，但前者仍然超过后者。1973—1981 年的世界出口量年平均增长率为 3.6%，而世界工业生产的年平均增长率为 2.7%。根据这种情况，R-N 学派又指出，从 50 年代以来，世界贸易的增长，主要是发达资本主义国家间的工业制成品贸易的增长，而发展中国家与发达资本主义国家之间的初级产品贸易在世界贸易中所占比重下降了。他们认为与 19 世纪的情况不同，50 年代以来，发达资本主义国家之间的贸易关系已取代发达资本主义国家与发展中国家之间的贸易关系，以及工业制成品贸易已取代初级产品贸易，而成为世界贸易的主要格局和世界贸易发展的主要推动力。

R-N 学派的结论是：现在发展中国家已经不再能依靠国外对初级产品的需求来带动它们的经济成长了。在这种情况下，依靠国际贸易这架过去的"经济成长的发动机"，就不再能为当代发展中国家的经济成长提供一种解决办法。因此，这些国家应寻求其他的出路就不足为奇了③。

对于 R-N 学派的"经济成长的发动机"学说，究竟应该怎样评价？这是西方国际经济学界近二十多年来不断争论的问题，也是马克思主义国际贸易理论界需要讨论的一个问题。

首先，在历史上，有充分的证据来论证经济成长与对外贸易之间的关系。二者是密切地联系在一起，并且彼此是互相影响的。有时是经济成长迫使商业去寻找新的市场，因而扩大了对外贸易联系；有时是国外市场的扩大及其所带来的新需求促使旧有

---

① R. 纳克斯，前引书，第 295—297 页。
② R. A. 巴切勒（R. A. Batchelor）：《工业化与贸易的基础》美国 1980 年版，第 17 页。
③ R. 纳克斯，前引书，第 250 页。

工业企业的发展和新工业企业的产生。但是在生产与对外贸易二者的交互作用中，起决定作用的是生产。被内在力量（生产力和生产关系）所推动的大机器工业，在它的发展进程中扩大了贸易和信贷，而贸易和信贷是征服世界市场的主要工具。生产是对外贸易和信贷的必然的起点。R-N 学派不谈生产对于对外贸易的决定性作用，只强调对外贸易对于生产的反作用。在这一点上，这个学说是带有片面性的。但是仅仅就他们所论述的对外贸易能带动或激发经济成长这一点来说，是正确的。

许多国家的经济发展史证明，商业的扩张往往先于并推动了工业的进步。"世界商业和世界市场是在 16 世纪开始资本的近代生活史的。"[①] 在产业革命以前的时期，如果没有国内外贸易的发展，工业进步就几乎是不可能的。所以商业上的大革命是产业革命的历史前驱。在许多国家，对外贸易的发展走在工业变化的前头，而且时常推动着工业沿着对外贸易发展变化的曲线前进。

其次，R-N 学派把对外贸易看作是经济成长的唯一的重要因素。事实上，资本主义国家的经济发展除了生产关系这一重要条件之外，还有三个主要的因素。它们是：（1）市场的扩大；（2）资本的积累；（3）科学技术的进步[②]，而对外贸易的发展不过是其中之一。这三个因素是互相影响的，其中任何一个因素的变化都会影响其他两个因素，并通过这些影响，而决定经济成长的进程。例如，资本的加速积累和高度的资本投资水平可以更快地更充分地采用新技术，并加速技术的革新。资本投资通过提高社会生产力而扩大国内外市场。市场的扩大保证了产品的销路，因而有助于技术进步。市场的扩大和技术的进步彼此互为影响，同时也为更多的资本积累创造条件。

这里应该指出的是，在资本主义条件下，无论是市场的扩大或科学技术的进步，其背后的决定性因素是资本家追逐利润或超额利润的动机。积累是资本主义的规律，但是积累也是由利润决定的。所以归根结底，资本主义经济的发展还是靠利润来决定的。利润率的起伏变化对资本主义经济起着巨大的推动作用或抑制作用。所以如果说利润是"经济成长的发动机"，就更为确切。

在当代条件下，国际贸易对于一国的经济增长以及世界经济的发展的重要性更见增加。这是因为在科学技术迅速进步的情况下，通过对外贸易可以引进国外的先进技术，通过广泛的对外贸易也可以取得国际经济合作的利益和利用国际分工以加速本国经济发展的利益。

尽管国际贸易对于资本主义国家的经济成长或对世界经济的发展曾做出过重大的贡献，可是对外贸易并不是一个具有普遍意义的"经济成长的发动机"。在 19 世纪，

---

① 马克思：《资本论》第 1 卷，人民出版社 1975 年版，第 133 页。
② 马克思把市场的扩大、资本的积累、被剥夺了收入来源的大批工人的出现作为工厂手工业形成的历史条件。（马克思：《哲学的贫困》，见《马克思恩格斯全集》第 4 卷，人民出版社 1958 年版，第 166—167 页。）

除了西欧少数国家和海外的"新移民地区"以外，在广大的亚洲、非洲和拉丁美洲国家，国际贸易并没有起到这种作用，在当代的世界上，对于有一些发展中国家来说，它也没有起到这种作用。这是因为对外贸易本身仅能带动某一个生产部门或某几个生产部门的产量的增长，还不足以推动经济的全面的发展，更不能推动政治的、社会的和文化上的变革。而经济发展和经济增长不同，它是包括经济的全面发展和这些变革的，对外贸易对于一国的经济发展只是外因，外因必需通过内因而起作用。或者说对外贸易对于资本主义国家的经济发展只是一个必需条件，还不是充足条件，而资本主义国家的经济发展还需要内因，还需要其他的条件。这些条件包括政治上和经济上的独立自主，没有帝国主义、殖民主义、封建主义的束缚，以及国家能采取适当的政策措施等等。

在19世纪西欧国家对初级产品：需求的增长之所以能带动少数白人移民地区的经济发展，是因为在这些地区存在着上述的各种政治经济条件。而就许多亚洲、非洲和拉丁美洲国家来说，尽管它们的对外贸易也增长了，但是并没有导致经济发展。这就是因为它们不具备上述的政治的、经济的和社会的条件的缘故。

事实上，在第一次世界大战以前的三四十年间，发展中国家的对外贸易的增长速度几乎与当时的发达国家对外贸易的增长速度差不多。前者每10年的平均增长率为36%，而后者为40%①。但是就经济发展来看，前者与后者是截然不同的。由此可见，对外贸易这个外部因素加上其他的条件才能对一国的经济发展进程起着决定性的作用。

第三，R-N学派认为在20世纪世界市场对于初级产品的需求已发生变化，初级产品在世界贸易总值中所占的比重已下降，发展中国家已不能依靠初级产品的出口来带动它们的经济发展，而发展中国家输出制成品的前景也是暗淡的。前者是因为R. 纳克斯上面所列举的六个原因，后者是因为发展中国家劳动生产率低下和国内市场狭窄，因而不能取得最低限度的生产效益。同时发达国家所生产的制成品在世界市场上的竞争和它们所采取的保护关税政策，也阻碍了发展中国家的制成品进入世界市场。

其他的西方经济学家，特别是普雷维什（R. Prebisch）和米达尔（G. Myrdal）比R. 纳克斯一派的贸易悲观主义走得更远，他们认为国际贸易已经成为发展中国家经济进步的阻力。普雷维什认为这是由于贸易比价的长期恶化②，而米达尔则主张国际贸易将会使发展中国家的经济落后领域持久化或甚至创造出更多的落后领域③。对于这些学说，本文暂不讨论。

不容否认，发展中国家在世界贸易中所占比重一直是处于低下的水平。不仅如此，

---

① I. B. 克拉维斯（I. B. Kravis）：《贸易作为经济增长的侍女》，〔英〕《经济杂志》1970年12月号。
② R. 普雷维什：《拉丁美洲的经济发展及其主要问题》，见〔联合国〕《拉丁美洲经济公报》，1962年2月。
③ G. 米达尔：《经济学说与欠发达地区》，伦敦1957年版。

从 50 年代以来，发展中国家在世界贸易中所占的比重和它们在发达国家的进口中所占的比重，比之 50 年代以前都下降了，发展中国家在世界初级产品贸易中所占的比重也下降了[①]。

但是第二次世界大战后，世界市场扩大了。国际贸易增长得十分迅速。在 1948 年到 1984 年期间，世界出口贸易量增加了 8.4 倍。在 1955 年到 1973 年期间，世界出口量年平均增长率达到 7.8%，超过历史上任何时期的增长率。在 1973 年到 1984 年期间，世界出口量年均增长率虽然下降到 3.3%，但是没有理由认为世界贸易不会再度恢复到较快的增长水平，这是因为过去推动世界贸易扩大的基本经济力量仍然在发生作用，可以预期在将来也会发生作用。各国间在经济上互相依赖的增长，运输费用的下降，世界消费格局的越来越标准化、科学技术的进步等都会促使世界贸易持续增长。这种情况表明，当代的世界市场提供给发展中国家的机会并不会比 19 世纪的世界市场所曾提供的为少。

事实上，战后发展中国家出口增长率，用历史的标准来衡量也是较高的。在 1965—1973 年期间，发展中国家出口量的年均增长率为 5.2%[②]，超过除了 1860—1870 年[③]以外的 19 世纪其他任何时期的世界出口年均增长率。在 1973—1980 年期间，发展中国家出口的年均增长率虽然下降到 4.1%[④]，但从 1983 年起即迅速回升，在 1983 年增长率为 5.8%，1984 年为 8.9%，其中制成品分别为 11.5% 和 15.0%，而 1973—1980 年为 11.0%[⑤]。

战后世界市场的一个特点，就是对燃料以外的初级产品的需求的相对减少，和对工业制成品和燃料的需求的增长。世界市场上需求的变化导致世界贸易中商品结构的变化——由过去以初级产品为主改变为以工业制成品为主。凡是能适应世界市场上这种变化，而采取相应的发展战略，并对本国的生产结构和对外贸易商品结构进行调整的国家和地区，它们的出口贸易增长就较快，它们的经济增长率也较高。无论是发达资本主义国家或是发展中国家，情况都是如此。所以 R-N 学派所说的世界市场对初级产品的需求对发展中国家经济增长的影响仅仅是问题的一个方面。发展中国家的供应能力和出口产品的多样化也是影响出口贸易与经济增长的重要因素。而在当代世界市场的条件下，工业制成品的出口对发展中国家的经济发展会起到更大的作用。

第四，R-N 学派只谈对外贸易可以给一国带来的经济上的好处，而不谈在资本主义条件下对外贸易所造成的消极后果。R-N 学派像其他的新古典学派经济学家们一样，

---

① 石油贸易不计在内。
② 世界银行《1985 年世界发展报告》，第 152 页，表 A.8。
③ 1860—1870 年的世界贸易年均增长率为 5.5%。
④ 世界银行《1985 年世界发展报告》，第 152 页表，A.8。
⑤ 世界银行《1985 年世界发展报告》，第 152 页表，A.8。

他们对于一个阶级如何剥削另一个阶级缺乏理解,他们也对一国如何通过国际剥削他国缺乏了解。

在资本主义的国际生产关系中,各国的经济地位、经济实力是不平等的。经济实力较大的发达资本主义国家,在国际商品交换中处于有利的地位。它们能够按照对自己有利的条件同发展中国家进行商品交换,经常以较少的物化劳动交换较多的物化劳动,占有别国所创造的一部分劳动产品。在这个意义上,发达资本主义国家利用对外贸易阻挠了发展中国家的资本积累,从而影响了它们的经济发展。

帝国主义和殖民主义还通过出口工业制成品的办法来带动它们自己的工业的发展,并阻碍或摧残发展中国家的民族工业的成长。这种情况在历史上是屡见不鲜的。在19世纪,英国利用纺织品的出口来推动英国纺织业和其他有关工业的发展,并摧毁了中国、印度和其他国家的手工纺织业,是典型的事例。恩格斯说:"由于机器劳动不断降低工业品的价格,以前世界各国的手工工场制度或以手工劳动为基础的工业制度完全被摧残,……事情已经发展到这样的地步:今天英国发明的新机器,一年以后就会夺去中国成百万工人的饭碗。"①

帝国主义和殖民主义阻挠发展中国家经济发展的另一个办法就是在这些国家建立一些受到外国资本控制的"飞地"(enclaves,),从而在这些国家形成了所谓的两元经济:一个是使用着外国资本和先进技术甚至外国技术工人的出口领域,它与另一个原始的自足自给的国内经济领域并肩存在。两个领域之间很少联系,外国资本家为出口领域提供机器设备、技术、管理经验和市场,甚至还有食物。生产过程是资本密集型的,雇佣当地的工人很少。除了少数的工资以外,出口领域所产生的收入大部分由外国投资者汇往海外,或提供当地上层统治者,而这些人又把钱花在进口消费品上。所以出口部门既不产生向前连锁(forward Linkage)的作用,也不发生向后连锁(backward Linkage)的作用,对国内经济根本起不了"成长发动机"的作用。两元经济的传统的例证就是亚洲、非洲和拉丁美洲的矿产出口国,但那些依赖少数农产品出口的种植园经济也有大致相同的遭遇。像艾尔坎(Alcan)、肯尼科特(Kennecott)、尤尼莱弗(Unilever)和壳牌石油公司(Shell)等,这样一些巨大型公司在发展中国家所设立的附属公司只是各自的母公司的经济的一部分,而不是东道主国家国民经济的一部分。它们的生产和出口政策是由纽约、伦敦、巴黎、阿姆斯特丹制定的,旨在促进母公司的利润增长和发展,而不是促进东道主国家的经济发展。这再一次证明,对外贸易本身只是经济发展的必需条件,还不是它的充足条件。政治的、社会的、文化的、科学技术的条件对一国的经济发展都是十分重要的。

---

① 《马克思恩格斯全集》第4卷,第361—362页。

国际价值和价格

价值规律的作用在世界市场上的重大变化[*]

一、关于国际价值规律的一般论述

等量社会劳动的产品相交换的规律，即价值规律，是商品生产和商品交换的基本规律；也是商品生产的最高形式，即资本主义生产的基本规律。

但是，这个无形之手在世界市场上的作用与其在资本主义国家国内市场上的作用，是否相同？它在世界市场上的作用是否发生了变化？这是一个重要的理论问题，也是国际经济学界一个众说纷纭的问题。

马克思第一次把劳动价值论应用到国际方面，首先提出了国际价值的范畴，揭示了价值规律的国际性质，并指出了价值规律在世界市场上的作用的重大变化。

国际价值是世界市场范围内的市场价值。价值规律的作用是随着市场的发展而发展的。随着商品交换日益突破地方的、民族的、国家的界限，无论在国内市场上或是在世界市场上，这只无形之手都发生作用。马克思说："在世界贸易中，商品普遍地展开自己的价值。"[①] 在世界市场上，劳动社会化得到高度的发展，社会劳动不仅是作为每一个国家的共同劳动，而且作为参加贸易的一切国家的共同劳动而出现。商品的国民价值由此便发展为国际价值。这时社会劳动以及商品生产和商品交换的基本规律，便具有普遍的世界性质。

在一个资本主义国家内部，商品价值的大小是由在现有的标准的生产条件下，用社会平均的劳动熟练程度和强度，生产商品时所耗费的社会必要劳动时间来决定的。

在世界市场上，商品的价值（即国际价值），不是取决于各国的社会必要劳动时间，而是取决于"世界劳动的平均单位"。这个平均的劳动单位，就是在世界的平均技术条件下，在各国劳动者的平均劳动强度下，生产某种商品时所需要的世界社会必要劳动时间。它不是固定不变的，而是随着世界劳动生产率的变化而变化的。马克思说：

---

[*] 姚曾荫，价值规律的作用在世界市场上的重大变化，世界经济，1983年第3期。

[①] 马克思：《资本论》第1卷，第163页，第614页。

"国家不同，劳动的中等强度也就不同；有的国家高些，有的国家低些。于是各国的平均数形成一个阶梯，它的计量单位是世界劳动的平均单位。因此，强度较大的国民劳动比强度较小的国民劳动，会在同一时间内生产出更多的价值，而这又表现为更多的货币。"①

马克思在这里所说的劳动的中等强度是指在一国国内生产一单位产品时所耗费的国民平均劳动或社会必要劳动。衡量各个国家的劳动的中等强度或国民平均劳动的大小，需要有一个共同的计量单位或尺度，就是"世界劳动平均单位"。有了这个共同的计量单位，一种商品的各国不同的国内价值就可以在折合以后，按其大小之不同排列成为一个梯队，从而使一种商品的 A 国的国民价值，不但可以与这种商品的国际价值进行比较，还可以与这种商品在 B、C、D、E 等国的国民价值互相比较，此其一。其次，由于各国的劳动的中等强度不同，劳动生产率不同，因此，尽管各国所生产的同一种商品的国际价值是相同的，但是在同一劳动时间里，各国所生产的同一种商品的产量是不同的，其国际价值额也是不相等的。所以马克思又说，"不同国家在同一劳动时间内所生产的同种商品的不同量，有不同的国际价值，从而表现为不同的价格，即表现为按各自的国际价值而不同的货币额。"②

二、价值规律在世界市场上的作用

商品的国际价值和国民价值在质的方面是没有区别的。它们都是由抽象的社会（或世界社会）必要劳动时间所决定的，都是无差别的人类劳动力耗费的凝结。但是，如果把国际价值与国民价值加以比较，就不难发现国际价值还具有一定的特殊性。这种特殊性使得价值规律在世界市场上的作用发生了重大的变化（或修正），呈现其独自的特征。

如前所述，在资本主义国家国内市场上，商品交换就是等量劳动的交换。当然，"在商品交换中，等价物的交换，只存在于平均数中，并不存在于每个个别场合"③。等价交换的价值规律是个长期起作用的规律。从纯理论来说，在国内市场上，是不存在不等价交换的。价值规律和利润规律的作用是排斥不等价交换的。价值规律将通过调节劳动力在各部门间分配的作用为自己开辟道路。由于供给超过需求或需求超过供给而造成的不等价交换，将会因有关生产部门的扩充或收缩而得到矫正，脱离等价交换

---

① 马克思：《资本论》第 1 卷，第 163 页，第 614 页。
② 《资本论》第 1 卷，第 614 页。
③ 《马克思恩格斯选集》第 3 卷，人民出版社 1972 年版，第 11 页。

的偏向终将趋于消失。但是在国际贸易中却经常得不到这种矫正。这就是说，在一国内部，价值规律可以起到劳动力和资本分配机制的作用，亦即起到按照国民经济各个部门的需要分配社会劳动和资本的作用。但在世界市场上，就不存在一个按照各国国民经济的需要，在世界范围内自动调节社会劳动和资本的分配机制。因此，在国际贸易中经常存在着不等量劳动的交换。

马克思指出，"就工业品而言，我们知道，一百万人在英格兰，比在俄罗斯，不只会生产更多得多的生产物，并且会生产价值更大得多的生产物，虽然个个生产物更便宜得多。"① 这种情况在一国内部是不会发生的。马克思还说，"李嘉图的理论也认为……一国的三个劳动日，可以和别一国的一个劳动日相交换，价值法则在这里受到了本质上的修正"②。

为什么价值规律在世界市场上的作用会发生重大的变化？又为什么商品的国际价值与国民价值会发生差异？其原因就在于各国国民经济的相对孤立性。而这又是劳动力和资本在国际间缺乏流动性的结果。如果劳动力和资本在国际间的流动是充分的自由的，如果在国际间工资率、剩余价值率、利润率，劳动生产率是相同的，如果"世界一家"，世界划分为政治上互相区别的国家和国家集团以及各国间在生产关系或经济制度上的差别都不存在，则马克思在《资本论》中对于一个封闭的资本主义社会的分析所得出的许多结论，只要稍加修改，就可以适用于世界经济。这样，国际价值的特殊性就会消失。

马克思关于在资本主义国家国内市场上劳动力和资本的自由流动的观点是明白无误的③。虽然马克思关于在国际间劳动力和资本缺乏流动性的现象只是在论述价值规律的作用时顺便地提到了一下。但是马克思明确地提出，"商品流通的国内领域或民族领域，同它们的普遍的世界市场领域是分开的。"④ 马克思认为价值规律在世界市场上的作用与其在一国国内市场上的作用，既是有联系的，又是有区别的。两者的区别主要表现在：在国内市场上商品的交换一般是等量劳动的交换；而在国际市场上，特别是在发达国家与发展中国家间的贸易上是不等量劳动的交换，或者说是不平等的交换。

关于国际贸易中的不等量劳动交换问题，马克思还有以下几段著名的论述：

"怪不得自由贸易的信徒弄不懂一国如何牺牲别国而致富；要知道这些先生们更不想懂得，在每一个国家内，一个阶级是如何牺牲另一阶级而致富的。"⑤

---

① 马克思：《剩余价值学说史》第 2 卷，第 66 页，第 8 卷，第 270—271 页。
② 马克思：《剩余价值学说史》第 2 卷，第 66 页，第 8 卷，第 270—271 页。
③ 马克思：《资本论》第 3 卷，1975 年版，第 219 页，第 264—265 页。
④ 马克思：《资本论》第 1 卷，1975 年版，第 144 页。
⑤ 马克思：《关于自由贸易的演说》，《马克思恩格斯选集》第 1 卷，人民出版社 1972 年版，第 209 页。

"两个国家可以根据利润规律进行交换,两国都获利,但一国总是吃亏。利润可以低于剩余价值,也就是说,资本可以通过交换获得利润,然而并没有在严格的意义上实现价值增殖。因此,不仅单个资本之间,而且国家之间可以不断进行交换,甚至反复进行规模越来越大的交换,然而双方的盈利无须因此而相等。一国可以不断攫取另一国的一部分剩余劳动而在交换中不付任何代价。"①

"投在对外贸易上的资本能提供较高的利润率,首先因为这里是和生产条件较为不利的其他国家所生产的商品进行竞争,所以,比较发达的国家高于商品的价值出售自己的商品,虽然比它的竞争国卖的便宜。只要比较发达的国家的劳动在这里作为比重较高的劳动来实现,利润率就会提高,因为这种劳动没有被作为质量较高的劳动来支付报酬,却被作为质量较高的劳动来出售。对有商品输入和输出的国家来说,同样的情况也都可能发生;就是说,这种国家所付出的实物形式的物化劳动多于它所得到的,但是它由此得到的商品比它自己所能生产的更便宜。"②

在马克思以后,许多马克思主义经济学家对于国际贸易中的不平等交换问题有了更进一步的阐述。但是他们对于不平等交换这一范畴的解释又有所不同。大致有以下几种看法:第一,不等价交换,第二,贸易利益分配的不平等;第三,不平衡的交换;第四,不等量劳动的交换。

要给不等价交换这个范畴下一个确切的定义,那将是一个困难的工作,因为"价"究竟指的是什么,是模糊不清的。对此可能有几种不同的意见:

(1) 认为"价"是指国际价值,商品按照国际价值进行交换,就是等价交换,背离它就是不等价交换。这种见解为多数经济学者所接受。

(2) 认为"价"是指国民价值,商品交换的等价与否是以国民价值为准绳的。有一些经济学者在谈到不等价交换时,实际上是采用国民价值的标堆的。但是也有一些经济学者反对这种见解,认为"等价交换就是交换平等的国际价值。如果企图将对外贸易流通建立在交换具有相同的国内价值的商品的基础上(如果设想这种换算和比较是可能的话),那末就会导致不等价交换,因为这时被交换的商品将会具有不等量的国际价值。"③

(3) 认为在资本主义条件下,国际价值已转化为"国际生产价格",因此"价"也就是指"国际生产价格"。但是世界经济不是一个单一的资本主义经济,而是一个包括

---

① 马克思:《政治经济学批判》(1857—1858 年草稿),《马克思恩格斯全集》第 46 卷(下),第 401~402 页。
② 马克思:《资本论》第 3 卷,1975 年版,第 219 页,第 264—265 页。
③ 〔苏〕O. 雷巴科夫:《对外经济关系的效率》,〔苏〕《社会科学》1980 年 3 月号。

各种不同的社会经济结构的综合体。"国际生产价格"这个范畴对于这样一个综合体是不能完全适用的。所以不能将"国际生产价格"做为衡量国际交换中的等价或不等价的标准。

（4）认为"价"是指世界市场价格。德国学派的曼德尔和许勒都认为按照世界市场价格的交换，就是等价交换①。国内也有的学者赞成这种说法。这种解释所遇到的困难是：在当代资本主义条件下，由于垄断的因素以及商品的质量、规格、品种的不同，许多商品，特别是工业品并没有一个统一的世界市场价格。即便是初级产品，由于各种人为的贸易壁垒，长期购货合同、双边贸易协定等等原因，世界市场价格也远不是统一的。同时以世界市场价格做为衡量的标准还存在着另外一个问题，即世界市场价格是经常在变动的，有时变动得非常剧烈。举例来说，假定在1971年一部卡车在非洲可以换到10袋咖啡，到1981年可以换到25袋咖啡。这是由于世界市场上贸易比价变动所造成的明显的不等价交换。但如果以世界市场价格做为标准，则前后两个交换比例都是等价交换。

苏联经济学者奥洛谢维奇和匈牙利经济学者泽尔科所代表的一派认为，不平等交换就是贸易利益分配的不平等。奥洛谢维奇说："如果与国际必需的活的劳动和物化劳动投入量相比较，各国都从出口中取得同等数额的收入，则国际资本主义平等交换的客观标准就最终得到了。"②泽尔科给平等交换所下的定义是："等价交换就是已经实现了的比较利益被平等地分配在参加国际商品交换的伙伴国之间"③。按照他们的说法来推论，则不等价交换就是在国际贸易中所实现的利益的不平等的分配。像古典学派和新古典学派一样，他们也只承认国际贸易中交易双方只有得到利益的一面（尽管双方所得到的利益多少不同），而没有一方遭受另一方榨取的一面。所谓贸易利益分配的不平等是由于什么原因产生的呢？应该说，它是由于发达国家和发展中国家在国际权力结构中所处的地位的不平等，是由于资本主义的国际生产关系。而古典学派和新古典学派却认为贸易利益的分配是世界市场上供需规律作用的结果。这对于帝国主义国家的对外贸易来说，是带有辩护性质的。

关于不平等交换的第三种意见是不平衡交换的学说。就是说因交换对发展的效果不同而导致贸易伙伴国的不平衡的发展④。国际贸易对发达国家和发展中国家的经济发展的影响是确实不同的。但是这并不是通常意义上的不平等交换。所以这种看法可以存而不论。

---

① 曼德尔；《晚期的资本主义》，1972年英国版；许勒：《世界市场与资本的再生产》，1976年德文版。
② 〔苏〕《世界经济与国际关系》，1969年6月号，第36页。
③ 泽尔科：《国际价值·国际价格》，1980年布达佩斯英译本，第46页。
④ 见安德森：《各国间不平等交换理论的研究》，1976年ABO Akademi版，米道尔也有类似的见解。

有关不平等交换的第四种看法是不等量劳动的交换。这种看法在许多情况下与第一种看法是一致的。马克思在论述国际间的不平等交换时，是指不等量劳动的交换。例如他说："处在有利条件下的国家，在交换中以较少的劳动换回较多的劳动。"① 马克思在这里所说的劳动都指的是国民劳动（或国民价值）。马克思说："强度较大的国民劳动比强度较小的国民劳动，会在同一时间内生产出更多的价值，而这又表现为更多的货币"。又说"生产效率较高的国民劳动在世界市场上也被算做强度较大的劳动。"② 劳动生产率的差异是国际贸易中发生不等量劳动交换的主要原因。在自由贸易条件下的国际交换里边，尽管国民价值是不相等的，但其国际价值是相等的，相等的国际价值与相等的国际价值相交换。这是国际贸易中的等价交换。但在其背后却存在着以少量劳动交换较多的劳动的不等量劳动的交换。形式上的平等，掩盖着实质的不平等。这种情况，就像资本和劳动之间的交换一样。

马克思认为，资产阶级政治经济学的错误，就在于它只是从市场交换的表面现象来研究经济问题，而不涉及生产关系。因此，我们不能把商品世界的交换关系同社会生产关系割裂开来，同样也不能把世界市场上的商品交换关系同国际生产关系割裂开来。如果说价值规律在世界市场上发生了深刻的变化，这是因为它是在资本主义国际生产关系的范围内发生作用的。国际贸易中不平等交换的基础就是发达国家与不发达国家间的劳动生产率的差异和资本主义的国际生产关系。在世界市场上，价值规律的作用，一方面再生产了国际生产关系，另一方面又再生产了每一个不同的社会经济形态的再生产条件。就是这个资本主义的国际生产关系保证了发达国家在国际交换中取得不平等交换的利益，而不发达国家却遭受到损失。

马克思在分析熟练劳动与不熟练劳动，复杂劳动与简单劳动时，曾经这样说："比较复杂的劳动只是自乘的或不如说多倍的简单劳动，因此，少量的复杂劳动等于多量的简单劳动。经验证明，这种简化是经常进行的。一个商品可能是最复杂的劳动的产品，但是它的价值使它与简单劳动的产品相等，因而本身只表示一定量的简单劳动。"③

从这一段话里可以看出，如果是在一国国内，三个简单劳动的产品与一个复杂劳动的产品相交换，不仅不是对价值规律的修正，反而是价值规律的充分实现。但是为什么在世界市场上，这种交换便构成为对价值规律的重大修正呢？

需要注意的是，马克思所说的三个劳动日与一个劳动日的交换，并不是指具体劳动或私人劳动的交换，而是指各个国家的"社会劳动"的交换。每一个国家的"社会劳动"，就是马克思所说的国民劳动或国民平均劳动。为什么在商品的国际价值已经存

---

① 《资本论》第3卷，1975年版，第265页；第1卷，1975年版，第614页，第58页。
② 《资本论》第3卷，1975年版，第265页；第1卷，1975年版，第614页，第58页。
③ 《资本论》第3卷，1975年版，第265页；第1卷，1975年版，第614页，第58页。

在的条件下，还存在着一种商品的许多国民价值呢？而在一国内部，社会只承认那个由社会必要劳动时间所决定的社会价值或国民价值，而不承认那些由私人的具体劳动所产生的个别价值呢？

这是因为虽然在世界范围的抽象劳动，即国际价值已经形成，而各国的国民平均劳动，即国民价值仍然存在。两者同时并存的原因又在于各国国民经济的相对孤立性，各国国界的存在。由于劳动力和资本以至一般商品在世界市场上并不是自由流动的，竞争的规律在世界市场上并未充分发挥作用。竞争规律的作用受到限制必然导致价值规律的作用受到限制。在世界市场上各国的国民平均劳动（或国民价值）就形成了高低不等的一些阶梯。因此，在世界市场上，商品的价值是具有二重性的。各国国民经济一方面是彼此孤立的，从而它们有着相对独立的民族市场和商品的国民价值，而在另一方面，它们又被国际分工、世界市场联系在一起，从而形成了商品的国际价值。

国家和国家政治疆界的存在对于价值规律在世界市场上的作用的影响力是不容忽视的。在资本主义世界经济中，国家作为一种阶级统治的机器，它的根本作用就在于在国内市场上扩大一部分人的利益，牺牲其他人的利益；在世界市场上，国家的作用在于扩大本国的利益牺牲其他国家的利益。为此目的，国家机器可以采取各种手段：（1）限制市场（商品市场或劳动力市场）的接近，干涉生产要素的流动；（2）加强或调整本国的生产专业化的布局以影响世界分工的格局；（3）改变关税税率，规定限额，管理和调整外汇汇率，以影响进出口贸易和贸易比价的变动；（4）由国家垄断对外贸易。

资本主义国家所具有的政治的、经济的和军事的力量强烈地影响市场机制并凌驾于市场机制之上，这是影响不平等交换的重要因素。

因此，在论述国际价值和不平等交换问题时，既要肯定商品生产和价值的国际性，也要肯定商品生产和价值的国家的、民族的性质；既要把世界经济做为一个分析单位，也要把国民经济做为一个分析单位，缺一不可。

在世界市场上，在自由竞争的条件下，从国际价值的角度来说，是不存在不等价交换的，因而不发生价值转移的问题。因为在世界市场上没有被承认的劳动就是国际社会上浪费了的劳动，因而是不创造价值的劳动。但是从一个国家的角度来看，从国民平均劳动来看，尽管这种劳动没有被国际社会所承认，它实质上仍然是充分地创造价值的劳动，因而会在国际贸易中发生价值的转移。通过商品的不等量劳动的交换而发生的国际间价值的转移，还由于以支付过高的国际劳务费（各种佣金，保险费，运转费等）而加在不发达国家身上的各种额外负担而进一步扩大。

对这种价值的国际转移，某些尊重事实的西方经济学者也是承认的。美国经济学家康德利夫说："有人常常说，欧洲各国人民是靠剥削世界其他部分而发财致富的。这种责备是有道理的。"① 英国经济学家罗宾逊夫人也说:"按照不等价交换学说,不仅发达国家的资本家,而且工人都从与发展中国家的贸易中取得一份不公平的利益。"②

通过国际贸易中的不等量劳动交换的国际间价值的转移,是世界范围内重新分配和占有剩余价值或价值的过程的一个组成部分。在发展中国家内,劳动者所创造的剩余价值不仅为本国的资本家所占有,而且也为发达的资本主义国家的资本家所分享。当这个价值转移的过程超越国界时,资本主义国家的国家机器便插手进来,使分配的结果有利于发达的资本主义国家的资产阶级而不利于发展中国家。

国外有一些左翼经济学家如巴兰和斯威齐否认在自由竞争条件下的不等价交换,也否认通过不等价交换的价值的国际转移③。这是由于他们忽视世界市场上劳动的二重性(世界劳动和国民劳动)和价值的二重性(国际价值和国民价值)的缘故。

不等量劳动的交换和国际间价值的转移并不是必然与物质生产的一定类型联系在一起的。在世界市场上,初级产品与制成品的交换并不一定就是不等量劳动的交换。美国和加拿大都是农产品和矿产品的出口国。美国对其他发达资本主义国家的出口有很大一部分是农产品,而美国从其他发达国家进口的大部分是工业制成品,但是不能说美国遭到不等量劳动交换的剥削。在19世纪,经济落后国家用小麦、棉花交换英国的纺织品。在20世纪80年代,有很多发展中国家是纺织品的生产国和出口国,而发达资本主义国家既出口小麦棉花,也出口飞机、汽车、机器设备和电子产品。在不等量劳动的交换中,交换的商品是由各国技术水平、劳动生产率水平和资本有机构成的不同所决定的。过去的发展中国家以初级产品交换发达国家的工业消费品为形式的不等量劳动的交换已逐渐转变为以初级产品和轻工业品、劳动密集型产品与资本密集、技术密集型产品的交换为形式的现代的不等量劳动的交换。

从劳动的交换价值来看,国际交换,特别是发达国家与发展中国家的交换是不等量劳动的交换。但是从使用价值方面来看,"交换双方显然都能得到好处。双方都是让渡对自己没有使用价值的商品,而得到自己需要使用的商品"④。不但国内贸易中是如此,国际贸易中也是这样。马克思在批评李嘉图时,强调对外贸易的这种二重性:即在国际贸易中既有价值的转移,同时交易双方也都能从对外贸易中得到利益⑤。但是进行对外贸易的好处还不止这一点。马克思认为对外贸易可以使"生产放在大规模的基

---

① 康德利夫:《各国的商业》1951年英国版,第204页。
② 罗宾逊夫人:《发展和欠发展的某些方面》,1979年英文版,第17页。
③ 巴兰:《增长的政治经济学》1957年美国版,第232页;斯威齐:《资本主义发展的理论》1942年美国版,第16章。
④ 《资本论》第1卷,1975年版,第179页。
⑤ 马克思:《政治经济学批判》;《马克思恩格斯全集》第46卷(下),第401页;《资本论》第3卷,第265页。

础上",亦即从微观经济来看,使工厂企业得到规模经济的利益,使生产增加、收入进增、利润增加。从宏观经济来说,对外贸易的盈余可以产生乘数效果,并且对外贸易作为增长的发动机,可以使就业增加,促进出口部门以及有关部门的发展,并阻止利润率下降。

那种认为发达国家的贸易只有对发展中国家进行"榨取的作用",而没有发展中国家从中取得使用价值的作用和促进其经济增长的作用的看法,是带有片面性的。同时另外一种见解,即同发达国家的贸易对于发展中国家只有有利的一面,而没有受到剥削的一面,更有其片面性。从国际商品交换中所取得的剩余价值或超额利润,仅仅是财富的单纯的转移。它是靠一方的损失而得来的,它本身并未能增加社会的财富。

三、不平等交换发展的三个阶段

在历史上,国际贸易中的不平等交换已经经历了三个阶段。

第一个阶段是商人资本时期(资本主义生产方式准备时期)的不等价交换。

商人资本在资本原始积累过程中起过巨大的作用,同时也在不发达世界的历史上打下了深刻的烙印。商人资本活动的目的在于从贱买贵卖中取得利润。在前资本主义社会,在国内贸易中,由于生产者能够计算这种或那种产品的生产费用,交换的进行便比较接近于产品的价值。商品是按价值买卖,因此原有价值的余额不可能产生,商人的利润不可能形成。但是,在国际贸易中,却不是这样。因此,商人资本的活动领域,主要是在国际贸易中。恩格斯说:"我们在这里看到了这样一种现象:在国内单个生产者之间进行的零售贸易中,商品平均来说是按照价值出售的,但是在国际贸易中……通常都不是如此"[①]。

在国际贸易中,商人只能从他们所售商品的价格上获得利润。商人以低于价值购买商品、而以高于价值出售商品的不等价交换,是这一时期商人资本存在和发展的必要条件。因此商人资本时期的不等价交换并未使价值规律失去作用,而是使价值规律发生变化,使国内贸易中的等价交换变为国际贸易中的不等价交换。在这一时期内,最著名的垄断公司是英国东印度公司。这家公司通过不等价交换赚取了惊人的利润。这家公司按压低了的价格从印度和中国购买货物,并按大大抬高的价格销售到英国市场上去。资本主义生产方式准备时期出现的不等价交换,是资本主义不发达的结果。由于商业和商人资本的发展,到处都使生产朝着交换价值的方向发展,它发展了商业

---

① 马克思:《资本论》第 3 卷,1975 年版,第 1024 页。

联系，把地方市场汇合为统一的国内市场，把地方性价格日益融合为统一的国内价格，然后在下一个时期又分别汇合为世界市场和世界市场价格，因而"商人是通过他的运动本身来确立（商品的）等价的"①。

第二个阶段是产业资本时期的不等量劳动的交换。

随着产业革命在少数国家的胜利，随着向自由竞争的资本主义时期的过渡，以及随着经济先进国家和经济落后国家在生产力发展水平上的巨大差别的出现，重商主义时期的赤裸裸的不等价交换已转变为产业资本主义时期在等价交换掩饰下的不等量劳动的交换。资本主义发达国家依靠大机器工业创造了比资本主义以前的生产方式更高的劳动生产率。这就使得它们在国际贸易中能以较少的物化劳动换回较多的物化劳动。

第三个阶段是垄断资本主义时期的不等价交换。

在垄断资本主义时期，世界市场和价值规律在世界市场上的作用都发生了重大的变化。这一时期的世界市场已不同于马克思时代的世界市场。由于国际垄断组织对许多种商品市场的控制，还由于国家垄断资本主义和超国家垄断的出现和发展，过去在自由竞争的资本主义时期的统一的世界市场已逐渐分化为三个市场，即自由市场、垄断组织控制下的市场和国家垄断调节下的市场。过去一种商品一个价格的现象，在许多情况下已变为一种商品多种价格。在不同的市场上有不同的价格。一物一价的规律（Law of One Price）已遭到破坏②。

在世界"自由市场"上（主要是指商品交易所）商品价格大体上还受供求规律的支配。像世界铜、锡、铅、锌等有色金属市场及小麦、棉花、橡胶等市场亦是如此。即便在"自由市场"上，一种原料在原料出口国的售价与其在原料消费国的售价之间也有很大的差距。其中包括运费、各种佣金、经纪人的利润等。这也都增加了产品的费用，扩大了两种价格间的差距。

在垄断性市场上（例如工业制造品，特别是技术和资本密集型商品、技术专利、图纸、某些食品等等），垄断价格的订定要服从于垄断组织攫取垄断高额利润的原则。这是一种在潜在的丰富中保持稀少的原则。大量的人力资源和物质资源被闲置着，因为在市场上没有等价物来同它们可能生产出来的产品相交换。

在国家垄断调节和超国家垄断调节的市场上，商品的价格是管理价格以及双边协定价格和多边协定价格。

垄断资本主义时期的特征是垄断而不是自由竞争，尽管它并不完全排斥竞争。即

---

① 《资本论》第3卷，第368页。
② 以糖为例，在1982年10月，西欧共同市场的糖价为每吨400美元左右，世界自由市场上的平均价格为150美元，经互会国家与古巴所签订的长期贸易协定价格是另外吧种价格，西欧共同市场与洛羡协定国家所签订的长期贸易协定格价又是一种价格。

便是在"自由市场"上,商品的价格也要受到垄断力量的严重影响。垄断的统治意味着对于自由竞争的限制,对自由竞争的限制也导致对于价值规律作用的限制。因此,在垄断资本主义时期,价值规律的作用和不平等交换也有了新的特征。资本主义自由竞争时期的等价交换原则已转化为它的对立物——不等价交换。这一时期的不等价交换是建立在由国际垄断组织所订定的垄断价格的基础上。国际垄断组织通过抬高工业制成品的卖方垄断价格和压低原料、食品的买方垄断价格的办法,从发展中国家吮吸了大量的利润。

在第二次世界大战后,跨国公司通过技术垄断取得超额利润或技术地租是不等价交换的主要手段之一。

垄断资本主义时期的不等价交换还由于发达资本主义国家和发展中国家间工资水平的极大差距而加强。发展中国家的低工资率意味着它们的剩余价值率较高。较低的工资率和较高的剩余价值率导致价值的国际转移。垄断资本通过国际贸易这条虹吸管把价值从发展中国家吸吮到发达国家去。价值转移的最明显的事例,在历史上是斯里兰卡的茶叶、加勒比海地区的糖,在当代是中美洲的香蕉和南美与中美洲的铝土。

热带食品的国际贸易有很大一部分是为巨大的跨国公司所控制的。尽管它们彼此之间进行竞争,但在压低产品的收购价格上却保持一致。两家大香蕉公司,加上一家较小的公司控制了美国、西欧和日本的香蕉市场,并且控制了香蕉生产国,特别是中美洲香蕉生产国的香蕉采购业务。分析一下1971年香蕉的最终价格,就可以看到,生产国所得到的收入只占到香蕉贸易总收入的11.5%,外国零售商的收入占31.9%,其余的56%以上为运费,保险费,经手人的佣金和公司的利润[1]。巨大的铝公司把铝土从中美和南美运到发达国家,经过加工制造后,再把各种铝制品运回铝土生产国去销售。原料价格与制成品价格相差极大。

根据罗马俱乐部一项研究报告的计算[2],在70年代中期,第三世界的原料出口国把它们的初级产品卖给外国大公司时大约收到300亿美元,而资本主义发达国家的制造业者在把这些初级产品经过几道加工工序最后把制成品卖给最终消费者时却取得了2 000亿美元的收入,初级产品的平均价格与最终产品的平均价格的比例大约为1∶6到1∶7。

在帝国主义时代,从发展中国家到资本主义发达国家的价值的国际转移达到巨大的规模。这种转移随着发展中国家贸易比价的恶化而加剧。这就意味着发展中国家要拿出越来越多的数量的原料、食品和能源来交换同等数量的发达国家的制成品。应该指出的是,这些制成品,很大一部分是用发展中国家的原料、能源制造的,并且有时

---

[1] 粮农组织:《经济评论:香蕉的生产、贸易和分配的几个方面》。
[2] 《重新塑造国际秩序》,《罗马俱乐部第三次报告》,1976年美国版,第34页。

是用发展中国家的外流的劳动力和技术人员加工制成的。

由此可见，不等价交换是当代国际间价值转移的主要渠道，也是大垄断公司攫取超额利润的主要手段之一。

国际价值论和不平等交换理论是南北对话中南方进行说理斗争的有力武器，也是第三世界国家发展对外贸易的理论基础，如何充分利用对外贸易的有利的一面，尽力避免其不利的一面，似乎应该是第三世界国家经济学界，包括我国经济学界进一步深入研究的重要课题之一。

关于价值的国际转移问题[*]

在国际贸易中的不平等交换[①],特别是富国与贫国间的不平等交换是一个带有规律性的现象。即便两国按照世界市场价格进行等价交换,也不能肯定地说这里没有剥削,没有价值的国际转移。

在这里,我们只是有条件地承认两国按照世界市场价格进行交换是等价交换。这首先是因为在当代的世界市场上,对于许多重要的商品来说,已不容易找到一个真正具有代表性的世界市场价格。在燃料以外的矿产品世界自由市场上的贸易额仅占世界非燃料矿产品贸易总额的 10%～15%。就一些重要的农产品来说,世界自由市场也只不过是一个剩余物的市场(residual market),也就是说,它们在有关产品的世界贸易中只占较小的比重。在理论上世界自由市场的价格应该是具有代表性的,可是在实际上,现在它们的代表性是不大的。

其次,大家都知道,外国大垄断公司在发展中国家开设了许多分公司,从事销售和收购业务活动。它们按照较低的价格从国外购买产品,然后按高价卖给当地的居民,或者是按照低价收购这些国家的产品,然后按较高的价格输出这些商品,从价格的差额中赚取大量利润。所以发展中国家海关统计中所记载的进口价格,即便是等于世界市场价格,但也低于在发展中国家市场上的销售价格;而出口价格又大大高于发展中国家农民的实际收购价格。因为进、出口价格都包括有大垄断公司的利润,所以国际贸易中存在着价值转移,它是通过两条渠道进行的。

一、发展中国家进口贸易中的价值转移

许多发展中国家的国内市场,为大垄断公司或国际卡特尔所控制。大垄断公司或

---

[*] 姚曾荫,关于价值的国际转移问题,财贸经济,1983 年第 9 期。
[①] 本文把不等价交换和不等量劳动的交换二者概括地称为不平等交换。

国际卡特尔的限制性贸易作法（例如划分市场的协议，专利权、商标和版权，签订互惠的、排他性的或优惠的协定等等），是它们在发展中国家市场上进行垄断的重要工具。在为国际卡特尔所控制的产品的贸易上，发展中国家所支付的价格通常总是超过发达国家所支付的价格水平。

大垄断公司或国际卡特尔控制发展中国家的市场，提高垄断价格的情况，从法国出口到非洲联系国和非联系国的钢铁制品的差别价格上看得十分清楚。1964—1973年，法国钢铁产品对联系国的平均出口单价超过对非联系国的平均出口单价的幅度为11%～17%，1969年以后有所下降，这是由于非洲联系国的优惠待遇也扩大适用于欧洲经济共同体的其他成员国，从而增加了对法国钢铁产品的竞争压力的结果。然而，即便在这种情况下，联系国进口法国钢铁产品仍然支付超过10%的不利价格差额。联系国对法国其他进口货也同样支付高昂的代价。据联合国贸发会议专家估计，由于法国大公司在联系国享有垄断权，使这些国家为下列货物支付给法国公司的价格超过世界市场价格的比例如下：棉织品23%，砂糖63%～105%，摩托车30%，工具及金属器具30%，机器25%，电气用品8%，石油制品12%。从来自法国的全部进口货看，法国联系国支付的不利价格差额在10%～20%的幅度内。我们有充分理由相信，受到大企业或国际卡特尔控制的其他发展中国家也存在同样的情况。

二、发展中国家出口市场上的价值转移

像制成品的进口情况一样，许多发展中国家的出口市场也是高度集中并为少数大公司所控制的。例如，世界最大的可可豆采购和加工公司的销售额占该商品世界贸易额的30%～40%。两家大香蕉公司加上一家较小的公司控制了美国、西欧和日本的香蕉市场，并且控制了香蕉生产国的香蕉采购业务。在铝土方面，六家公司占世界原铝生产能力的50%～60%。在镍、磷酸盐、铜和其他的矿产方面，也有类似情况。此外，工厂、矿山的建设需要大量投资，加之技术垄断、规模经济以及纵向联合公司所采取的旨在消灭竞争者的价格政策等，都使这种高度集中的市场结构趋于永久化。发展中国家在财政金融上的软弱无力状况也使它们在出口市场上处于十分不利的地位。联合国贸发会议秘书处根据联合国会议的要求，曾对发展中国家出口的铁矿砂、铜、铝、锡、咖啡、茶叶、可可粉、花生等初级产品的出口价格与发达国家最终消费者价格之间的比例关系进行了调查研究，在调研报告中，对食品项目的平均单位出口价格与相应的消费者价格进行了比较，情况如下。

平均计算，发展中国家的各种食品的出口价格只占发达国家市场上商品零售价格

的 1/4～1/3，其差额为大垄断公司、中介商及运输公司所占有。然而，即使这个占最终消费者价格的 1/4～1/3 的估计数也是偏高的，因为其中也还有一部分是外国大公司的利润。即使是初级产品在出口商与最终消费者之间只进行过很少的加工或完全没有加工的情况下，大垄断公司和中介商在销售和分配活动中所吮吸的利润、佣金等等也会达到发展中国家出口收入的好几倍。如 1971 年香蕉生产者所得到的收入只占世界香蕉贸易总收入的 11.5%，其余的 88.5% 大部分为香蕉垄断公司和中介商以利润、佣金的形式所占有[①]。巨大的铝公司从中美和南美把铝土运到发达国家经过加工制造后再把各种铝制品运回铝土生产国去销售。原料价格与铝锭价格相差极大（两者的比例约为 1∶10）。

1967—1972 年发展中国家食品出口价格与发达国家消费者价格的比较

产品	出口国	消费国	单位	交易价格 出口国	交易价格 消费国	出口国所占的比重（%）
咖啡	有关发展中国家	美国	美元/公斤	0.80	1.86	43
咖啡	有关发展中国家	西德	美元/公斤	0.80	4.44	18
咖啡	有关发展中国家	法国	美元/公斤	0.80	2.36	34
茶叶	有关发展中国家	美国	美元/公斤	0.94	4.91	19
茶叶	斯里兰卡	西德	美元/公斤	0.93	7.40	13
茶叶	有关发展中国家	英国	美元/公斤	0.94	1.76	53
茶叶	有关发展中国家	荷兰	美元/公斤	0.94	2.48	38
可可粉	巴西	西德	美元/公斤	0.21	2.32	9
可可粉	巴西	法国	美元/公斤	0.21	2.02	10
可可粉	巴西	英国	美元/公斤	0.21	1.40	15
可可粉	巴西	美国	美元/公斤	0.21	0.82	25
花生油	有关发展中国家	法国	美分/公斤	32.8	68.9	48
花生油	有关发展中国家	西德	美分/公斤	32.8	64.7	51
柑桔	摩洛哥	法国	美分/公斤	12.1	40.3	30
柑桔	摩洛哥	西德	美分/公斤	12.1	41.6	29
柑桔	突尼斯	法国	美分/公斤	12.9	40.3	32

---

① 联合国粮农组织：《经济评论：香蕉的生产、贸易和分配的几个方面》，联合国贸易和发展会议：《香蕉的销售和分配系统》联合国，日内瓦，1974 年 12 月。

续 表

产品	出口国	消费国	单位	交易价格 出口国	交易价格 消费国	出口国所占的比重（%）
柑橘	突尼斯	西德	美分/公斤	12.9	41.6	31
香蕉	有关发展中国家	美国	美分/公斤	8.4	35.9	23
香蕉	有关发展中国家	西德	美分/公斤	8.4	35.9	23
香蕉	有关发展中国家	英国	美分/公斤	8.4	40.8	21
香蕉	有关发展中国家	法国	美分/公斤	8.4	42.8	20
砂糖	加勒比海地区	日本	美分/公斤	8.3	40.8	21
砂糖	加勒比海地区	英国	美分/公斤	8.3	21.0	40

资料来源：联合国贸易和发展会议：《发展中国家出口的某些商品的出口价格与消费者价格的比例》联合国 1976 年 6 月。

不仅如此，发展中国家初级产品的出口价格，一般来说，不仅低于发达国家初级产品的出口价格，而且也低于世界市场价格。根据阿弗拉莫维克的研究，在 1971—1975 年期间发展中国家出口的初级产品的出口单价及发达国家出口的同类产品的出口单价与世界市场价格的比较如下：

1971—1975 年出口单价与世界市场价格的对比（以世界市场价格为 100）

产 品	所有发展中国家	非洲国家	发达国家
牛肉	67.8	47	85.2
花生	92	84.3	107.5
花生油	85.6	81.3	101.4
大米	81.6	114.2	103.3
小麦	97	—	95.1
玉米	79.3	74.6	94.8
大豆	92.8	—	88.8
豆饼	87.3	—	96
豆油	102.5	—	103.6
椰子油	85.3	—	104.7
棕榈油	83.8	83.6	126.2
茶叶	87.2	74	—
可可粉	78.1	78.4	—
西沙尔麻	67	63.9	—

续　表

产　　品	所有发展中国家	非洲国家	发达国家
黄麻	72.4	—	
椰干	81.6	81.5	—
棕榈仁	84.7	88.5	
棕榈仁油	86	88.1	—
平均数			
中位平均数	85.3	81.5	101
加权平均数	84.4	78.5	94

注：在 1972—1973 年期间对苏联的特别销售使发达国家小麦及其他粮食的出口价格偏低。

资料来源：《世界贸易法律杂志》1978 年 10 月号。

上表的统计数字表明，发展中国家所得到的出口价格一般低于世界市场价格 15%～20%，而发达国家出口的食品和原料，一般是能按世界市场价格或高于世界价格出售的，发展中国家时常是在买方垄断的条件下被迫进行低价销售，而发达国家则能利用其控制市场的有利条件为其产品取得高价。

著名的罗马俱乐部在一项研究报告中指出，在 70 年代中期，发展中国家的原料出口国把它们的初级产品卖给外国大公司时收到大约 300 亿美元，而资本主义发达国家制造业者在经过几道加工工序把这些初级产品制造成成品，最后卖给最终消费者时，却取得了 2000 亿美元的收入[①]。圭亚那前总理福贝斯指出，加勒比海国家铝土工业所创造的价值，在 70 年代初期只有 3% 归属加勒比海各国的政府和居民，其余全部为大铝金属公司所榨取。

由此可见，价值的国际转移是一个严重的事实。背离世界市场价格的交换显然是一种不等价的交换。即使发达国家与发展中国家间的交换是按照世界市场价格进行的，可是在很多情况下，在交换的背后，仍然存在着不等价交换。因为发展中国家农民的销售价格和它们的居民购买进口货的价格都与世界市场价格有很大的差别。所以我们在分析问题时，不要被世界市场价格的统计数字所迷惑，需要透过统计数字的遮幕来观察事物的真相。

---

① 《重新塑造国际秩序》，《罗马俱乐部第三次报告》，1976 年美国版，第 34 页。

世界市场价格[*]

第一节 世界市场价格问题概述

（略）[①]

第二节 一种商品一个价格的规律

在 19 世纪的最后 30 年，统一的世界市场最终形成。国际贸易中大宗货物的世界市场价格已在一两个世界市场中心点建立起来。全世界各地的市场都作为一个互相联系互相依赖的有机体的一部分而活动在一起。便捷的运输工具，在需求出现的时候，可以把大量的货物在主要的生产区域和消费区域间进行调拨，从而加强了这种联系。

在统一的世界市场上发生作用的主要经济规律之一，就是一种商品一个价格的规律。这一规律首先是由 W. S. 杰文斯在 1871 年提出来的，[②] 又称为无差别规律（law of indifference）或代替规律（law of substitution）。这一规律是指在统一的市场上，在完全竞争的条件下，同一种商品不能有两个或两个以上的价格。像小麦这种一种国际贸易商品，产自美国、加拿大、澳大利亚、阿根廷、法国以及其他一些国家，但在芝加哥的商品交易所和其他国家的谷物交易所里，都能卖到大致同一的价格。棉花、羊毛、橡胶、铜、石油、咖啡、砂糖等等的价格也是这样。小麦并没有什么美国价格、英国价格、阿根廷价格。它在整个世界市场上是一个价格。各国的国内市场价格，除了关税和运费以外，基本上是划一的。

如果在统一市场的几个不同市场区域内，一种商品存在两个或两个以上的价格，

---

[*] 姚曾荫，世界市场价格，讲稿手写稿。
[①] 编者注："第一节 世界市场价格问题概述"，手写稿遗失。
[②] W. S. 杰文斯（W. S. Jevons）：《政治经济学原理》，英国，1871 年版。

则属竞争规律的作用下，或在买贱卖贵的原则下，更多的卖者将被吸引到价格高的市场区域中去，而更多的买者将会把订货单转移到价格低廉的市场区域中去。这个过程一直进行下去，直到各个市场区域的价格，不计运费和关税在内，到处保持一致为止。因此，在完全竞争的条件下，这一商品在任何市场区域买或卖，都没有真正的区别。

一个价格的规律不仅适用于有形商品，在它的作用下，商品从供应充足和价格低廉的地区流向数量稀少和价格昂贵的地区，它也适用于劳动力和资本。在这一规律的作用下，劳动力和资本分别从工资低廉或利率较低的地区或国家，转移到工资较高或利率较高的地区或国家。同时，它也适用于其他的劳务项目。因为劳务项目也有买贱卖贵的问题。例如，日本的出口厂商为了避免高昂的仓储费用就把大量的存货和美国有经常性订货的货物装载在开往美国的货轮上。当收到货物的订单时，厂商就将订单通过无线电传递给货轮，货物就能在就近的美国港口卸下。即使货轮已到达它的最后起岸港口而一张订单也没有收到时，货物存放在美国货仓也比存储在日本仓库的费用较为节省。这样日本厂商就从事于国际仓储劳务的套购业务①。

一个价格的规律的充分发挥作用表明世界经济、世界市场的一体化和全世界范围内相互依赖关系的建立。一个价格的规律也是世界市场一体化的三个主要标志之一。这三个标志是：②

（1）资本主义国家经济周期的同一性，各国国民生产总值、失业人数，及其他经济指标的变化的和谐一致性。

（2）商品和资本的自由转移，商品和资本能够自由地分别从供给充裕的地区流向求过于供的地区，从而使各地区间各国间的商品价格和利润率趋于一致。

（3）一物一价和一市一价现象的经常存在，一个价格的规律是统一的世界经济和统一的世界市场的形成的最重要的标志。如果在各个市场区域，一种商品经常地存在两个或两个以上的价格，这就表明了世界市场已经分割化或多元化。这是人为的或天然的垄断或其他的贸易壁垒所造成的必然的结果。

如何来检验一个价格的规律？或者说如何把一个价格的规律应用到实际情况中去？理想的情况将是在不同的地方，同一种商品有同一的价格。如果已经知道一蒲式耳小麦在苏格兰和英格兰的价格。在剔除运费以后，把这两个价格相除，其得数如果等于1.0，这就表明一个价格的规律已经在发生作用。这一算法也适用于其他所有的商品。当然，由于统计上的误差和其他的原因，得数不会恰恰等于1.0。接着要对其他的商品都计算出这一比例数字，并将其排列成为一个频数分配（frequency distribution）。如果它们的分布是十分集中的，则就英格兰和苏格兰这两个市场区域来说，一个价格的规

---

① S. P. 马吉：《国际贸易》，1980 年美国版，第 1—4 页。
② A. B. 拉弗与 M. A. 迈尔斯：《在一体化的世界中的国际经济学》，美国版，1982 年，第十一章。

律是充分发生作用的。换言之，这两个市场就是一个统一的国内市场的组成部分。如果分布是十分分散的，这就意味着，存在着干扰力量使两地的价格发生分歧，并阻碍着这两个地方市场形成一个统一的市场。

在世界市场领域，情况稍有不同，原因是各国的货币单位不同。设想一蒲式耳小麦（W）的价格在英国（B）为$P_{W/B}$，在美国（A）为$P_{W/A}$。则英美间小麦的内含汇率应该是：

$$P_{W/B} = P_{W/A} \cdot e_{B/A}$$

在这里$e_{B/A}$是在英国的美元汇率。这种对一种商品的价格和汇价的计算，按照两国所消费的主要商品的价格加权平均的办法，可以扩大为对两国主要商品价格的综合计算，求得两国货币的综合性汇率，即购买力汇率。在市场一体化的情况下，用一国货币表示的这个国家的一种商品的价格与用另一国货币表示的该国同一种商品的价格，乘以两国货币的汇率的乘积将会相等。购买力汇率是否与市场汇率比较接近，是衡量一个价格的规律是否发生作用的重要标准。如果接近或一致，那就是说规律发生作用了，否则就不是这样。

世界市场的一体化的程度和一个价格的规律是否能充分发生作用，其最好的检验办法，就是计算一下国际贸易中主要商品的个别汇率的频数分配（frequency distribution），看看它们的离中趋势。如果用这种方法计算出来的汇率表，在美国与英国之间的离中趋势比起苏格兰和英格兰之间的离中趋势并不更大些。那就可以说英国和美国是统一的世界市场的组成部分，一个价格的规律充分发生了作用。在另一方面，如果苏格兰与英格兰各种商品比价的分布是十分集中的，而在美国与英国间各个商品的汇率的分布是非常分散的，那就可以说统一的世界市场有分割化的趋向，一个价格的规律遭到破坏。

美国经济学家 I. 克拉维斯、A. 赫斯顿和 R. 萨默斯等人曾对这个问题进行过研究。[①] 他们对 100 个国家的同样一个标准货物兰子的价格加以比较，以便比较各国货币的相对购买力，以及按市场汇价比较的购买力。在计算了 1970 年的这些平均汇率以后，他们发现，就英镑和美元来说，市场汇率是 £1 = \$2.40，而平均购买力汇率却为 £1 = \$3.33。这就是说，在英国花 1 英镑能够买到的标准货物兰子，在美国要花费 \$3.33 美元。这样，购买力汇率要比市场汇率高出 39%。原则上，市场汇率应该等于购买力汇率。市场汇率与购买力汇率越接近，就表示一个价格的规律越能有效地发挥作用。二者的距离越远，也就表示这一规律遭到破坏的程度越大。

M. 弗里德曼利用上述的克拉维斯—赫斯顿—萨默斯的研究成果，对于在 1868 到

[①] I. 克拉维斯，A. 赫斯顿和 R. 萨默斯："一百多个国家人均实际国民生产值"，（英）《经济杂志》，1978 年 6 月号。

1978 年的 110 年间，英美两国间每年购买力汇率与市场汇率的比例进行了计算。① 根据这项计算的结果，可以看出，在 1931 年以前，一个价格的规律是比较有效地发生作用的，而在 1931 年以后却不是这样。1931 年是一个明显的分界线。在 1931 年以前的六十几年间，市场汇率与购买力汇率的比例的平均数为 1.12%，说明二者比较接近。亦即就平均数来说，购买力汇率比市场汇率高出 12%。在固定汇率时期，美元汇率是 $4.86，所以购买力汇率约为 $5.40. 值得注意的是，在 1932 年以前，围绕着中数（mean）的变动幅度，最高的比例是在中数以上 10%，最低的比例也仅在中数以下 10%。所以购买力汇率是在中数以上 10% 和中数以下 10% 的幅度内波动。考虑到统计上的误差，这个幅度是符合于一个价格的规律和统一的市场的要求的。在 1931 年以前市场汇率与购买力汇率比较接近，说明 1931 年以前一个价值规律是发生作用的。

但是在 1931 年以后情况便发生变化。在严重经济危机和货币危机的情况下，主要资本主义国家加强了对商品市场和外汇市场的国家垄断干预措施，使购买力汇率与市场汇率愈益脱节。从 1932 年到 1978 年，购买力汇率与市场汇率的比例的年平均数达到 1.21%，而且波动剧烈。在这个时期内，围绕着中数的波动幅度，上限达到 $33\frac{1}{3}\%$，下限达到 25%。

就国际贸易货物的实际价格来看，1976 年每加仑汽油的零售价格，在沙特阿拉伯是 11.8 美分，美国为 59.9 美分，印度为 142.4 美分，英国 125.1 美分，意大利 169.8 美分，葡萄牙 180.7 美分，西班牙 121.0 美分。剔除关税及其他杂税以后，这些国家的价格为：沙特阿拉伯 11.8 美分，美国 46.6 美分，印度 42.4 美分，英国 56.6 美分，意大利 55.5 美分，葡萄牙 51.7 美分，西班牙 88.0 美分②。各国间汽油零售价格的差别是很大的。

在 1977 年，一个标准的货物兰子，其中包着食品，衣着、劳务和用具等的价格，从东京的 820.0 美元到纽约的 620.00 美元，又到伦敦的 420.0 美元不等。巴林首都麦纳麦、奥斯陆、斯德哥尔摩、苏黎世、日内瓦、哥本哈根和特拉维夫的生活费用都超过纽约，而马德里、米兰的生活费用都比伦敦低。由此可见，各国的标准货物兰子的价格差别，也同样是很大的。③

在 1931 年以后，特别是在第二次世界大战以后的时期，交通运输事业有了巨大的进步，运输费用相对于其他价格有了显著的下降。在理论上，这些变化再加上无线电通讯和广播电视事业的发展，应该把各个地区性市场和市场价格进一步联系在一起，

---

① M. 弗里德曼："通过国境的货币和货物的价格，一个世纪的英镑和美元"，（英）《世界经济》杂志，1980 年 2 月号。
② S. P. 马吉，前引书，第 1—4 页。
③ I. 克拉维斯与 R. 利普西：《在世界贸易中的价格竞争》，美国 1971 年版，第 7，9，10，12，13 等章。

但是世界市场和世界市场价格方面的变化却与这种预期的变化相反。价格的多样性代替了资本主义自由竞争时期的价格的统一性。世界市场上价格的统一性的破坏和价格的多样性的形成是由三种因素造成的：(1) 垄断组织的价格政策；(2) 国家垄断资本主义对价格的干预；(3) 资本主义国家的贸易政策和外汇政策。垄断和国家垄断资本主义的强大力量已把世界市场分解成若干个相对孤立的市场，一个价格的规律不再能充分有效地发挥作用。世界市场作为一个一体化的体系已不再存在。因此，西方经济学家们时常把跨国公司说成是市场以后（post market）的企业，这绝不是偶然的。

第三节　世界市场的四个领域与世界市场价格的多元化

（略）①

场主收入支持政策只有在对外的农业保持主义政策的庇护下才能实现。农业保护主义的水平越高，国内的农产品价格水平也越高。资本主义国家所建立的复杂的关税、非关税壁垒、差额补贴和出口补贴体制导致农业保护主义的高度水平。在70年代初期，欧洲经济共同体的农业保护主义水平已达到70%，瑞典为80%，挪威为102%，瑞士为103%。与这些欧洲国家相比较，加拿大、美国、澳大利亚和新西兰等这些农业生产效率较高、生产费用较低的国家，它们的保护主义水平也较低。欧洲国家的农业保护主义水平高于对制造业的保护水平，而加拿大、美国的农业保护则低于对制造业的保护水平。② 保护主义水平的高度反映在这些国家的国内农产品价格高出世界市场价格的幅度上。

美国　美国是对农业实行国家垄断干预政策的最重要的国家。它的农业经济政策以错综复杂而不断变化而著称于世。尽管在1933年罗斯福执政以前，美国政府持不干预经济生活的立场，但在20年代已采取了一系列保护大农场主利益的措施。1933年在严重的经济危机和农产品价格猛烈下降的影响下，美国国会通过了农业调整法（Agricultural Adjustment Act）。这项法令规定了缩减播种面积和提高农产品价格的办法。从这时起，美国政府干预农业经济和支持农产品价格和农场主收入的政策已成为一项基本政策。它的主要措施是：生产控制；按高于世界市场价格的价格对主要农作物和奶制品进行采购；各种形式的收入补贴；出口补贴和国内消费补贴；关税；禁止进口；限额以及与供应国订定的非正式限制进口协定；与供应国订定的优惠贸易安排等。

在40年代末叶和50年代，美国的农业政策的主要目标是支持国内农产品价格和农

---

① 出版者注：手写稿遗失若干页。
② 联合国《贸易与发展》，1981年冬季号，第3页。

场主收入，而不是出口扩张。实行支持农产品高价政策的结果是促进了农作物生产的增长和大量过剩农产品的存储，以及美国的政府在采购、储存、过剩食品处理计划和直接的出口补贴等方面的大量财政开支。

在农产品生产过剩日益加剧和农产品价格逐步下跌的局势下，美国政府农业政策的重点逐渐转向降低收购价格，缩小播种面积和扩大农产品出口方面，缩小播种面积的目的在于减少农产品的产量和消除农产品生产过剩现象。扩大出口的目的也在于减少库存和支持国内市场上的农产品价格。

1970年的新农业法授权农业部压低国家的收购价格，由新法令保证的按收购价格采购农产品的条件是：播种面积要遵照农业部的决定。国家只向同意缩减播种面积的农场主按保证价格收购农产品。

在1973年和1977年美国国会又分别通过了农业与消费者保护法和食品与农业法。这两个法令的主要特征是对主要作物规定了两种不同的管理价格：一个是对农场主的保证"指标"价格，一个是"货款率"①（loan rate）或贷款价格。商品信贷公司在贷款价格的规定下，通过贷款和采购使市场价格得以维持。设置两种不同的管理价格的意义在于，它们把支付农场主收入的目标与稳定农产品价格的目标区别开来。在这种情况下，对农产品的指标价格可能大大高于世界谷物市场价格，然而仍然能保持美国国内市场价格在较低的水平上以鼓励出口。

美国政府把保证"指标"价格与农场主所得到的平均市场价格之间的差额或"指标"价格与贷款率之间的差额付款给农场主以保证指标价格制的实施。事实上，指标价格鼓励了农业生产的增长，因而起到降低农产品的市场价格的作用。美国的市场价格基本上就是世界市场价格，所以美国的保证价格政策也有助于促使世界市场上谷物价格的下降。

美国政府是按高于世界市场价格的支持价格来收购滞销的农产品的。所以这种收购就意味着给予农场主以补助金（等于支持价格与世界市场价格的差额）。从1934年到1978年的45年间，美国政府支付给农场主的各种补助金达806亿美元。②

1982年由于经济衰退和世界市场上竞争加剧，美国的农产品出口和农业纯收入都大幅度下降。美国政府为了保护农场主的利益，提高农产品的价格，于1983年初提出一项农业计划，名叫实物支付计划。这项计划提出以现金和农产品补贴闲置一半土地的农场主。其意图是使产量减少，库存谷物减少，刺激价格上升，使农场主的利润增加。美国谷物价格提高，也会带动世界市场上谷物价格的上涨，从而刺激其他国家增

---

① "贷款率"是农场主从商品信贷公司借到的"没有追索权"的贷款的价格，所谓"没有追索权"，即商品信贷公司必须按照贷款率接受担保品（谷物）以收回贷款。其结果就是当市场价格下降到贷款价格以下时，农场主就会把担保品（谷物）偿还商品信贷公司，这样贷款价格就为市场价格提供一个下限。

② 《美国总统经济报告》各年份。

加产量，促使其他国家在世界农产品市场上同美国进行更为激烈的竞争。

欧洲经济共同体 欧洲经济共同体对农业，特别是对农产品价格实行更加严格的国家垄断干预政策。早在共同体成立之前，各成员国已对本国农业及农产品价格实行形式不同程度不同的国家垄断调节，在共同体成立以后，它们制定了范围广泛的措施来协调各成员国的农业计划，以集体的国家垄断干预代替各个成员国的国家垄断干预。其具体成果就是共同农业政策。共同农业政策的中心问题是价格问题。其主要规定有以下几项：（1）共同体内部农产品的自由贸易；（2）对许多农产品逐步实行统一的价格来支持农业生产者的收入；（3）通过规定最低的进口价格来保持共同体内部价格的稳定，并对内部生产提供一定的优惠幅度；（4）征收进口差价税以保证最低进口价格的实施；（5）对共同体农产品进行支持性采购以向农业生产者提供最低价格保证；（6）在农产品生产过剩条件下，向消费者和出口商提供补贴以促进国内消费和出口。

在1974—1978年间，共同体对小麦、大米、牛肉、猪肉、糖等基本农产品的保护关税水平增加了90%[1]，共同体对农业生产者的补贴从1976年的每吨93美元增加到1980年的249美元。

共同体实行农业保护主义的最重要手段是差价税。如果把所征收的差价税换算为从价税，则在1976—1977年，共同体对黄油所征收的从价税等价物达401%，粉丝为571%，软小麦为204%，大米为179%，大麦为147%，玉米为163%，糖为176%，牛肉为192%，猪肉为125%[2]。

当世界市场价格下跌时，差价税就相应提高。世界市场价格下降得越多，差价税也就提高得越多，从而更加限制了对进口农产品需求，因而使世界市场价格更为下降。然而当世界市场价格上升时，差价税就随之降低，有时甚至变为负数（即变为进口补贴）。共同体进口的增加就会刺激世界市场价格更加上升。这样，共同体差价税通过对进口需求的影响，而使世界市场价格更加不稳定。

欧洲经济共同体虽然实行了共同农业政策，但各成员国的农产品市场并没有彻底地统一起来，各成员国的支持价格水平仍然是有差异的。由于各成员国间货币比价的频繁变动，由于绿色货币的出现，共同体的统一的农产品价格并不存在。共同体内部存在着几个农产品价格区，除了比利时、荷兰和卢森堡三国有一个共同的价格区以外，其余的成员会每一国都有其自己的农产品价格区。西德的农产品价格水平是最高的，英国是偏低的，西德的价格水平时常高出英国水平达40%。下表列举了1979年7月在共同农业政策下各成员国支持价格的相对水平。其排列顺序是比较固定的，但绝对水平时常有变动。

---

[1] 联合国：《贸易与发展》，1981年冬季号，第3—4页。
[2] 联合国：《贸易与发展》，1981年冬季号，第3—4页。

表2　1979年7月共同农业政策支持价格指数

（以英国的支持价格指数 = 100.0）

西德	119.2
比荷卢	110.6
丹麦	107.5
爱尔兰	105.9
法国	102.2
意大利	100.7
英国	100.0

资料来源：A. 斯温班克："欧洲共同市场农业与世界市场"，《美国农业经济学杂志》，1980年8月号，第427页。

在希腊加入西欧经济共同体以后，共同体内已有八个价格区。这就是说，就许多农产品来说，存在着一系列不同的本国支持价格。欧洲记账单位的建立也并没有能消除各成员国间支持价格的差别。

在支持价格水平不同的情况下，差价税和补贴也会因成员国的不同而不同。净差价税或补贴是由两个部分构成的：第一部分是统一的共同体差价税或补贴以平衡世界市场价格和假设的共同体价格水平之间的差额；第二部分是加或减共同体内部贸易所施用的边境税或补贴，亦即货币补偿额（MCA）。在西德，MCA是加在进口差价税之上的，而在英国，则是从进口差税减去MCA。

共同体的差价税代表每一种农产品的共同体内部价格与世界市场价格的差额。发展中国家和其他的农产品出口国表面上是按照世界市场价格收到它们的出口货款的，似乎是并没有受到差价税的损害。然而，应指出，它们是按照被压低了的世界市场价格收回它们的货款的。在超国家垄断调节的作用下，世界市场价格被压低在自由贸易条件下的世界市场价格以下。差价税实际上占有了理论上的世界自由市场价格与被压低了的世界市场价格之间的差额。

如果用 P_W 代表存在着贸易壁垒条件下的世界市场价格，P_D 代表共同体的农产品入门价格（Domestic-threshold price），L_i 代表差价税，则

$$L_i = P_D - P_W$$

如果用 P_{WZ} 代表没有农业保护关税条件下的世界自由市场价格，那么：

$$L_i = (P_D - P_{WZ}) + (P_{WZ} + P_{W1})①$$

进口国按压低了的世界市场价格收购发展中国家的农产品，实质上是一种剥削。

---

① 联合国：《贸易与发展》，1981年冬季号，第3—4页。

由此可见，在这种情况下，即使是按照世界市场价格进行交换，也是一种不等价交换。

在实行高度的农业保护关税政策以后，共同体的温带农产品的自给自足程度大大提高。在50年代中期，共同体原来的六个成员国的温带农产品自给率为87%，到70年代初期，已提高到90%以上。小麦、大麦等八种重要农产品的共同体的内部价格一般均超过世界市场价格100%到200%以上。

表3　八种农畜产品欧洲经济共同体价格与世界市场价格的比较

（每100公斤欧洲经济共同体记账单位数）

		（1）共同体价格	（2）世界市场价格	（1）/（2）（%）
软小麦	1968/9	10.95	5.61	195
	1971/2	11.28	5.39	209
硬小麦	1968/9	16.38	7.67	214
	1971/2	16.82	6.61	254
小麦	1968/9	9.54	4.85	197
	1971/2	10.14	5.48	185
玉蜀黍	1968/9	9.59	5.39	178
	1971/2	9.81	5.58	176
白糖	1968/9	22.35	6.29	355
	1971/2	22.80	15.75	145
牛肉	1968/9	68.00	40.24	169
	1971/2	72.00	54.04	133
猪肉	1968/9	74.03	55.01	135
	1971/2	78.55	60.14	131
黄油	1968/9	190.93	37.90	504
	1971/2	195.80	113.71	172

来源：欧洲经济共同体：《1972年农业统计年鉴》。

在农产品高价政策的刺激下，共同体成员国的农业高速发展，许多农产品不但可以满足共同体内部需要而且日益过剩。谷物、肉类、奶制品、糖、酒等主要农畜产品很快从部分依靠进口变为大量过剩。为了处置过剩农产品，共同体从农业预算中开支的"干预费用"或"出口补贴"逐渐增加，以致在80年代初期造成了共同体越来越严重的农业政策危机和财政危机。

日本　在50年代和60年代，日本曾经是实行高度农业保护主义的国家。日本政府采取严格的进口限额与进口垄断来维持对农业生产者的保证价格。农产品的高昂价格使消费者花在食品上的钱占到 70 年代初期他们平均收入的三分之一。进入 70 年代，随着贸易自由化的进展和农业生产的停滞，日本的农业保护主义有了削弱、农产品的进口增加而食品的自给率下降。但是尽管日本放宽了农产品的进口限制，降低了自给率，但是农业保护主义水平仍然很高。在 1974 到 1978 年的五年期间，日本政府对大米、小麦、牛肉、猪肉和糖等五种基本农产品的保护关税水平从 70% 增加到 300% 以上。

日本政府一方面用农业保护主义措施来限制农产品的进口，一方面用保证价格政策来支持农产品的高价。日本政府所采取的农产品价格政策措施大致有以下六种[①]：

（1）管理价格制度　即由政府规定收购价格，人们可以按这个价格直接从农民手里购买大米。

（2）最低价格保证制度　如收购甘薯时，其价格不得低于政府规定的价格标准。

（3）交付金制度　这是用于加工原料乳、大豆、油菜籽价格上的制度，由政府支付必要的，未达到政府规定的价格水平的差额部分，以保证这些农产品的再生产。

（4）稳定范围价格制度　即对某些农产品规定了上位价格和下位价格（茧、生丝），稳定标准价格和上位价格（牛肉、猪肉）。当价格低于下位价格时，政府机构进行收购，当价格高于上位价格时，政府就将收购的农产品抛出，用这种方法把价格稳定在一定范围之内。

（5）（略）[②]

（6）稳定基金制度　即建立一定的基金，当市价暴落时，用这笔基金补偿生产者的损失。现在日本对蔬菜、鸡蛋、加工用的水果等，都实行稳定基金制度。

表4　1935—1978 年日本农产品国内价格与进口价格的比率（%）

	大 米	小 麦	大 豆	黄 油	牛 肉	猪 肉
1935	200	102	121	175	—	—
1951	85	69	66	222	—	—
1955	113	130	149	178	—	—
1960	134	150	158	173	144	133
1964	167	182	169	162	—	—
1970	298	209	207	239	156	119
1975	264	166	167	215	242	135
1976	404	446	354	382	247	108

资料来源：（1）日本《农业白书》各年份。
（2）E. 卡斯尔和 K. 亨米：《美日农产品贸易关系》，美国 1982 年版，第 157 页。

---

① 《国外社会科学》1982 年第 7 期，第 61 页。
② 出版者注：手写稿缺失。

据联合国粮食组织的估计，在 70 年代末，日本政府把对一些主要农产品的价格支持水平已提高到世界市场价格水平的 400% 或 400% 以上。

在保持农产品高价政策的影响下，日本的大米产量每年有大量剩余，它不得不以低于世界市场价格并远远低于生产费用的价格在世界市场上出售。日本农民出售大米所得到的收入高于世界价格三倍到四倍，其中大部分是政府的出口补贴。战后日本农产品的消费结构有了较大的变化，大米的消费量持续下降，而产量却有增无已，结果是日本政府持续受到压力，迫使它以补贴价格出口剩余大米。

如果说封闭性市场掩盖了真实的价格，则保护贸易政策就是使真实的价格变形。农业保护政策对价格的最重要的影响，就是压低了世界市场价格。因此用这些价格来估量世界各国农业生产的效率，已变得毫无意义。农业保护政策影响到世界谷物消费量的二分之一，可见其影响面之广。联合国粮农组织和联合国贸易与发展会议的一项研究报告指出，如果把 70 年代各国所实行的农业保护政策取消，则 1980 年以下六种食品价格浮上升 10% 到 60% 以上不等：

表 5　（如果）各国取消农业保护政策以后，80 年代世界市场上农产品价格的上涨程度

小麦	+28%
砂糖	+54%
大米	+64%
粗粮	+24%
植物油	+11%
牛肉及小牛肉	+20%

资料来源：L. 兰加拉詹：《商品冲突》美国 1978 年版，第 169—170 页。

虽然这些数字不能说是准确的，但它们确实表明了农业保护政策对世界农产品价格的压抑的程度。这项研究报告也估计到，在取消保护贸易政策以后，1980 年世界出口额将会增加 170 亿美元。1970 年资本主义世界农产品出口额为 800 亿美元。这意味着农产品出口国的出口收入税增加 20%。

农业保护政策不仅减少了农产品世界贸易量和压低了世界市场价格，也使世界生产总值趋于缩减。据联合国粮农组织的估计，如果各国放弃农业保护政策及价格支持政策，则 1980 年的世界生产总值将会增加 840 亿美元。

……（略）①

---

① 出版者注：手写稿遗失若干页。

内衣等则多边贸易价格高于易货贸易价格。① 就上述期间的埃及进口而言，易货贸易的单位价值则低于多边贸易的单价。②

表6　在世界各国放弃农业保护政策的条件下，1980年世界生产所能获得的经济效益

	在现行保护政策继续的条件下的世界生产总值（亿美元）	在取消保护政策的条件下的世界生产总值（亿美元）	世界生产总值增加数①（亿美元）
国内生产总值：			
世界生产总值	49 860	50 700	840
资本主义发达国家	34 170	34 430	260
发展中国家	6 480	6 860	380
中央计划国家	9 210	9 410	200
农业生产总值			
世界	4 280	4 940	660
资本主义发达国家	1 190	1 380	190
发展中国家	1 400	1 670	270
中央计划国家	1 700	1 890	190

注：①所计算的增加额来自三个方面：
（a）农业收入的增加。
（b）把资源从农业转移到其他部门使收入高的国家的经济获得的利益。
（c）发展中国家把增加了的出口收入利用在经济发展方面所取得的乘数效果。
资料来源：联合国粮食组织：《一个世界价格均衡模式》cap/72，WP3（罗马，1971年11月11日），第28页。附表Ⅱ：转引自《1959—1971年西方世界的国际经济关系》英国，1976年版，第300页。

加纳的情况与埃及类似，即在主要出口货物可可的出口中，易货贸易价格高于多边贸易价格，而在进口中，易货贸易价格低于多边贸易价格。③

有关印度对东欧国家和苏联的易货贸易与印度对资本主义国家的多边贸易的资料表明，印度从对前者的贸易中取得较高的出口价格和较低的进口价格。④ 但是应指出，印度从东欧国家和苏联输入的货物中，大部分是机器和运输设备。这些商品的来源不同，在质量上的差别很大，因而比较它们的单位价值（价格）的意义是不大的。

---

① 同前引书，第103—106页。
② 同前引书，第103—106页。
③ 同前引书，第103—106页。
④ 同前引书，第103—106页。

根据仅有的资料，尼泊尔的黄麻和木材的易货贸易出口价格较多边贸易出口价格稍高，但不能超过4%①。

斯里兰卡的茶叶易货贸易出口价格较高于……②第一个国际小麦协定在1949年签订。按规定，消费国在规定的价格幅度内，购买其进口额中的一定比例的小麦，生产国在规定的价格幅度内，出售其出口额中的一定比例的小麦。但在1974年续订的小麦协定中，对价格幅度和管理供给问题都无规定，从而对世界小麦贸易没有直接的影响。

第一个国际咖啡协定是在1963—1968年执行的，以后在1968年续订了一次，到1972年截止。但第二个国际咖啡协定，由于巴西供应条件的改变和咖啡价格急速上涨而被破坏。1976年10月签订的第三个国际咖啡协定规定了出口限额及在价格持续上涨的条件下，可以停止实行限额的办法。同时规定了对出口超过限额时加以制裁的措施和限制从非成员国进口的措施。

从1954年以来，已签订了五次国际糖协定。最近的一次是在1978年签订的，参加国家包括除了欧洲经济共同体和美国外的其他主要出口国和进口国。糖协定对出口国的出口限额，对进口国糖的生产的限制以及用缓冲存货的办法以稳定糖价等问题都有规定。

除了国际糖协定以外，还有欧洲经济共同体与西非、加勒比和太平洋国家间所签订的糖协定，以及古巴与经互会国家所签订的糖合同。1978年以来，世界糖贸易的二分之一是受到这三项国际协定的管理的。在这些协定以外的糖出口价格起伏很大。1968年自由世界市场糖价为每磅1.4美分，1974年止涨到每磅56.6美分，1977年又下降到每磅7.1美分。

在各个国际商品协定中，国际锡协定在稳定价格方面是最成功的一个。在较长时期内，锡协定利用缓冲存货机制把锡价的变动保持在规定的最高价格和最低价格的限价之内，因而使得生产国和消费国都感到满意。以美元不变价格计算，在1950—1975年期间，伦敦锡价每年平均上涨1.6%，而其他金属则为2.6%。到80年代初期为止，国际锡协定已经签订过六次。③ 协定规定了在价格下降得太低的条件下，实行出口限额的办法。在世界性通货膨胀的情况下，协定也规定了提价的措施。

---

① 同前引书，第103—106页。
② 出版者注：手写稿遗失三页。
③ 第一届国际锡协定是在1956年签订的，实行时期为1956—1961年；第二次为1961—1966年；第三届1966—1971年；第四届1971—1977年；第五届1976—1981年；第六届1981—1986年。参加国中的生产国为马来西亚、玻利维亚、泰国、印度尼西亚、尼日利亚、扎伊尔、澳大利亚。共占世界生产总额的90%；进口国为英国、加拿大、印度、澳大利亚、比利时、卢森堡、丹麦、法国、西德、爱尔兰、意大利、日本、荷兰、西班牙、土耳其、南朝鲜、保加利亚、捷克、匈牙利、波兰、罗马尼亚、苏联、南斯拉夫。美国这个最大的锡消费国没有参加协定。

世界市场锡的价格①主要是受锡协定的控制的，同时也时常受到美国战略屯储的影响。世界市场上供需情况的变化有时能冲破国际锡协定所规定的最高价格和最低价格的界限，因而协定所定的价格幅度有时需要加以调整。

在五届协定期间，最高价格和最低价格的改变并不是经常发生的，只是在锡价持续上升了一段时期以后才加以变动。在1956—1976年期间，最高价格和最低价格的较大的调整只发生过几次，其中只有一次是下调。这是因为世界性的通货膨胀以及锡是一种供不应求的商品，所以锡价上升是不可避免的。商品协定的作用只是在于平复价格的短期剧烈波动，而对长期趋势是无能为力的。

有些商品协定，如洛美协定中的糖协定和美苏谷物贸易协定是排他性的。前者只包括非、加、太地区的某些出口国和欧洲经济共同体的进口国。后者只包括美苏两国。协定规定保证供应和市场接近的安排，这类协定是对世界市场价格有间接的影响，即起到促使世界自由市场价格下降的作用。

第二类协定主要是处理市场接近问题。多种纤维纺织品协定就是属于这一类，它包括出口国和进口国。协定的主旨是在多边的基础上管理纺织品和衣着的出口和限制这些商品的市场接近。实质上，这种所谓有秩序的销售安排只是为了维护发达的资本主义国家利益的一种新的保护贸易措施。这类协定对纺织品的世界市场价格也具有间接的影响。

第三类商品协定只包括出口国，其目的在于通过对市场价格的干预来促进和维护出口国的特殊的利益。石油输出国组织各成员国间的限制石油出口的协定和铜出口国间的有关铜出口的协定即属于这一类。

上述的三类国际协定都是国家垄断干预或超国家机构干预世界市场及世界价格的措施。其中……②

矿石输往日本、西非和巴西的铁矿石运往欧洲，而美国对铁矿石的进口需求则大部分由加拿大和委内瑞拉来满足。

在过去的一二十年间，随着大量矿石运输船的出现，铁矿石海运费用的显著下降，以及在世界主要港口庞大的装卸设备的建造，在世界范围内用船只载运的铁矿石贸易在经济上已具备了可能性。其结果就是，各个区域性市场逐渐地融合在一个单一的世界市场中。

世界铁矿石的生产和钢铁生产都是高度集中的，在1976年五十家大钢铁公司生产了资本主义世界钢产量的4/5，其中更大的二十家生产了资本主义世界产量的1/2以

---

① 世界锡市场是指马来西亚的槟城市场和伦敦的五金交易所（LME）。
② 出版者注：此处手稿遗失若干页。

上，最大的十家生产其总数的 1/3 以上[①]。铁矿石的采购也是高度集中的。日本占到世界铁矿石进口总数的 1/3 以上。日本的大钢铁公司是通过一家专业化的大贸易商社在国外集中采购矿石。在英国和比利时，在世界市场上购买铁矿石也是各由一家代理商统一进行的。在西德，钢铁公司所需要的铁矿石是通过两家专业化公司在世界市场采购的。虽然美国的反托拉斯法禁止钢铁公司进行正式的联合，但买方的集中程度仍然是很高的。它们的钢铁公司自己拥有商船或直接控制航运业。此外，除了日本以外，许多大钢铁公司在国内外拥有自己的铁矿，以满足其本身的需要。这样，在世界铁矿石市场上，买主是十分有限的。事实上这个世界市场是一个由买方垄断寡头控制下的市场。铁矿石世界市场的这种权力结构对铁矿石的销售方式和价格具有重要的意义。

铁矿石不是一种整齐划一的商品，不同的铁矿所开采出来的矿石的质量是不同的。同时供应国与购买国之间的关系也是不同的。因此，和其他主要金属不同，铁矿石不能在金属交易所进行买卖，也很难求得一个铁矿石的统一的明确的价格。在各种铁矿石的价格比较中，一般是比较在矿石中所含有的铁金属（Fe）单位的价格。

铁矿石的世界价格大体有四种。第一种是纵向联合企业的内部调拨价格，第二是垄断性矿产公司对局外企业所制定的价格，即生产者价格。第三种是年度合同的价格，第四种是长期合同的价格。

当铁矿完全为钢铁公司所拥有时，则总公司与子公司间内部交易的价格就构成调拨价格。

垄断性矿产公司对局外企业所规定的价格或商业矿产公司对钢铁公司所规定的铁矿石的卖价都属于生产者价格。

战后钢铁业的迅速发展，使得那些拥有铁矿的钢铁公司用本公司所属的铁矿来满足本身的需要已越来越感到不够。因此它们越来越仰给于专门的商业矿产公司来满足额外的需求或处理多余的供应。商业矿产公司首先在北美发展起来。这些商业公司或单独拥有，或与钢铁公司合资拥有北美的一部分采矿业。它们所起的作用日益扩大。商业公司的作用不仅仅是分配铁矿石的供应、规定价格，而且参与股份，成为采矿业的重要资金来源。

在西欧也有类似的公司，它们在开发矿产资源，特别是开发非洲的资源方面起到越来越大的作用。日本铁矿石的进口是通过专门的商社进行的，这些商社在澳大利亚、巴西等国的铁矿中有大量的投资。

商业公司的业务活动与钢铁公司是有紧密联系的。它们所规定的价格一般高于世界市场价格，并具有稳定性。但是它们对于老客户经常给予折扣，而折扣的大小、范

[①] S. 赛德里和 S. 约翰斯，前引书，第 75 页。

围是很少公开的。较高的生产费用和为消费厂商提供有保证的供应来源是这种生产者价格较高的一种解释①。

年度合同是世界市场上铁矿石销售的传统方式,也就是铁矿石的世界"自由市场"。在这里,铁矿石公开出卖,也有一大批买主。有关各方都充分掌握铁矿石的各种情报。典型的"自由市场"交易,主要是在瑞典卖主与西欧的买主之间。交易的主要条款在一年一度的短期合同中规定下来。现在在长期合同广泛流行的情况下,年度合同所占的比重已越来越减少。在传统上,大钢铁公司在年度合同的基础上采购它们自有资源不能满足需求的部分。但是随着长期合同方式的发展,买方要承担着附加的购货义务,因而它们按照年度合同方式的采购就趋于削减。瑞典的基鲁纳 D 公司(Kiruna D)是年度合同市场的铁矿石主要供应商。

在平常时期,拥有自有矿山的钢铁公司所需要的矿石一般都尽量从自有的矿山调进以维持它们的产量。在经济高涨时间(期),这些自有矿山经常不能提供额外的供应,而长期合同市场又缺少灵活性,所以,这时额外需求的很大一部分必须在年度合同市场上去寻求供应。相反,在经济衰退时期,由于需要维持自有矿山的生产水平,同时在长期合同上所承担的义务又缺少伸缩性,所以购货量的削减也必然集中在年度合同市场上。这样,经济盛衰的大部分重担就落在年度市场上,使年度市场成为剩余物的"自由市场"。

长期采购合同首先是由日本的铁矿石进口商社采用并推广的。以后欧洲的矿石进口商以及在较小的程度上美国的进口商也使用这种方式。经互会成员国间的铁矿石贸易也主要是在长期合同安排的范围内进行的。

从 60 年代以来,长期合同已日益成为世界市场上买卖铁矿石的最重要方式。长期合同市场也发展成为世界铁矿石的主要市场。在 1960 年,长期合同在世界铁矿石市场上所占的比重为 19%,1968 年这一比重增长到 36%,而世界铁矿石"自由市场"则从 39% 下降到 34%,在 70 年代末,长期合同所占的比重,据估计已增长到 60% ~ 70%②。

长期合同的通常期限是 10 ~ 15 年,也有长达 20 年的。在合同中,一般规定每年的交货数量,并允许买方在 5% 或 10% 的上下幅度内增减购货数量。过去铁矿石的合同价格一般固定 3 至 5 年,有的甚至更长一些。70 年代初期以来,由于世界性通货膨胀、货币贬值、各种商品的价格变动频繁,所以长期合同中的价格都是每两年或每年谈判一次。每次谈判都是双边的,涉及一个销售组织和一个购货组织。有关国家和各公司关于合同条款的谈判都是通过情报传递而互通声气的。其结果就是在各个消费市场上

---

① 同前引书,第 144 页。
② 前引书,第 146 页。

可比质量的铁矿石 Cif 价格存在着大体上的一致性。

表7　1968年世界及主要国家采购铁矿石的三个市场（%）

	公司从所控制的铁矿中采购或调拨	长期合同市场	世界"自由市场"
美国	96	—	4
日本	—	96	4
英国和欧洲经济共同体	31	—	69
经互会成员国	—	87	13
世界（1960）	42	19	39
世界（1968）	30	36	34
世界（70年代末）*	—	60—70	—

资料来源：F. 班克斯：《现代国际经济研究》美国，1979年版，第75页。
* S. 赛德里和 S. 约翰斯，前引书，第146页。

总之，在铁矿石的世界贸易中，不同的国家有着不同的价格方式。在出口国方面，加拿大的全部出口几乎都是按生产者价格作价的。澳大利亚的出口是按长期合同方式进行的，而瑞典的出口销售是在年度合同的基础上在世界"自由市场"上进行交易的。在进口国方面也存在着类似的差别。美国钢铁公司所需要的铁矿石约有4/5是通过公司内部交易按生产者价格或调拨价格从加拿大运来的。日本的铁矿石进口的大部分是长期合同下进行的，而欧洲经济共同体的进口则分别采用了三种作价方式。

（4）矾土和铝的世界市场和世界价格

铝是20世纪奇迹般的金属。在过去的80多年间，铝从一个稀少的、昂贵的、默默无闻的金属发展成为一种仅次于钢铁的用途最广泛的原料。铝的世界产量，1975年为1186万吨，1982年增加到1858万吨，增加速度之快，超过了其他金属。

矾土的开采量是高度集中的。1972年6个国家占到世界产量的70%。最大的生产国是澳大利亚（21.1%），其次是牙买加（19.0%），苏里南（11.4%），苏联（8.3%），圭亚那（5.4%），法国（4.8%）。铝的生产也是高度集中的。四个国家占到世界产量的将近66%，其中美国占世界产量的33%，苏联占15.8%，日本占9%，加拿大占8%。国际矾土协会十个成员国[①]1972年的矾土开采量占世界产量的68.2%，但只占世界铝产量的4.1%。美国、西欧、日本和加拿大的矾土开采量只占世界产量的

---

① 10个成员国是牙买加、苏里南、圭亚那、多米尼加共和国、海地、澳大利亚、几内亚、南斯拉夫、塞拉利昂和加纳。

7.6%，但却占到世界铝产量的70%[1]。这是资本主义国际分工的典型表现。

资本主义世界的炼铝工业和铝制品工业都是在寡头垄断的高度控制之下的。被人称为"六姐妹"的六家跨国铝公司[2]控制了资本主义世界60%的铝土开采能力，70%的氧化铝生产能力和63%的铝冶炼能力[3]。通过种类繁多的银团安排，它们之中的一家或几家几乎同一切与铝工业有关的重要国际性建设项目都发生联系。

世界铝金属市场和铝制品市场都是在这些寡头垄断的强有力的控制之下的。在世界市场上铝的价格也是牢固地受到这些大公司的控制的。铝的世界价格实际上就是这些公司所规定的价格。因此各地的铝的报价呈现出高度的一致性和稳定性。

六姐妹在世界铝工业所取得的支配地位，不仅是因为它们在铝工业的各个生产阶段所掌握的所有权，更有力和更重要的原因是它们对技术的控制。不计苏联、中国和日本在内，它们是世界上许多已经建设和正在兴建的许多铝金属冶炼厂和精炼厂的生产技术的主要提供者。而且这种技术的控制不限于工程和科学技术，而且还包括销售领域的技术。它们还可以制造舆论以直接影响各国铝工业建设计划的实施。

和铁矿石的情况一样，在1960年以前，矾土也没有世界性市场，只有区域性市场。甚至在70年代初期，矾土的贸易也只是区域性的。澳大利亚的矾土输往日本。加勒比的铝土主要是供应美国，而西非的铝土是以西欧为市场的。只是到了最近的十五年间，由于交通运输条件的改善，才出现铝的世界市场。

世界矾土贸易的大部分是跨国铝公司的母公司与子公司间，或各子公司相互间的内部交易。出口价格是跨国公司内部的调拨价格。调拨价格的提高或降低时常是不考虑生产费用或产品的价值的。其唯一目的在于使跨国公司得取它们全球规模的最大利润。

除了铝的垄断性市场之外，还存在一个规模较小的铝的世界"自由市场"。在世界"自由市场"上，铝金属主要来自苏联和其他一些小的供应来源。在1978年以前，这个世界"自由市场"没有正式的交易场所。从1978年起，LME为铝的交易提供了便利条件，并开始报出铝的世界"自由市场"价格。

在矾土的冶炼、加工制造过程中，大体上4~5吨可炼成2号氧化铝，2吨氧化铝可以精炼成1吨原铝，1吨原铝可以加工制造成1吨金属铝制品（铝片、铝板、铝条

---

[1] 1972年各国产量或开采量的统计数字，见《美国金属局统计》，转引自N. 格范（N. Girvan）：《社团帝国主义：冲突与剥夺所有权》，美国，1976年版，第102页，表8。

[2] 六家铝公司是：美国铝公司（Alcoa）；佩奇奈铝公司（Aluaminium Pechiney）；瑞士铝公司（Alusuisse）；艾尔坎铝公司（Alcan）；凯泽铝和化学公司（Kaiser）；及雷诺金属公司（Reynolds）。其中有三家在美国，一家在加拿大，两家在西欧。

[3] 美国国际经济政策委员会：《关于紧要进口原料特别报告》，华盛顿，1975年。

等）。它们的价值比例大约是 1∶5∶13∶25①。

铝土生产国铝土的出口价格是在跨国公司控制之下的。它们以大大压低了的价格在生产国收购铝土。因此铝土的真实价值中，只有一部分是回到生产国手里。氧化铝、精炼铝和铝制品的卖价也是完全由跨国公司控制的。铝制品是以大大抬高了的价格销售到发展中国家去的。很明显，这种交换是一种严重的不等价交换。

（三）石油的世界市场和世界市场价格

（1）石油的世界市场和原油价格的演变

世界石油产量，1975 年为 2 575 百万吨，1979 年增长至 3127 百万吨，1982 年又下降到 2625 百万吨，苏联是最大的石油生产国，1982 年占世界总产量的 18.2%，其次是美国（占世界总产量的 13.5%），沙特阿拉伯（占 10.3%），墨西哥（4.4%），中国（3.2%），委内瑞拉（3.2%），伊朗（3.1%），英国（2.6%），印度尼西亚（2.1%），加拿大（2.0%）。

世界石油贸易的流向，主要是从发展中国家，特别是从石油输出国组织各成员国输往发达的资本主义国家，其中主要是欧洲共同体各成员国、日本和美国。发达的资本主义国家之间的贸易占第二位。发展中国家之间的石油贸易占第三位。经互会成员国（主要是苏联）对发达资本主义国家的石油出口占第四位。经互会成员国之间（主要是苏联出口到其他成员国）的石油贸易占第五位。

世界石油在很长的时期内，一直是被石油卡特尔所控制的。1928 年，荷兰皇家壳牌公司、英伊石油公司（现名为英国石油公司）和新泽西美孚油公司（现名为埃克森石油公司）在苏格兰阿茨纳克利堡开会达成秘密协议。协议规定把世界分割为一个个的势力范围，各公司彼此停止竞争，规定了各种类别的石油价格，因而形成了一个世界性的石油卡特尔。后来，这三家公司又和加利福尼亚美孚油公司、德士古石油公司、海湾石油公司以及纽约美孚油公司（现在的飞马石油公司）纠集在一起，成立生产联合企业，订立销售协定，规定垄断价格，这七家石油垄断公司后来被称为"七姐妹"。

几十年间，国际石油卡特尔一直是通过控制主要出口来源的办法来控制世界市场。它一直在确定世界石油牌价，不容买方有讨价还价的余地②。

从 50 年代后期到 60 年代，一大批独立经营的美国石油公司、苏联石油公司、中东和拉丁美洲的民族资本的石油公司以及法国石油公司、意大利国家碳化氢公司等等先

---

① N. 格范，前引书，第 101 页。
② J. 布莱尔（J. Blair）在《对石油的控制》（1976 年）一书中对于在 1945—1973 年期间，"七姐妹"如何控制世界石油价格的问题，有较详尽的描述。

后进入世界市场。七姐妹的石油帝国开始衰落。但是直到60年代末70年代初，七姐妹的经济力量，无论在采掘领域、制造领域或销售领域内，仍然是十分强大的。在这个时期以前，尽管已经遭到石油输出国组织①的限制，又面对苏联和一些独立的石油公司的竞争，这七家公司在世界石油市场上仍然处于统治地位，它们把持着石油标价大权。在1973年以前的20年间，它们把油价一直规定在极低的水平上，大大地损害了产油国的利益。

1973年的石油禁运和两次石油危机使世界石油市场发生巨大的变化。这种变化表现在三方面。第一是由于"上游"石油企业的国有化，国际石油垄断公司在世界原油产量中所占比重逐步下降，石油输出国组织的各成员国所占比重日益增长。从1963年到1972年，这个比重只有缓慢的下降。在1963年这七大石油公司控制了北美洲以外的资本主义世界的原油产量的82%，到1968年，下降到控制78%，1972年以后则有猛烈的下降，1972年下降到73%，1975年又下降到30%。

在上述地区内的各国政府和国营公司对原油产量的控制，由1963年的只占9%，上升到1975年的62%，其他独立公司控制8%②。这是国有化和新的独立公司加入竞争行列的结果。

第二，石油输出国组织（OPEC）为收回石油资源的斗争，直接导致了控制石油价格的斗争。1973年以后，OPEC已把石油标价的控制权掌握在自己手里。在1973年12月以前的二十年间，石油输出国组织的成员国在廉价石油方面蒙受的损失达二千多亿美元③。石油输出国组织从1974年1月1日起，自主地对原油实行提价，以后并几次进行提价。这就使原油价格达到并保持在与其他能源相对等的价格水平上，使石油的相对价格不致因发达资本主义国家的商品和劳务价格上涨而下降，从而纠正了过去七家跨国石油公司对石油的不合理的定价。

第三是石油输出国组织成员国取得了石油经济"下游"的部分控制权。

石油经济是由三部分构成的，即原油的勘探与开采、石油炼制与石油化学工业和运输与销售。石油生产是石油经济的"上游"部分，炼制、运输与销售称为"下游"部分。

直到70年代初期为止，国际石油垄断集团，特别是其中的"七姐妹"，控制了世界市场上的原油贸易。在1973年以后，OPEC不仅进一步控制了"上游"经济，掌握了原油标价的大权，而且竭力发展自己的炼油业和石油化学工业，尽力摆脱国际石油

---

① 1968年9月，在黎巴嫩首都贝鲁特举行了阿拉伯产油国会议，成立了"阿拉伯石油输出国组织"。
② 〔英〕安东尼·桑普森：《石油大鳄》，英国，1975年版，第15章。
③ 《石油、原料和发展》阿尔及利亚提交联合国大会特别会议的备忘录，许乃炯等译，三联书店1975年版，第218页。

垄断集团的控制，自行进入世界市场。石油生产国日益卷入石油生产的形势，势必会改变世界石油的销售结构。从1973年起，OPEC成员国的国营石油公司绕过国际石油公司，增加了它们直接销售给下游厂商的额数。1973年在世界石油贸易中，这些直接销售的石油占8%，1976年增加到25%，1980年又增加到45%。

在1973年以后，通过国际石油公司的销售网输往世界市场的原油所占的比例大大减少了。国际石油公司在长期合同基础上向第三方（主要是独立石油公司）销售的石油也迅速下降。同时OPEC成员国的国营石油公司逐渐地把原油从原来通过国际石油公司销售的渠道抽出来而销售到公开的世界石油"自由市场"上去，或直接卖给进口国的国营公司，从而增加了它们的收入。

表8 1950—1980年世界石油贸易中销售渠道的变化

	1950	1957	1966	1973	1976	1979	1980
国际石油公司销售							
子公司间的交易	92.8%	82.4%	80.0%	69.6%	59.1%	46.6%	55%
售给第三者	7.2%	17.6%	20.0%	22.5%	16.3%	11.2%	
石油生产国直接销售	*	*	*	7.9%	24.6%	42.2%	45%
总　　计	100.0	100.0	100.0	100.0	100.0	100.0	100.0

注：* 微不足道。

资料来源：M. 阿德尔曼（M. A. Adelman）：《世界石油市场》，《石油情报周刊》，1980年2月25日，第3—4页，80—81页。

在这个过程中，一个世界石油"自由市场"发展起来。在世界"自由市场"上进行交易的有OPEC成员国的国营公司、西方国家、发展中国家和经互会成员国中的石油进口国以及独立炼油厂、石油贸易商等等。这就是以鹿特丹为中心的石油现货市场[①]。它也是一个剩余物的市场。在现货市场上，石油价格是按市场上的供需情况决定的，不是OPEC所规定的价格。现货市场上的石油价格有时高于、有时低于、有时也等于OPEC的标价。传统上，现货市场只占世界石油贸易的3%~4%，从1979年伊朗革命事件发生，油价上升以后，一个买卖数量较大的石油现货市场发展起来。西德的公司是鹿特丹现货市场的最大的买主，购买的数量时常达到现货交易的1/2左右。这是因为西德是欧洲最大的独立的石油市场。其结果就是，西德对石油的需求情况是决定鹿

[①] "鹿特丹"市场包括两种不同的但互存联系的贸易方式。一种是国际货船贸易。这是在鹿特丹、伦敦、巴黎、米兰、汉堡、纽约和鲁尔等地之间进行的石油贸易。一种是驳船贸易，这是以鹿特丹为中心，并包括安特卫鲁/鹿特丹/阿姆斯特丹（ARA）范围内的各港口一直上行到西德、法国和瑞士等国的石油贸易，参加现货市场的各种类型的公司大约有200到300家。见J. 罗伯："鹿特丹石油市场"（伦敦《石油经济学人》，1979年4月号）。

特丹市场价格的关键因素①。

总之,从 1973 年以来,世界石油市场有两个大的供应渠道。一个是 OPEC 和其他的石油生产国通过长期合同、短期合同或现货市场直接向石油进口国、独立的石油公司、石油商人、独立的炼油厂等提供的石油。一个是跨国公司的内部交易及跨国公司卖给独立的石油公司的石油。在 1973 年以后,跨国石油公司所掌握的石油资源已逐渐减少,它们所拥有的原油数量仅够满足自己的子公司炼油的需要。有时甚至不足以满足其需要。所以跨国石油公司已不再能向独立的石油公司提供石油了。

(2) 石油消费国成品油的价格

在世界石油市场上有几种不同的价格,每一种价格都有不同的涵义。一种是标价,这种价格是计算石油输出国矿区使用费和税收的基础。一种是实售价格。这种价格是在输出石油的港口所索取的价格。一种是消费国支付的到岸价格。一种是精炼石油产品的价格。这是卖给最后消费者的价格。1973 年以后,第一、二两种价格都是由石油输出国规定的。第三、四两种价格是石油输出国所不能控制的。它们是由跨国石油公司和石油消费国政府直接控制的。

在当代,许多资本主义国家的政府都实行对石油产品价格的管理政策,因为一般的价格管理是这些国家的全面经济政策的一部分。但各国的情况又有所不同。在法国和意大利,强大的社会和政治压力促使政府部门管理石油产品价格以支持控制通货膨胀的措施。在瑞典,价格管理是政府与工会组织所达成的协议的一部分。瑞典政府答应用物价管制以交换工会有节制地提高工资的要求。在日本,政府把物价管理作为经济发展战略的一部分。在美国,一般是重视自由市场机制,只是把物价管理作为暂时的措施。在西德和 1979 年以来的英国,和 1981 年以来的美国主要是采取财政政策或货币政策与通货膨胀作斗争,避免系统化的物价管制。

就这些国家对石油价格的管理办法来看,可以说是种类繁多而且是政策多变的。日本政府在 1979 年上半年实行对汽油价格的行政指导措施,但在同年下半年即行取消。政策也随着政府的更迭而改变。1979 年英国保守党执政后,即取消工党政府的物价政策。1981 年里根上台后,也改变民主党的价格政策。因此对石油价格,既要研究其长期趋势也要考虑因政治或经济原因而引起的短期变化。

E. 克拉珀尔斯(E. N. Krapelds)在研究了 11 个发达资本主义国家的成品油的定价情况以后,把这些国家分为四类②:

第一类是成品油价格受政治因素影响较大国家。在这些国家,油价的变动幅度和时间主要是由政治因素决定的。法国、意大利、奥地利、瑞典和日本属于这一类国家。

---

① E. 克拉珀尔斯(E. N. Krapels):《石油产品的作价》,美国,1982 年版,第 28 页。
② 同前引书,第 8—17, 154 页。

但是这些国家对成品油价的管制也并不相同。例如日本政府对某些成品油价采取行政指导办法。瑞典政府对主要成品油规定最高限价。

第二类是按照一定的数学公式管理成品油价的国家。荷兰和比利时属于这类国家，尽管它们的作价公式并不一样。这两个国家的国内石油市场距鹿特丹现货市场很近，它们的石油公司大量的参加了这个现货市场的交易。它们利用公式作价办法来防止现货市场价格的剧烈波动影响国内油价。公式决定是油价变动的幅度和油价变动的时间。

第三类是根据原油价格控制成品油价的国家。美国和加拿大属于这一类国家。美加两国都是大规模生产石油的国家。它们的原油价格是受到管理的。对原油价格的管理使得有必要对成品油价也进行管理。当OEPC在1973年把原油价格一举提高三倍时，美国和加拿大政府（加拿大的石油工业大部分掌握在美国国际石油公司手中，同时加拿大又是美国进口石油的主要来源之一）决定冻结国内原油价格，并决定对成品油价进行管理。1981年里根上台，取消了原油价格管理的政策。取消这项政策的结果是：在世界石油市场供应减少，油价波动时，美国的跨国石油公司将会增加对进口原油的购买量，从而增加对现货油价的压力。在加拿大，保留还是取消对石油价格的管理政策，一直是加拿大政府与产油省份争论的最激烈的问题。

第四，"自由市场"国家。在欧洲共同体成员国中，联邦德国和英国是成品油价不受政府管理的仅存的两个国家。在1973年阿拉伯国家实行石油禁运以后，英国工党政府执行一项油价管理政策，1979年7月保守党执政后，取消了油价管理。

现在，英国和联邦德国都是比较开放的石油市场。对精炼油的进口和出口都没有限制。其结果就是当现货市场供应充裕，现货价格下跌时，英德两国石油市场上的竞争就趋于激烈，它们的国内价格也趋于下落。反之，当现货市场供应紧张，价格上升时，英德两国的石油市场油价也会趋于上升。

从上述十一个国家的成员油市场结构来看，除了奥地利的石油市场全部由国营公司供应，法国的石油市场上国营公司的供应量略少于跨国石油公司以外，其余各国的石油市场，大部分是由跨国公司所控制的。

下表所列的独立石油公司是七姐妹以外的跨国石油公司。在一国市场上，七姐妹在炼油能力中所占的比重加上独立公司所占比重代表跨国石油公司在该国整个炼油能力中所占的全部份额。跨国公司的生产量加上国营公司的生产量和进口量就等于国内市场的全部供应量。根据上表所列的数字可以看出，在联邦德国和英国的国内市场上的全部供应量中，跨国公司所占的比重是很大的。1979年炼油厂占联邦德国市场销售额的80%以上。其中跨国公司约占64%，国营石油公司约占18%，进口约占18%。在英国国内石油市场上，跨国公司所占的比重在90%以上。所以英国和联邦德德国的国内石油市场实际上是为跨国公司所控制的，并不是真正的"自由市场"。而其余三类国家，除了奥地利的石油市场是由国营公司所控制以外，其他国家的石油市场都是在国家垄断和跨国公司的共同控制之下的。

表9　1979年11个国家成品油市场结构
——国营公司和跨国公司在全部炼油能力中各占的比重

	1979年成品油进口所占的比重	各类公司在成品油中所占的%			
		七姐妹	国营公司	独立公司	
				外国的	本国的
受到政治控制的市场					
日本	11	17	0	5	78
法国	（净出口国）	53	47	0	0
意大利	（净出口国）	19	16	7	58
奥地利	19	0	100	0	0
瑞典	47	49	12	0	38
利用公式控制的市场					
荷兰	（净出口国）	92	0	8	0
比利时	（净出口国）	67	0	18	15
原油成本控制成品油价格的市场					
美国	9	42	0	—	58
加拿大	（净出口国）	73	0	9	18
"自由市场"					
西德	22	60	22	9	9
英国	（净出口国）	80	(18)	11	9

资料来源：E. 克拉珀尔斯：《石油产品的作价》，1982年版，第154页。

参 考 书 目

马克思：《资本论》第三卷，人民出版社，1975年版，第十章。

《马克思恩格斯全集》，第25卷，人民出版社

〔苏〕E. H. 布宁：《科学技术革命与世界价格》。赵盛武等译，中国社会科学出版社，1982年版。

I. 克拉维斯与 R. 利普西（I. B. Kravis & R. E. Lipsey）：《在世界贸易中的价格竞争》（*Price Competitiveness in World Tmade*），美国，1971 年版。

〔匈〕T. 基斯（T. Kiss）：《在开放经济中的国际分工》（*International Division of Labour in Open Economies*），布达佩斯，英文版，1971 年，第 10 章。"跨国公司的调拨价格"，（英）《经济学人情报组》，《多国企业》季刊（*Multinationals*），1974 年，第 3 期。

E. 休伊特（E. A. Hewett）：《经济互助委员会内的对外贸易价格》（*Foreign Tnade Prices in the CMEA*），美国，1974 年版。

Z. 米克达希（Z. Mildashi）："铝"（*Aluminum*），见 R. 弗农（R. Vernon）主编：《西欧的大企业与国家的关系在改变中》（*Big Business and the State*：*Changing Relations in Western Europe*），美国，1974 年版。

P. 埃克博（P. L. Eckbo）：《石油输出国组织与过去国际商品卡特尔的经验》（*OPEC and the Experience of Previous International Commodity Cartels*），美国，1975 年版，第 2 章。

N. 格范（N. Girvan）：《社团帝国主义：冲突与所有权的剥夺》（*Corporate Imperialism*：*Conftict and Expropriation*），美国，1976 年版。

I. 克拉维斯，A. 赫斯顿和 R. 萨默斯（I. Kravis，A. Heten & R. Summers）："一百多个国家的人均实际国民生产值"（*Real GDP per Capita for more than One Hundred Countries*），（英）《经济杂志》（*Economic Journal*），1978 年 6 月号。

H. 赫维姆（H. Hveem）：《第三世界生产国组织的政治经济学》（*The Political Economy of Third World Producer's Association*），挪威，1978 年版。联合国贸易与发展会议（UNCTAD）：《跨国公司市场力量的支配地位》（*Dominant Positions of Market Power of Transnational Corporation*），(TD/B/C, 2/167)（联合国，1978 年版）。

L. 兰加拉詹（L. N. Rangarajan）：《商品冲突》（*Commodity Conflict*），美国，1978 年版。

J. 罗伯（J. Roeber）："鹿特丹石油市场"（*The Rotterdam Oil Market*），伦敦《石油经济学人》杂志，1979 年 4 月号。

F. 班克斯（F. E. Banks）：《现代国际经济研究》（*The International Economy*：*A Modern Approach*）美国，1979 年版。

I. 奥特斯—耶格（I. Ootters-Jaeger）：《发展中国家的易货贸易对发展的影响》（*The Derel Opment Impact of Barter in Developing Countries*），经济合作与发展组织（OECD），1979 年版。

C. 蒂斯代尔（C. A. Tisdell）：《纤维市场经济学》（*Economics of Fibre Markets*），英

国，1979年版。

M. 弗里德曼（M. Freedman）："通过国境的货币和货物的价格，一个世纪的英镑和美元"（Prices of Money and Goods across Frontiers: the Pound and Dollar over a Century），（英）《世界经济》（The World Economy），1980年2月号。

A. 斯温班克（A. Swinbank）："欧洲共同市场农业与世界市场"（EC Agriculture and the World Market），载《美国农业经济学杂志》（American Joarnal of Agricultaral Economics），1980年8月号。

"国际商品贸易公司"，载《世界贸易法杂志》（Journal of World Trade Law），1980年11月及12月合刊。

S. 马吉（S. P. Magee）：《国际贸易》（International Trade），美国，1980年版，第1章。

S. 赛德里和S. 约翰斯（S. Sideri & S. Johns）主编：《第三世界的采矿业》（Mining for Development in the Third World），美国，1980年版。

D. 梅兹格尔（D. Megger）：《在世界经济中的铜》（Copper in the World Economy）。美国，1980年版。（英）《经济学人情报组》（EIU）：《多国企业》季刊（Multinational Business），1981年第4期。

联合国：《贸易与发展》季刊（Trade and Development），1981年冬季号。

A. 拉弗尔与M. 迈尔斯（A. B. Laffer & M. A. miles）：《在一体化的世界中的国际经济学习》（International Economics to an Integrated World），美国，1982年，第十一章。

E. 克拉珀尔斯（E. N. Krapels）：《对石油产品的作价》（Pricing Petroleum Prducts）。美国，1982年版。

B. 爱泼斯坦和R. 纽法默（E. Epstein & R. Newfarmer）：《不完全的国际市场与对发展中国家规定的垄断价格》（Imperfect International Market and Monopoly Prices to Developing Countries），载（英）《剑桥经济学杂志》（Cambridge Jounal of Economics），1982年3月号。

B. 迪纳姆和C. 海因斯：《非洲的农业企业》，伦敦，1983年版。

贸易条件与不等价交换

国际经济学界
关于贸易比价长期趋势问题的论战[*]

在国际贸易中，贸易比价的变动是影响贸易对方利益分配的主要因素。国际贸易中的大宗商品，如咖啡、可可、花生、橡胶、茶叶、有色金属等等的价格每下降一美分，就可能使发展中国家在一年间受到数以百万美元计，甚或数以千万美元计的损失。有些西方经济学家把发达的工业国与发展中国家的关系描述为可可豆与巧克力糖果的关系。他们说，"富国与穷国的主要区别，就是一盎斯西非可可的卖价与纽约市场上一块赫尔西巧克力糖（Hershey Bar）的卖价之间的区别。"[①] 问题虽然并不如此的简单，但它却生动地说明了问题的实质。因此，贸易比价的变动一直是经济学界，特别是发展中国家经济学界注意研究的中心问题之一，并且成为国际间一些经济学家计算国际贸易中不等价交换的主要依据。

在第二次世界大战以前的数十年间和1950年以后的二十多年间，发展中国家的贸易比价曾经经历了长时期的下降。发展中国家贸易比价长期恶化的现象，曾经引起西方经济学界和发展中国家经济学界广泛的注意和热烈的讨论。参加讨论的人数较多，意见十分分歧。在这场争论中，他们大体上提出了三种不同的学说。第一种学说是发达的资本主义国家贸易比价长期恶化论（即发展中国家贸易比价长期改善论）。持有这种见解的人以凯恩斯（G. M. Kegnes）、奥斯汀·罗宾逊（Austin Robinson）等为代表。他们根据"土地报酬递减律"和"工业报酬递增律"的学说，认为在长时期中，贸易

---

[*] 姚曾荫，"国际经济学界关于贸易比价长期趋势问题的论战"，《经济理论与经济史论文集》，北京大学出版社，1982。

[①] 特纳（G. L. Turner）和贝道尔（James Bedore）：《中东工业化的贸易政治学》《外交季刊》1978/1979年冬季号，第306页。

比价的变化不利于工业发达国家，而有利于发展中国家。

第二种学说是发展中国家贸易比价长期恶化论，以普雷比希（R. Prebisch）、辛格（H. Singen）、缪尔达（G. Myrdal）等为代表。这一派人根据 1876/1880—1938 年英国的贸易比价统计，认为初级产品价格相对于制造品价格有一个长期下降的趋势。通过贸易比价的变动，在国际间，资源或收入不断地从穷国转移到富国。这一派人认为，为了从根本上扭转贸易比价长期恶化的局面，发展中国家应该改变单一经济的经济结构，发展多样化的经济，进行工业化，与发达国家一起实行"新的国际分工"。

第三种学说是贸易比价变动不定论，从哈勃勒（G. Haberler）、李普西（R. E. Lipsey）、摩萨（P. Moussa）等人为代表。这一派人对发展中国家贸易比价长期恶化论进行了猛烈的抨击，认为这个学说无论在统计数据方面，或理论分析方面都是站不住脚的。他们认为工业发达国家贸易比价长期恶化论和发展中国家贸易比价长期恶化论都是错误的。贸易比价的有利或不利仅仅是暂时的现象，而国际贸易对所有的参加国都是有利的，对发展中国家的经济发展尤其重要。他们反对发展中国家经济的多样化，认为经济多样化有害于对外贸易的发展，也不利于本国的经济发展。

虽然只是在第二次世界大战以后，西方经济学界和发展中国家的经济学界才对这个问题进行了广泛而深入的讨论，但是，有关这个问题的探讨，却并不是开始于战后。早在十九世纪初叶，西方经济学家就已经开始探索这个问题。以下拟将这个问题的论争经过及其主要论点，加以扼要的说明。最后略述我们对这个问题的初步看法。

一

古典学派经济学家多伦斯（R. Tornnens）曾指出，"随着人口与工业的增长，制造品的交换价格，与农产品和矿产品相比，肯定有下降的趋势[①]。这是工业国贸易比价长期恶化论的第一次表述。这个学说的理论根据，就是"土地报酬递减律"学说。按照这个学说，初级产品的价格相对于制造品的价格有逐步上升的趋势。

以后，在庸俗经济学家手里，这个学说得到进一步的发展。穆勒在其《政治经济学原理》第四卷中，马歇尔（A. Marshall）在《财政政策备忘录》（1903 年）和《官方文件》（1926 年）中，都曾对这个"学说"加以阐述。

在第一次世界大战前后，凯恩斯和罗伯逊（P. H. Robertson）是这个学说的主要代表人物。

---

① 多伦斯，《论财富的生产》1821 年第 93—98；115—116；228—289 页，穆勒（J. S. Mill）：《政治经济学原理》，1909 年纽约版，第二卷第四编第二章，第 282 页。

1911年英国贸易部发表了一份报告，估计1908年—1911年英国因进口价格与出口价格的相对变动，每年损失达3 700万英镑。1912年凯恩斯在评论这份报告时指出："从这个国家（按指英国）的观点来看，上面指出的（贸易比价）恶化现象当然是初级产品报酬递减律作用的结果，这个规律经过短暂的停顿以后，近年来又强烈的发生作用。现在，一定数量的制造品年复一年的换得日益减少的原料数量，这样一个平稳的趋势又重新出现了。贸易中的比较利益正强烈的不利于工业国家"。①

凯恩斯的见解也得到另一位英国经济学家的有力支持。罗伯逊在1915年出版的《工业波动》一书中说："整个来说，这些数字（按指英国贸易部所发表的英国贸易比价的指数）所纂改的结论，就是有利于农业国家而不利于工业国家的交换比例的一般趋势，曾在十九世纪七十年代起过作用，在十九世纪八十年代和十九世纪九十年代一度中断，现在再一次全面的占据上风。这或者就是现在世界上最重要的经济现实。"②

凯恩斯和罗伯逊的学说，都是在马歇尔的学说和鲍莱（A. L. Bowley）所发表的贸易比价指数③的影响下形成的。马歇尔、凯恩斯及罗伯逊等人都认为农业，采掘工业与制造业的生产力的增长率是不同的，三者相对生产力变动的趋势是工业国进出口价格变动趋势的关键。如果农业的生产力与制造业的生产力能够以同等的速度增长，则制造品价格对比初级产品价格相对下降的趋势才会趋于停止，因而工业国家贸易比价恶化的趋势才会被打断。凯恩斯曾将这项理论作为他的《和平的经济后果》一书的理论基础之一。

在第二次世界大战前后，这个学说又为西方经济学家科林·克拉克（Colin Clark）、刘易斯（W. A. Lewis）、奥斯汀·罗宾逊（Austin Robinson）、迈耶（G. M. Meier）、蒙哥马利（S. S. Montgomery）等人从不同的角度加以论述④克拉克和刘易斯说，制造品出口价格相对恶化的趋势表明英国曾经把产业革命的利益分布于世界其余国家。他们认为，这种变动是工业中报酬递增规律和农业报酬递减规律同时发生作用的结果⑤。蒙哥马利根据舍德伯格（C. P. Riodleberger）所发表的统计资料以及对1913年以后美国物价指数研究的结果，指出世界初级产品的贸易比价有了改善而不是恶化的趋势⑥。1952

---

① 凯恩斯：《按1900年价格计算的英国对外贸易值估计报告》，《经济学杂志》，1912年第630—631页。
② 罗伯逊：《工业波动》，1915年第169页。
③ 按即1911年英国贸易部所发表的1908—1911年英国进出口价格指数。
④ 科林·克拉克：《经济进步的条件》，1940年英文版，第453—454页，奥斯汀·罗宾逊：《正在改变中的英国经济结构》，《经济学杂志》，1954年9月号，迈耶：《国际贸易与发展》，1963年英文版，第3章，蒙哥马利：《1870—1952年国际贸易中初级产品与制造品的贸易条件》，1960年。
⑤ 克拉克，前引书第453—454页；刘易斯，《1919—1939年经济概览》，1949年，第194—195页。
⑥ 蒙哥马利，前引书。

年美国政府所发表的《巴莱报告》（*Parley Report*）更给予这个学说以数据上的支持①。从这个学说所得出的政策结论是，发展中国家既然在长时期中因原料——食品价格的不断提高而大获其利，所以为了发展经济，最好是扩大初级产品的生产户②。而发达的工业国家既然长期遭受贸易比价不利变动的损失，所以发达国家应该减少对国际贸易的依赖，把更多的资源用来发展国内的农业和其他代替进口的项目上面③。

二

早在 20 世纪 20 年代，英国经济学者贝弗里奇（W. H. Beveridge）就对凯恩斯、罗伯逊等人的学说提出异议。他在 1923 年发表了《人口与失业》一文④。在这篇文章中，他根据大量统计资料，指出土地耕种面积的扩大和产量的增加与人口的增加和工业生产力的增加是同时进行的。⑤ 在另一篇文章，《凯恩斯先生关于人口过剩的根据》一文中，他说。"一直到 1914 年为止，谷物价格相对于所有价格来说，是稳步下降的。"⑥

在 20 世纪 40 年代，进一步反对发达的工业国贸易比价长期恶化学说，并将这个学说完全颠倒过来的是国际联盟的经济学家希尔哥特（F. Hilgerdt）。他在分析从 1876/1980 年到 1936/1938 年的六十多年间制造品价格相对于初级产品价格长期上升（亦即初级产品相对价格长期下降）的现象以后指出："对这两类产品的相对价格交动的一般趋势，是不容置疑的"⑦。这是发展中国家贸易比价长期恶化的最确切的说明。

第二次世界大战以后，这个学说为联合国的若干研究报告所采纳。也得到联合国贸易与发展会议，世界银行和英联邦秘书处所编制的统计资料和文件的支持⑧。联合国贸易与发展会议秘书处在一项文件中指出："许多初级产品的净贸易比价在过去二十五

---

① 《争取自由的资源：总统原料政策委员会提交总统的一份报告》，1952 年版。
② 古思（W. Guth）：《对欠发达国家的资本输出》，第 90 页。
③ 邓宁（J. H. Dunoning）：《英国工业》，1963 年，第 227—228 页，希利（D. T. Healeg），《增加农业生产还是增加出口？》，《威士敏斯特银行评论》，1955 年 5 月号，罗宾逊：《节约农产品进口的代价》，《三家银行评论》1958 年 12 月号。
④ 见罗斯托（W. W. Rostow）：《经济发展的进程》，第 185 页。
⑤ 见罗斯托（W. W. Rostow）：《经济发展的进程》，第 185 页。
⑥ 见罗斯托（W. W. Rostow）：《经济发展的进程》，第 185 页。
⑦ 国际联盟：《工业化与对外贸易》，1945 年，第 16 页及附表 Ⅶ 和 Ⅷ。
⑧ 联合国，《不发达国家出口和进口商品的相对价格》，1949 年，第 21—24 页，《拉丁美洲的经济发展及其主要问题》，见联合国《拉丁美洲经济报告》第 7 卷，第 1 期；UNCTAD/CD/MISC. 60《发展中国家的贸易比价》，（见表 3）。

年中急剧恶化的现象,看来是可以肯定的。"① 发展中国家和西方的一些著名经济学者,如普雷比希、辛格、缪尔达、昂利提里（Oritiri）等进一步论证和传播了这个学说②。一般称之为普雷比希—辛格—缪尔达学说。美国经济学家讷克斯（R. Nuskse）在一定程度上也支持这个学说③。

主张发展中国家贸易比价长期恶化论者的主要根据是 1876/1880—1938 年和 1913—1948 年的两项英国贸易比价指数统计。从这两项统计中,他们得出如下的结论:"从十九世纪下半叶到第二次世界大战前夕的半个多世纪的期间内,初级产品价格相对于制造品价格有一个长期下降的趋势,平均计算,同样数量的初级产品在这个时期的末尾,仅能换得这个时期的开头的 60% 的数量的制造品"④。

这一派人认为发展中国家贸易比价长期恶化的原因有以下几种:

首先,世界工农业生产力增长过程中所产生的利益的分配,有利于发达的工业国,而不利于发展中国家。他们指出发达的工业国的工业生产力的增长快于发展中国家的初级产品生产力的增长。如果价格的下降能比例于生产力的增加,则初级产品价格的下降应该小于制造品的价格,两者间相对价格的变化应该有利于发展中国家。但是,实际的情况正好相反。在发达的工业国,工业生产力的增长并没有伴随以价格的相应的下降,因此工业生产力增长过程中所产生的利益的分配,采取了增加工资和利润的形式,而不是采取降低价格的形式。而在发展中国家的食品和原料的生产中,生产力的增长虽然较小,其利益的分配都以降低价格的形式而被分配掉了⑤。

其次,初级产品价格和制造品价格周期变化的不同。这一派人认为工业国家物价的变化和初级产品生产国物价变化差距的扩大,也是由于在连续不断的周期中,初级产品价格与制造品价格变动的情况不同以及工业品市场上存在着较多的垄断因素所造成的⑥。在高涨时期,初级产品价格一般能迅速上升,但在随之而来的危机和萧条时期,初级产品价格又猛烈下降。与此相对照,工业品价格在高涨时期虽然上升较少,但在危机和萧条时期,由于在垄断性较强的工业品市场存在工资和价格的刚性（Rigidity）,它们的下降程度却不如在高涨时期的上升程度。他们的结论是:在连续的周期变化中,这两类商品价格的差距扩大了,初级产品生产国受到贸易比价不利变化的

---

① 普雷比希:《拉丁美洲的经济发展及其主要问题》1950 年；辛格,《投资国与借款国间利益的分配》,《美国经济评论》1950 年 5 月号及《欠发达国家出口商品和进口商品的相对价格》,1949 年,缪尔达《国际经济》,1956 年。

② 黑格（D. Hague）主编:《世界经济的稳定与进步》,1958 年,第 75—76 页。

③ 联合国:《欠发达国家出口商品和进口商品的相对价格》,第 7 页。

④ 见罗斯托（W. W. Rostow）:《经济发展的进程》,第 185 页。

⑤ 提出这种论点的有普雷比希、辛格、刘易斯、麦塔（F. Mehta）等人。见迈耶,前引书第 56 页。

⑥ 《拉丁美洲的经济发展及其主要问题》,第 12—14 页。

损失。①

第三，工业国和发展中国家对进口货需求的增长率不同。这一派人认为在长时期中，世界市场对初级产品需求的相对下降和对制造品需求的相对增长，也加强了工业国商品价格和发展中国家商品价格变化的差别。他们还认为对初级产品和工业品需求的增长率的不同是"恩格尔规律"（Engel's Law）② 作用的结果。同时就原料价格的相对下降来说，也是制造业中技术进步，因而每单位产品所使用的原料减少的结果③。

根据发展中国家贸易比价长期恶化论者的意见，在国际间存在着一种把收入或资源从发展中国家不断地转移到工业发达国家的现象。这个现象的含义，就是富国对穷国不断地进行剥削。这是拉萨尔（F. Lassalle）的工资铁律在国际经济关系中的表现④。收入和购买力的减少将会大大地影响发展中国家的经济发展⑤。

这一派人认为，为了从根本上扭转贸易比价长期恶化的局面，发展中国家必须改变单一经济的不利地位，发展多样化的经济，进行工业化，与发达的工业国实行"新的国际分工"。⑥

三

发展中国家贸易比价长期恶化论，在西方经济学界受到猛烈的批评。反对者认为这个学说是"证据不足的"，是"错误的"，"歪曲史实的"，是"在数据方面和分析方面，都站不住脚的"。⑦

反对发展中国家贸易比价长期恶化论者所持的理由，大致如下：

第一，反对论者认为发展中国家贸易比价长期恶化论者所根据的统计数据存在着以下的问题。

（1）发展中国家贸易比价长期恶化论者所依据的统计数字是英国的贸易比价指数，

---

① 迈耶，前引书第 57 页。
② "恩格尔规律"指随着收入的增加，收入中用于生活必需品的部分递减。
③ 辛格，前引书，第 479 页，普雷比希《不发达国家的贸易政策》，《美国经济评论》，1959 年 5 月号，第 261—264 页，迈耶，前引书，第 57—58 页。
④ 摩萨《剥夺了权力的国家》，1962 年，第 4 页。
⑤ 迈耶，前引书第 58 页。
⑥ 普雷比希：《走向发展的新贸易政策》，1964 年版。
⑦ 哈勃勒：《国际贸易与经济发展》，1959 年版，第 19 页，哈勃勒：《贸易比价与经济发展》，见艾利斯（H. S. Ellis）主编：《拉丁美洲的经济发展》，1961 年，第 275—277 页，范纳：（S. Viner）：《国际贸易与经济发展》，1952 年，第 62 页，迈耶，前引书第 58 页，弗兰德斯（M. T. Flanders）：《普雷比希论保护贸易主义，一个评论》《经济学杂志》，1964 年 6 月号，第 309—316 页。

而英国的贸易比价指数并不能作为所有工业国贸易比价指数的代表①。金德伯格的广泛计算说明英国贸易比价的变化与其他工业国的贸易比价的变动差别很大②。李普西根据对 1879—1960 年美国贸易比价指数研究的结果，认为"两种关于净贸易比价变化的普遍见解，都没有从美国的材料中得到确证。其一就是包括美国在内的工业国贸易比价长期改善的见解。另一就是初级产品与制造品相比较，贸易比价长期恶化的见解"③。

（2）英国的贸易比价指数的倒数并不能代表与英国有贸易关系的发展中国家的贸易比价指数④。"因为英国的进口价格是按到岸价格（CIF）计算的，而其出口价格是按离岸价格（FOB）计算的，即进口价格包括运到英国口岸的运费，而出口价格则不包括运到外国口岸的运费。为了计算不发达国家的实际贸易比价，进出口价格都必须按有关国家的到岸价格计算"。⑤ 范纳和包尔温（R. E. Baldwin）等人认为在运费变动时期，计算地点的改变会使贸易比价出现很大的差别⑥。

埃尔斯沃思（P. T. Euswarth）说："在 1876—1905 年的时期内，英国初级产品价格下降的大部分甚至全部原因可以归结为开往英国船只的运费的降低……在这时期内，英国制成品出口价格减低了 15%。如果不发达国家的进出口价格指数都按离岸价格计算，则不发达国家的贸易比价指数很可能变得对它们有利"⑦。

麦克贝恩（A. I. Macbean）说，任何运输生产力的增加都表现为运费的下降，而在这个时期内，运费的确是大大地下降了。运费的下降曾使得表面上对发展中国家不利的英国贸易比价的变动，实际上对发展中国家有利⑧。范纳也说；"运费的下降曾使得两类国家（按即工业国和初级产品生产国）的商品贸易比价，有可能同时改善。"⑨

莱特（C. M. Wright）试图证明当英国进口价格下降时期，在遥远的出口口岸，同样货物的价格反而上升，两者的差额已被运费的降低所吸收⑩。

李普西认为："当英国的贸易统计，出口是按离岸价格计算（不计运费），而进口是按到岸价格计算（包括运费）时，按国内价格计算的贸易比价的变动，可能同时对贸易双方都有利。为得出这一结果的必需条件就是相对于价格的运费的下降"⑪。

---

① 哈勃勒，前引书第 19 页。
② 哈勃勒，前引书第 20 页，金德伯格：《贸易比价：欧洲案例的研究》1956 年。
③ 李普西：《美国对外贸易中的价格和物量趋势》，1983 年第 76 页。
④ 哈勃勒，前引书第 20 页，范纳，前引书第 143 页；包尔温：《贸易比价的长期变动》，《美国经济评论》，1955 年 5 月号第 2 册。
⑤ 哈勃勒，前引书第 120 页。
⑥ 范纳，前引书第 120 页，包尔温，前引文。
⑦ 埃尔斯沃恩：《初级产品生产国与工业国间的贸易比价》，《美洲间经济事务杂志》，1956 年夏季号。
⑧ 麦克贝恩：《应付第三世界的挑战》1978 年第 162 页。
⑨ 范纳，前引书第 143—144 页。
⑩ 莱特：《作为防止衰退的货币兑换与三角贸易》，《经济杂志》1955 年 9 月号。
⑪ 李普西，前引书第 19 页。

（3）在长时期中，所有的贸易比价指数都会发生显著的偏差，因为它们不能反映出原有商品的质量的改进和许多新商品的出现。商品质量的改进和新商品的出现，主要发生在工业制成品方面。而初级商品的质量在长时期内不会有多大的变化，范纳举例说："比之1900年，今天也许需要更多的咖啡或棉花来交换一盏灯。今天的咖啡和棉花比1900年的并没有显著的改进，但今天的电灯却无可比拟的比1900年的煤油灯要好得多"。[①] 麦克贝恩也说："商品贸易比价也没有估量到商品结构的改变或制造品质量的改善。而随着时间的推移，这些情况都曾发生过。如果一架推土机的价格增加一倍，而推土的数量比过去的推土机增加三倍，则推土机的单位成本是下降了。即使推土机价格上涨的幅度超过棉价或铜价，但一定数量的出口棉花或铜所购买到的推土机的劳务却比十年前增加了。"[②] 因此，英国贸易比价指数的简单倒数会夸大对英国输出初级产品和从英国输入制成品国家的任何不利变动[③]。

（4）英国的进口价格指数是按许多进口商品价格加在一起的平均数编制的，它时常不能代表各种不同的初级产品价格的变化。金德伯格指出，进口价格是一个杂货袋，它掩饰了食品，农业原料和矿产品这三大类产品内部的和它们之间的复杂的价格变化，把许多初级产品综合在一起并不能代表穷国出口的各种各样的初级产品，当然把初级产品出口国与穷国等同起来也是不合理的。有些初级产品生产国也是初级产品的进口国[④]。

第二，反对论者认为在长时期中，贸易比价有时有利于发展中国家，有时不利于发展中国家，并不存在一个永远一成不变的规律。克拉克和刘易斯在研究1800年到1860年，英国贸易比价的长期恶化现象时，指出："相对价格的恶化，表明英国曾经把工业革命的利益分布于世界其余各地"。[⑤] 他们也认为，"这种变动是工业中报酬递增律和农业报酬递减律同时发生作用的明证"。[⑥]

摩萨指出，初级产品价格相对于制造品价格的下降，并不具有普遍性，也不具有长期性。他说："在过去几百年间，有些产品的价格显著上升，例如木材"。又说："在十九世纪的最初七十五年间，以及1938年以后的期间内，贸易比价对不发达国家是有

[①] 范纳，前引书第143页。
[②] 麦克贝恩，前引书第162页。
[③] 哈勃勒，前引书第20页，范纳，前引书第143—144页，摩尔根（T. Morgan）；《农业与制造业间的长期贸易比价》《经济发展与文化变迁》，1959年10月号，第4—5页，包尔温，前引文第267—268页，迈耶，前引书第59页。
[④] 金德伯格，前引书第53页，迈耶：《经济发展的国际经济学》1978年第59—60页。
[⑤] 罗斯托：《经济发展的进程》，1960年，第201—202页，克拉克，前引书第453—454页，刘易斯，前引书第194—195页。
[⑥] 罗斯托：《经济发展的进程》，1960年，第201—202页，克拉克，前引书第453—454页，刘易斯，前引书第194—195页。

利的"。①

马丁（K. Martin）、蔡克利（F. G. Thackeray）、罗斯托及迈耶等人物均认为1914年以前初级产品价格的变化也与这种理论不相符合，他们说，"在1914年以前的大多数萧条时期，英国的贸易比价实际上恶化了，英国的食品进口价格在多数周期中比英国出口价格变动得少，并且很多初级产品，特别是食品的购买力，在1914年以前的萧条时期增加了。"②

哈勃勒说："在国际间，那个著名的不发达国家或初级产品生产国贸易比价长期恶化的臆说，在很大程度上是由于不承认两次大战间的两次价格下降（1920—1921年和1929—1933年）仅仅是个别的事件。依照后来的发展，这个臆说已完全失去统计上的支持"③。又说："二十世纪五十年代不发达国家贸易比价趋于恶化，但这次恶化不是灾难性的，不能与三十年代所发生的相比……并且像过去时常发生的一样，贸易比价变动对不发达国家的影响，也部分地被运费的猛烈下降所冲销"。④

第三，在一定时期内，发展中国家贸易比价的恶化趋势是初级产品生产成本降低的结果，因此对发展中国家并没有损害。哈勃勒说："假定不发达国家的贸易比价的确恶化了，则要找出它的原因。如果出口价格的下降是由于生产成本的减少，则贸易比价的'恶化'，就不会带来什么损害。例如，在十九世纪末叶，美国、加拿大和阿根廷的农产品逐渐运往欧洲。当时初级产品相对价格的下跌是由于这些新开发地区生产成本（包括海陆运费）的急剧下降（或者说比欧洲竞争者的生产成本低得多）。所以不能说价格下降损害了海外生产者，虽然它们的确损害了欧洲的农业"。⑤

罗斯托认为1873—1914年英国贸易比价的改善主要是由于两种产品价格的变动：煤的出口价格的上升和小麦进口价格的下降⑥。

摩萨指出："对于1876年到1938年初级产品价格，特别是对有关英国对外贸易的初级产品价格，加以仔细的观察，就可以发现，这项指数是受到某些初级产品，特别是小麦的价格的强有力的影响。这种现象与当时新开辟的谷物供应来源（美国、加拿大、阿根廷）有关。……在上述的变化中，小麦所占的重要地位使我们必须考虑以下两点：第一，今天的不发达国家并不是大的小麦生产国；其次，这时期内小麦价格的下跌并没有损害美洲大陆国家经济，这些国家在当时是不发达的。相反，小麦的生产

---

① 摩萨，前引书第4页。
② 马丁和蔡克利：《1870—1938年几个国家的贸易比价》，《牛津大学统计学院学报》，1948年11月，第380—382页；罗斯托：《贸易比价的历史分析》，《经济史评论》，1951年第1号，第69—71页。
③ 哈勃勒：《一体化与世界经济的成长》，《美国经济评论》1964年5月号。
④ 哈勃勒：《一体化与世界经济的成长》，《美国经济评论》1964年5月号。
⑤ 哈勃勒：前引书第21页。
⑥ 罗斯托：《经济发展的进程》，第197—207页。

和出口对它们来说是一项新的财源:欧洲的生产者,即发达国家的生产者反而受到小麦价格下跌的严重打击。"①

第四,反对论者否认发展中国家贸易比价恶化是国际垄断组织进行操纵和"恩格尔规律"发生作用的结果。

关于国际垄断组织操纵价格的问题,迈耶说:"如果经验的证据经不住仔细的检查,那么理论分析更是如此。(这一理论)求助于工业国中的垄断因素。不仅是生产诸要素市场上的垄断,而且还有产品市场上的垄断。……但是工业国及公司是否真正拥有并且运用充分的垄断权力是一个明显的问题。即使它们是这样,这种垄断因素的存在最多只能解释国内价格绝对水平的变动,而不能解释世界制造品价格和初级产品价格相对水平的变动。世界价格水平依赖于世界供给和需求的状况"。②

哈勃勒认为在国际贸易中,制造品的垄断价格非常之少,比之工业国国内的垄断价格还要少。同时现在比五十年代以前或一百年以前还要少得多。原因是在世界市场上目前许多大工业中心彼此竞争,美国作为一个工业强国出现在世界上大大加强了世界市场上的竞争性③。

摩萨甚至进而否认国际垄断组织的存在,并把资本主义国家工人阶级争取提高工资的斗争看作是发展中国家贸易比价恶化的原因。他说:"人们时常听说,世界上有一种普遍存在的因素,即发达国家的垄断组织在不断地压低初级产品的价格,它们可以任意规定初级产品的买价和制造品的卖价,但是,事实上,除了少数例外,这种垄断组织是不存在的。……如果把国际贸易描绘成为一边是英国和美国的制造品生产者,另一边是巴西或塞内加尔的原料生产者,那就把问题过于简单化了。事实上,生产和交换有许多环节,在一端是不发达国家的生产者或矿工,在另一端是工业化国家的劳动者。工业化国家的工人争取提高工资的斗争比起工商界领袖人物的利润动机来,无疑地更有助于使不发达国家的贸易比价趋于恶化……我们甚至可以这样说,在贸易比价的对立冲突中,时常是西方国家的工人和不发达国家的农民是敌对的双方。"④

希腊著名经济学家恩玛努埃尔(A. Emmaruel)采纳了普雷比希有关发展中国家贸易比价长期恶化论的观点和摩萨的关于在贸易比价的对立冲突观点,认为在发达的工业国剥削了发展中国家的农民。⑤

关于"恩格尔规律"的作用问题,迈耶说,"至于说对进口需求的增长率的差异,这差别本身并不能解释相对价格的变化。即使花费在进口货上的开支百分比是收入的

---

① 摩萨,前引书第4—5页。
② 迈耶,前引书第60—61页。
③ 哈勃勒,前引书第22页。
④ 摩萨,前引书第6—7页。
⑤ 恩玛努埃尔:《不等价交换》1972年。

一个递减函数，但随着经济的增长，对进口的需求仍可能绝对地增加。……应该注意的是，恩格尔规律"仅仅适用于食品，而不能适用于原料或矿产品。即便对初级产品来说，需求的收入弹性是小于一的，对于某一特定的初级产品生产国来说，重要的不是这个一般的弹性，而是对其本国出口货的需求增长率"。①

反对论者还指出，"对许多初级产品来说，并不像贸易比价恶化论者所说的那样，是没有价格弹性或收入弹性的。在1972—1974年世界商品贸易繁荣时期，许多初级产品生产国的收入迅速而持续的增加，就是有力的证明。因此，"恩格尔规律"的适用范围，只限于大宗食品，而不能适用于全部初级产品"。②

根据以上的理由，反对论者一致认为发展中国家贸易比价长期恶化论是错误的。哈勃勒说工业发达国家贸易比价长期恶化论和发展中国家贸易比价长期恶化论"都是错误的，因为贸易比价不可能同时向相反的方向变动。……贸易比价有时不变，有时向这个方向变动，有时向那个方向变动。实际情况，大致如此"。③

范纳说：很据已有的统计资料，"不能证明有这么一个固定不变的趋势"。④

李普西说，初级产品价格"如与美国制造品出口（价格）相比较，强有力地驳斥了初级产品（价格）长期相对下降的见解；如与美国进口制造品（价格）相比较，则稍许证实了这一见解。就全部情况来说，初级产品相对价格上升的事例，更多于其下降的事例"。⑤

摩尔根根据对七个国家制造品价格和农产品价格研究结果所得出的结论是："情况很分散，并没有农产品相对价格不断下降的证据"。⑥

葛兹认为，"长期的价格比较和贸易比价的计算是很有问题的，它们是依据武断选定的基期，因此计算的结果只有有限的价值。很难确定哪一个学说是正确的"。⑦

这一派人认为贸易比价是变动不定的。贸易比价的有利或不利仅仅是个别的暂时的现象。国际贸易对所有的参加国都是有利的，对发展中国家的经济发展尤其重要。他们反对发展中国家实现经济上的多样化，强调经济多样化牺牲太大，代价太高。他们说，"在多数情况下，高水平的单一出口，比低水平的多样化出口要好得多"。⑧

---

① 迈耶，前引书第62页。
② 麦克贝恩，前引书第163—164页。
③ 哈勃勒，前引书第22页。
④ 范纳，前引书第143页。
⑤ 李普西，前引书第23页。
⑥ 摩尔根，前引文。
⑦ 葛兹，前引书第90页。
⑧ 哈勃勒，前引书第7页。

四

以上扼要地介绍了西方和发展中国家经济学界关于贸易比价长期趋势问题的争论，以下再简述一下我们对这场争论的初步看法。

首先，现有的统计资料表明发展中国家的贸易比价在较长时期内，确实有恶化的趋势。

尽管我们不能说发展中国家的贸易比价，从十九世纪七十年代以来是在持续不断的恶化，但根据现有的统计资料，足以证明长时期以来发展中国家的贸易比价是在断断续续地下降。在1873—1913年和1920—1938年，以及1950—1974年的三个时期内，发展中国家的贸易比价都有较为明显的下降趋势。

先看看1873—1913年期间的情况。

在1873—1913年的期间内，世界市场价格呈现全面下降的情况，但初级产品价格的下降幅度一般大于制造品的下降幅度。

表1　1873—1913年世界物价指数　　　　　　　　　　（1873 = 100）

	1873年	1900年	1913年
制造品价格	100.0	67.6	71.6
小麦价格	100.0	49.5	57.5
咖啡价格	100.0	47.0	61.9
棉花价格	100.0	61.0	78.0

资料来源：刘易斯，《1870—1913年的经济增长与波动》，1978年，附表A·11。

根据上列统计表，在1873年以后的四十年间，在世界市场上，小麦价格和咖啡价格的下降幅度都超过制造品价格的下降幅度，只有棉花价格的下降程度小于制造品。根据联合国的统计，在1876/1880—1913年的期间内，世界市场上初级产品对制造品的贸易比价下降了7%，根据施罗特（W. Schlote）所编制的英国进出口商品价格指数，这项比价则下降了16%（见附表1）。

在第二个时期内，即1913—1938年的时期内，各种商品的价格涨落不一。总的说来，制造品价格普遍上升，初级产品价格趋于下落。

在1913—1938年的二十五年内，世界市场价格先是上涨，然后下降。在1913—1929年，制造品价格的上升幅度超过热带作物及谷物。在1929—1938年，制造品价格的下降幅度则小于热带作物及谷物。在两次大战期间的全部时期内，世界市场上的制造品价格上涨了13.5%，而热带作物价格下降了35.3%，谷物价格下降了7.9%。这种情况表明，这两种产品对制造品的贸易比价下降了。就世界市场上全部初级产品对制造品的贸易比价来看，也同样地下降了。根据国际联盟的统计，这项贸易比价在上述期间内，下降了27%。根据施罗德所编制的指数，也下降了27%，而根据英国贸易部的指数，则下降了30%。

表2　1913—1938年世界物价指数　　　　　　　　　　　　　　　（1913=100）

	1913年	1929年	1938年
制造品价格	100.0	133.0	113.5
热带作物价格	100.0	118.7	64.7
谷物价格	100.0	132.1	92.1

资料来源：刘易斯：前引书，附表A.13。

在第三个时期即第二次世界大战以后，不产石油的发展中国家的贸易比价也明显地恶化了。尽管联合国贸易与发展会议的十二人专家小组否定了发展中国家贸易比价的长期恶化趋势，但是第一届贸易与发展会议的文件①，贸易与发展会议秘书处的文件②，1972年以来贸易与发展会议所出版的几本统计手册，世界银行所发表的统计数字③，以及英联邦秘书处所发表的文件④都证实了这个趋势。

表3　1950—1978年世界市场上初级产品贸易比价的四项指数④　　　（1963=100）

	贸发会专家小组编制的初级产品贸易比价指数	世界银行编制的34种初级产品贸易比价指数（石油除外）	贸发会编制的29种初级产品贸易比价指数（石油除外）	贸发会统计手册初级产品生产国贸易比价指数（石油生产国除外）
1950年	120	……	……	……
1951年	126	……	……	……
1952年	116	……	……	……
1953年	116	126	122	……

---

① 联合国贸易和发展会议，第一次会议文件1964年。
② 联合国贸易和发展会议：《发展中国家的贸易比价》（CD/Misc/60）。
③ 联合国贸易和发展会议：《发展中国家的贸易比价》（CD/Misc/60）。
④ 英联邦秘书处：《英联邦经济文件第四号：初级产品的贸易比价政策》，1976年。

续 表

	贸发会专家小组编制的初级产品贸易比价指数	世界银行编制的34种初级产品贸易比价指数（石油除外）	贸发会议编制的29种初级产品贸易比价指数（石油除外）	贸发会统计手册初级产品生产国贸易比价指数（石油生产国除外）
1954 年	117	138	137	
1955 年	115	133	130	126
1956 年	110	123	128	
1957 年	111	116	118	……
1958 年	108	111	111	……
1959 年	105	107	110	……
1960 年	102	106	106	107
1961 年	100	101	98	102
1962 年	98	96	97	98
1963 年	100	100	100	100
1964 年	102	105	109	102
1965 年	98	100	109	102
1966 年	97	99	109	107
1967 年	95	95	100	103
1968 年	93	99	102	111
1969 年	93	100	104	115
1970 年	……	98	102	112
1971 年	……	86	89	104
1972 年	……	84	87	104
1973 年	……	……	……	108
1974 年	……	……	……	104
1975 年	……	……	……	98
1976 年	……	……	……	99
1977 年	……	……	……	102
1978 年	……	……	……	97

第二次世界大战后，初级产品的贸易比价和发展中国家的贸易比价，虽然有波动，但总的趋势是下降的。根据上表所列的四项指数，战后时期初级产品或发展中国家的贸易比价下降幅度如下表。

表4　1950年以来发展中国家贸易比价的下降幅度

指数来源	时期	下降幅度（%）
专家小组	1950—1969年	23.2
	1951—1969年	26.2
世界银行	1953—1972年	33.3
	1954—1972年	39.1
贸发会34种初级产品	1953—1972年	28.7
	1954—1972年	36.5
贸发会统计手册*	1954/1956—1978年	23.0

注：*第四项指数 初级产品生产国的贸易比价指数。（石油生产国除外）
资料来源：前三项指数见 UNCTAD/CD/Misc. 60；
第四项指数见联合国贸易和发展会议：《国际贸易与发展》，表2—5，第62页。
资料来源：见表3。

在计算初级产品或发展中国家贸易比价的变动时，基期的选择是一个重要的问题。应该把基期选择在一个有代表性的时期或年份上。当美国的农业调整法把1909—1914年作为基期来确定平价（Parity）时，那是因为它是一个有利于农民的时期。同样，长期以来，英国乐意选择1938年作为衡量它们的贸易比价变动的基期。因为1938年是从1870年到现在的一百多年间，贸易比价对英国最有利的时期。同样情况，今天发展中国家要选择1950年作为贸易比价的基期，因为在这一年，在侵朝战争的影响下，初级产品价格猛烈上升。

发展中国家不仅关心于总的初级产品价格对制造品价格的比例，或发展中国家对发达的工业国的贸易比价，而且更关心于有关国家本身的重要出口商品对进口商品的贸易比价。如果拿个别初级产品价格与个别制造价格相比，则战后初级产品贸易比价的恶化情况更为明显。

根据兰加拉詹（L. M. Rangajan）所编制的统计，在第二次世界大战后，发展中国家不得不输出越来越多的咖啡、可可豆、香蕉、棉花、植物油来交换发展国民经济所需要的资本货物。在这项统计中，在初级产品方面，兰加拉詹选择了咖啡、茶叶、花生油、香蕉及铁矿石等五种。而在制造品方面，为了避免由于产品质量改进而对统计数据所带来的影响，他选择了钢条和钢板，而没有选择像拖拉机、工作母机、轮胎、汽车一类的制造品。因为后一类产品，在现代科学技术迅速进步的条件下，即使在十年或几年的时间内，也可能会发生重大的质量改进。根据他的计算，在1950—1974年的时期内，在美国、西德和英国三个发达的工业国家的市场上，咖啡对钢材、香蕉对钢材、花生油对钢材、铁矿石对钢材以及茶叶对钢材等的贸易比价的变动情况如下（详见附表2及附表3）。

表 5　1950—1974 年一些初级产品对钢材的贸易比价

	美　国		西　德		英　国
	咖啡（袋）：100 吨钢材	香蕉（箱）：一吨钢材	花生油（吨）：100 吨钢材	铁矿石（吨）：每吨钢材	茶叶（吨）1100 吨钢材
1950	6.1	1.4	13	……	……
1955	6.3	1.6	32.4	5.4	6.9
1960	11.9	2.2	32	7.5	7.5
1965	9.5	2.0	33.1	10.7	8.9
1969	11.9	2.2	30.3	10.9	10.5
1970	9.5	2.3	33	12.6	10.4
1971	……	……	31.1	12.6	13.3
1972	12.1	2.8	37	15	14.1
1973	12.6	2.8	38	19	14.3
1974	12.9	3.5	23.6	……	15

资料来源：（1）兰加拉詹：《商品冲突》，1978 年，第 100—101 页。
（2）世界银行：《商品贸易与物价趋势》，《欧洲统计》，《钢铁年鉴》。

从以上的统计表可以看出，贸易比价的恶化情况，以香蕉对钢材表现得最为明显。在 1950 年用 55 磅香蕉可以换到一吨钢材，而 1974 年则需要 140 磅。茶叶对钢铁的比价呈现同样的下降趋势。在 1954 年这个最好的年份，用 6 000 公斤茶叶可以换得 100 吨钢材。在 1974 年，同样数量的茶叶所换到的钢材，却达不到过去数量的一半。花生油和咖啡行情的短期波动更为剧烈。其长期趋势也是逐步下降的。在 1959 年用九袋咖啡购买的钢材，1974 年就要用 26 袋。按照通常的见解，铁矿石的价格与钢材的价格之间，应该有密切的联系，因为铁矿石是钢的主要原料。但实际的情况是，二者经常是脱节的。在 1970—1974 年，西欧共同体从利比里亚输入的铁矿石的平均到岸价格从每吨 18 美元下降到 10 美元时，西德的钢材价格却从 1950 年的 92 美元上涨到 1970 年的 125 美元和 1974 年的 257 美元。

总之，在上述三个时期内，个别的初级产品价格以及全部初级产品价格对制造品的总的贸易比价虽然时有升降，但总的趋势是下降的。在这里，我们没有把石油生产国的贸易比价考虑在内，在 1973 年以后石油价格逐步上升，石油生产国的贸易比价也逐渐改善。在 1972—1978 年间，主要石油生产国的贸易比价增长了 163%，而在 1954/1956—1978 年间，它们的贸易比价增长了 234%。因此，如果把石油生产国包括在内，则在 1954/1956—1978 年，发展中国家的贸易比价有了改善，计增长了 40%。①

其次，贸易比价的变动与工业、农业、采矿业的劳动生产率的增长有关。在其他条件不变的情况下，出口价格相对于进口价格的不断上升，对一国有利。但是其他条件不能不变，特别是劳动生产率不可能固定不变。因此，在计算贸易比价的长期变化时，应该把劳动生产率的变化考虑在内。举例来说，如果一国的出口价格相对于进口价格下跌了 10%，但由于劳动生产率的提高，出口成本下降了 20%，这时这个国家的贸易比价虽然下降，但情况反而有了改善。在经济学里，用以表示这种情况的概念是单要素贸易比率（Single factoral terms of trade）②。如果进口商品与出口商品的劳动生产率都有了变化，则就需要计算双要素贸易比率（Double factoral terms of trade）③。按照马歇尔（A. Marshall）的说法，就是用 G 商品每袋中的劳动量来交换 E 商品袋中劳动量。我们也可以称之为劳动量的交换比率（Labour terms of trade）。

世界生产力的增长促使生产成本下降，因而促使贸易比价相应变化时，不一定只有利于这类国家而不利于另一类国家，但是在长时期内，制造品劳动生产率的增长无疑地要超过农业。所以在较长时期内，制造品的价格应该趋于下降，特别是制造品与初级产品的贸易比价应趋于下降。但是从以上三个时期的情况来看，这项贸易比价不但在长时期内没有持续地下降，反而有所增长，这显然是国际贸易中的垄断因素在发生作用的缘故。国际垄断组织用垄断高价出售制造品，用垄断低价收购原料和食品，因而使贸易比价经常不利于发展中国家。有关国际垄断组织按垄断低价收购初级产品的情况，可以举香蕉贸易的例子。1971 年在主要消费国市场上的香蕉零售价格为每箱 5.93 美元，而拉丁美洲香蕉出口国的生产者每箱只收到 0.70 美元的卖价。其余的 5.23 美元除了缴纳进出口税及杂项开支以外，大部分为跨国公司所占有。1971 年世界香蕉贸易零售总额，估计为 21 亿 1 400 万美元，香蕉出口国国内生产者只得到大约 245 万美元，即只占到世界香蕉贸易零售总额的 10% 强。④

国际垄断组织按垄断高价出售制成品是它们进行不等价交换剥削的第二个方面。许多制成品垄断价格之高，已达到惊人的程度。据美国《商业周刊》提供的资料，罗士公司（La Roche）这家世界最大的制造药品的跨国公司，在不同国家的市场上，对同一种药品规定不同的价格。在英国、西德、瑞士和美国等四国的市场上，这家公司对获利最大的两种镇静剂，即利眠宁（Librium）和瓦利厄姆（Valium）所规定的批发价如下：

---

① 以上的统计数字见联合国贸易和发展会议：《1979 年统计手册》表 2、表 5，第 62 页。
② 如果 P = 价格，x = 出口，m = 进口，Z = 劳动生产率则单要素贸易比率的公式为 $Px/Pm \cdot Zx$。
③ 双要素贸易比率的公式如下：$Pr/Pm \cdot Zx/Zm$。
④ 佩耶（Chergl Payer）：《商品贸易与第三世界》，1975 年，第 6 章。

	利 眠 宁	瓦 利 厄 姆
（1975 年 3 月 1 日批发价格）		
	10 毫克 100 片	5 毫克 100 片
英国	0.14 美元	0.11 美元
西德	4.38 美元	5.35 美元
瑞士	4.75 美元	5.44 美元
美国	5.80 美元	6.89 美元

资料来源：《商业周刊》，1975 年 6 月 15 日，第 50—52 页。

在美国市场上，利眠宁的批发价比英国市场价格高出 40 倍以上，瓦利厄姆的美国出售价比英国售价高出 61 倍以上。这是因为英国政府对药品价格的管理较严，而在美国、西德和瑞士三国，管理较松的缘故。在印度市场上，罗士公司的利眠宁售价为 16 卢比（约合 2.10 美元），而其他牌字的利眠宁售价则仅为 1.50 卢比（约合 0.79 美元）[1]。在 1974 年罗士公司的总销售额达 19 亿美元，利润总额为 205 万美元，仅上述两种药品就占到其销售额的 25% 和总利润的 50%[2]。

根据维索斯（C. Vaitsos）的一项调研报告，17 家跨国公司在哥伦比亚的药品销售价格超过一般市场价格 165%，11 家跨国电子公司的商品售价超过一般市场价格 54%，3 家跨国橡胶公司的商品售价超过一般市场价格 40%[3]。

根据联合国贸易与发展会议的文件，跨国制药公司的调拨价格（Transfer Pricing）[4]在西班牙比一般市价高出 100% 到 800%，在智利，高出一般市场价格 30% 到 500%，在秘鲁——高出 20% 到 300%，在墨西哥——高出 40% 到 1 669%，而在哥伦比亚则还要超过墨西哥的最高售价。[5]

由此可见，国际垄断组织把国际分工和世界生产力发展所产生的利益中的很大一部分攫为己有，对发展中国家造成了严重的损害。当然，我们在计算贸易比价的变动时，对制造品质量的改进，和新产品的不断涌现等情况，也考虑在内。

第三，在发达的工业国家与发展中国家的贸易关系中存在着不等价变换。李嘉图说："不可能用一百个英国人的劳动交换八十个英国人的劳动，但却可能用一百个英国

---

[1] 《远东经济评论》，1976 年 3 月 5 日第 102 页，1972 年一美元约兑换 7.59 卢比。
[2] 《商业周刊》，1975 年 6 月 15 日，第 50—52 页。
[3] 特纳：《跨国公司与第三世界》，第 58 页。
[4] 按调拨价格与垄断价格不同。调拨价格是跨国公司母公司与子公司之间，或各个子公司之间在内部调拨产品的价格，而垄断价格则是跨国公司在独占市场上的销售价格，即垄断高价。
[5] 《跨国企业》季刊，1974 年第 3 期，第 2—3 页。

人劳动的产品去交换八十个葡萄牙人，十个俄国人或一百个东印度人的劳动产品"。① 马克思说，在这个场合，富国会榨取贫国②。这都指的是不等价交换。

在国际贸易中，商品交换的性质是这样的，劳动生产率较高的发达资本主义国家剥削劳动生产率较低的不发达国家。所以，在世界市场上，一种商品的国际价值尽管可能与另一种国际价值相等的商品相交换，但相等的国际价值却可能代表着不相等的劳动量。因此，发达的资本主义国家与发展中国家的商品贸易是一种不等价交换。发达的资本主义国家与发展中国家间贸易比价的变动只能说明不等价的加强或减少，而不能说明不等价交换的有无。这也就是说，无论贸易比价变或不变，上升或下降，都存在着不等交换的剥削。那种认为所有的按国际价值交换的商品贸易都是等价交换的见解，在理论上是站不住脚的。同时，那种认为在发达的资本主义国家与发展中国家的贸易中，是发达国家的工人剥削了发展中国家的农民的说法，更是错误的。应该说，是发达的资本主义国家的垄断资本剥削了发展中国家的劳动者。

第四，不等价交换和发展中国家贸易比价的长期恶化是片面的国际专业化和殖民地型式的国际分工产物，是旧的国际经济秩序的产物。所以试图用制订国际商品协定和建立商品共同基金等来提高初级产品价格的办法，都是头痛医头，脚痛医脚的办法，并不能解决发展中国家在对外经济关系中的根本问题。因为这些办法只能原封不动地保持住传统的片面的国际专业化的经济结构。至于那种认为在自由贸易的条件下和在世界市场上，自发力量的作用就可以使世界各国都可以普遍地得到利益的见解③④，更是不符合实际的。在这个问题上，辛格的一段话是颇有说服力的。他说：

"初级产品好的销售价格……会提供给发展中国家以输入资本货物和发展工业所必需的资金。然而却又在同时把发展工业的刺激物给抽掉了。这时外来的和国内的资金都会用在扩大初级产品的生产方面去。……相反地，当初级产品的价格和销售额下降时，工业化的要求又忽然增长起来。然而在这同时，进行工业化所必需的资金却又急剧减少了。在这里，发展中国家似乎是把脚踏在两条船上，因而随时有落水的危险。在繁荣时期不能工业化，因为情况是那样的好，在萧条时期也不能进行工业化，因为情况是那样的糟。"⑤ 因此，要从根本上改变发展中国家这种左右为难，进退失据的处境，就必须实现新的国际分工和建立新的国际经济秩序。

---

① 李嘉图：《政治经济学及赋税原理》，商务印书馆1962年版，第114页。
② 《马克思恩格斯全集》，第26卷，第Ⅲ册，第112页。
③ 金德伯格：《贸易比价与经济发展》，《经济与统计评论》，1958年第40号付刊，第85页，迈耶：《对金德伯格贸易与发展一文的评论》，同上，第88—90页。
④ 只能说是贸易双方在使用价值上都得到利益，但在价值上，发展中国家受到损失。
⑤ 辛格：《在投资国和借款国间利益的分配》，《美国经济评论》，1950年5月号。

附表 1　1876—1938 年，世界贸易中初级产品对制成品的贸易比价　　（1938 = 100）

世界贸易中初级产品对制成品的贸易比价		英国进口对出口的贸易比价	英国贸易部指数
（1）		（2）	（3）
1876—1880	147	163	
1881—1885	145	167	
1886—1890	137	157	
1891—1895	133	147	
1896—1900	135	142	
1901—1905	132	138	
1906—1910	133	140	
1911—1913	137	140	
1913	137	137	143
1921	94	93	101
1922	103	102	109
1923	114	107	111
1924	121	122	117
1925	123	125	120
1926	121	119	117
1927	125	122	117
1928	121	123	120
1929	118	122	120
1930	105	112	109
1931	93	102	99
1932	89	102	99
1933	89	98	96
1934	96	101	99
1935	98	103	100
1936	102	107	109
1938	100	100	100

资料来源：《欠发达国家出口与进口的相对价格》，1949 年，表 5，第 22 页。

附表2　钢铁对初级产品的购买力——咖啡和香蕉对美国钢铁的比价

	咖啡	香蕉	钢铁	贸易比价	
	山多斯4号（每袋60公斤）美元	中美洲（每箱40磅）美元	热轧钢板FOB出口价美元	咖啡（袋）每100吨钢板换的	香蕉（箱）每吨钢板换的
1948	35.85	2.52	—	—	—
1949	42.07	2.8	—	—	—
1950	66.81	2.92	4.04	6.05	1.38
1951	77.71	2.92	4.22	5.88	1.92
1952	71.44	2.96	4.31	6.03	1.46
1953	76.6	2.96	4.57	5.97	1.54
1954	104.12	3.04	4.69	4.5	1.54
1955	75.54	3	4.77	6.31	1.59
1956	76.87	3.04	5.07	6.6	1.67
1957	75.28	3.2	5.45	7.24	1.7
1958	64.03	2.96	5.67	8.81	1.92
1959	48.95	2.64	5.76	11.77	2.18
1960	48.42	2.6	5.75	11.88	2.21
1961	47.63	2.52	5.43	11.40	2.15
1962	44.98	2.4	5.38	11.96	2.24
1963	45.11	3.04	5.44	12.05	1.79
1964	61.78	3.08	5.63	9.11	1.83
1965	59.14	2.88	5.63	9.52	1.95
1966	53.98	2.8	5.63	10.43	2.01
1967	50.01	2.88	5.63	11.26	1.95
1968	49.48	2.76	5.92	11.96	2.14
1969	53.98	2.88	6.42	11.89	2.23
1970	72.24	3	6.89	9.54	2.3
1971	59.27	2.56	—	—	—
1972	67.47	2.92	8.15	12.08	2.79
1973	88.51	3	8.49	12.58	2.83
1974	90.1	3.34	11.59	12.86	3.47

资料来源：兰加拉詹：《商品冲突》，1978年，附表5.1；联合国统计月报。

附表3　钢材对初级产品的购买力——茶叶，花生油，铁矿石对欧洲钢材的比价

年份\商品品级	茶叶印度北部每公吨英镑	铁矿砂利比里亚每吨英镑	花生油尼日利亚每公吨美元	钢板美国8/16英寸以上每公吨英镑	钢条西德酸性转炉钢条每吨英镑	贸易比价每百吨换茶叶数(吨)	每吨钢换铁矿石数(吨)	每100吨钢换花生油数(吨)
1948	—	—	438.3	—	—	—	—	—
1949	—	—	399.1	—	—	—	—	—
1950	—	—	417.5	23.4	54.1	—	—	12.96
1951	403	—	476.2	34.7	66.7	8.61	—	14.01
1952	330	—	363.8	46.7	91.7	14.15	—	25.21
1953	399	—	385.8	46.5	95.5	11.65	—	24.75
1954	588	18.02	370.7	36.1	92.1	6.14	5.11	24.84
1955	584	17.25	288	40.2	93.3	6.88	5.41	32.4
1956	561	19.29	369.3	51.1	95.7	9.11	4.96	25.91
1957	520	22.17	359.6	57.10	100.2	10.98	4.52	27.86
1958	541	17.26	275.9	47.14	104.3	8.71	6.04	37.8
1959	534	14.28	299.6	41.43	104.3	7.76	7.04	34.81
1960	544	14.42	326.3	41.04	104.3	7.54	7.45	31.96
1961	514	13.3	330.7	40.94	108.2	7.96	8.14	32.72
1962	557	12.16	274.5	40.94	109.5	7.35	9	39.89
1963	512	9.94	268.4	40.94	109.5	8	11.02	40.8
1964	502	10.18	315.3	42.22	109.5	8.41	10.76	34.73
1965	480	10.03	323.8	42.62	107.3	8.88	10.7	33.14
1966	479	10.07	296.2	42.62	109.3	8.9	10.85	36.9
1967	493	9.65	283.2	42.62	102	8.65	10.57	36.02
1968	445	9.2	270.7	42.62	94.5	9.58	10.27	34.91
1969	405	9.23	331.6	42.62	100.5	10.52	10.89	30.31
1970	468	9.94	378.6	49.07	124.9	10.48	12.57	32.99
1971	421	10.86	440.7	56.61	137.1	13.44	12.62	31.11
1972	417	10.53	425.9	59.52	157.4	14.27	14.95	36.99
1973	454	10.8	546.2	65.41	207.9	14.41	19.25	38.06
1974	598	—	1 096.10	90.49	257.3	15.13	—	23.41

资料来源：①兰加拉詹，前引书，附表5.2。
②联合国《统计月报》，《欧洲统计》，《钢铁年鉴》。

资产阶级经济学家关于发展中国家贸易条件长期恶化学说的争论*

内 容 提 要

在第二次世界大战以前的数十年间和20世纪50年代以来的十几年间,发展中国家贸易条件长期恶化的现象,在西方资本主义国家和亚、非、拉丁美洲国家曾引起热烈的争论。在这场争论中,资产阶级经济学家大体上可以分三派。

第一派以凯恩斯(J. M. Keynes)、罗滨孙(Austin Robinson)等为代表。他们坚持古典学派和资产阶级庸俗经济学者长期以来所主张的资本主义工业国贸易条件长期恶化学说。他们根据"土地报酬递减律"和"工业报酬递增律"的学说,认为在长时期中,贸易条件的变化不利于工业发达国家而有利于发展中国家。从这一"学说"中所得出的政策结论是:发展中国家既然在长时期中因原料——食品的相对价格不断提高而获利,所以为了发展经济,应继续扩大初级产品的生产。

第二派以普雷维什(Raul Prebisch)、辛格尔(Hans Singer)、密道尔(Gunnar Myrdal)等为代表。这一派人根据英国的贸易条件统计,认为初级产品价格相对于制造品价格有一个长期下降的趋势,通过贸易条件的变化,在国际间收入不断从"贫国"转移到"富国"(劫贫济富)。他们认为发展中国家贸易条件的长期恶化,有三个原因:(1)世界生产力增长过程所产生的利益的分配,只是有利于发达的工业国而不利于发展中国家;(2)初级产品价格和制造品价格周期变化的不同;(3)发达的工业国和发展中国家对进口货的需要的增长率不同。

这一派人认为为了改变单一经济的不利地位,从根本上扭转贸易条件长期恶化的局面,发展中国家应发展多样化的经济,进行工业化,与发达的工业国实行"新的国际分工"。

---

* 姚曾荫,本文为亚非会议准备的专题,1964年12月。

第三派人以哈勃勒（Gottfried Haberler）、李普西（Robert E. Lipsey）、摩萨（Pierre Moussa）等人为代表。这一派人对发展中国家贸易条件长期恶化论进行了猛烈的抨击，认为这个学说无论在统计数据方面，或理论分析方面都是站不住脚的。他们的论点如下：（1）英国的贸易条件的变化与其他工业国家贸易条件的变化有很大的差别，所以不能从英国的统计中得出一个普遍适用的结论；（2）英国贸易条件的简单倒数并不能代表发展中国家的贸易条件；（3）在长时期中，一切贸易条件指数都会发生很大的偏差；（4）在长时期内，贸易条件的变化有时有利于发展中国家，有时不利于发展中国家，并不存在一个永恒的规律；（5）在一定时期内，发展中国家贸易条件的恶化趋向是初级产品生产成本降低的结果，因此对发展中国家并无损害；（6）发展中国家贸易条件的不利变化并不是国际垄断组织进行操纵和所谓恩格尔规律（Engel's law）发生作用的结果。

这一派人认为工业发达国家贸易条件长期恶化论和发展中国家贸易条件长期恶化论都是错误的。贸易条件的有利或不利仅仅是个别的暂时的现象，而国际贸易对所有的参加国都是有利的，对发展中国家的经济发展尤其重要。他们反对发展中国家经济的多样化，认为经济多样化有害于对外贸易的发展，也不利于本国的经济发展。

从19世纪70年代到20世纪30年代以及50年代初期以来，亚、非、拉丁美洲国家贸易条件的长期恶化趋势，曾引起西方资本主义国家和亚、非、拉丁美洲国家经济学界广泛的注意和热烈的讨论。参加讨论的人数较多，意见分歧很大。他们对这个问题大体上有三种不同的意见：（1）发达的资本主义工业国贸易条件长期恶化论（即发展中国家贸易条件长期改善论）。以凯恩斯、罗滨孙为代表1952年发表的巴莱报告（Paley Report）又给这个学说以数据上的支持；（2）发展中国家贸易条件长期恶化论，以普雷维什、辛格尔、密道尔等为代表；（3）贸易条件变动不定论，以哈勃勒、李普西、摩萨等为代表。

战后资产阶级经济学家对这个问题的讨论，虽然比较广泛、热烈，但有关这个问题的探讨却不自战后始。自19世纪初叶以来，资产阶级经济学家对这个问题已经进行了长期的讨论。以下拟将对这个问题的讨论经过及其主要论点，简单介绍如下：

一

古典学派经济学家多伦斯（Robert Torrens）曾指进，"随着人口与工业的增长，制造品的交换价值,与农产品和矿产品相比,有肯定的下降趋势。"① 这是"工业国贸易条件长期恶化论"的第一次表述。这个"学说"的理论根据,就是臭名昭著的"土地报酬递减律"学说。按照这个学说,初级产品的价格相对于制造品的价格有逐步上升的趋势。

以后在资产阶级庸俗经济学家手里,这个"学说"得到进一步的发展。穆勒(J. S. Mill)在其《政治经济学原理》第四卷中,马歇尔(Alfred Marshall)在《国际贸易财政政策备忘录》(1903年)和《官方文件》(1926年)中,都曾对这个"学说"加以阐述。

在第一次世界大战前后,凯恩斯和罗卜特逊是这个学说的主要代表人物。

凯恩斯在1912年评论从1900年到1911年英国由于出口价格与进口价格相比,相对下降因而每年遭受到3700万英镑的"损失"时说:"从这个国家(按指英国)的观点来看,上面指明的(贸易条件)恶化观象当然是初级产品报酬递减律作用的结果。这个规律经过短期的停顿以后,近年来又强烈的起着作用。现在,一定数量的制造品年复一年的换得日益减少的原料数量这样一个稳定的趋势,又重新出现了。贸易中的比较利益正强烈的不利于工业国家。"②

英国庸俗经济学家罗卜特逊(D. H. Robertson)也竭力鼓吹这个"学说"。他在1915年出版的《工业变动》一书中说:"就整个来说,这些数字(即鲍莱所发表的截至1911年为止的贸易条件指数)所导致的结论,就是有利于农业社会而不利于工业社会的交换比例的一般趋势,曾在1870年代起过作用,在1880年代和1890年代一度中断,现在再一次全面地占据上风。这或者就是现在世界上最重要的经济现实。"③

在第二次世界大战前后,这个"学说"又为庸俗经济学家克拉克(Colin Clark)、罗滨孙(Austin Robinson)、迈尔(Gerald M. Meier)、蒙哥马利(Sarah S. Montgomery)等人从不同的角度加以论述。④ 蒙哥马利根据对金德伯格(C. P. Kindleberger)所发表的统计资料以及对1913年以后美国物价指数研究的结果,指出世界初级产品的贸易条件有改善而不是恶化的趋势。⑤ 1952年华盛顿发表的《巴莱报告》更给予这个学说以数据上的支持。⑥ 按照这个"学说"。发展中国家在长时期中因原料——食品价格的不

---

① 多伦斯:《论财富的生产》1821年,第93—98,115—116,288—289页;穆勒(J. S. Mill)《政治经济学原理》,1909年纽约版,第二卷第四编,第二章,第282页。
② 凯恩斯:《按1900年价格计算的英国对外贸易值估计报告》,载《经济杂志》1912年,第630—631页。
③ 《工业变动》,第169页。
④ 克拉克:《经济进步的条件》,1940年英文版,第453—454页;罗滨孙:《正在改变中的英国经济结构》,载《经济杂志》1954年9月号;迈尔:《国际贸易与发展》,1963年英文版,第3章;蒙哥马利:《1870—1952年国际贸易中初级产品与制造品的贸易条件》,1960年英文版。
⑤ 蒙哥马利,前引书。
⑥ 《争取自由的资源:总统原料政策委员会提交总统的一份报告》,1952年英文版。

断提高而大获其利，所以为了发展经济，最好是扩大初级产品的生产。①

二

第一个起来反对这个学说，并将这个学说颠倒过来的是国际联盟的经济学家希尔哥特（Folke Hilgerdt）。他在分析1938年以前的60年间初级产品价格相对于制造品价格长期下降的现象以后，指出"对这两类产品的相对价格的一般趋势是不容置疑的。"② 这是发展中国家贸易条件长期恶化论的最早的说明。

第二次世界大战以后，这个学说为联合国的若干报告所采纳，③ 并经由资产阶级经济学者普雷维什、辛格尔、密道尔、刘易斯（W. A. Lewis）之手，得到进一步地论证和传播。④ 一般称之为普雷维什——辛格尔——密道尔学说。

主张发展中国家贸易条件长期恶化论者的理论根据是1876/1880—1938年及1913—1948年的两项英国贸易条件指数统计。根据这两项统计，他们得到如下的结论："从19世纪下半叶到第二次世界大战前夕……初级产品价格相对于制造品价格有一个长期下降的趋势。平均计算，同样数量的初级产品在这个时期的末年仅能换得初年的60%的数量的制造品。"⑤

这一派人认为发展中国家贸易条件恶化的原因有以下几种：

首先，在世界生产力增长过程中，它所产生的利益的分配有利于发达的工业国，而不利于发展中国家。他们指出发达的工业国工业中的技术进步大于发展中国家初级产品生产中的技术进步。如果价格的下降能比例于生产力的增加，则初级产品价格的下降应该小于制造品价格，两者间相对价格的变化应该有利于发展中国家。但是，他们说，发生了相反的情况。在发达的工业国，工业生产力增长过程中所产生的利益的分配，采取了增加工资和利润的形式，而不是采取降低价格的形式；而在发展中国家的食品和原料的生产中，生产力的增长虽然较小，其利益的分配却采取了降低价格的

---

① 葛兹：《对欠发展国家的资本输出》，1963年英文版，第90页。
② 国际联盟：《工业化与对外贸易》，1945年英文版，第16页。
③ 联合国：《不发达国家出进口商品的相对价格》，1949年英文版，第21—24页；《拉丁美洲的经济发展及其主要问题》，载联合国：《拉丁美洲经济报告》，第7卷第1期。
④ 普雷维什：《拉丁美洲的经济发展及其主要问题》，1950年英文版；辛格尔：《投资国与借款国间得利的分配》，《美国经济评论》1950年5月号及《不发达国家出进口商品的相对价格》，1949年英文版；密道尔：《国际经济》，1956年英文版；刘易斯：《1870—1960年世界生产，价格与贸易》，《曼彻斯特学派经济与社会研究杂志》1952年5月号。
⑤ 联合国：《不发达国家出进口商品的相对价格》，第7页。

形式。[①]

其次，初级产品价格和制造品价格周期变化的不同，这一派人认为工业国家物价的变化和初级产品生产国物价的变化的不同也是由于在连续不断的经济周期中，初级产品价格与工业品价格的不同变动和工业品市场上存在较多的垄断因素所造成的。[②] 他们说，在高涨时期，初级产品价格一般能迅速上升，但在随之而来的危机和萧条时期，初级产品价格又猛烈下降。与此相对照，工业品价格在高涨时期虽然上升较少，但在危机和萧条时期，由于在垄断性较强的工业品市场上，工资和价格的僵化（rigidity），它们的下降程度却不如在高涨时期的上升程度，他们的结论是，在连续的周期变化中，这两类商品价格的差距扩大了，初级产品生产国受到贸易条件不利变化的损失。[③]

第三，工业国和发展中国家对进口货需要的增长率的不同，这一派人认为在长时期中，世界市场对初期产品需求的相对下降和对制造品的需求的相对增长，也加强了工业国商品价格和发展中国家商品价格变化的差别。他们也认为对初级产品和工业品的需求的增长率的不同是恩格尔规律（Engel's law，按即随着收入的增加，收入中用于生活必需品的部分递减的"规律"）作用的结果。同时就原料价格来说，也是制造业中技术进步，因而每单位产品所使用的原料减少的结果。[④]

根据发展中国家贸易条件长期恶化论者的意见，在国际间存在着一种收入从发展中国家不断转移到工业发达国家（劫贫济富）的现象。这个现象的含义就是"富国"对"贫国"不断地加强剥削，这是拉萨尔（F. Lassalle）的工资铁律在国际经济关系中的表现。[⑤] 收入和购买力的减少将会大大地影响发展中国家的经济发展。[⑥]

这一派人认为为了改变单一经济的不利地位，从根本上扭转贸易条件长期恶化的局面，发展中国家应发展多样化的经济，进行工业化，与发达的工业国实行"新的国际分工"。[⑦]

三

发展中国家贸易条件长期恶化论，近年来在西方资本主义国家经济学界曾受到猛

[①] 提出这种论点的有普雷维什、辛格尔、刘易斯、麦塔（F. Mabta）等人，见迈尔，前引书，第56页。
[②] 《拉丁美洲的经济发展及其主要问题》，第12—14页。
[③] 迈尔，前引书，第57页。
[④] 辛格尔：《投资国和借款国间利得的分配》，第479页；普雷维什：《不发达国家的贸易政策》，载《美国经济评论》，1959年5月号，第261—264页；迈尔，前引书，第57—58页。
[⑤] 摩萨：《剥夺了权利的国家》，1962年英译本，第4页。
[⑥] 迈尔，前引书，第58页。
[⑦] 联合国贸易和发展会议秘书长普雷维什的报告：《走向肯在发展的新贸易政策》，1964年英文版。

烈的抨击。反对者认为这个学说是"证据不足的",是"错误的",是"歪曲史实的",是"在数据方面和分析方面,都站不住脚的"。①

反对发展中国家贸易条件长期恶化论者所持的理由,大致有以下几点:

第一,反对论者认为发展中国家贸易条件长期恶化论者所根据的统计数据存在着以下几个问题。

(1) 发展中国家贸易条件长期恶化论者所依据的统计指数是英国的贸易条件指数,而英国的贸易条件指数并不能作为所有工业国贸易条件指数的代表。②"金德伯格的广泛计算说明英国贸易条件的变化与其他工业国的变化差别很大"。③ 李普西根据对1879—1960年美国贸易条件统计指数研究的结果,认为"两种关于净贸易条件变化的普遍见解,都没有从美国的材料中找到确证。其一就是包括美国在内的工业国贸易条件长期改善的见解。另一就是初级产品与制造品相比较,贸易条件长期恶化的见解。"④

(2) 英国的贸易条件指数的倒数并不能代表与英国有贸易关系的发展中国家的贸易条件指数⑤"因为英国的进口价格是按到岸价格(C. I. F.)计算的,而其出口价格是按离岸价格(F. O. B.)计算的,即进口价格包括运到英国口岸的运费,而出口价格则不包括运到外国口岸的运费。为了计算不发达国家的实际贸易条件,进出口价格都必须按有关国家的到岸价格计算。"⑥ 范纳和包尔温等人认为在运费变动时期,计算地点的改变会使贸易条件出现很大的差别。⑦

埃斯渥斯断言:"在1876—1905年的时期内,英国初级产品价格下降的大部分甚至全部原因可以归结为开往英国船只的运费的降低……在这时期内,英国制成品出口价格降低了15%。如果不发达国家的进出口价格都按离岸价格计算,则不发达国家的贸易条件指数很可能变得对它们有利。"⑧

莱特(C. M. Wright)企图证明当英国进口价格下降时期,在遥远的出口口岸,同样货物的价格反而上升,两者间的差额已被运费的降低所吸收。⑨

---

① 哈勃勒:《国际贸易与经济发展》,1959年英文版,第19页;哈勃勒:《贸易条件与经济发展》,见艾利斯(H. S. Ellis)主编:《拉丁美洲的经济发展》1961年英文版,第275—277页;范纳(J. Viner):《国际贸易与经济发展》,1952年英文版,第62页;迈尔,前引书,第58页。

② 哈勃勒:《国际贸易与经济发展》,第19页。

③ 哈勃勒:前引书,第20页;金德伯格:《贸易条件:欧洲个案的研究》,1956年英文版。

④ 李普西:《美国对外贸易中的价格和物量趋势》,1963年第76页。

⑤ 哈勃勒,前引书,第20页;范纳,前引书,第143页;包尔温:《贸易条件的长期变动》,载《美国经济评论》1955年5月号第2册。

⑥ 哈勃勒,前引书,第120页。

⑦ 范纳,前引书,第143页;包尔温(R. E. Baldwin):《贸易条件的长期变动》。

⑧ 埃斯渥斯(P. T. Ellsworth):《初级产品生产国与工业国间的贸易条件》,载《美洲间经济事物杂志》,1956年夏季号。

⑨ 莱特:《作为防止衰退的货币兑换与三角贸易》,《经济杂志》,1955年9月号。

李普西认为"当在英国的贸易统计中,出口是按离岸价格计算(不计运费),而进口是按到岸价格计算(包括运费)时,在按国内价格计算的贸易条件的变动可能对贸易双方同时都有利。为得出这一结果的必须条件就是相对于价格的运费的下降。"①

(3) 在长时期中,所有的贸易条件指数都会发生显著的偏差,因为其中不能反映原有商品的质量的改进及许多新商品的出现。商品质量的改进和新商品的出现,主要发生在工业制造品方面,而初级商品的质量在长时期中不会有多大的变化。范纳举例说:"今天比 1900 年,也许可能需要用更多的咖啡或棉花来交换一盏灯。今天的咖啡和棉花比 1900 年并没有显著的改进,但今天的电灯却无可比拟地比 1900 年的煤油灯好得多。"② 因此,英国贸易条件指数的简单倒数将会夸大对英国输出初级产品和从英国输入制造品国家的任何不利变动。③

第二,反对论者认为在长时期中,贸易条件有时有利于发展中国家,有时不利于发展中国家,并没有一个永远不变的规律。克拉克和刘易斯在研究 1800 年到 1860 年的时期内,英国贸易条件长期恶化的现象对,指出"相对价格的恶化,表明英国曾经把工业革命的利益分布于世界其余各地。"④ 他们也认为"这种变动是工业中报酬递增律和农业报酬递减律同时发生作用的例证。"⑤

摩萨说:"在 19 世纪的最初 75 年间,以及 1938 年以后的期间内,贸易条件对不发达国家是有利的。"⑥

马丁(K. Martin),蔡克利(F. G. Thackeray),罗斯托及迈尔等人均认为 1914 年以前初级产品价格的变化也与这种理论不相符合。"在 1914 年以前的大多数萧条时期,英国的贸易条件实际上恶化了,英国的食品进口价格在多数周期中比英国出口价格变动得少,并且很多的初级产品,特别是食品的购买力,在 1914 年以前的萧条时期增加了。"⑦

哈勃勒说:"在国际间,那个著名的不发达国家或初级产品生产者贸易条件长期恶化的臆说,在很大程度上是由于不承认两次战间的两次价格下降(1920—1921 年和

---

① 李普西,前引书,第 19 页。
② 范纳,前引书,第 143 页。
③ 哈勃勒,前引书,第 20 页;范纳,前引书,第 143—144 页;摩尔根:《农业与制造业间的长期贸易条件》,见《经济发展与文化变迁》,1959 年 10 月,第 4—6 页;包尔温,前引文,第 267—268 页;迈尔,前引书,第 59 页。
④ 罗斯托:《经济发展的进程》,1960 年英文版,第 201—202 页;克拉克,前引书,第 453—454 页;刘易斯:《1919—1939 年经济概观》,1949 年英文版,第 194—195 页。
⑤ 罗斯托:《经济发展的进程》,1960 年英文版,第 201—202 页;克拉克,前引书,第 453—454 页;刘易斯:《1919—1939 年经济概观》,1949 年英文版,第 194—195 页。
⑥ 摩萨,前引书,第 4 页。
⑦ 马丁和蔡克利:《1870—1938 年,几个国家的贸易条件》,载《牛津大学统计学院学报》,1948 年 11 月份,第 380—382 页;罗斯托:《贸易条件的历史分析》,载《经济史评论》,1951 年第 1 号,第 69—71 页。

1929—1933 年）仅仅是个别的事件。依照后来的发展，这个臆说已完全失去统计上的支持。"① 又说："1950 年代不发达国家贸易条件趋于恶化，但这次恶化不是灾难性的，不能与 1930 年代所发生的相比，……并且像过去时常发生的一样，贸易条件变化对不发达国家的影响也部分地被运费的猛烈下降所冲销。"②

第三，在一定时期中，发展中国家贸易条件的恶化趋势是初级产品生产成本降低的结果，因此对发展中国家并没有损害。哈勃勒说，假定不发达国家的贸易条件的确恶化了，则还要找出它的原因，"如果出口价格的下降是由于生产成本的减少，则贸易条件的'恶化'就不会带来什么损害。例如，在 19 世纪末叶，美国、加拿大和阿根廷的农产品逐渐运往欧洲。当时初级产品相对价格的下跌是由于这些新开发地区的生产成本（包括海陆运费）的急剧下降（或者说比欧洲竞争者的生产成本低得多）。所以不能说价格下跌损害了海外生产者，虽然它的确损害了欧洲的农业。"③

罗斯托认为 1873—1914 年英国贸易条件的改善主要是由于两种产品价格的变动：煤的出口价格的上升和小麦进口价格的下降。④

摩萨说："在上述变化中，小麦所占的重要地位使我们必须考虑以下两点：第一，今天的不发达国家并不是大的小麦生产国；其次，这时期内小麦价格的下跌并没有损害美洲大陆国家的经济状况，这些国家在当时是不发达的。相反地，小麦的生产和出口对它们是一项新的财富来源；欧洲的生产者，即发达国家的生产者反而受到小麦价格下跌的严重打击。"⑤

第四，反对论者否认发展中国家贸易条件恶化是国际垄断组织进行操纵和所谓"恩格尔规律"发生作用的结果。

关于国际垄断组织的操纵问题，迈尔说道："如果经验的证据经不住仔细的检查，那么理论分析更是如此。（这个理论）求助于工业国中的垄断因素，不仅是生产因素市场上的垄断，而且还有生产品市场上的垄断。……但是工会及公司是否真正拥有并且运用充分的垄断权力是一个明显的问题。即使它们是这样，这种垄断因素的存在最多只能解释国内价格绝对水平的变动，而不能解释世界制造品价格和初级产品价格相对水平的变动。世界价格水平依赖于世界的供给和需求状况。"⑥

哈勃勒认为在国际贸易中，制造品的垄断价格非常之少，比工业国国内的垄断价格还要少。同时现在比 50 年以前或 100 年以前要少得多。原因是在世界市场上目前许

---

① 哈勃勒：《一体化与世界经济的成长》，载《美国经济评论》1964 年 5 月号。
② 同上。
③ 哈勃勒，前引书，第 21 页。
④ 罗斯托：《经济发展的进程》，第 197—207 页。
⑤ 摩萨，前引书，第 4—5 页。
⑥ 迈尔，前引书，第 60—61 页。

多大工业中心彼此竞争，美国作为一个工业强国出现在世界上大大加强了世界市场上的竞争性。①

　　摩萨甚至否认国际垄断组织的存在，并把资本主义国家工人阶级争取提高工资的斗争看作是发展中国家贸易条件恶化的原因。他说："人们时常听说，世界上有一种普遍存在的因素，即发达国家的垄断组织在不断地抑低初级产品的价格，它们可以任意规定初级产品的买价和制造品的卖价。但是事实上，除了少数例外，这种垄断组织是不存在的。……如果把国际贸易描绘成为一边是英国和美国的制造品生产者，另一边是巴西或塞内加尔的原料生产者，那就把问题过于简单化了。事实上，生产和交换有许多的环节，在一端是不发达国家的小生产者或矿工，在另一端是工业化国家的劳动者。工业化国家的工人争取提高工资的斗争比起工商界领袖人物的利润动机来，无疑地更有助于使不发达国家的贸易条件趋于恶化……我们甚至可以这样说，在贸易条件的对立冲突中，时常是西方国家的工人和不发达国家的农民是敌对的双方。"②

　　关于所谓"恩格尔规律"的作用问题，迈尔说，"至于说到对进口需求的增长率的差异，这差异本身并不能解释相对价格的变化。即使花在进口货上的开支百分比是收入的一个递减函数，但随着经济的发展，对进口的需求仍可绝对地增加……应该注意的是，恩格尔规律仅仅适用于食品，而不能适用于原料或矿产品。即使对于初级产品来说，需求的收入弹性是小于一的，对于某一特定的初级产品生产国来说，重要的不是这一般的弹性，而是对其本国出口货的需求的增长率。"③

　　根据以上的理由，反对论者一致认为发展中国家贸易条件长期恶化论是错误的。哈勃勒说工业发达国家贸易条件长期恶化论和发展中国家贸易条件长期恶化论"都是错误的，因为贸易条件不可能同时向相反方向变动。……贸易条件有时不变，有时向这个方向变动，有对向那个方向变动。实际情况大致如此。"④

　　范纳说，根据已有的统计资料，"不能证明这种固定不变的趋势。"⑤

　　李普西说，初级产品价格"如与美国制造品出口（价格）相比较，强有力地驳斥了初级产品长期相对下降的见解，如与美国进口制造品（价格）相比较，则稍许证实了这一见解。就全体而论，初级产品相对价格上升的事例，更多于其下降的事例。"⑥

　　摩尔根根据对七个国家的制造品价格和农产品价格研究结果所得出的结论是："情

---

① 哈勃勒，前引书，第22页。
② 摩萨，前引书，第6—7页。
③ 迈尔，前引书，第62页。
④ 哈勃勒，前引书，第23页。
⑤ 范纳，前引书，第143页。
⑥ 李普西，前引书，第23页。

况很分散,并没有农产品相对价格不断下降的证据。"①

葛兹认为,"长期的价格比较和贸易条件的计算是很有问题的。它们是依据武断选定的基期,因此计算的结果只有有限的价值。很难确定哪一个学说是正确的。"②

这一派人认为贸易条件是变动不定的,贸易条件的有利或不利仅仅是个别的暂时的现象。国际贸易对所有的参加国都是有利的,对发展中国家的经济发展尤其重要。他们反对发展中国家实现经济上的多样化,强调经济多样化牺牲太大,代价太高。他们说,"在多数情况下,高水平的单一出口,要比低水平的多样化出口好得多。"③

---

① 摩尔根,前引文。
② 葛兹,前引书,第90页。
③ 哈勃勒,前引书,第7页。

伊曼纽尔的不平等交换学说述评

不平等交换或不等价交换问题首先是由马克思提出来的。但是马克思对这个问题的论述，语焉不详，他的著述计划未能完成，以致遗留下来一些未决的问题。从 20 世纪初期以来，许多马克思主义经济学者曾对这个问题进行了分析。第二次世界大战后，伊曼纽尔首先对这个问题作了比较全面的系统的说明。伊曼纽尔在批判地继承李嘉图的比较成本学说，并采纳了马克思主义政治经济学的若干观点的基础上，建立了他自己的国际价值——不平等交换论。他把自己看作是马克思在这个问题上的直接继承人，并认为他的学说为马克主义政治经济学提供了一个新的基础。

一、伊曼纽尔不平等交换学说的要点

伊曼纽尔否定了比较成本说的两个基本假定：（1）市场上的供求关系决定要素价格；（2）资本的不流动性。他对比较成本论者的下述论点也进行了批评，即价格是由国际需求决定的，而不是由劳动价值决定的。他试图把劳动价值理论应用到国际价值上。

伊曼纽尔认为国际价格、剩余价值和不平等交换都是由工资水平决定的。他说，一般工资率的变动不仅能改变不同生产领域的产品的价格，而且也能改变这些领域的资本有机构成。因此，"不是相对价格决定要素的报酬，而是要素的相对报酬决定价格"[1]。对伊曼纽尔来说，工资是资本主义生产体系中的自变数，而价格是应变数这一概念是伊曼纽尔的不平等交换学说的基本命题之一。

伊曼纽尔所要研究的中心问题是，适用于资本主义国家内部的价值规律，是否也同样地适用于资本主义世界市场上？伊曼纽尔的回答是肯定的。但是由于在不同的国

---

* 姚曾荫，伊曼纽尔的不平等交换学说述评，世界经济，1983 年第 6 期。

[1] 伊曼纽尔（A. Emmanuel）：《不平等交换》，巴黎 1969 年法文版；美国《每月评论》1972 年英文版，第 28 页。

家，对劳动力要素的报酬不相等，价值规律产生了不同的结果。各国间劳动力的不流动性，使国民工资水平的差异固定化，也使得不平等交换成为可能。

伊曼纽尔指出，李嘉图的比较成本学说是以国际间劳动力和资本的完全不流动的假说为出发点，而他的学说则是以国际间资本的自由流动和劳动力的不流动性的假说为出发点。伊曼纽尔认为这是最能反映现实情况的假说。

伊曼纽尔的学说的基本点是：

1. 国际间资本的自由流动导致利润率的国际平均化和国际生产价格的形成。

2. 各国的工资率是由超经济的、制度上的因素所决定的。国际间劳动力的不流动性，使国民工资的差异持久化。富国的工资水平大大地高于穷国，而穷国的剩余价值率高于富国。

3. 国民工资的差异产生了不平等交换。工资的不平等是不平等交换的独一无二的原因。

4. 工资是自变数。

5. 在国际交换中，富国剥削穷国。确切地说，是富国的劳动者剥削穷国的劳动者。

伊曼纽尔认为产生不平等交换的决定性因素不是产品的价格，而是生产中的劳动力费用。由于利润率平均化规律的作用，"超额利润只能是暂时的，但是超额工资在长时期内，已变成正常的工资"[①]。他曾经说在石油价格迅速上升以前，石油使阿拉伯人发财致富的程度不会比木材使瑞典人和加拿大人致富的程度更大[②]。这是因为石油是由仅仅拿到维持生命所必需的工资的工人来生产的。石油的价格相对于制成品的价格持续下降（直到1972年为止）。历史上和制度上的因素曾使瑞典工人的工资比穷国的工资高出20~30倍。这样木材的相对价格就上升。因此，他说，"一国之所以穷，不是因为它的产品卖得便宜，一国的产品之所以卖得便宜，是因为它穷。"他还说，"财富产生财富，贫困产生贫困"[③]。在这点上，他的见解同诺克斯（R. Nurkse）的"贫困恶性循环论"[④] 和米道尔（G. myrdal）所说的富国与贫国的两极分化过程是一种累积的因果关系的过程的论点[⑤]在很大的程度上是一致的。

伊曼纽尔认为在国民工资差异的情况下就产生了不平等的交换：穷国用一定数量的劳动时间所生产的产品只能交换到富国用较少的劳动时间所生产的产品。他给不平等交换所下的定义如下："不平等交换是均衡价格之间的比例关系。而这种均衡价格是各地域间利润率平均化的结果。在各地域间剩余价值率是'制度上'不同的。所谓'制度上'的不同，意味着因为这样或那样的原因，这些剩余价值率避免了生产要素市

---

① 伊曼纽尔：《各国工人的国际团结》，载《每月评论》1970年6月号，第18页。
② 伊曼纽尔：《不平等交换重述》，萨赛克斯大学发展研究学会论文第77号，1975年，第37页。
③ 伊曼纽尔：《不平等交换》英文版，第131页。
④ 诺克斯：《欠发达国家的基本形成问题》，1960年美国版。
⑤ 米道尔：《经济学说与欠发达区域》，1954年美国版，第11页。

场上的竞争性平均化的过程,并且是不受相对价格的支配的。"[1]

二、不平等交换的形式

伊曼纽尔认为有两种不平等交换。第一种是形式上的或广义的不平等交换。第二种是严格意义上的或狭义的不平等交换。为了了解伊曼纽尔所说的这两种不平等交换的意义,首先需要说明什么是平等的交换。举例如下(见模式一):

模式一:平等的交换

	K 投 资 总 额	C 不变资本 消耗额	v 可 变 资 本	m 剩 余 价 值	V 价 值 c+v+m	R 生产费用 c+v	T 利率润 $\frac{\Sigma m}{\Sigma k}$	P 利 润 TK	L 生产价格 c+v+p
A国	240	100	50	50	200	150	$20.8\frac{1}{3}\%$	50	200
B国	120	50	25	25	100	75		25	100
两国	360	150	75	75	300	225		75	300

模式一中的计量单位是以小时、天数或月数计的劳动单位。它们都代表简单的、抽象的人类劳动。利润率是国际平均利润率。生产价格是指国际生产价格。在模式一中,A、B两国产品的国际生产价格比例是200∶100,因此产品将按照2B∶1A的比例进行交换。这是平等交换的例子,因为双方在交换中都得到同等的劳动量(包括活劳动和物化劳动)。

在模式一中,生产价格与价值是相同的。这是因为剩余价值率和利润率在两国国内都是相同的。两国不变资本的比例、可变资本的比例和剩余价值的比例是相同的。

伊曼纽尔认为广义的不平等交换发生在两国的资本有机构成不同,但工资率相向的条件下。举例如下(见模式二):

模式二:广义的不平等交换

	K 投 资 总 额	C 不变资本 消耗额	v 可 变 资 本	m 剩 余 价 值	V 价 值 c+v+m	R 生产费用 c+v	T 利率润 $\frac{\Sigma m}{\Sigma k}$	P 利 润 TK	L 生产价格 c+v+p
A国	240	50	60	60	170	110	$33\frac{1}{3}\%$	80	190
B国	120	50	60	60	170	110		40	150
两国	360	100	120	120	340	220		120	340

---

[1] 伊曼纽尔:《不平等交换》,1972年英文版,第63—64页。

在上例中，A 国的资本有机构成较高（$\frac{240}{60}=400\%$），B 国较低（$\frac{120}{60}=200\%$），但是两国的工资相同，剩余价值率相同（都是 $\frac{60}{60}=100\%$），利润率已平均化（$33\frac{1}{3}\%$），两国产品的价值是相同的，它们的比例是 170∶170，因此 1A＝1B。两国产品的国际生产价格的比例是 190∶150，因此，150A＝190B。在世界市场上，A 国一小时劳动比 B 国一小时劳动能够换得较多的产品。$\frac{1}{1}>\frac{150}{190}$。这就形成伊曼纽尔所说的广义的不平等交换。

狭义的不平等交换产生在两国的资本有机构成和工资率都不相同的条件下。举例如下（见模式三）：

模式三：狭义的不平等交换

	K 投资总额	C 不变资本消耗额	v 可变资本	m 剩余价值	V 价值 c＋v＋m	R 生产费用 c＋v	T 利润率 $\frac{\Sigma m}{\Sigma k}$	P 利润 TK	L 生产价格 c＋v＋p
A 国	240	50	100	20	170	150	$33\frac{1}{3}\%$	80	230
B 国	120	50	20	100	170	70		40	110
两国	360	100	120	120	340	220		120	340

在模式二中，A 与 B 二国的剩余价值率均为 100%。在模式三中，A 国的剩余价值率为 20%，B 国的剩余价值率为 500%，亦即富国的剩余价值率小于穷国。

伊曼纽尔在给不平等交换所下的定义中所说的"均衡价格"就是指"国际生产价格"，也就是"国际劳动单位"。在模式三中，A 国产品的"国际生产价格"是 230，B 国产品的"国际生产价格"是 110。伊曼纽尔认为在"国际生产价格"形成以后，两国产品的交换比例已经不是 170∶170，即 1A＝1B，而是 110A∶230B 了，即 1A＝2.09B，从而构成另一种形式的不平等交换，即狭义的不平等交换。

模式二与模式三所要论证的都是国际贸易中的不平等交换。但是伊曼纽尔认为这两种模式不只是程度上的差别，而是质的差别。他指出，尽管在模式二中，也有着剩余价值的国际转移，但是这种转移与在模式三中由于工资水平的差异而造成的剩余价值的国际转移是不属于同一范畴的[①]。在严格的意义上，第二种模式的不平等交换不能算做是真正的不平等交换[②]。因为，第一，这种广义的不平等交换是发生在各部门的资本有机构成不同和价值转化为生产价格的条件之下的。在资本主义制度下，这是一切

---

① 伊曼纽尔：《不平等交换》，1972 年英文版，第 161 页。
② 伊曼纽尔：《不平等交换》，1972 年英文版，第 60 页。

商品交换（其中包括国内交换和国际交换）所共有的现象，而不是国际贸易所独有的现象。因此，不能因为这个原因而说国际贸易是不平等的交换。第二，各国间或各部门间资本有机构成的不同，即使是在完全竞争的模式中也是不可避免的。这是由于各国间和各个不同的部门间，技术条件的千差万别。而工资水平的不同则是历史上和制度上的因素造成的，以致劳动力在国际间不能自由转移的结果。

伊曼纽尔认为，尽管就国际交换中的两种产品来说，在各自的价值（V）中，加值（v+m）所占的比例是相同的（在模式三中，都是120）。但在富国，加值的最大部门是代表工资，而在穷国，它代表剩余价值。在国际交换中，由于利润率的平均化，富国和穷国所得到的剩余价值量与交换发生以前的数额都不相同，但是两国都得到同样的利润率，即根据使用中的资本，即不变资本加可变资本所计算出来的利润率。这就使得富国的商品得到一个较高的生产价格。因为这个生产价格不仅包括着较高的工资，也包括着穷国的一部分利润。同时这也使得穷国的商品只能得到一个较低的生产价格，因而穷国必须放弃它们的一部分剩余价值。

伊曼纽尔论证了富国能够将产生较高生产率的物质条件转移到穷国去，但没有把它们国内流行的"社会学上的最低"工资转移过去的问题。他说，"外围国家的人民能够利用现代的生产工具，而远远没有要求现代的享受，这就是来自不平等交换的超额利润的最后根源。"[①] 他认为在穷国的劳动力市场与富国的劳动力市场互相隔离的情况下，穷国所支付的实际工资是持续地低于富国，因而穷国的剩余价值率就高于富国。

在这种情况下，国际贸易就成为一种转移剩余价值的机制。在模式二和模式三中，A和B两国，除了工资（因而剩余价值率）以外，其他条件都是相同的。因此，伊曼纽尔及其学派认为在其他条件不变时，国民工资的差异是不平等交换的唯一的原因[②]。而在国际交换中，穷国的一部分剩余价值转移到了富国的手里，这等于每年从穷国到富国有成十亿美元的价值的"隐蔽的"转移[③]。

伊曼纽尔所得出的一个重要的结论是，国际间经济不平等现象愈益增长的根源就在于不平等交换。穷国在世界市场上不得不用花费较多的劳动时间所生产的产品去交换富国只用较少的劳动时间所生产的产品。而且这种不平等交换随着穷国的贸易比价的恶化而日益增加。参加国际分工的各国的贫富悬殊、两极分化的状态愈益加剧[④]。

[①] 伊曼纽尔：《计划化的问题》，1963年第2期。
[②] 伊曼纽尔：《计划化的问题》，1963年第2期，第61页。
[③] 德詹利（Aain de Janry）：《世界粮食危机的物质决定因素》，《伯克利社会学杂志》1976—1977年第21期，第336页。
[④] 伊曼纽尔：《计划化的问题》，1963年第2期，第274页。

三、对伊曼纽尔不平等交换学说的评论

不容否认，伊曼纽尔对国际价值——不平等交换理论做出了一定的贡献。他对这个问题进行了全面地深入地分析，提出了一些有独创性的见解。他指出国际交换中，特别是在富国与穷国的商品交换中存在着不平等交换，亦即不等量劳动的交换。这是正确的。但是他的分析方法是不是合理？马克思的有关价值转化为生产价格的理论是不是也同样地适用于世界市场上？适用于充分发展的资本主义经济各个不同的部门间的关系的分析方法，是不是也能适用于生产方式不同的国家之间的关系上？工资是不是一个自变数？能不能说富国的劳动者剥削了穷国的劳动者？这些都是应该进一步分析和解答的问题。

首先，伊曼纽尔的全部不平等交换学说是以国际间资本的自由流动、国际平均利润率和国际生产价格的形成为出发点的。

马克思曾指出，利润率的平均和生产价格的形成，需要具备两个条件。第一，资本已有更大的能动性，也就是更容易由一个部门一个地点转移到另一个部门另一个地点。第二，劳动力能够更迅速地由一个部门转移到另一个部门，由一个生产地点转移到另一个生产地点[①]。但是伊却认为只要资本可以自由转移就足够了，并且他还把这一点运用到国际方面。就是说，在国际上，虽然劳动力不能自由转移，只要资本能够自由转移，就会形成国际的平均利润率和国际生产价格。

但是，不但劳动力在国际间不能自由地大规模地转移，因而没有形成国际的统一的工资率；而且在资本方面，由于国界的存在，由于各种人为的和自然的垄断的存在，它在国际间的转移也远不是充分自由的。即便是短期资金的流动，在当代的条件下，也并不是完全自由的。因此，要素均等化的学说是不能成立的。一切所能得到的统计数据都排斥了要素价格均等化的假说。

在1939年，荷兰的平均工资为印度尼西亚的工资的14～29倍[②]。在1947—1948年，美国纺织工业的工资为印度同一部门的工资的11倍[③]。在第二次世界大战后各国间的国民工资差异并没有缩小。例如，1974—1976年按美元计算的制造业工人每小时收入，美国是土耳其的10倍，加拿大是斯里兰卡的26倍[④]。

[①] 马克思：《资本论》第3卷，人民出版社1966年版，第206页。
[②] 曼德尔（E. mandel）：《论马克思主义经济学》下卷，1962年法文版，第13章。
[③] 曼德尔（E. mandel）：《论马克思主义经济学》下卷，1962年法文版，第13章。
[④] 麦基（S. P. Magee）：《国际贸易》，1980年美国版，第56页。

其次，从 19 世纪末叶以来，帝国主义国家的资本输出虽然有了较快的发展，但是国际间的资本流动仍不像资本主义国家内部那样自由，在发展中国家的投资仍然是超额利润的来源。把在发展中国家投资的利润率与发达国家国内投资的利润率相比较，不难看出，它们之间仍然有较大的差距。

据保罗·巴兰（P. A. Baran）就荷兰公司在荷兰及印尼所付的股息的调查表明，在 1922 年到 1937 年在印尼所付的股息为荷兰股息的 1~5 倍[1]，而美国私人在发展中国家投资的利润率一般超过在发达国家投资的利润率 100%[2]。美国参议院对外关系委员会在一项报告中指出，1972 年美国国外投资的利润率为 15.3%，而总投资的利润率只为 6.4%，国外利润率超过总投资利润率达 140%[3]。

应该指出的是，大垄断公司经常把它们在发展中国家直接生产出来的一部分利润加以隐瞒，而把它作为在西方国家所生产出来的。这样就在表面上提高了西方国家国内的利润率，而压低了它们在发展中国家投资所取得的利润率。此外，大垄断公司还把它们在发展中国家所取得的超额利润的一部分以储备金的形式伪装起来，因此在它们的贷借对照表上不算做利润项目，从而压低了利润率。由此可见，在国际间利润率并没有平均化。

马克思指出，利润率的平均化和生产价格的形成需要资本主义有较大的发展。只有当资本主义发展到一定的高度，冲破了封建关系的重重束缚，劳动力和资本能够自由转移时，平均利润率和生产价格才能形成。至于平均利润率和生产价格这两个范畴应用到国际方面，除了上述的条件之外，还需要资本主义生产方式在世界范围的普及和发展。但是，这些条件在国际方面是不存在的。

在世界经济中，除了资本主义发达国家和发展中的资本主义国家以外，还有为数众多的前资本主义国家。在当代还有社会主义国家。世界经济不仅包括，而且的确需要不同的生产方式之间的商品交换。事实上，各种不同的生产方式都与资本主义世界市场发生了不同程度的联系。但是不能把与世界市场的联系，对世界市场的依赖性解释为一个单一的纯粹的资本主义世界经济的存在。资本主义生产关系是建立在劳动力转化为商品和生产手段转化为资本之上的。当这些转化没有普遍化时，也就没有普遍化了的资本主义生产关系。虽然资本输出已经有了迅速的发展，但是它远没有使国际间的资本有机构成平均化，它也没有形成一个单一的国际平均利润率，更没有创造一个单一的国际生产价格体系。世界市场的特点之一，就是各国利润率的参差不齐，不同的本国平均利润率和不同的国民生产价格的同时存在。各国的国民生产价格的平均数形成一个阶梯。它们

---

[1] 巴兰：《增长的政治经济学》，美国版，第 229 页。
[2] 《世界经济统计简编》，三联书店 1974 年版，第 358 页表 912。
[3] 转引自联合国拉美经济委员会，第 17 次报告《拉美经济与社会发展与对外关系》1977 年，第 177 页。

的计量单位是世界劳动平均单位。各国国民生产价格的阶梯化和差别化，是由它们的生产力水平的阶梯化和资本有机构成的阶梯化和差别化所决定的①。

在资本主义国家国内市场上，各个工业部门的利润率的平均化也仅仅是一个长期趋势。实际的经济运动是不平衡的发展，利润率水平是参差不齐地变化的，即使是在自由竞争时期，情况也是这样。在垄断资本主义时期，即便是理论上的利润率平均化趋势也不存在了。垄断价格代替了生产价格。在国际间，在发展中国家投资的利润率一般总是高于发达国家。这是超额利润的主要来源。这种利润率的差异，主要是由于：（1）发展中国家和地区的种植园和采矿业的平均资本有机构成大大地低于发达国家的轻重工业的资本有机构成；（2）发展中国家和地区的平均剩余价值率时常超过发达国家；（3）发展中国家和地区的大量产业后备军压低了劳动力的价格。由于国际间利润率差异的存在，所以马克思认为对殖民地的贸易是提高利润率和阻止利润率下降的重要手段之一。伊曼纽尔肯定了国际间利润率的平均化，也就否定了对外贸易是发达国家取得超额利润的手段和阻止利润率下降的手段的作用。

伊曼纽尔的利润率平均化学说是建立在国际间资本的自由流动和各国的劳动生产率平均化的基础之上的。但是资本自由流动这个前提在很大的程度上是不存在的。至于各国间劳动生产率的均等化的假设，更是与事实相距太远。如果我们承认国际间劳动生产率的均等化，那就会否定资本主义发展不平衡的规律。而这个规律过去是，现在仍然是决定资本主义世界经济发展的主要规律之一。

和利润率平均化的规律一样，价值转化为生产价格的规律也只能适用于资本主义生产方式内部，而不能适用于不同的生产方式之间。在世界经济中存在着多种生产方式的条件下，这个理论模式是不能照搬的。因此，"国际生产价格"的范畴是不能成立的。伊曼纽尔只重视国际交换关系，只分析资本主义的交换结构，而忽视了不同的生产方式的存在以及它们之间的相互关系，忽视了国际生产关系，因而得出一些不适当的结论。

恩格斯说："人们在生产和交换时所处的条件，各个国家各不相同，而在每一个国家，各个世代又各不相同。因此，政治经济学不可能对一切国家和一切历史时代都是一样的。"② 又说"谁要想把火地岛的政治经济学和现代英国的政治经济学置于同一规律之下，那么，除了最陈腐的老生常谈之外，他显然不能揭示出任何东西。"③ 当然，发展中国家的经济制度并不相同，不是所有的国家都同火地岛的情况一样④。但是只能

---

① 曼德尔：《晚期资本主义》，1975年英文版，第83页。
② 恩格斯：《反杜林论》，《马克思恩格斯选集》第3卷，第186页。
③ 恩格斯：《反杜林论》，《马克思恩格斯选集》第3卷，第186页。
④ 据法国记者莫里斯·勒穆瓦纳对海地岛上的多米尼加共和国进行实地采访的结果，发现那里现在仍然存在着奴隶制度，见《世界图书》第4期。

适用于纯粹资本主义制度的经济规律对世界上的很多国家不能适用，或不能完全适用，那是不容置疑的。

总之，价值规律在世界市场上的作用发生了重大的变化。不能把资本主义的经济规律（包括价值规律）简单地套用到具有多种生产关系的国际社会中去。

第二，国际贸易中产生不平等交换的原因是什么？富国和贫国工资的差异是不是产生不平等交换的唯一的原因？

许多经济学家在分析不平等交换或不等价交换问题时，都认为国民工资差异在国际经济关系中具有特殊的作用，并且是产生不平等交换的一个重要因素。但是只有伊曼纽尔走得这样远，以至于把国民工资差异看作是他的世界市场价格形成的全部理论的基础和不平等交换的独一无二的原因。

伊认为国际贸易中的不平等交换是劳动力在国际间不能自由流动，国民工资的长期差异的结果，是富国的工人阶级垄断地位所产生的准地租的结果。这样，他就否定了国际间劳动生产率的差别、劳动强度的差别和资本有机构成的不同在不平等交换中所起的作用。而马克思把劳动强度的差异看作是价值规律在国际上的应用要发生重大变化的因素之一①。

马克思也把各国间劳动生产率的差异作为国际贸易中产生不平等交换的一个因素。

贝特洛赫姆（C. Bettlheim）继马克思之后，十分强调资本主义国家生产力发展的不平衡和国际生产关系对于资本主义国际分工和国际间经济不平等以及交换不平等所起的重大作用。他说世界经济内部生产力发展的两极分化是使"地球的一部分成为主要从事农业的生产区域以服务于另一部分主要是从事工业的生产地区"的物质基础。正是这种世界生产力的两极分化与资本主义国际生产关系的复杂的结合，才为富国的高工资水平和穷国的低下工资水平伴随着大规模的失业和半失业创造了客观条件，才为它们之间的不平等交换创造了条件。所以不平等交换不是一个简单的交换关系，它不能仅仅用"要素的报酬率"来解释。因为这些都有其一定的客观的物质基础。正是这个客观的基础支持并再生产了不平等的交换②。

第三，工资是不是决定经济发展的自变数？

伊曼纽尔认为工资是一个自变数，是工资决定价格，而不是经济条件决定工资；是工资水平的差异决定国际间劳动生产力的差异，而不是劳动生产力的差异决定工资的差异；是工资水平决定经济发展，而不是经济发展影响工资水平。但是从马克思主义政治经济学的观点来看，工资并不是一个自变数。资本积累才是一个自变数。劳动生产力的增长和工资水平的高低都要受到资本积累速度的影响。工资的差异也受到劳

---

① 马克思：《资本论》第1卷，第614页。
② 贝特洛赫姆：《评论》，见伊曼纽尔：前引书附录Ⅰ。

动生产力的不同水平的影响。伊曼纽尔既然把生产力发展的不平等或不平衡归因于工资水平的不平等，也就不能理解经济落后国家的较低的资本有机构成对不平等交换的重要影响作用。这就是为什么他拒绝广义的不平等交换的范畴的原因。

富国与穷国的工资水平是相差悬殊的，但是它们之间的劳动生产率的差距更大。例如，在1950—1955年期间美国与巴基斯坦的工资差距为25∶1，而劳动生产率的差距则为66∶1，工资的高低受到劳动生产率大小的影响。

伊曼纽尔还认为工资是资本主义国家经济发展的自变数。他说，"一国的经济发展决定于工资水平"①。在穷国，低下的工资水平导致劳动密集型投资。在富国，工会组织的发展，它们对劳动力这种商品在供应方面的垄断，从19世纪末叶以来使得实际工资有长期增长的倾向。于是，这在富国产生一种走向资本密集型投资的推动力。工资水平的差异导致投资类型的差异。两种不同的投资类型又加强了富国和穷国的劳动生产率的差异和经济发展水平的差异。

按照马克思主义政治经济学的观点，劳动力这种商品，其价值和价格上在国际间的巨大差异，是资本主义发展不平衡和生产力发展不平衡的结果，而不是它们的原因。各国间工资的差异决不能成为脱离各国的生产力和生产关系的发展规律而独自决定世界经济的整个结构的关键因素。而工资和消费领域内的一切发展变化却归根结底是要受生产领域内的发展变化所决定的。

第四，在国际交换中，是不是富国的无产阶级剥削了穷国的无产阶级？

伊曼纽尔认为在国民工资差异所造成的不平等交换中，富国的无产阶级的高工资水平既减少了本国资产阶级的收入，又损害了穷国的无产阶级的利益，富国的无产阶级是穷国无产阶级的剥削者。

应该承认，富国的资产阶级通过殖民剥削和不平等交换所得到的超额利润，使富国的工人阶级，至少是其中享有特权的一部分，有可能分享一些剥削利益，从而形成了占据特权地位的少数工人贵族。英国经济学家道布（M. Dobb）把这一部分工人阶级称为"宗主国的宫内奴隶"。与帝国周围的"种植园奴隶"对比起来，他们感到与主人有部分的利害一致，因而不愿破坏现状②。恩格斯也曾对这种情况说过以下的名言："当英国工业垄断地位还保存着的时候，英国工人阶级在一定程度上也是分沾过这一垄断地位的利益的。这些利益在工人中间分配得极不均匀：取得绝大部分的是享有特权的少数，但广大的群众有时也能沾到一点。正因为如此，所以从欧文主义灭绝以后，英国再也没有过社会主义了"③。

---

① 伊曼纽尔：《不平等的交换》，1972年英文版，第90页，第138页。
② 道布：《政治经济学与资本主义》，1962年中文版，第208—209页。
③ 《马克思恩格斯选集》第4卷，人民出版社1972年版，第283—284页。

这一切都是不容怀疑的。但是只有伊曼纽尔把这一问题突出出来并加以夸大。他认为在富国与贫国的贸易中，不平等交换是有规则有系统地存在的，认为富国的工人阶级事实上剥削了穷国的工人阶级，并且由于利润率平均化的趋势，富国的工人阶级在不平等交换中所得到的利益超过了资产阶级，从而破坏了工人阶级国际团结的基础[①]。这个结论显然是不符合马克思主义的。

在资本主义世界经济中，富国的劳动者阶级与穷国的劳动者阶级在贸易问题或投资问题上当然会产生某些利害冲突，正像在任何一个国家内，收入较多的工人与收入较少的工人会有某些利害冲突一样。但是马克思主义的观点是，与遭受国际垄断资本的剥削的资本主义国家劳动者的共同利益相比，这只是一个次要的问题。国际工人阶级利害一致的地方比起他们之间的矛盾冲突来，当然要大得多。说富国的劳动者剥削穷国的劳动者，是没有意义的。不是富国的劳动者剥削穷国的劳动者，而是他们都有一个共同的剥削者，那就是国际垄断资本。

总之，伊曼纽尔的不平等交换学说的确存在着不少的问题。除了以上所提出的几个问题之外，还有其他的问题。例如，他假定富国的平均劳动生产率和穷国是相同的，他还假定富国的资本有机构成低于穷国（见模式三），这在理论上和经验上都是站不住脚的。但是他的这本书是第一本比较有系统地、比较深入地分析国际价值和不平等交换问题的著作。他提出了不少有创造性的见解。了解他的学说对于我们进一步深入研究和讨论国际价值——不平等交换问题将是十分有益的。

[①] 伊曼纽尔：《各国工人的国际团结》，载《每月评论》1970年6月号，第18页。

对于许涤迥关于不等价交换的理论和计算方法的初步探讨一文的几点意见*

一个星期以前，听到许涤迥的报告。今天又听到作者的补充发言，个人感到很大兴趣，得到不少启发、收获。作者在理论上对马克思有关国际价值问题的理论作了分析和阐述，并且提出了一些自己的见解，在估计方法上，作者也提出了一些有价值的意见，并进行了详细的计算。这些工作对于进一步理解这个问题，对于人类研究讨论这个问题有很大的帮助。个人对这个问题并无研究，但在翻阅论文过程中，感到有些问题还不很明确，有些问题还有待于进一步的深入研究、讨论。现在就把这些疑问连同个人不成熟的看法一并提出来，向许涤迥请教，并请到会同志批评指正。理论部分存在 5 个疑问，计算方法部分存在大大小小的 10 个疑问，一并 15 个疑问。

首先，什么是"不等价"，什么是"等价"。许说等量的社会必要劳动量的交换就是等价交换？这是对的，容易理解的，但是在国际商品交换中，等量的社会必要劳动究竟指的是什么？是指的一个国家的"国民平均劳动"（马克思）呢？还是指的马克思所说的"世界劳动的平均单位"呢？许涤迥对此并未说明。如果等量劳动指的是等量的"世界劳动平均单位"，那么按照"世界劳动平均单位"进行交换应该就是等价交换。如果这个说法能够成立，则只有在垄断条件下，在存在着垄断高价和垄断低价的情况下，才存在着不等价交换。在资本主义自由竞争时期，在竞争规律的充分作用下，交换一般会趋向于等价交换，不等价交换就只能成为暂时的偶然的例外。

如果等量劳动指的是每个国家的国民平均劳动，那么在资本主义发展不平衡规律作用下，在帝国主义国家与不发达国家间劳动生产率存在着极大差别的情况下，任何不发达国家所生产的任何一种商品的"国民平均劳动"都不可能与帝国主义国家生产的同种商品的"国民平均劳动"相等。发达的资本主义国家与不发达国家的商品交换完全是"不等价交换"。实际上，在资本主义世界市场上，根本不存在等价交换的

---

* 姚曾荫，1963 年 6 月。

问题。

等量劳动究竟指的是哪一种劳动？许逦迥对这个问题并没有明确的说明。

许逦迥在文章第5页中指出："在资本主义世界市场上，各国商品的国别价值转化为国际价值"，又说"在资本主义世界市场上，世界劳动的平均单位是衡量各国商品价值大小的统一的国际尺度单位。"他又着重指出（第6页），"在国际交换中，各国商品的价值不再以各该国生产商品的社会必要劳动量来决定，而由世界劳动的平均单位来决定。"

既然说在资本主义世界市场上各国商品的国别价值已转化为国际价值，同时，在国际交换中，各国商品的价值不再以各该国生产商品的社会必要劳动量来决定，而由世界劳动的平均单位来决定，那么商品按国际价值进行交换，是不是就是等价交换？如果说不是等价交换，就应该说明为什么不是。如果说就是等价交换，那么又怎样理解不等价交换呢？对于这个关键性的问题，对于这个表面看来很矛盾的问题，许逦迥的论文显然是在尽力回避，而未给予最起码的分析。对于这个问题，在以下的说明中，想提出一些不成熟的看法。

第二个问题，所有的马克思主义学者都公认国际商品交换中存在不等价交换，不等价交换是帝国主义剥削各国人民的工具。但是，在资本主义国家国内商品交换中，在理论上是否也存在着不等价交换呢？

许逦迥认为"无论在国内商品交换中或者在国际交换中都存在着不等价交换"，也就是说不等价交换这概念，无论是在国内市场上或国际市场上都完全适用。对此，我有不同的意见。

许逦迥正确地指出，不等价交换问题这一现象首先明确指出的是李嘉图。李嘉图看到在国际交换中"100个英国人的劳动产品可能交换80个葡萄牙人的，60个俄国人或120个东印度人的劳动产品。"李嘉图的这些话显然就是指的不等价交换。但是李嘉图认为这种现象是国际商品交换所特有的现象，而在一国国内商品交换中是不可能发生的。因此，他才得出这样一个结论，即在一国国内市场上发生作用的价值规律在世界市场上不能发生作用。在国际交换领域中，他用错误的比较成本规律来代替劳动价值规律。

马克思也看到国际商品交换中的确存在着一国的一个劳动可以和另一国的三个劳动相交换的现象。因此，马克思指出，"价值规律在这里受到本质上的修正"。

许逦迥文也一再强调"价值规律受到本质上的修正"问题。

既然，由于国际商品交换中存在着不等价交换，因而发生"价值规律在本质上的修正"问题。根据许逦迥文意见，国内交换中也同样存在着不等价交换，那么价值规律在国内市场上的作用是不是也要受到本质上的修正呢？如果肯定国内交换中也同样存在着不等价交换问题，那就势必要发生修正的问题。如果价值规律在国际市场上和国内市场上同样要发生修正，而且是在本质上的修正，还不是一般的修正，那么价值规律还能有多大价值呢？还能不能成为价值规律呢？

在国内交换中，肯定价值规律充分发生作用，就必然要否定"不等价交换"的经常大量存在，肯定"不等价交换"的普遍存在，就势必要否定价值规律的作用，两者必居其一。在国内交换中，等价交换是经常起作用的规律，不等价交换则是偶然的现象。

因此，就连带发生这样一个问题，价值规律的作用在国内市场上和在世界市场上究竟有无不同？如果说作用完全一样，那么不等价问题又怎么解释？如果说作用不一样，那么又为什么不一样？

对于这些问题，许涤迥同志提出的论点有的是互相矛盾的，有的是一笔轻轻带过解释不够的，有的问题根本未给予应有的分析。

我认为要想解决这些问题，必须首先从价值规律的作用谈起。大家知道，价值规律就是社会必要劳动时间决定商品的价值量的规律。按照这一规律，商品的交换是按照它们所耗费的社会必要劳动时间来进行的。在资本主义条件下，商品交换按照它们的生产价格来进行。按照商品的社会必要劳动时间进行的交换就是等价交换。价值规律的作用就要求等价交换。在理论上，等价交换就构成资本主义社会国内交换的一种普遍的规律。（这里先不谈垄断价格问题）。而不等价交换则是暂时的偶然的现象。

但是在国际商品交换中，却不是如此。由于劳动力和资本在国际间不能自由移动，因此竞争规律不能在世界市场上充分发挥作用。也由于各国劳动生产率的差异，因此在国际商品交换中，特别是在发达资本主义国家和不发达国家的商品交换中，不等价交换成为一种普遍的规律，而等价交换却成为一种极罕见的例外。这里所说的"等价""不等价"是指"本国价值"或"国民平均劳动"而言，为什么要用这标准，以下还要说明。

根据这种认识，同时也根据经典作家对不等价交换问题的阐述，我认为"不等价交换"这一概念的适用范围在理论上似乎应该加以严格的规定，即完全适用于国际商品交换，特别是发达的资本主义国家与不发达国家的商品交换中，就是说它是国际商品交换特有的规律。这规律对国内商品交换是不能适用的。经典作家都是在国际商品交换中才提到不等价交换问题的，毛主席在《毛泽东选集》第四卷分析不等价交换时，也是从帝国主义对旧中国的经济侵略这角度来论述的。许涤迥认为这概念既适用于国际交换也适用于国内交换，这一点还须要重新考虑。

指出"不等价交换"这一概念在理论上的适用范围，在理论上和计算方法上都有很大重要性。许涤迥认为国内交换中也存在着不等价交换。他从这一认识出发，因此在理论上陷于上述的矛盾的境地，实际上等于否定了价值规律在国内市场上的作用。在计算方法上，他把一国内部范围的中间剥削与帝国主义对不发达国家的对外贸易中的不等价交换混为一谈，因此在计算结果上产生了不必要的夸大。

第三个问题。许涧迥指出价值规律在国内市场上的作用和在世界市场上的作用是不同的。价值规律在世界市场上受到本质的修正。我同意许的结论。也就是说，价值规律在世界市场上的确受到本质的修正。但为什么要发生本质的修正问题呢？许涧迥的解释和分析是很难令人同意的。

按照许涧迥的理解，在国际交换中，价值规律有两个根本要求：第一就是在世界市场上，各国商品的价值要求按照各该国生产商品的社会必要劳动量来决定。亦即要求按照一个国家的"国民平均劳动"来决定。但是，许说"在国际交换中，各国商品的价值不再按照该国生产商品的社会必要劳动量来决定，而由世界劳动的平均单位来决定。"许涧迥认为价值规律的第一个根本要求因此便遭到了破坏。不知道许涧迥根据什么理由来提出这第一个根本要求。根据同样的理由，各国内部的个别生产者是否也可以提出同样的要求，亦即要求按照商品的个别劳动量或个别价值，而不是按照社会必要劳动量或商品的本国价值来进行交换呢？一种商品存在着无数的个别生产者和无数的个别价值，按哪一个个别价值进行交换呢？还是按所有的个别价值进行交换呢？如果无数的个别生产者都提出同样的要求，那么国内交换怎样进行呢？同样，如果国际商品交换不按照国际价值进行，而按照国别价值进行，在存在着100个以上国家单位的情况下，在一件商品存在着100多个本国价值的情况下，国际交换又怎能进行呢？国际价值的作用又在哪里呢？看来，他所说的价值规律的这第一个根本要求是有问题的，是不能成立的。

许涧迥所提出的价值规律的第二个根本要求就是在国际交换中，要求交换双方用以交换的商品的总价值量（本国价值量）相等。但是，许涧迥指出，在国际交换中，交换双方用以交换的商品的总价值量是不相等的。因此价值规律的第二个根本要求也遭到破坏。个别商人只有买或卖，不是以物易物，无所谓总价值量相等。只有两个国家间才存在着总价值量相等或不相等的问题，而在一年间一国的进出口总价值量等与不等与价值规律的作用似乎无关。对于这个根本要求，我也有很大的疑问。在资本主义条件下，一国与另一国的进口与出口的总价值量完全相等或不相等与价值规律的作用究竟有什么密切的关系呢？在我看来，两国间进出口的总价值量完全相等并不足以证明价值规律已充分发挥作用；反过来说，两国间进出口的总价值量不相等或有巨大的差额也不足以证明价值规律的作用已遭到破坏。因为它们是并不相干的两件事。所以，许涧迥所提出的价值规律的第二个根本要求似乎也须要重新加以研究。

在我看来，在国际商品交换中，价值规律受到本质上的修正的原因，就在于存在着不等价交换。在一国内部，交换是等价的，或趋向于等价的。英国的100个劳动的产品一般只能交换另外100个劳动的产品，不可能经常交换150个或200个劳动的产品。但是在国际交换中，100个英国劳动的产品却经常能交换150个、200个、300个或300个以上的殖民地人民劳动的产品。在国内交换中，等价交换是经常起作用的规律，而在国际交换中，不等价交换代替等价交换成为经常起作用的规律。等价交换反成为极少见的现象。这就是"价值规律受到本质上的修正"的根本原因。

第四个问题。为什么价值规律在国内市场上的作用与在国际市场上的作用不同？为什么会发生不等价交换？除了垄断价格的因素，这里暂且抛开不谈以外，许涊迥根据马克思的理论和李嘉图的理论，指出造成不等价交换有两个因素和两个特殊条件。两个因素指的是各国国民劳动强度的差异和各国劳动生产率的差异。两个特殊条件指的是在国际间劳动不能自由移动和资本不能移动。对于这两个因素和两个特殊条件，个人完全同意。但是许涊迥对两个因素的解释很少不充分，对于两个特殊条件根本未予以必要的分析。而且，许涊迥只是在结论部分指出这两个条件，前面正文部分丝毫未予涉及。根据许涊迥文章一点也看不出这两个条件与不等价交换有何因果关系。事实上，这两个特殊条件对于不等价交换的产生，有着密切的关系。对于这个问题想提出一些不成熟的看法。

为什么在国际间劳动和资本不能自由移动就构成对不等价交换现象产生的条件呢？劳动和资本自由移动与否的关系在哪里呢？

大家知道，在资本主义条件下，在一个国家内部，价值已转化为生产价格。

$$生产价格 = 生产费用 + 平均利润$$

生产费用包括可变资本和不变资本两部分。这些都是大家所熟知的。工资率的大小是影响可变资本变化，影响生产费用变化，因而影响生产价格变化的一个主要因素。平均利润的大小变化是影响生产价格变化的另外一个重要因素。

在一个资本主义国家内部，劳动者可以自由移动，可以从这一部门这一地区转移到另一部门的另一地区。在竞争规律的作用下，同样劳动的工资率趋向于均等。但是在各国之间，劳动不能自由转移，竞争规律在国际间不能充分发挥作用，各国的工资水平便千差万别。所以，各国间各种商品的生产价格的比例关系与各种商品所耗费的社会必要劳动量（本国价值）的比例关系便不能一致。

举例：英国产出布，印度产出棉花，彼此交换。如果英国生产一匹布花费5小时社会必要劳动（国民平均劳动）。假定每小时一英国纺织工的工资＝1.00元，则一匹布的生产价格＝5.00元（假定工资代表全部生产价格，其他生产费用和平均利润姑且不计）。在印度，生产一包棉花花费50小时劳动量，又假定印度每小时工资为0.20元，则一包棉花的生产价格＝10.00元。

这时生产一匹英国布所耗费的劳动量与生产一包印度棉花所费劳动量的比例关系为 5 小时：50 小时 = 1：10。如果英国与印度是一个国家的两个地区，劳动可以自由移动，工资率完全一致，则在这个国家内，布与棉花的交换比率为 1 包棉花交换 10 匹布。

但是，英国和印度是两个国家，工资水平不同，两国间的交易比率不是 1 包棉花：10 匹布，而是 1 包棉花（10 元）：2 匹布（10 元）。

从这个例子可以看出，由于两国工资水平不同，两国间两种商品的生产价格的比例关系与两种商品所耗费的国民平均劳动的比例关系便发生很大差别。在国际商品交换中，一个高度发展的资本主义国家可以用具有较少物化劳动的一种商品（布）去交换另一个经济不发达国家的一种较多物化劳动的商品（棉花），因而取得不等价交换的利益。

马克思关于国际价值理论最重要的一篇文章，是在《资本论》第 I 卷，论述各国国民工资差别这一章中写到的。马克思非常重视各国工资差别对于国际价值规律作用的影响。

同样，资本在一个资本主义国家内部有充分的机动性，能够自由地由这一部门这一地区转移到另一部门另一地区。竞争规律在这里充分发生作用的，所以剩余价值或利润能够转化为平均利润，商品的价值能够转化为生产价格。但是在国际间，资本不能自由转移，竞争规律在世界市场上不能充分发挥作用，各国的利润率水平很不一致。资本主义国家从对外贸易不等价交换中所取得的利润率大大超过它们在各国市场上所取得的利润率。因此，资本主义国家把对外贸易中的不等价交换看作是提高本国利润率的手段，当作阻碍资本主义所固有的利润率下降趋势的重要因素。平均利润率规律在国际间既然不能充分发挥作用，各个国家的平均利润便不能转化为"国际"的平均利润。因此，"国际生产价格"便不能形成。商品的国际价值不能转化为国际生产价格。这是价值规律受到本质修正的另外一个重要因素，也是使各国间各种商品的生产价格的比例关系与由生产这些商品所花费"国民平均劳动"所决定的比例关系不能一致的重要原因之一。

所以，平均利润率规律在国际间不能充分发挥作用。各国的利润率水平不一致是产生不等价交换的第二个重要条件。

第五个问题。既然在国际交换中，特别是在帝国主义国家对不发达国家的商品交换中，不等价规律代替等价规律而起作用，价值规律在这里受到本质上的修正，那么，在世界市场上价值规律还起不起作用呢？在资本主义国内市场上，各种商品按照它们的社会必要劳动量进行交换便是等价交换，那么在世界市场上，按照劳动平均单位或国际价值交换，算不算是等价交换呢？

对于第一个重要的理论问题，许涤迥的解答是不能满意的，对于第二个问题，许迤逦在文章中并未予以确切的说明。我觉得这个问题是必须给予答复的。

我认为在资本主义条件下，价值规律具有普遍的性质，无论在国内市场上还是世界市场上，都一律发生作用。马克思：在世界商业上，诸商品必须普遍地展开它们的价值。在世界市场上，劳动社会化得到高度的发展。在世界市场上，社会劳动不仅是作为个别国家的劳动，而且是作为世界所有资本主义国家的共同劳动而出现。这时社会劳动具有普遍的世界性质。

在资本主义世界市场上，商品的国际价值不是取决于各国的社会必要劳动时间或国民平均劳动，而是取决于世界劳动的平均单位上。这个世界劳动平均单位，就是在资本主义世界的平均技术条件下在各国劳动者的平均劳动强度下，生产一种商品时所需要的世界的社会必要劳动时间。而这些都不是固定不变的。在世界市场上，世界市场价格在供求关系的影响下，围绕着国际价值上下摆动。商品的国际价值是世界市场价格的波动中心。世界市场上的供求关系只是起着调节世界市场价格和国际价值之间的偏差的作用。一种商品的世界市场价格一旦形成以后，将会通过国际间的商品流通，影响各国国内的市场价格，变成为各国国内市场价格变动的准绳。由此可见，价值规律在资本主义世界市场上仍然起着作用。

但是在资本主义世界市场上，与在一国国内市场上不同，价值规律的作用都有其本身的特点。这个特点就是上面一再指出的，不等价交换代替等价交换成为支配国际商品流通，特别是支配帝国主义与不发达国家商品交换的普遍规律。

在一个资本主义国家国内市场上，1个复杂劳动产品能和另1个同种类的复杂劳动产品交换。但1个复杂劳动还可以和倍加的简单劳动相交换。马克思说："复杂劳动只被看作是强化的或倍加的简单劳动，所以，小量的复杂劳动，会与大量的简单劳动相等。"（《资本论》第Ⅰ卷，P18）

从这一段话可以看出：如果是在一资本主义国家国内，1个复杂劳动产品与3个简单劳动产品相交换，不仅不是对价值规律的修正，反而是价值规律的充分的体现。但是为什么在国与国之间，这种交换便构成对价值规律的修正呢？

在这里，应该注意的是，马克思所说的1个劳动日，或3个劳动日，并不是指的具体劳动，也不是指的私人劳动，而是指的是各个国家的"社会劳动"。马克思把每一个国家的"社会劳动"称为"国民的劳动"，或者国民平均劳动。

在各国的国民平均劳动强度和各国的平均劳动生产率千差万别的情况下，各国的国民平均劳动亦即社会必要劳动时间也是很不一致的。正像一国国内的简单劳动与复杂劳动，在国内商品交换过程中互相影响互相发生作用一样，各个国家的国民平均劳动，在国际商品交换过程中也彼此较量，彼此影响，彼此发生作用。

在各个国家的国民平均劳动互相较量，互相影响的过程中，逐渐形成一个以资本主义世界为范围的抽象劳动。马克思把这个以世界为范围的抽象劳动称为世界劳动。

既然世界劳动已经形成，世界劳动的平均单位和国际价值已经产生，但是各国的国民平均劳动和商品的本国价值仍然存在。国民平均劳动和商品的本国价值之所以仍然存在，是因为国家都是不同的政治单位，各个国家的劳动生产率水平不同，以及劳动、资本以至于商品在各国间不能充分自由流动，因而竞争规律不能在资本主义世界市场上充分发挥作用的缘故。这种情况和国内市场不同，在国内市场上，只承认有社会平均必要劳动时间，而不承认个别的劳动时间，个别劳动时间即使多出几倍，也是不被社会所承认的。但在世界市场上却不是如此。

因此，在国际商品交换中，发生了1个劳动日可以交换3个劳动日的这种特殊现象。这种交换，从世界劳动平均单位来看，从国际价值来看，是等价的。但是从国民平均劳动来看，从本国价值来看，是不等价的。因此，在资本主义世界市场上，从世界劳动的平均单位来看，从国际价值的角度来看，价值规律的作用是充分实现了。但是从国民平均劳动或商品的本国价值的角度来看，价值规律的作用是遭到了破坏。这的确是一个矛盾。而国际价值就是这个矛盾的统一体。

许迺迥文分为两大部分，一部分是理论上的阐述，一部分是计算方法的说明。以上是个人关于许迺迥文中理论部分的几点意见。还有其他一些意见，这里不多谈了。以下想就计算方法部分再提出几点意见。

第一，作者没有明确说明什么是国际交换中的等价交换，因此在计算不等价交换时就找不出一个起点或准绳。作者虽然指出了不等价交换中的无偿占有部分和必要量部分。但是必要量部分指的是什么？无偿占有部分又指的是商品价格中的那一部分？这些都没有明白的交代。理论部分对等价与不等价交代的既然很不明确，所以计算部分便失去必要的理论指导，显然理论部分与计算部分有脱节现象。

我认为不等价交换的计算应以商品的本国价值为计算的起点。在国际交换中，超过商品的本国价值或低于商品的本国价值就构成不等价交换。因此在帝国主义国家与不发达国家的相互贸易中，不等价交换基本上包括两大部分：

第一部分是不发达国家输往帝国主义国家的全部商品中（不能仅限于食品原料！）的按货币计算的本国价值减去帝国主义国家实际交付给不发达国家的货款。

第二部分是帝国主义国家输往不发达国家的全部商品所取得的全部货款减去这些商品按照货币计算的本国价值（帝国主义国家的本国价值）再减去合理的运输费用。

把这两大部分加在一起即构成帝国主义国家对不发达国家的全部不等价交换剥削。

这是理论上的估计方法。在实际计算时当然会有一些困难。在实际估计时，可以采取一些变通的办法，但是用货币所表示的商品的本国价值为计算的起点或者计算的标准，这一原则应该坚持。

第二，许涤新主张在计算不等价交换时，应包括四个部分：

a. 价值的相对变化

b. 价格的相对变化

c. 中间剥削

d. 航运中的垄断剥削

这里边有几个问题，值得提出来讨论。

首先，关于价值的相对变化问题。（一般资产阶级统计中关于进出口商品交易比率统计指数中有一共同的缺点，即它们只是进出口价格比率的指数，完全没有把进出口商品的生产率的长期变化计算在内。范纳所说的单因素交换比例指数（Single factoral Terms of Trade），即用出口商品生产率加以改正的交换比例指数，和双因素交换比例指数（Double）只存在于理论上。事实上没有哪一国家编制了出来。）

我同意在计算不等价交换时，应该考虑帝国主义国家与经济不发达国家劳动生产率的长时期的相对变化。但是许涤新在计算劳动生产率变化时所根据的资料却存在着以下几个问题：

（1）许涤新在论文中一再指出他的研究对象是帝国主义国家与不发达国家的不等价交换，但是帝国主义国家目前究竟包括哪几个国家，论文中没有说明。许涤新所说的帝国主义国家实际上包括所有的西方资本主义国家，即 GATT 统计中的所列"工业国家"。许涤新所引用的统计数字实际上既包括美、英、法、德等帝国主义国家，还包括像奥地利、卢森堡、丹麦、芬兰、希腊、冰岛、挪威、葡萄牙、西班牙、瑞典、瑞士、土耳其等一般资本主义国家。把这些国家统称为帝国主义国家是不妥当的。

（2）在许涤新计算帝国主义国家工业劳动生产率的增长，实际上是在计算西方资本主义国家的劳动生产率的增长时，是以美国为代表的。而美国是否能代表整个西方世界，是有问题的。丁伯根在《长期经济发展理论》一书中计算，在1870—1914年期间，英、美、法、德四国劳动生产率每年平均增长 1%。而美国超过这个平均数（1.1%）。这四国是这时期劳动生产率增长最快的国家。如把西方世界全部计入，则美国的数字会更超过平均数。所以以美国的生产率增长率作代表是偏高的。因此，影响计算的结果也是偏高的。

（3）许涤新在计算资本主义国家出口工业品劳动生产率的变化时，以 1871 年为基期，算到 1959 年为止，将近 90 年。在这 90 年中，国际贸易中的商品种类发生了极大变化。在 1870 年国际贸易中的工业品只有少数工业品，特别是棉毛纺丝品、染料，还有个别钢铁制品，其他商品很少。以西方资本主义国家对旧中国的出口为例。在 1870 年时，旧中国从资本主义国家输入的工业品主要是棉布、棉纱、呢绒、染料、颜料、钢铁等。估计这些商品占当时中国工业品输入总额的 95% 左右。目前，国际贸易中流通的工业品总数在万种以上或几万种以上，其中绝大多数在19世纪70年代还未出现。既然这绝大多数的工业品在1871年时还不存在，那么怎样能计算这些商品在1871—1959年的90年时期内，它们的劳动生产率的增长率呢？是否能以百分之几的工业品，像棉纱、棉布、呢绒、涂料等等来代表目前种类数以万计或十万种计的工业品的劳动生产率的增长率呢？我看是不大能代表的，这是一般长期统计表中所共有的缺点。这种缺点在许迺迥文章原料食品对工业品交换比价指数表中也同样存在着。这种统计只有一般的参考价值，若把它用来作为详细计算的主要根据，那是不可靠的。因此，计算得出的结果也是不可靠的。许迺迥在计算时，以美国代表整个西方资本主义国家，以少数商品代表以万计的商品，事实上它们都没有代表性，影响计算结果偏高。

（4）关于不发达国家劳动生产率的变化，许迺迥依据少数几个例子就得出结论说，近百年来不发达国家矿业的劳动生产率处于停滞状态。（我们常说，孤证不立）。这个结论的可靠性也是令人怀疑的。

根据FAO的统计数字，从1938—1960年，不发达国家农业生产每年平均增长率约为1.4%。这种增长一方面是由于耕种面积的扩大，一方面是由于劳动生产率的提高。根据UN统计，1938—1961年不发达国家矿业生产增长3.7倍。其中石油一项增长8.4倍，增长原因之一也是劳动生产率的提高。

根据山大洛夫的估计，不发达国家矿物原料的总出口量中，有4/5是那些帝国主义国家垄断所有制的企业直接开采的原料。不发达国家农业原料及食品总出口额中，掌握在帝国主义垄断的大种植园，像橡胶园、茶园、果树园等等所生产的商品也占很大的份额。帝国主义垄断为了加强从殖民地榨取原料，掌握在它们手中的生产费与运费，从而增加自己的利润，它们对殖民地附属国的农矿业进行了大量的投资，这种投资显然会增加不发达国家农矿业劳动生产率。这种增长率虽然很慢很少，并且不发达国家劳动生产率增长的果实完全为帝国主义所全部占有，但它们毕竟有了一些增长。如果说目前不发达国家的工矿劳动生产率和100年以前完全一样，那是不确实的。行情所杨所长所写报告中统计1957—1962年的5年中，不发达国家初级产品生产率增长4%，这个估计比较符合实际情况。许迺迥在计算时，把不发达国家劳动生产率看作原封不动，不加计算，因此影响了计算的结果。

其次，关于价格的相对变化的计算，许迺迥根据三个不同的统计来源计算从1876/1880到1961年的80多年间，食品原料与工业品的交换比价的变化。这些统计表，除了上面已经指出的缺点外，还存在着其他几个问题，第一就是它是用3种不同的统计资料拼在一起的。而且这3种统计都改为以1876/1880年为基期，这在统计的计算上是不允许的，特别是八九十年这样长时期的统计表，更不容许这样做。可能差之毫厘，谬以千里。

再有，这些统计表的主要部分是根据 UN 在 1949 年所出版的一本书的资料，这本书的资料存在着许多的缺点，曾经被许多人所指摘过。如果根据其他一些有关上述交换比价的统计，像国际劳工的统计（1798—1913 年英国贸易条件指数），克齐·克拉克的统计（1801/1815—1933/1937），金德伯格的统计（1900—1952 年欧洲工业国贸易条件指数），便会得出很不相同的统计数字。因而计算的结果也是不同的。

第三，许逈迵认为进出口相对价格的变化完全是由于垄断。他把它称为垄断的因素。这未免把问题过于简单化了。事实上，在这八九十年期间，交换比价的变化，并不完全是由于垄断。其中有垄断的因素，有非垄断的因素。像 19 世纪末叶长期的农业危机所造成的农产品价格的长期下降，两次战争时期的长期农业危机，以及二次战后的农业危机所造成的较长时期的农业产品价格的下跌，都影响到交换比价的下降。但是这些下降并不能完全归因于垄断。在长时期内历次经济危机期间，工业品与初级产品价格比重的变化也不能完全归咎于垄断。

第四，许逈迵在计算"价格的相对变化"时，利用了一个简单的公式，即（出口值＋进口值）×比价下降百分比。根据这公式，许逈迵计算出 1961 年一年不发达国家由于交换比价下降而遭受的不等价交换剥削达 79 亿美元。

今天杨西孟同志在报告中提出了另外一项计算价格相对变化计算方法：

$$出口值 \times (1/交换比价 - 1) =$$

根据这两个公式所得到的结果，是很不相同的。如果根据许逈迵所提供的数字，根据（杨）的公式，则 1961 年因比价变化而受到的不等价交换损失不是 79 亿美元，而是 134.5 亿美元，许与杨的公式的计算结果差别在 55 亿美元以上，可以说很大。究竟按照哪一公式正确呢？我认为行情所的公式是正确的。我曾采用第三种算法加以核对，结果与行情所的数字完全相同。

此外，许逈迵在计算时，所引用的数字存在一些差错。（许）根据 GATT：1961 年国际贸易年报的数字，把 1961 年帝国主义国家向不发达国家出口的工业品总值和不发达国家向帝国主义国家出口的原料和食品总值，都列为 190 亿美元。（许）在计算"价值的相对变化"和"价格的相对变化"时都是根据 190 亿美元这个数字。但是，实际上，1961 年西方资本主义国家，即许逈迵所说的帝国主义国家向不发达国家出口的工业品总值，并不是 190 亿美元，而是 171 亿美元，不发达国家向西方资本主义国家出口食品和原料、燃料总值也不是 190 亿美元，而是 208 亿美元。两个主要数字都有差误，根据此数计算而得的不等价交换的损失，当然也有差错。

许逈迵在计算"价值相对变化"时也是根据 190 亿美元，这个数字，其结果当然也存在着同样的问题。

最后，谈一下中间剥削问题。许逈迵所说的中间剥削实际上是在国内流通领域中的剥削。我认为不能把国内商业剥削与对外贸易中的不等价交换混为一谈。这问题在理论部分已经指出。商业剥削是帝国主义国家对不发达国家剥削的一部分，应该算在帝国主义剥削的总账上，但不应该算在不等价交换这笔账上。因此不等价交换中，应该把中间剥削剔除。柯仑泰和山大洛夫等人在计算不等价交换，没有把中间剥削计算在内，这是正确的。

总之，不等价交换在理论上和计算上都是非常复杂的问题。许迺迥文取得许多有益的成果，是一篇好的论文。对于推动大家注意这个问题，理解这个问题，很有好处。但是在理论部分和计算部分，都存在着一些问题，有待于澄清。

（出版者按：手写稿最后一段残缺。）

新贸易保护主义

世界经济形势与新贸易保护主义[*]

一、世界经济形势的变化

从第二次世界大战结束到现在已经经历了41个年头。在这41年里，世界经济的发展，以1973年为分水领，可以明显地划分为两个时期。从1945到1973年的二三十年间，是世界经济的黄金时代，在第三次科学技术革命的推动下，世界工业生产、世界生产总值、劳动生产率和世界贸易量都有了显著的增长。增长速度之快超过了历史上的任何时期。发达国家人民享受到充分就业、收入增加、产品供应增加的好处。在这时期内，布里顿森林体系的建立为世界经济贸易的发展提供了一个国际金融货币关系稳定的环境。关税及贸易总协定的签订及七轮的国际贸易谈判所取得的成果，又为战后世界贸易的发展提供了一个必需的条件。世界银行的建立为国际间资金的转移，特别是向发展中国家提供信贷、发展援助和技术援助，开辟了一个重要的渠道。这些都对世界经济的发展，起到了积极的作用。

在1950年以后，发展中国家也积极地参加了世界工业化和世界分工的进程。从1950年到1973年发展中国家的国内生产总值（GDP）、出口量、特别是制成品出口量的年平均增长率都超过了发达资本主义国家。尽管发展中国家GDP的增长还远远不是以缩小发达资本主义国家与发展中国家在人均收入方面的巨大差距，但是世界人口的很大一部分都分享到科学技术进步和世界生产总值迅速增长所带来的利益。

在1973年以后，世界经济走出"黄金时代"，并从高速增长转入低速增长时期。这个时期的特征是高失业率、世界工业生产增长率的下降、劳动生产率增长率的下降以及一段时期以内的通货膨胀率的上升。到1986年，世界经济的低速增长时期还在继续。这种趋势可能一直延续到90年代初期。

从1973年到1985年，世界工业生产的年平均增长率为2.9%，世界出口量年均增

---

[*] 姚曾荫，世界经济形势与新贸易保护主义主义，国际贸易，1987年第2期。

长率为2.4%，较1948—1973年的世界工业生产年均增长率（6.2%）和世界出口量年均增长率（7.8%）分别下降1/2以上和1/3以上。

就世界出口总值来看，在1973年以后，世界出口总值仍有较大的增长，并在1980年达到最高点。但在1980年以后，由于经济衰退，世界出口值即逐步下落，在1983年达到一个低点。从1983年以后，随着发达国家的经济复苏，世界出口贸易值又开始回升，但截至1985年，世界出口值仍然没有恢复到1980年的水平（1980年世界出口值为19 978亿美元，1985年为19 304亿美元）。

在1973年以后，发达资本主义国家遭受到两次能源危机和两次严重的经济衰退，所以工业生产的增长率和国内生产总值（GDP）的增长率皆呈现下降趋势。在1965—1973年期间，发达国家GDP的年均增长率为4.7%，1973—1950年下降到2.8%，1980—1985年更降至2.2%。

与此同时，发达国家的劳动生产率的增长率也下降了。在1961—1965年、1971—1975年和1981—1985年的三个时期内，美国的劳动生产率的年平均增长率分别从3.1%下降到0.9%和1.1%；西欧分别从4.0%下降到2.7%，再降到1.7%；日本则从8.6%下降到4.1%，又降到3.1%。

在赤字财政、石油提价的影响下，发达国家的通货膨胀率也迅速上升。在1965—1973年期间，它们的通货膨胀率年均增长率为5.1%，在1973—1980年期间，这个增长率上升到8.3%，而在1980—1985年又变为−0.3%。1980年以来发达国家物价上涨率的下降，主要是由于在世界市场上初级产品价格的下跌。在1980年到1984年期间，发展中国家初级产品出口价格下降了15%。1986年世界市场上的石油价格和其他初级产品价格有了进一步的下降。

1973年以后两次严重的经济衰退、经济增长的停滞和一些西方国家的出口产品在世界市场上竞争力削弱的情况导致工业生产的下降，企业开工不足和失业人数的增长。在1967年经济衰退时，发达国家的失业人数为500万，到1969—1970年衰退时，失业人数上升到800万，而到1974—1975年衰退时，失业人数上升到1500万。以后在经济回升阶段，失业人数并未下降，到1979年衰退来临时，失业人数达到1700万，1982年经济衰退时，进一步上升到3300万。在1980—1982年严重的经济衰退渡过以后的第四年，即1986年9月，西方国家的失业人数仍高达3100万人。估计下一次经济衰退时，失业问题将更趋严重。

在战后的40年间，尽管发达国家的就业人数也有了增加，但增加的就业机会仅仅出现在服务业中，而在制造业中，就业人数仅仅有少量的增加。从1963年到1979年，发达国家制造业中就业人数的年均增长率仅为1.2%，而1980年又绝对地下降。严重的失业现象和就业人数增长率的下降是1973年以来世界经济的一个重要特征。

世界经济的增长或衰退主要是由发达国家的经济情况，特别是由发达国家工业生产的盛衰所决定。发达国家经济形势的变化对发展中国家的经济有着明显的影响作用。在发达国家经济的影响下，发展中国家的经济发展也出现了由高速增长到低速增长的过程，虽然它们在时间的先后上并不一致。

第一次能源危机和1974—1975年的经济衰退加强了发达国家业已出现的滞胀现象。但是由于石油美元的大量流入和跨国公司把大量的资金、设备和技术转移到发展中国家，所以第一次石油冲击反而导致许多发展中国家经济的扩张。在1965—1973年期间，发展中国家的GDP年均增长率为6.6%，高于发达国家的增长率（4.7%）。在1973年到1980年期间，发展中国家的GDP年均增长率为5.4%，几为发达国家的增长率的一倍。1974—1975年的世界经济衰退在1976年停止，当时发展中国家的经济似乎仍有持续增长的前景。但是第二次的能源危机和1980—1982年的严重经济衰退改变了这个进程。在石油提价和经济衰退的打击下，发达国家的工业生产下降、失业增加导致国内市场的停滞和贸易保护主义的抬头，从而缩小了发展中国家产品的出口市场，阻碍了发展中国家的出口。发展中国家的初级产品出口的年均增长率从1965—1973年的3.8%，下降到1973—1980年的1.1%和1980—1985年的1.4%。发展中国家制成品出口年均增长率也从1965—1973年的11.6%下降到1980—1985年的7.9%。GDP的年均增长率则从1965—1973年的6.6%下降到1973—1980年的5.4%，再降到1980—1985年的3.3%。

出口市场的萎缩，加上西方国家的高利率政策以及外资流入的减少，导致发展中国家已经严重的债务问题更加恶化。在1980年，外债在发展中国家GNP中所占的比重为21.1%，1985年，这个比重已上升到33%，外债在出口总额中所占的比重，1980年为90.1%，1985年上升到135.7%。1982年曾发生国际债务危机，其后危机虽然缓和，但问题依然严重。现在发展中国家的外债总额已达9000亿美元，较1979年的4073亿美元增加了一倍以上。每年还本付息的负担越来越沉重，现在还看不到问题能够得到根本解决的前景。

1980年以来发展中国家出口产品价格不断下跌，从1980年到1985年，发展中国家农产品出口价格下跌了33%，矿产品出口价格下跌了28%。发展中国家因贸易比价恶化而蒙受的损失，仅在1983年到1985年的3年时间内，即达600亿美元以上。1986年石油价格的大跌也使石油出口国遭受巨大的损失，估计1986年全年损失可达486亿美元。出口收入的减少不仅影响它们的偿债能力，也影响它们的经济增长，使很多国家的经济增长只能在低水平上徘徊。

从70年代后半期以来，苏联和东欧国家经济增长速度的长期下降趋势也比较明显。它们的国民收入年均增长率，1971—1975年为6.3%，1976—1980年下降到

4.1%，1981—1985 年下降到 3.1%。到现在为止，苏联和东欧国家经济增长率的长期下降趋势一直未能扭转。

与此同时，国际金融货币体系也日益动荡不定，而一个有效率的稳定的国际货币体系对于世界经济的稳定增长是十分重要的。从 60 年代初期起，美元危机步步深化。60 年代末和 70 年代初的金融风暴终于迫使美国放弃美元汇兑本位制。1971 年 8 月美国实行新经济政策，随后"十国集团"又签订了"史密森氏学会协议"，召开了金斯顿会议。这一系列的活动导致 1947 年所建立的世界经济主要支柱之一——布里顿森林体系的瓦解。从此，一个比较稳定的、相对统一的、以美元为中心的国际货币体系宣告结束，并开始了一个国际货币金融局势动荡不定，以浮动汇率为特征的新时期。

二、从贸易自由化走向新贸易保护主义

世界经济形势的变化也必然引起发达国家对外贸易政策的变化。从大战结束到 70 年代初期，发达国家实行贸易自由化的政策。这项政策对 1945 年以后的二三十年间世界经济贸易的发展起着重要的作用。

战后发达国家所实行的贸易自由化政策的主要措施就是削减关税、放松以致取消数量限制和外汇限制。通过国际贸易谈判来削减贸易壁垒，推动了各国进出口贸易的发展，并加强了各国间的经济贸易联系。战后初期的贸易谈判，已使战前的高关税壁垒大大地降低。1964—1967 年的肯尼迪回合使美税又降低 1/3。1975—1979 年的东京回合以后，发达国家应税工业品的平均进口税率进一步降低。在美国，平均进口税率已降低到 4.7%，欧洲经济共同体降到 4.4%，日本则降到 2.8%。

从 70 年代中期起，在世界经济形势恶化的影响下，降低贸易壁垒的过程达到一个转折点。从那时起，国际贸易的发展越来越受到新贸易保护主义的影响。因为通过关税及贸易总协定主持下的七轮贸易谈判，较低的关税率受到协议的约束，签约国不能随意提高，贸易保护主义就采取其他形式，其中包括供应国的"自愿"出口限制、有秩序的销售安排、限额、苛刻的卫生检疫措施以及政府通过补贴和建立其他的非关税壁垒对贸易的干预。这些都直接地或间接地影响了国际贸易的发展。

从 1977 年起，发达国家的贸易保持主义开始蔓延。这是垄断资本主义时期的第三次贸易保护主义浪潮。在 1977 年多种纤维安排重新谈判时，欧洲经济共同体加强了对纺织品和服装的进口限制。同年，美国与韩国和中国台湾省谈判有秩序的销售协议，以限制从这两个地区的鞋对美国的出口。英国与加拿大也实行对鞋的进口限额制。

为了加强竞争力，欧洲经济共同体对钢铁的生产实行合理化计划，并从 1977 年起

实行进口限额。在 1978 年，美国开始采用起动价格制以保护钢铁业。在电子产品方面，美国在 1977 年与日本谈判有秩序销售彩色电视机的协定，在 1979 年又分别与南朝鲜和我国台湾省谈判类似的协定。在 70 年代末期，法国、意大利和英国也对彩色电视机实行进口限额制。在 1979 年和 1980 年，加拿大、英国和联邦德国用高额补助金的方式来加强对本国造船业的保护。

70 年代末期以来，新贸易保护主义的一个显著特点，就是它集中在一些陷入结构性危机的同样的产业部门：纺织业、服装业、钢铁业、电视机制造业、制鞋业和造船业等。这个格局不仅反映了在许多发达国家中这些工业部门的疾病缠身的情况，也反映了贸易保护主义像流行病一样在逐步地蔓延。当少数国家树立贸易壁垒时，其他国家害怕会被转移方面的不受欢迎的货物洪流把自己的市场淹没掉，因而也群起效尤，加强了本国的贸易保护主义措施。

在 1980—1982 年严重的世界经济衰退和各国间货币比价严重失衡时期，新贸易保护主义又有了进一步的发展。这次新贸易保护主义的主要目标是日本的汽车出口。美国对日本输往美国的汽车规定了 168 万辆的"自愿"出口限额。接着加拿大、联邦德国也对汽车进口采取保护主义措施，而其他的欧洲经济共同体成员国也采取限制日本汽车进口的措施。1981 年多种纤维安排的续订，更进一步加强了贸易保护主义。1982 年美国对糖的进口采取限额制，并与欧洲经济共同体签订了关于钢铁产品"自愿"限额的协议。到目前为止，世界各国间的"自愿"限制出口安排已达 120 多项。

1986 年 8 月国际多种纤维协定达成新的协议，有效期延续到 1991 年 7 月。这是发达国家对纺织品进口限制的进一步升级。新协议不仅包括原有的棉类、合成纤维类等纺织品，而且还包括麻类和丝质类纺织品。中国、印度、巴西等国，特别是中国的纺织品出口受到严重的损害。所以我国代表对此持保留态度，未参与新协议的签署。这是理所当然的。

对于陷入结构性危机的产业部门实行保护主义措施是新贸易保护主义的第一个特点。新贸易保护主义的第二个特点，就是对尖端技术的保护。当前的世界经济正由重工业向尖端技术工业转变。技术已成为世界市场上最重要的商品之一。研究和发展尖端技术在一国的经济发展中，在各国在世界市场上的竞争中以及在各国军事力量的对比中，正起着越来越大的作用。电子计算机工业、机器人工业、电讯工业已代替钢铁、汽车、化学工业成为经济、政治和军事地位的象征。尖端技术的这种重要性已在世界各地触发了一场以尖端技术为对象的新贸易保护主义浪潮。就像 16～17 世纪时西欧的重商主义者，双手紧抱着自己的钱袋，两眼还紧盯着别国的钱袋那样，现代的尖端技术贸易保护主义者也把尖端技术看成是宝贵的东西，对尖端技术实行严格限制出口和鼓励进口的政策。许多国家都建立了防止尖端技术资料外流的海关关卡。有关尖端技术信息的贸易政策已成为当代最重要的国际问题之一。

此外，发达国家在 70 年代以来，对国内的农业仍继续实行贸易保护主义政策。农业保护主义在对外方面所采取的措施，主要有进口差价税、进口税、进口限额和出口补贴等。发达国家农业保护主义政策实行的结果，固然在短期内提高了国内农产品的价格，增加了农场主的收入，缓和了农业区域内农民外流的现象，但却造成了农产品生产过剩，压低了世界市场上农产品的价格，阻碍了发展中国家的农产品向发达国家的出口，影响了发展中国家的农业生产。在农业保护关税政策下，在 1980—1982 年，日本的糖价为世界市场价格的 2.6 倍，奶制品价格为世界市场价格的 3 倍，大米价格为世界市场价格的 3 倍，牛奶价格为世界市场价格的 4 倍。同期，欧洲经济共同体的小麦价格为世界市场价格的 130%，牛奶价格为世界市场价格的 190%，奶制品价格为世界市场价格的 195%，糖价为世界市场价格的 130%。为了支持国内农产品价格，发达国家政府花费了大量的费用，仅大米一项，日本政府在 1980 年就花费了 29 亿美元。1980 年欧洲经济共同体在共同农业政策下的开支达 154 亿美元，占欧洲经济体预算开支的 70%。在 1984—1985 年，美国用在农业支持计划下的开支达 40 亿美元。这项政策一方面损害了发达国家国内消费者的利益，另一方面也严重地损害了发展中国家的利益。

70 年代初期以来，发达国家新贸易保护主义浪潮出现的原因，首先就是上面所说的两次世界性经济衰退和结构性经济危机。当经济衰退和结构性经济危机发生时，不但受衰退和危机影响的企业主要求保护，工人农民也要求保护，以避免失业或减少收入损失。其次是各国间在经济上相互依赖的加强也提高了贸易保护主义措施作为保护自己打击贸易对手国的武器的有效性。各国间在经济上相互依赖程度的增长的具体表现就是出口和进口在一国 GNP 中所占比重的增长。从 1953—1954 年到 1979—1980 年，美国的货物和劳务的进口占 GNP 的比重从 4.3% 增加到 10.6%，英国、法国和联邦德国的上述比重的平均数从 16.8% 增加到 22.2%。在日本，这个比例则从 11.8% 增加到 14.9%。进口的增加加强了对它们的国内企业产品的竞争力和后力。因此，在衰退或危机时期，限制进口就成为首当其冲的目标。

第三，美国商品在世界市场上竞争力的下降和美国在世界市场上霸权地位的削弱是美国国内新贸易保护主义抬头的一个重要原因。早在 1969 年，在制成品出口方面，联邦德国已超过美国跃居世界第一位，而把美国排挤到第二位。到 1986 年，按美元计算的全部货物出口值，美国也将退居世界第二位，而把第一位让给联邦德国。在制成品贸易方面，过去美国一直处于顺差地位，从 1986 年起也将开始处于逆差地位。在国际半导体市场上，1980 年美国所占的市场份额为 61%，日本占 26%。在 1985 年美国所占的数额下降到 34%，日本则上升到 35%。预计在 1986 年日本将第一次超过美国而占到世界第一位。

在 1974—1985 年的期间内，美国进口的增长越来越多地超过出口的增长，因而贸易逆差日益恶化。1974 年美国的贸易逆差为 122 亿美元，1985 年增加到 1453 亿美元，11 年间增加了将近 11 倍。估计 1986 年的贸易逆差将达到创纪录的 1650 亿美元。这是美国国内要求实行贸易保护主义的一个重要原因。

在一个超级大国能够控制世界市场的时候，它就要求实行自由贸易或贸易自由化的政策，而一旦这个超级大国的经济力量、贸易优势大大削弱的时候，它就会走向贸易保护主义。19 世纪到 20 世纪初期的英国和今日的美国，情况都是这样。一些美国著名经济学家在展望未来时，不排除美国会从开放性经济走向封闭型经济，由国际经济一体化的观点走向全面实行贸易保护主义的可能性。而美国对外贸易政策的变化也势将影响其他的国家。这是一个影响世界贸易大局的问题，因而是一个值得人们注意的动向。

新贸易保护主义与中国[*]

从 20 世纪 40 年代末到 70 年代初期,是世界经济迅速发展的时期。数量限制、外汇制的取消或放宽、关税壁垒的降低等一系列贸易自由化措施导致国际贸易额的大幅度上升。在 1958 到 1973 年期间,世界工业生产年平均增长率为 7.1%;从 1955 到 1973 年,世界出口量年平均增长率为 7.8%;均达到前所未有的水平。但是在 1960 年以后,在世界石油危机的冲击和其他因素的影响下,世界工业生产和国际贸易量的增长率均大幅度地下降了。1960—1970 年世界工业生产年平均增长率为 6.0%,1970—1980 年为 4.0%,1980—1985 年为 2.0%,1985 年为 3.0%,1986 年为 3.0%,1987 年为 2.7%;与此同时,世界贸易出口量分别为 8.5%、5.0%、2.5%、3.5%、3.5%、4.0%。世界经济走出了黄金时代而进入低速增长时期。发达国家的失业率上升、设备利用率下降、利润率下降,世界市场上的竞争加剧。面对这种不利的局面,发达国家大致采取三种措施。

第一,发展科学技术,特别是微电子技术、计算机技术、生物工程技术、材料技术、机器人等等,以争夺高技术领域的世界市场。

第二,把本国的一些工厂、车间或部分生产工序迁移到海外。迁移到那些劳动力便宜、地租较低、运输费用低、政治上比较稳定的国家中去,以便就地生产和出口,以争夺海外市场。

第三,实行贸易保护主义。一方面限制进口,保护国内市场;一方面补贴出口,挤占国外市场。

一

20 世纪 70 年代以来发达国家所实行的贸易保护主义是一种新保护主义。它与旧贸

---

[*] 姚曾荫,新贸易保护主义与中国,对外经济贸易大学学报,1988 年第 3 期。

易保护主义存在以下的区别：

第一，旧贸易保护主义主要是采取关税、配额等手段来限制外来的竞争。但是战后在关税与贸易总协定的安排下，发达国家的关税率已大大地削减，并且关贸总协定还做出了其他种种安排，使旧保护主义难以再死灰复燃。为了防止国内工业生产进一步下降和失业率上升，许多发达国家日益采取不断扩大的非关税保护贸易措施。非关税壁垒包括极其复杂的调整和控制手段。首先它包括行政上的手段，如关于卫生检疫、不合理的质量规格、标准化、技术规章等等的规定。其次是限制进口的双边和多边协定，如多种纤维安排、"自动"出口限制、"有秩序的销售安排"以及各种类型的出口补贴等。非关税壁垒在 70 年代末有八百多种，现在已达一千多种。

在关税保护方面，在关贸总协定的主持下，经过 7 个回合的关税减让谈判，发达家国的关税壁垒已大大削减。在 1975—1979 年的东京回合以后，美国的平均进口税率已降低到 4.7%，欧洲经济共同体已降到 4.4%，日本则减至 2.8%。在 1987 年年底日本还建议在发达国家之间工业品贸易完全取消关税，但美国和欧洲经济共同体对此都有顾虑，不准备接受。

在发达国家的平均进口税率降低的同时，对来自发展中国家的加工产品则仍课以较重的关税。发达国家一直有抵制来自发展中国家的食品和原料的加工产品的传统，而在许多发展中国家这些产品的生产部门对它们的生产、就业和经济发展都非常重要。发达国家对原料进口一般不课重税，而对那些经过加工的食品和原料都征收较高的关税。加工程度越高，课税越重。例如，美国对进口花生的税率为 11.6%，花生油为 25.5%；欧洲经济共同体对兽皮和皮毛的进口免税，皮革制品为 10.9%；日本对可可的进口免税，巧克力则为 25%，椰子油为 10%。这显然会影响发展中国家加工工业的发展。

为数众多的发展中国家的国内市场狭窄，必须依靠对外贸易，依靠世界市场，需要国外市场对它们保持开放。联合国的各个机构以及发达国家的官方声明都一直在鼓励发展中国家的经济发展并进一步加入世界经济，使世界经济越来越一体化。但是发达国家所采取的关税和非关税政策措施恰恰是要把发展中国家的许多产品排斥在它们的市场之外，阻碍它们的经济发展，也阻碍发展中国家与发达国家之间的经济贸易联系和世界经济的一体化。

发展中国家对发达国家的这种作法的反应是十分强烈的，它们理论界的一部分人要求在很大程度上"脱离"世界市场，要求发展中国家实行"集体自力更生"。如果朝这个方向走下去，就可能导致世界经济的分裂，甚至可能导致世界政治上的分裂。我们既反对发达国家的贸易保护主义，也不赞成少数学者所主张的脱离世界市场的见解。因为这对发展中国家本身不利，也是行不通的。

第二，在新保护主义下，限制进口大多采取双边协定的办法。像"自动"限制出口，秩序的销售协定等均属之。用双边协定代替多边协定完全背离了关贸总协定的基本精神，损害了多边贸易体制，违反了非歧视原则。

第三，新保护贸易主义大多是针对某些产业部门的。与30年代的经济大危机和第二次贸易保护主义浪潮时期不同，那时的贸易壁垒是针对几乎所有进口货的，而当前的新保护主义主要是保护那些陷入结构性危机的产业部门，像纺织、服装、鞋类、皮革制品、汽车、钢铁、造船、家用电器等等。

此外，新保护主义还有另外一个方面，即鼓励出口。所采取的措施包括出口补贴、出口信贷和外汇倾销等。

二

发达国家的关税政策和非关税壁垒对我国发展对外贸易和扩大沿海外向型乡镇企业的出口是十分不利的。其中对我国影响更大的是多种纤维安排。

第一个国际棉纺织品协定是在1961年制订的。1962年10月又产生了棉纺织品长期协定。它的明确目标是保护工业发达国家市场不受发展中国家进口商品的扰乱。以后，这一协定演变成多种纤维协定。多种纤维协定的版本不断翻新，其条款一次比一次严格，已由原来的短期安排演变成为一个永久性协定。多种纤维协定已分别在1974年、1978年、1982年和1986年签订过四次，有效期分别为3年、3年、4年和6年。1986年8月达成的第四次多种纤维协定，有效期延续到1991年7月。新协议不仅包括原有的棉纺织品类、合成纤维纺织品类，而且增加了丝绸、亚麻、苎麻和黄麻，企图控制所有的纺织品和服装的贸易。这是发达国家对纺织品进口限制的进一步升级。

美国是世界最大的纺织品进口国，其次是西德、香港地区、英国、法国、中国、意大利、日本、荷兰和比、卢。为了限制进口，美国对纺织品和服装制订了1300多种关税和配额规定。美国绝大多数进口货的平均关税为5%，而纺织品和服装的平均进口税率高达20%，具有浓厚的保护主义色彩。为了进一步加强进口限制，美国国会正在讨论一项"纺织品和服装法案"。如果这项法案获得通过和批准，纺织品和服装贸易将会受到更加严格的限制和控制。

在第四次多种纤维协议签订以后，美国已与36个国家和地区签订了关于纺织和服装贸易的双边协定。中美间关于纺织品和服装的双边协定亦已签订。如果上述法案获得通过，则所有这些协定均将作废。这显然是违反关贸总协定的原则的。

现在纺织品和服装已超过石油成为我国占第一位的大宗出口商品。1987年纺织品的出口额为92亿美元,约占全年出口总额的四分之一。我国也是美国最大的纺织品和服装供应国之一。我国出口从坯布到服装的所有纺织品和再加工产品。这项出口创汇的成果,关系到纺织和服装工业的发展,也关系到全国经济的发展。因此,我们对于美国和其他发达国家对于纺织品、服装以及其他产品的贸易保护主义措施,不能不予以高度重视。

现在世界市场上纺织品和服装的出口竞争十分激烈。纺织品的生产国越来越多,生产量越来越大。发达国家和发展中国家的出口都增加了,苏联东欧国家的出口也增加了。1985年世界十个最大的纺织品出口国和地区是西德、日本、意大利、中国、我国香港、比、卢、法国、南朝鲜、我国台湾省和美国。这十国和地区共占世界出口总额的64%。1987年意大利已超过西德而占到世界第一位。同年,南朝鲜的纺织品出口将近120亿美元,成为继意大利、西德之后的世界第三大纺织品出口地区。

在世界市场上的竞争中,工资低廉固然是一个有利条件,但劳动生产率高也是一个重要条件。就纺织业来说,1980年发达国家的平均劳动生产率为发展中国家的三倍多,但发达国家的平均工资额是发展中国家的四倍多。发展中国家的纺织品生产和出口显然处于比较竞争优势的地区,这是发展中国家能够向发达国家大量输出纺织品的重要原因。

三

面对新贸易保护主义的阻力和世界市场上激烈的竞争,我国须要采取一些对策。

第一,在国际上,须要支持和维护关贸总协定的基本原则和基本精神,即建立和维持一个开放的比较自由的多边贸易体制。这个体制对世界经济的发展有利,同时它也符合我国的对外开放政策,对我国对外经贸事业的发展也有利。我们要求把一切非关税壁垒纳入关贸总协定的体制之内,增加其透明度,关贸总协定须加强对它的管理。

第二,在国内,要调整出口商品的构成,尽量把初级产品改变为加工产品,增加其附加价值;把简单加工产品改变为精加工产品,提高质量,升级换代,提高档次。

我国是纺织品和服装出口大国,但过去一直是重数量轻质量。一次加工的棉纱,二次加工的棉布占很大比重,三次加工的印染和四次加工的服装所占比重较小。其中服装出口中低档货占多数,中、高档的很少。所以平均出口值不高,我国所生产的阿拉伯袍每件只卖40美元,而美国生产的每件就卖到50美元。所以提高产品的精加工程度,提高档次,增加附加价值是扩大出口创汇的必由之路。

第三,要全方位地开拓出口市场。不仅要挤占美洲、西欧和日本的市场,而且要扩大对东南亚、中东、北非、东欧和苏联的出口。只有全方位的开拓市场，才能减少对少数国家市场的依赖性，增强抗御世界经济情况变化的能力。

第四，要制定一项全面的产业政策，制定一项以发展出口产业为重点之一的产业政策，对外贸易要以生产为基础，而不是以出口为基础。没有生产，出口就犹如无源之水，无本之木。所以须要大力扶植出口产业，使一些处于比较不利地位的产品转为比较有利的产品，并且使一些具有比较优势的产品动态化，转化为竞争优势。

产业的发展离不开科学技术。世界市场上的竞争，表面上是产品的竞争，其背后则是科技力量的竞争。所以我国更须大力发展科学技术，使科学技术与生产、对外贸易结合起来。

科学技术的发展要以教育为本。教育是立国之本，也是发展对外贸易事业的根本。科学技术的落后，教育事业的落后一定会拖对外贸易事业的后腿，所以只有通过教育培养一大批科技人才、经营管理人才和外贸人才，才能从根本上振兴我国的对外贸易事业。

地区与国别贸易

西德的对外贸易*

一、第二次世界大战前德国的基本经济情况

1870年以后，德国开始了一个迅速工业化的新时代，资本主义有了非常迅速的发展。一直到1870年为止，德国仍然是一个农业为主的国家，在基本工业部门的产量方面，远远落后于英国。可是到了19世纪末叶、20世纪初期，德国已变为强大的工业国家了。1902年德国的生铁产量已超过英国而居于欧洲的第一位。到了第一次世界大战前夕，德国在煤开采方面差不多赶上了英国，而冶金业的实力比英法两国加在一起的总和还要强大。

随着工业的发展，资本和生产也愈益集中。19世纪末叶德国最重要的经济部门已经掌握在垄断资本的手中。规模巨大的垄断资本在煤炭工业、冶金工业、机器制造、电气工业、化学工业、纺织工业以至海运事业，银行业中都已出现。第一次世界大战后，垄断资本继续发展。像法本化学工业公司、克虏伯军事工业康采恩、电气总公司等都巩固了它们对国民的控制权，而且在国际卡特尔体系中开始占着一个中心的地位。

同时，一直到第二次世界大战前为止，在德国还保留有封建主义的残余，因此德国成为资本帝国主义与大地主的帝国主义相结合的国家。直到两次大战间的期间，德国帝国主义仍未失去这一特点。

德国帝国主义走上世界政治舞台的时候，主要殖民地已经被最大的国家瓜分完毕。德国垄断资本不断地在殖民地附属国争夺销售市场、原料产地和投资范围。德国在19世纪末叶所夺得的殖民地不能满足它的胃口，因此，日益要求"日光下的地盘"。

德国帝国主义为了重新侵害世界而发动了第一次世界大战。德国在这次战争中的失败使它的国民经济遭受重大的损失。工业生产、对外贸易和国外投资都猛烈地下降了。然而，战争结束后经过了不多几年（1923年以后），由于道威斯计划、杨格计划

---

* 姚曾荫，1956年。

的实施以及美英贷款的大量流入,德国资产阶级的困难情况得以减轻。德国的工业生产又重新上升,垄断资本主义也恢复起来了。

从 1924—1929 年的 6 年内,流入德国的外资计有 50 多亿马克的长期投资和 60 多亿马克的短期投资。靠着外国资本,特别是美国资本的帮助,德国的工业,特别是重工业都纷纷"复原"了,所有的基本工业都革新和现代化了。当美国的工业继续处于停滞状态,而大部分资本主义欧洲依然像战前一样落后的时候,德国的工业却在技术上、设备上达到了新的高度的水平。这一切都促进了德国工业生产的增长。

时间	1913 年	1923 年	1925 年	1928 年
德国工业生产指数	100	55.4	94.9	118.3

在 1928 年德国的工业生产已超过 1923 年一倍以上,并超过了战前的水平。1928 年德国工业生产又重占资本主义世界的第二位。

德国的经济复兴是在一种高度发展的垄断基础上出现的。垄断的力量由于产业合理化运动而得到进一步的加强。几乎所有的重要工业部门都转入强大的托拉斯和卡特尔手中。如像世界最大的托拉斯之一的法本化学工业公司控制了 80% 的氮气生产、100% 的人造汽油和染料的生产、绝大部分的人造丝生产等等。钢铁托拉斯使德国一半以上的冶金工业专属于自己。资本集中的结果也使得四家大银行在德国之内建立了全面的统治。同时,德国的垄断与美英两国的垄断也建立了广泛的联系。所有这一切都促成了德国垄断势力的扩大。

德国垄断资本在国内巩固了自己的统治地位以后,就又转而实行帝国主义的扩张及侵略政策。

以 1929 年为止,德国的国外投资又恢复到 100 亿马克(1913 年为 350 亿马克)。这些资本主要是投向土耳其、东南欧各国和拉丁美洲各国。此外,德国还将巨额资本投入西欧各国,在这些国家里建立了隶属于德国的军事企业。

1929 年开始的世界经济危机也使德国遭受严重的打击。德国工业生产在 1929—1932 年期间下降了 40%。危机引起农民和城市小资产阶级的破产,城市中的失业现象加剧了,到了 1932 年年底,失业人数达到了 700 万人。

工农业危机也引起了金融危机,通货不断贬值,资本逃亡现象日益显著,银行业纷纷倒闭。

在严重的经济危机情况下,在革命危机迅速成熟条件下,德国资产阶级已经不能再用旧日方法来实行统治。于是建立了法西斯的恐怖专政,并把全部国民经济转上战争经济的轨道。

从 1933 年到 1937 年,希特勒政府支出了 460 亿马克来发展德国的重工业——军火工业，重装军备。其结果使德国的工业生产循着军事工业的道路片面地迅速地发展，在 1932—1938 年 6 年间，德国的工业生产增加了一倍以上。到了 1938 年德国的铁、钢、铝和电力的年产量已超过英法两国产量总和的一倍以上。这就不能不使德国和英法之间的矛盾日益加深。总之，在第二次世界大战前夕，德国又重新成为英国、法国，以至于美国在世界市场上的一个最危险的竞争者了。

1939 年 9 月德帝国主义发动了新的侵略战争。战争期间德国的国民经济更进一步的军事化。到 1944 年德国重工业生产比 1928 年增长了 120%～140%，而轻工业却减少了 10%～20%。

二、第二次世界大战以前和"二战"期间德国的对外贸易

第一次世界大战及其后果也给予德国的对外贸易沉重打击。在 1913—1929 年期间，德国出口贸易的价值额虽然增加了 33%，但 1929 年出口贸易的数量额以及德国的出口贸易在世界出口贸易中所占的比重都低于战前的水平。这种情况与英国在第一次世界大战后（1929 年）所处的情况大致相同。

	1913	1929
世界出口中所占的%		
英国	13.9	10.9
德国	13.1	9.7
出口数量指数		
英国	100	87
德国	100	91.8
工业生产指数		
英国	100	99.1
德国	100	117.3

第一次世界大战前，德国在出口方面占世界第三位而在进口方面占世界第二位。战后德国在世界贸易中的地位急剧下降，但是到 1929 年，德国在出口和进口方面都已经达到了世界第三位。

在世界市场相对固定和国内人民日益贫困的情形下，德国的工业生产却在 1923 年以后继续增长。因此对于德国资本主义来说生产和市场之间的矛盾是更加尖锐化了。

1913年德国出口占全部国民生产的25%，1928年已减至19%。

同时，德国的国际收支也趋于恶化。在这方面德国处境尚不及英国，因为虽然英国出口数量的降低程度超过德国，但是英国的无形收入截至1929年仍能维持在战前的水平，而德国却丧失了大部分的无形收入。在国家预算和国际收支长期不能平衡的情形下，德国不得不靠借债度日。因此在1924年以后成为世界最大的债务国家。

1929年的恐慌使德国的输出入贸易迅速下降，在1929—1934年的期间，德国出口的价值额缩减了69.1%，数量额减少了一半。

1933年希特勒政权建立以后，开始了加强争夺市场的斗争。德国大规模地向全欧洲各国，特别是东南欧国家、西欧各国实行贸易扩张。在保加利亚、匈牙利、希腊、罗马尼亚和南斯拉夫的对外贸易上，1937年德国所占的比重，在输入方面已达到41%，输出方面已达到35%。而英法等国在这些国家对外贸易上的比重就大大地减低了。

德国的经济势力也侵入远东各国。德国对远东各国的贸易也有显著的增长。在1934—1937年间德国对远东各国的输出增加了135%，从远东各国的输入增加了25%。

此外，德国在与拉丁美洲各国的输入贸易中所占的比重也有迅速的增长。在1938—1939年间，德国与拉丁美洲各国的贸易更加扩大了。同时德国对这些国家进行的经济渗透活动和法西斯特务机关的破坏活动加剧了德国与美国之间的矛盾。

（一）商品结构

在对外贸易的商品结构方面，德国是典型的工业发展的资本主义国家。德国的出口货主要是工业成品，而进口主要是原料与食品。

在制成品中，德国主要输出机器制造业的产品，机器与设备的出口占德国出口货的第一位，占仅次于美国的世界第二位。此外化学工业产品（酸、人造肥料、颜料、炸药、药品等）也在德国总出口中占有重要地位，化学品的出口占世界第一位。

在原料中德国主要输出煤与焦煤，在世界煤的出口中，德国占仅次于英国的第二位。

在进口方面，德国是世界工业原料最大进口国之一。"二战"前，德国在铁矿砂进口方面占世界第一位。此外，德国也是石油、石油产品、有色金属、稀有金属、橡胶和棉花等的大进口国。

德国也是食品的最大进口国之一。在谷物进口方面，占次于英国的世界第二位。德国在输入肉类、油脂、蛋品等方面也在世界上占有重要地位。

（二）地理分布

德国的主要贸易对象是欧洲国家。欧洲国家中西欧各国占有最大的比重。在 1913 年西欧各国在德国的出口中占 42.8%。在德国的进口中占 24.8%。但在"一战"后西欧各国在德国对外贸易中所占的地位即不断下降，到了 1937 年在德国出口中已下降到 34.7%，在进口中占 21.9%。

北欧各国（瑞典、挪威、丹麦）在德国的对外贸易中也占有重要的地位，德国从瑞典输入铁矿砂、优等钢、滚珠轴承等，从挪威输入铜、铁、纸、纸浆等，从丹麦输入食品。

中欧与东南欧在德国对外贸易中具有重大意义。"二战"前夕，德国几乎完全控制了东南欧各国市场，德国在它们全部对外贸易中所占比重达 50%。德国从这些国家输入各种原料和食品，而输往这些国家工业成品和机器设备。

在非欧洲国家中，拉丁美洲各国在德国对外贸易中起了重大作用。1929 年世界经济危机发生以后，德国加紧向拉丁美洲扩张。1936 年德国已经在阿根廷的进口中占次于美国和英国的第三位。德国在巴西、智利、墨西哥、委内瑞拉等国的进口中所占比重也急剧增长。

1929 年以前美国在德国的对外贸易中曾占重要地位。但 1929 年以后，由于德国实行外汇统制而减少。从 1929 年到 1937 年来自美国的进口减少了 60%，对美国的出口也减少了 53%。

（三）第二次世界大战前德国的贸易政策

第一次世界大战前德国贸易政策的特点是超保护政策。"一战"时，德国为了扩大进口，对许多种商品实行自由进口的政策。1919 年的凡尔赛条约更限制德国在五年以内不得修改关税。所以在这阶段德国是被迫采取自由贸易政策的。

但是在 1925 年以后德国又重新走上了超保护政策的道路。从 1925 年到 1929 年关税曾数次提高。其结果使德国国内小麦和裸麦的价格超过世界市场价格达 100% 到 200%，工业品关税税率从 20% 到 220% 不等。

在 1929 年以前，德国限制进口的手段以关税为主，但 1929 年以后，德国除了继续不断提高关税以外，更采取了其他限制输入鼓励出口的新手段。

（1）进口数量限制。1929 年以后德国首先采取的数量限制办法是磨粉管制，其目的在于扩大本国所产小麦的用途。其后更将此管制办法扩大到啤酒花（hops）及酒精等方面。

其次，1929年以后，德国也和其他欧洲国家一样采取了进口限额制。最初适用于奶油，然后适用于其他农产品方面。

（2）外汇管制。1931—1937年德国开始实行外汇管制，先后颁布一系列的法令。在这些法令规定下，一切外资禁止移出德国。德国人民手中的一切外汇外国证券必须卖给德国国家银行，禁止私人买卖外汇，禁止黄金、外币、外国证券输出。一切外人在德国的存款及收入皆加以封存。而"封存账户"上的款项只能用于指定的几种用途（如长期投资、银行、购买德国证券、纳税等等）。

（3）双边协定。1932年以后，德国就广泛地利用清算协定、支付协定、补偿协定等以扩大出口和增加原料食品的进口。法西斯德国曾利用这种办法对其他国家特别是东南欧及拉丁美洲国家进行大规模的掠夺。在1938年德国对外贸易的80%是在这种方式之下进行的。与德国有双边协定的国家供应了德国进口的78%，输入了德国全部出口的84%。

（4）国家出口补助。希特勒政府为了加紧出口而大规模地对出口业务实行国家补助。此外组织了结算银行对垄断资本的出口业务提供贷款。

1933年以后，德国的一切对外贸易和手段都是服务于一个主要目的，即重整军备，加紧准备新战争。

三、西德的一般经济情况与对外贸易

（一）基本经济情况

1945年5月8日，由于苏联红军的历史性的胜利，希特勒德国无条件投降了，使这个延拖了6年，曾使2700万人丧失了性命，物质财富损失达13500亿美元的战争在欧洲方面宣告结束了。

在法西斯德国被战败以后，各国在对德政策上出现了两种不同的方针。战后苏联在德国问题上的政策始终一贯地是致力于实现波茨坦会议的决议——建立一个统一的、独立的、民主的、爱好和平的德国。与此相反，美英帝国主义者的政策是撕毁波茨坦协定，是分裂德国，是重新武装西德，并把它变为新的世界大战的基地。

1949年9月美英统治集团在波恩建立了西德政府，美英帝国主义利用占领制度恢复德国的军国主义组织，重新恢复德国的垄断资本主义和发展它的军事工业潜力。到现在为止，德国垄断资本主义的经济力量和政治力量完全恢复起来。像法本工业托拉斯和西门子公司等现在又成了世界上最大的垄断资本之一。西德的三家大银行——德意志银行、德累斯邦银行和商业银行——控制西德全部银行资产的60%和西德工业企业全部资产的60%。半个世纪以前扶助德国帝国主义成长的，就是这三家银行，特别是其中的德意志银行，它是德国资本输出的主要组织者，是德意志帝国称霸世界计划的创始者。现在它在波恩德国又重新取得了统治地位。

美国和英国垄断资本主义一方面支援西德反动力量，协助西德恢复军事工业的潜力，一方面也加紧向西德输出资本。目前在西德工业的外国投资总额为325 000万马克到350 000万马克，在各国对西德工业的投资中美国占第一位。在西德的外国投资中美国占1/3，或即100 000万多马克，英国占1/5，法国和英国差不多。在西德的石油、电力和汽车工业中，外国控制的股东高达2/3以上，在机械、冶金和采煤工业中，也有1/4到1/3的股份掌握在外国垄断资本中，特别是美国垄断资本的手中。

由于美国帝国主义对西德采取了加速军国主义化的方针，并通过巴黎协定的缔结，把西德拉进帝国主义军事集团。因此，西德的军事工业有了迅速的增长。目前西德的钢、铜、化学工业产品和液体燃料等主要军事物资的产量，已大大超过了1936年的水平。军事工业的发展，大规模的投资活动以及西德在资本主义世界市场上的加紧扩张，都是刺激西德工业总产量增长的重要因素。

西德工业生产总指数

年　代	指　数（1936 = 100）	指　数（1929 = 100）
1946	34	35
1947	40	—
1948	60	—
1949	89	93
1950	111	117
1951	135	—
1952	145	150
1953	158	—
1954	176	—
1955 上半年	195（估计）	213

在战后初期，由于战争破坏，西德的工业生产曾降到非常低的水平。1946年的工业生产较战前减少了2/3。1948年仍比战前减少了40%，西德在资本主义世界工业生产中所占的百分比由1937年的11%下降到1946年的3.8%。"二战"前西德工业生产超过法国工业生产一倍半，超过英国10%以上，而在战后最初几年内西德的工业生产

已比英国少了3/4，而且已大大地少于法国。

但是，从1950年起，由于加紧经济军事化，西德的工业生产即超过了战前水平。而在1951年以后，西德政府采取了一系列的措施，给予工业以所谓"资助"，并扩大对工业的投资，同时西德的出口贸易也扩大了。这一切促成了西德工业生产更进一步的发展。到了1954年工业生产总指数已超过战前76%。1955年上半年更超过战前水平约95%，1955年超过1929年113%。

由于西德军事工业潜力的恢复，西欧各国力量的对比也发生了变化。钢、铁和煤的产量是经济实力的重要的指标，英、法和西德的铣铁、钢和煤的产量有如下表：

		铣铁	钢	煤
1938	英国	6.9	10.6	231
	法国	6.0	6.2	46.5
	德国（包括萨尔）	18.0	22.6	186
1946	英国	7.9	12.9	193
	法国	3.4	4.4	47
	西德	2.1	2.5	54
1954	英国	12.0	18.8	227.4
	法国	8.9	10.6	56.3
	西德	12.5	17.2	127.9

从上表可以看出，在战后九年间，构成西德作战潜力的工业的发展速度，已大大地超过了英国和法国。现在，西德的经济力量，已在欧洲资本主义国家中占居第二位，并顺利地同英国进行着争夺第一位的斗争。战后，在铁、钢、煤等方面，西德生产的增长速度都超过了英国和法国。

第二次世界大战后，西德工业的发展速度不仅超过了其他欧洲资本主义国家而且也超过了"一战"后德国工业的恢复速度。在1929年，即"一战"结束了11年之后，德国工业生产量超过战前（1913年）水平的17%。而在"二战"结束后，经过9年多的时间，即到了1955年上半年，工业生产量已超过战前1929年水平的113%。

西德工业生产能力的增长是它的扩大对外贸易和资本输出的物质基础。在军事工业部门扩大的基础上，西德的商品输出和资本输出也急剧地增长了。德国从前大部分的输出就是依靠这些部门的。战后西德的资本输出不断增加。从1952年1月到1954年1300个西德公司从事资本输出的业务，它们在外国投资的总额为4亿马克。在此期间，西德一共发行了107 000万马克的新股票。这样一来，输出的资本在全部新投入的股份资金中占到37.2%。同时，西德在世界资本输出中的份额也不断的增加。西德与英国在世界资本输出中所占的比重如下：

年 份	英 国	西 德
1951	21.2	11.2
1952	20.5	14.1
1953	23.0	17.9

这个统计表说明，最近几年来西德的资本输出已接近于英国的水平。

（二）西德的对外贸易

战前的德国帝国主义，在争夺销售市场的斗争中，曾经是美、英、法等国的强有力的对手。"二战"后，西欧国家的垄断资本力图利用德国的失败，消减这个可怕的竞争对手。的确，在战后初期，西德几乎完全被排挤出资本主义世界市场，它的输出降低到微不足道的水平。在1946年，联邦德国的出口额曾降低到战前水平的1/10以下。不久之后，情况就有变化，波恩政府采取了一系列的鼓励出口的措施，使得出口有巨大的增长。到了1951年无论进口和出口均超过了战前水平。1952年贸易差额也由逆差变为顺差。在今天，西德垄断资本已再度成为资本主义世界市场上的劲敌，严重地威胁着英法在世界市场的地位，在某些地区甚至威胁到美国。

西德的对外贸易额　　　　　（百万美元）

	进 口	出 口	差 额
1937	2205	2384	+174
1946	712	227	-485
1947	840	329	-511
1948	1581	706	-875
1949	2088	1029	-1059
1950	2704	1981	-723
1951	3503	3473	-30
1952	3854	4037	+183
1953	3809	4417	+608
1954	4601	5261	+660

在 1946—1954 年间，西德的出口贸易增加了 21 倍，进口增长了将近 5 倍。西德在资本主义世界总输出中所占的比重，战前 1938 年曾占 9.96%，在 1946 年曾剧降至 7‰。在这之后不断增长，1950 年增长至 3.56%，1954 年又增长至 6.9%，1955 年上升为 7.3%。

德出口额在资本主义世界出口总额中所占的比重	（%）
1938	9.96
1946	0.72
1947	0.71
1948	1.35
1949	2.15
1950	3.56
1951	4.46
1952	5.57
1953	6.00
1954	6.90
1955 年上半年	7.30

战前德国的出口在资本主义世界出口中占第二位，在 1947 年时，西德在资本主义世界出口中的地位已下降到第 26 位，但此后即不断上升。1950 年已上升到第五位。1953 年更上升到第三位。1955 年仍保持第三位的地位。

在统一世界市场瓦解的条件下，西德出口的每一点增加，都是依靠缩小别国的输出来获得的。在这一方面，首先遭到打击的是英国和法国。西德的崛起，不能不使资本主义国家间的矛盾大大地尖锐起来。

第二次世界大战后，西德出口贸易的恢复速度也超过了"一战"后的恢复速度。在"一战"后，德国经过 9 年的时间才达到战前的输出水平，而"二战"后，只经过 5 年的时间就达到了。

同时，西德出口贸易的增长速度也超过其他资本主义国家的增长速度。在 1947—1954 年间，美国的出口减少了 9.2%，英国的出口增加了 58%，法国的出口增加了 123%，而西德的却增加了 15 倍。仅在 1953—1954 年的一年，西德的出口即增加了将近 20%，而英国仅增加了 3%，法国增加了 10%，美国却减少了 5%。

西德所以能够在对外贸易扩张中不断取得胜利，是因为它在这一斗争中比英、法以及其他的资本主义国家具有更有利的条件。首先是，在和美国垄断资本主义勾结之下，西德的工业的恢复工作，利用了美国的货款和投资。战后西德工业设备现代化的程度，远比英法等国高许多。同时西德的工资水平也低于英法等国。这样，就使得西德商品在资本主义世界市场上具有较高的竞争力。其次，西德的对外贸易扩张，得到美国金融寡头的直接支持。美国垄断资本主义利用西德来打击自己的竞争者，特别是英国，并在西德的经济扩张中和西德的垄断资本主义分享最大限度的利润。最后，西德垄断资本主义为了扩大出口，正在采用他们在争夺市场斗争中的惯用手段——倾销、出口补助金，以及出口信用国家保证制度等等。

1. 对外贸易的商品结构

战后初期，西德对外贸易的商品结构与战前相比发生了很大变化。在出口方面，原料和半制品的比重增长了而制成品的比重缩减了。同时在进口方面，制成品的比重增大了，而原料和半制品的比重减少了。但在1950年以后，出口商品结构又逐渐恢复到战前的情况。

西德的出口商品结构 （%）

类　别	1936	1950	1953	1954
食品和饮料	1.9	2.3	2.6	2.3
原料和半制品	20.4	32.8	22.8	20.8
制成品	77.7	64.9	74.6	76.9

在西德的出口中，机器制造业产品占第一位。其次为化学品、运输设备、电气工业产品、精密仪器与光学仪器。在原料和半制品方面，煤与焦煤占第一位。

西德的出口商品结构 （%）

类　别	1936	1950	1953	1954
食品和饮料	34.3	44.1	36.6	37.0
原料和半制品	56.7	43.3	47.8	46.4
制成品	9.0	12.6	15.6	16.6

战后，联邦德国进口商品结构的特点是制成品的比重不断增长，这是西德重新军国主义化，军事用品进口增长的结果。在原料进口方面，战略原料的进口不断增长，而民用工业所需原料的进口量却缩减了。

食品与饮料的进口在总进口中所占的比重，大体只维持在战前的水平。

2. 对外贸易在各国间的分布情况

在美帝国主义的积极扶植下，西德垄断资本主义的力量不断增大并大大地加强了它的对外贸易扩张。在这种情况下，西德与其他资本主义国家，特别是与英法等国的矛盾就大大地尖锐起来。

西欧是德国的传统市场。从1951年起,西德已逐步恢复了战前的地位。现在西欧、北欧市场吸收着西德输出总额的70%。西德垄断资本主义已达到对西欧若干市场的统治。现在,西德在荷兰、比利时、卢森堡、奥地利、瑞士、瑞典、意大利及若干其他西欧国家的对外贸易中占据第一位。仅在丹麦和挪威的对外贸易中英国占了第一位。

西德也恢复了在拉丁美洲的阵地。从1949年到1954年,西德对拉丁美洲的输出增长了16倍。到1951年,它已超过了法国。到1953年,它又超过了英国而居第二位,和美国瓜分了这一个广大的销售市场。

西德垄断资本主义不仅恢复了战前的海外阵地,而且继续向中东、北非、东南亚地区渗透,侵入英、法传统的势力范围。西德垄断资本主义利用英国在中东地区所遭遇的困难,利用法国在北非的不利处境,竭力打击它的竞争者。

战后美国在西德进出口贸易中所占的比重皆有增长。而以在进口的比重增长的最为迅速。1937年美国在德国进口中的比重为5.2%,1948年增长到49.7%。但此后即不断下降。1953年和1954年皆为12%,占西德进口中的第一位,与英国相同,英国也占12%。在德国的出口中,1937年美国占3.5%,1953年美国在西德出口中所占的比重已增长到7%,1954年下降到6%。

战后,西德对民主阵营各国的贸易是大大地下降了。1930—1932年,德国对东方各国(苏联、中国、捷克、波兰、罗马尼亚、匈牙利和保加利亚)的贸易额达到了最高峰。1932年这七个国家在对德国对外贸易所占份额如下:输出占12.2%(122 000万马克);输入占18.3%(85 300万马克)。1954年西德对民主阵营各国输出的贸易在其总出口所占的比重已下降到2%(35 600万马克),从民主阵营各国的进口在其总进口所占的比重也下降到2%(33 600万马克)。

3. 西德的对外贸易政策

战后西德采取了加紧资本主义世界市场扩张的政策。

在美国的支持下,西德于1951年参加了关税及贸易总协定。这就使得西德可以享受缔约国的最惠国待遇及相互减让关税的便利。

其次,为了扩大对外贸易,战后西德曾与大多数资本主义国家缔结了贸易与支付协定。在缔结这些协定时,名义上西德是以独立国的身份参加的,实际上是受占领当局的控制。

除了支付协定以外,西德还与若干国家缔结了补偿协定。例如,1951年西德与阿根廷缔结了相互供应商品5 400万美元的协定。1952年与巴西缔结了11 500万美元的协定。

为了加紧出口,西德实行了国家对出口补助政策。在征收交换税时给予出口商品

2.5%的优待，利润总额内的3%也免征指税。向西欧各国出口的汇票按很低的利率贴现。

1952年西德开设了一个出口专业银行，它用政府资金按低利率提供出口信贷。1953年出口信贷保证基金从24亿德马克提高到40亿马克。为了鼓励对美元区的出口，出口商有权花费40%的美元收入来购买原料。

从1951年起西德垄断资本主义也恢复了资本输出，用资本输出来加强商品输出。1952年西德的国外新投资接近2 800万马克，1953年为13 300万马克，1954年则为21 400万马克。从1953年起，西德开始向其他国家提供长期政府信贷。例如1955年西德即贷款给巴西8 000万西德马克。

加强出口的政策，使西德成为欧洲支付同盟各成员国最大的债权国。西德与一些国家在清算上的显著不平衡成为进一步扩大西德输出的障碍。为了消减这种贸易不平衡现象，从1953年起西德采取了若干措施，以便达到扩大进口，从而扩大出口的目的。在这些措施中，首先是放宽进口数量限制。1954年西德对欧洲支付同盟国家取消了330项货物的入口限制，同时更放宽了若干农产品及工业品的进口限额。

与放宽进口数量限制的同时，西德也降低了关税率，1955年1月西德曾通过一项法案，授权政府降低或废除西德关税税率表中2350种商品项目中的750种项目的税率。期限从1955年4月1日起至1956年3月31日止。

战后，西德在美帝国主义的指使下，推行对民主阵营各国的贸易歧视政策。其结果就使得西德对民主阵营各国的出口贸易额皆一致剧烈下降。这种政策为西德商品扩大国外市场问题造成了严重的困难。因此，近年来在西德报刊上，可以看到愈来愈多的主张同东方扩大贸易的意见。他们认为扩大对民主德国和东欧各国的贸易，"毫无疑问地会对解决西德的输出问题有很大的帮助。"[①]

---

① 阿·克虏伯答美国《世界杂志》的谈话，1954年5月。

关于经济"不发达"
国家制成品和半制品的出口问题*

一、战后经济"不发达"国家对外贸易发展的一般形势

在亚、非、拉丁美洲地区,约有一百个左右的经济"不发达"国家,居住着资本主义世界三分之二的人口。这些国家的经济落后,工业不发达,它们的经济是以生产和出口食品和原料为基础的。这种出口一般占对外贸易的40%到90%以上,并且在许多国家中还占国民总产值的15%至20%,甚至45%以上。所以出口贸易对他们的国民经济已具有十分重要的意义。

在长时期的帝国主义殖民主义的控制下,亚非拉丁美洲国家的出口贸易已高度专门化、片面化、畸形化。在多数国家中,一两种商品就占出口总额的75%,甚至95%。这些产品的最大部分是输往帝国主义国家的。所以他们在经济上对于帝国主义国家具有高度的依赖性。帝国主义国家经济情况和进口情况的任何变动都会影响它们的生产、就业和出口。

战后十余年来,经济"不发达"国家对外贸易情况每况愈下,日趋不利。

表一:1938—1962年经济"不发达"国家对外贸易总值　　　　　　（百万美元）

年　份	进　口	出　口	差　额
1938	5 700	5 900	200
1948	18 700	17 100	−1 600
1950	17 400	19 100	1 700
1951	24 000	24 100	100

---

* 姚曾荫,在互助组讨论会上的发言,1963年9月29日。载中国国际贸易促进委员会研究室编,国际经济关系参考资料,1963年第14号。

续 表

年 份	进 口	出 口	差 额
1952	24 300	20 900	-3 400
1953	21 500	21 000	-500
1954	22 500	22 100	-400
1955	24 300	23 700	-600
1956	26 300	24 800	-1 500
1957	29 800	25 400	-4 400
1958	27 800	24 700	-3 100
1959	27 300	25 800	-1 500
1960	29 900	27 300	-2 600
1961	30 700	27 600	-3 100
1962	31 200	28 500	-2 700

来源：U. N. 统计月报

不利情况表现在以下四个方面：

（1）战后经济"不发达"国家出口贸易虽有增长，但进口贸易增长更快，贸易差额由战前出超转为战后入超，而且入超额近年来继续增加。在1938—1962年期间，经济"不发达"国家出口值增加383%，进口值增加456%。进出口贸易发展的显著不平衡使得这些国家的对外贸易差额由战前的长期出超改变为战后的长期入超。在战前的1937—1938年，这些国家的出超总额共为760百万美元。在战后的大多数年份，它们的贸易差额转为入超，1951年入超总额为100百万美元，1955年增至600百万美元，1962年再增至2 700百万美元。

必须指出，在战后帝国主义国家加紧掠夺石油资源的政策下，经济"不发达"国家中的石油出口国家继续保持贸易出超状况，而且出口数额较战前还有很大的增加。在1937—1938到1961年之间，这些国家的贸易出超总额由200百万美元增长到3 240百万美元，计增加15倍以上。如果将石油输出国的贸易出超数字除外，则经济"不发达"国家的贸易入超总额1959年为39亿美元，1960年为55.5亿美元，1961年增至58亿美元。[①]

（2）经济"不发达"国家的出口在资本主义世界出口总额中所占比重不断下降。在世界市场上，西方资本主义国家经常不断地排挤经济"不发达"国家的阵地，结果在资本主义世界出口总值中经济"不发达"国家所占的份额逐年下降。

在1953到1962年的10年间，整个资本主义世界出口值增加了68.7%，其中西方

---

① GATT：International Trade 1961, p. 96.

资本主义国家出口值增长96.9%，而经济"不发达"国家的出口仅增加14.7%。

1938年，经济"不发达"国家在资本主义世界出口中所占的比重为28.6%，战后1953年下降到28.3%，1962年再降到23.3%，而西方资本主义国家却由1938年的71.4%上升到1953年的71.7%，再上升到1962年的76.7%，这就是说西方资本主义国家垄断了更大份额的出口贸易。

许多经济"不发达"国家（如印度等）的出口额许多年来一直未变，而别的许多国家的出口额甚至绝对下降。这种国家有巴西、智利、墨西哥、乌拉圭、缅甸、锡兰、印度尼西亚等。

（3）战后在西方资本主义国家所采取的对外贸易扩张政策的强大压力下，经济"不发达"国家不仅在制成品出口的增长率方面落后于西方资本主义国家，而且在初级产品出口的增长率方面也落后于西方资本主义国家。

在1955—1961年的期间内，资本主义世界制造品出口贸易增长率为7.9%，其中西方资本主义国家为8.2%，经济"不发达"国家为4.3%。同期，资本主义世界初级产品出口贸易增长率为3.4%，其中工业发达国家为5.0%，不发达国家仅为1.6%。

不仅如此，经济"不发达"国家在资本主义世界制造品出口总额中所占的份额以及在资本主义世界食品、原料出口贸易中所占的份额也趋于下降。

表二：在资本主义世界制造品出口总额中和食品——原料出口总额中，经济"不发达"国家和西方资本主义国家所占的比重　　　　　　　　　　（%）

	食品		原料		制造品	
	1953	1961	1953	1961	1953	1961
资本主义世界	100		100		100	100
西方资本主义国家	51.7		61.3		92.6	93.8
经济"不发达"国家	48.3		38.7		7.4	6.2

来源：根据U.N.统计月报计算而得。

在资本主义世界制造品贸易中以及食品—原料贸易中，经济"不发达"国家所占的份额皆趋于下降，只有燃料贸易为一例外，这是帝国主义国家加紧掠夺经济"不发达"国家石油资料的结果。在1961年经济"不发达"国家的石油出口额超过西方资本主义国家一倍以上。

值得注意的是，战前经济"不发达"国家在食品—原料的出口方面大大超过西方资本主义国家，而战后却发生相反的变化。西方资本主义国家通过奖出限入政策的实施，在食品—原料出口方面，也日益超过经济"不发达"国家。这种情况表明，经济"不发达"国家不仅在资本主义世界制造品市场上，而且在世界食品—原料市场上，也遭到西方资本主义国家的不断排挤。

（4）1951年以来贸易条件日益不利。由于西方资本主义国家对经济"不发达"国家出口的原料—食品一直采取压价政策，而它们输往经济"不发达"国家的制造品却不断抬高价格，结果经济"不发达"国家在对外贸易中损失巨大。仅在1951年—1961年的11年期间内，经济"不发达"国家在对外贸易不等价交换中所遭受的损失即达300亿美元左右。

战后许多经济"不发达"国家为了改善对外贸易的不利处境，平衡贸易收支，曾经实行了严格限制进口的政策，并且采取优惠的外汇汇率，降低出口税，实行出口奖励和出口信用保险制度的办法来鼓励出口。但是，这些国家出口的增长仍然赶不上进口的增长，贸易逆差的增加不能不使这些国家的外汇储备状况趋于恶化。在1951到1982年第二季度的时期内，经济"不发达"国家的黄金外汇储备总额即从126.4亿美元下降到109.6亿美元，即减少了16.8亿美元。

只是由于帝国主义国家加紧向这些国家输出资本以便在殖民体系瓦解的条件下加紧控制这些国家的经济，它们的黄金外汇储备才能勉强保持在目前很低的水平上。帝国主义国家通过政府贷款、"赠予"和私人投资等形式每年向"不发达"国家输出的资本总额已从1951—1955年的每年平均数29亿美元，增加到1960—1961年的每年平均数61亿美元。

但是，根据苛刻的条件从帝国主义国家输入的资本，只能暂时推迟这些国家的对外支付困难，而对外支付困难的加剧在将来是不可避免的。外债的急剧增长目前已经成为经济"不发达"国家经济上的沉重负担。这些国家每年要为帝国主义国家的私人投资、政府贷款和国际组织贷款支付庞大数额的利息和红利，更不用说偿还债款了。根据联合国的统计，帝国主义国家仅以利息和红利的形式从经济"不发达"国家榨取的贡赋款额在1960—1961年已超过它们的全部出口收入的13%，1961年为35.9亿美元，偿还债款的款额还未计算在内。

经济"不发达"国家在资本主义世界市场上所处地位的恶化过程是帝国主义垄断组织对它们加强剥削的结果，是资本主义经济规律作用的结果。这种规律的破坏作用进一步加深了资本主义世界市场上各个组成部分间的发展不平衡性，特别是越来越削弱那些食品和原料出口国对外贸易的地位。

二、战后经济"不发达"国家制成品和半制成品出口简况

1960年世界出口贸易总额为1 260亿美元，其中700亿美元、即总额的55%是制

造品的出口额。1960年经济"不发达"国家出口总额为270亿美元,其中制成品出口额为40亿美元,约占经济"不发达"国家出口总额的14%强。在经济"不发达"国家的制成品半制成品输出总额中金属和金属制品的出口占36%,纺织品出口占23%,杂项占其余的五分之二。

在经济"不发达"国家的出口总额中,制成品和半制成品所占的比重很小;在世界制成品出口总额中,经济"不发达"国家出口的制成品所占的比重更小,仅占6%。它们出口的纺织品和金属分别占资本主义世界有关商品出口总额的15%和12%(见表三)。

表三:资本主义世界出口贸易商品分类统计　　　　　　　　(百万美元)

出口地区	年份	总计	食品	原料	燃料	化学品	机器	其他制造品
工业发达的资本主义国家	1953	51 840	8 410	6 696	2 825	3 087	12 819	17 300
	1954	53 500	8 185	7 351	2 917	3 717	13 150	17 400
	1955	59 660	9 010	8 440	3 250	4 160	14 540	19 260
	1956	67 640	10 030	9 390	3 830	4 590	17 330	21 420
	1957	74 730	10 560	10 450	4 380	5 080	19 290	23 420
	1958	70 670	10 660	8 350	3 470	5 120	19 790	21 950
	1959	74 990	11 160	8 370	3 150	5 800	20 680	23 610
	1960	85 040	11 820	11 110	3 370	6 490	23 820	27 080
	1961	89 800	12 940	11 410	3 540	6 860	26 150	27 580
	1962							
经济"不发达"国家	1953	21 245	7 755	6 229	4 539	276	179	2 200
	1954	22 475	8 180	6 199	5 227	265	182	2 330
	1955	23 670	7 680	6 960	5 900	240	120	2 670
	1956	24 920	8 010	7 020	6 470	235	135	2 920
	1957	25 440	8 250	6 890	7 000	240	145	2 770
	1958	24 760	8 160	6 240	7 430	230	150	2 400
	1959	25 750	7 830	7 180	7 360	230	155	2 850
	1960	27 350	8 070	7 630	7 650	290	190	3 360
	1961	27 600	8 010	7 360	8 100	320	225	3 430
	1962							

续　表

出口地区	年份	总计	食品	原料	燃料	化学品	机器	其他制造品
资本主义世界	1953	73 085	16 165	12 925	7 364	3 363	12 998	19 500
	1954	75 975	16 365	13 550	8 144	3 982	13 332	19 730
	1955	83 330	16 690	15 400	9 150	4 400	14 660	21 930
	1956	92 560	18 040	16 410	10 300	4 825	17 465	24 340
	1957	100 70	18 810	17 340	11 380	5 320	19 435	26 190
	1958	95 430	18 820	14 590	10 900	5 350	19 940	24 350
	1959	100 740	18 990	16 530	10 510	6 030	20 835	26 460
	1960	112 90	19 890	18 740	11 020	6 780	25 010	30 440
	1961	117 00	20 950	18 770	11 640	7 180	26 375	31 010
	1962							

来源：联合国统计月报1959年3月号、1961年3月号、1962年3月号、1963年3月号。

制成品出口在整个出口贸易中所占的比重，在各个地区的经济"不发达"国家中，情况并不相同（见表四）。

表四：1958年经济"不发达"国家的出口贸易结构　　　　　　　　　　（％）

	食品	原料	燃料	制成品	总计
拉丁美洲	41	16	35	7	100
中东	6	3	87	4	100
非洲	34	44	1	20	100
亚洲	29	39	11	20	100

必须指出，在经济"不发达"国家输出的制造品中，手工制品及简单加工制品占很大比重，近代大机器工业产品非常之少。严格的说，许多手工制品及简单加工制品在商品分类上更接近于初级产品，而不是接近于制成品。如果将这一部分除外，则制成品在全部出口中所占比重应当更小。

经济"不发达"国家制成品和半制成品的最大国外市场是西欧和北美，尤其是英美两国。在经济"不发达"国家输往西欧和北美的全部制成品与半制成品总额中，英国占27％，美国占30％。必须指出，"不发达"国家输往西欧、北美及日本的半制成品及制成品中，有很大一部分是帝国主义垄断资本在"不发达"国家分支公司的产品。美国的全部进口中有27％是美国国外企业的产品，价值额每年约在40亿美元以上，其中一部分是在"不发达"国家投资所建立厂矿的产品。

金属、纺织品及衣着占"不发达"国家对西欧及北美出口的72%。

在经济"不发达"国家对西欧和北美输出的制成品中，亚洲占最大的比重，1960年为44%，其次为非洲，1960年占29.7%，第三是拉丁美洲，1960年为26.3%。

在经济"不发达"国家出口的金属中，共同市场国家输入的份额最大，1960年占53%，其次为英国，1960年占25%，第三是北美，1960年占17%。在纺织品出口方面，北美是最大的购买者，1960年占52%，其次是英国，1960年占30%。

在金属方面，非洲主要是供应西欧各国，北美的主要供应地区是亚洲和拉丁美洲，各占二分之一。在纺织品方面，亚洲不发达国家输出的数额最多。但法国从经济"不发达"国家输入的纺织品中，有二分之一以上来自非洲法国的附属国家。

三、经济"不发达"国家制成品和半制成品出口在西方资本主义国家市场上所遭遇到的关税障碍及数量限制

（一）关税

在西方资本主义国家市场上，经济"不发达"国家的制成品和半制成品所遇到的最大障碍是关税。西方资本主义国家一般对消费品的进口规定最高的进口税率，以防止这种产品与本国的产品相竞争；而对进口的机器和化学品等则规定较低的进口税。法国对于来自其殖民地附属国的制成品和半制成品虽给予非常优惠的关税待遇，但只是有名无实。事实上，法国的制成品与半制成品在这些国家的市场上完全享受免税待遇，这就有效地阻止了当地工业的发展，从而使这些国家很少能有制成品或半制成品出口，享受不到法国的优惠关税待遇。

西方资本主义国家的关税结构是阻止经济'不发达'国家制成品及半制成品进口的有效武器。西方资本主义国家所实行的进口税率一般随着商品的加工程度而递增。原料一般免税或低税进口，半制成品进口要纳较高的关税，制成品进口则要纳最高的税（见表五）：

表五：西欧及北美商品进口税率表按商品及加工程度分类　　　　　　　　（%）

商品别	共同市场	英　国	美　国
可可			
可可豆	9	1.5	0

续 表

商 品 别	共同市场	英 国	美 国
可可酪	22	4	6.2
可可酱	25	7	2.0
可可粉	27	13	4.2
咖啡			
咖啡豆（未烘干）	16~21	—	0
咖啡豆（已烘干）	25~30	—	0
咖啡精	30	4~10	1.7
铜			
未精制铜废铜	0	0~10	7~8
含铜合金	0	10	8~22
铜棒，铜线等	10	10	6~32
薄铜板，铜条	10	15	19
铜管及配件	15	20	21~24
棉花及棉制品			
原棉	8	0~10	0~8
棉纱、棉线（未漂白）	10	17	17
棉纱，棉线（已漂白，已染色）	13	18	14
棉织品（本色）	17	23	23
其他标准棉织品	17	23	25
钢铁			
铁矿砂	0	0	0
生铁	7	9	9
铸块	7	11	12
铁制品及钢制品	9	14	11
钢管及配件	13.5	17.5	10
麻			
原麻或已加工的麻	0	0~20	0~15
麻织品	23	23	8

在上述的关税政策下，西方资本主义国家的垄断资本一方面可以控制本国的市场，维护自己的垄断利润，一方面它阻止了经济"不发达"国家制成品以至半制成品的进

口，从而阻碍了它们工业的发展。这种政策的影响力在西方资本主义国家的进口贸易上充分地反映出来（见表六）。

表六：1958年西欧和北美原料、半制成品及制成品的进口　　　（百万美元、%）

	西欧 进口值	西欧 经济"不发达"国家占比	美国 进口值	美国 经济"不发达"国家占比
糖	398.9	92.6	520.1	99.9
粗糖	369.2	99.8	464.6	100.0
精制糖	29.7	3.4	55.5	98.9
咖啡	770.3	96.2	1179.8	100.0
咖啡豆	753.5	8.2	1170.4	100.0
可溶鲜咖啡	16.8	4.2	9.4	100.0
可可	370.9	88.2	191.4	93.1
可可豆	308.2	98.0	172.5	100.0
可可制品	62.7	40.0	18.9	30.2
油籽及植物油	916.0	64.2	97.7	96.6
油籽	617.4	57.6	48.5	100.0
植物油	298.6	77.7	49.2	93.3
生熟皮	582.9	47.8	171.1	41.1
生皮及毛皮	398.4	56.6	134.5	48.0
皮革	184.5	28.7	36.5	15.8
橡胶	535.3	76.4	273.9	64.6
天然胶	411.6	99.1	250.6	70.5
橡胶制品	123.7	0.6	23.3	1.3
金属	1 883.9	42.4	964.1	52.9
非铁金属矿砂	378	70.4	338.0	89.3
金属及合金（未精制）	1 357.1	38.5	540.3	38.0
金属及合金（已加工）	148.8	6.2	85.8	2.4
纺织品	3 283.2	49.8	533.8	59.9
纺织纤维	2 297.3	66.4	310.5	78.5
纱及线	335.4	3.5	14.1	1.4
纺织品	650.5	15.2	209.2	36.2

来源：联合国1960年欧洲经济年报

从上表可以看出，西方资本主义国家从经济"不发达"国家输入的货物以原料为主，半制成品较少，而制成品更少。这种情况在糖、咖啡、可可、油籽、生皮及毛皮、橡胶、金属及纺织品等商品上都表现出来。

以皮革为例，由于西方资本主义国家对生皮、熟皮及皮革制品的进口规定高低不等的税率，所以它们从经济"不发达"国家进口的大多数是生皮和毛皮，熟皮很少，皮革制品更少。目前西欧、北美及日本输入的生皮和毛皮约有60%～70%是来自经济"不发达"国家。皮革制品输入时不但要纳很高的进口税，而且在这些国家的国内市场上出售时还要纳消费税（Special Report of Committee Ⅲ），这显然会减少这些产品的消费量和进口量。

（二）进口限额

数量限制也是经济"不发达"国家对西方资本主义国家的出口所遭遇到的最大贸易障碍之一。除了经济"不发达"国家输出的初级产品，如油籽、咖啡、原棉、烟草、木材等要受到进口数量限制以外，它们输出的棉纺织品、麻纺织品、椰皮纤维制品、缝纫机、油料等半制成品、制成品也受到西方资本主义国家的进口数量限制，而且这种限制时常采取歧视的形式。近十年来西方资本主义国家虽然实行了贸易"自由化"的措施，对许多种类的半制成品和制成品放松了限额或完全取消了限额，但是经济"不发达"国家并未从这种贸易"自由化"措施中得到什么好处。西方资本主义国家有时对原料的进口取消限额，而对于用这种原料制造的半制品或制成品仍然保持限额，这显然会阻碍经济"不发达"国家有关半制成品和制成品的出口及有关工业的发展。此外，共同市场国家在实行限额时一般是采取歧视办法，这种办法有利于集团内的国家及其海外联系国，而不利于集团外的国家，特别是经济"不发达"国家。

目前西方资本主义国家所实行的进口限额主要是在纺织品方面，这对经济"不发达"国家制成品的出口影响很大，下面将对这个问题加以介绍。

四、经济"不发达"国家棉纺织品的出口市场问题

纺织业是许多不发达国家最早建立的工业部门之一，目前纺织品的生产和出口在许多经济"不发达"国家国民经济和出口贸易中已占有十分重要的地位。

在1960年，经济"不发达"国家制成品和半制成品出口总额中，纺织品约占23%，其中亚洲国家所占的比重较大。近十年来印度已成为最大的棉纺织品出口国之

一，仅次于日本，占资本主义世界棉纺织品出口的第二位。

表七：亚洲经济"不发达"国家制造品的出口　　　　（百万美元）

	1957	1958
马来亚—新加坡	112.3	121.9
其中：纺织品出口	25.5	30.0
印度	527.6	467.5
其中：纺织品	429.3	385.1
皮革	45.3	38.3
巴基斯坦	43.5	31.0
其中：纺织品	38.1	26.6
菲律宾	9.8	14.8
其中：纺织品	2.7	2.7
木及软木制品	3.7	9.4

战后世界纺织品的生产和出口基本上是增长的。

表八：1958—1962世界棉纱及棉布生产量及出口量

	单位	1956	1962
棉纱			
产量	万件	4.202	4.983
指数	%	100	119
出口	万件	72	80
指数	%	100	111
棉布			
产量	万匹	38.111	159.000
指数	%	100	115
出口	万匹	15.375	17.800
指数	%	100	116

来源：联合国统计月报

随着世界纺织品的产量和出口量的增长，经济"不发达"国家纺织品的产量和出口也有了较迅速的增加。在1956—1961年期间，经济"不发达"国家对北美、西欧输出的各种低档纺织品从220百万美元增加到410百万美元，其中大多数来自印度、巴基斯坦及香港，拉丁美洲及非洲所占的比重不足四分之一。在1960年共同市场，小自由贸易区和北美的纺织品进口总值中，经济"不发达"国家所占的比重分别为4%、14%和22%。估计目前经济"不发达"国家纺织品，主要是棉纺织品的输出量已达到饱和点，今后的市场问题将会越来越严重。原因如下：

（一）棉纺织品传统出口市场日益缩小，争夺市场的斗争日趋尖锐

战后资本主义世界棉纺织业的总情况是英国的棉纺织品生产和出口年年下降，而日本和亚、非、拉丁美洲国家的棉纺织工业发展迅速。在50年以前英国生产棉布1.75亿匹，其中90%是出口的。1962年英国棉布产量已降至2.618万匹，（1.575亿匹）出口量已降至588万匹。1962年英国棉布进口量为1.439万匹，进口等于出口的2.4倍。英国棉布在世界棉布贸易中的比重由50年前的58%，下降到1962年的12%。衰落的主要原因是：①人造纤维工业方面的竞争，②经济"不发达"地区棉纺织品自给率的提高，③日本的竞争，④经济"不发达"地区，如印度、巴基斯坦、中国香港等棉纺织品出口的增长。

战后日本的棉布生产和出口也有增长。从1956年以来，日本棉布出口量一直占资本主义世界的第一位。

在老牌资本主义棉布出口国家（英国）没落或停滞的同时，亚、非、拉丁美洲国家的民族纺织工业却有较迅速的发展，纺织品的自给率不断提高。印度尼西亚是东南亚地区最大的纺织品消费国，每年约消费纺织品九亿码，现已有织机约74.5万台。如原料充裕，可年产棉布5.5亿码。1960年印度尼西亚有纱锭12万枚，根据印尼八年计划，到1968年纱锭将增加到165万枚。缅甸现有两大棉纺织厂，每年可产棉纱7500件，棉布8.1万匹。泰国1961年产棉布64.8万匹，比1956年增加2.32倍，按1 300万人口计算，平均每人已达7.9公尺。菲律宾已有23个织造厂，已可满足全菲纺织品消费量2.5亿码的要求。摩洛哥的棉织品自给率已达40%。苏丹政府也计划在五年内达到棉布自给。尼日利亚轧光布产量已能满足需要的70%。罗得西亚、尼亚萨兰联邦的细布自给率已达95%，毛巾90%。拉丁美洲的委内瑞拉正在逐步由棉布自给而至输出棉布。

亚、非、拉丁美洲地区为保护本国新兴的纺织工业，对纺织品进口实行数量限制的国家愈来愈多，愈来愈严。因此，亚非拉丁美洲地区作为经济"不发达"国家棉纺织品出口国的销售市场已愈来愈不可靠。据统计，近年来13个主要资本主义棉布出口国家和地区，对东南亚地区的印度尼西亚、泰国、新马、菲律宾、锡兰、缅甸的出口量已经显著下降，在1956到1962年的6年间，已减少了44.2%。这些国家对英属西非、南非、苏丹、尼亚萨兰等五个非洲国家的出口，在1957到1962年期间下降了

13%，对澳大利亚的出口在 1957—1982 年期间仅增加 3% 强。

在对亚、非、拉丁美洲棉纺织品市场争夺愈益激烈的同时，西方资本主义国家利用资本输出，企图绕过贸易障碍从内部占领经济"不发达"国家的市场。它们利用亚、非、拉丁美洲地区各国的财政困难，外汇困难，对于外国资本的依赖，乘机输出资本和剩余设备，在这些地区单独投资或与当地资金合办纺织企业。例如日本东洋纺织公司与锡兰地亚衬衫公司合办一个年产 24 万件的衬衫厂；日本帝人、伊藤、富井三个公司与锡兰资本合办一个年产 420 万码的丝绸厂。泰国政府已经批准由日、泰合资从 1960 年起，在 10 年内建成一个总投资额 2 340 万美元，拥有 10 万纱锭，3 000 台自动织机的棉纺织厂。美国在 1948—1960 的 13 年间，通过"援助"给韩国、南越、印度尼西亚、柬埔寨、泰国等价值 3 050 万美元的纺织机器。

这种情况说明经济"不发达"国家中的棉纺织品出口国在亚非拉美市场将遭遇到越来越大的困难。

（二）棉布出口国争夺西欧、北美市场的斗争；限制与反限制的斗争

由于亚、非、拉丁美洲传统棉纺织品市场的不断缩小，欧美市场逐渐成为斗争的焦点。13 国和地区对西欧北美的棉布出口量占其棉布总出口量的比重，已由 1956 年的 38.5% 上升到 1962 年的 52.8%。这种情况说明资本主义棉布出口国，争夺西欧与北美市场的竞争已十分尖锐。

近数年来，在资本主义总危机加深，纺织品生产严重过剩和国内市场上竞争激烈的情况下，西方资本主义国家首先采取措施，限制纺织品的进口。

英国在 1958 年已与中国香港地区订立双边协定，在 1959 年又与印度和巴基斯坦分别订立了双边协定。在双边协定规定下，这些国家和地区对英国的纺织品出口要受到自动的出口限额的限制。

至于美国，则一向对经济"不发达"国家刚刚发展起来的轻工业产品肆意摧残。例如在关税贸易总协定 1959 年 10 月在东京举行的第 15 次大会上，美国代表即曾主张限制经济"不发达"国家轻工业品的出口；以后，在第 16 次、第 17 次大会上，美国在该问题上仍不断向有关国家施加压力。1961 年 7 月美国终于迫使关税贸易总协定通过了主要以限制经济"不发达"国家棉纺织品进口为目的的国际棉织品贸易的"短期安排"（1961 年 9 月到 1962 年 9 月），接着又通过了把这种限制措施长期化的"长期协定"（1962—1967）。

根据"长期协定"的规定，每一棉纺织品进口国必须逐年按比例扩大进口限额。但是英国和加拿大以已经输入大量棉纺织品为借口，表示不能再增加进口限额。美国

在 1962—1963 年期间，一再引用所谓"市场混乱"条款，与一系列出口国签订双边协定，规定这些国家输往美国的限额，固定在 1961—1962 年的水平上。这些出口国家和地区包括中国香港、哥伦比亚、印度、巴基斯坦、以色列及菲律宾等。此外日本与美国也签订了类似的协定。

据联合国的估计，如果经济"不发达"国家对英、美、加拿大的出口限额维持在 1961 年的水平固定不变，而对西欧大陆国家的出口如能按规定的比例有所增加，则经济"不发达"国家输出的棉纺织品的每年增长率仅有 3%。这一增长率大大低于战后的增长率，远不能满足经济"不发达"国家发展出口、增加外汇收入的需要。

在限制进口的同时，西方资本主义国家对于进口棉纺织品还采取高关税政策，其中共同市场国家的平均税率为 17%，英国为 23%，美国的进口税率最低为 25%，最高则达 57%。在这种双重限制下，经济"不发达"国家如印度、巴基斯坦及菲律宾等国的棉织品出口都受到沉重的打击。

此外，资本主义世界棉纺织品生产过剩情况日益严重，各种人造纤维、人造纺织品的生产和出口日益增加。所以经济"不发达"国家发展棉纺织品出口贸易的前途非常黯淡。

表九：经济"不发达"国家（地区）棉布出口量统计　　　　（每季平均）

	1957	1958	1959	1960	1961	1962
印度（百万码）	220.35	155.6	212.54	18.92	145.61	134.46
巴基斯坦（百万码）	2.57	1.02	10.5	18.90	13.43	15.73
埃及（千昆塔尔）	9.36	12.74	15.75	31.38	25.68	
墨西哥（千昆塔尔）	2.82	2.72	1.72	4.70	10.43	8.09
巴西（千昆塔尔）	0.70	1.84	0.88			
中国香港（百万方码）	49.08	55.09	58.80	78.11	94.07	88.44

来源：英棉业局季刊

注：*每千昆塔尔约等于 100 万方码。

五、关税及贸易总协定和联合国等国际机构关于增加不发达国家制成品和半制成品出口的各项建议

战后经济"不发达"国家的对外贸易问题愈来愈严重。

1957 年 11 月关税及贸易总协定第 12 届会议决定成立专家小组，专门研究国际贸易的发展趋势，着重点有三：①经济"不发达"国家的贸易问题，②初级产品价格的

波动问题，③农业保护政策问题。

1958年成立了以哈卜勒（G. Haberler）为首的专家小组，其中包括米德（James Meade），丁伯根（Jan Tinbergen）和坎伯斯（Roberto do Oliveria Oampos）。

1958年哈卜勒报告（Haberler Report）发表，并提交关税及贸易总协定1958年召开的第13届大会讨论。哈卜勒报告中关于稳定食品一原料价格、发展初级产品贸易的建议较多，关于经济"不发达"国家制成品贸易问题的建议，主要有两点：一是建议缓和工业品的保护政策，一是建议降低国内消费税。

在哈卜勒报告发表后，关税及贸易总协定组织三个专门委员会，负责研究扩大国际贸易的有关事项。其中第三委员会专门负责研究不发达国家的对外贸易问题。

1962年第三委员会特别报告（Special Report of Committee Ⅲ）发表，其中有关经济"不发达"国家半制成品与制成品出口问题的建议，大致有以下几项：

（1）建议会员国取消影响经济"不发达"国家出口贸易的数量限制；

（2）建议会员国在实行进口限额时考虑取消对经济"不发达"国家的歧视性措施；

（3）建议会员国降低关税以便扩大经济"不发达"国家的出口；

（4）建议会员国减低国内税率以便扩大经济"不发达"国家产品的消费和进口。

1963年5月关税及贸易总协定部长级会议曾通过了阿根廷、巴西、缅甸等21国的八点行动纲领。其中包括取消数量限制、降低和取消对经济"不发达"国家半制成品和制成品的贸易壁垒及逐步降低内部捐税等规定。

此外，现代修正主义者及亚非国家也曾一再建议召开国际贸易会议以讨论经济"不发达"国家的贸易与经济发展问题。苏联代表曾在许多场合提出这一类的建议。几年前的贝尔格莱德不结盟国家会议（Belgrad Conference of Non-aligned States）及1961年在南斯拉夫策动下召开的开罗会议（Cairo Conference of Newly Developing States）一些所谓不结盟国家也曾做出类似的决议。①

联合国经社理事会第34届会议于1962年8月3日通过亚、非、拉丁美洲成员国和南斯拉夫提出的关于召开联合国贸易与发展会议的决议。

苏联于1962年9月17日，第17届联大开会前夕，建议联大就召开国际贸易问题会议进行讨论。

1962年12月8日联大通过加拿大—秘鲁关于1964年初召开贸易与发展会议的修正案。

在这次联大决议中关于贸易与发展会议议程草案的建议中以及1963年2月5日的贸易与发展会议30国筹委会第一次会议所通过的会议议程草案中，都有关于发展经济

---

① 现代修正主义者的目的，一方面在于企图恢复和发展与西方资本主义国家的贸易关系，恢复统一的世界市场，搞世界经济一体化，一方面企图利用经济"不发达"国家与西方资本主义国家的矛盾，从中渔利。

"不发达"国家制成品和半制成品贸易的规定。

在1963年6月的贸易与发展会议筹委会会议上，印度、马来亚、印度尼西亚等17个国家（包括南斯拉夫）提出了七点建议。其中第四点是"扩大发展中国家的制成品和半制品的出口市场"。

明年春季召开的贸易与发展会议已引起世界各国的广泛注意。这次会议首先是经济"不发达"国家，特别是开罗会议国家建议召开的，所以经济"不发达"国家对之抱有殷切的期望，希望这次会议能够解决它们的出口问题和初级产品价格问题等。将在今年12月间召开的亚非经济合作组织大会据说就是明年贸易与发展会议的预演，从这一点就可以看出它们对于明春会议的重视程度。苏联也是明年春季贸易与发展会议的发起国之一，当然也想利用这次会议来达到自己的目的。估计苏联代表团和南斯拉夫代表团在会议期间还会兜售其过去一套修正主义的货色，像裁军与贸易援助的关系、恢复与发展苏联与西方国家的贸易关系、恢复统一的世界市场、和平共处、和平经济竞赛等等。

现代修正主义者正为这些问题制造舆论，它们已公开反对斯大林关于统一的世界市场瓦解的理论，主张取消社会主义世界市场，恢复统一的世界市场。米高扬曾说世界分成两个市场给各国人民造成极大损失，甚至给人类造成更大的祸害，阻碍人类社会前进。缅希科夫在发表于《世界经济与国际关系》的一篇文章中说："社会主义体系通过两大体系的经济联系和经济竞赛以及通过对外政策对资本主义再生产进程的作用正在扩大，社会主义国家的采购和订货使某些资本主义国家工业中的危机性波动的幅度缩小了。这些采购和订货对不发达国家的经济也产生了积极的影响，帮助这些国家减轻了世界性危机的冲击，阻碍着'价格剪刀差'的扩大。"

现代修正主义者认为资本主义世界拥有扩大销售市场的重要潜力，但是资本主义世界"是否能够利用最迅速地扩大生产的各种可能性，（扩大同社会主义国家的贸易，加速不发达国家的工业化，增加用于民用需要的开支）在相当大的程度上（如果不是决定性地）取决于一些主要资本主义国家的对内和对外政策的方针。如果华盛顿及其北大西洋公约组织的盟国愿意从根本上改变政策方针的话，那就可以取得最大限度的成果"。（缅希科夫文）

最近南斯拉夫正积极准备参加关税及贸易总协定，今年9月26日南斯拉夫外交国务秘书处发言人孔奇发表谈话说："南斯拉夫的努力和在外汇和外贸制度方面的改变，目的在于使南斯拉夫在最大程度上参与国际分工（按为资本主义国际分工）并使它同世界市场（资本主义世界市场）进一步一体化。"估计苏联参加关税及贸易总协定也有极大可能性。

今年以来的在贸易与发展会议的预备会议和会谈中，苏联代表曾竭力争取经济

"不发达"国家的支持,但是成就很小。苏联代表曾想将类如"裁军对于国际贸易的影响"、"反对施加经济压力政策的措施"等作为明年大会的议题。但是经济"不发达"国家对此并无反响。经济"不发达"国家的一般倾向是就事论事,只谈贸易本身的问题,不谈政治。

西方资本主义国家对明年的会议则忧心忡忡,深怀戒惧。根据西方报刊的报道,西方资本主义国家最害怕的就是经济"不发达"国家能够组成强大的统一战线来反对它们。它们认为17国及时提出的七点建议就说明预兆不吉。它们正在采取各种措施,企图用推诿、拖拉和欺骗的手法来蒙混过关。

明年的两次会议可能会发展成为一次资本主义世界性的贸易与关税大混战。我们对于在混战前夕的敌、友、我三方面的形势应有充分的认识和估计,并早作安排,以便争取经济"不发达"国家,组织广泛的统一战线,达到反对帝国主义和反对现代修正主义的目的。

六、关于经济"不发达"国家发展制成品和半制成品出口问题的初步意见;对联合国及关税及贸易总协定所提出的建议和方案的评价

近年来,经济"不发达"国家的出口增长迟缓,出口收入减少,日益不能满足进口的需要,它们的出口贸易在资本主义世界贸易中所占比重不断下降,贸易逆差逐年扩大。这些情况引起亚非拉丁美洲许多国家的普遍关心。它们过去曾对1963年5月间召开的日内瓦关税及贸易总协定部长级会议抱有希望,对于明年春季召开的贸易与发展会议更寄以殷切的希望,希望它们对于经济"不发达"国家的出口能采取一些具体的措施。这是可以理解的。但是他们过去对关税及贸易总协定的希望,事实证明已经落空,今天对联合国贸易与发展会议的期望,今后,也将继续证明会落空。我们的这种估计是根据以下的几点认识:

首先,帝国主义的本性不能改变,帝国主义与经济"不发达"国家的矛盾是不可调和的矛盾。帝国主义的本性就是垄断,帝国主义既要垄断国内市场,也要垄断国外市场,既要争夺发达的工业国家的市场,也要争夺经济"不发达"国家的市场。有人认为:"不发达国家不仅需要对工业国有较大和可靠的市场,而且需要得到特别让步,才可与工业国竞争。"又有人认为:"需要让不发达国家有一个能生存的地位。工业国应搞高级的专业化,让出简单制造业给不发达国家,并且要为它们的简单制成品提供出路。"

事实上，这都是不切实际的幻想。帝国主义不会放下屠刀，也绝不会立地成佛。帝国主义垄断组织也不会自动地退出历史舞台。它们绝不会为了经济"不发达"国家的利益，心甘情愿地放弃国外市场和国内市场。礼让绝不是帝国主义的本性。你死我活的竞争，弱肉强食，大鱼吃小鱼才是垄断资本的本性，才是不依人们意志为转移的资本主义的客观规律。不可能设想帝国主义垄断组织会自动地把自己的国内市场和国外市场让出一部分来，分配给亚、非、拉美国家。这在历史上还无先例，今后也决不会有这类事件发生。我们也不可能设想帝国主义会帮助经济"不发达"国家进行工业化，帮助它们建立独立自主的民族经济，从而在世界市场上给自己增添一批竞争的新对手。

帝国主义绝不会关心经济"不发达"国家的工业发展，它们所关心的只是把经济"不发达"国家永久保持在资本主义世界经济体系的范围内，作为帝国主义的重要经济腹地、商品销售市场、原料产地和投资范围，继续供其剥削和榨取。

在经济"不发达"国家的坚决斗争下，帝国主义为了拉拢和利用经济"不发达"国家，也可能在口头上对经济"不发达"国家作出某些让步，略施小恩小惠稍许满足经济"不发达"国家的要求；但是在实质性的问题上，在关系到经济"不发达"国家发展独立自主的民族经济问题上，在关系到最大限度利润的问题上，它们不会有任何的退让。

估计帝国主义国家，在经济"不发达"国家的不断斗争的压力下，可能对发展经济"不发达"国家制成品和半制成品的出口问题，表面上做出一些让步，但是可能只谈原则问题，而不规定具体措施。也可能口惠而实不至，把经济"不发达"国家的各项建设方案采取推、拖、骗的手法蒙混过去。我们对此必须予以揭露。这种情况，在过去已屡见不鲜。例如在1963年5月的关税及贸易总协定部长级会议上，虽然通过了一个所谓"行动计划"，这个计划虽然"承认""最大限度地扩大不发达国家的出口"的重要意义，也"承认"工业国可以在"取消或大大削减关税及其他障碍"方面"作出巨大贡献"，但是根本没有采取任何具体措施来满足经济"不发达"国家扩大出口的愿望，会议只是决定成立一些委员会来继续研究经济"不发达"国家的出口问题。这种敷衍搪塞的态度已引起经济"不发达"国家的深刻不满。

帝国主义国家也可能利用经济不发达国家作为赌博中的筹码，把它们当作与其他帝国主义国家讨价还价的工具。在5月间的关税及贸易总协定会议上，美国就以欺骗的手法，尽量利用亚非拉丁美洲国家，特别是拉丁美洲国家的不满情绪，企图把经济"不发达"国家不满的矛头指向共同市场国家，希望借经济"不发达"国家之手打开共同市场的关税壁垒，以便美国从中渔利。

其次，资本主义总危机不断加深、生产能力的增长与市场相对缩小的矛盾日趋尖锐，资本主义世界普遍生产过剩的经济危机的条件日益成熟，帝国主义争夺市场的斗争已急剧尖锐化。目前资本主义世界不但存在着农产品过剩的危机，原料生产过剩的危机，而且钢铁、汽车、煤炭、纺织品等等也存在着生产过剩的危机。事实上帝国主义世界的贸易战和关税战业已开始。随着经济危机条件的成熟和发展，这种贸易战争将会日趋激烈。在这种条件下，西方资本主义国家绝不会放松贸易限制，降低关税壁垒，经济"不发达"国家的制成品和半制成品出口问题将会越来越困难，而绝不会越来越缓和，所以联合国和关税及贸易总协定的各项建议和方案最终还是会落空。

第三，在帝国中义的长期统治和剥削下，经济"不发达"国家的生产技术落后，生产成本较高，产品质量较差，价格较高，因此它们的制成品和半制成品在资本主义世界市场上，即使在同等的条件下，也很难与西方资本主义国家所生产的同种商品相竞争，更不用说它们要遭到高关税壁垒、数量限制及其他各种贸易障碍了。

我们认为帝国主义和新老殖民主义的侵略和掠夺是阻碍经济"不发达"国家经济发展和对外贸易发展的主要原因。帝国主义垄断资本垄断了资本主义世界的国际贸易，严重地阻碍了国际贸易的正常和健全发展。现代修正主义者为虎作伥，在欺骗和麻痹亚、非、拉丁美洲人民的斗志方面起着越来越大的作用。经济"不发达"国家要想充分发展国民经济，建立独立自主的民族经济，必须进行反帝的坚决斗争，彻底肃清帝国主义在他们国家中的势力，而反对贸易限制及高关税壁垒的斗争，应该只是反对帝国主义斗争的一部分。

目前帝国主义者和现代修正主义者正在扩大国际贸易，在发展经济"不发达"国家出口贸易等问题上大做文章，企图以此来欺骗经济"不发达"国家的人民。帝国主义者的目的在于缓和经济"不发达"国家的不满情绪，并且用略施小恩小惠的办法，企图把经济"不发达"国家永远保持在资本主义体系范围内，继续供其剥削奴役。现代修正主义者企图以此来证明其"裁军"、"和平共处"、"和平过渡"等等谬论。一些经济"不发达"国家的官方人士也对此抱有不切实际的幻想。

我们对此问题必须慎重对待。我们预料其必将失败，但在会议中似乎仍然应该同情和支持他们的主张，以便通过斗争教育他们，使他们从失败中吸取经验教训，进一步认清帝国主义的掠夺性，以及现代修正主义者为虎作伥的丑恶面目。

第二次世界大战后亚洲、非洲和拉丁美洲国家的对外贸易*

第二次世界大战后,亚洲、非洲和拉丁美洲的民族解放运动已取得了具有历史意义的伟大胜利。这些地区的面貌已经发生了巨大的变化。许多亚洲、非洲和拉丁美洲的国家相继取得了法律上的独立地位。但是,殖民主义并没有消失,亚洲、非洲和拉丁美洲地区的"许多国家并没有完全摆脱帝国主义和殖民主义的控制和奴役,它们仍然是帝国主义掠夺和侵略的对象,仍然是新老殖民主义者角逐的场所。"[1] 战后,亚洲、非洲和拉丁美洲国家在资本主义世界经济体系中仍然处于被剥削和被掠夺的地位。亚洲、非洲和拉丁美洲国家的生产结构和对外贸易仍然具有殖民地或半殖民地的性质。它们仍然是帝国主义国家的原料和食品来源地,商品销售市场的投资范围。它们的整个国民经济仍然极其严重地依赖对外贸易,特别是依赖同帝国主义国家的贸易。

第二次世界大战后,亚洲、非洲和拉丁美洲国家的对外贸易地位大大地恶化了。它们的出口值在资本主义世界出口总值中所占的比重不断下降。它们在资本主义世界初级产品出口贸易中所占的份额也趋于下降了。50年代以来,由于资本主义世界市场上初级产品价格不断跌落,而制造品价格上涨,亚洲、非洲和拉丁美洲国家在同帝国主义国家进行贸易时,受到沉重的不等价交换的损失。这一切导致了亚洲、非洲和拉丁美洲国家对外贸易入超的持续扩大和国际收支危机的加深。

---

* 姚曾荫,1965年,手稿。
[1] 《新殖民主义的辩护士》,《红旗》,1963年第20期,第2页。

一、战后亚洲、非洲和拉丁美洲国家仍然是帝国主义国家的原料——食品来源地和商品销售市场。它们的对外贸易仍然是殖民地或半殖民地类型的对外贸易

亚洲、非洲和拉丁美洲国家在资本主义世界经济中所处的从属地位，在它们的对外贸易中充分地显示出来。由于帝国主义殖民主义在亚洲、非洲和拉丁美洲地区长期以来强制推行单一制经济的结果，它们的经济结构变成片面的畸形的经济结构，它们的农矿业生产依赖于并且附属于帝国主义国家，它们的物质生产发展的方向不是取决于这些国家人民的利益和国内市场的需要，而是取决于帝国主义垄断组织的利益和帝国主义市场的需要。因此，它们把很大一部分国民生产品投入到对外贸易领域。在不等价交换的基础上，这些国家的国民产品输出部分越多，它们在交换中所受到的损失就越大。在亚洲、非洲和拉丁美洲国家，出口一般占国民总产值的15%至20%，甚至45%以上。1960年，这些国家的出口总值占国民总产值的比重为16%。所以出口贸易对它们的国民经济已具有十分重要的意义。

在帝国主义殖民主义的长时期的控制下，亚洲、非洲和拉丁美洲国家的出口贸易也高度地专业化、片面化、畸形化。它们的出口商品主要是初级产品。1950年初级产品出口值占这些国家出口总值的88.2%；1962年占出口总值的85.5%。这些国家的出口不仅集中在初级产品上，而且主要集中在两三类，甚至一类初级产品上。在1960年至1961年期间在93个亚洲、非洲和拉丁美洲国家和地区中，有55个国家或地区专门从事于一类初级产品的出口，另有33个国家或地区专门于两类初级产品的出口，只有5个国家或地区专门于三类农矿产品的出口。[①] 第二次世界大战以后，虽然个别的国家，其中主要包括巴西、尼日利亚、秘鲁和泰国等的初级产品出口集中程度有所降低，但在其他大多数亚洲、非洲和拉丁美洲国家，出口专业化程度基本未变，或者反而有了增加。在过去的20年间，虽然有些国家的工业生产有了增长，出口的品种有了增加，但是整个的看来，亚洲、非洲和拉丁美洲国家的出口专业化程度并没有减少的趋势。

畸形的片面的经济发展的结果，一方面使亚洲、非洲和拉丁美洲国家的出口贸易以少数几种初级产品为主，另一方面也使它们的进口贸易以制造品为主。1961年这些国家的进口中，60%是制造品，在进口的制造品中，一半是属于机器和运输设备一类。

---

① "专业化"在这里指的是在一国的出口总值中，一类、两类或三类的出口货占50%以上。

应当指出，亚洲、非洲和拉丁美洲国家机器设备的进口中有相当一部分是属于帝国主义垄断资本在这些国家开办的企业的进口。① 但不容否认，也有一部分进口是同这些国家发展民族经济有关的。

在许多亚洲、非洲和拉丁美洲国家，经济的畸形发展不仅表现为工业必需品方面不能自给，而且表现为在粮食消费方面也不能自给。战后这种不能自给的情况且日趋恶化。作为"世界的农村"的亚洲、非洲和拉丁美洲地区，正出现日益尖锐的缺粮现象。第二次世界大战前，亚洲、非洲和拉丁美洲国家作为一个整体是粮食净出口地区。1934—1938年平均每年净出口达1 496万吨。战后，由于粮食出口大大萎缩，粮食进口的不断增加，这些国家就由战前的粮食净出口地区，变成为粮食净进口地区，而且净进口的数量也与年俱增。1948—1952年这一地区平均每年净进口量达223万吨，1958年增为573万吨，1962年更增至为752万吨，比1948—1952年增加了二倍多。粮食进口在亚洲、非洲和拉丁美洲国家进口总值中所占的比重由1955年的3.9%，上升到1962年的5.9%。在印度、巴西、阿联酋、印度尼西亚、新加坡、马来西亚、锡兰、以色列、巴基斯坦、阿尔及利亚、秘鲁、菲律宾、委内瑞拉等国的进口中，粮食是主要项目之一。大量粮食的进口，并不是由于这些国家的土地不能生产粮食作物，而是由于长期以来殖民主义者强迫它们片面发展出口经济作物缩减粮食生产所造成的。战后美帝国主义在世界市场上疯狂地倾销粮食，侵占亚洲、非洲和拉丁美洲国家的国外市场和国内市场，也大大地影响了这一地区粮食的生产和入超。

在帝国主义垄断组织的控制下，不仅亚洲、非洲和拉丁美洲国家对外贸易的商品结构，特别是出口结构，集中在少数几种商品上，而且对外贸易的地理分布也集中于少数的帝国主义国家。在资本主义国际分工体系中，亚洲、非洲和拉丁美洲地区处于"世界农村"地位。亚洲、非洲和拉丁美洲地区与北美、西欧的分工是"世界的农村"与"世界的城市"的分工。这种情况就决定了亚洲、非洲和拉丁美洲国家的对外贸易渠道主要是通向西方资本主义国家，特别是通向少数的帝国主义国家，而亚洲、非洲和拉丁美洲各国间的相互贸易只占不重要的地位。在亚洲、非洲和拉丁美洲国家对资本主义世界的出口总值中，对西方资本主义国家的出口，1950年占72.3%。1955年上升到74.7%，1961年更增加到76.4%。同期，对亚洲、非洲和拉丁美洲国家的出口，则由27.7%下降到24.9%，再降到23.6%。

亚洲、非洲和拉丁美洲国家进口的制造品也主要来自西方资本主义国家。在这些国家从资本主义世界进口的制造品中，西方资本主义国家所占的比重，1955年为

---

① 在1957年美国向亚洲、非洲和拉丁美洲出口机器设备共计28.66亿美元，其中属于美国在亚洲、非洲和拉丁美洲（包括日本）直接投资企业进口的约有4.94亿美元，占17.2%，这项比重在拉丁美洲为17.8%，在亚洲为26.5%。

92.8%，1962年为92.9%，而亚洲、非洲和拉丁美洲国家所占的比重则分别为7.2%和7.1%。值得注意的，即使在亚洲、非洲和拉丁美洲国家进口的初级产品总值中，特别是粮食的进口总值中，西方资本主义国家也占着一个日益增长的份额。在1955年亚洲、非洲和拉丁美洲地区从资本主义世界进口的初级产品中，西方资本主义国家占39.7%，亚洲、非洲和拉丁美洲国家占60.3%。在1962年西方资本主义国家的比重增加到46.6%，亚洲、非洲和拉丁美洲国家则下降到53.4%。

在片面的、畸形的出口结构和地理分布的条件下，如果帝国主义国家不大量购买，亚洲、非洲和拉丁美洲国家的社会产品就很难销售出去。这些国家在销售社会产品方面紧紧地依赖着帝国主义国家。而产品的销售又是进行再生产的一个必要的因素。所以，通过进出口贸易这一环节，这些国家的社会再生产，经常受到资本主义所固有的周期性经济危机或经常性的行情波动的袭击。这里必须指出，亚洲、非洲和拉丁美洲国家在销售初级产品方面固然依赖于帝国主义国家对这些产品的需求，而帝国主义国家在消费初级产品方面也强烈地依赖于亚洲、非洲和拉丁美洲国家的供应。没有这种供应，帝国主义国家的社会再生产就不能顺利地进行。帝国主义垄断组织的垄断高额利润就不能得到保证。

以上的事实充分地说明，在第二次世界大战后，帝国主义国家在亚洲、非洲和拉丁美洲国家的对外贸易中仍然居于垄断地位。战后，帝国主义之所以仍然能继续保持这种垄断地位，除了由于帝国主义殖民主义长期以来所强加在亚洲、非洲和拉丁美洲国家头上的单一制经济以外，还由于帝国主义运用新老殖民主义的手法，力图保留种种殖民贸易特权，并继续掌握这些国家的许多经济命脉。[①]

战后，许多亚洲、非洲和拉丁美洲国家在对外贸易还受到帝国主义所强加的各种奴役性条约的束缚。美国通过签订《友好通商航海条约》，各种协定或行政性安排，强迫一些亚洲、非洲和拉丁美洲国家给予美国商业公司所谓"国民待遇"。英国凭籍"联邦特惠制"《联邦糖业协定》和英镑区的外汇管理，对英联邦国家的对外贸易，保持着不同程度的控制和影响。西欧共同市场国家通过与非洲18个国家签订的联系国条约，使这些非洲国家的对外贸易依附于自己，特别是从属于法国。

在过去"帝国主义列强从中国的通商都市直到穷乡僻壤，造成了一个买办的和商业高利贷的剥削网，造成了为帝国主义服务的买办阶级和商业高利贷阶级，以便其剥

---

① 今日的亚洲、非洲和拉丁美洲国家的对外贸易与解放以前的旧中国对外贸易有着极大类似的地方。毛主席在分析帝国主义侵略旧中国时指出："帝国主义列强根据不平等条约，控制了中国一切重要的通商口岸……它们控制了中国的海关和对外贸易，控制了中国的交通事业（海上的、陆上的、内河的和空中的）。因此它们便能够大量地推销它们的商品，把中国变成它们的工业品的市场，同时又使中国的农业生产服从于帝国主义的需要。"（《毛泽东选集》，第二卷，第622—623页）毛主席对于旧中国所说的这些话，对于今天的亚洲、非洲和拉丁美洲国家也仍然适用。

削广大的中国农民和其他人民大众。"① 在今天的亚洲、非洲和拉丁美洲国家情况也基本相同。帝国主义垄断组织通过其分支机构、经纪人、中间商等复杂的系统，把这些国家的进出口贸易置于自己的控制之下。在拉丁美洲，美国的"美孚石油公司"通过自己的分支机构几乎控制了委内瑞拉、哥伦比亚、厄瓜多尔、秘鲁、巴拉圭和玻利维亚的全部石油的生产和出口。美国的大垄断组织"联合果品公司""斯威夫特公司""阿莫公司""美国咖啡公司"等把许多拉丁美洲国家的热带产品的生产、加工和出口都掌握在自己的手里。在非洲，英国的"联合非洲公司"仍然控制着尼日利亚的进口。法国资本的"法国西非公司""西非商业公司"和英荷资本的"尤尼莱佛公司"尚控制着非洲国家进出口贸易的60%～70%。在亚洲，美国的四家大橡胶垄断组织（"固特异""费尔斯通""美国橡胶"和"固特立奇"），英国的"邓禄普"橡胶公司，法国的橡胶垄断组织"米许林"总公司等都在东南亚国家的橡胶种植园中有大量的投资，它们也是东南亚国家天然橡胶市场上举足轻重的大买主。在第二次世界大战后，在一些政治上已经取得独立的国家中，帝国主义垄断组织对这些国家的对外贸易的控制虽已较前有所削弱，但是这些国家的资产阶级同帝国主义有着千丝万缕的联系，对外国资本仍有很大的依赖性。除了个别国家外，帝国主义垄断组织在这些国家的进出口贸易中仍有相当强大的势力。

帝国主义还利用它在亚洲、非洲和拉丁美洲国家所遍布的金融网，来操纵这些国家的对外贸易。英国的最大的六家殖民地银行（"巴克莱""汇丰""麦加利""国民及格兰德莱""标准""伦敦及南美"）在亚洲、非洲和拉丁美洲地区设有分支机构三千家以上。美国的大垄断金融组织"大通——曼哈顿银行""纽约花旗银行"等在这些地区也遍设分支机构。这些殖民金融机构一方面吸吮这些国家的"游资"，一方面又办理进出口信贷，以便为帝国主义国家扩大对这些国家的制造品输出和掠夺这些国家的原料——食品提供便利条件。以印度为例，印度的对外贸易有四分之三以上必须依靠外国银行，特别是英国银行的信贷。帝国主义国家的大垄断银行在印度对外贸易中的统治地位就是印度的出口和进口掌握在帝国主义手中的主要原因之一。

航运的垄断是帝国主义国家在亚洲、非洲和拉丁美洲国家对外贸易中处于统治地位的另一根支柱。帝国主义国家大航运公司支配着资本主义世界的绝大多数商船，组成了纵横交错的航运网，统治着资本主义世界的航运。它们任意规定高昂的垄断运费，残酷地剥削亚洲、非洲和拉丁美洲国家，并且通过航线的分布以及对这些国家所实施的歧视性运费率，来左右这些国家的贸易方向。

此外，帝国主义国家还利用"援助"、私人资本输出、大量采购、战略屯储等等手

---

① 《毛泽东选集》，第二卷，第623页。

段来加紧控制亚洲、非洲和拉丁美洲国家的对外贸易。

二、战后亚洲、非洲和拉丁美洲国家对外贸易地位的变化

战后,在帝国主义和新老殖民主义的控制和掠夺下,亚洲、非洲和拉丁美洲国家的对外贸易出现一系列的严重问题:它们的出口贸易困难重重,它们在资本主义世界贸易中所处的地位日趋下降;出口价格持续下跌,贸易条件显著恶化,不等价交换的损失不断加重;同时贸易逆差有增无减,国际收支危机频频出现。

这一系列的情况给这些国家的财政、经济和人民生活造成了严重的损害。现在分别说明于下。

(一)出口困难,在资本主义世界出口贸易中所占的比重趋于下降

战后初期的物资匮乏和1950年美帝国主义发动侵略朝鲜战争后在世界市场上抢购战略原料的浪潮,曾一度促使亚洲、非洲和拉丁美洲国家在世界贸易中作用的增大。在1938年到1951年的14年间,亚洲、非洲和拉丁美洲国家的出口贸易总值增加了3倍以上。但是这种状况并没有维持多久。1952年以后,这些国家的出口贸易值的增长趋于缓慢,若干国家的出口值甚至停滞或下降。在1951年到1964年的14年间,亚洲、非洲和拉丁美洲国家的出口值仅仅增加了42%。战后,特别是1952年以后,亚洲、非洲和拉丁美洲国家出口困难的增长主要是由于以下几个原因。

首先,帝国主义国家所实行对初级产品特别是温带农产品限制进口政策大大增加。亚洲、非洲和拉丁美洲国家输出初级产品的困难。战后帝国主义国家为了维护农场主的利益和增加农产品的自给率,不断加强农业保护政策。它们在国内采取支付价格或补贴政策,对国外则采取限制进口,鼓励农产品出口的政策,以实现首先是农产品的自给,然后是扩大农产品出口的目的。有的国家对若干矿产品也采取类似的办法。在许多西方资本主义国家,进口的初级产品要受到一种以上的进口限制。虽然限制的严厉程度每个国家不同,但不受进口限制的初级产品只占较少的数目。据1962年的统计,亚洲、非洲和拉丁美洲国家对西方资本主义国家输出的初级产品总值中,大约有五分之三是受进口限制的,还有五分之三在进口以后要征收各种国内税。

帝国主义国家,特别是美国的进口限制政策严重地打击了亚洲、非洲和拉丁美洲国家初级产品的出口,阻碍了它们的初级产品的生产,并且损害了它们的贸易收支平衡。

其次，帝国主义国家不仅限制亚洲、非洲和拉丁美洲国家初级产品的进口，而且对来自亚洲、非洲和拉丁美洲国家的制造品和半制造品的进口更关闭了大门。在帝国主义国家市场上，亚洲、非洲和拉丁美洲国家的制造品和半制造品所遇到的主要障碍之一是关税。它们的关税结构是阻止亚洲、非洲和拉丁美洲国家制成品和半制成品进口的有效武器。帝国主义国家为了维护垄断资本的利益，向进口商品征收的进口税率一般是随着商品的加工程度而递增。原料一般免税或低税进口，半制成品进口要纳较高的关税，制成品进口则要纳最高的税。以皮革为例，帝国主义国家对生皮、熟皮和皮革制品就是按加工程度征收累进的关税。不仅如此，皮革制品在输入以后，在这些国家的国内市场上出售时还要征收很高的消费税。这显然会减少这些产品的消费量和进口量。所以帝国主义国家从亚洲、非洲和拉丁美洲地区进口的大多数是生皮和毛皮，熟皮很少，皮革制品更少。

帝国主义国家所实行的数量限制构成亚洲、非洲和拉丁美洲国家制造品和半制造品出口的一个更加严重的障碍。除了亚洲、非洲和拉丁美洲国家输出的初级产品，像油籽、咖啡、原棉、烟草、木材等要受到进口数量限制以外，它们输出的棉纺织品、麻纺织品、椰皮纤维制品、缝纫机、油料等半制造品、制成品也受到帝国主义国家的进口数量限制，而且这种限制时常采取露骨地歧视的形式。

帝国主义国家对制造品进口所实行的数量限制主要是在棉纺织品方面。

近十余年来，在资本主义总危机加深，生产过剩和国内外市场竞争日益激烈的情况下，帝国主义国家首先采取措施，限制纺织品的进口。英国在 1958 年已与香港地区订立双边协定，在 1959 年又与印度和巴基斯坦分别订立了双边协定。在双边协定的规定下，这些国家和地区对英国的纺织品出口要受到"自动的"出口限额的限制。

至于美国，则一向对亚洲、非洲和拉丁美洲刚刚发展起来的轻工业肆意摧残。在关税贸易总协定第 15、16、17 次大会上，美国曾不断就限制亚洲、非洲和拉丁美洲国家和地区轻工业品的出口，向有关国家施加压力。1961 年 7 月美国终于迫使关税贸易总协定通过了主要以限制亚洲、非洲和拉丁美洲国家和地区棉纺织品出口为目的的国际棉纺织品贸易的"短期安排"（1961 年 9 月—1962 年 9 月），接着又通过了把这种限制措施长期化的"长期协定"（1962—1967 年）。根据"长期协定"，美国可以任意引用所谓"市场扰乱"条款，压迫出口国家把对美国的出口保持在一定数量之内，并美其名曰"自动限制"。

第三，美帝国主义为了输出危机并对外进行经济扩张，采取了"援助"贷款和对农产品出口差价补贴等手段来推动农产品的出口。1954 年美国国会通过《农产品贸易发展和援助法案》（简称四八〇公法）和《共同安全法案》，来大举向国外倾销农产品。1959 年美国国会又通过一项"粮食用于和平"计划，这个计划的目的是在更具欺骗性的所谓"粮食用于和平"的伪装下,通过"四八○公法"更进一步扩大"剩余"农产品的倾销。从1954年到1962年,美国政府向国外倾销的农产品达120亿美元。这只是通过特别法案出口的数字,还有一部分受美政府补贴的商业性出口倾销,还未计算在内。

战前亚洲、非洲和拉丁美洲是粮食净出口地区,出口数量很大。战后在美帝国主义的倾销政策下,它们的出口市场受到排挤,出口数量大大下降。

在1934/1938到1961年期间,美国的小麦和面粉出口量由126万吨增至1 993万吨,亚洲、非洲和拉丁美洲地区出口则由735万吨减至135万吨。

同期,美国大米的出口量由7万吨剧增至84万吨,亚洲、非洲和拉丁美洲地区出口则由918万吨减至452万吨。

又同期,美国玉米出口量由80万吨增至745万吨,亚洲、非洲和拉丁美洲出口量则由791万吨下降至404万吨。

美国倾销粮食的主要地区是亚洲、非洲和拉丁美洲的一些缺少粮食的国家。美帝国主义就是这样利用一部分亚洲、非洲和拉丁美洲国家人民的饥饿,来夺取另一部分亚洲、非洲和拉丁美洲出口粮食国家的市场。

此外,战后帝国主义垄断组织为了追逐垄断高额利润和争夺市场,还大力发展各种合成原料的生产,在世界市场上排挤亚洲、非洲和拉丁美洲国家的天然产品,如用合成橡胶代替天然橡胶,合成纤维代替天然纤维等等。这也是亚洲、非洲和拉丁美洲国家原料出口困难的一个重要因素。

在帝国主义国家的排挤和打击下,战后亚洲、非洲和拉丁美洲国家出口贸易的增长率大大地落后于西方资本主义国家出口的增长率,它们在资本主义世界总出口值中所占的比重急剧下降。在1950到1963年期间,西方资本主义国家出口值平均每年增长率为8.1%,而亚洲、非洲和拉丁美洲国家为4.2%。同期,其出口量的增长率分别为6.7%和4.0%。

1938年,亚洲、非洲和拉丁美洲国家在资本主义世界出口总值中所占比重为28.6%。战后1950年由于美帝国主义发动侵朝战争后在亚洲、非洲和拉丁美洲国家加紧掠夺战略原料的结果,曾使这些国家在资本主义世界出口中所占比重一度加大到32.5%。但是其后即不断下降。1957年,这个比重下降到24.6%。1964年更下降到22.5%。而西方资本主义国家却由1938年的71.4%,下降到1950年的67.5%,复上升到1957年的75.4%,再上升到1964年的77.5%。这些数字表明,西方资本主义国家垄断资本主义世界出口贸易的份额越来越大。

值得注意的是,在帝国主义国家对外贸易扩张政策的强大压力下,战后亚洲、非洲和拉丁美洲国家不仅在全部出口贸易的增长率方面落后于西方资本主义国家,而且在初级产品出口的增长率方面也落后于西方资本主义国家。只有燃料贸易为一例外。这是帝国主义国家加紧掠夺亚洲、非洲和拉丁美洲国家石油资源的结果。在1961年亚洲、非洲和拉丁美洲地区的石油出口额超过北美和西欧一倍以上。

在1955—1963年的时期内，西方资本主义国家初级产品的出口值从207亿美元增长到295.5亿美元，即增长了42.2%，而亚洲、非洲和拉丁美洲国家初级产品的出口值仅从205.4亿美元增长到247.1亿美元，即增长了20%。亚洲、非洲和拉丁美洲国家初级产品出口值增长率的落后，也引起它们在资本主义世界初级产品出口总值中所占比重的下降。亚洲、非洲和拉丁美洲国家在资本主义世界初级产品出口中所占比重由1953年的48.3%，下降到1957年的46.7%，再降到1963年的45.5%；而西方资本主义国家却分别由51.7%，增长到53.3%，再增加到54.5%。西方资本主义国家通过奖出限入政策的实施，在食品—原料出口方面，也日益超过亚洲、非洲和拉丁美洲国家。亚洲、非洲和拉丁美洲国家不仅在资本主义世界制造品市场上，而且在世界初级产品市场上，也遭到了西方资本主义国家日益强烈的排挤。

（二）对外贸易条件恶化，不等价交换损失非常沉重

战后，在帝国主义国家对亚洲、非洲和拉丁美洲国家进出口贸易增长的同时，帝国主义垄断组织通过不等价交换对这些国家人民的剥削也加强了。帝国主义垄断组织利用扩大对这些国家的贸易、通过在不等价交换的手段加强对它们的经济掠夺。长时期以来，在帝国主义垄断组织的操纵下，帝国主义国家工业品出口价格一般是增长较快，而亚洲、非洲和拉丁美洲国家初级产品的出口价格则增长较慢，甚至下跌。这就使得资本主义世界贸易中初级产品对工业制造品的交换比价（贸易条件）不断下落。根据联合国的资料，从19世纪70年代到第二次世界大战前夕，帝国主义国家出口的工业品价格的增长率超过亚洲、非洲和拉丁美洲国家初级产品出口价格的增长率达30%~40%。在这个时期的最后几年，用同样数量的原料，只能买回这个时期初年所能买到的制造品的60%。而且，同19世纪相比，战后帝国主义国家的劳动生产率比这些国家的生产率提高了一倍。因此，帝国主义国家工业品的价值应该比这些国家产品的价值下降一半。但是，实际上工业品价格相对于初级产品的价格不是降低而是提高了。因此可见，亚洲、非洲和拉丁美洲国家在劳动生产率变动和进出口价格的变动方面，显然遭受到两重的损失。

在第二次世界大战结束以后至1951年期间，由于战后初期的食品和原料缺乏及1950年起的美国侵朝战争，亚洲、非洲和拉丁美洲国家出口价格的增长率一般超过进口价格的增长率。如果从交换比价的表面形式来看，这些国家同帝国主义国家进行贸

易的贸易条件似乎有所改善，不等价交换的剥削似乎减少了。但是，实际上这些国家出口商品价格的增加，并没有使这些国家的人民得到丝毫好处。因为这些国家食品和原料的出口基本上掌握在帝国主义垄断组织的手里。食品和原料价格的上升，首先就是这些垄断组织利润的增加。帝国主义垄断组织借助于压价收购及其他超经济剥削，使这些国家的小生产者根本不能从食品和原料价格的上升中得到些微利益。

在1951年以后，特别是在1957—1958年资本主义世界经济危机发生以后，进出口价格的变化完全不利于亚洲、非洲和拉丁美洲国家，它们的贸易条件趋于恶化，它们向帝国主义国家缴纳的贡赋增加了。

帝国主义，特别是美帝国主义恣意压低初级产品价格，抬高工业制造品价格，加强不等价交换，使亚洲、非洲和拉丁美洲国家吃了大亏。根据对外贸易研究所计算，在1951年到1961年的十年间，亚洲、非洲和拉丁美洲国家出口的初级产品（除去石油）的价格总水平下降了33.1%，其中食品饮料价格下降17.9%，农矿原料价格下降39.2%；而同期它们从帝国主义国家进口以工业制成品的价格总水平相反却上升了3.5%，而机械设备竟上升了31.3%。以1951年为基期，1951年到1961年的十年间，亚洲、非洲和拉丁美洲国家累计损失达414亿美元的惊人数目。仅1961年一年即损失62亿美元以上。从实物交换比率来看，为了进口一吨钢板，加纳需要出口的可可从1951年的202磅增至1961年的571磅；巴西需要出口的咖啡自158磅增至380磅；马来西亚需要出口的橡胶自132磅增至441磅。在此期间，不少国家的出口数量增加了，但是出口所得的外汇收入却减少了。帝国主义就是通过这种最隐蔽的方式，对亚洲、非洲和拉丁美洲国家进行史无前例的剥削。

此外，帝国主义还垄断海上运输及保险业务，在无形贸易的领域内大量剥削亚洲、非洲和拉丁美洲国家。它们把持"航运公会"，任意抬高运价。自1951年至1961年，班轮运价已提高过五次，累计增加60%左右。在1962年以后，运价还有增加。这就大大加重了亚洲、非洲和拉丁美洲国家的经济负担。据估计，亚洲、非洲和拉丁美洲国家每年运费的净支出，至少有16亿美元以上，也流进了帝国主义垄断资本的腰包。

同样地，由于帝国主义对于世界保险事业的垄断，亚洲、非洲和拉丁美洲国家在缴纳海上保险费用方面，对帝国主义的贡赋也逐年有增长。

（三）贸易入超激增，国际支付逆差严重

战后以来，亚洲、非洲和拉丁美洲国家的进出口贸易皆有增长。进出口贸易价值额和数量额的增长意味着帝国主义国家对亚洲、非洲和拉丁美洲国家的掠夺加强了。第二次世界大战前，帝国主义国家对这些国家的掠夺主要表现在被掠夺国家的输出经

常超过输入上面。这种贸易出超额就是用以支付帝国主义剥削者的垄断高额利润和其他形式的贡赋的。例如：1933—1934 年，印度出超额为 6 970 万英镑，而同年支付给英国的各种贡赋（"内务费"、养老金、薪金等）、投资利润、利息、佣金等共达 1.35 亿英镑。1937 年到 1940 年，印度尼西亚（当时的荷属东印度）的出超额达 15 亿盾。仅在 1959 年，印度尼西亚付给帝国主义国家剥削者的股息和利润即达 1.79 亿盾。此外，在印度尼西亚的外国企业的管理人员，这一年以薪金的名义榨取了 0.22 亿盾，另有 0.40 亿盾则以养老金的形式付给了从前在印度尼西亚做过殖民地民政官吏的人。

1938 年，委内瑞拉的出超额达 7 780 万美元，而同年支付给帝国主义垄断组织的投资利润即达 5 920 万美元，运输和保险费对外支出达 1 180 万美元。

在 1937—1938 年，所有亚洲、非洲和拉丁美洲国家出口总额为 78 亿美元，进口总额为 68.4 亿美元，出超额为 9.6 亿美元。其中石油生产国[①]的出口总额为 6.6 亿美元，进口总额为 4.6 亿美元，出超额为 2 亿美元，其他国家出口总额为 71.4 亿美元，进口总额为 63.8 亿美元，出超额为 7.6 亿美元。

在第二次世界大战后，除了石油生产国以外，其余的亚洲、非洲和拉丁美洲国家除个别年份以外一般皆为入超。而且入超额有逐步扩大的趋势。

1948 年，亚洲、非洲和拉丁美洲国家（不包括石油生产国家，下同）的贸易入超额就已达到 18 亿美元，1955 年增长为 23.98 亿美元，1962 年更增长到 59.51 亿美元，约相当于这些国家出口值的 27% 以上。从 1948 年到 1963 年的 16 年中，除 1950 年是出超以外，其余年都是入超，入超总额达 543.31 亿美元。

与上述国家相反，战后石油生产国家的对外贸易仍然是出超的，并且贸易出超额较战前大大增加。1937/1938 年石油生产国家的出超额为 2 亿美元，1951 年增至 12.57 亿美元，计增加 5 倍以上，1963 年更增至 41.52 亿美元，较 1951 年又增加两倍以上。巨大的贸易出超额并不能证明它们的对外贸易状况是正常的或良好的。因为这些国家的出口石油外汇收入几乎全部归帝国主义垄断资本所控制，帝国主义垄断资本只支付给石油生产国石油租让税。它们取得大量的出超，无疑也付出了巨大的代价。它们的大量石油资源被帝国主义垄断组织侵夺，开采出来的石油被帝国主义者以低价运走，而这种贸易出超也要大部分被帝国主义，特别是美帝国主义垄断组织作为投资利润汇出去。如果将石油出口值和石油公司对石油生产国家的进口剔除不算，石油生产国家，像其他亚洲、非洲、拉丁美洲国家一样，也同样存在着巨额的贸易入超。在 1958—1963 年的六年内六个主要石油生产国家的贸易入超额累计共达 136.2 亿美元，平均每年入超 22.6 亿美元。庞大的贸易入超，给亚洲、非洲、拉丁美洲国家的对外收支造成

---

① 石油生产国包括：伊朗、伊拉克、科威特、沙特阿拉伯、利比亚、委内瑞拉、荷属安蒂尔群岛。

极大的困难。

战后亚洲、非洲、拉丁美洲国家在对外收支方面所遭受的损害，不仅表现在有形贸易的入超方面，而且也表现在无形贸易的入超方面。事实上，帝国主义国家对亚洲、非洲、拉丁美洲国家的盘剥，要比有形贸易所反映出来的严重得多。根据联合国的统计，在1953—1960年的八年里，亚洲、非洲、拉丁美洲国家对世界其余国家的无形项目支出共达552亿美元，每年平均为69亿美元。其中绝大部分都是被帝国主义垄断组织以投资利润、贷款利息、金融业佣金、保险费、高昂的运费等等形式盘剥去的。

战后许多亚洲、非洲、拉丁美洲国家为了改善对外贸易的不利处境，平衡国际收支，曾经实行了严格限制进口政策，并且采取优惠的外汇汇率，降低出口税，实行出口奖励和出口信用担保制度等等来鼓励出口。但是，这些国家出口的增长仍然赶不上进口的增长。贸易入超和对外支付逆差的增加不能不使这些国家的黄金外汇储备状况趋于恶化。它们的黄金外汇贮备总额从1948年的124亿美元，下降到1958年的116.25亿美元，再降到1965年7月的105.8亿美元。

只是由于帝国主义国家加紧向这些国家输出资本，以便在旧殖民体系迅速瓦解的条件下，继续控制这些国家的经济命脉，它们的黄金外汇储备才能勉强保持在目前很低的水平上。帝国主义国家，通过政府贷款、"赠予"、私人资本输出和国际机构贷款等形式向亚洲、非洲、拉丁美洲国家输出的国家资本和私人资本总额，从1951—1955年的每年平均数26亿美元，增加到1956—1959年的47亿美元，再增加到1960—1962年的60亿美元，即在1951/1955—1960/1962年的统计全年里，增加了一倍以上。

但是，根据苛刻的条件从帝国主义国家输入的资本，只是一种饮鸩止渴的手段，它只能暂时延缓这些国家对外支付的危机，而对外支付困难的逐年加剧则是不可避免的。外债的急剧增长目前已经成为亚洲、非洲、拉丁美洲国家经济上的沉重负担。这些国家每年要为帝国主义国家的私人投资、政府贷款和国际组织贷款支付为数庞大的利息和利润，更不用说偿还债款了。据世界银行的估计，亚洲、非洲、拉丁美洲国家的外债和国家担保的外债，1955年为90亿美元，1962年达240亿美元，1964年更增长到330亿美元。从1955年到1962年，外债利息支出额增加了三倍以上。还本付息的数额占到亚洲、非洲、拉丁美洲国家1962年全部出口外汇收入的10%，1964年则达到12%。另外，帝国主义垄断资本以直接投资利润的形式榨取的贡赋比外债利息开支还要多出一倍。

随着对外支付的不断恶化，亚洲、非洲、拉丁美洲国家的财政困难也日趋严重。巨大的财政赤字引起长期的通货膨胀和物价上涨，使广大人民终年陷于赤贫状态。

总之，亚洲、非洲、拉丁美洲国家在资本主义世界市场上所处地位的恶化过程，是帝国主义和新老殖民主义对它们加强侵略和剥削的结果，是资本主义经济规律强烈的发生作用的结果。亚洲、非洲、拉丁美洲国家要想改变其在资本主义世界经济中的被剥削被奴役的地位，扭转其对外贸易，必须首先反对帝国主义和新老殖民主义，完全肃清殖民剥削的社会经济关系，自力更生地建设独立自主的民族经济和发展独立自主的对外贸易。亚洲、非洲、拉丁美洲国家发展独立自主的对外贸易的斗争，必须同反对帝国主义和新老殖民主义的斗争密切地结合起来。

三、中国同亚洲、非洲、拉丁美洲国家的经济贸易关系

在社会主义建设时期，我国一贯执行艰苦奋斗，勤俭建国，自力更生，奋发图强的方针；同时，也一贯按照平等互利的政策，积极开展对外贸易活动。我国所奉行的平等互利的对外贸易政策，是符合各国人民的利益，也是有利于各国自力更生地发展本国国民经济的。事实证明，只有在贸易往来中切实贯彻执行平等互利的原则，相互尊重对方的主权，各国之间的贸易关系才可能正常地发展。我们坚决反对帝国主义假借贸易之名，行控制和掠夺之实，通过各种损人利己的手段，搜刮重要资源、榨取巨额利润，使亚洲、非洲和拉丁美洲国家长期处于贫困落后的状态。我们也坚决反对某些国家从大国沙文主义和民族利己主义出发，在贸易往来中以强加于人或故意刁难的手段，损害对方的独立主权和利益，使对方单纯成为原料供应地和商品销售商场，而不能自力更生地发展本国独立自主的民族经济。我国所采取的这种明确立场，在我国同亚洲、非洲和拉丁美洲国家的贸易经济关系中充分地反映出来。

16年来，我国同亚洲、非洲和拉丁美洲国家间的贸易往来不断发展。近年来，随着非洲许多国家先后取得独立，我国对非洲国家的贸易关系发展得更为迅速。在1954年，同我国建立贸易关系的国家和地区只有50多个；现在我国已经同125个国家和地区建立了贸易关系，其中亚非国家和地区占一半以上。我国对亚洲、非洲国家和地区的进出口贸易额逐年增长。1963年我国对亚洲、非洲国家和地区的进出口贸易总额比1950年增长二倍以上。对亚洲、非洲国家和地区的贸易已经成为我国对外贸易的一个重要部分。

我国在对亚非国家的贸易往来中，一贯严格尊重对方的需要和愿望，切实按照双方的需要和可能来进行，从不强迫对方接受他们所不需要的商品，或者强迫对方出售他们所不愿出售的商品，也从不附加任何不平等的条件。

……①

---

① 出版者注：手写稿遗失，未完。

传承·对外经济贸易大学名师文库

姚曾荫著述文集（下）

对外经济贸易大学 编
本集主编 薛荣久

中国商务出版社
CHINA COMMERCE AND TRADE PRESS

图书在版编目（CIP）数据

姚曾荫著述文集：英文/薛荣久主编．--北京：中国商务出版社，2017.7

ISBN 978-7-5103-1664-7

Ⅰ.①姚… Ⅱ.①薛… Ⅲ.①世界经济—文集—英文 ②中国经济—文集—英文 Ⅳ.①F11-53②F12-53

中国版本图书馆CIP数据核字（2017）第184425号

姚曾荫著述文集（全三卷）·下卷

出　　　版：	中国商务出版社		
地　　　址：	北京市东城区安外东后巷28号	邮　　编：	100710
部　　　门：	商务与法律事业部（010-64245686　cctpress1980@163.com）		
责任编辑：	赵桂茹		

直销客服：010-64245686

总 发 行：中国商务出版社发行部（010-64266193　64515150）

网　　址：http://www.cctpress.com

排　　版：	北京科事洁技术开发有限责任公司		
印　　刷：	三河市鹏远艺兴印务有限公司		
开　　本：	787毫米×1092毫米　1/16		
印　　张：	58.75　　彩插：2	字　　数：	1193千字
版　　次：	2017年10月第1版	印　　次：	2017年10月第1次印刷
书　　号：	ISBN 978-7-5103-1664-7		
定　　价：	180.00元		

凡所购本版图书有印装质量问题，请与本社总编室联系。电话：010-64212247

版权所有　　盗版必究　　盗版侵权举报可发邮件到本社邮箱：cctp@cctpress.com

目 录

序　　薛荣久 / 1
在经贸部系统先进工作者大会上的发言　　姚曾荫 / 1
追思父亲姚曾荫教授　　姚立 / 1
好学深思　严谨不苟——纪念姚曾荫先生　　王林生 / 1

上　卷

大学毕业论文

银汇价变迁下之中国国际贸易 / 3
第一章　导　言 / 3
第二章　一九二六至一九三一年银汇价跌落期中之中国国际贸易 / 10
第三章　一九三二至一九三五年银汇价昂腾期中之中国国际贸易 / 31
第四章　结论 / 44
（附）一九三五年十一月四日以来汇价稳定期中之中国国际贸易 / 48

外汇与侨汇

论我国当前外汇问题 / 52

广东省的华侨汇款 / 58
序言 / 58

一、广东省华侨汇款的机构 / 59
　　二、广东省华侨汇款的数额 / 82
　　三、结论 / 92

银行机构构建与作用

战后银行组织问题 / 95
　　一、战后中央储备银行的组织问题 / 95
　　二、中央储备银行与信用统制 / 100
　　三、中央储备银行与政府的关系 / 104
　　四、普通银行业务活动的监督问题 / 108
　　五、各类银行的业务划分问题 / 113
　　六、结语 / 120

战后我国银行机构的改造问题 / 122
　　一、叙言 / 122
　　二、中枢金融机构的建立问题 / 122
　　三、各类银行业务之厘定与划分 / 127
　　四、结语 / 132

中国经济与贸易

论调整生产问题兼答客难 / 134

太平洋大战爆发后我国经济政策应有的转变 / 138

战时大后方的贸易平衡 / 142
　　一、绪言 / 142
　　二、后方的对外贸易 / 142
　　三、后方对陷区的土货贸易 / 146
　　四、后方走私输出入之估计 / 147

五、后方对外贸易及对陷区贸易总平衡 / 147

物价生产与流动资金 / 149
　　一、引言 / 149
　　二、产业资金问题的性质 / 149
　　三、流动资本缺乏之一般的原因 / 151
　　四、流动资本缺乏之特殊的原因 / 156
　　五　结论 / 159

战后的世界经济与中国经济 / 162
　　一、引言 / 162
　　二、英美人士对于战后世界自由经济之企求 / 162
　　三、世界经济形势之演变及其趋向 / 164
　　四、中国在战后世界经济新秩序中应如何自处 / 166

世界经济

世界经济在转变中 / 169

书　评

《现代银行论》述要 / 175

《经济进步论》述要 / 177

战时货币史及其有关的书籍 / 180
　　一、引论 / 180
　　二、法国革命时期的"阿西那" / 183
　　三、一七九七——一八二一年英兰银行纸币停止兑现 / 186
　　四、美国南北战争时期的绿背纸币 / 191

中　卷

国际会议

祝国际经济会议开幕 / 197

国际贸易理论

"资产阶级国际贸易理论介绍"导言 / 201
　　目的要求 / 201
　　学习方法 / 202
　　研究方法 / 204
　　课程的轮廓 / 207

亚当·斯密的一般经济理论和国际贸易理论 / 213
　　一、斯密的时代背景 / 213
　　二、亚当·斯密的著作《国富论》的内容和结构 / 215
　　三、斯密的一般经济理论 / 217
　　四、斯密的国际贸易理论 / 224

李嘉图的一般经济理论和国际贸易理论 / 228
　　一、李嘉图的时代背景 / 228
　　二、李嘉图的主要著作 / 232
　　三、价值论 / 233
　　四、货币论 / 237
　　五、分配论 / 239
　　六、国际贸易理论 / 240

关于《世界经济学原理》的几点意见 / 245

国际分工与世界市场

国际分工的产生与发展 / 247

一、导论 / 247
二、国际分工的产生与发展 / 252
三、战后世界分工的特征 / 256
四、影响战后国际分工发展的主要因素 / 257

资本主义国际分工与世界市场 / 264

第一节 资本主义国际分工与世界市场形成与发展的必然性 / 264
第二节 资本主义国际分工的根本原因 / 269
第三节 资本主义国际分工的发展及其特点 / 275
第四节 资本主义世界市场的发展及其特点 / 282

西方学者论国际分工——国际贸易理论 / 289

一、引言 / 289
二、为什么需要一个独立的或单独的国际分工——国际贸易理论 / 292
三、亚当·斯密的绝对利益理论 / 292
四、李嘉图的比较利益理论 / 294
五、赫克歇尔—俄林的理论模式 / 304
六、对赫克歇尔—俄林理论模式的检验：里昂惕夫之谜 / 310

世界市场的形成与第二次世界大战以前的世界市场 / 312

第一节 世界市场的产生和发展是资本主义生产方式的历史使命 / 312
第二节 垄断前资本主义时代的世界市场 / 318
第三节 垄断资本主义时代的世界市场 / 325
参考书目 / 350

第二次世界大战后资本主义世界市场、国际贸易和国际分工的几个问题 / 352

国际分工 / 365

一、国际分工问题概述 / 365

二、国际分工发展的几个阶段 / 370

三、当代的世界分工 / 378

世界经济的构成与发展

科学技术革命与世界资本主义工业发展的几个阶段 / 388

一、第一次工业革命和资本主义国家工业生产的迅速增长 / 389

二、19 世纪 70 年代到 90 年代初期资本主义国家经济的长期停滞 / 391

三、19 世纪 90 年代初期到第一次世界大战前资本主义世界经济的迅速发展时期 / 393

四、两次大战期间资本主义经济的慢性萧条和长期停滞 / 397

五、20 世纪 50 年代到 70 年代初期第三次工业技术革命与资本主义工业生产的迅速增长 / 400

六、20 世纪 70 年代初期以来世界资本主义的经济停滞和慢性萧条 / 405

世界经济的构成与发展趋势 / 408

一、世界经济学的对象是一个迅速变化、迅速缩小的世界 / 408

二、第二次世界大战后到 20 世纪 80 年代末的世界经济 / 415

当代科学技术革命和世界经济 / 421

第一节 当代科学技术革命的特点和原因 / 421

第二节 当代科学技术革命推动了生产力的大发展 / 424

第三节 当代科学技术革命对生产关系的影响 / 426

第四节 当代科学技术革命是推动世界经济向前发展的革命力量 / 429

对二战后世界经济的回顾与展望 / 432

一、世界经济迅速增长的 25 年 / 432

二、70 年代初期以来世界经济形势的变化 / 438

三、对 80 年代世界经济前景的展望 / 445

资源与世界经济的未来 / 448

国际贸易的发展与作用

第二次世界大战后国际贸易的发展 / 454
一、世界贸易值和世界贸易量的变化 / 454
二、战后国际贸易重要性的增长 / 455
三、当代国际贸易商品结构的变化 / 459
四、世界贸易地理格局变化的特点 / 467
五、当代西方国家的对外贸易政策 / 472

对外贸易是"经济增长的发动机"学说述评 / 484

国际价值和价格

价值规律的作用在世界市场上的重大变化 / 493
一、关于国际价值规律的一般论述 / 493
二、价值规律在世界市场上的作用 / 494
三、不平等交换发展的三个阶段 / 501

关于价值的国际转移问题 / 505
一、发展中国家进口贸易中的价值转移 / 505
二、发展中国家出口市场上的价值转移 / 506

世界市场价格 / 510
第一节　世界市场价格问题概述 / 510
第二节　一种商品一个价格的规律 / 510
第三节　世界市场的四个领域与世界市场价格的多元化 / 514
参考书目 / 533

贸易条件与不等价交换

国际经济学界关于贸易比价长期趋势问题的论战 / 536

资产阶级经济学家关于发展中国家贸易条件长期恶化学说的争论 / 558

伊曼纽尔的不平等交换学说述评 / 568
    一、伊曼纽尔不平等交换学说的要点 / 568
    二、不平等交换的形式 / 570
    三、对伊曼纽尔不平等交换学说的评论 / 573

对于许洇迥关于不等价交换的理论和计算方法的初步探讨一文的几点意见 / 579

新贸易保护主义

世界经济形势与新贸易保护主义 / 591
    一、世界经济形势的变化 / 591
    二、从贸易自由化走向新贸易保护主义 / 594

新贸易保护主义与中国 / 598

地区与国别贸易

西德的对外贸易 / 603
    一、第二次世界大战前德国的基本经济情况 / 603
    二、第二次世界大战以前和"二战"期间德国的对外贸易 / 605
    三、西德的一般经济情况与对外贸易 / 608

关于经济"不发达"国家制成品和半制品的出口问题 / 616

一、战后经济"不发达"国家对外贸易发展的一般形势 / 616

二、战后经济"不发达"国家制成品和半制成品出口简况 / 619

三、经济"不发达"国家制成品和半制成品出口在西方资本主义国家市场上所遭遇到的关税障碍及数量限制 / 622

四、经济"不发达"国家棉纺织品的出口市场问题 / 625

五、关税及贸易总协定和联合国等国际机构关于增加不发达国家制成品和半制成品出口的各项建议 / 629

六、关于经济"不发达"国家发展制成品和半制成品出口问题的初步意见；对联合国及关税及贸易总协定所提出的建议和方案的评价 / 632

第二次世界大战后亚洲、非洲和拉丁美洲国家的对外贸易 / 635

一、战后亚洲、非洲和拉丁美洲国家仍然是帝国主义国家的原料——食品来源地和商品销售市场。它们的对外贸易仍然是殖民地或半殖民地类型的对外贸易 / 636

二、战后亚洲、非洲和拉丁美洲国家对外贸易地位的变化 / 640

三、中国同亚洲、非洲、拉丁美洲国家的经济贸易关系 / 647

下　　卷

中国对外贸易发展

第一次世界大战至抗日战争前的中国对外贸易 / 651

一、1914—1937 年中国对外贸易的基本特点 / 651

二、1914—1918 年第一次世界大战时期的中国对外贸易 / 664

三、1919—1930 年帝国主义争夺中国市场霸权时期的中国对外贸易 / 675

四、1931—1937 年资本主义世界经济危机和帝国主义加紧政治、经济侵略时期的中国对外贸易 / 689

世界经济形势与对外贸易发展战略 / 702

对外贸易与发展战略 / 709
  一、两种学说和两种发展战略 / 709
  二、能不能采用比较成本原理作为我国发展战略的依据？/ 711
  三、世界经济形势与发展战略的关系 / 714

关于我国对外贸易的几个问题的探讨 / 717

关于社会主义国家对外贸易的几个基本理论问题答客问 / 722

世界产业结构的变化与中国 / 730

以更加勇敢的姿态进入世界经济舞台 / 738

世界经济大趋势与中国对外开放 / 739
  第一阶段，从 16 世纪—1873 年 / 740
  第二阶段，1873—1913 年 / 741
  第三阶段，1914—1945 年 / 743
  第四阶段，1945 年—现在 / 744

正确执行对外开放政策——兼评比较利益学说的利用问题 / 747
  一、比较利益—自由贸易学说能不能应用到发展中国家，能不能应用于中国？/ 747
  二、怎样正确执行对外开放的方针 / 752

亚洲太平洋地区的经济形势与中国 / 754
  一、发展中的"四小" / 754
  二、日本关系太平洋经济共同体的设想 / 756
  三、世界经济有走向集团化的趋向 / 758

四、中国怎么办？/ 759

对外贸易与发展战略 / 761

我国出口商品在国外市场上所遇到的关税壁垒和非关税壁垒 / 769
　　一、美国 / 769
　　二、西欧共同市场 / 773
　　三、日本 / 782

中国地方外向型经济发展

发展外向型乡镇企业的条件 / 786
　　一、"三来一补"的乡镇企业参加国际分工的利弊与得失 / 786
　　二、当前发展外向型乡镇企业的有利条件和不利条件 / 787
　　三、发展外向型乡镇企业要注意的几个问题 / 787
　　四、发展沿海外向型乡镇企业须采取的几项政策措施 / 788

发展沿海外向型乡镇企业需要全面规划　积极引导 / 789
　　一、"三来一补"的乡镇企业生产是我国参加国际分工的一种形式 / 789
　　二、当前发展"三来一补"乡镇企业的有利条件和不利条件 / 791
　　三、发展外向型乡镇企业需要注意的几个问题 / 792
　　四、发展沿海各省外向型乡镇企业需要采取的几项政策措施 / 792

关于三江平原东南地带暨牡、鸡、绥三角区发展外向型经济的几点意见 / 794
　　一 / 794
　　二、谈几个具体问题 / 796

国际贸易研究

国际贸易学的对象与方法 / 801
　　一、国际贸易学的对象是一个不断变化不断缩小的世界 / 801
　　二、国际贸易是政治经济学的重要组成部分 / 805
　　三、国际贸易的研究方法 / 806

西方经济学家评西方经济学——西方经济学仍处于欠发展的状态 / 810

要正确对待西方经济学 / 812
　　两股热潮 / 812
　　回答几个问题 / 812
　　西方经济学家评西方经济学 / 815

深入研究跨国公司的理论与实践问题 / 817
　　一、现代跨国公司的出现和迅速发展是当代世界经济的一个重要特征 / 818
　　二、跨国公司对世界贸易的控制 / 819
　　三、对跨国公司的评价 / 820
　　四、中国是否应该走企业国际化跨国化的道路？/ 821

国际经贸教育考察

英美外贸教育考察 / 823
　　一、战后高等教育的发展趋势 / 823
　　二、美国和英国大学商学院的情况 / 826
　　三、对我院教学工作的几点建议 / 828

治 学 方 法

治学方法 / 832
  一、任务：学习与科研 / 832
  二、目标 / 832
  三、要求 / 833
  四、安排与要求 / 837

关于评阅研一学期作业的几点意见 / 838

为外贸学院学生会举办的学术讲座所做报告 / 840
  一、三点希望 / 840
  二、《世界经济学原理》提纲第六稿 / 843
  三、世界经济形势 / 844

传 承

纪念赵迺抟教授任教五十周年倡议出版《国际经济理论和历史研究》的建议 / 845

下　巻

中国对外贸易发展

第一次世界大战至抗日战争前的中国对外贸易*
（1914—1936）

一、1914—1937年中国对外贸易的基本特点

（一）第一次世界大战后帝国主义经济侵略的加强与中国经济半殖民地性质的进一步加深

"帝国主义列强侵入中国的目的，决不是要把封建的中国变成资本主义的中国。帝国主义列强的目的和这相反，它们是要把中国变成它们的半殖民地和殖民地。"[①]

"帝国主义列强根据不平等条约，控制了中国一切重要的通商口岸，并把许多通商口岸划出一部分土地作为它们直接管理的租界。它们控制了中国的海关和对外贸易，控制了中国的交通事业（海上的、陆上的、内河的和空中的）。因此它们便能够大量地推销它们的商品，把中国变成它们的工业品的市场，同时又使中国的农业生产服从于帝国主义的需要。"[②]

在第一次世界大战以前的70年间，中国的社会已由封建社会逐步的变成为一个半封建半殖民地的社会。在进入到资本主义总危机第一阶段以后，特别是在1931年"九一八"事变以后，中国的一部分地区更变成了殖民地的社会。中国社会的这种变化，一方面有其内在的根据，但另一方面，更重要的，是外国资本主义侵略势力促成的。在这个演变过程中，中国国民经济各个部门以及对外贸易部门都发生了根本性的变化，而对外贸易的发展变化又加速了这个演变过程。

在19世纪末叶以前，外国资本主义对中国的经济侵略带有垄断前自由竞争阶段的

---

* 姚曾荫，1961年11月手稿。
① 《毛泽东选集》第二卷，人民出版社1952年版，第622页。
② 《毛泽东选集》第二卷，人民出版社1952年版，第622—623页。

特征。资本主义侵略者主要是通过缔结各种不平等条约，强迫开辟商埠，订立协定关税等方式来扩大对中国的商品输出。在 1843—1899 年期间，中国已经开放的商埠由 5 处增加到 45 处，其中已包括中国沿海沿江的所有重要商埠。在 1899 年以后，商埠开辟的数目有了进一步的增加。1912 年增加到 83 处，1921 年增加到 95 处，1930 年增加到 105 处①。这就是说，到了帝国主义时代，中国内地的一些次要城市也都被迫开放了。到了 20 世纪 20 年代，帝国主义对中国的侵略已经扩及全国，帝国主义国家强迫中国开辟商埠的工作大体上已经完成了。于是中国沿海及内地各处几乎已无处没有外商的足迹。商埠的开辟为资本主义国家在中国的商品倾销造成了有利的条件，客观上促进了中国商品经济和对外贸易的发展。

在 19 世纪末叶，20 世纪初期，世界资本主义已发展到它的最高阶段——帝国主义阶段，垄断代替了自由竞争。帝国主义国家的对外经济侵略也带有新的历史特点，即从以商品输出为主要形式改变为以资本输出为主要形式。

在甲午战争以后，帝国主义国家对中国的经济侵略也采取了资本输出的方式，特别是采取了以扩大在中国修建铁路和开采矿藏为主的资本输出方式。帝国主义国家在中国修建铁路的目的。一方面在于开发中国国内市场，促进对中国的商品输出，加强对中国土产原料的掠夺；另一方面也在于扩大势力范围，企图在经济上、政治上控制中国。在 1894 年，帝国主义国家以直接投资或贷款方式在中国建筑的铁路已达 364.27 公里。1911 年增至 9 618.10 公里，1927 年增至 13 040.48 公里。1937 年更增加到 21 036.14 公里。② 在帝国主义势力控制下的机械采煤量，1912 年为 4.7 百万吨，1920 年达到 10.9 百万吨，1930 年增加到 15.0 百万吨，1937 年又增加到 22.8 百万吨。③ 在帝国主义势力控制下的生铁产量 1900 年为 25.4 吨，1913 年为 97 千吨，1920 年为 258 千吨，1930 年为 373 千吨，1937 年增加到 912 千吨。④ 外资铁路和外资矿山的出现及其里程或产量的增加表明中国经济上的加速殖民地化。正如费尔纳（Fellner）所供认的："使任何地域化为殖民地的最有效的方法，便是兴建铁道，铁道能使内地接近通商口岸，这样便可以增进贸易，并形成新的消费和生产的领域。正因为这种理由，所以从 19 世纪后半期到世界大战爆发的前夜，各国都热心地从事中国铁道的兴筑"。⑤ 事实证明，铁路投资是帝国主义侵略掠夺落后国家人民的最有力的工具，也是帝国主义征服落后国家的最重要的手段。在中国民族工业不能抬头的情况下，铁路的建筑只是为了便利原料对帝国主义国家的输出和它们的工业品的输入，其作用与英帝国主义在当

---

① 见严中平等编：《中国近代经济史统计资料选辑》，1955 年版，第 41—48 页。
② 见严中平等编：《中国近代经济史统计资料选辑》，1955 年版，第 190 页。
③ 见严中平等编：《中国近代经济史统计资料选辑》，1955 年版，第 124、127—128 页。
④ 见严中平等编：《中国近代经济史统计资料选辑》，1955 年版，第 124、127—128 页。
⑤ Feller, *Communications in the Far East*, p.p. 111—112.

时的印度建筑铁路的作用大体相同。在 1895 年以后的一二十年间，中国的国际关系，几乎完全受着帝国主义争夺中国铁路让与权的斗争的支配。除了铁路以外，几乎就没有一种其它近代的交通运输工具或生产设备在输入中国以后，对于中国的对外贸易以致整个国民经济能够产生这样强烈而深远的影响。

由于帝国主义对中国铁路建设投资和贷款的增长，以及对其它交通运输业、公用事业、矿业、工业、银行保险业等投资的增加，帝国主义对华投资的总额就迅速地增加起来。在 1902 年义和团运动时期，帝国主义在中国的资本总额已达 1 509.3 百万美元。至 1914 年第一次世界大战开始时，增加到 2 255.7 百万美元，12 年间约增加 50%。从第一次世界大战至 1930 年"九一八"事变前，16 年间又约增加 55%，资本总额已达 3 487.6 百万美元。从 1930 年到 1936 年"七七"事变前夕的六年间又增加 23%。总之，从 1902 年到 1936 年的 34 年间，帝国主义在华资本共增加 181% 以上，资本总额已达 4285.4 百万美元。[①] 由此可见，帝国主义对中国国民经济的控制，帝国主义对中国的经济侵略，在资本主义总危机时期已达到顶点。但是，帝国主义在中国的统治，不仅表现在它们在华资本总额的庞大上，也不仅表现在它们的军事威力上，而且更重要的是表现在中国国民经济的许多基本部门，如铁道、工厂、矿山、银行等等，都是在帝国主义的掌握之中或者控制之下。

在帝国主义的经济侵略下，中国的国民经济在这个时期内所表现的，不是民族资本主义的发展，而是殖民地性质的加深。

商埠与租界的开辟，给外国资本主义商品在中国的倾销建立了立足点。铁路的建筑，内河航运及远洋航运的开辟更给帝国主义商品的输入和中国原料土产的输出组成了运输的渠道。这一切都便利了帝国主义国家对中国的商品倾销和原料掠夺，从而使中国的进出口贸易获得迅速的增长。

在 1899 年到 1914 年期间，中国的进口贸易总值从 264.7 百万关两增加到 569.2 百万关两，15 年间增加了 115%。同时期，中国的出口贸易总值从 195.8 百万关两增加到 356.2 百万关两，15 年间增加了 82%。在这个阶段，进口贸易的增长速度超过出口贸易的增长速度。在进入到资本主义总危机阶段以后，市场问题成为资本主义国家的主要问题，帝国主义争夺中国市场和掠夺中国原料的斗争空前尖锐化起来。这就使得中国的进出口贸易有了进一步发展。在 1914 年到 1929 年期间，中国的进口贸易总值从 569.2 百万关两增加到 1265.8 百万关两，15 年间增加了 122%。出口贸易总值从 356.2 百万关两增加到 1015.7 百万关两，15 年间增加了 185%。这说明在 1914 年以后的 15 年间，中国的进口和出口贸易的增加率都超过 1914 年以前 15 年间的增加率。但在

---

① 见吴承明：《帝国主义在旧中国的投资》，人民出版社 1956 年版，第 45 页。

1914年至1929年期间，出口贸易的增加速度已超过进口贸易的增加速度。由此可见，在1914年以前，特别是在19世纪末叶以前，资本主义国家对中国的经济侵略是侧重在扩大商品销售市场方面，而在19世纪末叶以后，特别是在第一次世界大战以后，中国作为一个供应原料及输入资本的市场，对帝国主义国家的意义就日渐增大了。

随着帝国主义国家对华投资和对华贸易的增长，中国就日益成为帝国主义者推销商品、投放资本、掠夺原料，及榨取廉价劳动力的市场，中国已由半殖民地国家逐渐走向殖民地化。

1931年日本帝国主义侵占了东北，使东北迅速地彻底殖民地化。1937年"七七"事变后，日本帝国主义又占领了广大的内地。日本帝国主义就利用占领者的地位来排斥中国的民族资本和其它帝国主义国家的资本，并且控制了全部侵占区的经济和对外贸易。

（二）第一次世界大战后中国经济的进一步卷入世界商品流转中与中国农产品的进一步商品化

在1914年以前的帝国主义时期，资本主义世界经济体系和统一无所不包的世界市场已经最后形成。中国的落后经济已成为资本主义世界经济体系的一个环节，广大的中国国内市场已成为统一的世界市场的一个组成部分，中国已经成为世界的中国。中国落后经济的生产物，特别是沿海沿江沿铁路线各地的农矿产品已被日渐增多地卷入到资本主义世界市场的商品流转范围之中，中国农产品商品化的程度也日益增长。而在进入到资本主义总危机时期以后，由于市场问题的尖锐化，帝国主义国家特别强烈地追求更多的原料产地、销售市场和投资场所。帝国主义者在中国倾销商品和掠夺原料的数量和品种都增加了，中国固有的自足自给的经济结构遇到进一步的解体，中国农产品商品化的程度，在原有的基础上有了更进一步的扩大。

机制洋货输入的增加，国内新式工厂的设立，特别是外资工厂的设立，与内地交通运输的发展，都加速中国家庭手工业，特别是手工纺织业的破坏过程。棉织品及其它洋货输入的大量增长，不但在量的方面侵夺了中国手工产品的市场，而且在价格上更给予中国土制产品以重大的打击。第一次世界大战以后，机制纱布的代替土纱土布，洋铁的代替土铁，进口煤油的代替植物油，洋染料的代替土染料等等，加速了中国农村家庭手工业、特别是手工纺织业的崩溃。到了这一时期，广大的农民已不再用自己种植的棉花纺织成布以供自己穿着了。他们不得不出售自己种植的棉花及其它产品，并在市场上购买现成的布疋和其它日用必需品。换言之，他们已不是一个结合农业与手工业生产的过去的农民，而是一个商品生产者，一个依赖于市场和世界市场的生产者了。

帝国主义侵略势力侵入中国农村后所发生的另一个影响，就是上面提到的商品性作物的发展。农民被迫放弃了某些家庭手工业，变成市场和世界市场的消费者后，他们为了购买，便不得不在农业中生产某些商品作物，以换取货币。另一方面，帝国主义垄断组织因为需要中国的农产原料，就用利诱或强力的方法，迫使中国农民种植它们所需要的农业作物，并将产品出卖给它们。这样，中国农民又变成世界市场的原料供给者，中国农民在生产和消费两方面都直接或间接与资本主义世界市场发生联系以后，中国农民的生产和生活也受其控制和支配。中国的农业变成资本主义世界市场的一个组成部分，变成资本主义世界经济的附属物了。

据山札亚尔所搜集的材料，在20世纪20年代，中国农民经济的商品率，各地一般都不低于40%。农民出卖自己的生产物于市场不少于40%，并且在市场上购买商品来满足自己的需要，也不少于40%。在专门化的种植区域内，则达到60~70%。①

第一次世界大战后世界市场和货币权力对中国农民已经加强了统治作用。世界市场对中国农业生产的影响和帝国主义商品的侵入中国农村有了进一步的发展。根据卜凯氏在10~16个丝区的调查。如以1904—1909年平均数作为100，即1914—1919年自丝城输出的芝麻平均为114，输出的花生平均为123，输出的水果平均为114，在1924—1929年，即分别为123、159和125。② 又据卜凯氏在中国17个地点的调查，农产物中自用部分平均占全部生产物的47.4%。而出售部分平均占52.6%。农民生活资料中自给部分占65.9%，而市场购买的部分占34.1%。又据张履鸾氏的调查，江苏武进农家购买的物品中约有三分之一系由国外输入的。③

由上述引用资料可以看出，在20世纪初期到20年代，各地农家经济商品化程度已有了迅速的发展。农产品商品率的增长意味着中国农业日益更多的被吸引到市场，特别是世界市场的范围之中。在中国许多省区的农业区域，出口作物代替了粮食作物，种植已经趋向于专门化。在帝国主义的控制和世界市场行情的刺激下，中国农民不得不缩减其它粮食作物的种植面积，以便扩大出口作物的播种面积。在东北，第一次世界大战以后大豆的播种面积逐步扩大到全部播种面积的三分之一。据卜凯民调查1904—1909至1929—1933年期间各种作物所占作物面积的百分比，结果发现大麦、高粱、小米三种作物都一致地下降，小麦和花生也都有所减少。同时，棉花一项却不断增加。东北的大豆，江浙、广东的生丝，安徽、江西、福建、湖南的茶叶，河北、山东、陕西等省的棉花，山东的花生，山东、河南、安徽等省的烟叶，四川、湖南等省

---

① 卜凯：《中国土地利用》（中译本），第493—494页。
② 卜凯：《中国土地利用》（中译本），第375，525页。
③ 张履鸾：《江苏武进物价之研究》，第9页。

的桐油等都是适应世界市场的需要而得到发展的,结果使中国这些地区的农业生产趋向于专业化,片面化,它们与世界市场的关系反较与国内市场的关系更为密切。世界市场的价格波动,资本主义经济的周期变化等等,都影响这些农产品的价格和它们的产销情况。农产品的进一步商品化使农民愈益依赖于市场,依附于世界市场。中国的农畜产品,特别是豆类、棉花、烟叶、生丝、茶叶、猪鬃、桐油等,已经通过世界市场而受到帝国主义垄断资本的支配,受到资本主义基本经济规律的支配。帝国主义垄断资本为了获得垄断高额利润,尽可能地抑低中国的农产品的价格,利用不平价交换的方式来进行其最残酷的剥削。资本主义世界的生产无政府状态,以及由此而产生的资本主义世界经济危机,也必然会通过世界市场上的行情变化而影响到中国的农村,使中国的商品性作物也一再陷于生产过剩的危机之中。

在另一方面,中国农业为适应世界市场的需要而进行的经济改造①大大地加剧了农民群众的贫困,并且剥夺了他们过去的基本生活资料的一部分,不仅使在华的帝国主义国家洋行,而且本国的买办资产阶级、官僚资产阶级、大地主阶级也从日益增加的农产原料和粮食的出口中获得巨额的利润。在世界市场的支配下,中国农业中原来所生产的留供当地国内消费的产品由于变成出口商品而价格提高,因而农民群众无力购买,或者是这些产品的产量减少,让位给出口作物。这样,国内消费所必需的生活资料就倍感缺乏。在资本主义总危机第一阶段,世界市场上过剩农产品的大批地向中国倾销,以及中国米麦等粮食的大量入超,都是这种现象的反映,也是中国农业中长期的慢性的危机的反映。

(三) 两次大战之间中国对外贸易的特点

帝国主义既垄断了中国的经济命脉,也掌握了中国的海关和对外贸易。在第一次世界大战后的较长时期内,中国的对外贸易几乎全部操纵在外商洋行和外商银行手中,进出口货物的数量、品种和价格也几乎完全由它们决定。华商贸易行实际上成为洋行的买办,代理其推销洋货和收购土产。据魏格尔供认:"外商银行的操纵贸易,可谓十分荒谬,无论商人是否愿意售货,它们都能强迫商人出卖"。② 随着中国进出口贸易额的增长,在华洋商家数也迅速地增加起来。根据海关统计。1895 年各商埠有外商 603 家,1913 年有外商 3 805 家,1920 年增至 7 375 家,1930 年更增至 8 297 家,贸易业投资帝国主义在华投资在总额中经常占有很大的比重,并且这个比重在不断的增长。

---

① 指由粮食作物的播种改变为出口作物的种植。
② 见 Wagel, S. R. Finonce in China, Shanghai, 1915, p. 257.

1914 年占 14.2%，1936 年占 29%。① 1936 年总公司在上海的英国贸易商平均每家资本达 190 多万元，总公司在上海的各国贸易商平均每家也有 50 万元。总公司在国外的英商，它们在中国部分的资产平均每家合 220 多万元，各国合计每家也有 110 多万元，而中国的贸易商平均每家资本不超过五万元。②

在帝国主义和资本主义总危机时期，在华外国贸易商方面的最显著变化是国际性垄断组织势力的大举侵入。像英国的英美烟草公司（1902 年）、利华兄弟托拉斯的中国肥皂公司（1903 年）、通用电器公司（1908 年）、亚细亚石油公司（1913 年）、美国的孚油公司（1894 年）、大米洋行（1905 年）、美国钢铁公司（1909 年）、美国钞票公司（1908 年）等，都是在第一次世界大战以前就在中国设立了分支机构。大战以后，国际垄断组织的企业有了进一步增加。如英国的卜内门洋行公司（1920 年）、通用汽车公司（1920 年）、福特汽车公司（1926 年）、西渥电气公司（1929 年）、德士吉公司（1929 年）等，都是在 1920 年代设立的。丹麦人设立的慎昌洋行在 1920 年被美国通用电气公司所收买，而成为十几家美国大公司的在华总经理人。德国的永兴洋行（1920 年）、德国的德孚洋行（1924 年）、瑞士的讫巴公司（1919 年）等，也在这时侵入中国③。至于日本的许多大垄断组织，也在这时期内先后在中国各处成立了它们的分支机构。

外国洋行所经营的进出口贸易在中国对外贸易中占着极大的比重。抗战前，中国的进出口贸易每年约计 20 亿元左右。据日本人估计，其中出口的约 80% 和进口的几乎全部都是外商经营的④。当时资产阶级金融界代表人物陈光甫也认为，上海的进出口业务有 90% 是由外国资本经营的。⑤

帝国主义垄断组织在旧中国虽然没有星罗棋布的销售机构，但它们的商品主要是通过一套完整的买办组织经过中国商人之手而倾销到全国的。买办资产阶级是帝国主义剥削中国人民的工具，是帝国主义在中国进行经济侵略的直接代理人。毛主席曾经指出："帝国主义列强从中国的通商都市直到穷乡僻壤，造成了一个买办的和商业高利贷的剥削网，造成了为帝国主义服务的买办阶级和商业高利贷阶级，以便利其剥削广大的中国农民和其它人民大众。"⑥ 买办资产阶级不仅在中国各地广泛地树立起自身组织，它并且还扶植了封建的土著商业资本及金融机关，作为买办制度的爪牙。它们重重迭迭的组织系统，直接间接在中国人民，特别是农民中间起了吸血管的作用。买办

---

① 吴承明：《帝国主义在旧中国的投资》，第 61 页。
② 日本东亚研究所：《列国对支投资概要》1943 年版，第 169—170 页。
③ 吴承明：前引书，第 41—42 页。
④ 日本东亚研究所：《列国对支投资概要》第 108 页。
⑤ 陈光甫：《战争停止后银行界之新使命》，银行周报 744 号。
⑥ 《毛泽东选集》第二卷，1952 年版，第 623 页。

资本的主要任务是一方面推销帝国主义国家的过剩商品，同时又向农民收购廉价原料，以供给帝国主义国家的需要。对于各种商品作物，外商洋行和它们的买办商人，时常到农村中直接收买。在这一场合，地主豪绅自然也是它们的很重要的羽翼。

垄断旧中国对外贸易的外商洋行都是有帝国主义在华银行的强大财政力量作为后盾的。这些外商银行在旧中国拥有极大的经济力量，直接或间接地控制着中国的工矿、交通、金融、外汇、财政和对外贸易。正如毛主席所指出："帝国主义列强经过借款给中国政府，并在中国开设银行，垄断了中国的金融和财政。因此，它们就不但在商品竞争中压倒了中国的民族资本主义，而且在金融上、财政上扼住了中国的咽喉。"① 例如，为旧中国财政主要收入来源的关税与盐税，就因外债和赔款的关系而由外商银行（主要是英国的汇丰银行）保管了几十年，它们就经常用这笔巨额资金在中国金融市场上兴风作浪，从中渔利。

中国的对外贸易大权既直接操纵于洋行的手里，还间接操纵于外商银行的手中。这些外商银行都是海外银行的分支机构，它们在世界金融中心及国内重要商埠分行满布，消息灵通，资金汇划，外汇买卖，皆有特殊的便利，所以中国的国外汇兑也一向被外商银行所垄断。它们不啻是中国对外贸易的外汇集中调剂机关。例如，中英贸易一向为汇丰和麦加利等英商银行所操纵，中美贸易为花旗银行所掌握，中日贸易为正金银行和台湾银行所垄断，中法贸易为东方汇理银行所控制。上海外汇行市最初以日本正金银行挂牌为准，后来则以汇丰银行挂牌为标准，外商银行就利用这种特殊地位，操纵中国的汇价，以榨取额外利润。例如，每当北洋军阀政府偿还外债的日期，汇丰银行挂牌行市较当日实际行市为高。据资产阶级金融界代表人物陈光甫的计算，在1921—1925年，汇丰银行平均挂牌行市为3先令3.25便士，实际行市则为3先令3.7185便士。这样，每一元即损失0.46875便士。仅仅在这五年内，中国受汇丰银行故意抬高外汇牌价而在偿还外债一个项目内所遭受的损失即达到189万关两以上。至于我国在进出口贸易及其他无形项目上，因帝国主义在华银行故意抬高或压低汇价而蒙受的损失，为数更是可观。

外商银行的操纵中国外汇和对外贸易，尚有所谓"势力范围"的划分。例如麦加利银行以澳洲、印度和中国为范围；汇丰银行以香港、上海及长江流域为发展地区；正金银行以横滨为根据地，而主要势力范围是东三省；朝鲜银行以朝鲜为根据地，而在华的主要活动地区是南满铁路一带；东方汇理银行则把持西南各省的金融贸易。根据调查，正金银行垄断了东北大豆及豆油的出口，这两项出口货物约占东北出口总额的60%，朝鲜银行则独占东北豆饼的出口。

---

① 《毛泽东选集》第二卷，1952年版，第623页。

此外，帝国主义在华银行还可以在中国滥发各种钞票，吸收额外的存款，而不受中国的任何限制。当中国反动政权禁止现银出口的时候，它们因不平等条约的保障，可以用军舰运送而不受丝毫阻挠。它们根据伦敦、纽约市场上银价的涨落，在海外买卖大条银，并操纵中国白银的输出入。当1931年金贵银贱时，中国银价比海外银价高，外商银行便将大量白银运入中国，以致造成国内白银泛滥，物价飞涨。到1933年末和1934年，当美国提高银价运动日渐实现时，外商银行就乘机装运大量白银出口，造成中国的银根奇紧，物价猛跌。外商银行更控制中国的钱庄，使之成为外商银行的附庸机关，一方面用以进一步控制中国的进口贸易，以推销帝国主义国家的过剩商品；一方面更利用中国的钱庄而得将其金融的触须伸入到内地去，以便加强对中国原料的掠夺。至于中国的银行资本的运用，在帝国主义在华银行的压迫下和封建势力的阻挠下，除了从事公债、标金、花纱布、地产等项投机活动外，更多偏重于租界贸易，沦为洋货的推销机构[①]。上海的华商银行资金几乎占全国华商银行资力的一半，这是与上海是进出口贸易的中心直接相联系的。

帝国主义者不仅掌握了中国的海关、对外贸易和金融外汇，也控制了中国铁路和航运事业。正如斯大林所指出的："帝国主义在中国的力量主要不在于限制中国的关税，而在于它在中国拥有从数万万中国工人和农民身上吸吮血液的工厂、矿山、铁路、轮船、银行和商行[②]。"由于铁路掌握在帝国主义手里，它们便可任意增加中国工业品的运价，便可以根据"九国公约"来干涉国民党反动政府"国有铁路"的运价，而却给外国进口货以种种的便利。在东北，日本的南满铁道株式会社实际上控制了这个区域的所有铁道运输、工矿业投资和对外贸易，并对日本货物的进口予以极多的鼓励。

帝国主义者控制中国航运的程度更超过铁路。在19世纪末叶以前，英国在中国的航运业中占有绝对统治的地位。1895年以后，日本在华的航运势力急骤扩充，逐渐打破了英国的独占。第一次世界大战以后，帝国主义在华航运势力之间展开了尖锐的竞争，形成太古、怡和、日阪三大公司分霸中国航运业的局面。在中国各通商口岸进出口的中外轮船总吨位中，外商轮船所占的比重在1920年为76.3%，在1930年为82.8%，而华轮所占的比重连四分之一都不到[③]。资本主义国家航运公司更采用组织所谓"货运协会"的办法来垄断中国的远洋运输，操纵运费价格，并予非协会会员所经

[①] 旧中国资产阶级金融界代表人物陈光甫曾指出："原银行之职责，本在活泼金融流通资金，然历来银行业务，多偏于租界贸易，换言之，多偏于进口贸易，而不便于出口贸易，因是银行乃大有为洋货作推销机关之概。"见1932年10月10日《时事新闻报》所载"国难中之银行业"一文。

[②] 《斯大林全集》第9卷，人民出版社1954年版，第301页。

[③] 《中国近代经济史统计资料选辑》，第221—222页。

营的船只以不断地打击①。

此外，中国进出口贸易所需要的保险业务一向都是由外商保险公司经营。土货出口以前多先在外资工厂中加工、打包；洋商进口后，土货出口前也大部分在外商仓库存储。另外再加上租界制度、协定关税、领事裁判权等等不平等条约的保护，就使得中国的对外贸易被帝国主义所撒下的天罗地网控制得极为彻底。

在第一次世界大战以后，特别是在国民党反动统治时期，官僚资本获得了很大的发展。以蒋介石为首的四大家庭凭借他们的军事和政治力量，控制了中、中、交、农四行和中信、邮汇两局，从而完成了对全国的金融统制。在1935—1936年，四大家族在官办形式之下，除吞并原有官僚工业之外，又建立了垄断全国工业的机构——资源委员会，资源委员会除了经营范围广泛的厂矿企业外，并且垄断钨锑等重要矿产品的出口，把重要的国防物资向帝国主义国家输送。

在1937年4月间成立、由宋子文任董事长的华南米业公司，是运输洋米的大独占组织②。在香港，四大家族更设立中国物产公司，从事于各种国产物资的贸易③。在抗日战争时期和第二次世界大战以后，四大家族在全国工矿业和对外贸易中的垄断势力更大大地加强了。

在帝国主义、买办资本和官僚资本的控制下，旧中国对外贸易的绝大部分是和五个主要帝国主义国家及其殖民地进行的。在20世纪初期的1901—1903年，英、美、日、德、法等五个帝国主义国家④在中国的进口中所占的比重平均为78.5%，1909—1911年期间平均为77.8%，1929—1931年期间平均为74.1%，1936年为67.6%。这五个帝国主义国家在中国的出口中所占的比重，1901—1903年期间平均为68.3%，1909—1911年期间平均为72%，1929—1931年期间平均为71.2%，1936年为75.7%⑤。在上述统计数字中，还没有包括中国对这五个帝国主义国家的殖民地附属国的贸易统计在内。如果将殖民地附属国的贸易数字也计算在内，则主要帝国主义国家在中国对外贸易中所占的垄断地位将会更为显著。

在帝国主义和官僚资本的控制下，在第一次世界大战前后的较长时期中，中国进出口货物只有数量上、品种上和位序上的变动，而绝无性质上的改变。在中国的进口贸易中，消费资料的进口远大于生产资料的进口，而直接消费资料的进口又较消费品原料的进口为巨。从1868年至1930年，除鸦片外，中国的进口货物一直是以棉纺织品

---

① 见1922年海关年报，第68页；1925年海关年报，第107页；1931年海关年报，第109页。
② 见陈伯达：《中国四大家族》，第51页。
③ 见许涤新：《官僚资本论》，上海人民出版社1958年版，第24页。
④ 包括香港在内，因为香港是一个转口港，它对中国的出口货绝大部分来自上述五个国家从中国输入的货物，也是绝大部分转口到这五个国家去。所以香港对华贸易应包括在帝国主义对华贸易数字内。
⑤ 《中国近代经济史统计资料选辑》，第65—66页。

为主；而在 1930 年以后，棉花、粮食等跃居首位。表面上看来，中国似乎已从工业品进口国变为农业原料和粮食进口国，但是实际上，这只是帝国主义国家在农业危机的条件下，对中国大量倾销农产品和频繁发生的水旱天灾影响进口商品结构的结果，丝毫不能表示中国进口结构性质的改变。

在中国的出口贸易中，农产原料和手工制成品占着首要的地位。其中农产品包括茶叶、豆类、植物油、花生、棉花、粮食、药材及烟草等；畜产品包括牲畜、羊毛、猪鬃、生皮、肉类及蛋类等；手工业半制成品包括草帽辫、熟皮、粉丝等；手工制成品包括丝织品、砖茶、粗布、磁器、花边及地毯等。原料、半制品和手工制成品在中国出口货中所占的比重，在 1910 年为 93.2%，1920 年为 91.7%，1930 年为 92.6%，1936 年为 92.9%。① 这些产品的出口额在其各自的总生产量中所占的比重，也有逐渐增加的趋势。农产原料和手工制品在出口总额占有如此大的比重，是帝国主义经济侵略下中国不能进行工业化的结果，也是中国的手工业和农业生产适应世界市场需要的结果。机制品和机器开采的矿产原料，在出口贸易中占不到四分之一。中国出口的机制品主要是棉纺织品。这项商品的出口，在第一次世界大战以后时期，主要是掌握在帝国主义在华工厂的手中，因此，这为数很少的机制品的出口，也还是中国经济半殖民地性质的表现。

在帝国主义、封建势力和官僚买办资本的影响、控制下，中国对外贸易表现为长期的持续的入超。中国对外贸易从 1877 年起即转为入超，但最初入超数字不大，不过数千万关两。1902 年起即增加到一万万关两以上。在进入资本主义总危机第一阶段以后，入超数字更形增大。在 1877—1881 年期间，入超数额平均每年为 824 万关两，到 1897—1895 年期间，入超平均每年达 3 254 万关两。计在 1877/1881—1891/1895 的期间内，入超增加了将近二倍。在 1909—1913 年期间，入超平均每年达 10 500 万关两，较 1891—1895 年期间又增加二倍以上。在 1921—1925 年期间，平均每年入超额继续增至 23 670 百关两，较前一时期增加了 76%。计在 1877/1881—1931/1935 期间，入超额共计增加了九倍，仅在 1909/1913—1931/1935 的期间内，入超即增加了三倍。

旧中国不仅在商品贸易上是入超的，而且在白银的输出入方面，也是入超的。在 1889—1931 年的 43 年间，白银入超额达 55 200 关两（合 86 000 万元）。

旧中国抵补贸易入超的两个主要国际收入项目，第一是华侨汇款，第二是帝国主义国家对反动政府的贷款和直接投资。华侨汇款在中国的国际收入占着重要的地位，说明中国不仅是世界市场上农业原料的输出者，也是世界市场上劳动力的供给者。在

---

① 《中国近代经济史统计资料选辑》，第 72—73 页。

帝国主义和封建势力压榨下，日益破产的中国农村不仅以劳动力供给帝国主义的在华企业，而且也以劳动力供应帝国主义在东南亚殖民地国家内的工业、大的种植园、采矿业和建筑业。在两次大战之间约有五六百万中国侨民在帝国主义各处的殖民地内做契约的工人，做手工业者和"自由"劳动者。中国劳动力的大量输出是华侨汇款的主要来源。从1928到1936年，华侨汇款总计达267 300万元[①]。

帝国主义对华贷款和直接投资，在1913—1931年期间，达到963.5百万美元。这两项国际收入额数的庞大表明中国是帝国主义的投资范围。

旧中国的支付差额和弥补入超的手段，充分反映了中国经济和对外贸易的半殖民地性质，以及对劳动力输出和帝国主义资本输入依赖性的日益加强。

在帝国主义国家长时期对中国进行商品倾销和掠夺原料的情况下，中国的每人每年平均贸易额均有增加。在1901—1931年期间，中国的每人平均进口额增加了将近四倍，每人平均出口额增加了三倍以上。

1901—1921年中国每人平均贸易额[②] （单位：海关两）

年　份	每人平均进口额	每人平均出口额	每人平均总贸易
1901	0.67	0.42	1.09
1911	1.18	0.94	2.12
1921	2.27	1.50	3.77
1931	3.17	2.00	5.17

但是在帝国主义、封建势力和官僚资本主义的长期剥削和压榨下，中国生产力的发展受到严重的阻碍，中国人民也日益相对和绝对的贫困化，所以中国的每人平均贸易额以及中国在世界贸易中所占的比重，即使是在20世纪30年代较20世纪初期有了较大的增长之后，仍然是处在一个绝对低的水平上。中国在世界进口中所占的比重，1913年为2.14%，1926年为2.74%，1931年为2.34%。中国在世界出口中所占的比重，1913年为1.60%，1926年为2.26%，1931年为1.63%，而中国人口在全世界总人口中所占比重却在20%以上。

在极端低下的生产力和购买力限制之下，1931年中国的每人平均贸易额只及日本的十分之一，为英国、德国等西欧国家的3%~4%。

整个情况虽然如此，但是中国的某些出口商品在世界市场上却占有非常重要的地

---

① 见余振琼，《中国的新货币政策》，第226—227页；中国近代经济史统计资料选辑，第86—87页。
② 见1921年海关年报，第47—48页。

位。19世纪时，中国的丝和茶叶曾一度垄断世界市场。两次大战之间的时期，中国曾供应世界市场总额37%的钨，10%的锡；70%的锑和75%的猪鬃。此外，中国出口的桐油、大豆品质优良，在世界市场上也占有非常重要的地位。

在帝国主义时期，中国和资本主义国家间的贸易是在不等价交换的基础上进行的。在帝国主义国家对中国的贸易中，帝国主义者经常按高于本国价值的价格向中国输出工业品，而按低于中国价值的价格向中国收购农产原料，从而使这种贸易成为榨取中国人民积累劳动的一种形式。这种贸易往往还转变为一种公开的掠夺。帝国主义在华洋行和买办资本利用它们在经济上的垄断地位，利用中国农民们的分散和贫困，利用农民对货币的急迫需要，以及利用农民们与国外市场不能直接发生联系和对于商品市场行情的无知，用垄断、操纵、欺骗和强迫的方法，来提高工业品的价格与压低农产品的价格，以榨取肥厚的超额利润。毛主席曾经提出："为了侵略的必要，帝国主义以不等价交换的方法剥削中国的农民，使农民破产，给中国造成了数以万万计的广大的贫农群众。"①

帝国主义垄断企业在掠夺中国原料的过程中，除掉利用买办资本之外，往往还要通过乡村中间一层层残余封建组织，因此中国农民在这交换过程中所受的剥削就更为苛重。在帝国主义和买办资本直接支配农村市场的场合，虽然可以排除若干中间剥削，但是农民所受到的剥削，决不能够因此减轻一点。例如英美公司，在河南、山东等地剥削种烟农民的残酷程度，决不少于旧式的农村商人②。在东北沦陷时期，日本帝国主义在东北收买棉花、大豆等类农产品，凭借所谓"统制政策"，尽量压低收购价格，实行最残酷的掠夺。

帝国主义国家不仅利用垄断的手段和中外资本有机构成的差异来榨取中国人民的积累劳动，而且还利用工业品和农产品的价格剪刀差来剥削中国农民。在资本主义世界市场上，工业品价格在上涨时，远较农产品为快，而在下跌时，则比农产品缓慢。在资本主义经济危机时期，这种价格剪刀差的情况尤为显著。这是帝国主义掠夺中国农民的重要手段之一。

此外，帝国主义垄断组织还利用旧中国货币制度的混乱，货币的经常贬值以及金银比价的变动来加强不等价交换。在银价下跌时期，外商洋行及买办资本尽量提高进口货价格，尽量提高出口货价格的上涨幅度或使出口货价格保持不变；而在银价和银汇价上涨时期，帝国主义国家在华商人则尽力维持进口货价格不变，而使出口货价格的下跌程度大大地超过银汇价的上涨幅度③。

---

① 见《毛泽东选集》第四卷，人民出版社1960年版，第1489页。
② 见中国科学院上海经济研究所编《南洋兄弟烟草公司史料》，第60—62页。
③ 参考：Yu-Kwei Cheng, *Trade and Industry of China*, p. 76。

帝国主义在华商人之所以能够压低中国农产品价格和提高进口工业品的价格，除了经济上的垄断以外，还凭借着在中国的政治特权。因此，帝国主义国家对中国的贸易，不仅是一般的不等价交换，而且还带有超经济的掠夺性质。

二、1914—1918 年第一次世界大战时期的中国对外贸易

（一）第一次世界大战期间中国民族工业的发展与日美帝国主义对中国侵略的加紧

1914 年 7 月，酝酿已久的帝国主义大战终于爆发。这次震撼世界的规模空前的战争，对中国的政治、经济和对外贸易都发生了重大的影响。毛主席说过："中国是好几个帝国主义国家共同支配的半殖民地国家"①。在大战期间，和战争以后，帝国主义在中国的势力发生了很大的变化，这种变化给中国经济和对外贸易的发展，造成了一种崭新的形势。

大战一开始，各交战国都转入战时经济，减少民用品的生产，扩大军火武器的生产，大批青壮男子调赴前线。1916 年底协约国军队约计 2500 万人（战前才 300 万人），同盟国军队约计 1500 万人（1914 年只有 200 万人）；双方阵亡 600 万人，受伤残废的在 1000 万人以上②。大量劳动力的脱离生产和战争的耗竭，到 1916 年底就大大地影响了生产，特别是在中欧诸国，农业、畜牧业和捕鱼业几乎完全衰落。

不仅如此，在大战进行中，船只多调作军用，加上德奥的潜水艇政策，使海上运输大受影响，国际贸易和海上交通都受到阻碍。

正由于欧洲帝国主义国家忙于战争，国内生产大受损失，海上运输和国际贸易受到梗阻，它们也就不得不暂时放松对中国的经济侵略。就英、德、法等欧洲帝国主义国家来说，不只在战争时期，即使在战后最初几年（1919—1922 年），也仍然陷于无力扩大对外贸易的困境，所以一时还不能完全恢复旧日在中国的阵地。

在上述情况下，中国民族工业得到了一个迅速发展的机会，即所谓中国民族工业的黄金时代。从 1913 年到 1920 年，全国注册工厂新设立数达 203 家，其中棉纺织染工业占 34 家。1913 年华商纱厂纺绽的实际开工数为 499 232 枚，到 1919 年增加到 658 748 枚，即增加了 32%③。面粉工业在 1900 年只有两家工厂，到 1916 年便增加到

---

① 《毛泽东选集》第一卷，第 139—140 页。
② 李齐编译：《第一次世界大战简史》，三联书店，1954 年版，第 139 页。
③ 严中平：《中国棉纺织史稿》，第 188 页。

53 家，1919 年更增加到 62 家。丝纺织工业 1913 年有 17 家工厂，1919 年增加到 20 家。火柴工厂在 1913 年只有 27 家，1919 年增加到 48 家。至于火柴干，在欧战开始以前全部仰赖进口，在大战时期开设了两家制造火柴干的工厂。其他像卷烟、蜡烛、肥皂、印刷及文具、制碱、制氮等工业，也有不同程度的发展①。据当时农商部的统计，1914 年工业企业的注册资本是 6 200 多万元，在 1920 年则增为 15 500 多万元，即增加 150%。

随着帝国主义对中国民族工业压力的减轻，在华外国银行势力也暂时衰退，这样便给中国银行业也造成了一个发展的机会。1911 年中国只有银行 8 家，到 1919 年便增加到 48 家。1912 年中国银行业资本累计总数为 36 254 919 元，1920 年增加到 51 978 077 元②。重工业方面也有某些发展。以煤、铁两个主要部门为例，在战争时期，由于煤焦价格的上涨，刺激着煤矿开采的增加。1913 年全部机械和土法开采量为 12 879 770 吨，1916 年增加到 15 982 616 吨，1919 年更增加到 20 146 818 吨。但是应该指出，这个开采量中包括有帝国主义经营和官僚资本经营的煤矿产量在内，经由民族资本经营的部分只居少数。同样，战争也刺激了铁价的上涨，从而使中国的铁矿砂和生铁产量有所增加。1913 年全部机械和土法开采的铁矿砂为 961 861 吨，1919 年增加到 1 851 996 吨，计增加了将近一倍。全部机械和土法冶炼的生铁产量在 1913 年为 267 513 吨，1919 年增加到 407 743 吨，计增加了 52%。但最重要的是，中国机械开采的铁矿从 1912 年到 1925 年全部都掌握在日本帝国主义手里③。在 1925 年以前，机械冶炼的生铁产量，也完全是在帝国主义势力控制之下④。

在其他帝国主义国家忙于撕杀，暂时放松对中国的侵略时，日、美帝国主义却乘机在远东扩张势力，中国成为它们争夺霸权的主要目标。列宁在 1916 年曾指出："分割中国的活动还刚开始，日、美等国为争夺中国的斗争日益尖锐起来⑤。"在这两个角逐者中，日本处于最有利的地位。日本由于在地理上与中国邻近，因此能对中国民族工业进行直接的经济迫害，能在全中国范围内进行肆无忌惮的侵略。

日本帝国主义除了扶植、支持军阀势力，供给他们借款、军火和收买挑拨外，在经济侵略方面，最主要的方式是扩大对中国的资本输出。

经过中日甲午战争、日俄战争，在掠夺中国的基础上，日本资本主义已有迅速的发展。但是在第一次世界大战以前，日本还没有力量进行大规模的资本输出。因此，日本虽是第一个获得在华设厂权的国家，而在 1895—1913 年的较长时期中，它的主要

---

① 以上数字见陈真等编：《中国近代工业史资料》，第一辑，第 10—12 页。
② 沈雷春编：《中国金融年鉴》，第 7 页。
③ 以上数字见严中平等：《中国近代经济史统计资料选辑》，第 102—103，123—124，129，154 等页。
④ 以上数字见严中平等：《中国近代经济史统计资料选辑》，第 127 页。
⑤ 《列宁选集》两卷集，人民出版社，1953 年版，第一卷，第 1002 页。

经济侵略方式，始终局限于商品输出，特别是棉纺织品的倾销。

第一次世界大战给予日本以向外扩张的机会。一方面日本财阀在战争中获得庞大的利润，从而充实了它对外侵略的力量；另一方面远东均势的破坏更为日本主义提供了短时期在中国经济中奠定统治地位的可能性。西阪借款（1917—1918 年），东亚兴业会社（1910 年成立），东洋垦殖会社（1908 年成立）和中日实业会社（1913 年成立）等等，它们在中国市场上的活跃，都是日本财阀的侵华方式至此已进入资本输出阶段的证明。这样就对中国民族工业加强了压力，特别是在棉纺织业方面。正如毛主席所说："帝国主义列强还在中国经营了许多轻工业和重工业的企业，以便直接利用中国的原料和廉价的劳动力，并以此对中国的民族工业进行直接的经济压迫，直接地阻碍中国生产的发展。①"

在第一次世界大战时期，日本在中国纺织工业的机器设备，从 1913 年的 111 938 纱锭增加到 1919 年的 332 922 锭，计增加了将近两倍，布机从 886 台增加到 1486 台，计增加了 67%②。同时期，华商纱厂的机器设备只从 499 233 纱锭增加到 658 748 锭，计增加 32%，布机从 2016 台增加到 2650 台，计增加了 31%③。由此可见，欧战期间，华商纱厂的发展远不及日本在中国的势力。这些日本纱厂资金雄厚，技术新、成本低。日本财阀不仅利用中国的廉价劳动力和原料，就地设厂制造，并且以成本低廉、品质较优的产品就地在中国市场上贩卖，威胁中国民族纱厂的销售。

日本财阀不仅在中国投资设厂，而且还控制中国棉花的生产和贸易。从 1916 年起，三菱财阀已在华北石家庄附近对农民发放美棉种子，收买棉花。1918 年，东洋垦殖会社也开始在山东胶济路沿线展开同样事业。日商在中国内地收买棉花，是通过放高利贷的预购办法来进行的，棉农在种棉时接受日商的"定银"以作生产资金，棉花收获后就不能不按预定低价卖给日商，忍受剥削。

在面粉业中，日本、俄国在东北大地扩充势力。在 1896—1914 年的 18 年中，日资及中日合办的面粉厂仅有 3 家；1916—1920 年的短短 4 年中，中日合办的面粉厂就有 5 家，纯日资的也有 4 家。且地点不限于东北，遍及天津、青岛、济南各地。同时日本也积极向长江一带的面粉工业伸张势力。1917 年，日商三井洋行收买英维增裕面粉公司，改为三井制粉工厂。1918 年日商内外棉又收购华商裕顺面粉公司④。

在东北，日本财阀建立了以大连为中心的强大榨油工业，其中包括小寺榨油公司、中日榨油公司、三泰榨油公司、铃木榨油公司等。大战时期，日本财阀在东北拥有 75

---

① 《毛泽东选集》第二卷，1952 年版，第 623 页。
② 见严中平：《中国棉纺织史稿》，第 177 页。
③ 见严中平：《中国棉纺织史稿》，第 188 页。
④ 龚骏：《中国新工业发展史大纲》，第 200—201 页。

家榨油工厂，在青岛拥有7家榨油工厂。东亚烟草会社在从日本政府取得出售中国烟草制品的垄断权以后，便在辽东建立了许多巨大的烟草企业。东北的火柴市场也几乎完全为日人所垄断。日本财阀在东北所办的火柴工厂，如吉林樱寸株式公社、东亚樱寸会社及大连樱寸会社所属各厂，皆规模宏大，设备完善。日人除在东北设厂外，并在天津、青岛、济南各地设厂①，成为中国民族火柴业的劲敌。

日本还在东北大力发展甜菜制糖业。1916年成立南满制糖会社，1921年更在铁岭设立分厂。它所用的原料一部分是购自中国农民，方法是先贷给农民耕作资金和种子肥料，到秋收时，由甜菜货款中扣除；另一部分是自行种植。于是北起开源，南至鞍山，沿南满铁路一带栽培甜菜的土地面积逐渐扩大到五百多个村，占地6万亩以上。

日本不仅大大向中国的轻工业伸张势力，而且更积极地打入中国的重工厂，使中国的重工业也受到日本资本的控制。在1913—1919年期间，日本在中国煤矿中的投资从37 187 070元，增加到45 062 609元，日资及中日合资煤矿的产量总额从3 190 125吨增加到5 014 515吨②。由于许多中国煤矿直接或间接控制在日本手中，以致中国工业所需的煤反有相当部分要从日本输入。在1918年，上海用煤97万吨，由日本输入的达46万吨③。因此煤矿权的丧失，不仅影响民族采煤业的发展，也影响到民族工业其他部门和对外贸易。

在铁矿方面，日本帝国主义在1912—1925年期间控制了中国全部机械生产的铁矿。在1914—1919年，中国年产铁矿砂由100万吨增涨到185万吨。这一百多万吨的矿石，除少数留在国内用以炼铁外，其余全部输往日本。日本帝国主义所采取的手段，或是通过投资来把持，或是通过贷款来操纵。例如汉冶萍公司在1913年向日本借款1500万日元，借款条件之一，是自合同生效之日起，于40年内，除已订合同（即1903年向日本预借矿砂款，规定每年以10万吨矿砂售予日本）外，以头等矿石1500万吨及生铁800万吨售与日本。从此大冶铁砂和汉冶萍的生铁，便不断输日，直至1932年才停止④。安徽繁昌裕繁公司所属铁矿，是当时中国最大铁矿之一，也因有日本之物产社投资关系，所产全部矿石都转售日本，供东洋制铁所及三井、三菱两株式会社之用⑤。铁砂输日说明中国冶铁工业的不发达，也充分证明中国的铁矿业完全依附

---

① 见杨大金：《现代中国实业志》，下卷，第二章，第二节。
② 投资中包括一部分中日合资在内，见严中平等：《中国近代经济史统计资料选辑》，第131，表21；第126，表17。
③ 侯德封等编：《第二次中国矿业纪要》，第37—38页。
④ 见侯德封等编：《第二次中国矿业纪要》，第126—128页。《今世中国实业通志》，上，第88页；方显延、谷源田：《我国钢铁工业之岛》，商务印书馆1938年版。
⑤ 见侯德封等编：《第二次中国矿业纪要》，第126—128页。《今世中国实业通志》，上，第88页；方显延、谷源田：《我国钢铁工业之岛》，商务印书馆1938年版。

于日本的钢铁工业，成为日本钢铁工业的附庸。

在第一次世界大战时期，日本更几乎独占了对中国的铁路投资。像对南浔、四郑、吉长、吉会铁路、济顺、高徐、开海、吉海热等铁路，日本都实行借款控制，贷款总额达 5 196 万元。①

从 1913 年到 1918 年，外国在中国所设立的银行有 8 家，日本一国就占了 5 家。1916 年日本在中国拥有 27 家银行，这些银行的信贷业务遍及中国各个最重要的经济部门，成为掠夺中国的总枢纽。

美国原是侵略中国最早的国家之一，从鸦片战争以来它就是侵略中国的凶恶敌人。到 19 世纪末期，美国已发展到帝国主义阶段，它对中国的侵略也进入一个新阶段。1899 年 9 月美国国务卿海约翰（John Hay）向在中国有利害关系的英、法、德、俄、意、日六国分别提出所谓"门户开放"政策。"门户开放"政策的实质，就在于打破一切限制，把中国全部领土一律对外开放，使中国完全变成殖民地。

第一次世界大战为美国进一步侵略中国创造了一个新的机会。1915 年 1 月，日本向袁世凯提出的独占中国的"二十一条"，是对美国一个很大的打击。美国深知，在中国的力量对比不利于美国，所以就采取了与日本妥协的态度，企图根据最惠国条款，来"均沾"一切利益②。为此指出："美国政府兹特声明，现在交涉中之条约，其中任何条款经中国政府承认，而对在华外人之地位有所变更者，在最惠国待遇之下，美国政府亦将享有其利益。③" 这就是说，如果日本因强迫中国实行"二十一条"，取得中国政治的、经济的广泛的控制权，则依照"最惠国"条款，美国亦能共享。

除了外交活动以外，美国的垄断组织也采取了对中国扩大资本输出的办法。在袁世凯称帝以后，美国曾以振兴实业、修建铁路等名目贷款 3300 万美元。从 1914 到 1916 年，美国大量向中国贷款，单在 1916 年 4~6 月间就达成 4 个借款合同，都带有明显的政治借款和投资利益的双重目的④。

从 1917 年到 1921 年，有 5 家美国银行在华开业⑤，其他大规模公司，如中国汽车公司、中国电气公司等等亦纷纷在中国设立。在 1919—1920 年间成立的美国大小公司有 152 家之多。⑥

除了资本输出外，美国垄断组织也趁机扩大在中国的商品推销市场，如美孚石油

---

① 严中平等：统计资料选辑，铁路表 7。
② 王芸生：《六十年来中国与日本》，卷六，第 330 页。
③ 王芸生：《六十年来中国与日本》，卷六，第 330 页。
④ 刘大年：《美国侵华史》，人民出版社 1951 年版，第 102—103 页。
⑤ 吴承明：《帝国主义在旧中国的投资》，人民出版社 1955 版，第 39 页。
⑥ 雷麦：《外人在华投资论》，第 279 页。

公司、大来洋行、美国钢铁公司等，都在大战前就在中国设立了推销机构。大战期间，美国的大垄断企业继续侵入中国，贸易商更是积极活动。这使日本也感到震惊，一个日本刊物说："……然美国对外市场将求之何国乎？舍最大市场宝库之中华何由！"[①]

美国这一系列行动引起日美矛盾的加剧。但是双方都感到中国权利不能由任何一方独吞，为了互相利用、互相让步，日本于 1917 年 9 月派前外相石井菊次郎赴美，与美政府商讨战后如何在中国分账问题，结果签订了"蓝辛石井协定"。协定中指出："合众国政府承认日本在中国有特殊的利益，而于日本所属接让地方，尤其为然"。同时日本也对美国作了让步，同意重新肯定"所谓门户开放或在华工商业机会均等的原则"。

蓝辛石井协定明显地证明，美帝国主义不顾他们关于"尊重中国领土主权"的声明，事实上已粗暴地踩躏了中国的国家主权，并暗中进行瓜分中国的勾当。协定签订以后，美日关系并没有丝毫改善，瓜分中国的斗争更加激烈起来。

（二）第一次世界大战时期中国的对外贸易

第一次世界大战大大地影响了中国对外贸易的贸易额、商品构成和地理方向。

战争的直接影响，乃是贸易的暂时瘫痪。在一个时候，出口资金的调拨非常困难[②]，而海底电线电码的禁用使得通讯十分昂贵。在这首先而来的影响过后，某些中国依赖德国供应的货品价格大大提高。染料价格的激增，使得中国在几个月中成为了染料的出口者，1917 年间，染料再出口的数量，比进口的数量还大。

在这直接的影响之外，战争还有另外的一些影响。首先是海上船运吨位减少了，货物的运费随之高涨。海上运费的提高开始于 1915 年秋季。1913 年间，从上海到伦敦一般货物的运费，每吨约为 2 英镑，从上海到旧金山每吨约为 5 美元。在 1918 年夏秋间，到伦敦的运费每吨约为 50 英镑，而横渡太平洋的运费每吨约为 60~70 美元。[③]

其次，交战国家对货物的外运有了限制。随着战争的发展，这种限制越来越严。英国首先采取了限制再出口贸易的措施，因而阻碍了对荷兰等国的原料销售。其后，英国政府更严厉地管制货物的进出口。在美国参战以后，限制如此普遍，以致"有许多买卖简直无法可做"。[④]

第三，交战国家由于战争的破坏和本国需要的激增，越来越不能把货物运到中国市场。德国的潜水艇政策大大威胁了海上交通，从而使欧洲对中国的贸易普遍受到

[①] 《日本纺织界》，12 卷 11 号，见《华商纱厂联合会季刊》第 1 期。《日报论太平洋会议与美国对华棉制品贸易》一文。
[②] 《1914 年中国海关报告》，第二编，第 997 页。
[③] 1915—1916，1917，1917 年各年份的海关报告：《中国年鉴》，1921—1922 年，第 978—981 页。
[④] 1918 年，海关报告，第 1 编，第 1, 2 页。

阻碍。

在上述原因的影响下，战争时期中国的进口商船吨数及进口贸易总值皆一致下降。1913年进出口船只吨数为93.3百万吨，1914年为98.0百万吨，1915年下降到90.7百万吨，1916年降至88.0百万吨，1917年降至86.9百万吨，1918年又降至80.2百万吨①。进出口商品吨数的减少，反映出帝国主义对中国经济侵略的暂时减轻。

在进口贸易方面，1914—1915年间按海关两计算的进口总值下降了20.2%，1915年以后虽然不断增长，但是截至大战结束为止，进口额一直未能恢复到1914年的水平。从1915到1918年，按美元计算的进口值增加了67.8%，但这是进口物价上涨的结果，实际的进口数量并没有同样的表现。

在大战期间，世界市场有了很大的变化。各国民用生产一致下降，而军需原料及民生用品的需要却不断增长，同时这时的出口货在国外市场上所受的竞争有所削弱，所以中国商品的输出有了较大的增加。在1914—1918年期间，按关两计算，出口值增加了36%，如按美元计算，则增加了156%。在1915年以后银汇价的上涨是造成进出口贸易值按关两计算和按美元计算增长率不同的原因。②

在大战期间，由于进口价值额缩减和出口价值额的增加（均按关两计算），入超额也大大地减少了。1914—1918年平均入超额为87.6百万关两，较1913年的入超额减少了42%。

本时期内，中国对外贸易的变化可以列表说明如下：

1913—1918年中国对外贸易数值表③

	进口		出口		入超	
	百万关两	百万美元	百万关两	百万美元	百万关两	百万美元
1913	570.1	416.2	403.3	204.4	166.9	121.8
1913	569.2	381.4	356.2	238.7	212.0	142.7
1915	454.5	281.8	418.9	259.7	35.6	22.1
1916	516.4	408.0	418.8	380.6	34.6	27.4
1917	549.5	566.0	462.9	476.8	86.6	87.0
1918	554.9	699.2	485.9	612.2	69.0	87.0

---

① 中国银行编：最近中国对外贸易统计图解，中国银行，1931年版第十二表。
② 中国关两对美元的比率，1913年为0.73美元，1914—0.67美元，1915—0.62美元。1916—0.79美元，1917年—1.03美元，1918—1.28美元。见"1921—1922年中国年鉴"，第286页。
③ 按关两计算的进出口值，见历年海关报告，按美元计算的进出口值见斯拉德科夫斯基：《中国对外经济关系简史》，附表1。

如果按贸易量计算，则大战时期中国的进口贸易减少得更为厉害。1913—1918年，世界物价指数约上升一倍，世界贸易量下降了40%。同时期，中国的进口物价上升了47%，进口物量下降了34%，出口物价增加14.5%，出口物量增加5.5%。

1913—1918年中国进出口物价物量指数[①]　　　　　　　　(1913＝100)

年份	进口物价指数	进口物量指数	出口物价指数	出口物量指数
1913	100.0	100.0	100.0	100.0
1914	108.9	91.6	105.4	83.8
1915	113.0	70.3	107.8	96.5
1916	122.4	73.7	117.0	102.3
1917	131.0	73.4	106.2	108.3
1918	147.0	66.1	114.5	105.5

在大战期间，中国进口物价的上涨率超过世界物价上涨率约7%，而中国出口物价的上涨率则低于世界物价上涨率达25.5%。这说明战争期间中国的对外贸易交换条件比较战前更为不利，资本主义国家的进口商品与中国出口商品间的不等价交换是更加扩大了。如前所述，中国的进出口价格一向操纵在外商洋行之手，外商洋行一贯采用尽量压低出口价格和尽量抬高进口价格的办法以进行其残酷的剥削。

战争期间，中国对外贸易的商品结构也有了明显的改变。各种棉货的进口继续占着进口商品总额中的第一位，但是它在进口总值中所占的比重却大大地下降，这是1899年以后中国进口贸易商品结构变化中的一个特征。在1905年，棉货的进口占进口贸易总额的40.58%。到1914年，这个百分率降落到32.21%，1918年又下降到27.28%[②]。在1913—1918年间，棉织品进口总值由182.4百万关两下降到151.4百万关两。1913年，各种布匹的实际进口数量为30.7百万件，1916年下降至19.3百万件，1918年更降至18.6百万件。同样的趋势，也见之于棉纱进口数量的统计。棉纱的进口，从1913年的2.7百万担，降落到1918年的1.1百万担。[③]

棉织品进口的减少，无疑是由于民族棉纺织业和在华洋商纺织业工厂增加及生产增长之故。1913年中国纱厂数量在全国全年机纱消费量中所占的比重，1913年为37.7%，1916年增长到51.0%，1918年更增加到70.4%[④]。

[①] 按关两计算的进出口值，见历年海关报告，按美元计算的进出口值见斯拉德科夫斯基：《中国对外经济关系简史》，附表1。
[②] 海关十年报告，1922—1931，第180页。
[③] 以上统计数字见1922—1931年海关十年报告，第182页。
[④] 陈重民：《今年中国贸易通志》商务印书馆1924年版，第3编，第1页。

棉货进口贸易的另一个重要的发展是英货在华优越地位的丧失与日货来华的不断增加。在1914年以前，从英国进口的棉布数目一直是多于从日本进口的数目。但是随着战争的发展，日本却远远地走在英国前面。在1913年，从英国直接进口的棉布在中国棉布总进口额中所占的比重为33.0%，1914—1916年的平均数下降到29.5%，而日本所占的比重则由29.6%增加到57.7%。日本的这个领先地位在大战以后一直继续着[1]。

在战争时期，棉花、米、糖、煤油、纸烟、机器、运输工具等的进口价值额都有不同程度的增加。面粉、颜料的进口则大大下降，中国由面粉输入国一跃而为输出国。1914年，中国面粉贸易从1914年入超7.4百万关两，到1915年一变而为出超1.4百万关两，1918年出超更增加到9.1百万关两[2]。

在战争时期，中国出口商品的变化很不平衡，无军事战略意义的商品出口，无论在价值上或比重上都有了缩减，有军事战略意义的原料和食品出口都有很大的增加。

1913—1918年重要进口货物价值表[3] （单位：百万关两）

	棉货	棉花	棉纱	煤油	米	粮	纸烟	面粉	颜料
1913	113.4	3.1	72.9	26.4	18.4	36.4	13.2	10.4	17.4
1914	112.7	3.0	67.4	35.9	21.8	31.0	13.9	9.1	14.1
1915	82.9	7.0	68.6	30.0	25.3	30.4	12.8	0.8	7.0
1916	75.3	8.5	64.3	34.3	33.8	36.7	27.0	27.0	4.3
1917	97.0	6.7	68.5	35.6	29.6	45.3	32.0	28.4	4.6
1918	100.2	6.3	59.1	32.1	22.8	60.4	25.0	0.7	5.2

1913—1918年重要出口货物价值表[4] （单位：百万关两）

	生丝	豆类	豆饼	植物油	茶	棉花	蛋类	子仁	生皮
1913	83.2	23.3	26.4	11.4	33.9	16.6	5.7	17.9	19.8
1914	62.9	25.9	23.2	12.4	36.5	12.6	6.7	11.5	17.1
1915	78.4	21.3	22.3	15.6	55.6	14.0	8.4	16.3	21.4
1916	90.0	18.6	27.3	25.3	43.6	17.6	12.3	12.3	24.1
1917	88.2	20.7	25.4	29.7	29.1	20.7	14.3	5.7	27.0
1918	87.6	20.7	31.9	41.0	14.1	38.1	11.0	5.6	20.4

---

[1] 严中平：《中国棉纺织史稿》，科学出版社1955年版，第173页。
[2] 杨端六等编：《六十五年来中国国际贸易统计》，1951年版，表4，表5。
[3] 《最近中国对外贸易统计图解》，中国银行总管理处调查部1931年版，第24页。
[4] 《最近中国对外贸易统计图解》，中国银行总管理处调查部1931年版，第24页。

第一次世界大战时期，中国生丝的出口在出口总额中所占的比重虽有所下降，但仍占出口货中的第一位。在1860年以前，中国生丝出口几乎垄断了世界市场。自此以后，日丝加入竞争，并且发展迅速。到了1905年日丝出口总额即与华丝相等，1908年日丝出口额已超过中国近3万担。在战争时期，中国生丝输出已不到日丝的一半。1917年中国生丝出口量为10.7万担，日丝出口却达25.8万担。

生丝的出口对象，在19世纪时以输往英美为最多，至大战前夕，即以法国为最多。战时美国需要大增，因而占中国生丝出口国的第一位。

豆类及豆饼占本时期出口货物的第二位。这类货物出口贸易的发展与日本侵略东三省有关。在日俄战争以后，日本帝国主义在东三省取得特权地位，积极图谋东北经济的殖民地化，并大量掠夺当地原料及土产转运出口。本时期中，东北豆类及豆饼的出口即以日本为主要对象，其次为英国。本时期内豆类及豆饼出口数量约增加50%，1914—1918年豆类及豆饼平均出口值占出口总值的10.9%。

此外，棉花、羊毛、制革原料、矿砂、植物油、蛋制品等对交战国家都非常需要，因此这几种商品的出口值及其在中国出口总值中所占的比重都有了显著的增加。

茶叶及子仁的出口，无论在价值上或者在比重上都有了缩减。这种情况与国外需要减少有关，同时印度茶、锡兰茶和日本茶在世界市场上加强竞争也影响了中国茶的出口。

在战时的中国对外贸易中，主要资本主义国家所处的地位发生了很大的变化。这种变化与各帝国主义国家在远东所处的情势有关。

首先，英国过去在中国对外贸易中所处的绝对优势地位逐渐丧失。在19世纪中叶时，中国的对外贸易主要是对英帝国的贸易。在1868年，在中国进口贸易中，英国、中国香港及印度三地共占进口贸易总额的90.34%。其中英本国占33.38%。在中国的出口贸易中，以上三地共占75.11%，其中英本国占61.75%。由此可见，当时英国差不多已达到垄断中国对外贸易的地位。从这时以后，英本国在中国对外贸易中的地位即渐次下降。到1885年时英帝国在中国进口总额中共占46.95%，其中英本国占27.2%，在中国出口总额中占46.95%，其中英本国占33.83%。1895年甲午战争以后，日本在华贸易地位增强，英帝国在中国进口中合占61.83%，其中英本国占17.71%，在出口中合占39.29%，其中英本国占4.53%。在1868—1908年的40年间，英国在中国的进口中所占的比重跌落了将近一半，在出口中所占的比重减少了92%以上。第一次世界大战时期，日美帝国主义乘机扩大了对中国的贸易，进一步排挤了英国的势力，于是英国的地位更趋降落。在中国的进口中，英本国从1914年的18.0%下降到1918年的8.64%，在出口中从1914年的6.34%下降至1918年的5.2%。

战争时期日本对中国的贸易有了迅速的增长。在中日战争以后，日本加紧侵略中国，日本对华贸易就已随之扩大。1868年时，日本不过占中国进口贸易的3.65%，出口的1.34%。1898年日本在中国进口贸易中的比重已增至12.51%，在出口中增至10.11%。其后，1904—1905年的日俄战争又给日本对华贸易以新的机会。直到大战前夕的1913年，日本在中国进口贸易中的比重已增至20.35%，在出口中增至16.25%，皆超过英本国，而居于对华贸易的第一位。第一次大战时期日本更加紧对中国进行政治经济侵略。1918年日本竟占到中国进口贸易总额的41.35%和出口贸易总额的33.62%。在战时日本的对外贸易中，进口方面中国与关东租借地合占22%左右，居于第二位；出口方面，中国与关东租借地合占30%左右，也居于第二位。

在大战时期，随着美帝国主义对中国经济侵略的加强，美国对中国的商品输出也迅速增加远远超过战前水平。1868年时，美国在中国进口贸易中所占比重仅为1.13%，出口为9.52%。1913年，在进口中美国所占比重增加到6.04%，出口中所占比重为9.35%。大战发生后，欧洲国家忙于战争，无暇顾及远东市场，于是美帝国主义乘机扩大了对中国的出口和进口，表现在贸易统计上的是中国自美国的进口和对美国的出口皆有显著的增加。在1913—1918年期间，中国自美国输入由35.4百万关两增到58.7百万关两，对美国的出口则由37.7百万关两增加到77.1百万关两。在中国进口贸易中，美国所占的比重由1913年的6.04%增加到1918年的10.15%，在出口贸易中由9.35%增加到15.87%。在美国对外贸易中，中国所占的比重也有增加。在美国进口中，中国所占的比重由1913年的1.56%增加到1916年的3.2%。在美国出口贸易中，中国所占的比重由1.05%增加到1.20%。

美国对华贸易的增长，也可以从它在中国各海关进出口商船总吨位所占的比重中看出来。在1913年，美国船只所占的比重为1.77%，英国为35.73%，日本为26.49%。1918年，美国商船所占的比重增加到4.03%，日本增加到39.40%，英国则降落到26.73%。虽然从商船进出口吨位的绝对数字看，美国的额数远远落后于日本，但其增加的速度则超过日本[①]。

美国输入中国的商品，是以煤油（1917年占19.8%）和烟草（16.7%）为大宗。美孚煤油已经深入中国腹地，代替植物油而成为广大农民的日用必需品。在战时和战后，美国和檀香山的纸烟输入较比其他各国都多。战时，美国垄断组织为了掠夺中国的原料开始侵入中国的内地（甘肃省、内蒙古等地），在这些地区建立了收购羊毛、生皮革、猪鬃、桐油、棉花、地毯等商品的货栈。中国对美国输出的商品，以生丝占第一位（1917年占22.9%），其次为植物油（19.4%），兽皮（16.5%），羊毛（6.6%），蛋及蛋产品（7.5%），绿茶（4.1%），红茶（2.4%）等。在战争的头几

---

① 《最近中国对外贸易统计图解》，中国银行总管理处调查部，1931年版，第二表。

年，中国与帝俄的贸易曾有显著的增加。但在 1918 年，由于日、美、英等国对苏俄进行帝国主义的干涉，苏维埃远东地区被侵略军临时占领，这种贸易就大大地减少。

1913—1918 年中国从主要资本主义国家的进口[①]　　（单元：百万关两）

	出口总值	英国	美国	日本	俄国	德国	法国	香港
1913	586.3	96.9	35.4	119.3	22.2	28.3	5.3	171.6
1914	572.1	104.9	40.8	120.7	21.9	14.1	4.9	166.5
1915	477.1	71.6	37.0	120.2	17.0	0.2	2.4	148.4
1916	535.3	70.4	53.8	160.5	25.7	—	2.8	153.3
1917	577.4	52.0	61.0	221.7	11.2	—	2.3	158.6
1918	577.6	49.9	58.7	238.9	6.4	—	1.6	162.2

1913—1918 年中国对主要资本主义国家的出口[②]　　（单位：百万关两）

	出口总额	英国	美国	日本	俄国	德国	法国	香港
1913	419.4	16.7	37.9	66.9	47.9	17.2	40.8	125.2
1914	371.2	22.5	40.1	65.1	44.8	10.3	22.9	100.1
1915	441.4	33.4	65.7	83.4	63.6	—	30.5	106.9
1916	500.7	35.6	73.5	118.3	71.4	—	27.3	122.1
1917	496.8	26.2	95.0	112.1	65.4	—	25.6	118.7
1918	508.7	25.8	78.1	170.1	20.8	—	30.6	121.4

战争期间，中德贸易完全停顿，中法贸易也急剧缩减。

三、1919—1930 年帝国主义争夺中国市场霸权时期的中国对外贸易

（一）第一次世界大战后帝国主义在华经济势力的增长与中国民族工业的衰落

帝国主义争夺殖民地的第一次世界大战，到 1917 年达到了最高峰。这一年，俄国

---

① 《最近中国对外贸易统计图解》，中国银行总管理处调查部，1931 年版，第二表。
② 《最近中国对外贸易统计图解》，中国银行总管理处调查部，1931 年版，第二表。

爆发了伟大的十月社会主义革命。俄国无产阶级在布尔什维克党的领导下，团结一切劳动人民推翻了地主资本家的统治，建立了苏维埃社会主义国家。

十月社会主义革命使世界分为两个互相对立的社会经济体系——社会主义经济体系和资本主义经济体系，它把革命的种子散播于帝国主义本国和殖民地附属国，动摇了帝国主义统治的基础，因而开辟了资本主义总危机的时代——资本主义走向灭亡的时代。

苏维埃政府在其成立后的第二天，就发表了著名的"和平法令"，向全世界各民族提议建立真正持久的和平，反对民族压迫；宣布帝俄政府及临时政府和外国订立的一切秘密条约和压迫别国的不平等条约"立刻作废"。1919年到1920年，苏维埃政府发表了两次对华声明，宣告：凡是以前帝俄政府所取得的特权，都交还中国，不收任何代价。苏俄是第一个废除它在中国的特权的国家，使中国人民自鸦片战争以来第一次在世界上享受到平等的待遇。

苏俄的废除不平等条约与帝国主义国家的加紧侵略中国造成一个尖锐的对比。

第一次世界大战以后，西方帝国主义在"重返市场"的口号下，又卷土重来。斯大林曾在1918年指出："帝国主义者们总是把东方看作自己幸福的基础。东方各国的不可计量的天然资源（棉花、石油、黄金、石炭、铁矿），难道对于世界各个帝国主义者不是'纠纷的苹果'吗？老实说，这就可以说明：帝国主义者在欧洲打仗和胡聊着西方时，从未停止想到中国、印度、波斯、埃及、摩洛哥，因为实在说来，问题始终是在东方。"①

所以当帝国主义国家在战争以后力量稍有恢复时，就准备全力向东方扩张。1922年资本主义国家逃出战后第一次危机，1923年以后资本主义进入相对稳定时期。由于生产能力的增长与市场相对固定之间的矛盾不断扩大，市场问题十分严重，帝国主义国家便以加紧向东方国家进行经济侵略，作为解决市场问题的手段。帝国主义者的视线首先集中在中国。在中国市场上，它们彼此之间曾经进行了长期的激烈斗争。在1919年5月的巴黎和会上，1921年11月至1922年2月的华盛顿会议上，以及在1925年10月的北京关税特别会议上，帝国主义国家特别是美、英、日三国，围绕着中国市场问题，都曾进行过尖锐的斗争。欧洲帝国主义国家一方面企图扩大对中国的输出，以解决其市场问题，另一方面也企图通过对中国及其他殖民地附属国的掠夺以积累资金，用以偿还积欠美国的战债。战后美帝国主义不但有大量的"过剩"商品，而且还有大量的"过剩"资本，都迫切需要输往中国市场。它企图在"门户开放"、"机会均等"的旗帜掩盖之下，来造成独占中国市场的优势。而在这个时期中，对中国进行经济侵略表现的特别积极的是日本帝国主义。它不但扩大了对中国的商品输出，还扩大

---

① 《列宁斯大林论中国》，人民出版社1953年版，第61—62页。

了对中国的资本输出。在 1914 至 1930 年间,日本对中国的资本输出增加了四倍以上,美国则增加三倍,而英国尚不到一倍。

1900—1930 年英美日三国在华投资① （单位：100 万美元）

	英 国		美 国		日 本	
	投资额数	占帝国主义在华投资总额的%	投资额数	占帝国主义在华投资总额的%	投资额数	占帝国主义在华投资总额的%
1900	260.3	33.0	19.7	2.5	1.0	0.1
1914	607.5	37.7	49.3	3.1	219.6	13.6
1930	1189.2	36.7	196.8	6.1	1136.9	35.1

在 1905 年,日本对华投资仅及英国的 3.8%,为美国的 5%。到了 1914 年,日本对华投资已达到英国投资额的 36%,为美国投资额的四倍。到了 1930 年,日本的投资总数几乎已与英国相等,而在美国的五倍以上。

在 1913 至 1930 年间,日本在华公司数目增加了 2.5 倍以上,美国公司数增加了 5.3 倍以上,而英国公司数仅增加 74%。

1899—1930 年英美日三国在华公司数目②

	英 国	美 国	日 本
	公司数	公司数	公司数
1899	401	70	195
1913	590	131	1 269
1930	1027	566	4 633

在 1899 年,英国公司数目占外国在华公司总数的 43%。自此以后,其绝对数字虽有增加,但相对地位一直下降,1913 年占 15.5%,1930 年降至 12.4%。美国在华公司数,在资本主义国家在华公司总数中所占的比重,由 1899 年的 7.5% 下降至 1913 年的 3.4%,而 1913 年以后又重新增加,在 1930 年达到总数的 6.8%。至于日本在华公司的数目,无论绝对数字或相对地位皆直线上升。在 1899 年,日本公司数在资本主义国家在华公司总数中所占的比重为 20.9%,1913 年升至 33.3%,1930 年更升至 55.9%。1930 年的数目为英国的四倍以上,为美国的八倍以上。

帝国主义在华经济争霸战也表现在航运方面。在 1913 年至 1930 年期间,日本在华

---

① 雷麦:《外人在华投资》,商务印书馆 1959 年版,第 248,304,410 页。
② 同①,第 252,304,413 页。

轮船吨位增加了94%以上，美国增加了六倍以上，而英国仅增加50%。

1899—1930年英美日三国在华轮船① 吨数（单位：1 000吨）

年　分	英　国	美　国	日　本
1899	23.3	0.3	2.8
1913	38.1	0.3	23.4
1930	57.1	6.5	45.6

在1899年，英国在华轮船吨位占中外航运业总吨数的59.4%。1913年其比重下降到40.8%，1930年更降到34.2%。日本则从7.2%增加到25%，再增加到29.3%。此外，德国、法国、荷兰、瑞典等国的在华轮船吨位在本时期内也有不同程度的增加。

在金融方面，英国在华的主要银行虽在1894年以前即已奠定较为稳固的基础，但自大战以后即呈现一种不振的状态。反之，日本的在华银行业却扩展甚速。在1926年，在华外商银行及中外合办银行共有63家，分支行179处，其中日本占42家，美国有6家，英国有4家。日本42家银行中有一半是第一次世界大战以后所设立。战后英国在华的金融势力虽然相对削弱，但英国银行在华历史较久，根基深厚，仍拥有强大的金融实力。英商以汇丰银行为例，它拥有已付资本2 000万港币，准备金3 900万英镑和2 550万元（中国币），它所发行的钞票在1928年为5 264万元（中国币）。此外，汇丰银行吸收的存款1928年为54 800万元（中国币）。

帝国主义者争夺中国市场，奴役中国人民的主要目的在于榨取垄断超额利润。在1928—1930年间，汇丰银行股东所分得的股红在80%以上。上海英商怡和纱厂1929年分红40%，1930年分红15%。据美国人调查，1930年在华美商的利润一般为10% ~ 25%，进出口公司有的高达50%，有的更高达300%②。日清轮船公司账面利润率，1920年为7.9%，1927年为19.1%。③

与帝国主义在华企业、航运业和银行业等不断发展的情形正相反，中国的民族工业和航运业等都陷于日益萎缩的状态中。在战后时期中，中国新成立的企业数目逐渐减少，旧有的工厂一部分被日商美商所兼并，一部分破产清理，大部分则陷于停工减产、长期亏损、苟延残喘的境地，整个民族工业迅速地萧条下来。以纱厂为例，在所有在华纱厂中，华商纱厂在纱锭方面所占的比重由1913年的59.6%下降到1925年的53.1%，再降到1931年的49.4%，而同期帝国主义在华纱厂的纱锭比重却由40.4%上升到46.9%，再升至50.6%。华商纺织厂在布机方面所占的比重由1913年的50.4%

---

① 雷麦：《外人在华投资》，商务印书馆1959年版，第252，304，413页。
② 同①，第278—279页。
③ 严中平：《中国近代经济史统计资料选辑》，254页。

下降到1931年的42.2%,而帝国主义在华纺织厂所拥有的布机的比重却由49.6%增加到57.8%。至于民族航运业在帝国主义在华航运业的强大竞争压力下,也已陷入山穷水尽的地步。

(二) 1919—1930年的中国对外贸易

第一次世界大战后,帝国主义在中国的这一切经济侵略活动都和它们对中国的贸易扩张有关,并且促进了它们对华贸易的增长。

1919—1930年中国的对外贸易①

	进口		出口		入超	
	百万关两	百万美元	百万关两	百万美元	百万关两	百万美元
1913	570.1	416.2	403.3	294.4	166.9	121.8
1919	647.0	899.3	630.8	876.8	16.2	22.5
1920	762.3	945.2	541.6	671.6	220.6	273.6
1921	906.1	688.7	601.3	457.0	304.9	231.7
1922	945.1	784.4	654.9	543.6	290.2	240.8
1923	923.4	738.7	752.9	602.3	170.5	136.4
1924	1 018.2	824.8	771.8	625.1	246.4	199.7
1925	947.9	796.2	776.4	652.7	171.5	144.0
1926	1 124.2	854.4	864.3	656.9	259.9	197.5
1927	1 012.9	698.9	918.6	633.8	94.3	65.1
1928	1 196.0	849.1	991.4	703.9	204.6	145.2
1929	1 265.8	810.1	1 015.7	650.0	250.1	160.1
1930	1 309.8	602.5	894.8	411.6	414.9	190.9

在1919到1930年期间,中国的进出口贸易皆有增长,而进口增长尤为迅速。但是在总的增长趋势中,各年份情况颇不相同。

1919年,按关两计算的进口额较战前增加13%,出口额增加56%,按美元计算的进口额和出口额分别增长了116%和198%,与过去相比较,都已达到历来最高的水平。1919年的贸易入超额为16.2百万关两,仅占进口总额的2.5%。

在1920—1921年资本主义世界爆发了经济危机。在危机期间,世界生产、世界贸

---

① 历年海关报告,雷德列夫斯基:《中国对外经济关系简史》,附表1。

易和世界物价一齐下落,中国的对外贸易也受到影响。由于银价的下跌,以海关两计算的中国进出口贸易值虽仍有增加,但是以美元计算的进出口贸易值都缩减了。关于这次经济危机期间的中国对外贸易状况,1920年的海关年报中曾有如下记载:[①]

"综环球贸易而言,工商两界,尽行停顿,存货如山,无从销货,是世界贸易;各国既已如此,中国何独不然。本年年初贸易始而锐进,继而进退失据终则往下直趋,一落千丈,迨至岁关,几乎全行濡滞。"

"以日本丝价而论,欧战之前,每包平均售价为900日元,本年1月间,因日、美两国之投机事业,高抬其价,竟涨至4500日元,当3月间,正在市面将颓之前,为3500日元,至7月间,即降为1150日元,此乃最低之度。中国市面,亦复如此,——夫市面现已疲敝若此,加之日本方面价格,又较上海为廉,是以无处行销,各厂家于入冬后,被逼歇业者过半。"

在1920—1921年期间,按美元计算的进口贸易值减少27.2%,出口贸易值减少了32%。进出口贸易总值的缩减,不仅由于进出口数量的减少,而且还由于价格的下降。

从1921年到1924年,中国的进出口贸易值,无论按关两计算或按美元计算,皆有增加。进口贸易的增加主要是由于小麦、面粉、烟草、糖、纸张,煤油等进口额的上升,出口贸易的增加则是由于世界市场对中国贸易需要的扩大。

1925年,由于"五卅"惨案和广州"沙基惨案",掀起了全国的反帝大浪潮。在波澜壮阔的全国反帝运动中,影响帝国主义对华贸易最大的是香港和广州爆发的省港大罢工。这次大罢工给香港英帝国主义经济上和对华贸易上以严重地打击,在1924—1926年期间,香港对中国内地的出口下降了49%,香港自中国内地的进口则减少45.9%。船运也部分停顿了。1924年8月至12月英国船只开往广州的,每月在160艘至240艘之间,而在1925年同期的数字是2艘到27艘,仅占1924年的15%。在罢工期间,英帝国主义每天损失约180万元。这种打击,使英帝国主义者不得不承认:"1925年英国尊严之堕落,实为中英通商二百年来所未有"。(英国"邮报")。从1924年到1925年,中国的进口总值,按关两计算,减少了7%,出口总值则增加6%,其中自英国进口减少27%,对英国出口减少6%。

1926年,中国的对外贸易恢复了以往的增长趋势。1927年,当北伐军占领了长江流域以后,帝国主义国家在华洋行为中国人民的反帝运动所吓倒,担心自己的商品积压在仓库内,不易脱售,所以一向被它们所掌握的进出贸易就缩减下来。在1926—1927年间,按美元计算的进口贸易值减少了19%,出口下降了4%。

1927年以后,中国的对外贸易续有增加,直到1929年资本主义世界爆发世界经济

[①] 见1920年海关年报,第25—26页,41—42页。

危机为止。

在 1921 年到 1929 年期间，资本主义世界贸易值虽不断增长，但截至 1929 年为止，从未能超过 1920 年的水平，而在 1929 年以后，在世界经济危机的打击下，又趋于下降。到了 1930 年，世界贸易值仅及 1920 年数值的 78%。但是，中国的进口贸易值，在 1919 年至 1930 年期间，除了个别的年份外，却在不断上升。在整个时期内，中国进口贸易值增加了一倍以上，出口值增加了 42%。

截至 1930 年，中国的对外贸易总值，较 19 世纪末叶和 20 世纪初期，已增加了五倍左右，大致一半增加在第一次大战以前，一半增加于一次大战以后。这种增加，足以表示在资本主义总危机第一阶段，中国的农矿产品已进一步地被卷入到世界商品流转范围之中。

在 1919 年至 1930 年期间，进出口贸易值的差额不断扩大，贸易入超从 1919 年的 1 618 万关两增加到 1930 年的 41 491 万关两。11 年间入超增加了 24 倍以上。

本时期内中国的进出口物价都在继续上升，因此中国实际的进出口数量额的增加程度并不像进出口价值额的增长所显示的那样高。

1919—1930 年中国进出口物价物量指数[①] （1913 = 100）

年　份	进口物价	进口物量	出口物价	出口物量
1919	150.2	75.4	112.0	140.0
1920	175.7	75.7	112.9	119.3
1921	167.4	94.9	117.6	126.9
1922	146.8	112.6	124.7	130.5
1923	148.7	108.5	136.3	137.5
1924	148.8	119.6	141.2	136.6
1925	151.0	109.9	145.9	132.9
1926	150.8	130.5	152.9	141.1
1927	161.7	109.8	148.9	154.1
1928	159.1	131.5	158.4	156.1
1929	158.1	139.9	169.8	149.2
1930	174.7	131.0	170.4	131.1

在 1919 年至 1930 年期间，世界物价水平不断下降。在 1920 年至 1930 年的 10 年间，世界物价指数跌落达 46%。而在同时期内，中国由于银汇价下跌的关系，进口物

---

① 见 *Nankai Social & Economic Quarterly July*, 1937。

价反而增长了16%。进口物价的增长,在通常情形下,有阻碍进口的作用,但是由于资本主义世界生产的增长与市场相对固定间的矛盾不断扩大,各个帝国主义国家都加紧向中国输出资本和倾销商品,因而中国的进口物值与进口物量皆一致上升。在本时期内,进口物量增加了73%,低于进口总值的增长率约28%。

中国货物的出口状况主要是决定于资本主义世界经济的一般情况。在资本主义世界经济高涨时期,中国的出口贸易也随之增加;在经济危机和萧条时期,中国的出口贸易也随之下降。在1919年至1929年期间,资本主义世界经济由战后初期的混乱状态过渡到相对固定时期,资本主义世界呈现局部的暂时的繁荣状态,中国的出口物量指数也从1920年的119.3增长到1928年的156.1,亦即增加了31%。1929年资本主义世界发生空前的经济危机,在危机时期世界出口贸易急剧缩减,中国的出口物量也自1929年起不断下降,仅在1928年至1930年的两年内即跌落了17%。

在1913年到1930年期间,中国的进口物价指数上升了74.7%,而出口物价指数仅增加70.4%。进出口物价增长率的这种差别在以后的几年还有扩大。出口物价的增涨落后于进口物价的增涨,说明了帝国主义国家和中国间的不等价交换加强了,也就是说帝国主义通过对外贸易加强了对中国人民的剥削。

在本时期内,中国进出口贸易的增长率都落后于世界贸易的增长率,所以中国在世界贸易中所占的比重表现为不断下降的趋势。中国人民每人每年的平均贸易额在1928年以前虽稍有增加,但在1928年以后,也趋于减少。

中国在世界贸易中的比重及每人每年平均贸易额表[①]

年 份	进 口 每人平均进口贸易额（美元）	进 口 中国在世界进口中的比重	出 口 每人平均出口贸易额（美元）	出 口 中国在世界出口中的比重
1913	0.94	2.14	0.67	1.60
1926	1.90	2.74	1.46	2.26
1927	1.55	2.07	1.49	2.02
1928	1.88	2.45	1.56	2.15
1929	1.79	2.28	1.44	1.97
1930	1.33	2.08	0.91	1.56
1931	1.08	2.34	0.68	1.63

中国每人每年平均贸易额,在1900年至1913年间增加一倍,在1914年至1929年

---

① 见 *Nankai Social & Economic Quarterly July*, 1937。

间又增加一倍。但是在帝国主义、封建主义及官僚资本主义的长期剥削压榨下，中国人民日益绝对的相对的贫困化，每人平均贸易额的不断增加并不是中国人民日益绝对的相对的贫困化，而是中国固有经济结构进一步崩溃，中国农产品的进一步商品化，以及中国广大农民在经济生活上更加依赖于世界市场的结果。

在本时期内，中国对外贸易的商品结构也有了若干的变化。在出口方面，制成品在全部出口中所占的比重有逐渐下降的趋势。在 1873 年，中国制成品的出口曾占全部出口的 80%，但当时出口的制成品几乎完全是手工制品，而手工制品中又集中于生丝及丝绸两个项目上。在 19 世纪 70 年代以后，随着中国生丝在世界贸易中原有地位的丧失，制成品在全部出口中所占的比重即不断地减少，1903 年已降至 40.9%，1910 年继续降至 35.1%，1930 年更降至 34.5%。在本时期内，在比重日趋减少的制成品中，还包括有大量的帝国主义在华工厂的出品，特别是日、英两国在华棉纺织厂所生产的棉纱和棉布。

在另一方面，原料的出口则迅速的增长了。在 1873 年，原料出口在总出口中所占比重还不到 3%，此后即不断增长，1903 年达到 27.2%，1910 年增长到 39.8%，1930 年更增加到 49.7%。原料出口比重的增加，充分说明中国对外贸易殖民地性质的加深。

半制成品的出口所占的比重，也和制成品的出口比重一样，在长时期内呈现下降的趋势。1873 年半制成品出口在出口总额中所占的比重 37.4%，1903 年下降到 31.9%，1910 年又降到 25%，1930 年再降到 15.7%。

按经济性质分类各种出口货物所占的比重%[①]

	原　　料	半制成品	制　成　品
1873	2.6	37.4	60.0
1893	15.6	28.5	55.9
1903	27.2	31.9	40.9
1910	39.8	25.0	35.1
1920	40.1	20.5	39.5
1930	49.7	15.7	34.5

在本时期的进口中，原料进口所占的比重，除个别年份以外，表现为缓慢增加的趋势。1873 年原料进口所占比重为 8.5%，1910 年增加到 17.1%，1930 年增加到 19.2%。原料进口的增加，在一般情况下，为一国工业发展的象征。但是在半殖民地的旧中国，却并非如此。因为在当时中国的进口原料中，最主要的是棉花和燃料两大项目，其余的则为数甚少。除了燃料中的煤油一项，在本时期中中国尚不能生产以外，

[①] 见严中平等：《中国近代经济史统计资料选辑》，第 72—73 页。

棉花及燃煤两项，中国都有大量出产。外棉大量输入的结果引起当时中国棉农的破产和国内棉产的衰落。燃煤的大量输入，也使得中国国内的煤业生产愈形不振。况且原料的输入，只有很少一部分是供应中国民族企业本身发展的需要，而大部分是为帝国主义在华企业服务的。

在本时期的进口中，制成品始终占第一位，虽然制成品所占的比重有逐渐减少的趋势，可是直到1930年，制成品和半制品合计仍然占有80.8%的比重，而且制成品中，又以供剥削阶级消费的轻工业品所占的比重最高。至于生产资料中机器及大工具的输入，一向不占重要地位。1919年，机器及大工具的输入在进口总额中所占的比重为1.5%，1920年为3.2%，1930年也只不过占3.7%。造成制成品进口所占比重减少的原因，主要的并不是由于中国民族工业的发展，而是由于帝国主义在华投资及外商工厂的增加，它们利用中国的廉价劳动力和原料就地制成，就地贩卖，因而抵消了一部分制造品的输入。

按经济性质分类各种进口货物所占的比重① （%）

年　份	原　料	半制品及制成品
1893	13.0	87.0
1903	22.3	77.7
1910	17.1	82.9
1920	17.1	82.9
1930	19.2	85.8

以上就进出口商品的经济性质分析，充分说明中国对外贸易的半殖民地性质。以下我们再看看各种主要进出口商品在本时期内的变动情况。

首先考察出口商品：

1. 生丝。生丝与茶叶过去同为中国出口的两种主要商品。自1898年起，直到1930年为止，生丝出口数值虽有增减，可是始终占出口的第一位。但是从1931年起，生丝在出口商品中即下降到第二位。生丝在全部出口中所占的比重由1912年的18.2%降至1918年的15.37%，其后又升至1922年的20.95%。但在1922年以后即又不断下降，到了1931年，生丝仅占全部出口值的9.54%。

2. 豆类。豆类及豆饼的出口，在本时期内更形重要，它们在出口总值中所占的比重不断增加。在1912年到1918年期间，大豆及豆饼的出口在全部出口值中约占10%左右。在1919年，其比重即不断增加，是年豆类及豆饼出口的比重为13.9%，1924年

---

① 严中平等：《中国近代经济史统计资料选辑》，第72—73页。

增加至 16.9%，1928 年增加到 21.09%，1931 年更增加至 22.5%。在 1918 年到 1923 年期间，豆类及豆饼出口继续保持其出口第二位的地位，而从 1924 年起更上升至出口的第一位。

3. 茶叶。在 1868 年至 1898 年间，大都居出口货的第一位。1898 年时茶叶的出口值已为生丝所超过，但直到 1913 年左右，还大致能维持在第二位的位置。第一次大战以后，红茶受印度茶及锡兰茶的激烈竞争，绿茶受日本的威胁，茶叶的出口即一落千丈。茶叶在全部出口中所占的比重，1913 年为 8.41%，1919 年降至 3.55%，1931 年为 3.75%。在 1918 年到 1931 年期间，茶叶出口大致上下于第五位与第八位之间。1931 年占出口商品的第六位。

4. 油类（包括豆油、花生油、桐油等）。其出口在一次大战前，居第七位以下，第一次大战后则跃升至第三第四位间，出口比较稳定。

5. 蛋及蛋制品。它们的出口战前颇不重要，一次战后则日趋重要，大致上下于出口商品的第三位与第五位之间。

6. 机制货物。从 1921 年起，中国的机制货物的出口年有增加。其中最重要的出口项目是棉纱，1929 年及 1930 年两年的出口值各为 7500 万关两左右。棉纱出口在 1931 年更上升至中国出口商品的第四位。但在出口的棉纱中，70% 以上是来自日本及英国在华纱厂的产品。

其次，就本时期内进口商品观察，情况如下：

1. 从 1885 年起直至 1930 年为止的 40 余年间，棉纺织品经常占中国进口货的第一位。其中以棉货为数量最多，棉纱进口也很不少。在一次大战前，棉纱曾经是在中国销路最广的制造品之一。1914 年棉纱进口曾达到 270 万担。但是在第一次大战时期及战后，由于国内民族纺织工业的发展以及日本、英国在华纱厂的增设，棉纱输入即剧烈减少。1919 年的进口数量为 1.4 百万担，1931 年更降至 4 万 8 千担。在 1923 年，棉纱在进口商品中的地位已由大战以前的第二位下降至第五位。自此以后，中国更成为棉纱的净出口国了。

2. 谷类（小麦、大米等）输入，在 1888 年时即已占相当的地位。自此以后，一直到 1930 年为止，谷类进口在中国进口货中的地位，大抵涨落在第二位至第六位之间。在 1913 年，谷类进口值为 18.62 百万关两，1918 年增至 23.01 百万关两，1928 年更增至 68.73 百万关两，1931 年更达 150 百万关两以上，上升至进口商品的第二位。大量谷物的进口，一方面说明在这一时期资本主义国家以过剩的洋米洋麦向中国廉价倾销，另一方面也反映出当时中国广大农村日益贫困破产，农业生产不断下降的严重局势。

3. 棉花一项，在 1968 年时占我国进口货的第三位，价值额为 3.85 百万关两。其后，由于国内棉产的增加，进口即趋减退。在一次大战时期和战后，国内纺织业获得发展，加以外棉跌价，棉花进口即又行增加。1923 年棉花进口达 54 百万关两，升至进口货的第四位。1930 年棉花进口达 132.6 百万关两，升至进口的第三位。在 1920 年以前，中国棉花的出口超过进口，而 1921 年以后，中国已变为一个棉花进口国了。大量棉花的输入，一方面反映出中国民族工业及帝国主义在华纱厂对原棉需要的增加，一方面也说明帝国主义国家以廉价棉花向中国倾销，因而使中国棉农陷于贫困破产的境地。

4. 在 1868 年以后日趋增加。在这一年，液体燃料的进口为 2.21 万关两。1908 年进口升至 27.41 百万关两。大战期间稍形减少，战后即又激增，1923 年为 65 百万关两，1928 年为 78.58 百万关两，1931 年增加至 90 百万关两。在 1919 年至 1931 年期间，液体燃料占进口货中的第三位与第五位之间。

在 1880 年以前，美国石油独占中国市场，到 1889 年，帝俄石油才开始输华。1849 年以后，在英国及荷兰资本控制下的苏门答腊石油及婆罗洲石油也先后输入中国，美国石油在中国石油总输入额中所占的成数，在第一次大战以前，平均总在 50% 到 60% 之间，大战以后更趋增加，1926 年曾占中国总输入额的 85.5%。美油进口数量达 199.2 百万加仑。1926 年以后，美油所占成数即趋减少。到 1931 年，美油进口数为 107.29 百万加仑，占全部进口额的 62.7%，英荷石油进口数量为 56.63 百万加仑，占进口总额的 33%。

在本时期中，石油进口几乎完全控制在美孚石油公司及英荷石油公司之手。在 1912 年以前，这两家公司在中国市场上相互竞争，极为激烈。1912 年以后，它们订立协定，决定共同垄断中国市场，预先商定进口数量与出售价格。在长时间内，它们从中国人民身上榨取了巨额的利润。

除此之外，烟草、糖及鱼介等在进口货物中也占有比较重要的地位。

在各帝国主义国家争夺中国市场的斗争中，英帝国主义过去所享有的特殊地位处在日益丧失之中。在第一次大战时期，英国在中国进出口贸易中所占的份额曾有猛烈的下降，战后初期稍有恢复。但在 1919 年至 1931 年的整个时期内，由于日美两国在中国市场上竞争的加强，英国在中国对外贸易中所处的相对地位，继续表现为衰退的趋势。在中国的出口方面，英国所占的成数由 1918 年的 5.19% 上升至 1919 年的 9.07%，随后又降至 1931 年的 7.09%。在进口方面，由 1918 年的 8.23% 增长到 1920 年的 16.47%，其后又下降到 1931 年的 8.26%。这是就英国本国观察的结果，如果把英国与其殖民地附属国一并计算（包括香港、印度、澳洲、加拿大、新加坡等），则英帝国在中国的对外贸易中依然为 35.88%，占第一位。在出口中，英帝国的比重为 27.69%，占第二位。

在英国对外贸易中，中国所占的地位也逐渐大降。1913 年英国对华输入贸易，占英国进口总额的 0.61%，对华出口额占 2.82%，贸易总额占 1.50%。大战以后，情况稍有改变，1920 年，进口方面占 1.39%，出口方面占 3.26%，贸易总额占 2.15%。可是自 1921 年以后，即又行下落。到了 1931 年，进口方面降至 0.89%，出口方面降至 2.01%，贸易总额降至 1.24%。

在中国对英国的输出商品中，以饮食品与原料、半制品为主。本时期中，三项合计约占出口总额的 80% 以上。其中主要包括食品、饮料、纺织原料、兽皮、矿砂等。在自英国输入的商品中，以制造品为主。本时期中，英国制造品的输入约占全部英国进口货的 90% 以上。其中又以纺织品为最多，化学工业品次之，五金机械又次之。

在本时期中，日本对中国的商品输出入额继续增长。1919 年，自日本输入额为 246.9 百万关两，1930 年增长至最高峰，达 327.2 百万关两。对日输出，1919 年为 195 百万关两，1929 年增长至最高峰，出口额达 256.4 百万关两。虽然如此，可是就中日贸易的增长速度看来，则在 1913 年到 1931 年的 18 年间，无论在输入、输出或总额方面，都远不及 1913 年以前的 18 年间（1895 年至 1913 年）。

中日贸易各个时期的发展速度 （%）

时　　期	自日进口增长率	对日出口增长率	总额增长率
1868—1894	292	1 009	461
1895—1913	594	342	477
1913—1931	143	280	191

在第一次大战时期和大战以后，自日进口的增长率落后于战前时期的增长率达 76% 以上。这是因为在战前时期，各种不平等条约的签订，通商口岸的开放，国内各项贸易障碍的打破，以及交通运输的发展使帝国主义开拓中国市场的过程得以迅速进行。日本距离中国最近，所以它得到了地理上的特别有利条件。但是在战时和大战以后，中国民族工业和帝国主义在华企业均有所发展，这些工业的产品抵消了一部分洋货的输入，因此使日货输华的增长速度趋于下降。至于战后时期对日出口的增长速度则仅落后于战前时期 18%。这是因为在日本的侵略下，东北出口贸易迅速发展，对日输出了巨量原料的结果。

在战后时期的中国对外贸易中，日本所占的比重也有降低的趋势，在 1919 年至 1931 年期间，由于其他帝国主义国家的竞争，日本在中国的进口方面所占的比重由 36.34% 下降到 20.42%，出口方面由 30.91% 下降到 29.13%。虽然如此，可是日本在中国对外贸易国别统计中，截至 1930 年，无论在进口、出口或总额，始终占据第一位。

第一次世界大战后，美帝国主义大力进行对外经济扩张，而半殖民地的中国市场适为其最大的目标。大战时期的各种借款，战后的新四国银行团，巴黎和会及华盛顿会议上的各项活动，以及1928年的所谓"中美通商条约"的签订等等，都是美帝国主义侵略中国，企图垄断中国市场的具体表现。此外美国垄断组织更利用一次战后中国人民几次抵制日货和抵制英货运动的机会，尽量扩大对华贸易，掠夺中国市场。所以本时期内，美国对华贸易的增长速度远远地超过其他国家的水平。

在1913年至1931年期间，美国在自中国进口方面虽然其增长率稍微落后于英国，可是在对华输出的增长率方面却使英、日两国望尘莫及。在上述期间内，美国对华出口增加了五倍半，而日本只增加了1.74%，英国只增12%。

就美国在中国对外贸易中所占比重的变化上，也可以看出美帝国主义在中国市场上侵略势力的增长。在大战以前的1913年，美国在中国进口中所占的比重不过是6.04%，出口比重是9.33%。在大战以后的1919年，进口比重上升到16.22%，出口比重升到16.03%。1929年以后美国以过剩棉麦向中国大量倾销，因此美国在中国进口中所占的比重又行增长。1929年增至18.02%，1931年又增长至22.19%，并且上升为进口国的第一位。在出口中，美国所占比重，在1929年为13.5%，1931年为13.21%，均占出口国别的第二位。

总之，在1919年至1931年的期间内，帝国主义争夺中国市场的斗争，极为激烈。在长期的斗争中，英国的在华贸易地位是江河日下，美、日两国的侵略势力则迅速增长，其中尤以美帝国主义在华贸易势力的发展最为迅速。在整个时期中，中国的对外贸易大部分为这三个帝国主义国家所垄断。在1931年，英帝国及美、日两国在中国进口贸易中共占78.91%的成数，在出口中共占70.09%的成数。这些具体数字一方面说明帝国主义对旧中国对外贸易的操纵程度，另一方面也反映了旧中国对外贸易的半殖民地性质。

1913—1930年美日英三国对华贸易指数[①]

（1913 = 100）

年份	对中国输出			自中国输入			贸易总额		
	美国	日本	英国	美国	日本	英国	美国	日本	英国
1913	100.0	100.0	100.1	100.0	100.0	100.0	100.0	100.0	100.0
1919	311.1	206.9	66.3	268.5	297.5	349.8	289.2	239.0	107.2
1924	536.4	196.7	130.0	267.6	306.9	307.4	399.1	235.7	155.5
1939	651.6	270.7	122.9	364.2	391.2	454.7	504.5	313.4	170.8
1930	656.0	274.1	111.7	350.2	330.3	383.3	498.4	294.0	150.9
1931	907.0	143.1	123.8	319.3	380.3	394.7	604.2	191.7	162.9

① 根据各年份海关年报统计数字计算而得。

四、1931—1937 年资本主义世界经济危机和帝国主义加紧政治、经济侵略时期的中国对外贸易

（一）资本主义世界经济危机中帝国主义对中国侵略的加强

本时期是资本主义世界经济危机时期，是国际帝国主义加紧侵略中国的时期，也是中国对外贸易以至全部国民经济遭受严重危机的时期。

1929 年下半年，资本主义世界各国开始了严重的经济危机。这次危机是在资本主义总危机的基础上爆发的，它的拖延时间之长，影响程度之深和波及范围之广，都是空前的。1929—1933 年的危机，特别沉重地打击了资本主义国家的对外贸易，使资本主义世界贸易低于 1913 年的水平。在资本主义世界经济危机最严重的一年，即 1932 年，资本主义世界工业生产指数下降到 84，而资本主义世界贸易值指数下降到 38.6，世界贸易量指数下降到了 74（以上均以 1929＝100）。

在 1933 年以后，危机转入特种萧条阶段，资本主义国家工业生产和国际贸易获得了少许的复苏，但是到 1937 年，资本主义世界又爆发了战后第三次的经济危机。

在 1929—1933 年资本主义世界经济危机的影响下，帝国主义发动了重新分割世界的战争。1931 年秋季，日本帝国主义首先发动了"九一八"事变，强占中国的东北。在日本帝国主义的占领下东北迅速的殖民地化。"南满铁道株式会社"成为日本统治东北的经济中枢，一切煤矿、交通、机器及化工等企业全部落在"南满铁道株式会社"的控制之下。

在"九一八"事变以后，日本帝国主义又于 1932 年发动"一二八"事件，企图夺取上海，作为它侵略中国的另一个基地。1935 年，日寇又向华北发动了新的进攻。在日本帝国主义的军事进攻面前，国民党政权采取完全退让的政策，并且和日寇签订了一系列的卖国协定，其中包括"淞沪协定"、"塘沽协定"、"何梅协定"及"华北经济协定"，其结果使日本帝国主义的在华经济侵略势力日益扩大。仅仅在 1931 年到 1936 年的 5 年间，日本对华投资即由 1 130.9 百万美元增加到 2 007.5 百万美元，计增加 76% 以上。日本帝国主义对于棉纺、化学、卷烟、面粉、毛织等工业以及煤矿、铁矿等等皆有巨额新投资。由于日本帝国主义对中国资本输出的迅速增长，以及在中国所享有的种种特权，所以本时期内日本帝国主义在中国国民经济的若干主要部门已居于垄断地位。在煤矿方面，1933 年时，关内的煤矿日资矿占 29%，至于东北则日资矿更处于压倒优势地位，日资矿占东北煤矿总数的 84.1%。关内外合计，日资矿占总数 55.8%。在钢铁生产方面，

我国铁产有88.5%在东北,钢产有89.1%在东北,抗战前全为日资控制。关内铁矿产量亦有90%受日资控制。在航运方面,1936年我国航运吨位中,沿海航线日本船占15.53%,远洋航线日本船占20.8%。在纺织业方面,1937年日商纱厂的纱锭设备占总数的43.3%,布机设备占总数的52.2%。此外,华北的棉田,北京、天津的电业,华北的金融和矿业,华北的铁路和港口也都受到日本不同程度的垄断和支配。

日本帝国主义积极侵略的结果,不但给予中国国民经济以空前的灾难,而且打破了华盛顿会议以来帝国主义国家在中国市场上所维持的均势。在1914年,在帝国主义对华投资总额中,英国占37.7%,居第一位,日本占13.6%,居第四位,美国占3.0%,居第六位。到了1936年,连东北在内,日本已占44.5%,跃升至第一位,英国占28.4%,下降至第二位,美国占7.6%,上升到第三位。但是美国投资的总数依然是微小的。在整个时期内,日本投资的数目最大,发展速度也最快。此外,日本还在全中国范围内进行大规模的商品倾销和走私。这一切不但危害了中国民族工商业的生存,威胁到四大家族在中国的统治基础,也严重地损害了美、英帝国主义的经济利益。美、英在华北、华中的利益,直接受到日本的排挤和打击。

这样,在美英帝国主义及其在中国的代理人四大家族和日本帝国主义之间的矛盾和斗争就日益扩大和加深了。

1935年,英国为挽救其颓势起见,特派英政府顾问李滋罗斯来华。在英帝国主义的支持下,国民党政权实行了所谓的币制改革,规定以中、中、交三银行所发行的钞票为法币,宣布白银国有,并将法币与英镑相联系,规定法币一元合英镑一先令二便士半,这就使得中国的货币受英镑的支配,成为英镑集团的一员,从而巩固了英国在中国金融市场上的霸权。同时英帝国主义更致力于长江以南的铁道建筑,以香港为据点巩固其在华中和华南的经济势力。

美帝国主义为了扩大其在中国的侵略势力,对英日两国也进行了不断地紧张地斗争。早在1931年美帝国主义即贷给蒋政权以9 212.828美元的美麦借款,1933年更贷以5 000万美元的棉麦大借款,使蒋政权在财政上依附于美帝国。在1935年伪法币政策实行后,日本禁止华北白银南运,美帝国主义则以降低世界银价来抵制,在中国市场上美、英、日三国间的货币战争逐渐趋于白热化。1936年,蒋政权为了筹划外汇基金,更与美帝国缔结中美白银协定,将其从人民手中搜刮所得的大量白银出售予美国,使中国投入美元集团。这就使蒋政权在金融币制上也依附于美帝国主义。至于在中国的对外贸易上,美国所占的比重也凌驾日本、英国之上,而占到了第一位。在航空事业和公路运输方面,美国的势力更为英、日所不及。当时的中国航空公司,是在美国的太平洋航空公司支配之下。在中国大陆上所开辟的数千公里的公路,都是走着福特公司和通用汽车公司的车辆,并消耗着美国的汽油。

在资本主义世界经济危机的袭击下，各个帝国主义国家为挽救其本身的危机，竟向中国这个广阔的公开的市场进行廉价倾销。帝国主义者争夺中国市场的斗争更趋于尖锐化了。

本时期不仅是国际帝国主义加紧侵略中国的时期，也是中国严重的经济危机时期。由于国民党政府连年内战吏治腐败的结果，全国水利失修，水旱频仍。1931 年长江流域发生 60 年来所未有的大水灾，灾区广布千余里，达 150 万平方公里以上。1938 年中国若干省又发生大旱灾，江苏、浙江、安徽、四川、陕西等省农民大量死亡，农业生产显著缩减。此外，1929 年开始的资本主义世界经济危机，这时也波及到中国。在 1929 年到 1931 年 8 月期间，世界银价与物价一齐下落。但银价下跌的速度超过物价跌落的速度，所以在世界物价猛烈下降的情况下，中国的物价反而有相当的提高，中国的城市工商业反有短期的局部的繁荣。但是从 1931 年 9 月起，资本主义国家相继放弃金本位，贬低汇价，企图用外汇倾销的办法，将经济危机转嫁到经济落后国家，尤其是中国人民的头上。在世界银价不断上升，中国的银购买力不断增加的情况下，中国的物价则迅速下降。在 1931 年 8 月到 1935 年 7 月的四年间，上海批发物价指数下跌了 30.5%。物价的下降使 1931 年 8 月以前所出现的畸形的局部繁荣宣告结束，而给中国的国民经济带来了长期的萧条局面。工商业不断停闭，工人工资趋于低减，失业者日益增多。仅仅上海一地的金融工商等业的倒闭停业数目，在 1934 年一年就达到 510 家，1935 年增至 1 065 家，1936 年为 650 家，仍然开业的工厂、其营业额也大大下降。

1930—1933 年中国工厂营业数量指数 （1930 = 100）

工 业 种 类	1930	1931	1932	1933
丝织业	100	160	120	90
毛织业	100	89	65	85
化妆品	100	120	75	85
茶业	100	125	110	80
卷烟业	100	115	105	80
橡胶业	100	200	135	80
机器业	100	125	81	73
针织业	100	100	70	50
面粉业	100	120	85	50
棉纱业	100	78	52	35

在 1931 年至 1933 年的两年间，卷烟工业营业量减少了 31%，丝织业减少了 44%，而面粉业减少达 60%。工商业的萧条也引起了证券价格的跌落，上海证券价格指数从

1931年6月的100跌至1936年3月的57。

在帝国主义和封建势力的压榨下和资本主义世界经济危机的袭击下，中国的农村经济也日趋破产。帝国主义者为了摆脱危机，一方面向中国大量倾销和走私输入，另一方面又设立各种贸易障碍，以抵制中国的输出。这就使中国农产品的出口急剧减少，农产品价格普遍跌落。在1929年到1933年期间，生丝出口值减少了84%，茶叶出口值减少59%，桐油出口值缩减38%，蛋及蛋制品出口值缩减66%。上海农产品批发物价总指数，在1931年到1934年期间，下降了28.13%[①]。

农村经济的破产引起荒地面积的增加和耕地面积的减少，并造成农民群众的大批逃亡。整个农村的生产力陷入极度停滞和衰退之中。

（二）1931—1937年中国对外贸易的危机和帝国主义争夺中国市场斗争的尖锐化

本时期内严重的资本主义世界经济危机和中国国内的经济危机都深刻地反映在中国的对外贸易上面，无论中国的进口贸易或出口贸易都有剧烈的跌落。

在1931年至1935年期间，以元为单位的进口贸易值减少了59.1%，以元为单位的出口贸易值减少了59.4%，入超值减少59.6%。在1935年到1937年期间，进出口贸易皆稍有回升，计进口增加10.3%，出口增加14.5%。但是就整个时期来看，进出值均表现为下降的趋势。

1931—1937年的中国对外贸易额（东北除外）

年份	进口 百万关两	进口 百万元	进口 百万美元	出口 百万关两	出口 百万元	出口 百万美元	入超 百万关两	入超 百万元	入超 百万美元
1913	570.2	—	416	403.3	—	294	166.9	—	121.8
1931	1 433.5	2 256	487	909.5	1 416	309	524	840	178
1932	1 049.2	1 655	356	492.6	768	167	557	887	189
1933	863.6	1 358	349	392.7	612	159	471	746	150
1934	660.9	1 038	347	343.5	535	180	317	503	167
1935	*501	924	335	*306	576	208	*195	348	127
1936	*416	941	277	*312	706	209	*104	235	69
1937	*419	953	279	*368	838	245	*51	115	34

注：*自1935年起以海关金单位为单位。

---

① 《社会经济日报》2卷1期。

如果将物价变动的因素剔除,专就本时期内的进出口物量观察,则亦表现为同样下降的趋势。

1931—1935 年中国进出口物量指数　　　　（1913＝100）（东北除外）

年　份	进口物量指数	出口物量指数
1931	129.9	136.5
1932	106.0	100.8
1933	97.5	124.7
1934	85.1	118.6
1935	83.6	126.7
1936	77.9	125.6

根据以上两个统计表,可以看出以下两种情况:

首先,在本时期内中国的进出口物值物量皆一致下落。如前所述,进口物量的变动主要是决定于中国人民的购买力。1931年以后资本主义各国普遍实行通货贬值,进行外汇倾销。各帝国主义国家均企图以殖民地半殖民地国家,特别是以具有广大市场的中国作为其销售过剩商品的"佳地",以减轻经济危机的重担。但在中国国内严重灾荒及经济危机的侵袭下,中国人民已极度贫困化,购买力已降至极低的水平。这是对于帝国主义推行倾销政策的最大阻力。所以虽然帝国主义不断以廉价商品向中国倾销,中国的进口贸易反而缩减。中国的出口贸易要决定于帝国主义国家对中国的掠夺情况及资本主义世界市场的行情变化。在本时期内,整个资本主义世界处于严重的经济危机及其以后的特种萧条阶段。在资本主义世界经济危机时期,农业危机特别深刻而持久。世界农产品市场的竞争尤其剧烈,农产品价格猛烈下降。中国的出口货主要是农矿产品,所以出口贸易必然减退。此外,东北的沦陷及抵制日货运动的发展也是中国进出口贸易值和贸易量迅速下降的两个主要原因。1930年东北各关的进口贸易值占全国进口总值的15.5%,出口值占全国出口总值的32%,而且东北各关是我国唯一的出超区域,中国对外贸易入超,藉此为主要的抵销。所以东北的沦陷必然给予中国的对外贸易以极大的影响。

在以上的进口数字中,有一点值得注意的,即未将走私输入计算在内。在1931年以后日本帝国主义曾在华北及华南进行大规模的走私。据估计,仅1936年一年走私输入即达150百万元到300百万元之巨。所以如果将走私进口与正常进口一并计算,则进口贸易值减少的程度将会低于59.1%。

在国内外严重经济危机及日本帝国主义侵占东北和侵略华北的影响下,1937年中国的出口贸易已倒退到1911年的水平,进口贸易倒退到1905年的水平。

其次，在 1931 年至 1938 年期间，进口物量减少了 40.1%，出口物量减少 8.0%，进口及出口物量减少的程度都小于进口及出口物值减少的程度，而其中出口物值减少的程度更加低于出口物数减少的程度，这种情况完全是进出口物价变动的结果。

1913—1936 年中国出口物价指数　　　　　　　　　　　　　（1913 = 100）

年　份	进口物价指数	出口物价指数	物物交易率指数
1931	192.9	166.3	116.0
1932	180.1	140.0	128.6
1933	173.2	121.4	142.7
1934	151.9	111.6	136.1
1935	138.1	112.4	122.9
1936	152.3	139.2	109.4

从上表可以看出，在 1931—1935 年期间，进出口物价一致下降，进口物价跌落了 28.5%，出口物价跌落了 32.4%，亦即出口物价的跌落幅度超过进口物价的跌落幅度。进出口物价的跌落使进出口物量的变动与进出口物值的变动发生分歧。进出口物价的剪刀形的发展，一方面使得进口值与出口值的下降幅度趋于一致，另一方面也使得进口物价指数对出口物价指数（即"净物物交易率指数"）趋于增加。如果在 1931 年，中国能以一定数量的出口货交换得到资本主义国家另一定数量的进口货，则 1931 年以后即必须以较多的出口商品才能交换得到和过去的数量相等的资本主义国家的商品，因此使中国在进行对外贸易时受到比以前更多的损失。帝国主义者通过不等价交换在 1933 年较 1931 年多榨取了中国人民 23% 的物化劳动，而较 1913 年更多榨取了 42.7% 的物化劳动。在 1933 年以后，不等价交换的程度虽稍有减低，但截至 1936 年，仍超过 1913 年的水平。进口货最多终须以出口货抵付，因此中国对外交换比率的下降，亦即表示中国对外购买力的减少，这自然也成为中国进口贸易减少的一个重要原因。

以上是就整个出口贸易观察。事实上，各类货物的变动并不一致。在进口商品中，仍以制成品为主要项目。在 1930 年至 1936 年期间，制成品和半制成品的进口在进口总额中所占的比重由 80.8% 增加到 84.3%，原料品由 19.2% 下降到 15.7%。

在全部进口货中，消费者资料的进口占绝对多数。1930 年，消费资料的进口占全部进口货值的 73.1%，1936 年占 55.5%。生产资料的进口仅占全部进口总值的四分之一到五分之二。而且在进口的生产资料中，大部分是供应帝国主义企业及其在华代理人四大家族各种企业的需要。至于民族工业所需的，只占其中的一小部分。

在各种进口商品中，粮食的进口始终占第一位。1932 年，粮食进口额达 473 百万元，占进口总值的 28.6%，1937 年虽然减少，但仍达 185 百万元以上，占进口总值的 17.6%。其次的进口货为石油、棉花、纺织品、五金机械、糖、纸类、烟草等。在 1932 年，棉花进口超过 189 百万元，石油进口超过 132 百万元，纺织品超过 114 百万元，糖类超过 74 百万元，五金超过 56 百万元，纸类超过 54 百万元。在 1932 年以后，各类进口货值皆一致下降。

就各种主要进口商品的来源地来看，米谷一项主要来自越南、泰国及印度三国。棉花以来自美国、印度为主。棉花进口，很久以来即为日本与英国所垄断，本时期中也有少数由苏联输入。石油进口，美国占半数以上，其次为印尼及苏联。五金进口以英、德、美、比及日本为主。小麦进口则以澳洲为主，其次为加拿大、美国及阿根廷。糖类进口，以印度、香港、日本、中国台湾为主。面粉进口以美国、澳洲、日本、加拿大为主。机器进口，以英、德、日、美、法等国为主。纸类进口以德国、英国及北欧各国为主。烟草进口集中于美国。木材以美国、苏联、日本、加拿大为主要来源。鱼介以中国香港、日本、中国澳门及东南亚为主。人造丝以意大利、日本、德国和英国为主要来源。

总之，本时期内纺织品的进口以日本和英国为主要来源，重工业品以英、德、美三国为主，其次为日本及比利时。化学工业品以德国、美国、英国、日本等国为主要来源。由此可见，作为销售市场的中国，主要是控制在少数帝国主义国家之手。为了争取中国市场的霸权，美、英、日、德等国在本时期内进行了紧张的斗争。

在出口商品中，仍然以原料为主要项目，其内容一方面决定于帝国主义的国家经济上军事上的需要，一方面也决定于中国本身的生产情况。在 19 世纪时，中国的出口货以特产品——生丝、茶叶和丝织品等为主。在 19 世纪 70 年代，这三项商品的出口值占中国出口总值的 90% 以上。在这个时期以后，工业原料的出口即不断增加，在资本主义总危机第一阶段，工业原料，特别是重工业原料的出口增加颇为迅速。在 1920 年至 1936 年间，原料品的出口在出口总值中所占的比重由 40.1% 增加到 48.3%，半制成品的出口比重由 20.5% 下降到 12.3%，制成品则无重大变化。[①] 在出口的制成品中，一部分是帝国主义者在华企业的产品，一部分是手工制品，至于民族工业的机制品则所占比重不大。

在本时期的各类出口商品中，纺织原料的出口始终占第一位。在 1931 年，纺织原料的出口值在出口总值中所占的比重为 12.58%，1937 年上升至 15.3%，出口价值额达 128 百万元以上。其次为植物油类、动物油及动物产品、矿砂金属、棉纱、茶叶，蛋产品等。其中矿砂金属的出口在出口总值中所占的比重，在 1912 年仅为

---

① 严中平等：《中国近代经济史统计资料选辑》，第 72—73 页。

3.92%，1921年仍仅为4.79%，在1937年则增加到12.2%，出口价值额达102百万元。由此可见，帝国主义对中国重工业原料的掠夺在日渐增长。至于豆类豆饼的出口，在1931年以前曾上升到出口货的第一位。但在1932年日本掠夺东北各关以后，东北各关的出口统计已不见记载，所以在中国海关册上豆类豆饼的出口数量值皆大大降低。

就各种主要出口商品的市场观察，生丝以法国、美国、印度为三大输往地。在1933年的生丝出口值中，法国占29.1%，美国占26.3%，印度占20.7%。棉纱以输往日本、朝鲜、印度及中国香港为主。在1933年的棉纱出口值中，日本占34.6%，朝鲜占26.4%，印度占16%，中国香港占11.7%。但出口的棉纱中70%以上均为在华日本纱厂及英商纱厂的产品。日、英帝国主义在不平等条约的保护下，利用中国的廉价原料和劳动力在中国设厂制造，然后输运出口以攫取最大限度的利润。蛋及蛋制品以英、德、法、美为主要销场。在1933年的蛋及蛋产品出口值中，英国占60%，德国占9.8%，法国占5.4%，美国占5%。茶叶以摩洛哥、苏联、英国、美国为主要销场。在1933年的出口值中，摩洛哥占26.3%，苏联占13.3%，英国占11.2%，美国占10.7%。桐油销美数量在二分之一至三分之二以上，其次则为英国，中国香港及荷兰。1933年的桐油出口值中，美国占70.5%，香港占8.7%，英国占6.1%，荷兰占5.2%。棉花主要是输往日本。1933年的棉花出口值中，日本占75%，美国占19%，朝鲜占1.3%。皮货半数以上输往美国，其余则往日本及欧洲。1933年的皮货出口值中，美国占66.9%，日本占7.6%，英国占6.4%，德国占4.0%，法国占3.4%。棉布以输往东南亚及非洲为主。1933年棉布出口值中，中国香港占14.5%，阿拉伯占9%，新加坡占6.4%，东非占4.9%，印尼占3.3%。花生以输往欧洲各国为主，1933年的花生出口值中，意大利占34.2%，荷兰占27.3%，德国占19.3%，法国占17.4%，日本占8.4%，英国占3.5%。猪鬃以往美国为主，其次为欧洲国家。1933年的猪鬃出口值中，美国占39%，英国占21.5%，日本占19.5%，法国占5.2%。煤以销日本为主，1933年的煤出口值中，日本占66.4%，中国香港占14.2%，朝鲜占8.0%，德国占2.1%。

总之，在本时期内中国的主要出口商品中，动物及动物产品以输往英、德、美、日四国为主。纺织原料以输往日本、德国、美国、法国为主。矿产原料以出口到英国、日本、德国为主。为了攫夺中国的原料资源，帝国主义，特别是日、美、英、德四国曾展开了激烈的竞争。

在本时期内，在帝国主义对华贸易的争霸战中，美帝国主义曾大力扩展它的在华势力，因而能压倒英日两国占据了中国对外贸易中的第一位。在进口贸易中，美国所占的比重由1913年的6%增长至1929年的18%，再增长到1933年的26.2%，其后又下降到 1936 年的 19.6%。在 1931 年到 1936 年的期间内，美国始终占中国进口贸易的首位。如按银元计算，则由美国进口的商品价值额在 1931 年达最高峰，超过五亿元之数。在这之后，由于中国国内经济危机的发展及东北的失陷，由美输入即趋下落。1934 年减至 271 百万元，1936 年更减至 184 百万元。但如按美元计算，情况有所不同，计从 1913 年起至 1937 年为止，自美国进口货值的最多年份为 1920 年，进口总值达 177 百万美元以上，而 1931 年的进口值反为 1919 年以后的最低数字。1932 年以后则更趋下降。

在本时期中，日本在中国对外贸易中所处的地位也有了改变。在中国的进口贸易中，除了 1933 年日本一度下降至第三位以外，日本已由过去所占的第一位的地位下降到第二位。日本所占的比重由 1913 年的 20.35% 上升到 1929 年的 25.21%，又下跌至 1931 年的 20.42%，继续降至 1936 年的 16.3%。自日本进口的货物价值额在 1930 年达到最高峰，进口达 509 百万元以上。自此以后，由于国内经济危机的发展，日本攫夺东北各关的影响，以及中国人民抵制日货运动等等，日货输华即见下降，计 1932 年降至 235 百万元，1936 年又降至 136 百万元。

在 1931 年至 1935 年的期间，英国在中国的进口贸易和过去一样，仍保持第三位的地位，在 1936 年则下降到第四位，英国所占的比重，由 1931 年的 16.52% 下降到 1929 年的 9.29%，又降到 1931 年的 8.28%，1936 年又升至 11.7%。英国对华出口在 1921 年达到最高峰，这一年自英进口值达 225 百万元。1921 年以后，自英国进口即不断下降，1913 年降至 185 百万元，1936 年更降至 110 百万元。

在出口贸易方面，美国在 1932 年以前占中国出口贸易国的第二位，1932 年以后一直到 1937 年为止则始终占第一位。美国在中国出口中所占的比重，自 1913 年的 9.3% 增加至 1929 年的 13.6%，再增加到 1933 年的 18.5%，更增加至 1936 年的 26.4%。中国对美国的出口贸易，在 1926 年达到最高峰，出口值达 234 百万元。1926 年以后对美输出即行减少，1936 年出口额为 186 百万元。

在 1932 年以前，日本曾在长时期内占据中国出口国家中的第一位。1932 年以后，日本即下降到第二位。日本所占的比重由 1913 年的 16.3% 升至 1929 年的 25.2%，1931 年的 29.1%。1931 年以后，日本的比重即行下降，1932 年降至 23.2%，1936 年更降至 14.5%。

在 1931 年以后，英国始终占中国出口贸易的第三位。英国所占的比重由 1913 年的 4.05% 上升到 1929 年的 7.3%，1932 年的 7.6%，1936 年更上升至 9.2%。但中国对英输出的绝对贸易值，则系在 1929 年达到最高峰。在这一年，中国对英出口值达 115 百万元。自此以后，即不断下降。1935 年为 49 百万元，尚不到 1929 年的二分之一。

总括以上所述，可以列表说明如下：

1930—1936 年主要资本主义国家在中国进口贸易中所占的地位

年　份	第　一　位	第　二　位	第　三　位	第　四　位
1930	日本 24.6%	美国 17.5%	印度 9.95%	英国 8.2%
1932	美国 25.4%	日本 13.95%	英国 11.20%	德国 6.8%
1934	美国 26.2%	日本 12.2%	英国 12%	德国 9%
1936	美国 19.6%	日本 16.3%	德国 15.1%	英国 11.7%

1930—1936 年主要资本主义国家在中国出口贸易中所占的地位

年　份	第　一　位	第　二　位	第　三　位	第　四　位
1930	日本 24.2%	美国 14.7%	英国 7%	荷兰 5%
1932	日本 21.8%	美国 12.2%	英国 7.6%	德国 6%
1934	美国 17.6%	日本 15.2%	英国 9.3%	印度 4.1%
1936	美国 26.4%	日本 14.5%	英国 9.2%	德国 5.5%

以上是就主要资本主义国家本身在中国对外贸易中所占的地位考察的结果。如果将各帝国主义国家的殖民地附属国与其宗主国一并计算，则情况即显然不同。

在 1935 年的帝国主义对华贸易中，英帝国的进出口贸易总额到 407.8 百万元，占中国对外贸易总值中的第一位。美国及其殖民地的对华贸易总额为 320.8 百万元，占第二位。日本及其殖民地的对华贸易总额为 266 百万元，占第三位。德国为 133 百万元，占第四位。法国为 129 百万元，占第五位。以上五个帝国主义国家在 1935 年共占中国进口贸易的 79.79%，出口贸易的 89.89%，和中国进出口贸易总额的 83.67%。

在 1936 年，英帝国对华贸易总额达 429.4 百万元，仍占第一位。美国及其殖民地的贸易额为 382.6 百万元，占第二位。日本及其殖民地为 305.2 百万元，占第三位，德国为 189.2 百万元，占第四位。法国为 92.8 百万元，占第五位。1936 年，英帝国、美国、日本、德国、法国等五国共占中国进口贸易总额的 79.7%，出口贸易的 91.97%，以及中国对外贸易总额的 84.96%。

由此可见，在本时期内的中国对外贸易仍然是操纵在这五个主要帝国主义国家之手，并且是为它们及其在华代理人的利益服务的。

（三）在日本帝国主义侵占下的东北对外贸易

日本帝国主义在 1931 年发动"九一八"事变，对东北进行武装侵略，并把侵略势力伸入华北，造成中华民族的严重危机。在蒋介石政府的不抵抗政策下，经过仅仅三个多月的时间，整个东北二百万平方公里领土和三千余万人民、四千多公里铁路和无尽的宝藏就沦为日本帝国主义的殖民地。在东北沦陷的过程中，日本帝国主义在东北建立了一个伪满洲国。

日本在东北实行了各种措施，以便完全控制东北的经济。"南满洲铁路株式会社""满洲重工业株式会社""满洲矿业开发株式公社"是日本帝国主义控制东北经济的最重要的统制机构。"南满洲铁路株式会社"控制了东北所有铁路（中长铁路除外）和运输业。"满洲重工业株式会社"控制了东北六个主要日本公司，即"满洲煤矿公司""昭和制钢所""满洲轻金属公司""满洲金矿公司""同和汽车公司"和"满洲矿业公司"。"满洲矿业开发株式公社"垄断了东北某些矿业的开发事业。由此可见，日本帝国主义实际上已经掌握了东北的所有经济命脉。

1932年6月，伪"满洲国政府"发表了所谓"满洲国关税自主"的文告，并攫夺东北所有海关。同年9月15日，伪满洲国更发表声明，据称，从同年9月25日起，对于中国在关税、贸易与航务上，"完全按照外国待遇"。同日，蒋介石政府宣布结束在东北的中国海关行政，这就是在事实上正式承认东北海关脱离中国。

日本垄断资本不仅控制了东北的全部工业、矿业和运输业，也控制了东北的对外贸易。所有其他国家与东北进行贸易完全要取决于日本的军事战略建设的需要。

在沦陷以前，东北的对外贸易不仅发展速度远远超过其他省区，并且是中国唯一的出超口岸。

1906—1930年东北对外贸易统计 （单位：千海关两）

	进　口	出　口	出　超
1906	14 029	14 861	813
1910	88 857	93 556	4 698
1915	108 112	130 085	21 973
1920	205 129	225 926	20 797
1925	244 722	312 368	67 647
1930	306 355	396 714	89 715

在1906—1930年的25年间，东北的进口增加了21.8倍，出口增加了26.6倍，出超增加了110倍以上。东北对外贸易在全国对外贸易中所占的比重，1912年为13.9%，1920年增加到20.1%，1930年更增至22.3%。至于东北出口贸易在全国出口贸易中所占的地位更为重要，1912年比重为12.2%，1920年为18.5%，1930年为32.3%，即将近于全国出口总额的三分之一。东北的贸易出超更可以弥补其他口岸的历年巨额入

超。1913 年东北出超弥补全国贸易入超的数额为 1.8%，1927 年增加到 53.8%。1927 年以后弥补数额虽有减少，但在 1929 年仍达 28.2%。由此可见，东北对外贸易在全国对外贸易中处于一个非常重要的地位。

在 1931 年东北沦陷以后，由于日本帝国主义大力从事东北地区的军事工业建设和加强对东北资源的掠夺，东北的进出口贸易皆有进一步的增长，其中进口贸易的增加速度远远超过出口。

1927—1937 年东北对外贸易[①]　　　　　　（单位：1000 美元）

年　份	进　口	出　口	入超（-）/出超（+）
1927—1931 平均	113 970	175 833	+ 61 863
1932	71 148	130 246	+ 19 098
1933	132 672	115 348	- 17 324
1934	193 442	146 142	- 47 300
1935	180 761	125 986	- 54 776
1936	197 587	172 148	- 25 430
1937	255 397	185 717	- 69 680
1938	362 164	205 837	- 156 327
1939	467 238	216 776	- 250 462
1940	409 218	155 251	- 253 967
1941	330 503	158 319	- 172 184

在 1927/1931—1939 年的期间，除了 1932 年因日本帝国主义发动军事进攻而使进口贸易一度下降外，其他各年份的进口贸易皆有增加。1939 年的东北进口贸易额达 467.2 百万美元，较 1927/1931 的平均数增加了三倍以上。在 1939 年 9 月欧洲战事爆发和在 1941 年法西斯德国背信弃义地发动武装进攻苏联后，从欧洲来的进口货大大地减少。1940 年的东北进口值减至 409.2 百万美元，1941 年更减至 330.5 百万美元。

在 1931 年以后，由于日本帝国主义的武装进攻，东北地区的农业生产和出口贸易皆受到严重的破坏，因而使出口贸易呈现长期下降或停滞的情况。在 1937 年以前，东北的出口额从未能恢复到 1932 年以前的水平。在 1936 年以后，东北的出口才逐步增加，1939 年达到最高点，出口总额为 218.8 百万美元，较 1927—1931 年的平均数增加了 23.3%。

由于进口增加迅速，而出口停滞或增加较少，东北对外贸易乃由传统的出超一变

---

① 郑友揆：《进攻中国的贸易与工业》，第 198 页。

而为大量的入超。1927/1931 年期间，每年平均出超为 61.9 百万美元，1932 年出超仍达 59.1 百万美元，1933 年贸易开始转为入超——17.3 百万美元。此后入超激增，在 1939 年和 1940 年达最高点，每年入超已超过 250 百万美元。1941 年入超稍有下降，但仍达 172.1 百万美元。

在东北的对外贸易中，日本及其殖民地占最重要的地位。日本对东北地区的大量倾销是造成 1932 年以后东北入超的最重要原因，在 1927—1931 年，日本及其殖民地占东北进口贸易的 60%。在 1935—1938 年期间，这个比重增加到 75%，1939—1941 年期间更增加到 85%。

在东北的出口贸易中，日本及其殖民地所占的比重也不断增加。1932 年以前，在东北的出口中，二分之一以上系输往日本及其殖民地。1939 年欧洲战事发生后，对日出口激增。在 1940 年和 1941 年，约有 70% 的出口系输往日本及其殖民地。

在日本对外贸易中，东北所占的比重也不断增加。1931 年，东北又占日本进口的 7.3%。在 1938 年和 1939 年，这个比重分别增长到 15% 和 16%。1939 年以后，这个比重更见增加。在 1942—1945 年期间，在日本的进口中，约有 20%～30% 系来自东北。

在日本的出口中，东北所占比重增加更为显著。1931 年，东北仅占日本出口的 5.7%。此后年有增加，1941 年达 38.8%，1942 年增至 55.2%。在 1931—1942 年的七年间，东北在日本出口中所占的比重增加了九倍。

在东北对外贸易中日本所占比重的增长和在日本对外贸易中东北所占比重的增长，是日本帝国主义所实行的"日'满'经济一体化"政策的结果，是日本垄断东北对外贸易的结果，也是东北经济殖民地化日益加深的表现。

世界经济形势与对外贸易发展战略[*]

一

从第二次世界大战结束到现在，已经经过了将近四十年。在这三四十年的时间里，世界经济从战后年代的缓慢恢复到迅速发展，又从迅猛发展到停停走走、低速增长，明显地经历了两个阶段。尽管世界各国的经济学家对于从长期繁荣到滞胀或危机的转折点的确切年份和发生的原因是有分歧意见的，但他们几乎都一致认为从 70 年代初期起，世界经济的发展与 70 年代以前的形势相对比，已经有了根本性的变化。很多经济学家认为，到了 70 年代初期第三次科学技术革命的潜力已经耗用殆尽，同时又发生了石油危机，认为这就是战后世界经济发生大转折的主要原因（当然还有其他一些原因），他们并且把发生转折的确切年份定在 1973 年。笔者完全同意这种看法。在 1973 年以后，资本主义国家的失业率、通货膨胀率明显地上升，而工业生产的增长率、国际贸易增长率显著地下降，劳动生产率的增长率也在下降。同时汇率浮动和资本流动的起伏很大，企业破产现象更加频繁、经常，资本积累率大大地降低，经济贸易政策的有效性减少。虽然各国的困难程度大不相同，但是这些现象在发达国家普遍存在。在第三世界国家也是存在的。此外，第三世界国家还承受着越来越沉重的国际债务的负担。苏联东欧也受到波及。70 年代初期以来，它们的经济增长率也下降了。只有中国能顺利地稳步地发展，成为世界大沙漠中的一片绿洲。

如果说历史的经验可以借鉴的话，那么我们可以把 20 世纪下半叶的情况与 19 世纪下半叶的情况加以对比。在 19 世纪，世界经济是以 1873 年为分水岭的。100 年前发生的事，在 100 年以后又重新出现了。这不是一种历史的必然性，而只是历史上的偶然的巧合。在 100 年以前，从 1873 年开始的世界性经济危机和长时期的萧条，主要是由于 1873—1895 年期间长时期的农业危机和长时期的价格下跌，以及由于各主要国家的

---

[*] 姚曾荫，世界经济形势与对外贸易发展战略，世界经济文汇，1983 年第 3 期。

工业的巨大发展而造成的世界市场上的规模空前的生产过剩所引起的。1973年开始的世界性经济衰退则主要是能源危机引起的。1873年开始的危机和萧条延续了20年以上,直到19世纪末叶才告结束。1973年开始的衰退和停滞会不会持续到20世纪末叶,这是当代世界经济所面临的一个重大问题。它不仅关系到世界各国、包括我国在内的经济发展,也关系到世界政治形势的发展。对此我们应予以重视。

1873年以后的长期萧条促进自由竞争的资本主义向垄断资本主义的过渡,也加剧了争夺世界领土和世界市场的斗争,最后导致第一次世界大战。今后20年的世界经济会引起什么样的政治和社会后果,这是许多人都关心的问题。对这个重大的问题需要进行深入细致的研究,现在仅能就80年代和90年代的世界经济形势提出一些初步的看法。

大家都已看到,在1973年以前的20年到25年间,是世界经济的"黄金时代"。在这期间,不但是世界工业生产、农业生产增长了,交通运输事业发展了,而且国际贸易和资本输出都大幅度地增加了,国际分工和世界市场都扩大了。不但是社会主义国家的经济增长了,而且资本主义发达国家的经济,以及发展中国家的经济都有了发展。这种情况是前所未有的。在1948—1973年期间,世界工业生产和世界贸易量的增长率超过了以前任何历史时期,而且世界贸易量的增长率超过了世界工业生产的增加率。这种情况表明,世界经济的繁荣和世界市场的扩大和各国间在经济上相互联系和相互依存关系的加强。

在1973年以后,世界经济走出了"黄金时代",世界工业生产和世界贸易量的增长率明显地下降。在历史上世界工业生产和世界贸易的增长一向是同时出现的。一个增加了,另一个也随着增加。现在是二者都趋于停滞或下降,它们的增长率都明显地下降。1973年以后的这些下降,有时是由于周期性的因素引起的,更重要的是由于非周期性的因素引起的。在这些非周期性因素中,最值得重视的是石油危机。世界上有许多经济学者非常重视石油危机对世界经济进程的影响。有的匈牙利经济学家把它作为一个时代的结束和另一个时代开始的标志。他们把1973年开始的石油危机与历史上三大事件相比拟,即(1)1492年的地理大发现,(2)30年战争后英国农业生产的改革普及到欧洲大陆,扩大了欧洲的农业生产,为工业革命准备了前提,(3)工业革命。[①]

但是1973年的石油危机与这三大历史事件有着重大的不同点。在历史上,这三大事件对世界经济曾起到积极的推动作用。它们空前扩大了人类活动的范围,扩大了世界市场、世界贸易和世界工农业生产。而20世纪70年代的这一变化标志着人类社会几

---

① [波] 凯纳尼:《世界经济的周期性长期变化》,1981年布达佩斯版。

百年来第一次遭遇到一个资源短缺时代的开端。人类社会必需适应这个矿产资源日益匮乏的事实。这一新的事实也就为经济学提出了新的任务。在一些匈牙利经济学者看来，希法亭和卢森堡等人所描述的世界市场持续扩大的时代已经成为过去的事了。从 1973 年起世界矿产资源相对于需求将会越来越匮乏，同时世界人口增长与粮食、能源供应的矛盾将日趋紧张，而世界市场也将处于相对固定的状态。这就是说，物资丰富和市场扩大的时代将逐渐转变为物资短绌和市场相对固定的时代。凡是适应于世界经济和世界市场迅速扩大时代的一切经济理论和政策，在新的历史条件下也将会有相应的变化。

匈牙利经济学者提出的看法是富于启发性的。这些看法是否正确？对于今后一二十年间，也就是到 20 世纪末叶为止的时期内的世界经济形势，究竟应该如何估计？这个问题关系到我国和其他第三世界国家的发展战略，关系到我国的四个现代化，因此值得我们仔细地研究。综合起来，影响今后世界经济形势的，不外乎两方面的因素，一是促进世界经济增长的因素，一是促进世界经济停滞的因素。世界经济发展的快慢，要看这两股力量的强弱与对比。

促进世界经济增长的因素是：

（1）科学技术革命，特别是电子学领域和生物化学（遗传工程）领域的革命；（2）反失业政策将会增加就业和生产；（3）对新能源的研究及对改善原有能源的生产和运输的研究和投资，将会增加开支和生产；（4）国防开支的增加有助于军用生产的增加并带动民用生产的增长。

促进世界经济趋于停滞的因素：

（1）能源价格。廉价石油曾经是促使世界经济发展的因素，而石油价格的迅速上升是造成世界经济紧缩和促使世界经济衰退的因素。估计在 80 年代中期以前，石油价格将大致稳定在每桶 29 美元左右，在 1985 年到 2000 年，油价将会上涨，煤的价格也将上升；（2）保护贸易主义。资本主义国家为了减少失业数字或阻止外国进口货的增长而采取的保护主义措施，将会降低世界贸易的增长率，并影响到世界工农业生产的增长率；（3）反通货膨胀政策。这项政策将会减少各国的财政开支，紧缩货币流通量，增加失业人数，对有关国家的经济产生紧缩性的影响；（4）固定资本投资的踏步不前将导致工业生产增长的缓慢。

这两组因素的作用是不同的，力量也是不同的，而且这两股力量并不是必然会相互冲销的。如果情况是这样，则 80 年代的世界经济情况将会是 70 年代初期以来的情况的继续，仍将是停停走走、低速增长的局面。其主要原因是各国普遍的高失业率，贸易保护主义的蔓延以及能源价格有再度上升的趋势等等。

失业率增长的主要原因是加入劳动大军的年轻人超过退休的老年人。西方国家的出生率在 60 年代达到一个高峰，这些人在 80 年代和 90 年代将加入劳动大军。这是西方工业化国家的一个特征。而第三世界国家的出生率经常处于高水平，因此准备参加工作的人数总是在增加。

失业人数的增加，还会由于其他因素的作用而加剧。首先是西方经济不景气、利润率低、营业情况不振，使得工业部门普遍地要求节约劳动力的使用，因此新投资中有很大一部分将是用在劳动力的节约上。

这一趋势还可能由于电子技术的革命而加强。在电子工业中技术改进的步伐是如此之快，它将会使新的一代的生产设备大大减少对劳动力的需要。制造业中机器人使用的增加将会导致在生产车间更进一步减少人力的使用，而在一些服务性行业和办公室中也会发生类似的情况。当然电子工业本身投资和生产的增加，也会增加一些就业人数，新技术也会产生新的就业机会。但总起来看，新的电子技术革命将会使就业机会出现净减少的情况。

这一切因素汇合在一起就将会在 80 年代和 90 年代造成一种 30 年代大萧条以来还未曾有过的大规模失业问题。在过去 10 年，两个西方工业国的失业率，由 1970 年的 3%，上升到 1982 年的 8%。据国际劳工组织统计，全世界（不包括中国）现有 7200 万失业工人，其中西方工业国失业人数占 300 万。预计 1984 年西方工业国失业人数将达 3500 万人，1984 年以后失业人数还将增加。第三世界国家的失业、半失业人数也将不断上升。这很可能在社会上政治上产生一些严重的问题。

在生产停滞和失业率增加的总的背景下，西方工业化国家的贸易保护主义趋势将加强。在第二次世界大战后，在一代人的期间里，西方国家从战前的保护主义转向贸易自由化，曾取得了很大的进展。关税税率逐步下降，外汇限制和数量限制逐步削减或取消。从 60 年代末及 70 年代初期起，这一趋势又开始倒转。非关税壁垒已增加到 80 多种。虽然像 30 年代和战后初期那样普遍的进口限制似乎不会再重新实行了，但各主要贸易国家间的贸易限制预计将会增加，不仅美国、西欧共同体和日本之间的贸易壁垒将会高筑起来，而且它们对第三世界国家，特别是对其中新兴工业化国家和地区的贸易限制也将会增长。这样，在 80 年代以至 90 年代，贸易保护主义的步伐将会加速。这势将减缓世界贸易的增长，从而也阻碍世界工业生产的增长。

80 年代的世界经济增长率估计为 2% 到 3%，较之 60 年代的增长率将减少一半以上。在 90 年代，世界经济的增长率可能稍有增加。这是因为西方工业国家的反通货膨胀的紧缩政策可能改变为反失业的再膨胀政策。同时，在生物化学、电子学、新能源以及光纤通讯、新材料等领域内，一个新的技术革命和一个新的世界工业扩张时期，在 90 年代可能开始形成。生物化学工业将是 90 年代领先发展的工业部门。估计 90 年代的世界经济增长率将在 3% 到 4% 之间，仍低于 60 年代的增长率。

在上述时期内，估计第三世界国家仍将受到国际债务的困扰、贸易保护主义的阻力和贸易比价不利的损害。很多的第三世界国家的经济增长率将会低于西方工业国。

在世界工业生产中美国所占的比重将会下降，从1975年的23%下降到2000年的20%。但是美国仍将占世界工业生产和世界进出口贸易的第一位。美元的世界地位也将继续下降。1973年在世界货币储备中，美元储备占到85%。1980年这个比重降到75%。估计在2000年这个比重将会降到60%左右。

在1975年到2000年，估计欧洲共同体在世界生产中所占的比重将从24%下降到19%，日本将从10.5%上升到12%。估计在同期内，新兴工业化国家和地区在世界生产中所占比重也将增长。它们可能是增长最快的地区，其中有几个国家可能赶上西方工业国家，出现两三个今天的日本。估计苏联参加国际分工和国际贸易的程度将进一步增加。但相对说来，苏联的自给自足程度仍将是最高的，它对世界市场的依赖程度仍将是最小的。随着四化建设的进展和对外开放政策的顺利执行，中国参加国际分工和国际贸易的程度也将增加。中国在国际贸易和世界工业生产中所占的比重都将增加。估计在截至2000年的时期内，各国对世界市场份额的争夺仍将是十分激烈的。

二

在40年代末，联合国的经济学家在为第三世界国家制订经济发展目标时，根据在很长时期内美国的年平均国民收入增长率不超过2%的历史经验，认为第三世界国家的年平均增长率不会超过3%。在50年代联合国为60年代第三世界国家的第一个发展十年所规定的目标为年平均增长率5%。当时联合国的经济学家认为这只是一个鼓舞人心的目标，而实际是达不到的。然而令人惊异的是，在60年代中期，第三世界的经济增长率已达到5%，在下半期已超过5%。于是联合国为第三世界国家规定的第二个发展十年的年平均增长率目标提高到6%。在70年代初期，这个目标又行达到了。在70年代初期，当资本主义世界经济开始衰退时，联合国正准备为80年代的第三世界国家规定年平均增长7%的目标，现在这一目标看来是不可能达到的了。

为什么在60年代第三世界国家的经济发展能达到甚至超过联合国所规定的目标，在70年代初期也能完成联合国所规定的目标，而在70年代初期以后却不能达到目标呢？主要的原因就在于世界经济形势有了变化。在50年代到70年代初期的经济繁荣时期，不但西德、日本、法国、意大利等工业发达国家的经济复兴和发展了，而且很多的第三世界国家也趁这个有利的时机，把经济搞上去了。当时世界市场是在扩大的。世界工业生产虽然增长迅速，然而世界市场扩大得更快些。世界市场容量的扩大足以吞吐许多国家生产的数量越来越多的商品。在历史上，这是世界经济发展得最快、世界市场扩大得最迅速和各主要工业国家实行贸易自由化政策最顺利的时期之一。

当时许多第三世界国家都未曾预料到世界经济和世界贸易发展得这么快，所以它们在制定发展战略时，大多数是内向的，实行的是进口替代战略。只是到后来，在它们发现出口贸易对经济发展的重要性时，并且在进口替代战略的执行过程中遇到很大困难时，才逐渐转而面向出口的发展战略。一些转变得快的国家，利用当时的有利时机，在经济发展上取得了很大的成就。

第三世界国家的国民经济和对外贸易与世界经济形势，特别是西方工业国家经济情况，是息息相关的。诺贝尔奖金获得者 W. A. 刘易斯在研究了 1873—1913 年期间和 1953—1973 年期间西方工业国的工业生产的增长率与第三世界国家的初级商品出口的增长率之间的关系时发现，当西方工业国的工业生产增长率较快时，它们输入初级产品总值的增长率也会增加，因而第三世界国家输出的初级产品也会更多些。这两者之间有密切的关系，在上述两个时期内，这两者的相关系数都是 0.87，即在西方工业国的工业生产增长 100% 时，第三世界国家的初级产品出口值增长 87%。这就是说，如果说增长的发动机（engine of growth）是西方工业国的工业生产和第三世界国家的初级产品的出口，那么西方工业国的发动机比起第三世界国家的发动机来要转动得更快些。而在西方工业国的工业生产下降时，第三世界国家的初级产品的出口和生产的下降程度也会更大些。

从 70 年代初期起，世界经济从增长走向停滞，有时甚至下降，形势的变化对第三世界国家经济发展不那么有利。西方工业国对外加强了保护主义措施，第三世界国家发展速度普遍下降。在这种局面下，第三世界国家的发展战略将会发生什么变化，是值得注意的。

今后一二十年的世界经济形势不但会影响其他第三世界国家，也会影响到我国的对外经济贸易关系。我国的对外经济贸易只能适应世界经济形势的变化的局面，而不能扭转这个局面。如果世界经济发展的前景是充满希望的，认为它还有充分发展的可能性，那么大力发展出口的前景也是乐观的。如果估计到世界经济发展的前景是暗淡的，那么出口就会遇到很大的阻力，需要针对不同的情况制定不同的战略措施。

无论今后 20 年世界经济的前景如何，发展对外经济贸易始终是关系到我国四个现代化建设的一个战略问题。为此，中央提出了从 1981 年到 20 世纪末的 20 年我国对外经济贸易翻两番的战略目标。这就是说，到本世纪末，进出口总额要达到 1 600 亿美元。这个总金额不仅包括商品的进出口，而且包括对外经济援助、利用外贸、技术进出和劳务进出口。在全面规划、统筹安排、落实措施和积极争取的条件下，这个战略指标完全可以做到。为达到此目标，需要采取一系列措施，也要在商品结构和地理方向上有相应的变化。

无论是在世界经济繁荣时期或是在衰退时期，各类商品的情况都是不平衡的。有的商品价格上升，有的下降。各类商品的世界贸易额也是有增有减。就出口来说，对那些在世界贸易中有发展前途的商品要多生产出口，把那些在世界贸易中没有什么发展前途的商品减下来。还要防止把生产和出口过度集中在那些在世界市场上竞争得十分激烈的商品上。这类商品出口过多就会压低世界市场价格，同时也会遭到国外政治上的阻力。

三中全会以来我国大力实行对外开放、对内搞活经济的政策。这是符合客观经济规律的十分正确的政策。对外开放政策并不是门户开放政策，也不是自由贸易政策，而是有别于过去的基本上闭关政策的有限度的开放政策。我国所实行的对外经济贸易发展战略既不是进口替代型的，也不是面向出口型的，而是介乎进口替代和出口导向的两种战略之间的一种发展战略。为此既需要仔细研究并借鉴战后许多第三世界国家发展战略的变化及今后的动向，分析研究其背景和利弊得失，更需要根据我国的具体情况，制定自己的对外经济贸易战略，也就是中国式的社会主义对外经济贸易发展战略。

对外贸易与发展战略[*]

实行对外开放，扩大对外经济贸易和技术交流，是我国坚定不移的战略方针。为了理解对外经济贸易的重大战略意义，以下准备谈三个问题：

一、两种学说和两种发展战略

关于对外贸易与经济发展的关系问题，一般来说有两种学说。一派人认为根据历史经验，对外贸易可以对经济发展做出重大的贡献。亚当·斯密认为对外贸易可以促进劳动生产率的提高，还可以使国内多余的产品输出国外，促进生产，增加就业。约翰·穆勒认为国际贸易对一个资源未能开发的国家来说，可以起到工业革命的作用。马歇尔认为经济发展是属于国际贸易的研究范围。这就把对外贸易的作用提到更高的程度了。罗卜特逊和努克斯更进一步认为，对外贸易是经济发展的发动机（engine of growth）。这些古典学派和新古典学派的经济学说与李嘉图的比较成本理论比较起来，有它们优越的地方，他们很重视对外贸易与经济发展的关系，把对外贸易与经济发展密切地联系起来，而李嘉图只关心国际分工和国际贸易的静态利益（对外贸易的赢利性），而不关心经济发展（或者说他对经济发展是抱悲观态度的）。

第二次世界大战以后，有一些发展中国家和地区，根据上述学说，采取了以出口为导向的发展战略，取得了较大的成就。

第二派的学说是第三世界的一些左翼经济学家的学说。他们根据某些第三世界国家的历史经验，认为对外贸易会给这些国家的国民经济带来不利的影响。他们认为对外贸易发展的结果是国民经济变为二元经济（dual economy）——一个是出口领域，一个是其他国民经济领域。出口领域成为国民经济中的一块飞地或独立王国（enclave），它只有利于外国资本，而对于整个国民经济没有促进作用。另一个不利影响是，第三

---

[*] 姚曾荫，对外贸易与发展战略，国际贸易，1983 年第 4 期。

世界国家同发达国家的贸易，会受到不等价交换的剥削。他们主张实行进口替代的战略来发展国民经济。所谓进口替代也就是发展国内的生产，以逐步取代从国外进口的工业品，特别是日用工业消费品。在50年代末和60年代，有一些第三世界国家，特别是一些拉丁美洲国家就是采取这种发展战略的。

马列主义经典作家也是十分重视对外贸易在促进经济发展中的作用的。马克思认为16世纪、17世纪的商业大革命在封建主义生产方式到资本主义生产方式的过渡的推进上，是一个主要的因素。他说："商业的突然扩张和新世界市场的形成，对旧生产方式的衰落和资本主义生产方式的勃兴，产生过非常重大的影响。"在这里，马克思所说的商业和商业大革命，指的就是国际贸易和国际贸易的蓬勃发展。在历史上，在第一次产业革命之前，先有了一次商业上的大革命。商业大革命是产业大革命的历史先驱。

19世纪末叶又发生了第二次商业大革命，它大大地推动了欧洲和北美新老工业部门的迅速发展。这次商业革命与第二次产业革命是并肩进行的。

马克思还说在国际贸易中，既有价值的转移，而交易双方又都能从对外贸易中得到利益。他又说，从使用价值方面看，"交换双方显然都能得到好处，双方都是让渡对自己没有使用价值的商品，而得到自己需要使用的商品"。但是，对外贸易的好处还不止这一点。马克思认为对外贸易可以使"生产放在大规模的基础上"。用我们今天的术语来说，那就是：从微观经济来看，对外贸易可以使工厂企业得到规模经济的利益，使生产增加，收入递增。从宏观经济来看，对外贸易可以产生乘数（multiplier）的效果，可以成为经济增长的发动机，使就业增加，促进出口部门和其他有关部门的发展。

我国现在正大力发展对外经济贸易关系。我国的对外贸易正以超过工农业生产增长的速度向前发展，对国民经济起了不小的推动作用。今后随着对外贸易的发展，这种推动作用还会更大一些。这种情况是否可以算做是一次在社会主义条件下的"商业大革命"呢？是否可以做到通过这样一次"商业大革命"来促进社会主义经济的迅速高涨，如马克思在描述16世纪和17世纪的商业大革命时所说的那样呢？当然，除了"商业大革命"外，我国还在进行工业革命、交通运输事业的革命、农业革命、能源革命、科学技术革命、教育革命以及人口革命等项工作。这些革命事业都是相辅相成，缺一不可的。

上面指出了发展战略的两种类型。我国的对外经济贸易方针是实行对外开放，扩大物资、资金、技术和人员的交流，同时要立足于自力更生，促进国民经济的发展。对外开放是加强自力更生达到经济发展的手段。

自力更生绝不是自给自足，也不是闭关自守。正如斯大林所说，以为社会主义经济是一种闭关自守、不依赖周围各国国民经济的东西，那就是愚蠢之至。他还说："你们不能设想一个没有输出和输入的国家。就拿世界上最富的国家美国来说，也是如此。"因此，社会主义国家要和"一切国家加强贸易联系"。当然对外开放不是贸易自由化，不是自由贸易，更不是"门户开放"。我国现在的做法是：一方面实行对外开放政策，一方面也实行对外贸易专营制，加强对外贸易的集中统一管理，制定很高的进口税率，管理外汇，以保护民族工业的发展。

从对外开放、扩大有形和无形贸易以促进国民经济的发展来看，我国现行的发展战略类似于以出口为导向的发展战略，经济特区更是如此。但是从强调自力更生、实行保护民族工业政策、限制进口等方面来看，我国的发展战略又接近于进口替代的战略。可不可以说，我国的发展战略是介乎二者之间，而偏重于进口替代的一种发展战略呢？是不是沿海经济特区是面向出口的，而广大的内地经济是偏向于国内市场、偏向于进口替代的呢？

二、能不能采用比较成本原理作为我国发展战略的依据？

李嘉图的比较成本学说基本上是在一系列严格的假定下的一种静态的学说。它并不能直接应用于动态的世界。它的基本假定是：（1）两个国家；（2）两种要素；（3）两种商品；（4）充分就业；（5）技术条件不变；（6）国内市场上完全的自由竞争和国内市场上商品、劳动力和资本的自由流动；（7）在世界市场上只有商品的自由竞争，没有劳动力和资本的自由流动。李嘉图认为在这些条件下，如果实行国际分工和自由贸易，则两国都能得到利益，至少一国得到利益，另一国也不吃亏。

李嘉图学派认为每个国家都应进行专业化生产，亦即专门从事于它在生产上占到优势地位的那些部门的专业化生产，而放弃那些它处于劣势地位的生产部门的生产。它在哪些部门占有优势呢？那就是它拥有比较丰富的生产要素并且使用这种丰富的要素较多的部门。如果它的劳动力资源多，就应该专门从事于劳动密集型产品的生产。如果资本多或技术资源多就应该专门从事于资本密集型产品或技术密集型产品的生产。通过国际交换，每个国家都从专业化分工中得到利益。

李嘉图认为，按照比较成本原理进行专业化分工和贸易，每一个国家的出口部门的生产都会增加，彼此交换后，实际收入都可以增加。这可以用图解来说明。

图一的水平轴（OX）代表甲国可以输出的商品 A 的数量（不是实际的出口量）。可以输出的商品就是甲国在生产上具有比较优势的商品，亦即需要投入大量本国拥有的丰富要素的产品（在李嘉图的例子中，在英国是毛呢，在葡萄牙是葡萄酒）。垂直轴（OY）代表甲国可以输入的商品 B，即甲国在生产上处于劣势的商品，亦即生产上需要耗费较多的本国稀缺的生产要素的商品（在英国是葡萄酒，在葡萄牙是毛呢）。PP 线

是生产可能性曲线或称生产可能性边界线（Production Possibility frontier）。这条边界线代表在甲国现有的生产要素和技术条件下，它所能生产的最大限度的产量。但在这条曲线的各个生产点上，产品的组合是不同的。

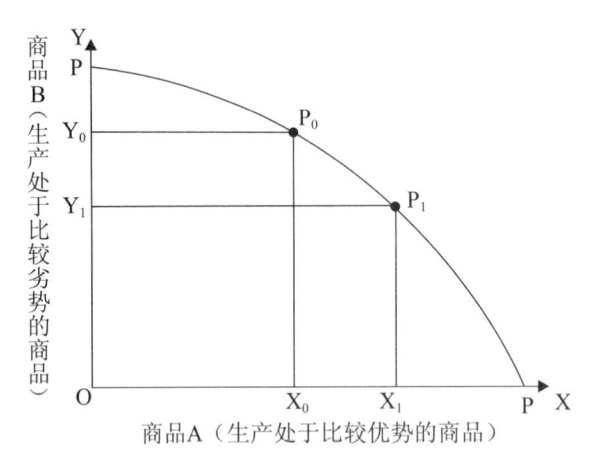

图一　从封闭经济到开放型经济生产最佳状态的变动

在与外界隔绝、没有对外贸易关系的状态下，甲国的国内生产将会是 OX_0 和 OY_0。这是一种均衡状态，亦即在封闭状态下，甲国可能达到的最佳状态或最高产量。

在打破封闭状态、开展对外贸易关系以后，按照比较成本原理，甲国将在它占有比较优势的商品生产上从事于专业化生产（不是绝对的专业化），也就是在它可以充分利用它的比较丰富的生产要素的生产上进行专业化生产。这时甲国的生产点将会沿着 PP 线从 P_0 点往下移到 P_1 点。而甲国处于劣势地位的商品的产量将从 OY_0 减少到 OY_1，它所使用的生产要素将有一部分从生产商品 B 转移到生产甲国居于优势地位的商品 A 的生产上去。商品 A 的产量将从 OX_0 增加到 OX_1。Y_0Y_1 代表处于劣势的商品 B 减少了的产量。X_0X_1 代表可供出口的商品 A 增加了的产量。甲国用 X_0X_1 数量的商品 A 去交换来自己国的进口商品 B，它所得到的 B 的数量比本国所生产的商品 B 的减少量（即 Y_0Y_1）要大。进口商品 B 的数量超过国内商品 B 的减少量，就是按照比较成本原理进行国际分工和国际贸易以后，甲国所得到的利益。按照同样的道理，对手国乙国也会从国际分工和交换中得到利益。这就是说，在开展对外贸易以后，由于生产要素在 A 和 B 两个生产部门的重新分配，甲国和乙国都会增加它们居于比较优势地位的产品的生产，通过相互贸易，每一个国家所能得到的产品的数量将会超过它们自己直接生产时所能得到的数量。在发生贸易关系以后，通过生产点在生产可能性边界线上向右方移动，每一个国家所能消费到的产品要多于它自己生产的产品组合，亦即它所消费的产品数量将会超出它的生产可能性边界线之外。

这是根据比较成本学说的静态分析法所得出的重要结论。

但是从发展的观点，从动态的观点来分析这个问题，则所得出的结论就会与比较成本学说的结论不同。

首先，对外贸易有促进一国生产力增长的作用。因为对外贸易可以促进专业化生产，鼓励发明创造，刺激利用新技术，提高劳动生产率，降低成本，增加收益，促进一国的经济发展。

其次，对外贸易还使一国能摆脱它的国内市场狭窄的限制，为其产品开拓新市场，扩大销路，增加生产，从而实现规模经济的利益。对外贸易和出口部门的生产专业化还会促进生产技能的改进，并促进专门技术和资本设备的引进，从而使资源的利用率得到提高。

此外，出口部门劳动生产率提高的利益以及由此而产生的实际收入增加的利益也会扩散到国民经济的其他部门中去。实际收入的增长也会导致储蓄的增加以及资本积累的增加。

无论是采用新技术或规模经济或是资本积累，都是动态的利益。因此，对外贸易不仅可以取得静态的利益，而且也可以取得动态的利益。时常是动态的利益比静态的利益更为重要。而比较成本学说只考虑静态的利益。在比较成本学说的假定下，技术是不变的，所以无论是在封闭的状态下，还是在对外开放的情况下，国内生产只能是沿着PP生产可能性曲线由左到右的移动，但是不能超过PP线（只有在失业和生产设备不能充分使用的情况下，生产点会低于PP线）。

现实的情况是：在技术进步的条件下，生产点是可以超越PP线的。所以只有摆脱比较成本的静态分析法，考虑到技术进步和可以利用的资源增加的动态的情况下，甲国的生产点是可以向外向右移动到另外一条较高的生产可能性边界上去的，如下图所示：

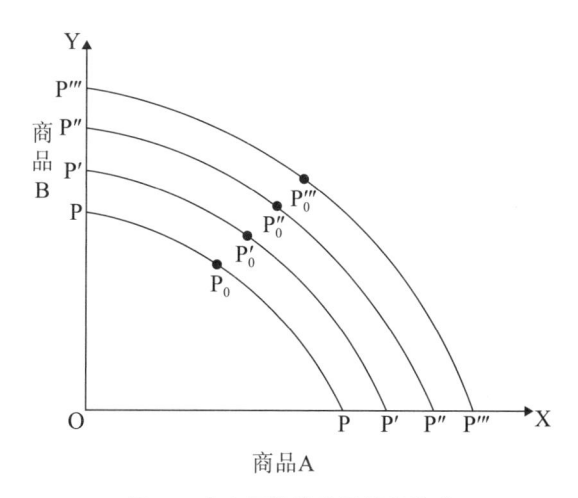

图二 生产可能性边界线的转移

在技术进步和可能利用的资源增加的条件下，甲国的生产点将会从 PP 线上的生产点 P_0 移到一条新的生产可能性边界线 $P'P'$ 上的生产点 P_0' 上去。随着以后技术的进步和资本积累的增加，生产点还可以进一步分别移到 $P''P''$ 线上的 P_0'' 和 $P'''P'''$ 线上的生产点 P_0''' 等等上面去。

在图一和图二中，P_0 这个生产点是表示甲国的国内生产要素（资源）在两个部门（A 和 B）间分配使用的一种办法。P_1 这个生产点是甲国根据比较成本原理所指引的可以取得短期的经济效益的另外一种生产要素的分配办法。问题是从长远的经济利益考虑，其中哪一个是最佳的生产点。按照比较成本原理所规定的现行最佳资源分配点（P_1），即使在现行时期内是最佳的，但绝不能保证在长时期内它也是最佳的。

理论和现实都会证明，现行的投资和生产决策将会影响将来的生产可能性边界线的位置。如果现行生产是按照比较成本原理安排的，也就是说各种生产要素在 A 和 B 两个部门的分配比例是按照比较成本安排的，甲国的生产就会固定在 P_1 生产点上进行。这就有碍于把生产点从 PP 线移到 $P'P'$ 以及 $P''P''$ 线等上面去的可能性。如果说，P_0 点在短期内不是最佳的，但从长期来看，通过采用新的技术，进行新的投资，在保护关税政策的抚育下，它可能得到最大的经济效益。也就是说，它可能从 PP 线移到 $P'P'$ 线以及 $P''P''$ 等上面去。

对发展中国家来说，这种发展战略的选择是十分重要的。因为按照比较成本原理进行国际分工和国际贸易，它们就会专门从事于初级产品的生产，而且在自由贸易的条件下，在外国工业品竞争的压力下，它们不可能把生产点转移到 $P'P'$ 线上去。这就会使发展中国家遭受到长期在初级产品生产上进行专业化所会受到的各种损害。

如果要使民族工业发展起来，就必须抛弃比较成本—自由贸易的原则，实行保护贸易政策，以抚育年轻工业的成长。

以上的意见虽然主要是针对发展中国家说的，但其主要之点对我国也是适用的。因此，我认为，以比较成本原理作为我国发展战略的依据，是不可取的。

三、世界经济形势与发展战略的关系

第二次世界大战后，国际经济学界在发展中国家应选择哪种发展战略以进行工业化问题上，曾经进行了长期的争论。一派经济学家强烈主张采取进口替代战略以达到经济发展的目的。按照这一战略的要求，拉丁美洲若干国家建立了保护贸易壁垒，以便用国内工业产品来逐步代替进口货。他们认为在高关税的保护下，国内民族工业就有可能达到规模经济，进行大规模的生产，降低成本，增强竞争力，从而可以在国内市场上站稳脚跟。然而实际上，在这一战略实行以后，它们的对外贸易及国际收支逆差反而增大，并有利于外国资本的进一步渗入。其影响所及，是赞成这一战略的人越来越少。

在这些国家采取进口替代战略处于失败境地的同时，"外向"战略即以出口为导向的发展战略越来越受到人们的重视。有一些国家降低了进口关税，允许外国产品输入进来与本国产品竞争，同时更大力鼓励出口，充分利用世界市场容量迅速扩大的有利机会，扩大生产，扩大销路，从而取得了国内生产仅为满足国内市场需要所不能得到的利益。大家都已看到，一些所谓新兴工业化国家和地区，由于采取了外向发展战略，经济发展十分迅速。但是，应该指出，这些成就是在特殊的历史条件下取得的。

战后，从50年代起的二十多年间，世界经济经历了一个"黄金时代"，世界贸易的发展是前所未有的。

世界贸易年平均增长率表

1930—1873	4% ~5%
1873—1913	3% ~4%
1913—1939	0.9%
1950—1973	8%
1973—1981	3.6%

在1973年以前的战后时期内，世界市场扩大了，世界贸易迅速发展了。在整个世界市场扩大和世界贸易迅速发展的有利时期内，采用外向发展战略的国家就比较容易顺应形势，把它们的出口搞上去，因为资本主义发达国家经济的迅速恢复和发展为这些发展中国家和地区的出口货物提供了一个广阔的市场。此外还有其他一些有利条件，例如，经过关税及贸易总协定组织主持下的几个回合的多边贸易谈判，特别是肯尼迪回合的谈判，发达国家对一系列工业品削减了关税，便利了工业品的贸易。战后布雷顿森林货币体系的建立，保持了汇率的稳定。70年代初期发达国家开始实行普遍优惠制，允许发展中国家的许多出口货可以免税或按比最惠国税率更低的税率进口。这些都对发展中国家出口贸易的发展有推动作用。虽然对一些重要的商品如农产品的关税以及非关税壁垒的削减方面所取得的进展很小，但一直到70年代初期为止，就总体来看，世界贸易仍然是比较自由的，贸易自由化仍占主导地位。

回顾历史，1873年以后世界贸易增长率下降，30年代世界贸易处于停滞状态。战后初期联合国为发展中国家制定的发展战略以及发展中国家本身所拟定的发展战略，都是根据世界贸易处于停滞状态这段历史的经验制订的。所以当时的发展战略是内向的，是以进口替代为主的，是以国内市场为主的。当时连联合国的经济专家们都没有料想到世界贸易会发展得那么快，竟达到年平均增长 8% 的空前速度。

但是从 1973 年起，世界经济形势发生了巨大变化。世界经济再度从发展走向停滞，世界贸易的增长率迅速下降。世界经济二十多年的"黄金时代"已一去不复返。发达国家的经济经历了 20 年间的比较迅速的增长，从 1973 年起转为下降，迄今没有能再恢复到过去的增长速度。原有的国际货币体系已经崩溃，各国货币已与黄金脱钩，固定汇率变为浮动汇率。这种情况给商品输出入和资本输出入带来有害的影响。同时，大量失业和通货膨胀正严重地威胁着资本主义世界经济。面对着这种不利局面，强烈的保护贸易主义浪潮正在许多发达国家迅速兴起。它们对许多重要工业品，如纺织品、钢铁、船舶及电子产品都实行了新的贸易限制。这些贸易限制的性质及其所涉及的商品种类对发展中国家的潜在的出口收入和经济发展都有着严重的不利影响。

世界经济和世界贸易的发展变化对于发展中国家发展战略的制定有着重要的意义。如果对于未来 20 年世界经济的前景是乐观的，认为它还有充分发展的可能性，那么发展中国家也就有了发展出口贸易的潜在可能性，从而有了以出口带动经济增长的可能性。如果世界经济发展的前景是暗淡的，那就会出现另外一种情况。现在有些经济学家认为，发展中国家应该根据世界经济的前景重新估计进口替代战略的利弊得失。今后 20 年我国对外贸易的发展和国民经济的发展也是与世界经济的形势息息相关的。因此，根据今后世界经济贸易的发展趋势制定相应的战略和战术，似乎是应该加以考虑的问题。

关于我国对外贸易的几个问题的探讨[*]

问：现在有一些经济学家认为，"互通有无"、"调剂余缺"作为社会主义国家发展对外贸易的理论根据，不符合我国对外开放、积极参加国际分工、大力发展对外贸易的要求。对这个问题应当怎样看待？

答：对这个问题，不能简单地做出是与否的答案，要进行深入的分析，对国际贸易商品进行分类研究。

一般来说，世界市场上的商品可以分为两种：一种是竞争性商品，一种是非竞争性商品。竞争性商品是在一切国家都能生产的商品。非竞争性商品又可以分为三类：

A类：进口国不能生产的产品。如日本、瑞士、新加坡不能生产原油，不能生产许多矿产原料。美国和苏联不能生产天然橡胶、香蕉、可可、椰子。因为要吃要用，就必需进口。这些都是属于互通有无的商品。

B类：进口国能生产但产量不能完全满足国内需要的商品。如近些年来苏联进口粮食，过去和现在我国进口粮食和钢材，美国进口原油、砂糖及许多战略原料等都属于这一类。这些进口货都是调剂余缺的商品。

在工业发达国家和第三世界国家间、东方与西方间、东方与南方间以及苏联与东欧国家间的贸易关系中，互通有无的商品和调剂余缺的商品是大量存在的。这种互通有无、调剂余缺的贸易是互补性的贸易。互补性的贸易格局，是各国间生产要素特别是自然资源秉赋不同和经济发展水平不同所产生的。互补性贸易关系的背后，当然也是一种国际分工的关系。有些经济学者和主管业务工作的同志，把这种互补性贸易与国际分工对立起来，认为主张互通有无和调剂余缺，违反国际分工原则。这完全是一种误解。

C类：许可证、技术和技术产品。进口国不具有生产有关产品的技术，短期内也没有掌握这种技术的能力，因此必须进口。战后技术贸易的发展十分迅速，已成为无

---

[*] 姚曾荫，关于我国对外贸易的几个问题的探讨，人民日报，1987年7月13日，周一，第五版。

形贸易的最重要项目之一。西欧和北欧国家、美国、日本、苏联和东欧国家以及第三世界国家都进口先进技术或适用技术。我国也进口这类技术。

A类和C类商品是属于互通有无的商品。旅游业及其他的无形贸易项目中也有一些是属于互通有无的商品。B类是属于调剂余缺的商品。A、B、C三类商品贸易的理论根据，就是互补性理论。世界上任何国家的对外贸易中，都有大量调剂余缺和互通有无的商品。我国也不例外。

此外，还可以把国际贸易商品分做三大类。第一类是李嘉图货物（Ricardo goods）。这是由各国间劳动生产率差异而发生贸易关系的货物。第二类是赫克歇尔—俄林（H-O goods）。这是各国间因资源禀赋的相对差异或生产要素供应的相对差异而发生贸易关系的货物。第三类是产品周期货物（Product Cycle goods）。这是新技术的贸易货物。在国际贸易中，第一类货物和第三类货物的重要性日益增长，但第二类货物的贸易仍然大量存在，一百年以后也还会大量存在。这第二类货物的贸易也就是我们通常所说的调剂余缺或互通有无的贸易。在这种贸易关系的背后，当然也存在着国际分工的关系。

问：有的同志认为，我国的对外贸易，应该按照比较成本学说加以改革，你的看法如何？

答：按照比较成本学说进行国际分工和对外贸易，在充分就业的条件下，的确可以节约社会劳动，增加经济效益。这里所谓节约社会劳动，就要是在进口方面，进口越多，社会劳动的节约也越多。进出口贸易完全自由化，就可以达到最大限度地节约社会劳动的目的。但是，完全按比较成本学说进行国际分工和国际贸易，只存在于教科书中和某些经济学家的理论思维中，在现实世界早已不存在了。现在几乎没有一个国家真正按照比较成本学说行事。发达国家无一例外。发展中国家和地区更是如此。只有新加坡和香港，情况特殊，是两个例外。工业发达国家大都对本国农业进行保护，并对本国许多业已推动比较优势的工业部门（如纺织业、服装业、钢铁、造船、汽车、家用电器，等等）也进行贸易保护。它们都不愿意为了所谓节约社会劳动而放弃保护贸易措施。道理很简单，不这样做，就会造成更多工人失业、农业破产和企业倒闭。大多数第三世界国家更不能按照比较成本理论行事。道理也很简单，这个理论并不符合它们发展国民经济的要求。这是因为许多第三世界国家在任何工业制成品的生产上，都不具有比较优势。

就我国的对外贸易来说，现在与今后一个时期内，我们的比较优势主要是在劳动力资源与某些天然资源方面，因此在出口方面，在一个时期之内，只好着重劳动密集型和资源密集型的产品的出口。当然我们同时也要随着我国经济的发展，逐步改变出口产品结构，比如，当前我们就应该努力发展五金和机械设备的出口。在进口方面，我们更不能按照比较劣势的原理来考虑。不然的话，质高价廉的进口商品的洪流就会把我国的许多工业企业冲垮。

问：社会主义国家的出口究竟会起到什么作用？

答：社会主义国家的出口，除了把本国多余的、不急需的产品和专门为世界市场设计和生产的产品输出去，以换取本国所急需的技术、生产设备和短缺材料以外，还可以起到经济增长的发动机的作用，也就是通过出口带动经济增长的作用。

在历史上，出口带动经济增长的事例，是屡见不鲜的。最早的是英国。17世纪以后英国经济增长的主要原因之一，就是出口贸易的发展。正如法国著名历史学家芒图所说的，"尽管有人认为18世纪初期英国的对外贸易只占国内生产的1/15，但是，如果我们从自然科学中找来这样的类比，那么，只须很少数量的酶，就能在大量物质的内部结构实现根本性的变化。"同样，到了19世纪，美国、加拿大、澳大利亚、新西兰等国的经济增长，与它们对西欧国家、特别是对英国的初级产品出口有极为密切的关系。第二次大战后，在日本、联邦德国、香港、南朝鲜等国家和地区的经济增长中，出口的扩大也起到十分重要的作用。

出口的增长，对中国的经济发展也已做出并且还将继续做出重要的贡献。继续努力增加出口，在实现我国社会主义现代化的伟大历史任务中，必将继续起着经济增长的发动机的巨大作用。

问：有一种理论观点认为，随着社会主义工业化的进展，对外贸易的重要性就会减少。你对这个问题怎样看？

答：这种理论观点已存在几十年了。早在20世纪初期，德国经济学家桑巴特（Sombart）就提出了"对外贸易重要性渐减规律"的学说。在两次大战之间的时期，英国经济学家凯恩斯（Keynes）和罗伯逊（Robertson）根据比较成本学说论证了对外贸易重要性渐减论。第二次大战以后，西方著名经济学家希克思（Hicks）和刘易斯（Lewis）等十余人也从不同角度单核了这个理论。在苏联，斯大林和一些经济学家也提出了类似的学说。我国有些经济学家也有同样的见解。

这些国内外的经济学家，尽管说法不同，但有一个基本的共同点，那就是他们认为国际分工只限于工业国与农（矿）业国之间的分工，国际贸易只是工业品与农（矿）产品的交换。随着农（矿）业国的工业化，进口工业品的需求减少了，初级产品的出口也减少了，因而对外贸易必然要缩减。他们没有估计到，在第二次大战以后，随着科学技术的进步，工业国与工业国之间的分工已成为主导形式的国际贸易。工业国与工业国之间的贸易，已远远超过工业国与初级产品生产国之间的贸易而占到世界贸易的第一位。

科学技术的进步是没有止境的。国际分工与国际贸易的发展也是没有止境的。战后的统计数字证明，国际贸易的重要性不是缩小了，而是增加了。国际贸易重要性增长的重要标志就是世界贸易系数和世界出口系数的增长。1950年，世界贸易系数为16.4%，1970年增长到20.5%，1982年增长到33.5%。在世界贸易系数总的增长的情况下，不同类型国家有不同程度的增长。在1950年到1982年期间，西方国家的出口系数从7.7%增加到15.3%，第三世界国家的出口系数从15.5%增加到13.4%，苏联和东欧国家从3.4%增加到16.6%，我国从4.2%增加到1984年的8.9%。这就是说，在西方国家和第三世界各国的国民生产总值中，在社会主义国家的社会总产值中，都有越来越多的一部分价值是通过对外贸易来实现的。这些数字表明了世界经济已发展到这样一个水平：国际分工和国际贸易已成为几乎一切国家国民经济正常运转的一个必需条件，对今天所有国家的社会经济进步起着越来越大的作用。总之，事实并不能证明有那么一个"对外贸易重要性渐减规律"的存在。我国的对外开放政策是完全符合世界经济贸易发展的规律的。

问：随着对外开放政策的实行，中国已逐渐成为世界经济中的一个重要成员，中国对世界经济的开放度（Openness）已成为国内外经济学界十分重视的问题。中国对外开放以保持在什么水平上比较适当？

答：在经济学中，对外开放度是以对外贸易额在国民收入或国内生产总值（GDP）中所占比重来衡量的。在世界上，对外开放度最高的国家是存在大量转口贸易的新加坡。1982年，新加坡的对外开放度高达328%，日本为25.5%，美国为15.3%，印度为13.3%，中国为18.2%。同年苏联的对外贸易额在物质净资产值中所占的比重为22.8%。中国的对外开放度已超过美国和印度的水平。不仅如此，从十一届三中全会以来，中国的对外开放度的增长是十分迅速的。1975年中国的对外开放度为5.4%，1980年增加到15.3%，1982年更达到18.2%，七年间增加了将近两倍半。

一般说来，国土面积小、天然资源不富足的国家，对外开放度要大些；国土面积较大、天然资源比较充裕的国家，对外开放度就会较小，如美国、苏联、巴西、中国等都是这样。中国是一个幅员辽阔、天然资源比较丰富的国家，对外开放度不可能无限制地增长下去。我估计随着中国对外贸易的发展，今后中国的对外开放度将会超过20%，但不会超过25%。

问：社会主义国家进行对外贸易的利益和重要性究竟在哪里？

答：可以简单地归纳为以下几点：

第一，通过进口取得使用价值。这在现阶段就是引进先进技术、关键设备，输入一些短缺的原材料和短缺的民用必需品。

第二，通过国际分工和国内专业化生产，可以提高劳动生产率，从而花费同量的劳动可以获得更多的财富或使用价值。

第三,通过出口可以带动出口企业的发展,而出口企业的发展的乘数效果又可以推动其他产业部门的发展,从而起到经济增长的发动机的作用。

第四,通过对外经济贸易联系,加强与世界各国人民的友好合作,以维护和巩固世界和平。

关于社会主义国家对外贸易的几个基本理论问题答客问[*]

问：十一届三中全会以来，我国经济学界有关社会主义国家发展对外贸易的重要性和必要性问题，曾展开过热烈的讨论。其中有不少的意见，是值得重视的，但也有一些问题是应该重新思考的。首先，你对于社会主义国家进行对外贸易的目的在于节约社会劳动的问题，有什么意见？

答：在50年代，匈牙利经济学家就曾提出过社会主义国家对外贸易的作用，并不是填补物资缺口，对外贸易应有更大的作用，即参加国际分工、节约社会劳动的论点。后来捷克斯洛伐克经济学家切尔宁斯基又提出对外贸易盈利性的问题。三中全会以来，我国的许多经济学家就对外贸易的目的在于参加国际分工，节约社会劳动的问题也写了大量的文章。这些论点和文章的理论基础都是李嘉图的比较成本学说。为了弄清问题的性质，首先需要简单地介绍一下这个学说。

说明比较成本学说最适当的模式，就是假定世界上只有两个国家（A 和 B）和两种商品（小麦和布）。开始时它们生产这两种商品，彼此之间没有贸易关系。

表1：A 国和 B 国生产两种商品的劳动生产率水平

A 国	B 国
8000 克小麦或 4 米布	3000 克小麦或 2 米布

A 国的劳动生产率比 B 国高。A 国的一个劳动者每天能生产 8000 克小麦或 4 米布。B 国的一个劳动者每天只能生产 3000 克小麦或 2 米布。表面上，这里似乎没有进行国际分工和发展贸易关系的基础。然而比较成本理论透过这种表面现象，看到了国际分工和贸易关系发生的可能性和利益所在。如果把 A 国和 B 国的生产数字化为一个共同的基础（1 米布），这样就可以把 A 国的小麦生产和布的生产的相对劳动生产率与 B 国的小麦生产与布的生产的相对劳动生产率加以直接比较，从中就可以看到分工和贸易

---

[*] 姚曾荫，关于社会主义国家对外贸易的几个基本理论问题答客问，国际贸易，1987年第7期。

发生的可能性。

表2：在两种商品的生产方面A国国内的相对劳动生产率和B国国内的相对劳动生产率的比较

A 国　　　　　　　　B 国

2000 克小麦：1 米布 > 1500 克小麦：1 米布

表1和表2都表明A国在生产小麦方面具有优势。在贸易发生以前，A国如果想得到1米布，就必须放弃2000克小麦的生产，以便把原来生产小麦的劳动力转移到布的生产上。但是假如A国能够从其他国家得到1米布，而所付出的代价比2000克小麦少的话，那么A国专业化于小麦的生产，而完全放弃布的生产，并用多余的小麦去交换便宜的外国布，对A国就是有利的。

同样，B国如果通过对外贸易能够用1米布换到1500克以上的小麦，那么，B国放弃小麦的生产，专业化于布的生产，并将多余的布去交换外国的小麦，对它就是有利的。A国专业化于小麦的生产，B国专业化于布的生产，这是一种国际分工。国际分工和贸易使交易双方都得到利益，而利益之多少以贸易比例为转移。显然，贸易比例不能超出2000克小麦：1米布与1500克小麦：1米布的界限。假定贸易比例为1750克小麦：1米布。这时，通过国际分工和贸易，A国少支付250克小麦，因此得到250克小麦的利益，B国多得到250克小麦，因此也得到250克小麦的利益。

贸易双方所得到的利益，表现在每一方都得到更多的使用价值上。每一方用同样数量的劳动时间可以得到更多的使用价值，或者说，为了得到和以前数量一样多的产品，花费了较少的劳动时间。在这个意义上，可以说对外贸易节约了社会劳动。

但是，必须指出，通过对外贸易可以节约社会劳动的论点，里边包含着一个基本假定。这个基本假定，就是充分就业。这是理论界在讨论过程中没有注意到的一个问题。

在充分就业的条件下，贸易双方都可以节约社会劳动。但是在存在失业的条件下，情况就不同了。这就是说，在充分就业和大量失业的条件下，有关对外贸易可以节约社会劳动并增加使用价值的结论是不同的。这是一个重要的理论问题。

为什么不同？因为在充分就业条件下，双方通过国际分工和贸易，都可以得到使用价值的利益，都可以节约社会劳动。如果两国不进行贸易，而力图自足自给，则A国就必须从小麦生产中抽出一部分劳动力来生产布；B国也必须从布的生产中抽出一部分劳动力来生产小麦。自足自给对两国是不利的，因为这会减少两国的总生产量，它们花同样的劳动力生产出来的产品比分工和交换时，两国所得到的要少。这是在充分就业条件下的情况。如果有大量失业存在，则A国除了生产小麦外，在力图布的自给时，就无需从小麦的生产中抽调出劳动力，它可以雇佣失业工人去生产布。这时就只会增加国内生产而不会减少生产。同样，B国，除了生产布以外，也可以利用失业工人去生产小麦。这时也只会增加总产量，而不会减少总产量。

因此，在有失业人口存在时，利用对外贸易来节约社会劳动便失去其意义。由此可见，通过对外贸易来节约社会劳动以取得经济效益的原理，并不是一个普遍意义的原理。

问：现在还有一些经济学家根据《马恩全集》第44卷，第118—119页的一段话，便得出对外贸易可以增加价值量的结论。你对于这个问题怎样理解？

答：马克思所说的："随着新开辟的交换的源泉，国内贸易和对外贸易中的价值量都会增加"的论点，是马克思在一篇早期（1850年）的读书笔记中所写的一段话。如果需要根据马克思的话来论证社会主义国家对外贸易的话，我们更应该重视马克思在1867年所发表的德文版《资本论》第一卷或1873年法文版《资本论》第一卷的有关论述。在《资本论》第一卷第四章里，马克思曾强调指出，"尽管从使用价值看交换双方都能有利益，但是在交换价值上他们双方都不能有利益。"又说交换，"除一个使用价值由另一个使用价值代替之外，不外就是商品的一种形态变化……这种形态变化，不包含价值量的变化。"无论是国内贸易或国际贸易都是这样。

为什么国际交换不包括价值量的变化？这是因为在以国际价值为标准的条件下，等价交换不可能增殖价值。不等价交换可以使一国的价值量增加。但是一国价值量的增加，就是另外一个国家或若干国家的损失。就世界总产值（GWP）来看，一点也不多，一点也不少。1986年中国的出口额为309亿美元。通过出口中国可以增殖多少价值呢？在等价交换的条件下，一元钱也不会增加，因为流通本身并不创造价值。不等价交换虽然可以增加价值量，但是社会主义中国绝不会那样干。

马克思在1850年所写的那篇读书笔记里，主要是指过去一些商业民族的贩运贸易以及其他的诈取、欺骗甚至偷窃行为。这些商业民族主要是通过贱买贵卖来增加本国价值量的。贱买贵卖不能增加世界价值总量。这些民族的所得，就是其他民族的所失。世界总产值并没有因此而改变。

如果有5个国家彼此之间有贸易往来，每个国家都按超出价值10%的价格出售自己的货物。这样，原来值500亿美元的货物，现在涨价了，值550亿美元。可是货物还是那么多，它的价值总量没有变，只是价格总额改变了。

在以本国价值或国民劳动为标准的条件下，劳动生产率较高的国家会以较少的物化劳动交换劳动生产率低的国家的较多的物化劳动。这是不等量劳动的交换，是一国对另一国的诈取。但是交易双方通过交换都得到更多的使用价值。通过交换双方各自所得到的使用价值，比由本国自己生产的要多，所以在使用价值方面，双方都得到利益。

正如马克思所指出的，在各种把商品流通视为价值增殖源泉的背后，"隐藏有使用价值和交换价值的混同。"（见《资本论》第一卷，第四章）我们有些同志，很可能是把使用价值和交换价值混同在一起了。

这里应着重指出的是，李嘉图和马克思所提出的，对外贸易能为双方带来利益的论点，指的是进口，指的是使用价值。但是我们也不应忽视出口在一国的经济发展中所起的作用。

问：现在有不少的经济学家认为"互通有无"、"调剂余缺"作为社会主义国家发展对外贸易的理论依据，已经过时了，已经不符合我国对外开放、参加国际分工和发展对外贸易的要求。你认为这种见解是完全正确的吗？

答：对于这个问题，不能简单地做出是与否的回答，需要对问题进行深入的分析，需要对进出口商品进行分类研究。

一般来说，世界市场上的商品可以分为两种，一种是竞争性商品，一种是非竞争性商品。竞争性商品是在一切国家能生产的商品。它所使用的生产要素的组合（土地、劳动力、资本等）是容易从一种产品的生产上转移到另一种产品的生产上去的。

非竞争性商品是不与国内生产的产品相竞争的商品，因而是需要进口的商品。这种非竞争性商品又可以分为三类。

A类：进口国不能生产的商品，如日本、瑞士、新加坡不能生产原油和许多种矿产原料，美国和苏联不能生产天然橡胶、香蕉、咖啡、可可、椰子等，因而它们要吃要用就必须进口。这些都是属于互通有无的商品。

B类：进口国能生产但产量不能完全满足国内需要的商品。进口货是用来弥补在现行世界市场价格下，国内需求与国内产量之间的差额的。如苏联对进口粮食的需求，中国对进口粮食、钢材和铜、锌等的需求，美国对进口原油、砂糖及许多战略原料的需求等都属于这一类。这些进口货都是属于调剂余缺的商品。当然，我国也有一些商品，如煤、钨、锑、锡、稀土、茶叶、厂丝、大豆和其他一些农副产品可供出口，以弥补其他国家需用的差额。

在工业发达国家和第三世界国家之间、东方与西方间、东方与南方间以及苏联与东欧国家间的贸易关系中，互通有无的商品和调剂余缺的商品是大量存在的。这种互通有无、调剂余缺的贸易就是互补性（Complimentarity）的贸易。互补性的贸易格局，是各国间因自然资源禀赋不同、生产要素禀赋不同和经济发展水平不同所产生的。互补性贸易关系的背后，当然也是一种国际分工的关系。国内和国外有些从事经济理论工作或主管实际业务工作的同志，把这种互补性贸易与国际分工对立起来，认为主张互通有无和调剂余缺，就是反对国际分工。这完全是一种误解。实际上，互补性贸易也是国际分工的一种表现形式。否定了互补性贸易，也就否定了这种类型的国际分工。赵紫阳总理在1987年3月25日所做的《政府工作报告》中指出："要充分发挥我国人力资源丰富和工资成本较低的优势，大力发展进料加工和来料加工出口。"这就是以物化劳动输劳动力的一种形式，以多余的劳动力来换取进口物资。这也是调剂余缺的事例和国际分工的重要事例。

C 类：许可证、技术和技术产品。进口国没有生产有关产品的技术，短期内也没有发明这种技术的能力，因此要从事有关产品的生产就必须进口这种技术。战后技术贸易的发展十分迅速，已成为无形贸易的最重要项目之一。西欧、北欧国家，日本、苏联、东欧国家和第三世界国家以至美国都进口先进技术或适用技术。我国也进口这类技术。

A 类和 C 类商品是属于互通有无的商品。旅游业及其他无形贸易项目中也有一些是属于互通有无的商品。B 类是属于调剂余缺的商品。A、B、C 三类商品贸易的理论根据，就是国际互补性理论。世界上大多数国家的对外贸易中，都有大量的调剂余缺和互通有无的进出口商品项目。美国、西欧、日本、苏联、匈牙利、捷克斯洛伐克等并不是例外，社会主义中国当然也不会例外。

非竞争性商品是社会主义国家进行对外贸易的重要商品项目，但不是唯一的项目。社会主义国家除了进行非竞争商品的进出口以外，当然还要大力发展竞争性商品的出口。

我们还可以把国际贸易商品分为三大类。第一类是李嘉图货物（Ricardo Goods），这是各国间因劳动生产率差异而发生贸易关系的商品。第二类是赫克歇尔—俄林货物（H-O Goods），这是各国间因资源禀赋差异或生产要素相对供求差异而发生贸易关系的商品。第三类是产品周期货物（Product Cycle Goods），这是新技术产品的贸易项目。在国际贸易中，第一类货物和第三类货物处于越来越重要的地位，但第二类货物仍大量存在，一百年以后也还会大量存在。这第二类货物的贸易，也就是我们通常所说的调剂余缺或互通有无的贸易。这种贸易关系的背后，当然也存在着国际分工的关系。由此可见，互通有无和调剂余缺的贸易，并不存在过时的问题。

问： 社会主义国家对外贸易既然不能以追求增加价值量为目的，那么，对外贸易是不是就不需要提高经济效益了？

答： 对外贸易当然要提高经济效益，不但要提高经济效益，还要提高社会效益。

但是，这里所说的增加经济效益，不是实现更多的价值，不是增加价值量。在等价交换的条件下，这是做不到的。我们所说的经济效益，是指在出口商品生产和出口的各个环节方面，要改善经营管理，增产节约，降低能耗，降低劳动消耗，节约原材料，精打细算，降低成本。在进口方面，要实行有计划的进口，纠正盲目引进，把有限的外汇真正用在发展我国经济最迫切需要的地方；对高级消费品和国内已能生产、质量已达到一定标准的产品，不要进口或限量进口；对引进的技术设备要注意消化吸收；对引进的项目要注意宏观控制和科学管理，以提高经济效益。

问：现在经济理论界有不少的同志认为我国的对外贸易应该根据比较成本的原理进行改革，你能谈谈对这个问题的看法吗？

答：按照比较成本学说进行国际分工和对外贸易，在充分就业的条件下，的确可以节约社会劳动，增加经济效益。所谓节约社会劳动，主要是在进口方面。进口越多，社会劳动的节约也越多。进口完全自由化，就可以达到最大限度的节约社会劳动的目的。但是，需要指出的是，按比较成本原理进行国际分工和对外贸易，只存在于教科书中和经济学家的理论思维中，在现实世界早已不存在了。现在除了新加坡、香港和一些自由港、自由贸易区以外，已没有一个国家真正地按照比较成本原理行事。发达国家无一例外，绝大多数发展中国家也是如此。工业发达国家都对农业进行贸易保护，对许多已经失去比较优势的工业部门（如纺织品、服装、钢铁、造船、汽车、家用电器等等）也进行贸易保护。它们都不愿意为了节约社会劳动，取得经济效益而放弃保护贸易措施。道理很简单，不这样做，就会造成工人失业、农场主破产和工厂倒闭。大多数发展中国家也不能按照这个理论办事。道理也很简单，那就是它并不符合它们的切身利益。正如一位第三世界国家的负责人所说的，如果发展中国家按照这种理论行事，他们只好样样工业品都进口，因为许多发展中国家在任何工业品的生产方面，都不具有优势。前日本通产省顾问天谷宜弘在与中国的一些经济学者的座谈会上也说："日本理论界对比较成本说持怀疑态度。日本国内盛行推理小说，但推理小说的作者不一定是好侦探，破不了什么案，一个小偷也抓不住。"

就我国的对外贸易来说，在出口方面，现在固然要着重发展劳动密集型和资源密集型产品的出口，但也要准备条件逐步发展技术密集型产品的出口。在进口方面，我国就不应完全按照比较成本的原则来考虑。不然的话，质高价廉的进口商品的洪流就会把国内的许多工业部门冲垮，就像现在美国限制日本的汽车、半导体等的进口，以避免美国的有关工业部门被因日本的廉价产品的泛滥而冲垮一样。

问：你在上面否定了社会主义国家的出口会起到增殖价值的作用，那么，你认为出口究竟会起到什么作用？

答：社会主义国家的出口，除了把本国多余的、不太急需的产品和专门为世界市场设计和生产的产品输出去以换取本国所急需的技术、生产设备和短缺物资以外，还可以起到经济增长的发动机的作用，也就是通过出口带动经济增长的作用。

在历史上，出口带动经济增长的事例是屡见不鲜的。最早的是英国，17世纪以后英国经济增长的主要原因之一，就是出口贸易的发展。到了19世纪，美国、加拿大、澳大利亚、新西兰等国的经济增长与它们对西欧，特别是对英国的初级产品的出口有极为密切的关系。第二次世界大战后，在日本、联邦德国、南朝鲜、台湾省、香港等的经济增长中，出口的扩大也起着十分重要的作用。

当然，出口贸易的发展对我国经济的增长，也已做出并且还将继续做出重要的贡献。印度经济学家 P. N. 达尔说："如印度要通过出口使国民生产总值增加 1% 的话，增加的出口量就等于所有发展中国家出口量的 50%。如果中国通过出口使国民生产总值增加 1% 的话，它增加的出口量占所有发展中国家出口量的比例就会更大。"达尔先生的估计似乎偏低了一些。正如法国著名历史学家芒图所指出的："尽管有人认为 18 世纪初期英国的对外贸易只占国内生产的 1/15，但是，如果我们从自然科学中找来这样的类比，那么，只需很少数量的酶，就能在大量物质的内部结构实现根本性的变化。"事情正是这样，如果中国出口量按照所有发展中国家的出口量 50% 以上增加的话，那么，它对中国国民生产总值所起的作用，绝不会是 1%。可以肯定，它会大大地超过 1%。

问： 实行对外开放是国家长期不变的基本国策。今后对外开放只会扩大，不会缩小。在对外开放政策中发展对外贸易占着重要的地位。但是在我国的经济学界有一种理论观点，那就是随着社会主义工业化的进展，对外贸易的重要性就会减少。苏联的经济学界也有这种观点。这种观点显然与我国扩大对外开放的政策是有矛盾的。你对这个问题怎样看法？

答： 这种理论观点已存在几十年了。早在 20 世纪初期，德国经济学家松巴特（Sombas 七）就提出了"对外贸易重要性渐减规律"的学说。在两次世界大战之间的时期，英国经济学家凯恩斯（J. M. Keynes）和罗伯特逊（D. H. Roberson）根据比较利益学说论证了对外贸易重要性渐减论。第二次世界大战以后，西方著名经济学家希克思（J. R. Hicks）、刘易斯（W. A. Lewis）等十余人也从不同的角度阐述了这个理论。在苏联，斯大林和一些经济学家也提出了类似的理论。我国的一些经济学家也有同样的见解。

这些国内外的经济学家尽管说法不同，但有一个基本的共同点，那就是，他们认为国际分工只限于工业国与农（矿）业国之间的分工，国际贸易只是工业品与农产品的交换。因而随着农（矿）业国的工业化，对工业品的进口需求减少了，初级产品的出口也减少了，它们的对外易换必然要缩减。但是他们没有估计到，在第二次世界大战以后，随着科学技术的进步，工业国与工业国之间的分工已成为主导形式的国际分工，工业国与工业国之间的交换已成为主导形式的国际贸易。工业国与工业国之间的贸易已远远超过工业国与初级产品生产国之间的贸易而占到世界贸易的第一位。

科技进步是没有止境的，国际分工的发展因国际贸易的发展也是没有止境的。战后的统计数字证明，国际贸易的重要性不是缩小了，而是增加了。国际贸易重要性增长的重要标志，就是世界贸易系数和世界出口系数的增长。1950 年，世界贸易系数为

16.4%，1970 年增长到 20.5%，1982 年增长到 33.5%。在世界贸易系数总的增长的情况下，不同类型国家有不同程度的增长。在 1950 年到 1982 年期间，工业发达国家的出口系数从 7.7% 增加到 15.3%，第三世界国家的出口系数从 15.5% 增加到 23.4%，苏联和东欧国家从 3.4% 增加到 16.6%，我国则从 4.2% 增加到 1984 年的 8.9%。这就是说，在西方国家和第三世界国家的国民总产值中，有更多的价值和剩余价值是通过出口来实现的。在社会主义国家的社会生产总值中，也有越来越大的一部分价值是通过对外贸易来实现的。价值与剩余价值实现的愈益国际化是战后世界经济贸易发展的一个重要特点。这些数字表明国际互补性的增长，并且意味着世界经济已发展到这样一个水平，这时国际分工已成为几乎一切国家国民经济正常运转的一个必需条件，国际经济联系已成为这些国家再生产过程的重要环节，国际贸易的重要性有了显著的增长。国际分工和国际贸易对今天所有国家的社会经济进步起着越来越大的作用。总之，世界贸易和各国对外贸易的实践，并不证明有那么一个对外贸易重要性渐减规律的存在。

问：中国对世界经济的开放度（Openness）已成为国内外经济学界所十分重视的问题，你认为中国的对外开放度以保持在什么水平上比较适当？

答：在经济学中对外开放度是以对外贸易额在国民收入或国内生产总值中所占比重来衡量的。在世界上，对外开放度最高的国家是新加坡。1982 年新加坡的对外开放度达到 32.8%，日本为 25.5%，美国为 15.3%，印度为 13.3%，中国为 18.2%，中国对外开放度的增长是十分迅速的，1975 年中国的对外开放度为 5.2%，1980 年增加到 13.9%，1984 年更达到 17.8%，在 9 年期间增加了两倍以上。一般来说，国土面积较小，天然资源不足的国家，它们的对外开放度就要大些，而国土面积较大、天然资源比较充裕的国家，它们的对外开放度就会较小。后者如美国、苏联、巴西、中国等都是这样。我国幅员辽阔、资源丰富，对外开放度不可能无限制地增长下去。估计随着中国对外贸易的发展，今后中国的对外开放度会超过 20%，但最高限度不会超过 25%。

问：最后还有一个重要问题，社会主义国家进行对外贸易的利益和必要性究竟在哪里？

答：总括起来，可简单归结为以下几点：

第一，通过进口取得使用价值。这在现阶段，就是引进先进技术、关键设备、短缺的原材料，以及输入一些短缺的必需品。

第二，通过国际分工和国内专业化生产，可以使使用价值的生产增加。

第三，通过出口贸易带动出口工业和农矿业的发展，而出口工业发展的乘数效果又可以推动其他产业部门的发展。

第四，通过对外经济贸易联系，加强与世界各国人民的友好合作，以维持和巩固世界和平。

世界产业结构的变化与中国[*]

近四十年来，世界经济有两个十分重要的发展。一个是各国间在经济上的日益相互依赖和世界经济的一体化；一个是世界经济中的结构性交化。在发达资本主义国家之间以及发达国家和发展中国家之间，在经济上的加速相互依赖是十分明显的。而在东方和西方之间的经济联系也有增长的趋势。同时，生产，资本、贸易和金融等领域的日益国际化和各国间的相互依存也促进了世界经济和许多国家的国民经济结构的重大变化并导致国际分工的改变。

这里所说的结构性变化涉及世界经济中和各国国民经济中的许多有关的重要因素，其中包括需求结构，产品结构、就业的部门结构以及对外贸易和资本流动的外部结构等方面，但是其中最重要的变化就是三大产业部门在世界经济和各国国民经济中所处的地位，有相互消长的趋势。

一

几十年来，世界产业结构变化的突出特点就是在世界生产总值（GWP）中，第一产业（农、林、牧、渔）和第二产业（制造业、矿业、水、电、煤气）所占比重的下降和第三产业（各种劳务业）所占比重的上升。这些变比表现在这三大产业部门在世界生产总值及各国国内生产总值（GDP）的构成的变化上，也表现在这三大部门增殖价值（Value added）在 GWP 和各个国家的 GDP 中所占比重的增减上（见表1）。

---

[*] 姚曾荫，世界产业结构的变化与中国，世界经济，1988 年第 5 期。

表1 1963—1981年世界发达国家和发展中国家三大产业部门增殖价值在GDP中所占的比重（%）

1963/1967	1968/1972	1973/1977	1978/1981	
世界①				
农业	10.3	8.3	7.9	7.2
工业	39.0	38.6	38.8	38.3
劳务业	50.7	53.1	53.4	54.6
发达国家				
农业	5.3	4.3	4.3	3.7
工业	40.9	39.6	38.6	37.5
劳务业	53.8	56.1	57.2	58.2
不生产石油的发展中国家				
农业	31.1	27.0	23.9	20.9
工业	31.0	32.9	34.8	36.9
劳务业	37.9	40.1	41.2	43.1

资料来源：《国际金融统计：产出统计增刊》，1984年第8期。

第一产业在国民经济中所占比重的下降，是一个世界范围的现象。无论是在发达资本主义国家，发展中国家或苏联和东欧国家都是这样。农业在中国国民经济中所占的比重也下降了（见表2）。

表2 1975、1987和1982年中国的产出和就业结构

	1975年	1978年	1982年
在国内生产净值①中所占的份额（按1980年价格计算）			
农业	68.7	37.9	38.8
工业	16.8	41.7	43.9
劳务业	24.5	20.4	17.3
在全部劳动力中所占的份额			
农业	81.2	73.8	70.2
工业	7.6	15.5	16.2
劳务业	11.1	10.7	13.5

注：①国内生产净值（NDP）在中国的经济统计中所包括的内容比国民收入要广泛，NDP不仅包括物质净产值，而且包括劳务领域和其他的非物质生产领域。

资料来源：《在调整过程中的中国经济的宏观变化》，载《中国季刊》，1984年12月号第702页。

农业生产在中国NDP中所占比重的减少，并不意味着农业在国民经济中重要性的下降。与此相反，为了满足城乡人民生活需要，扩大城乡之间的商品交换，改善市场供应状况，农业在任何时期都具有十分重要的意义。10亿多的中国人口要长期地大量地依靠进口粮食的供应，会给国民经济造成损害，也是社会经济的一个不稳定的因素。

第三产业的迅速发展是世界产业结构变化的另一个重要趋势，随着科学技术的进步和社会分工的深化，今天劳务已渗透到社会再生产过程的所有领域，从而增加了它在世界经济中和各国国民经济中的重要性（见表3）。

表3　1962—1982年劳务在世界生产总值和中国GDP中所占的份额（%）

年　份	世界①	发达国家	非石油发展中国家	中　国
1962	50.50	53.06	39.88	15.69
1970	56.30	56.30	29.87	14.49
1975	53.72	57.70	41.21	11.07
1980	54.29	58.95	42.39	9.87
1981	55.21	59.81	44.72	10.1
1982	—	—	—	8.66

注：①不包括苏联、民主德国、波兰、捷克、保加利亚、古巴、朝鲜民主主义共和国、蒙古。
资料来源：《国际金融统计：产出统计增刊》，1984年第8期。

第三产业部门的组成已经发生很多的变化。它涉及从商业、餐馆、旅馆、出租汽车、银行业、保险业、旅游业、咨询业、律师等。经济发展水平越高，对高级服务的需求越大。

一般的看法是，一个国家首先是从农业经济发展为一种工业经济、然后发展为一个主要是服务业的经济。但是工业和服务业之间在许多方面是相互联系、密不可分的。工业需要运输和电信。同时法律服务、广告、会计、工程咨询等也常常是同工业企业的活动同步增减的。

几十年来，劳务在发达国家和发展中国家的GDP中所占的比重持续增长。在苏联和东欧国家也有同样的趋势。1981年劳务在GWP中所占比重已达到55%以上，在发达国家的GDP中所占比重已接近60%，在不出口石油的发展中国家的GDP中所占比重已接近45%，伴随着第三产业的发展的是劳动力日益向第三产业转移，而在当前高科技浪潮的冲击下，这种转移更为明显。

与上述的趋势相反，在我国的GDP中，劳务所占的份额却在下降。在1962—1982年的期间内，这个比重几乎减少了45%。这种情况在世界上是很少的。出现这种现象的原因，一是因为我国的工业发展速度大大地超过了其他产业部门的增长速度，二是20世纪50年代以后的私营工商业改造运动影响了服务业的发展。

正像物质商品的国际化一样，劳务也已国际化了。劳务在世界范围内正经历着国际化和互相渗透、互相依赖的过程。世界劳务贸易的数额越来越大，在世界经济中的作用越来越重要。从1970年到1980年，资本主义国家的劳务出口额从1087亿美元增长到6498亿美元[①]。10年间增加了将近5倍。我国的劳务贸易收入，1983年为40亿美元，1985年达到51亿美元。两年间增长了28%，增长速度也是比较快的。

二

近几十年来世界第二产业部门的突出变化有两个方面，第一是工业生产在发达国家的GDP中所占比重的下降，和在发展中国家的GDP中所占比重的增长。第二个变化是在工业部门内部，高技术工业，其中包括工程工业（即我国通常所称的机电工业）和化学工业的迅速发展和轻工、纺织、服装等传统工业部门在工业生产中所占份额的减少。在世界贸易中也是这样。工程工业产品和化学品在世界贸易中处于遥遥领先的地位，而轻纺产品的地位则大大下降了。凡是工程工业和化学工业发展迅速的国家，它们在世界工业生产和世界贸易中都处于领先的地位，如西德、美国、日本等国都是这样。

我国的工程工业和化学工业比起世界先进国家，还有很大差距，但是30多年来我国已初步建立起比较完整的工程工业体系和化学工业体系，有了一定的技术物质基础。近些年来这两个工业部门的生产已有了较大的增长，因此它们的产值在我国工业的总产值中已占到十分重要的地位（见表4）。

表4　1980年中国的工业生产结构与其他国家的比较（%）

	中国	发达国家	发展中国家	其他社会主义国家
食品、饮料和烟草	13.4	11.2	18.7	12.3
纺织品	15.3	3.9	8.8	6.0
服装、鞋类	3.5	3.5	3.6	6.2
木制品与家具	1.4	3.9	2.9	2.9
化学品、橡胶与塑料	14.5	13.8	13.8	8.6

---

① 联合国贸易和发展会议：《服务的生产和贸易、政策和影响国际服务交易的政策基本要素》，表14、TD/B1941，1983年3月1日。

续　表

	中国	发达国家	发展中国家	其他社会主义国家
石油与精炼煤	4.2	1.9	9.4	2.1
非金属矿产品	4	4.2	5.6	6.1
钢、铁、有色金属	10.6	7.6	7.6	7.5
机器设备和金属制品	32.1	40.2	24.0	43.6
总　　计	99	90.2	94.4	95.3

资料来源：联合国工发组织：《中华人民共和国工业概览》1985年，第3页。

工程工业产值和化学工业产值在1980年我国的工业总产值中，已分别占到32.1%和14.5%。我国工程工业产品的出口从1965年的1.66亿美元增加到1987年的38.54亿美元。22年间增加了22倍，但我国这项产品的出口只占到世界工程产品出口总额的极小一部分。1982年只占世界工程产品出口总值的1.6%。我国化学品的出口额也从1965年的5300万美元增加到1987年的12亿美元，22年间增加了21.6倍。两项产品的出口增长率均较我国出口总额的增长率为快，但我国化学品出口额在世界化学品总出口额中也占微不足道的地位，1982年只占世界化学品出口总额的4.5%。这种情况说明，在世界市场竞争激烈的条件下，我国的工程产品和化学品还缺乏竞争力。另一方面也说明我国还有较大的发展余地。继续努力发展这两种重要产品的生产和出口势必会推动我国国民经济的发展和出口贸易的发展。

纺织品的生产在我国的工业总产值中占到仅次于工程工业产值的第二位，但在我国工业品的出口中却占到第一位。1987年我国纺织品出口额达到67.7亿美元，已超过石油出口占到我国全部出口额的第一位。

英国的工业革命是从纺织业开始的，日本的产业发展是从纺织业开始的。战后许多新兴工业化国家和地区的经济发展也是以纺织业为重点的。这些国家和地区的蓬勃发展的纺织品出口，带动了它们的经济增长。那么我国是不是也可以借鉴它们的经验，大力发展轻纺工业的生产和出口，从而推动我国的经济发展呢？

对于这个问题须要加以分析研究，要分析一下有利因素和不利因素。

有利因素是：

第一，我国有丰富的劳动力资源，工资比较低，适宜于发展劳动密集型工业。

第二，60年代以来，发达国家的劳动密集型工业和劳动密集型工序已逐步向发展中国家转移。近数月来，日元升值，西德马克升值和台币升值，也将迫使日本、西德和我国台湾省等把一部分劳动密集型工业转移到工资低廉的国家去。

第三，美国已宣布从1989年2月起取消对香港地区、南朝鲜，台湾地区和新加坡的普惠税待遇。这将使我国大陆的许多出口货在美国市场上与"四小龙"处于同等的竞争地位，相应地增强我国大陆产品的竞争力。

但是我们也要看到，80年代的世界经济情况与60年代相比，已大不相同。60年代新兴工业化国家和地区发展外向型经济时，正值世界经济迅速发展，世界市场扩大时期。世界市场的扩大，特别是美国市场的迅速扩大为这些国家和地区的出口提供了十分宝贵的机会。但70年代初期以来，世界经济已经有了明显的变化。

第一，1973年以来的世界经济贸易处于低速增长阶段。诺贝尔奖金获得者美国经济学家瑟罗（Lester Thurrow）曾预言，在1985年以后的10年内世界贸易将要缩减，他还预言，美国、西欧和日本都可能逐步脱离世界市场以解决它们国内的经济问题和失业问题[1]。尽管瑟罗的预测到现在为止还未完全实现，但是无论是在发达国家，还是发展中国家以及苏联东欧国家，它们的国民生产总值或净产值的年均增长率较之1973年以前的高速增长时期，皆有不同程度的下降。世界经济贸易的低速增长是影响我国出口的一个不利因素。

第二，世界市场上的竞争十分激烈。和60年代不同，80年代的世界市场基本上是买主市场。许多商品已供大于求，因此出现了市场上激烈竞争的场面。据世界经济基金会1987年年底的调查，经济合作与发展组织国家的国际竞争表上的各成员国竞争力名次，在1986—1987年期间已有了很大变化。除了日本、加拿大、挪威、英国等8个国家仍保持原来的名次外，其他14个国家的名次皆互有升降。在1987年的10个发展中国家的竞争力名单中，只有南朝鲜、马来西亚和泰国仍能保持1986年的名次，其他7个国家和地区的竞争力名次都有了较大的改变[2]。

以世界纺织品市场为例。纺织品生产国越来越多，生产的数量也越来越多。发达国家、发展中国家，特别是新兴工业化国家和地区的纺织品出口都增加了。苏联东欧国家的出口也增加了。在1970—1982年期间，发达国家的纺织品和服装的出口额增加了3倍以上，发展中国家的出口增加了4.5倍以上，苏联和东欧国家的出口增加了2倍[3]。

1985年世界10个最大的纺织品和服装出口国和地区，如西德、日本、意大利、中国、香港，比卢、法国、南朝鲜、台湾省和美国，共占世界出口的64%。1987年意大利已超过西德而占到世界第一位。南朝鲜的纺织品出口已超过100亿美元，仅次于意大利、西德之后居世界第三位。它还准备在1994年前后达到出口200亿美元的目标。除南朝鲜之外在我国台湾省、香港和新加坡的对外贸易中，纺织品一直起着支柱的作用。同时其他一些发展中国家也在扩大纺织品的生产和出口。所以在今

---

[1] 瑟罗：《摧毁世界经济的时刻》，英国《经济学家》周刊，1985年11月9日。
[2] 《世界经济科技》，1988年第1期，第13—14页。
[3] 联合国贸易和发展会议：《国际贸易与发展统计手册》，1987年，附表。

后的世界纺织品市场上，竞争将十分激烈，我国能再挤占多少份额，是不容盲目乐观的。

第三，微电子技术的发展将会使某些产品的产品周期发生倒转，使一些劳动密集型产品有"回娘家"的趋势。

传统上，轻工、纺织品和服装生产是劳动密集型的。这就使得发展中国家在轻纺产品的生产方面处于比较有利的地位。但由于微电子技术的发展和机器人的应用，轻工、纺织和服装生产方面的比较优势将可能逐渐转移到发达国家去。原来的劳动密集型产品将会转化为资本密集和技术密集型产品。这时产品周期将会倒转。这将会使发展中国家的轻纺和服装的出口遭遇到严重的困难。

第四，新贸易保护主义蔓延。70年代初期以来，发达国家采取了广泛的以非关税壁垒为主要内容的新保护主义措施，目前非关税壁垒已达1000多种。发达国家的非关税壁垒对我国的对外贸易已产生了很大影响，其中特别重要的是多种纤维安排（MFA）。

自1961年一些发达国家对棉纺织品实行进口限制以来，对纺织品和服装的进口限制，已有逐步升级的趋势。原来的协议只是短期安排，后来改为长期安排。原来的协议只限于棉纺织品，1974年起把合成纤维和服装也包括进去，1986年的第四次多种纤维安排更扩大到丝、麻纺织品。

美国现在已对纺织品和服装制定了1300多种关税及配额规定，具有浓厚的贸易保护主义色彩。不仅美国限制进口，其他发达国家，特别是西欧国家也限制进口。发达国家所采取的五花八门的限制进口措施是我国出口的一大障碍，这是我国发展外向型经济的不利因素。

那么，出路在哪里？

首先，要制定一项符合世界经济贸易发展前景的商品战略。需要制定一项发展工程工业、化学工业与轻纺工业产品的生产和出口并重的产业政策与出口战略．需要加强科技、工业与贸易的协作关系，使我国的科学技术力量在产品的生产和出口中充分地发挥出来。

其次，要不断改善出口产品的质量，提高出口货的档次、规格，注意更新换代，把以数量取胜改变为以质量取胜，增加出口产品的附加价值，使出口产品高级化。

第三，制定一项外向型发展与内向型发展并重的发展战略。既要挤占国外市场也要大力开拓国内市场。要尽力排除地方保护主义，促进全国的统一的社会主义市场的建立。

第四，要大力发展旅游业，广开财源。在过去40多年间，国际旅游业已成为国际上发展最快的行业之一，国际旅游人数已从1945年的2500万人增加到1987年的3.55

亿人。国际旅游业的收入从 1970 年的 195 亿美元，增加到 1987 年的 1500 亿美元，17 年间增加了 6.7 倍①。据国际劳工组织估计，与旅游业有关的企业将成为世界最庞大的经济部门。我国的旅游资源十分丰富，但我国的旅游业收入只占世界旅游业总收入的很小一部分。在这方面还有很多工作可做，还大有潜力可挖。

总之，我国要从国情出发，制定适应世界经济贸易发展形势和我国四化建设需要的产业政策和出口战略，以增加生产，扩大出口，促进国民经济的发展。

---

① 联合国贸易和发展会议：《服务的生产和贸易，政策和影响国际服务交易的政策基本要素》（中译本），1983 年 3 月 1 日；《人民日报》1988 年 1 月 15 日。

以更加勇敢的姿态进入世界经济舞台*

赵紫阳同志在中国共产党第十三次全国代表大会上的报告中指出:"今后,我们必须以更加勇敢的姿态进入世界经济舞台"。怎么理解这句话?

我理解这句话包括两层意思。第一层意思是要求世界市场对我们更加开放,这就要尽力反对贸易保护主义,尽力争取早日加入关贸总协定,使我国的商品能在国际市场上与其他国家的商品处于同等的竞争地位。这件事我国已经做了,谈判在进行中,估计加入关贸总协定的可能性很大,只是时间问题。我们要利用一切国际讲坛,联合其他国家反对贸易保护主义。因为一个更加开放的世界对世界和平有利,对世界经济的发展有利,也对我国的四化建设有利。

第二层意思是我们也要把国内市场开放给其他国家。要求人家对我们开放,而我们把大门关起来,不让别国商品进入国内市场,这是做不到的,也不合乎平等互利的原则。美国商务部长维里蒂最近发表的一次谈话,就要求中国进一步对美国的商品和资本开放。加入关贸总协定的条件之一,就是要开放,至少部分开放国内市场,迟早我们会这样做。但是这里发生一个矛盾,那就是对外国商品开放国内市场和保护民族工业的矛盾。完全开放,民族工业就会受到打击,成本高、价格高、质量差的生产部门就会受到摧毁性的打击。而不开放,仍是实行外汇限制、高关税、进出口许可证制则又不可能,这是一个值得研究的课题。

---

* 姚曾荫,以更加勇敢的姿态进入世界经济舞台,世界经济,1988 年第 7 期。

世界经济大趋势与中国对外开放[*]

世界经济不是世界各国国民经济的简单总和。它是世界上各个国家各个地区在国际分工的基础上形成的相互联系、相互依赖的有机体系，它是随着国际分工和世界市场的发展而发展的。世界经济是高度发展的商品经济，它的发展是与生产社会化、各国国内市场、世界市场的开拓分不开的。

第二次世界大战后，世界形势发生了深刻地变化、取得了空前的大发展：各大国经济实力的消长和地位的升降影响着国际经济形势的不断变化；世界由争夺对抗逐步转向共处对话；全球的生产国际化，各国间经济联系和相互依存的加强；世界经济的区域化、集团化的迅速发展，终将促进世界经济一体化的发展；世界经济一体化正在成为不可逆转的发展趋势。

世界经济大趋势——开放与一体化，这是个理论问题。我们对当代世界经济发趋势，应有个系统的理论认识。

在七十多年前已经提出"世界经济一体化趋势"。列宁曾经指出：有一种力胜过任何一个跟我们敌对的政府和阶级的愿望、意志和决心，这种力量就是全世界的共同经济关系。所谓全世界的共同经济关系也就是高度发展的全世界的经济一体化。所谓经济一体化，就是世界各国彼此之间相互开放，形成一个相互联系、相互依存的有机体。列宁还指出：建立统一的世界经济的趋势，在资本主义制度之下已经十分明显的表现出来，在社会主义制度之下也必然会继续发展而臻于完善。

近几年有关世界各国之间经济互相联系、相互依赖的世界经济一体化的论点，不断出现在世界的书刊上，《大趋势》这本书影响很大，它提出"一个国家经济向世界经济的变化，是十大趋势之一"；1986年美国出版的一本书《在互相依赖世界中的经济政策》，它着重分析了世界各国之间在经济上的相互依赖关系；1987年美国商务部的助

---

[*] 姚曾荫，世界经济大趋势——开放与一体化，对外经济贸易大学学报，1989年第6期。本书编录时根据文章内容改名为"世界经济大趋势与中国对外开放"。本文是姚曾荫教授于1988年8月8日，在黑龙江省科技中心举办的学术报告会上的第二个报告。

理副部长写了一篇文章，他提出"21世纪的世界经济将越来越具有全球性，从自足自给的民族经济向一体化经济发展是重大趋势之一"；苏联戈尔巴乔夫在1987年他的《对外政策新思维》一书中提出，"当代国际关系的特点是无限期的共同生存和相互依赖"。我认为高度发展的相互依存、相互依赖也就是世界经济一体化。戈尔巴乔夫上台后，他主张苏联要参加国际分工、世界经济，他与斯大林时代完全不同了。宦乡同志是有名的国际问题专家，他在去年一次报告中提到，"世界经济一体化程度，现在比过去更加明显，我们国家的对外开放政策的制定，就是以世界经济一体化的趋势做为背景。"我国全方位对外开放，也就是参加世界经济，与世界经济一体化结合起来。我国是一个大国，中国对外开放政策的正确实行，也将有助于世界经济一体化的发展。因为在一体化的含义中也包括对外开放。

根据马克思列宁主义的见解，研究问题一定要用历史唯物主义观点，要历史与逻辑统一。所以我们研究问题一定要放在历史范畴内来考察，也就是要用历史发展角度来考察问题。因此，我们需要看看世界经济一体化的历史发展过程。我估计可能有些同志对这个问题也许感兴趣，有些同志可能不感兴趣，但是，为了讲清楚问题，需要简明讲一下世界经济一体化的历史发展过程。

一个事物的发展总是有它的来龙去脉，有它的阶段性的，也有它的规律性。世界经济一体化的发展是有阶段的：先是一国的国民经济一体化和国内市场的形成；然后是各国走向世界经济一体化。这个发展过程是经历了几百年。

第一阶段，从16世纪—1873年

上面讲了从各国国民经济一体化至世界经济一体化、从各国国内市场形成至国际市场形成，这是个发展过程。如果没有国民经济一体化，也就没有世界经济一体化；没有国内市场的形成，也就没有世界市场的形成。所以应从几个阶段的历史演变来观察，并从中吸取一些历史经验教训。

从16世纪到19世纪60年代，这几百年主要是资本主义国家国民经济一体化的时期，也就是世界经济一体化的第一个浪潮时期。

在18世纪、19世纪的两百年里，欧洲国家、北美、俄国、日本先后建立了一体化的国民经济和统一的民族市场。英国先与苏格兰合并，成为一个国家，国民、货币、商品都可在国内自由流动，统一的国民经济和国内市场形成；1789年法国资产阶级大革命以前，法国的国内市场尚未统一，在大革命后扫清了阻障商品流通的封建势力，法国的国民经一体化和统一的民族市场最终形成；在19世纪以前，俄国由于封建割据，38个小公国各分割一方，它们之间的贸易受到层层关卡的阻碍，过境要纳税，而且苛捐杂税很多，商品流动受阻，后来俄国统一了，民族市场才形成；美国的统一国民经济和国内市场的形成，是在美国独立战争之后，特别是在美国宪法通过以后，才形成的。19世纪初期英、法、美、俄的国内政治和经济统一了，但是在其他地方，特别是在欧洲大陆封建割据、关卡林立的情况仍很严重，经济上不统一的现象普遍存在。在拿破仑战争后，1815年召开了维也纳会议，结果是建立一个统一的德国联邦（38个邦国统一起来），政治上统一了，但经济上仍然不统一，各经济上是独立的，地域分割，关卡林立，这给38个邦的经济进步以及世界经济发展造成严重障碍。1834年德国联邦关税同盟建立，取消了各种苛捐杂税，撤掉了关卡，统一的民族市场形成。1861年意大利统一了，商品在国内自由流通。1868年日本明治维新，统一各藩，把关卡全部废除，日本的国民经济统一了，国内市场形成。从以上情况看，这是世界经济发展过程的一个重要里程碑。各国国民经济的统一，国内市场的形成，只是一个渐进的过程。

从这些历史的进程中，我们可吸取那些教训呢？我国现阶段是发展社会主义商品经济，商品经济要发展的首要条件就是要有个社会经济法律环境，使商品能够自由流动，并逐步形成全国的统一市场，决不能关卡林立，限制出境，乱收费乱干预，或敲诈勒索。地方封锁，经济割据，影响我国生产力发展，这是全国统一市场形成的障碍。据我看有形的、无形的关卡都不应设，不然的话商品经济就无法发展，国内的统一市场无法形成。所以在今年7月间，《人民日报》社有三位记者到对外经济贸易大学找几位教授座谈，座谈我国沿海地区经济发展战略和国民经济发展中其他问题，当时我向《人民日报》记者提出个问题，我说你们《人民日报》对国内关卡林立的情况，为什么不报道不批评？据我所知有些省、市关卡林立的情况非常严重，这个问题不解决，我们的商品经济无法发展，这个关卡林立不是社会主义的东西，也不是资本主义的东西，而是封建主义的残余。在我提出意见之后，《人民日报》7月20日报道江西省关卡林立的情况及省委决定撤销一些关卡的消息，后来又报道福建省撤消一百多个关卡的消息，其他省的情况还未见报道。东北的情况我不了解，我不敢瞎说。反正我知道很多省关卡林立的情况非常严重，这对发展商品经济是极大障碍，所以应该撤掉。

第二阶段，1873—1913年

世界经济一体化进入第二阶段，这40年是世界经济发展充满矛盾的时期，在个时期科学技术发展，世界经济发展很快。但是也发生近22年的经济大萧条（从1873—

1895年）。这期间既有世界经济一体化的突飞猛进，也有由自由贸易体制向超保护贸易体制的强烈逆转。所谓自由贸易体制就是对内开放体制；超保护贸易体制就是闭关自守、自给自足，这是不开放、封闭式的经济贸易体制。

在1873年以前自由贸易迅速发展，许多国家对外开放。到1873年以后发生世界经济危机，有些国家就转向保护贸易。在这个阶段我们既要看到一部分国家积累了大量财富，提高了物质生活水平，也要看到一部分国家贫困落后、经济停滞的现象。在这个阶段世界经济走向一体化有了物质基础，这就是第二次科技革命，由于科学技术的进步，促进大机器工业的建立，世界工农业生产增长很快，交通运输也迅速发展。19世纪末叶和20世纪初期，世界经济一体化和国际分工体系最终形成。随着第二次工业革命的发展，电力、汽车制造、钢铁、化学、造船等工业有了长足的发展，出现了一系列新产品。从1873—1913年世界工业生产增长4倍以上，这个增长速度超过历史的任何时期。交通运输事业的快速发展，是世界经济一体化的一个巨大的推动力。在这个时期，铁路、公路、河海运输都有发展，全世界的铁路长度增加了4倍，世界轮船总吨位增加了1倍。1869年苏伊士运河通航，这是个具有世界历史意义的事件。苏伊士运河一通航，把欧洲和亚洲接连在一起，以前欧洲商船到亚洲来要绕道好望角，现在通过苏伊士运河可以缩短航程几千海里，这对促进世界经济贸易发展是一个重要的条件。交通运输事业的发展，大大促进了世界范围的人口移动、资本输出和国际贸易的发展。在这个时期资本输出增长，1862年西方资本主义国家的海外投资额不过是20亿美元，到1913年资本输出额已达到440亿美元，增长了20倍。当然，那时的美元与现在不一样，那时的美元是金币，可以兑换黄金，现时的美元是纸币。在这个时期有5千万人口在世界范围移动，走向欧洲、美洲、澳大利亚、新西兰、南非等等国家；中国的侨工也走向亚洲、非洲和美洲。这个时期世界贸易发展很快，世界贸易量增加了2倍，世界贸易值增加的还多。在1860年以前，对外贸易在任何国家的国民经济中不占主要地位（英国、荷兰等国除外）。但是到了1870年以后，对外贸易在许多国家中已成为不可缺少的，有些国家需要进口粮食、原料，输出工业品进行交换，对外贸易对一些国家来说，是它生存、经济发展不可缺少的。在19世纪初期参加国际贸易的国家和地区不过是50多个，到了1913年已有100多个国家和地区。

特别值得注意的是，工业发达国家通过强制手段和市场力量及资本输出，逐渐地把亚、非、拉美的一些国家经济殖民化，变为畸形地发展单一作物，单一经济，造成它们对世界市场和工业发达国家的依赖性。因此，工业发达国家经济情况的不稳定性，周期性的经济危机，通货膨胀，外汇行市变化，都给这些国家产生影响。通过商品贸易、资本输出把它们融合在世界经济之中。

19世纪末叶，世界生产和交通运输的发展，世界市场的扩大，世界货币（黄金）

的确立及金融密网的形成，把整个世界结合成一个统一的经济体系。这一时期，世界上大多数国家过渡到金本位制，这给世界市场上各种货币的价值（按含金量）提供一个互相比较的尺度，使各国的同一种商品的价格保持一致，把各国的价格结构联系在一起。西欧、美国的银行建立了许多海外分支，中国、日本、香港地区、新加坡都建立了分行；保险业务和通信网络也都发展起来。世界市场上有形贸易和无形贸易，商品交易和金融交易紧密结合在一起，这是世界经济发展的必要条件。

但在这一时期出现一些矛盾情况，出现了世界经济大萧条，也出现了保护贸易主义浪潮，那时的保护贸易是提高关税，保护国内工农业，当时主要是保护农业。美国、加拿大等国大量的谷物输出到西欧，造成西欧粮价大跌，农业生产受到很大冲击，农业危机引起连锁反应，商品价格下跌，利润率下降，投资收益下降，这是引起大萧条的重要原因。尽管如此，这个时期的工业生产还是增长的，消费水平和国民收入还是增长的，这是个矛盾。

这个时期走向世界经济一体化的向心力很强大，但是出现离心力，离心力就是保护贸易主义，表现为闭关自守，自给自足，这是个矛盾。这一时期（从 1814—1914 年）被西方历史学家称为百年和平时代，当然是不切合实际的，这个时期中有西方国家侵略中国的鸦片战争，还有日本侵略中国的甲午之战（1894 年），所以不能说没有战争。这个时期被西方称为第一个黄金时代，也是世界经济一体化第二次大浪潮。

第三阶段，1914—1945 年

这个阶段是世界经济一体化解体时期。在这 31 年中世界经历过两次经济危机、第一次世界大战和第二次世界大战。

1914—1918 年资本主义国家两大集团为了重新瓜分世界，争夺殖民地爆发了第一次世界大战。这次大战是资本主义经济体系危机的产物。1917 年俄国无产阶级革命得胜利，建立了社会主义国家。十月革命的影响，世界各国兴起了工农革命和民族解放运动，资本主义经济体系开始瓦解。

1920—1921 年又发生世界经济危机，这次经济危机首先从日本爆发，很快波及到英国等国，危机过后又出现萧条；1929—1939 年一直到第二次世界大战爆发，这个时期世界工业生产下降，财政困难，金融混乱，通货膨胀，工人罢工，革命运动此起彼伏；1913—1929 年期间世界工业平均年增长仅 2.7%，国际贸易年增长为 1.8%，若从 1913—1938 年计算国际贸易的年均增长率仅为 0.7%，但国际贸易值却下降了 32%。

1929—1933 年世界经济危机，世界的生产与贸易普遍下降，工业生产下降了 1/4，商品生产与销售之间矛盾尖锐，市场争夺极为激烈，经济危机之后，出现长时间的"特种萧条"，工业生产没有出现高涨，经济复苏缓慢时而停滞。1937年下半年美、英、法先后发生经济危机；德国内外矛盾激化，为了摆脱危机，扩大军火生产，积极备战，1936—1938年，德国先后吞并奥地利和捷克斯洛伐克，1939年9月德国侵略波兰，英法对德宣战，1941年6月德国突然进攻苏联，世界大战全面爆发；日本从1931年仗占我国东北后，1937年7月发动全面侵华战争，1941年12月日本偷袭珍珠港，发动太平洋战争，英美对日宣战，德意对美宣战，第二次世界大战一直打到1945年德、意、日投降。这次世界大战，给中国人民、世界人民造成极大灾难，日本对中国的侵略这是历史事实，不容否认和歪曲。

第二次世界大战前的一个时期，世界各大国要求确定出口限额与生产限额，实行奖出限入，出现保护贸易主义高潮和极端民主主义高潮，这个时期世界经济一体化的向心力极弱，离心力却明显增强。

1931年英国首先放弃金本位，许多国家也相继放弃金本位。国际货币金本位制度垮台以后，发行纸币，实行浮动汇率，各国货币间彼此汇价浮动。同时建立许多经济集团，如以英国为首的英镑集团、以美国为首的美元集团、以德国为首的马克集团、以日本为首的日元集团，在经济集团内部发展经贸关系，但排斥其他国家经济势力侵入，经济集团间互相争夺，世界经济一体化解体，最后导致世界大战。

第四阶段，1945年—现在

第二次世界大战后的40多年中，世界发生巨大的变化，在第三次科技革命浪潮冲击下，世界工业迅猛发展，从1948—1982年世界工业生产增长了五倍以上。第二次大战后，有一系列国家脱离资本主义体系（包括中国）走上社会主义发展道路，旧的殖民体系瓦解，已有100多个国家政治独立，走上发展民族经济的道路，国际贸易、国际分工都发生很大变化。世界经济一体化运动在中断30多年之后，又恢复过去的上升的势头，并加速发展。虽然有许多新的国家成立了，发展民族经济，建立关税壁垒，但是走向世界经济一体化运动浪潮，还是高涨的。

在这个时期里出现新的国际分工，统一的世界市场恢复并且发展，世界的有形贸易和无形贸易以前所未有的速度发展，国际间资本流动的规模和速度都大大超过战前的水平，出现了1948—1973年世界经济的黄金时代，或者称它为第一个国际贸易黄金时代。

1945年以来的几十年是世界经济走向一体化第三个大浪潮的时期，这个时期估计还会延续下去。我们说世界经济一体化出现了第三次浪潮，这个浪潮表现在那些方面呢？第一个表现，就是世界经济一体化最终标志是国际分工的发展。过去的国际分工是工业国家和农业国家的分工，亚非拉国家是农业、矿产国，西方国家是工业国，这个交换关系就是用西方国家的工业品来交换亚非拉国家的农产品、矿产品、粮食和原料这么种关系。但是战后这种关系变化了，国际分工走向工业分工，是工业部门之间的分工。如你是冶金工业，他是造船工业，我是电子工业，这样一种工业部门间的分工。从部门之间的分工又走向部门内部分工，进而再走向工业程序之间的分工。你是搞劳动密集型产品工序，我是搞劳动密集与知识密集型工序，他是搞资本密集型工序，或技术密集型工序，这样的部门内部的分工。第二个表现是，世界贸易增长速度很快，超过了 1870—1945 年的水平。世界出口量增长速度很快，增长最快的是 1960—1970 年世界出口量年平均增长率达 8.5%，这是前所未有的。1970—1980 年年平均增长率为 5.0%，即使是 5.0% 也超过历史水平。1980—1985 年世界经济出现危机状态，世界出口量年平均增长率下降到 2.5%，1985 年是 3.5%，1986 年是 3.5%，1987 年是 4%。总的来看，从 1945—1987 年世界贸易量年平均增长还是超过 1945 年以前，超过历史水平。由于世界经济增长，世界贸易量增长很快，从 1938—1986 年世界出口量增长了八倍。1986 年世界出口值达到 21 400 亿美元，这是历史上第一次超过 2 万亿美元大关，1987 年又达到 24 500 亿美元，又超过 1986 年水平。这就说明过去（战后）几十年之间，世界各国之间的经济关系变得比过去任何时候都更加互相依赖、互相依存，各国之间互通有无、互相补充、互相贸易、经济联系、科技交流极为频繁。不但工业发达国家之间贸易扩大了，一些新兴工业化国家和地区的贸易也扩大增长了，亚非拉其他国家贸易也扩大增长了，苏联东欧国家的贸易也扩大增长了，中国的贸易也扩大增长了，当然，我国的贸易增长是比别的国家慢一点就是了。

美国过去一向是经济上能够自给自足的国家，它有工业、农业，粮食完全够自己的吃，它的农产品、矿产品基本够用。但是，战后这个情况有了变化，美国首先是石油不够用，它的石油差不多有一半需要进口，过去它石油出口，现在它变成石油进口国，它大部分石油是从中东国家进口，没有石油美国"战争机器"开不动，"经济机器"也开不动。它的有些矿产品不够用也需从国外进口，依赖国外供应。美国的粮食有多余，它有 25% 以上的粮食要出口，它依赖国外市场，一旦国外市场不买它的粮食，它的粮食要跌价，农民要破产，这说明美国工农业、资源上都依赖国外市场。

日本是个资源贫乏的国家，几乎有 90% 以上的原料都依赖从国外进口，石油、煤炭、铁矿砂、棉花、铜铝、木材都需进口，它的粮食也有一部分要进口。它的工业品，如钢材、化纤、汽车、电子产品、船舶等都依赖国外市场，它与世界各国相互依存度很深。

第二次世界大战后苏联的情况也有变化。斯大林时代提出两个平行的世界市场，而且说这两个平行的世界市场之间没有什么关系。他想把苏联与东欧国家、蒙古国等建立一个庞大的自给自足体，关起门来由苏联称王称霸，不跟其他国家往来，特别是不跟资本主义国家往来。他的这一设想，是想建立一个封闭的自给自足体。但是他这个设想，要建立社会主义世界市场始终建立不起来，他的这个设想一直行不通，他想建立社会主义世界市场是个空想，它不可能建立一个与资本主义世界无联系的社会主义世界市场。从斯大林逝世以后，特别是近些年中，苏联与资本主义世界的经济贸易关系打开了，并且发展迅速。在苏联的经济发展计划中，就包括从西方国家输入资本、货物、技术，它要求输入西方技术，并要求西方国家在苏联投资或搞合营企业。

苏联东欧国家把它们的产品大量输出到其他国家，特别是输出到资本主义国家中去，它们的石油、天然气、矿产品、木材、煤炭等与西方国家交换工业品和技术设备（苏联是以资源换取西方的硬通货）。在它们的出口中资本主义国家占的比重逐年增加，1965 年对资出口占其总出口的比重为 32.8%，1985 年增加到 37.7%，东西方的贸易关系越来越密切，而且有增长趋势。这个情况说明了一个事实，斯大林所说的两个平行的世界市场是不符合事实的；马林科夫在苏共 20 大报告中所说的，两个市场之间没有贸易联系的说法，也是不符合事实的。这也说明社会主义世界市场并没有脱离统一的世界市场，社会主义世界市场是整个世界市场的一个附属物，它在价格方面也要追随统一的世界市场价格，所以它必须跟统一的世界市场发生经济贸易关系，因为它这个市场不是独立的。

至于拿中国来说，我们从来没有与资本主义世界市场断绝过关系、断绝过往来。从党的十一届三中全会以来，我国实行对外开放政策，进一步加强与世界经济联系，我们不仅在商品流通领域跟资本主义世界经济有联系，在利用外资引进技术方面也与世界经济有联系，而且我国的再生产过程也和世界经济联系在一起。举例来说，我国是世界钢材主要进口国之一，1985 年我国进口钢材占世界钢材进口的第二位，这说明我国再生产过程所需要的钢材有很大部分来自海外，当然我们使用的大部分钢材是来自国内的武钢、宝钢、鞍钢、首钢、本钢、太钢等厂。我国进口大量物资以补国内不足，这是我国在经济建设方面利用国内外两种资源、两个市场；再举一个例子，我国是世界上最大的纺织品服装出口国之一，我国在世界纺织品出口中占第四位，从 1985 年、1986 年、1987 年我们都占第四位。我国的纺织品出口也是依赖国外市场。我们出口服装使用的面料一部分也靠进口，我们使用的纺织机械有些也是进口的。这说明我国纺织品服装的再生产过程也是与世界经济、世界市场联系在一起的。

我国的全方位对外开放战略，有力地加速我国经济发展。特别是我国加强与世界经济的密切联系，参加国际分工、利用外资、引进技术设备，这将促进我国国民经济的快速增长。

正确执行对外开放政策
——兼评比较利益学说的利用问题*

近几年来国内经济学界在比较成本学说问题以及如何利用这个学说的问题上，曾展开了热烈的讨论。这是新中国成立以来第一次就有关我国对外经济关系问题展开的学术讨论。讨论的各方面都摆事实、讲道理、以理服人，充分贯彻了党的百家争鸣、百花齐放的方针。这次讨论有利于深入的了解问题，推动学术的进步，也有利于开展对外经济活动，因而具有现实意义。马克思主义是在斗争中发展壮大起来的。对这个问题的深入讨论，也会使我们的马克思主义理论水平得到提高。以下打算谈两个问题。

一、比较利益—自由贸易学说能不能应用到发展中国家，能不能应用于中国？

这个问题所涉及的不是一个单纯的学术问题，而是一个发展战略问题，所以应该从发展战略的高度来加以考虑。问题的实质是在发展战略上，是选择走比较利益学说所指引的在初级产品生产和简单加工工业上进行专业化生产的路线呢，还是走四个现代化的路线呢？是选择静态的短期效益呢，还是选择长期的经济增长？在对外经济贸易关系领域内，是实行比较利益学说所指引的自由贸易政策或贸易自由化政策呢，还是实行保护贸易政策？

为了进一步弄清楚问题的所在，我们需要先对比较利益学说作一些简略的说明。

大家都知道，自然科学可以在真空的条件下，甚至在太空失重的条件下，进行实验，可以人为地创造一个有利于科学实验进行的环境。社会科学做不到这一点，必须采取抽象的方法，要事先规定一系列的假设，并且严格地在这些假设之下，进行理论分析。不然的话研究和分析就无法进行。所以每一种经济学说都有它自己的一系列假

---

* 姚曾荫，正确执行对外开放政策——兼评比较利益学说的利用问题，国际贸易，1982年第7期。

设。马克思写《资本论》的时候，也事先提出了一系列的假设。他的具体研究对象是英国，他的假设是纯粹的资本主义，并且假定劳动力和资本在一国内部的充分地自由流动等等。他的一系列理论结论都是严格地在这些假定之下得出来的。脱离这些假定，离开这些前提条件而把《资本论》中所阐述的一些原理无条件地应用到具体情况不同的国家中去，就一定会犯理论上的错误。

如果应用马克思主义的原理到具体实践中还要看时间、地点、条件的话，那么利用李嘉图的比较利益理论就更应该是这样了。古典学派以及后来新古典学派所阐述的比较利益理论绝不是适之四海而皆准的普遍真理，绝不能到处生搬硬套。有的同志说我国社会主义对外贸易应以比较利益学说为指导原则，也有的同志说这个学说已为一百多年来的世界贸易实践检验过，证明它是正确的。这纯属误解，或者说是一种夸大。这些同志都把比较利益学说当作普遍真理来看待了。这显然是不对的。

如同一切经济学说一样，比较利益学说也有一系列的假设，有一系列的前提条件。

首先，这个学说假定在一国内部，商品、劳工和资本是充分的自由流动的，而在各国间商品是自由流通的而劳工和资本是缺乏流动性的。这就是说，在一国内部存在着自由竞争，在国际间只有商品的竞争，而没有劳工和资本的竞争；

其次，它假定交易双方都是经济发达的国家；

第三，它假定生产技术是静止不变的；

第四，它假定存在着充分就业；

第五，它假定参加贸易的国家的各种资源是固定不变的。

当然还有其他的假定，这里不逐一列举。指出这些假定是必要的。必须严格地遵守这些假定，才能谈得上利用这个学说，否则是不能利用的。

还应该指出，这个学说是研究市场经济国家的国际商品交换规律的。因此，严格地说来，它只适用于市场经济国家，适合于资本主义发达国家发展对外贸易的需要。而对于实行计划经济、垄断和国家垄断对外贸易的国家来说，是很难利用这个学说的。

在上述的一系列假设下，按照这个学说所阐述的规律的作用下，各个参加贸易的国家将会在它占有比较优势的生产部门进行专业化生产，并专门从事于这些产品的出口，并且这些国家将会放弃那些处于比较劣势的生产部门，而从其他占有比较优势的国家输入这些产品，这样有关的贸易国家就可以把它本国的土地、劳工和资本从居于比较劣势的部门转移到占有比较优势的部门，把有限的资源使用在能够取得最大经济效益的用途上，从而使世界的产量增加，使各国都得到利益。这是这个学说所得出的重要结论。但是这个理论不仅在理论本身上是有缺陷的，而且在实际上，特别是在当代世界的条件下，也是行不通的。

所谓比较利益理论实际上是一种自由贸易理论。它是自由贸易政策的理论基础，并且只有在对外实行自由贸易政策,在国内各种生产要素充分自由流动,各种生产要素充分利用,产品的价格符合成本的条件下,比较利益理论才能够充分的贯彻。但是这些条件与今天世界的现实情况,特别是与发展中国家的现实情况是完全脱节的。

历史上,只有在经济上享有霸权地位,在世界市场的竞争中处于优势地位的国家才主张充分利用比较利益学说,才主张实行自由贸易政策。因为只有这些国家的商品物美价廉,能够在世界市场上打败任何竞争的对手,并从其他的不发达国家取得廉价的食品和原料。所以,比较利益学说实际上是经济力量强大的国家的理论武器。19世纪的英国曾经是经济力量最强大的国家,所以它主张推行比较利益—自由贸易的理论和政策。但在进入19世纪末叶和20世纪初期以后,因为时移势易,英国的经济优势已逐步丧失,所以它转而采取保护贸易的政策措施。到了30年代,英国的经济情况更见江河日下,以致在自由放任的经济思潮熏陶下成长起来的经济学家凯恩斯也主张实行新重商主义和国民经济的自足自给了。在第二次世界大战后,美国曾在世界市场上处于绝对优势地位,所以美国在对外经济政策中倡导比较利益—自由贸易的原则。根据这个理论,美国不仅要求其他国家为美国的制成品开放市场,而且也要求它们为美国的农产品打开大门,甚至要求西欧国家放弃成本太高的农业生产,而仰赖于美国农产品的供应。当然,西欧国家没有接受这种过分的要求。以后在资本主义发展不平衡规律的作用下,西欧和日本的经济力量日见增长,美国的经济力量相对地削弱,在钢铁、汽车、民用电子产品、纺织品、鞋类等等一系列的产品的世界市场上,美国已处于比较劣势的地位。所以美国也就逐步放弃比较利益—自由贸易的口号,转而提出"公平贸易"的主张,并求助于各种限制进口的措施。在70年代初期,美国工会的负责人指出,在今天正在变化的世界上,对于美国的工人来说,已经没有什么比较利益的规律,而仅仅有比较不利的规律了。所以美国的劳联—产联已经由比较利益—自由贸易理论的积极鼓吹者,转而成为保护主义措施的强大支持者。

比较利益—自由贸易理论既然是一个有利于经济力量强大的国家,不利于发展中国家的理论,所以无论在历史上或在当代的世界上一些发展中国家的经济学家们大多反对这个学说,而主张保护贸易理论和政策。19世纪美国的经济学家汉密尔顿(Hamilton)、凯莱(Carey)、德国的经济学家李斯特(List)和第一次世界大战以后的罗马尼亚经济学家曼诺莱斯库(Manoilesco)都是主张保护贸易的最著名人物。在第二次大战以后,在50年代比较利益—自由贸易理论盛行一时的国际经济学界,发展中国家的经济学家们揭竿而起,进行了反对比较利益—自由贸易学说的斗争,从而开展了战后国际经济学界的第一个重大的战役。这场战役的最初发难者是阿根廷的著名经济学家普莱维什(R. Prefisch),并得到拉丁美洲经济委员会、其他的发展中国家的经济学家,特别是印度的经济学家的支持，同时也得到一些西方国家经济学者，如波尔罗（Francois Perroux）、努克斯（R. Nurkse）、米道尔（G. Myrdal）、辛格（H. W. Singer）等人的声援。

值得注意的是，美国著名经济学家、比较利益理论的倡导者范纳（J. Viner）也认为这个理论已不能作为当代世界各国对外贸易的指导原则。他说，"要把这个学说，即使是它的经过改进的现代化的形式，作为今天世界的贸易政策的指导原则也是错误的。这个世界已经有了很大的变化。现在是一个计划经济的世界，是国营贸易的世界，是国内的价格制定得武断而缺乏弹性、汇率受到管理的不稳定的世界。古典学派的学说对于这样一个世界是格格不入的"。

另一个值得注意的现象是，在 50 年代，在苏联和东欧国家的经济学家们就有关对外贸易和开发多瑙河流域的争论中，苏联和东欧国家的若干经济学家站在比较利益理论的一边，而罗马尼亚的经济学家却反对比较利益学说而主张自力更生和保护贸易政策。为什么一向反对比较利益学说的苏联学者们这时却乞灵于这个学说，这是值得令人深思的。各国间在经济力量对比上的悬殊，显然是他们在理论上发生分歧的主要因素。

为什么发展中国家的经济学家一般都反对比较利益—自由贸易理论呢？这是因为利用这个理论，不利于发展中国家的经济发展。这些不利之处，归纳起来，大致如下：

首先，发展中国家利用这个学说作为对外贸易政策的指导原则，就必然会走片面发展劳动密集型产业，亦即初级产品生产、手工业、简单加工工业的道路。因为这些正是发展中国家的比较优势之所在。它们在按照比较利益原则所安排的国际分工体系中的地位也只能使它们往这个方向发展。而走这条路就会使它们长期处于经济附庸国的地位。

其次，发展中国家利用这个学说作为对外贸易的指导原则，就会使它们为了取得经济效益（对外贸易赢利性）的短期利益，而牺牲经济发展的长远利益[①]，如果发展中国家的经济发展的战略目标是选择静态的经济效益，则在资源充分利用的假定下，发展中国家遵循比较利益原则来进行生产和对外贸易，就会达到一种所谓"最佳"（Optimum）的生产和贸易格局。这时，凡是能从国外按照比较便宜的代价进口的一切货物，国内一律都不生产，而把国内能按比较低的成本或价格生产的货物输出去以换取那些价廉物美的进口货，这样就会取得最大的经济效益。但是在自由贸易的条件下，这将会使范围广泛的工业制成品从发展中国家的国内生产中排除出去。如果发展中国家为了经济发展所选择的战略目标，不是静态的经济效益，而是动态的经济增长，这时对

---

① 在我们所议的范围内，经济效益与经济发展是处于互相矛盾的地位的，但不能说在任何情况，这二者都是互相冲突的。

国内生产的布局和投资目标的选择就会有所不同,就会不同于比较利益原理所指引的标准。这时,发展中国家就会按照长期经济增长的需要,把有限的资源不是集中使用在取得短期经济效益的劳动密集型项目上,而是把投资的重点放在资本密集型和技术密集型项目上。

一般来说,发展中国家都是处在发展国民经济和经济结构迅速变化的过程中。它们更应该关心长期的经济增长,而不是短期的经济效益。因此,比较利益—自由贸易原理对于发展中国家来说,并不是一个可资利用的有用的理论。

这里所涉及的问题,绝不是要不要发展对外贸易的问题,而是要不要按照比较利益原则进行国际分工的问题,是实行比较利益所指引的自由贸易政策,还是实行保护贸易政策的问题。对于发展中国家来说,按照比较利益原则进行国际分工是不是有损于它们的经济发展呢?答案是肯定的。对于发展中国家来说,保护贸易政策是不是更适合于它们的经济发展的需要呢?答案也是肯定的。

第三,按照比较利益—自由贸易理论进行国际分工,就会导致发展中国家在狭窄的产品范围内实行片面的专业化生产,使国民经济易于遭受世界市场行情变化的影响,也易于受到世界经济周期进程的摆布。片面专业化生产所带来的外汇收支和国际收支的不稳定性也会给经济发展带来有害的影响。

第四,比较利益的分析经常忽视这样一个事实,即比较利益本身长期以来也是处在变化之中的。由于科学技术的进步及其他客观条件的改变,今天的比较利益明天可能变为比较不利,过去的比较不利现在可能变为比较有利。没有理由认为发展中国家要注定永远生产和出口劳动密集型产品。如果比较利益和比较不利不是出自自然条件的原因,而是由于政治经济条件或技术条件,那么,采取保护贸易政策就是适当的。

第五,初级产品的需求弹性一般较低。如果发展中国家的经济发展需要日益增长的外汇收入和国际收支平衡,则把有限的资源用在发展一些在世界市场上需求弹性较低的产品的生产上,则在世界市场上供给发生变化的情况下,出口收入就会波动,贸易条件也会变化。这种情况有时对于发展中国家是极其不利的。

最后,初级产品的生产和出口对于国民经济其他部门的促进作用是较小的。它们所产生的向前连锁(Forward Linkages)和向后连锁(Backward Linkages)的作用是很小很少的。这也是初级产品生产国经济不能很快发展起来的原因之一。

我国是一个社会主义国家,也是一个发展中国家。上述的利用比较利益—自由贸易理论对一般的发展中国家所造成的损害的分析,大多数也是适用于中国的。因此,我们对于有些同志所说的利用比较成本—自由贸易理论可以加速我国四化建设的说法,是从根本上持怀疑态度的。

二、怎样正确执行对外开放的方针

我国是一个社会主义国家，要坚持实行社会主义经济制度。中央根据我国的具体条件，制定了几项正确的经济方针。其中第一项就是实行以计划经济为主，以市场调节为辅的方针，只有实行计划经济，才能充分发挥社会主义所有制的优越性，才能在整个国民经济范围内合理地利用劳动力、土地（自然资源）和资本，才能使生产力的布局协调平衡，而不致听凭市场自发力量的摆布。只有实行计划经济才能保证国民经济按比例的发展，才能符合社会主义基本经济规律的要求，才能逐步改善人民的物质和文化生活，也才能取得最大的经济效益。

其中的第二项就是实行对外开放、对内搞活经济的方针。对外开放有两层含义，其一是把那些有利于国民经济发展，有助于科学技术水平的提高和满足人民生活的基本需要的商品、资本、科学技术和经营管理知识有计划有步骤地引进来；另一层是把我国的产品、劳动力、工艺技术输出或传播到国外去，并且派遣留学人员到国外去，以达到学习外国、了解外国，以彼之长、补我之短，力求自力更生的目的。

开放是为了四化。全面地正确地执行这项政策就能促进国民经济和科学技术的迅速发展，就有助于四化的早日实现。但是对外开放政策一定要正确地执行。实行对外开放政策，扩大我国的对外经济联系，要符合计划经济的要求。对外开放政策应该在计划经济的指导下有步骤地进行，实行有计划的对外开放政策。因此，对外开放政策并不是按照比较利益——自由贸易学说所指引的道路，漫无限制地敞开大门，任凭外国的商品在中国市场上自由泛滥，任凭外国的商品把中国的国民经济搞乱，把社会主义企业冲垮，也不是听任跨国公司的资本在中国大地上不受限制地自由自在的投资。扩大对外经济联系，发展对外贸易，吸引外资，引进国外的先进技术都是十分必要的。但是这一切都应该遵循计划经济的要求。就对外贸易来说，哪些商品容许进口以及进口多少，哪些项目要少进口或不进口，哪些产品要出口以及出口多少，都要按计划的安排进行。因此，我们在正确执行对外开放政策时，既要反对闭关自守、划地为牢的错误，又要反对对外经济贸易自由化的做法，应该把对外贸易和对外开放纳入计划经济的轨道上。

有计划的对外开放政策在对外贸易方面就是计划贸易政策。

社会主义计划贸易的实质就是保护贸易，但又不同于资本主义国家的保护贸易政策，因为它的目的不同，对象不同，手段也不同。社会主义国家实行计划贸易的目的是保护社会主义所有制，保护社会主义的生产关系，保护全体人民的利益；而资本主义国家保护贸易的目的是保护资本主义的生产关系，保护资本主义的生产资料私有制，保护资产阶级的利益。社会主义国家实行计划贸易的保护对象是社会主义国家的全部企业，亦即所有的工业、农业、交通运输业；而资本主义国家实行保护贸易的对象，在资本主义自由竞争时期是幼稚工业，而在垄断资本主义时期则是大垄断企业和农业。社会主义国家实行计划贸易所采取的政策措施主要是对外贸易计划，而关税、外汇管理等只是一种辅助手段。资本主义国家所采取的保护贸易的政策措施则是关税和各种非关税壁垒。

如果根据计划经济的要求和国民经济发展的需要，有些国外产品是需要进口的，那么，这些项目就必须进口，不这样做，就会重犯闭关自守、阻塞国民经济现代化、降低经济发展速度的错误。但是如果按照比较利益学说来看，按照取得眼前的对外贸易赢利来看是值得进口的，但从发展国民经济的长远利益来看，是不应该进口的，那就坚决不要进口，否则也会犯打击民族工业、妨碍有关部门存在和发展的错误。例如在一系列的生产设备和民用消费品的生产上（如电视机、录音机、收音机、照像机、电冰箱、复印机、手表、无缝钢管、汽车等等），我国的产品无论在质量上或是在价格上都是处于比较劣势的地位。按照比较利益学说的要求，这些正是应该进口的项目。但是实践证明，在国内已经能够制造，却仍大量输入，就会产生进口货冲击国产品市场，造成国内产品销售无路、库存过多、生产任务普遍不足和生产能力闲置不用等严重现象。现在这已经成为一个十分严重的问题。

我国是一个发展中国家，作为一个发展中国家，像历史上和当代世界上的许多发展中国家一样，应该实行保护贸易政策。但是我国又是一个社会主义国家，所以应该实行与保护贸易政策基本相同，但又有所不同的计划贸易政策，当然，无论是计划或者保护，都是为了经济发展。各个企业、各个部门都不应躺在国家的保护上睡大觉，永远自甘落后，而要珍惜保护的有利条件，自觉地在产品的制造上努力改进，精益求精，急起直追。

我们与比较利益论者在理论上的争论，在发展战略上是走片面专业化的路线还是走四个现代化路线之争，在对外贸易政策上是实行计划贸易政策（或保护贸易政策）还是实行贸易自由化之争。有些同志认为比较利益理论与保护贸易政策可以并行不悖，这在道理上是说不通的。试问在历史上和当代世界上，有哪一个国家既采取保护贸易政策，又乞灵于比较利益的说教呢？就我国的基本情况来说，必须实行计划贸易或保护贸易政策，而不应实行贸易自由化的政策，这应该是没有什么问题的。

亚洲太平洋地区的经济形势与中国[*]

环顾亚太地区所得到的第一个印象，就是形势逼人。

战后世界经济发展很快。1948—1987 年世界制造业生产平均增长率为 5.4%，世界出口量年均增长率为 6.2%，创历史纪录。在亚太地区中，日本，特别是"四小"发展速度更快，年增长在 60 年代、70 年代和 80 年代都是这样，日本的经济增长率超过其他发达国家；而"四小"的经济增长率又超过日本。

日本和"四小"都是资源小国或地区，但从 60 年代以来发展非常快。原因：①借世界经济贸易大发展的东风。②赶上美国侵朝侵越的良头，成为美国军事补给基地。③"四小"受到六七十年代产业大转移的实惠。④教育发达，科技发达。⑤不搞政治运动。

一、发展中的"四小"

南朝鲜：1987 年人均 GNP 为 2 826 美元，从一穷二白到人均 GNP 将近 3 000 美元不过 25 年。1986 年 GNP 增长率达 12.5%，1987 年为 12%，名列世界前列。1986 年出口 347 亿美元，出超 31.3 亿美元（同年中国出口 310.5 亿美元，入超 115.7 亿美元）。卢泰愚预言，南朝鲜在 1992 年的人均 GNP 要达到 5 000 美元以上，90 年代可能挤进发达国家行列。1964 年日本举办奥运会是日本发达国家的标志，南朝鲜也把今年秋季将举办的奥运会作为南朝鲜即将进入发达国家行列的象征。

现在还是债务国，但正进行国外投资，在中国也有投资。南朝鲜预料 90 年代将成为债权国，南朝鲜已开始向泰国、印尼、马来西亚、菲律宾、印度等转让技术。现代、大宇、金星等四大财团已名列世界最大的 100 家大公司的行列。在发展中国家中能够生产世界等级的小汽车的和半导体的只有南朝鲜。1987 年对美国贸易顺差达 100 亿美

---

[*] 姚曾荫，亚洲太平洋地区的经济形势与中国，讲稿，1988.7.26，1988.8.9，哈尔滨。

元，外汇储备日增。汽车、钢铁、电子产品已打入美国市场，许多日用品打入西欧市场。1987年对中国的贸易达到将近20亿美元。

中国台湾：人均GNP1987年达到4 991美元，居亚洲第四位（日本、中国香港、新加坡），1986GNP增长率为10.8%，1987年11.6%，处于世界前列，对外贸易发展很快，出口额占到GNP的1/2以上。外汇储备已达780亿美元，已成为亚洲最强大的经济地区之一。自1980年以来，中国台湾一直在尽力使其经济多样化，现在农业已不像过去那么重要。纺织业、电子产品和机器工业都很发达，已将高技术的开发作为未来的重要目标之一，建立了新竹技术区。

新加坡：1987年人均GNP 6 090美元，居亚洲第三位，1986年GNP增长率为1.8%，1987年增长8.8%，制造业较发达，现在有30%的人口在制造业中工作，重要工业有炼油业、造船业、纺织业和电子工业，转口贸易很发达。新加坡港口是世界上最繁忙的港口，马来西亚的大宗产品，锡及橡胶大多经新加坡转运出口。新加坡已成为亚洲金融中心之一，正在力争成为世界主要的金融中心之一。

中国香港：1987年人均GNP为7 673美元，仅次于日本居亚洲第二位。1986年GNP增长率为8.7%，1987年增长13.6%，居世界第一位。1986年出口354亿美元，也仅次于日本居亚洲第二位，居世界第15位。主要出口纺织品服装和电子产品。光服装业所雇用的工人就占总人口的40%左右。近年来由于劳动力短缺，劳动力成本上升，一些劳动密集型工业如服装、玩具、轻工等正在向广东珠江三角洲转移，并与广东各地区进行"三来一补"贸易。

香港是亚洲一大贸易中心，也是亚洲主要的金融中心及信息中心之一。

东盟：战后世界范围内发生了两次大的产业转移。六七十年代美国、西欧和日本的劳动力密集型工业和工序向新兴经济体转移，促进了新兴经济体的发展，80年代后由于美元贬值、西德马克升值及日元升值，南朝鲜圆、台币升值，工资上升，又促使日本、南朝鲜、台湾及中国香港的劳动力密集型工业向东盟，特别是泰国、马来西亚及中国转移，但促进了东盟几国及中国珠江三角洲的经济增长。

日本对东盟的投资也大量增加，东盟各国的投资环境在基础设施方面不及新兴经济体，但劳动力便宜，适宜于劳动力密集工业的发展。最近，台湾和南朝鲜对东盟的投资也增加了。

在东盟中最值得注意的是泰国，泰国仍有70%的人口从事农业生产，但正在扩大它的制造业基础，特别重视纺织业、食品加工业和集成电路工业，一般估计，泰国将成为亚洲的第5个新兴工业经济体。日本对泰国的投资迅速增加，其主要目标是柬埔寨停战后的印支三国市场，日本认为这是一个重要市场。

由于美国的投资设厂，马来西亚可能成为亚洲的一个大电子工业中心。

日本：日本已经成为东亚的唯一经济强国，也是世界上领先的经济大国。1987年日本GNP几乎等于西德、英国、法国三国的GNP加在一起的总和。现在是世界上最大的债权国。目前日本每年的剩余资金约为1 000多亿美元。1986年，世界最大的银行日本一国就占了七家。高技术工业发展迅速，特别是光导纤维、电子工业、高级陶瓷、机器人等均处于世界领先地位。1988年5月召开的经合组织会议上，日本的经济力量已引起与会多国的恐惧。1988年一季度GNP在日元升值条件下，仍增长11%以上。

由于亚洲的日本、"四小龙"、东盟经济力量的增长，再加上美国西部、加拿大西部、澳新的经济力量和中国的经济力量，可以预见一个太平洋世纪即将到来。世界经济中心正从大西洋向太平洋转移。

这个地区有雄厚的资本，有丰富的劳动力，有各种资源，有高度发展的科技力量。所以太平洋的时代是绝对有雄厚的物质技术基础的。

据日本人的看法，亚太地区的国家大概有四个层次：

第一层次：美国、日本、加拿大、澳、新

第二层次：四小龙

第三层次：东盟（新加坡除外）

第四层次：印支三国

就科技来说中国应属第二层次，按综合经济实力来说，中国属于第三层次。苏联远东地区也是属于第三层次。

二、日本关系太平洋经济共同体的设想

日本从60年代中期以来不断提出有关太平洋经济圈的设想。

在60年代中期日本外相三木曾提出"太平洋经济圈"的设想。

1979年大平正芳首相提出"环太平洋合作构想"。1983年1月，中曾根提出"太平洋经济文化圈"构想。

在今年的太平洋经济合作会议（PEEC）第六届大会上，日本代表提出向21世纪太平洋共同体迈进的发言。伊东正义说，要使太平洋成为繁荣的海洋，提出建立太平洋文化。日本强调只搞经济，不搞政治，但强调经济应包括文化在内。

与此相配合，在1988年4月19日的日本《经修学人》杂志上发表了《日元升值革命，起飞的东亚经济圈》的文章。1988年4月9日的日本《东洋经济》杂志上发表了《90年代将会出现以日本为中心的东亚经济圈》的文章，在1988年4月12日《日本经济新闻》上发表了《亚洲太平洋地区的水平分工》的文章。在上列第二篇文章内，

着重指出亚洲版的"欧洲共同体"的设想将会出台，并指出"纵观世界经济情况，日本、南韩和台湾是当今经济发展最迅速的国家和地区，已经成为'黄金三角洲'"，指出"日韩台这3个东亚经济巨头将领导亚洲经济，并对世界经济产生很大影响"。

①不久以前，日本的前川报告又提出亚洲"雁行模式"的设想，即日本为排头大雁，后面跟着四小龙，第三排是东盟。

②无论是太平洋自由贸易区、太平洋经济共同体或太平洋经济圈，究竟包括哪些国家和地区，日本一般都很含糊其辞，不过在《东洋经济》关于"90's 将会出现东亚经济圈"的一篇文章中明确指出包括下列国家和地区：日本、南朝鲜、台湾、香港、新加坡、泰国和中国。

③美国不赞成搞太平洋共同体，与日本有矛盾。

④印尼、泰国、新加坡原来在太平洋合作不积极，最近态度积极起来。印尼总统苏哈托对于成立以中曾根为首的亚太经济与文化讨论会的设想表示赞成，并表示今后将为设想的具体化而开始研究工作。新加坡总理李光耀1988年6月间表示，为了牵制欧美的保护主义，建立以日本为中心的西太平洋自由贸易圈"大概是有益的"。

⑤南朝鲜的开发研究院负责人也要求实行以日本为主导的多国间政策调整。印尼处于东盟盟主地位，如果苏哈托能够支持这一设想，东盟其他国家很可能会追随印支而支持这一构想。李光耀强调，日本应该在除了军事以外的政治经济两方面为保持地区安全及发展地区经济发挥巨大作用。李光耀被认为是亚洲有影响的政治家，他的见解引起有关各国许多的反响。

谈到亚太地区，不能不谈及苏联西伯利亚、远东地区的经济形势。苏远东地区离黑龙江很近，开发三江平原，发展黑龙江对外经济贸易的主要目标之一，就是苏联远东地区，所以就这个问题要多讲几句话。

西伯利亚远东地区（东部）占全苏面积57%，却只居住着10.8%的人口，只有10%的固定生产基金和工农业产值，而苏联欧洲部分和乌拉尔地区西部，集中着全苏72.7%的居民，4/5的固定生产基金，3/4的工业产值和4/5的农业产值。介于这二者之间的中亚和哈萨克斯坦（东南部）占17.8%的土地面积，占16%的人口，固定生产基金占11.7%，工业生产值占15%，农业产值占12%多。这三大经济地带的生产水平由西向东呈现出明显的阶梯态势。

这三大地带的生产分布同资源分布极不一致。西部发达地区的资源不足，而不够发达的和落后地区却在资源上居优势。从自然资源看，东部地区集中着全苏4/5的燃料动力资源，3/4的水资源，80%的森林资源和各种矿物的绝大部分。而西部地区经过几十年的开采，矿产资源已接近枯竭，燃料动力和水资源都不敷需要。从劳动力资源看，东部是严重不足。而西部地区人口密度虽高，但因出生率下降，新增劳动力已不能抵补退休职工的缺额。

苏联西伯利亚、远东地区的资源十分丰富，所以开发这些资源，使之投入经济建设是苏联长期追求的战略目标。尤其是70年代以来，随着西部地区的资源日趋枯竭，东部地区向全苏提供燃料，动力和矿物原料方面是有越来越大的意义。苏联由此加快了开发步伐，由初期的单项资源开发进入了全面的综合开发的新阶段，苏共27大通过的经济和社会发展基本方针进一步强调，要继续加速扩充苏联东部地区的生产潜力和开发自然资源。

苏联之所以如此加紧开发西伯利亚、远东地区，除了平衡国内能源和原料的供需矛盾外，还在于它是苏联换取硬通货的主要资源基地（1985年苏出口总额中52.8%是燃料和原料）是苏联加强与经互会合作，发展与发达国家经济联系的主要物资产地。

苏联在加紧开发西伯利亚、远东地区的过程中，除积极动员和组织全苏力量支援外，还非常重视到利用外国资金和技术来加速开发进程。前不久苏联制订了一个苏联远东经济区发展生产力长远规划。按照这个计划，要在远东地区实现"双重一体化"，即一方面与苏联其他地区经济协调发展，实现国内经济一体化，另一方面要参加国际分工，实现国际经济一体化。为此苏联也要实现全方位的对外开放政策，即不仅与经互会过节加强分工贸易关系，也要与中国、朝鲜等国，以及与日本、美国、东南亚地区发展经贸关系，并且提出了要与南朝鲜、香港、台湾等地区建立经贸关系。

在1988年7月初召开的CMEA第44次会议上，讨论了1991—2005年国际（社）分工的集体构想。公报指出发展合作和社会主义经济一体化以及加深国际社会主义分工，日益成为CMEA成员国政治和经济生活及其社会经济发展的一个重要因素。除罗马尼亚外，其他成员国重申了过去达成的关于逐步为公司和劳务和其他生产要素在这些国家间的自由流通创造条件以便在今后建立一个统一的市场。

苏联积极开发西伯利亚、远东地区的另一个目的，就是打算以此为前沿阵地，参与亚太地区的经济合作。苏联已在1988年3月25日成立亚太经济合作委员会，积极参加太平洋经济合作会议。

三、世界经济有走向集团化的趋向

亚洲在动荡，世界也在动荡，有走向经济集团化的趋向。

1992年欧洲经济共同体将建立一个统一的市场，劳动力、资本、商品流动完全自由，要建立统一的货币制度，中央银行。

美国、加拿大要建立美加自由贸易区，还准备进一步建立美、加、墨自由贸易区。

苏联与东欧已建立了经互会，在 1988 年 7 月发表的 CMEA 第 44 次会议公报上指出，会议赞成 1991—2005 年国际社会主义的集体构想，要发展合作和社会主义经济一体化，要分阶段实行社会主义分工，要创造条件以便在今后建立一个统一的市场。

发展中国家也建立了一些贸易集团。

日本又要搞一个太平洋经济共同体或"东亚经济圈"。

四、中国怎么办？

面对着世界经济贸易集团化的趋势，面对着这种咄咄逼人的形势，中国应怎么办？

党的十三大报告指出，中国必须以更加勇敢的姿态进入世界经济舞台，中央也提出沿海经济发展战略。

怎样进入世界经济舞台？从哪里进？

中国不可能加入 EEC。

中国也不可能加入美加自由贸易区。

CMEA 内部问题很多，经济上发展速度这些年大大下降。与发达国家相比在经济上、技术上的差距越来越大。在政治上、经济上中国加入 CMEA 的可能性都不大。

发展中国家的许多经贸集团都离中国太远，即使能加入进去在经济上对中国的益处不大，加入也不可能。

中国已参加亚洲开发银行，1986 年与台湾地区一起参加了太平洋经济会作会议（苏联未能加入）。中国也参加了亚太经社理事会，还准备参加另外 2 个亚洲经济组织，中国是否应该进一步参加拟议中的太平洋自由贸易区和太平洋经济共同体？不参加就会有在世界经济集团林立的情况下，被孤立起来的危险。

参加进去有必要也有可能，参加进去就可以对其发展方向、机构、政策发挥我们的作用。如果我们能参加进去，对中国有利，可以加快我国的经济发展，对亚洲有利，对世界经济的发展也有利。这意见不成熟，仅供大家研究。

一方面要考虑参加太平洋自由贸易圈，一方面也要坚持全方位的对外开放，对美加、对西欧、对苏东国家都要积极地发展经贸关系。

苏联开发西伯利亚、远东地区经济的计划，我们应采取积极支持的态度。东北几省和苏联西伯利亚、远东地区在经济上、资源上有互补性。积极支持、协作，对东北地区的发展越有利，第一批农业 72 人 5 月份已到达。

怎么参加法？

已经在沿海一带建立一些特区和经济开发区，以此为基础来参加太平洋自由贸易区。例如香港 1997 年以后，海南岛以及珠江三角洲，闽南金三角，山东，辽东某些地带都可以参加进来。至于东北地区以对苏贸易为主，日本、东南亚、美加、西欧贸易为辅。

为什么只限于沿海？因为内地条件还不具备，难以避免外部的经济力量太大的冲击，（自由贸易允许公司、资本自由流动）。

沿海若干地区参加太平洋自由贸易区。一方面可以加速沿海以至内地的经济发展，一方面也有利于最终解决台湾问题。这些都是不成熟的个人见解，提供给同志们参考。

谢谢！

对外贸易与发展战略[*]

胡耀邦主席说，实行对外开放，扩大对外经济贸易技术交流是我国坚定不移的战略方针。为什么这样说？为什么说扩大对外经济贸易交流是一个战略问题？据我们的理解，这是因为它是关系到全局的问题，是关系到长远发展目标的问题，是关系到国民经济发展的问题，是关系到四个现代化建设的重大问题。是不是只有从这个意义上才能理解对外经济贸易的重大战略意义？以下准备谈三个问题：

（1）两种学说和两种发展战略
（2）能不能采用比较成本原理作为我国发展战略的依据？
（3）世界经济形势与发展战略的关系

先谈第一个问题。

关于对外贸易与经济发展的关系问题，一般来说有两种学说。一派人认为根据历史的经验，对外贸易可以对经济发展做出重大的贡献。

亚当·斯密认为对外贸易可以促进劳动生产率的提高，还可以使国内多余的产品输出国外，促进生产，增加就业。

约翰·穆勒认为国际贸易对一个资源未能开发的国家来说，可以起到工业革命的作用。

马歇尔认为经济发展是属于国际贸易的研究范围。这就把对外贸易的作用提到更高的程度了。

罗卜特逊和努克斯更进一步放为，对外贸易是经济发展的发动机（engine of growth）。这些古典学派和新古典学派的经济学说与李嘉图的比较成本理论比较起来，有它们优越的地方。因为他们很重视对外贸易与经济发展的关系，他们把对外贸易与经济发展密切地联系起来，而李嘉图只关心国际分工和国际贸易的静态的利益（对外贸易的赢利性），而不关心经济发展（或者说他对经济发展是抱悲观态度的）。

第二次世界大战以后，有一些发展中国家和地区，根据上述的学说，采取了以出

---

[*] 姚曾荫，未发表文稿。

口为导向的发展战略，取得了较大的成就。

第二派的学说是第三世界的一些左翼经济学家的学说。他们根据某些第三世界国家的历史经验，认为对外贸易会给这些国家的国民经济带来消极的不利的影响。他们认为对外贸易发展的结果是国民经济变为二元经济（dual economy）——一个是出口领域，一个是其他国民经济领域。出口领域成为国民经济中的一块飞地或独立王国（enelave）。它只有利于外国资本，而对于整个国民经济没有促进作用。另一个不利影响是：第三世界国家同发达国家的贸易，会受到不等价交换的剥削。他们主张实行进口替代的战略来发展国民经济。所谓进口替代也就是发展国内的生产，以逐步取代从国外进口的工业品，特别是日用工业消费品。在50年代末和60年代，有一些第三世界国家，特别是一些拉丁美洲国家就是采取这种发展战略的。

另一派人认为出口对于国民经济的作用是中性的。出口收入仅是以支付进口资本设备的开支，没有促进作用，也没有阻碍作用，或者说是两种作用可以互相抵销，主张这种学说的人数较少，可以存而不论。

马列主义经典学家也是十分重视对外贸易在促进经济发展中的作用的。马克思认为16世纪、17世纪的商业大革命在封建主义生产方式到资本主义生产方式的过渡的推进上，是一个主要的因素。他说："商业的突然扩张和新世界市场的形成，对旧生产方式的衰落和资本主义生产方式的勃兴，产生过非常重大的影响。"在这里，马克思所说的商业和商业大革命，指的就是国际贸易和国际贸易的蓬勃发展，在历史上，在第一次产业革命之前，先有了一次商业上的大革命。商业大革命是产业大革命的历史先驱。

19世纪末叶又发生了第二次商业大革命，它大大地推动了欧洲和北美新老工业部门的迅速发展，这次商业革命与第二次产业革命是并肩进行的。

马克思还说在国际贸易中，既有价值的转移，但交易双方都能从对外贸易中得到利益。他又说，从使用价值方面看，"交换双方显然都能得到好处，双方都是让渡对自己没有使用价值的商品，而得到自己需要使用的商品"。但是，对外贸易的好处还不止这一点。马克思认为对外贸易可以使"生产放在大规模的基础上"。用我们今天的术语来说，那就是：从微观经济来看，对外贸易可以使工厂企业得到规模经济的利益，使生产增加，收入递增。从宏观经济来看，对外贸易可以产生乘数（multiplier）的效果，可以成为经济增长的发动机，使就业增加，促进出口部门和其他有关部门的发展。

我国现在正大力发展对外经济贸易关系，我国的对外贸易正以超过工农业生产增长的速度向前发展，对国民经济起了不小的推动作用。今后随着对外贸易的发展，这种推动作用可能还会更大一些。这种情况是否可以算做是一次在社会主义条件下的"商业大革命"呢？是否可以做到通过这样一次"商业大革命"来促进社会主义经济的迅速高涨，有如马克思描述的 16 世纪和 17 世纪的商业大革命时所说的那样呢？当然，除了"商业大革命"外，我国还在进行工业革命，交通运输事业的革命、农业革命、能源革命、科学技术革命、教育革命以及人口革命等项工作。这些革命事业都是相辅相成、缺一不可的。

上面指出了发展战略的两种类型，我国的发展战略是属于哪一种类型呢？我国的对外经济贸易方针，是实行对外开放，扩大物资、资金、技术和人员的交流。同时要立足于自力更生，促进国民经济的发展。胡主席把对外开放与自力更生的关系说的是很明确的：对外开放是达到经济发展和自力更生的手段。

什么是自力更生呢？对于这个问题国内国外讨论的人很多，说法不一，都没有给它下一个确切的定义。国内一般的认识是自力更生意味着经济建设要立足于自己力量的基点上。自力更生绝不是自足自给，也不是闭关自守。正如斯大林所说，以为社会主义经济是一种闭关自守，不依赖周围各国国民经济的东西，那就是愚蠢之至。他还说："你们不能设想一个没有输出和输入的国家，就拿世界上最富的国家美国来说，也是如此。"因此，社会主义国家要和"一切国家加强贸易联系"。当然对外开放不是贸易自由化，不是自由贸易，更不是"门户开放"。我国现在的做法是：一方面实行对外开放政策，一方面也实行对外贸易专营制，加强对外贸易的集中统一管理，制定很高的进口税率，管理外汇以保护民族工业的发展。

从对外开放、扩大有形和无形贸易以促进国民经济的发展来看，我国现行的发展战略类似于以出口为导向的发展战略，沿海经济特区更是如此。但是从强调自力更生、实行保护民族工业政策、限制进口等方面来看，我国的发展战略又接近于进口替代的战略。可以不可以说，我国的发展战略是介乎二者之间，而偏重于进口替代的一种发展战略呢？是不是沿海经济特区是偏向出口的，而广大的内地经济是偏向于国内市场，偏向于进口替代的呢？

第二个问题：能不能采用比较成本原理作为我国发展战略的依据？

李嘉图的比较成本学说基本上是在一系列严格的假定下的一种静态的学说。它并不能直接应用于动态的世界。它的基本优点是：（1）两个国家；（2）两种要素；（3）两种商品；（4）充分就业；（5）技术条件不变；（6）国内市场上完全的自由竞争，国内市场上的商品、劳动力和资本的自由流动；（7）在世界市场上只有商品的自由竞争，没有劳动力和资本的自由流动。李嘉图认为在这些条件下，如果实行国际分工和自由贸易，则两国都能得到利益，至少一国得到利益，另一国也不吃亏。

李嘉图派认为每个国家都应进行专业化生产，亦即专门从事于它在生产上占到优势地位的那些部门的专业化生产，而放弃那些它处于劣势地位的生产部门的生产。它在哪些部门占有优势呢？那就是它拥有比较丰富的生产要素并且使用这种丰富的要素较多的部门。如果它的劳动力资源多，就应该专门从事于劳动密集型产品的生产。如果资本多或技术资源多，就应该专门从事于资本密集型产品或技术密集型产品的生产。通过国际交换，每个国家都从专业化分工中得到利益。

李嘉图认为，按照比较成本原理进行专业化分工和贸易，每一个国家的出口部门的生产都会增加，彼此交换后，实际收入都可以增加。这可以用图解来说明。

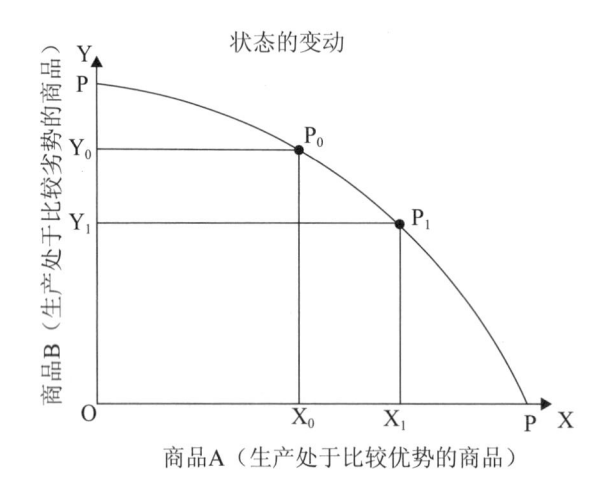

图一：从封闭经济到开放型经济生产最佳状态的变动

图一的水平轴（OX）代表甲国可以输出的商品 A 的数量（不是实输的出口量）。可以输出的商品就是甲国在生产上具有比较优势的商品，亦即需要投入大量的本国拥有的丰富要素的产品（在李嘉图的例文中，在英国是毛呢、在葡萄牙是葡萄酒）。垂直轴（OY）代表甲国可以输入的商品 B，即甲国在生产上处于劣势的商品，亦即生产上需要耗费较多的本国稀缺的生产要素的商品（在英国是葡萄酒，在葡萄牙是毛呢）。PP 线是生产可能性曲线或称生产可能性边界线（Production possibility frontier）。这条边界线代表在甲国现有的生产要素和技术条件下，它所能生产的最大限度的产量。但在这条曲线的各个生产点上，产品的组合是不同的。

在与外界隔绝，没有对外贸易关系的状态下，甲国的国内生产将会是 OX_0 和 OY_0，这是一种均衡状态，亦即在封闭状态下，甲国可能达到的最佳状态或最高产量。

在打破封闭状态，开展对外贸易关系以后，按照比较成本原理，甲国将在它占有比较优势的商品生产上从事于专业化生产（不是绝对的专业化），也就是在它可以充分利用它的比较丰富的生产要素的生产上进行专业化生产。这时甲国的生产点将会沿着 PP 线从 P_0 点往下移到 P_1 点，而甲国处于劣势地位的商品的产量将从 OY_0 减少到 OY_1，它所使用的生产要素将有一部分从生产商品 B 转移到生产甲国居于优势地位的商品 A 的生产上去。商品 A 的产量将从 OX_0 增加到 OX_1。Y_0Y_1 代表处于劣势的商品 B 减少了的产量。X_0X_1 代表可供出口的商品 A 增加了的产量。甲国用 X_0X_1 数量的商品 A 去交换来自乙国的进口商品 B，它所得到的 B 的数量比本国所生产的商品 B 的减少量（即 Y_0Y_1）要大。进口商品 B 的数量超过国内商品的 B 的减少量，就是按照比较成本原理进行国际分工和国际贸易以后，甲国所得到的利益。按照同样的道理，对手国乙国也会从国际分工和交换中得到利益。这就是说，在开展对外贸易以后由于生产要素在 A 和 B 两个生产部门的重新分配，甲国和乙国都会增加它们的居于比较优势地位的产品的生产，通过相互贸易，每一个国家所能得到的产品的数量将会超过它们自己直接生产所能得到的数量。在发生贸易关系以后，通过生产点在生产可能性边界线上向右方移动，每一个国家所能消费到的产品要多于它自己生产的产品组合，亦即它所消费的产品数量将会超出它的生产可能性边界线之外。

这是根据比较成本学说的静态分析法所得出的重要结论。

但是从发展的观点，从动态的观点来分析这个问题，则所得出的结论就会与比较成本学说的结论不同。

首先，对外贸易有促进一国生产力增长的作用。因为对外贸易可以促进专业化生产，鼓励发明创造，刺激利用新技术，提高劳动生产率，降低成本，增加收益，促进一国的经济发展。

其次，对外贸易还能使一国能摆脱它的国内市场狭窄的限制，为其产品开拓新市场，扩大销路，增加生产，从而实现规模经济的利益。对外贸易和出口部门的生产专业化还会促进生产技能的改进，并促进专门技术和资本设备的引进，从而使资源的利用率得到提高。

此外，出口部门劳动生产率提高的利益以及由此而产生的实际收入增加的利益也会扩散到国民经济的其他部门中去，实际收入的增长也会导致储蓄的增加以及资本积累的增加。

无论是采用新技术或规模经济或是资本积累，都是动态的利益。因此，对外贸易不仅可以取得静态的利益，而且也可以取得动态的利益。时常是动态的利益比静态的利益更为重要。而比较成本学说只考虑静态的利益，在比较成本学说的假定下，技术是不变的。所以无论是在封闭的状态下，还是在对外开放的情况下，国内生产只能是沿着 PP 生产可能性曲线由左到右的移动。但是不能超过 PP 线。（只有在失业和生产设备不能充分使用的情况下，生产点会低于 PP 线）。

现实的情况是：在技术进步的条件下，生产点是可以超越 PP 线的。所以只有摆脱比较成本的静态分析法，考虑到技术进步和可以利用的资源增加的动态的情况下，甲国的生产点是可以向外向右移动到另外一条较高的生产可能性边界线上去，如下图所示：

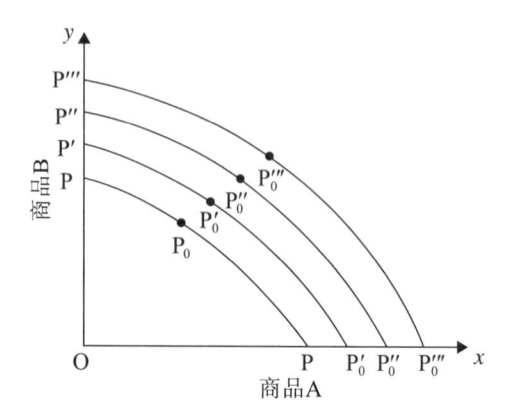

图二：生产可能性边界线的转移

在技术进步和可能利用的资源增加的条件下，甲国的生产点将会从 PP 线上的生产点 P_0，移到一条新的生产可能性边界线 P'P' 上的生产点 P_0' 上去。随着以后技术的进步和资本积累的增加，生产点还可以进一步分别移到 P″P″ 线上的 P_0''，和 P‴P‴ 线上的生产点 P_0''' 等等上面去。

在图一和图二中，P_0 这个生产点是表示甲国的国内生产要素（资源）在两个部门（A 和 B）间分配使用的一种办法。P_1 这个生产点是甲国根据比较成本原理所指引的可以取得短期的经济效益的另外一种生产要素的分配办法。问题是从长远的经济利益考虑，其中哪一个是最佳的生产点。按照比较成本原理所规定的现行最佳资源分配点（P_1），即使在现行时期内是最佳的，但绝不能保证在长时期内它也是最佳的。

理论和现实都会证明，现行的投资和生产决策将会影响将来的生产可能性边界线的位置。如果现行生产是按照比较成本原理安排的，也就是说各种生产要素在 A 和 B 两个部门的分配比例是按照比较成本安排的，甲国的生产就会固定在 P_1 生产点上进行。这就有妨碍把生产点从 PP 线移到 P'P' 线以及 P″P″ 线等上面去的可能性。如果说，P_0 点在短期内不是最佳的，但从长期来看，通过采用新的技术，进行新的投资，在保护关税政策的抚育下，它可能得到最大的经济效益。也就是说，它可能从 PP 线移到 P'P' 线以及 P″P″ 等上面去。

对发展中国家来说，这种发展战略的选择是十分重要的。因为按照比较成本原理进行国际分工和国际贸易，它们就会专门从事于初级产品的生产，而且在自由贸易的条件下，在外国工业品竞争的压力下，它们不可能把生产点转移到 P'P' 线上去。这就会使发展中国家遭受到长期在初级产品生产上进行专业化所会受到的各种损害。

如果要使民族工业发展起来，就必须抛弃比较成本——自由贸易的原则，实行保护贸易政策，以抚育年轻工业的成长。

以上的意见虽然主要是针对发展中国家说的，但其主要之点对我国也是适用的。因此，我们认为，以比较成本原理作为我国发展战略的依据，是不可取的。

第三个问题：世界经济形势与发展战略的关系。

在第二次世界大战后，国际经济学界在发展中国家应选择哪种发展战略以进行工业化的问题上，曾经进行了长期的争论。一派经济学家强烈要求采取进口替代战略以达到经济发展的目的。按照这一战略的要求，拉丁美洲若干国家建立了保护贸易壁垒，以便用国内工业产品来逐步代替进口货。他们认为在高关税的保护下，国内民族工业就有可能达到规模经济，进行大规模的生产，降低成本，增强竞争力，从而可以在国内市场上站稳脚跟。然而在实际上，在这一战略实行以后，它们的对外贸易及国际贸易收支逆差反而增大，并有利于外国资本的进一步渗入。其影响所及，是赞成这一战略的人越来越少。

在这些国家采取进口替代战略处于失败境地的同时，"外向"战略即以出口为导向的发展战略越来越受到人们的重视。有一些国家降低了进口关税，允许外国产品输入进来与本国产品竞争，同时更大力鼓励出口，充分利用世界市场容易迅速扩大的有利机会，扩大生产，扩大销路，从而取得了如果国内生产仅仅满足国内市场需要时，所不能得到的利益。

大家都已看到，有一些所谓新兴工业化国家和地区，由于采取了外向发展战略，取得了很大的成果。它们的经济发展十分迅速。但是应该指出的是：这些成就是在特殊的历史条件下取得的。

在战后，从50年代起的二十多年间，世界经济经历了一个"黄金时代"，世界贸易的发展是前所未有的。

世界贸易年平均增长率表

1830—1873	4%—5%
1873—1913	3%—4%
1913—1939	0.9%
1950—1973	8%
1973—1981	3.6%

在1973年以前的战后时期内，世界市场扩大了，世界贸易迅速发展了。在整个世界市场扩大和世界贸易迅速发展的有利时期内，采用外向发展战略的国家就比较容易顺应形势，把它们的出口搞上去。资本主义发达国家经济的迅速恢复和发展为这些发展中国家的出口货物提供了一个广阔的市场。因为发展中国家的出口货物主要是在发达国家市场上销售的。此外还有其他几个有利的条件，那就是经过关税贸易总协定组

织主持下的几个回合的多边贸易谈判，特别是肯尼迪回合的谈判，发达国家对一系列的工业品削减了关税，便利了工业品的贸易。战后布里顿森林货币体系的建立，保持了汇率的稳定。70年代初期发达国家开始实行普遍优惠制，允许发展中国家的许多出口货可以免税或按缴纳比最惠国税率更低的税率进口，这一切都对发展中国家的出口贸易的发展有推动作用。虽然对一些重要的商品如农产品的关税以及非关税壁垒的削减方面所取得的进展很少，但一直到70年代初期为止，就总体来看，世界贸易仍然是比较自由的。贸易自由化仍占主导地位。

1873年以后世界贸易增长率下降，在30年代世界贸易处于停滞状态。根据历史经验，战后初期联合国为发展中国家所制定的发展战略以及发展中国家本身所拟定的发展战略，都是根据世界贸易处于停滞状态这段历史制定的。所以当时的发展战略是内向的，是以进口替代为主的，是以国内市场为主的。当时连联合国的经济专家们都没有料想到世界贸易会发展的那么快，竟达到年平均增长8%的空前速度。在六十年代，有少数发展中国家和地区采取了以出口为导向的战略，顺应了世界潮流取得了很大战果。

但是从1973年起，世界经济形势发生了巨大的变化。世界经济再度从发展走向停滞。世界贸易的增长率迅速下降。世界经济二十多年的黄金时代已一去不复返。发达国家在过去二十年间的比较迅速的增长，从1973年起转为下降。没有能再恢复到过去的增长速度。原有的国际货币体制已经崩溃，各国货币已与黄金脱钩，固定汇率变为浮动汇率。这种情况给商品输出入和资本输出入带来有害的影响。同时大量失业和通货膨胀正严重地威胁着资本主义世界经济。面对着这些不利的局面，许多发达国家的强烈保护贸易主义浪潮正在迅速兴起。它们对许多重要工业品，如纺织品、钢铁、船舶及电子产品都实行了新的贸易限制。这些贸易限制的性质及其所涉及的商品种类对发展中国家的潜在的出口收入和经济发展都有着严重的不利影响。

世界经济和世界贸易的发展变化对于发展中国家发展战略的制定有着重要的含义。如果对于未来二十年世界经济的前景是乐观的，认为它还有充分发展的可能性，那么发展中国家也就有了发展出口贸易的潜在可能性，从而有了以出口带动经济增长的可能性。如果世界经济发展的前景是暗淡的，那就会出现另外一种情况。现在有些经济学家认为发展中国家应该根据世界经济的前景重新估计进口替代战略的利弊得失。今后二十年我国对外贸易的发展和国民经济的发展也是与世界经济的形势息息相关的。因此根据今后世界经济贸易的形势制定相应的战略战术似乎是应该加以考虑的问题。

我国出口商品在国外市场上所遇到的关税壁垒和非关税壁垒[*]

战后资本主义经济危机频繁，市场缩小，市场问题日趋严重。西方资本主义国家在对外贸易中普遍实行奖出限入政策。美国和其他一些国家更实行歧视性的高关税政策并建立了为数达八百种的非关税壁垒。这些限制性措施在很大程度上影响了我国的出口和外汇收入，给我国造成了不少的损失（据有关方面估计，在1973年，我国出口商品在进入美国和其他一些国家市场时，仅仅由于歧视性高关税而遭受的直接的和间接的损失即达5千万到1亿美元，并使我国与西方国家贸易中长期处于入超地位。）为了这个问题，我们在本年6月中旬到7月初，分别走访了外贸部二局、三局、四局、国际组、海关局关税处、中国粮油进出口公司、中国畜产进出口公司、中国纺织品进出口公司和中国轻工进出口公司等单位，对我国出口商品在国外市场上所遇到的关税和非关税壁垒问题进行了一次调查，发现了一些问题。现将调查结果，分主要国家和主要商品择要说明如下。

一、美　国

美国是资本主义世界的最大出口国和进口国，1974年美国的出口达985亿美元，进口达1080亿美元，分别占世界贸易总额的12.8%和14.1%。

我国与美国贸易中的一个主要问题是对美出口额较小而且三年多以来，一直处于大量逆差地位。这种状况必须设法予以扭转。

1974年我对美出口为11 468万美元，从美进口为80 693万美元，逆差为69 225万美元。我对美国的出口和从美国的进口分别占美国进口总值和出口总值的1.06%

---

[*] 姚曾荫，1975年手稿。

和 0.82%。

（一）关税壁垒

目前影响我扩大对美国出口的主要因素之一是美国的歧视性关税壁垒的限制。

美国的进口有两栏。第一栏是优惠税率，一般适用于"关税及贸易总协定"成员国和与美国订有贸易协定享受最惠国待遇的国家。这种税率较低，目前这种税率适用于自资本主义国家进口的商品，也适用于来自南斯拉夫、波兰、香港地区和台湾地区的货物。

第二栏是普通税率。普通税率比优惠税率一般高一至五倍，有时甚至高出十倍二十倍。根据1962年美国关税分类法（Tariff Clarification Act），或1962年贸易扩展法（Trade Expansion Act）或美国总统命令。

下列国家或地区直接或间接输往美国的货物一律征收普通税。它们是阿尔巴尼亚、保加利亚、中国、古巴、捷克、苏联、民主德国、匈牙利、印度支那、北朝鲜、蒙古。

现在我国对美出口的商品都是按普通税率征税，没有享受最惠国待遇。优惠税率与普通税率的差别举例如下：

品　名	优惠税率	普通税率
牛肉罐头	7.5%	30%
沙丁鱼罐头	6%	25%
橘子罐头	0.2美分/磅	1美分/磅
炼乳或奶粉（不加糖）	1美分/磅	1.8美分/磅
糖果	8%	40%
大豆	10%	35%
芝麻	免税	7美分/磅
豆油	27%	45%
茶叶	免税	免税
桐油	免税	免税
猪鬃	0.7美分/磅	3美分/磅
兔皮	6%	25%
人发	4%	20%
羽毛	16%	20%
珍珠	0.5%	10%

续　表

品　名	优惠税率	普通税率
银首饰	27.5%	110%
象牙雕刻	6%	35%
红木家具	6%	40%
景泰蓝	9%	40%
竹篮子	25%	50%
柳条筐	10%	50%
木材	免税	15%
瓷器	10美分/打　加从价17.5%	10美分/打　加从价70%
自行车	15%	30%
球类	20%	50%
运动器械	5.5%	35%
钢琴	11.5%	40%
小提琴	25美分/把　加7%	1.25美元/把　加35%
绸缎	11%	60%
服装（棉）	13%	37.5%
钨砂	21美分/磅　加12.5%	60美分/磅　加50%
手工打结地毯	5.5%	45%

由于美国的优惠税率与普通税率差幅很大，所以我国货物在缴纳较高的普通税率进入美国市场后处于很不利的竞争地位，影响了经营我国货物的美国商人的进口积极性。为了绕开美国的歧视性高关税壁垒，我国在贸易上除了与美国进行正规战外，还该考虑采取各种游击战的措施。

首先，针对不同商品不同税率差幅，我国可以考虑在价格上予以折让。例如我对美出口主要商品之一是棉布，因为税率差别我对美国出口的棉布在价格上比对西欧出口一般要低10%。地毯也有类似情况。但问题在于如何防止外国商品在运输途中把货物转口到西欧或其他国家，以至影响我国对这些国家的出口。

其次，在半成品税率低于制成品税率较多时，可以考虑只出口半成品。例如，美国对进口猪鬃刷子的优惠税率为10%，普通税率为50%，但半成品刷子头的普通税率则约少为20%~30%。所以我如出口刷子头，而让美国商人在美国自己去加工为成品，则对我出口有利。又如项链普通进口税率为80%~110%，而珍珠的普通税率为10%~35%。因此，我们如出口散珠，对我出口有利。草帽成品，普通税率为80%，草帽坯普通税率为45%，目前以出口草帽坯为有利。

第三，香港对美国出口可享受最惠国待遇。可以考虑将我某些半成品运往香港加工为成品后，转销美国。

第四，采取中性包装方法，通过香港，取得香港产地证，转销美国，以适应反歧视性关税壁垒的斗争需要。

美国1974年贸易法已于今年年初经美国总统福特签署实施。根据新贸易法，美国将对许多发展中国家的某些进口货给予普遍优惠制的待遇。普惠制构成美国关税税率表的第三栏。今年4月间美总统福特颁布行政命令规定第一批享受普遍优惠制待遇的国家有89个国家和地区，其中包括南斯拉夫、墨西哥、南朝鲜、新加坡和台湾地区等。第二批国家和地区名单，其中包括罗马尼亚、香港等在内也正在准备中，上述第一批国家和地区将在本年10月以前开始享受普惠制待遇。凡享受普惠制待遇的国家的某些商品，可以免税或缴纳比原有优惠税率更低的税率后进入美国市场。普通税率与普惠制税率的差幅比普通税率与优惠税率的差幅更大。因此，在普惠制开始正式实行后，在美国市场上，我国的某些货物将处于更加不利的地位。这种情况，该予以注意。

（二）非关税壁垒（NTBs）

1. 配额制

美国过去标榜的所谓"自由贸易"政策，都是着重在"关税及贸易总协定"主持下的历届关税贸易会议，与其他成员国相互减让关税，或迫使其他国家放松数量限制和外汇限制上面，而美国本身却在非关税壁垒方面设立许多路障，限制外国商品的进口。例如，美国对进口生牛、鲜牛奶、鲜冻鱼类、马铃薯等实行税率配额（tariff rate quotas）。对牛油代用品（含牛油脂40%以上）、棉花、废棉、花生、小麦、面粉、含牛油脂5.5%到45%的食品、乳酪和手工乳脂、炼乳、含乳质饲料及冰淇淋等的进口实行绝对配额。

2. 自动限制出口

对有些进口商品，美国本身不规定配额，但要求其他国家自动限制出口。例如在钢铁贸易上，美国要求西欧和日本限制对美国出口。在纺织品贸易上，美国要求亚洲一些国家和地区自动限制对美国出口。我对美国出口的棉纺织品，除征收高额进口税外，美方还没有要求实行"自动配额限制"。但在1973年美国方面向我提出"备忘录"，无理要求我实行"节制"（1972年我国对美出口棉布仅占美进口棉布量的1.5%）

如我国出口棉布超过一定数量，美方可能提出自动限制问题。

3. "美国售价制"（American Selling Price，ASP）

在这种制度下，对108种化学品所征收的进口税，不是以出口国的离岸价（FOB）为标准课征，也不是以美国的到岸价格（CIF）为基础课税，而是按照独特的"美国售价"来征收。所谓"美国售价"，即同种的美国商品在美国市场上的批发价格。

4. 卫生、防疫及公害的管制

美国进口食品、饮料、药品及化妆品全部受联邦食品、药品及化妆品法（The Federal Food, Drug and Cosmetic Act）及由食品和药品管理署根据该法制定的规章所管制。输入用兽毛或猪鬃制造的刷子亦须通过防疫检验。牲口、所有肉类及肉类食品受美国农业部管制，并由农业部牲口卫生局负责对所有牲口的防疫检验。任何地区如发现口蹄疫，即禁止自该地区输入牲口、冻肉及稻草。

目前，在这方面影响我国对美出口的有以下的问题：

i. 低酸度登记问题：制造食品罐头的工厂设在什么地方必须在美国登记。登记后，经美国方面派人到工厂检查：认为符合美国规定的，才能对美国出口，凡不登记的，一律不得对美国出口。这一规定适用于所有国家，我驻美联络处及外交部已同意进行登记。

ii. 罐头食品的含锡量、含铅量。美国和其他一些国家对此都有规定，超过规定一般不得进口。

iii. 对淀粉的含硝酸盐量也有规定，超过规定一般不能进口。

iv. 对陶瓷含铅量，美国规定为百万分之七。

在开展对美贸易中，美国所设定的上述关税及非关税壁垒，已经给我国的出口及外汇收入造成了一定的损害。我们必须仔细研究，认真对待。

二、西欧共同市场

西欧共同市场九国在世界进出口贸易中占有绝对优势的地位。1974年西欧共同市场出口总值为2736.10亿美元，占资本主义世界出口总值的36.5%；进口总值为2907亿美元，占资本主义世界进口总值的38.4%。

近年来，我国对西欧共同市场的贸易稳步增长。1971年中国对西欧共同市场的出口为3.69亿欧洲记账单位（与贬值以前的美元等值）。1974年增长到6.63亿记账单位。1971 年中国从西欧共同市场的进口为 4.15 亿记账单位。1974 年增至 7.71 亿记账单位。在共同市场的对外贸易总额中,我国与它们的贸易额只占到千分之三、四。

我对共同市场输出的商品基本上是三大类,即食品(包括肉类、罐头、对虾、茶叶等),原料(猪鬃、羽毛、生丝、皮革、油籽、钨砂等)和棉纺工业品(纺织品、服装、地毯、陶瓷器、玩具和工艺品等),共同市场是我国这些类商品出口的重要市场。我从共同市场进口的主要商品有钢材、化肥、农药、染料、机械仪器或成套设备等我国社会主义建设需要的物资。

我国对西欧共同市场贸易中存在的主要问题之一,是长期的持续的入超。1971 年的入超额为 0.46 亿记账单位。1974 年增长到 1.08 亿记账单位。造成我国对西欧共同市场贸易持续入超的主要原因除了我国出口商品的数量和品种跟不上贸易的发展的需要外,还有西欧共同市场成员国所树立的关税和非关税壁垒的限制。

(一) 关税壁垒

共同市场原六国之间的工业品和农产品贸易,已分别于 1968 年 7 月和 1969 年起取消关税,形成为统一的市场。在扩大的共同市场中,原六国和新加入的英国、丹麦和爱尔兰等三国之间,自 1973 年 4 月起分阶段减税,到 1977 年 7 月 1 日,实现全部互免关税。

工业品贸易方面,共同市场原六国自 1968 年 7 月起,开始对第三国实行统一的对外关税。根据统一的对外关税,工业原料可以免税进口或征收很低的进口税;半成品一般征收较高的关税,制成品的关税最高。英国、丹麦、爱尔兰三国从 1977 年起也将使用统一对外税率。

西欧共同市场按进口产品的种类和来源,实施不同的关税。其基本税率有五栏:

1. 特惠税率

目前实施对象主要为 1975 年 2 月 1 日与共同市场缔结洛美协定的 46 个非洲、加勒比和太平洋地区国家。根据协定,非加太国家出口的全部工业品和 94% 的农产品自今年 7 月起可以免税进入共同市场九国。

2. 协定国税率

(1) 根据共同市场与西班牙、以色列、埃及等国签订的双边贸易协定,给予这些国家不同的优惠关税待遇。

(2) 共同市场与小自由贸易区国家,包括瑞士、瑞典、冰岛、葡萄牙、挪威、奥地利等于1972年7月签订了自由贸易双边协议,协议规定从1973年4月1日起,工业品贸易开始分五期减税,即1977年7月时,达到全部互免关税。对于农产品的进出口也互相给予优惠待遇。

3. 普遍优惠制税率

实施对象是102个发展中国家和地区,以及共同市场成员国和第三国的海外领土。实施期限为十年,从1971年7月1日起开始施行。对某些原料、半制品和制成品,给予减税或免税的优惠待遇。对于另外一些制成品和半制品,在进口最高限额(Ceiling)或关税配额(Tariff Quotas)或进口配额之内,给以免税优待。

4. 最惠国税率

适用于"关税及贸易总协定"成员国及共同市场成员国签订双边贸易协定享受最惠国待遇的国家。我国曾与联邦德国、意大利、丹麦三国签订贸易协定,规定相互给予最惠国待遇。根据共同体委员会的规定,凡共同市场成员国单独与"国营贸易国家"订立的贸易协定,一律于1974年年底终止。因此,我国与联邦德国、意大利、丹麦三国所订立的贸易协定已于1974年12月终止。此后,只有欧洲经济共同体委员会有权根据共同贸易政策与上述国家签订贸易协定。在签订正式的贸易协定前,共同体委员会采取临时性措施保证继续对我国及上述其他国家暂时给予最惠国待遇。

5. 普通税率(第三国税率)

对于不属于上述各类国家的国家所适用的税率。

西欧共同市场在正式发表的关税税制中只列有共同对外关税一栏,也就是普通税率(第三国税率)一栏。其他各栏税率都根据共同对外关税有不同程度的削减,或完全免税。

西欧共同市场共同对外关税举例如下:

号 列	货 名	税率(差额税)%
01.01	活马、驴、骡	
	A I. 纯种马	免税
	II. 供屠宰用的活马	8
	III. 其他	18
	B. 驴	12

续 表

号 列	货 名	税率（差额税）%
	C. 骡	17
01.02	活牛	
	A I. 纯种牛	免税
	II. 其他	
	（a）小牛	16 + L
	（b）供屠宰用的牛	13 + L
01.03	活猪	
	A I. 纯种猪	免税
	II. 160公斤至少下过一胎的母猪	L
02.01	肉类	
	I. 马、驴、骡肉	13
	II. 鲜冻牛肉	20 + L
	III. 猪肉	L

在农畜产品贸易方面，共同市场原六国对猪牛肉、粮谷、家禽和蛋、奶制品、食用油脂、糖、酒及水果蔬菜等农畜产品实行了共同农业政策，对内统一价格，对外部进口货征收进口税和变动不定的差额税。其目的是使进口农畜产品价格维持在六国内部农产品统一价格以上的水平，阻碍农畜产品的进口，以保护六国农场主的利益。

共同市场对农产品进口征收差额税的情况，举例如下：

共同市场对进口活牛和活小牛所征收的进口税和差额税

（一）首先，共同体委员会在每年8月1日规定统一的基准价格（Guide Price）供翌年的4月1日到第三年的3月31日的年度内使用。

活牛及活小牛的基准价格 （每百公斤，记账单位）

	1972/1973	1973/1974
活牛	75.00	86.20
活小牛	94.25	103.75

（二）干预措施。当共同市场价格降至基准价格的98%以下时，可以审慎地进行干预。在市场价格降到基准价格的93%以下时，就必需要采取措施，或由主管部门给予私人牲畜的补助或直接收购。

（三）进口税，差额税和配额

首先征收进口税：

活　　牛	16%
鲜冻牛肉	20%
牛肝	14%
牛下水	12%
咸肉等	26%

其次，要根据每周进口价格变动情况以共同市场的内部市场价格变动情况，征收变动不定的差额税。

$$差额税 = 基准价格 -（进口价格 + 进口税）$$

①在共同市场内部市场价格降至基准价格以下时，征收全部差额税；
②在共同市场内部市场价格涨到基准价格的100%～102%时，征收差额税的75%；
③在共同市场内部市场价格涨到基准价格的102%～104%时，征收差额税的50%；
④在共同市场内部市场价格涨到基准价格的104%～106%时，征收差额税的25%；
⑤在共同市场内部市场价格涨到基准价格的106%以上时，免征差额税。

差额税每周调整一次。

共同市场对猪肉、小麦、酒类以及其他农畜产品所征收的差额税情况与上述对活牛及牛肉所征差额税的情况又有所不同。

我国向共同市场出口的大宗商品，所需缴纳关税的高低情况，各不相同。共同市场对许多农矿原料及土特产品一般免税或低税进口。因此对我国出口的影响很小，或完全无影响。共同市场对服装、纺织品、工业制成品、经过加工制造的畜产品、工艺品等一般征收10%～20%的关税，对冻猪肉有时征收高达40%～50%的差额税。我国对共同市场出口的这些商品受到一定的影响。

此外，如上所述，共同市场通过各种国际的或双边的协定给予许多国家关税优惠或特惠待遇。如对非加太地区的46个国家的全部工业品和大部分农产品的进口自1975年7月起给予免税待遇，对优惠协定国的部分进口货给以免税或减税待遇。对一百多个发展中国家的某些商品实行普遍优惠制税率，而对我国货物所适用一般的最惠国税率或第三国税率，从而使我国对共同市场的出口处于不利的地位。

（二）非关税壁垒

1. 配额

共同市场成员国对我国许多商品实行配额或许可证的限制。对我国商品实行配额限制的国家有联邦德国、法国、意大利、英国和丹麦等五国，实行配额限制的商品包括纺织品、食品、皮革制品和电器用品等等。在 1975 年以前，共同市场成员国分别规定对中国和其他"国营贸易国家"实行配额的商品种类和数量，从 1975 年 1 月 1 日起，对这些国家的配额已由共同市场委员会统一管理，由各个成员国分别执行。

（1）联邦德国

1972 年我国与联邦德国建交并签订了为期两年的贸易支付协定。在建立前，联邦德国对从我国进口的总值中 60% 的货物实行自由化，40% 的货物实行配额。配额不公布，只由联邦德国内部掌握。建交后，自由化的货物所占的比重从 60% 扩大到 90%，1974 年又扩大到 92%，联邦德国并采取了公布配额的办法。实行进口配额制的商品种类目前有 28 类。总配额，1973 年为 5103 万马克，1974 年增至 5638 万马克，1975 年更增加到 6368 万马克。1975 年部分工业品的对我国配额如下（单位为万马克）：

品　名	原　金　额	现　金　额
各种化工品	400	600
氧化锑	125	自由化
胶合板	—	10
小篮子	300	400
其中：籐柳制品	60	100
中国式瓷器	350	400
各种玻璃制品	215	250
铁、铁皮、钢制品	400	500
工具、螺丝等小五金	100	150
乐器	25	45
玩具	330	360
其中：长毛绒玩具	160	180
体育用品	20	30

对于联邦德国规定的各种商品配额，我国使用率很低。有的商品只使用 10%，甚

至10%以下。1973—1974年，总的使用率约为30%（一年不到2千万马克）。原因是多方面的，在联邦德国方面，进口许可证每年发放三次，凡商人申请，联邦德国经济部就一律发放，并不考虑商人的经营能力及使用情况。有的商人申请后，并不使用或使用率很低，因此老客户得不到足够的配额。在我们方面，商品的品种、数量、规格、质量、包装、装潢有时不能满足对方的需要，因而影响了出口。

联邦德国的进口配额制目前影响我国出口最大的是纺织品和皮革制品。

联邦德国对某些商品给予苏联、东欧国家和台湾地区的配额比给我国的要多，针对联邦德国限制或歧视我国出口商品的措施，我国有必要进行适当的斗争。

（2）法国

除非洲法郎区国家和越南民主共和国、柬埔寨、老挝等国外，对其他各国均实行配额制，根据法国与各国和地区不同的关系，把世界各国和地区分为三类地区。

第一类地区包括：共同市场成员国，小自由贸易区成员国，北欧国家，非洲的大部分国家以及美国、西班牙、马耳他、塞浦路斯、南斯拉夫等，对这一地区配额较宽。

第二类地区包括：拉丁美洲、中东及亚洲的一些国家和地区。对这类地区配额较严。

第三类地区包括：中国、阿尔及利亚、朝鲜民主主义人民共和国及经互会国家（古巴属第二类国家）。对这类地区进口配额则更严。

对同一类地区的进口配额虽然有一般规定，但其严格程度也不尽相同。而且随着法国与每个国家的政治、经济、贸易关系的变化而变化。

总的来看，法国的进口配额有逐年放宽的趋势。不但总额每年有所增加，而且每年从配额单中开放几项商品，列为自由进口。

1969年以来，法国对我国实行配额的商品种类有所减少和调换。给我国进口配额的金额每年有所增加。

法国给予我国的总配额金额 （单位：万法郎）

1969	5550.7
1970	6404.2
1971	6156.5
1972	7539.0
1973	8542.0
1974	9748.0

法国的进口配额不公开。目前对我国实行配额限制的商品种类有 26 种。主要配额商品的配额及使用率情况如下：

品　名		1973	1974
地毯	配额	78 万法郎	117 万法郎
	实际出口额		39 万法郎
针织品	配额	165 万法郎	210 万法郎
	实际出口额		250 万法郎
服装	配额	450 万法郎	630 万法郎
	实际出口额		654 万法郎
手帕	配额	50 万法郎	60 万法郎
	实际出口额		57 万法郎
日用瓷器	配额	45 万法郎	50 万法郎
	实际出口额		54 万法郎

有些商品如坯布，法国给我国的配额很少。但我国可以多出口，甚至成几倍的出口。办法是商人可以申请特殊配额。凡是已分配给其他国家而不能用完的配额，可以进行内部调整。我方多给佣金，通过商人申请，就可以得到超额出口的便利。坯布进口后经过加工，成为花布，转销非洲，对法国国内生产无影响。

邓副总理访法后，法方在贸易方面做出了友好姿态，要求我方提出配额数目作为参考。看来，今后法国对我国配额限制有进一步放宽的可能。

（3）英国

英国对我国实行配额商品限制的商品，主要是纺织品、陶瓷、水果罐头、蔬菜罐头等项。总的趋势是限制逐步放宽。过去受配额限制的商品项目较多，1965 年时曾达八十几项，1975 年只剩下十七项。配额金额也逐年增多。虽然如此，英国对我国配额限制仍极为苛刻。例如英国对亚洲地区的棉布配额中，我国是最少的。1974 年对印度配额为一亿米，巴基斯坦为八千一百万米，中国香港地区为一亿六千万米，中国台湾地区为一千万米，而对我国为二十二万英镑，仅相当于三百多万米，比对中国台湾地区的配额还小许多。

这是一种歧视性措施，不能与之谈判。最近一两年内，情况有了变化。现在我国承认这是一个历史遗留下来的问题，但存在着不合理的地方，应予以纠正。我国与西欧国家的贸易多为逆差，它们又急于扩大对我国贸易，我国正可以利用这一有利地位，根据平等互利的原则，进行必要的斗争以扩大我国出口。

2. 卫生、检疫问题

(1) 联邦德国

1972年联邦德国取代法国成为世界第二大的猪肉进口国,西欧国家是其主要供应国。联邦德国对进口肉类(主要是冻猪肉)检疫问题,要求甚严。1973年联邦德国曾派卫生检疫代表团来到中国,对我国肉类卫生检疫情况进行参观。其后联邦德国提出两项要求。第一是派人来我国工厂监督检疫。第二是要求我国出具发放证明文件,证明我国出口屠宰肉类的卫生条件符合联邦德国的最低要求。这两条都是我方不能同意的,因此加以拒绝。两年多以来,这个问题一直未能解决。现在联邦德国和荷兰都借口卫生检疫问题,禁止我国肉类进口。

(2) 法国

法国在世界猪肉进口国中占第二、三的地位。每年进口量达15万到20万公吨。冻猪肉也是我国对法出口的大宗商品。对法国出口的肉类、家禽及罐头食品也存在着上述的卫生检疫问题。今年法国更要求从1975年7月1日起所有冷冻食品一律加以标记,注明冷冻日期。期限不超过半年,才算是新鲜的,但我国冷冻肉类一般是一二年,甚至在二年以上。因此,这项规定的对我国出口的影响很大。[①]

(3) 英国

英国是世界最大的猪肉进口国家,进口的猪肉以咸肉为主。英国对进口的猪肉也要求严格的检疫,同时货不对路(英国需要的是咸肉),因此我国对英不能出口。对肉类罐头的加工制造及检疫问题,英国有关方面曾派人来到中国参观过三次,认为合乎其要求,已允许我国肉类罐头对英出口。

3. "公害"和化学物质残留过量问题

由于污染和化学物质残留过量问题,我国花生、烟叶、茶叶、蛋品、蘑菇罐头、水产品、桐油、瓷器、涂漆玩具等商品的出口已受到影响,甚至严重影响。

蛋品的出口,在新中国成立初期曾达到30万吨,1974年只出口了一万多吨。蛋品出口的急剧下降,除了国外养鸡事业的发展外,农药残余问题的不能解决,也是一个主要原因。过去我国对联邦德国每年出口的干蛋黄600～700吨,作为加工面条之用,近一两年内,因农药残余超过所规定的比例,以致不能出口。

瑞士政府也禁止超量"农药残余"的蛋品进口,如货到检验发现超量,就要没收、销毁。1971年瑞士官方检疫机构曾发现我国冰蛋和干蛋中的农药残余留量超过规定。

---

① 参国贸消息,1975年6月23日。

1972年瑞士官方检验机构对我国蛋品的检疫结果，又发现滴滴涕至少为百万分之三至四，超过规定达十倍以上。

此外，日本、英国、联邦德国、意大利、芬兰、加拿大、澳大利亚、新西兰等国对进口花生、花生米、花生粕的黄曲霉菌毒素含量都有一定的规定和要求，超规定就不准进口。联邦德国规定对进口烟叶含有滴滴涕、六六六等十八种农药残留量不得超过一定数量的限制。日本政府规定，茶叶中农药残留量不得超过百万分之零点二。加拿大对蘑菇的含水银量规定不得超过百万分之零点零五。而我国向加出口的蘑菇罐头，其含水银量一般都超过规定。美国对水产品中水银量最高含量规定不得超过百万分之五。意大利规定不得超过百万分之七。

加拿大、美国、英国等国对陶瓷器和玩具进口规定含铅的最高限量。上述种种都在不同程度上影响了我国有关商品对这些地区的出口。

三、日　本

日本的对外贸易仅次于美国和联邦德国，占世界第三的地位。1974年日本的出口为555.80亿美元，进口为620.61亿美元，逆差为64亿美元。

日本在我国进出口贸易中占第一位。1970年中日贸易额为8亿多美元，1972年为12亿多美元，1973年为20亿美元，1974年增长到32.9亿美元，约占我国对外贸易总额的五分之一强。

1974年日本对中国出口为19.9亿美元，从中国进口为13亿美元。我国对日贸易入超，1973年为6 732万美元，1974年增长到68 322万美元。

中日贸易在日本对外贸易总额中所占的比重，1973年为2.67%，1974年为2.8%。

（一）日本的关税税率

日本的税则分为四栏。第一栏为基本税率（General rate），这种税率最高，适用于非"关税及贸易总协定"成员国和与日本没有签订贸易协定，不能享受最惠国待遇的国家。在我国与日本未签订贸易协定以前，我国对日本的出口货即适用基本税率。

第二栏为协定税率（GATT），这种税率较低，适用于"关税及贸易总协定"成员国及与日本签订有贸易协定，享受最惠国待遇的国家，目前适用协定税率的有115个国家和地区。另外，还有63个国家和地区根据日本政府的命令，享受协定税率的待遇。自中日贸易协定签订后，我国已自1974年1月起享受协定税率待遇。

第三栏特惠税率（Preferential rate），这种税率最低，适用于发展中国家和地区。目前享受特惠税率的国家和地区共有138个，其中包括南朝鲜、台湾地区、香港地区、印度、印尼、孟加拉国、以色列、南斯拉夫、罗马尼亚、保加利亚、古巴、西班牙、葡萄牙等。

第四栏为暂定税率（Temporary rate）。这种税率一般与协定税率相等，适用于与日本没有签订贸易协定但与日本友好的国家。日本可根据情况下命令给予这些国家的暂定税率待遇。

暂定税率与基本税率统称为固定税率。

在我国与日本进行贸易协定谈判时，没有要求给予特惠待遇，只要求给予最惠国待遇。我国与其他发展中国家碰头的出口商品较多，而特惠税率与协定税率的差距又较大。因此，这种差别待遇对甸的出口数量和货物的售价有较大的影响。

日本的四栏关税税率举例如下：

品 名	基本税率	协定税率	特惠税率	暂定税率
冷冻对虾	10%	5%		5%
毛皮制品	40%	20%	免税	20%
羊毛皮	30%	15%	免税	15%
木品家具	20%	1%	免税	10%
生丝	15%	7.5%		
丝纱	15%	7.5%	3.75%	7.5%
丝绸	25%	12.5%	免税	
毛织品	20%或每平方米330日元，征收其最高者	15%或每平方米250日元，征收其最高者	7.5%或每平方米125日元，征收其最高者	15%或每平方米250日元，征收其最高者
坯布	10%或7.5%加平方米2.60日元，征收其最高者	70%或5.5%加平方米1.90日元，征收其最高者	3.5%或2.75%加每平方米0.95日元，征收其最高者	7%或5.5%加每平方米1.90日元，征收其最高者
大豆	4.80日元/公斤	2.40日元/公斤		
地毯	30%	15%	免税	15%
内衣	30%	21%	10.5%	21%
男子外衣	40%	28%	14%	

续表

品　名	基本税率	协定税率	特惠税率	暂定税率
鞋	20%	10%	免税	10%
型钢	15%	7.5%	免税	
藤椅	3%	15%	免税	15%
象牙雕刻	40%	20%	免税	20%
刷子	5%	5%	免税	
运动器材	20%	15%	免税	

(二) 日本的非关税壁垒

日本对外贸易从60年代起开始实行自由化。非自由化的进口商品逐年减少。到目前为止，绝大部分商品可以自由进出不加限制。现在非自由化的商品还有84项，其中55项商品，包括武器、麻醉剂等今后也不会自由化。其余的29项商品，在"关税及贸易总协定"的规定下，日本有实施进口自由化的义务，今后还要逐步放宽限制。在29个项目中，有煤炭、六项工业制成品（电子计算机、机器、仪器等）和22项畜产品和农林水产品。对这29项商品日本皆采用外汇配额限制进口，给有关国家的进口配额该根据过去这些国家对出口的实际数量。

在29项商品中，关系我国出口的主要是农林水产品，首先是红小豆。过去分配给我国的红小豆配额很少，低于分配给香港地区的数量。这里面存在着歧视，我国货物可以通过香港转口到日本。其次是花生米、蚕豆、豌豆、淀粉、牛肉罐头、猪肉罐头、紫菜、蒟蒻、番茄酱、渔具类、牛皮、马皮、煤炭等。对这些商品都实行配额限制。日本公开说是配额的多少是根据过去进口的实际情况，实际上有其国别政策和差别待遇。

在目前日本所实行的非自由化进口项目中没有生丝。但由于日本国内市场缩小，丝价下跌，日本政府借口保护蚕农，宣布从1974年8月1日起至1975年5月底止，禁止生丝自由进口。由日本政府所控制的日本生丝公司实行一元化进口。1975年5月，日本政府又决定由日本生丝公司一元化进口的措施再延长一年。所谓一元化进口，就是由日本生丝公司采取招标办法，今年2月举行第一次招标，我国占到总额的56%，南朝鲜占34%，其他国家10%。今年5月举行第二次招标，经过斗争，我国占到总额的60%，南朝鲜30%，其他地区10%。

所以"一元化进口"实质上是日本政府对中国采取的歧视政策的一部分，其矛头主要是针对着中国生丝。另外，日本国内一部分厂商还要求对绸缎，棉布等实行进口限制，并且有成立民间进口组合以限制进口的动向。凡此种种，均应引起我们的注意。必要时，必须采取反限制措施与日本政府进行斗争。

此外，日本对于来自南朝鲜和台湾地区的猪肉准许自由进口。而借口我国猪肉产地有口蹄疫，把我国列入口蹄疫区，禁止我国猪肉进口。这也是对我国的一种歧视性的限制措施。

中国地方外向型经济发展

发展外向型乡镇企业的条件[*]

一、"三来一补"的乡镇企业参加国际分工的利弊与得失

我国的"三来一补"生产就是按照国外承包商的图纸、样品来件或提供的原材料进行加工生产，这也是沿海地区，特别是珠江三角洲、闽南三角地区乡镇企业参加国际分工的主要形式。参加国内和国际分包生产，有以下几种利益：

1. 可以扩大我国的工业基础，促进大、中、小企业的同步增长，扩大城乡的就业范围。组织良好的分包生产是促进经济增长的有力因素。

2. 对我国的工业布局可起到分散化和平衡发展的重要推动作用。

3. 可以提高我国承担分包生产的中小企业的技术水平，提高劳动生产率。

4. 可以造就一批有才能的企业家。

5. 可以打破我国"大而全"、"小而全"的落后的生产体制。

但是，参加国际分包生产，也有不利之处，主要表现在：

1. 既然参加到国际经济中去，就要受到国际经济、世界市场行情的摆布，一旦发生经济衰退或经济危机，"三来一补"加工订货马上会减少，这将会直接打击乡镇企业，并影响到国内经济。

2. 势孤力单、信息不灵的乡镇企业在同国外大企业谈判讨价还价时，处于明显的不利地位。

3. 在国内物价上涨、工资提高、成本增加时，国外加工订货订单会随时转移到其他国家去。

4. 技术进步也会影响国外加工订货的减少。

---

[*] 姚曾荫，发展外向型乡镇企业的条件，国际贸易论坛，1988年第3期。

二、当前发展外向型乡镇企业的有利条件和不利条件

有利条件是：

1. 日元、西德马克升值，使一些国家劳动密集型企业或劳动密集型工序有向外转移的趋势。同时日本、中国台湾、南朝鲜等地区的劳动成本上升，地价上涨，这也加强了我国产品在世界市场上的竞争力。

2. 我国大陆有丰富的劳动力资源，工资水平低。

3. 美国宣布从 1989 年 1 月 2 日起取消对中国台湾、中国香港、新加坡、南朝鲜的普惠制（GSP）待遇，这将使我国大陆的许多出口货在美国市场上处于同等竞争的地位，相应地加强了我国大陆产品的竞争力。

不利因素是：

1. 当前世界经济处于低速增长阶段，估计这种情况会延续到 90 年代。

2. 世界市场上的竞争更为激烈，许多产品的供给大于需求，生产过剩，这与 50 年代和 60 年代美国进行两次对外战争时期不同。

3. 当前贸易保护主义加剧，70 年代初期以来发达国家广泛采取了新保护主义措施。新保护主义是我出口的一大障碍，也是我国发展外向型乡镇企业的一大阻力。

4. 微电子技术的发展，可能使产品周期发生倒转，使原来的劳动密集型产品有"回娘家"的趋势。

三、发展外向型乡镇企业要注意的几个问题

1. 发展沿海外向型乡镇企业，要有领导，有计划、有步骤地进行，切忌一哄而起。
2. 沿海各地的自然条件不同，技术条件不同，运输条件不同，要因地制宜。
3. 随着沿海各地和内地乡镇企业的发展，要避免出现彼此间，以及与大城市、大企业间争夺原料、客户、市场的现象发生。
4. 要切实制止地方保护主义。
5. 要注意防止有些企业利用"货币投机"，倒卖外汇来弥补亏损。

四、发展沿海外向型乡镇企业须采取的几项政策措施

1. 要鼓励和引导乡镇企业走横向联合和合作化的道路。
2. 对有条件的外向型乡镇企业减低各种税收，以资鼓励。
3. 对有条件的外向型乡镇企业给予优惠贷款。
4. 成立领导乡镇企业发展的机构。我国的乡镇企业在 1986 年已达 1 500 多万个，从业人员达 8 000 万人。庞大的小企业群需要统一规划、加强领导，因此在中央政府一级有必要设立小企业管理局等机构。
5. 成立全国性的小企业信息中心，小企业咨询中心和小企业管理人员、技术人员培训中心，以及沿海各省、内地各省的分支机构。

总之，发展沿海外向型乡镇企业是一项涉及国内外经济许多方面的系统工程，要统筹规划，加强领导，有计划、有步骤地进行。

发展沿海外向型乡镇企业需要
全面规划　积极引导[*]

赵紫阳同志在纵谈沿海地区经济发展战略问题时指出，"沿海地区的乡镇企业，将会有一个很大的发展"，又说，"它不仅适合参与国内市场的竞争，而且非常适合参与国际市场的竞争。"近年来，珠江三角洲和闽南三角洲"三来一补"外向型乡镇企业的发展，出现了朝气蓬勃、方兴未艾的势头，使广东、福建两省的经济发展呈现出崭新的局面。

一、"三来一补"的乡镇企业生产是我国参加国际分工的一种形式

战后社会分工发展的主要趋势之一，就是各个产业部门内部分工的发展，亦即原来的一个生产部门逐渐分化为更多更细的生产部门。这样，原来的一个产业部门就变为众多的新的独立的部门。产业部门内部的分工是零件、部件、配件生产专业化的结果。生产专业化能够提高劳动生产率，增加经济效益，这是经济发展的一般趋势。在发达国家的飞机制造、汽车、农机、机械、电子、家用电器等工业部门已经产生了一大批成龙配套的独立于整机行业的专业生产零部件、配件的中小企业。它们通过市场或与大企业签订合同而向后者供应零、部件、配件，以整机厂为中心发展了成批的卫星式的辅助性小企业群。这样大企业与小企业间建立了一种纵向的生产联系。在订立购销合同的情况下，大企业被称为承包商，小企业被称为分包商。在发达国家和拉丁美洲的一些国家，产业部门内部的这种分工已达到巨大的规模，它是促进经济发展的重要因素。例如，在美国，一家世界最大的工业公司靠其他 45 000 家厂商为其供应商

---

[*] 姚曾荫，发展沿海外向型乡镇企业需要全面规划　积极引导，国际贸易，1988 年第 5 期。

品和劳务，其中约有 2 万家厂商，其职工人数不满百人。各大企业一般都对中小企业有所依赖。这种情况与我国因产业部门内部分工不发达，因而形成的"大而全"、"小而全"的体制完全不同。

随着生产国际化的发展，这种原来在一国内部的分工协作关系已超越国家的界限，而扩大到国际范围，成为国际分工的一种重要形式。

国际分包生产在航空工业中特别常见。飞机制造和装配需要几万种零件、部件。美国的飞机制造商不但将大量的零部件生产分包给美国的中小企业，也分包给西欧和其他国家的制造厂。法国的"快帆式"飞机也是由 57 家法国企业、29 家美国企业和 18 家英国企业协助制造的。我国的工厂也参加了美国波音飞机的零配件和英国 BA146 型飞机配件的制造。

国际分包生产在汽车、机械、农机、造船、电子、家用电器等部门也大量出现。美国福特护卫牌汽车的零部件是在美国、加拿大、日本、联邦德国、英国、法国等 15 个国家生产，最终产品是在联邦德国和英国组装的。因为参加零部件生产的不是一个国家的工厂，而是遍布全球的许多国家的工厂，所以称为环球工厂（global factory），产品牌号称为万国牌。

还有一种形式的国内分工和国际分工，就是由大贸易公司，如美国的西尔斯—贝克公司、日本的综合贸易商社，在国内和国外进行加工订货。我国的"三来一补"生产就是按照国际承包商的来料、来样或图纸进行加工的。

不仅我国的乡镇企业和城市企业参加国外产品的制造，国外生产的零件、部件也参加到我国整机或整件产品的制作过程。我国的轮船、汽车、电视机、录音机等等的重要零、部件也有很多是来自国外的。许多出口服装的面料、拉链、钮扣也是进口的。如果全部国产化，也就没有国际化，没有国际分工了。

从事国内分包生产或国际分包生产可以得到以下几种利益：

第一，分包生产可以扩大我国的工业基础，可以促进大中小企业的同步增长，可以扩大城乡就业范围。

第二，国内分包生产或承担国外的分包生产，可以对我国工业的分散发展、平衡发展起到很大的推动作用。

第三，分包生产可以提高我国从事分包生产的乡镇企业或其他企业的技术水平，提高劳动生产率。通过各种形式的技术培训，一大批熟练的工人队伍会逐步成长起来。

第四，从事分包生产的乡镇企业，还能造就一批有才能的企业家。

第五，分包生产可以打破我国"大而全"、"小而全"的落后生产体制。

二、当前发展"三来一补"乡镇
企业的有利条件和不利条件

(一) 有利条件

1. 日元升值、台币升值。在币值升值的情况下日本和我国台湾省的一批劳动密集型企业有向外转移的趋势。同时日本、我国台湾、南朝鲜等地的劳动成本上升也加强了我国大陆产品在世界市场上的竞争力。

2. 中国有丰富的劳动力资源，工资水平较低。

3. 美国宣布从1989年1月2日起取消对中国台湾、中国香港、新加坡和南朝鲜的普遍优惠税待遇，这将使我国大陆的许多出口货能够与亚洲"四小龙"的出口货在美国市场上处于同等的竞争地位，相应地增强了我国大陆产品的竞争力。

(二) 不利因素

1. 与60年代世界经济处于高速发展阶段时不同，当前世界经济贸易处于低速增长阶段，估计这种情况会延续到90年代。

2. 世界市场上的竞争更为激烈。现在世界市场上许多产品的供给大于需求，这与50年代和60年代的情况也不同。

3. 60年代是贸易自由化时期，80年代则是贸易保护主义加剧时期。70年代初期以来，发达国家广泛采取了以非关税壁垒为主要手段的新贸易保护主义措施，目前非关税壁垒已达1 000种以上。其中特别重要的是多种纤维安排，而且多种纤维安排有逐步加严、逐步升级的趋势。过去它不包括服装，1973年以后已把服装包括在内。过去它只限于棉纺织品，后来扩大到合成纤维织品以及丝、麻混纺织品。

新贸易保护主义的蔓延是我国出口的一大障碍，也是我国发展外向型乡镇企业的一大阻力。

4. 微电子技术的发展可能使产品周期发生倒转，使原来的劳动密集型产品的生产有"回娘家"的趋势。

传统上，轻工、纺织和服装的生产是劳动密集型的，这就使得发展中国家在轻纺和服装生产方面处于比较有利的地位。但是随着微电子技术在纺织、服装生产中的应用，这些工业部门生产上的比较优势将会逐渐转移到发达国家去。特别是随着微电子技术的进一步发展和推广,和越来越廉价化以及世界市场上竞争的加剧,发达国家的纺织和服装工业将会更多地采用新技术、新设备,以降低成本,提高竞争力,从而使原来的劳动密集型产品转化为资本密集型、技术密集型产品。这时所谓的产品生命周期将倒转过来。这就会对我国及其他发展中国家的纺织品和服装的出口造成困难。其他轻工产品也可能出现类似的情况。

5. 国内电力供应不足。有些地方,特别是乡镇的电力供应十分紧张,这必然会影响出口加工产品的生产。

三、发展外向型乡镇企业需要注意的几个问题

第一,要避免互争原料、互争客户、互争市场。要防止类似羊毛大战、兔毛大战、蚕茧大战、对虾大战、芝麻大战、珍珠大战等事件再次发生。

第二,要制止地方保护主义和各省、各地县之间在经济上的互相封锁。贸易保护政策只能用来对外,绝不能用来对内。要求在经济上树立全国一盘棋的观念,要大力推动统一的社会主义市场的建立和发展。

第三,发展外向型乡镇企业要有领导、有计划、有步骤地进行。要因地制宜,要制定一项产业政策,把沿海各省外向型乡镇企业的发展纳入全国的产业政策的规划之内。

四、发展沿海各省外向型乡镇企业
需要采取的几项政策措施

第一,要鼓励和引导乡镇企业走横向联合和合作化的道路。由于乡镇企业与国外大企业间的谈判力量悬殊,国外承包商就容易把价格、规格、交货期限等按苛刻的条件强加于乡镇企业,使它们完全处于依附地位。乡镇企业如能走合作化的道路,以联合起来的力量对付国外大企业,就可能在谈判中取得比较有利的地位,同时可以避免为了争取分包订货而进行的你死我活的竞争。

第二,要对有条件的外向型乡镇企业减低各种税收,以资鼓励。

第三,要对有条件的外向型乡镇企业给予优惠贷款。

第四,成立领导乡镇企业发展的机构。美国、日本和其他一些国家都非常重视小企业的发展,因为小企业是国民经济的一个重要组成部分,是国内分工不可缺少的环

节。为了领导和促进小企业的发展，美国、日本等国都在中央政府一级设立了小企业管理局。我国的乡镇企业在 1985 年已达 1 222 万家，在 1986 年、1987 年两年还有进一步的增加。对于数目这样庞大的小企业需要统一规划，加强领导。因此，在中央政府一级和省市一级有必要设立小企业或乡镇企业管理局。小企业管理局的主要任务大致有三项：（1）引导全国各地的小企业向大企业的卫星企业方向发展，使之专门为大企业生产零、配件或进行专业化加工，作为大企业的辅助生产单位；（2）把有条件的乡镇企业引向"三来一补"的方向发展，从事于国际分包生产；（3）把分散的势孤力单的乡镇企业引向合作化经营的道路。

第五，成立全国性的乡镇企业或小企业信息中心、咨询中心和管理人员与技术人员培训中心，以及沿海各省市、内地各省市的分支机构。利用电子计算机的全国信息中心与一些国际组织建立经常性的联系，以取得国际性组织的支援。同时也需要与各省市，特别是沿海各省市的乡镇企业保持联系，以提供各种帮助。这里所说的国际组织包括：联合国工发组织（UNIDO）、联合国开发计划署、国际劳工组织、经济合作与发展组织欧洲生产办公室、经济合作与发展组织发展中心组织，以及法国、英国、荷兰、比利时、北欧国家、西班牙、智利、印度、土耳其等国的分包信息交换所等。可以向这些国际组织，特别是向 UNIDO 提出在发展国际分包生产方面提供技术、信息、管理经验和人员培训等方面援助的要求。

总之，发展沿海外向型乡镇企业是一项涉及国际经济和国内经济许多方面的系统工程，需要统筹规划，加强领导，有计划、有步骤地进行。

关于三江平原东南地带暨牡、鸡、绥三角区发展外向型经济的几点意见[*]

这次能有机会参加三江平原东南地带综合开发论证会，感到十分荣幸，对省、市、县、局、农场，特别是密山县政府的盛情招待，我们要致以衷心的谢意。

一

看了许多文件，又听了张会长及四位市长、牡丹江农场管理局和密山县长的发言，的确是深受鼓舞，得到很大的启发，也学习了很多东西。

现在国际和国内形势对开发三江平原东南地带十分有利。

在国际上，美苏达成战略武器协议。世界上在20世纪内，已经没有打大战打核战争的危险。同时苏联从阿富汗撤军，越南开始从柬埔寨撤军，柬埔寨问题的解决的前景良好。中苏之间一大障碍的消除，将使中苏关系进入一个新时期。中苏间的经贸关系正在发展，一定还会有更大的发展，政治关系迟早会正常化。1986年戈尔巴乔夫远东之行，发表了重要演说，强调要优先发展远东地区。前不久苏联制定了一个苏联远东经济区综合发展生产力长远规划。苏联之所以要下大力气发展远东地区，在经济上有两个目的，一个是解决它的东部石油和矿物资源短缺的问题，一个是开发矿产、森林工业、石油开采业以扩大对外贸易换取硬通货。

苏联西部地区集中全苏人口的将近73%，工业生产的3/4和农业生产的4/5（总值）。而西伯利亚及远东地区集中全苏人口的10.8%，工农业产值的10%，土地面积的57%。西部工农业发达而资源不足，东部工农业不发达而资源十分丰富。而且西部矿业经过长期的挖掘开采，正日趋枯竭。苏联今后优先发展西伯利亚和远东地区的主

---

[*] 姚曾荫，1988年8月5日讲稿。

要原因之一，就是要解决这个矛盾，解决西部资源短缺的燃眉之急。

苏联在开发远东经济区方面，还实现全方位的对外开放。不仅要与中国、朝、蒙等国合作，还要与日本、美国、东南亚发展经贸关系，并且提出了要与南朝鲜、中国香港和台湾建立经济关系。

我们应积极支持苏联的开放政策，也应积极支持它们发展远东经济区。中苏双方在这个地区进行地域分工、协作，密切经贸关系，对双方都有利，对三江平原的发展有利。

在中国，我们正逐步实行全方位的对外开放政策，对所有国家，所有地区都开放。过去我们只有三个国家地区，不与之发展经贸关系——南朝鲜、以色列、南非。现在与南朝鲜发展了经贸关系，南朝鲜在中国也有投资了；表面上与以色列没有经贸关系，但我们引进了武器制造的先进技术，也有以色列的专家在中国帮助制造一些东西；只有南非还没有经贸关系。

现在我国与美国、日本、香港地区、西欧的贸易关系的发展比较顺利。中国出口的货物中，石油占第一位，现在纺织品和服装占第一位，而美国是我们棉纺织品的主要市场。据美国材料，就数量来讲，中国纺织品已占美国进口第一位，价值额大致占到第三、四位，所以美国限制纺织品进口对我国的打击较大。同时三中全会以来，我国从国外引进不少先进技术，引进不少外资。现在在中国投资的国家和地区，占第一位的是港澳资本，其次是美国、日本、联邦德国等发达国家，还有台湾地区和韩国资本。此外，国际机构对我国的援助贷款也不少。世界银行对中国的贷款很多，联合国粮农组织和工发组织对中国的援助很多。对外经济贸易大学就得到了世界银行几百万美元的援助，还得到联邦德国、日本的援助。过去一般认为外国对中国的投资是帝国主义的经济侵略，这种左的看法现在不应再有了。外国的投资援助，先进技术对我国的生产力发展有利，有利我们就欢迎。对外贸易、技术引进，外国投资的确有利于国民经济的发展，改善了人民的生活。现在我们经济建设，许多设备以及吃穿用的很多东西的生产技术是来自外国的，例如尼龙丝、塑料的生产技术是来自外国的。没有各种人造纤维、化工纤维，我们就要用很大一片土地去生产棉花。而我国的土地是十分稀缺的，棉田多了，粮田就少了。从很多方面可以看出开放政策给我们带来的好处。这种全方位的开放政策大大有利于中国经济的发展，当然也有利于三江平原地带的发展。

目前国内经济上还存在不少困难。我认为这是改革过程中所必然遇到的困难，是前进中暂时的困难。在中央的正确领导下，全国上下同心协力，这些困难是会逐步克服的。60年代三年困难时期，比现在要严重得多，不是也克服了吗？哪个国家没有困难呢？美国没有吗？苏联没有吗？现在国内物价上涨，但生产还是增加，人民基本生活是有保障的。

如果我们把国际环境及我国开放政策比做天时，那么，天时的条件基本有了。

三江平原东南地带地下地上资源十分丰富，是我国的宝库，有煤、石墨、黄金、硅线石等多种矿藏。地上有农业、森林、畜牧、药材等资源。如果把三江平原和广大腹地的自然资源比做地利，那么地利条件也有了。

我相信人和的条件应该不成问题。在党的领导下，中央与地区之间、各省之间、省市县之间、各县之间、各单位之间、本着互谅互让的精神，互相配合，密切协作，一切从大局出发，克服本位主义，协商对话，团结一致，那么三江平原的开发，将会顺利进行，将会达到共同富裕的境地。

政通人和，国家才能兴旺发达，地方也才能兴旺发达。如果能做到政通人和，有了天时、地利和人和这三个条件，三江平原东南地带牡鸡绥三角区的开发建设一定会取得成功。

二、谈几个具体问题

关于开发三江平原东南地带的总体规划，还没有看到，仅就已发的文件及同志们发言中所涉及的几个问题谈谈个人的见解。

第一，开发三江平原发展外向型经济首先应抓什么？

外国和中国的经济史证明，凡是交通运输事业发达的国家和地区，经济一定会发达；凡是交通运输事业不发达的地区，经济也一定会落后。美国、欧洲、日本的经验是这样，中国的经验也是这样。

三江平原东南地带实行外向型综合开发，需要上的项目很多，但首先要抓交通运输，即铁路和公路。发展经济，交通运输是关键。张顾问在报告中指出，在发展交通运输事业方面，要恢复、接通和新建三条铁路，改造一条铁路，还要修四条公路。

四条铁路、四条公路都重要，但发展交通运输业也要有个轻重缓急。根据这个地区的情况，我建议先行改建密山档壁镇公路，修建白棱河桥，接通中苏间的公路。其次建议抓紧时间修复密山至档壁镇铁路，接通苏联图里罗格铁路，形成新的国际线。这两条线路花费较少，效益最大，时间花费也不会太多。下这一着棋子，可以使全盘皆活。

修复铁路，改建公路，都需要大量资金。除了由国家拨款，中信公司投资贷款以外，还可以引进日本资本，韩国资本以及发行国内债券办法来筹资。

日本现在每年有几百亿美元甚至上千亿美元的过剩资本需要到海外投资。修建这条国际大运输线对日本有利，对韩国也有利。所以设法引进日本和韩国资本，其方式或直接投资，或贷款，或租赁。

谈到外资的利用，还可以利用国际组织的贷款或援助，如世界银行、联合国工发组织、粮农组织、亚洲开发银行。还有台湾资本，华侨资本都可利用。

这些国际组织的援款和外资不仅限于铁路，也可以用于工业、水利、农业、教育和科技方面。

第二，关于发展外贸问题

发展对外贸易首先要做好调研工作，要知己知彼。根据发下的文件，对三江平原东南地带的经济情况已有所了解，但有些情况还不甚了解。如三江平原的教育情况、科技情况，科技队伍有多大，文盲占人口的比例等。

对苏联远东经济区的经济情况文件也作了介绍。但还需进一步调研，摸清对方情况。三江平原人口总数还不清楚。牡丹江经济区总人口420万，对面的苏联远东经济区的总人口约800万。整个西伯利亚远东区的总人口不过2 000多万。这800万人口的购买力不详，但市场规模就这么大。对这个基本情况，我们要心中有数，不要一哄而起。如果再加上原来外贸大军，带着大批商品一起冲向远东地区，就会造成杀价竞销的局面，对我们极为不利。

在区内、省内以致国内，各路大军一起抢购货源，也会把收购价抬上去。去年国内市场上已经发生了羊毛大战、兔毛大战、蚕茧大战、棉花大战、对虾大战，等等。这些大战，造成了市场混乱，抬高了价格，是去年以来价格上涨的重要原因之一。

为了避免这种情况的一再发生，为了避免争市场，争货源，高价收购，低价倾销，就需要采取一些措施，在收购和外销方面都需要适当的集中统一。建议走日本综合商社的道路，把一些公司联合成几家大的集团公司。这些大集团公司，要在公司经营管理、外销经验、人才等方面占有一定的优势。我们决不能以小商小贩对付国外的大的垄断公司，不然我们会吃亏。

日本综合商社或本身组织货源或受委托代理进出口。例如日本大钢铁公司都通过综合商社在澳大利亚收购矿砂、铁砂，价格压得低；再加上先进的炼钢技术，所以日本钢价比美国便宜，能打入美国市场，使美国一些钢铁厂减产。

外贸部门有一条经验，就是一统就死，一放就乱，统与放已几经反复。现在重点的问题是要防止乱,适当的集中统一对外,走日本综合商社的道路,是可以考虑的重大措施之一。

发展外贸,走外向型道路须信息灵通。日本的大综合商社、大株式会社都建立有遍布全球的信息网,经过电传一天 24 小时不断把世界各地的各种信息传递到日本总部。总部还有一大批分析信息的人员。因为信息灵通和快捷,所以在世界经济战场,日本往往能战胜对方,赚大钱。

三江平原地区在世界各地建立信息网,现在还不能做到,黑龙江省也不可能做到。但可以利用国内外已经有的信息,其中包括新华社所接受的路透社电讯稿,经贸部信息中心,经贸部国际贸易所的信息等等,花一定的代价就可以得到。

如何把从北京得到的世界各地的信息传递到黑龙江省的哈尔滨市或牡丹江市,也有个技术问题,要有电讯设备和一些懂得这方面技术的人员,有必要建立一个信息中心和培训中心。

第三,关于外汇问题

许多同志很关心贸易发展起来后,中苏双方货物用什么货币定价的问题。有的同志认为可以用黄金定价,理由是中苏双方都产黄金;还有的同志认为用美元定价,因为现在世界上大多数国家对外贸易用美元结算,而现在中苏贸易用卢布结算,世界上用卢布结算的比较少。

关于是否用黄金定价的问题,这里要多说几句。现在没有一个国家用黄金定价,过去在金本位制度下,也没有一个国家用黄金直接定价。第二次世界大战前,国际贸易主要用英镑计价,用英镑或黄金结算。第二次世界大战后,实行国际金汇兑本位制,实际上是美元本位制。美元与黄金挂钩,其他国家货币与美元挂钩。所谓美元与黄金挂钩,就是美国按每盎司黄金 35 美元的价格无限制买卖黄金。国际贸易的商品主要以美元定价,不是用黄金定价。因为美元等同黄金,所以国际贸易结算可以用美元,也可以用黄金。这种制度一直实行到 1971 年 8 月 15 日为止。1971 年 8 月 5 日美国尼克松总统实行新经济政策,美元贬值,每盎司黄金 =42 美元。8 月 15 日以后美元不稳,世界上一再出现抛售美元风潮,美国、英国、联邦德国等一系列国家终于在 1973 年以后,逐步放弃固定汇率制,改用浮动汇率制。所谓浮动汇率制度就是各国货币的比价不是固定不变的,而是可以变动。人民币与美元的汇价一年多以来一直维持在 1 美元 =3.72~3 人民币的比价上。但人民币对其他国家货币时则时有波动。

现在世界市场上商品的价格很多是按美元计价。黄金在 1973 年后已经非货币化,黄金已经成为一种一般商品。马克思说黄金天然是货币,这是过去的情况,现在黄金已经不是货币了，不能再生搬硬套马克思的话了。

用黄金直接定价，用黄金作交易媒介还有一大困难，就是成色不一。现在世界市场上买卖的金块成色已标准化，含纯金量有一定的规定。而私人手中保有的黄金，成色很难一致，甚至有掺假的情况，重量也不一致，这对双方贸易的进行会造成很大困难。

能不能用美元计价，用美元结算？美元今后仍有贬值的可能，取款时用贬值的货币我们要吃亏，付款时用贬值的货币对我方有利，日元贷款，付款时我方吃亏。

能不能把人民币与卢布的兑换率规定下来，固定下来？这样就可以各按人民币计价和卢布计价，但是卢布高估情况很厉害，人民币也高估，明年人民币有贬值可能。按人民币与卢布的购买力平价来计算汇率也有困难。原因是我方的物价在不断上升，苏联迟早也要进行价格改革，改革过程价格也会上升。双方价格都在变，就很难找到一个合适的能维持较长时期的购买力平价和汇率。

第四，关于人才问题

三江平原开发建设需要大量的各种人才。最近黑龙江省正展开关于生产力标准的大讨论，但不知道讨论没讨论什么是生产力的问题。世界上最重要的生产力是什么的问题，铁路、公路、机器设备、港口、拖拉机等等都很重要，科技也是潜在的生产力。但世界上最重要的生产力是人，是掌握科技，懂得经营管理，有组织才能，有领导才能的人，懂得经济、贸易、金融的人，善于制造和使用机器的人。世界上最宝贵的东西是人。日本、瑞士、奥地利都是资源小国，"四小龙"也是资源贫乏的地区，但发展都很快，很富有。这是因为它们都有一批人才。有了人才，他们几乎什么都有了。有些国家资源丰富，但经济反而落后，为什么？直接原因之一是缺乏人才，经济建设人才是关键。

什么是人才？能促进生产力发展的就是人才。上次会议开幕式上发言的同志，从张顾问到各位市长、书记、局长、场长、县长都是人才，都是国家宝贵财产。当然黑龙江省还有不少的人才，像上次没有发言的王锦春同志，也是不可多得的人才。他是笔杆子，又是实干家，是一个有才干的人，他的头脑像电脑一样。如何发挥像王锦春以及其他有才干的人的特长，使他们在建设三江平原的伟大事业中大显身手，是值得考虑的。

建设三江平原需要大批人才。目前已有的人才显然不够，需要着手培养。因此，要特别重视教育事业。百年大计，教育为本。发达国家为什么发达富有？首先是因为教育发达。"四小龙"为什么发展快？也是因为教育发达。中国为什么比人家穷，落后？首先因为教育不够发达。"文化大革命"期间，教育事业受到严重摧残，元气大伤，现在中国文盲比例之高在世界上是数得上的。现在小学退学率高。福建中小学教师有很多退职经商的，问题越来越严重。如果教育问题不解决，则经济发展的前景是难以乐观的。没有一个教育水平低的国家和地区，经济能够真正得到发展。三江平原的开发，铁路、公路、工厂、农场固然很重要，教育更是根本。所以我们一定要特别重视教育事业。发展外向型经济更需要狠抓教育，要把发展教育事业制定在三江平原发展规划里，而且要放在重要位置上，对于小学、中学、中专、大学、短期培训班都要高度重视，这样三江平原的建设才有大批后备力量，我们的事业才大有希望！谢谢。

国际贸易研究

国际贸易学的对象与方法[*]

一、国际贸易学的对象是一个不断变化不断缩小的世界

国际贸易是各个国家在国际分工的基础上相互联系的主要形式,并且反映它们在经济上的相互依赖。

我们面对着的是一个不断变化的世界。万物皆流,万物皆变。一切事物总是在运动变化之中。世界经济的各项指标是在持续地变化的。各国在经济上的相互关系和相互联系的形式也是在不断变化的。

我们面对着的又是一个不断缩小的世界。世界各国间、各地区间在空间和时间上的距离越来越缩短。各国间在经济贸易上的联系越来越密切,经济生活已日益国际化了。

各个国家和各族人民经济上相互联系的日益增长,地理的、民族的经济界限的不断克服,是世界经济贸易发展的一般趋势。

世界经济贸易既然在不断发展,国际贸易学也应该随着这些变化而前进。和自然科学的理论不同,放之四海而皆准、持之万古而不变的国际贸易理论是不会有的。一切要看时间、地点和条件。科学的生命在于创新,理论必需联系实际。所谓创新,所谓理论联系实际,在一定的意义上,不过是反映或联系这个不断变化的世界。

在过去的 150 年间,特别是最近的三四十年间,世界经济贸易的脉搏跳动加快了。

在人类历史上直到 1830 年以前的漫长时期内,无论用什么标准来衡量,世界的大部分经济发展是十分缓慢的。据估计,从公元一世纪起到 1850 年止,世界生产的年平均增长率约为 0.1%,世界人均生产年平均增长率只有 0.09%。在 1750 年,现在的发达资本主义国家的人均国民生产总值(GNP)(按 1960 年价格计算,下同)为 182 美元,1830 年增长到 237 美元。在 1830 年以前,西欧和北美的工业化还在进行,世界上

---

[*] 姚曾荫,国际贸易学的对象与方法,对外经贸大学学报,1988 年第 1 期。

大多数国家还处于十分落后的状态,世界经济还远远没有形成一个整体。各国间、各大陆间的交通梗阻,货物运输费用十分昂贵,而且风险很大。世界市场上进行交易的商品仅限于那些各国具有资源优势或那些生产成本差别很大的少数产品。绝大多数的生活资料和生产资料是在本国、本地生产的,并且大多数是由手工制造的。各国间的人员往来还很少。资本输出入和技术交流基本上还是半个世纪以后的事。

在1830年以前,钢和石油这一类现代工业的重要材料和能源,还没有生产或开采出来。直到1860年,铝还是一种贵金属,像白金一样只能在王室之间进行馈赠。橡胶、新闻纸和合成纤维这些现代国际贸易中的重要商品,在实际应用方面,在那时,或是没有或是微不足道。

但是在1830年以后的一百几十年间,世界经济贸易发生了显著的变化。世界人口成倍地增长。世界工业生产、世界市场、世界贸易的增长都很迅速。国际贸易的商品结构和地理分布的变化很大。资本输出入、技术贸易和其他的无形贸易项目都发展起来了。

在1850年到1913年的63年间,世界工业生产增加了10倍,世界贸易量也增加了10倍。而在1913年到1981年的68年间,二者分别增加了13.5倍和16倍。世界贸易的增长速度超过世界工业生产的增长速度。对外贸易在发达资本主义国家的GNP中所占的比重,从战后初期的10%增加到80年代初期的20%,这表明越来越多的产品卷入世界商品流转之中,世界市场进一步扩大了。第二次世界大战后,国际分工和国际贸易的形式也发生了变化,从垂直专业化走向水平专业化。

生产也越来越国际化了。近二三十年来跨国公司处于生产国际化的第一线,1971年国际生产为世界出口总值的105.8%。美国跨国公司的国际产值已经达到美国全部出口值的4倍。英国的国际产值是出口值的2倍。在西德和法国,它也大大地超过出口值。这样,国际贸易日益转向国际生产,"世界市场"逐渐改变为"世界工厂"。

生产国际化在很大程度上是通过国外投资来实现的。主要资本主义国家的国外投资总额在1945年为510亿美元,1970年达到2 850亿美元,1983年达到5 000亿到5 500亿美元。在38年间主要资本主义国家的国外投资累积额增加了9到10倍。越来越多的资本输出到海外去,一方面带动了商品输出,扩大了海外生产,另一方面也大大地改变了资本积累的基础。马克思所分析的资本主义国家内部的资本集中过程已经发展为世界范围的资本集中过程。

从19世纪下半叶到第一次世界大战前,伦敦是国际金融业的无可争论的中心,英镑是首要的国际储备货币。第一次世界大战以后,在资本主义经济和政治发展不平衡规律的作用下,纽约开始取代伦敦的地位,成为资本主义世界的另一个大的金融中心,美元也成为国际贸易和国际金融中的另一个主要国际货币。第二次世界大战以后,纽约进一步巩固了它在国际货币市场上的地位,成为世界最大的金融中心,美元成为首屈一指的国际储备货币。从 70 年代初期以来,美元虽然仍是第一等的国际储备货币,但地位已削弱了。在 1973 年美元占到国际储备货币总额的 85%,80 年代初期已下降到 75%。第二等的国际储备货币是西德马克和日元。英镑像瑞士法郎和法国法郎一样已降为第三等的国际储备货币了。

世界经济贸易重心也在开始转移。从 1492 年起的"地理大发现"以后,世界贸易重心已开始由地中海转移到大西洋沿岸。大西洋地区逐渐形成为世界经济贸易的重心。现在又开始了一次新的历史性转移。从 70 年代以来,太平洋地区的经济贸易增长率已超过大西洋沿岸地区的经济贸易增长率。太平洋地区所具有的经济贸易优势,终将会取代大西洋地区成为世界经济贸易重心。

世界经济贸易中这些巨大变化的背后推动力,是世界生产力的发展、科学技术的进步和各国各地区间经济发展的不平衡。

在过去的二百几十年间,人类社会曾经经历了三次科学技术革命,而以第二次世界大战后的现代科学技术革命的发展最为迅速。从 20 世纪 40 年代以来的自然科学的新发现、新发明超过以往几千年的总和。一些专业知识的陈旧周期,缩短到五年左右,产品的更新换代,快的只有两三年,而世界市场的竞争更加剧了这一趋势。

在过去的两个世纪中,科学技术的进步主要表现在人对物质和能源的控制力的增长上。从 50 年代以来,在人对物质和能源控制力迅速增长的基础上,又加上了一个情报处理技术的突破(电子计算机等)和情报分配技术的突破通过人造卫星的电讯交通等)。信息革命、生物工程革命和其他方面的技术革命,势必推动世界经济贸易各个领域的进一步发展。

随着世界生产力的增长、科学技术的进步和交通运输事业的发展,各个国家间、各个民族间的经济联系日益密切,经济生活越来越国际化了。马克思说:"资本主义生产方式的历史使命,一方面要造成以全人类互相依赖为基础的世界交往,以及进行这种交往的工具,另一方面要发展人的生产力,把物质生产变成在科学的帮助下对自然力的统治。"[①] 新古典学派的 A. 马歇尔也说:"一个国家的经济发展时常是遥远地方的经济生活变化的结果"。[②]

在历史进入近代以后,一国已不再能孤立地存在,经济生活和经济发展已不再是一国的孤立现象了。清王朝所宣称的"天朝物产丰盈,无所不有。原不借外夷货物,以通有无"的说法,德国经济学家松巴特(W. Sombart)的"完整的小宇宙"的主张,以及德国哲学家费希特(Fichte)关于"绝对的自足自给"的幻想曲等这样一些闭关锁

---

① 《马克思恩格斯选集》第二卷,人民出版社 1972 年版第 75 页。
② A. 马歇尔(A. Marshall)《工业与贸易》伦敦 1919 年版,第 23 页。

国、与世隔绝论者的精神遗产,已成为历史的陈迹了。前所未有的动荡、前所未有的挑战、前所未有的压力、前所未有的机会已迫使每个国家、每个民族不能再安然地置身于孤立、封闭的系统之内。民族经济的自足自给时代已经过去了。现代世界经济贸易发展的一个主要结果,就是国际间经济往来的显著扩大和各国间、各个民族间在经济上相互依赖程度的增长。由物质距离所加给国际交往的限制,已为交通运输技术的巨大进步所逐步克服。现在国际间旅游的速度已超过19世纪初期100倍以上,而国际间情报的传播更是顷刻之间的事。

在当代,各国间、各个民族间在政治上、经济上、社会上、文化上的联系是不可避免的,而且历史上各个国家各个民族间的联系从来没有像现在这样的密切。现在地球上任何一个角落里所发生的重要的政治事件或经济动荡都会通过相互联系的密网而影响到世界遥远的地方。在这样一个相互依赖的世界里,一切国家所面临的重大政治和经济问题,都是具有全球性质的。它们跨越了地理的、政治的疆界,而其复杂性完全排斥了孤立的、闭关自守的解决办法。

1913年列宁曾指出:"在资本主义的发展过程中,可以看出在民族问题上有两个历史趋向。第一个趋向是民族生活和民族运动的觉醒,反对一切民族压迫的斗争,民族国家的建立。第二个趋向是民族之间各种联系的发展和日益频繁,民族壁垒的破坏,资本、一般经济生活、政治、科学等等的国际统一的形成"。[①] 列宁所指出的这两个世界规律,就是世界资本主义的离心力和向心力的两个趋向。第二次世界大战后,一百多个国家摆脱了殖民统治的锁链而取得民族独立,是第一个趋向的表现。第二个趋向标志着资本主义已经成熟,为向社会主义社会过渡准备了物质基础。

在商品经济的世界里,经济上相互联系、相互依赖的最基本的表现形态是交换,而在国际间其表现形态就是国际贸易,也就是通过国界的商品、资本、劳务项目的交换。第二次世界大战后,有形贸易和无形贸易都迅速增长了。

经济生活国际化或各国间相互依赖关系的另一个表现,就是一系列国际经济机构的建立——从国际货币基金、世界银行、关税与贸易总协定、联合国贸易与发展会议到地区性的经济集团,如欧洲共同市场、小自由贸易区、经济互助委员会、安第斯条约组织、东南亚条约组织、经济合作与发展组织等都是。此外,垄断大公司和大银行所进行的跨越国界的活动,也大大地增加了。

在当代,经济生活国际化和各国经济上相互依赖的主要标志和主要特征,就是在经济的各个领域里(包括劳务领域,)国际贸易和国际生产的重要性日趋提高。

国际贸易学的任务,就是要研究这个变化迅速的经济贸易世界,和各国间越来越

---

① 列宁:"关于民族问题的批评意见",《列宁全集》第二十卷. 人民出版社1958年版,第10页。

密切的经济贸易关系,揭示这些经济贸易关系的特点及其运动的规律性。

二、国际贸易是政治经济学的重要组成部分

　　国际贸易中充满的异国情调和浪漫主义色彩,在历史上曾使许多国家的商人、航海家、旅行家和小说家为之神往。他们的口述、笔札在促进各族人民的经济贸易交往中曾起过很大的作用。错综复杂的国际贸易问题也吸引了各个世代的经济学家们的注意力。每一代的著名经济学家都参加到国际贸易问题的讨论中。经典作家和其他一些著名的经济学家曾在这上面倾注过大量的心血。国际贸易中的货币问题首先是由 D·休漠（D. Hume）提出来的。亚当·斯密和李嘉图是自由贸易理论的先驱者。李嘉图用比较成本模式论证了国际分工和国际贸易的利益。这个学说经历了一百六十多年几经修饰补充,现在仍然为许多西方经济学家奉为圭臬。马克思提出了对外贸易是资本主义生产方式的基础和产物的著名论断,并论证了对外贸易是阻止利润率下降的重要手段。马克思还把国际贸易与生产三要素联系起来。这一学说在20年代和30年代又为两位瑞典经济学家赫克雪尔和俄林所发展。列宁在与资产阶级和小资产阶级经济学家的理论斗争中,建立了他的资本主义国家必需国外市场的学说。

　　国际贸易问题是政治经济学借以得到发展的第一个问题。重商学派是随着17、18世纪西欧国家海外贸易的发展而一同兴旺起来的。他们的最著名的学说,就是出口为国家带来财富。亚当·斯密是在对重商学派的政策和学说进行批判的过程中,建立起他自己的政治经济学体系的。国际贸易问题和贸易政策问题也是促使马克思研究经济问题的第一个动力。

　　国际贸易是政治经济学的最古老的分支之一。马克思把国际贸易看作是政治经济学的一个重要的组成部分,正像他把对外贸易看作是资本主义生产方式的组成部分一样。他是按照以下的次序来研究资本主义经济制度的:"资本、土地所有制、雇佣劳动;国家、对外贸易、世界市场。"[①]

　　马克思在《政治经济学批判》导言关于"政治经济学的方法"一节中,进一步阐述了上述的论点,并把政治经济学分为五个部分。但是马克思并没有完成他的写作计划。马克思在研究资本主义再生产的抽象理论时,甚至完全撇开对外贸易问题,有意不去分析资本主义自由竞争时期的国际经济贸易关系。这是因为,马克思研究资本主义经济以及撰写《资本论》的主要目的,在于揭示资本主义运动的内在经济规律,并

---

① 马克思:《政治经济学批判》序言,《马克思恩格斯选集》第二卷,人民出版社1972年版,第81页。

不需要全面研究资本主义自由竞争时期的国际经济贸易关系。但是这不等于说马克思否定了对外贸易对于资本主义生产方式的重要性。恰恰相反，马克思、恩格斯、列宁等经典作家一向把国际分工、世界市场、国际贸易问题摆在十分重要的位置上。

马克思主义政治经济学是从生产关系和生产力的相互作用方面来研究人们的生产关系的。列宁指出，政治经济学决不是研究"生产"，而是研究人们在生产上的社会关系，生产的社会制度。由此可见，生产关系就是政治经济学的主要研究对象。既然政治经济学的研究对象主要是生产关系，那么，作为政治经济学的一个组成部分的国际贸易的主要对象，也应该是生产关系。但是国际贸易的对象并不是一般的生产关系，也不是整个商品流通领域里面的生产关系，而是研究表现在国际商品流通领域里面的生产关系及有关的上层建筑。因此，国际贸易学，也可以说是研究国际商品流通领域内的生产关系及有关的上层建筑的发展规律的科学。

国际贸易学固然是政治经济学的一个组成部分，但是它的研究对象并不局限于政治经济学所包括的范围。作为一门独立的科学，国际贸易在研究对象方面有其相对的独立性，有其特殊的研究领域或研究范围。

首先，国际贸易不仅研究国际商品流通的规律性，也研究国际贸易发展的具体历史材料和现实材料，描述国际贸易发展的具体历史过程和现实情况。

其次，政治经济学只研究经济基础（生产关系），不研究上层建筑。而国际贸易不仅研究生产关系，也研究上层建筑，即各个历史发展阶段的国际贸易理论和对外贸易政策。

因此，国际贸易的具体对象，大体上包括以下五个方面：（1）各个历史发展阶段，特别是资本主义各个发展阶段上的国际商品流通的一般规律性；（2）各个历史发展阶段，特别是当代世界贸易的具体历史材料和现实材料；（3）各个主要资本主义国家，苏联东欧国家和第三世界国家（包括中国）的对外经济贸易发展情况，也就是各个国家对外经济贸易发展的特殊规律；（4）国际贸易理论；（5）对外贸易政策。

限于篇幅，本文不对上列五个问题进行具体论述。

三、国际贸易的研究方法

研究社会科学必须以马克思主义为指导。之所以必须这样做，并不是因为马克思主义是万古不变的教条，而是因为它是科学，是研究的指南。马克思主义者所发表的不符合于客观实际的某些个别词句是可以修改或补充的。我们不能抱住昨天的理论不放。但是马克思主义的基本原理是常青的。它永远是指导我们进行国际贸易研究工作的强大理论武器。

辩证唯物主义和历史唯物主义是研究一切社会科学的方法。马克思主义把唯物论和辩证法运用于社会科学的研究工作，从错综复杂的社会历史现象中，揭示了经济因素以及政治、社会、民族、地理等多种因素之间的相互关系，从而发现了社会历史发展的基本规律，使社会科学成为真正的科学。辩证唯物主义和历史唯物主义的各项原理也完全适用于国际贸易的研究上面。

在辩证唯物主义和历史唯物主义方法论的指导下，研究国际贸易时，应该遵循以下两个基本原则：

（1）历史与逻辑统一的原则。马克思主义国际贸易学与资产阶级国际贸易学的根本区别，首先就在于它能动地综合国际贸易历史与国际贸易理论，亦即采用历史与逻辑统一的原则。这一点也只有采取辩证唯物主义的方法，才能够做到。马克思指出，在分析经济现象的时候，"既不能用显微镜，也不能用化学试剂。二者都必须用抽象力来代替。"[1] 所谓抽象的方法，就是逻辑的方法，也就是理论分析的方法。这种抽象的逻辑的分析应该是和国际贸易的历史发展进程相切合的。国际贸易的理论模式，就是国际贸易历史发展的实际过程的反映。马克思主义国际贸易理论首先由于把理论与历史融合为一体，从而显示了它对古典学派和新古典学派的国际贸易理论的无比正确性和优越性。历史和逻辑的辩证的统一，是研究国际贸易的历史、现状和未来的方法论的基础。

历史与逻辑统一的原则，要求我们在研究国际贸易问题时，既要注重理论的研究，也要强调历史的和现实的材料的分析研究。掌握马克思主义的立场、观点、方法和占有大量的确凿的国际贸易史料和现实材料，是国际贸易研究工作者的两项不可或缺的基本功。

仅仅匍匐在资料的搜集、整理、排比、分析工作上，认为国际贸易学只能凭历史材料和现实材料说话，不需要任何的理论，不需要马克思主义的指导，这就会自觉或不自觉地受形形色色的唯心史观的支配。恩格斯说，没有理论思维，就会连两件自然的事实也联系不起来，或者连二者之间所存在的联系都无法了解。这就不能推动国际贸易学的前进。

历史与逻辑统一的原则，要求我们在研究国际贸易现象时，必须从大量的历史材料和现实材料中，揭示国际贸易和世界市场发展的内在规律。纷繁复杂、千变万化的国际贸易历史现象和现实情况并非杂乱一团，而是有规律可循的。规律就是事物的本质，事物的内在联系。必须根据大量典型的材料，经过去粗取精，去伪存真，由此及

---

[1] 马克思：《资本论》第一卷，人民出版社1975年版，第一版序言。

彼，由表及里的分析过程，找出事物的内在联系。如果仅仅掌握材料，了解个别的事实，即使是大量的事实，但没有揭示其内在的联系，则这些史实、材料都是孤立的、不相联系的。这只能说有了一些国际贸易的感性知识，还不能说是掌握了这门科学。只有对国际贸易的具体历史材料、现实情况进行了具体的分析，找出其内在的规律，得出正确的理论结论，才能说是对这门科学进行了科学的研究。因此，国际贸易学应把探讨规律作为一项重要任务。认识了事物的发展规律，就可以从必然王国进入自由王国。

在另一方面，片面强调理论，轻视历史事实和现实情况，把理论与实际割裂开来，不从事实出发，搞本本主义，也会阻碍国际贸易学的发展。

马克思主义的基本原理都是从大量历史事实中总结出来的。国际贸易的各种理论也是根据大量历史事实提炼出来的。这些经过加工提炼过程而抽象出来的理论，是与历史发展过程完全一致的。它代表历史发展过程中最基本、最本质的部分。

理论既是历史事实和现实情况的极抽象的概括，所以不研究历史，不分析现实材料，就很难了解理论，很难进一步完善理论。所以学习理论，就必须联系实际：联系历史实际，也联系当前实际。因此，历史和现状都要研究。

强调实事求是，调强理论与实际结合，把逻辑进程渗入到具体现象中去，才符合历史唯物主义的要求。

任何社会科学都是历史的科学。国际贸易学按其本质来说，也是历史的科学。历史是过去的现实，而现实是流动变化着的历史。国际贸易学所涉及的是历史性的，即经常变化的材料。因此对国际贸易和国际经济贸易理论要进行历史的考察，对后者要进行历史的继承和批评。继承和批评无疑地是国际贸易学的重要特征之一。国际贸易学要以马克思主义为指导，纵贯古今，广纳百家，继承和吸取各个时代、各个国家国际经济贸易理论中一切有价值的东西。同时，国际贸易研究工作者也要从"科学殿堂"走出来，不仅要到现实的世界市场去逛逛，而且要加入战斗的行列，对一切错误的东西进行揭露和批评。当然这种批评应该是说理的、有充分根据的、有说服力的，不能乱贴标签，与单纯的政治讨伐不同。

（2）生产占首要地位的原则，即生产决定交换的原则。人类的生产活动是最基本的实践活动。生产是整个多方面经济活动的基础。首先应当生产出产品来，然后才有可能进行分配、交换和消费。在什么都没有生产出来的地方，也就没有什么可以分配、交换和消费的。因此，我们经常要以生产的规律为出发点来研究交换和流通的规律。

生产的社会规律决定着其它各个过程的性质。假如生产是在资本主义制度下进行的，那么它的生产物，在国内就必然按照资本主义的市场规律进行交换，在国外，就必然按照世界市场的规律进行交换。

经典作家一再指出，政治经济学只是在以生产为出发点，而不是以流通为出发点的时候才成为科学。马克思主义这一方法论的原则是十分重要的。国际贸易学也应该遵守这一原则。它是马克思主义国际贸易学和资产阶级国际贸易学之间的一个分水岭。

但是不能由此得出结论说，在生产、分配、交换和消费等因素的相互关系中，后三个因素只是消极的被动的，而对生产过程不能发生任何影响作用。恰恰相反，其他三个因素，对生产过程是有反作用的，有时会起着巨大的推动作用或阻碍作用。但是，不应忘记，在整个社会生产统一过程各个环节的相互作用中，实际上起决定性作用和主要作用的，总是属于生产的。

西方经济学家评西方经济学——西方经济学仍处于欠发展的状态*

七十年代的英国皇家经济学会会长 E. H. P. 布朗在一次皇家经济学会开会时致辞说，物理学是在十七世纪取得第一次突破性进展的，但是经济科学到现在还没有取得突破性的进展，因此经济学几乎还没有达到它的十七世纪。

作为皇家经济学会会长，布朗对于西方经济学的历史和现状有着透彻的了解，所以他的话引起人们的重视，是理所当然的。布朗说，在过去二十五年间，经济学虽然有了引人注目的发展，但对于解决当代最迫切的问题，它的贡献是很小的。他认为西方经济学的主要成就表现在三个方面：第一，对于资源分配和决策的逻辑分析的改进；第二，建立了经济增长的模式；第三，对于经济力量的作用的计量经济的分析。之所以说这三方面有显著的进展，并不是因为它们解决了什么现实问题，而是因为有关这三个方面的经济论文占据了学术刊物的大部分的版面。精通这三个方面的理论，也就是所谓"教科书的理论"，被普遍认为是在经济学领域取得成就的标准。他指出，这些理论对实践是没有用处的，实践家们在看了这些学术刊物后，就把它们置诸脑后了。

布朗认为，上述三个方面的成就大多是纸上谈兵的。首先，对资源分配的理论分析，远远脱离了实际的决策过程。其次，经济学家们利用少数因素所建立的复杂的模式，并不代表在现实世界上占支配地位的事物。这些理论模式对于那些在实际经济部门工作，必须对实际经济情况进行诊断，并需要开出药方的人们是没有什么帮助的。第三，负责制定政策的人也并不相信计量经济学家所设计的系统。布朗的结论是，西方经济学仍处于欠发展的状态。

对于西方经济学的现状采取批评态度的西方经济学家绝不只布朗一个，而是大有人在的。J. K. 加尔布雷思谴责新古典学派和新凯恩斯派经济学忽视权力这个因素，从而失去与现实世界的联系。W. W. 里易惕夫攻击数理经济学在薄弱的经验基础上和无

---

* 姚曾荫，西方经济学家评西方经济学——西方经济学仍处于欠发展的状态，理论信息报，1986年11月3日。

法检验的假设上建立华而不实的上层建筑。K. 博尔丁也责备福利经济学与现实世界脱节。J. 罗宾逊夫人在《经济理论的第二次危机》一文中，指出西方"经济理论的明显破产，即是，除经济学家外，对谁都显得最需要给予回答的问题，这种理论再次无言以对了"。不少西方经济学家认为，西方经济学已陷入危机。

人们常说现代西方经济学是为资本主义服务的。这话不错。但还要指出，它并没有为资本主义服务得很好，它不能有效地解决西方经济中的一些短期问题，更不能解决其长期发展问题。这正是当代西方经济学的致命弱点。

要正确对待西方经济学[*]

两 股 热 潮

战后以来，西方国家有一股学习马克思主义的热潮。大量研究马克思主义的文章书籍问世，其中提出了不少新的见解。许多大学开设了马克思主义的课程。纽约州立大学宾厄姆顿（Binghamton）分校有的系办公室的墙上挂着马、恩、列、斯和格瓦拉的大幅照片。而近几年来，在中国则有一股学习西方经济学的热潮。这一股热潮使国内经济学界空前活跃起来，开拓了视野，丰富了思想，推动了经济学的进步。许多大专院校经济系都开设了西方经济学、西方国际经济学、经济计量学等课程。西方的研究马克思主义热和我国的学习西方经济学热成为一个有趣的对照。

回答几个问题

在学习和引进西方经济学方面，有一些中青年同志们的热情相当高。在学习过程中，他们曾向我们提出了不少有关这方面的问题，我们是这样回答这些问题的。

首先，当代中国的经济学研究是不是应该从批判经济学转向建设经济学？我们认为批判和建设并不矛盾，都是必要的。既要批判旧世界，也要建设新世界；既要批判西方经济学中不科学、不合理的具有辩护性的东西，也要吸收和借鉴其合理的科学的成分。特别是在把大量西方经济学说引进来，让广大青年学生学习它们，而一般学生还不具备分辨是非能力的时候，区分其中的精华和糟粕就更有其必要。批评和反批评是学术界正常的现象，在西方经济学界内部也经常在进行批评和反批评。难道我们对于一些似是而非的、错误的见解就应该保持缄默吗？西方经济学领域内，好多位同志

---

[*] 姚曾荫，要正确对待西方经济学，1986 年 10 月 4 日在北京市外国经济学说研究会学术讨论会上的讲话，群言，1987 年第 1 期。

曾写了一系列批判性文章。在国际经济学领域内，国内经济学界对比较成本理论也曾展开了批评。为了分清是非，这些批判性文章，尽管其中有些是初步的，但也是十分必要的。

除了对西方经济学中的不合理不科学的部分进行评论以外，我国经济学界还有一项重要的任务，那就是要剖析和批判封建主义残余。封建残余、小农经济的思想是阻碍中国四个现代化和精神文明建设的极大障碍。因此，从经济上、政治上、文化思想上等几个方面对封建主义残余进行揭露和批判也是十分重要的。

当然，学术评论与"四人帮"所搞的大批判完全不同。学术评论要以事实为根据，要充分说理，以理服人，不能乱贴标签、扣帽子；不能搞政治讨伐。

其次，是不是应该从对西方经济学的排斥否定转向分析借鉴？我们认为对西方经济学不能全盘肯定，也不能全盘否定。要肯定其应该肯定的东西，也要否定其应当否定的东西。学习西方经济学、西方国际经济学、经济计量学、经营管理学、销售学等等以吸收外来的营养是完全必要的。古典学派、新古典学派、凯恩斯学派以及其他各种学派的学说都可以学，其中有些东西可以为我所用。固步自封、闭目塞听只会造成停滞和僵化。三十多年来在这方面的经验教训是很多的。但吸收的必须是营养品，而不是糟粕，更不能把大米和米虫以至老鼠屎一起都拿来，当作粮食来吃掉。因此，对西方经济学要批判地吸收和借鉴。至于否定哪些，肯定哪些，怎样批判地吸收和借鉴，这就需要有一个指导思想。这个指导思想就是马克思主义。没有一个正确的观点，我们怎么能谈得上对西方经济学的肯定、否定、分析和借鉴呢？

第三，经济学是不是应从生产关系的研究转向生产力以及生产力和生产关系相互作用的研究？我们认为生产关系和生产力的研究都不可偏废。这里没有抛弃一个选择另一个作为研究方向的问题。社会主义制度不是一经建立就十全十美的。它的经济体制和政治体制需要不断的自我完善和自我发展，因此生产关系也需要改革。我国现在正在进行的经济体制的改革，也就是生产关系的改革。不改革原有的生产关系，生产力就难以发展。既然社会主义制度需要不断地完善和发展，那就需要进行理论上的探索，需要从理论上弄清楚哪些地方需要完善，哪些地方需要改革。现在对这个问题的研究不是太多了，应该转向了；而是太少了，应该深入下去。那种认为在社会主义制度下，经济学的任务仅仅限于研究生产力，而不再研究生产关系的想法，是没有说服力的。

对于当代资本主义世界，我们同样也要进行两个方面的研究。既要研究其生产力发展的一面，也要研究垄断、国家垄断、资本主义国家间相互关系，特别是发达国家和第三世界国家间相互关系的问题。后者更应该受到重视。

第四，经济学的研究是不是应该从定性分析转向定量分析？任何经济现象都是质和量的统一。不可能设想一种没有定性分析的定量分析。对经济问题既要进行定性分析，也要进行定量分析。既不能转向后者而放弃前者，也不能只顾前者而抛弃后者。马克思曾说过这样一句话，即一种科学只有在成功地运用了数学以后，才算达到了完善的地步。马克思的话是对的。不懂数学，不善于运用数学的经济学家就不能说是一位受过严格训练的经济学家。经济学利用数学有其必要性，但是像办任何事情一样，总要做到恰当、实用，使读者受益。超过这个限度，像有些西方经济学家那样，把数学符号当做偶像来崇拜，甚至故弄玄虚，哗众取宠，当然是不能令人满意的。

定量分析，统计数字是很可宝贵的。但数理统计学家的世界并不是或不完全是经济学家的世界。不能用统计数字或定量分析代替理论分析。

第五，经济学的研究工作是不是应该从理论经济学转向应用经济学？这里也同样不存在转向的问题，应用经济学固然重要，理论经济学也十分重要。在某种意义上，理论经济学更为重要。经济理论是经济计划、经济政策的指导，也是我国进行经济体制改革的指导。没有理论上的深入研究，经济政策的制定和当前的经济体制改革就失去了依据。四化建设和改革都迫切地需要理论。我们的经济理论研究工作仍然远远落后于四化建设和改革的需要。

有些同志十分强调统计、经济计量的重要性。这二者固然是重要的，但统计、经济计量只能给人们提供有关经济生活的表面现象而不能深入事物的本质。而经济学方面的一切真正的进步，只有当经济学家从经济生活的表象深入到经济生活的深处，深入到它的实质时，才能取得。这正是理论经济学的作用所在。对社会主义经济的观察分析以及问题的解决离不开理论经济学，对资本主义世界经济的观察研究也离不开理论经济学。我国现在的情况不是经济理论的研究工作做得过头了，而是远远落后于形势。正如有的同志所说的，现在患的是"理论饥饿症"，人们如饥似渴地需要理论。我们现有的经济理论还不能解决四化建设、改革以及对外开放中的所有经济问题。因此一切低估理论经济学重要性的见解，都是不可取的。

第六，经济学是不是应该从微观经济转向宏观经济的研究？我们认为不需要这种转向。我们既要进行微观经济的研究，也要进行宏观经济的研究。在目前我国面临着发展社会主义商品经济，从微观上搞活企业、搞活经济的时候，对企业的组织形式、行为等的研究更有现实意义。此外，我国正在建立和发展海外企业，对西方跨国公司的微观研究也有十分重要的借鉴作用。

有些同志认为长期以来，我国经济学偏重于微观经济的研究，而对宏观经济问题则较少注意，情况并非如此。马克思主义政治经济学是十分重视宏观经济研究的。世界经济、国际贸易、国际金融等学科也是着重宏观的。所以这里也不存在转向的问题。

西方经济学家评西方经济学

对西方经济学既不应全部排斥、否定、一棍子打死，也不应迷信、盲从、把它当偶像来崇拜。对它应采取实事求是的态度，分析的态度，要取其精华，弃其糟粕。不但马克思主义经济学家对西方经济学应采取这种实事求是的态度，即使是一些有名望的不带偏见的西方经济学家也同样地采取了这样的态度。让我们看看一些著名的西方经济学家是怎样地评价西方经济学的吧！

70年代的英国皇家经济学会会长 E. H. P. 布朗在一次皇家经济学会开会时致辞说，"物理学是在17世纪取得第一次突破性进展的，但是经济科学到现在还没有取得突破性的进展，因此经济学几乎还没有达到它的17世纪。"作为皇家经济学会会长，布朗对于西方经济学的历史和现状有着透彻的了解。所以他的话引起人们的重视，是理所当然的。布朗说，在过去25年间，经济学虽然有了引人注目的发展，但对于解决当代最迫切的问题，它的贡献是很小的。他认为西方经济学的主要成就表现在三个方面。第一，对于资源分配和决策的逻辑分析的改进；第二，建立了经济增长的模式；第三，对于经济力量的作用的计量经济的分析。他之所以说西方经济学在这三方面有了显著的进展，并不是因为它们解决了什么现实问题，而是因为有关这三个方面的经济论文占据了学术刊物的大部分版面。他指出，这些理论对实践是没有用处的，实践家们在看了这些学术刊物后，就把它们置诸脑后了。

就当代西方经济学成就最大的上述三个方面来说，布朗认为，它们大多是纸上谈兵，脱离实际的。首先，对资源分配的理论分析，远远脱离了实际的决策过程。其次，经济学家们利用少数因素所建立的复杂的模式，并不代表在现实世界上占支配地位的事物。这些理论模式对于那些在实际经济部门工作，必须对现实经济情况进行诊断，并需要开出药方的人们是没有什么帮助的。第三，负责制定政策的人也并不相信经济计量学家所设计的系统。布朗的结论是，西方经济学仍处于欠发展的状态，而他就是用"经济学的欠发达"作为他在1971年英国皇家经济学会会议开幕词的标题的。

对西方经济学的现状采取批评态度的西方经济学家，绝不只布朗一人。如果我们留心观察一下，就可以知道从70年代以来，对西方经济学抱有怀疑态度的西方经济学家是大有人在的。J. K. 加尔布雷思谴责新古典学派和新凯恩斯派经济学忽视权力这个因素，从而失去与现实世界的联系。W. W. 里昂惕夫攻击数理经济学在薄弱的经验基础上和无法检验的假设上建立华而不实的上层建筑，从而失去与现实世界的联系；K. 博尔丁也责备福利经济学与现实世界脱节。J. 罗宾逊夫人在《经济理论的第二次危机》

一文中，指出西方"经济理论的明显破产，即是，除经济学家外，对谁都显得最需要给予回答的问题，这种理论再次无言以对了"。西方经济学既然不能回答现实经济生活中所提出的许多问题，所以不仅马克思主义经济学家，而且不少的西方经济学家也认为西方经济学已陷入危机。

人们常说现代西方经济学是为资本主义服务的。这话是不错的。但还要指出，它并没有为资本主义服务得很好，它不能有效地解决西方经济中的一些短期问题，更不能解决其长期发展问题。这正是当代西方经济学的致命的弱点。

深入研究跨国公司的理论与实践问题[*]

经过将近一年时间的筹备，跨国公司研究中心今天正式成立了。在此，我对"中心"在筹建过程中给予帮助和支持的学术界同行、有关政府部门及企业，表示衷心的感谢。没有各方面的支持，作为研究、咨询与培训相结合的一个民间研究跨国公司的机构难以成立，同样，不得到各有关方面的帮助与支持，研究中心也难以开展活动。

跨国公司在当今世界经济中已成为一个极为重要的角色。要认识今天的世界经济形势，离不开对跨国公司作用的分析。生产国际化、经济生活国际化、各种经济体系相互依存以及经济一体化等等，是当代世界经济特征中一些最为重要的趋势。在影响和形成这些长期趋势的诸多因素中，跨国公司的作用是个不容忽视的重要因素。当然，世界经济贸易巨大变化的背后推动力，是世界生产力的发展、科学技术的进步和各国各地区间经济发展的不平衡。而在研究这些发展与进步或者不平衡时，又少不了对跨国公司直接与间接、正面与负面影响的分析。

跨国公司对世界各地的投资有助于世界贸易的发展，而世界贸易的扩大过去是现在仍然是世界经济发展的重要动力之一。在欧洲大陆，由于美国跨国公司的投资建厂，并在苏格兰和地中海沿岸地区建立企业，因而增加了许多就业机会，促进了欧洲经济发展。在拉丁美洲，一些国家的民族企业，借助于跨国公司专利权的特许使用权和工业技术的特许使用权，得到设计、建造和经营制造业工厂的技术。跨国公司在拉丁美洲一些国家的投资建厂推动了有关工业部门的发展，并且通过向前连锁和向后连锁的作用，也刺激了其它部门的发展。在亚洲，跨国公司在新加坡、中国香港和其它一些国家和地区的经济发展中，也起着重要作用。跨国公司拥有雄厚的财力、遍布全球的生产、销售网、先进的技术、有效率的管理体制和庞大的科研机构。这一切都有助于加速"新兴工业化国家与地区"建立以出口为主的工业部门，增强出口产品在世界市

---

[*] 姚曾荫，联系实际，突出重点，深入研究跨国公司，国际贸易，1988年第3期。本文是作者作为跨国公司研究中心首席顾问在跨国公司研究中心成立暨首届研究会上的发言稿，本文编录时改为此题。

场的竞争力和适应性。在世界各国间的经济上的相互渗透、相互依赖的过程中，跨国公司曾起着重要作用。这个进程已经促进、并将继续促进技术进步和经济发展。跨国公司的投资和技术转让会直接和间接地给东道国带来损失和费用，但也可以为东道国带来好处，包括东道国所缺乏的资本、先进技术、管理经营和销售技能。因此，问题不在于反对和阻止跨国公司的发展和渗透，而是应该防止它们滥用权力。要制定有效的国家法律和国际行为准则，以防止跨国公司可能造成的危害。要控制和管理跨国公司的活动，同时又要不致因此而妨碍与此相联系的投资、技术传播和国际贸易。

我们成立跨国公司研究中心，目的是使理论研究密切联系实际，既联系世界经济实际，也联系中国改革与对外开放的实际，深入地、较为系统地研究跨国公司的理论与实践，为改革与开放服务，为促进中国企业国际化发展服务。

我们研究的重点，包括跨国公司在当代世界经济中的地位与作用，跨国公司同主权国家的关系，如何同跨国公司打交道，跨国公司的形成条件与经营管理，以及中国企业如何走向国际等等。

下面就几个具体问题谈一些个人的意见。

一、现代跨国公司的出现和迅速发展是当代世界经济的一个重要特征

现在世界上跨国公司已达到 11 000 多家，子公司已将近 11 万家。其中 90% 是属于发达国家的跨国公司，但是，也有一小部分是发展中国家和社会主义国家的跨国公司。绝大部分跨国公司和它们的子公司设在发达国家，一小部分设在发展中国家，更小一部分设在社会主义国家。

近一二十年来，跨国公司已经发生了一些重要变化：

1. 数目越来越多，大中小型的公司都有。

2. 在中小型跨国公司迅速增加的同时，大型跨国公司的规模变得越来越大。许多跨国公司目前已具有全球规模。它们在资产和销售额方面都比一二十年前更大了。利润额也越来越高。据联合国跨国公司中心的资料，世界上最大的 350 家工业公司 1980 年销售额、资产额和净利润，分别是 1970 年的 4 倍、2.5 倍和 3.2 倍。

3. 在跨国公司数目增加和规模扩大的同时，它们的海外生产（国际产值）与国内产相比，所占的百分比也越来越大。据斯托普福德和邓宁的资料，跨国公司的国外市场容量（foreign content，即海外子公司销售额加出口额），在跨国公司世界总销售额中所占比重，由 1971 年的 45.1%，上升到 1976 年的 53.6%。再上升到 1980 年的

59.6%。此外，最大的一些跨国公司，海外子公司的销售的增长率超过出口的增长率，海外子公司资产净额的增长率超过全部资产额增长率，海外雇佣人数的增加比率超过雇佣总人数的增长率。

4. 通过海外兼并或合并，跨国公司的力量几乎已经伸张到一切工业领域以及劳务领域，如银行、保险、交通运输、经营管理、咨询、房地产、会计、信息和广告等部门。

5. 跨国公司的国籍和经济实力也有了变化。美国跨国公司的实力已相对削弱，其他国家，特别是日本的跨国公司，在数目和实力上都有极大增长。在世界最大的银行中，日本已占到七家。

二、跨国公司对世界贸易的控制

1. 在整个世界贸易和发达国家的对外贸易中，跨国公司都占有很大比重。1966 年跨国公司的内部交易在世界贸易中约占 22%，到 1980 年，这一比重则上升到 25%。跨国公司除了进行内部交易外，还与局外企业进行大量贸易，据联合国贸发会的统计，跨国公司全部贸易在世界贸易中所占比重，70 年代中期已达 1/2 ~ 2/3。

2. 在主要发达国家的对外贸易中，跨国公司都占有突出重要的地位。1977 年，美国跨国公司的内部交易和它们与局外企业贸易的总额占美国全部对外出口总额 97%，在该年美国全部进口中所占比重为 80.7%。其他发达国家跨国公司的贸易额在各有关国家对外贸易额中所占比重虽然不及美国的跨国公司，但也有日益增长的趋势。

3. 在发展中国家初级产品的出口中，跨国公司所占的比重非常大。70 年代初，在发达国家中，受外国跨国公司控制的生产占这些国家国民生产总值的 1/10。在发展中国家，这一比重则为 1/5。随着 70 年代以来跨国公司在发达国家和发展中国家投资的增长，这一比重又有所增加。

1980 年，在发展中国家初级产品出口中，15 家大跨国公司所占百分比如下：

(%)

食 品 类			
小麦	85 ~ 90	玉米	85 ~ 90
糖	60	大米	70
咖啡	85 ~ 90	茶叶	80
可可	85	香蕉	70 ~ 75
菠萝	90		

续表

农业原料			
林产品	90	棉花	85~90
橡胶	70~75	烟草	85~90
毛皮	25	黄麻	85~90

在许多商品中，三五家跨国公司就控制了这些产品大部分的世界贸易。在世界农产品贸易方面，跨国公司已经控制了这些产品，特别是发展中国家农产品的精加工、销售和分配系统。五大跨国公司控制了世界谷物的加工和销售。三大跨国公司控制了世界香蕉贸易的70%。四家可可公司控制了世界可可贸易的60%~80%。雀巢食品公司控制了世界咖啡贸易的20%（海南岛的华侨兴隆咖啡质量已赶上乃至超过雀巢咖啡）。尤尼利弗（Unrilever）公司控制了世界橄榄油贸易。世界棉花贸易主要由15家跨国公司控制。

许多制成品的世界市场也受到跨国公司的控制，其中包括汽车、飞机、化学品、药品、合成纤维，特别是高精尖的工业品，如电算机、机器人和其它电子产品等。可见，当代世界市场主要是由跨国公司控制的，自由竞争的市场只占当今世界市场很小的部分。

当前，许多商品的世界市场竞争十分激烈，但这种竞争已不是19世纪的小公司之间的竞争，而是大的垄断公司之间的垄断性竞争，是跨国公司之间的竞争。我国的小商小贩贸易方式在世界市场上争取一席之地是极不容易的。所以，我国的对外贸易也要走垄断联合的道路，走跨国公司的道路。

三、对跨国公司的评价

跨国公司的出现在世界上产生了一系列的问题。对它诋毁者有之，但赞誉者也大有人在。以美国前国务卿基辛格为代表的一派人认为，跨国公司是世界经济包括发展中国家经济发展的最有效的推动力量。李光耀也认为，跨国公司对新加坡的经济发展十分有利。但以罗纳德·米勒（Ronald Muller）这位 Global Reach 作者为代表的另一派人则认为跨国公司是"第三世界经济发展的最严重的阻力"。坦桑尼亚的尼雷尔对发达国家的跨国公司也采取不欢迎的态度，他说："必须建立为我们所有，由我们控制，并且为我们的目标服务的跨国公司。"介乎这两派之间的还有一些派别，如 R·弗农（R. Vernon）就是属于持第三种观点的人，他的代表作是《国家主权陷于困境》。

关于跨国公司，有的人极力称赞，有的人却竭力反对，他们都各有各的根据、理由和背景。对此，我们都得进行分析研究。有些国家和地区的确因为跨国公司的投资及先进技术、管理经验而使经济发展起来。但也有些国家却因为受到跨国公司的控制、剥削和阻挠而使经济陷入困境。对这些国家的经验教训，我们都得认真总结和分析。

四、中国是否应该走企业国际化跨国化的道路？

企业国际化跨国化是世界大势所趋。是"十三大"报告指出的中国"必须以更加勇敢的姿态进入世界经济舞台"的主要内容之一，是"进一步扩大对外开放的广度和深度"所必需的。

我的想法是，国内的企业之间要充分展开竞争，要充分发挥市场机制和竞争的作用。通过竞争来"加快建立和培育社会主义市场体系"，但对外不要搞竞争，不要争客户、争原料、争货源，不要互相残杀使对方坐收渔人之利。要通过横向联合，组织跨国公司，达到垄断和统一对外的目的。小商小贩势单力薄，竞争不过世界市场上力量强大的跨国公司。因此，应该以垄断对垄断。也就是说要组织中国的跨国公司来进一步加入世界市场上的竞争。但究竟以什么方式来组织中国式的跨国公司，这是一个值得深入研究探讨的问题，可不可以走日本综合商社的道路呢？

此外，还有几个问题也需要仔细研究：

1. 资金来源

许多跨国公司的国外投资不是来自本国而是来自国外——东道主国和欧洲资金市场。中国的国外投资除自己输出一部分外，也可以采取与国外资本合作的方式和向欧洲美元市场借款的方式取得。

2. 技术

要大力开发自己的技术，也要引进外国的技术、购买专利。

3. 经营管理

引进国外的管理人才、经验，培训自己的经营管理人才。

4. 销售

发达国家的跨国公司有遍及世界的销售网，我们可以与之合作。同时也要逐步建立自己的销售网。

5. 信息

当今的世界已进入信息时代。信息的取得和速度是企业成败的关键。必须建立我们自己的信息网络。日本企业成功的主要经验之一，是它们有遍布全球的 24 小时不停运转的信息传输网。我国在这方面大大落后了，须急起直追。

6. 体制

在走向世界的时候，有一个问题特别应该仔细研究。那就是要建立全新的体制，打破旧的大锅饭、铁饭碗体制。为什么我国在国外有些企业连年亏损，而日本、中国台湾、南朝鲜和华侨的企业却能赚钱？这与体制有关。英国 48 家企业总代表来华说，你们的公司在国内还经营不好，搬到外国去会不会更糟？这话值得我们注意。

7. 人才的培训是根本

技术、经营管理、销售、信息和调研人才无论数量和质量都很不足。要培养一大批合乎规格、合乎多面发展的人才。

8. 调查研究

首先要建立资料室、资料库，要进行国内调查，也要进行国外调查。要与国外跨国公司研究机构建立联系，如与联合国跨国公司中心、哈佛大学跨国企业研究中心和英国的研究机构建立联系，甚至派人去学习进修。

国际经贸教育考察

英美外贸教育考察*

不久前，我们一行十人到英、美两国进行了一个半月的外贸教育考察，访问了18所大学和28家有关对外贸易的机关、团体和企业。在访问过程中，我们看到英、美的高等教育比较发达，设备先进。它们的商学院在课程设置、课程内容、教学方法、图书馆工作以及教学、科研与社会实践的联系等方面，都有可供我们借鉴的地方；同时也找到了我们工作中的差距，增强了我们改进工作的信心。通过这次访问，我们深刻地感到夜郎自大，盲目地排斥一切外国的东西是错误的；但是另一方面，迷信外国，盲目崇洋，一切照搬照抄，也是错误的。我们首先应该从自己的实际情况出发，总结自己的经验，在这个基础上吸收外国的有用经验，使外国经验中国化，做到洋为中用。

一、战后高等教育的发展趋势

教育事业，特别是高等教育事业的蓬勃发展，是50年代至60年代世界发展中的一大特点。战后高等教育事业的变化是广泛而深刻的。这种变化不仅表现在学校数目和入学人数的增加上，也表现在课程设置、课程内容、教学方法、教学手段的变化和图书资料的增长上，而且也表现在国际间资料交换和学术交流规模空前扩大上。

（一）学生人数急剧增长

第二次世界大战结束以来，特别是50年代和60年代，世界各国高等学校学生人数成倍增长。1950—1957年，世界各国高等学校学生人数从630万人增到3328万人。1950—1970年期间，美国大学学生增加了三倍，加拿大增加了八倍。不少第三世界国

---

* 姚曾荫，英美外贸教育考察，国际贸易问题，1979年5月。

家的高等学校学生人数增长得更为显著。1950—1970年，巴西增加了十二倍，伊朗增加了十六倍，尼日利亚增加了四十三倍。

（二）"开放大学"迅速发展

如果说第一次世界大战后，在工业上出现了一种大规模生产的趋势，那末，第二次世界大战后，高等教育界则出现了一种"开放"的趋势，一些发达资本主义国家先后创办了"开放大学"。"开放大学"或"开放式大学"也称为"没有学生"的大学或称为"没有围墙"的大学，意思是在校园内没有学生，学生分散在四面八方，都是"在职学员"，在各种业务岗位上坚持学习。这种非传统的大学，摆脱了传统的大学在学生入学时间、地点、年龄等方面的限制，使更多的人有了接受高等教育的机会。

非传统的"开放大学"的主要特点是：① 开放式的注册手续。申请入学的不一定非高中毕业不可，唯一的条件是年满21岁，有读和写的能力；② 发展夜校和函授教育，并授予学位；③ 利用大规模通讯工具进行远距离教学，即通过广播或电视进行教学。

资本主义世界在通货膨胀、各种教育费用逐年增长的情况下，传统的大学较难发展，而"开放大学"则可以利用现有设备和师资大大增加学生人数，得以迅速发展。应该特别提出的是英国的"开放大学"和美国的"开放式大学"。英国的"开放大学"是英国政府为了满足社会对高等教育日益增长的需要，于1969年创办的。就入学学生的人数来说，它已成为英国最大的大学。目前有学生65 000人，已有21 000人毕业，并获得了学士学位。该校有教职员2 700人，还有6 000人参加部分教学工作，开设课程共160门，在英国各地有250个地区中心，出版了2 000种函授教材。

英国"开放大学"的成就，已引起世界的广泛注意，访问者和函询者络绎不绝。因此它成立了一个"国际合作与服务中心"，与其他国家有关机构进行合作并传授经验。

在英国影响下，美国有些大专院校也采用了群众性教学工具进行开放式的高等教育。例如加州大学附属大学就利用报纸、杂志、电视、广播以及讨论会、自学、测验和考试等办法进行"开放式"的大学教育。芝加哥电视学院几乎所有课程都是通过电视进行讲授，邮寄指定的参考书，考试时则把学生集中到学院中心进行。

一些第三世界国家，像泰国，也在学习英国"开放大学"的经验的基础上，结合本国情况，创办了"开放大学"。

总之，70年代欧美高等学校的发展趋势之一是，走向一种多样化的、灵活性较大的、充分利用现代科技成就的一种教育制度。

(三) 高等教育经费日益增加

战后英、美高等教育经费都显著增加。自1960年至1972年，美国高等教育开支在国民生产总值中所占比重增长一倍。1975—1976年，美国的高等教育开支在140亿美元以上。1977年美国高等教育总经费开支达到492亿美元。

1972年，发达资本主义国家的教育经费占国民收入的8%，政府预算的20%。第三世界国家的教育经费在国民收入和政府预算中所占的比重分别为4%和10%。在发达资本主义国家和第三世界国家的全部教育经费中，用在高等学校的款项占20%左右，美国则高于这个平均数。

(四) 高等教育日趋国际化

高等教育国际化的过程，意味着在高等教育方面，资本主义国家间相互依赖和相互协作有日益增长的趋势。战后航空、电讯等交通运输事业的发展特别有助于这一国际化的过程。高等教育国际化包括以下几个方面：

1. 课程设置和课程内容的国际化。战后发达资本主义国家的课程设置和课程内容经历了一个国际化的过程。大学经济学和商学院的经济学、国际商业学、企业管理学以及其他一些课程的讲授内容已逐渐趋于一致。经济学这门课程始于西欧，特别是英国、法国。企业管理学首创于美国，但这类课程已普遍为资本主义国家所有大学所开设。新概念、新理论、新教学法一经提出，便普遍为资本主义各国大学所注意和采用。

2. 国际学术交流、教师交换、学生交换和图书资料交换工作不断发展。战后欧美各国大学间交换教师，相互到对方国家进行讲学或研究的作法已很流行。据一项调查，英国大学教师一般都在国外工作过六个月。美国大学教授曾到国外任教或从事研究工作的比比皆是。美国有的大学，如斯坦福大学还在国外开设分校。法国每年都派遣大批教师到国外任教，同时也鼓励外国教师到法国讲学，以促进学术交流。科学无国界，一个国家的科学成就通过学术交流，便成为各国共有的精神财富。

战后各国学生到国外留学的情况发展很快。1960—1978年，世界各国的留学生人数增加了两倍以上，1960年不到24万人，1972年达到50万人左右，1978年已增加到70万人左右。

3. 在世界范围内建立了一些国际性的官方或非官方的机构，以规划、研究和发展国际间的学者、学生、情报和图书资料的交换。如联合国教科文组织、联合国国际教育交流理事会、国际教育协会、欧洲高等教育中心等等，为国际间科学、教育的交流提供了各种便利。

（五）高等学校教学手段发生革命性的变化

战后发达资本主义国家高等教育在教学手段方面也经历了一次革命性的变化。在高等学校教学过程中广泛利用电子技术——广播、电视、闭路电视、录音机、录像机、电子计算机等等。校外教育将以电化教学为主要形式。通过人造地球卫星可使高等学校的课堂教学传播到全国以至全世界各地。这将使受教育的人数大增，减少教育经费和教师的负担，提高教师的工作效率，并为广泛的国际教育合作和国际学术交流开辟道路。

二、美国和英国大学商学院的情况

在世界各国高等教育广泛发展的总趋势下，战后英、美大学商学院也迅速发展。英、美各大学商学院的培养目标，公开提出为政府和私人企业、特别是跨国公司培养经理一级的人员。它们的课程设置、课程内容、教学方法以及教学手段都是为这个总目标服务的。英、美大学商学院研究生班除招收商学院毕业生外，还招收理工科、文科的毕业生，特别是工科毕业生。吸收工科毕业生来读商学院研究生课，其目的在于培养既懂工业品制造设计，又懂国内外贸易和经营管理的全面经济管理人才。

（一）课程设置与课程内容

用美国哈佛大学商学院吉野教授（美籍日本人）的话来说，美国大学商学院教育的发展趋势是：①有一定的理论基础；②更着重于向实用方面发展。这种情况充分体现在课程设置和课程内容方面。

美国和英国商学院的课程设置的发展趋势是由简单趋向复杂化，课程越分越细，门类繁多，更着重于应用。美国大学商学院有两个学派：一是芝加哥、斯坦福学派，偏重于理论；一是哈佛、哥伦比亚学派，偏重于应用。有的大学商学院已把一些理论课程，像国际贸易、经济预测等统统划到隶属于文学院的经济系中去了。40 年代美国大学商学院的课程不过二三十门，现在已增加了几倍。芝加哥大学商学院课程有 103 门，其中几门重要的课程，如经济学，在同一学期开几个班、由几位教授同时讲课，课程大纲不尽相同，也是百家争鸣。商学院学生可以选修文学院、理工学院和法律系的课程，实际上学生所能选择学习的范围大大超过 103 门。

战后英、美大学商学院的课程内容也有了变化，其突出特点之一，就是许多课程更多地应用数理分析方法、模式分析方法，越来越多地依靠计算技术，数学和统计学。数学和统计学已成为经济学家分析问题的主要手段，从定性分析走向定量分析。

许多课程内容经历了一个成熟化的过程，譬如会计学。这个学科虽然在美国已有一百多年的历史，但在第二次世界大战后才趋于成熟。然而它的发展并未停止，特别是国际性大企业的发展使会计学更增添了新的内容。销售学开始于 20 年代，但到 50 年代和 60 年代才趋于成熟。由于国外销售的发展、国际市场竞争激烈，国际销售学也成为一门专门的学科。"国际企业"作为一门主修学科开始于 1956 年，哥伦比亚大学在这一年先开设了这门课程。"国际企业专门化"作为一门学科开始于 1959 年，这一年美国成立了国际企业学院。国际企业学目前已成为美国和英国大学商学院的重要课程之一，它的主要内容包括：① 应用国际经济学；② 国际经营管理学，它涉及到国际生产、国际销售、国际金融、国际企业财务管理、国际企业人事管理、统计学等方面的问题。随着跨国公司的发展，这门课程的重要性日益显现出来。国际公司理财和国际金融课程战后也经历了一次成熟化的过程。芝加哥商学院院长 R. N. 罗泽特说商学院有些课程在过去 25 年内经历了大的变革（他称之为"革命"），特别是"国际公司理财"和"国际金融"这两门课。而这一大变革的中心就是芝加哥商学院。

在英、美大学商学院的课程中，课堂讨论与专题讨论已与其它课程并列，成为单独的课程。课堂讨论有三种：① 商学院本身根据教学需要而设置的所谓大专题讨论；② 把业务部门在工作中所遇到的实际问题拿来进行讨论；③ 当外国学者来访时，请他们把所研究的专题拿到学校来进行讨论。课堂讨论主要是由学生进行讨论，而在专题讨论班，由教授、专家讲解的较多。

（二）教学方法

以哈佛大学、哥伦比亚大学为首的学派重实用，它采用的学习方法是案例方法；以芝加哥大学和斯坦福大学为首的学派则重视理论分析和书本知识。英国的爱丁堡大学和其它一些英、美大学商学院则介乎两者之间。

案例的学习方法是，在课堂上由教师向学生分发一些由公司提供的实际材料。这些材料仅仅是一些素材，没有概念，概念是从讨论中产生的。教师的职责在于提出问题，组织讨论，由学生进行辩论。在讨论结束时，由教师作一概括性的说明，但不作出结论，以免影响学生对问题的进一步探讨。

上述两大学派在教学方法上的分歧已争论了一二十年，现在仍各行其是。实际上，这两大学派的争论可以追溯到经济学说史上的英国古典学派和德国历史学派之争，也就是演绎法与归纳法之争。

究竟应该偏重理论？还是偏重实用？我认为前一个极端是教条主义，后一个极端是经验主义，我们既要反对教条主义，也要反对经验主义，必须走理论联系实际的道路。

（三）科学研究与社会工作

在英、美大学商学院，教师工作有三个方面：① 教学；② 科研；③ 社会工作。如果不算社会工作，则教师的教学时间与科研时间各占50%。学院和教师本人都非常重视科研工作。学校对教师的考核、评薪、定级主要是以教学成绩和科研成果的多少和优劣为标准。长期没有科研成绩的教师不但没有升级的可能，还有被淘汰的危险。资本主义社会用各种办法特别是名利办法鼓励教师搞科研，所以大学教师每年发表的论文或写出的书籍是相当多的。他们的科研项目包括几个方面：①基本理论的研究；②应用项目的研究；③ 编写教材。（教材又分为教科书、案例以及问题分析或解答）；④ 已发表的论文或资料的编辑或汇编。

大学教师的社会活动主要是出席国会作证或出席法庭作证。国会讨论各种各样的问题，所以大学教师出席作证的机会很多。其次是参加仲裁或调解。

总之，英、美大学商学院采取多种办法联系实际为政府和大企业服务。学校与政府机构和大企业之间互相支援。英美大学商学院的经费很大一部分来自大企业的捐助。大企业之所以如此慷慨解囊，主要是因为商学院的确为大企业培养了大批合乎它们需要的人才。大学教育与社会打成一片，是英、美大学教育事业兴旺发达的重要途径之一。

三、对我院教学工作的几点建议

为了建设四化和适应外贸事业大发展的需要，多出人才，快出人才，我们应该参考外国的有益经验，取长补短，借以把我院的教学和科研工作大大提高一步。

（一）课程设置和教学方法

培养一个外贸专门人才，究竟需要哪些知识，需要学习哪些课程？哪些是基础课，哪些是辅助课？哪些是必修课，哪些是选修课？学生的知识面要专一些、窄一些好，还是博一些、宽一些好？这些问题都需要通盘考虑，仔细研究。

英、美大学商学院（对外贸易包括在内）开了几十门、甚至一百多门课，包括经济学、企业管理学、统计学、会计学、法律学、销售学等等课程，还可以到文学院、理工学院去读选修课。而我们只开了国际贸易、国际金融、国际市场行情、中国对外贸易概论和对外贸易进出口业务等五门课。在以上"老五门"课中以及即将开设的法律学、统计学、会计学、销售学、企业管理学等课程中，哪些应列为基本课程或必修课程？哪些应列为辅助课程或选修课程？还需要设置哪些选修课？必须妥加考虑，通盘规划。

在教学方法方面，建议加强各门课程的课堂讨论，特别是研究生班，更应加强课堂讨论。必须改变过去那种"保姆式"的教学方法。要培养学生独立观察问题、分析问题和解决问题的能力。课堂讨论就是培养学生独立思考和分析问题、解决问题的重要途径。在理论课方面要多给学生指定一些参考书或参考材料；在业务课方面，可事先搜集一些案例给学生作准备。英、美大学都给学生指定很多参考书。图书馆开架阅读非常方便。我们要逐步创造条件，搞好课堂讨论。发给学生案例，目的是要培养分析案情，并最后作出决定的能力。在这方面我们既要学习美国的经验，更要自己创造经验。

（二）加强国际市场调研

在国际市场的调研方面，我们有大量工作要做。调研工作包括两项：①研究有关的外文杂志、报纸及其他有关资料；②到国外进行实地调查。因此除了大力加强国内的研究工作外，建议我院经常派一些教师、研究生和本科毕业生到国外协助商参处搞调研工作。由一个教育机构做调研工作，比一个官方机构方便得多。

对美国的调研，一个是市场调研，一个是对华侨资本的调研。华侨资本有一定的规模，很可利用。此外，还可以充分利用美国的贸易咨询机构。据美国"世界贸易中心"的负责人介绍，他们对发展中国家向美国推销货物，从产品设计到商标、市场调研和产品推销都给以帮助。如果我们能与该机构和其它咨询机构取得联系，甚至派教师去接受训练或学习，不仅可充实我们的销售学和商品学的课程内容，而且也有助于我们的出口业务。

（三）加强图书资料工作

许多英、美大学的图书馆规模很大，藏书丰富，开架阅览，管理有序，借阅方便。教师和研究生专辟阅览室。每个图书馆都有数台复印机，需要资料时，把书籍文献放在复印机上，可立即复印出所需要的资料。大学图书馆都有电子计算机与电子中心联系，随时可以取得所需的资料。

为了适应外贸教育事业发展的需要，我们要重视图书馆工作。建议首先要尽早兴建图书馆，加强图书馆的领导工作，充实业务熟练的工作人员。同时，要扩大三系资料室或改为三系图书馆。图书馆应大量订购有关外贸的外文书籍和报纸、杂志，以便进行大规模的科研和调研工作。

（四）加强并扩大国内外的学术交流

"流水不腐，户枢不蠹"，学术思想也是如此。只有不断交流学术思想，才不会闭目塞听，固步自封。怎样才能打破"四人帮"推行的闭关自守、愚民锁国的政策？怎样才能在学术上造成一种生动活泼、百花盛开的局面，以促进科学文化教育的发展？最重要的一条途径就是积极开展学术交流活动。首先是校内的学术交流；其次是国内各大专院校及研究机构之间的学术交流；第三是开展国际学术交流。前两者已做了一些，尚有待于加强，而后者则只是刚刚开始。

开展国际学术交流的途径有二：一条是请进来。这方面，过去和现在，我院已请了一些外国学者、专家来校任教和讲学，但大部分是教外语的。今后应争取更多的外国学者，专家来校任教或讲学。这对改进和促进我们的教学和科研有很大的补益；另一条途径是走出去。走出去呼吸一些新鲜空气，取人之长，补己之短。同时还可以搞一些国外市场的调研工作和情报工作。这对我院的教学和科研以及外贸的发展大有好处。建议今后大力加强这方面的工作，把有条件的中青年教师、毕业的研究生、进修生更多地派遣到国外去，或参加实际工作，或到国外大学和有关单位进修，或参加一些国际性会议（如贸发会、亚远经委会等等），或随同外贸部出国考察团进行短期考察。有条件的教师还可以到国外讲学。这对于我们的教学、科研和外贸工作都是有利的。

（五）加强学校教学与外贸实际业务的联系

每个教研室，每位教师最好与一个对口的业务单位保持固定的联系。一方面可为这些单位作些工作，特别是咨询和顾问工作；另一方面也可以把业务部门实际工作中的问题带到学校教学和科研中来，以加强教学和实际的联系。

英、美大学教师兼职的很多，他们很多兼任政府有关机构或企业的顾问。一方面他们把自己的研究成果提供给政府机构或企业参考；另一方面又可以把政府或企业中存在的实际问题带到学校中来研究、讨论，使理论和实际挂上钩。我们也可以考虑这种办法。

治学方法

治 学 方 法[*]

一、任务：学习与科研

要活到老，学到老，要发挥自己的长处，教学相长。

二、目　标

新中国成立以后，本来我国的许多学科的水平就不高，经过历次运动，耽搁了不少时间和精力，特别是经过"文化大革命"的破坏，各高等学校的元气大伤，各门学科的元气大伤，学术水平处于很低的水平。在经济学领域，国际经济学领域，我们比不上邻近的日本、印度、缅甸和印尼。远一些我们也比不上非洲的一些国家。拿经贸大学来说，去年外贸系有一个科研成果展览，就数量来看，还多少有一些，但就质量而论，够得上一定水平的，看来并不多。最近接触到一些申请教授、副教授者的科研成果，真正有一定水平的是不是能占到20%是很难说的。这种总的说来学术水平不高的局面必须扭转，不然国际贸易专业各学科的发展就会大受影响。到国外留学可以吸收一些国外的新知识。但我并不相信，到外国学习一两年，回来以后就会真正扭转这个局面。前年招收了两名研究生，去年招收四名，就是你们四位，打破了规定的限额，目的就在于多培养一些国际贸易学科的带头人、领航人，使国际贸易学科能在你们手上发扬光大起来。

现在经贸大学这个重点大学需要有一批有坚实的理论基础，有广博的知识，有合理的知识结构，有阅读和运用中外文语言文字的能力，有耐心有钻研精神，不怕寂寞肯于坐冷板凳，不怕干扰，能为社会主义的学术事业和教育事业埋头苦干，能认真读

---

[*] 姚曾荫，1987年2月，对外经贸大学国际贸易博士班。

书，并具有深入研究问题，分析问题和解决问题能力的人才。这样的人才是国际贸易学科各专业的基本建设和学科的发展所必需的，所不可缺少的。学术文化的未来，国际贸易学科未来是属于这样一批有知识的人的。

现在许多老师，包括我在内，都不完全具备这些条件。继承和发展国际贸易学科的任务，不能不落在你们和一些硕士研究生、本科生的肩上。你们任重而道远，从现在起就要下定决心，坚定不移地沿着这条道路走下去。

第一，你们要有使命感、责任感。你们的使命和责任就是要发展国际贸易这门学科，要把经贸大学发展成为中国国际贸易学科的基地，培养国际贸易学科第一流人才的基地。你们责无旁贷地要完成这项历史使命。每个人都要不怕冒尖，下定决心成为中国第一流的国际贸易学者专家，在国际贸易领域中成为国家队队员，勇于承担这项使命。

第二，要有紧迫感。三年的时间很短，而你们要读的书、要做的工作很多。光阴如逝水，时间过得很快。一转瞬间几年就过去了。时间是世界上最宝贵的东西，特别是对年轻的人，要好好地利用时间，要精打细算地利用时间。这里也有一个无差别曲线，同一时间内干什么好？要搞清楚。

第三，还要有时代感。国际贸易的研究不能孤立于社会之外，而应具有鲜明的时代特点，并受到时代的制约。当代世界经济、政治、贸易发展的新形势，中国经济贸易发展的新形势，当代科学技术发展的新形势，都直接或间接地影响到国际贸易研究的领域。你们的研究工作要把握住时代的特点，要反映出客观世界的发展变化。

三、要 求

学校领导同志和我本人，对你们每一个人都寄予殷切的希望。作为国际贸易博士研究生，你们应该严格要求自己。我对你们提出几点要求。

第一，要有深厚的马克思主义理论基础

你们要不断地提高马克思主义的水平。过时论是不对的，否定学习马克思主义的重要性也是不对的。对待马克思主义的态度应是既要坚持马克思主义，也要发展马克思主义，要坚持马克思主义的基本原理，又要对时过境迁的部分加以发展。马克思主义是不断发展的科学，不是万古不变的教条。马克思主义是一种开放体系。它之所以常青，就在它不断地吸收新的知识、新的观念来充实自己，发展自己。它并没有止于

至善，并没有穷尽真理，而是开辟了认识真理的道路。它给了我们科学的世界观和方法论。

第二，要有坚实的专业理论基础

你们既要有深厚的马克思主义的理论基础，也要有深厚坚实的专业理论基础。要广泛地涉猎专业理论书，无论马克思主义的，非马克思主义的书都要看。要从非马克思主义的资产阶级国际经济学中汲取其合理的有用的部分，同时也要批判其不合理的不合事实的部分。怎么才能区分？只有多读多想才能做到。有了这两个理论基础，就可以提高自己科研素质和科研水平，在学习和科研中增长才干。

如果没有坚实的理论基础，则我们的理论修养和科学研究工作就很难在广度上和深度上快速而又持久的扎实地取得成果。没有一定的基础理论研究，特别是缺少严格的各种学科的基础训练，没有理论基本功的素养，研究工作要取得突出的成果是绝对不可能的。

有了扎实的理论基础，有了科学的进行科研工作的方法，又能广泛地了解收集当代有关的学术理论研究的动态、世界经济贸易的信息以及当代科技发展情况，我们的科研工作就会取得迅速的进步。

第三，要有合理的知识结构，要既博又专

国际贸易学是一门综合性强的学科，是一门知识密集型学科，是一门要求博大精深的学科。它不但要求弄通弄懂国际贸易理论、政策和实践本身的问题，而且需要懂得政治经济学、哲学、国际经济学、西方经济学、发展经济学（注意：现在课堂上讲的发展经济学只限于西方的发展经济学学说，而对马克思主义的发展经济学，第三世界学者的发展经济学则很少涉及）、国际金融、货币信用学、经济学说史、中国经济史、世界经济史（外国经济史）、数学、统计学，等等。最好还要学一些系统论、信息论、控制论及自然学科的基本知识。发展经济学要学，但目前的这门学科只限于西方的学说。

有了广博的知识，才能探讨错综复杂的经济问题、国际贸易问题，才能在研究过程中提炼出自己的观点，才会有理论的勇气，才能使观点表达的面面俱到，引人入胜。

战后科技的进步十分迅速，世界经济贸易问题越来越多，越来越复杂，许多问题不是一门学科所能解决得了的。以此为背景，战后无论自然科学或社会科学的发展都出现了一个引人注目的新趋势。一方面专业和学科分工越来越细，越来越专；另一方面学科与学科之间，一门学科的各个专业之间，以及社会科学与自然学科之间又越来越相互渗透、相互融合，超乎一门学科之上的大科学正在形成。在这背景下，人们的知识结构也势必相应要有变化，仅仅有一门或一项单科知识，是远远不够的。最合理的知识结构或体系，应该是以自己专业知识为立足点向有关学科交叉发展，作辐射性的发展，使之相互融会贯通、相互综合、相互渗透，这样才能把自己培养成为具有突破力的科研人才。往往一个世界经济贸易问题的分析研究要涉及好几门学科，因此要求国际贸易研究工作者要具有合理的知识结构，具有广博多样的知识，形成主从有序的知识结构，这样才能推动国际贸易学的发展。

所以我们既要专精，又要广博，专是博的深入，博是专的基础，非博不能专。单纯的专精，就容易变成见识狭隘的人，弄得不好就会成为鼠目寸光的人。这在科研和教学工作上发展的前途是不会太理想的。

社会科学研究工作和教学工作的最大弊端之一，在于形成一种自我封闭的体系。这表现在社会科学的研究工作与实践的脱节上，社会科学与自然科学和技术发展缺乏联系上；社会科学内各学科之间缺乏应有的合作和联系上，特别突出得表现在一门学科内部各专业之间缺乏应有的联系上。

经贸大学外贸系的情况特别突出。新中国成立以后学习苏联经验，按照苏联外贸学院的办法设置院系及各个专业，过分强调了"专"，致使每个人的教学领域、科研领域十分狭窄。教国际贸易课的很少涉猎国际金融与世界市场行情；教进出口业务的不懂国际贸易；教世界市场行情的，对国际贸易、国际金融问题很少注意。至于政治经济学的问题，世界经济问题，西方经济学的问题，外国经济史的问题更是被划在圈圈之外。画地为牢，自我封闭，绝不越雷池一步，这样单打一的做法，在教学和科研工作中，如果想要做出出色的成绩是很难的。

因此，我们要努力打破自我封闭，学科割据的旧习，努力扩大我们的知识面（当然不是无限制的扩大）。学科之间只能分工，不能分家；学科内部各专业之间更是只能分工，不能分家。作为博士生，知识面务必要宽广一些，根基要深厚一些，要像万里长城那样，千百年来历经风风雨雨，总是安如磐石，稳如泰山。各门学科之间要互相开放，要形成一个开放体系，即面向实际，面向其他学科，面向自然科技，面向各个学派，面向世界，面向未来的开放体系。

第四，要敢于创新

科学的生命在于创新。停滞、僵化、凝固、封闭等是会致科学于死命的。国外一些经济教科书，国际经济学教科书以及其他学科的教科书总是几年一个版本，甚至于一两年一个新版本，书店里不断有新书出现。而我们这里则是五年、十年、甚至一二十年一贯制，报纸杂志上所发表的文章，似曾相识的居多，新见解、新论点，新材料甚少。书及词典之类也出了一些，但陈词滥调很多，东抄西袭的很多，真正有价值的有新意的学术著作不太多。

为什么出现这个局面？第一是读书少。第二是科研工作做得少，大胆探索少。第三是对客观实际了解得少。补偏救弊，还在于多读书，多下功夫进行科研，还要理论联系实际。

有人认为创新就要完全摆脱原有的传统的学说、观点，创立一些新学说、新观点。这种见解是不对的。创新除了靠多读书，靠科学实验、社会实践，大胆进行理论探索之外，还离不开对传统的理论、观点的批判和继承。创新就是在原来的基础上添加一些新东西、新见解。创新的发展是一个不断积累的过程。任何一个时代的人都是在前人文化知识成果的基础上，加上新观点。

要想离开世界经济贸易的实际，完全摆脱对传统的国际贸易理论、观点的批判和继承，凭空建立一个新体系，新模式，或者机械地搬用某些新方法、新模式，那是不现实的。

第五，要联系实际

既要联系当前的实际，又要联系历史的实际；既要联系中国的经济贸易实际，又要联系世界经济贸易的实际。

这里要特别谈谈联系历史实际的问题。我们在科研工作中要看重历史与逻辑统一的原则。任何社会科学都是历史的科学。国际贸易当然也是历史的科学。

应当把对当代国际贸易问题的研究放在整个世界经济、世界贸易的历史长河中来考察、研究。要将当前发生的一系列国际贸易问题、事件，看成是整个世界经济贸易的长期发展的历史过程的结果。

当代的国际贸易与第二次世界大战前的国际贸易不同，与19世纪的国际贸易更不同。但当代国际贸易是古代的、中世纪的、19世纪的和"二战"前的国际贸易的延续和发展。当代国际贸易中的一系列重大问题都与过去的世界经济贸易有着千丝万缕的联系。人为地割裂这种联系，把当代国际贸易只作横断面的研究，并且把它孤立起来，这不但是不符合历史唯物主义的原则，也是不符合国际贸易的发展规律的。

最后，我希望诸位要做到德智体全面发展。不但要发展德育、智育，也需要把身体锻炼好。生活要有规律，不开夜车，严格按照自己订的作息时间表工作休息锻炼。没有一个好的身体，是难当重任的，学习也是学习不好的。

四、安排与要求

1. 安排一次参观图书馆、资料室、杂志阅览室。
2. 订学习计划布置本学期课程安排。
3. 每学期交一篇论文。可围绕毕业论文题作文。毕业论文题要早日定下来。抽一个时间讨论一下博士论文的问题。
4. 讲求读书方法，多做卡片，记好笔记。
5. 每两个星期谈话一次。谈学习要点，谈读书过程中遇到的问题。

关于评阅研一学期作业的几点意见

首先，每篇文章应有一个中心思想，即主题或者一条红线。这中心思想应在论文中贯彻始终。一切材料的运用编排，应必须围绕中心思想展开，不能离题太远，也就是不能离开中心思想太远。离题太远的分析和材料，虽然就其本身来讲是很好的材料，也必须割爱，不然文章就会显得混乱无序。

例如写资本主义体系特点以前，如果先叙述一下战后资本主义世界经济的变化，指出某一天无＊＊下去的总趋势，这是可以的。但不能过多地分析国际政治经济形势，例如过多地分析社会主义世界体系的壮大，和殖民体系的瓦解，就会使论文的结构松散无力。同时分析战后资本主义世界经济的变化也必须结合国际贸易来谈，不能孤立的脱离体系来分析战后资本主义世界经济形势，否则就显然离题太远。

在这一点上有些同学作的好一些，有些差一些。

其次，写作业或论文必需等先占有大量的资料，然后在马列主义和毛泽东思想的指导下，对这些资料加以剪裁、整理、运用、经过去粗取精，去伪存真的过程加以分析，并得出正确的结论。

我们作文章有时反其道而行之，先下结论，然后找一些现成的第二手的资料来论证这些结论。这种方法不是进行科学研究的方法，应该避免。

在这个问题上，也是有的同学做的好一些，有的同学做的差一些。今后在专业课的学习中，在专业课的开题报告中，一定要首先掌握大量资料，然后根据正确的观点分析运用这些资料，这是对进行科研的最起码的要求。

第三，要进行科研，也要敢于进行独立思考，独立钻研，要富有大胆首创的精神，不要囿于成规，不要局限于一些现成的结论，要敢于推陈出新，进行百家争鸣。虽然这一要求是在马列主义、毛泽东思想的指导下，否则会迷失方向。

例如太平天国李秀成——晚节不终。

在这问题上，也是有的同学作的较好，例如李成林、何新浩，有的同学做的很差，仅仅进行一些笔记搬家，或按照论文依样画葫芦的工作。

第四，在文章的结构和文章表达能力方面，你们之间也是有好有差，有的能比较纯熟地运用汉语，写得比较流畅，有的就不大会运用，甚至文字不通的地方。你们将来毕业后或教学或进行科研，都要求文字表达能力好。

希望你在这方面要痛下功夫，买一些古书来读，买一些文艺作品来读。每一星期或者两星期背一篇古文观止或史记。

最后，其他一些技术性工作。

①交出来的作业，一定要写正楷，不能写草字，简字（自己杜撰的），错别字。

②有的作业完全是草稿，按规则应该退回复写。写出来的作业是给先生看的，一定要誊写，要在正式的稿纸上，不能不让别人看不懂，在纸上乱写一通，交了了事。这种对于作业马马虎虎的态度是要不得的。

③有的作业字写的还好，有的作业则是不像一个大学生写的字，将来做教师要写板书，在黑板上写得一笔还是歪歪扭扭，学生是不欢迎的。所以一定把字练好。

④资料一定要写明来源，一定要找出第一手资料。腾转抄袭有时会以讹传讹。如果在找不到第一手资料时，引用第二手资料时讲明来源出处。这是尊敬别人劳动的表现。

你们刚开始进行科研，基本功一定要打开基础，自己应严格要求自己。教师们对你们严格的要求，希望你们在基本功方面大大努力。

有三四位同学的作业都有一些优点。总的来看，即从文字表达能力、内容、结构、材料运用分析上看，李成林同学的作业最好。

为外贸学院学生会举办的学术讲座所做报告[*]

一、三点希望

第一，要认真读书、努力学习

在四化建设中迫切需要一大批各方面的专家，除了科学技术专家外，也需要一大批有理论修养，又精通业务的经济学家。但令人遗憾的是我国的人口虽然众多，但真正的专家，真正精通业务的专门人才实在是太少了。我手边有一本最近出版的刊物，这份刊物报导了该刊编辑部在北京召开的关于世界石油形势讨论会的发言，刊载的是"主要发言内容"的"扼要报道"。参加座谈会的有20多个单位70多位同志。这些发言既不"主要"也不"扼要"，都是些一般化的言论，谁听了也不会满意。同学们，你们要好好准备一下，看一看材料，也会发表有关的言论，水平不会低于这些发言人的水平。

石油价格问题关系中国的对外贸易、能源开发和四化建设。但是国内几乎没有一个专门机构来研究能源价格问题，也没有什么人曾经对这个问题进行过深入的研究。这主要是"四人帮"搞的十年大灾难的结果，造成知识界的一代人的真空。

不仅石油价格的情况是这样，在其他问题的研究上也是这样。例如不久前召开的南南合作会议上有关南南合作问题，在有关国际经济新秩序的问题上，我国的学者专家们发表的言谈文章，大多数是空泛的一般化的，有真知灼见的言论不多见。

在有关国际价值和不等价交换的问题上的讨论已经几十年了，但目前还处在低水平上，比起国外的水平还是差了一大截。

有一两位同志写了不少的有关国际价值和不等价交换的文章。但是他们在一些关键性问题上，亦即国内价值是如何形成的，国际价值是如何形成的这些问题上，他们

---

[*] 姚曾荫，1983年6月7日。

还没有弄懂。很多人也不懂得李嘉图为什么说"适用于国内交换的价值规律不适用于国际上。"

我曾和他们一起讨论这些问题,我总不明白他们为什么在这些问题上总是转不过弯来。后来在一篇文章上,我看到有这么几句话"国际间资本和劳动力不能自由流动,最多只是国际价格平均化的障碍,从而使国际价值转化为国际生产价格遇到困难,为什么会使价值规律在国际交换中的作用发生'重大的变化'呢?这是很难令人理解的。"这样,我才知道这些同志转不过弯的关键所在,这就是,他们不理解为什么在国际间资本和劳动力不能自由转移会影响国际价值的形成。

对于他们的不理解,我也要负一部分责任,因为我曾经教过他们。这说明在这个问题上,我过去没有给他们讲解清楚,以致闹出今天的笑话。因此,今天我要告诉同学们,如果你们要研究这个问题,首先要把这个问题搞清楚,也就是对资本和劳动力的自由转移对国内价值和国际价值的形成的重大影响要弄清楚。要搞清楚这个问题以及其他的问题,就要深入地学习,要多读书。

希望你们下决心,下苦功夫进行学习,多读一些书,使自己成为精通一门业务的专家。我希望在你们之中,有一部分人专门从事世界经济、国际贸易的理论研究工作,成为这方面的专家,甚至权威。目前国内是非常需要这方面的专家的。无论是大学、各研究机构以及政府部门都需要既对国际贸易的理论有研究,又熟知国际贸易的实际情况,有广泛学识的专门人才。如果你们下苦功夫学习,就一定可以做到这一点。这是第一点意见。

第二,在学术问题上,要独立思考

在学术问题上,要独立思考,要有自己判断是非的能力不要人云亦云。遇到问题,要问几个为什么。即使某些学术界知名人士的见解,也不要轻易盲从。要追问一下,他的话是真对还是假对。对马列主义的基本原理、立场、观点和方法一定要遵守、捍卫,但对他们的个别词句就不能捍卫了,也要多问几个为什么。在这些问题上,不能搞凡是派的做法。

举例:(1)马克思1848年在自由贸易的演说中有这样一句话:

"有人对我们说,自由贸易会引起国际分工,并根据每个国家优越的自然条件规定生产种类。

先生们,你们也许认为生产咖啡和砂糖是西印度的自然禀赋吧。二百年以前,跟贸易毫无关系的自然界在那里连一棵咖啡树、一株甘蔗也没有生长出来,也许不出五十年,那里连一点咖啡、一点砂糖也找不到了。"

西印度生产咖啡和甘蔗。烟草是地理大发现即1492年以后不久的事，也就是1848年以前350年的事。而不是200年以前的事，马克思的话是说得不确切的。

举例：（2）列宁说"假如资本主义能发展现在到处都远远落后于工业的农业，那就不会有什么过剩资本了。这样一来，资本主义就不成其为资本主义了。因为发展不平衡和民众的半饥半饱的生活水平，是这种生产方式的根本的必然的条件和前提"。但是在第二次世界大战后，一些资本主义国家的农业发展得很快，农业已经高度机械化、化学化、工业化，农业的发展速度已经赶上甚至超过工业。所以列宁的这个诊断就可用新的事实来加以补充修改了。

举例：（3）列宁说，只要资本主义还是资本主义，过剩资本就不会用来提高本国民众的生活水平，而会输出国外，输出到落后国家去，以提高利润。

这个论断也出现了问题，因为第二次世界大战，资本主要是从发达国家输出到另外的发达国家占60%左右，输出到发展中国家的只占40%左右。这个新现象是战后资本输出的新特点，与列宁时代不同，也是列宁所未预料到的，也必须用这一新事实来补充修改列宁的资本输出理论。

举例：（4）斯大林的关于统一世界市场瓦解出现两个平行市场的理论。这个理论在这次苏州会议上受到宦乡、季学威和我的批判，认为它是不符合事实的。

举例：（5）斯大林关于第二次世界大战后资本主义生产将在缩小的基础上进行，因此资本主义生产经缩减的理论，事实证明这理论也是完全错误的。

但是，更要注意的是，对西方资产阶级经济学者的一些理论，观点更不能轻信。他们的书籍文章可以参考、学习，但绝不能照搬。生搬硬套一定会犯错误。

总之，我们学习时，不能盲从，不能迷信。在遇到问题时，一定要独立思考，一定要采取分析的态度，不能囫囵吞枣地把别人的见解不加区别的吞下去。

第三，要学以致用

过去有人批评某些人的文章一曰无实（缺乏实质性内容），二曰无用。赵紫阳总理不久前和钱俊瑞同志谈话时，批评世界经济学界崇尚空谈，空喊马列词句，没有什么用处。对这些批评我们一定要注意，要避免无实无用的现象。

有些同志研究问题写文章从个别的马列主义词句出发，而不是从实际出发，他们写文章大量引证马克思、恩格斯、列宁的词句，就是不联系实际。甚至花了很多时间去考证资本或剩余价值学说史的几句话是不是翻译错了。Exploitation一定要翻译成利用，而不能翻译成剥削。因为照这样翻译的词句不符合他们的要求。

这些同志千方百计地证明我国对外贸易是平等互利的，因为决不会有不等价交换。

这是天真的想法，姚依林副总理前不久在一次会议上指出，我国对外贸易有严重的不等价交换。只会玩弄马列词句不联系实际，是一种很坏的文风，是要不得的。希望你们能避免。

现在有关世界经济问题，国际贸易中的问题，我国对外贸易中的问题，对外开放政策中所遇到的问题，很多。你们要研究问题，就要注意学习和研究这些现实的问题，并把这些现实的问题提高到理论的高度来认识，不要成为马列个别词句的注释派。

以上是一些题外的话，今天主要的想谈一下，不久前召开的世界经济学会理事会上所讨论的两个问题。第一个问题，是世界经济形势与发展战略问题。第二个问题是讨论钱俊瑞同志所写的《世界经济学原理》提纲第六稿。

二、《世界经济学原理》提纲第六稿

先谈第二个问题，即《世界经济学原理》提纲第六稿。

在这份提纲里钱老提出了世界经济发展的基本规律。他认为其中最主要的规律就是社会主义代替资本主义的规律，其次是世界经济发展的不平衡的规律。他又把世界经济发展不平衡分为：（1）资本主义国家内部发展不平衡；（2）社会主义国家与资本主义国家经济发展不平衡；（3）发达国家与发展中国家之间经济发展不平衡；（4）发展中国家内部经济发展不平衡等规律。

在会议上，完全同意钱老所提出的这些规律的，几乎是没有的，部分同意的也未发现，全部反对的是大有人在的。其中有的人认为世界经济是各种生产方式的综合体，每一种生产方式都有其本身的规律，但没有各种生产方式的共同规律。对钱老的意见和后一种意见，我是都不敢苟同的。

我认为资本主义代替封建主义和社会主义代替资本主义是社会发展的规律，但不是世界经济发展规律。你说它错吗？它也不错，但它不是很确切。

后一种意见把世界经济的发展规律完全否定了，这更是不妥当的。所谓规律就是各种事物之间的内在的联系或本质的联系。否定世界经济发展的规律性，就意味着几百年来世界经济的发展是杂乱无序的，是没有规律性可循，也就是否定了世界经济各个部分之间的本质的内在的联系，否定了规律性，就是否定了世界经济理论本身，也就否定了世界经济是能成为一门科学。我们认为几百年来世界经济是合乎规律的发展的。问题是世界经济发展的规律是什么？

世界经济的发展规律是从几百年来世界经济发展过程中的大量事实中抽象出来的，而不是人们主观臆断出来的。从大量事实中，我们发现几百年各国间、各民族间的经济联系相互依赖、越来越频繁、越来越密切。各国间的往来越来越多，经济生活已越来越国际化。各国的经济已不再是孤立自在的单位，世界经济已经形成为一个有机整体，而各个国家已经成为这个整个链条的各个环节。这种各国间、各民族间相互联系越来越密切、越来越频繁的趋势，世界经济日益连成一体的趋势，一体化的趋势就是世界经济发展的总趋势、总潮流，就是世界经济发展的规律。

随着生产力的发展，交通事业的发展，各个国家先是走国民经济一体化的道路，打破了封建割据的状态，逐步地把国民经济连成一个整体，然后又逐步走上世界经济一体化的道路，把多个国家的国民经济联成一个有机整体。以国际分工为基础，以世界市场为纽带，把世界上多个国家连成一体。这两个阶段是世界经济发展的两段，也就是世界经济发展的总趋势，就是规律。凡是适应这个总潮流的国家，在经济上发展就顺利。凡是违反这个总潮流的就停滞，甚至失败。清政府违反这个总潮流，结果碰得头破血流，"四人帮"违反这个总潮流，把中国拉回到闭关自守状态中去，结果弄得民穷财尽，到了破产的边缘。今天还有一些国家违反这个总潮流，结果经济上停滞不前。

这个总趋势，就是世界经济的发展规律，就是理论，也是我国实行对外开放政策的理论基础。有些人想把比较成本学说作为我国对外开放政策的理论基础，这是不对头的。应当把开放政策建立在这个规律的基础上。我国从三中全会以来所推行的对外开放政策和对内搞活经济的政策之所以是完全正确的，就是因为它是符合于世界经济发展规律和国民经济发展的规律的。

三、世界经济形势

（略）

传承

纪念赵迺抟教授任教五十周年倡议出版 《国际经济理论和历史研究》的建议

1981年是北京大学经济系赵迺抟教授任教五十周年。赵迺抟教授数十年如一日，诲人不倦，在祖国的经济科学教育事业中作出了巨大的成绩。为此，我们作为受业与后学，倡议编辑出版《国际经济理论和历史研究》学术论文集，以纪念赵迺抟教授任教五十周年。

关于《国际经济理论和历史研究》学术论文集的编辑工作，我们建议：

①本论文集收集学术界关于帝国主义理论、国际经济关系理论、世界经济和经济史、国际贸易和金融、中外经济关系史的研究论文。

②每篇论文以一万字至二万字为宜。

③本论文集不转载已在其他刊物中发表过的文章。收入本论文集的文章也请不再在其他刊物上发表。

④本论文集编辑工作联系人由厉以宁同志（北京大学经济系）担任。

⑤论文题目（包括计划字数、内容简介）至迟于1980年3月31日通知编辑工作联系人，以便列入计划。截稿日期为1980年10月31日。

发起人：

　　　　钱学森（国防科委）

　　　　邓力群（社会科学院）

　　　　陶继侃（南开大学）

　　　　姚曾荫（北京对外贸易学院）

　　　　陈振汉（北京大学）

　　　　赵崇龄（云南大学）

　　　　胡代光（北京大学）

　　　　易梦虹（南开大学）

　　　　徐　璇（中国人民大学）

赵　靖（北京大学）

闵庆全（北京大学）

罗真崏（北京对外贸易学院）

杨道南（北京经济学院）

范家骧（北京大学）

赵辉杰（兰州大学）

马　雍（社科院历史所）

张盛健（陕西师范大学）

洪君彦（北京大学）

付骊元（北京大学）

巫宁耕（北京大学）

厉以宁（北京大学）

1979 年 12 月 26 日